民族文字出版专项资金资助项目

“壮学丛书”重点项目

SAWLOIH HUNG SAWNDIP

古壮字大字典

广西壮族自治区少数民族古籍保护研究中心组织编写

蒙元耀　韦如柱　主编

Gvangjsih Minzcuz Cuzbanjse

广西民族出版社

图书在版编目（CIP）数据

古壮字大字典 / 广西壮族自治区少数民族古籍保护研究中心组织编写 .—南宁：广西民族出版社，2024.1

（壮学丛书）

ISBN 978-7-5363-7630-4

Ⅰ.①古…　Ⅱ.①广…　Ⅲ.①壮语—古字—字典　Ⅳ.①H218.6

中国版本图书馆 CIP 数据核字（2022）第 215829 号

壮学丛书

GUZHUANGZI DA ZIDIAN

古壮字大字典

组织编写：广西壮族自治区少数民族古籍保护研究中心

主编：蒙元耀　韦如柱

出 版 人：石朝雄
策划组稿：陆秀春　潘小邕　杨燕琳　黄青霞　何世春
责任编辑：陆秀春　潘小邕　杨燕琳　黄青霞　郑季銮　翟芳婷
审　　读：韦彩娟　王绍安　罗桂鸾　梁秋芬
装帧设计：何世春
责任印制：梁海彪　张东杰
出版发行：广西民族出版社
地址：广西壮族自治区南宁市青秀区桂春路 3 号　　邮编：530028
电话：0771-5523216　　传真：0771-5523225
电子邮箱：bws@gxmzbook.com
印　　刷：广西民族印刷包装集团有限公司
规　　格：889 毫米 ×1194 毫米　1/16
印　　张：47.75
字　　数：900 千
版　　次：2024 年 1 月第 1 版
印　　次：2024 年 1 月第 1 次印刷
书　　号：ISBN 978-7-5363-7630-4
定　　价：260.00 元

“壮学丛书”编纂委员会

前　言

文字是记录语言的符号，也是人类文明进步的一大标志。有了文字，人类就可以记录世世代代积累的生产生活经验，以及各种认识周边世界的知识，并传给后辈，从而减少后辈重新探索、重复劳动的艰辛。历史证明，有文字的民族，其文明进步的步伐要比无文字的民族快很多。之所以产生差异，是因为知识积累形成推力所产生的效应。而知识的积累靠的就是文字的普及和使用。

20 世纪 50 年代，国务院批准《壮文方案（草案）》，正式推行拼音壮文。拼音壮文以壮语武鸣音为标准音，以壮语北部方言为基础方言，以拉丁字母为书写形式。由于拼音壮文这套文字方案是经过壮语普查并在语言科学研究的基础上综合各地语音、词汇的异同而形成的，因此具有非常明显的科学性、普适性。目前在壮族地区新闻报道、文艺创作、法律和科技普及等领域及部分学校的壮语文教学中使用。

历史上，壮族地区曾流行使用一种文字，因未经统一规范，故俗称“土俗字”“方块壮字”，壮语叫 Sawndip。宋代范成大的《桂海虞衡志》里就有记载，他举了十余个字为例，还特意说明他在桂林为官阅读各种案牒时“习见之”，并把这种文字叫作“土俗书”。为了区别于新创制的拼音壮文，人们又称之为“古壮字”。

2007 年，国务院公布的第一批国家珍贵古籍名录中有古壮字古籍分类，表明“古壮字”这一名称已获得国家层面的认可。在壮族民间，这种文字常见于山歌、经书、契约文书等存世的壮族文献，以经书、歌本为最多。这些文献的内容有创世史诗、神话故事、英雄传说、历史人物、伦理道德传扬歌等。这些作品多采用五言或七言的韵文体，非壮语吟诵则体会不到其韵味，必须有相应的文字来记录才得以保存其神韵。于是壮族麽公、道公、师公、歌师等壮族民间文化传承人创造性地运用汉字并结合自造字来抄录经书和壮歌，把民族的历史文化记录下来，给壮族后辈留存了丰富的精神食粮。

仔细观察这些文献的文字，很容易看出，它们由两个部分构成。

一部分是直接借用汉字。借用分四种情况：一是只借音。比如“斗”读 daeuj，是“来”的意思；“歐”读 aeu，是“要”的意思。这是同音或近音的借用，即利用汉字读音与壮语读音近似而把汉字拿来记录壮语读音。二是音义兼借。如“情义”读作 cingzngeih，“缘分”读作 yienzfaenh。三是借义不借音。比如“父”读 boh，“母”读 meh，“不”读 mbouj，其字义壮汉相同，但音不同。四是借字曲折表音。比如“黑”的壮语读 ndaem，可 ndaem 除了表示颜色“黑”外，还可以作为动词，表示“栽种”和“潜”。“种田”的壮语是 ndaem naz，用汉字记为“黑那”；“潜水”是 ndaem raemx，用汉字来记音，即“黑渰”。这两个动词的“黑”其用法就是曲折表音。它跟汉字的“黑”没有音义上的关联，但跟壮语表示颜色的 ndaem “黑”有同音关系，壮族民间文化传承人就利用这一点来进行曲折表音。除了这四种情况，还有其他一些比较零散的用字之法，但无规律，故不在此列举。

另一部分是自造字，即利用汉字部件来构造的新字。由于是借用汉字部件来造新字，故造字之法跟《说文解字》的象形、指事、会意、形声大体相当（转注与假借是用字而非造字）。

比如象形字“ℋ”，读 mbaj，义为“蝴蝶”，像蝴蝶之形。“旦”读 ndit，义为“阳光”，像日出光芒四射之状。“H”读 dwngx，义为“拐杖”，似一根长棍下部分叉之形。“工”读 ningq，义为“阴茎”，像阴茎之形。“只”读 daem，义为“睾丸、阴囊”，下面的两点像睾丸之形。这些古壮字属借源文字。壮族文人开始造字之时，汉文教育已在壮族地区施行，认识汉字的人不少，他们能直接借汉字为己所用，因而象形字不多。

指事的字也很少，比如“ʒ̇”，读 ndwn，“站”之义。其中的“ɜ”可理解为一个侧身人形的简笔画，上边一点示意这个人“顶天立地”，即“站”着。这个字也写为“了”。“ʒ”读 umj，“抱”之义，也是指事字。这个字也写作“了”。其用“、”来表示人的怀中有幼儿或他物，示意“抱”着。再如“ʒ·”，读 aemq，“背、背负”之义。用“、”来示意人的背后负重。这个字也写作“了”。这三组字的共同点在于后一种写法已汉字化，前一种写法还保留毛笔手写随意曲笔的特点。“了”读 ngiengx，“仰”之义，用“丶”来示意人在“仰”头观望。上举诸字均为动词，而汉语“本、末、血、刃”等典型指事字则是名词。由此可看出，造字法虽同，但造出的字应用范围不完全一样。

会意字比上述两种略为常见，但总量依旧不多。比如“沓”读 mboq，“泉”之义，这是用水出口来表示“泉”。又如“ვ”读 naengh，“坐”之义，以一个人坐在地上表示“坐”。再如“焱”读 ndat，“热”之义，三堆“火”归在一起表示“热”。壮语的 miz 是“有”的意思，常用“眉”来记写，两者音近。表示“没有、无”时，就把“眉”的内部掏空，写成“戶”或“肙”，有 ndwi、ndi 两种读音，以示内在之物已“没有、无”。从 miz 是“有”的意思着眼，表示“无、不、没”时，也写为“冇”，读 mbouj 或 ndwi，这也是把“有”的内部掏空而会“没有”之意，其造字之法与“戶、肙”如出一辙。

汉文的会意字是两三字并作一字来表达另一个意思，古壮字的会意字也多半如此。但古壮字一些会意字只需一个部件也可以会意。比如“冂”读作 byouq，义为“空”，以容器倒扣过来会“空”之意。“冂”还读 hoengq，义为“空、空闲”，这也是以容器倒扣过来会“空”之意，后再引申到时间上的“空闲”之意。最典型的是汉字的“門”，有两块门扇。古壮字取其一半，会“半边”之意。如“戶”读 mbiengj，表示“半边、一半”。由于“半边、一半”是整体里的一部分，故“戶”也读 mbangj，会“部分”之意。独体字能会意，这是古壮字跟汉字的不同之处。其缘由也是古壮字源于汉字，故能在汉字的基础上进行再创造。

自造字里数量最多的是形声字。“形”即形旁，也叫义符。“声”是声旁，也叫声符。比如“𬏟”读 naz，义为“田”。“那”是声符，“田”是义符。“𡋂”读 reih，义为“畲地、田地”，“利”为声符，“土”为义符。“𡋂”也读 cae，因田地需犁耕才能栽种作物，且“𡋂”“犁”形近，壮族民间文化传承人因此将它们的音义联系起来。

从结构来观察，形声字有上下、左右、包围、半包围等形式。比如上下结构，有上形下声，也有上声下形。前者有“峬”，读 rungh，地学上称为“峰丛洼地”，其中“山”为义符，“弄”为声符。后者有“𢗭”，读 ndiep，义为“疼爱、惦念”等，其中“业”为声符，

“心”为义符。

左右结构同样分左形右声和左声右形两类。前者如“吭”，读gwn，义为“吃”，其中“口”是义符，“巾”是声符。后者如“劄”，读cax，义为“刀”，其中“查”为声符，“刀”为义符。

包围结构也叫外形内声，外边通常是义符，里边是声符。如“圎”，读gyaeng，义为“关”，“囗”为义符，“曾”为声符。“圎”有时也写成“囸”，两者音义相同。像“圎”（读suen，也写作“圙、圝、园”等，义为“园子”）、“囙”（读rug，义为“卧房、卧室”）、“圎”（读riengh，义为“栏厩”）等，都是包围结构。

像由“门、疒、辶、匚”等义符构成的字，多是半包围的结构。比如“闬”，读dou，义为“门”，“门”是义符，“斗”是声符。“瘂”读raq，义为“瘟疫”，“疒”是义符，“拉”是声符。“逫”读deuz，义为“逃”，“辶”是义符，“条”是声符。还有“匽、匱”（读gvih，义为“柜”）、“匩”（读sieng，义为“箱”）等也是半包围结构。

一般来说，有义符又有声符的字才算是形声字。有不少字看结构很像形声字，但构形成分里没有声符，所以不能说是形声字。比如“闪”，读ndaw，义为“里、里边”。因“内”不是声符，所以“闪”不是形声字。“闪”用“门、内”来构字，会“屋里”之意，进而表示“里、里边”，故这是一个会意字。同样，“迈”读naek，义为“重”，这也不是形声字。其构字理据是“抱石头走路”，以此会“重”之意。

同样的道理，一些字的构形成分里没有义符，也不好算是形声字。比如“肑”读daengz，义为“到、到达”，其中“丁”表音，是声符，但“月”不表义，只能算是构形成分，故“肑”不应归入形声字之列。再如“咃”读da，义为“眼”，“他”是声符无疑，但“口”跟“眼睛”无关。同样表示“眼睛”的“眺”才是形声字。可见，从造字理据来说，“咃”不能跟“眺”同等看待。

不可否认，一些形声字的构造很巧妙，比如“哃”读dongx，义为“打招呼”。要跟人打招呼，则必须动口，所以这是会意字。但“动”在壮语有doengh之音，与dongx音近，因此，也可以理解为这个字以“口”为义符，“动”为声符，是一个形声字。还有“楚”，读fwnz，义为“柴”。用来焚烧的木头就是柴，故可视“楚”为会意字；因

“焚”与 fwnz 音近，也可以视其为声符，而“木”是义符，所以“棼”也是形声字。

此外，还有一类偶合字也应该给予足够的重视。偶合字是人们在汉字部件的基础上进行再加工的结果，新造的字与某个汉字偶合同形，但两者在音义上无实质关联。比如“炅”在汉语中读 guì 时作为姓氏用，读 jiǒng 时表示“见”。但在古壮字中，“炅”读 ngoenz，从天从日，是量词“日”之义。又如“吽”，汉语读 hōng，是佛教咒语用字。在古壮字中，“吽”读 naeuz，义为“说”。再如“嬻”，汉语今读 dú，义为“轻慢、污辱”。在古壮字中，“嬻”读 maiq，义为“寡”。此外，像古壮字里的“苝”(读 byaek，义为“菜”)、“萗”（读 coeng，义为“葱”）、“汭”（读 nae，义为“雪”）、“垚”（读 boengj，义为“堆”），以及前边提及的“沓”（读 mboq，义为“泉”）、“迈”（读 naek，义为“重”）等，都是人们利用汉字部件再造新字而跟汉字同形的偶合字。认定这些是偶合字，是因为它们在汉字中不是常用字，壮族文人的笔下很少见，人们甚至不知其汉语的音义，但对其部件却很熟悉。构成古壮字后，其音义跟原本的汉字也因此没有丝毫关联。当然，汉字常用字也能产生偶合字，比如“腋”壮语读 hwnz，表示“宵、夜”。在古壮字中，这是一个会意字，用“月”“夜”来会“深夜”之意。承认偶合字的存在，对辨析古壮字的造字理据会有更明晰的认识。

以上罗列的仅仅是造字方法的大端而已，若详细挖掘，肯定还会有所发现。比如增笔字有“乆”，读 saenz，义为“颤、发抖”。减画字有“東”，读 laeng，义为“后、背后、后面”。用半边汉字的有“亘”，读 ndoeng 时表示“山林、森林”；读 ndong 时，表示“亲家”时是名词，表示“腌、沤”时是动词。两个非部件汉字叠加的有“儥、[illegible]、[illegible]、[illegible]、[illegible]、[illegible]”等，皆读 gai，表示“卖”。

综上可见，人们直接借用汉字来记录壮语，并非简单的搬移。特别是曲折表音的用字，假如不熟悉壮语，很难理解里边蕴含的音义关系。同样道理，自造字虽也借汉字“六书”造字方法，但造字情况远比汉字复杂。若仅依据汉字的造字方法和理据来观察，想妥当解释古壮字的音义是不够的。

工欲善其事，必先利其器。要整理、翻译、研究或阅读赏析壮族的传统文献，只有弄清抄录这些文献的用字情况，方可透彻理解其中的内涵并感受其保存的神韵。

因此，编纂一部解释精当而且方便查阅的工具书，是壮族古籍整理工作的重要任务，更是探究各民族交往、交流、交融历史，传承弘扬中华优秀传统文化，构筑中华民族共有精神家园的大事。

字典编纂是一项艰苦细致的语言文字研究工作，涉及字形、字音、字义等方面的问题。再者，壮语方言之间有较大的差异，各地抄本用字不尽相同，要对收进字典的字符做到条分缕析，解释精当，任务非常艰巨。加上原始资料庞杂，需从原始材料逐字提取古壮字的字符和例句来提炼义项，并为现有字库里尚未收录的字符造字，这些繁难的事务都无法减省。因此，挂一漏万或解释不当在所难免。

1989 年，广西壮族自治区少数民族古籍整理出版规划小组办公室（今广西壮族自治区少数民族古籍保护研究中心）组织编纂了《古壮字字典（初稿）》，由广西民族出版社出版。这是第一部古壮字的工具书，共收入古壮字单字 10700 个。随着抢救搜集工作的进一步深入，2009 年，壮族古籍收藏量从过去的 5000 多册（件）增长到 15000 多册（件）。同时，壮族古籍的翻译、整理、研究工作不断深化，涌现出《壮族麽经布洛陀影印译注》《壮族鸡卜经影印译注》《〈粤风壮歌〉译注》等一大批新成果和大量的古壮字字源。这些为编纂一部字源更多、材料更新的《古壮字大字典》奠定了坚实的基础。广西壮族自治区人民政府支持编纂“壮学丛书”，确定了理论研究部和基础资料部共计 53 个项目的规划，其中《古壮字大字典》即为基础资料部的重点项目。“壮学丛书”编纂委员会指定由广西壮族自治区少数民族古籍整理出版规划小组办公室组织实施《古壮字大字典》的编纂工作。2009 年 9 月，《古壮字大字典》编纂工作会议在南宁召开，“壮学丛书”总主编张声震、常务副总主编黄铮、中央民族大学教授梁庭望，以及来自北京、云南、广西的 20 多位专家学者、编纂作者代表出席了会议。大家就字典收字范围、编纂体例、工作步骤和时间要求等进行了深入探讨并形成了决议，这标志着《古壮字大字典》编纂工作正式启动。工作过程中，这部工具书也被列为国家社科基金重大招标项目“南方少数民族类汉字及其文献保护与传承研究”（编号 16ZDA203）的子项目，得到相应的经费支持。即将付印时又获得民族文字出版专项资金资助。经过多方的支持和多年的艰苦努力，该书终于付梓。这是壮语文工具书的又一重要成果。

我们期待《古壮字大字典》出版后能在壮族古籍、古文字的搜集、整理和研究方面发挥工具书的作用，并服务于壮族地区的文化教育事业，为全面推进新时代民族团结进步事业、铸牢中华民族共同体意识做出应有的贡献。不当之处，敬请读者提出宝贵意见，以供修订时再作改进。

目　录

凡 例

本字典的编纂目的是为古壮字存字、存音、存义，为壮族古籍收集整理研究工作人员、壮族民间文化爱好者和壮族民间文化传承人，以及从事壮语文教育的老师等提供一部阅读古壮字文献的工具书。

一、字目

1. 本字典以单字为字目，所立字目共16500余条。字目按部首归类，共设171部。各部首依笔画多少为序，从少到多排列。

2. 同一部首且笔画数目也相同的字符，按壮语读音的字母次序排列。比如同是三画的字，“上”读 cangq，意思是“葬；安葬”，而“卄”读 cingz，意思是“情”，则把“上”排在“卄”之前。

3. 作为条目的字若字形相同，但读音和字义不同，则视为不同的字符，在字符的右上角分别用宋体的1、2、3、4等数码标示，以示区别。如：丁^{1}、丁^{2}、丁^{3}、丁^{4}，等等。相同字形的字排在一起，以字符的壮语读音来确定它们在字典中的位置。

4. 同一读音且义项相同的字，如果有多个字符，则选取一个字形流传较广、使用较普遍的作为主条目，余者作为异体字用四号字体置于圆括号内，排在主条目之后。

5. 异体字也按笔画分别在相应部首立目，以参见形式跟对应的主条目互见。

6. 字目用小二号宋体加黑编排，释文用五号宋体编排。拼音壮文用新罗马字体编排。

二、注音

1. 本字典用拼音壮文给字目和例句注音。字目的拼音壮文后加注国际音标，以方括号“[ ]”标记。

2. 部首检字表同形字只举一字，正文同形字目排在一起，以拉丁字母的次序排列先后位置。拼音壮文音序检字表按拉丁字母表的次序排列。

3. 字目的读音主要转写为拼音壮文标准音。方言读音不突破《壮文方案》的拼写原则时，按方言读音转写。如东兰的“押”读 ya [ja^{1}]（义为“找”），田阳的“污”读 uq [$ʔu^{5}$]（义为“在”），字典收录时一仍其旧，不统一作 ra、youq。相应地，“猪”也有 mou [mou^{1}]、mu [mu^{1}]两说。前者以“猔(猫、狨、犾、㹚、貗、某)”等字来标记，后者以“㺉”标记，字典不把“㺉”统一为 mou，而是保留其方言读音，以体现其声旁用字的语音特点。

4. 方言读音比较特殊的字在国际音标中给予体现。字目、例句的拼音壮文对应转写为标准音。如“叩”是壮语南部方言用字，“入、进入”的意思，读[$khau^{3}$]，拼音壮文转写为 gaeuj，国际音标按实际读音标出了送气音。再如武鸣的“殊殊”，意思是“唠叨”，读[$plok^{7}plon^{4}$]，拼音壮文转写为 byoekbyoenx，音标保留复辅音。

三、释义

1. 字目的义项以例句所体现的意义为据，在国际音标之后用尖括号标出词性，随后为字目的义项。释义的词语不止一个时，用分号隔开。如：一^{8}yaep [jap^{7}]〈名〉一会儿；待会。

2. 义项不止一项时，按基本义、引申义排列，分别用 ❶❷❸❹❺ 等数码标示，分开排列。如：当^{8}（凳）[历]dangq [$ta:ŋ^{5}$]〈副〉❶ 像；好像。上林《赶圩歌》：当打叁竿料。Dangq daj mbwn doek daeuj. 像从天降到。❷ 无比；非常（与麻连用）。《初》：偻胣唱当麻。Raeuz sim'angq dangqmaz. 我们非常高兴。

3. 义项之后一般以缩略语表示例句出处，按原文、拼音壮文、汉文译意顺序排列。如，以《初》引出的例句，即出自《古壮字字典(初稿)》。例句不止一个时，用单竖线“|”隔开。

4. 释义的词语若需限定或说明，则随后用圆括号表明。如：乃 cienz [$çi:n^{2}$]〈名〉钱(钱币)。因为“钱”在汉语中除了货币的意思外，尚有姓氏和重量单位的用法，但“乃”只表示金钱。

5. 例句译文之中有时需要补足一些词语来帮助理解句意,而这些补足部分的文字并不对应出现在原文里,因此需用方括号“[ ]”把它们标记出来,以示提示。

四、参见提示

1. 异体字条目参见主条目,在释文末以圆括号标出。如:丁^{2} din [tin^{1}]〈名〉脚。(见趶^{2})。意指“趶^{2}”是主条目,“丁^{2}”是“趶^{2}”的异体字,相关义项可以在“趶^{2}”字下查阅。

2. 一些条目以方言读音形式进入字典,为方便读者理解对应的拼音壮文标准音,字典以“即”引出拼音壮文标准音,放在圆括号内置于释文之末。如:押^{7} ya [ja^{1}]〈动〉找。东兰《造牛(残页)》:押日裡, ya ngoenz ndei, 找好日子。(即 ra)。圆括号内的 ra 是 ya 所对应的拼音壮文标准音。

3. 部分条目仅存字存音存义,因无例句,故以“(见《初》)”的形式标明出处。

五、缩略语说明

1.方表示该条目所记的是壮语方言读音。

2.〈名〉、〈动〉、〈形〉、〈数〉、〈量〉、〈代〉、〈副〉、〈介〉、〈连〉、〈助〉、〈拟〉、〈语〉、〈缀〉、〈叹〉等表示字目义项的词性,即名词、动词、形容词、数词、量词、代词、副词、介词、连词、助词、拟声词(也叫声貌词)、语气词、词缀(指前后缀)、叹词。

3. 田阳《布洛陀遗本》指《壮族麽经布洛陀遗本影印译注》(广西人民出版社2016年出版)。

4.《张》指张元生的论文《壮族人民的文化遗产——方块壮字》(中国民族古文字研究,1980年)。

5. 宜州《廖碑》指宜州廖士宽墓碑上刻的壮歌,今藏河池市宜州区宜州博物馆。

6.《粤风》指李调元辑、梁庭望译注的《〈粤风·壮歌〉译注》(广西民族出版社2010年出版)。

7.《初》指广西壮族自治区少数民族古籍整理出版规划领导小组主编的《古壮字字典(初稿)》(广西民族出版社1989年出版)。

六、例句引用文献及其具体篇目

1.《壮族麽经布洛陀影印译注》(广西民族出版社 2004 年出版):右江《本麽叭》《麽请布洛陀》,巴马《赎魂耨呟》《庅哄佈洛陀》《漢皇一科》,田东《闹涽懐一科》,田阳《麽収魂耨一科》。

2.《生生不息的传承》(民族出版社 2010 年出版):马山《二十四孝欢》《丹亡》《为人子者》《奠别欢》《送夭灵》《哀歌》《孝顺歌唱》《了专拜》《叹亡》《欢叹卜》《哭母歌》《叹亡歌》《奠别歌》《哭姐歌》《欢叹母》《欢哭母》《欢叹父母》。

3.《壮族民歌古籍集成・情歌(一)・嘹歌》(广西民族出版社 1993 年出版):田东《大路歌》《贼歌》,马山《建房歌》《时辰歌》。

4.《壮族民歌古籍集成・情歌(二)・欢㭨》(广西民族出版社 1997 年出版):马山《孤儿歌》、田阳《钟情歌》。

5. 其他如马山《駄向书信》《起书嚔特豆》《产难嚔终》《百岁歌》《抄岜歌》《迪封信斗巡》《完筆字信》《书信》《偻笁荳貧够》《偻齐架桥铁》《不料天翻云》《望吞話名詢》《架什架桥铁》《想歐㓞叩㽞》《皮里患鲁不》《卦世伝曼断》《曾迪字悲唫》《雲红不㐾荫》《勺记时种花》《嚔嘆情》,金城江《台腊恒》,上林《赶圩歌》,平果《贼歌》,等等,为搜集到的民间古壮字抄本,有待进一步整理出版。

部 首 表

部 首 检 字 表

入部

八(丷)部

仅	45	汽	50	余	55	俱	60	偾	63	俳	66	覚	69		
仍	46	佣	50	伱	55	便	60	弒	63	倡	66	僖	69		
仁	46	伦	51	伲	56	例	60	俳	63	傈	66	僯	69		
化	46	伊	51	佞	56	俌	60	傍	63	偝	66	價	69		
仆	46	仳	51	儆	56	侵	60	偢	64	僂	66	側	69		
仟	46	伤	51	用	56	佚	60	傚	64	側	66	覽	69		
他	46	任	51	伺	56	俤	60	倠	64	偳	66	儶	69		
仜	46	伢	51	世	56	俘	61	倾	64	椙	66	偽	69		
仵	46	伊	51	伾	56	俢	61	俴	64	俩	66	儢	69
仨	47	傁	51	依	56	佫	61	俒	64	偉	66	價	69		
仞	47	华	51	侊	56	倹	61	伸	64	偪	66	億	69		
仡	47	佤	51	伟	56	倪	61	倿	64	徨	66	僵	69		
仵	47	仫	52	伴	57	倡	61	俷	64	傲	67	會	69		
付	47	优	52	佰	57	倣	61	偻	64	傍	67	儂	69		
仔	47	伖	52	佴	57	俫	61	儸	64	僇	67	儻	69		
仡	47	佟	52	侍	57	御	61	俫	64	傀	67	儲	69		
仔	47	佛	52	侑	57	俄	61	倩	64	倣	67	係	69		
仪	47	佛	52	侔	57	俐	61	備	64	傢	67	僖	69
仭	48	佘	52	侐	57	侬	61	俷	64	像	67	傼	70		
仗	48	佈	52	侒	57	侲	61	儞	64	優	67	儵	70		
仔	48	伱	53	俘	57	保	62	得	64	僩	67	儚	70		
材	48	俩	53	傓	57	很	62	郎	64	健	67	儸	70		
仰	48	伯	53	佯	57	俪	62	低	65	優	67	儸	70		
仳	48	伴	53	伺	58	俥	62	俊	65	俗	67	鰻	70		
仪	48	伸	53	劮	58	俄	62	值	65	傢	67	儽	70		
佞	48	佐	53	儙	58	悟	62	採	65	褭	67	雙	70		
伕	48	作	53	伨	58	恁	62	俰	65	傇	68	儼	70
伐	49	佈	54	佅	54	例	59	倆	62	偪	65	優	68	全	70
仸	49	伽	54	佃	55	侭	59	係	62	偃	65	僰	68	侌	70
份	49	伊	54	伂	55	俸	59	俺	62	假	65	儏	68	氽	70
伏	49	估	55	位	55	侉	59	便	63	偽	65	儀	68	尒	70
仮	49	住	55	伸	55	俶	59	倦	63	倒	65	侺	68	夰	70
仵	50	何	55	佘	55	依	59	俤	63	僁	66	傢	68	傘	70
伕	50	伶	55	你	55	侃	59	俊	63	俠	66	俤	68	侰	71
伒	50	伢	55	俠	55	佢	59	侭	63	卷	66	儧	68	劒	71

勹部

儿部

几部

匕部

乂 部

亠部

冫部

冖部

凵 部

丩部

卩部

阝(在左)部

阝(在右)部

力部

又部

厶部

廴部

干部

工部

土(士)部

扌(手)部

艹部

寸部

廾部

大部

兀(尢)部

小部

口部

喙	241	喏	244	嗉	248	嗒	251	嘞	255	嘒	258	噤	261		
啹	241	喦	245	喋	248	嗌	251	嘟	255	嘙	258	噃	261		
唂	241	喧	245	嗒	248	嗯	251	嘜	255	噔	258	嗹	261		
啀	241	喑	245	嗎	248	嗂	251	嗾	255	嚝	258	嘹	261		
唻	241	喗	245	喺	248	喝	252	嗑	255	噍	258	嚀	261		
唰	241	嘅	245	喚	248	嗩	252	嗱	255	噴	258	嘮	261		
喊	242	喀	245	嗢	248	嗯	252	嘑	255	嗟	258	噆	261
唎	242	喟	245	嗷	248	嗎	252	嘚	255	嗲	258	噪	261		
唑	242	嗟	245	嗊	249	嗡	252	噃	256	器	258	嘿	261		
啐	242	咕	245	喇	249	嘆	252	嘖	256	嘖	258	嚍	261		
唧	242	嗒	245	喇	249	噗	252	噘	256	噴	259	嘬	262		
唞	242	喥	245	嗎	249	嗍	252	噠	256	噘	259	嗷	262		
唏	242	喪	245	嗙	249	嗐	252	嗷	256	噤	259	鞄	262		
唯	242	喉	245	喱	249	嗤	252	嚕	256	嗒	259	噝	262
唼	242	喁	246	喊	249	嗓	252	嗎	256	嘰	259	噉	262		
唎	242	喏	246	嗊	249	嘖	252	嗝	256	嘵	259	嘯	262		
唲	242	唆	246	喩	249	嘖	252	嗿	256	嗽	259	囅	262		
喏	242	喽	246	嗦	249	嗚	252	嘑	256	嘸	259	嘑	262		
啝	242	喊	246	嗾	249	嘑	252	嘣	256	員	259	噇	262		
唷	242	嗒	246	嘜	249	嚶	252	嗬	256	嘶	259	嘠	262		
喑	242	唵	246	哧	249	嗎	252	嘪	256	噎	259	嚚	262
喓	242	喏	246	嗃	249	嗰	252	嚄	256	嚚	259	嘍	262		
唫	243	喵	246	嗇	249	嘣	252	嚓	256	嘴	259	嘮	262		
啡	243	啿	246	嗒	250	嗷	252	嘰	256	噂	259	噀	262		
唅	243	喻	246	嘟	250	嘡	253	嘈	256	嘿	259	嚏	262		
唗	243	啼	246	嗜	250	呫	253	喊	256	嗱	259	噢	262		
哦	243	喇	246	嘊	250	啻	253	嗜	256	嚙	259	嚎	262		
嘩	243	喳	246	噌	250	嗒	253	噃	256	喘	259	嗷	262
喳	243	嗒	247	嗃	250	嘘	253	噃	257	嘾	260	嚄	262		
哴	243	喃	247	喂	250	嗬	253	嘅	257	嘩	260	嗷	262		
喈	243	唸	247	嗐	250	嘁	253	嗘	257	噅	260	嚂	263		
啣	243	喯	247	嗔	250	嗒	253	喐	257	嘶	260	噇	263		
喎	243	喑	247	嗥	250	嗻	253	嘡	257	嗜	260	嚄	263		
啍	243	喋	247	嗦	250	嗖	253	嚟	257	嗜	260	噴	263		
啼	243	喱	247	嗡	250	嘢	253	歷	257	噂	260	嗎	263
啓	244	喋	247	嗨	250	嘆	253	嚊	257	噴	260	噪	263		
啞	244	喅	247	嘠	250	嘸	254	噢	257	嗎	260	嚘	263		
喋	244	喎	247	嗜	250	嗝	254	嚛	257	嘈	260	嘌	263		
啜	244	唱	247	嗃	251	嘍	254	嗙	257	嗜	260	噬	263		
啻	244	喰	248	靖	251	嘊	254	嘽	257	噘	260	嚓	263		
唹	244	喏	248	嗾	251	嗌	254	噠	257	噢	260	嘯	263		
啁	244	喔	248	噢	251	喑	254	嚐	257	唯	260	嚔	263
喑	244	喏	248	嘞	251	嗌	254	嚘	257	噧	260	嘯	263		
喋	244	喏	248	嚷	251	嘒	255	嚕	257	噷	260	嚓	264		
喋	244	喇	248	噤	251	嘥	255	噌	257	嚇	260	嚥	264		
喋	244	嗒	248	嘋	251	嚌	255	嚔	258	噓	261	囈	264		
喋	244	喏	248	嗋	251	嗷	255	嘯	258	噫	261	嚘	264

瞜	449	賧	452	牼	454	毧	456	舩	458	夵	461	颶	464	
瞩	449	賒	452	悷	454	毬	456	牌	458	夳	461	飆	464	
矉	449	賕	452	犀	454	毭	456	牑	459	夵	461			
曕	449	賢	452	犎	454	毯	456	牒	459	夯	461	**殳部**		
曙	449	賑	452	犊	454	毰	456	牓	459	夵	461	殳	464	
矍	449	賞	452	犅	454	毱	456	牖	459	冭	461	段	464	
顈	449	賚	452	犌	454	毹	456			夹	462	殺	464	
矋	449	鼾	452	犏	454			**斤部**		夽	462	殻	464
矓	449	賦	452	犍	454					參	462	殿	464	
		賧	452	犒	454			斤	459	奓	462			
贝(貝)部		甊	452	犓	454	**气部**		伀	459	奖	462	**文部**		
		觓	452	犗	454	气	455	劤	459	娜	462			
贝	449	賯	452	犕	454	气	455	斫	459	奞	462	文	464	
财	449	甑	452	犗	454	気	455	斨	459	奝	462	齐	465	
贵	450	賭	452	犛	454	氘	455	欣	459	奠	462	刻	465	
贩	450	賶	452	犝	454	氖	455	所	459	奡	462	孛	465
贮	450	賨	452	犟	454	氕	455	断	459	奢	462	斋	465	
费	450	賽	452	犠	455	氛	455	聧	459	奤	462	齐	465	
贯	450	睭	452	犡	455	氡	455	斯	459	夒	462	讶	465	
贺	450	贐	452	犢	455	氢	455	新	459	龚	462	妞	465	
贻	450	賻	452	犦	455	氟	455	斵	460			娤	465	
賉	450	覵	452	犧	455	氠	455	斷	460	**欠部**		斉	466	
贿	450	贑	452	犫	455	氧	455	斸	460			奈	466	
赂	450	賸	452	鐢	453	氨	455			欠	462	斚	466

疒部

立部

穴部

衤(衣)部

皮部

耒部

竹(⺮)部

臼部

自部

血(血)部

舟部

色部

羊部

米部

艮部

羽部

糹（纟）部

走部

豆部

鏷	626	铬	628	餕	630	魵	632	鱙	634	骴	637	黑部	
鏇	626	鉧	628	餕	630	魯	632	鱛	635	骼	637		
鍐	626	锂	628	餓	630	魸	633	鳢	635	骷	637	黑	639
鏇	626	银	628	餾	630	魲	633	鱸	635	骯	637	黝	639
鑩	626	锐	628	餕	630	鲍	633			骲	637	黡	639
鍬	626	锦	628	餞	630	鲆	633	革部		髐	638	黑	639
鍘	626	锟	628	餕	630	鲇	633			骭	638	黗	639
鍊	626	锤	628	餑	630	鲊	633	勒	635	骬	638	黣	639
鈩	626	镖	628	餕	630	鲀	633	靪	636	髀	638	黧	640
鍛	626			餳	630	鲎	633	鞂	636	髅	638	黦	640
鈽	626	食(饣)部		餕	630	鲂	633	鞑	636	髋	638	黣	640
鐚	626			餕	630	鲞	633	鞋	636	髌	638	黦	640
鎂	626	食	628	餕	630	鲟	633	鞒	636	髁	638	騺	640
鎞	626	饤	628	餸	630	鲠	633	鞍	636			黰	640
鎟	626	饥	628	餕	631	鲡	633	鞡	636	鬼(鬼)部		黮	640
鎇	626	饦	628	餕	631	鲢	633	鞔	636			黥	640
鑠	626	饧	628	餕	631	鲣	633	鞬	636	鬼	638	黲	640
鎩	626	饫	628	餕	631	鲤	633	鞠	636	魁	638	黯	640
鎺	626	饬	628	餕	631	鲤	633	鞮	636	魂	638	黶	640
鎖	626	饭	628	餾	631	鲥	633	鞨	636	魃	638	黵	640
鎬	626	饮	629	餬	631	鮮	633	鞣	636	魆	638		
鎯	627	饲	629	餕	631	鲦	633	鞫	636	魉	638	鼠部	
鎖	627	饴	629	餕	631	鲧	633	鞴	636	魅	638		
鐅	627	饱	629	餕	631	鲨	633	鞲	636	魊	638	鼠	640
鎝	627	饵	629	餐	631	鲩	633	鞯	636	魋	638	鼩	640
鏏	627	饶	629	餕	631	鲫	633			魏	638		
鐠	627	蚀	629	馆	631	鲬	633	面(面)部		魑	638	鼻部	
鑼	627	饺	629			鳊	633			魔	639		
鐫	627	饷	629	鱼(魚)部		鲰	633	面	636	魘	639	鼻	640
鐯	627	饸	629			鲱	634	靤	636	魕	639	鼽	640
镶	627	饻	629	鱼	631	鲲	634	靥	636	魌	639	鼾	640
镬	627	饼	629	魛	631	鳆	634	勔	636	魍	639	齁	640
鐋	627	饽	629	鲈	631	鲫	634	靧	636	魋	639	齈	640
鑲	627	饾	629	魯	631	鳌	634	靨	637	魑	639	齇	640
鐬	627	饿	629	鲍	632	鳅	634	靦	637	魁	639	軌	640
鑽	627	餘	629	鲅	632	鲱	634	覥	637	魃	639		
鑽	627	馁	629	鲃	632	鲯	634			魖	639	齿部	
鎞	627	餃	629	魦	632	鲭	634	骨部		魓	639		
鐾	627	餞	629	鲋	632	鳌	634			魃	639	鬌	641
鐮	627	餉	629	魨	632	鳔	634	骨	637	魕	639	鬛	641
鐶	627	馃	629	鲊	632	鲳	634	骱	637			鬣	641
镰	627	馄	629	鲌	632	鲶	634	骪	637	髟部		鬐	641
鑕	627	馅	630	鲐	632	鲕	634	骰	637			髩	641
针	627	餕	630	鲉	632	鲕	634	骷	637	髟	639	髫	641
钏	627	餕	630	魣	632	鲻	634	骹	637	髡	639	鬓	641
钗	628	饿	630	魷	632	鳈	634	骶	637	鬓	639		
钓	628	馈	630	魷	632	鲹	634	骸	637	髻	639	符号字	
钤	628	馋	630	魺	632	魷	634	骺	637	鬈	639
钾	628	餚	630	魾	632	鱼	634	骼	637			○	641
钗	628	餼	630	魿	632	鳞	634	骿	637			✕	641
												※	641
												β	641

音 序 检 字 表

A		aen	愃	44	aeuq	伛	469	an	妈	382	au	傲	67
			aen	罬	257	aeuq	伛	469	an	骏	382	au	奥²	191
a	鸣	520	aen	谷¹	461	aeuq	燃	476	an	安²	347	au	嗷	243
a	妸	375	aen	夳	461	aeuq	嗷	262	an	按¹	136	auq	澳²	158
a	鸾	522	aen	思	341	aeuq	欧²	463	angj	朦	436	auq	澳³	158
a	鸦	520	aen	嗯	242	aeuq	呕²	252	angj	糙	195	auq	奥³	191
a	鸿	518	aen	咹¹	217	ai	蒌	433	angq	唱	233	auq	捂¹	141
a	蚜	544	aen	安¹	347	ai	撊¹	158	angq	悍	334	aux	吆¹	201
ae	哝¹	217	aen	恩¹	342	ai	垍¹	117	angq	哐	233	aux	噢	257
ae	哝²	217	aen	齐¹	465	ai	胅¹	428	angq	唵	248	awq	曙	487
ae	瘀	525	aen	吞¹	207	ai	馒¹	630	angq	甈	413	ax	亚	8
ae	倄¹	56	aen	因¹	264	ai	楔	399	angq	獭	414			
ae	倸	65	aengj	菁	178	ai	蛟	545	angq	昂¹	439		**B**	
ae	痖	525	aenq	劲	101	ai	挨	141	angq	盎¹	510
ae	哎¹	210	aenq	劢	102	ai	胲¹	428	angq	盎²	510	ba	樵	460
ae	依	56	aep	呸	217	aij	骏	608	angq	赤¹	111	ba	簸	633
aek	胲	434	aep	叹	196	aiq	爱¹	460	angq	忼	328	ba	魿¹	632
aek	酬	637	aeq	薏	185	aix	怆	329	angq	巷	366	ba	疤	524
aek	脆	425	aet	圡	110	aix	慢	337	angq	仰¹	48	ba	爬	460
aek	强	368	aet	圪	109	aix	嗳	248	anj	桉	330	bad	矾¹	487
aek	厄¹	24	aet	飞	22	aj	疷	295	ap	詥	611	bad	茇	174
aek	胹	428	aet	麛	372	aj	吖¹	200	ap	哈¹	217	bae	峚	419
aek	蝎	551	aeu	澳	158	aj	啊	226	ap	握	149	bae	比	419
aek	憶¹	339	aeu	孟	509	aj	呵¹	210	ap	押¹	132	bae	迷	353
aek	臆¹	436	aeu	奥	191	aj	吚¹	204	aq	閗	297	bae	跣	597
aemq	龄	433	aeu	澳	323	aj	哑	217	aq	黢	299	bae	屮	4
aemq	桠¹	141	aeu	搵	155	ak	咋¹	226	aq	獃	298	bae	抈	128
aemq	巃	433	aeu	欧¹	462	ak	勃	102	aq	麒	191	bae	龅	420
aemq	鲍	607	aeu	欧²	463	ak	燃	102	aq	唧	13	bae	退¹	357
aemq	舭	606	aeu	殴	464	ak	炉	102	aq	丫¹	72	bae	鼙	621
aemq	鳃	608	aeu	偶¹	65	ak	屺	100	au	驽	462	bae	甚	10
aemq	舵	606	aeu	呕¹	252	ak	蘫	368	au	傻	68	bae	跐	596
aemq	卧¹	423	aeu	区	26	ak	蒡	100	au	嗷	506	bae	批	419
aemq	茬¹	183	aeu	讨	615	ak	劢	102	au	墩	462	bae	呗¹	204
aemq	了¹	20	aeuj	藪	186	ak	吒¹	217	au	侽	52	bae	唄	226
aemq	撅	162	aeuj	薱	185	ak	趣	610	au	熬	287	bae	贝¹	449
aemq	孓	18	aeuq	孟²	509	ak	蹦	609	au	敖¹	422	bae	倍	62
aemq	孓	18	aeuq	点	482	amq	唵¹	233	au	嗷¹	248	bae	闭	292

bae	避	360	baengh	佣[1]	63	baenz	忌	341	baex	黯	639	bag	剥[2]	30
bae	丕[1]	6	baengh	佣[2]	63	baenz	本[2]	389	baex	欷	76	bag	扒[1]	125
bae	批	128	baengh	傰	68	baenz	宾[1]	349	baex	莿	174	bag	怕	329
baeb	扪	126	baengh	澎[1]	314	baenz	宾[2]	349	baex	閉	297	bag	擗	160
baeb	擗[1]	160	baengh	膀[1]	96	baenz	分[1]	71	baex	楷	404	bag	破	488
baeb	摺[1]	156	baengh	旁	467	baenz	负	33	baex	闭[2]	292	bah	罜[1]	507
baed	魅	639	baengh	朋[1]	425	baenz	盆[1]	509	baex	敝	422	bah	罜[2]	507
baed	肺	426	baengh	凭	79	baenz	盆[2]	509	baex	婄	377	bah	巴	507
baed	肌	496	baengh	憑	345	baenz	贫[1]	450	baez	波	86	bah	八[1]	71
baed	塱	116	baengz	衵	535	baenz	贫[2]	450	baez	皴	538	bah	八[2]	71
baed	林	394	baengz	棚	273	baenz	平[1]	6	baez	莜	178	bah	巴[1]	366
baed	甏	351	baengz	樠	274	baenz	平[2]	6	baez	涪	88	bah	叭[1]	197
baed	佛	52	baengz	绷	584	baenz	文[1]	464	baez	淇	87	bah	机[1]	390
baeg	悲	341	baengz	纫	581	baenz	吠[2]	204	baez	眦	537	bah	吧	205
baeg	薘	184	baengz	崩[1]	270	baeq	棚	397	baez	潑	88	bah	罷[1]	507
baeg	卞	169	baengz	憑[1]	346	baeq	俐	252	baez	皆	420	baih	傲	68
baeg	吡	211	baenh	畔	440	baeq	喀[1]	233	baez	晤	252	baih	埠	119
baeg	刢	100	baenh	喉	249	baet	沸	164	baez	回	7	baih	辩	608
baeg	劳	100	baenh	旷	447	baet	挣[1]	144	baez	辑	17	baih	傲	338
baeg	怕[1]	211	baenh	聘	540	baet	靶	420	baez	癣	527	baih	迸[1]	359
baeg	息	341	baenj	体[2]	132	baet	扬[1]	128	baez	痼	525	baih	墩	121
baeg	疣	524	baenj	揾	149	baet	鸦	522	baez	皱	538	baih	堅	121
baeg	祉	79	baenj	擯	169	baet	鹄	522	baez	蓓	549	baih	敗	449
baeg	耑	79	baenj	搜	156	baet	砖	520	baez	培[1]	117	baih	败	421
baeg	黠	506	baenj	擋	161	baet	触	364	baez	培[2]	117	baih	拜[1]	164
baeg	螺	517	baenj	体[4]	132	baet	拂[1]	133	baez	皮[1]	537	baih	敗[1]	450
baeg	龥	80	baenq	擁	416	baet	拍[2]	132	baez	皮[2]	537	baih	敗[2]	451
baeg	腮	517	baenq	揾[2]	149	baeu	蚜	545	baez	疲	524	baih	敗[3]	451
baeg	白[1]	516	baenq	轶	416	baeu	蚱[1]	633	bag	凹[1]	33	baih	排[1]	144
baeg	飯	516	baenq	羧	9	baeu	虾[1]	545	bag	凹[2]	33	baih	排[2]	144
baeh	悲	341	baenq	奔	190	baeu	鲍	545	bag	剹	36	baiq	拼	149
baeh	紕	580	baenq	轴	416	baeu	踊	600	bag	帕[2]	211	baiq	睁	501
baek	批	132	baenq	撑	162	baeu	卧	595	bag	铂	511	baiq	拜[2]	164
baek	炽	470	baenq	躰[1]	607	baeu	跨	600	bag	鐴	627	baiq	哗	243
baek	羿	166	baenq	梃	402	baeu	肺[1]	426	bag	怕	330	baiz	拼[2]	149
baek	北	79	baenq	彬[1]	399	baeu	炮	329	bag	𠆢	26	baiz	雏	484
baek	茈[1]	171	baenq	吠[1]	204	baeu	鲍[1]	633	bag	拍	164	baiz	雏	484
baek	拍	132	baenz	磧	493	baeuj	咕	226	bag	势	35	baiz	湘	324
baemz	体	132	baenz	蜢	550	baeuj	跨	591	bag	凹	27	baiz	眦	500
baen	扮	163	baenz	兵	71	baeuq	铺[1]	72	bag	撙	162	baiz	排[3]	145
baen	体[3]	132	baenz	擯[1]	156	baeuq	喇	243	bag	疤	524	baiz	排[1]	402
baen	体	72	baenz	吠[3]	204	baeuq	喂	257	bag	瘡	525	baiz	牌[1]	458
baen	喆	179	baenz	呆	211	baeuq	仝	52	bag	仆	71	baiz	沛	302
baen	超	457	baenz	副	31	baeuq	褒	84	bag	拍[2]	136	baj	妣[1]	373
baen	扮	128	baenz	黻	450	baeuq	布[1]	272	bag	刅	32	baj	妃	285
baen	奔	190	baenz	廘[1]	290	baeuq	佈[1]	52	bag	镀	619	baj	罢[1]	618
baen	本[1]	389	baenz	伻[1]	52	baeuq	仆[1]	45	bag	剥	30	baj	芭	387
baeng	捧[1]	158	baenz	嗑[1]	243	baeux	丌	2	bag	剥[1]	30	baj	娿	376

35

baj	巴²	366	bangx	俫²	57	bawx	姤¹	375	beix	俱	60	bengz	鈝	452
baj	巴³	366	bangx	塝¹	120	bawx	媲	380	beix	嘥	257	bengz	舒	452
baj	巴⁴	366	bangx	嵙	271	bawx	娝¹	376	beix	韡	621	bengz	秤	622
baj	叭²	197	bangx	旁¹	11	bawx	庯	376	beix	皉	420	bengz	呠	218
baj	破²	488	bangx	榜¹	407	bawx	妭	375	beix	鈚	538	bengz	靚	452
bak	唔¹	218	bangx	榜²	407	bawx	婢¹	377	beix	佊	52	bengz	喫	227
bak	吡³	211	bangx	傍³	67	bawx	姊	375	beix	彼	274	bengz	嗎	249
bak	帕³	211	bangx	磅	493	bawx	配¹	592	beix	婢²	377	bengz	呼	211
bak	喇	249	bangx	房¹	483	bawz	伯¹	53	beix	皮³	537	bengz	債	68
bak	拍²	136	bangx	佭¹	57	bax	肥	497	beix	仳	48	bengz	輹	452
bak	喇	252	bangx	旁²	467	bax	罢³	507	beiz	嚴	538	bengz	髇	450
bak	喇	249	banh	趁	590	bax	把¹	129	beiz	較	416	bengz	榜³	407
bak	叭³	197	banh	班	386	bax	罷²	508	beiz	魼	638	bengz	嘭	257
bak	吧²	205	banh	疒	524	baz	妣²	373	beiz	魼	639	bengz	彭²	278
bak	百	516	banh	班⁴	386	baz	凹	366	beiz	擀	156	bengz	彭³	278
bak	北²	79	banh	瘙	527	baz	池	310	beiz	鱍	420	benj	楄	404
bak	剥³	30	banj	販	610	baz	把¹	163	beiz	坒	112	benj	琁	384
bak	拍³	132	banj	扳¹	205	baz	奴	372	beiz	椊	411	benj	枅	391
bam	橄¹	407	banj	扳²	128	baz	仏	45	beiz	肥¹	425	benj	板¹	391
bam	楨	409	banj	扳³	128	baz	把²	129	beiz	秘¹	513	benq	片	458
bam	柕¹	391	banj	谤	614	baz	把³	129	beiz	披	133	benz	赴	589
bam	桓¹	394	banj	班⁵	386	baz	琶	386	beiz	捨	145	benz	跰	596
bamj	蹁	602	banz	盨	510	be	擘	418	bej	鼸	484	benz	赴¹	589
bamq	侞	53	banz	扐	129	be	別¹	28	bej	妼¹	135	benz	拼	129
bamq	把	133	banz	艕	568	beb	剔	31	bej	妼	458	benz	馞	460
bamq	勵	636	banz	班⁶	386	beb	刑¹	107	bej	嗣	484	benz	嘕	243
bamq	趌	596	banz	盤¹	510	beb	鈃	107	bek	姊²	376	benz	便¹	60
bamz	疒¹	523	bap	叭⁴	197	bed	颾	464	bek	荊	166	bep	刑²	108
bamz	呗	201	baq	凹³	33	beg	肑	516	bek	掣	166	beq	軧	607
bamz	斑	386	baq	把	111	beg	伯	274	bek	掊³	136	bet	毛	3
bamz	八³	71	baq	肖	268	beg	白²	516	bek	熢	472	bet	唎¹	227
ban	昚	447	baq	圤	109	beg	柏	394	bek	丿¹	13	beu	諕	613
ban	販	438	baq	帕	272	beg	拍⁴	132	bek	炎	470	beu	範	262
ban	扳¹	128	baq	帕	273	bei	砥	488	bemh	胖¹	414	beu	哓	233
ban	班¹	386	bat	釟	554	bei	鞞	17	bemx	唑	233	beu	錁	624
ban	班²	386	bat	矶²	487	bei	卑¹	16	beng	呏¹	227	beu	嘌¹	252
ban	班³	386	bat	靶	554	beih	虾²	545	beng	呏²	227	beu	標	338
bang	俫¹	57	bat	鈸	622	beih	蟙	552	beng	柄	133	beu	票	484
bang	邦¹	97	bat	叭⁵	197	beih	貝¹	450	beng	榜	515	beuj	打	125
bangh	邪¹	279	bat	杋²	390	beih	鴉	521	beng	拼	129	beuj	摽	156
bangh	傍	283	bat	拔¹	133	beih	玭	545	beng	肝	458	beuj	鷯	522
bangh	梆	471	bau	囙	265	beih	蜱	549	beng	抶¹	141	beuj	俵	167
bangh	榜	476	bau	袍	533	beij	呧¹	211	beng	拼¹	136	beuj	表¹	8
bangh	傍¹	67	bauh	胞	34	beij	比¹	419	bengh	祳	534	beuq	猿	281
bangh	傍²	67	bauh	劵	37	beij	比²	419	bengh	兵	72	beuq	獛	283
bangj	榜¹	535	bauq	嚛¹	257	beij	庀	288	bengx	併	57	beuq	猿	281
bangq	蚌	546	bauq	炮	375	beiq	蓜	178	bengx	彭¹	278	beuq	獛	283
bangq	膀	434	bawx	妼	375	beix	晟	211	bengz	鈝	452	beuq	獭	284

beuq	犳	278	biek	倒	60	bih	𬺛	538	binq	才	10	biz	皀	517
beuq	狍	279	biek	唎[2]	227	bih	兄	205	binx	平[3]	6	biz	胚[1]	427
beux	鉋	581	biek	莀	178	bih	䟢	211	binz	爹	451	biz	呲[2]	205
beuz	螵	518	biek	菖[1]	174	bij	秕	513	binz	边[1]	352	bo	犤	120
beuz	标[1]	394	biek	䏱	176	bij	秘[2]	513	biq	连	358	bo	廞	289
bex	悲[2]	341	biek	翂[1]	182	bik	舭	483	biq	柲[2]	135	bo	紴	581
bex	吡[2]	211	biek	翂[2]	182	bik	浜	311	biq	跛	597	bo	坡	111
bex	咟[4]	211	biek	莒	171	bik	碧	492	biq	卑[2]	16	bo	粆	537
bex	跛	597	bien	勒	636	bim	耕[1]	573	biq	备	286	bo	瘕	526
bex	悪	343	bien	楲	394	bin	逼	359	biq	被	533	bo	癵	291
bez	幣	568	bien	篇	566	bin	榪	577	biq	吡[1]	205	bo	駏	382
bez	箴	564	bien	坤	111	bin	攟[2]	156	bit	鵯	521	bo	仆[1]	109
bez	籍	565	bien	筷	562	bin	越[2]	589	bit	毯	456	bo	坡[1]	112
bi	陴	420	bien	蔍	179	bin	奁	452	bit	丿[2]	13	bo	破[3]	488
bi	靹	17	bien	蔍[2]	179	bin	墳	452	bit	秕	456	bob	啵[1]	233
bi	丕	16	bien	边	353	bin	蹉	601	bit	于	3	bod	呠[3]	211
bi	蜱	538	bien	编	585	bin	爬	460	bit	嚓	257	boed	砒	490
bi	官	348	bien	邊	361	bin	振[3]	141	bit	胩	12	boed	擶	156
bi	芘	73	bien	篇[1]	562	bin	踣[1]	602	bit	鵯	518	boed	撒	153
bi	秕	420	bien	篇[2]	562	bin	𧨭	604	bit	匹	26	boed	砩	488
bi	脾	430	biengj	扻	129	bin	粕	576	biu	捄	145	boeg	胉[2]	423
bi	畢	420	biengj	押	129	bin	趴[1]	596	biu	仃	45	boeg	搏[1]	153
bi	颰	364	biengj	蚼	165	bin	攀	168	biu	癳	528	boeg	婆	377
bi	舭	607	biengj	翪	22	bin	挫	145	biu	庹	290	boek	卧	38
bi	必[1]	340	biengj	抏[2]	141	bin	拼[2]	136	biu	标[2]	394	boek	仆[1]	580
bi	非[1]	621	biengj	乩[1]	22	bing	蚊[1]	548	biu	標	409	boek	扰[1]	129
bi	丕[2]	6	biengj	搒	153	bing	蚊[2]	548	biu	瘭[2]	527	boek	紴[2]	581
bi	脾	431	biengj	旁[3]	467	bing	俩	53	biu	嘌[2]	253	boek	靮	416
bib	粺	575	biengx	挧	136	bing	蚊	546	biu	飘	464	boek	靳	415
bid	蚣	545	biengz	羕	384	bing	粺	574	biu	漂[1]	321	boek	卧	537
bid	螕[1]	551	biengz	螃	10	bingh	疢	526	biu	票[2]	484	boek	舨	606
bid	品[1]	218	biengz	仱[2]	52	bingh	偏	65	biu	票[3]	484	boek	黐	72
bied	剟[1]	36	biengz	邦[1]	97	bingh	殃	415	biuj	俵	63	boek	揶	149
bied	别[2]	28	biengz	邦[1]	97	bingj	餩	629	biux	蜾	549	boek	扑	468
bieg	珀	517	biengz	榜[4]	408	bingj	耕[2]	573	biux	蠂	552	boek	卜	37
bieg	魄	517	biengz	傍[4]	67	bingj	餩	630	biuz	藁	183	boek	扑[1]	125
bieg	鵯	517	biengz	唠	249	bingj	餩	630	biuz	藻	186	boek	扑[2]	125
bieg	驳[1]	381	biengz	旁[4]	467	bingj	餠	611	biuz	标[3]	394	boek	朴	390
bieg	扒[2]	125	biengz	螃[1]	551	bingj	烆	471	biuz	嘌[3]	253	boemh	嘽	264
biek	翂[2]	166	bienh	梗	458	bingq	杉	390	biuz	漂[2]	321	boemz	撑[1]	158
biek	剟[2]	36	bienh	便[2]	60	bingx	珉	9	bix	妣	373	boemz	絣	630
biek	盼	516	bienh	便[3]	60	bingx	𡴶[1]	8	biz	嫛	538	boemz	䉬	631
biek	莿	176	bienq	腋	459	bingz	磑	491	biz	胺[1]	426	boemz	糊	575
biek	烈	72	bienq	狻	281	bingz	磁[1]	492	biz	胺[2]	426	boemz	槩	577
biek	泊[1]	86	bienq	宾[3]	349	bingz	砥[1]	487	biz	胁[1]	426	boemz	曋	503
biek	泊[2]	86	bienq	必[2]	340	bingz	品	205	biz	脶	538	boemz	嘽[1]	257
biek	劄	517	biet	必[3]	340	bingz	砰	488	biz	毑	420	boemz	嘽[2]	264
biek	弼	367	bih	舭	537	bingz	屏	363	biz	臕	437	boemz	阴	96

boemz	唪[1]	233	boi	誟	611	bonq	伴[1]	53	bouz	脖	554	buh	紴	581
boemz	棚[1]	145	boi	誹	612	bonz	盃[2]	440	bouz	膜	433	buh	絧	583
boemz	稔	514	boi	盃[1]	509	bonz	瞌	446	box	播	168	buh	补[1]	532
boeng	習	517	boih	唶	243	bonz	瞛	449	box	凧	464	buh	佈[4]	53
boengj	垚[1]	114	boih	喔	249	bonz	呎	234	box	獪	284	buiz	盃[2]	509
boengz	唪[2]	233	boih	唻	234	bonz	苯	348	boz	希	273	bumj	迊	355
boengz	堸	122	boih	配	366	bonz	畈	447	boz	凄	320	bumz	肎	268
boengz	溯[2]	314	boih	背[1]	427	bonz	畔	440	boz	鈸	624	bumz	膨	430
boengz	垩	117	boih	背[2]	427	bonz	伴[2]	53	boz	希	273	bumz	朋[3]	425
boengz	塳	121	boih	倍[2]	63	bop	卟[1]	300	boz	剝	31	bung	箳[2]	561
boengz	萠	178	boiq	措	149	bop	鲊	632	bu	撟	158	bung	溯[3]	314
boengz	朋[2]	425	boiz	歎[1]	451	bop	鮑[2]	633	bu	夫[1]	4	bung	栅	431
boengz	棚[1]	117	boiz	貝[2]	450	boq	吹[2]	211	buek	駁[1]	382	bung	恩	343
boengz	澎	324	boiz	倍[3]	63	boq	啵	249	buek	搏[2]	154	bung	冲[1]	86
boenh	舍	44	boiz	配[2]	592	boq	咐	218	buemx	瞌	447	bung	朋[4]	425
boenq	趕	589	boj	吹[1]	211	boq	嶓	262	buemx	瞛	447	bungz	逢	604
boenq	避	360	boj	騞	608	boq	坡[2]	112	buemx	嗌[2]	243	bungz	萠[1]	172
boenq	跮	597	boj	敗	450	boq	颇	543	buen	搬	168	bungz	逢[1]	357
boenq	隨[1]	602	boj	闊[1]	298	boq	破[4]	488	buen	半[1]	73	bungz	盆[5]	509
boenq	揹	145	boj	簸	561	bouh	浦	612	buengq	牪	454	bungz	朋[5]	425
boenq	坯[1]	113	bok	刖	154	bouh	卟[1]	93	buengq	髈	608	bungz	蓬	182
boenq	堒[1]	117	bok	卜[5]	37	bouh	步[1]	421	buengx	螃[2]	551	bungz	碰[1]	491
boenq	搥[1]	149	bomh	畛[1]	497	bouh	部[1]	98	buengx	蟛	552	bungz	憑[2]	346
boenz	霙	620	bomq	畈	497	bouh	埠[1]	117	buengz	筹	564	bunz	盆[4]	509
boenz	霎	619	bomq	畂	502	bouq	埔	116	buengz	箳[1]	561	bup	膅	435
bog	瘶	527	bomx	跨[1]	595	boux	鋪[2]	72	buengz	芳	557	buq	利	27
bog	癳	527	bongh	逩	360	boux	仪[2]	48	buengz	踌[2]	604	buq	虾[3]	545
bog	卜[2]	37	bongh	蹦	605	boux	仪[3]	48	buenh	咩[1]	211	buq	釙	621
bog	卜[3]	37	bongh	跮	597	boux	仝	38	buenq	胖	451	buq	破[5]	488
bog	父	461	bongh	蟒	549	boux	俌	60	buenq	姘[2]	414	but	不[1]	5
boh	仪[1]	48	bongh	蹄	604	boux	夊[1]	461	buenq	秤	513	buz	渡	89
boh	爸[1]	470	bongh	榜[5]	408	boux	外[2]	461	buenq	半[2]	73	bw	笪	556
boh	仒[1]	38	bongq	胼[1]	431	boux	怀	48	buenq	半[3]	73	bwd	膆	435
boh	爻	391	bongq	嚡	379	boux	偻	70	buenq	判	28	bwenh	咩[2]	211
boh	鳩	520	bongq	嗳	257	boux	卟[2]	93	buenz	憊	345	bwh	咀	211
boh	爸	461	bongq	彭[4]	278	boux	卟[6]	38	buenz	垎	122	bwh	喀[2]	233
boh	爺[1]	462	bongq	膨	436	boux	卟[7]	38	buenz	堃	121	bwh	归	537
boh	爺	462	bongx	撐[2]	158	boux	叶[1]	197	buenz	搞	156	bwh	彐	361
boh	外[1]	461	bongx	捌[2]	145	boux	哺[1]	227	buenz	般	568	bwh	咀[1]	218
boh	發	462	bongz	飕	464	boux	哺[2]	227	buenz	盤[2]	510	bwi	貝[3]	450
boh	媷	462	bongz	脥[3]	426	boux	布[2]	272	buenz	盆[3]	509	bwi	貝[4]	450
boh	佰[1]	57	bongz	岜[1]	269	boux	佈[3]	52	bug	楠	399	bwn	毡	456
boh	啵[1]	234	bongz	啵	440	boux	部[2]	98	bug	仸	48	bwn	氈[1]	457
boh	伯[2]	53	bongz	崩[2]	270	boux	伕[1]	48	bug	樸	408	bwn	鐇	625
boh	卜[4]	37	bonj	畔[1]	212	boux	扶[2]	129	bug	迫	354	bwn	毡	456
boh	佈[2]	52	bonj	本[3]	389	boux	甫	7	buh	襏	533	bwn	氈	457
boh	扶[1]	129	bonq	夞	274	boux	仆[3]	45	buh	絘	537	bwn	毡	456
boh	仆[2]	45	bonq	袮[1]	533	bouz	肺[2]	426	buh	彲	277	bwn	桅	391

bwn	蠹	457	bya	鮑[1]	632	byaij	湃	356	byat	叭[7]	197	byoengq	堋[3]	233
bwn	氍	457	bya	岜[1]	268	byaij	跩	598	byat	叭[8]	197	byoenx	闶[1]	292
bwn	硒	457	bya	岜[2]	268	byaij	迷	357	byauh	栜	402	byoenx	哧[2]	212
bwn	毬	458	bya	鲃	631	byaij	赳	590	byauh	簌	561	byoenx	殕	415
bwn	篦	458	bya	鲅	633	byaij	旦	641	byauq	表[2]	8	byoi	啤	260
bwn	甀	457	bya	琶[2]	386	byaij	躄	604	byawz	哬[1]	218	byoi	绑	584
bwn	鬅	639	byaek	吡[4]	211	byaij	跐[2]	596	byawz	啪	227	byoi	綁	584
bwn	瘭	458	byaek	荸	174	byaij	跋	604	byawz	詎	611	byoiq	退[2]	357
bwn	嚗[1]	234	byaek	蒞	178	byaij	跸	601	byawz	合	43	byok	朴	81
bwn	毬	458	byaek	蓝	182	byaij	拜[3]	164	byawz	破	537	byom	麻	291
bwn	毬[1]	457	byaek	蔟	185	byaij	湃	305	byawz	皤	537	byom	猫	282
bwn	蒛	457	byaek	苩[2]	172	byaij	派[2]	308	byawz	白[3]	516	byongh	半	73
bwn	枘	579	byaek	北[3]	79	byaij	爪	460	byawz	佰[2]	57	byongh	粺	278
bwn	笨	557	byaek	茈[2]	171	byaiz	魅	639	byawz	伯[3]	53	byongh	艸[1]	74
bwn	品[2]	218	byaemh	拼	275	byaiz	汃	300	byawz	泊	305	byongh	辩	467
bwnh	犀	363	byaemh	偏	276	byaiz	牌[2]	458	byawz	俰[1]	57	byongj	昴	505
bwnh	俾	68	byaemh	兵	234	byaj	龟	620	byawz	溥	320	byongj	昉	504
bwnh	喀[1]	253	byaengq	閗	299	byaj	靶	620	byax	凹[4]	33	byongj	旁[5]	467
bwnh	毬	458	byaengq	閞[1]	296	byaj	罢[2]	618	byax	肥	33	byonj	醋[2]	506
bwnh	胙[1]	427	byaenz	纹	34	byaj	鼌	620	byax	邑	33	byonj	攀	579
bwnh	脼	433	byaenz	玫	465	byaj	翹	620	byax	钯	622	byonj	板	394
bwnh	耗[1]	571	byaet	呸	205	byaj	苍[1]	384	byax	把	369	byonj	李	390
bwnh	枠	572	byaet	扣	125	byaj	酢	620	byax	巴	366	byop	哑	253
bwnh	麻	578	byaeu	燃	473	byak	猷	183	byax	刡	369	byoq	疲[2]	470
bwnq	艦	631	byaeux	蠹[1]	383	byak	疏	517	byaz	稗	514	byoq	柪[1]	472
bwnq	嚗[2]	234	byaeuz	倈	630	byak	皢	227	byaz	芇	169	byoq	爁	476
bwnz	砶[1]	488	byaeuz	汱	302	byak	呱	72	byaz	抳	141	byoq	炰	470
bwt	胚[2]	426	byaex	鲴	633	byak	欷	182	byaz	汈	300	byoq	啵[2]	234
bwt	脾	428	byaex	贝[2]	449	byak	蔌	351	byaz	朳	570	byot	悪	619
bwt	朳[1]	19	byaez	澈	320	byak	散	182	byaz	芭	170	byou	怖[1]	40
bwt	肛	425	byai	荓	180	byangj	瘠	527	byaz	笆[1]	557	byouh	葡	431
bwz	扑[2]	580	byai	萊	174	byangj	瘽	527	byob	呎[1]	205	byouq	嬲[2]	257
bwz	砶	517	byai	鏖	365	byangj	瘸	527	byoeb	蠹[2]	383	byouq	怖[2]	40
bwz	怭	581	byai	沭	86	byangj	卿	527	byoeg	沐[2]	300	byouq	怖[3]	40
bwz	摘	168	byai	桸	402	byangj	甀	368	byoeg	滾	481	byouq	叙	104
bya	鲍	632	byai	蓝	621	byangj	榜	617	byoek	呎[2]	205	byouq	臻	532
bya	圯	268	byai	桹[1]	404	byangj	嘮	262	byoek	殁	414	byouq	宋	347
bya	崖[1]	271	byai	摆	154	byangj	吜	523	byoek	卟[2]	197	byouq	门[1]	38
bya	魝[2]	632	byai	来[1]	7	byangj	摒	525	byoem	媼[2]	457	byouq	冇[1]	39
bya	鲌	633	byai	淶	314	byangj	福	617	byoem	挺	457	byoux	沛	302
bya	鷓	632	byai	排[4]	145	byangj	辮	616	byoemh	稂	514	byoux	舔	253
bya	蚆[1]	545	byai	派[1]	308	byangj	袢	616	byoeng	垫511		byoux	蜅	548
bya	岜	302	byaij	躚	602	byangz	仿[1]	328	byoeng	翃	511	byoux	浦	311
bya	峎	269	byaij	跷[1]	601	byangz	嫽	376	byoeng	狦	281	byouz	黑[1]	481
bya	砏	488	byaij	弄[1]	370	byanz	弄[2]	370	byoeng	砰	370	byouz	滛	324
bya	澢[1]	311	byaij	逛[2]	359	byap	叭[6]	197	byoeng	拰	370	byouz	堼	367
bya	澢[2]	311	byaij	跻	598	byat	穴	90	byoeng	猛	512	byouz	炃	469
bya	挘	158	byaij	跄[2]	598	byat	黟	72	byoengq	捧[2]	144	byouz	凋	314

C

byox	啵²	233	ca	叽⁹	197	caek	色²	568	caemq	尽¹	363	caengz	憎¹	338
byox	潽	500	ca	叉¹	103	caek	则¹	29	caemq	侵³	60	caengz	憎²	338
byox	眰	498	ca	差¹	569	caek	则²	29	caemx	泟	305	caengz	憎³	338
byox	眤	498	ca	咋¹	212	caek	则³	29	caemx	衿	533	caenh	楷	408
byox	跛	597	ca	乍¹	15	caek	则⁴	29	caemx	浸³	311	caenh	㾺	289
byoz	垁	118	cab	凶	92	caek	则⁵	29	caemx	渗	315	caenh	挋¹	136
byoz	砅	487	cab	侧¹	36	caek	则⁶	30	caemx	汛²	300	caenh	臣	541
byoz	卟²	109	cab	雜	85	caek	擇	161	caemz	侵	68	caenh	尽²	363
byoz	坡³	113	cab	乍²	15	caek	厌²	24	caemz	哼¹	219	caenh	进	353
byuj	喙¹	234	cae	觳	454	caem	赕	452	caemz	寖	91	caenh	盡	486
byuj	趹	596	cae	型¹	116	caem	砛¹	488	caemz	㘬	114	caenj	挋²	137
byuj	蹱	604	cae	毂	454	caem	砛²	488	caemz	剥	30	caenx	攤	156
byuj	蹰	10	cae	牤	453	caem	吭	205	caemz	扰	129	caenx	挋³	137
byuj	噜¹	257	cae	釵	243	caem	吀	201	caemz	曼²	361	caenx	嗔¹	249
byuk	蚪	544	cae	连	356	caem	掀	154	caemz	曼³	361	caenx	阵	94
byuk	耒	111	cae	鎚	628	caem	硨	491	caemz	凡¹	78	caenz	寞	531
byuk	卟	531	cae	錐	625	caem	外	23	caemz	侵⁴	60	caep	碏	493
byuk	堀	548	caeb	撘²	160	caem	吃¹	201	caemz	寻²	361	caep	擤¹	159
byuk	蛤¹	548	caeb	拾¹	136	caem	沉¹	302	caemz	寻³	362	caep	沰	89
byumx	温	318	caeb	摺²	156	caem	忖	328	caen	倷	65	caep	瀿	88
byux	卟³	197	caed	沘¹	300	caem	浸¹	311	caen	佷	57	caep	濲	90
byuz	櫨	518	caeg	猘	282	caem	浸²	311	caeng	揩¹	159	caep	叩²	196
byuz	蔗¹	518	caeg	盗	510	caem	冗¹	90	caeng	呈	206	caep	呴	205
byuz	厒	517	caeg	塞	350	caem	冗²	90	caeng	曾	75	caep	嗔¹	234
byuz	厲	517	caeg	扎	125	caem	蕭	615	caengh	秤	515	caep	砒	487
byuz	厡	517	caeg	则¹	27	caem	沓	327	caengh	秤	515	caep	叱	197
byuz	麻	518	caeg	厌¹	24	caem	沰	305	caengh	扨	126	caep	晶	506
byuz	凪	517	caeg	卒	82	caem	汛¹	300	caengh	蟾	552	caep	曡	124
bywi	昉	497	caeh	癣¹	527	caem	针¹	627	caengh	称	513	caep	七¹	2
bywngj	踃	601	caeh	醛	592	caemh	弛	362	caengh	檣	411	caep	什	45
bywngj	指¹	145	caeh	瘁	525	caemh	侵¹	361	caengj	髽	566	caep	熟	482
bywngj	皁	253	caeh	穄	515	caemh	侵	63	caengj	㸃	564	caep	執	118
bywnj	抙⁵	132	caeh	遒	360	caemh	侵	60	caengq	鬻	482	caep	枳	394
bywnj	酥¹	506	caej	哽	234	caemh	伸	53	caengq	槽²	411	caeq	耘	163
bywnj	撵	161	caek	睄	501	caemh	深¹	314	caengx	楷	404	caeq	綵	586
bywnj	撵	156	caek	冐	501	caemh	搗	158	caengz	漕	90	caeq	狂	280
			caek	湉	318	caemh	寻¹	361	caengz	瞶	503	caeq	礩	489
	C		caek	咆	219	caemh	寻²	362	caengz	齑	194	caeq	祭	273
			caek	捌	149	caemj	鈤	626	caengz	噌¹	257	caeq	祭	484
ca	巇²	271	caek	鯽	634	caemj	鈕	628	caengz	噌²	257	caeq	置	508
ca	仪	327	caek	箭	562	caemj	隶	480	caengz	層	365	caeq	珠	386
ca	乂¹	80	caek	喊	249	caemj	髬	567	caengz	成¹	418	caet	批	125
ca	乂²	80	caek	椰	404	caemj	掸	145	caengz	呈²	206	caet	杫	390
ca	毖	268	caek	鴾	518	caemj	侵²	60	caengz	勝	431	caet	沘²	300
ca	鮺	633	caek	鮑	632	caemq	跧¹	600	caengz	曾²	75	caet	沘	86
ca	䱜	632	caek	测¹	308	caemq	挦	159	caengz	曾³	75	caet	七²	2
ca	虬¹	544	caek	测²	318	caemq	髬	362	caengz	曾⁴	75	caet	七³	2
ca	杈	570	caek	色¹	568				caengz	增¹	122	caet	挩¹	141

caet	摺[3]	156	caeuz	艻	433	caih	最[1]	445	camh	撕[2]	156	cangz	吃	206
caeu	摶	169	caeuz	忬	331	caij	蹿	604	camh	暂[1]	445	cangz	孖	33
caeu	做[1]	57	caeuz	粹[1]	573	caij	采	460	camh	斩[1]	415	cangz	嘈	253
caeu	敂[1]	219	caeuz	仇[1]	45	caij	踩[1]	601	camj	篸[3]	561	cangz	咥	219
caeu	奴	287	caeuz	仇[2]	45	caij	踩[2]	601	camj	窜	91	cangz	怅	617
caeu	绶	588	caeuz	疚	523	caiq	取[1]	104	camq	插	154	cangz	吐[1]	201
caeu	叹[1]	197	caeuz	囚[1]	264	caiq	塞	351	camq	山[1]	267	cangz	咣	206
caeu	周	40	caeuz	囚[2]	264	caiq	在[2]	110	camx	鐯	626	cangz	藏[1]	186
caeu	啁[1]	234	caeuz	囚[3]	264	caix	泩	308	camx	艈	35	cangz	伥[2]	63
caeuq	嗳[1]	234	caez	斉	466	caix	敆	285	camz	姃	379	cangz	长[1]	618
caeuq	侵	63	caez	斉	465	caix	咗	219	camz	婧	377	cangz	常	273
caeuq	煣	474	caez	歓	466	caix	臧	419	camz	胼[2]	35	cangz	帐	273
caeuq	邳[1]	97	caez	喈	234	caiz	芛[1]	556	camz	胼	432	canh	撰	159
caeuq	凑	88	caez	半	420	caiz	才[4]	3	camz	攒	162	canh	馔[2]	631
caeuq	収[1]	92	caez	才	3	caiz	才[5]	3	camz	赞	450	canj	墡	122
caeuq	收[1]	92	caez	才[2]	3	caiz	帅[1]	272	camz	斩[2]	415	canj	剗	31
caeuq	受[1]	460	caez	齐	465	caj	烀	80	can	嵾	272	canq	蠓	553
caeuq	奏[1]	9	caez	揌[2]	150	caj	仵	46	can	呫[1]	441	canz	孬[3]	370
caeux	媭	447	cag	綗	583	caj	竿[1]	556	can	呫[2]	441	canz	栈	408
caeux	搜	167	cag	嘈	258	caj	叙	563	can	鲇	629	canz	哼[1]	219
caeux	晘	442	cag	綷	581	caj	敖	75	can	馔[1]	631	canz	岽[2]	269
caeux	鉭	442	cag	縿	586	caj	叉[2]	103	cang	揩	145	canz	毡	456
caeux	㓳	447	cag	紒	580	caj	查[2]	394	cang	佘	537	canz	残	415
caeux	揪	447	cag	长[1]	617	caj	察	350	cang	灶	468	canz	汕[1]	300
caeux	尉	440	cah	楂	535	caj	耍	375	cang	囶	264	canz	栅	394
caeux	哷[1]	219	cah	乂[3]	80	caj	佐[1]	53	cang	瘘	524	canz	盏[1]	510
caeux	儌	67	cah	斯	451	cak	秕	80	cang	圆	266	canz	栈	394
caeux	奵	442	cah	笠	556	cak	惰[1]	77	cang	仓	63	cap	揲	137
caeux	臻	167	cah	槎[1]	397	cak	惰[2]	77	cang	装[1]	537	cap	賺	364
caeux	首[1]	74	cah	查[1]	394	cak	鹞[1]	521	cang	装[2]	537	cap	叽	206
caeux	受[2]	460	cah	杀[1]	80	cak	错	625	cang	桩	573	cap	搋	141
caeux	娏	377	cah	吒[1]	201	cak	落[1]	180	cangh	伍	57	cap	猹	411
caeux	搜	150	cah	樝[1]	405	cak	拃[1]	133	cangh	跟[1]	601	cap	扨	126
caeux	造[1]	357	cah	樝[2]	405	cak	作	53	cangh	长[2]	617	cap	剪	36
caeuz	紙[1]	581	cah	榨	408	cak	作[1]	329	cangj	湯[1]	195	cap	扦	126
caeuz	枕	571	cah	祚	485	cam	哐[2]	201	cangq	让	300	cap	拃[2]	133
caeuz	樱[1]	575	cai	蓠	466	cam	鎟	625	cangq	殡	415	cap	种	514
caeuz	嗳[2]	234	cai	萄	180	cam	掺	235	cangq	弆	189	caq	差[3]	569
caeuz	毡	456	cai	亲	466	cam	喳	235	cangq	堃	118	caq	窄[1]	531
caeuz	属	364	cai	猜	281	cam	讪[1]	201	cangq	昌	438	caq	柞	394
caeuz	睸	500	cai	差[2]	569	cam	锂	625	cangq	伥[1]	63	cat	扠[1]	125
caeuz	篱	565	cai	斋[1]	466	cam	运[1]	352	cangq	湢	315	cat	扠[2]	125
caeuz	疵	524	caih	傴	57	cam	疹	106	cangq	上	11	cat	涤[1]	308
caeuz	牤	453	caih	才[3]	3	cam	信	46	cangq	双[1]	103	cat	蛏	270
caeuz	飘	22	caih	柴	397	cam	散[1]	423	cangq	墜	180	cat	苴	80
caeuz	飼	631	caih	再	6	cam	簪	565	cangq	芷	170	cat	搭	150
caeuz	秋	513	caih	在[1]	110	camh	掺[1]	145	cangx	养[1]	74	cat	差[4]	569
caeuz	秋	570	caih	斋[2]	466	camh	撕[1]	156	cangz	孖[1]	32	cat	杀[1]	464

cat	涮	315	caux	燋	476	cawz	除[1]	95	ce	雯	618	cej	且	6
cat	喳[2]	243	caux	韶	629	cawz	寺[1]	111	ce	甾[1]	504	cek	㧜[1]	133
cat	窄[2]	531	caux	绍	481	cax	傞	65	ce	奢	191	cek	骰	10
cau	鸦	91	caux	照	481	cax	莉	34	ce	舍[2]	43	cek	輨	416
cau	蜉	548	caux	超	589	cax	乂[4]	80	ce	捨	145	cek	册	15
cau	懆	339	caux	朝[2]	432	cax	鎈[1]	625	ce	赦	422	cek	拆	133
cau	昭	440	caux	造[6]	357	cax	鎈[2]	625	ce	卸	93	cemh	祐	485
cauh	揨[1]	154	caux	造[7]	357	cax	脎[1]	34	ce	者	388	cemx	喙	249
cauh	揨[2]	154	caux	造[8]	357	cax	洌	308	ced	女	372	ceng	峥[1]	219
cauh	揨[3]	154	cauz	剿	30	cax	鎈	625	ceg	劉	189	ceng	峥[2]	219
cauh	秴	9	cauz	曹[2]	445	cax	叺	32	ceg	剻	299	ceng	琤	569
cauh	磋	493	cauz	嘈	253	cax	劳	36	ceh	粞	577	ceng	羞	569
cauh	尧	108	cauz	槽	409	cax	隊	95	ceh	眥[2]	9	ceng	㫤[1]	227
cauh	矷	108	cauz	嘲	258	cax	叺	33	ceh	糙	577	ceng	争	33
cauh	硇	491	cauz	招[2]	133	cax	鉩	623	ceh	秠	574	ceng	挣	137
cauh	茶[1]	174	caw	唻	249	cax	勅	36	ceh	种	514	cengh	潀	325
cauh	朝[1]	432	caw	毗[1]	425	cax	鈺[1]	622	ceh	糙	575	cengj	撑[1]	159
cauh	造[2]	357	caw	嗦	249	cax	阼	34	ceh	粒[1]	572	cengj	争[2]	33
cauh	造[3]	357	caw	時[1]	442	cax	勅	36	ceh	洽	315	cengj	挣[2]	137
cauh	造[4]	357	caw	珠[2]	386	cax	叺	198	ceh	说	616	cengq	扦[1]	126
cauh	造[5]	357	caw	珠[3]	386	cax	刟	32	ceih	型	30	cengq	勝[2]	431
cauh	着[1]	75	cawj	胙[1]	427	cax	厙	36	ceih	稒	169	cengq	争[3]	33
cauj	钞	194	cawj	咠	480	cax	刔[1]	28	ceij	喈	243	cengq	挣[3]	137
cauj	䤴	182	cawj	過	359	cax	杀[2]	80	ceij	爝	477	cengx	滞	89
cauj	嘩[1]	243	cawj	煮	473	cax	舍[1]	43	ceij	旰	437	cengx	腾	464
cauj	操[1]	160	cawj	燦	477	cax	社	485	ceij	誯	612	cenh	狨	279
cauj	草	174	cawj	噓	253	cax	喳[1]	243	ceij	昏	273	cenh	猫	282
cauj	招[1]	133	cawj	主[1]	19	cax	乍[3]	15	ceij	子[1]	368	cenh	猰	283
cauj	找	129	cawj	焚	473	caz	乂	80	ceiq	炽	468	cenh	狝	281
cauj	召	33	cawj	炷	470	caz	蒼	180	ceiq	犁	454	cenh	犴	278
cauq	焇[1]	472	cawx	駐	452	caz	梍[1]	411	ceix	最[2]	445	cenh	箭	563
cauq	鏵	623	cawx	瑨	452	caz	樣[2]	397	ceiz	○	641	cenh	錢	625
cauq	姚	471	cawx	琗	19	caz	槑	405	ceiz	種	577	cenj	孟	509
cauq	磔	494	cawx	庆	43	caz	嚓[1]	243	ceiz	糙	577	cenj	杆	390
cauq	硴	490	cawx	毅	21	caz	茶[2]	174	ceiz	糒	577	cenj	盞	510
cauq	桃	194	cawx	直	113	caz	查[3]	394	ceiz	精	576	cenj	澘	510
cauq	燖	477	cawx	鑚	453	caz	吓[1]	201	ceiz	粑	570	cenj	筅	561
cauq	銚	623	cawx	厌	34	caz	楂[3]	405	ceiz	鈚	628	cenj	圩[1]	110
cauq	焊	471	cawx	貯	451	caz	楂[4]	405	ceiz	糯	575	cenj	砰[1]	487
cauq	钞	622	cawx	貹	452	ce	拿[1]	43	ceiz	鏈	630	cenj	皿	509
cauq	镜	627	cawx	筊	72	ce	眥[1]	9	ceiz	鵲	521	cenj	盏[2]	510
cauq	硤[1]	489	cawx	瑨	122	ce	担	133	ceiz	樹	188	cenx	笑[1]	559
cauq	硤[2]	489	cawx	貯	450	ce	舍[1]	44	ceiz	鴪[2]	520	cenx	槵	409
cauq	堯	122	cawx	似	49	ce	啫[1]	235	ceiz	伦	332	cenz	哦	260
cauq	銷	624	cawx	主[2]	19	ce	筆	415	ceiz	糙	576	cenz	錢	622
cauq	灶[1]	468	cawx	柱[1]	394	ce	夬	22	ceiz	鶖	522	cep	斜	31
cauq	姚	114	cawz	咐	227	ce	晋[1]	505	ceiz	蕊[1]	184	cep	痄	524
caux	趙	589	cawz	嚌	262	ce	洋	308				cet	邁	361

音节	字	页	音节	字	页	音节	字	页	音节	字	页	音节	字	页	音节	字	页
cet	迎	353	ciem	眣	499	ciengz	祥	486	cij	唧	235	cimz	嘽[2]	257			
cet	踥	490	ciem	粘[1]	572	ciengz	詳	612	cij	只[1]	198	cimz	訡	555			
cet	嚼	260	ciem	笘	558	ciengz	垟	114	cij	止	420	cimz	唱	243			
cet	苆	212	ciem	占	198	ciengz	正[2]	6	cij	指	137	cimz	啌	227			
cet	薦	185	ciemh	暫	447	cienh	呫[2]	212	cij	趾	596	cimz	呈[2]	206			
cet	七[4]	2	ciemz	挟	137	cienh	转	415	cij	主[3]	19	cin	黐	532			
cet	切	33	ciemz	搋	150	cienj	灗	320	cik	疜	364	cin	亲见	593			
ceuj	魸	477	cien	忏[2]	468	cienq	战	481	cik	扰[2]	125	cin	春[1]	440			
ceuj	尐	479	cien	扗	456	cienq	溥	326	cik	咑	220	cin	椿	405			
ceuj	掞	145	cien	禾	479	cienq	川[1]	14	cik	吋[1]	202	cin	親	593			
ceuj	燒[1]	477	cien	穩	458	cienq	荐[1]	174	cik	炽	469	cing	胜	554			
ceux	繼	586	cien	廛[2]	458	cienq	千[2]	14	cik	眛[1]	444	cing	猜	371			
ceux	繾	586	cien	矸[2]	487	cienq	战[1]	419	cik	吥	438	cing	胜[2]	427			
ceux	絪	584	cien	千[1]	14	cienq	战[2]	419	cik	跡	447	cing	腈	554			
ceux	綳	586	cien	圷[2]	110	cienq	转	415	cik	尺	362	cing	腆	434			
cex	涿	321	cien	圳	110	cienx	吁	202	cik	赤[3]	111	cing	腈	506			
cex	社[2]	485	Cieng	膳	433	cienz	砖	206	cik	炽	470	cing	胜[1]	369			
cez	窿	527	Cieng	胜[1]	427	cienz	分	14	cik	跡	598	cing	性	54			
ci	鲲	634	Cieng	獐	530	cienz	筬	77	cik	菥	178	cing	押[1]	133			
ci	呩[2]	202	Cieng	张	367	cienz	豢	460	cik	炙	469	cing	腈	432			
ci	是[1]	440	Cieng	正[1]	6	cienz	錢	623	cim	跙	502	cing	婧	377			
ci	吱[1]	206	ciengh	豫	284	cienz	唅	219	cim	瞓	501	cing	青	617			
cib	十[1]	23	ciengh	振	145	cienz	遵	360	cim	翻	504	cing	請	613			
cid	糳	572	ciengh	匠	26	cienz	禾	14	cim	腌	500	cing	升[1]	14			
cid	苐	174	ciengh	相[1]	394	cienz	乃	32	cim	啉	227	cing	星[1]	440			
cieb	恝	341	ciengj	茨	560	cienz	传	49	cim	卦	496	cingh	稱	515			
cied	忏[1]	468	ciengq	敮	444	cienz	錢	623	cim	针[2]	627	cingh	侲[2]	57			
cied	唾	258	ciengq	喂	235	cienz	佺	57	cim	針	621	cingh	鄭	99			
cied	听	227	ciengq	戤	419	cienz	叉	32	cimh	踺[2]	600	cingj	悝	332			
cieg	蠹	188	ciengq	縣	447	ciet	节	169	cimh	踺[5]	600	cingj	沬	302			
cieg	惜	338	ciengq	揌[1]	126	cih	虬	348	cimh	踥	599	cingq	甯[1]	9			
cieg	埴	584	ciengq	將	287	cih	吃[3]	202	cimh	呯[2]	219	cingq	猷	76			
cieg	楮[1]	409	ciengx	數	630	cih	赤[2]	111	cimh	𠓥	91	cingq	噌[3]	257			
cieg	煮	178	ciengx	使[2]	48	cih	尽[3]	363	cimh	我	362	cingq	升[2]	14			
cieg	揌	184	ciengx	銯	628	cih	之[1]	18	cimh	曼[4]	362	cingq	升[3]	15			
cieg	若[1]	172	ciengx	鯯	630	cih	之[2]	18	cimh	浸[4]	311	cingq	勝[3]	431			
cieg	芍	170	ciengx	揌	156	cij	肚	425	cimh	侵[5]	60	cingq	星[2]	440			
cieg	着[2]	75	ciengx	丈[1]	18	cij	抧	133	cimh	覃	541	cingq	正[3]	6			
cieg	莋	176	ciengx	餇	629	cij	忎	479	cimh	尋	362	cingx	靖[1]	617			
ciek	剌	243	ciengx	婣	376	cij	呐	206	cimj	瘦	526	cingx	泟[2]	305			
ciek	楮[2]	409	ciengz	嘀	253	cij	毁	461	cimj	疢	524	cingx	尽[4]	363			
ciek	烟[1]	474	ciengz	塍	365	cij	跐	461	cimj	疹	524	cingz	惠	342			
ciek	七[5]	2	ciengz	垰	111	cij	胭	432	cimq	漫	318	cingz	十	11			
ciek	着[3]	75	ciengz	床	288	cij	肢	424	cimq	訇	77	cingz	鷄	521			
ciem	屺[1]	267	ciengz	扬	163	cij	娭	375	cimq	曼[5]	362	cingz	诚	137			
ciem	呫[1]	212	ciengz	坊	111	cij	蚘	545	cimq	浔	308	cingz	呈[4]	206			
ciem	枯	394	ciengz	长[2]	618	cij	虼	272	cimq	浔	324	cingz	醒	592			
ciem	秧	573	ciengz	详	616	cij	犴	272	cimz	唱	243	cingz	悝[2]	332

音	字	页	音	字	页	音	字	页	音	字	页	音	字	页	音	字	页
cingz	惺³	332	ciuq	羞	74	coek	足²	594	coenz	陈	94	coh	作²	53			
cingz	春²	440	ciuq	照¹	481	coemh	慢	472	coenz	陳	96	coi	嗩	243			
cinj	准	88	ciuq	照²	481	coemh	炕	469	coenz	昆¹	438	coi	傩²	65			
cinz	巡²	352	ciuq	照³	481	coemh	炒	470	coenz	文²	465	coi	搥	149			
ciq	拿²	43	ciux	貂	461	coemh	爝	474	coenz	旬¹	77	coi	摧	156
ciq	拿	70	ciuz	郊	98	coemh	燬	479	coenz	巡	352	coi	支¹	103			
ciq	鵻¹	520	ciuz	朝⁴	432	coemh	㷡	477	coenz	詢	616	coi	吱²	206			
ciq	吃⁴	202	ciuz	嘲²	258	coemh	鰻	70	coep	跫⁴	600	coih	菲	343			
ciq	醌	70	ciuz	潮	324	coemh	爅¹	476	coep	𧿺¹	595	coih	捽	161			
ciq	骾	69	cix	汁	86	coemh	浸⁵	311	coep	立	528	coih	揣	150			
ciq	勩	68	cix	哑¹	220	coemj	抪⁶	133	cog	昨¹	444	coih	税¹	514
ciq	嚟	262	cix	十²	23	coemj	搾²	145	cog	唯²	226	coih	遂	359			
ciq	鸡	521	cix	实	348	coemj	沉²	302	cog	唯³	226	coih	治	305			
cit	蜜	324	cix	是²	440	coemq	跤³	600	cog	嚁	253	coih	罪	508			
cit	叱¹	197	cix	则²	27	coemq	嶒	380	cog	曙	448	coij	烨²	472			
cit	泏¹	305	cix	之³	18	coemq	贈	507	cog	晖	445	coiz	笭²	556			
cit	沁³	300	cix	只²	198	coemq	跛	601	cog	浊	87	coj	椒	535
cit	烐²	474	cix	自	567	coemq	毂	105	cog	抑	141	coj	咧¹	228			
cit	铁	85	cix	字¹	347	coemq	踵	105	cog	謹	614	coj	初³	485			
cit	植	575	ciz	鋼	107	coemq	覆	362	cog	啅	235	coj	初²	533			
cit	灢	324	ciz	鋤¹	625	coemz	冲	87	cog	諢	613	coj	初³	533			
cit	烜	473	ciz	犁	625	coeng	稔	457	cog	吡	212	coj	祖¹	485			
cit	燎¹	472	ciz	籺	572	coeng	耗	457	cog	却¹	93	coj	祖²	485
cit	燃	479	ciz	餁	629	coeng	葆¹	178	cog	作³	133	coj	怼	343			
cit	击¹	81	ciz	粒	570	coeng	颂	542	cog	卓¹	38	cok	蕳	564			
cit	咄¹	212	ciz	粮	576	coeng	综	588	cog	昨¹	441	cok	鸽	521			
cit	咄²	212	ciz	嫧	377	coeng	總¹	585	cog	作²	330	cok	岞	268			
cit	灿	470	ciz	噴²	234	coengh	葆²	178	coh	牡	453	cok	㟭	595			
ciu	鹃	522	ciz	十³	23	coengh	諫	612	coh	褐	535	cok	昨	7
ciu	昭	212	ciz	時²	442	coengh	絜	484	coh	拉	133	com	咩³	219			
ciu	挏	281	ciz	殊	415	coengh	夯	100	coh	啷¹	227	comj	搏	535			
ciu	鹖	521	ciz	直¹	23	coengh	誦¹	612	coh	啷²	227	comj	穆	514			
ciu	椎	573	ciz	值	63	coengh	誦²	612	coh	娴	377	comj	衬	533			
ciu	鹃	519	co	闍	298	coengh	重	16	coh	初²	485	comz	揉²	159			
ciu	招³	133	co	傩	338	coengz	魅	543	coh	猪	283	comz	嗳²	227
ciuh	俾¹	57	co	簸	18	coengz	蝇¹	549	coh	初¹	532	comz	栲¹	397			
ciuh	朝³	432	co	闸	294	coengz	以	206	coh	嗦	249	comz	埁	114			
ciuh	炒¹	469	co	初¹	485	coengz	枞	391	coh	喷	227	comz	喁	258			
ciuh	侣	54	co	佐²	53	coengz	从	41	coh	托¹	126	comz	拵¹	137			
ciuh	召²	33	cod	融	364	coenz	哅	220	coh	學	372	comz	荞²	174			
ciuh	赵	589	cod	足¹	594	coenz	哼²	219	coh	咋²	212	con	圀	295
ciuj	钞	453	coeb	焯	473	coenz	哎⁴	204	coh	助¹	100	con	襌	535			
ciuj	牤	453	coeb	捉¹	141	coenz	迂²	352	coh	助²	100	con	窜	349			
ciuq	名	198	coeg	货	60	coenz	唔¹	227	coh	助³	100	con	川²	14			
ciuq	昭	498	coeg	鳍	634	coenz	訰	610	coh	助⁴	100	con	串¹	206			
ciuq	龟	480	coeg	嗺²	253	coenz	响¹	212	coh	着⁴	75	con	春³	440			
ciuq	昆¹	479	coeg	雀	194	coenz	嚯	264	coh	左¹	108	con	村	390
ciuq	揪	150	coek	佥	43	coenz	趫	449	coh	佐³	53	congh	呇	206

congh	艐²	74	couh	仇³	45	cub	嘱	262	cuk	堀	116	cuq	冇²	39
congh	容	531	couh	就	192	cub	㯩	228	cuk	粗	574	cuz	燋	477
congh	窊²	347	couh	受³	460	cueng	窊¹	347	cuk	笡	560	cuz	嘬	249
congh	沖¹	311	couh	尤	192	cueng	迿	355	cuk	呢¹	228	cuz	迣	357
congh	呻	206	couh	祖³	485	cueng	棺	411	cuk	呢²	228	cw	冣	91
congh	冲²	86	couj	咀¹	206	cueng	窊	531	cuk	秨	572	cwh	倃²	63
congh	串²	206	coux	鿳	166	cueng	㥀	531	cuk	搧	154	cwij	休	49
congh	鐘	622	coux	嗳⁴	234	cueng	椙	402	cuk	足⁵	595	cwj	諸	613
congz	槡	391	coux	慪	332	cueng	重²	16	cum	鬆	639	cwk	齒	92
congz	禒	536	coux	逡	358	cuengq	艐¹	466	cumh	証	134	cwk	墄	116
congz	棟¹	399	coux	孖	165	cuengq	艐²	466	cumz	帅	11	cwk	歾	77
congz	㞢	391	coux	授	167	cuengq	窞	467	cun	尋¹	438	cwk	勑¹	101
congz	榊	399	coux	疚	91	cuengq	撇	146	cun	貳	438	cwk	勑²	101
congz	艸¹	391	coux	阻	94	cuengq	紳	581	cung	淪	89	cwn	椿	150
congz	床¹	288	coux	挷	141	cuengq	放¹	421	cung	坤	111	cwn	春⁴	440
congz	椿	397	coux	稷	514	cuengq	放²	422	cung	中²	11	cwn	春⁵	440
congz	卓²	38	coux	魃	514	cuengq	中¹	11	cung	盅	510	cwngq	㾦	10
conh	踎	270	coux	皺	165	cuengz	床²	288	cungh	疳	524	cwngq	净	8
conh	沖²	311	coux	扭	163	cuenq	鏽	624	cungh	肿	425	cwngq	征	274
conh	夲	327	coux	挩	166	cuenq	碎	490	cungh	瘴	526	cwngq	証	611
conh	串³	206	coux	畕	510	cuenq	鑽	627	cungj	殷	462	cwngq	靜	612
conh	釧	627	coux	揌¹	145	cuenq	鑽	627	cungj	种	513	cwt	呞	212
conj	沖³	311	coux	揌²	146	cuenq	鎍	625	cungj	总¹	74	cwt	呦¹	228
conj	泩	301	coux	抽	133	cuenq	銓	623	cungj	総²	585	cwt	出¹	267
conq	村²	126	coux	丑	5	cuenq	串⁴	207	cungq	聿	12	cwt	出²	267
conq	揌²	126	coux	扭¹	129	cuenq	專	188	cungq	艸²	391	cwt	咄³	212
conx	鎊	623	coux	受⁴	460	cuenz	啴	253	cungq	冲³	86	cwt	拙	134
conz	拵²	137	coux	授¹	145	cuenz	川³	14	cungq	銃	623	cwx	最	270
conz	拴	137	coux	助⁶	100	cug	綻	583	cungq	中³	11	cwz	傪	454
cop	榨²	394	coux	助⁷	100	cug	柬	481	cungq	仲	49	cwz	時³	442
coq	抔⁴	137	coux	足³	594	cug	㳬	320	cungq	眾	508			
coq	炸	470	couz	织²	581	cug	練¹	583	cungq	总²	74		**D**	
coq	喇²	228	coz	曙²	448	cug	续	584	cunz	蹲	603			
coq	筎	560	coz	晖²	445	cug	綛	586	cup	嚟	260	da	欮	191
coq	坌	113	coz	儕	68	cug	綻	588	cup	筑¹	559	da	眙¹	498
coq	步²	421	coz	蕾	180	cug	揀¹	141	cup	嘈¹	253	da	眹	497
coq	勺¹	76	coz	學²	372	cug	逐	357	cup	嘈²	253	da	吙¹	202
coq	税²	514	coz	悼	63	cug	拙¹	133	cup	唑	220	da	妖¹	372
coq	助⁵	100	coz	着⁶	75	cug	捉²	141	cup	䚈	629	da	仃	54
coq	着⁵	75	coz	作⁴	53	cug	足⁴	594	cup	呢³	228	da	哆	220
coq	揸	156	cu	州	114	cug	族	467	cup	慥	338	da	眙	498
coq	左²	108	cu	啾	501	cuih	楴¹	405	cup	習²	579	da	畲	497
coq	左³	108	cu	秋¹	513	cuiz	碰	493	cup	呦	220	da	伏	46
coq	作³	53	cub	啲³	228	cuiz	碎	490	cup	倬	402	da	眦	496
coq	坐¹	111	cub	辣	641	cuiz	鎚	626	cup	执	127	da	䉵	389
cou	昌	441	cub	啾	235	cuiz	礋	492	cup	足⁶	595	da	打¹	126
couh	耽	192	cub	嗦¹	228	cuj	倃¹	63	cuq	初⁴	533	da	大¹	189
couh	噯³	234										da	哆	220

音节	字	页	音节	字	页	音节	字	页	音节	字	页	音节	字	页
da	他¹	46	daej	低¹	54	daemh	圹¹	110	daen	晫	500	daengx	撑³	159
da	他²	46	daej	底¹	288	daemj	缚	586	daen	迀	352	daengx	泞	530
da	她	372	daej	俤	63	daemj	钉	595	daen	遁	359	daengx	瞪	504
da	咃¹	212	daej	啼²	244	daemj	樽¹	411	daen	吞²	207	daengx	盯	496
dab	塔	123	daej	涕	311	daemj	搵³	149	daen	吞³	207	daengx	腾¹	433
dab	揸	146	daek	虺	578	daemj	盹²	596	daen	唔¹	228	daengz	趾²	421
dab	踏¹	603	daek	蜈	549	daemj	兀¹	479	daeng	晗	442	daengz	肝²	423
dab	疸	288	daek	揖	146	daemj	潭	10	daeng	当¹	193	daengz	十¹	11
dad	挞	141	daek	掦	156	daemj	釘	9	daeng	灯¹	468	daengz	肸	425
dad	桠	399	daek	撼	159	daemj	缠	586	daengh	踏²	599	daengz	脖	428
dae	楫	391	daek	擔	162	daemj	葺	274	daengh	橙	339	daengz	肚	424
daeb	揓	159	daek	蝎	552	daemj	塆¹	123	daengh	蹬	606	daengz	肭	424
daeb	撘³	161	daek	蛐	549	daemj	槌	402	daengh	灯²	468	daengz	亭¹	421
daeb	柯	390	daek	蜘	550	daemj	跨¹	603	daengh	登²	591	daengz	鳌	75
daeb	结¹	587	daek	蚱	546	daemj	钉¹	591	daengh	噔¹	258	daengz	肟	424
daeb	塔¹	119	daek	螳	553	daemj	顿	591	daengh	邓	99	daengz	肺	424
daeb	踢	601	daek	毛	20	daemj	鉫	587	daengj	稈²	515	daengz	登⁵	591
daeg	导²	438	daek	毛	15	daemj	栋¹	402	daengj	烃	477	daengz	噔³	258
daeg	狩	280	daek	嘚¹	249	daemj	屯¹	5	daengj	稂	516	daengz	等⁴	559
daeg	德	284	daek	嘚²	253	daemq	衰¹	617	daengj	鉏	564	daengz	仃¹	45
daeg	惷¹	343	daek	嘚³	253	daemq	遭	359	daengj	蹲	605	daengz	胚¹	427
daeg	犾	283	daek	噁	263	daemq	晃	244	daengj	噌¹	244	daengz	胀²	427
daeg	德¹	277	daek	恃¹	334	daemq	尘	291	daengj	登³	591	daengz	疼	524
daeg	特¹	453	daek	得¹	276	daemq	僜	68	daengj	等¹	559	daengz	腾²	433
daeh	梯	534	daek	得²	276	daemq	皁	244	daengq	噔	258	daengz	滕	435
daeh	晜	273	daek	德²	277	daemq	侣	65	daengq	樽²	411	daengz	藤	186
daeh	襁	533	daek	则⁷	30	daemq	圿	119	daengq	譐	615	daengz	肫¹	425
daeh	逪	356	daem	屯	15	daemq	丁¹	1	daengq	遵²	360	daenh	梗¹	400
daeh	拖	137	daem	啈	249	daemq	塆²	123	daengq	杠¹	390	daenh	溱	324
daeh	搨	159	daem	撙²	158	daemq	孖	6	daengq	莉	538	daenh	黷	640
daeh	越	589	daem	踏²	602	daemq	憐¹	338	daengq	噆²	244	daenh	捂	141
daeh	弟	73	daem	跠	488	daemq	扽¹	130	daengq	樽	413	daenh	淀	315
daeh	递¹	359	daem	孚	129	daemq	沌²	303	daengq	橙	413	daenj	屯²	15
daeh	褅	486	daem	轄	10	daemq	迨	353	daengq	竽	16	daenj	裰	534
daeh	提¹	150	daem	跒	596	daemx	遜	360	daengq	橙¹	411	daenj	褥	532
daeh	啼¹	243	daem	钉¹	420	daemx	撙³	158	daengq	灯³	468	daenj	嗬¹	532
daeh	梯	142	daem	钉²	420	daemx	笪	557	daengq	登⁴	591	daenj	等	91
daej	眬²	498	daem	盹	596	daemz	壜	123	daengq	噆²	258	daenj	黏	532
daej	涕	318	daem	只	71	daemz	闾¹	293	daengq	等²	559	daenj	裙	536
daej	嘅¹	235	daem	菳	174	daemz	糀	576	daengq	等³	559	daenj	捂²	141
daej	咪	228	daem	沌	86	daemz	粗	572	daengq	邓	103	daenj	撑¹	159
daej	泜¹	305	daem	冲⁴	86	daemz	沌³	303	daengq	叮¹	198	daenj	褥	532
daej	哈	213	daem	登¹	591	daemz	圹²	110	daengq	譜¹	615	daenj	褴	535
daej	涕	305	daem	碛¹	494	daemz	坛	111	daengx	趾¹	421	daenj	扽²	130
daej	瞓	500	daem	沌	303	daemz	蕾	506	daengx	肚¹	423	daenj	等⁵	559
daej	沭¹	311	daem	唐	289	daemz	潭¹	324	daengx	盹³	596	daenj	屯²	5
daej	咪³	212	daem	蹲¹	605	daemz	溏¹	320	daengx	锭	529	daenj	苢	170
daej	嘚¹	253	daemh	蹲²	605	daen	迓	358	daengx	撑²	159	daenq	盹⁴	596

daenz	㹩	25	daeuj	斗²	482	dah	駄³	382	daiq	代³	46	dang	淌¹	308
daenz	硳¹	490	daeuj	儦	68	dah	汰¹	301	daiq	胎²	427	dang	蹚	365
daenz	砘	488	daeuj	透¹	357	dah	汰²	301	daiq	太⁴	189	dang	屋	365
daenz	坉	116	daeuq	短	280	dah	咃	213	daiq	太⁶	189	dang	喷¹	249
daenz	烼	472	daeuq	斜	279	dah	沰	308	daix	代⁴	46	dang	当²	193
daenz	屯³	5	daeuq	捏¹	142	dah	汇	305	daix	迨	355	dang	当³	193
daep	蚨²	544	daeuq	捏²	142	dah	汀	305	daix	抬	134	dang	當¹	195
daep	擔⁴	161	daeuq	桓	400	dah	瀇	308	daix	太⁵	189	dangh	踏¹	599
daep	托	86	daeuq	羞	280	dah	妖	374	daiz	詒	611	dangh	咟¹	220
daep	蠢	191	daeuq	趋	589	dah	哒	220	daj	答	351	dangh	淌²	308
daep	硰²	494	daeuq	檟	403	dah	达¹	352	daj	打²	126	dangh	喷²	249
daep	猷¹	483	daeuq	窒	409	dah	达²	352	dak	蚨	546	dangh	賜	501
daep	脸¹	427	daeuq	媕¹	590	dah	妲	375	dak	旪¹	438	dangh	蹬	604
daep	胛	435	daeuq	媕²	590	dah	大²	189	dak	烟³	474	dangh	蛸	547
daep	得³	276	daeuq	抖	130	dah	他³	46	dak	旰³	217	dangh	蜴	552
daep	关¹	73	daeuq	豆²	590	dah	台¹	105	dak	蚱	547	dangh	扨	193
daep	摺⁴	156	daeuq	豆³	590	dah	太¹	189	dak	暗	445	dangh	羲	320
daep	腊	435	daeuq	豆⁴	590	dah	汣	303	dak	晷	448	dangh	蹿	601
daeq	剤	31	daeuq	透²	357	dah	汰	303	dak	楷	195	dangh	当⁴	193
daeq	蹄	36	daeux	桓¹	400	dah	駄¹	381	dak	睹	448	dangh	谠	616
daeq	睇	35	daeux	捏	154	dah	駄²	381	dak	勺	76	dangh	挡¹	114
daeq	代¹	46	daeux	料¹	391	dah	駄¹	382	dak	塔²	119	dangh	湯¹	318
daeq	递²	359	daeux	杞	533	dah	妖¹	374	dak	托²	126	dangh	湯²	318
daet	朏	33	daeux	恆	332	dah	妖²	374	dak	托³	127	dangh	蝗	552
daet	扡³	125	daeux	斗³	482	dah	妲	376	dam	揞	156	dangh	倪¹	67
daet	橝	413	daeuz	輕²	416	dai	凫¹	106	dam	旦¹	437	dangj	捸	154
daet	喈	34	daeuz	俘¹	60	dai	奎	190	dam	担²	394	dangj	朡	432
daet	刮	29	daeuz	兜	78	dai	殃	414	dam	贪	451	dangj	虆²	482
daeu	竇	532	daeuz	头¹	189	dai	胡	427	dam	塘¹	121	dangj	烃²	476
daeu	輕¹	416	daex	躱²	607	dai	督	415	damh	贪	44	dangj	鯀	482
daeu	奉	8	daex	啼¹	228	dai	歹	414	damj	胨	432	dangj	䄈	536
daeuh	炟	472	daex	俤¹	60	dai	殆	415	damq	旦²	437	dangj	禋¹	536
daeuh	浢	311	daex	悌	332	dai	胎¹	427	damx	曻	444	dangj	裆	534
daeuh	趴	483	daez	蹂	605	dai	台²	105	damz	詛	616	dangj	挡¹	137
daeuh	煣¹	469	daez	鶨	634	dai	太²	189	damz	詛¹	611	dangj	挡²	137
daeuh	傻	477	daez	薣	184	daih	汰³	301	damz	喙	253	dangj	党	194
daeuh	谕	474	daez	梯	399	daih	大³	189	damz	啖¹	235	dangj	瀅¹	321
daeuh	哑¹	228	dag	甑	449	daih	代²	46	damz	谈	613	dangq	贻	451
daeuh	欶	591	dag	旰²	217	daih	待	275	dan	管	560	dangq	吒²	220
daeuh	斗¹	482	dag	搀	151	daih	太³	189	dan	笋	557	dangq	烃¹	476
daeuh	豆¹	590	dag	垃	420	daiq	妖²	374	dan	扔	130	dangq	烃	196
daeuj	料	483	dag	揭	154	daiq	傣¹	273	dan	算	561	dangq	羨	471
daeuj	纾¹	49	dag	乇	188	daiq	始	378	dan	劘¹	31	dangq	贻	450
daeuj	迲	353	dag	挞¹	137	daiq	始	378	dan	箪	561	dangq	棠	194
daeuj	赴	589	dag	妖²	373	daiq	夹	6	dan	撣¹	146	dangq	当⁵	193
daeuj	趋¹	589	dag	妖¹	373	daiq	朕	430	dan	汎	301	dangq	当⁶	193
daeuj	趴	597	dag	駄¹	382	daiq	娱	377	dan	摊	154	dangq	当⁷	193
daeuj	哨	228	dah	駄²	382	daiq	呆¹	207				dangq	当⁸	193

47

dangq	當²	195	danz	撣	162	daw	臕	436	daz	搭¹	150	dek	襞	537
dangq	當³	195	danz	弾	167	daw	臀	432	daz	搭²	150	dek	嚊	258
dangq	档²	397	danz	担	164	daw	胎	432	daz	达	353	dek	嚼	263
dangq	荡¹	184	danz	绳	584	daw	臕	436	daz	達¹	358	dek	搽	150
dangq	荡²	184	danz	担	134	daw	甕	553	daz	大⁵	189	dek	嘀	254
dangq	凳	79	dap	搭	167	daw	蟣	552	daz	大⁶	189	dek	烈	480
dangq	倘	63	dap	苔	174	dawh	撬	565	daz	挞²	137	dem	添	315
dangq	趟	590	dat	墶	122	dawh	縩	565	daz	拕	134	dem	添¹	315
dangx	泏³	308	dat	迖	29	dawh	特	564	daz	沱	305	dem	添²	315
dangx	掌	193	dat	陛	96	dawh	簒	566	daz	跎	597	dem	沾¹	305
dangx	搐	194	dat	竰	269	dawh	篤	564	de	佟	67	demh	屄	363
dangx	挡³	137	dat	砐	490	dawh	榻	409	de	侄	65	demh	塚	119
dangx	擋	161	dat	磋	492	dawh	逗¹	357	de	雀¹	462	demq	眭¹	500
dangx	挡²	114	dat	碓	491	dawh	柱²	394	de	爹	462	demq	眭¹	498
dangx	档¹	397	dat	挞	34	dawz	煋¹	474	de	他⁵	46	demq	尉	290
dangx	湟²	322	dat	达³	352	dawz	将²	146	de	佚¹	54	demq	銤	625
dangz	坣	193	dat	达⁴	352	dawz	将³	146	deb	刮	28	demq	銤	626
dangz	檔²	536	dat	礁	494	dawz	煋²	472	deb	秩	395	demq	鳖	621
dangz	当⁹	193	dat	闼	294	dawz	擦	150	deb	砥	490	demx	筑²	559
dangz	瞠¹	253	dau	帅	33	dawz	鞑	45	ded	胅	427	demx	笔	558
dangz	唐²	289	dau	听	33	dawz	蝾¹	548	deg	獣	621	demx	裸	533
dangz	唐³	289	dau	肋	424	dawz	承	20	deg	姪¹	488	demx	里	504
dangz	唐⁴	289	dau	刀¹	32	dawz	除²	95	deh	唑	244	demx	細	583
dangz	塘²	121	dauh	辺¹	351	dawz	除³	95	deh	螳	551	demx	佃	54
dangz	樘	577	dauh	叨¹	198	dawz	特²	454	deh	蚺	548	den	怹	78
danh	坘	113	dauh	道	359	dawz	特³	454	deh	姓	377	deng	甪²	9
danh	呾¹	213	dauh	滔	320	dawz	提²	150	deh	的¹	516	deng	喈³	220
danh	碑	491	dauj	洌	320	dawz	提³	150	deh	喋	244	deng	町	7
danh	掸²	146	dauj	倒¹	63	dawz	提⁴	150	deh	蝶¹	378	deng	峥	219
danh	旦³	437	dauq	辺²	352	dawz	提⁵	150	deih	蒂	180	deng	軆	277
danh	旦⁴	437	dauq	刀²	32	dawz	拴	142	deih	埭¹	115	deng	撕	159
danh	但	54	dauq	刀³	32	dax	眈²	438	deih	埭²	269	deng	嵞	8
danj	垫²	31	dauq	叨²	198	dax	馱⁴	382	deih	嚭	272	deng	茁	104
danj	覂	35	dauq	到¹	29	dax	伏²	46	deih	吋¹	213	deng	申	11
danj	则¹	28	dauq	到²	29	dax	大⁴	189	deih	鞢	351	deng	对	188
danj	则²	28	dauq	到³	29	dax	他⁴	46	deih	时	441	deng	拖¹	134
danj	胆	34	dauq	倒²	63	dax	馱²	382	deih	叙	105	deng	添²	315
danj	粗	572	dauq	倒³	63	daz	撻¹	159	deih	垚¹	110	deng	甸²	591
danj	伞	44	dauq	套	191	daz	撻²	159	deih	唯¹	254	deng	当¹⁰	193
danj	坦	113	daux	癉	78	daz	踏	605	deih	地	110	deng	丁	1
danq	詛²	611	dauz	釖	621	daz	蹅	604	deij	哇²	220	deng	叮²	198
danq	呾²	213	dauz	銚	623	daz	砐	487	deiq	唯²	254	deng	啶	235
danq	怛	470	dauz	扪¹	126	daz	扶	127	deiz	梯	405	deng	争⁴	33
danq	煓	474	dauz	桃¹	397	daz	纹	580	deiz	鵣	519	dengh	叡	464
danq	樾	405	dauz	桃²	397	daz	絡	586	dek	裂	31	dengj	矴¹	487
danq	啩	235	dauz	陶	96	daz	跃¹	595	dek	炒¹	470	dengj	挺	137
danq	嘆¹	253	dauz	绚	584	daz	跃²	595	dek	烯	474	dengj	圣	109
danx	柦³	394	dauz	铞	625	daz	鑌	630				dengq	吷¹	207

48

dengq	碇	9	dez	堞²	121	diengz	榋¹	401	din	矴	235	dinq	扚¹	130
dengq	砸¹	489	dez	埁	119	diengz	梃	397	din	䚷	601	dinq	铛	116
dengq	砎¹	488	dez	歪	462	diengz	葶	180	din	疔	595	dinz	蚨²	545
dengq	盯	437	dez	雀²	462	diengz	想	344	din	跨²	603	dinz	虹¹	544
dengq	磴	490	dez	堞	120	dienh	坙	111	din	丁²	2	dinz	蚰	545
dengq	啶²	235	di	的²	516	dienh	甩	483	din	仗	49	dinz	蜓	547
dengq	碇¹	491	di	的³	516	dienh	电	23	ding	丁³	2	dinz	蟒	552
dengx	肛³	423	did	铦	511	dienz	甽	451	ding	丁⁴	2	dinz	蜩	547
dengx	啍¹	244	did	蔬²	184	dienz	田³	504	ding	丁⁵	2	dinz	淳	318
dengx	舯	568	did	藕	186	dienz	填²	121	ding	丁⁶	2	dinz	蜓	550
denz	蚨¹	545	did	菌	183	diet	铦	624	ding	丁⁷	2	dinz	螟	552
denz	袖	533	did	薅	185	diet	鍋	625	ding	訂	610	dip	疙	458
denz	酱	506	did	提⁶	150	dig	晰	448	dingh	靛	436	dip	膶	459
denz	糊	536	dieb	踷	605	dih	淋²	311	dingj	宁	267	diq	俤	65
denz	憎	506	dieb	踩	605	dih	蝃	548	dingj	学²	595	diq	仜¹	46
denz	田¹	504	dieb	踏²	603	dih	滴	322	dingj	顛	542	diq	娳	471
dep	謀	360	dieb	牒	459	dih	锑	624	dingj	顶¹	542	diq	悌	473
dep	迣	359	dieb	碟	492	dih	提⁷	150	dingj	顶²	542	diq	俤²	60
dep	陳	96	dieb	踏²	602	dih	涕²	311	dingj	定¹	348	diq	咃	220
deq	牒	566	dieg	垫²	115	dih	涕³	311	dingj	定²	348	dit	硈	367
deq	重	8	dieg	垄²	122	dij	雌	452	dingq	矴²	487	dit	挋	157
deq	臍	604	dieg	壵²	110	dij	謎	450	dingq	矁	540	dit	胠¹	428
deq	鞋	565	dieg	势	467	dij	眠	451	dingq	釘	580	dit	拮¹	137
deq	垫¹	121	dieg	摘	122	dij	睎	452	dingq	耵	540	dit	失¹	15
deq	等⁶	559	dieg	墡	124	dij	甄	452	dingq	定³	348	diu	抚¹	138
det	佚¹	213	dieg	墖	123	dij	锑	351	dingq	定⁴	348	diu	哇¹	220
det	啵	260	dieg	得⁴	276	dij	的⁴	516	dingq	碇²	491	diu	哇²	220
deu	扚¹	126	dieg	堤	119	dij	抵	134	dingq	綻	584	diu	犳	278
deu	刁¹	27	diem	喵	244	dij	底²	288	dingx	迎	355	diu	刁	21
deu	刁¹	21	diem	掂	151	dij	梯²	399	dingz	婷	530	diu	雕	41
deu	挑¹	137	diem	跕	603	dij	体	54	dingz	婷	84	diu	吊²	202
deuh	吊¹	202	diem	踩	603	dik	蹾	600	dingz	亭²	11	diuh	㽵	506
deuq	扚²	126	diem	点¹	480	dik	拘¹	146	dingz	嗘²	421	diuh	鵬	506
deuq	掉	137	diem	点²	480	dik	嫳	37	dingz	踦	603	diuh	弔¹	366
deuq	押	130	diem	添³	315	dik	剟	31	dingz	仕	47	diuh	吊³	202
deuq	啍	244	diemj	点³	480	dik	的⁵	516	dingz	埫¹	118	diuh	調¹	613
deuq	了¹	19	diemj	添⁴	315	dik	剔	30	dingz	迁	353	diuh	調²	613
deuq	挑²	137	diemq	掂	159	dik	提⁸	150	dingz	丁⁸	2	diuj	挑	165
deuz	逐	357	diemq	攃	156	dik	蹄	603	dingz	仃²	45	diuq	弔²	366
deuz	跳	603	diemq	掂	146	dik	惕	335	dingz	亭	83	diuq	吊⁴	202
deuz	辽	352	diemx	簟	563	dik	汁	300	dinj	裒²	617	diuq	吊⁵	202
deuz	寮¹	194	diemz	珊¹	213	dimh	搩	167	dinj	釨	512	diuq	吊⁶	202
deuz	遼	360	dien	珊	113	dimz	闇	296	dinj	钶	512	diuq	掉	146
deuz	迟¹	355	dien	田²	504	din	矴²	595	dinj	錞	512	diuq	調³	613
dex	膝	434	dien	填¹	121	din	肛⁴	424	dinj	奌	512	diz	煋²	474
dex	脾	430	dieng	菖	178	din	学¹	595	dinj	斩	512	diz	镘	627
dex	燘	476	dieng	天	383	din	踮⁵	596	dinj	嫸	512	diz	拘²	146
dex	烒	475	diengz	粮	576	din	灬²	479	dinj	玎	385	diz	追	356

diz	迟	353	doem	垩	111	doenh	頓	543	doj	註	610	dongx	㖫	229
do	咘⁴	217	doem	坉²	111	doenj	橄²	411	doj	吐	207	dongx	㖨	220
do	哆²	220	doem	垚²	114	doenq	坉¹	111	doj	垛¹	115	dongx	甬	229
do	揲	138	doemq	埝	118	doenq	端¹	530	doj	垛¹	115	dongx	噇	258
do	捼¹	142	doemq	潘¹	318	doenx	㞚	228	doj	土¹	109	dongx	㫒	235
do	托⁴	127	doemq	墵	10	dog	托	369	doj	圡¹	109	dongx	峒	250
do	拖	134	doemq	淋	91	dog	搏¹	151	doj	饪¹	47	dongx	詷	612
do	挏¹	138	doemq	阽	94	dog	夺¹	188	dok	獌¹	283	dongz	桐	397
doeb	㧅¹	151	doemq	盯¹	498	dog	朵	79	dok	摠	154	donh	端³	530
doed	凸¹	11	doemq	垯	116	dog	乇	14	dok	砟	490	donh	短	512
doed	突¹	531	doen	糳	577	doh	摣²	151	dok	挨	151	donj	剬	36
doeg	忎	340	doen	橄¹	411	doh	橖	405	dok	㧅²	151	donj	萁	74
doeg	咄	244	doen	腪	41	doh	哼	220	dok	鼍	639	donj	攔	162
doeg	途⁴	358	doen	腾	436	doh	豆⁵	590	dom	捆	138	donj	劳	37
doek	犆¹	282	doen	杶¹	391	doh	度¹	289	domq	敦	423	donq	饨	629
doek	犆²	282	doen	磓	494	doh	度²	289	domq	腩¹	433	donq	饆	631
doek	柸	138	doeng	醚	21	doh	度³	289	domz	囵	265	donq	㖫¹	254
doek	扰²	129	doeng	甬	21	doh	夺²	188	don	腾	435	donq	斷	631
doek	竿²	556	doengh	岗	269	doh	掋¹	244	don	儋	340	donq	継	630
doek	澄	322	doengh	夅	113	doh	掋²	244	don	鹴	72	donq	端⁴	530
doek	洞	311	doengh	㗶¹	254	doh	托⁹	127	don	鷉	460	donq	端⁵	530
doek	蓊	186	doengh	㗶²	254	doh	托¹⁰	127	don	悃	331	donq	端⁶	530
doek	惁	337	doengh	㗶³	254	doh	佗	54	don	鶱	522	donq	短²	512
doek	搭¹	159	doengh	堜¹	118	doh	挏²	138	don	鸥	521	donq	断¹	459
doek	翘	17	doengh	动	100	doh	足⁷	595	don	鑰	72	donq	吨	207
doek	弎	71	doengh	峒	115	doih	付	54	don	鷞	284	donq	顿	542
doek	蠡	10	doengh	洞	308	doih	队	94	don	鷞	520	donq	屯⁴	5
doek	窞	532	doengh	動	101	doih	对¹	103	don	端²	530	dop	对³	103
doek	俰	65	doengh	通	357	doih	队	96	don	悃¹	333	doq	蹊	550
doek	瘫	526	doengh	同¹	40	doih	墜	122	dong	豇²	285	doq	唤¹	235
doek	咘⁵	217	doengh	相²	394	doij	竞	384	dong	垛²	115	doq	豇²	285
doek	得⁵	276	doengj	桶	327	doij	蕊	384	dong	堜²	118	doq	咘⁶	217
doek	独¹	280	doengj	碽	490	doij	㽹	244	dong	溏²	320	doq	摣³	151
doek	篤	564	doengq	冻	88	doij	蛤	545	dongh	蕫	412	doq	蜕	549
doek	堕²	118	doengx	樋	408	doiq	磞¹	489	dongh	碓	493	doq	蟺	552
doek	笠¹	558	doengx	胴	429	doiq	树	533	dongh	碾	492	doq	蜍	547
doek	托⁵	127	doengz	侗	43	doiq	碧	489	dongh	棟³	118	doq	獋	282
doek	托⁶	127	doengz	霍	620	doiq	碰	490	dongh	楝²	402	doq	狼	281
doek	托⁷	127	doengz	霆	620	doiq	对²	103	dongh	嚝	253	doq	蚪¹	544
doek	托⁸	127	doengz	铢	545	doix	磞²	489	dongh	栙	395	doq	度⁴	289
doek	岳	268	doengz	峒¹	547	doiz	㘇¹	228	dongj	湱²	89	doq	多¹	285
doek	竺²	556	doengz	侗¹	58	doiz	醚	105	dongj	栋	90	doq	哆³	220
doek	竺²	556	doengz	侗²	58	doiz	笔	560	dongj	闯	292	doq	蛉	547
doek	笠¹	556	doengz	娴	376	doj	抖	111	dongj	捅	142	doq	土²	109
doek	笠²	556	doengz	仝	42	doj	辻	352	dongj	凸²	11	doq	兎	16
doem	闻¹	292	doengz	同²	40	doj	肚	451	dongq	峒	287	doq	托¹¹	127
doem	堃	122	doengz	同³	40	doj	啫²	235	dongx	㗶⁴	254	doq	挏³	138
doem	塾	123	doengz	同⁴	40				dongx	愠	337

音节	字	页	音节	字	页	音节	字	页	音节	字	页	音节	字	页	音节	字	页
dot	癲	527	douh	度⁵	289	dueg	續	587	duh	須	278	dungj	统	588			
dot	哾²	229	douh	投	130	duemh	烟	471	dui	吋²	213	dungq	咚	213			
dot	吒⁷	217	douh	途²	358	duemh	翘	476	duix	硋²	488	dungx	朣	427			
dot	蘞	528	douz	刞¹	590	duemh	啖²	235	duix	碌	490	dungx	裴	432			
dot	瘃	527	dox	逖	356	duen	端⁷	530	duj	菜	175	dungx	蝎	287			
dot	疮	525	dox	度⁶	289	duengh	竜¹	529	duj	管	563	dungx	滕	432			
dot	序	289	dox	多²	285	duengh	㔫¹	157	duj	垛²	115	dungx	胴²	429			
dot	哾¹	254	dox	堕¹	118	duengh	批	138	duk	竹	564	dungx	同¹	40			
dot	瘥	364	dox	秃	513	duengh	推	146	duk	蜃	283	dup	壶	546			
dot	涛	87	dox	徒¹	275	duengh	㧯¹	134	duk	搏³	151	dup	咄⁴	212			
dot	滚	90	dox	任²	47	duengh	啵¹	236	duk	簇	563	duq	搓⁴	151			
dot	夺	190	dox	托¹²	127	duengh	啵²	236	duk	掇⁴	151	duq	牡²	544			
dot	毒	486	dox	托¹³	127	duengh	喡²	258	duk	菇²	180	duq	朴	142			
dot	哚¹	220	dox	乍⁴	15	duengh	恫	138	duk	髓	78	duq	紫	582			
dot	挩²	141	doz	撒³	159	duengh	桐²	397	duk	鲍	284	duq	垛	116			
dot	脱¹	430	doz	怂	42	duengqh	憨	250	duk	簇	284	duq	喿²	249			
dou	桓³	400	doz	搏	154	duengq	就	495	duk	符¹	559	duz	督	610			
dou	㑚²	49	doz	絧¹	584	duenh	湍	512	duk	独³	280	duz	胆	432			
dou	㑚³	49	doz	絧²	584	duenh	瀛	284	duk	独⁴	280	duz	畕	244			
dou	闰	292	doz	纸	582	duenh	瑕	282	duk	籙¹	566	duz	犾¹	279			
dou	囝²	292	doz	招	146	duenh	嘶²	254	dum	圪¹	111	duz	狂	278			
dou	土²	109	doz	鏟	625	duenh	段	464	dumh	翁	327	duz	嘟	250			
dou	囟	295	doz	酹¹	592	duenh	断²	459	dumh	苍	327	duz	独⁵	280			
dou	阄	296	doz	酹	592	duenh	猫	282	dumh	棚	327	duz	特	454			
dou	内¹	291	doz	瞪	639	duenj	断	459	dumh	洋	318	duz	肚²	424			
dou	㑚	292	doz	厣	36	duenj	嘶³	254	dumh	潲	322	duz	度⁹	289			
dou	閅	297	doz	剧	31	duenq	謝	615	dumh	沌⁴	303	duz	突²	531			
dou	間	297	doz	岑	188	duenq	嘶⁴	254	dumh	峇¹	327	duz	图¹	265			
dou	榆	409	doz	慢	638	duenq	断³	459	dumq	簸	482	duz	图³	265			
dou	圳	118	doz	鉈¹	622	duenz	逇	356	dumq	泌	311	duz	徒²	275			
dou	侸²	60	doz	图²	265	duenz	翧	612	dumx	运	356	duz	途³	358			
dou	豆⁶	590	doz	屠	364	duenz	团	264	dumx	洞	309	duz	吐	202			
dou	都¹	98	doz	托¹⁴	127	duet	搏	162	dumx	齐²	6	dwen	訛¹	610			
dou	都²	98	doz	托¹⁵	127	duet	夺	191	dumx	沌⁵	303	dwen	呋²	207			
dou	堵¹	118	doz	托¹⁶	127	duet	托¹⁷	127	dumz	活	309	dwen	呋³	207			
dou	堵²	118	du	堵	119	duet	挩³	141	dumz	齐³	6	dwen	肷¹	425			
dou	杜¹	390	du	填	119	duet	脱²	430	dumz	沌	303	dwen	啷¹	262			
dou	杜²	390	du	关	299	dug	菇¹	180	dumz	汇¹	303	dwen	喘	614			
dou	偷	65	du	肚¹	424	dug	釆	284	dumz	泟	305	dwen	咦	236			
dou	头²	190	du	度⁷	289	dug	菜¹	178	dumz	沌⁶	303	dwen	添⁵	315			
douh	跌¹	597	dub	搏²	151	duh	毒	511	dumz	峇²	327	dwen	唔²	228			
douh	媄¹	475	dub	掇³	151	duh	垠	116	dumz	潭²	324	dwenh	嗖	261			
douh	拃	134	dub	搿	284	duh	鄴	591	dungh	仂	58	dwenx	尧¹	195			
douh	筇	560	dud	筐	559	duh	苕	176	dungh	策	561	dwenx	芙	170			
douh	哑²	228	dud	簏	564	duh	独²	280	dungh	筒	558	dwenx	呦²	213			
douh	踞	600	dud	鉈²	622	duh	度⁸	289	dungh	筒	559	dwg	搭⁴	146			
douh	逗²	357	dud	鉈²	622	duh	堍	115	dungj	黏	386	dwg	琳¹	146			
douh	赌	450	dud	针	622	duh	途¹	357

dwg	德³	277	eiq	意¹	344	ep	拍⁵	132	faed	俳¹	63	faenx	歉	564
dwg	迪¹	107	eiq	臆²	436	eq	溼¹	324	faed	伤¹	49	faenx	旅	35
dwg	的⁶	516	ej	鞔	388	et	忹	570	faed	佛¹	63	faenx	坋	112
dwg	特⁴	454	ej	亠	11	eu	咉¹	207	faed	斌¹	378	faenx	吩	208
dwg	提⁹	150	ej	亘	363	euj	捐	134	faed	勿	77	faenz	攵¹	417
dwg	提¹⁰	150	ej	聞	297	euj	拗	134	faed	伕	49	faenz	胺¹	33
dwg	迪¹	355	ek	愍	341	euj	高¹	83	faeg	辨	94	faenz	扴¹	130
dwh	疎	600	ek	册	54	euj	挍¹	138	faeg	劳¹	34	faenz	扴²	130
dwk	佮²	273	ek	册	330	euq	燠⁴	158	faeg	则²	36	faenz	呅⁵	204
dwk	惠²	343	ek	傪	337	euq	嗲	236	faeg	唡²	243	faenz	呅⁶	204
dwk	得⁶	276	ek	牯	453	euq	垫¹	383	faeg	淕²	349	faenz	畝	466
dwk	得⁷	276	ek	犆	454	euq	烊	84	faeg	鸡	522	faenz	犽	465
dwk	淂	315	ek	柩	391	euq	嗷⁴	249	faeg	溪	315	faenz	粉	417
dwk	迪²	107	ek	柾	391	euq	叮¹	198	faeg	鏡	626	faenz	盼¹	33
dwk	的⁷	516	ek	兀¹	191	euq	挠	138	faeg	荊¹	168	faenz	盼²	34
dwk	的⁸	516	em	旺¹	207	euq	哓¹	220	faeg	則	36	faenz	稵	418
dwk	迪²	355	em	藏	183	euq	呦¹	213	faeg	废	34	faenz	別	27
dwk	特⁵	454	em	菝	180	ex	虹	544	faeg	剁	29	faenz	坟	112
dwn	捂³	142	em	輨	187	ex	蚋¹	544	faeg	伐²	49	faenz	坟²	112
dwn	拎³	130	em	樨	414				faeg	伏¹	49	faenz	份²	49
dwngj	塔	123	em	楢	405		**F**		faeg	或¹	419	faenz	文³	465
dwngj	墱	124	em	蕃	185				faeg	域	118	faenz	文⁴	465
dwngj	啶²	118	em	嫖	378	fa	歡	186	faek	竞	591	faenz	文⁵	465
dwngj	打	109	em	菩¹	180	fa	椛¹	400	faek	跃	591	faet	炒¹	469
dwngx	片	14	em	蒿	180	fa	硙	492	faek	福¹	486	faet	弗	34
dwngx	樟³	411	em	菁	176	fa	袙	90	faek	佢	68	faet	膊	35
dwngx	打²	390	emq	唉²	217	fa	寔¹	349	faen	籾	571	faex	柿	571
dwngx	丈²	19	en	豹	417	fa	芭	347	faen	孛	465	faex	柏	395
dwngx	丈	5	eng	獏	371	fa	葩	558	faen	份	63	faex	横	405
dwngx	獬	591	eng	攖	70	fa	花	172	faen	秖	513	faex	槐	403
dwngx	柠²	391	eng	嗅	236	fa	髂	637	faen	分²	71	faex	楝	411
dwngx	等⁷	559	eng	孛	370	fab	唦²	213	faen	分³	71	faex	林	397
dwnh	馳⁶	596	eng	锴	554	fab	啐	244	faen	粉¹	571	faex	桒	403
dwnx	吨²	207	eng	傧¹	64	fad	挞¹	147	faen	魂¹	638	faex	枛	390
dwq	俟	276	eng	暎	500	fad	罢	508	faen	粒²	572	faex	菲	178
dwq	聴	503	engh	要	376	fad	绂	581	faengq	汸	303	faex	棐	403
dwx	抒	130	engh	英¹	172	fad	袯	273	faengx	粉¹	571	faex	肺	425
dwz	蚲²	548	engh	媖	377	fad	推	138	faengx	糠¹	575	faex	费	450
			engq	硬	366	fad	掇	151	faengx	棒	575	faex	费	451
			engq	噍	264	fad	抉¹	138	faengx	糠	575	faex	柫	395
			engq	哽	229	fad	拔²	133	faengx	灪	578	faex	桧	397
	E		engq	英²	172	fad	拔³	133	faengx	糙	577	faex	楣¹	405
ei	俟	58	engz	媖²	377	fad	拨	134	faengx	糁	575	faex	林	395
ei	衣¹	536	enj	銑	511	fad	袯	534	faengz	坊	104	faex	棑²	402
ei	依²	56	enj	璃	511	fad	发¹	103	faenh	份	49	faex	枇¹	391
ei	以¹	42	ep	咀	236	fad	伐¹	49	faenh	噴	258	faex	梶	400
eiq	哝³	217	ep	拁	147	faed	忽	328	faenx	坒²	113	fag	劳²	34
eiq	衣²	536	ep	喋	258	faed	忿	341	faenx	粉¹	563			
eiq	噫¹	261

fag	笝	65	faiz	樌	411	fangz	仿¹	50	faz	襲	537	fek	听	213
fag	嘝	264	faiz	椛	400	fangz	昉	497	faz	鈸	622	fek	搗	522
fag	鈸¹	625	faiz	樓	414	fangz	放³	422	faz	法⁴	306	fek	舭	520
fag	饗	631	faj	耙²	163	fangz	佹¹	58	feh	啡	236	fek	偺	519
fag	棻	67	fak	犾²	138	fanh	乃	14	fei	斐¹	380	fek	听³	227
fag	舭	78	fak	犾³	138	fanh	凡²	79	fei	鈹	622	fenh	冑	244
fag	呎	213	fak	哎³	213	fanh	万¹	3	fei	非²	621	feq	楣	409
fag	秋	397	fak	撥¹	161	fanj	反²	25	feih	啡²	236	feq	墟	477
fag	梭	395	fak	捹	157	fanq	反³	25	feih	未	6	feu	呋²	207
fag	哒	236	fak	发³	103	fanq	返	353	feih	味	213	feuz	涍	492
fag	胅	35	fak	伏⁴	49	fanz	奶	373	feiq	筆	561	feuz	嘡	262
fag	筷¹	559	fak	戈¹	418	fanz	伽	47	feiq	笨	558	fez	徉	276
fag	筷²	559	famh	范	172	fanz	迈	353	feiq	簣¹	565	fez	米	570
fag	腾	436	famh	罡	508	fanz	煩¹	475	feiq	簣²	565	fieg	昱	236
fag	橙¹	413	famh	仮	50	fanz	煩²	475	feiq	盧	22	fiengh	靮	466
fag	榜	405	famh	犯	278	faq	耙	167	feiq	载	381	fiengh	拼	467
fag	钹	628	fan	肪	458	faq	榲²	411	feiq	範	561	fiengh	塜²	118
fag	发²	103	fan	胍	458	faq	垪	113	feiq	镂	564	fiengh	砑	488
fag	發	367	fan	龘	639	faq	龇	458	feiq	貝	451	fiengj	粉²	571
fag	伏²	49	fan	璠	368	faq	怵	335	feiq	第¹	558	fiengj	仿²	50
fag	伏³	49	fan	番	505	faq	橙²	413	feiz	斐	473	fiengj	粉²	571
fag	坎¹	115	fan	幡	274	faq	把⁴	129	feiz	閃¹	292	fiengq	祈¹	533
fai	塒	120	fan	嬏¹	467	faq	法²	305	feiz	昧¹	470	fiengz	稢	514
fai	浅	88	fan	嬏²	467	fat	拺²	147	feiz	烘	473	fiengz	糖²	575
fai	塊	116	fan	翻	579	fat	拡²	134	feiz	炊	479	fiengz	糆	411
fai	排	118	fan	反¹	25	fat	淡	496	feiz	扤	469	fiengz	唪	236
fai	洲¹	305	fan	吩	208	fat	鐩	496	feiz	俳	473	fiengz	稀	515
fai	溢	325	fangz	勉	638	fauz	澡¹	322	feiz	炊	468	fiengz	枊	513
fai	權	413	fangz	龘	639	fauz	泡	305	feiz	俳	473	fiengz	房²	483
fai	埕	120	fangz	覓	638	fawh	昳	438	feiz	焚	478	fiengz	榜	403
fai	漷	324	fangz	魍	467	fawh	睇	441	feiz	娳	473	fij	舌	484
fai	湃	315	fangz	覔	639	fawh	伕²	48	feiz	燹	478	fij	靠	420
fai	沸²	306	fangz	傍	63	fawh	伏⁵	49	feiz	费	470	fij	毘	208
fai	埋¹	116	fangz	肪	202	fawh	啡	213	feiz	炀	470	fij	比³	419
fai	湃	318	fangz	鳰	467	fawh	跌	599	feiz	灼	470	finh	泮	311
faiq	芥	172	fangz	瓩	466	fawx	埤²	118	feiz	帳	273	finz	丞	380
faiq	経	581	fangz	鶺	182	fawz	拳	166	feiz	燇	475	finz	粉	392
faiq	駼	38	fangz	莠	178	fax	昏²	384	feiz	燒	473	fiq	麗	464
faiq	榳	274	fangz	喑	236	fax	喊¹	213	feiz	微	277	fiq	非³	621
faiq	维¹	582	fangz	塜	118	fax	蠢	384	feiz	肥²	425	fit	胚	364
faiq	機	405	fangz	旍	467	fax	淑	318	feiz	費²	451	fit	毗	420
faiq	埋²	116	fangz	眆	500	fax	厎	364	feiz	羅¹	509	fit	毘	364
faiq	歪¹	9	fangz	覓	387	fax	法³	306	feiz	微	277	fit	唛¹	236
faix	溔	35	fangz	仫¹	47	faz	鈸²	625	feiz	炀	469	fiz	醉	592
faix	尳	363	fangz	勉	639	faz	胶	427	fej	雯¹	618	fiz	酝	592
faiz	簏	563	fangz	法¹	305	faz	絨¹	582	fej	雰	618	fiz	醴	593
faiz	笨	558	fangz	几	79	faz	絨²	582	fek	鵂	521	fiz	蜡	550
faiz	箧	566	fangz	防	94	faz	裳	534	fek	鳰	520	fiz	醚	593

fod	怴	331	fongz	捹¹	154	fuemx	嗧	384	fwed	赾	194	fwj	尫	638
fod	伏⁶	49	fonj	酥³	506	fueng	网	40	fwed	撽²	161	fwj	霣	619
foed	荬	172	fonj	橻	412	fuengz	黐	484	fwed	翅	414	fwj	子²	368
foed	沸¹	306	fonx	苨	170	fuengz	隨	97	fwed	佛²	52	fwn	鮝	481
foed	莆	172	fonx	粴	573	fuenq	馼	606	fwed	勿⁴	77	fwn	喬	384
foed	第²	558	fonx	芬	170	fuenq	嗜¹	254	fwed	羽	579	fwn	雰	620
foed	勿²	77	fonx	粉³	571	fuenx	黓	639	fwen	嘖	262	fwn	分⁴	71
foed	艻¹	170	fonz	芬	176	fug	簹	563	fwen	厾	221	fwn	雰	619
foeg	谷²	461	fot	炒²	469	fug	伏⁸	50	fwen	吸²	205	fwn	汾¹	303
foeg	肺²	426	fou	汱	303	fuj	鈥²	622	fwen	膋	612	fwngq	鞱	516
foeg	樊¹	282	fou	抩	166	fuj	鈥¹	118	fwen	咎	221	fwngq	龤	515
foeg	呼	444	fou	扶	164	fuk	愎	336	fwen	噉	221	fwngq	噡	250
foeg	服¹	425	fou	扶³	129	fuk	袱	534	fwen	菀	176	fwngq	啡	236
foek	钣	287	fou	孚¹	460	fuk	福²	486	fwen	寬¹	350	fwngz	鞵	168
foek	伏⁷	50	fou	抩	142	fung	鬨	299	fwen	嶓	258	fwngz	捹²	154
foengq	棒¹	403	fouh	戓	462	fung	阚	299	fwen	歌	463	fwngz	仔	50
foengq	逢²	357	fouj	岎	461	fung	乃	464	fwen	欢¹	104	fwngz	跃	597
foengq	缝	588	fouj	钕	622	fung	鳳	79	fwen	寬	349	fwngz	伞	164
foengq	榷	408	fouj	鉜¹	622	fung	閅	297	fwenz	袁	120	fwngz	扙¹	164
foengx	笎	557	fouj	鏀	625	fungh	飙	483	fwet	狋	459	fwngz	伡	50
foengx	烽	473	fouj	夫²	5	fungh	鳳	79	fwet	扙³	130	fwngz	逢⁵	357
foengx	熢	475	fouj	鈇	622	fungh	棒²	403	fwet	发⁴	103	fwngz	抙¹	130
foengx	熢	476	fouj	府	289	fungh	风	463	fwet	勿	27	fwnz	栴²	397
foengx	煏	473	fouj	富	350	fungh	封²	188	fwi	悲	481	fwnz	敨	466
foenq	粉²	563	fouq	赈	451	fup	颭	78	fwi	燧	455	fwnz	欠	476
foenq	荚	400	fouq	实	347	fuz	活	311	fwi	水¹	479	fwnz	枚	392
foenq	夲	118	fouq	付¹	47	fw	嬾	552	fwi	煾	481	fwnz	樊	411
foenq	秌	398	fouq	咐	213	fw	魷	633	fwi	焳	327	fwnz	汾²	303
foenx	渝	315	foux	俬¹	68	fw	鲜	633	fwi	錐	455	fwnz	粉²	392
foenx	玢	510	foux	婦	378	fw	蘩	634	fwi	囝	265	fwnz	焚	473
foenx	汶	303	foux	武¹	421	fw	鲼	632	fwiz	糒	572	fwnz	奋	190
fok	吠¹	221	foux	俬²	63	fw	蹿	633	fwiz	穮	166	fwnz	坛	392
fok	坱	112	fouz	黝²	481	fw	鲐	633	fwiz	薦	184	fwq	髴	567
fok	悖	333	fouz	旡	17	fw	鲱	633	fwiz	佛³	52	fwq	咱²	218
fok	坎²	115	fouz	旡	17	fw	鲂	632	fwj	棻	387	fwt	氪	455
fok	喏¹	236	fouz	浺	311	fw	鮠	632	fwj	毡	369	fwt	弗¹	367
fong	势	467	fouz	軬	416	fwd	惣¹	147	fwj	孞	387	fwt	弗²	367
fong	裓¹	536	fouz	笒	16	fwd	拂²	133	fwj	託	387	fwt	忽¹	341
fong	抟	163	fouz	哺³	227	fwd	勿³	77	fwj	霉	619	fwt	勿⁵	77
fong	努	466	fouz	孚²	460	fwd	捽¹	147	fwj	窀	387	fwx	茋²	380
fong	祊²	533	fouz	孚³	460	fwed	穓¹	457	fwj	塞	291	fwx	霏²	620
fong	封¹	188	fouz	俘	61	fwed	穓²	457	fwj	镒	620	fwx	非⁴	621
fong	襟	536	fouz	浮¹	311	fwed	毡²	457	fwj	鈚	387	fwx	俳²	63
fong	奉	8	fouz	浮²	311	fwed	钐	456	fwj	埲	371	fwx	伪²	49
fongz	犈	283	fouz	浮³	311	fwed	愛	579	fwj	笙	563	fwx	俬³	63
fongz	蚡	545	fouz	付²	47	fwed	翘	22	fwj	霰¹	620	fwx	斌²	378
fongz	逢³	357	fox	吠²	221	fwed	幼	414	fwj	磙	387	fwx	勿⁶	77
fongz	逢⁴	357	fox	咋³	212	fwed	毯	457	fwj	磙	388	fwz	戆	187

fwz	藝	182	gaeb	乍⁵	15	gaem	拎¹	130	gaen	斤²	459	gaeq	鶪	519
fwz	艴	104	gaed	氪	455	gaem	欽¹	622	gaen	听	208	gaeq	盖¹	510
fwz	甙	182	gaed	芞	115	gaem	擒	160	gaeng	狽¹	280	gaeq	鸡¹	520
fwz	茯	175	gaed	吉¹	110	gaem	撇	160	gaeng	狹	281	gaeq	計²	610
fwz	伕¹	50	gaeg	悧	335	gaemh	捞²	142	gaeng	猾	281	gaeq	鳩	520
fwz	俳³	63	gaeg	格¹	398	gaemh	撵²	161	gaeng	耕	539	gaet	猪	418
fwz	撫	123	gaeh	朿	480	gaemh	撵⁴	161	gaengz	狽²	280	gaet	祜	534
fwz	蕪	184	gaeh	阶	439	gaemh	梗²	141	gaengz	瘦	526	gaet	胎²	428
			gaeh	胆	483	gaemh	撵²	169	gaenj	堅	459	gaet	胎³	429
	G		gaej	瘂	526	gaemh	柑	165	gaenj	慬	476	gaet	洁¹	87
ga	趷	598	gaej	该¹	616	gaemh	琴	439	gaenj	倩	64	gaet	洽	88
ga	鞐	636	gaej	改¹	421	gaemh	撤	157	gaenj	幹	44	gaet	迼	22
ga	何	50	gaej	給	582	gaemh	捏	147	gaenj	謹	615	gaet	矹¹	555
ga	鳺	521	gaej	計¹	610	gaemh	今²	42	gaenq	襄³	617	gaet	酷	592
ga	鳻²	521	gaej	皆¹	420	gaemh	拎²	130	gaenq	所	459	gaet	周¹	294
ga	鴿	521	gaej	解	609	gaemh	撲¹	151	gaenq	断	459	gaet	粘	573
ga	狂	279	gaej	介¹	41	gaemj	俠	64	gaenq	矜	512	gaet	淅	89
ga	駕	521	gaej	开¹	188	gaemx	錦¹	70	gaenq	吒	229	gaet	咭	221
ga	圫	113	gaej	揩	151	gaemx	佺¹	61	gaenq	亾	2	gaet	咭²	221
ga	跐¹	598	gaej	詡	611	gaemx	伶	50	gaenq	逆	358	gaet	咭³	221
ga	趴	596	gaej	改	421	gaemz	庵²	233	gaenq	艮	182	gaet	咭⁴	221
ga	嘎¹	254	gaek	扚²	202	gaemz	跨²	596	gaenq	艮¹	578	gaet	吉²	110
ga	个¹	41	gaek	惊¹	333	gaemz	夥¹	184	gaenq	艮²	578	gaet	拮	138
ga	跏¹	598	gaek	魃	24	gaemz	囡¹	265	gaenq	近²	354	gaet	拮³	138
ga	胩³	427	gaek	犍	24	gaemz	囡²	265	gaenx	撤	161	gaet	吸	202
ga	軻	416	gaek	閣	298	gaemz	砬	415	gaenx	挋²	142	gaeu	舫	609
ga	伽	54	gaek	燚	24	gaemz	哆¹	229	gaenx	攇	161	gaeu	枵¹	400
ga	伽²	54	gaek	慾	336	gaemz	怜	328	gaenx	勎	552	gaeu	圐	266
gab	押¹	164	gaek	閣²	299	gaemz	揙	147	gaenx	指²	145	gaeu	茄	175
gab	俠	58	gaek	挎	151	gaemz	坮	112	gaenx	跟	599	gaeu	咖	221
gab	挾¹	142	gaek	克¹	23	gaemz	吟¹	208	gaenx	勤¹	102	gaeu	莴	176
gab	押²	132	gaek	刻	29	gaemz	哆	258	gaenz	劢	459	gaeu	狗	279
gad	硌	490	gaek	客	348	gaen	神	533	gaenz	櫛	412	gaeu	叭¹	97
gae	肌	520	gaek	氪	455	gaen	紳	580	gaenz	伙	459	gaeu	勾¹	77
gae	鳵	522	gaem	捞¹	142	gaen	跛	597	gaenz	指³	145	gaeu	苟	170
gae	搔	157	gaem	撵¹	161	gaen	奸¹	596	gaenz	撑²	159	gaeu	苟¹	173
gae	鸡¹	518	gaem	抻	127	gaen	駕	523	gaep	稽	168	gaeu	苟²	173
gaeb	胼	532	gaem	峯	269	gaen	恨	273	gaep	穿	90	gaeu	够	285
gaeb	拾¹	165	gaem	拎⁵	164	gaen	啓¹	237	gaep	麟	609	gaeu	夠	285
gaeb	略	442	gaem	扼¹	142	gaen	呢¹	237	gaep	饴	17	gaeu	芜	169
gaeb	扱¹	163	gaem	撵¹	169	gaen	忌	237	gaep	扱	469	gaeu	角	609
gaeb	及¹	14	gaem	琴	147	gaen	喺¹	250	gaep	蛤²	548	gaeu	口	196
gaeb	及²	14	gaem	峯	268	gaen	跟¹	579	gaep	鋏	624	gaeu	叩	198
gaeb	局	363	gaem	岺	268	gaen	鳺	518	gaep	创	29	gaeu	叩²	199
gaeb	拾²	136	gaem	哽²	229	gaen	根	398	gaep	吻¹	208	gaeu	鴝	522
gaeb	狹	280	gaem	鑑	627	gaen	巾¹	272	gaeq	鵠	520	gaeu	扣¹	127
gaeb	挾²	142	gaem	今¹	42	gaen	斤	459	gaeq	鸡	520	gaeu	扣²	127
			gaem	錦	628							gaeu	扣³	127

gaeu	扣[4]	127	gaeuz	虯	367	gaij	在[3]	110	gamj	鹼	608	gangj	髒	638
gaeu	坵[1]	113	gaeuz	构[1]	392	gaij	妠	374	gamj	砐	494	gangj	誥	613
gaeuh	胊	424	gaeuz	拘	130	gaiq	墵	511	gamj	硏	489	gangj	嗊	250
gaeuh	胸[1]	425	gaex	捉	154	gaiq	嗑	254	gamj	嵌	272	gangj	誩[1]	614
gaeuj	虬[1]	544	gaex	揩	160	gaiq	擖	151	gamj	嵍	271	gangj	誦	612
gaeuj	鮍	499	gaex	掊	142	gaiq	改[2]	421	gamj	礱	493	gangj	唎	222
gaeuj	柳	572	gaex	介[2]	41	gaiq	改[3]	421	gamj	哐[1]	229	gangj	嗝	245
gaeuj	稷	574	gaez	姸	483	gaiq	盖[3]	510	gamj	噉	254	gangj	閛	298
gaeuj	粐	571	gaez	器	258	gaiq	盖[4]	510	gamj	敢	422	gangj	喺[1]	237
gaeuj	叹	208	gag	卡	421	gaiq	盉	510	gamj	勘	101	gangj	訠[1]	610
gaeuj	睭	500	gag	格[2]	398	gaiq	坬	112	gamj	坎[1]	112	gangj	吜[1]	222
gaeuj	軌	176	gag	各[1]	286	gaiq	皆[3]	420	gamj	钳	628	gangj	肙	83
gaeuj	鞠	500	gag	架[1]	395	gaiq	解	609	gamq	嵌	271	gangj	謙	615
gaeuj	鞫	501	gag	咳[1]	221	gaiq	介[6]	41	gamz	踆	604	gangj	港	318
gaeuj	唷	237	gag	克[2]	23	gaiq	介[7]	42	gamz	跋	600	gangj	亘	7
gaeuj	耉	389	gag	伽[3]	54	gaiq	介[8]	42	gan	吁[1]	202	gangj	鯁	632
gaeuj	肍	496	gah	芐	173	gaiq	戒	419	gan	堪	244	gangj	鯀	633
gaeuj	胸	497	gah	舐	555	gaiq	阶[1]	208	gan	閒	297	gangj	虹	544
gaeuj	瞅	503	gah	鏒	626	gaiq	界[1]	504	gang	鎌	555	gangj	江[1]	301
gaeuj	即	497	gah	喀	244	gaiq	界[2]	504	gang	鎌	626	gangq	炕	481
gaeuj	柯[1]	570	gah	舿	555	gaiq	界[3]	504	gang	掆	157	gangq	鈧	630
gaeuj	呵	498	gah	舒	287	gaiq	銲	626	gang	硬	554	gangq	康[3]	290
gaeuj	睭[1]	501	gah	忼	44	gaiq	开[2]	189	gang	礤	494	gangq	抗[3]	131
gaeuj	轎	389	gah	该[2]	616	gaiz	邢	189	gang	碙	492	gangx	跙	599
gaeuj	佝	55	gah	各[2]	286	gaj	恭	80	gang	䴉	264	gangx	箜	599
gaeuj	芶[2]	170	gah	加[1]	100	gaj	胩[2]	34	gang	岡	40	gangz	吒	203
gaeuj	芶[3]	170	gah	介[3]	41	gaj	胩	34	gang	润	316	gangz	埝	142
gaeuj	苟[3]	173	gah	咔[1]	213	gaj	挆	80	gang	凍	322	gangz	抗	142
gaeuj	口[2]	196	gah	咯	222	gaj	刔	28	gang	搞	142	gangz	杠	398
gaeuj	叩[3]	199	gah	伽[4]	54	gaj	楔	36	gang	摙	157	gangz	强[1]	368
gaeuj	陋[1]	95	gai	渍	44	gaj	裂	36	gang	筑	560	ganj	枓[2]	391
gaeuj	咪[1]	221	gai	靧	453	gaj	紒	80	gang	剛	27	ganj	楠	414
gaeuq	旧	285	gai	稷	189	gaj	刹[3]	29	gang	罡[1]	508	ganj	肝	497
gaeuq	哆	237	gai	乔	7	gaj	加[2]	100	gang	鋼	625	ganq	仐	42
gaeuq	约	581	gai	嵌	271	gaj	卡[1]	38	gang	岗	268	ganq	干[1]	107
gaeuq	佰	441	gai	嶽	616	gaj	可[1]	199	gang	扛[2]	126	ganz	吁[2]	202
gaeuq	娾	285	gai	开	189	gak	哐[1]	229	gang	降	95	ganz	箝	563
gaeuq	咶[1]	223	gai	戤	124	gak	夯	286	gang	康[1]	290	ganz	杆[1]	390
gaeuq	高[2]	83	gai	该[3]	616	gak	角[2]	609	gang	康[2]	290	gap	狹	166
gaeuq	苟[4]	173	gai	该[1]	612	gak	碻	493	gang	扛	127	gap	寠	166
gaeuq	旧	12	gai	皆[2]	420	gam	甔[2]	498	gang	抗	130	gap	睑	13
gaeuq	舊	186	gai	介[4]	41	gam	柑[1]	135	gangh	膁	435	gap	姶	13
gaeuq	叩[4]	199	gai	介[5]	41	gamh	芊	23	gangh	祤	533	gap	鴿	521
gaeux	勂	567	gai	开[3]	189	gamh	哃[1]	222	gangh	抗[2]	130	gap	及[3]	14
gaeux	炱	461	gaij	迓	353	gamj	噉	271	gangj	讠	615	gap	甲[1]	12
gaeuz	躬	607	gaij	解	609	gamj	啤	237	gangj	嗛	255	gap	鉀	623
gaeuz	胸[2]	426	gaij	盖[2]	510	gamj	歃	597	gangj	問[1]	298	gap	呷[1]	214
gaeuz	豿	367	gaij	避	361	gamj	盉	487	gangj	骺	637	gap	俠[2]	58

pinyin	字	页	pinyin	字	页	pinyin	字	页	pinyin	字	页	pinyin	字	页
gap	柙¹	395	gaw	闸	295	ged	唻	237	gemh	嶬	272	gengx	洇	312
gap	押⁴	132	gaw	阘	295	ged	伩	50	gemh	蹴	606	gengx	呢	230
gaq	揬	151	gaw	攄	157	ged	呦²	205	gemh	垷	116	gengz	腔²	430
gaq	柣¹	395	gaw	居¹	363	ged	拮⁴	138	gemh	崀	270	gengz	呢²	230
gaq	鎀	409	gawh	胠	426	geg	踋	600	gemh	墩	122	gengz	蜻	549
gaq	𩵊	554	gawh	洰	303	geg	聱	31	gemh	伶¹	61	gengz	鯨	549
gaq	鍛	555	gawh	脶	432	geh	雎	287	gemh	嵰	272	gengz	勥	608
gaq	矴¹	489	gawh	腋	430	geh	枊³	391	gemj	臟	435	gengz	脺	430
gaq	鈝	555	gawh	具	72	geh	翖	188	gemj	臟	433	gengz	霎	619
gaq	鯁	632	gawh	据	147	geh	鼇	417	gemj	倒	66	gengz	更¹	7
gat	仡	55	gawq	居²	363	geh	砐	487	gemj	噉²	254	genj	抙	138
gat	刈	28	gawq	居³	363	geh	跁¹	598	gemj	减	88	genj	桄	398
gat	曷¹	441	gawq	句²	77	geh	閡	299	gemq	臉	434	genj	捲	147
gat	渴	318	gawq	鉅	622	geh	䠡	389	gemq	嫌	554	genq	樫²	400
gat	刟	27	gax	略	287	geh	糀	405	gemq	肼¹	428	genq	樫¹	409
gau	適	359	gax	个²	41	geh	礎	492	gemq	劉	31	genq	樫²	409
gau	跨	517	gax	咯²	222	geh	结³	587	gemq	肷¹	427	genq	呢¹	255
gau	𩨣	517	gax	枦²	395	geh	抉¹	131	gemz	坩	470	genq	遮	360
gau	浩	88	gax	槣³	406	geh	其¹	72	gen	搧	167	genq	砬	491
gau	告	208	gax	抹	134	geih	惢	340	gen	樫¹	400	genq	瑵	123
gau	交¹	81	gax	恀	330	geih	咭⁵	221	gen	脛¹	430	genq	捷	147
gau	考²	388	gax	砟²	489	geih	欺	463	gen	睍	166	genq	昳	444
gau	靠	621	gax	鸹	522	geij	氍	455	gen	犍	167	genq	坚²	112
gauh	高³	83	gax	格³	398	geij	几¹	78	gen	甋	168	genq	梘	400
gauh	诰	616	gax	枷¹	395	geij	己¹	366	gen	裎	534	genx	脛³	430
gauh	磋	491	gax	架²	395	geij	幾	383	gen	捲	167	genx	嘘	262
gauj	绔	582	gax	卡²	38	geij	仉	45	gen	挫	166	genz	坚	115
gauj	蒉	466	gax	卡³	38	geiq	己²	366	gen	䏏	142	genz	瘫	526
gauj	偌	61	gax	咔²	213	geiq	寄	349	gen	䏩	607	genz	疲	525
gauj	考²	388	gax	咔³	214	geix	晤	445	gen	視	534	genz	塾	124
gauj	拷	138	gax	茄¹	172	geix	玲	26	gen	阢	94	genz	攉	169
gauj	栲	398	gax	押⁵	132	geix	讵²	353	gen	魅	593	genz	掩	168
gauj	挠	160	ge	俰	64	geix	眉	363	gen	干⁵	107	genz	堅	343
gauq	哘¹	229	ge	俥¹	61	geiz	麒	634	gen	坚¹	112	genz	拳²	165
gauq	槁	91	ge	鏸	462	geiz	甚	105	gen	简	560	gep	炑	471
gauq	釕	621	ge	耗	415	geiz	期	432	gen	见¹	594	gep	趿	15
gauq	杓	390	ge	糒	636	geiz	旂	467	gen	腱	432	geq	秸	389
gauq	嗃¹	250	ge	擼	161	gej	擗	161	gen	拳¹	165	geq	鉅	574
gauq	崟	91	ge	鸡²	518	gej	掀	168	geng	謹	612	geq	虮²	385
gauq	刮	30	ge	箕¹	561	gej	玘¹	385	geng	觛	270	geq	髹	389
gauq	丟	3	ge	佶¹	58	gej	解	609	geng	硃	492	geq	疷	389
gauq	干⁴	107	ge	结²	587	gek	闔	299	geng	彊	415	geq	鞳	389
gauq	篙¹	564	geb	圪¹	128	gek	洛	95	geng	胯	435	geq	喵	258
gauq	教¹	422	geb	扱¹	128	gek	隔	96	geng	琼	386	geq	耂	389
gauq	考³	388	geb	袂¹	534	gem	踁	600	gengj	翃	579	geq	琵	389
gauz	拮²	141	geb	夾¹	8	gem	蹤	604	gengx	冷¹	303	geq	鑿	389
gauz	拷²	138	ged	萘	466	gem	鈴¹	622	gengx	鋰¹	624	geq	赳	589

geq	眊	389	geuq	憋	272	giengh	渿	312	gimz	欽	623	giq	㧯	531
geq	毷	389	geuq	嗚	521	giengh	穖	539	gimz	鋾	626	giq	居⁴	363
geq	眊	389	geuq	狤	418	giengh	犟¹	605	gimz	鈐²	622	git	圁²	294
geq	剠	389	geuq	胶¹	35	giengh	强²	368	gin	唑	230	git	憩	123
geq	徼	423	geuq	挍	418	giengh	强³	368	gin	坚³	112	git	闋	298
geq	勂	389	geuq	觘¹	21	giengj	渿	163	ging	謑²	613	git	薜	120
geq	佸²	58	geuq	牿	454	giengx	渿²	322	ging	簶²	562	git	儭	69
geq	紀	580	geuq	叫	199	giengz	鏉	626	ging	蒜	184	git	吉⁵	110
geq	記	610	geuq	纠³	587	giengz	鐰	565	ging	速	358	git	洁	309
geq	佬¹	58	geuq	鳩	518	giengz	篥¹	561	ging	経	584	git	桔	398
geq	耆	389	geux	㗂²	229	giengz	羌	367	ging	京¹	82	giu	紈	580
geq	数¹	423	geux	臛	495	giengz	鋾	625	ging	京²	82	giuh	檄	284
geq	诉	616	geux	打²	125	giengz	鞠	379	ging	京³	82	giuh	轿	416
geq	挈	154	geux	晈	222	giengz	鞠	575	ging	经¹	587	giuh	捄	142
get	醋	593	geuz	脉	35	giengz	羌	367	ging	猄	281	giuj	街	277
get	痦	525	geuz	钙	623	giengz	椋	403	ging	敬	423	giuj	趷	595
get	呋¹	214	gi	箮	559	giengz	强⁴	368	gingj	瀕	322	giuj	跭	596
get	胯⁴	429	gi	尯	79	gienq	倪	61	gingj	嘹	237	giuj	姣	415
get	㗂²	258	gi	胐	79	gienq	犍	454	gingj	檁	411	giuj	踦	599
get	澌	325	gi	玑	79	gienq	见²	594	gingj	经²	587	giuj	沃	86
get	沛	306	gieg	枺	403	gienz	干²	107	gingj	景	445	giuq	簸	564
get	洳	312	gieg	橘	408	gig	呋²	214	gingj	倾	64	giuq	獄	566
get	喆	118	giek	喆	106	gig	亟¹	8	gingq	跼	608	giuq	犨	188
get	祛	43	giem	兪	120	gij	倡	61	gingq	醢	637	giuq	简	558
get	湖	88	giemq	鉿	624	gij	姁	278	gingq	挒²	134	giuq	蹘	188
get	胍¹	429	giemq	见³	230	gij	鸡²	520	gingq	撒	160	giuq	佰	558
get	咭⁶	221	giemq	睑	503	gij	几²	78	gingq	竟	529	giuq	笭	559
get	结⁴	587	giemq	釣²	622	gij	己³	366	gingq	天¹	15	giuq	交²	81
geu	结¹	583	giemq	親	624	gij	其²	72	gingq	强⁵	368	giuq	橀	411
geu	気	455	giemx	壎¹	124	gij	启	483	gingz	擎	168	giux	耕	186
geu	叴	214	giemx	堉¹	118	gik	砰	167	ginq	折³	142	giux	挤	139
geu	狡	534	giemx	欤	463	gik	悭	335	ginx	进	353	giux	韭	180
geu	绿¹	584	giemx	確	492	gik	豣	167	gip	搇¹	151	giux	救¹	422
geu	绞¹	588	giemx	剑	30	gik	碣	10	gip	扱²	128	giuz	脚¹	430
geu	绞²	588	giemx	剑	32	gik	棋	335	gip	扱³	128	gix	趆	120
geu	阶	94	giemx	裑	400	gik	恠	331	gip	箞	563	gix	趏	414
geu	纠¹	587	giemz	謙	434	gik	甚	342	gip	哈	245	gix	獞	283
geu	久¹	14	giemz	禽	70	gik	意	342	gip	聛	84	gix	吉⁶	110
geuh	捆¹	147	giemz	肶	428	gik	该	120	gip	趒	495	giz	骑	436
geuh	巧	108	giemz	槛	408	gik	勝¹	101	gip	珪	108	giz	麒	637
geuj	桔²	583	gien	喧¹	245	gik	吉³	110	gip	扱²	163	giz	嗜¹	245
geuj	畿	586	gien	萱	563	gik	极	390	gip	扑	126	giz	其³	72
geuj	矜	417	gieng	荬	178	gik	亟²	8	gip	及⁴	14	giz	其⁴	72
geuj	吼	199	gieng	犙	570	gim	姶	378	gip	吉⁴	110	giz	旗	467
geuj	巧	108	gieng	呾²	222	gim	金	621	gip	级	587	giz	峙	269
geuj	绞³	588	gieng	健	276	gim	铃¹	628	gip	急	342	go	榇	408
geuj	纠²	587	giengh	糜	577	gimx	妗	374	giq	坯	112	go	欧	44
geuq	鹄	522	giengh	渿¹	322

音节	字	页	音节	字	页	音节	字	页	音节	字	页	音节	字	页	音节	字	页
go	哥	250	goemz	壾	112	goenq	捆⁴	237	goj	啯¹	237	gonh	齞	484			
go	禾	250	goemz	嘣	263	goenq	捆⁵	237	goj	过³	352	gonh	踽	448			
go	尿	222	goemz	噺¹	237	goenq	尉	444	goj	訶	611	gonh	啧	259			
go	乔	384	goemz	龄	13	goenq	猷	512	goj	怙	330	gonh	喑¹	238			
go	孤¹	370	goemz	䤄	44	goenq	榊	403	goj	咯³	222	gonh	弔³	366			
go	古¹	199	goen	梏²	400	goenq	副	30	goj	可²	199	gonh	橍	409			
go	菓	178	goen	焜¹	473	goenq	馆¹	631	goj	可³	199	gonh	昆⁴	438			
go	餜	630	goen	琨	457	goenq	棍¹	403	goj	可⁴	199	gonj	橍	413			
go	过¹	352	goen	鲲	457	goenq	棍²	403	goj	啯³	229	gonj	礦	494			
go	柯	395	goen	鷤	457	goenq	坤¹	114	gok	船	609	gonj	增	124			
go	枯¹	395	goen	鹍	457	goenq	昆³	438	gok	粫¹	574	gonj	伎¹	347			
goeb	客	348	goen	炀	473	goenq	捆¹	143	gok	鸃	609	gonj	槿²	410			
goeb	客	350	goen	烎	473	goenq	捆²	143	gok	犆	454	gonq	𢮄	452			
goeb	𨀈	570	goen	魅	638	goenq	困¹	265	gok	硲¹	230	gonq	菽	350			
goeb	夾	349	goen	魂²	638	goenx	割	31	gok	角⁴	609	gonq	餶	287			
goed	揩	151	goen	昆²	438	goenz	佋	61	gok	确	491	gonq	瞋	448			
goed	捔¹	142	goen	筘	560	goenz	困²	265	gon	宽	532	gonq	曀	447			
goed	掘	147	goeng	笃	557	goep	螅	550	gon	阫	96	gonq	喑²	238			
goek	梏	400	goeng	吁¹	203	goep	蚁	544	gon	宽²	350	gonq	觘	452			
goek	啯²	229	goeng	跤¹	597	goep	噁	245	gon	纏	587	gonq	矡	351			
goek	鈥	608	goeng	工¹	108	goep	蛹	548	gon	官¹	348	gonq	礭	494			
goek	梱	403	goeng	公	71	goep	狢¹	280	gon	管¹	562	gonq	觟	450			
goek	奎	116	goengq	岜	267	goep	蛤³	548	gong	硑	490	gonq	琨	371			
goek	領	543	goengq	肟	424	goep	蛤	547	gong	捞	116	gonq	禣	536			
goek	杭¹	392	goengq	峩¹	269	goep	蛔	549	gong	埫¹	118	gonq	伎²	347			
goek	樨	409	goengq	峩²	269	goet	各⁴	286	gong	贡	108	gonq	干³	107			
goek	跼	600	goengq	拱	115	goet	骨	637	gong	哄¹	222	gonq	甘¹	487			
goek	格⁴	398	goengz	跨²	595	goih	㸅	107	gongh	廩	483	gonq	赶	589			
goek	各³	286	goengz	跤²	597	goih	潵	318	gongh	共¹	71	gonq	观	104			
goek	谷¹	608	goenh	棍	167	goih	汧	303	gongj	澒	89	gonq	官²	348			
goek	楷¹	405	goenh	鋽	625	goij	噘	245	gongj	洪	87	gonq	贯	450			
goek	國¹	266	goenh	鉰	624	goix	卟³	109	gongq	墳	121	gonq	惯¹	335			
goek	过²	352	goenh	锟	628	goj	柯¹	165	gongx	跳	599	gonq	貫	451			
goek	角³	609	goenj	焜²	474	goj	柯¹	134	gongx	獪²	280	gonq	光¹	193			
goem	矜²	164	goenj	绲	584	goj	古	208	gongz	吁²	203	gonz	颗	92			
goem	弓	366	goenj	哏²	237	goj	笱	558	gongz	吋²	203	gonz	捆⁴	147			
goem	哆²	229	goenj	捆²	147	goj	詁¹	611	gongz	呛¹	238	gonz	丨	3			
goem	帘	268	goenj	烧	477	goj	詁²	611	gongz	嘖	250	gonz	舛	77			
goem	岑²	268	goenj	熀	477	goj	捣	154	gongz	哼¹	238	gonz	伎³	347			
goemq	搩³	161	goenj	煀	477	goj	谤	616	gongz	嚦	263	gonz	观²	105			
goemq	驟	91	goenj	烜	475	goj	个³	41	gongz	訝²	610	gonz	冠¹	91			
goemq	宮	348	goenj	滚	321	goj	咕	214	gongz	硿	492	gonz	扛²	127			
goemq	黔	76	goenj	混¹	316	goj	古²	199	gongz	喃	230	gop	抭²	165			
goemq	捶	168	goenj	混²	316	goj	古³	199	gongz	弓¹	366	gop	柯²	165			
goemq	盇	178	goenj	梏³	400	goj	古⁴	199	gongz	功	108	gop	扸²	130			
goemq	刀	39	goenj	斳	459	goj	古⁵	199	gonh	棍	327	gop	掬	147			
goemq	噤¹	261	goenq	梱	400	goj	故¹	422	gonh	捆³	147	gop	撻	139			
goemz	龄	180	goenq	哏³	237	goj	故²	422				goq	鈅	623

音	字	页	音	字	页	音	字	页	音	字	页	音	字	页
goq	伫¹	50	gu	故⁴	422	gug	骺	637	gumj	骂	521	gungq	蚙²	547
goq	戈²	418	gud	媷	512	guh	田	196	gumq	鈜¹	607	gungq	鉷	633
goq	顧	543	gueg	垢	108	guh	旧	196	gumq	肼²	429	gungq	爨	553
got	珂³	165	gueg	掴	164	guh	旦	196	gumq	骐¹	435	gungq	蚣	545
got	蔼	168	gueg	郭²	98	guh	哭	223	gumq	骐²	435	gungx	伃	47
got	捣	160	gueg	國²	266	guh	拈	134	gumq	黔	426	gungx	令	42
got	捅²	142	gueg	克³	23	guh	垲	113	gumq	腈	368	gungx	拱²	115
got	攬	162	guek	鍋	627	guh	贴	451	gumq	腈	435	gungx	弓³	366
got	格⁵	398	guek	鐄	627	guh	个⁴	41	gumq	靳	436	gungx	供²	58
got	葛	180	guek	蛤⁴	548	guh	骨²	637	gumq	酷	436	gungx	躬	606
got	椚²	405	guek	铬	628	guh	故⁵	422	gumq	肥	428	gungx	哄²	222
got	郭¹	98	guen	冠²	91	guh	咽²	237	gumq	鐵¹	436	gungx	穷¹	531
got	曷²	441	gueng	毂	629	guh	卡⁴	38	gumq	埜	10	gungz	愤	337
gou	兄	199	gueng	拱	139	guh	枯²	395	gumq	岑³	268	gungz	颢	532
gou	吼	199	gueng	哐	230	guh	哭	230	gumx	趴	596	gungz	淫	316
gou	勾	50	gueng	攻	108	guh	做	65	gumx	趴¹	595	gungz	貛	72
gou	兢	17	gueng	供¹	58	gui	彭	543	gumz	闰²	293	gungz	筇	351
gou	戈³	418	gueng	咣¹	223	guij	蓋	181	gumz	関¹	298	gungz	共²	71
gou	勾²	77	gueng	喀	245	guij	溉	322	gumz	枣	112	gungz	穹¹	531
gou	苟⁵	173	gueng	坤	114	guiz	舾	12	gumz	墐	121	gungz	穹²	531
gou	故³	422	guengh	廣	290	guiz	溉	85	gumz	垹	115	gunj	哏⁶	237
gou	九¹	13	guengj	磙	489	guiz	遘	361	gumz	宾	348	gunx	猫	280
gou	句¹	77	guengq	肼²	424	guiz	葵	183	gumz	鐔	627	gunx	悃	333
gouh	桁²	400	guengq	肼¹	429	guiz	骐	381	gumz	塽	123	gunz	裉	535
gouh	苗	173	guengq	躟	606	guj	砧¹	489	gumz	畛	12	gunz	裋	535
gouh	叕	104	guengq	骺	637	guj	犄	453	gumz	凹²	12	gup	芥	175
gouh	骷	183	guengq	胱	429	guj	麵	285	gumz	坦	113	gup	眇	500
gouh	苟⁴	170	guengq	况¹	87	guj	雜	286	gumz	岑⁴	268	gup	芥	175
gouh	樞	395	guengz	悽¹	343	guj	古⁷	199	gumz	由	92	gup	崩	13
goux	樱	412	guengz	扛³	128	guj	鼓	591	gun	倔¹	64	gup	鼿	41
goux	杌	390	guenj	摺	157	guj	故⁶	422	gun	堌²	117	gup	吸²	202
goux	楸¹	410	guenj	卷¹	73	guk	瞌	543	gun	啦	223	guq	蜩	549
goux	棕¹	401	guenj	僧¹	68	guk	螨²	549	gun	鞋	457	gut	裕²	400
goux	舅	567	guenj	寬³	350	guk	虢	543	gun	罱	92	gut	鸪	521
gox	舸	609	guenj	晋	461	guk	貉²	280	gun	佰	64	gut	轴	184
gox	柯	417	guenj	受	460	guk	貜	543	gun	军	90	gut	咄¹	223
goz	间¹	293	guenj	甘²	487	guk	獒	283	gun	均	112	gut	軝	607
goz	髡	85	guenj	菅	178	guk	貉	280	gun	坤³	114	gut	鸥	522
goz	勠	85	guenq	磺	492	guk	鬼	79	gung	胯	538	gut	翎	519
goz	柯	84	guenq	溃	322	guk	蛤⁵	548	gung	弘	367	gut	鸽	522
goz	肟¹	428	guenq	馆	555	guk	谷²	608	gungj	逛	352	gut	豁	185
goz	库²	288	guenq	碹	492	gum	钦²	622	gungj	珙	367	gut	柚	398
gu	锹	626	guenq	圖	296	gumh	閩¹	299	gungj	弓²	366	gut	唶	245
gu	嗒¹	238	guenq	碾	492	gumh	韋	8	gungj	孔¹	368	gut	苗	175
gu	估¹	55	guenq	馆	631	gumh	關²	298	gungq	鈜²	607	gut	蒞	178
gu	沽¹	306	guenq	惯	335	gumh	腦	291	gungq	蚝	544	gut	绌	582
gu	古⁶	199	guenq	鐄	555	gumh	凹¹	12	gungq	唢	229	gut	曲¹	12
gu	鈷	623	guenz	硯¹	491	gumj	鸰	520	gungq	蚙¹	547	gut	曲²	12

gut	蚰	547	gvai	快¹	328	gvangh	况³	87	gvej	蚳	546	gvij	归	361
gut	鸹	519	gvai	快²	328	gvangj	铫	623	gvej	鲴	633	gvingz	籫	565
gux	峪	377	gvaih	前¹	75	gvangq	宠	348	gvej	蛛	549	gviq	癸	384
gux	鹄	521	gvaij	挂¹	147	gvangq	墉	124	gvej	蜍	549	gw	咣¹	230
gux	估²	55	gvaij	抉²	131	gvangq	圹	194	gvej	蝶	552	gw	氍	630
gux	故⁷	422	gvaiq	乘¹	17	gvangq	光³	193	gvej	蚆²	544	gw	馃	630
guz	唔²	238	gvaiq	乖	16	gvangq	哐	223	gvej	虮	544	gw	堀	118
guz	嘴¹	255	gvaix	前²	75	gvangq	旷	438	gvej	绞⁴	588	gw	克⁴	23
guz	腾	435	gvaix	挂²	147	gvangq	况⁴	87	gvej	㵽	259	gw	棋	403
guz	笞	558	gvaix	蹑¹	601	gvanq	奸	450	gvej	蜂	550	gwed	挠	154
guz	呕¹	208	gvaix	踯	598	gvanq	关³	73	gvej	蛆	546	gwed	揽	143
gva	瓠	623	gvaix	蹦¹	601	gvaq	迒	358	gvemq	猣	554	gwed	撑	152
gva	瓜¹	517	gvaix	映	230	gvaq	飚	518	gven	关	294	gwed	靴	636
gvae	伢	47	gvaix	皒	419	gvaq	过	358	gven	闩	291	gwed	缸	108
gvae	仓	70	gvaix	默	541	gvaq	瓜²	517	gveng	簑	283	gwed	吉⁷	110
gvae	亏	3	gvaix	抉	392	gvaq	卦²	113	gveng	掭	165	gwed	拮⁵	138
gvaeg	跼	601	gvaix	㧟²	144	gvaq	挂	139	gveng	皏	106	gwenj	揞	162
gvaeg	勒¹	635	gvaix	拐	134	gvaq	夸	190	gveng	狂	283	gwenj	抠	143
gvaeh	规	594	gvaix	快³	328	gvaq	胯	223	gveng	冋	366	gwenj	厥	299
gvaek	挽	166	gvaiz	快⁴	328	gvaq	誇	612	gveng	扩	128	gwenj	拷	148
gvaek	撂	162	gvaj	堌	113	gvaq	垮	115	gvengh	鹄	521	gwenj	卷¹	73
gvaek	㧟¹	144	gvaj	瓠	518	gvat	捅¹	148	gvengh	践	598	gwg	桼	405
gvaek	卦¹	113	gvaj	泫	87	gvat	刮²	29	gvengh	光⁴	193	gwh	洓	312
gvaen	罣	442	gvaj	挽	152	gvax	迒	355	gvet	捌³	166	gwh	巨¹	26
gvaen	量	446	gvak	铡	625	gvax	刮³	29	gvet	胳	36	gwih	驮	382
gvaengh	囧¹	266	gvak	铧	623	gvax	寡	351	gvet	捌	143	gwih	騑	383
gvaengq	犷	553	gvak	刮	29	gvax	括²	139	gvet	刮⁴	29	gwih	駁	383
gvaengq	蚖	547	gvak	钾	628	gvaz	秚	165	gveuh	潸	325	gwih	跑	600
gvaengx	囷¹	265	gvan	倌²	68	gvaz	秝	80	gvez	犛³	8	gwih	嬉	24
gvaengx	圈	266	gvan	佚	58	gvaz	哑	517	gvez	蹉²	601	gwih	崎	601
gvaengz	囷²	265	gvan	默	506	gvaz	括¹	139	gvez	跑	596	gwih	奇	190
gvaengz	浍¹	324	gvan	娀	376	gve	瓠	517	gvez	蹿¹	606	gwiz	垷	371
gvaengz	恁²	343	gvan	丹	39	gveij	魅	614	gvez	躁	604	gwiz	槊	401
gvaengz	洑¹	312	gvan	关²	73	gveij	诡	616	gvez	趵¹	596	gwiz	祺	371
gvaengz	洑²	312	gvan	関	298	gveij	鬼	638	gvez	跬²	599	gwiz	墟	378
gvaengz	泸¹	301	gvang	伫²	50	gveij	贵	449	gvi	鲌	634	gwiz	偗¹	61
gvaengz	濑¹	326	gvang	洭	309	gveiq	鹆	523	gvi	规	593	gwiz	麒	24
gvaengz	塴	124	gvang	犷	47	gveiz	跬	599	gvi	碡	495	gwiz	做	61
gvaengz	囧²	266	gvang	默	506	gveiz	跬¹	599	gvi	砨	494	gwiz	秩	189
gvaex	尣	638	gvang	闳	294	gvej	剜	32	gvi	魁	638	gwiz	芫¹	176
gvaez	群	166	gvang	伉²	57	gvej	蚓	546	gvih	蹦	606	gwiz	竞	506
gvaez	刲	31	gvang	光²	193	gvej	剽¹	37	gvih	巫	26	gwiz	绐	588
gvah	铢²	622	gvang	桄	398	gvej	釀	627	gvih	匮	26	gwiz	鈇	622
gvah	袴	534	gvang	况²	87	gvej	麎	37	gvih	蹼	605	gwiz	骑	381
gvah	夸¹	190	gvangh	犼¹	280	gvej	耴	29	gvih	蹟	605	gwiz	亿¹	47
gvai	佚	50	gvangh	伉³	57	gvej	喇¹	259	gvih	葵	181	gwn	呷	203
gvai	俫	64	gvangh	广	287	gvej	剁	32	gvih	危¹	34	gwn	饷	628
gvai	莗	178	gvangh	匡	26	gvej	魄	550	gvij	喐²	228	gwn	齸	639

gwn	尵	639	gya	家¹	349	gyaek	刵	120	gyaenq	焽	473	gyaeuj	猷	182
gwn	鞕	630	gya	家²	349	gyaek	旎	101	gyaenq	氪	455	gyaeuj	跌	591
gwn	跟²	579	gya	傢	67	gyaek	刦	100	gyaep	捻²	151	gyaeuj	散	76
gwn	帅	631	gya	甲²	12	gyaek	蒯	181	gyaep	鰓	633	gyaeuj	猷¹	76
gwn	哏¹	223	gya	嫁	379	gyaek	咭⁹	221	gyaep	篒²	563	gyaeuj	籿	483
gwn	哽⁶	229	gya	茄²	172	gyaek	克⁷	23	gyaep	胈	497	gyaeuj	苟⁶	173
gwn	巾²	272	gya	茄³	172	gyaek	逸	358	gyaep	蹱	603	gyaeuj	九²	13
gwn	粳	575	gyad	抇	134	gyaemq	湆	312	gyaep	蹱²	605	gyaeuj	九³	13
gwn	啃	238	gyad	泖	306	gyaemq	嗔²	249	gyaep	箷¹	560	gyaeuj	久³	14
gwn	食¹	628	gyae	遐	361	gyaemq	禁	484	gyaep	笧	558	gyaeuj	久⁴	14
gwn	吟²	208	gyae	髢	278	gyaemx	闵	292	gyaep	肝	424	gyaeuj	玖	385
gwnz	丕¹	383	gyae	蹖²	602	gyaemx	庆¹	288	gyaep	笒¹	557	gyaeuj	厹	75
gwnz	圣¹	103	gyae	追¹	353	gyaemz	囷	266	gyaep	梜⁴	400	gyaeuj	柳¹	395
gwnz	让¹	353	gyae	迒	358	gyaen	鈰	640	gyaep	跋	596	gyaeuj	邱	98
gwnz	肯	424	gyae	邂	361	gyaen	鉈	641	gyaeq	唏²	228	gyaeuj	頭	543
gwnz	垦	578	gyae	醸	593	gyaen	逸	358	gyaeq	蹇	553	gyaeuj	位¹	55
gwnz	垠	579	gyae	蔯	255	gyaen	嗰¹	255	gyaeq	鸂	523	gyaeuq	蔹	183
gwnz	肯	438	gyae	蹎	604	gyaeng	圊	267	gyaeq	鼪	553	gyaeuq	楸²	410
gwnz	匙	9	gyae	唴	259	gyaeng	閌²	298	gyaeq	廌	550	gyaeuq	棣²	401
gwnz	愚	344	gyae	瓯	26	gyaeng	闯	294	gyaeq	鸂	519	gyaeuq	柏	398
gwnz	惰¹	335	gyae	造	356	gyaeng	囸	266	gyaeq	蛋	549	gyaeuq	救²	422
gwnz	巠¹	367	gyae	嗻¹	238	gyaeng	闇	296	gyaeq	胈¹	426	gyaeux	綠	554
gwnz	廷	107	gyae	琪	119	gyaeng	繒	76	gyaeq	給³	588	gyaeux	鉢	555
gwnz	艮³	578	gyae	给²	588	gyaeng	闘	296	gyaet	嗇	89	gyaeux	跦	600
gwnz	勤²	102	gyae	唶	223	gyaeng	拄²	370	gyaet	洁²	87	gyaeuz	猷²	76
gwnz	群	569	gyae	皆⁴	420	gyaeng	瞪	267	gyaet	矻²	555	gyaeuz	棣³	401
gwnz	上¹	10	gyae	奚	461	gyaeng	閇²	296	gyaet	洁	89	gyaeuz	嗽	255
gwnz	志	340	gyae	追¹	356	gyaeng	足	223	gyaet	咭¹⁰	221	gyaeuz	菉	183
gwq	巨²	26	gyaeb	鱲	586	gyaeng	泺¹	316	gyaet	结⁵	588	gyaeuz	秣	191
gwt	跛	600	gyaeb	叺³	197	gyaeng	囯	265	gyaeu	緑²	584	gyaeuz	球	386
gwt	疙	523	gyaeb	扒³	125	gyaeng	囯	265	gyaeu	糱	570	gyaez	愭	335
gwx	跊²	598	gyaeb	挟	139	gyaeng	噌⁴	257	gyaeu	閑	295	gyaez	喀²	234
gwx	茪²	176	gyaeb	押³	132	gyaeng	江²	301	gyaeu	舡	569	gyaez	喃²	255
gwx	唭¹	238	gyaed	咭⁷	221	gyaeng	腀	436	gyaeu	牫	378	gyaez	吋	203
gwx	唭²	238	gyaed	吉⁸	110	gyaeng	徹¹	69	gyaeu	糕	570	gyaez	嗻²	238
gwx	垸	116	gyaed	壬¹	15	gyaengh	魏	482	gyaeu	媄¹	379	gyaez	愭	331
gwx	统	588	gyaeg	詰	612	gyaengh	噼²	237	gyaeu	獻	124	gyaez	檞¹	461
gwx	巨³	26	gyaeg	悖²	334	gyaengh	洚	316	gyaeu	久²	14	gyaez	獬	461
gwx	咯⁴	222	gyaeg	德⁴	277	gyaengh	江³	301	gyaeuj	旭	16	gyaez	怃	330
gwx	克⁵	23	gyaeg	咭⁸	221	gyaengh	强⁶	368	gyaeuj	跋²	598	gyaez	悃	336
gwx	克⁶	23	gyaeg	嗰	255	gyaengj	獜	85	gyaeuj	吷¹	214	gyaez	悃	336
gwz	茪³	176	gyaeh	㤿¹	214	gyaengj	僵	69	gyaeuj	斞²	590	gyaez	嗻	235
gwz	樻	400	gyaek	圤¹	113	gyaengq	繅	584	gyaeuj	赳	589	gyaez	蛎	238
gya	蒙	182	gyaek	悗²	333	gyaengx	儆²	69	gyaeuj	歐	590	gyaez	嗥	259
gya	办	99	gyaek	瞳	504	gyaengz	喕²	237	gyaeuj	斪	590	gyaez	吉⁹	111
gya	宁	347	gyaek	剋	35	gyaengz	嗽	259	gyaeuj	歕	75	gyaez	唶²	223
gya	鲍²	632	gyaek	砰¹	489	gyaengz	腙	430	gyaeuj	犺	75	gyaez	齐²	465
gya	枷²	395	gyaek	垍	115							gyaez	其⁵	72

gyaez	吸³	202	gyang	狆³	74	gyau	艽	173	gyax	嫁³	379	gyoengq	穷²	531
gyah	洽¹	309	gyang	杠²	398	gyau	嗷	552	gyax	呷²	214	gyoengq	众	43
gyai	嵓³	271	gyang	躤³	605	gyau	栲	401	gyaz	槚²	406	gyoenz	唔²	227
gyai	斧	64	gyang	糨	405	gyau	交³	81	gyaz	坤²	113	gyoep	扱³	163
gyai	髭	365	gyang	薑	481	gyau	蛟	547	gyaz	茾¹	173	gyoet	諌	122
gyai	骶	365	gyang	閈	295	gyauh	朾	395	gyaz	茾²	173	gyoh	憔	339
gyai	尻	363	gyang	罾	368	gyauh	而¹	541	gyaz	里	12	gyoh	吘	203
gyai	茌	269	gyang	闸	292	gyauq	交⁴	81	gyaz	甲³	12	gyoh	燋	477
gyai	岜	269	gyang	囝	292	gyauq	教²	422	gyeh	繲²	585	gyoh	茄	176
gyai	翍	194	gyang	吽³	222	gyaux	挍²	138	gyi	机	390	gyoh	却³	98
gyai	佳	58	gyang	活	312	gyaux	打³	126	gyimq	嘞	263	gyoh	呦²	228
gyaih	耤	539	gyang	粎	75	gyaux	照	261	gyiuh	藥	186	gyoh	觉	593
gyaij	鲜²	609	gyang	旺	442	gyaux	皎	10	gyix	繲¹	585	gyoh	却³	93
gyaiz	喈²	245	gyang	罡²	508	gyaux	撓²	152	gyo	諏	613	gyoh	助⁸	100
gyaj	葭	183	gyang	江⁴	301	gyaux	交⁵	81	gyo	啁³	227	gyoh	佐⁴	53
gyaj	枷	514	gyang	江⁵	301	gyaux	绞	583	gyo	啁⁴	228	gyoi	筴	565
gyaj	秞	513	gyang	江⁶	301	gyawj	墹	84	gyo	僭	69	gyoi	箕²	561
gyaj	珈	572	gyang	江⁷	301	gyawj	迎	355	gyo	咕¹	245	gyoih	甏²	461
gyaj	秎	513	gyang	江⁸	301	gyawj	迎	355	gyo	咕²	245	gyoih	忺	328
gyaj	加³	100	gyang	降²	95	gyawj	蹉	245	gyo	掣	403	gyoij	爢	187
gyaj	假	66	gyang	康⁴	290	gyawz	揩²	117	gyo	犁	108	gyoij	鰲	187
gyaj	嫁²	379	gyang	灶²	469	gyawz	筣	529	gyo	却²	98	gyoij	鱶	187
gyaj	稼	515	gyangh	江⁹	301	gyawz	却¹	98	gyo	觉	594	gyoij	髷	186
gyaj	伽⁵	54	gyangq	噤³	237	gyawz	逍	359	gyo	枯³	395	gyoij	蕗	184
gyaj	茄⁴	172	gyangq	杠³	398	gyawz	护¹	131	gyoeg	砌	491	gyoij	霍	620
gyak	痈	524	gyangq	江¹⁰	301	gyawz	介⁹	42	gyoek	菊	178	gyoij	楷	406
gyak	痛	526	gyangq	降³	95	gyawz	近¹	353	gyoemh	啾²	237	gyoij	追²	356
gyak	癩	528	gyangq	噤⁴	237	gyawz	却²	93	gyoemh	喋²	261	gyok	箋	560
gyak	疔	523	gyangz	嘁	255	gyawz	崖	270	gyoeng	窻	344	gyok	掬²	141
gyak	剝⁴	30	gyangz	癡	526	gyax	抴	370	gyoeng	迹	358	gyok	笳	560
gyamq	幸	113	gyangz	茌	175	gyax	烎²	461	gyoeng	蹖	532	gyok	嘁	255
gyamq	糧	578	gyangz	藏²	186	gyax	切	34	gyoeng	阁¹	295	gyok	图	266
gyamq	監	510	gyangz	強	367	gyax	努	34	gyoeng	穹³	531	gyok	篯	560
gyan	鋼	630	gyanq	嗜¹	245	gyax	刟	28	gyoengh	薩	178	gyok	國³	266
gyan	鋼	385	gyanz	旰²	596	gyax	毐	486	gyoengj	机¹	392	gyok	脚²	430
gyan	銅	630	gyap	砒²	489	gyax	訶	530	gyoengq	佂	58	gyok	鹿	290
gyan	鋏	629	gyap	砒³	489	gyax	傑	65	gyoengq	辨	285	gyok	却⁴	93
gyan	喃²	255	gyap	蚒	546	gyax	毎	486	gyoengq	阅	297	gyok	觟	609
gyan	甜	384	gyap	梜¹	400	gyax	孖	369	gyoengq	佯¹	61	gyon	抚¹	131
gyan	阁	295	gyap	柙²	395	gyax	乭	487	gyoengq	阅²	292	gyong	皺	591
gyan	郤	384	gyaq	槚¹	405	gyax	伷	55	gyoengq	趱	44	gyong	莛	538
gyan	縿	71	gyaq	梨	539	gyax	稼	371	gyoengq	伀	50	gyong	蟎	591
gyan	臤	294	gyaq	椓	408	gyax	加	101	gyoengq	濈	286	gyong	鏧	591
gyan	泅	318	gyaq	喙	250	gyax	勥	351	gyoengq	同	223	gyong	鼟	591
gyan	囚⁴	264	gyaq	伽	265	gyax	探	371	gyoengq	冈	294	gyong	靰	636
gyang	曠	262	gyaq	價	69	gyax	架	371	gyoengq	巽	570	gyong	鞦	591
gyang	閃³	298	gyat	叭¹⁰	197	gyax	孖	370	gyoengq	阁²	295	gyong	鏊	591
gyang	閃⁴	298	gyau	泹	316	gyax	架³	395	gyoengq	供³	58	gyong	鼟	591

gyong	䫋	538	gyuh	久⁵	14	haeb	骼	418	haemz	嗑	185	haengz	恒⁴	331
gyong	趫	591	gyuh	求	7	haeb	啦¹	214	haemz	馠¹	182	haenh	悬	342
gyong	趫	591	gyuj	艶	634	haeb	嗑	255	haemz	馠²	182	haenh	哏²	250
gyong	𤘪	591	gyuk	𠴍²	223	haeb	敍	44	haemz	舍²	44	haenh	欭³	237
gyong	鞏	636	gyuk	哈²	230	haeb	嚕	250	haemz	闞³	299	haenh	哏³	245
gyongh	中⁴	11	gyuk	禦	283	haeb	哈³	218	haemz	蘚²	184	haenh	諰¹	612
gyongx	卦³	590	gyuk	鬪	298	haeb	嘞²	255	haemz	啥³	238	haenh	恳	345
gyongx	㰀	387	gyuk	𤬒	327	haeb	啮	238	haemz	陷³	96	haenh	悬³	345
gyongx	僵	78	gyuk	裕	327	haeb	吸⁴	202	haemz	吅²	223	haenh	𠯕	245
gyongx	哄³	222	gyumj	簡	565	haed	紇	580	haemz	䂝	184	haenh	諰	612
gyongz	擲²	157	gyumq	箕	559	haed	暎	444	haemz	輱	617	haenh	恨²	331
gyongz	捞	143	gyumq	眹	499	haed	吃¹	438	haemz	嗑	245	haenh	悬²	342
gyongz	劈¹	102	gyungj	机²	392	haej	闲	292	haemz	鬵	187	haenj	很²	275
gyongz	㩎	154	gyungj	跙	597	haem	塉	117	haemz	铬	616	haenq	雰	101
gyongz	揭	148	gyungj	孔²	368	haem	埯²	118	haemz	諴¹	186	haenq	旪	100
gyonj	𡄷	255	gyungq	裘	66	haem	塔¹	121	haemz	慇¹	344	haenq	汹	318
gyonj	舔	384	gyungq	供	66	haem	衪	83	haemz	叺	199	haenq	狠¹	280
gyonj	管²	562	gyunj	暉	245	haem	掐	152	haemz	岑⁵	268	haenq	恨³	331
gyonj	捲²	147	gyuq	澘	89	haem	拾	143	haemz	痕¹	525	haenx	哏²	245
gyoq	煁	478	gyuq	唏¹	214	haem	堪¹	120	haemz	恒²	331	haenx	覐¹	579
gyoq	栴²	472	gyux	𩕤	24	haemh	舍¹	43	haen	艰	583	haenx	望	120
gyoq	瘙²	475	gywj	鞻	636	haemh	㺁	85	haen	哏	245	haenx	哏⁴	223
gyoq	炳¹	470	gywngz	笘	559	haemh	暗	447	haen	哼	230	haenx	很³	275
gyoq	估	470	gywq	瞱	501	haemh	陷¹	96	haen	哏¹	245	haenx	恨⁴	331
gyoq	炓	469	gywq	睍	500	haemh	噗¹	259	haen	嘆¹	259	haenx	恒⁵	331
gyoq	却⁴	98				haemh	䰩	593	haen	䰩	593	haenz	㹅	579
gyoq	故⁸	422		**H**		haemh	筱	83	haen	狠	280	haenz	痕²	289
gyouz	耶	540				haemh	朘	429	haen	嘌¹	238	haenz	哏⁴	245
gyouz	泗	306	ha	跀	596	haemh	瞳	449	haen	哏³	223	haenz	覐²	579
gyoz	御	61	ha	胉	426	haemh	睹	446	haen	痕²	525	haenz	砎	490
gyu	砧²	489	ha	跑²	598	haemh	㺁	85	haen	狼¹	281	haenz	砸	490
gyu	藡	182	ha	𩓣	592	haemh	拾²	143	haen	忻¹	328	haenz	勝	579
gyu	蹰	99	ha	𩓬	592	haemh	腊¹	434	haengj	䎛	124	haenz	恒	107
gyu	樢	123	ha	跙	597	haemh	哈	444	haengj	觀	593	haenz	囔	255
gyu	渫	312	ha	扨	128	haemh	恨¹	331	haengj	馧	436	haenz	䶊¹	447
gyu	㙡	493	ha	嘎²	254	haemh	恒¹	331	haengj	揹⁴	145	haenz	哏⁵	223
gyu	沽²	306	ha	呵	210	haemh	咀¹	442	haengj	情²	335	haenz	行⁴	274
gyu	孤²	370	ha	河	306	haemq	喟	259	haengj	很¹	275	haenz	痕³	525
gyuek	却⁵	93	ha	荷	176	haemq	堪²	245	haengj	亨	82	haenz	痕⁴	525
gyuem	罟	91	ha	跏²	598	haemq	陷²	96	haengj	哼¹	230	haenz	很⁴	276
gyuen	卷²	73	ha	呒²	204	haemq	㹅	83	haengj	恒³	331	haenz	恨⁵	331
gyuen	卷²	73	ha	夏¹	287	haemq	吅²	223	haengj	肯¹	426	haenz	恒⁶	331
gyuen	圈	266	ha	呀¹	208	haemq	嚕	250	haengj	肯²	426	haenz	申¹	12
gyuenj	嗜²	254	hab	裪	535	haemq	哏²	223	haengj	啈¹	230	haenz	限	95
gyuenj	崒	269	hab	哈²	218	haemq	很¹	58	haengq	啈	230	haenz	垠¹	115
gyuenq	啙	238	hab	合¹	43	haemq	同²	40	haengz	喋	239	haenz	垠²	115
gyuenq	卷	74	hab	盒	44	haemq	堪²	120	haengz	行¹	274	haenz	垣	115
gyuenq	卷³	74	hab	袷	534	haemz	舍²	43	haengz	啈¹	230	haep	闾	294

haep	彶	70	haeuj	蚭	547	hah	傍	67	haj	茀²	541	hamz	臧	617
haep	哈⁴	218	haeuj	瘒	526	hah	謢¹	614	haj	吖²	200	hamz	憾	336
haep	核¹	398	haeuj	痞	525	hah	呀	439	haj	咓³	204	hamz	哑	231
haep	嘎¹	250	haeuj	瘁	526	hah	嘎³	254	haj	咓⁴	204	hamz	銜	277
haet	㨄³	159	haeuj	靜	503	hah	何¹	55	haj	五¹	5	han	吁³	202
haet	玃	284	haeuj	叺⁴	197	hah	嘎²	250	hak	黮	640	han	啥	245
haet	乾¹	441	haeuj	夯	70	hah	夏²	287	hak	佫¹	66	han	哞	230
haet	乾²	441	haeuj	戛	70	hah	夏³	287	hak	孝³	465	han	吅²	201
haet	扢²	128	haeuj	扢	139	hah	呀²	208	hak	鼀	351	han	唵³	217
haet	扢⁴	125	haeuj	揿	152	hai	敻²	106	hak	酵	351	han	嘆²	259
haet	呷²	219	haeuj	拾	134	hai	擱²	158	hak	佬	64	han	訕	610
haet	伱²	61	haeuj	驭	590	hai	朝	296	hak	韃	85	han	哻	231
haet	獠	284	haeuj	敦¹	105	hai	醷	296	hak	鞍¹	636	han	呔	214
haet	趴	439	haeuj	柜	395	hai	䏻	434	hak	鞍²	636	han	吶	214
haet	趴	441	haeuj	糗¹	576	hai	开	5	hak	雀	17	han	呼	214
haet	夆	384	haeuj	喉	239	hai	嗨²	250	hak	哼	239	han	寒	350
haet	骠	448	haeuj	叩²	97	hai	胲²	428	hak	郝	98	han	寒	350
haet	叺	437	haeuj	喉²	245	hai	海¹	312	hak	赫¹	122	han	籾	572
haet	燃	72	haeuj	吼	209	hai	亥¹	82	hak	学¹	370	han	陴	96
haet	堷	120	haeuj	逅	356	hai	害	349	hak	學³	372	han	嗔²	238
haet	吃²	438	haeuj	口³	196	haih	刻¹	35	ham	龛	44	han	寒	350
haet	吃¹	203	haeuj	叩⁵	199	haih	刻²	35	ham	堪³	120	han	喊¹	246
haet	吃²	203	haeuj	迖	352	haih	俟²	56	ham	龛	45	han	汉¹	300
haet	黑¹	639	haeux	耩	573	haih	灻	468	ham	坎²	112	han	堪⁵	120
haet	痕⁵	525	haeux	糠²	576	haih	亥²	82	ham	嵌	270	han	叹²	197
haet	恨⁶	331	haeux	糠	576	haih	嘻¹	250	hamh	鹹	555	han	嘆²	254
haet	乞	22	haeux	糂	577	haiq	眩	499	hamh	堮²	121	hang	銝	623
haet	亿²	47	haeux	糇	576	haiq	喈	250	hamh	招	148	hang	鐾	627
haet	気	50	haeux	后¹	25	haiq	爱²	460	hamh	捨³	143	hang	鋋	627
haet	呓	209	haeux	厚	25	haiq	嗨³	250	hamh	龈	555	hangh	舼	521
haeu	鯍	567	haeuz	喉³	246	haiq	海²	312	hamh	钗	628	hangh	銜	277
haeu	嘷	246	haex	屎	364	haiq	亥³	82	hamh	碱	492	hangh	忦	274
haeu	騆	296	haex	顟	365	haiq	亥⁴	82	hamh	咸	419	hangh	垗¹	119
haeu	胧	455	haex	糩	411	haiz	骸	607	hamj	蹴	603	hangh	行⁵	274
haeu	脂	429	haex	洨	309	haiz	鞍	636	hamj	跤	601	hangh	埗	119
haeu	魗	567	haex	糂	578	haiz	核	534	hamj	堮³	121	hangq	烆	471
haeu	魗	567	haex	核	574	haiz	絃	583	hamj	摵	152	hangq	灮	471
haeu	鐙	456	haex	腸	365	haiz	輆	636	hamj	捨⁴	143	hangx	胮¹	429
haeu	氩	455	haex	屎	364	haiz	裥	535	hamj	蹴	603	hangx	顁	436
haeu	氩	456	haex	嗨¹	250	haiz	嘜	246	hamj	敢²	422	hangx	戻	364
haeu	喉¹	245	hag	孝²	465	haiz	嗤	263	hamq	堮⁴	121	hangx	屚	365
haeu	嗅	250	hag	酵	351	haiz	咳	246	hamq	脂²	434	hangx	杭	392
haeu	喁²	234	hag	巷	349	haiz	喝	259	hamq	辮	468	hangz	听³	223
haeuj	闶²	292	hag	壳	112	haiz	嘶	263	hamq	鞀	272	hangz	斷	421
haeuj	闶³	292	hag	尅	188	haiz	侹	104	hamq	堪⁴	120	hangz	胮²	429
haeuj	合	70	hah	擭	154	haiz	嘻²	250	hamz	唅¹	231	hangz	嘓	251
haeuj	佮	55	hah	旱¹	438	haiz	咳²	221	hamz	諴²	186	hangz	缸	421
haeuj	喉	246	hah	抔²	128	haj	茀¹	541	hamz	諴

hangz	景	259	hat	噶	259	hauz	得	275	haz	何[2]	55	heiq	炁	479
hangz	异	223	hat	汗	301	hauz	羖	569	haz	荷[2]	176	heiq	噫[2]	261
hangz	衍[1]	274	hau	岈	268	hauz	豪[2]	84	haz	唊[1]	231	heiq	意[2]	344
hangz	行[6]	274	hau	鸽	517	haw	伄	58	haz	槚	408	heiz	溎	322
hangz	桁[1]	398	hau	瞀	517	haw	傌	68	haz	嫁[4]	379	heiz	唒	224
hangz	項[1]	109	hau	鸹	568	haw	堨[1]	123	haz	杚[1]	392	heiz	洟	87
hangz	項[2]	109	hau	鲍	568	hawj	撵	157	he	辇	416	heiz	沱	309
hangz	衍	275	hau	荞	175	hawj	迣	360	he	儱[1]	69	heiz	夷	7
hanh	蟆	552	hau	遊	356	hawj	訴	255	he	縣[1]	69	heiz	胰	429
hanh	旰[1]	438	hau	喜	517	hawj	哷	256	he	儲[1]	70	hek	佫[2]	66
hanh	限[2]	95	hau	鲑	568	hawj	訸	611	he	兮	71	hek	項	109
hanj	狔	281	hau	好[1]	373	hawj	幵	164	heb	嚊	26	hemj	氦	456
hanq	鸿	521	hau	耗[1]	539	hawj	啊	231	heb	則[8]	30	hemq	喊[2]	246
hanq	鲆	523	hau	浩	312	hawj	赫[2]	122	hed	核[2]	398	hemq	俭[2]	61
hanq	鹎	520	hau	皓	517	hawj	許[1]	611	heh	肟	34	hemq	欠	462
hanq	鸿	519	hau	皎	517	hawq	呿[3]	214	heh	剗	30	hen	旗	467
hanq	鸦	519	hauh	唣[1]	215	hawq	祛	107	heh	侔	64	hen	嘘[1]	246
hanq	汉[2]	300	hauh	唣[2]	215	hawq	呴[2]	212	heh	划[1]	27	hen	儒	70
hanq	翰	579	hauh	憉	340	hawq	抾[1]	134	hei	圩	373	heng	枺	398
hanz	櫕	411	hauh	伢[3]	52	hawq	豇	75	hei	忤	374	heng	茛	276
hanz	梓	401	hauh	哠[2]	224	hawq	軒	543	heih	惕	339	heng	桴	401
hanz	箑	561	hauh	骉	239	hawq	浐	312	heih	獃	448	heng	硳	491
hanz	樽	411	hauh	豪[1]	84	hawq	爐	477	heih	憨	339	heng	砑	490
hanz	欄	412	hauh	号[1]	199	hawq	汙	309	heih	易	439	heng	硕[1]	492
hanz	梌	401	hauh	号[2]	199	hawq	仔[1]	47	heij	禧	90	hengh	胫[3]	429
hanz	械	406	hauj	焗[1]	470	hawq	仔[2]	107	heij	憘[1]	337	hengh	跍[1]	599
hanz	嗽	259	hauj	胯	428	hawq	滤	322	heij	僖	69	hengh	脖	430
hanz	塞	351	hauj	浮[1]	306	hawq	黑	482	heij	喜	120	hengz	跍[2]	599
hanz	搴	351	hauj	好[2]	373	hawq	許[2]	611	heij	許[2]	611	hengz	衎	568
hanz	箐	351	hauq	咭[3]	229	hawq	干[6]	107	heiq	諃	613	hengz	行[2]	274
hanz	寒[2]	350	hauq	祷	535	hawq	旰[2]	438	heiq	气	455	hengz	桁[2]	398
hanz	寒[3]	350	hauq	咤	209	hawq	去	110	heiq	炁[1]	480	henj	蹟	449
hanz	桓	398	hauq	哠[3]	224	hawq	虚	543	heiq	炁[2]	480	henj	猩	282
hanz	闲[1]	292	hauq	祸	534	hawq	噓[2]	253	heiq	哝	224	henj	澗	296
hanz	闲[2]	293	hauq	餲	273	hawx	屃	79	heiq	气	455	henj	鳀	569
hanz	限[3]	95	hauq	嬒	380	hax	哈[7]	218	heiq	唏	224	henj	艱	579
hap	哈[5]	218	hauq	耗[2]	539	hax	哈[8]	218	heiq	氕	455	henj	绥	585
hap	合[2]	43	hauq	孝	388	hax	吓[2]	201	heiq	㤁	333	henj	䩄	296
haq	妠	374	hauq	哮	231	haz	苣	170	heiq	粩	571	henj	显	441
haq	呧	239	haux	鳄	633	haz	苄[1]	170	heiq	迲	354	henx	嗔	256
haq	姤	376	haux	澈	325	haz	葟	182	heiq	氢	455	henx	哯[2]	255
haq	哈[6]	218	haux	浮[2]	306	haz	蔓[1]	182	heiq	氧	455	henx	噁[2]	246
haq	妎	374	haux	洢	309	haz	祀	457	heiq	愾[2]	338	henx	唊	231
haq	唒[5]	204	haux	濠	325	haz	弈	181	heiq	氡	456	henx	咽	231
hat	旰[4]	202	haux	好[3]	373	haz	苞	175	heiq	氨	455	henx	蚬	547
hat	嘞[2]	259	haux	号[3]	199	haz	靬[1]	182	heiq	炁	479	henx	现[2]	385
hat	謑	614	hauz	硗	494	haz	鞾	186	heiq	气[1]	455	henz	堋	123
hat	撞	155	hauz	耂	112	haz	柯	403	heiq	气[2]	455	henz	堐	120

henz	堹	119	heuj	姷	418	hoemj	猤	454	hoenz	悔	335	hoj	熆	474
henz	逗	359	heuj	啨	239	hoemj	塔²	116	hoenz	殧³	387	hoj	蒿²	182
henz	繃	584	heuj	婧	251	hoemq	舍³	43	hoenz	魂³	638	hoj	烧¹	474
henz	倱	66	heuj	嫩	378	hoemz	晗²	231	hoenz	傀	66	hoj	忲	328
henz	跨	448	heuj	酘	418	hoemz	晗³	231	hoenz	坤⁵	114	hoj	惜	335
henz	边²	353	heuj	吘	224	hoemz	洽	312	hoenz	文⁶	465	hoj	吙¹	209
henz	垧	117	heuj	哇	215	hoemz	涵	316	hoenz	炆	469	hoj	火¹	468
henz	恨⁷	331	heuj	芰	171	hoen	赸	589	hoenz	煴¹	475	hoj	伏²	50
henz	闲³	293	heuq	焐²	471	hoen	蒧²	387	hog	庐	347	hoj	苦	173
henz	闲¹	297	heux	絬³	584	hoen	湣¹	316	hog	戓	419	hoj	无¹	192
henz	闲²	297	heux	絽	581	hoen	魂	387	hog	或²	419	hok	斛	609
henz	間	297	heux	叫²	209	hoen	坤⁴	114	hoh	苎	557	hom	氢	455
henz	賢	452	hi	希	80	hoeng	喹²	238	hoh	萋	187	hom	唔	246
henz	玄	81	hi	唏	231	hoeng	工²	108	hoh	蒿	182	hom	歆¹	463
heq	酚	181	hieb	忑	342	hoeng	哼³	230	hoh	伈³	50	homx	囷¹	266
het	合³	43	hied	血	59	hoeng	婞	64	hoh	檟	412	homx	疦	177
het	冾	87	hied	繲	346	hoengh	閧²	299	hoh	秌	392	hong	玒	108
het	乂¹	18	hied	哂	224	hoengh	喹³	238	hoh	贺¹	450	hong	仜²	47
heu	芧¹	173	hiengq	焌¹	471	hoengh	烢	474	hoh	贺¹	451	hong	喹⁵	238
heu	靔	617	him	汪	303	hoengh	闃	295	hoh	户¹	483	hong	契	190
heu	胦¹	426	hin	狝	281	hoengh	哄⁴	222	hoi	皉	517	hong	涳	109
heu	靖²	617	hin	硪	492	hoengh	洪¹	309	hoi	觖	296	hong	纮	109
heu	荇²	175	hin	碩²	492	hoengj	洪²	309	hoi	畞	474	hong	巷	75
heu	珝	511	hin	砨²	488	hoengq	閔	299	hoi	矻	490	hong	堎²	119
heu	靬	617	hing	哼²	223	hoengq	喹⁴	238	hoi	砍	490	hong	工³	108
heu	艶	617	hing	英	178	hoengq	闩	292	hoi	蚷	547	hong	荒¹	175
heu	罶	262	hing	荊	171	hoengq	闵	295	hoi	蟒	552	hong	慌¹	336
heu	羟	568	hing	庆²	288	hoengq	腔	40	hoi	擔	161	hong	康⁵	290
heu	铿	568	hingq	啀¹	231	hoengq	绊	532	hoi	硁	490	hong	空	531
heu	罤	569	hingz	刑	189	hoengq	翁	347	hoi	灰¹	468	hong	控¹	148
heu	闇	295	hingz	行³	274	hoengq	劲	101	hoih	会	43	hongh	哼³	223
heu	阆	296	hingz	形	277	hoengq	闷	293	hoih	曼¹	444	hongh	樘¹	406
heu	蚙	547	hinj	兴	71	hoengq	门²	39	hoij	挴	143	hongh	胦¹	426
heu	靘	617	hiq	鐺	627	hoengx	匽	267	hoij	海³	312	hongh	衡	277
heu	闲	293	hit	吷	439	hoengz	肛	424	hoij	灰²	468	hongh	堎³	119
heu	夭²	15	hit	盵	438	hoenx	捃⁵	147	hoij	悔	333	hongh	咣²	223
heuh	喝³	215	hix	日¹	437	hoenx	揩¹	148	hoiq	佽¹	59	hongh	洪³	309
heuh	疳	524	hix	如¹	373	hoenx	拡	139	hoiq	儑	67	hongj	宂	347
heuh	考	388	hix	吔¹	204	hoenx	扩	139	hoiq	篚	456	hongx	綱	40
heuh	卧	24	hix	一¹	1	hoenx	捆³	143	hoiq	薈	378	hongz	哼⁴	223
heuh	罢	215	hix	以³	42	hoenx	揾¹	152	hoiq	嚣	378	hongz	呟	209
heuh	叫¹	209	hix	亦¹	82	hoenz	罂	476	hoiq	灰	25	hongz	喹⁶	238
heuh	噐	259	hiz	爷¹	462	hoenz	神	387	hoiq	悔²	333	hongz	吰	231
heuh	嘵¹	259	hiz	爷²	462	hoenz	烜	471	hoiq	僋	69	hongz	泏	309
heuh	邀	361	ho	芡	171	hoenz	厴	79	hoiq	亿³	47	honz	魂⁴	638
heuj	狲²	417	hob	合⁴	43	hoenz	傀	475	hoiz	畊	266	honz	薶	162
heuj	喝⁴	215	hoemj	舨	607	hoenz	烇¹	469	hoiz	回	264	hop	柃	17
heuj	鸦	417	hoemj	挿³	145	hoenz	炆	472				hop	駘	41

音	字	页	音	字	页	音	字	页	音	字	页	音	字	页	音	字	页
hop	鉿	267	huk	�	608	hwet	甈	380	hwt	怛	328	iet	扡	125			
hoq	蹟	605	huk	楔	338	hwet	弩	368		l		iet	挺	139			
hoq	伵[4]	50	huk	碻	608	hwet	肛	424				iet	乚[1]	22			
hoq	髇	638	huk	愁	345	hwet	櫻	406				iet	乙[1]	21			
hoq	蹲	604	hum	歆[2]	463	hwk	鯤	634	i	依[7]	56	iet	乙[2]	21			
hoq	跈	604	humx	囷[2]	266	hwng	奧	72	iek	酌	629	iet	乙[3]	21			
hoq	护	164	humx	楁	398	hwngq	禩	535	iek	妁	631	ij	昳	443			
hoq	贺[2]	450	humx	圍	265	hwngq	晖	445	iek	肟	424	ij	脓	429			
hoq	賀[2]	451	humz	痦	526	hwngq	㸎	449	iek	怨	342	ij	匕	79			
hoq	户[2]	483	humz	哼[2]	238	hwngq	爝	478	iek	唾[1]	231	ij	惊[1]	335			
hoq	户[3]	483	humz	抇	165	hwngq	燠	474	iek	粤[1]	239	ij	少[1]	192			
hoq	库[1]	288	humz	鞨	527	hwngq	瞰	447	iek	都	98	ij	一[2]	1			
hot	咶[1]	246	humz	搣	525	hwngq	眛	443	iek	哟[1]	224	ij	依[3]	56			
hot	落	181	hun	雩[1]	620	hwngq	烘	472	iek	约[1]	580	ij	倚	64			
hot	盍	510	hun	渾[2]	316	hwnj	巠[2]	383	iem	釰	36	ij	意[3]	344			
hot	摇[1]	152	hun	勳	482	hwnj	辻[2]	353	iem	阉	296	ij	于[1]	3			
hoz	胎	429	hung	奔	190	hwnj	悢[2]	344	iem	劊	31	ik	㐫	209			
hoz	肨[2]	428	hung	㝓[1]	82	hwnj	墾	120	iem	阌	296	imq	飪	629			
hoz	柯	573	hung	厷	190	hwnj	跉	597	iem	隆	97	imq	餡	630			
hoz	胛	428	hung	玒	108	hwnj	忸	336	iemj	軾	538	imq	粧	572			
hoz	胸	431	hung	兓	78	hwnj	徥	276	iemq	渚[1]	318	imq	鈴	629			
hoz	臟[1]	432	hung	猷	191	hwnj	𠮾[2]	367	iemq	氺[2]	479	imq	閣	299			
hoz	脚	432	hung	哄	224	hwnj	甘[3]	487	iemq	濉	322	imq	唯	256			
hoz	何[3]	55	hung	欸	531	hwnj	很[5]	276	iemq	濺	325	imq	肚	426			
hoz	何[4]	55	hung	奊	190	hwnj	狠[2]	280	iemq	稞[1]	386	imq	暗[1]	246			
hoz	和[1]	513	hung	衮	190	hwnj	恨[8]	331	iemq	唵	256	imq	印[1]	93			
hoz	和[2]	513	hung	訣	190	hwnj	恒[7]	331	iemq	澍	318	in	瘢	525			
hoz	胡	428	hung	充	190	hwnj	恩[1]	342	iemq	淪	325	in	蜻[2]	551			
hoz	虎	543	hung	覍	82	hwnj	恩[3]	342	iemq	泅[1]	309	in	痰	526			
hoz	護[1]	615	hung	杻	398	hwnj	懇	346	ien	煙	475	in	痊	524			
hoz	吠[2]	209	hung	宏	347	hwnj	起	589	ieng	腤	434	in	圀	295			
hu	護[2]	615	hung	洪[4]	309	hwnj	忻[2]	328	ieng	桐	398	in	慇	345			
hued	咶[2]	246	hung	兇	78	hwnq	弖	367	iengj	炯[1]	472	in	任[1]	329			
hued	疼	524	huq	贺[1]	451	hwnq	赴	589	iengj	焊	474	in	個	59			
huek	或[3]	419	huq	贺[2]	451	hwnz	晬[2]	445	iengj	怏	471	in	咽[1]	224			
huih	耿	540	huq	嗔	256	hwnz	眼	501	iengj	炎	471	in	因[2]	264			
huj	闪[4]	292	hux	嚆	259	hwnz	硾	84	iengj	燦	478	ing	鬟	188			
huj	㾪[2]	470	hux	吠[3]	209	hwnz	晖	443	iengj	熎	591	ing	嗔[2]	236			
huj	烧[2]	474	hux	灾	347	hwnz	砭[1]	84	ienq	獻[1]	284	ing	咳[3]	222			
huj	虑	543	huz	鉾[3]	623	hwnz	𣉢[1]	448	ienq	怨[1]	341	ing	应	288			
huj	篡	385	huz	秎	514	hwnz	慙	340	iep	稞[2]	386	ing	英[3]	172			
huj	晓	239	huz	啊	239	hwnz	痕[6]	525	iep	淬	316	ing	侠[2]	64			
huj	火[2]	468	huz	哪	239	hwnz	恨[9]	332	iep	煩	327	ingj	形	277			
huj	火[3]	468	huz	和[3]	513	hwnz	恒[8]	331	iet	伭	22	ingj	影	278			
huj	火[4]	468	hw	諰	614	hwnz	晅	443	iet	蹄[2]	606	ingq	噁[2]	231			
huj	武[2]	421	hwet	腬	436	hwnz	暄	446	iet	佣[1]	50	inj	鲫	633			
huj	憮	324	hwet	肊[2]	429	hwnz	腋	432	iet	挈	415	inq	泂	306			
huk	腥[1]	433	hwet	䐗	434	hwq	垓	115	iet	絆	415

inx	印²	93	laeb	堑	530	laej	鹆	522	laeng	专¹	19	laep	泣²	306
iq	胁	365	laeb	圣	104	laej	鹬	519	laeng	专²	19	laep	泣³	306
iq	衣³	537	laeb	啦²	214	laej	鸭	519	laeng	痕⁷	525	laeq	暎	502
iq	亿	45	laeb	啦³	214	laej	鹬	523	laeng	后²	25	laeq	瑏¹	371
iq	億	69	laeb	竝¹	498	laej	累²	505	laeng	楞¹	406	laeq	磤	372
iq	於	466	laeb	竝¹	598	laej	累³	505	laeng	楞²	406	laeq	戻	483
it	一³	1	laeb	㖿	448	laemh	鹆	522	laeng	楞³	406	laeq	累⁴	505
it	一⁴	1	laeb	熠¹	474	laemh	埀	119	laeng	冷¹	87	laet	箻¹	563
it	一⁵	1	laeb	脸²	427	laemh	摛	161	laeng	愣	336	laet	闵	293
it	乙⁴	21	laeb	立²	528	laemh	攃	160	laeng	凌¹	88	laet	啤	246
iu	軏	638	laeb	罗¹	507	laemj	邋	361	laeng	能	106	laet	粒¹	396
iu	夭³	207	laeb	泣¹	306	laemj	逬	358	laeng	能	67	laet	咄⁵	212
iu	夭	15	laeg	浡¹	322	laemx	蹸	606	laengx	愈	344	laet	律¹	275
iu	敩	541	laeg	㨪¹	157	laemx	琳	601	laengx	斋	91	laeu	副	31
iu	㒘	152	laeg	涝	102	laemx	臨	606	laengx	楞⁴	406	laeu	耧	577
iu	趯	124	laeg	鞕	636	laemx	跲	597	laengx	愣³	336	laeu	鞦	423
iu	赾	124	laeg	邋	360	laemx	跆¹	598	laengz	捞⁴	152	laeu	骝	381
iu	袄	533	laeg	倪¹	192	laemx	踮	602	laengz	胯²	467	laeu	糇	576
iu	少²	192	laeg	勒³	101	laemx	琳¹	445	laengz	愣²	336	laeu	娄	571
iu	夭³	15	laeg	勒⁴	101	laemx	蹸	606	laengz	抡²	148	laeuh	洒¹	317
iu	哟²	243	laeg	叻¹	86	laemx	抡	148	laengz	拎³	130	laeuh	煹	477
iu	要¹	376	laeg	叻²	86	laemx	捻	119	laenh	偷¹	64	laeuh	嘌¹	239
iuj	抚²	130	laeg	叻³	86	laemx	水	326	laenj	磷	371	laeuh	酒	312
iuj	踖	603	laeg	叨³	198	laemz	脊	433	laenj	伶¹	55	laeuh	喽¹	246
iuj	跃	597	laeg	叨⁴	198	laemz	脊	435	laenj	玲	370	laeuh	楼¹	406
iuq	要²	376	laeg	叻¹	199	laemz	楚	415	laenq	抢²	131	laeuh	陋²	95
iux	杳¹	392	laeg	叻²	200	laemz	琳	421	laenz	纶	581	laeuh	漏¹	322
			laeg	勒²	635	laemz	㳖	270	laenz	俞	43	laeuj	炑²	469
	L		laeg	勒³	635	laemz	琳²	146	laenz	攃²	160	laeuj	洒²	317
			laeg	勒⁴	635	laemz	临¹	13	laep	啦⁴	214	laeuj	酶	593
la	逻¹	358	laeg	勒⁵	635	laemz	淋	316	laep	啦⁵	214	laeuj	酉	592
lab	曬¹	449	laeg	勒⁶	635	laemz	淋²	316	laep	暅¹	503	laeuj	酉	593
lab	腊¹	432	laeg	唻³	255	laemz	抡¹	131	laep	灶¹	471	laeuj	渭	319
lab	攞	163	laeg	力¹	99	laeng	捞¹	152	laep	㖿	448	laeuj	沈	300
lad	狣¹	285	laeg	力²	99	laeng	捞²	152	laep	啦	441	laeuj	溇¹	319
lad	嘈	259	laeh	捌¹	143	laeng	捞³	152	laep	阆¹	296	laeuj	陋³	95
lad	籟	566	laeh	嚓¹	263	laeng	骷	436	laep	阆²	296	laeux	娄	614
lad	筶	562	laeh	栵²	401	laeng	跸	603	laep	竝²	498	laeuz	副	31
lad	簹	565	laeh	耒¹	539	laeng	罗	507	laep	包¹	568	laeuz	瀏	283
lae	橑¹	413	laeh	菫	177	laeng	澇	88	laep	包²	568	laeuz	偻	282
lae	鲮	635	laeh	芳¹	169	laeng	東	7	laep	㶳¹	530	laeuz	例	59
lae	鲤	634	laeh	芳²	169	laeng	愽	434	laep	潋	530	laeuz	俼	64
lae	潭	326	laeh	雷¹	619	laeng	胯	428	laep	鲤	569	laeuz	咧¹	224
lae	椁¹	401	laeh	擂	161	laeng	夯	16	laep	宲	531	laeuz	刘¹	27
lae	枘	390	laeh	力³	99	laeng	樗	403	laep	脸³	427	laeuz	留¹	504
lae	累¹	505	laeh	立³	528	laeng	勝	467	laep	鹰	37	laeuz	骝	383
lae	泪¹	316	laej	鹩	523	laeng	了²	20	laep	立⁴	528	laeuz	塿	563
lae	潎	322	laej	鹆	522	laeng	抟	134	laep	粒³	572	laex	衪	485

laex	褦	486	laiz	耒	538	lan	孏	369	lanh	爤	478	lawz	濼[1]	325
laex	唎[1]	231	laiz	来[5]	7	lan	擱	371	lanh	懶	339	lawz	伊[5]	50
laex	来[2]	7	laiz	來[2]	8	lan	孖	369	lanh	烂[1]	471	lawz	壚[2]	124
laex	礼[1]	484	laiz	涞[1]	312	lan	璭	372	lanx	炑[2]	469	lawz	加	99
laex	里[1]	594	laiz	唻[4]	242	lan	婪	375	lanx	跘	598	lawz	邦[1]	538
laez	蠬[1]	550	laiz	瀨	326	lan	襴	372	lanx	爛	479	lawz	鹇	521
laez	剡	32	laj	旱[2]	438	lan	挧	371	lanx	烂[2]	471	lawz	孤[1]	370
laez	畢	439	laj	奈	383	lan	爛	372	lanz	当	267	lawz	晒[1]	443
laez	犁	454	laj	奈[2]	383	lan	蘭[1]	187	lanz	炑[3]	469	lawz	櫨	409
laez	犂	454	laj	丁[2]	1	lang	漁	482	lanz	苩	175	lawz	而[2]	541
laez	黎[1]	515	laj	迁[2]	353	lang	浪[1]	312	lanz	棂	398	lawz	俪[2]	57
lag	落	563	laj	零	618	langh	辰[1]	289	lat	鯻	634	lawz	尔[1]	192
lag	扐[1]	126	laj	莃	148	langh	稂[2]	584	lat	鯠	633	lawz	护[2]	131
lag	烁	474	laj	盉	384	langh	眼	444	lat	拉	165	lawz	叻[3]	200
lag	枲	401	laj	旲[1]	203	langh	誏[1]	616	lau	憥	333	lawz	勒[7]	635
lag	落[2]	180	laj	旲[2]	203	langh	誏[2]	612	lau	偔[1]	61	lawz	嘞[4]	255
lag	落[3]	180	laj	浰	88	langh	誏[1]	613	lau	佬	332	lawz	雷[2]	619
lag	洛[1]	309	laj	廷	107	langh	誏[2]	613	lau	黺	506	lawz	櫨[1]	413
lah	睐	500	laj	卡[5]	38	langh	眼[1]	447	lau	捞	143	lawz	驴[2]	381
lah	睐[3]	498	laj	拉[1]	135	langh	襤	468	lau	劳[1]	171	lawz	闾	294
lah	腊	500	laj	啦[2]	239	langh	旎[1]	467	lau	老[1]	388	lawz	驴	382
lah	瞇	500	laj	喇[2]	247	langh	旎[2]	467	lau	唠	231	lawz	攎[1]	162
lah	棘	10	laj	立[5]	528	langh	圆	266	lau	驴[1]	381	lawz	吕	203
lah	啦[1]	239	laj	岙	340	langh	啷[1]	239	lauh	荆[1]	30	lawz	侣[1]	59
lah	喇[1]	247	laj	吓[3]	201	langh	狼[2]	281	lauh	劳[2]	171	lawz	惹[1]	181
lah	腊[2]	432	laj	吓[4]	201	langh	浪[2]	312	lauj	咾	224	lawz	由[1]	504
lai	嚇[1]	263	lak	灛	90	langh	浪[3]	312	lauq	憥[2]	333	lax	拶[1]	148
lai	婡	370	lak	墖	122	langh	浪[4]	313	lauq	磙[1]	491	lax	攞	169
lai	糁	286	lak	拉	148	langh	浪[5]	313	lauq	皺	631	lax	挪	165
lai	糁	286	lak	磈	491	langq	焐[2]	195	lauq	偔[2]	61	lax	扨	163
lai	徕	285	lak	落[4]	180	langq	眼[2]	447	laux	荖	175	lax	撑	162
lai	来[3]	7	lak	落[5]	180	langq	哏[1]	251	laux	劳[3]	171	lax	擦	162
lai	來[1]	8	lak	洛[2]	309	langx	悢	338	laux	老[2]	388	lax	拉[3]	135
lai	唻[3]	242	lak	册[2]	117	langx	浤	319	laux	佬[2]	58	lax	啰[1]	239
lai	赖[1]	36	lamh	搖	157	langx	閬	300	lauz	朥	431	laz	鎯[2]	625
lai	耒	538	lamh	搇	162	langx	浪[6]	313	lauz	艻	554	laz	艿	3
laih	嚇[2]	263	lamh	絫[1]	582	langx	浪[7]	313	lauz	黺	185	laz	錾	625
laih	来[4]	7	lamh	絫[2]	582	langx	浪[8]	313	lauz	鹅	522	laz	猎	284
laih	赖[2]	36	lamh	網	584	langx	悢	333	lauz	唠[2]	231	laz	鷱	523
laih	赖[3]	36	lamh	欑	414	langz	獜	281	lauz	漏[2]	322	laz	恰[1]	83
laih	赖[4]	37	lamh	擥[1]	152	langz	郎	98	lawh	捌[2]	143	laz	鴉	522
laih	赖	543	lamh	缆	585	langz	郎[1]	98	lawh	抓	139	laz	濲	325
laiq	嚇[3]	264	lamq	垃	74	langz	郎[2]	98	lawh	應	290	laz	腊[3]	432
laiq	赖[5]	37	lamq	陉	74	langz	狼[3]	281	lawh	壢	124	laz	猎	281
laix	拉	88	lamx	乡	3	lanh	蚾	546	lawh	慮	543	laz	罗[2]	507
laix	拉[2]	135	lamz	亙	460	lanh	重	551	lawq	惼	338	laz	罗[3]	507
laiz	澫[1]	326	lan	浛	370	lanh	炑[1]	469	lawq	沓	485	laz	羅[2]	509
laiz	漆	325	lan	楾	271	lanh	恺[1]	330	lawz	咑[2]	218	laz	籮	566

led	挒[1]	139	leuz	咧[2]	224	liengq	量[2]	445	lin	令[3]	42	linj	憐	339
led	捩[1]	155	leuz	叮[1]	200	liengx	兩[2]	32	lingh	捩	143	linj	恡	333
led	扐	131	lex	耳[1]	539	liengz	根[2]	401	lingh	燐[1]	574	linj	憫	339
led	烈[2]	480	lez	咧[2]	224	liengz	浪[1]	88	lingh	伶[2]	55	linj	悋	339
leg	跩	599	lez	烈[4]	480	liengz	飈	518	lingh	另	200	linj	磷[1]	494
leh	羕	74	li	勑	102	liengz	粮	573	lingh	令[5]	42	linx	舙	555
leh	列[1]	27	li	勩	594	liengz	良[3]	578	lingh	令[6]	42	linx	舲	555
leih	莉	561	li	秅	513	liengz	凉[1]	88	lingh	令[7]	42	linx	戾	555
leih	閙	298	lib	甕	594	liengz	涼[2]	88	lingj	侯[1]	61	linx	艫	556
leih	俐[1]	61	lid	立[10]	528	lienh	煉	474	lingj	簦[1]	564	linx	麟	556
leij	琜[2]	371	lieb	咧[1]	35	lienh	练	587	lingj	领	542	linx	練[1]	585
leij	鑃	627	lieb	挒[2]	139	lienh	戀[1]	346	lingq	坽[2]	114	linx	斉[2]	465
leij	鐐	628	lieb	懺	340	lienz	悚	338	lingq	牢[4]	8	linx	吟	215
leiq	趖	590	lieb	唥	251	lienz	连	354	lingq	坽[2]	114	linx	令[4]	42
leix	鯏	633	lieb	勒[8]	635	lienz	連	358	lingq	岭	421	linz	涪[1]	313
leix	利[1]	28	lieb	例	59	lig	羃	26	lingq	嶺	272	linz	嚛	259
leiz	嚛[1]	261	lieb	列[4]	28	lig	嚛[1]	251	lingq	阾	94	linz	燐[3]	574
lek	靮	636	lieb	烈[5]	480	lih	別	30	lingq	令[8]	42	linz	橉	412
lek	烈	342	lieg	旓	101	lih	坚	110	lingx	貽	451	linz	騰	436
lek	裂	537	lieg	迨	356	lih	辛	114	lingx	戀[2]	346	lip	粩[2]	576
lemh	嚛[1]	261	lieg	捽	139	lih	利[2]	28	lingx	拎[1]	135	lit	釿	622
lemh	啉[1]	240	liek	塑	530	lij	难[1]	466	lingz	鯢	634	liu	梨	408
lemh	嚛[1]	251	liemh	栽	481	lij	俿[2]	65	lingz	忍	343	liu	梨	414
lemx	煉	475	liemh	炎[1]	470	lij	哩[1]	231	lingz	猲	281	liu	耷	498
lengh	良[1]	578	liemz	劌	32	lij	礼[2]	484	lingz	烯	362	liu	唎	251
lengj	靓	617	liemz	剡	31	lij	里[2]	594	lingz	悷[1]	333	liu	盯[1]	496
lengq	棯	286	liemz	勰	37	lij	里[3]	594	lingz	悷[2]	333	liu	朾[1]	390
lengq	齡	611	liemz	廉	37	lij	禮	486	lingz	鳕	635	liu	叫[3]	209
lengq	坽[1]	114	liemz	廉[1]	84	lij	力[4]	99	lingz	悷	330	liu	辽[1]	352
lengq	坽[1]	114	lieng	鯢	569	lij	利[3]	28	lingz	粙	573	liu	寮[2]	194
lengq	於	466	lieng	梁	401	lij	俐[2]	61	lingz	鈴	629	liu	嘹[1]	259
lengq	庑	364	liengh	良[2]	578	lik	劲	163	lingz	蓁	384	liu	橑[1]	412
lengq	令[1]	42	liengh	亮[1]	83	lik	扐[2]	126	lingz	鯢	632	liu	橑[1]	412
lengx	冷[2]	87	liengh	亮[2]	83	lik	勎	102	lingz	灵[1]	469	liu	了[3]	19
lengx	令[2]	42	liengh	量[1]	445	lik	鍬	622	lingz	灵[1]	469	liu	了[4]	19
lengz	齡	570	liengh	晾	445	lik	叻[4]	200	lingz	狑[2]	279	liu	廖[1]	290
lengz	零[1]	619	liengj	兪	44	lim	湳	319	lingz	鈴[2]	628	liu	柳[2]	395
lenh	踩	603	liengj	佘[1]	55	limq	朾[3]	390	lingz	零[2]	619	liuh	料	483
lenz	腪	434	liengj	零	619	limq	呤[1]	12	lingz	零[3]	619	liuh	打[3]	125
lep	列[2]	27	liengj	捆	148	limq	粝	576	lingz	令[9]	42	liuh	打[4]	125
leq	挒[3]	370	liengj	裲	535	limq	糯	578	linh	獜	284	liuh	樷	345
leq	烈[3]	480	liengj	兪	44	limq	啉	13	linh	狑[1]	279	liuh	鎵	626
let	捩	121	liengj	兪	44	limq	陥	13	linh	狇	282	liuh	硸	493
let	鯏	633	liengj	伞	43	limq	嚛	263	linh	鶹	522	liuh	啋	121
let	咧[1]	224	liengj	辭	19	limz	捡	143	linh	狫	281	liuh	辽[2]	352
let	列[3]	28	liengq	晥	502	limz	臨	541	linh	狫	281	liuh	寮[3]	194
leu	釖[1]	622	liengq	毳	503	limz	淋[3]	316	linh	燐[2]	574	liuh	寮[4]	194
leux	了[2]	19	liengq	瞳	503	limz	臨	541	linh	鱗	634	liuh	瞭[1]	503

liuh	料	572	loek	抙⁴	129	loengz	胧¹	428	loq	睰	503	lub	六⁷	81
liuh	廖²	290	loek	輌	416	loengz	庞	289	loq	鸃	507	lud	踹²	602
liuh	柼	390	loek	軽	416	loenq	邻	43	loq	峈	247	lud	啡²	246
liuj	叮²	595	loek	杦²	392	loenq	龔	185	loq	臕	187	lued	捊	165
liuq	盯²	496	loek	杦³	392	loenq	警	437	loq	蓼	387	lueg	漎	317
liuq	焦	481	loek	魿¹	632	loenq	蒜	187	loq	僗	64	lueg	崃	270
liuq	瞭²	503	loek	鑽	627	loenq	泠	88	loq	瞭⁴	503	lueg	渌	88
liux	了⁵	19	loek	竻²	557	loenq	挌¹	139	loq	路¹	599	lueg	渌	84
liux	瞭³	503	loek	軑	416	loep	恪	332	loq	路²	599	lueg	漾	271
liuz	蹓	602	loek	軍	416	log	渌	319	loq	露²	621	lueg	坈	112
liuz	訆	611	loek	桑	406	log	落⁶	180	loq	啰⁵	240	lueg	六⁸	81
liuz	嫽	380	loek	佅	55	loh	垯	115	loq	裸²	535	lueg	禄	486
liuz	叮²	200	loek	乐²	16	loh	攞	608	loq	洛⁴	309	lueg	洛⁵	309
liuz	焩	379	loek	六⁵	81	loh	嘍¹	602	lot	胠	538	luen	聃	607
liuz	妠	372	loek	啰²	239	loh	咯⁵	222	lot	祛	83	lueng	竜³	529
liuz	聊	540	loem	簶	532	loh	落⁷	180	lot	鉥	538	lueng	芙	495
lix	勒	511	loem	苶¹	91	loh	落⁸	180	lot	耴	540	lueng	垄	495
lix	眭¹	529	loem	淋³	146	loh	鲁¹	631	lot	落⁹	180	luengq	闠	295
lix	甡	594	loemq	蚶	598	loh	鲁¹	632	louz	遂	359	luengq	垟¹	117
lix	捞	101	loemq	淋⁴	146	loh	露¹	621	louz	流¹	313	luengq	裈²	486
lix	坌	511	loeng	鏈	386	loh	啰³	239	louz	六⁶	81	luengq	麒	365
lix	狸	511	loeng	鉾¹	624	loh	啰⁴	239	lox	臻	169	luengq	衔	276
lix	礼³	485	loeng	咴¹	232	loh	裸¹	535	lox	嗄	256	luengq	况⁵	87
lix	里⁴	594	loeng	悙	333	loh	洛³	309	lox	吒¹	215	luengq	竜¹	529
lix	里⁵	594	loeng	躏	606	loi	涞²	316	lox	悚	330	luengq	弄⁵	385
lix	立⁶	528	loeng	哦	232	loih	犁	166	lox	羅	508	luengx	衔	277
liz	舫	567	loeng	嗤	256	loih	躪¹	606	lox	乐¹	410	luengx	垟²	117
liz	跎²	598	loeng	呃¹	215	loih	搥³	149	lox	鲁²	632	luengz	鉾²	624
liz	厘¹	25	loeng	弄¹	385	loih	搥²	161	lox	鲁³	632	luenh	吼¹	232
liz	离¹	83	loengh	拜¹	143	loih	檑²	413	lox	路³	599	luenh	粝	575
liz	立⁷	528	loengh	拜	166	loiz	雷³	619	lox	露³	621	luenh	乱	555
liz	泣⁴	306	loengh	弄²	385	loiz	櫑³	413	lox	啰⁶	240	luenj	糺	193
lo	妒	375	loengh	弄³	385	lok	駇	382	lox	啰⁷	240	luenx	轮	370
lo	墟	215	loengh	弄⁴	385	lom	囚	264	lox	骆	381	luenz	踉	600
lod	律	276	loengq	龍	495	lom	唒	232	loz	曜²	449	luenz	国	267
loeb	趴	460	loengx	篭	566	lom	囵	267	loz	芦	101	luenz	蹦	599
loeb	汲²	528	loengx	椁¹	401	lomj	霣	619	loz	鈩	484	luenz	嘁¹	606
loed	喀¹	261	loengx	椸¹	396	lomx	拚²	135	loz	鱸	635	luenz	宽	86
loeg	呋³	205	loengx	笼¹	558	lomz	欆¹	414	loz	乐²	410	luenz	峦	83
loeg	獤	284	loengx	龍²	495	longh	竜²	529	loz	炉	396	lug	猰	369
loeg	六¹	81	loengz	绒¹	582	longz	袯	534	loz	鲈	631	lug	妁	374
loeg	六²	81	loengz	龍	531	longz	袯	486	lu	澛¹	325	luh	礚	494
loeg	六³	81	loengz	蠫	351	lonh	籺	571	lu	澛	85	luh	噜¹	263
loeg	六⁴	81	loengz	懭	340	lonq	剑	28	lu	鲁⁴	632	luj	国	267
loeg	穄	575	loengz	懪	340	loq	噜	256	lub	竻	529	luj	僵	69
loeg	篆²	566	loengz	墟	124	loq	稌	515	lub	扔	34	luj	鲁⁵	632
loek	咔⁴	205	loengz	龙¹	495	loq	秣	514	lub	簬	531	luk	沐	86
loek	抙³	129	loengz	茏¹	173	loq	輋	286	lub	趵	595	luk	垄	120

M

lum	硲	491	lungz	就	495	lwed	蜊	567	ma	獁[2]	283	maeh	毎	486
lumh	鐮	627	lungz	就	192	lwed	肆	599	ma	馱[5]	382	maej	煤[1]	475
lumh	捧[2]	143	lungz	偧	62	lwed	沥	303	ma	庲	290	maej	烑[1]	472
lumh	琳	167	lungz	龙[2]	495	lwenh	嗱[2]	251	ma	庅[1]	288	maek	挼	143
lumh	琳[5]	146	lungz	龙[1]	495	lwenq	慈	569	ma	獁	284	maen	嗷[1]	256
lumh	攃	162	lungz	竜[2]	529	lwenq	惢	586	ma	序	288	maen	娸	375
lumh	淪	167	lungz	隆[1]	96	lwenq	唸	251	ma	庚	289	maen	悶	259
lumh	淋[4]	316	lungz	隆[2]	96	lwenx	畾	452	ma	庀	289	maen	婳	377
lumj	廪	290	lungz	龍[3]	495	lwenx	輦	416	ma	跲[1]	604	maen	妳[1]	378
lumj	鯠	414	lungz	龍[4]	496	lwenx	嗱[3]	251	ma	禡	382	maen	嗢	259
lumj	庡	240	lungz	儱	70	lwenx	炼	471	ma	馮	277	maen	悶[1]	297
lumj	浨	232	lungz	弄[7]	385	lwenz	睡	447	ma	庝[1]	288	maen	命[1]	43
lumj	嗪	256	lunz	臉	371	lwenz	仂[1]	45	ma	獴	284	maengh	闵	292
lumj	傼	69	lunz	伦[1]	51	lwg	劲	369	ma	馬[1]	381	maengh	䒱[2]	102
lumj	俎	44	lup	冾[2]	83	lwg	孤[2]	370	ma	馬[2]	382	maengx	嗧[1]	240
lumj	伕	64	lup	苊	173	lwg	仂[2]	45	ma	庁	288	maengx	嫋	377
lumj	啉[2]	240	lup	茊	175	lwg	叻[5]	200	ma	彤	289	maengx	盟[1]	510
lumj	林[1]	393	lup	笠	178	lwg	勒[10]	635	ma	麻[1]	290	maengx	孟[1]	509
lumj	淋[5]	316	lup	笠	529	lwg	力[5]	99	ma	马	381	maenh	䒱[1]	102
lumj	冷[1]	306	lup	泡	529	lwix	福	536	ma	犸[1]	278	maenh	枸[2]	401
lumj	喩[1]	240	lup	泣[5]	306	lwix	湎[1]	313	ma	犸[2]	278	maenh	挷[1]	143
lumj	如[2]	373	lup	吃[5]	205	lwix	累[5]	505	ma	馬[1]	382	maenh	扜[4]	130
lumx	琳	119	luz	繪	587	lwngq	弤	367	ma	幺[1]	105	maenh	擞	102
lumx	橳	410	luz	殷	464	lwngq	彌	367	mad	絑[1]	582	maenh	旃	100
lumx	寐	349	luz	鲁[2]	631	lwngq	骈	367	mad	緳	586	maenh	堃	122
lumz	愁	344	lw	黎	636	lwngq	獚	282	mad	襪	536	maenh	攀	380
lumz	累	508	lw	黔	506	lwngq	猸	282	mad	抹	135	maenh	佷[2]	58
lumz	杉	396	lw	黔	594	lwngq	狑	281	mae	縷	585	maenh	闵	293
lumz	懟	345	lw	總[1]	585	lwngq	崙	510	mae	緇	585	maenh	悯[1]	333
lumz	渁	313	lw	飫	629	lwngq	耽	540	mae	絑[2]	582	maenh	敏	422
lumz	惀	335	lw	瀝	325	lwnh	倫[2]	64	mae	欯	365	maenh	呡	215
lumz	謙	613	lw	偲[1]	66	lwnh	喩[3]	240	mae	漠	319	maenj	嗷[2]	256
lumz	彬[2]	399	lw	勒[9]	635	lwnh	论[1]	615	mae	继	585	maenj	枸[1]	401
lumz	啉[3]	240	lw	嘞[5]	255	lwnh	論	613	mae	绪	584	maenj	橄	410
lumz	临[2]	13	lw	總	588	lwnj	嚷[2]	263	mae	絲[1]	583	maenj	哎[7]	204
lumz	淋[6]	316	lw	餘	630	lwnj	吝[3]	465	mae	稂	619	maenj	敞	403
lumz	俞[1]	43	lwd	逮	359	lwnz	俞[2]	43	mae	霊	620	maenj	杧[1]	390
lumz	嘃[2]	240	lwd	啡[3]	246	lwnz	倫[3]	64	mae	沫[1]	306	maenj	詗	613
lungj	簦[2]	564	lwd	泣[1]	355	lwt	筬[2]	563	maed	楣	636	maenj	詗	613
lungq	弄[6]	385	lwd	遛	360	lwt	啡[4]	246	maed	鴑	351	maenj	唛	240
lungz	竜[4]	529	lwd	腊[4]	432	lwt	律[3]	275	maed	蟊	351	maenj	憫[1]	339
lungz	亘	488	lwd	嘞[6]	255	lwz	舲	568	maed	勤	102	maenj	啊[1]	232
lungz	偧	62	lwd	肋	424				maed	蟊	639	maenj	脉[1]	428
lungz	侼[2]	61	lwd	律[2]	275		M		maed	蟊	639	maenj	闵[2]	293
lungz	毯	457	lwd	渤[2]	322				maeg	鷯	640	maenx	憫[2]	339
lungz	龀	529	lwed	盈	567	ma	狇[1]	278	maeg	漯[2]	324	maenz	闷	297
lungz	崟	462	lwed	㓜	567	ma	狇[2]	279	maeg	默	639	maenz	哎[8]	205
lungz	龙	495	lwed	血	567	ma	獁[1]	283	maeh	怵	332	maenz	柢[1]	396

maenz	桹²	396	maex	樲	406	maj	馬²	382	max	踳²	604	mbaeq	湃	321
maenz	櫗	403	maex	賣	452	maj	罵	382	max	稨	515	mbaeq	潰	319
maenz	蜩	550	maex	楣²	405	mak	䃺	408	max	馬³	382	mbaeq	沬²	306
maenz	虰	544	maex	媄³	379	mak	鞔	413	maz	庅²	288	mbaet	虻	562
maenz	叮¹	203	maex	妹¹	375	mak	殁	401	maz	庚	289	mbaet	恀	342
maenz	门¹	291	maex	迷	356	mak	墓	186	maz	庇	289	mbaet	拁³	135
maenz	门²	291	maex	米¹	570	mak	果	393	maz	厉²	288	mbaet	扦⁵	125
maenz	悶²	297	maez	䢃	359	mak	粿	575	maz	吗	204	mbaet	粬²	575
maenz	民¹	20	maez	闌	299	mak	麻²	290	maz	麻³	290	mbaet	笓	558
maenz	民²	20	maez	閝	298	mak	模¹	408	maz	麻⁴	290	mbaet	龝	499
maenz	民³	20	maez	逇	361	mak	莫²	177	maz	嗎	256	mbaet	馣	23
maenz	苠¹	173	mag	鏌	626	mak	漠¹	321	maz	嘛	256	mbaet	酉	22
maenz	茗¹	175	mag	莫¹	177	mamx	弅	83	maz	么²	105	mbaet	炎	326
maenz	茹¹	175	mah	汇¹	301	mamx	臕	436	maz	么³	105	mbaet	木²	19
maenz	文⁷	465	mai	㩵	160	man	襆¹	536	mba	稆	575	mbaet	桃	573
maeq	絉	569	mai	浬¹	321	mang	訌	610	mba	耙	572	mbaet	忑	342
maeq	媄²	379	mai	潰²	324	mang	吧	224	mbad	疦²	523	mbaet	忐	342
maeq	迷	319	mai	潰	325	mang	吒¹	204	mbaek	咘²	218	mbaet	粑	570
maeq	㽘	570	mai	買¹	508	mang	亡¹	81	mbaek	圸	114	mbaet	歞	22
maeq	醚¹	593	mai	賣	185	mangj	夸²	190	mbaek	憍	556	mbaet	採	167
maeq	沘	303	maih	咂¹	224	mangx	汇²	301	mbaek	嘖³	244	mbaet	叱²	197
maeq	妹²	375	maih	嘖²	260	manh	蘱	617	mbaek	北⁴	79	mbaet	枇²	392
maeq	昧¹	441	maih	媚¹	380	manh	蓂	186	mbaek	茈³	171	mbaeu	㹒	109
maeq	密¹	349	maih	價	69	manh	謾	556	mbaen	紑	582	mbaeu	迌¹	354
maet	虵	544	maih	買²	508	manh	漫	324	mbaen	扷⁵	130	mbaeu	㖣¹	247
maet	烑²	470	maih	買³	508	manh	蔓¹	184	mbaen	胈²	427	mbaeu	鳳	79
maet	蠹¹	553	maih	迈	353	manh	熳	475	mbaen	刡	465	mbaeu	迍	355
maet	蛛¹	546	maij	憤¹	340	manh	万²	3	mbaen	釳¹	622	mbaeu	戰	185
maet	炕	468	maij	咂²	224	manx	扳⁴	128	mbaen	文⁸	465	mbaeu	悪	343
maet	杝	539	maij	枈	9	manx	擾	157	mbaengq	箱³	561	mbaeu	浮⁴	311
maet	蝐	550	maij	爱³	461	manz	蛮	84	mbaengq	撤	157	mbaeuj	庪²	518
maet	嚙	256	maij	买¹	20	maq	渨	321	mbaengq	猛	148	mbaeuj	脥	433
maet	乜¹	20	maij	买²	20	maq	媽	155	mbaenj	伓⁴	212	mbaeuj	保¹	62
maeuq	踢	602	maij	買⁴	508	mat	襪	536	mbaenq	胶²	33	mbaeuj	茂³	173
maeuq	椆¹	119	maij	買⁵	508	mauh	耗	273	mbaenq	枸³	401	mbaeuq	茂	174
maeuq	茂¹	173	maiq	憒²	340	mauh	鵑	522	mbaenq	抅²	143	mbag	脈¹	435
maeuq	茂²	173	maiq	孆	380	mauh	冐	481	mbaenq	矣²	71	mbah	㞈	366
maeuz	銾¹	626	maiq	噆¹	260	mauh	氉	479	mbaenq	枊²	391	mbai	甌	518
maeuz	睤	247	maiq	媚²	380	mauh	鹖	518	mbaenq	羚³	164	mbaih	邁²	360
maeuz	媒	336	maiq	慣	339	mauh	茆	174	mbaenq	釳²	622	mbaij	髓	638
maeuz	谋	616	maiq	婡	378	mauh	卯¹	93	mbaenq	艇	291	mbaij	賛	566
maeuz	謀¹	614	maiq	媄	379	mauh	冒¹	442	mbaenq	颪	381	mbaiq	俳	66
maeuz	謀²	614	maiq	邁¹	360	mauh	冒²	442	mbaenq	抆²	164	mbaiq	粄	554
maex	樸	406	maix	絫	586	mauh	貌¹	609	mbaenq	闷¹	293	mbaiq	辦	554
maex	姝¹	376	maj	騍	383	mauh	卯²	93	mbaep	啒²	211	mbaiz	砒	490
maex	秝	574	maj	張	617	mauh	謾	460	mbaeq	混²	312	mbaiz	鈖	623
maex	谜¹	378	maj	偈	68	mawz	佣	66	mbaeq	潤	322	mbaiz	锂	628
maex	橫	408	maj	媽	382	max	獁³	283	mbaeq	潰	324	mbaiz	桸	396

音	字	页	音	字	页	音	字	页	音	字	页	音	字	页
mbaj	虮	544	mbat	八[4]	71	mbeg	缸	516	mbin	飛	380	mboen	詉	611
mbaj	蚆[2]	545	mbat	噠[1]	260	mbeg	夭	3	mbin	飛	380	mboen	泯	307
mbaj	螞	551	mbat	扒[4]	125	mbei	胸	431	mbin	瓱	22	mboeng	埊	119
mbaj	洸	641	mbat	扒[5]	125	mbei	脆	435	mbin	医	22	mboeng	嗑[2]	240
mbaj	昌	209	mbauq	鮑	505	mbei	胚[2]	427	mbin	乱[2]	22	mboeng	崧	119
mbaj	仈	327	mbauq	炙[3]	462	mbej	狲	280	mbin	飛	381	mboeng	蒙[1]	261
mbaj	憑	338	mbauq	伢[2]	52	mbej	啷[1]	240	mbingh	泙	306	mboengj	否[1]	209
mbaj	把[5]	129	mbauq	報	371	mbej	闭[3]	292	mbinj	藕	187	mboengj	猛[2]	148
mbaj	把[6]	129	mbauq	褶	371	mbej	咪[2]	221	mbinj	芙	177	mboengj	捧[1]	148
mbak	芀	34	mbauq	佬	51	mbej	咩[1]	225	mbinj	蓂	182	mboengq	瞢	445
mbak	珀[2]	164	mbauq	顓	448	mbek	扒[6]	125	mbinj	飘	291	mboengq	碰[2]	491
mbak	苩[3]	172	mbauq	孖	371	mbengj	卯	94	mbinj	鞎	184	mboengx	涑[2]	235
mbak	傅	188	mbauq	傍	102	mbengq	鞘	416	mbinj	茂[2]	173	mboenj	砗[2]	488
mbak	扑[1]	163	mbauq	鞭	506	mbenj	晩	232	mbinq	蠍	555	mboenj	碴[2]	492
mban	蔓	564	mbauq	吵	505	mbenj	酘	637	mbiq	媚[1]	152	mboenj	碟	494
mbang	袴[2]	535	mbauq	嬖	506	mbeuj	镩	10	mbiq	拟[4]	135	mboenj	鉢	554
mbangj	沪[1]	303	mbauq	駿	507	mbeuj	锚	44	mbiq	撚	152	mboenj	研	490
mbangj	冖[3]	93	mbauq	皓	506	mbi	膑	435	mbiq	批	164	mboenj	磋	420
mbangj	郉	385	mbauq	胹	506	mbi	米[2]	570	mbit	秘	10	mboenj	胚	420
mbangj	伈[2]	47	mbauq	佀	66	mbi	脒	429	mbit	搽	155	mboenj	鉢	555
mbangj	伊	51	mbauq	耗	505	mbi	朏	426	mbit	拟[5]	135	mboenx	沐	307
mbangj	陟	13	mbauq	保[2]	62	mbieng	驷	10	mbit	軟	416	mboep	凼	70
mbangj	尸[2]	11	mbauq	貌[2]	609	mbiengj	伻[3]	52	mbit	轄	417	mboep	凹[3]	12
mbangj	邦[2]	97	mbaw	盻	458	mbiengj	尸[3]	11	mbit	鈷	10	mbog	外[3]	580
mbangj	莽	178	mbaw	苩[4]	172	mbiengj	尸[4]	11	mbit	拌	139	mboiz	莓	177
mbangj	倣[2]	67	mbaw	伊[2]	50	mbiengj	丱	12	mbit	才	5	mbok	篡	565
mbangq	猁[2]	279	mbaw	伱	51	mbiengj	兕	104	mbit	秘	396	mbok	橰	327
mbangq	蚌	546	mbaw	餿	459	mbiengj	丙	6	mbiz	困	266	mbok	卧[1]	496
mbanj	扳[5]	128	mbaw	殡	367	mbiengj	邲	97	mbod	睐	498	mbok	篔[1]	562
mbanj	坂	112	mbaw	蓼	179	mbiengq	月	11	mbod	殷	500	mbok	扑[4]	109
mbanj	板[2]	391	mbaw	雒	618	mbih	愿	344	mboek	仆[3]	300	mbok	翁	564
mbanj	挽[1]	143	mbaw	韒	188	mbij	伙[1]	59	mboek	填[1]	121	mbok	模[2]	408
mbanj	晚	444	mbaw	芭	74	mbin	猇[3]	380	mboek	哈[3]	230	mbok	朴[2]	390
mbanq	鉌	76	mbaw	色	366	mbin	瓱	22	mboek	泗	307	mbon	坯[7]	133
mbanq	斑	386	mbaw	笆[2]	557	mbin	迎[2]	352	mboek	轄	274	mbon	坯[3]	113
mbanq	嚗	449	mbaw	佈[5]	53	mbin	麾	22	mboek	沙	302	mbon	搞	157
mbaq	鈀	483	mbaw	没[1]	304	mbin	甿	22	mboek	卜[8]	38	mbongh	佛	59
mbaq	欱[2]	483	mbaw	眉[2]	364	mbin	佢	22	mboek	卜[9]	38	mbongj	蠔	553
mbaq	腜[2]	435	mbaw	么[4]	105	mbin	剽	22	mboek	伏[9]	50	mbongj	蜢[1]	549
mbaq	舶	484	mbaw	葉[1]	181	mbin	飛	381	mboen	嗉[2]	253	mbongj	凸[3]	11
mbaq	脜	484	mbaz	娑	377	mbin	甌	22	mboen	噴[3]	234	mbonq	漫	536
mbaq	肌	424	mbe	牒	168	mbin	魝	541	mboen	喟[2]	260	mbonq	榉	396
mbaq	厰	484	mbe	翩	365	mbin	厐	381	mboen	哗[5]	212	mbonq	咩[3]	212
mbaq	髕	437	mbe	履	296	mbin	飛	381	mboen	閔	297	mbonq	搬[2]	407
mbaq	廏	484	mbeg	红	483	mbin	飛	381	mboen	氾[1]	302	mbonq	栋[2]	399
mbat	炎	72	mbeg	疢	483	mbin	昵	22	mboen	漱	322	mbonq	庸	290
mbat	咱[5]	211	mbeg	香	516	mbin	翻	579	mboen	润	313	mbonq	椚	403
mbat	丿[3]	13	mbeg	鞘	517	mbin	彩	278	mboen	涤	321	mbonq	楮	410

mbonq	伴[3]	53	mbwk	嫺[2]	378	meh	她[2]	372	meuq	吵	232	mienz	絠[1]	582
mboq	沛	307	mbwk	嗦	240	meh	妹[2]	376	meuq	喵	240	mienz	糒	577
mboq	唒[2]	214	mbwk	猷	191	meh	媄[2]	379	meuz	猫	461	mienz	棉	403
mboq	浩	313	mbwk	孺	371	meh	嫲	380	mez	葳	182	mienz	綿[2]	585
mboq	杏[2]	207	mbwk	媼	377	meh	馳	486	mez	荧	174	mig	劜	194
mboq	泋[1]	302	mbwk	奴	374	meh	狎[1]	279	mi	耗[2]	571	mig	龥	621
mboq	濮	326	mbwk	钊	456	meh	侮	55	mi	秒	456	mig	爧	478
mboq	沫[3]	306	mbwk	姐[1]	375	meh	乜[2]	20	mid	刹[1]	31	mig	勎	620
mboq	漠[2]	321	mbwk	炆	190	meh	姆	375	mid	劀	37	mig	勯	26
mbot	鼬	631	mbwk	偪	64	mei	莱	572	mid	剸	31	mih	猸	282
mbouj	唒[3]	214	mbwk	逼	359	meih	怵[3]	332	mid	剐	36	mij	伱[2]	59
mbouj	屛[1]	362	mbwk	女	372	meij	烁[2]	472	mid	胊	36	mij	烁[3]	472
mbouj	保[3]	62	mbwn	舌	108	meiq	酥	592	mid	鎐	627	mij	米[3]	570
mbouj	不[2]	5	mbwn	荟	384	meiq	酰	592	mid	打[2]	126	mik	稌	515
mbouj	布[3]	272	mbwn	閂[2]	291	meiq	醛[2]	593	mid	廥	37	mingh	佘[2]	55
mbouj	否[2]	209	mbwn	蒢	384	meiq	棶	573	mid	廬	37	minj	黴	536
mbouj	冇[3]	39	mbwn	魔	365	meiq	醅	592	mid	刀[4]	32	minx	絠[2]	582
mbouj	眸	499	mbwn	坛	384	meiq	洣	309	mid	密	349	minz	根[3]	396
mbouq	怬	330	mbwn	霄	618	meiq	嬕	380	mieg	駁[2]	382	minz	伍	55
mbouq	忎[1]	341	mbwn	霙	618	meiq	嘆[1]	247	mieg	怜	329	minz	黴	68
mbouq	休	329	mbwn	迀	354	meiq	酶	592	mieng	沪[2]	304	minz	綿[1]	585
mbouq	愾	335	mbwn	上[2]	10	meiq	渼	319	mieng	沱[3]	302	minz	民[4]	20
mbouq	蓢	182	mbwn	吻[2]	208	meiq	眛[2]	442	mieng	塝[2]	120	minz	茗[2]	175
mbouq	茂[4]	173	mbwng	垏	114	meiz	煤[2]	475	mieng	渰	317	miq	搤[2]	152
mbu	麄	187	mbwng	膅	433	meiz	烸	473	mieng	洶	83	miq	銤	568
mbued	荗	171	mbwng	牲	17	meiz	屝[1]	363	mieng	瀂	85	miq	抺	139
mbued	苜	174	mbwng	伢[2]	62	meiz	橲	523	mieng	潣	317	miq	秘	165
mbuemq	䏩[2]	431	mbwng	儤	340	meiz	莒	179	mieng	潆	319	miq	米[4]	570
mbuemq	挈	434	mbwq	呋[4]	214	meiz	鹠	522	mieng	吒[2]	204	miuh	渆	317
mbuengj	鉴	562	mbwq	怵[2]	332	mej	牷	453	mieng	吒[3]	204	miuz	惵[2]	335
mbuk	帅	272	mbwq	喑	247	mek	塝	121	mieng	嚎	256	miuz	伱[3]	59
mbuk	扑[2]	163	mbwq	咱[6]	211	meng	矴	487	mieng	諆	613	miuz	偛	64
mbuk	卜[10]	38	mbwq	盾	25	meng	殎	415	mieng	淕	319	miz	屄	364
mbuk	补[2]	532	mbwq	怕[1]	332	meng	片	15	mieng	誧	613	miz	餯	574
mbuk	扑[3]	125	mbwq	伯	59	mengq	孟[2]	509	mieng	喻	241	miz	媚	247
mbuk	袜	534	mbwq	魚	631	mengz	盱[1]	497	mieng	浛	88	miz	膏	500
mbungq	尸[5]	11	mbwt	蛛[2]	546	mengz	蛒	547	mieng	懰	336	miz	籶[2]	570
mbungq	蚵	549	mbwt	蟀	549	mengz	蝴	552	mieng	洑[2]	302	miz	眉	363
mbungq	箜	562	mbwt	蛛	545	mengz	蟯	550	mieng	盟[2]	510	miz	眉[1]	364
mbungq	蜢[2]	549	mbwt	洙	304	mengz	蛑	549	mieng	洺	309	miz	咪[3]	221
mbungq	濛	553	mbwt	昧	215	mengz	魃	466	mieng	命[2]	43	miz	糜	291
mbungq	品[3]	218	mbwt	蚰	548	mengz	眕	498	mieng	溁	321	miz	米[5]	570
mbungz	篡	564	mbwx	霓	618	menh	邊	360	miengz	叁	383	miz	密[2]	349
mbw	偲[1]	286	meb	蛵	567	menh	偁	68	miengz	麋	184	mo	宓[3]	288
mbw	偲[2]	286	meg	胎	428	menh	曼[2]	444	miengz	奮	384	mo	抷	139
mbwen	臀	434	meg	鮍	567	menh	漫	322	miengz	忾	332	mo	擩	163
mbwk	嫺	378	meg	麥	285	menh	慢	338	miengz	茫	175	mo	吒	225
mbwk	姑[2]	376	meh	她[1]	372	meu	惛[1]	335	mienh	面	636	mo	謨	614

mo	莫³	177	moh	墓¹	183	moq	籟	531	muenj	闷⁴	293	mumh	郇	457
mo	莫⁴	177	moiz	僕	66	moq	絼	580	muenq	汌²	302	mumh	包	456
mob	篊	566	moiz	姐	375	moq	吆²	201	muenx	閝¹	296	mumh	髮	639
mod	蛛³	546	moiz	倂	55	moq	噗²	247	muenx	閝²	296	mumq	矇¹	503
mod	鎏	548	moiz	倴	68	moq	莫⁷	177	muenz	逢	124	mumx	判	28
mod	蛻¹	548	moj	欔	189	moq	墓²	183	muenz	墇	122	mungj	矇²	504
mod	艾	73	moj	磨²	291	moq	慕	184	muenz	閝	300	mungz	橽	169
mod	捲	406	mok	霢²	620	moq	暮	184	muenz	燜	477	mungz	檬	161
mod	燚	415	mok	模¹	577	mou	獏	282	muenz	滿	186	mungz	猛	167
mod	蟆¹	551	mok	氻²	302	mou	猫	281	muenz	满³	321	mungz	穋	515
moeb	卧²	496	mok	眽	497	mou	猶²	279	muenz	门³	291	mungz	蒙²	182
moeb	柒	143	mok	洣¹	309	mou	狷	282	mug	咀²	211	munh	瀘	326
moeb	揬¹	160	mok	饃	631	mou	糜	284	mug	蘇	640	munh	籾	571
moeb	挔	144	mok	膜¹	502	mou	悔	330	mug	咮	209	munx	启²	237
moeb	木²	389	mok	雺	618	mou	某	396	mug	嚳	324	munx	呢⁷	237
moed	蟠	552	mok	浓	310	mouh	泒²	307	mug	咻	232	mup	缺	640
moed	蛛⁴	546	mok	氻¹	307	mouh	务	286	mug	蘇	640	mup	赻	38
moed	蛻²	548	mok	莫⁶	177	mox	鎳²	626	mug	鮕	640	mup	嗅	412
moed	蚏¹	544	mok	漢³	321	moz	狁³	279	mug	渚	317	muz	犛	494
moed	蟬	553	mok	漢⁴	321	moz	模	454	mug	哆¹	215	muz	獻	291
moed	蟆²	551	momh	簎²	562	moz	牜	453	mug	木¹	389	muz	哆²	215
moeg	禣¹	536	momh	臓	435	moz	𥻦	454	mug	目³	496	mw	氈	458
moeg	櫃	413	momh	猛	282	moz	磨¹	291	mug	沐	304	mwenx	惿	338
moeg	祖	534	mon	园	293	moz	末¹	6	muh	砒²	487	mwenx	儚	340
moeg	目¹	496	mon	墇	122	moz	獏	283	muh	筭²	562	mwh	官	348
moeg	目²	496	mon	梮	410	mu	猛	281	muh	横	412	mwh	怕²	332
moek	坎	112	mon	满¹	321	mu	姆²	279	muh	樉	413	mwh	闁	294
moek	肱	424	mon	门¹	296	mu	甕	284	muh	砒	490	mwh	即	437
moek	膜	434	mon	闷³	293	mued	余	55	muh	杨	396	mwh	嗲	447
moek	莫⁵	177	mong	缘	187	mued	满²	321	muh	樉	413	mwh	脉²	428
moen	闷²	293	mong	艆	569	mued	没²	304	muh	礤	494	mwh	昧³	442
moengh	惨	339	mong	曠²	261	mued	灭¹	321	muh	砌	489	mwh	迷²	356
moengj	饟	621	mong	忙	328	mueg	膜²	502	muh	末²	6	mwh	莫⁸	177
moengx	嘹	261	mong	朦	502	muengh	酊²	497	mui	猓	281	mwh	墨	123
moengx	蒙³	183	mongh	狸	284	muengh	呈	445	mui	糒	576	mwh	吆	204
moengz	蒙¹	182	mongh	獴	284	muengh	鼇	387	mui	猓	282	mwh	咱³	218
moengz	朦	436	mongz	曠³	261	muengh	瞪	503	mui	狭	279	mwi	霞²	620
moenz	嗷³	256	monz	们²	390	muengx	纥	580	mui	狭	282	mwij	鼬	452
moenz	围	265	monz	一	19	muengx	鰂	633	mui	霞¹	620	mwj	安¹	557
moet	煅	473	monz	满	615	muengx	囚	292	muiz	等	561	mwn	譏	326
moet	旄	514	monz	瞞	502	muengx	網	585	muj	埴³	121	mwn	蕳	177
mog	粫	573	moq	摸²	536	muengx	鴉	41	muj	梅	396	mwn	笴	557
moh	墘²	121	moq	模²	577	muengz	忙³	47	muj	木³	389	mwn	蔓²	184
moh	霢¹	620	moq	襬	531	muengz	悕²	332	muk	卤²	82	mwn	嫩	380
moh	壇	124	moq	漠	90	muengz	亡²	81	muk	脈	426	mwngz	喏	225
moh	礦	494	moq	嘆	251	muenh	愁¹	342	muk	眽	497	mwngz	氓	83
moh	抹	114	moq	翻	188	muenh	述	354	muk	目⁴	496	mwngz	萌	179
moh	摩¹	291	moq	藉	531	mumh	毽	458				mwngz	盟³	510

音序检字表

mwngz	名	285	myaz	虼²	544	naemj	壬	15	naengj	窯	482	naeuz	許	611
mwngz	佲	59	myaz	麻	410	naemj	敏³	422	naengj	糇	577	naeuz	昴	225
mwnh	顭	423	myonx	叨²	203	naemj	喃¹	247	naengj	灯⁴	468	naeuz	晏	216
mwnh	氣	456	myox	膜³	502	naemj	念¹	341	naengj	熊	482	naeuz	嗜	251
mwnh	瘦	527	myox	瘩	84	naemq	艴²	346	naengz	能⁷	106	naeuz	喵	256
mwnh	疵	524	myub	峪⁴	230	naemq	甄²	18	naengz	能⁸	106	naeuz	咽	241
mwnq	堨	123	myw	眍	540	naemq	咡²	247	naenj	很	165	naeuz	咧³	224
mwnq	悶³	297				naemq	槩²	17	naenx	悋¹	333	naeuz	刘²	27
mwnq	妣	287		**N**		naemq	铨	626	naenx	跟	26	naeuz	喽²	246
mwnq	蒙⁴	183				naemq	烟	191	naenx	跟	579	naeuz	哞	225
mwnq	敏²	422	na	聲	99	naemz	覉	554	naenx	攮	162	naeuz	呎	216
mwnz	門²	296	na	挪	165	naen	縫	586	naenz	蹎¹	551	naeuz	奴¹	372
mwnz	闷⁵	293	na	绑¹	583	naeng	唯¹	251	naenz	垠	547	naeuz	叹³	198
mwq	睧	500	na	那¹	98	naeng	椰²	399	naenz	蟠	551	naex	鈮	623
mwt	榖	626	nab	纳¹	581	naeng	胜	538	naenz	蠅¹	551	naex	锜	627
mwt	鈽	623	nab	納²	581	naeng	胺⁴	426	naep	撒	155	naez	鈮	350
mwt	䨣	619	nae	甄	620	naeng	贈	538	naep	撑	155	naez	犯	279
mwt	鶴	365	nae	雴	619	naeng	疔	537	naep	列⁵	28	naez	蚋	545
mwt	滅²	321	nae	零	619	naeng	貯	538	naeq	睏	497	nag	狄	279
mwt	沬⁴	306	nae	禹	362	naeng	朒	538	naeq	咺¹	241	nag	獅	283
mwx	駲	382	nae	電	619	naeng	膿	437	naeq	嚃	567	nag	猕	280
mwz	汩	302	nae	泥	304	naeng	胝	537	naeq	呐²	209	nag	猕	283
mwz	搉	168	nae	坭	362	naeng	能²	106	naeq	内¹	39	nag	狯	283
mwz	麻	168	naed	粎	577	naeng	能³	106	naeq	宜¹	348	nag	尹	16
mwz	摩²	291	naed	憑	346	naengh	踺¹	604	naet	瘟	526	nag	孙	369
myab	濔	322	naed	垃	385	naengh	踺²	604	naet	黜	506	nag	那²	98
myab	濗	482	naeh	呢	241	naengh	ᴈ	2	naet	咡¹	215	nag	纳	587
myad	眯	498	naeh	迪¹	354	naengh	ᴈ	479	naet	跑	595	nah	螂	547
myaengz	睡²	503	naeh	呐	209	naengh	逹¹	360	naet	疙	364	nai	奈	344
myaengz	繒¹	586	naeh	呢	216	naengh	ᴈ	479	naet	疙	364	nai	仍	328
myaengz	贈²	503	naeh	倪	64	naengh	ᴈ¹	18	naet	珥	165	nai	叨	200
myaengz	繒	196	naek	迊¹	355	naengh	ᴈ	92	naet	悅¹	330	nai	叨²	200
myaengz	朳	194	naek	甄¹	18	naengh	蟹¹	121	naeuh	咀²	206	nai	啐¹	241
myaex	鎇	624	naek	艶	569	naengh	丸	5	naeuh	離	291	nai	訪	610
myaex	鉌	623	naek	碰	489	naengh	几	79	naeuh	漃	319	nai	乃¹	13
myag	枘	327	naek	載	419	naengh	甯	350	naeuh	汼¹	304	nai	耐	188
myag	潞	326	naek	厘	26	naengh	蹿	603	naeuh	坚	399	naih	奈²	344
myaiz	浬²	321	naek	磆	492	naengh	雍	80	naeuh	檄	396	naih	叨³	200
myaiz	濆¹	324	naek	厝	25	naengh	能	106	naeuh	汝	307	naih	及	16
myaiz	唳	251	naek	喳¹	247	naengh	丁¹	4	naeuh	浸	317	naih	乃²	13
myaiz	蟹	551	naek	雉	277	naengh	能⁴	106	naeuh	怒¹	342	naih	乃³	13
myaiz	鲤	551	naek	至¹	487	naengh	能⁵	106	naeuq	𬠅	40	naih	乃⁴	13
myak	糯	196	naek	砑	490	naengh	能⁶	106	naeuq	扭	470	naih	奈¹	190
myanx	蹋¹	605	naek	槩¹	17	naengj	煲	476	naeuq	忸	329	naih	耐²	188
myauq	喟²	247	naek	力⁶	99	naengj	燶	476	naeuz	咀³	206	naih	耐³	188
myauq	咻	215	naek	匿	26	naengj	濃	321	naeuz	啊¹	241	naiq	癖²	527
myauq	誖	613	naemj	艴¹	346	naengj	軡	185	naeuz	竿	557	naiq	仍²	328
myaz	耻	401	naemj	柵	345	naengj	勘	187	naeuz	吽	210	naiq	瘵	526

naiq	汎 [1]	300	nangz	了 [2]	4	nax	㛯	191	ndaej	累 [6]	505	ndaem	撵 [2]	160
naiq	惊 [2]	335	nangz	能 [9]	106	nax	遇	358	ndaej	磊 [1]	493	ndaem	秱	514
naiq	慭	345	nangz	娘	377	nax	䎚	40	ndaej	类 [1]	571	ndaem	秥	514
naiq	瘶	526	nanh	癰	527	nax	哪	232	ndaej	哩 [2]	232	ndaem	馣	351
naiq	疠	523	nanq	㦧	345	nax	那 [4]	98	ndaej	礼 [4]	485	ndaem	穖	516
naiq	綏	539	nanq	唯	251	nax	娜	376	ndaej	戾	483	ndaem	眲	497
naiq	蜹	546	nanq	諀	614	nax	仍 [1]	51	ndaej	捩	148	ndaem	撵	168
naiq	乃 [5]	14	nanq	謷	614	nax	佛	59	ndaek	瀋 [2]	318	ndaem	穋	516
naiq	乃 [6]	14	nanx	㩖	283	naz	嘗	507	ndaek	迫 [2]	355	ndaem	揰	162
naiq	奶	372	nanz	难	80	naz	䁮	505	ndaek	眲	503	ndaem	湳 [1]	319
naiq	奈 [2]	190	nanz	献	24	naz	㓘	115	ndaek	籔	564	ndaem	鮠	568
naiq	奈 [3]	190	nanz	獻	105	naz	坄	116	ndaek	啫 [2]	249	ndaem	䲜 [1]	640
naiq	耐 [4]	188	nanz	獯	105	naz	䉰	506	ndaek	硳 [1]	494	ndaem	鑸	640
naiz	奶 [4]	200	nanz	㜮	291	naz	梛	574	ndaek	瞳	502	ndaem	眓	438
naiz	汎 [2]	300	nanz	㜽	78	naz	那 [5]	98	ndaek	眝	500	ndaem	㮗	169
naiz	汎 [3]	300	nanz	斎	191	nda	㕦 [2]	202	ndaek	嗜	262	ndaem	黕	640
naiz	霓	618	nanz	难 [2]	105	nda	掭	135	ndaek	嗝 [4]	253	ndaem	执	131
naiz	澻	319	naq	梛 [1]	399	nda	袘	534	ndaek	㟃	119	ndaem	黯	640
naiz	耐 [5]	188	naq	箛 [1]	560	nda	绷 [2]	583	ndaek	圈	266	ndaem	岑 [6]	268
naj	磬	98	naq	箛 [2]	560	nda	哑 [2]	213	ndaek	硳	492	ndaem	黑 [2]	639
naj	罶	637	naq	鎝	623	nda	挞	364	ndaek	得	64	ndaem	欪 [1]	326
naj	酾	636	naq	那	98	nda	䠔	534	ndaek	㟄	608	ndaem	欪 [2]	327
naj	䰈	637	naq	䊾	566	nda	祯	534	ndaek	瀋	321	ndaem	黔	639
naj	䝮	98	nat	葯	183	nda	襥	536	ndaek	淂 [1]	322	ndaemq	剶	640
naj	那	429	nat	桪	408	nda	袄	533	ndaek	淂 [2]	322	ndaemq	劃	32
naj	㽺	637	nat	秫	515	nda	㙞	273	ndaek	彙	277	ndaemq	韌	36
naj	腜	434	nauh	啊 [2]	241	nda	襌	536	ndaek	倮	277	ndaemq	㓸	639
naj	乎	16	nauh	嘟	247	nda	襋	536	ndaek	嚔 [2]	263	ndaemq	授	144
naj	槲	637	nauh	咘	216	nda	罄	99	ndaek	嚔 [3]	263	ndaemq	剌	31
naj	酥	636	nauh	巿	73	nda	帲	273	ndaek	胚	433	ndaemq	覌 [1]	295
naj	柬	7	nauh	逎	359	nda	縃	587	ndaek	艴	607	ndaen	恬	44
naj	梛	273	nauh	闹 [1]	293	nda	繷	586	ndaek	将	287	ndaen	奢	384
naj	百	6	nauh	闹 [2]	294	nda	綐	583	ndaek	内	16	ndaen	熖	475
naj	那 [3]	98	nauh	閙 [1]	297	nda	擨	162	ndaek	得 [8]	276	ndaen	怹	343
naj	吶 [3]	209	nauq	嚭	379	nda	褀	535	ndaek	得 [9]	276	ndaen	吞 [4]	207
nam	菌	181	nauq	嬾	380	nda	拉 [4]	135	ndaek	匼 [2]	26	ndaen	吞 [5]	207
nam	噔 [4]	258	nauq	嚭	379	nda	喇 [3]	247	ndaek	懕 [1]	345	ndaeng	鮏 [1]	640
nam	喃 [2]	247	nauq	闹 [3]	294	nda	罗 [4]	507	ndaek	则 [3]	27	ndaeng	鮏 [2]	641
namh	壏	120	nauq	閙 [2]	297	nda	羅 [3]	509	ndaek	唑	232	ndaeng	齈	641
namh	南	24	naux	縋	583	nda	衲	533	ndaek	悶 [3]	296	ndaeng	齤	641
namh	难 [1]	105	naux	腦	434	nda	吓 [5]	201	ndaek	悶 [4]	296	ndaeng	齆	640
namh	喃 [3]	247	naux	綱	585	ndad	達 [2]	358	ndaem	秾	515	ndaeng	釘	640
namj	喃 [4]	247	naux	捌	167	ndae	㰚 [2]	413	ndaem	㧎	114	ndaeng	鮭	641
namj	蛹 [1]	550	naux	橺	403	ndaej	乱	216	ndaem	櫄	412	ndaeng	轜	641
namz	鯆	506	naw	晏	438	ndaej	拹 [2]	485	ndaem	閏 [1]	299	ndaeng	蟹	551
nangh	嫋	378	naw	晈	438	ndaej	苍	179	ndaem	閏 [2]	299	ndaeng	體	641
nangq	嚷	264	nax	僈	67	ndaej	仇	55	ndaem	鼺	640	ndaeng	登 [6]	591
nangz	婻	379	nax	甥	506	ndaej	帝	273	ndaem	埋 [2]	123	ndaeng	能 [10]	106

79

音节	字	页	音节	字	页	音节	字	页	音节	字	页	音节	字	页	音节	字	页
ndaengj	嗹[2]	251	ndai	砮	387	ndangq	浪[9]	313	ndaw	庝	288	ndek	扗[2]	133			
ndaengj	愢[1]	338	ndai	踪	602	ndangq	浪[10]	313	ndaw	囵	294	ndek	肤	78			
ndaengj	恃	339	ndai	琣[1]	119	ndaq	訜	610	ndaw	闪	293	ndek	豁	155			
ndaengq	襠	536	ndai	蹉	603	ndaq	嗦[1]	262	ndaw	岗[1]	485	ndemq	眭[2]	500			
ndaengq	觀	38	ndai	乃[7]	14	ndaq	骂	382	ndaw	护[3]	131	ndemq	睨	499			
ndaengq	瞪[2]	640	ndaij	楝	291	ndaq	喝	264	ndaw	叻[6]	200	ndemq	眊[2]	498			
ndaengq	矴	489	ndaij	菻	184	ndaq	多[3]	285	ndaw	嘞[7]	255	ndemq	毪	502			
ndaengq	砽[1]	489	ndaij	躱	608	ndaq	啦[3]	239	ndaw	攄[2]	163	ndemq	睑	500			
ndaengq	鄧	99	ndaij	襦	277	ndaq	骂	381	ndaw	内[2]	39	ndemq	穮	504			
ndaengq	嘟	262	ndaij	納	580	ndat	炷[3]	471	ndawj	罘	507	ndemq	甸	77			
ndaengq	橙[2]	411	ndaij	蘿	187	ndat	焥	477	nded	昨	443	nden	健[1]	67			
ndaengq	碇[3]	491	ndaij	枏	393	ndat	蠎	552	ndeh	哩[3]	232	nden	俟	62			
ndaengq	泞	307	ndaij	荥	179	ndat	炵	472	ndei	哝[4]	217	nden	廒	290			
ndaengz	噅[3]	251	ndaij	芀	169	ndat	炾	472	ndei	圥[1]	192	nden	铚	78			
ndaengz	雩	618	ndaij	奈[4]	190	ndat	哒	443	ndei	媄[4]	379	nden	呒	210			
ndaengz	酊	620	ndak	蘱	361	ndat	挪	472	ndei	朏[1]	426	nden	悦	334			
ndaengz	丁[10]	2	ndak	嚏[2]	260	ndat	瀢	89	ndei	朏[2]	426	ndeng	乃	4			
ndaenj	舜[2]	532	ndamj	瘫	526	ndat	焱	481	ndei	嫩	380	ndenq	掩[2]	134			
ndaenj	銹	624	ndamq	覘	515	ndat	烙	472	ndei	筊	377	ndenq	揽[1]	168			
ndaenj	唔[3]	228	ndamq	補	515	ndat	乙[5]	21	ndei	鞍	569	ndenq	拚	164			
ndaenq	瘩	526	ndan	岬	270	ndau	啊[3]	241	ndei	奚	380	ndenq	揿	165			
ndaenq	悟	334	ndang	躺	607	ndau	捏[1]	152	ndei	峬[1]	269	ndenq	我	164			
ndaenq	詥	611	ndang	狼	607	ndau	勍	444	ndei	嘀[2]	251	ndenx	电	23			
ndaep	炷[2]	471	ndang	俹	64	ndau	鬡	448	ndei	乙	22	ndep	葉[2]	181			
ndaep	燧	478	ndang	倘	67	ndau	磅[2]	491	ndei	低[2]	54	ndeu	刁	4			
ndaep	烆[1]	471	ndang	鄉	608	ndau	胜[2]	431	ndei	厘[2]	25	ndeu	叮[3]	200			
ndaep	黓	639	ndang	胧	431	ndau	挏	160	ndei	礼[5]	485	ndeu	吊	273			
ndaep	嘿	260	ndang	氽	278	ndau	摇	152	ndei	裡	535	ndeu	哣	225			
ndaet	繁	586	ndang	朧	434	ndau	翿	448	ndei	利[4]	28	ndeu	刁[4]	22			
ndaet	呋[2]	213	ndang	獠	579	ndau	髗	448	ndei	俩	62	ndeu	吊[7]	202			
ndaet	挶	148	ndang	胎	429	ndau	脑	247	ndei	俐[3]	61	ndeu	寮[5]	194			
ndaet	搽	155	ndang	勹	14	ndau	颠	448	ndeij	类[2]	571	ndeu	了[6]	19			
ndaet	畲	349	ndang	唷[2]	239	ndau	迗	356	ndeiq	對	447	ndeu	一[6]	1			
ndaet	垃[2]	396	ndang	廊	290	ndau	挭[1]	152	ndeiq	迏[2]	355	ndi	泜[2]	305			
ndaet	吉[10]	111	ndang	朗	429	ndau	晄	444	ndeiq	蠆	633	ndi	难[2]	466			
ndaeuq	薹	185	ndang	侴	62	ndau	刀[5]	32	ndeiq	馴	446	ndi	槷	85			
ndaeuq	蕕	186	ndang	躺	608	ndau	叨[5]	198	ndeiq	貍	448	ndi	裧	529			
ndaeuq	陋[4]	95	ndang	浪[2]	88	ndau	捯	148	ndeiq	哇[3]	220	ndi	庎	365			
ndai	踩[2]	601	ndangj	滰	89	ndau	刁[3]	21	ndeiq	唎[2]	231	ndi	屄[2]	362			
ndai	孮	371	ndangj	琥	108	ndau	晃[1]	443	ndeiq	膽	267	ndi	嘀[3]	251			
ndai	耖	539	ndangj	浣	319	ndau	捞[2]	143	ndeiq	砥	488	ndi	怨	343			
ndai	挟[1]	148	ndangj	碹	493	ndau	老[3]	388	ndeiq	菇	362	ndi	哩[4]	232			
ndai	喋[2]	241	ndangj	鏡	626	ndau	咾[2]	224	ndeiq	歸	449	ndi	离[2]	83			
ndai	孖	369	ndangj	蛻	551	ndauh	疠	523	ndeiq	瓢	505	ndi	离[3]	83			
ndai	耩	539	ndangj	沛	87	ndauz	逃	356	ndeiq	厘[3]	25	ndi	俐[4]	61			
ndai	撒	152	ndangj	嚙	261	ndauz	逃	356	ndeiq	胴	431	ndi	侑[4]	39			
ndai	簌	539	ndangq	赿[1]	589	ndaw	閕	297	ndeiq	昵	442	ndi	无[2]	192			
ndai	圴[1]	110	ndangq	赿[2]	589	ndaw	閦	298	ndeiq	曜[1]	446	ndied	烈[6]	480

ndiem	脿	433	ndij	以²	42	ndiq	茜¹	175	ndoengj	篯	565	ndok	骸	637
ndiengq	樅²	406	ndij	于²	3	ndiq	薏²	185	ndoengj	楝³	402	ndok	骼	637
ndiengq	躦	605	ndij	与¹	4	ndit	晒²	441	ndoengz	棱	399	ndomq	觅²	295
ndiengq	慌	337	ndij	与²	4	ndit	昃²	479	ndoenq	哏⁸	237	ndomq	淋⁷	316
ndiengq	挠¹	153	ndik	汋	300	ndit	晓¹	443	ndoenq	嚬	261	ndon	噇	262
ndiengq	狼	144	ndik	七⁶	2	ndit	晙²	444	ndoenq	昆⁵	438	ndon	胈	429
ndiengq	垱³	114	ndin	墤	123	ndit	炴²	470	ndoet	誓	225	ndong	酡	592
ndiengq	跐	602	nding	虹²	544	ndit	胎⁵	429	ndoet	搣⁵	151	ndong	昌²	7
ndiengq	埌	117	nding	闵⁵	292	ndit	迌¹	354	ndoet	饫	629	ndong	昌³	7
ndiengq	跟¹	601	nding	打	369	ndit	晧	443	ndoet	鈇	628	ndong	儂¹	69
ndienq	抚	164	nding	矴	582	ndit	昉	439	ndoet	椰	247	ndongj	桶	195
ndienq	抚²	131	nding	閌	297	ndit	昳	442	ndoet	噪¹	261	ndongj	樋	196
ndienq	練²	585	nding	喱¹	247	ndit	哩⁵	232	ndoet	堪²	118	ndongj	樋	195
ndiep	呲²	216	nding	烃²	471	ndit	日²	437	ndoet	蹴	603	ndongj	蹴	271
ndiep	悲	342	nding	苧	370	ndit	一⁷	1	ndoet	踟	603	ndongq	鍏³	624
ndiep	慊	339	nding	绽	585	ndiu	酌	592	ndoet	堅	116	ndongq	烨¹	473
ndiep	惶	337	nding	棱	474	ndiu	趺⁴	207	ndoi	墤	124	ndongq	晓²	443
ndiep	憟	339	nding	門	292	ndiu	肝²	424	ndoi	坎²	110	ndongq	㷛²	476
ndiep	俴	67	nding	閣	294	ndiu	睽	502	ndoi	埩²	119	ndongq	爇	85
ndiep	妰	375	nding	岜	8	ndiu	肘	496	ndoi	嵘	271	ndongq	烌	472
ndiep	媸²	378	nding	荊	116	ndiu	觉	594	ndoi	壯	124	ndongq	爇	85
ndiet	响¹	225	nding	丁¹¹	2	ndiu	嘹²	259	ndoi	峙	271	ndongq	妰	471
ndij	哝⁵	217	nding	灵³	469	ndiuj	叼²	198	ndoi	碟	272	ndongq	燬¹	477
ndij	兀²	192	nding	凌²	88	ndo	桫	574	ndoi	岇	268	ndongq	睛¹	444
ndij	跋	599	nding	倓	65	ndo	酢²	592	ndoi	蘁	186	ndongq	闵²	294
ndij	啀²	235	ndingh	蜩	552	ndo	瞀	592	ndoi	当	272	ndongq	晃²	443
ndij	雜³	466	ndingh	蛉	546	ndoek	樺	412	ndoi	坳	112	ndonj	峇	70
ndij	浓	310	ndingq	虹³	544	ndoek	椿¹	403	ndoi	堆	119	ndonj	暧	261
ndij	鋥	321	ndingq	蛲¹	546	ndoek	鮞	634	ndoi	雷⁴	619	ndonj	鞕	532
ndij	眤	498	ndingq	蚒	545	ndoek	枛⁴	392	ndoi	柄	393	ndonj	涬	319
ndij	笼	558	ndingq	蜓	549	ndoek	鈨²	632	ndoiq	鮒	633	ndoq	毛¹	456
ndij	笵	558	ndip	姓²	529	ndoek	柚¹	406	ndoiq	鮒	633	ndoq	毛²	456
ndij	低¹	65	ndip	糞	577	ndoek	菉²	178	ndoiq	对⁴	103	ndoq	橢	456
ndij	每	6	ndip	毑	511	ndoeng	峻	271	ndoiq	雷⁵	619	ndoq	移	514
ndij	邓²	97	ndip	扚	511	ndoeng	峑	270	ndoj	闻²	293	ndoq	糯	196
ndij	累⁷	505	ndip	垃	511	ndoeng	笯	560	ndoj	貉	608	ndot	嬲²	254
ndij	礼⁶	485	ndip	功	99	ndoeng	震	410	ndoj	問	298	ndouj	吼⁴	206
ndij	礼⁷	485	ndip	脍⁴	427	ndoeng	櫊	413	ndoj	躲	607	ndouj	袓	533
ndij	里⁶	594	ndip	穩	512	ndoeng	昌¹	7	ndoj	柯	79	ndouj	汛	86
ndij	里⁷	594	ndip	雌	554	ndoeng	藏	185	ndoj	粲	285	ndouj	荞¹	396
ndij	利⁵	28	ndip	立⁸	528	ndoeng	裹	416	ndoj	閙	295	ndouj	籴	384
ndij	俐⁵	61	ndiq	哝³	235	ndoeng	東	8	ndoj	咪²	220	ndued	叕	471
ndij	俐⁶	61	ndiq	麝	518	ndoeng	茋²	173	ndok	雕	638	ndued	瓬	455
ndij	尼²	362	ndiq	药	179	ndoeng	橦	412	ndok	蒜	184	ndued	怒¹	480
ndij	呢²	216	ndiq	苊	174	ndoengj	箍	564	ndok	骴	637	nduen	圓²	267
ndij	呢³	216	ndiq	瀝	518	ndoengj	箚	561	ndok	骼	637	nduen	蚰²	551
ndij	依⁴	56	ndiq	邐	185	ndoengj	梳	399	ndok	髋	638	nduen	蚜	545
ndij	宜²	348	ndiq	睞	499	ndoengj	镐	638	ndok	骭	637	nduen	蚰	548

音	字	页	音	字	页	音	字	页	音	字	页	音	字	页	音	字	页
nduj	首[2]	74	ndwen	蚓	545	neb	纳[3]	581	neuh	炒[2]	469	ngaeuq	喝	247			
nduk	吭[6]	205	ndwet	龖	566	nei	迌[2]	354	neuh	鸟	518	ngaeux	偶[2]	65			
nduk	橐[2]	283	ndwet	㶳[4]	474	nei	迡	355	neux	鸟[2]	520	ngaeuz	杉	453			
nduk	椑[2]	401	ndwet	慾	342	nei	呐	597	neux	仦[1]	47	ngaeuz	泮[2]	304			
nduk	蝹	410	ndwet	鞁	636	neix	尔[2]	192	neuz	盯[3]	496	ngaeuz	轴[1]	453			
nduk	箎[2]	563	ndwet	鱻	566	neix	立[9]	528	neuz	鸟	520	ngaeuz	竤	454			
nduk	楰[2]	406	ndwet	矈	507	neix	侣[2]	59	nga	杓	391	ngaeuz	澗	323			
nduk	簾	566	ndwet	惚	338	neix	内[4]	39	nga	悃	334	ngaeuz	雕	448			
nduk	輼	553	ndwet	烈[7]	480	neix	尼[1]	362	nga	亜	7	ngaeuz	騅	449			
nduk	蠞	550	ndwet	若[2]	172	neix	你	55	nga	棏[1]	401	ngaeuz	躹	607			
nduk	臁	291	ndwi	啁[2]	261	neix	伲[1]	56	nga	吖[3]	200	ngaeuz	爌	196			
nduk	骱	271	ndwi	兀[3]	192	neix	亦[2]	82	nga	凹[4]	12	ngaeuz	偶[3]	65			
nduk	瀆	90	ndwi	眉[2]	363	nem	粋	574	nga	权	391	ngaeuz	偶[4]	65			
nduk	怒[2]	480	ndwi	眉[3]	362	nem	糁[1]	576	nga	岔	72	ngaeuz	耦	539			
nduk	蟸	478	ndwi	肩	363	nem	忝	581	nga	侠[2]	400	ngah	飰	629			
nduk	膌	436	ndwi	雷[6]	619	nem	添	89	nga	Y[2]	73	ngah	捱[3]	141			
nduk	甃	284	ndwi	冇[5]	39	nem	跲	602	nga	枒[2]	392	ngah	椏[2]	401			
nduk	沐	396	ndwi	内[3]	39	nem	帖	330	nga	椏	408	ngah	飯	629			
nduk	埑	282	ndwk	嚦[4]	263	nem	唅[1]	225	ngad	痄[1]	524	ngah	怔	631			
nduk	隔[1]	97	ndwn	㐻	18	nem	粘[2]	572	ngaeh	寫	350	ngah	㦉	334			
nduk	柑	396	ndwn	踚[3]	602	nem	念[2]	341	ngaeh	濆	322	ngah	齗	346			
nduk	泹	313	ndwn	㐻[2]	18	nem	沾[2]	305	ngaeh	貳	451	ngah	鋌	630			
ndum	吽[1]	225	ndwn	辛	528	nem	沾[3]	305	ngaej	衺[4]	618	ngah	糎	574			
ndumj	臁	437	ndwn	纯	528	nemq	诤[4]	219	ngaek	佪	51	ngah	雅	418			
ndumq	甗	456	ndwn	渾	530	nemq	黍	327	ngaek	厄[2]	24	ngah	餓	630			
ndungj	蛉	546	ndwn	蹎	603	nemq	捻	148	ngaem	㐻	18	ngah	各[5]	286			
ndungj	蛹	551	ndwn	跾	596	nemz	沊	313	ngaem	陪	96	ngah	嘎[3]	250			
ndungj	蛔[2]	547	ndwn	了	18	nemz	年[1]	16	ngaem	眫	499	ngah	我	419			
ndungj	虫	544	ndwnj	唔[4]	228	nengh	鑠	626	ngaem	㐻	45	ngah	吓[6]	201			
ndungj	栜[3]	235	ndwnj	唯	232	nengz	虾[2]	546	ngaem	岑[7]	268	ngah	牙[1]	417			
ndux	奀[2]	396	ndwnj	吨[3]	207	nengz	喧[2]	241	ngaen	癮	527	ngah	雅[3]	418			
ndux	柳	396	ndwq	酻	592	nengz	疗	525	ngaen	恩[2]	342	ngaih	鍚	260			
ndw	脺	428	ndwq	醂	592	nengz	娘	548	ngaengh	忴	329	ngaih	菜	177			
ndw	德[5]	277	ndwq	針	629	nengz	螂	551	ngaengh	梗[1]	334	ngaih	艾	104			
ndw	朒	426	neb	迎	356	nengz	蟑	548	ngaengz	嚿[4]	251	ngaih	媛[1]	476			
ndwen	蚨[3]	545	neb	攃[1]	161	nengz	咛[1]	216	ngaengz	惟	338	ngaih	礙	187			
ndwen	胅[2]	425	neb	扨[1]	135	nenj	糁[2]	576	ngaengz	鋃	579	ngaih	爱	461			
ndwen	脝	431	neb	氋	32	nenj	恷[1]	335	ngaenz	鋰[2]	624	ngaih	艾[1]	169			
ndwen	脌[1]	429	neb	柄	572	nenj	硋[1]	492	ngaenz	恩[3]	342	ngaih	碍[1]	492			
ndwen	腫	434	neb	孖	496	nenj	楝	576	ngaenz	艮[4]	578	ngaiq	捱	148			
ndwen	脊	384	neb	魷	364	nep	攃[2]	161	ngaenz	银	628	ngaiq	艾[2]	169			
ndwen	肛	428	neb	遝	361	nep	跐[2]	605	ngaeu	└[2]	22	ngaix	隘	96			
ndwen	蛋	549	neb	撳	163	nep	躠	541	ngaeu	构	572	ngaiz	餱	630			
ndwen	蚲	548	neb	睽	504	net	旱	438	ngaeu	勾[3]	77	ngaiz	鰻[2]	631			
ndwen	蚚	549	neb	眽	498	net	粘[3]	572	ngaeu	构[2]	392	ngaiz	媛[2]	476			
ndwen	蠦	551	neb	跐[1]	605	neuh	鸚	503	ngaeu	欧[2]	463	ngaiz	糩[2]	573			
ndwen	蚖	545	neb	躩	606	neuh	扭[1]	597	ngaeu	偶	40	ngaiz	糎	576			
ndwen	蚕	545	neb	鰲	414	neuh	鸟[1]	520	ngaeuq	謂	614	ngaiz	呔	210

ngaiz	餩	629	ngau	繳	536	ngeix	喧³	241	ngieg	泥	304	ngoiz	嶷	271
ngaiz	粣	573	ngau	繳	586	ngeix	偲	344	ngieg	齯	639	ngoj	吽	210
ngaiz	糀	575	ngauh	珽	192	ngeix	誐	610	ngieg	厄³	24	ngon	挼	612
ngaiz	糯	578	ngauh	墺¹	123	ngeix	耳³	539	ngieg	克⁸	23	ngon	窙	612
ngaiz	餕	630	ngauh	螯¹	271	ngeix	仪¹	47	ngieg	溺¹	321	ngon	顡	543
ngaiz	鎎	631	ngauj	澳	326	ngeix	宜³	348	ngieg	兀²	191	ngon	顡	511
ngaiz	粙	575	ngauj	墺²	123	ngeix	疑¹	512	ngiek	肊	424	ngon	嗢¹	248
ngaiz	挨	144	ngauj	交⁶	82	ngeix	义²	18	ngiek	喏²	236	ngongj	昂⁵	439
ngaiz	穠	577	ngauq	磝	493	ngeix	议	615	ngiemz	巖	272	ngongj	仰²	48
ngaiz	材	571	ngauq	葵	191	ngeix	誼	613	ngiemz	嵒	270	ngonz	叮³	204
ngaiz	腇	435	ngauq	奥⁴	191	ngeix	議	615	ngiengx	了	18	ngonz	瞵	501
ngaiz	哎²	210	ngauq	澳²	323	ngeiz	懸	346	ngiengx	乃	11	ngonz	瞹	502
ngaiz	埃	117	ngauq	墺³	123	ngeiz	怠²	335	ngiengx	昂⁴	439	ngonz	晥	501
ngaiz	艾³	169	ngaux	岵²	269	ngeiz	甑	387	ngiengx	抑	131	ngonz	晢	501
ngaiz	碍²	492	ngaux	蹞	606	ngeiz	籥	566	ngih	兒²	192	ngonz	睠	501
ngaiz	呆²	207	ngaux	踒	604	ngeiz	晞	76	ngingh	枊¹	393	ngonz	眮	501
ngaj	咔⁴	214	ngaux	抝	389	ngeiz	二²	1	ngingh	梓	403	ngonz	闇	295
ngak	㹠	418	ngaux	拗	389	ngeiz	宜⁴	348	ngingh	柳	404	ngonz	瘨	503
ngamh	嫦	378	ngaux	岊	269	ngeiz	疑²	512	ngix	剣	29	ngonz	靦	502
ngamj	锴	271	ngaux	螯²	271	ngeng	軃	608	ngoeg	勔	102	ngonz	瞢	499
ngamj	卬	44	ngaux	嗷²	248	ngeng	哏⁴	230	ngoeg	旻	225	ngonz	昤	499
ngamq	喑¹	241	ngauz	撒	155	ngeng	鞕	607	ngoek	奘²	282	ngonz	晘	497
ngamq	喑²	241	ngauz	僗	482	ngeng	靜	10	ngoemj	偏²	70	ngonz	睹²	501
ngamq	呸⁴	217	ngauz	敖²	422	ngeng	勁	102	ngoemj	侂²	61	ngonz	岸	269
ngamq	皶	449	ngauz	螯³	271	ngeng	乑	8	ngoemx	喑³	241	ngonz	玩¹	385
ngamq	鼝	449	ngawh	濷	325	ngeng	歪	9	ngoemx	嗭	251	ngonz	唁¹	232
ngamq	暕	446	ngawh	濾	326	ngengh	梗²	334	ngoemx	咑	241	ngot	椷²	401
ngamq	懴	339	ngawz	瓢	346	ngengh	更²	7	ngoemx	哽⁵	229	ngot	哦	232
ngamq	暗¹	446	ngawz	懃	346	ngengh	哽⁴	229	ngoenq	魷	346	ngouq	呕²	208
ngamq	暗²	446	ngawz	恠	329	ngengj	瞓⁵	219	ngoenq	腔	346	ngouz	蚼	545
ngamq	嗷³	255	ngawz	愚¹	345	ngengj	睁	499	ngoenh	旊	525	ngox	箕	561
ngamq	岩³	269	ngawz	愚²	345	ngeu	䚿	177	ngoenz	昈¹	439	ngox	箸	561
ngamz	岯	268	ngaz	羛¹	270	ngeu	咪⁴	221	ngoenz	晗	443	ngox	椷¹	401
ngamz	胯	433	nge	菱	104	ngeu	呦²	213	ngoenz	吱⁹	205	ngox	戜	419
ngamz	呍²	229	ngeg	額	543	ngeuh	纫	269	ngoenz	迌²	354	ngox	敦	419
ngamz	岩¹	268	ngeh	珸	540	ngeuh	鳌	555	ngoenz	呑	439	ngox	戜	419
nganx	昂²	439	ngeh	抈	128	ngeuh	瓿	420	ngoenz	眼	443	ngox	兜	79
ngangz	昂³	439	ngeh	抈	163	ngeuh	羟	75	ngoenz	旰	445	ngox	秖	513
nganj	按²	136	ngeih	吔¹	542	ngeuq	麟¹	495	ngoenz	昳	439	ngox	我¹	177
nganx	樿	403	ngeih	二¹	1	ngeuq	坳	114	ngoenz	晒	444	ngox	我²	177
nganx	桚	403	ngeiq	枚	391	ngeuq	墺⁴	123	ngoenz	晦	446	ngoz	儀	68
nganx	桉	399	ngeiq	耳²	539	ngez	護	613	ngoenz	艮⁵	578	ngoz	峨²	68
nganx	杆²	390	ngeiq	记	615	ngez	七³	20	ngoenz	鈤	622	ngoz	峨	92
nganx	岩²	269	ngeiq	支²	103	ngi	泥¹	307	ngoenz	昙	439	ngoz	巍	92
ngaq	唾²	231	ngeiq	枝¹	393	ngid	喧⁴	241	ngoenz	晏	443	ngoz	巇	92
ngaq	纙	587	ngeix	忞¹	340	ngid	衈	194	ngoih	胘	428	ngoz	機	412
ngaq	牙²	417	ngeix	怠¹	335	ngieg	蠾	553	ngoih	敓	554	ngoz	俄	62
ngat	吖⁴	201	ngeix	呵²	222	ngieg	囝	265	ngoiz	劬	349	ngoz	峨	270

ngoz	羛 [2]	270	ngwt	趷	596	ninz	觪	607	noh	朒	430	nouq	姌	374
ngoz	疴	525	ngwz	蚔	545	ninz	眠	442	noh	狔	280	nouq	努	374
nguenx	薛	179	ngwz	蟶	549	ninz	眠	499	noh	膪	433	nouq	妞	374
nguh	蒉	177	ngwz	蜶	550	ninz	能 [11]	106	noh	奴 [2]	372	noz	俶	56
nguh	蓇	183	ngwz	虺	544	ninz	宁 [2]	347	noh	臛	554	noz	紧	378
nguh	遻	358	ni	雀 [3]	462	ninz	眝	498	noh	诺	616	nu	笯	281
nguh	悞	334	ni	汝	302	nip	唲 [3]	216	noi	罕	24	nu	狓	279
nguh	梧	401	nied	桼	539	nip	扭 [2]	135	noix	伱 [2]	51	nu	蚭	546
nguh	悟	334	niemh	惀 [2]	335	nip	扭 [1]	135	noix	肖	194	nu	愁	282
nguih	脆	499	niemh	忰	332	nip	孨	191	noix	闵	292	nu	粲	573
nguih	晪	443	niemh	唪 [2]	225	nip	伋	193	noix	鈔	194	nu	拏	165
nguk	抽 [1]	139	niemh	唫	248	nip	撲 [2]	151	noix	闷	293	nu	掫	135
nguk	扡	131	nienh	年 [2]	16	niq	伲 [2]	56	noix	尔 [1]	193	nu	努	374
ngumj	勾	105	niep	尔	388	niq	噫	380	noix	呐 [2]	369	nu	怒 [2]	342
ngut	坲	116	nih	伲 [2]	330	niq	仒 [2]	47	noix	呐 [4]	210	nuem	蛹	550
ngut	兀 [3]	191	nij	妄 [1]	373	niq	妮	375	noix	内 [5]	39	nuengx	惺	241
ngux	俉	62	nim	黇	412	niq	滞	319	nok	醴	345	nuengx	星	216
ngux	五 [2]	5	nim	黔	406	nit	瘫	89	nok	鞥	38	nuengx	程	276
nguz	蜈	548	nim	鞥	412	nit	浧 [2]	317	nok	瘵 [1]	527	nuengx	姓	378
ngvaeh	峉	269	nim	棯 [1]	404	nit	瀴	89	nomj	腩 [2]	433	nuengx	农	90
ngvaeh	触	269	ning	撑	157	nit	犯	87	non	蠹	553	nuengx	依	59
ngvaeh	岜	269	ning	喀	232	nit	潦	324	non	虫	544	nuengx	儂 [2]	69
ngvaih	忦 [1]	330	ning	扭 [2]	135	nit	脍	365	non	蠕	553	nuengx	徃	275
ngvangh	痒 [1]	524	ning	丁 [9]	2	nit	浧	90	non	暖	446	nuengx	往	275
ngvangh	恠 [1]	329	ning	叮 [3]	198	nit	岭	496	non	策	560	nuengx	性 [2]	330
ngvangh	顽 [1]	542	ning	峇 [4]	465	nit	洸	90	nong	痰	525	nuengx	姓 [2]	375
ngvangq	忥 [1]	62	ning	宁 [1]	349	nit	泥 [2]	307	nong	哝	225	nug	鹢	523
ngvanh	悪	344	ningj	竚	598	niu	粗	572	nong	浓	310	nuij	授 [2]	142
ngvanh	慭	507	ningj	祩	536	niu	搗	157	nongz	困	266	nuix	餒	630
ngvanh	玩 [2]	385	ningj	衍	534	niu	扭 [2]	129	nonh	鎍	569	nuk	臀	540
ngvauh	瞰	502	ningq	柠	194	niuj	觓	537	nonz	巢	270	nuk	橽	540
ngvauh	嗷 [3]	248	ningq	凡	39	niuj	痴	526	nonz	暖	502	nuk	艱	540
ngvaz	晔	443	ningq	閗	297	niuj	挺	538	nonz	趑	8	nuk	聴	540
ngveb	韇	638	ningq	峇 [5]	465	niuj	鹋	538	nonz	巣	271	nuk	隔 [2]	97
ngveiz	危 [2]	34	ningq	宁 [1]	346	niuj	扭 [3]	129	nonz	敦	271	numh	漱	323
ngven	卼	232	ningq	吁 [2]	216	niuq	紐	581	noq	笈	558	numj	浦 [2]	319
ngvenz	鹆	519	ningq	宁 [2]	349	nix	觍	554	nou	刞	369	numq	楠	337
ngvenz	鹋	522	ningq	佞	56	nix	肷	424	nou	貀	640	numq	躏	606
ngvih	糖	574	ninz	脝 [2]	430	nix	敓	554	nou	獝	282	nungh	礼	536
ngvih	危 [3]	34	ninz	冞 [2]	439	nix	嫠	554	nou	蜇	546	nungh	挱	140
ngvih	位 [2]	55	ninz	眨	499	nix	妳	377	nou	胖	426	nungz	朊	530
ngviz	髓	637	ninz	眊 [2]	443	no	敉	573	nou	腺	436	nw	脰	430
ngviz	危 [4]	34	ninz	眜	396	noeg	楮 [2]	403	nou	狙	279	nw	妎	376
ngwd	渲 [1]	317	ninz	锤	17	noeg	鹛	519	nou	鼠	640	nw	耪	574
ngwh	眲	497	ninz	狠	279	noengq	裱	618	nouq	魧	633	nwj	妄 [2]	373
ngwh	吇	216	ninz	瘟	446	noengz	濃	325	nouq	鲜	633	nwj	笀 [2]	557
ngwq	唎 [3]	243	ninz	腧	501	nog	獺	523	nouq	鈕	388	nwj	聍	540
ngwq	垳 [2]	230	ninz	哼 [3]	225	noh	胸	430	nouq	瘠	379	nwj	驽	367

nwj	咱 [4]	218	nyaengq	横	335	nyah	迓 [1]	354	nyap	惏	337	nyek	跒 [2]	596
nwk	疧	525	nyaengq	懞	338	nyah	媣	379	nyap	萘 [1]	177	nyemq	旺 [5]	208
nwngh	巨	79	nyaengq	筴	336	nyaij	囑	264	nyap	萘 [2]	177	nyemq	唸	233
nwngh	能 [12]	106	nyaengq	陀	289	nyaij	嗯	256	nyap	笈 [2]	557	nyengh	梗 [3]	334
nwnj	癍	527	nyaengq	掖 [1]	144	nyaij	哶	256	nyap	夾 [2]	8	nyengh	哽	339
nwnj	氾	367	nyaengq	醘	76	nyaij	眯	241	nyap	栚 [3]	400	nyengh	昂	442
nya	葉	396	nyaengq	应 [2]	288	nyaiq	蠏	553	nyap	唊 [2]	231	nyengh	硬	491
nya	雅	483	nyaengz	埜	511	nyaiq	蟶	552	nyap	甲 [4]	12	nyengq	迎	354
nya	軿 [2]	182	nyaengz	扔	511	nyaj	芛	170	nyaq	列	28	nyengx	柳 [2]	393
nya	樟 [1]	407	nyaengz	盈	359	nyaj	蕚 [2]	182	nyaq	軿 [3]	182	nyengx	楷 [2]	405
nya	苴	175	nyaengz	吶 [2]	210	nyaj	枂	181	nyaq	哶	233	nyenz	鋎	622
nya	下 [1]	4	nyaengz	俭	66	nyaj	棽	116	nyaq	邗	417	nyenz	銀	623
nya	芽	171	nyaenh	蚁 [2]	548	nyaj	枒 [3]	392	nyaq	汧	304	nyeq	揎	149
nya	竿	557	nyaenh	扔	135	nyaj	雅 [1]	418	nyaq	嘠 [4]	250	nyeq	潼	323
nyaed	扣	131	nyaenh	攔	160	nyaj	箸	562	nyaq	牙 [4]	417	nyeq	惕	93
nyaed	挩 [4]	141	nyaenj	祂	418	nyamh	唅	248	nyat	絀	582	nyeq	仪 [2]	48
nyaeg	仢	33	nyaenj	抑	135	nyamh	吐 [2]	201	nyat	查 [4]	394	nyeuq	胶 [2]	35
nyaek	蟾 [2]	552	nyaenq	恫	332	nyan	癰	527	nyauh	蚨	545	nyeuq	磨 [2]	21
nyaek	惆 [1]	337	nyaenq	怨 [2]	333	nyan	刪	268	nyauh	鮭	553	nyeuq	麤 [2]	495
nyaek	蚴	550	nyaenq	門	336	nyan	痃	525	nyauh	螟	550	nyeuq	礅	494
nyaek	灼	328	nyaenq	活 [1]	313	nyan	疪	523	nyauh	鐃 [1]	634	nyeuq	糖	454
nyaek	闇	299	nyaenq	悯 [2]	333	nyan	疝	523	nyauh	蛻	550	nyeuq	晓 [2]	221
nyaemh	旺 [2]	225	nyaenx	怨 [3]	333	nyangj	茼	181	nyauh	蟒 [1]	547	nyeux	隩	360
nyaemj	旺 [2]	207	nyaenx	旺 [4]	208	nyangj	茆	175	nyauh	蟻	552	nyeux	奥 [5]	191
nyaemq	旺 [3]	208	nyaenx	咽 [1]	232	nyangj	蕤	184	nyauj	趴 [3]	596	nyeux	咬	225
nyaemq	玖	463	nyaenx	認	555	nyangj	樣	514	nyauj	跤	600	nyez	蒩	371
nyaemq	唑 [2]	215	nyaenx	忍	341	nyangj	桺	574	nyauj	蹺	605	nyez	伲	65
nyaemx	任 [1]	51	nyaenx	咏 [1]	216	nyangj	仰 [3]	48	nyauq	芎 [2]	173	nyez	軿 [4]	182
nyaemx	任 [2]	51	nyaeq	尕 [2]	193	nyangq	絆	583	nyauq	刃	80	nyez	魏	351
nyaen	怨	281	nyaeq	衲 [3]	369	nyangq	噘	251	nyauq	糭	577	nyez	秄	177
nyaen	蛩 [1]	548	nyaeq	絮 [1]	585	nyangz	迋	356	nyauq	躬	607	nyez	菹	371
nyaen	猶 [2]	283	nyaeq	笶	190	nyangz	踢	602	nyauq	孬 [1]	9	nyez	孔	369
nyaen	猥	280	nyaeq	杀	193	nyangz	卿	600	nyauq	嗂	251	nyez	薛	351
nyaen	猙	281	nyaeq	内 [6]	39	nyangz	鞣	593	nyaux	遨	360	nyez	蘱	186
nyaen	狪	280	nyaeq	乳 [1]	23	nyangz	姝	376	nyawh	堅	386	nyez	孜	177
nyaen	爓	284	nyaeuq	肭 [3]	424	nyangz	眸	600	nyawx	惢	344	nyez	艾 [1]	170
nyaen	狁	279	nyaeuq	叕	104	nyangz	拌	140	nyax	吓 [8]	201	nyez	䭾	351
nyaen	獋	284	nyaeuq	扭	131	nyangz	踧	601	nyaz	闉	299	nyez	莽	350
nyaen	蜒	549	nyaeuq	紉	580	nyangz	哞 [2]	225	nyaz	垤	121	nyez	萱	179
nyaen	艮	270	nyaeuq	朽	390	nyangz	扬	131	nyaz	輥	389	nyez	咒	78
nyaengh	迊	354	nyaeuq	又 [1]	103	nyanh	鵺	523	nyaz	牙 [5]	417	nyez	兒	78
nyaengh	仍 [1]	46	nyag	犎	417	nyanq	砎 [3]	510	nyaz	迓 [2]	354	nyez	惹 [2]	181
nyaengj	黕	640	nyag	砑	488	nyap	押 [2]	164	nye	楦	404	nyez	取	540
nyaengq	忿 [2]	340	nyah	擎	248	nyap	坤 [3]	113	nye	哪 [2]	240	nyi	哐 [3]	222
nyaengq	荵	177	nyah	氯	455	nyap	苹 [3]	173	nye	棟	402	nyi	哱 [2]	229
nyaengq	韸	187	nyah	吓 [7]	201	nyap	烆	471	nye	苞	169	nyi	哪 [3]	240
nyaengq	茿	171	nyah	呀 [3]	209	nyap	侠	332	nyeiq	杞	391	nyi	喧 [5]	241
nyaengq	㤿 [1]	334	nyah	牙 [3]	417	nyap	墕	121	nyeix	鋭	624	nyi	叹	204

O

nyi	唉	241	nyinz	筋	560	nyungj	勇[3]	101	oem	喔[5]	258	oij	蘁	188
nyi	夋	466	nyiuz	鱙[2]	634	nyungj	禺	457	oem	熅[2]	475	oij	菏	179
nyi	耳[4]	539	nyiuz	蟯	551	nyungq	莆[2]	172	oemq	溠[2]	319	oij	桧[2]	397
nyi	羲[1]	76	nyiuz	鰩[1]	634	nyungq	迋[2]	354	oemq	啊[2]	232	oij	荷[5]	176
nyi	也[1]	20	nyod	菋	181	nyungq	絿	585	oemq	熻[2]	475	oij	荟[1]	176
nyib	纠	580	nyod	荦[1]	179	nyungq	髳	639	oemq	閮	299	oiq	憶	196
nyib	纴	581	nyod	蒻	183	nyungq	緷	582	oemq	閽	298	oiq	恢	194
nyib	緒	585	nyod	栿	396	nyungq	敱	105	oemq	尕	90	oiq	抄	530
nyib	繏	586	nyoeg	搩	167	nyungq	佣	275	oemq	尗	192	oiq	炒	80
nyib	衿	533	nyoeg	狒	80	nyungq	绣	585	oemq	3	4	oiq	孙	192
nyib	舍	71	nyoemx	灈	326	nyungq	嫩	380	oemq	焖	473	oiq	莛	183
nyib	袒	535	nyoemx	涇	314	nyungq	似	274	oen	蕴	187	oiq	榎[4]	461
nyib	任[3]	51	nyoengx	挺[1]	153	nyungq	毯	456	oen	庪[5]	217	oiq	桧[3]	397
nyied	媒[3]	378	nyoengx	烓	475	nyungq	丛	6	oen	林[2]	394	oiq	荟[2]	176
nyieg	臼	367	nyoengx	拥[1]	136	nyungq	荣[1]	175	oen	篘	565	oiq	憶[2]	339
nyieg	胏	368	nyog	嗝	252	nyungq	佣	56	oen	箟	563	oj	柯[2]	134
nyiengh	诖[2]	616	nyog	愔	336	nyungz	桸	186	oen	荌	176	oj	篙	565
nyienh	悢	338	nyog	喏[3]	236	nyungz	蜏	551	oen	蔥	564	oj	筒	562
nyienh	亘	25	nyoiq	盇	346	nyungz	蛹	548	oen	榲	408	oj	阿[3]	210
nyienh	認	613	nyoj	祧	485	nyungz	犹	279	oen	薀	566	oj	阿[4]	210
nyih	瓦[2]	542	nyoj	貁	609	nyungz	蝶	550	oen	戜	185	ok	螶	272
nyih	瓦[3]	542	nyok	赎	452	nywj	芋	170	oen	蘸	186	ok	蛆	272
nyim	吽[6]	208	nyok	眰	452	nywj	艾[2]	170	oen	困[3]	265	ok	蟹	272
nyimz	吽[7]	208	nyok	秣	360	nywj	稁	184	oen	嗯	252	ok	嗯[1]	252
nyimz	啾[4]	237	nyok	閤	295	nywj	荜	181	oen	温[1]	319	ok	舳	365
nyimz	跊	600	nyok	撒	168	nywj	蓎[1]	181	oen	榲	407	ok	跂	598
nyin	曦	260	nyouh	尿	105	nywj	黇	185	oen	梱	399	ok	嗎	261
nyingz	婆	374	nyouh	浽	304	nywj	軒	181	oen	蕴	185	ok	击[1]	6
nyingz	媛	375	nyouh	嵾	105	nywj	羲[2]	76	oengj	帆	453	ok	击[2]	81
nyingz	奶[1]	374	nyouh	戾	362	nywnx	腰	431	oengj	肌[2]	426	ok	恶	343
nyingz	嬴	85	nyued	肚[2]	428	nywnx	膪[1]	436	oengj	瓬	453	ok	惡	343
nyinh	恁[4]	333	nyued	胡	428	nywnz	廥	543	oengj	拱	139	ok	喔[1]	248
nyinh	呢[2]	233	nyued	服[2]	425	nywx	浦	317	oengj	孔[3]	368	ok	沃[1]	304
nyinh	嘫	256	nyued	硯	491				oengj	控[2]	148	ok	屋	364
nyinh	汇[2]	303	nyued	愿[1]	345				oenq	焜[3]	474	omj	柀	273
nyinh	聪	540	nyug	咳[2]	236		o		oenq	燠	478	onj	閛[1]	298
nyinh	任[2]	329	nyug	揹	149				oenq	燠	476	onj	庪[6]	217
nyinh	卬[1]	93	nyuh	戎	418	o	疇[1]	502	oenx	丘	109	onj	奎[1]	191
nyinh	昑	443	nyuk	惼	336	o	畴[2]	503	oet	軆	638	onj	温[2]	319
nyinh	润	314	nyuk	肉	553	o	嘀	252	oh	阿[1]	94	onq	安[3]	347
nyinh	咏[2]	216	nyumj	吽[8]	208	o	荷[3]	176	oih	譩	615	oq	焜[2]	472
nyinz	箟	560	nyumx	鬆	412	o	荷[4]	176	oij	菱	183	oq	燠	478
nyinz	䐲	431	nyumx	陰	96	o	伙[3]	50	oij	葫	181	oq	炯[2]	470
nyinz	荃	171	nyumx	䎃	410	oem	歎[2]	477	oij	薑	181	oq	燠	477
nyinz	蒳	565	nyumx	鞠	410	oem	熻[1]	475	oij	榎	408	oq	摁	157
nyinz	縜	586	nyumx	洇	307	oem	攋	482	oij	莓	183	oq	欫	463
nyinz	胻	426	nyumx	远[1]	354	oem	喋[3]	236	oij	檆	402	oq	歆	463
nyinz	篼	564	nyungj	恿	337	oem	閆	299	oij	蒴	185

oq	阿²	94	raed	刿	31	raemj	撑⁴	159	raengx	歞	327	raeuj	斜⁴	590
oq	荷⁶	176	raed	翌	529	raemj	脸	36	raengz	渻²	324	raeuj	綾	585
oq	咭¹¹	221	raed	剕	29	raemj	刽	31	raengz	洹	89	raeuj	褛	475
ou	緼	585	raeg	锲	478	raemj	劂	31	raengz	函	92	raeuj	秳	191
			raeg	秾	542	raemj	斫¹	488	raengz	恒⁹	331	raeuj	喽⁴	246
	R		raeg	仂³	45	raemq	埕	407	raengz	凌¹	317	raeuq	叹²	214
ra	眺²	498	raeg	勒¹¹	635	raemq	埭	512	raenh	剓	30	raeuq	喉²	246
ra	挔²	148	raeg	勒¹²	635	raemx	淦	317	raenx	捂⁴	142	raeuq	嗮²	239
ra	睩	502	raeh	刐	35	raemx	㳊	343	raenz	浯²	313	raeuq	嘱	256
ra	聂	362	raeh	耞	575	raemx	㤹	341	raep	紑²	582	raeuq	嗷	256
ra	棽	144	raeh	鈾	624	raemx	泳	304	raep	臎²	530	raeuq	哑³	228
ra	眅	500	raeh	岁	268	raemx	㳊¹	343	raep	篯	560	raeuq	犾	279
ra	眿	499	raeh	梯³	399	raemx	溇¹	323	raep	笈	530	raeuq	犾	279
ra	汙¹	302	raej	摞	157	raemx	林²	393	raep	笒³	557	raeuq	陋⁶	95
ra	滢²	316	raek	挪²	157	raemx	淋⁸	316	raep	笠²	558	raeuq	叹⁴	198
ra	鹨	519	raek	摁	162	raemx	任⁴	51	raeq	埲¹	122	raeuq	啾	225
ra	而³	542	raek	擫	410	raemz	㙁	576	raet	旸³	441	raeux	叮⁴	200
ra	拉⁵	135	raek	抗²	139	raemz	粲	575	raet	苘	176	raeuz	羜	216
ra	了⁷	19	raek	仂¹	328	raemz	糟¹	577	raet	枘¹	399	raeuz	彭	278
ra	啰⁸	240	raek	輵	608	raemz	㴏⁶	146	raeu	虯²	544	raeuz	畨²	505
ra	逻²	358	raek	仫	69	raemz	栥	76	raeu	鵝	522	raeuz	畨³	505
ra	罗⁴	509	raek	酮	296	raemz	糳	576	raeu	蚨	546	raeuz	陌²	96
ra	踏¹	602	raek	蹲	605	raemz	糊	576	raeu	鵡	552	raeuz	濈	325
ra	伢¹	51	raek	撕	157	raen	贱	593	raeu	蜒	549	raeuz	唋	233
ra	雅²	418	raek	劢⁴	86	raen	贩	593	raeu	飑	22	raeuz	榊	195
rad	蠩	553	raek	悙³	334	raen	眑	497	raeu	蝇	548	raeuz	罣	508
rad	煉	478	raek	德⁶	277	raen	贱	593	raeu	榅	407	raeuz	仅¹	45
rad	潽	323	raek	力⁷	99	raen	毢	593	raeu	鹅	519	raeuz	仅²	46
rad	瀓	323	raek	椤	404	raen	贬	593	raeu	鷲	522	raeuz	仅³	46
rad	辣¹	617	raek	乜⁴	20	raen	觋	593	raeu	鵑	522	raeuz	晋	444
rad	揩	404	raek	则⁹	30	raen	尧	384	raeu	楼²	406	raeuz	刘³	27
rae	燃	482	raem	磁²	492	raen	很⁶	276	raeu	蝼	551	raeuz	留²	505
rae	鞹	388	raem	軜¹	388	raen	伦⁴	64	raeuh	叔¹	104	raeuz	娄²	571
rae	羁	17	raem	愸	364	raen	吞⁶	207	raeuh	叔²	104	raeuz	溇	319
rae	帮	273	raem	鞈	388	raen	限⁴	95	raeuh	垢	472	raeuz	溇³	319
raeb	闯²	293	raem	胏	433	raen	辛¹	616	raeuh	啰	256	raeuz	偻¹	66
raeb	阣	94	raemh	篂	91	raen	忻³	328	raeuh	髟	285	raeuz	偻²	66
raeb	彭	528	raemh	阴	91	raen	欣	459	raeuh	权	105	raeuz	偻	68
raeb	𣚉	34	raemh	寝²	91	raen	喑²	246	raeuh	噜	252	raeuz	曲¹	56
raeb	蟠	531	raemh	琳²	445	raeng	篦	565	raeuh	髣	286	raez	嘯³	261
raeb	磘	492	raemh	佣	59	raeng	臘²	436	raeuh	哷	225	raez	潦²	325
raeb	眨	501	raemh	砥	95	raeng	隋	97	raeuh	阴¹	96	raez	潦³	325
raeb	阾	528	raemh	岢	268	raeng	䄀	368	raeuh	髮	286	raez	腿	618
raeb	砬	489	raemh	菩²	180	raeng	筹	565	raeuh	喽³	246	raez	嚓²	263
raeb	泣⁶	306	raemh	桧²	404	raeng	哼⁴	230	raeuh	楼³	406	raez	鋃	618
raed	旁	34	raemh	荫	176	raengh	鬱	76	raeuh	陋⁵	95	raez	鋃	618
raed	啡⁵	246	raemj	笅	36	raengq	拎	144	raeuj	睉	446	raez	飑	365
			raemj	蔴	37	raengq	拎²	135	raeuj	炕³	469	raez	飑	365

raez	纝	618	raix	捼	287	rangq	耒	391	rap	臘	437	rawz	护	136
raez	腿	618	raix	咳[4]	222	rangq	狼[4]	281	rap	押[6]	132	rawz	沪	86
raez	黧	618	raix	淶[3]	312	rangx	喰[2]	251	raq	樑[4]	406	rawz	斿	38
raez	趡	590	raix	淶[5]	314	rangx	痕	13	raq	泣	317	rawz	护[4]	131
raez	犁	514	raix	淶[6]	314	rangx	艮	421	raq	呲[1]	210	rax	踢[2]	602
raez	靋	621	raix	賴	37	rangx	梛[1]	404	raq	汏[4]	301	rax	罗[5]	507
raez	咔[2]	206	raix	燒[2]	477	rangz	根[3]	401	raq	疒	523	rax	下[2]	4
raez	咔[3]	206	raiz	揀	148	rangz	箕[1]	561	raq	汴[4]	302	raz	糠	577
raez	雷[7]	619	raiz	糕	185	rangz	節	562	raq	搣[2]	163	raz	鞣	187
raez	厘[4]	25	raiz	鯠	634	rangz	䡳	566	raq	汉	302	raz	粬	573
raez	梨	402	raiz	霖	620	rangz	梛[2]	404	raq	沫	307	raz	腊[7]	433
raez	力[8]	99	raiz	睒[1]	501	ranx	礀	494	raq	烁	472	raz	啰[9]	240
rag	榀	407	raiz	睒[2]	501	ranx	㤿[2]	330	raq	漰	324	raz	罗[6]	507
rag	遻	530	raiz	繇	621	ranx	砼	489	raq	汴[3]	302	raz	朳[4]	392
rag	摯	167	raiz	麟	637	ranx	洴[1]	307	raq	杯	391	re	绸[1]	583
rag	樑	410	raiz	絼	585	ranx	洴[2]	307	raq	芹	176	re	喀[3]	233
rag	鞣	412	raiz	秌	327	ranz	窀	348	raq	癁	527	re	儶[2]	69
rag	鞘	636	raiz	袜	534	ranz	蘭	185	raq	痧	526	re	傒[2]	69
rag	腊[5]	432	raiz	淶[4]	312	ranz	唑[3]	215	raq	仈	190	re	儋[2]	70
rag	摺[1]	157	raiz	淶[7]	314	ranz	孖	22	raq	狓	285	re	令	71
rah	朳	393	raiz	淶[8]	314	ranz	孔	23	raq	琛	286	re	衡	277
rah	辣[2]	617	raiz	睒	500	ranz	芹	73	raq	嘎[4]	254	re	繾	586
raih	踩[3]	601	raj	汴[2]	302	ranz	蘭	179	raq	拉[5]	135	re	鲤	584
raih	狭	282	raj	洒	310	ranz	蠦	187	raq	啦[4]	239	reb	剏	608
raih	蠡	606	raj	寫	351	ranz	羞	75	raq	啰[10]	240	reb	裂	608
raih	蹴	603	ram	擥	155	ranz	苒	174	raq	洽[2]	309	reb	銑	608
raih	狐	460	ram	罡[3]	508	ranz	芹	73	raq	吓[9]	201	red	割[2]	31
raih	來[3]	8	ram	檻	413	ranz	芹	171	raq	吓[10]	201	red	笕	560
raih	淶[2]	314	ram	攬[2]	152	ranz	乁	22	raq	迮[3]	354	red	鑈	351
raih	淶[3]	314	ramj	烂	475	ranz	堲	76	rat	嗛[2]	262	red	烈	194
raih	沫[1]	310	rang	釀	515	ranz	乸	74	rat	焆[2]	474	red	灘	326
raij	糕	79	rang	薈	181	ranz	亠	347	rau	黔	449	reg	捌[4]	139
raiq	瀕[2]	326	rangh	綟[1]	584	ranz	伩	291	rau	㪺	448	reg	洌	310
raiq	櫟	414	rangh	喰[1]	233	ranz	兰[1]	73	rau	劳[4]	171	reh	翌	547
raiq	阁	298	rangh	腿	618	ranz	栏	397	rauj	赶	124	rei	黎	37
raiq	维[2]	582	rangh	捯	155	ranz	蘭[2]	187	rauj	颰	85	rei	狸	89
raiq	籬	566	rangh	抐[1]	144	ranz	槧	407	rauj	掃[1]	149	rei	鲤	527
raiq	淶[2]	312	rangh	烺	473	ranz	苒	174	rauj	燒[3]	477	reih	坚[3]	115
raiq	淶[4]	314	rangh	浪[11]	313	rap	孚	369	rauq	柄[2]	399	reih	型[2]	116
raiq	沫[2]	310	rangh	咩[3]	225	rap	輂	155	rauq	麵	389	reih	埌	117
raix	唻[1]	241	rangj	䨖	17	rap	押	155	rauq	耗	539	reih	唎[3]	231
raix	唻[2]	242	rangj	學	371	rap	攤	160	rauq	耪	539	reih	娴	538
raix	瀕[3]	326	rangj	肷	424	rap	榴	412	rauq	捞	454	reih	峇	270
raix	褫	32	rangj	婷	375	rap	搭	160	rauq	坊	117	reih	眷	271
raix	擷	162	rangj	妒	376	rap	弔	92	rauq	捉	149	reih	咕[12]	221
raix	懶[1]	37	rangj	朗	91	rap	搭[3]	150	rauq	耕	539	reih	黎[2]	515
raix	懶[2]	37	rangj	蹍	537	rap	腊[6]	433	raux	咾[3]	224	reih	利[6]	28
raix	擷[1]	163	rangq	根	404	rap	蜡	549	rawz	晞[2]	443	reih	喊	256

音节	字	页	音节	字	页	音节	字	页	音节	字	页	音节	字	页	音节	字	页
reiq	峛	270	rengz	禳	10	riemx	閝	295	riengz	𬳿²	101	rin	硞²	490			
reix	筴	563	rengz	脮²	101	riemx	煘	475	riengz	䮾	579	rin	砃²	489			
reiz	蠅²	550	rengz	良⁵	578	riemx	廉²	84	riengz	跟	601	rin	至²	487			
reiz	洍	87	renz	爈	478	rieng	筥²	561	riengz	躁	605	rin	砱²	489
reiz	瀧	89	renz	炼	471	rieng	飍	365	riengz	跟²	601	rin	𪲬²	478			
reiz	糎	576	rep	鉚²	624	rieng	篢	563	riengz	咩⁴	225	rin	磖	491			
reiz	樻	407	rep	扱²	155	rieng	䈞	562	riengz	朕	430	rin	硤	491			
reiz	粷	618	req	磀	493	rieng	籃	565	riep	綗²	583	rin	吐	487			
reiz	榴⁴	413	req	螽¹	478	rieng	籠	565	riep	繷	587	rin	忎	488			
rek	鋷¹	624	req	砽	490	rieng	毡	457	rig	忉²	328	rin	碊	492
rek	鑠	627	req	唎⁴	224	rieng	麗	365	rig	圢	100	rin	砌	491			
rem	劷²	102	reuh	盯⁴	496	rieng	庭	365	rih	利	481	rin	问	294			
rem	旗	102	reuh	盯¹	499	rieng	廲	365	rih	涕	88	rin	磧	493			
rem	堅	119	reuq	蓼	185	rieng	觑	365	rih	㳄¹	307	rin	硐	490			
remh	曪	449	reuq	𢺼	73	rieng	龍	365	rih	淚	314	rin	砥	488			
remj	燄	478	reuq	麲	187	rieng	香	513	rih	浬¹	314	rin	碐	491
remj	炎²	470	reuq	腃	434	riengh	根⁴	401	rih	润²	313	rin	淋¹	492			
remj	燫	478	reuq	嘹³	259	riengh	榾³	406	rih	泣⁷	306	rin	磊²	493			
remj	隒	482	reux	盯⁵	496	riengh	撓²	153	rih	漱	320	rin	磷²	494			
remj	金	481	reux	躞	608	riengh	枊	393	rih	瀉	310	rin	鉐	623			
remj	鎌	482	reux	躼	607	riengh	阆	296	rij	嘆	252	rin	砄²	488			
remj	嫌	478	reux	杇²	390	riengh	圌	267	rij	里⁸	594	ringh	冷³	87
remj	燄	477	reux	寮⁶	194	riengh	槓	402	rij	浬²	314	ringj	榁	402			
remj	吟¹	439	reux	橑³	412	riengh	繞	586	rij	润³	313	ringq	跨²	598			
remj	糁	578	reuz	艿	169	riengh	遂	365	rim	泠²	303	ringx	籈	44			
remj	脸	431	reuz	盯¹	424	riengh	遐	361	rim	閼³	296	ringx	羚	362			
remj	糜	291	reuz	藻	187	riengh	搪	160	rim	齡	184	ringx	蹚	606			
remj	㑩	44	rex	抐³	139	riengh	拺²	144	rim	鏾	627	ringx	琴	415
rengh	健²	67	rex	烈⁸	480	riengh	遷	361	rim	灛	326	ringx	破	494			
rengx	哏	108	rez	睁	503	riengh	楝	410	rim	鑑	326	ringx	令¹⁰	42			
rengx	吟²	439	rez	聊¹	499	riengh	亮³	83	rim	淊	320	ringz	粳	575			
rengx	曉	446	rib	炝⁴	471	riengh	嗠	248	rim	央¹	72	ringz	粭	574			
rengx	軒	446	rib	粒¹	582	riengj	懂	339	rim	央²	72	ringz	鲮	630			
rengx	勒	442	rib	蚖	546	riengj	潷	324	rim	林³	393	ringz	蘸	169
rengx	朢	447	rib	聊	31	riengj	退	358	rim	临³	13	ringz	锃	17			
rengx	两	233	rib	珅	529	riengj	趣	590	rim	淋⁹	316	ringz	铃	18			
rengx	捍	384	rib	爬	460	riengq	跽¹	603	rim	伦²	51	ringz	鲼	630			
rengx	軨	446	rib	谷	529	riengq	撓³	153	rim	论²	615	rip	啦⁶	214			
rengx	眼²	447	rib	揎	149	riengq	甑	528	rim	忘	341	rip	甓	620			
rengx	蹨	284	rib	曆	26	riengq	扔	126	rim	歆³	463	rip	瓴	619
rengx	燒	475	rieg	抐³	139	riengx	滰	320	rim	暗³	246	riq	唎⁴	231			
rengx	良⁴	578	rieg	驳²	381	riengx	喰²	233	rimh	蒜¹	179	riq	踚	601			
rengz	彷	275	rieg	而⁴	542	riengx	洸¹	310	rimq	鋠	625	riq	蹊	604			
rengz	仒	99	rieg	换¹	144	riengx	浪¹²	313	rimq	鎏	625	riq	溪	321			
rengz	奷	100	rieg	咯⁶	222	riengx	混¹	314	rimz	迷²	358	riu	箱	564			
rengz	娘¹	101	rieg	摺²	158	riengz	跽²	603	rimz	潆²	323	riu	嗅¹	252
rengz	衍²	274	rieg	署	505	riengz	焤³	195	rimz	迫³	355	riu	嘹⁴	259			
rengz	别	27	riemx	嗛²	261	riengz	趦³	589	rin	礦	494	riuj	打⁵	125

riuj	豽	163	roek	笶³	557	roh	髂	97	rong	葉³	181	rouh	膃	79
riuj	揆	155	roek	襬	84	roh	泞	316	rongh	嬈²	195	rouh	賺	452
riuj	撰	168	roemj	㗂²	250	roh	荷⁷	176	rongh	囩³	266	rouh	賺	450
riuj	摍	155	roemj	據	162	roh	嚕²	263	rongh	烑²	473	rouh	六¹⁰	81
riuj	扖	163	roemx	懲²	343	roh	潞	325	rongh	睎²	444	rouh	漊	323
riuj	柳³	395	roen	踏	602	roi	梸³	401	rongh	虺	195	rouh	陋⁷	95
riuq	嘹	262	roen	魂	387	roi	梸²	539	rongh	憖	84	rouh	渌	317
riuz	㽺	252	roen	魂⁵	638	roi	檑⁵	413	rongh	昹³	443	roux	媥	512
riuz	灯	468	roen	坤⁶	114	roih	堞²	122	rongh	閡	298	rox	咘³	218
riuz	悷	334	roen	伦³	51	roix	羴	621	rongh	睴	517	rox	繪	512
riuz	嗓⁵	259	roen	溫³	319	roix	犇	507	rongh	粗	194	rox	𪢩⁵	215
riuz	流²	313	roen	文⁹	465	roix	挵	144	rongh	閡	298	rox	儸	70
rix	悝	334	roengq	笨	561	roix	搖³	161	rongh	耗	195	rox	䅖	512
rix	俐⁷	61	roengz	夆	495	roiz	孤³	370	rongh	昹	442	rox	蠦	512
riz	璃	556	roengz	笔	91	roiz	礌	494	rongh	魃	195	rox	㜀	512
riz	踵²	603	roengz	迊¹	353	roj	糌	576	rongh	晃³	443	rox	点	480
riz	娌	556	roengz	丕	479	roj	粮	575	rongj	挍³	134	rox	閣	295
riz	嘀⁴	251	roengz	陇	495	roj	燴	478	rongj	朗	528	rox	㛣	512
riz	齡	556	roengz	赾	589	rok	𠀁	417	rongx	嚷	264	rox	荊	29
riz	舐	555	roengz	籠	567	rok	繰	587	rongx	咙²	215	rox	而⁵	542
riz	躔¹	603	roengz	阮	94	rok	縼²	586	rongz	絨²	582	rox	耳⁵	539
riz	躑²	606	roengz	襲	496	rok	朳⁵	392	rongz	絨³	582	rox	兰²	73
riz	叻⁷	200	roengz	龙³	495	rok	糳	578	rongz	窜¹	531	rox	咾⁴	224
riz	如³	373	roengz	泷¹	307	rok	瘰²	527	rongz	渤	323	rox	乐¹	16
riz	移	514	roengz	笼²	558	rok	瘼	525	rongz	漢	320	rox	嚕²	257
ro	蟋	551	roengz	隆³	96	rok	祆	533	rongz	駴	413	rox	嚕⁴	263
ro	泽	314	roengz	籠	566	rok	秳	273	rongz	蚕	545	rox	鲁³	632
ro	蘿	187	roengz	陇¹	94	rok	紾	582	rongz	泷²	307	rox	鲁⁴	632
ro	托¹⁸	127	roengz	隓	97	rok	栎	397	rongz	笼³	558	rox	鲁⁶	632
roeb	涟	84	roengz	攏	163	rom	瑠	168	ronh	櫋¹	414	rox	囉¹¹	240
roeb	逢	530	roengz	渝¹	317	rom	僾	69	ronh	櫋²	414	rox	罗⁷	507
roeb	邌	361	roengz	冗³	90	rom	覛	166	ronq	动	34	rox	罗⁸	507
roeb	位	65	roengz	松¹	393	romh	晗	442	ronq	創	32	rox	喏⁴	236
roed	榫	407	roengz	下³	4	romh	髐	448	ronq	剖	31	rox	嗦³	249
roeg	吘⁷	205	roenx	洛²	313	romh	风¹	464	ronq	抓³	144	rox	啲	252
roeg	鴣	520	roenx	閙	295	romh	暸	447	roq	掂	153	rox	左⁴	108
roeg	騄	186	roenx	潤	320	romh	洸²	310	roq	髟	365	rox	作⁵	53
roeg	虼	545	roenx	渝²	317	romj	菜	181	roq	搭²	160	rox	作⁶	53
roeg	狄	279	roet	陂³	211	romj	檏	407	roq	岜⁴	215	roz	蒡	186
roeg	鯥	522	roet	戾	363	romj	苎	174	roq	撂	162	roz	略	260
roeg	靮	183	rog	閒	298	romx	氿³	307	roq	境	124	roz	蕗	186
roeg	鵅	518	rog	閑¹	297	romx	淋¹⁰	316	roq	砵	490	roz	洛⁶	309
roeg	鸟	520	rog	凩	294	rong	荸	177	roq	楮	413	rueg	吘⁸	205
roeg	鵋	520	rog	咯⁷	222	rong	莧	183	roq	搭²	139	rueg	喊	242
roeg	苍	176	rog	咧⁵	224	rong	芨	171	roq	嚕³	263	rueg	嗯	260
roeg	六⁹	81	roh	瀘	326	rong	戳	186	rouh	蚜	104	ruek	呴⁴	218
roek	扰⁵	129	roh	略²	261	rong	尨²	495	rouh	喙²	234	ruen	弯¹	519
roek	觜³	255	roh	䁖	97	rong	竜³	529	rouh	喊	260	ruengh	䎬	17

ruengx	憸	340	ruk	扻[6]	129	rungh	垺[3]	117	rwg	叻[8]	200	saeb	拾[3]	136
ruengz	爁[3]	476	ruk	笰	559	rungh	禓	486	rwi	蠕[1]	553	saeb	佚[2]	54
ruengz	燶	477	ruk	笣[1]	557	rungh	崠	270	rwi	螔[2]	553	saeb	摺[5]	156
ruengz	爎	478	ruk	篆	562	rungh	禩	486	rwi	蜾	551	saeb	摺[6]	156
ruengz	熿	477	ruk	繗	565	rungh	圍	266	rwi	螺	552	saed	油[2]	305
ruengz	熝	473	rum	毳	567	rungh	凹[5]	12	rwix	甀	620	saed	鎳	625
ruengz	膧	435	rum	膴[1]	464	rungh	陇[2]	95	rwix	翈	345	saed	暛	446
ruengz	秾	514	rum	芝[3]	170	rungh	弄[9]	385	rwix	磊[3]	493	saed	銩	623
ruengz	炡[1]	470	rum	藷[2]	181	rungj	呻	248	rwix	孬[2]	9	saeg	哈[2]	219
ruengz	爌	479	rum	艽	170	rungj	胧[2]	428	rwq	耳[6]	540	saeg	捌[3]	150
ruengz	烷	473	rum	輨	187	rungq	翯	368	rwz	聰	540	saeg	洰	310
ruenh	吼[2]	232	rum	毺[3]	458	rungq	翱	368	rwz	耻	540	saeg	艳[1]	140
ruenh	楒	402	rum	毺	457	rungx	窀[2]	531	rwz	陑	95	saeg	捌[2]	168
ruenz	跐[2]	600	rum	輪	186	rungx	終[4]	134	rwz	聊	540	saeg	濝	325
ruenz	瘔	460	rum	磭[2]	492	rungx	哢[2]	232	rwz	利[7]	28	saeg	測	32
ruenz	跙[1]	599	rum	萩[2]	179	rungx	觀	496				saeg	测[2]	318
ruenz	颷[2]	606	rum	蕎	179	rungx	俗	67		S		saeg	测[3]	318
ruenz	蹿	606	rum	嵓	271	rungx	捛	144				saeg	色[3]	568
ruenz	踩	604	rumh	抨[3]	143	rungx	宠	348	sa	缌[2]	583	saeh	菡	184
ruenz	跣	601	rumh	颿	153	rungx	弄[10]	385	sa	柂	399	saeh	蒂	181
ruenz	鸢[2]	519	rumh	颮	464	rungz	榕	410	sa	緈	584	saeh	茜[2]	175
ruenz	园	265	rumh	翩	189	rungz	樑	407	sa	沙[1]	304	saeh	士[1]	109
rug	蟓	549	rumj	栾[2]	91	rungz	材[1]	421	sa	沙[2]	304	saeh	士[2]	109
rug	戾	483	rumq	鞄[1]	10	rungz	桄	402	sa	砂[1]	488	saeh	仕[1]	48
rug	喙[3]	234	rumq	淋[11]	316	rungz	橙[2]	396	sa	紗[1]	581	saeh	事	8
rug	閦[2]	297	rumq	捧[2]	148	rungz	櫳[2]	414	sa	莎	177	saej	胖[2]	427
rug	肤[2]	426	rumx	鯠	78	ruq	枹	397	sa	砟	489	saej	搜[1]	136
rug	脉	433	rumx	飄	85	rux	峪[5]	230	sab	溇[2]	308	saej	斄	433
rug	峪	248	rumx	啉[4]	240	rux	吹[4]	209	sab	楖	404	saej	膍[1]	424
rug	閺	299	rumz	颸	463	ruz	舿	568	sab	伴	59	saej	悲	342
rug	屌	364	rumz	颷	464	ruz	艅	568	sab	涮[2]	315	saej	腥	430
rug	禄	535	rumz	梵	463	ruz	艒	568	sab	溜[1]	323	saej	泾[2]	307
rug	渥	84	rumz	膴[2]	464	ruz	艏	568	sad	梻[3]	397	saej	使[1]	59
rug	閫	299	rumz	凤	79	ruz	舫	568	sad	杀[3]	80	saej	虽	226
rug	箊	562	rumz	蘷	464	ruz	般[2]	568	sad	刷[2]	29	saej	西[7]	541
rug	廉	484	rumz	颰	463	ruz	沪	304	sae	蛐	547	saek	哈[3]	219
rug	因	265	rumz	陁	464	ruz	六[11]	81	sae	蜬	550	saek	哈[4]	219
rug	沈	86	rumz	涞	317	ruz	舻	568	sae	栖	327	saek	艳[2]	140
ruh	漕	85	rumz	风[2]	464	ruz	橹	410	sae	刄[2]	486	saek	胞	35
ruh	橷	413	rumz	讽	304	rw	力[9]	99	sae	哂[1]	226	saek	测[3]	36
ruh	槊	410	rumz	澦	320	rwed	虵	547	sae	司[1]	20	saek	鎕	569
ruh	槽	413	rumz	啉[5]	240	rwed	汔	300	sae	蜥	547	saek	棚	273
ruih	芮	171	rumz	林[4]	393	rwed	蜵	547	sae	西[1]	541	saek	襗	536
ruih	锐	628	rumz	淋[12]	317	rwed	蝎	551	sae	西[2]	541	saek	呲	270
ruj	嚕	90	rung	烇[3]	473	rwed	氹	310	saeb	唏[2]	245	saek	侧	66
ruj	嚕[2]	325	rung	烇[4]	477	rwed	越[1]	589	saeb	幺	528	saek	测[4]	318
ruj	鱛	634	rung	弄[8]	385	rwenq	鸢[3]	519	saeb	刃	32	saek	德[7]	277
ruj	鱚	635	rungh	崇	270	rwg	唓[5]	219	saeb	湿	320	saek	力[10]	99

saek	噻¹	261	saengq	拼	144	saet	抶	136	sai	財	505	saiq	嘝	262
saek	噻²	261	saengq	揩	153	saet	跌	598	sai	總²	585	saix	虸	12
saek	噻³	262	saengx	黦	640	saet	失²	15	sai	攉	162	saix	壦	109
saek	色⁴	568	saengx	擤³	159	saet	失³	15	sai	腮	446	saiz	儠	618
saek	勺²	76	saengx	啨⁴	244	saet	失⁴	15	sai	对	106	saj	絲¹	583
saek	则⁴	27	saengx	燴	478	saet	怢	330	sai	挵	140	saj	苎²	170
saek	则¹⁰	30	saengz	噌⁵	257	saet	佚³	54	sai	攨	162	saj	苎³	170
saek	咤	226	saengz	曾⁵	75	saeu	梓	399	sai	臓	434	saj	麺	538
saem	庁	288	saengz	増²	122	saeu	膝	435	sai	褋	535	saj	粟	407
saem	忖²	328	saengz	憎⁴	338	saeu	椮	399	sai	夡	272	saj	僳	586
saemj	噿¹	263	saenh	搋	160	saeu	梽	402	sai	攃	274	saj	寄	347
saemj	鸣	233	saenj	榍	412	saeu	啟²	219	sai	械	274	saj	沙³	304
saemq	傪	69	saenj	絢	583	saeu	楍	402	sai	織	586	saj	纱²	581
saemq	簪¹	566	saenj	枸	399	saeu	操²	160	sai	緈	586	sak	瑩	409
saemq	惨²	339	saenq	搢	153	saeu	楪	407	sai	酉	349	sak	榇⁴	397
saemq	甚¹	9	saenq	熼	476	saeu	收²	92	sai	孖	369	sak	榇	89
saemq	偣	62	saenq	甚²	9	saeu	收²	92	sai	荵	371	sak	榇¹	321
saemq	孙	369	saenq	震	620	saeu	首³	74	sai	孖	370	sak	桦	409
saemq	逐	360	saenz	抻	153	saeu	奏²	9	sai	胜¹	430	sak	柞	402
saemx	潭	325	saenz	泃	87	saeuj	拧	140	sai	胜²	430	sak	柞³	394
saemx	探	158	saenz	渻¹	89	saeuj	揩	153	sai	拐	144	sam	堻	520
saemx	禀	484	saenz	抻	153	saeuj	守¹	347	sai	齖	506	sam	三¹	4
saemz	剟	30	saenz	人	42	saeuj	首⁴	74	sai	齬	506	samj	耗¹	513
saemz	剟²	30	saenz	抻²	133	saeuj	走	588	sai	龁	506	samj	耖¹	571
saemz	剥	31	saenz	辰	25	saeuq	燎	476	sai	耤	506	samj	扛¹	128
saemz	釗	35	saenz	汋	302	saeuq	碶	493	sai	保	65	san	参²	561
saemz	鉾	626	saenz	人¹	41	saeuq	炉	472	sai	狲	310	san	耔²	571
saemz	簥	567	saenz	神	486	saeuq	焍	472	sai	狮	140	san	釧	580
saemz	磌²	494	saenz	辛³	616	saeuq	鹪	522	sai	碬	273	san	扛²	128
saemz	凛	90	saenz	寅¹	350	saeuq	宿	349	sai	麗	453	san	笛	557
saemz	森	404	saep	濇²	323	saeux	唉⁵	234	sai	彩	273	san	杉	391
saemz	鐕	627	saep	濇³	323	saeux	授²	145	sai	偲²	66	san	纫	580
saen	衃	435	saep	濇⁴	323	saeuz	悙	334	sai	彩¹	277	san	铲	583
saen	刓	28	saeq	儗	69	saex	梗	327	sai	栖	399	san	縿	585
saen	申²	12	saeq	紏²	585	saex	随	96	sai	腮	434	san	红	587
saen	辛²	616	saeq	绹	350	saez	答	562	sai	腮	434	san	三²	4
saeng	繒²	586	saeq	繅	586	saez	箐	560	sai	腮³	434	san	散²	423
saeng	蟶³	552	saeq	唡⁸	255	saez	鲡	634	sai	筛	560	san	散³	423
saeng	啃²	244	saeq	使²	59	saez	漶	324	sai	帅	272	san	山²	267
saeng	仍²	46	saeq	仕²	48	sag	泡	87	sai	哉	226	san	山³	267
saeng	绷	588	saeq	势	102	sag	乍¹	307	sai	哉²	226	san	籼	571
saengj	堃²	121	saeq	司²	20	sag	地	116	sai	崽	271	san	选¹	356
saengq	喱²	247	saeq	伺	56	sag	萨¹	179	sai	在⁴	110	sang	丧	24
saengq	揩²	159	saeq	虽²	226	sag	萨²	179	sai	仔¹	48	sang	藗	85
saengq	啃³	244	saeq	岁	421	sah	黟	508	sai	彩²	278	sang	嶤	271
saengq	孾	169	saet	跌	602	sah	耶	540	saij	仔²	48	sang	觇	84
saengq	謹	614	saet	趾²	595	sah	杂	85	saiq	暭	435	sang	赸	105
saengq	賸	452	saet	篾	564	sai	䚻	273	saiq	謝	435	sang	丧	24

92

sang	喪	24	sat	杀[6]	80	saw	䜈	486	seiq	罡	508	senq	晓[2]	444
sang	槡	409	sat	杀[7]	80	saw	𥛠	351	seiq	四	264	senq	牖	18
sang	涨	314	sat	煞	481	saw	卡	110	seiq	西[3]	541	senq	鏥	18
sangh	秞	22	sat	刷[1]	29	saw	恖	343	seiq	西[4]	541	senq	擸	17
sangh	狀	287	sat	刷[3]	29	saw	浐	317	seiq	佄	56	senq	勵	365
sangj	僙	68	sat	细	582	saw	顥	449	seix	鋲	550	senq	嗜	260
sangj	僙	68	sau	娟[1]	377	saw	戱	486	seiz	嚪	448	senq	潊	84
sangq	榬	412	sau	俾[2]	57	saw	泄[3]	307	seiz	鏱	627	senq	选[3]	356
sangx	棱	404	sau	嫖	380	saw	而[6]	542	seiz	鏟	626	senx	晓[1]	444
sangx	橺	410	sau	嫧	379	saw	賖	452	seiz	鈘	622	senx	渁	89
sangx	喪	24	sau	稍	371	saw	字[2]	347	seiz	菫	181	senx	哦	242
sangz	轇	415	sau	娏	377	sawj	胅	40	seiz	隨	97	senz	佚[2]	58
sangz	根	409	sau	婢[1]	376	sawj	使[3]	59	seiz	陲	96	senz	惉	337
sangz	賞	452	sau	妃	374	sawq	試	612	seiz	時[4]	442	sep	鋆	624
sanj	歹	414	sau	悋	334	sawq	暑	446	sej	骶	637	sep	洐	323
sanj	産	529	sau	俏[1]	62	sawz	楒	407	sej	泄	317	sep	痠	526
sanj	散[4]	423	sau	掃[2]	149	sawz	晤	446	sej	筸	558	sep	接	149
sanq	屺[2]	267	sauh	娟[2]	377	sawz	曙	449	sej	椊	404	seq	烈[9]	480
sanq	拦[3]	128	sauh	嗝[2]	250	sawz	如[4]	373	sej	籙	561	set	嘈[2]	256
sanx	汕[2]	301	sauh	哨	445	sawz	如[5]	373	sej	斜	44	set	直[2]	23
sanz	叫[3]	201	sauh	啦	447	sawz	茹[2]	175	sek	唑	242	seu	哚[2]	252
sap	蛨[1]	547	sauh	俏[2]	62	sax	挬	153	sek	哳[1]	216	seuj	梢	402
sap	蛨[2]	547	sauh	扫	128	sax	泺[5]	308	sek	嘶[1]	140	seuj	肖	193
sap	蟻	553	sauj	妽	375	sax	绫	585	sek	折[1]	131	seuq	潲	90
sap	揷	153	sauj	壊	124	sax	潺	324	semh	材[2]	421	seuq	渔	317
sap	蜦	550	sauj	婢[2]	376	saz	燒	472	semz	秕	514	seuq	洧	314
sap	杀[4]	80	sauj	嫜	379	saz	簺	563	sen	芚	176	seuq	唢	233
sap	殺[2]	464	sauj	樑	413	saz	煊	476	sen	狀	195	seuq	骽	617
sap	唰	242	sauq	撑	153	saz	爈	479	sen	襛	18	seuq	漏	325
saq	鉔	624	sauq	批[1]	131	saz	憜	556	sen	笛	558	seuq	哂[2]	226
saq	擾	153	sauq	嫂	378	saz	嗓[2]	243	seng	篗[1]	562	seuq	消[1]	314
saq	踏[3]	602	saux	操[1]	158	se	箜[1]	562	seng	桂	136	seuq	秀[1]	513
sat	絑[2]	583	saux	楂	409	sed	嗜[1]	256	seng	生[1]	511	sez	爇	477
sat	撇	566	saux	樺[2]	407	sed	嗵	252	seng	生[2]	511	si	絣[1]	583
sat	毳	350	saux	槽[2]	409	seg	愭	338	seng	昇	440	si	哧[2]	214
sat	泺[3]	308	saux	钞	393	seh	箜[2]	562	sengh	丞	104	si	紘[2]	583
sat	泺[4]	308	saux	筲	561	seh	擡	158	sengj	偅[1]	66	si	毗	451
sat	笒	557	sauz	操[2]	158	seh	葸[1]	563	sengj	晳[5]	244	si	狧	280
sat	岖	272	sauz	曝	448	seh	飣	629	sengj	洧[2]	89	si	絽	586
sat	哚	226	sauz	橹	158	seh	渚	317	sengx	椙[3]	405	si	示[2]	484
sat	跻	600	sauz	淽	317	sei	洒	612	sengx	緒	586	si	西[5]	541
sat	粽	574	sauz	抄	128	sei	絲	583	sengz	勐	100	si	细	587
sat	裸	534	sauz	曹[1]	445	sei	伊	48	senj	韃	590	sied	洸	308
sat	揉[1]	140	sauz	漕	323	sei	司[3]	20	senj	选	355	sied	泻	89
sat	揉[2]	140	sauz	巢	402	seih	椙[2]	405	senj	选[2]	356	sied	蝕	629
sat	刹[2]	29	sauz	灖[2]	322	seih	示[1]	484	senq	軏	446	sied	夕[1]	285
sat	萨[3]	179	sauz	溲	320	seih	之[4]	18	senq	前[3]	75	sied	折[2]	131
sat	杀[5]	80	saw	漱	325	seiq	罨	508				sieg	飽	568

音节	字	页	音节	字	页	音节	字	页	音节	字	页	音节	字	页
sieg	馳	383	sim	肫[2]	425	sinz	仁	46	so	鉨	625	soeng	迷	356
siek	食[2]	628	sim	愈	629	sip	蛈[1]	546	so	鐺	627	soeng	縡	286
sien	侁[3]	58	sim	魷	629	sip	蛈[2]	546	so	砂[2]	488	soeng	悚	334
sien	燊	287	simj	碇	493	sip	蜯	548	so	蘇	187	soeng	练	588
sien	銑	633	sin	頓	543	sip	挿	149	so	梭	402	soeng	悚[1]	336
sieng	匣	26	sin	申[3]	12	sip	颯	242	so	所[1]	459	soeng	松[2]	393
sieng	俰	66	sin	省	497	sip	蛤	551	soed	摖	158	soeng	宋	347
sieng	瑩	626	sin	辛[4]	616	sip	鎺	626	soed	卒[2]	82	soeng	頌	542
sieng	厢	40	sing	捏[2]	152	siq	抲[2]	140	soed	粹	486	soengj	捒	144
sieng	相[3]	394	sing	嚶	264	siq	㸀	471	soed	摔[2]	147	soengj	耸	540
siengj	嵩	344	sing	哩[3]	247	siq	置	508	soeg	喇	248	soengq	挻[2]	153
siengj	杰[2]	341	sing	哩[5]	247	siq	泲[4]	307	soeg	劕	626	soengq	松[3]	393
siengj	侕	56	sing	啐[2]	230	siq	济	310	soeg	塑	626	soengx	跾[3]	597
siengj	相[4]	394	sing	哩[4]	247	siq	西[6]	541	soeg	渊	320	soengx	髟	278
siengq	相[5]	395	sing	甑[1]	456	siq	需	619	soeg	筲	563	soengx	似	329
siengq	象	17	sing	甑[2]	456	siq	漘	324	soem	犇	195	soengx	嵒	248
siengz	样	409	sing	悩	337	sit	朱	16	soem	堋	365	soengx	嗒	248
siengz	相[6]	395	sing	叠	512	siu	焻[2]	472	soem	笑[2]	559	soengx	愁	344
sienh	僖	69	sing	狸	567	siu	胁	425	soem	鈇	624	soengx	悤	341
sienq	觑	570	sing	星[3]	441	siu	鯐	592	soem	灿	194	soengz	趴	597
sienq	桃[2]	398	sing	星[4]	441	siu	燞	478	soem	遵	360	soengz	祚	486
sienq	搁	155	sing	星[5]	441	siu	攸	329	soem	瞳	540	soengz	崇	271
sienq	罰	508	sing	醒[1]	593	siu	胤	482	soem	㽿	252	soengz	悚[2]	336
sienq	先	78	sing	姓[1]	375	siu	埍	117	soem	芯	363	soengz	松[4]	393
sienz	前	74	singj	捏[3]	152	siu	捎	144	soem	稔	515	soengz	中[5]	11
siet	彐	361	singj	俚[2]	66	siu	消[2]	314	soem	深[2]	315	soengz	踪	602
siet	雪	618	singj	哩[6]	247	siu	箫	565	soem	深[3]	315	soenj	鹊	521
sig	却[6]	93	singj	洧	320	siuj	架	195	soem	探	149	soenj	瘾	365
sij	拽[2]	136	singj	墨	345	siuj	仳[3]	47	soemh	瘡	621	soenj	肫[2]	425
sij	駛	92	singj	晖[2]	446	siuj	小[1]	192	soemh	踤	602	soenx	蹲	606
sij	捵	149	singj	星[6]	441	siuj	小[2]	192	soemh	顺[2]	542	sog	榇	409
sij	衪	534	singj	惺	337	siuq	磭	491	soemj	審	351	soh	昨[2]	444
sij	袒	534	singj	腥	434	siuq	鐵	627	soemj	麷	593	soh	醋	24
sij	枒	397	singj	醒[2]	593	siuq	鍬	626	soemj	糯	578	soh	唢	256
sij	俠	327	singq	銑	623	siuq	秀[2]	513	soemj	酖	593	soh	酢	24
sij	悙	330	singq	聖	386	siux	秀[3]	513	soemj	酞	592	soh	酸	24
sij	龄	44	singq	性	330	six	魋	638	soemj	啐	242	soh	蘸	24
sij	使[4]	60	singz	堃	116	six	魈	639	soemj	酸[1]	592	soh	釀	24
sik	鸸	167	singz	圯[2]	112	six	垟	117	soemj	浚	314	soh	傒[1]	67
sik	摁	155	singz	碱	490	six	社[3]	485	soemj	潘	326	soh	傒[1]	68
sik	吥	204	singz	械	399	six	寺[2]	111	soemj	泩	308	soh	凸	19
sik	啐[1]	242	singz	微	275	siz	鎭	625	soemq	篸[2]	566	soh	咯[8]	222
sik	措	149	sinq	隻	511	siz	嗯	252	soemq	篸	565	soh	素[1]	581
sik	石	487	sinq	牪	466	siz	鎺	624	soemq	蹭	606	soh	嗦[4]	249
sik	夕[2]	285	sinq	牧	511	so	鉨	624	soemx	嚕	263	soh	所[2]	459
sik	昔	440	sinq	伊	51	so	磯[2]	493	soemx	淞[1]	323	soh	索[1]	581
sik	息[1]	343	sinx	顺[1]	542	so	筛	562	soemz	儚	70	soh	助[9]	100
sik	息[2]	343	sinz	醒	541	so	磋	491	soemz	淞[2]	323	soh	昨[2]	441

U

soh	作[7]	54	sou	做[2]	57	suemx	啐	256	sung	䉿	72	swj	子[3]	368
soi	傁	68	sou	侾	62	suen	粎	574	sung	克	82	swk	挩[4]	150
soi	誰	613	sou	鳌	551	suen	圓	267	sung[2]	篙	564	swk	拭	140
soij	俪[1]	65	sou	佃	66	suen	橼	578	sungh	煸	194	swngz	承	21
soix	愢	109	sou	彻	62	suen	檀	120	sungj	羑	385	swngz	成[2]	418
soj	睁[1]	501	sou	鲦	634	suen	闞	296	sunh	谆	616	swngz	承	21
soj	睹[1]	501	sou	鲦	551	suen	酝	592	sup	喑	257	swngz	乘[2]	17
sok	礁[1]	493	sou	偊[2]	68	suen	囷	266	sut	啐[2]	242	swnj	縩	586
sok	蹾	604	sou	秋[2]	513	suen	圙	267	sux	嫉	512	swnj	缔	583
sok	垔	124	sou	收[3]	92	suen	囯	267	sux	作[8]	54	swnj	唯	252
sok	埙	124	sou	收[3]	93	suen	歁	184	suz	湦	320	swnj	顺[1]	260
sok	砕	491	sou	数[5]	423	suen	糣	578	sw	析	535	swnj	擤	163
sok	硼	493	sou	蟦	551	suen	梌	402	sw	猹	283	swnj	荟[3]	174
sok	垜	117	sou	叟	105	suen	孙	371	sw	偲[3]	66	swnj	笋	557
sok	朔[1]	430	sou	苏	171	suen	宣[2]	349	swd	啫[3]	253	swnx	咘[4]	219
sok	硕	493	sou	唆	233	suen	楦	407	swd	溹[2]	321	swnx	顺[2]	260
son	谭	615	sou	修	62	sueng	俶	51	swd	汤[1]	304	swnx	坤	511
son	呐	233	sou	祖[4]	485	sueng	雙	70	swd	嘶	257	swnx	旬[2]	77
son	傞	252	souh	椶[2]	575	sueng[2]	萛	179	swd	泎[2]	307	swnz	晌	444
son	欻	466	souh	嗳[6]	234	suenq	寸	188	swd	哎	216	swq	司[4]	20
son	嶒	262	souh	嗪	242	suenq	软	415	swd	啐[3]	242	swt	浅	87
son	顺	542	souh	敕	574	suenq[3]	三	4	swd	涮[3]	315	swt	帢	273
son	宣[1]	349	souh	梼	575	suenq	标	484	swd	漱	321	swt	崣	274
son	逊	356	souh	菥	576	suenq	算[1]	562	swd	涵[5]	323	swt	宰	350
son	嗪	260	souh	俦	62	sug	儵	70	swenj	咣	226	swt	栈	399
song	二[3]	1	souh	洛[7]	309	sug	儳[2]	68	swenj	嚁	264	swt	桦	410
song	双[2]	103	souh	嗦	252	sug	儳[3]	68	swenj	嘿	252	swt	卒[3]	82
song	松[5]	393	souj	掺	140	sug	涑	88	swenj	嚊	263	swx	芋	557
songx	矘	387	souj	掺[2]	145	sug	俗	62	swenj	嘶[2]	260	swx	惢[2]	563
songz	笈	557	souq	馘	515	suh	器	508	swenj	算[2]	562	swx	苗	558
songz	篪	565	soux	嗳[7]	234	suh	迕	355	swenj	喧[2]	245	swx	笕	558
songz	蝱	552	soux	吁	226	suh	歜[2]	504	swenz	芮	73	swx	籐	565
songz	胴	431	soux	胺	102	suih	豺	270	swh	顺[3]	542	swx	秾	561
songz	徙	458	soux	守[2]	347	suih	豺	270	swiq	湮	320	swz	色	60
sonj	阆	296	su	蔌	183	suix	西	487	swix	栖	109	swz	詞	611
sonq	霖	620	su	素[3]	581	suix	磊[4]	493	swix	撒	162	swz	色[5]	568
sonq[2]	酥	592	sub	习[1]	579	suix	唯	242	swix	尨	421			
sonx	算[1]	179	sub	柬	8	suiz	处	543	swix	歨[2]	420		U	
sonx	拵	166	sub	以	200	suj	憁	274	swix	对	108			
soq	唰[1]	242	sueb	飵	629	suj	岨	273	swix	睿	499	u	壛	124
soq	杸	570	suek	测[2]	308	suj	楚	407	swiz	桋	407	u	乎	16
soq	数[2]	423	suek	揀[2]	141	suj	鎖	627	swiz	械	407	u	呼[1]	216
soq	数[3]	423	suek	朔[2]	430	suk	練[2]	583	swiz	嗩	248	u	窝	532
soq	数[4]	423	suek	揌	155	suk	繺	587	swiz	梌	407	uet	扐	164
soq	素[2]	581	suek	松[6]	393	suk	洍	320	swiz	适	357	uet	抙[2]	140
soq	所[3]	459	suek	缩	588	sumx	鯠	630	swiz	道	359	uet	揶	155
soq	鎟	626	suemj	曦	449	sumx	沕	308	swiz	随	97	uet	华[1]	51
soq	坐[2]	111	suemj	唹	446	sung	煮	413	swj	纾	580	uet	活[1]	310

uet	勿[7]	77	ut	弸	367	vaej	胃	504	vaet	炀[3]	469	vaiz	狖[1]	279
uij	揮	168	ut	崱	271	vaek	甥[3]	32	vaet	鬱[2]	414	vaiz	狖[2]	279
uij	揮	153	ut	鬱	414	vaek	掝[1]	149	vaet	烓	474	vaiz	竓	454
uk	腥[2]	433	ut	穩	578	vaek	鸦	519	vaet	浘	310	vaiz	荦	454
uk	屈	364	ut	弓[4]	366	vaek	角[5]	609	vaet	疮	524	vaiz	耕	454
uk	坔	70	ut	秞	574	vaek	挖	140	vaez	男	504	vaiz	穰	454
uk	扁	365	ut	吾	210	vaen	魂[6]	638	vaez	丑	5	vaiz	悷	453
uk	腥	437	ux	乒[5]	9	vaen	奻	374	vah	敼	350	vaiz	桞	454
uk	喔[2]	248	ux	呼[2]	216	vaen	粧	572	vah	吒[2]	210	vaiz	穰	455
um	堒	120	ux	喔[3]	248	vaeng	芝	171	vah	諰	612	vaiz	獲	284
um	煋[3]	475				vaeng	糟[2]	577	vah	諨	614	vaiz	歮	453
umj	З	18		**V**		vaeng	笁	350	vah	化[2]	46	vaiz	牶	453
umj	鞄[2]	10				vaeng	梳	574	vah	哇	226	vaiz	狖	281
umj	了	20	va	荒	171	vaeng	稐	514	vah	伍	51	vaiz	怀[2]	329
umj	揞	153	va	化	274	vaeng	楸	514	vai	砶	489	vaiz	懐	339
umj	揾[2]	152	va	絨	584	vaeng	稬	515	vai	砸	493	vaiz	怀[2]	330
umj	擁[2]	136	va	椛[2]	400	vaeng	蕃	186	vai	濃	326	vaiz	犛	455
un	誷[1]	614	va	椛[3]	400	vaeng	忾	336	vai	怀[1]	329	vaj	禙[1]	533
un	唱[2]	248	va	莪	167	vaeng	荒	177	vai	坏[1]	112	vaj	禙[1]	535
un	温[4]	319	va	花	171	vaeng	横[1]	410	vai	俳[3]	402	vaj	祚	534
un	愠[1]	337	va	化[1]	46	vaeng	柱[1]	393	vai	外[1]	285	vaj	訛	611
ung	爺	72	vab	啉[1]	226	vaengq	方	33	vaih	圽	114	vak	械	404
unq	溫	324	vad	捌[2]	148	vaengq	凵[1]	27	vaih	坏[2]	112	vak	憟	336
unq	温[2]	614	vad	捌[1]	140	vaengz	澧[3]	324	vaih	歪[3]	9	vak	氈	17
unq	畝	463	vad	批[2]	131	vaengz	汇[4]	302	vaih	外[2]	285	vamh	砸	488
unq	喡	260	vad	捂[2]	152	vaengz	沪[2]	301	vaij	捌[2]	140	vamz	咊	242
unq	唱[3]	248	vad	挥[4]	140	vaengz	瀣[2]	326	vaij	挢	136	vamz	喤	248
unq	咽	233	vad	揷	153	vaengz	潋	324	vaij	趺[3]	598	vamz	晩	257
unq	翩	326	vad	猾	160	vaengz	泈	314	vaij	洲[2]	305	vamz	鐍	509
unq	呷	216	vad	繛	484	vaengz	湟	323	vaij	踍[2]	601	van	喚[2]	236
unq	撊	136	vad	搣	36	vaengz	横[2]	410	vaij	瘦	526	van	猇	555
unq	刵	610	vad	劐	176	vaengz	泓	308	vaij	跨	605	van	鑹	626
unq	溺[2]	321	vad	胖	430	vaengz	洪[5]	309	vaij	我	164	van	虓	556
unq	昷	442	vad	笘	560	vaengz	潢[1]	323	vaij	妚	164	van	砈	555
unq	温[5]	320	vad	划[2]	27	vaengz	泠[2]	306	vaij	迓[2]	355	van	敧	555
unq	輻	416	vad	划[3]	27	vaengz	凌[2]	317	vaij	歪[4]	9	van	嗥	248
unq	訓	610	vad	樺	409	vaengz	汪[1]	304	vaiq	跌	601	van	錡	556
unq	运	354	vad	活[2]	310	vaenj	闺[2]	298	vaiq	柊	397	van	嶀	263
unq	愠[2]	337	vae	搣	153	vaenj	奎[2]	191	vaiq	桾	399	van	瓺	556
up	閇	297	vae	齃	388	vaenj	劤	577	vaiq	楲[2]	404	van	魕	556
up	閝	299	vae	位[3]	55	vaenj	閳	295	vaiq	豭[1]	279	van	唬	257
uq	污[1]	302	vae	喂	242	vaenj	文[10]	465	vaiq	豭[2]	279	van	嗯	257
uq	污[2]	302	vaeg	挬[1]	140	vaenx	胶[3]	33	vaiz	怀[1]	453	van	逆	357
ut	猩	368	vaeg	輍	415	vaenx	抜[6]	130	vaiz	怀[2]	453	van	泪	308
ut	搻[2]	147	vaeg	划[4]	27	vaenz	迊	465	vaiz	趺[1]	598	van	患	343
ut	抽[2]	139	vaeg	惑	344	vaenz	魂[7]	638	vaiz	瘣	526	van	滣	323
ut	鬱[1]	414	vaeg	惑[2]	344	vaenz	昃	440	vaiz	蜉	546	van	弯[1]	83
ut	斌	367	vaeg	减[1]	317	vaenz	旼	440	vaiz	猱	404	van	弯[2]	83

音节	字	页	音节	字	页	音节	字	页	音节	字	页	音节	字	页
van	頑²	542	vanx	鯠	634	vei	崴	419	venj	违¹	354	viz	魷²	388
van	鋎	624	vanz	還	361	vei	楎	506	venj	稳¹	514	viz	筬	561
van	萬	181	vaq	祂²	533	vei	啦	233	venz	蚔	549	viz	翻	388
van	嚾	260	vaq	祸	491	vei	喴	233	venz	鸋	523	viz	鷉	388
vang	狂	131	vaq	佧	62	vei	怀¹	329	veq	䡞	416	viz	韦²	388
vang	荒²	175	vaq	吒³	210	vei	惠²	344	vet	扢³	128	viz	偉	66
vang	潢²	323	vaq	祂²	535	vei	愰	337	vet	※	641	vod	域	117
vang	柱²	393	vaq	瓱	533	veiq	懨¹	337	vet	闪³	291	voemx	閉	294
vang	旺¹	440	vaq	抲³	140	veiq	倭	336	vet	勷	78	voenz	魋	639
vang	望	386	vaq	骍	381	veiq	怀²	329	vet	廐	37	voenz	吒	210
vangh	䏌	404	vaq	詤	616	veiq	悖	336	vet	裙	535	voenz	煴⁴	475
vangh	忘²	62	vaq	㧒	79	veix	佽²	59	vet	嗙	248	voenz	云¹	387
vangh	瘝	527	vaq	躯	607	veix	扺	140	vet	咧²	226	voiq	烩	226
vangh	痓²	524	vaq	化³	46	veiz	紕	463	vet	柒	242	von	謜	614
vangh	䅋	526	vaq	化⁴	46	vej	跐²	597	vet	妠	376	vonz	瘼	526
vangh	䵖	345	vat	抁	166	vej	甄	597	vet	凢	22	voz	膩²	432
vangh	痽	526	vat	砐	490	vek	捌⁵	139	vet	圪	111	vued	适	345
vangj	阢	12	vau	剕²	30	vek	凐	88	vet	吻³	208	vued	裙	535
vangj	陛	13	vau	怮	329	vek	洌	87	vez	拭²	149	vued	活³	310
vangj	囦¹	295	vauq	凵	92	vek	潮	89	vez	燓	512	vued	活⁴	310
vangj	晪	445	vauz	蛑	549	vek	鶚	520	vi	忥	341	vued	减²	318
vangq	倞	66	vauz	蚍	545	vek	勒¹³	636	vi	惠	344	vuen	愆³	343
vangq	应	35	vax	疕	524	vemh	尸⁶	11	vi	憓	339	vuen	恩	346
vangq	方²	33	vax	贪	44	ven	冽	35	vi	韦¹	388	vuen	欢²	104
vangq	凹²	27	vax	抵¹	131	ven	墏	540	vid	揔³	147	vuen	温⁶	320
vangq	塋	386	vax	圸	112	ven	耵	540	vid	碱¹	492	vueng	换	120
vangq	嗜	257	vax	吒⁴	210	ven	聪	540	vid	穗	195	vueng	仿²	328
vangq	㛲	124	vax	圷²	111	ven	冽	35	vid	汤²	304	vueng	吒⁴	204
vangq	旺	497	vax	砾²	488	veng	呺	216	vid	羑¹	16	vueng	燶	340
vangq	荒³	175	vax	瓦	4	vengh	谁	17	vieng	囦²	295	vueng	烍	338
vangq	慌²	336	vax	瓨	304	vengh	椎	404	vieng	禾	385	vueng	忨	334
vangq	汪²	304	vax	囨	265	vengh	旗	467	vieng	楾	402	vueng	噁	257
vangq	汪³	304	vax	化⁵	46	vengh	旺³	440	vienx	远²	354	vueng	灶²	470
vangq	柱³	393	vax	瓦	420	vengj	茬	179	vih	偶	69	vueng	㤹	343
vangq	旺²	440	vaz	抵²	132	vengj	顜	414	vij	懨²	337	vueng	蹟	604
vangx	任	16	vaz	㧒	164	vengj	雞	412	vij	鶏	461	vueng	任³	329
vangx	炡	607	vaz	恒	329	vengq	尻	458	vij	威	419	vuengz	裳²	536
vangx	玢	385	vaz	杯	513	venj	抔	132	vij	沩	304	vuengz	熿	478
vangx	忦²	329	vaz	华²	51	venj	揩²	148	vij	涀²	314	vuengz	皇	517
vangz	妃	373	vaz	化⁶	46	venj	懸	346	vingq	陵²	12	vuenh	X	641
vangz	臃	435	ve	跐¹	597	venj	控	144	vingx	永¹	19	vuenh	燒	473
vanq	扔	128	ved	曰	437	venj	紐	584	vinj	裹	537	vuenh	豫	168
vanq	控	144	veg	捌³	140	venj	貐	586	viq	趾³	598	vuenh	換	167
vanq	搆	160	veg	挈	166	venj	凸	11	viq	揃	153	vuenh	換²	144
vanq	湾	320	veh	冽²	35	venj	挒	155	viq	㹞	168	vuet	恬	337
vanq	挽²	143	veh	劀²	37	venj	卦³	113	viq	拉	144	vuet	痞	527
vanq	万³	3	veh	冽	35	venj	环	385	vix	违²	354	vuet	伐³	49
vanx	鮒	632	veh	劀	37	venj	挽³	143				vuet	惚	336

vuet	勿[8]	77		**W**		yaeb	擖	158	yaemh	壬[2]	15	yaep	吡	442
vuij	悔[3]	333				yaeb	抈[1]	132	yaemj	噷	260	yaep	㘉	446
vuj	五[3]	5	wen	怃	329	yaeb	㦻	168	yaemj	阴[2]	94	yaep	吘	528
vuj	舞	17	wen	䀴[7]	217	yaeb	摺[7]	156	yaemz	吭[2]	205	yaep	勺[4]	77
vumz	芴[2]	170	wen	𪾢	384	yaed	矌	448	yaemz	唚[3]	91	yaep	明	437
vun	侌	387	wen	愳	337	yaed	嘛	262	yaemz	搖	158	yaep	一[8]	1
vun	怋	480	wen	媺	554	yaej	伢[2]	51	yaemz	殸	617	yaeq	耙	539
vun	雩[2]	620	wen	胺	430	yaej	依[5]	56	yaemz	喑	421	yaet	圪	523
vun	喬	387	wen	膩	436	yaek	揼[5]	146	yaemz	鳗	634	yaet	虱	363
vun	彌	387	wenj	麤	85	yaek	扚	128	yaemz	浸[6]	311	yaet	巫	363
vun	混	387	wenj	驫	85	yaek	抈[2]	132	yaemz	浸	88	yaeu	蛕	548
vun	靦	620	wenj	魤	84	yaek	挟[1]	136	yaemz	鳗	634	yaeu	憂	287
vun	靇	620	wenj	犴	283	yaek	擅[2]	159	yaemz	壬[3]	15	yaeu	有	40
vun	溫	324	wh	呎	216	yaek	擅[2]	162	yaemz	任[5]	51	yaeuh	駴	383
vun	靈	621	wij	㗇	260	yaek	勺[3]	76	yaemz	沈[1]	305	yaeuh	鷙[2]	105
vun	溫[7]	320	wj	哑[4]	222	yaek	愿[2]	345	yaemz	沈[2]	305	yaeuh	驼	381
vun	雯	619	wj	軛	416	yaek	仰[4]	48	yaemz	央	190	yaeuh	骍	381
vunj	襯[2]	533	wk	噁	252	yaek	乙[6]	21	yaen	旺[2]	497	yaeuh	嘤[3]	243
vunq	閸	604	wnq	侷	67	yaek	亦[3]	82	yaen	呎[2]	210	yaeuh	呦[3]	213
vunq	絇	600	wnq	呃[1]	216	yaek	约[2]	580	yaeng	諸[2]	614	yaeuh	誘	613
vunq	㙦	122	wnq	拒[4]	394	yaek	约[3]	580	yaeng	嘆[4]	236	yaeuj	拗	165
vunz	爺[2]	462	wnq	惢[2]	334	yaem	湛[3]	319	yaeng	箕	558	yaeuj	孜	164
vunz	仏	46	wnq	捺[2]	144	yaem	譴	530	yaeng	噌[6]	258	yaeuj	捐	140
vunz	偪	66	wnq	位	62	yaem	旺[1]	497	yaeng	噌[7]	258	yaeuj	拓	136
vunz	斌	466	wnq	很[10]	332	yaem	葟	185	yaeng	噌[8]	258	yaeuj	罘	192
vunz	倱[2]	64	wnq	应[3]	288	yaem	鞒	617	yaeng	咽[2]	224	yaeuj	右	200
vunz	佮	60	wq	呀[5]	222	yaem	崋	191	yaeng	拥[3]	136	yaeuq	多	103
vunz	人[2]	41	wq	叽	200	yaem	陵	96	yaeng	曾[6]	75	yaeuz	眈	497
vunz	穏	514	wq	妠	78	yaem	溯	310	yaeng	譜	615	yaeuz	由[2]	504
vunz	云[2]	387	wq	呢	242	yaem	雛	517	yaeng	譜[3]	615	yaez	惇	332
vunz	伝	52	wt	澄	324	yaem	暗	501	yaengh	潘	320	yaez	闻	295
vut	拝[2]	138	wx	匸	200	yaem	薩[2]	183	yaengh	鍈[1]	623	yaez	莠	418
vut	扬[2]	129				yaem	囚	294	yaengx	楊	407	yaez	荗	418
vut	摠[4]	147		**Y**		yaem	次	304	yaengz	仍[3]	46	yaez	吙	217
vut	夫[2]	16				yaem	阴[1]	94	yaenh	卿	451	yaez	羌	74
vut	劼	77	ya	嘎[5]	250	yaem	音	529	yaenx	怱	62	yaez	材	48
vut	秩	106	ya	呀[4]	209	yaem	洇[2]	309	yaenz	疠	524	yaez	孬[3]	9
vut	正[2]	6	ya	押[7]	132	yaem	陰	96	yaep	暶[2]	448	yaez	蕊[2]	184
vut	撐	160	ya	迲[4]	354	yaem	暗[4]	246	yaep	眨[4]	441	yag	冴[1]	305
vut	劼	77	yab	佮	60	yaem	訡	611	yaep	眨[4]	498	yag	蓼	184
vut	焿	388	yae	蠅[3]	550	yaem	吜[1]	210	yaep	吡[2]	197	yag	索[2]	581
vut	甬	9	yae	蠏	553	yaemh	咘[2]	217	yaep	汧[5]	302	yah	媛	379
vut	忽[2]	341	yae	蠏[2]	553	yaemh	踏	604	yaep	汲[1]	528	yah	妍	373
vuz	碱[2]	492	yae	厘[5]	25	yaemh	喑	447	yaep	泣	87	yah	姅[1]	374
vuz	磋	493	yae	虬	544	yaemh	嚯	262	yaep	鹢[1]	502	yah	孭	372
vuz	礁	494	yae	乳[2]	23	yaemh	嗌	260	yaep	阋	295	yah	媡	377
vwn	勳	482	yaeb	垃[5]	471	yaemh	旁	290	yaep	㕲	528	yah	下[4]	4
			yaeb	扒	126	yaemh	晗	446	yaep	吡	437			

98

yah	下[5]	4	yangj	氱	456	yawj	睚[3]	503	yid	茵	178	yienz	元[7]	5
yah	吓[11]	201	yangj	氱	456	yawj	睚[3]	501	yid	盱	440	yienz	杬	393
yah	夏[4]	287	yangj	煬	479	yawj	旺	499	yied	起	588	yienz	原[1]	25
yah	牙[6]	417	yangj	鍈[2]	623	yawj	眏	499	yied	跑[2]	595	yienz	原[2]	26
yah	伢[3]	51	yangj	羊	569	yawj	亦[4]	82	yied	纥	22	yiep	傦	69
yah	犽	279	yangx	劃	32	yawz	耶[2]	539	yied	乙[9]	21	yiep	喲	226
yah	泱	308	yangz	样	574	yawz	侕[3]	57	yied	乙[10]	21	yiep	越[2]	589
yai	唯	242	yangz	鹢	519	yawz	尔[3]	192	yied	亦[5]	82	yiet	趄	589
yai	雁	25	yangz	徨	67	yawz	黎[3]	515	yied	月[1]	423	yiet	伽	567
yaih	呑	217	yangz	洋	310	yax	抲[3]	132	yiemj	冉	40	yiet	噭	262
yaiq	礓	494	yanj	嗊	262	yax	謢[2]	614	yiemq	元[1]	5	yiet	跷	602
yaiq	濶	326	yanj	讦	612	yax	妠[2]	374	yiemz	袇	534	yiet	剀	637
yaiz	鞋	636	yanj	廷	25	yax	唯	260	yiemz	炁	479	yiet	胅[2]	427
yaiz	肺	26	yanj	嚙	257	yax	嘎[6]	250	yiemz	欧[2]	451	yiet	乙[11]	21
yaj	軒[5]	182	yanj	儼	70	yax	下[6]	4	yiemz	态	374	yiet	月[2]	423
yak	唯[4]	226	yanj	喻	264	yax	吓[12]	201	yiemz	言[1]	610	yiet	越[3]	589
yak	嘿	345	yanj	儼	70	yax	吓[13]	201	yiemz	阴[3]	94	yij	依[6]	56
yak	呃[4]	229	yanj	诞	613	yax	呀[5]	209	yiemz	元[2]	5	yik	煜	476
yak	宗	348	yanj	汲	305	yax	枒[5]	392	yien	龈	593	yin	坲	114
yak	孳[2]	179	yanx	彥	529	yaz	竿[3]	556	yien	拽[2]	168	yin	迨	356
yak	噁[2]	252	yanx	喑[2]	232	yaz	粑	389	yieng	熀	476	yin	跧	598
yak	砑	417	yanx	嗲	248	yaz	下[7]	4	yieng	响[2]	225	yin	盼	497
yak	砑	417	yanz	晗	500	yaz	牙[9]	417	yiengh	养	74	yin	汍	300
yak	怄	329	yap	抉[2]	136	yeb	碟	71	yiengh	响[3]	225	ying	骕	291
yak	寛	638	yap	尖	268	yed	乙[7]	21	yiengh	养[2]	74	ying	英[4]	172
yak	葶	184	yaq	汧[2]	305	yeg	晍[2]	499	yiengh	㖈	210	yingz	妳[2]	374
yak	苁	174	yaq	汧[6]	302	yeij	朦	504	yiengz	犿	280	yingz	媪	379
yak	悚	337	yaq	冠	350	yeiq	銌	624	yiengz	猍	276	yingz	姨[3]	378
yak	粤[2]	239	yaq	茶[3]	174	yej	也[2]	20	yienh	抗	132	yinq	卬[2]	93
yak	勺[5]	77	yaq	嘎[5]	254	yemq	睮[3]	500	yienh	现[1]	385	yinx	疴	524
yak	约	587	yaq	牙[7]	417	yemq	跮	597	yienh	献[2]	284	yinx	引[1]	367
yamq	跨	602	yaq	牙[8]	417	yenx	阮	417	yienh	元[3]	5	yinx	引[2]	367
yamq	羜	418	yaq	痾[2]	524	yenz	侁[1]	52	yienh	愿[2]	345	yinz	闰	293
yamq	跶[2]	605	yaq	雅[4]	418	yenz	藜	186	yienq	愡	337	yiu	魃	412
yamq	蹈	600	yauj	腰	532	yep	撒	160	yienq	梡	407	yiu	艚	196
yamq	蹉	604	yauj	嘻[2]	243	yeq	肥[2]	425	yienq	悦[2]	400	yiu	晓	503
yamq	捺	149	yauj	巧	108	yeq	炮	554	yienq	怨[2]	341	yiu	晓[2]	259
yamq	稣	530	yauj	琦	109	yet	明	210	yienz	侁[2]	52	yiu	堯	120
yamq	趨	590	yauj	教[3]	422	yet	咀	210	yienz	侁[3]	52	yiuh	鹩	523
yamq	跨	601	yauj	犭	278	yet	唎	242	yienz	遒	10	yiuh	矮	84
yamq	蹈	604	yauq	桦	402	yet	趿[1]	595	yienz	然	481	yiuh	鷇	291
yamq	晳[2]	445	yauq	要[3]	376	yet	忆	628	yienz	延[1]	107	yiuh	鹞	521
yamq	斬[3]	415	yauz	蟜[2]	547	yet	訷	611	yienz	延[2]	107	yiuh	燒	85
yangj	胴	35	yauz	猺	283	yet	乙[8]	21	yienz	言[2]	610	yiuh	燒	84
yangj	氢	455	yawj	鞅	502	yeu	脥[2]	426	yienz	言[3]	610	yiuh	摇	155
yangj	剐	29	yawj	韗	503	yeu	妖	375	yienz	元[4]	5	yiuj	糇	577
yangj	剃	31	yawj	籔	503	yi	雀[4]	462	yienz	元[5]	5	yiuj	妖	572
yangj	剪	36	yawj	礁	502	yi	袭	462	yienz	元[6]	5	yiuj	摇	409

音节	字	页	音节	字	页	音节	字	页	音节	字	页	音节	字	页
yiuj	抚[3]	131	yoeg	唷	242	yot	捘[5]	141	youx	姂	374	yung	哄[6]	223
yiuj	夭[4]	15	yoeg	哟	248	you	杰	479	youx	貱	505	yung	兄	200
yiuj	喓[4]	243	yoek	侑[2]	65	you	蔽	183	youx	伖	52	yungh	遇	356
yiuq	眑	500	yoek	唡[2]	242	you	猶	321	youx	友[2]	103	yungj	勇[2]	101
yiuq	踭[2]	503	yoek	剾	31	you	坳	114	youx	酉	591	yungz	碟	493
yiuq	矨[2]	499	yoek	达	357	you	塪[2]	119	youx	又[3]	103	yungz	荣[2]	175
yiuq	窈	499	yoek	学[2]	370	you	垢	119	youx	佃[2]	56	yungz	容	349
yiuq	跃	497	yoek	岳[2]	268	you	垰[2]	113	youz	軸[2]	453	yunx	怸	342
yiuq	狨	194	yoeng	叻[1]	210	youh	厭[2]	104	youz	沈	302	yuq	凶	92
yiuq	夭[5]	15	yoeng	拥[4]	136	youh	由[3]	504	youz	鱼	480	yuq	迷	570
yiuq	腰	502	yoengq	踊	598	youh	友[1]	103	youz	永[2]	19	yux	娛	375
yiuq	耀	196	yoengq	甭	558	youj	屼	269	youz	沈	305	yux	㤳	332
yiux	杏[2]	393	yoengq	觅	78	youq	圣[2]	103	youz	遊	359	yux	浚	308
yiuz	徭	68	yoengz	蓉	183	youq	圣	104	youz	遊	359	yw	芭	170
yiuz	鳐[2]	634	yog	啅[2]	235	youq	垒[2]	383	yox	癹	85	yw	荿	178
yiz	伽	65	yoh	哟[4]	227	youq	圩[2]	118	yoz	踏	602	yw	月[3]	423
yiz	乙[12]	21	yoiq	滕	437	youq	仔[2]	47	yu	桚	399	ywenq	哯[3]	255
yo	窨	350	yoj	朐[2]	502	youq	圣	104	yueg	菁	179	ywenq	朧	434
yo	窨	532	yoj	剹	502	youq	鸠	521	yueg	葡	179	ywenq	胧	426
yo	趓	590	yoj	翻	503	youq	悟	121	yueg	药	181	ywg	粝	529
yo	阇	40	yoj	睛[2]	501	youq	堛	383	yueng	柄	453	ywk	掏[2]	337
yo	哆[4]	220	yoj	吶[2]	498	youq	幻	383	yueng	养[3]	74	ywk	恆	336
yo	搭	149	yoj	昕	497	youq	幻	587	yuengq	摅	141	ywk	榴	340
yo	喏[5]	236	yoj	睹[2]	501	youq	歑	463	yuenh	摆	155	ywk	怒	345
yo	喏[6]	236	yoj	哟[2]	224	youq	舐	116	yuenq	拫	144	ywnz	耘[2]	84
yo	若[3]	172	yoj	纳[4]	580	youq	邓[3]	97	yuenz	元[8]	5	ywnz	耚	84
yo	若[4]	172	yok	噪	261	youq	喙	248	yuenz	元[9]	6	ywnz	赽	83
yoeg	訞[2]	610	yok	卞	73	youq	係	62	yug	呐[2]	226	ywnz	矌[2]	448
yoeg	吷[9]	205	yong	用	40	youq	吔[2]	204	yug	嘚	252	ywnz	坛	285
yoeg	呐[1]	226	yongz	勇[1]	101	youq	嚇	257	yug	欲	463	ywnz	夜	84
yoeg	畀	248	yonq	刡	28	youq	优	52	yuih	槩	411	ywnz	寅[2]	350
yoeg	哄[5]	222	yoq	捐[1]	153	youq	呦[4]	213	yung	卤[3]	82	ywnz	贪	72
yoeg	吩[2]	208	yot	捐[2]	153	youq	又[2]	103	yung	燜	476	ywq	动	93
yoeg	喏[7]	236	yot	税	371	youq	幼	383	yung	糝	576	ywz	祖	533
yoeg	沃[2]	304	yot	抽	140	youq	于[3]	3	yung	拥	153

一　部

一^{1} hix［hi^{4}］❶〈助〉的。《初》:实否琪一喽。Saed mbouj geiz hixlaeuh. 实在是预料不到的了。❷〈副〉也;亦。

一^{2} 方 ij［ʔi^{3}］〈副〉将;将要。武鸣《珠文瑞》:爹一斗。De ij daeuj. 他要来了。

一^{3} it［ʔit^{7}］❶〈数〉一(最小的正整数)。田阳《唱罕王》:生一男二女,seng it namz ngeih nawx,生一男二女。|马山《金偷》:年纪佲卂十一二。Nienzgeij mwngz ndaej cib it ngeih. 年纪你得十一二岁。❷〈数〉一(排在最前面)。马山《为人子者》:件大一,gienh daih'it,第一件。|马山《奠别欢》:一别皮别徃,二别亲英戚。It bieg beix bieg nuengx,ngeih bieg caen engq cik. 一别兄别弟,二别亲和戚。❸〈数〉一(全;整个)。马山《二十四孝欢》:一心仪行孝,itsim ngeix hengz hauq,一心想行孝。|姆一世辛苦。Meh itseiq sinhoj. 母亲一生都辛苦。❹〈副〉一旦;一经。马山《情歌》:一叶伝就噜。It naeuz vunz couh rox. 一说人家就知道。

一^{4} it［ʔit^{7}］〈名〉葡萄。《初》:碟一,makit,葡萄。|马山《交友歌》:勒一,lwg'it,葡萄果。|苟一,gaeuit,葡萄藤。

一^{5} 方 it［ʔit^{7}］❶〈连〉既然(与扬连用)。《初》:一扬料啰,叫了遏倒。Itciengz daeuj lo,guh liux menh dauq. 既然来了,干完再回去。❷〈副〉趁便;趁手。《初》:一扬提砦。Itciengz dawz bae. 趁便捎去。

一^{6} ndeu［ʔdeu^{1}］〈数〉一。田阳《唱罕王》:灰牙吟孙一。Hoiq nyaq gaem lwg ndeu. 我只有一个孩子。

一^{7} ndit［ʔdit^{7}］〈名〉阳光。田东《大路歌》:敏敏朵眉一。Mbaenqmbaenq doj miz ndit。处处有阳光。

一^{8} yaep［jap^{7}］〈名〉一会儿;待会。武鸣《姜子牙》:咯一成只苟。Mwngz yaep cingz cij gaeuj. 你待会就看见。

二^{1} ngeih［ŋei^{6}］〈数〉二。田阳《唱罕王》:十二六花,cibngeih lueg baek,十二处山国。|隆旺黎大二,roengz vengh lae daihngeih,走下第二级梯子。

二^{2} ngeiz［ŋei^{2}］〈名〉仪;礼仪。马山《丹亡》:断恩情来二,duenh aencingz laexngeiz,断了恩情和礼仪。

二^{3} song［θoːŋ^{1}］〈数〉二;两。武鸣《梁山伯祝英台》:想丕二三秕,siengj bae song sam bi,想去二三年。|田阳《唱罕王》:昙乐二三对。Ngoenz rieg song sam doiq. 一日换两三套［衣服］。

丅^{1} daemq［tam^{5}］〈形〉矮;低。(见衮^{1})

丅^{2} laj［la^{3}］〈名〉下;下面。(见夵^{1})

丁^{1} deng［teːŋ^{1}］❶〈动〉对;中(正对;命中)。田阳《猜谜歌》:丁咗艮鲁不? Deng coenz ngaenz rox mbouj? 猜对情妹的谜吗? |田阳《钟情歌》:居你寻丁昔。Gawqneix caemz deng seiz. 现在玩正对时候。❷〈形〉对(正确)。田阳《猜谜歌》:往端礼丁。Nuengx duenz ndaej deng. 妹妹猜得对。❸〈介〉挨;被。马山《情歌》:丁伝叶,deng vunz naeuz,被人家说。(见玎)

丁^{2} din [tin^{1}]〈名〉脚。(见𧿒^{2})

丁^{3} ding [tiŋ^{1}]〈名〉❶丁;男丁。马山《哀歌》:丁守孝下林。Ding souj hauq laj faex. 男丁守孝棺材下。❷丁(姓)。马山《二十四孝欢》:叹故事丁蓝,danq gojsaeh Ding Lamz,赞叹丁蓝的故事。❸厅。马山《丹亡》:父麻肝夻丁。Boh ma daengz laj ding. 父亲来到厅堂前。|《初》:閅丁,gyang ding,厅堂。

丁^{4} ding [tiŋ^{1}]❶〈名〉钉子。❷〈动〉钉。(见《初》)

丁^{5} ding [tiŋ^{1}]〈动〉❶嫌弃。马山《欢情》:介半路托丁,gaej buenqloh doxding,莫半途互相嫌弃。❷怨怒;怀恨。马山《中界地旂》:度丁笼斗𠬠,doxding roengzdaeuj bag,[雷公]怀恨下来劈。

丁^{6} ding [tiŋ^{1}]〈形〉伶仃。马山《駄向书信》:吞吮𡥧令丁。Raen gou youq lingzding. 见我独住孤伶仃。

丁^{7}(訂)方 ding [tiŋ^{1}]〈副〉刚巧;偏。《初》:丁丁𨖼哄㑨。Dingding roeb gwxde. 偏偏遇到他。

丁^{8} dingz [tiŋ^{2}]〈动〉停。马山《欢叹父母》:𢳔许劲十丁。Rom hawj lwg cix dingz. 为攒给小孩就停[筷]。

丁^{9} ning [niŋ^{1}]〈动〉动;动弹。马山《尊老爱幼歌》:素能布门丁。Soh naengh mbouj maenz ning. 径直坐下不能动。

丁^{10} 方 ndaengz [ʔdaŋ^{2}]〈动〉打雷。(见雫)

丁^{11} nding [ʔdiŋ^{1}]〈形〉红;赤。马山《欢叹父母》:劲丁,lwgnding,赤婴(即幼儿)。

七^{1} caep [ɕap^{7}]〈动〉砌。宜州《孟姜女》:七墙城,caep ciengz singz,砌城墙。

七^{2} caet [ɕat^{7}]〈数〉七。田阳《唱罕王》:十七六國,cibcaet lueg guek,十七个山国。|马山《二十四孝欢》:七月口立秋。Caetnyied haeuj laebcou. 七月入立秋。

七^{3} 方 caet [ɕat^{7}]〈动〉跳;跑。《初》:七𤫫七𡘫,caet hwnj caet roengz,跑上跑下(到处奔走)。

七^{4} cet [ɕeːt^{7}]〈动〉巡查。马山《改漫断鄰鄰》:县长进悲七。Yencangj haeujbae cet. 县长进去巡查。

七^{5} ciek [ɕiːk^{7}]〈形〉溶烂;破碎。马山《叹亡》:断恩情心七,duenh aencingz sim ciek,断了恩情心要碎。

七^{6} ndik [ʔdik^{7}]〈动〉滴;流。田东《大路歌》:汗七色杳躺。Hanh ndik caek dumz ndang. 汗流大滴湿透身。

乚 方 gaenq [kan^{5}]〈形〉矮;短。(见䒦^{3})

𠃌(𠃌、𠃌、𠃌、𠃌、丸、几、𦜆、𨇤、𧊅、𨂿、𪕷、𨕇、能、能) naengh [naŋ^{6}]〈动〉坐。《初》:𠃌圣枩樗。Naengh youq gwnz daengq. 坐在凳子上。|𠃌肰,naenghndwen,坐月子。

丌 方 baeux [phau^{4}]〈动〉陪伴。《初》:兄𡊳丌佲。Gou bae baeux mwngz. 我去陪伴你。

乇 bet［peːt⁷］〈拟〉噼啪(与乎连用)。《初》:响乎乇,yiengj bitbet,噼啪响。

乎 bit［pit⁷］〈拟〉噼啪(与乇连用)。《初》:响乎乇,yiengj bitbet,噼啪响。

才¹ caez［ɕai²］〈形〉齐;一齐;共同。宜州《孟姜女》:结关仈才啰。Giet gvanbaz caez youq. 结成夫妻一齐居住。

才² caez［ɕai²］〈形〉乖顺。马山《为人子者》:才衎,caezhangz,乖顺(听话)。

才³ caih［ɕaːi⁶］〈动〉随;任随。马山《叹亡歌》:千般才母忌。Cienbuen caih meh geih. 千般［食物］随母亲忌口。| 才收干孙。Caih sou ganq lwg. 任随你们照料孩子。

才⁴ caiz［ɕaːi²］〈名〉财。忻城《十劝歌》:钱才用兰了。Cienzcaiz yungh rox liux. 钱财用会完。

才⁵ caiz［ɕaːi²］〈名〉才;才干;才华;才能。马山《为人子者》:良利之伝眉才度。Lingzleih cih vunz miz caizdoh. 伶俐之人有才华。

万¹ fanh［faːn⁶］❶〈数〉万。马山《送夭灵》:眉千桃万模,miz cien dauz fanh mak,有千桃万果。| 马山《哭母歌》:万世冇淪,fanh seiq mbouj lumz,万世不忘。❷〈副〉万万;千万(表示绝对、很)。马山《信歌》:偻万万勺记。Raeuz fanhfanh yaek geiq. 我们万万要记住。| 马山《行孝歌》:姆批内阴司,议到只万难。Meh bae ndaw yaemsei, ngeix dauq cix fanh nanz. 母入阴司去,思回则万难。(见歹)

万² manh［maːn⁶］〈形〉辣。(见䅟)

万³ vanq［waːn⁵］〈动〉撒;播。(见扸)

亏 gauq［kau⁵］〈名〉下巴(与项连用)。金城江《台腊恒》:啰嗑打项亏。Daek bumz moeb hangzgauq. 砰的一声打中下巴。

卄 gonz［koːn²］〈名〉担子的一头。(见䦰)

亐 ［方］gvae［kwai¹］〈动〉归;属于。(见㑾)

于¹(倚、悰、意、昳) ［方］ij［ʔi³］〈副〉欲;想;将;快要;要。《初》:尥瘢于粮。Gyaeuj dot ij dai. 头疼得要死。| 侈于𡚻𡨧妖。De ij bae ranz daiq. 他想去外婆家。

于² ndij［ʔdi³］〈介〉逐;逐一。武鸣《信歌》:逃于蔺丕閒,deuz ndij ranz bae ndoj,逐家逃去躲藏。| 仆于仆论度。Boux ndij boux lwnh doh. 逐个告诉完。

于³ youq［jou⁵］〈动〉在;住。马山《六中官将唱》:闵于闵栝,gven youq ndaw giemx,关在栏圈内。| 闵毛不于于闵崙。Ndaw ndoq mbouj youq youq ndaw rum. 光秃处不住偏住在草里。

艺 lamx［laːm⁴］❶〈形〉难得。金城江《台腊恒》:艺伯米布本喻受。Lamx bawz miz boux baenz lumj raeuz. 难得有谁能似咱。❷〈副〉难道。金城江《台腊恒》:艺伯结㕾開? Lamx bawz gienq mbwn hai? 难道谁人见天开?

艻 ［方］laz［la²］〈动〉就是。(见《初》)

丆 ［方］mbeg［ʔbeːk⁸］〈动〉扛。(见舡)

了1 naengh [naŋ6]〈动〉坐。马山《书信歌》:句同了, giz doengz naengh,同坐之处。| 武鸣《信歌》:丕闲帐佫了。Bae rog riep mwngz naengh. 去你蚊帐外边坐。

了2 nangz [na:ŋ2]〈名〉娘家人(与专连用)。马山《了专拜》:了专斗恨香。Nangzlaeng daeuj hwnj yieng. 娘家人来上香。

刁(了、刁、吖、吊、吊、啸、䅨) ndeu [ʔdeu1]〈数〉一。《初》:俌伝刁, boux vunz ndeu,一个人。(ndeu 的用法与 it 不尽相同。❶表示数量时,放在量词或名量结构后面,如: duz ndeu,一只; aen ndeu,一个; gaen noh ndeu,一斤肉; rap haeux ndeu,一担米。❷数数时, ndeu 与 song 连用。❸ndeu 放在百、千、万、亿等数词之后,表示相乘关系。如: bak ndeu,一百; cien ndeu,一千; wk ndeu,一亿。而用 it 时,则表示相加关系。如: bak it,一百一十; fanh it,一万一千。)

丁ㄣ 〔方〕 ndeng [ʔde:ŋ1]〈副〉大概。(见《初》)

与1 ndij [ʔdi3] ❶〈介〉和;与;跟。❷〈连〉和;与。(见伲1)

与2 ndij [ʔdi3]〈介〉跟;向;照;沿。(见跢1)

下1 nya [ɳa1]〈名〉草;杂草。《粤风》:枉离喃争下。Uengj ndij namh ceng nya. 枉与地争草。

下2 rax [ɣa4]〈名〉一会儿。马山《哀歌》:班你父幼乩,下登翻批地。Banneix boh youq ranz, rax daengz fan bae deih. 如今父亲还在家,等会就送去墓地。

下3 roengz [ɣoŋ2]〈动〉下。马山《孝顺歌唱》:媒斗下定。Moiz daeuj roengz dingh. 媒人来下定礼。

下4 yah [ja6]〈名〉夜叉。马山《信歌》:下乂, yahca,夜叉。

下5 yah [ja6]〈名〉❶婆婆。❷妻子;老婆。(见奷)

下6 〔方〕 yax [ja4]〈连〉如果;倘若;假如(与喳连用)。(见吓13)

下7 〔方〕 yaz [ja2]〈形〉浩荡(与紛连用)。金城江《覃氏族源古歌》:迣大路下紛。Byaij daihloh yazfaen. 浩浩荡荡走大路。

ʒ· oemq [ʔom5]〈动〉遮盖;笼罩;蒙;盖住。(见不)

三1 sam [θa:m1]〈数〉三。田阳《唱罕王》:三盖三王至。Sam gaiq sam vuengz ciq. 三界三王制。| 马山《奠别欢》:三盏氿, sam cenj laeuj,三杯酒。

三2 san [θa:n1]〈动〉编织。田东《大路歌》:那度三龙等。Naj dou san roengq deq. 让我们织笼子等着。

三3 sueng [θu:n5]〈动〉算;打算。田阳《吠欢对》:贫细甫黎三。Baenz si bouxlawz suenq. 出事谁来打算。| 贫细时哥三。Baenz si seiz go suenq. 出事时哥来打算。

瓦 〔方〕 vax [wa4]〈形〉愚蠢;笨拙;傻。(见疨)

丗 bae [pai1]〈动〉去。(见𡊨)

夫1 〔方〕 bu [phu1]〈动〉沸腾溢出。(见

《初》)

夫^{2} fouj [fou^{3}]〈名〉斧头。(见斧)

不^{1} 方 but [put^{7}]〈名〉笔。(见《初》)

不^{2} mbouj [ʔbou^{3}]〈副〉不;没。马山《二十四孝欢》:舍钱银不干。Ce cienz ngaenz mbouj ganq. 丢下钱财不顾。| 不乱批吕。Mbouj luenh bae lawz. 不轻易去哪里。(见否^{2})

丑 coux [ɕou^{4}]〈动〉❶ 装;盛。❷ 迎接。❸ 娶。(见掓)

屯^{1} daemj [tam^{3}]〈动〉织(布)。(见縍)

屯^{2} daenj [tan^{3}]〈动〉❶ 穿(衣服、鞋、袜等)。❷ 戴。(见裬)

屯^{3} daenz [tan^{2}]〈形〉烦闷(与闷连用)。马山《二十四孝欢》:各闷屯内心。Gag mbaendaenz ndaw sim. 独自烦闷在内心。

屯^{4} donq [toːn^{5}]〈量〉餐。(见飩)

丈 dwngx [tɯŋ^{4}]〈名〉手杖;拐杖。(见爿)

歹 hai [haːi^{1}]〈动〉开;开启。平果《贼歌》:歹马贝,hai max bae,放开马出去。

五^{1} haj [ha^{3}]〈数〉五。马山《金倫》:年纪佲厾十四五。Nienzgeij mwngz ndaej cib seiq haj。你的年纪得十四五[岁]。

五^{2} ngux [ŋu^{4}]〈数〉五。马山《荐兵社王》:十五欧消香。Cibngux aeu siu yieng. 十五要烧香。

五^{3} vuj [wu^{3}]〈动〉戏弄。(见舞)

才' 方 mbit [ʔbit^{7}]〈动〉采;摘;掐。(见秘)

丸 naengh [naŋ^{6}]〈动〉坐。(见3)

田(男) 方 vaez [wai^{2}]〈名〉阴茎。(见《初》)

元^{1} yiemq [jiːm^{5}]〈动〉欠。田东《大路歌》:许他眬字元。Hawj de roengz sawyiemq. 给他写欠条。

元^{2} yiemz [jiːm^{2}]〈动〉惧怕;害怕(与氣连用)。右江《狼麽娘妣》:奷元氣跟一。Yah yiemzheiq gwn aet. 家婆惧怕只吃一点点。

元^{3} 方 yienh [jiːn^{6}]〈动〉传递。(见献^{2})

元^{4} yienz [jiːn^{2}]〈名〉子弹(与马连用)。平果《贼歌》:土力内元马。Dou lij noix yienzmax. 我们还缺少子弹。

元^{5} yienz [jiːn^{2}]〈形〉原;原本;原来;本来。(见然)

元^{6} yienz [jiːn^{2}]〈副〉又。田阳《麽収魂糗一科》:召貫交元交。Ciuhgonq giuq yienz giuq. 前代人聪明又聪明。

元^{7} yienz [jiːn^{2}]〈连〉纵然(与足连用)。武鸣《信歌》:足元家偻穷,尽欧伝勤田。Cukyienz gya raeuz gungz, caenh aeu vunz gaenx hong. 纵然我们家穷,只要人勤劳就行。

元^{8} 方 yuenz [juːn^{2}]〈动〉完;尽。上林《赶圩歌》:波拌計授元。Baez vaz gaeq couh yuenz. 一抓它就完。

元^{9} yuenz [juːn^{2}]〈名〉缘。宜州《孟姜女》:姻元斗同双。Yimyuenz daeuj doengzcangq. 姻缘来相遇。

丕^{1} bae [pai^{1}]〈动〉去。武鸣《信歌》:支丕摆关, coi bae laeng gvan,催去丈夫家。(见訔)

丕^{2} 方 bi [phi^{1}]〈名〉唇。《初》:丕咟, bibak,嘴唇。

平^{1} baenz [pan^{2}]〈动〉成;成功。右江《本麽叭》:養㹢妹不平。Ciengx mou meh mbouj baenz. 养母猪不成。

平^{2} baenz [pan^{2}]〈动〉磨。右江《本麽叭》:同争磌平要。Doengz sing rin baenz cax. 互相争夺磨刀石。

平^{3} binx [pin^{4}]〈副〉任凭;不论。金城江《覃氏族源古歌》:平隘遠隘近。Binx ngaix gyae ngaix gyawj. 不论远或近。

且 方 cej [ɕe^{3}]〈副〉又。《初》:罡叁且罡埊。Famh mbwn cej famh deih. 犯天又犯地。

正^{1} Cieng [ɕiːŋ^{1}]〈名〉春节。(见腈)

正^{2} ciengz [ɕiːŋ^{2}]〈名〉篱墙。东兰《莫卡盖用》:文墉灵托正。Vaenj namh nding doh ciengz. 捏红泥糊封篱墙。

正^{3} cingq [ɕiŋ^{5}]〈副〉才;方才。平果《情歌》:造苗工肸丕,正批巡佲徃。Caux miuz hong daengz gwnz, cingq bae cinz mwngz nuengx. 一苗工到头,才去巡妹妹。

未 feih [fei^{6}]〈形〉❶ 好吃。❷ 鲜美。(见啡^{2})

末^{1} moz [mo^{2}]〈副〉永远。《粤风》:齐藤有结末。Gyaez daengz youx gietmoz. 爱哥至永远。

末^{2} muh [mu^{6}] ❶〈名〉磨子。❷〈动〉磨。(见砿)

丙 mbiengj [ʔbiːŋ^{3}] ❶〈形〉恍惚。❷〈副〉一边;一面。❸〈拟〉表示重量少;轻飘飘。(见𡰱^{4})

百 naj [na^{3}]〈名〉脸;面。马山《尊老爱幼歌》:孙笑百又椧。Lan riu naj youh oiq. 孙子笑脸又粉嫩。

𠃛 ndij [ʔdi^{3}]〈动〉跟;跟随;追随。平果《贼歌》:𠃛卜头托甲。Ndij bouxdaeuz doxgaep. 跟着头领相追逐。

从 nyungq [ɲuŋ^{5}]〈形〉蓬乱(一般指线、纱、麻、丝、发等)。(见𣰽)

㐫^{1} ok [ʔoːk^{7}]〈动〉出;下。马山《信歌》:㐫垌勺带跍。Ok doengh yaek daiq cax. 下田垌要带刀。

㐫^{2} vut [wut^{7}]〈动〉❶ 扔;丢掉;抛弃;丢下。❷ 失掉;丢失。(见㧻)

再 caih [ɕaːi^{6}]〈介〉随;由;任凭;任由;随便。(见傤)

孬^{1} daemq [tam^{5}]〈形〉矮;低。(见䫯^{1})

孬^{2} dumx [tum^{4}]〈动〉淹;淹没。(见𣵸)

孬^{3} dumz [tum^{2}]〈形〉湿。(见㳍)

夷 daiq [taːi^{5}]〈名〉泰;傣。《初》:傣夷。

Bouxdaiq. 傣族;泰族。

㐄(亗、𠁥、扽、㨃、添、𠁳、𥫗、丁、𠁦、𠁧、𠁨、𡗤) deng[teːŋ¹]❶〈动〉对;中。《初》:𠲎嚏𣎏㐄。De gangj ndaej deng. 他讲得对。❷〈介〉挨;被。《初》:㐄𢘟仔𢙑眉。Deng catsaij cungj miz. 说不定挨上当。

乔 gai[kaːi¹]〈动〉卖。(见𧷝)

亘 gangj[kaːŋ³]〈动〉讲;说;谈;议论;宣布。忻城《传家宝》:辛苦卷𠈁亘。Sinhoj guenj mbouj gangj. 辛苦全不说。|亘良心,gangj liengzsim,讲良心。(见嚏)

夷 heiz[hei²]❶〈形〉脏。❷〈名〉汗泥;污垢。(见𦟛)

回 baez[pai²]〈量〉次;遍;回;趟。(见波)

甫 boux[pou⁴]❶〈量〉个;位。❷〈名〉人。巴马《赎魂𥺁呟》:甫召倫,boux ciuh laeng,后世人。|右江《麽請布㳙畐》:𨂺甫老布斗。Ndang boux lauxbaeuq daeuj. 哪位祖公大人亲身到。(见俌)

来¹ byai[pjaːi¹]〈名〉梢;末梢。《粤风》:凤托佛来琶。Fungh dak fwed byai bya. 凤晒翅山顶。

来² laex[lai⁴]〈名〉礼。马山《丹亡》:断恩情来二。Duenh aencingz laexngeiz. 断了恩情和礼仪。

来³ lai[laːi¹]❶〈形〉多。❷〈副〉比较。❸〈副〉太;很;极。(见𠍽)

来⁴ laih[laːi⁶]〈动〉赖;诬赖。田阳《布洛陀遗本》:奷来配勒布。Yah laih bawx caeg baengz. 婆婆诬赖媳妇偷布。

来⁵ 仂 laiz[laːi²]〈动〉写。田东《阳高》:来字帖大路。Laiz saw nem daihloh. 写字贴大路旁。(即 raiz)

乍 仂 cok[ɕoːk⁷]〈名〉顶峰。(见岝)

更¹ gengz[keːŋ²]〈形〉硬挺;勉强支撑(与挣连用)。《初》:提𦁛介挣更。Dawz rap gaej cengqgengz. 挑担不要勉强支撑。

更² 仂 ngengh[ŋeːŋ⁶]〈连〉虽然。(见哽⁴)

求 仂 gyuh[kju⁶]〈名〉时。宜州《龙女与汉鹏》:娄港求观卜汉鹏。Raeuz gangj gyuh gonq boux Hanbungz. 我们来讲古时的汉鹏。

朿 laeng[laŋ¹]〈名〉后;背后;后面。(见𢫕¹)

東 naj[na³]〈名〉❶脸;面孔。❷面子。(见𦣦)

亘¹ ndoeng[ʔdoŋ¹]〈名〉山林;森林。金城江《台腊恒》:𣘊老𪜀亘,faex laux ndaw ndoeng,林中大树。

亘² ndong[ʔdoːŋ¹]〈名〉亲家。金城江《台腊恒》:㐰尼佨旦亘。Haemhneix baeuq dam ndong. 今晚老翁结亲家。

亘³ ndong[ʔdoːŋ¹]〈动〉腌;沤。金城江《台腊恒》:恒尼必定亘肉雷。Haemhneix bietdingh ndong noh loiz. 今晚必定腌雷公的肉。

亜 仂 nga[ŋa¹]〈形〉蛮不讲理(与𠎁

连用)。(见悭)

夾[1] geb［keːp⁸］夹；钳；镊。《初》：夾胗夾胦㪚劧掄。Geb dungx geb saej ciengx lwglunz.(见扱[1])

夾[2] nyap［ȵaːp⁷］〈形〉愁闷；苦闷；烦闷。(见快)

亊 历 saeh［θai⁶］〈名〉工具(与玷连用)。《初》：玷亊，gipsaeh，工具。

朿(叺、習) 历 sub［θup⁸］〈副〉骤然；猛地。《初》：朿𠀾，sub naengh，骤然坐下。

亞 ax［ʔa⁴］〈动〉掰。巴马《贖魂糎呟》：㧞始亞衔上。Fwngz cih ax hangz gwnz. 手就掰上腭。(即 aj)

表[1] beuj［peu³］〈动〉搬。马山《想歐型叩嚁》：表家悲度受。Beuj gya bae doxcaeuq. 搬家去相随。

表[2] byauq［pjaːu⁵］〈动〉撒；播。田东《大路歌》：谷分卜力表？ Goek faen bouxlawz byauq? 菜种哪个撒？

掙 cwngq［ɕɯŋ⁵］〈动〉争论；争执；顶嘴。(见琤)

夽 历 daeu［tau¹］〈形〉大。(见《初》)

丏 deng［teːŋ¹］❶〈动〉对；中。❷〈介〉挨；被。(见叮)

重 deq［te⁵］〈动〉等；等候；等待。(见𨮨)

奉 fong［foːŋ¹］〈动〉缝；补。马山《欢苦情》：袥袮奉衪奉。Daenj buh fong vaq fong. 穿缝补的衣裤。| 右江《本麽叭》：落苂累任奉。Lag mbaeuq lwix yaemz fong. 篱笆未坏赶快修补。

亟[1] gig［kik⁸］〈副〉极；很。《初》：亟䎺，gig lai，很多。

亟[2] gik［kik⁷］〈动〉刺激；气；气人。(见悭)

來[1] lai［laːi¹］❶〈形〉多。❷〈副〉比较。❸〈副〉太；很；极。(见䎺)

來[2] 历 laiz［laːi²］〈副〉怪不得(与嗜、淥连用)。《初》：偧貧痶丞空，嗜來否䏃料。De baenz bingh youq ranz, senqlaiz mbouj ndaej daeuj. 他生病在家，怪不得来不了。

來[3] raih［ɣaːi⁶］〈动〉爬；走。(见踥[3])

丳 nding［ʔdiŋ¹］〈形〉红。(见䋎)

東 ndoeng［ʔdoŋ¹］〈名〉树林；森林；山林。(见崠)

丕 ngeng［ŋeːŋ¹］〈形〉❶侧。❷歪。(见䠇)

乾 历 nonz［noːn²］〈动〉睡。(见暖)

歪[1] bingx［piŋ⁴］❶〈形〉调皮；淘气。❷〈拟〉蹦蹦。(见趼)

歪[2] gumh［kum⁶］〈形〉低洼；凹下；坑洼。(见闞[1])

歪[3] gvez［kwe²］〈形〉跛。田东《闹滘懷一科》：里畐一个歪。Lix duz ndeu ga gvez. 剩一头跛脚的。

歪[4] lingq［liŋ⁵］〈形〉陡；陡峭；峻峭。(见玲[2])

歪[5] 历 ux［ʔu[4]］〈形〉弯曲。田阳《麽収魂糯一科》：貧四个吾歪。Baenz seiq ga utux. 成弯曲四腿。

䄻（碏）历 cauh［ɕaːu[6]］〈副〉才不（表示拒绝）。《初》：兄䄻吣。Gou cauh gwn. 我才不愿吃。

𤴓[1] cingq［ɕiŋ[5]］〈形〉正。（见《初》）

𤴓[2] deng［teːŋ[1]］❶〈动〉对；中。❷〈介〉挨；被。（见町）

歪[1] faiq［faːi[5]］〈名〉棉花。（见苏）

歪[2] ngeng［ŋeːŋ[1]］〈形〉❶侧。❷歪。（见䟆）

歪[3] vaih［vaːi[6]］〈形〉坏。（见坳）

歪[4] vaij［waːi[3]］〈动〉过；往来。宜州《孟姜女》：歪温，vaij roen，过路。

甚[1] saemq［θam[5]］〈名〉辈；班辈。（见倸）

甚[2] saenq［θan[5]］〈动〉弹动；抖动。《初》：趺甚蚍。Ga saenqmaet. 脚不停地抖动。

奏[1]（㥣）caeuq［ɕau[5]］❶〈动〉凑；凑集；拼凑。《初》：奏𠬠料办斈。Caeuq cienz daeuj banh hag. 凑集资金来办学。❷〈介〉跟；与。马山《欢连情》：奏往齐合圩。Caeuq nuengx caez haeuj haw. 跟妹一起上圩镇。❸〈连〉和；跟；与。上林《赶圩歌》：当狮子奏龙。Dangq saeceij caeuq lungz. 就像狮和龙［共舞］。

奏[2] saeu［θau[1]］〈名〉柱子。田东《闹涽懷一科》：得斗欖谷奏。Dawz daeuj lamh goek saeu. 拿来拴在柱根下。

甭 vut［wut[7]］〈动〉❶扔；丢掉；抛弃；丢下。❷失掉；丢失。（见劮）

𣱼 历 daemj［tam[3]］〈动〉蘸；点。（见𣱼[1]）

𪝔 历 dengq［teːŋ[5]］〈名〉小碟子（即装调味品的小碟子）。（见碇[1]）

𨑜 gwnz［kɯn[2]］〈名〉上；上面（方位词）。（见歪[1]）

𥝩（呞）历 maij［maːi[3]］〈动〉不管；不理。《初》：𥝩佲，maij de，不管他。

孬[1] nyauq［ɳaːu[5]］〈形〉差；坏；低劣。马山《寡妇歌》：命孬，mingh nyauq，命运差。

孬[2]（磊、䂨、䂮）rwix［ɣɯːi[4]］〈形〉劣；坏；不好；险恶；凶险。《初》：䏻内雰孬䝊。Bineix mbwn rwix lai. 今年天气很坏。

孬[3]（闽、荛、忕、䣐、吔）yaez［jai[2]］〈形〉差；次；低劣。《初》：条裖内孬䝊。Diuz vaq neix yaez lai. 这条裤子［质量］太差。

䃥 baenq［pan[5]］〈动〉转；转动；旋转。（见軬）

𥙆（歪）bingx［piŋ[4]］❶〈形〉调皮；淘气。《初》：劲内真𥙆。Lwg neix caen bingx. 这孩子真调皮。❷〈拟〉蹦蹦。《初》：羊劲趺𥙆𥙆。Yiengzlwg saet bingxbingx. 小羊跳蹦蹦。

呰[1] 历 ce［ɕe[1]］〈动〉留；留下；遗留。（见扭）

呰[2] ceh［ɕe[6]］〈动〉繁殖。田东《闹涽懷一科》：養懷命造呰。Ciengx vaiz maen

caux ceh. 养不生育的牛才繁殖。

琤（諍、琤、征、証）cwngq［ɕɯŋ⁵］〈动〉争论；争执；顶嘴。《初》：伝歐从道理，介任琤貧粆。Vunz aeu coengz dauhleix, gaej doxcwngq baenzlai. 为人要服从真理，别老是互相争辩。

䂴 rengz［ɣeːŋ²］❶〈名〉力；力气；力量。❷〈形〉辛苦；艰辛；着力（与迪连用）。马山《尊老爱幼歌》：仪姆迪䂴粆。Bohmeh dwgrengz lai. 父母太艰辛。

䂡 gik［kik⁷］〈形〉懒。（见𢙺）

𣖙 历 lah［la⁶］〈动〉到处乱跑。（见喇¹）

𥸤 daem［tam¹］〈动〉舂。（见撢²）

𥪵 doek［tok⁷］〈动〉❶落。❷丢失。（见𦁛¹）

𠀾 mbieng［ʔbiːŋ¹］〈形〉歪。（见《初》）

𩎟¹（捧、淋）rumq［ɣum⁵］〈动〉兜（用衣襟兜物）。（见《初》）

𩎟² umj［ʔum³］〈动〉抱。《初》：𩎟孙，umj lwg，抱孩子。（见ʒ）

𢆡 bae［pai¹］〈动〉去。（见𡌵）

覃 历 daemj［tam³］〈动〉蘸；点。（见丆¹）

𠩱 doemq［tom⁵］〈动〉塌；倒塌；坍塌。（见埮）

𡸞 gumq［kum⁵］〈名〉屁股。金城江《台腊恒》：向吞𡸞螺。Yiengh aen gumq sae. 样子像个田螺屁股。

𢃧（𨋦、𨍭、𦆦）mbit［ʔbit⁷］〈形〉歪扭；歪斜。《初》：咟𢃧。Bak mbit. 嘴巴歪。

𠌧 biengz［piːŋ²］〈名〉社会；世界；世间。（见𡗶）

𧤾 gyaux［kjaːu⁴］〈动〉混；混合；搅拌。（见挍²）

𦆦 mbit［ʔbit⁷］〈形〉歪扭；歪斜。（见𢃧）

琤 ngeng［ŋeːŋ¹］〈形〉❶侧。❷歪。（见𨈚）

𨑹 yienz［jiːn²］〈名〉弹丸；弹头。《初》：㑞𨑹，lwgyienz，子弹。

𠨡 cek［ɕeːk⁷］〈动〉拆；拆开；隔开；分开。（见𠕁¹）

𦂧（𦁫）历 mbeuj［ʔbeu³］〈形〉❶歪。《初》：ʒ𦂧啰。Naengh mbeuj lo. 坐歪了。❷歪扭。《初》：𣎵𦂧鉅否貧榀。Faex mbeuj gawq mbouj baenz benj. 歪扭的树锯不成板。

𨌪 byuj［pju³］〈拟〉噗。（见喙¹）

丨　部

亻 binq［pin⁵］〈动〉翻；翻转；翻动。《初》：𠁵亻，boekbinq，翻倒，颠倒。

丄¹ gwnz［kɯn²］〈名〉上；上面（方位词）。（见𡗵¹）

丄² mbwn［ʔbɯn¹］〈名〉天。隆林《犯太岁送太岁唱》：鉬底了罗丄。Ngoenz dih liuz lajmbwn. 整日游荡全天下。（见㝵）

上 cangq［ɕaːŋ⁵］〈动〉葬;安葬;埋葬(专指埋骸骨)。(见芷)

𠁥 cingz［ɕiŋ²］〈名〉情。(见感)

𠁭¹ 㽍 daengz［taŋ²］〈名〉上面。(见《初》)

𠁭² 㽍 dingz［thiŋ²］〈名〉上面。(见《初》)

𠀃 ej［ʔe³］〈动〉性交。(见𩋀)

𠁧 ngiengx［ŋiːŋ⁴］〈动〉仰;昂。(见了)

尸¹ bangx［paːŋ⁴］〈名〉边。平果《贼歌》:尸他,bangx dah,河边。

尸² mbangj［ʔbaːŋ³］❶〈名〉部分(整体中的一些)。❷〈副〉也许;或许。(见沪¹)

尸³(邙、卄、邛、伻)mbiengj［ʔbiːŋ³］〈名〉边;一半。《初》:偲䂞吽俌尸。Aen mak gwn boux mbiengj. 一个果子两人分半吃。

尸⁴(丙)mbiengj［ʔbiːŋ³］❶〈形〉恍惚(与彐连用)。《初》:尸彐禀伝𢣓。Mbiengjmbiengq lumj vunzloengz. 恍惚像精神失常的人。❷〈副〉一边;一面。《初》:尸踓尸呺欢。Mbiengj byaij mbiengj heuh fwen. 一面走一面唱山歌。❸〈拟〉表示重量少;轻飘飘。《初》:㨖内𢭃尸彐。Rap neix mbaeu mbiengjmbiengq. 这副担子轻飘飘。

尸⁵ mbungq［ʔbuŋ⁵］〈名〉蝶;蝴蝶(与虴连用)。平果《贼歌》:旗贝如尸虴。Geiz bae lumj mbungqmbaj. 军旗去如蝴蝶［飞］。

尸⁶ vemh［weːm⁶］〈名〉片。田阳《布洛陀遗本》:尸一落咟脚。Vemh ndeu doek bak gyok. 一片飞落巷子口。

中¹ cuengq［ɕuːŋ⁵］〈动〉放。东兰《莫卡盖用》:力名中㖠了。Lwg mwngz cuengq coenz ndeu. 你儿放出话一句。

中² cung［ɕuŋ¹］〈名〉坛子(肚大口小的)。(见坤)

中³ cungq［ɕuŋ⁵］〈名〉枪。(见𢧱)

中⁴ 㽍 gyongh［kjoːŋ⁶］〈数〉半;一半。右江《本麽叭》:分狼許盆中个奵。Baen langz hawj banz gyongh gaiq yah. 分笋分半盆的给家婆。(即 byongh)

中⁵ soengz［θoŋ²］〈动〉保佑。金城江《覃氏族源古歌》:叁中否累虧。Mbwn soengz mbouj ndaej gvi. 上天保佑不能亏待。

彐 mbiengq［ʔbiːŋ⁵］〈形〉恍惚(与尸连用)。武鸣《信歌》:吞心浮尸彐。Aen sim fouz mbiengjmbiengq. 心浮人恍惚。

占 venj［weːn³］〈动〉吊;挂。(见抔)

𠁵 㽍 cumz［ɕum²］〈动〉亲;吻。《初》:𠁵狖的,cumz lugndik,亲小孩。

串 deng［teːŋ¹］❶〈动〉对;中。❷〈介〉挨;被。(见町)

凸¹(突)doed［tot⁸］❶〈形〉凸;突出。《初》:䏲凸。Da doed. 眼睛凸。❷〈动〉超出。

凸² dongj［toːŋ³］〈动〉顶撞;冲撞。马山《尊老爱幼歌》:話实槵实凸。Vah cix daemj cix dongj.［一］说就还嘴就顶撞。

凸³ mbongj［ʔboːŋ³］〈名〉蜣螂(与蛛连用)。(见𧑟)

旧 gaeuq [kau⁵]〈形〉旧;初始的。田东《闹滑懐一科》:欗造怼貧旧。Lanz caux ndi baenz gaeuq. 家才好如初。

甲¹ gap [ka:p⁷]〈动〉❶合;合伙;搭伙。❷交;结交。❸配(药)。(见挟)

甲² 方 gya [kja¹]〈副〉不如。金城江《台腊恒》:甲恷娊江洞。Gya lox sau gyang doengh. 不如田间撩姑娘。

甲³ gyaz [kja²]〈动〉围住;堵住。平果《贼歌》:含犁卜侣甲? Haenz reih bouxlawz gyaz? 地边谁来围?

甲⁴ nyap [ȵa:p⁷]〈名〉❶杂草。❷垃圾。(见苷³)

凹¹ gumh [kum⁶]〈形〉低洼;凹下;坑洼。(见闧¹)

凹² gumz [kum²]❶〈名〉凹处;小坑;洼地。❷〈名〉墓穴。马山《迪封信斗巡》:往吽許皮淋,愣宠凹曾断。Nuengx naeuz hawj beix lumz, lau roengz gumz caengz goenq. 妹说让哥忘了情,怕入墓穴未断心。❸〈形〉凹;凹状的。(见凼)

凹³ mboep[ʔbop⁷]〈形〉凹;瘪。(见凹)

凹⁴ nga [ŋa¹]❶〈名〉枝。❷〈量〉支;条。(见丫²)

凹⁵ rungh [ɣuŋ⁶]〈名〉山岽。马山《迪封信斗巡》:卦凹大山,gvaq rungh daihsan,走过大山岽。

申¹ haenz [han²]〈名〉堤;岸;埂;塍。(见垠¹)

申² saen [θan¹]〈名〉背部。(见腳)

申³ 方 sin [θin¹]〈量〉根;颗。(见頓)

卄 mbiengj [ʔbi:ŋ³]〈名〉边;一半。(见戸³)

串(冲、仲、銃、总、中) cungq [ɕuŋ⁵]〈名〉枪。(见《初》)

曲¹ gut [kut⁷]〈形〉蜷曲;弯躬(与躾连用)。(见軀)

曲² 方 gut [kut⁷]〈量〉撮。(见絀)

里 方 gyaz [kja²]〈动〉堵;塞;围(多指用荆棘堵住围篱的漏洞)。(见坤²)

乧 方 saix [θa:i⁴]〈名〉右。《初》:搥乧,fwngz saix,右手。

盱 bit [pit⁷]〈名〉鸭。马山《尊老爱幼歌》:卡鸡卡盱,gaj gaeq gaj bit,杀鸡杀鸭。

旺(隹、闺) vangj [wa:ŋ³]〈拟〉空荡荡的;无遮拦。《初》:阘闭壂旺旺。Byaengq dou singz vangjvangj. 敞开城门空荡荡。

岴(孌、鑓) guiz [ku:i²]〈形〉弯曲。《初》:棄岴,faex guiz,弯曲的树木。

吅 gumz [kum²]❶〈名〉凹处;小坑;洼地。❷〈名〉墓穴。❸〈形〉凹;凹状的。(见凼)

阾¹(粭、嚔、朾、糠、陎、臨) limq [lim⁵]〈量〉片;瓣。《初》:偲碟玢偹阾。Aen mak baen boux limq. 一个果子每人分一瓣。

阾² 方 vingq [wiŋ⁵]〈量〉小块;小片;小部分;半边。《初》:偲餠玢偹阾。Aen bingj baen boux vingq. 一块饼分每人一半。

临^{1} 方 laemz [lam^{2}]〈动〉绝。(见啉)

临^{2} lumz [lum^{2}]〈名〉忘;忘记。《粤风》:劳皮在临都。Lau beix youq lumz dou. 怕哥把我忘。

临^{3} rim [ɣim^{1}]〈动〉满。(见闌^{3})

咖 gap [ka:p^{7}]〈动〉❶合;合伙;搭伙。❷交;结交。❸配(药)。(见稥)

龄(龃) 方 goemz [kom^{2}]〈动〉弯;俯;低下。《初》:龄尥,goemz gyaeuj,低头。

哈 gap [ka:p^{7}]〈动〉❶合;合伙;搭伙。❷交;结交。❸配(药)。(见稥)

呷 aq [ʔa^{5}]〈动〉裂;裂开。(见閁)

啉 方 limq [lim^{5}]〈量〉片;瓣。(见昤^{1})

梖(踉) 方 rangx [ɣa:ŋ^{4}]〈形〉半途而废。

陞 vangj [wa:ŋ^{3}]〈拟〉空荡荡的;无遮拦。(见胜)

崗(䨷) 方 gup [khup^{7}]〈量〉周岁。《初》:侈乿三崗跶。De ndaej sam gup yaq. 他已经三周岁了。

膀 mbangj [ʔba:ŋ^{3}]❶〈名〉部分(整体中的一些)。❷〈副〉也许;或许。(见沪^{1})

瞴 方 limq [lim^{5}]〈量〉片;瓣。(见昤^{1})

丿 部

丿^{1} 方 bek [phe:k^{7}]〈形〉辣。(见《初》)

丿^{2} 方 bit [phit^{7}]〈形〉偏。《初》:丿奺,bitca,偏差。

丿^{3} (扒)方 mbat [ʔba:t^{7}]❶〈形〉斜。《初》:檖垟内丿啰。Faq ciengz neix mbat lo. 这堵墙倾斜了。❷〈动〉倒伏。《初》:稕粝丿。Gohaeux mbat. 禾苗倒伏。

九^{1} gou [kou^{1}]〈代〉我。来宾《贤女救夫》:年庚九眉五十巳。Nienzgeng gou miz hajcib geij. 年纪我已五十几。(见兄)

九^{2} gyaeuj [kjau^{3}]〈名〉夫妻(与伢连用)。宜州《龙女与汉鹏》:否星独氓伽九伢。Mbouj cingq duh mwngz gah gyaeujyah. 不是你的夫妻缘。

九^{3} gyaeuj [kjau^{3}]〈名〉首;头。宜州《龙女与汉鹏》:氓呗九呐刀咪哏。Mwngz bae gyaeujnaj dauq miz gwn. 你往前头却有吃(今后不愁吃)。(见尥)

乃^{1} nai [na:i^{1}]〈动〉❶说。马山《想歐型口晳》:不乃鲁皮呀。Mbouj nai lo beix ha. 不说了哥呀。❷祝颂;唱诵。右江《狼麽娘妣》:劲得酒閁乃。Lwg daek laeuj bae nai. 儿辈斟酒去祝颂。

乃^{2} 方 naih [na:i^{6}]〈代〉怎么(与庅连用)。马山《送夭灵》:乃庅不眉隊。Naihmaz mbouj miz doih? 怎么没有伙伴?

乃^{3} 方 naih [na:i^{6}]〈形〉久;好久。马山《望吞話名詢》:吞乃不笁啦。Raen naih mbouj doek raq. 见好久不下大雨了。(见叏)

乃^{4} naih [na:i^{6}]〈副〉越。马山《勺记时种花》:乃讀乃眉情。Naih doeg naih miz cingz. 越读越有情。

乃⁵ naiq [na:i⁵]〈形〉虚弱;疲倦;萎靡;委顿。马山《望吞話名詢》:往乃偶偶。Nuengx naiq ngaeungaeu. 妹妹倦软无力。(见瘵)

乃⁶ naiq [na:i⁵]〈形〉惋惜(与笁连用)。马山《望吞話名詢》:真笁乃, caen doeknaiq,真惋惜。

乃⁷ ndai [ʔda:i¹]〈动〉耘;中耕。田东《大路歌》:公奷公贝乃。Goeng'yah gungh bae ndai. 夫妻共同去耘田。

为 ndang [ʔda:ŋ¹]〈名〉身。平果《贼歌》:为畓眉敏换。Ndang dumz miz mbaen rieg. 身湿有地方换衣服。

千¹ cien [ɕi:n¹]〈名〉砖。(见研²)

千² cienq [ɕi:n⁵]〈动〉转;扭。田东《大路歌》:千那, cienqnaj,转脸。

川¹ cienq [ɕi:n⁵]〈动〉转。(见荐¹)

川² con [ɕo:n¹]〈动〉穿(洞)。(见阑)

川³ 方 cuenz [ɕu:n²]〈动〉招。巴马《贖魂糎呟》:王造執川故。Vuengz caux caep cuenz guh. 王就筹备招魂。(即 conz)

为 cienz [ɕi:n²] ❶〈名〉钱;钱币。❷〈量〉钱(市制重量单位)。(见刄)

乇 dog [to:k⁸]〈形〉独。(见讬)

凵(丈、丈、朾、杶、榉、戥) dwngx [tɯŋ⁴]〈名〉杖;拐杖。《初》:拎凵, gaem dwngx,拄拐杖。|都安《三界老爺唱》:交許条凵榜。Gyau hawj diuz dwngxbangx. 交给一根法杖。

万(万) fanh [fa:n⁶]〈数〉万。(见《初》)

及¹ gaeb [kap⁸]〈形〉狭窄。(见膗)

及² gaeb [kap⁸]〈动〉捉;捕。(见拾¹)

及³ gap [ka:p⁷]〈动〉❶合;合伙;搭伙。❷交;结交。❸配(药)。(见挟)

及⁴ gip [kip⁷]〈动〉❶拾;捡。❷采摘。(见捡¹)

久¹ geu [keu¹]〈量〉件。(见袨)

久² gyaeu [kjau¹]〈形〉寿;长寿。马山《叹亡》:望母寿久。Muengh meh souhgyaeu. 盼望母亲长寿。

久³ gyaeuj [kjau³]〈名〉首;头。(见尪)

久⁴ gyaeuj [kjau³]〈名〉夫妻(与牙、伢连用)。宜州《孟姜女》:呀难本久牙。Yax nanz baenz gyaeujyah. 也难成夫妻。

久⁵ 方 gyuh [kju⁶]〈名〉现在。宜州《孟姜女》:久尼心否旺。Gyuhneix sim mbouj vangq. 现在心不闲。

乔 cienz [ɕi:n²]〈名〉钱。金城江《覃氏族源古歌》:眉乔之寛墤。Miz cienz cix guenj cawx. 有钱就尽管买。

升¹ cing [ɕiŋ¹]〈形〉精。马山《欢叹父母》:肉升, nohcing,瘦肉。

升² cingq [ɕiŋ⁵]〈副〉才。马山《皮里患鲁不》:乿度欧升合。Ndaej doxaeu cingq hab. 能结婚才合适。|马山《欢叹父母》:抱偻官升能。Umj raeuz gonq cingq naengh. 先抱我们才坐下。

升^{3} cingq[çiŋ^{5}]〈形〉正。马山《叹亡》：排肩升，baiz mbouj cingq，排得不正。

乇 方 daek[thak^{7}]〈动〉背；带。（即raek，见託）

乇^{1} daem[tam^{1}]〈动〉舂。（见擝^{2}）

乇^{2} daenj[tan^{3}]〈动〉❶穿（衣服、鞋、袜等）。❷戴。（见裖）

乇 方 gep[ke:p^{7}]〈名〉鳞。

壬^{1} gyaed[kjat^{8}]〈副〉渐；慢。田东《闹涽懷一科》：壬壬口絞埋，頼頼口絞湧。Gyaedgyaed haeuj geu faiq，laihlaih haeuj geu baengz. 慢慢进纱线，徐徐入布条。（做招魂法事时，从厅堂引一根纱线或一条长布到户外野地，称此为"渡桥"，意为让游魂顺此桥归家；若赎牛魂则须从栏厩引线）

壬^{2} yaemh[jam^{6}]〈动〉嚼哺（嚼碎食物喂不会取食的幼儿）。田阳《布洛陀遗本》：壬孙，yaemh lwg，嚼哺幼儿。

壬^{3} yaemz[jam^{2}]〈副〉快；赶快。田阳《布洛陀遗本》：奸要綂阬壬。Yah aeu faiq roengz yaemz. 婆婆赶快取纱来泡。

夭^{1} gingq[kiŋ^{5}]〈名〉镜子。田阳《布洛陀遗本》：見水秀如夭。Raen raemx seuq lumj gingq. 见水清如镜。

夭^{2} heu[heu^{1}]〈形〉青。（见荀^{1}）

夭^{3} iu[ʔi:u^{1}]〈名〉妖。（见魅）

夭^{4} yiuj[ji:u^{3}]〈名〉廪；仓廪。《台腊恒》：提粝迪作夭。Daeh haeux dwk coq yiuj. 把粮放入廪。

夭^{5} 方 yiuq[ji:u^{5}]〈动〉看。田东《贼歌》：娄哽呆贝夭。Raeuz gwn ngaiz bae yiuq. 咱们吃午饭后去探看。

片 meng[me:ŋ^{1}]〈名〉片；片状物。平果《贼歌》：何石片，haeb rin meng，咬石片。

乍^{1} ca[ça^{1}]〈形〉差；差错；差池。马山《完筆字信》：睁乍，cengca，差错。

乍^{2} cab[ça:p^{8}]❶〈动〉杂；掺杂。❷〈形〉复杂；杂乱；烦乱。（见凶）

乍^{3} cax[ça^{4}]〈名〉刀。（见刹）

乍^{4} 方 dox[to^{4}]〈动〉聚拢。（见《初》）

乍^{5} gaeb[kap^{8}]〈形〉狭窄。（见牓）

册 cek[çe:k^{7}]〈动〉拆；拆开；隔开；分开。（见掤^{1}）

失^{1} 方 dit[thit^{7}]〈动〉淋。《初》：失花，dit byaek，淋菜。

失^{2} saet[θat^{7}]〈动〉失。马山《二十四孝欢》：失姆三佈涼。Saet meh sam boux liengz. 失去母亲就三人受凉。

失^{3} saet[θat^{7}]〈动〉❶跳。❷跑；失散。金城江《覃氏族源古歌》：界用离用失。Gaiq yungh liz yungh saet. 莫离别失散。（见跌）

失^{4} saet[θat^{7}]〈动〉吃惊（与笁、犻连用）。马山《眼泣眉胱肤》：笁失心之咽。Doeksaet sim cix in. 吃惊心就痛。（见怢）

夭 iu[ʔi:u^{1}]〈名〉妖。（见魅）

壬 naemj[nam^{3}]〈动〉思考；考虑；思索；寻思。（见黔^{1}）

乎 nag［na:k⁸］〈名〉水獭。（见狆）

孓（耐、乃）方 naih［na:i⁶］〈形〉久；好久。《初》：段孓否既罷。Duenh naih mbouj raen naj. 好久不见面。

内 ndaek［ʔdak⁷］〈量〉个；位。金城江《覃氏族源古歌》：内而過累関？ Ndaek lawz gvaq ndaej gvan? 哪个过得关？

乐¹ rox［ɣo⁴］❶〈动〉懂；会；认识；晓得。❷〈连〉或；或者；还是。（见𫗴）

乐² 方 loek［lok⁷］〈形〉热情；快乐；欢乐（与𠯿连用）。（见楽）

乎 u［ʔu¹］〈动〉背；背负。平果《贼歌》：乎孙闵吊难。U lwgnding deuznanh. 背婴儿逃难。

乎 naj［na³］〈名〉❶脸；面孔。❷面子。（见罷）

年¹ nemz［ne:m²］❶〈动〉跟。宜州《孟姜女》：氓年古呗。Mwngz nemz gou bae. 你跟我去。❷〈介〉跟；与；同。宜州《龙女与汉鹏》：古马年氓结久牙。Gou ma nemz mwngz giet gyaeujyah. 我来跟你结夫妻。❸〈连〉与；和。宜州《龙女与汉鹏》：娄论龙女年汉鹏。Raeuz lwnh Lungznwx nemz Hanbungz. 我们讲述龙女与汉鹏。

年² 方 nienh［ni:n⁶］〈名〉二胡。（见《初》）

失 方 sit［θit⁷］〈名〉阴蒂。（见《初》）

兎 doq［to⁵］〈名〉恋人；情人。平果《贼歌》：又冄马友兎？ Youq ranz maz youx doq? 情友在家吗？

釒 fouz［fou²］❶〈动〉浮。❷〈形〉飘浮；轻浮。（见柔²）

尩（九、久、位、馗、𠃊、𣢾、𩠐、𫔳、邱、荀、𩠐、㕤、玖、柳、𣁽、赳、䡃、𨁈、𨁈、𨁈、𨁈）gyaeuj［kjau³］〈名〉首（尾）；头；头（尾）。《初》：歪尩袮偲笈。Gwnz gyaeuj daenj aen gyaep. 头上戴一顶雨帽。

夌 laeng［laŋ¹］〈名〉后；背后；后面。（见㑭¹）

乇 方 vangx［wa:ŋ⁴］〈名〉打扮。（见玢）

乇¹ 方 vid［wit⁸］〈动〉扔；抛弃；丢掉。（见𢧐¹）

乇² vut［wut⁷］〈动〉❶扔；丢掉；抛弃；丢下。❷失掉；丢失。（见𫝀）

卑¹ 方 bei［pei¹］〈名〉年；岁。（即 bi，见𨋢）

卑² biq［pi⁵］〈动〉逃脱；逃掉。（见𨗴）

乑 bi［pi¹］〈名〉年；岁。（见𣅿）

乖 gvaiq［kwa:i⁵］〈动〉变化（与变连用）。宜州《孟姜女》：老等江变乖。Lau daengz gyang bienqgvaiq. 怕到半有变化。

重¹ coengh［ɕoŋ⁶］〈动〉帮；帮助。马山《欢叹母》：仆俩重叺？ Bouxlawz coengh gou? 哪个帮我？

重² cueng［ɕu:ŋ¹］〈动〉逢；遇。右江《麽請布淥啚》：立許重不重。Laeb hawj cueng mbouj cueng. 当给相逢却不逢。

夅 daengq［taŋ⁵］〈名〉凳子。（见椦²）

舞(舞、浮、孚) fouz [fou²]〈动〉无。《初》:舞譌舞教,fouz son fouz gyauq,无家教。

舞 fouz [fou²]〈动〉无。(见舞)

㕣(合) gaep [kap⁷]〈动〉结合。《初》:伍㕣口佚妑。Doxgaep guh gvanbaz. 相结为夫妻。

𠂒 gou [kou¹]〈代〉我。(见兄)

𠂒 mbwng [ʔbɯŋ¹]〈形〉❶欲哭的。❷忧愁。(见𦛚)

乘¹ gvaiq [kwaːi⁵]❶〈名〉怪;鬼怪;精怪。宜州《孟姜女》:星乘,cinggvaiq,精怪。❷〈形〉精;精明;精灵。宜州《孟姜女》:伖给尼星乘。Lwggwiz neix cinggvaiq. 这女婿很精明。

乘² swngz [θɯŋ²]〈动〉乘机。《初》:乘痠吽𪍿。Swngz ae gwn mug. 乘着咳嗽吃鼻涕(喻讽企图趁机图利的愚人)。

𠂒 -vak [waːk⁷]〈缀〉赶紧地;迅速地(动词的后附成分)。(见㤉)

𠂒 〔历〕hak [haːk⁷]〈副〉独自。《初》:𠂒岜,hak bae,独自去。

𠂒 ringz [ɣiŋ²]〈名〉晌午饭。(见粮)

象 siengq [θiːŋ]❶〈名〉相貌。❷〈名〉相片。❸〈形〉漂亮;聪明;能干。(见相⁵)

𠂒(𠂒、𠂒) hop [hoːp⁷]〈名〉一周;一循环;一轮(年岁、圩等)。《初》:𠂒对𠂒。Bi doiq hop. 一周年。

𠂒(𠂒、肤、𡜵、𡛍) rangj [ɣaːŋ³]〈动〉怀孕。《初》:𠂒𠂒,rangj lwg,怀孕。

𠂒(皮) baez [pai²]〈名〉过去;从前;往常。《初》:𠂒𠂒,doenghbaez,往常。

𠂒 〔历〕bei [pei¹]〈名〉年;岁。(见《初》,即 bi)

𠂒(𦚏、卑) bi [pi¹]〈名〉年;岁。平果《雷王》:三𠂒𠂒𠂒温𠂒竺。Sam bi rumz rengx vwn mbouj doek. 三年干风雨不下。

𠂒 doek [tok⁷]〈动〉❶落。❷丢失。(见𠂒¹)

𠂒 ninz [nin²]〈动〉睡;眠;睡觉。(见眐)

𠂒 rae [ɣai¹]〈动〉发情(指雄性动物)。(见𠂒)

𠂒(𠂒) vengh [weːŋ⁶]〈动〉横摔。(见《初》)

舞(五) vuj [wu³]〈动〉戏弄。《初》:𠂒𠂒伍舞。Lwgnyez doxvuj. 小孩子互相戏弄。

𠂒¹ naek [nak⁷]❶〈形〉重。❷〈形〉深奥。❸〈形〉专注;上心。❹〈动〉偏重;偏爱。(见迡¹)

𠂒² naemq [nam⁵]〈形〉❶用心;认真。❷起劲;热烈;热闹。❸实;重。(见𠂒²)

𠂒 senq [θeːn⁵]〈副〉早;老早。(见𠂒)

𠂒 〔历〕ruengh [ɣuːŋ⁶]〈动〉❶垂;坠。《初》:丫𠂒𠂒𠂒𠂒𠂒墒。Nga faex mak lai ruengh daengz namh. 果实累累压弯树枝垂到地面。❷拉(下);扯(下);拖(下)。《初》:

𥹼棺奔夲㡪歐䆞。Ruengh nge faex roengz ma aeu mak. 扯下树枝摘果子。

䭲 senq［θeːn⁵］〈副〉早;老早。(见眺)

餸 ringz［ɣiŋ²］〈名〉晌午饭。(见粻)

鎍 co［ɕo¹］〈形〉粗。(见慵)

䭠 senq［θeːn⁵］〈副〉早;老早。(见眺)

䵡¹ naek［nak⁷］❶〈形〉重;沉重。❷〈形〉深奥。❸〈形〉专注;上心。❹〈动〉偏重;偏爱。(见迈¹)

䵡² naemq［nam⁵］〈形〉❶用心;认真。❷起劲;热烈;热闹。❸实;重。(见黔²)

䭷 sen［θeːn¹］〈名〉蓑衣。(见莌)

丶部

㇋(黔、挭、䶢、㩟、蔭、䳄、肦、躰、䞤、䠋)aemq［ʔam⁵］〈动〉背;背负。《初》:㇋孙,aemq lwg,背小孩。

㇌(亠、竌、蹞、躍、跏、蹿)ndwn［ʔdɯn¹］〈动〉站立。《初》:㇌乢料,ndwn hwnjdaeuj,站起来。

㇍(陪、岑)ngaem［ŋam¹］〈动〉低(头);俯(首)。《初》:㇍尥,ngaem gyaeuj,低头。

㇎(拥、揾、鞄、揞)umj［ʔum³］〈动〉抱。《初》:㇎孙,umj lwg,抱孩子。

之¹ cih［ɕi⁶］〈动〉谢。(见吃³)

之² cih［ɕi⁶］〈副〉❶就。宜州《孟姜女》:耐之马吉宁。Naiq cih ma giz ninz. 累就回这里睡觉。|东兰《造牛(残页)》:之本能春長。Cih baenz ndaeng con cag. 就变成牛鼻能穿绳子。❷即。东兰《造牛(残页)》:汒之押日裡丕足。Mahcih ya ngoenz ndei bae coux. 立即找好日子去接[牛]。

之³ cix［ɕi⁴］〈副〉❶就;罢了(与罢连用)。忻城《十劝歌》:扶少咟之罢。Boux siuj coenz cixbah. 一人少一句就罢了。❷才。宜州《龙女与汉鹏》:之呗傍岜咽喴。Cix bae bangx bya guh reih. 才到山边开荒锄地。❸也;又。(见只²)

之⁴ seih［θei⁶］〈动〉是。宜州《孟姜女》:作之稳侗德。Rox seih vunz doengz dwk. 或是人们互相追打。|佚之嗦该嘛。De seih coh gahmaz. 他叫什么名字。

乂¹ 〔方〕het［heːt⁷］〈副〉才;刚刚。(见洽)

乂² ngeix［ŋei⁴］〈动〉想;思考;考虑。马山《叹亡》:心乂乱枉枉。Sim ngeix luenhvangqvangq. 心一想到乱惶惶。

㇏¹ naengh［naŋ⁶］〈动〉坐。(见㇏)

㇏² ndwn［ʔdɯn¹］〈动〉站。《初》:㇏跷趼,ndwn gwtngwt,呆呆地站着。

了 ndwn［ʔdɯn¹］〈动〉站。马山《信歌》:姆了幼很耀。Meh ndwn youq haenz yiuq. 母亲站在旁边看。

了(卬、抑、昂)ngiengx［ŋiːŋ⁴］〈动〉仰;昂。《初》:了尥䄲䡾對。Ngiengx gyaeuj yawj ndaundeiq. 仰头望星星。

丈¹ ciengx［ɕiːŋ⁴］〈动〉❶养;供养;

抚养。❷ 牧;放牧。(见歡)

丈 2 dwngx [tɯŋ4]〈名〉杖;拐杖。(见爿)

主 1 cawj[ɕaɯ3]〈动〉煮。马山《情欢》:眉伝主糇蹽。Miz vunz cawj ngaiz deq. 有人煮饭等着。(见炷)

主 2 cawx [ɕaɯ4]〈动〉买。田东《大路歌》:关名主几对? Gvan mwngz cawx geij doiq? 妹夫买几对? (见買)

主 3 cij [ɕi3] ❶〈名〉乳;乳汁。❷〈动〉喂乳;哺乳。马山《尊老爱幼歌》:姆实主实了。Meh cix cij cix umj. 母亲就抱就喂乳。

朩 1 bwt [pɯt7]〈名〉肺。(见胇)

朩 2 mbaet [ʔbat7]〈动〉采;摘。《初》:朩花,mbaet byaek,摘菜。

专 1 laeng [laŋ1]〈名〉后;后边;后面。都安《三界老爺唱》:专板依眉双棵榅。Laeng mbanj ae miz song go raeu. 他村后有两棵枫树。| 双𨅝插到敗专。Song fwngz cap dauq baihlaeng. 双手交叉到背后。

专 2 laeng[laŋ1]〈名〉家。马山《丹亡》:批专伝,bae laeng vunz,去别人家。

叺 soh [θo6]〈形〉直;诚实。平果《贼歌》:劧卜帅心叺。Lwg bouxsai sim soh. 男孩子心诚。

永 1 㓾 vingx [wiŋ4]〈副〉从来。《初》:永曾任𧡊卦。Vingx caengz doxraen gvaq. 从来没有见过面。

永 2 youz [ju2]〈名〉油。田阳《布洛陀遺本》:見水秀如永,raen raemx seuq lumj youz,见水清如油。

玊 cawx [ɕaɯ4]〈动〉买。(见買)

䶢 liengj [liːŋ3]〈名〉伞。金城江《台腊恒》:港䶢,gang liengj,撑伞。

乛(乙乚)部

乛 monz [moːn2]〈名〉门。(见《初》)

了 1 deuq [teu5]〈动〉撩;拨(用细长的东西慢慢拨)。(见挦)

了 2 㓾 leux [leu4]〈名〉木棉树。田阳《欢榚》:巴木了郭双。Baq faexleux gueg song. 劈开木棉成两爿。

了 3 㓾 liu [liːu1]〈动〉瞄;看。(见盯1)

了 4 㓾 liu [liːu1]〈形〉(粥)稀。(见廖1)

了 5 liux [liːu4] ❶〈动〉完;了结;结束。《初》:塞嚏亦否了。Hanz gangj hix mbouj liux. 怎么讲也讲不完。❷〈助〉了。马山《欢叹父母》:半糎吽有了,卜心跳板板。Byongh haeux gwn mbouj liux, boh sim diuq banzbanz. 半碗饭吃不了,父亲心就跳嘭嘭。| 马山《孝顺歌唱》:伝偻佶了脑只乱。Vunz raeuz geq liux uk cix luenh. 我们人老了脑子就乱。

了 6 ndeu [ʔdeu1]〈数〉一。东兰《莫卡盖用》:中君了,cuengq gyoenz ndeu,放出一句话。(见刁)

了 7 ra [ɣa1]〈动〉携;邀约。《粤风》:度了笼洪力。Doxra roengz vaengz laeg. 相

携下深潭。

㐅[1] aemq [ʔam[5]]〈动〉背。马山《二十四孝欢》:㐅粮养姆老。Aemq liengz ciengx meh laux. 背回粮食养老母亲。

㐅[2] laeng [laŋ[1]]〈名〉背;背后。马山《老来难》:丕㐅岜欧楼。Bae laeng bya aeu fwnz. 去山背后打柴。

乜[1] maet [mat[7]]〈名〉跳蚤。(见蚍)

乜[2] meh [me[6]]〈名〉母;母亲。宜州《龙女与汉鹏》:唧伯唧乜卸作楞。Langh boh langh meh ce coq laeng. 抛父弃母在后头。| 宜州《孟姜女》:乜婀古仂朵。Meh ciengx gou lwg dog. 母亲养我一独女。| 天峨《占造銀》:欧怀乜麻犁。Aeu vaiz meh ma cae. 要母牛来犁。

乜[3] ngez [ŋe[2]]〈拟〉冉冉(与僬连用)。金城江《台腊恒》:文恒丕乜僬。Hoenz hwnjbae ngezngauz. 炊烟冉冉上升。

乜[4] raek [ɣak[7]]〈动〉❶带;佩戴。❷怀孕。❸携带。(见攋)

也[1] nyi [n̥i[1]]〈动〉听;听闻;听见。田东《大路歌》:罗也性鴂召,roxnyi sing roegciu,听闻画眉叫。

也[2] yej [je[3]]〈副〉就。右江《本麽叭》:邦啚也殆瘟。Mbangj duz yej dai ngoenh. 有的[猪]就死于瘟疫。

了 umj [ʔum[3]]〈动〉抱。马山《哀歌》:父千了万㐅。Boh cien umj fanh aemq. 父亲千抱万背。

乇(乇) 方 daek [thak[7]]〈动〉背;带。《初》:乇裫,daek daeh,背袋子。(即 raek)

民[1] maenz [man[2]]〈名〉薯;红薯。(见苠[1])

民[2] 方 maenz [man[2]]〈副〉相当。(见根[2])

民[3] 方 maenz [man[2]] ❶〈动〉能;能够。❷〈名〉能力;才干。(见叫[1])

民[4] 方 minz [min[2]]〈代〉他。(见佷)

司[1] sae [θai[1]]〈名〉官非。马山《信歌》:迪事鲁迪司,该墅嚍悲陋。Dwg saeh rox dwg sae, gai naz ndei bae rouh. 遭事或是惹官非,就卖好田去赎回。

司[2] saeq [θai[5]]〈名〉❶官;官吏。❷土司;土官。(见儎)

司[3] 方 sei [θei[1]]〈动〉施舍。《初》:否眉伝司哼。Mbouj miz vunz sei haengj. 没有人给予施舍。

司[4] swq [θɯ[5]]〈名〉媒人。田阳《唱罕王》:司斗度太三。Swq daeuj doh daihsam. 媒人来了第三次。

承 方 dawz [taɯ[2]]〈代〉何时(与㺯连用)。(见蜍[1])

买[1] maij [maːi[3]]〈动〉爱;恋。《粤风》:有厘改乱买。Youx ndei gaej luenh maij. 好友莫乱爱。

买[2] maij [maːi[3]]〈动〉任由;任随。马山《信歌》:买部穷部富,口铜柱地狱。Maij bouxgungz bouxfouq, haeuj doengzsaeu deihnyug. 任随穷人富人,都入铜柱地狱。

甬 doeng [toŋ^{1}]〈动〉通。(见酥)

承(成) [方] swngz [θɯŋ^{2}]〈动〉❶ 承;继承;承接。《初》:家财偷哂承? Gyacaiz bouxlawz swngz? 家产由谁来继承? ❷ 过房;过继。

承 swngz [θɯŋ^{2}]〈名〉柱。马山《二十四孝欢》:门承, monzswngz,门柱。

粎 cawx [ɕaɯ^{4}]〈动〉买。(见䝼)

酥(甬) doeng [toŋ^{1}]〈动〉通。(见《初》)

磿^{1} geuq [keu^{5}]〈动〉磨(牙)。(见䂸)

磿^{2} nyeuq [ȵeu^{5}]〈动〉 干 磨;钢(把刀放在布、皮、石、缸口等处轻磨几下使之锋利)。(见磦)

乙^{1} iet [ʔiːt^{7}] ❶〈动〉伸;延伸。马山《乞讨歌》:乙𢫔啱盀粝。Iet fwngz cam aeu haeux. 伸手问要米。❷〈名〉子孙(与骨连用,指骨肉血亲、后代)。马山《二十孝欢》:盘古骨乙,Buenzgoj goetiet,盘古的子孙。(见𠇮)

乙^{2} iet [ʔiːt^{7}]〈动〉歇;休息。马山《哭母歌》:乙乃, ietnaiq,休息。

乙^{3} iet [ʔiːt^{7}]〈动〉入殓(与肉连用)。马山《丹亡》:父㲒提乙肉。Boh dai dawz ietnyuk. 父亲死了能入殓。

乙^{4} it [ʔit^{7}]〈数〉一。马山《情欢》:侈講乙則乙。De gangj it caek it. 他说一则一。

乙^{5} ndat [ʔdaːt^{7}]〈形〉热。《粤风》:良乙, ngoenz ndat,热天。

乙^{6} yaek [jak^{7}]〈动〉撩逗;嬉要。田东《贼歌》:岜托乙忑利。Bya doxyaek laj rij. 鱼在溪里嬉耍。

乙^{7} [方] yed [jeːt^{8}]〈名〉末;末尾;最后。《初》:佲迪偷大乙。Mwngz dwg boux daihyed. 你是末一个。| 金城江《覃氏族源古歌》:吔乙, yiengh yed,最后一样事情。

乙^{8} -yet [jeːt^{7}]〈缀〉津津;丝丝(形容味道可口)。(见明)

乙^{9} [方] yied[jiːt^{8}]〈动〉鱼贯而行;络绎。(见𨀼^{2})

乙^{10} yied [jiːt^{8}]〈副〉越;逐(叠用,表示程度随条件的变化而改变)。马山《情歌》:情乙斗乙勒。Cingz yied daeuj yied laeg. 情越来越深。| 马山《奠别歌》:乙吞乙批远, yied ngoenz yied bae gyae,逐日逐远去。(见𧺆)

乙^{11} yiet [jiːt^{7}]〈动〉歇;休息;暂停。(见趐)

乙^{12} [方] yiz [ji^{2}]〈副〉亦;也。《初》:佲𨑜兄乙𨑜。Mwngz bae gou yiz bae. 你去我也去。

刁^{1} deu [teu^{1}]〈动〉❶ 挑(刺)。❷ 雕刻。❸ 剖(破开禽类的肠子来清洗)。(见扚^{1})

刁^{2} diu [tiːu^{1}]〈动〉疏浚;疏通(渠道)。(见挏^{1})

刁^{3} ndau [ʔdaːu^{1}]〈名〉星星(与厘连用)。马山《哭母歌》:刁厘批殁。Ndaundeiq baefinz. 流星飞逝。

刁 4 ndeu［ʔdeu¹］〈数〉一。(见刁)

乙 ndei［ʔdei¹］〈形〉好。马山《尊老爱幼歌》:贫伝乙,baenz vunz ndei,成为好人。

乞 haet［hat⁷］〈名〉上午;早晨;早上。(见乾¹)

习 ranz［ɣaːn²］〈名〉家;家族。金城江《覃氏族源古歌》:家习光。Gyaranz gvangq. 家族大。

乥 历 aet［ʔat⁷］〈动〉堵塞。(见圠)

乂 vet［weːt⁷］〈动〉交叉;交错。(见※)

乭(雯)历 ce［ɕe¹］〈动〉分份。(见《初》)

乱 1 biengj［piːŋ³］〈动〉掀;揭。(见捞)

乱 2 mbin［ʔbin¹］〈动〉飞。(见凬)

乸 mbaet［ʔbat⁷］〈动〉节省;节约。(见飳)

乬 mbin［ʔbin¹］〈动〉飞。(见凬)

乮 mbin［ʔbin¹］〈动〉飞。(见凬)

乯 yied［jiːt⁸］〈动〉左转;往左(犁地时吆喝牛往左走)。(见《初》)

乴 ranz［ɣaːn²］〈名〉家;屋;宅。(见窒)

乵(翟、殅、蹦、扗、乙、挺)iet［ʔiːt⁷］〈动〉伸。《初》:乵躂, iet fwngz, 伸手。

乶 mbaet［ʔbat⁷］〈动〉节省;节约。(见飳)

乷 mbin［ʔbin¹］〈动〉飞。(见凬)

乹 gaet［kat⁷］〈形〉寡(吃酸东西过量或饥饿时感觉肚子不好受)。(见腊²)

凬(乪、乬、乱、乪、飦、飷、飳、飶、飸、飹、翻、彩、飛、飞、飺、飻、飼、边)mbin［ʔbin¹］〈动〉飞。《初》:鴻凬到叁。Roeg mbin hwnj mbwn. 鸟飞上天。

乪 mbin［ʔbin¹］〈动〉飞。(见凬)

乱 mbin［ʔbin¹］〈动〉飞。(见凬)

乺 历 sangh［θaːŋ⁶］〈动〉发洋财(与乻连用)。《初》:乻乺, caeuzsangh, 发洋财。

乼 fwed［fuːt⁸］〈名〉翅膀。(见䎀¹)

乽(𥫗、篚、篦、箦)feiq［fei⁵］❶〈名〉盖子。❷〈动〉盖。(见《初》)

乿 mbin［ʔbin¹］〈动〉飞。(见凬)

乿 mbin［ʔbin¹］〈动〉飞。(见凬)

乻 caeuz［ɕau²］〈动〉发洋财(与乺连用)。

乾 raeu［ɣau¹］〈名〉头虱。(见蝤)

亂 biengj［piːŋ³］〈动〉掀;揭。(见捞)

亃 mbin［ʔbin¹］〈动〉飞。(见凬)

乚 1 iet［ʔiːt⁷］〈名〉伸。东兰《莫卡盖用》:乚手斗足。Iet fwngz daeuj coux. 伸手来接。

乚 2 (勾、构、欧)ngaeu［ŋau¹］❶〈名〉

钩子。《初》：胬抔歪丕乚。Noh venj youq gwnz ngaeu. 肉挂在钩子上。❷〈形〉弯曲。《初》：条奔内乚吖吖。Diuz faex neix ngaeungatngat. 这条木弯弯的。❸〈动〉扳；勾。《初》：𠓐乚机就响。Mbat ngaeu gei couh yiengj. 一勾扳机[枪]就响。

电 dienh [tiːn⁵]〈名〉殿。马山《奠别歌》：恨丹电，hwnj dan dienh，上丹殿。

乇 㐲 ndenx [ʔdeːn⁴]〈名〉牛白额斑。(见《初》)

乣 ranz [ɣaːn²]〈名〉家；屋；宅。马山《二十四孝欢》：到乣，dauq ranz，回家。(见㝐)

乳¹ nyaeq [ȵai⁵]〈形〉小；细小；幼小。大化《嚰奠别》：叮孖乳，daengq lwgnyaeq，叮嘱小儿子。

乳² yae [jai¹]〈名〉蜾蠃(俗称细腰蜂，引申为义子)。马山《信歌》：孖乳，lwgyae，义子。

惝 mbaet [ʔbat⁷]〈动〉节省；节约。(见𢗉)

十 部

十¹ cib [ɕip⁸]〈数〉十。马山《二十四孝欢》：二十四行孝，造教舍許邦。Ngeihcib seiq hengz hauq，caux gyauq ce hawj biengz. 二十四个行孝[故事]，造成教化留给世人。

十² cix [ɕi⁴]〈副〉就。马山《欢叹父母》：孖能哥贫病，卜姆心十浮。Lwg naenghgoq baenz bingh，bohmeh sim cix fouz. 孩子若生病，父母心就浮。

十³ ciz [ɕi²]〈名〉鸳鸯(与半连用)。上林《情歌》：十半，cizbuenq，鸳鸯。

外 caem [ɕam¹]〈形〉沉；沉重。(见砃¹)

芈(𠰳) 㐲 gamh [kaːm⁶]〈动〉猜。(见《初》)

克¹ gaek [kak⁷]〈动〉发怒；生气；恼。(见氪)

克² gag [kaːk⁸]〈副〉独；仅。巴马《贖魂糎吰》：克栏你時利。Gag ranz neix caw ndei. 独有这家人心好。

克³ 㐲 gueg [kuːk⁸]〈动〉做；干。武鸣《信歌》：斗克尋，daeuj gueg caemz，来做游戏。

克⁴ 㐲 gw [kɯ¹]〈动〉吃。(见咟¹)

克⁵ gwx [kɯ⁴]〈副〉总是。金城江《覃氏族源古歌》：伝克先斗拜。Vunz gwx sien daeuj baiq. 别人总是先来拜。

克⁶ 㐲 gwx [kɯ⁴] ❶〈代〉处；某(指代某处或某人)。❷〈动〉玩(耍)。❸〈形〉真的；真正的；实在的。(见㖞²)

克⁷ 㐲 gyaek [kjak⁷]〈动〉剁(肉)。(见𠛅)

克⁸ ngieg [ŋɯːk⁸]〈名〉蛟龙。金城江《台腊恒》：躺土克，ndang duzngieg，蛟龙身。

直¹ ciz [ɕi²]〈介〉按；逐。(见值)

直² set [θeːt⁷]〈副〉刚刚。金城江《台腊恒》：纳直斗胻。Nax set daeuj daengz. 小

姨刚刚到。

𬌗 㞢 noi [noi¹]❶〈名〉早上。❷〈形〉早。《初》:佲料𠁁貧𬌗? Mwngz daeuj ndaej baenz noi? 你来得这么早?

丧 sang [θaːŋ¹]〈形〉高。(见𪓟)

卧 heuh[heu⁶]〈动〉❶ 叫;唤。❷ 称呼。❸ 唱。(见吗³)

南 namh [naːm⁶]〈名〉土;泥土;土壤。(见埔)

丧 sang [θaːŋ¹]〈形〉高。(见𪓟)

丧 sang [θaːŋ¹]〈形〉高。田阳《麽収魂糗一科》:王郭糗不丧。Vuengz gueg haeux mbouj sang. 王种禾稻长不高。(见𪓟)

尅 gaek [kak⁷]〈动〉发怒;生气;恼。(见氪)

𬌗(𬌗、𬌗、𬌗、𬌗、𬌗) nanz [naːn²]〈形〉久。《初》:兄蹲佲𬌗𪨧。Gou daengj mwngz nanz lai. 我等你很久了。

丧 sangx [θaːŋ⁴]〈形〉凋零;凋落。(见𣘂)

尅 gaek [kak⁷]〈动〉发怒;生气;恼。(见氪)

𬌗 gwih [kɯːi⁶]〈动〉骑;乘。金城江《台腊恒》:𫲨土𬌗肝立係冷。Boh dou gwih gomh lix youq laeng. 我们的父亲乘谷槽还在后面。

𬌗 gyux [kju⁴]〈拟〉突突地。《初》:佫搼橔𬌗𬌗𬌗。De rag doenj faex ma gyuxgyux. 他把树墩突突地拖回来。

𬌗(𬌗、𬌗、助、索、𬌗、所、作、傃、素、𬌗) soh [θo⁶]〈形〉❶ 直;直接。《初》:𬌗𬌗否𠁁㘥兀。Faex soh mbouj ndaej guh ek. 直木条不能做牛轭。❷ 善良;老实;耿直;诚实;诚恳。《初》:伝𬌗, vunz soh, 老实人。

𬌗 soh [θo⁶]〈形〉❶ 直。❷ 善良;老实;耿直;诚实;诚恳。(见𬌗)

𬌗 soh [θo⁶]〈形〉❶ 直。❷ 善良;老实;耿直;诚实;诚恳。(见𬌗)

𬌗 gaek [kak⁷]〈动〉发怒;生气;恼。(见氪)

𬌗 gwiz [kɯːi²]〈名〉婿。(见𬌗)

𬌗 soh [θo⁶]〈形〉❶ 直。❷ 善良;老实;耿直;诚实;诚恳。(见𬌗)

𬌗 soh [θo⁶]〈形〉❶ 直。❷ 善良;老实;耿直;诚实;诚恳。(见𬌗)

厂 部

厄¹ aek [ʔak⁷]〈名〉胸。右江《麽請布渌啚》:㐫造已得厄。Lwg caux geiq dwk aek. 儿辈就记在心胸里。

厄² ngaek[ŋak⁷]〈动〉点(头)。(见㧖)

厄³ ngieg [ŋɯːk⁸]〈名〉蛟龙。金城江《台腊恒》:样仂厄坐堂。Yiengh lwg ngieg naengh dangz. 犹似龙子坐堂上。

仄¹ caeg [ɕak⁸]〈名〉贼。宜州《孟姜女》:仆仄, bouxcaeg, 贼人。

仄² caek [ɕak⁷]〈形〉❶ 偏向;偏斜;

不正中。❷ 偏(离开正常位置)。(见揤[1])

反[1] fan [faːn[1]] ❶〈量〉张;件;条;床。❷〈名〉幡。(见旛[1])

反[2] fanj [faːn[3]]〈动〉复发(指旧伤病)。《初》:𩏋𨄮𤸪倒反。Haemhlwenz bingh dauq fanj. 昨晚旧病复发。

反[3] fanq [faːn[5]] ❶〈名〉小贩;贩子。❷〈动〉贩卖。(见返)

后[1] haeux [hau[4]]〈名〉谷物;米饭。(见粭)

后[2] laeng [laŋ[1]]〈名〉家。平果《贼歌》:名土肛后府。Mingz dou daengz laeng fouj. 我们的名字传到官府家。

灰 hoiq [hoi[5]] ❶〈名〉奴仆。右江《麽請布渌啚》:隆閉忑半灰。Roengz bae laj buenq hoiq. 去下方贩奴。❷〈代〉我。右江《麽請布渌啚》:灰个怨命魂。Hoiq gag ienq mingh hoen. 我自怨命魂。

亘 nyienh [ɲiːn[6]]〈动〉愿。武鸣《信歌》:否亘𣨩,mbouj nyienh dai,不愿死。

辰 saenz [θan[2]]〈动〉发抖;颤抖。马山《信歌》:躺辰不眉計。Ndang saenz mbouj miz geiq. 身抖无计策。(见抻[2])

盾 mbwq [ʔbɯ[5]]〈形〉烦闷;厌烦;无聊;闷。(见喑)

厚 haeux [hau[4]]〈名〉谷物;米饭。(见粭)

厘[1] liz [li[2]]〈动〉离;离别。马山《书信》:眼你偻分厘,纫部其部柄。Ngoenzneix raeuz faenliz, youq boux giz boux rangh. 今日我们分离,住一人一地。

厘[2] ndei [ʔdei[1]]〈形〉好。《粤风》:吞同厘伶俐,约都皮心非。Raen doengz ndei lingzleih, yaek duz beix sim fei. 见妹伶俐好,逗引哥心飞。|忍乃不吞皮,赖皮厘布间。Nyaenx naih mbouj raen beix, laih beix ndei bouxlawz. 许久不见情哥哥,以为阿哥好上谁。(见兀[1])

厘[3] ndeiq [ʔdei[5]]〈名〉星星(与刁连用)。马山《哭母歌》:刁厘批㱚。Ndaundeiq baefinz. 流星飞逝。

厘[4] 㓝 raez [ɣai[2]]〈名〉水绵(与洰连用)。(见漈[2])

厘[5] yae [jai[1]]〈名〉蜾蠃(俗称细腰蜂)。(见蜖[3])

厡 yanj [jaːn[3]]〈动〉起哄;轰动。(见汳)

䃎(砪、砘、㙄、烙) daenz [tan[2]]〈动〉压;压上。《初》:歐磒岜料䃎。Aeu rinbya daeuj daenz. 用石头来压住。

厝 naek [nak[7]] ❶〈形〉重。❷〈形〉深奥。❸〈形〉专注;上心。❹〈动〉偏重;偏爱。(见迈[1])

厓 yai [jaːi[1]]〈形〉微明。平果《贼歌》:早不厓,romh mbouj yai,大早天尚未微明。

原[1] yienz [jiːn[2]]〈连〉虽;虽然。马山《情歌》:图犴原叶兇,定图蜫吜血。Duzvaiz yienznaeuz hung, deng duzbing gwn lwed. 水牛虽说大,被蚂蟥吸血。

原² yienz [ji:n²]〈形〉原;本来;原来。(见然)

跟(䋎、㩟、𢛶) naenx [nan⁴]〈动〉❶按;压。《初》:跟价,naenx gyaq,压价。❷忍。《初》:跟气,naenx heiq,忍气。

𠩄 历 yaiz [ja:i²]〈名〉鞋。(见鞋)

㕩(则) 历 heb [he:p⁸]〈形〉窄。《初》:空㕩。Ranz heb. 房子狭窄。

㕯 rib [ɣip⁸]〈动〉收。平果《信歌》:㕯粝麻栏,rib haeux ma ranz,收稻谷回家。

𠫐 mig [mik⁸]〈动〉闪(电)。(见䨜)

曆 lig [lik⁸]〈名〉日历;历书。(见《初》)

匚 部

区 aeu [ʔau¹]〈动〉娶。《粤风》:皮定骆布区。Beix dingh lox mbouj aeu. 哥哥定是哄骗不来娶。

匹 bit [pit⁷]〈量〉纽(纱线的单位,一股洋纱有二十纽)。《初》:匹𦁺刁,bit faiq ndeu,一纽棉纱。

巨¹ 历 gwh [kɯ⁶]〈形〉胀。田阳《麽収魂糯一科》:呻分枉肚巨。Gwn faen vaeng dungx gwh. 吃稗籽腹胀。(即 gawh)

巨² 历 gwq [kɯ⁵]〈副〉❶越(常常叠用)。《初》:巨呐侈巨兀。Gwq naeq de gwq ndei. 越看他越漂亮。❷尽是;老是;总是。《初》:侈巨䇮。De gwq riu. 他老是笑。

巨³ gwx [kɯ⁴]〈副〉老是;总是。马山《传扬歌》:巨呻炁肸龛。Gwx gwnheiq daengz dai. 老是担忧直到死。

匠 历 ciengh [ɕi:ŋ⁶]〈动〉❶评论。❷考虑。(见《初》)

匡 gvangh [kwa:ŋ⁶]〈动〉❶奔跑;狂奔。❷跳下。(见况³)

𠤎 历 geix [kei⁴]〈名〉现在;今;如今。(见暟)

匿¹ naek [nak⁷]❶〈形〉重。❷〈形〉深奥。❸〈形〉专注;上心。❹〈动〉偏重;偏爱。(见迈¹)

匿² ndaek [ʔdak⁷]〈量〉大团;大块。(见碍¹)

匮(匱) gvih [kwi⁶]〈名〉柜。《初》:𬘩偲匮揹佲。Cawx aen gvih hawj mwngz. 买一个柜子给你。

𠥽 gyae [kjai¹]〈形〉远。(见邂)

匷 naek [nak⁷]❶〈形〉重。❷〈形〉深奥。❸〈形〉专注;上心。❹〈动〉偏重;偏爱。(见迈¹)

匣(相) sieng [θi:ŋ¹]〈名〉箱。上林《达妍与勒驾》:海匣海柜欧金银。Hai sieng hai gvih aeu gim ngaenz. 开箱开柜要金银。

匱 gvih [kwi⁶]〈名〉柜。(见匮)

刂(刀)部

刂 bag [pa:k⁸]〈动〉劈。(见㓦)

刅 deu［teu¹］〈动〉剔(骨头)。《初》:刅髗,deu ndok,剔骨头。

刈(刉、刘) gat［ka:t⁷］〈动〉❶割;割切。马山《噫嘆情》:刈脏胡,gat saihoz,割喉咙。|《初》:欧絆刈粉。Aeu cag gat faengx.用绳子来割切粽子。❷断;断开(指线、绳等长条物)。《初》:絆刈。Cag gat.绳子断了。

刎 rengz［ɣe:ŋ²］❶〈名〉力;力气;力量。❷〈形〉辛苦;艰难;着力(与迪连用)。❸〈动〉妒忌。(见衕)

刓¹ 㕦 vaengq［waŋ⁵］〈动〉缺;崩缺。(见方¹)

刓² 㕦 vangq［wa:ŋ⁵］〈动〉崩缺。(见庣)

刌 bag［pa:k⁸］〈动〉劈。(见㔾)

利 buq［pu⁵］〈动〉破;剖。《初》:利胨鲃,buq dungx bya,剖鱼腹。

刏 faenz［fan²］〈动〉砍。马山《毛红唱》:㔫祚斗勺刏。Aeu cax daeuj yaek faenz.拿刀来欲砍。(见攵¹)

刎 㕦 fwet［fɯ:t⁷］〈动〉斩;砍。(见斨)

刚 gang［ka:ŋ¹］〈动〉❶撑。❷张挂。❸搭。(见擋)

划¹ heh［he⁶］〈动〉割;切割。(见肹)

划² vad［wa:t⁸］〈动〉❶划(船)。❷摇;挥动。❸招;挥(手)。❹扇(挥动扇子)。(见𢭃¹)

划³ vad［wa:t⁸］〈名〉瓢;木瓢。(见葝)

划⁴ 㕦 vaeg［wak⁸］〈动〉捞;抓;摸。《初》:打淰浛划鲃。Daj raemxhoemz vaeg bya.在混水里摸鱼。

则¹ caeg［ɕak⁸］❶〈名〉强盗;土匪;贼。❷〈动〉偷;盗窃;剽窃。(见猠)

则² cix［ɕi⁴］〈副〉❶就。❷也;又。(见只²)

则³ ndaek［ʔdak⁷］〈量〉大团;大块。(见硳¹)

则⁴ saek［θak⁷］〈代〉哪;任何。武鸣《信歌》:有邀则眃,ndwi iu saek ngoenz,没有邀约哪一天。

刘¹ 㕦 laeuz［lau²］〈代〉我们。(见侷)

刘² naeuz［nau²］〈动〉说。马山《欢情》:刘佲双询耗。Naeuz mwngz song coenz hauq.告诉你两句话。

刘³ raeuz［ɣau²］〈代〉咱;咱们。《粤风》:刘里内结交。Raeuz lij noix gietgyau.咱自幼结交。

列¹ leh［le⁶］〈动〉选;挑选。宜州《孟姜女》:佬瞭古伽列。Laux liux gou gag leh.长大了我自个儿挑选。|列伩给,leh lwg-gwiz,选夫婿。

列² 㕦 lep［le:p⁷］❶〈名〉禾剪;手镰。右江《狼麽閙魂糯》:糯仙王隆列。Haeuxsien vuengz loengz lep.王的籼稻可下禾剪了。❷〈动〉剪。右江《狼麽閙魂糯》:七月糯當列。Caetnyied haeux dangq lep.七月稻谷应当剪了。

列[3] 〔方〕let [le:t⁷]〈副〉稍;稍微。(见咧[1])

列[4] lieb [li:p⁸]〈动〉探访。马山《回复书信》:皮浪嗒之列。Beix langh gyaez cix lieb. 郎若相爱就探访。

列[5] naep [nap⁷]〈动〉插。田东《贼歌》:文字列笨鸡。Faenzsaw naep bwngaeq. 官书插鸡毛。

刹 〔方〕nyaq [n̥a⁵]〈副〉刚刚。《初》:刹肛㑊皶跣呺欢。Nyaq daengz hawgamj couh heuh fwen. 刚到歌圩就唱起山歌。

刓 〔方〕yonq [jo:n⁵]〈动〉切。《初》:刓花, yonq byaek,切菜。(即 ronq)

别[1] be [pe¹] ❶〈形〉骈生的;连体的。❷〈动〉贴近。(见蹩)

别[2] bied [pi:t⁸]〈动〉区别;分别(见㸄[1])

判 buenq [pu:n⁵]〈数〉半。《粤风》:离有三年判。Liz youx sam nienz buenq. 离开情友三年半。

刞[1] danj [ta:n³]〈动〉❶铲。❷削。(见𠛼[2])

刞[2] 〔方〕danj [ta:n³]〈动〉片;斜切(用刀斜切成薄片)。(见胆)

刮 〔方〕deb [thep⁸]〈名〉禾剪。(见《初》,即 rep)

刲 gaj [ka³]〈动〉杀。(见刹)

刘 gat [ka:t⁷]〈动〉❶割切(用绳索等切割粽子、糍粑等)。❷断;断开(指线、绳等长条物)。(见刈)

刞 〔方〕gyax [kja⁴]〈名〉刀。(见㓞)

利[1] 〔方〕leix [lei⁴]〈名〉妹妹。《初》:良利, lienghleix,妹妹。

利[2] 〔方〕lih [li⁶]〈名〉鱼梁;鱼床。巴马《赎魂糯呿》:枯老高思利。Go laux gauh aen lih. 大棵高如鱼梁。(即 leih,见筣)

利[3] lij [li³]〈连〉还。宜州《龙女与汉鹏》:汉朋利嘞咽故架。Hanbungz lij saeq goj guh gyax. 汉鹏还小就当孤儿。

利[4] ndei [ʔdei¹]〈形〉❶好;良好。马山《欢叹父母》:草利宜肛怀。Nywj ndei ngeix daengz vaiz. 见到好草想到牛。❷美好。❸精彩。(见雉[2])

利[5] ndij [ʔdi³]〈介〉跟;向;照;沿。(见跊)

利[6] reih [ɣei⁶]〈名〉畲地。巴马《赎魂糯呿》:糇利犸到利。Haeux reih ma dauq reih. 畲地的谷魂返回畲地。(见犁[2])

利[7] rwz [ɣɯ²]〈名〉耳朵。(见聏)

刢 〔方〕lonq [lo:n⁵]〈动〉切。《初》:刢花, lonq byaek,切菜。(即 ronq)

刵 〔方〕mumx [mum⁴]〈形〉钝。《初》:㔟迪刹総刵。Raemj dwk cax cungj mumx. 砍得刀都钝了。

刺 saen [θan¹]〈名〉背部。(见𦟛)

刹[1] cax [ɕa⁴]〈名〉刀。(见㓞)

刹² sat［θaːt⁷］〈动〉❶完;结束。❷算;罢了。(见毟)

刹³ gaj［ka³］〈动〉杀。(见犭杀)

刮 daet［tat⁷］〈动〉剪断。马山《信歌》:刮裍迪条袦。Daet baengz dwk diuz bonq.剪断布条做寿布。

刴(肽) dat［taːt⁷］〈动〉削。《初》:刴姓𥓳。Dat naeng mak.削果皮。

到¹ dauq［taːu⁵］〈动〉回;回来。东兰《造牛(残页)》:三恨到丕亦。Sam haet dauq bae yawj.三早之后回去看。|马山《改漫断鄰鄰》:到慢度噌,dauq menh doxyaeng,回来再商量。

到² dauq［taːu⁵］〈副〉就;却。东兰《造牛(残页)》:仆黄丕足他到寧。Boux vuengz bae coux de dauq ning.大王去接它就动。

到³ dauq［taːu⁵］〈动〉倒;颠倒(与孨连用)。(见倒³)

剁 方 faeg［fak⁸］〈名〉炭头(与斐连用,指灰烬中残余的炭块)。《初》:斐剁,feizfaeg,燃烧过的火炭。

刻 方 gaek［kak⁷］〈名〉蛤。《初》:刻毱,gaekgeh,蛤蚧(即 aekex)。

刣 gaep［kap⁷］〈动〉结合。(见跲)

刮¹ gvak［kwaːk⁷］❶〈名〉锄头。❷〈动〉锄。(见鍸)

刮² gvat［kwaːt⁷］〈形〉寡(营养不足或吃酸的东西过多而产生的饥饿感)。《初》:胨刮。Dungx gvat.肚子很饿。

刮³ gvax［kwa⁴］〈动〉抓。《初》:徒鷂刮鴭㘔。Duzyiuh gvax gaeqlwg.鹰抓小鸡。

刮⁴ gvet［kweːt⁷］〈动〉刮;铲。(见掤³)

刵 gvej［kwe³］〈动〉割。(见劊)

刽 方 ngix［ŋi⁴］〈名〉锥子。(见《初》)

剌 raed［ɣat⁸］〈动〉剪。马山《达稳之歌》:粝剌八百扲。Haeux raed bet bak gaem.剪得禾穗八百把。

剏 rox［ɣo⁴］〈动〉知;知道。金城江《覃氏族源古歌》:便伯有剏底。Bienh byawz ndi rox dij.任由谁也不知底。

刷¹ sat［θaːt⁷］〈动〉结束;罢了。马山《哭姐歌》:可呠欧十刷。Goj daej aeu cix sat.只能哀哭罢了。

刷² sad［θaːt⁷］〈副〉居然。(见杀³)

刷³ -sat［θaːt⁷］〈缀〉溜溜。(见杀⁶)

刵 yangj［jaːŋ³］〈名〉❶大刀;马刀。❷戟。(见胦)

則¹ caek［ɕak⁷］〈拟〉嚓(敲锣打钹声)。《初》:鼓鍘嚨岀則。Gyong laz naeng bongzcaek.锣鼓嘭嚓响。

則² 方 caek［ɕak⁷］〈量〉滴。(见涌)

則³ caek［ɕak⁷］❶〈名〉量米筒;竹筒。❷〈量〉筒(量米用,500克米的量)。(见箣)

則⁴ caek［ɕak⁷］〈副〉幸亏;幸好;幸而;好在(与嘞连用)。(见咆¹)

則⁵ 方 caek［ɕak⁷］〈动〉探望;看。(见瞿)

則^{6} caek [$çak^{7}$]〈形〉❶ 偏向;偏斜;不正中。❷ 偏(离开正常位置)。(见擳^{1})

則^{7} daek [$çak^{7}$]〈动〉❶ 舀(水)。❷ 盛(饭)。❸ 得(罪)。(见捙^{1})

則^{8} [方] heb [$he:p^{8}$]〈形〉窄。(见㡖)

則^{9} raek [$ɣak$]〈动〉❶ 带;佩戴。❷ 怀孕。❸ 携带。(见攨)

則^{10} saek [$θak^{7}$] ❶〈代〉哪;何。武鸣《信歌》:眉則句否通,望佲曼指教。Miz saek coenz mbouj doeng, muengh mwngz menh cijgyauq. 有哪句不通,望你再指教。❷〈代〉那么(与时间词连用,表示虚拟、假设等)。马山《劝善》:尽踙氾路贼,則否可丁事。Caenh byaij hwnj loh caeg, saek ngoenz goj deng saeh. 一旦走上做贼路,[总有]那么一天要出事。❸〈副〉大约;大概。马山《泪文歌》:爹丕礼則双三朕。De bae ndaej saek song sam ndwen. 他走大概有两三个月了。(见嗇^{3})

㓦^{1}(扰、㑴) [方] caemz [$çam^{2}$]〈动〉❶ 扎;刺。《初》:𢬣兄盯蕴㓦。Fwngz gou deng oen caemz. 我的手被荆棘扎了。❷ 针灸。

㓦^{2} saemz [$θam^{2}$]〈动〉❶ 斜切(切得很快很细)。❷ 剁。(见剫)

剘 gauq [$ka:u^{5}$]〈名〉剪刀。《初》:剘剪, gauqcienj,剪刀。

剑 giemx [$ki:m^{4}$]〈名〉槛。(见墘)

刹 heh [he^{6}]〈动〉割;切割。(见肹)

剹^{1} lauh [$la:u^{6}$]〈动〉捞(钱)。《初》:𠀤生意剹𬎍。Guh seng'eiq lauh cienz. 做生意捞钱。

剹^{2} [方] vau [$wa:u^{1}$]〈动〉刮(胡子、毛发等)。(见《初》)

剓 [方] lih [li^{6}]〈动〉破(竹篾)。《初》:剓笁, lih ruk,破竹篾。

剢 [方] raenh [$ɣan^{6}$]〈动〉把长条物放在刀口下来回滚动而割断。(见《初》)

剫(劗、鐕、剆、鉮、磹、㓦) [方] saemz [$θam^{2}$]〈动〉❶ 斜切(切得很快很细)。《初》:剫茇蘆, saemz lauxbaeg,斜切萝卜。❷ 剁。《初》:剫𦟌, saemz noh,剁肉。

剥^{1} bag [$pa:k^{8}$]〈动〉劈。(见㓟)

剥^{2} bag [$pa:k^{8}$]〈动〉癫;疯。(见疳)

剥^{3} bak [$pa:k^{7}$]〈名〉口;嘴巴。上林《赶圩歌》:咯管吽合剥。Mwngz guenj gwn haeuj bak. 你尽管吃进嘴。(见咟^{1})

剥^{4} gyak [$kja:k^{7}$]〈名〉野麻。田阳《麽収魂糯一科》:剥𤜶憐郭囚。Gyak ma laenz gueg caeuz. 野麻拿来搓成牛绳。

剹 cauz [$ça:u^{2}$]〈动〉喂(指特别加料和用心喂养马、牛)。(见嘈)

剚(捭) [方] ceih [$çei^{6}$]〈动〉修理;添置;惩治。《初》:剚坤, ceih roen,修路。(即coih)

剔 dik [tik^{7}]〈动〉❶ 剔(骨头)。❷ 挑剔。(见剺)

剫 goenq [kon^{5}]〈动〉断。马山《丧场唱》:姆剫膠剫肢。Meh goenq daep goenq saej. 母断肝断肠(肝肠寸断)。

刵 历 goenx [kon⁴]〈动〉割。《初》:刵粝,goenx haeux,割稻子。

剻 历 laeu [lau¹]〈动〉削。《初》:剻筹,laeu douh,削筷子。

刾 ndaemq [ʔdam⁵]〈动〉刺。(见䵝)

刽 raed [ɣat⁸]〈动〉剪。(见旁)

刎 raemj [ɣam³]〈动〉砍。(见梦)

副 baenz [pan²]〈动〉磨。(见磸)

剓 历 boz [pho²]〈量〉堆。(见希)

剃(腣、娣) daeq [tai⁵]〈动〉剃。《初》:剃尬,daeq gyaeuj,剃头。

裂(搮、烋、烯、䁹、烈、嚟) dek [teːk⁷]〈动〉裂;裂开;破裂;爆炸;爆裂。(见《初》)

剨 历 gvaez [kwai²]〈动〉割;刈。(见群)

剻 mid [mit⁸]〈名〉匕首;尖刀。(见劏¹)

㓹(竔、爬) rib [ɣip⁸]〈名〉指甲;爪。(见《初》)

刴 ronq [ɣoːn⁵]〈动〉切。(见动)

剏 yangj [jaːŋ³]〈名〉❶大刀;马刀。❷戟。(见胸)

剭(送) yoek [jok⁷]〈动〉刺;捅。《初》:剭丒磺掹蚰蚍。Yoek conghrin ra aekex. 捅石缝找蛤蚧。

剻(㓸、豣) 历 beb [peːp⁸]〈形〉瘪;秕。《初》:粝剻,haeux beb,秕谷。

刭 历 gemq [keːm⁵]〈名〉韭(与蓀连用)。《初》:蓀 刭,coenggemq,韭 菜。(即 byaekgep,coenggep)

剦 iem [ʔiːm¹]〈动〉阉。(见韧)

留 laeuz [lau²]〈动〉留;保留。(见《初》)

逦 liemz [liːm²]〈名〉镰刀。(见劆)

剷 canj [ɕaːn³]〈动〉❶铲(草)。❷劫掠;占领;铲平。(见墋)

㓥¹ dan [taːn¹]〈动〉斜切;片(用刀斜着切成薄片)。《初》:㓥豹禖。Dan noh mou. 片猪肉。

㓥²(坍、刞、坦) danj [taːn³]〈动〉❶铲。《初》:㓥土垦田屎。Danj dojbeiz guh bwnh. 铲草皮来做肥料。❷削。

剶 dik [tik⁷]〈动〉❶剔(骨头)。❷挑剔。(见孷)

剭 doz [to²]〈名〉屠。(见腯)

劏¹(劏、剻、劏、媚、鐂、扨、膪、䁴) mid [mit⁸]〈名〉匕首;尖刀。(见《初》)

劏² red [ɣeːt⁸]〈形〉密实;紧密。(见䨮)

剻 raemj [ɣam³]〈动〉砍。(见梦)

剻 历 saemz [θam²]〈动〉❶斜切(切得很快很细)。❷剁。(见㓹)

劄 历 cep [ɕeːp⁷]〈动〉紧贴。(见《初》)

㓥 历 geg [keːk⁸]〈动〉裂;破。《初》:袦㓥。Daeh geg. 口袋被撑破。

𠜾 gvej [kwe³]〈动〉割。(见𠞭)

𠞇 saeg [θak⁸]〈动〉猛撞。(见挒³)

劍 giemx [kiːm⁴]〈名〉槛。(见埝)

𠟌(𠞬、𠠞、𱍬、廉) liemz [liːm²]〈名〉镰刀。《初》:拎𠟌𫢾𠞭粝。Gaem liemz bae gvej haeux. 拿镰刀去割稻谷。

𠟧 方 yangx [jaːŋ⁴]〈名〉剑。(见《初》)

𠞭(𠜾、𠠗、𠠇、刵、𠜾、𠜾) gvej [kwe³]〈动〉割。《初》:𠞭粝,gvej haeux,割稻子。

𠟉 laez [lai²]〈名〉毒刺。(见蛪¹)

𠠎 ndaemq [ʔdam⁵]〈动〉刺。(见䵛)

𠟺 ronq [ɣoːn⁵]〈动〉切。(见动)

𠠢(濑、𫃽、攋、涞) raix [ɣaːi⁴]〈动〉❶倒;腾(把物品倾出或倒到另一容器)。《初》:𠠢粝閄𣙹𫞵料。Raix haeux ndaw sangq okdaeuj. 把大木桶里的米倒出来。❷斟(酒)。《初》:𠠢氿,raix laeuj,斟酒。

𠠪 方 neb [neːp⁸]❶〈量〉束;小叠。❷〈动〉寻找。(见扯¹)

刀¹ dau [taːu¹]〈量〉❶刀(一百张纸为一"刀")。❷挂(一挂肉,俗称一"刀")。(见胁)

刀² dauq [taːu⁵]〈动〉回。马山《欢叹父母》:卜背洞刀兰。Boh bae doengh dauq ranz. 父亲下田回到家。

刀³ dauq [taːu⁵]〈副〉却。金城江《台腊恒》:妈否开奸刀正礼。Meh mbouj hai haq dauq cingq ndei. 母不许嫁却正好。

刀⁴ mid [mit⁸]〈名〉尖刀;匕首。刀托交下坧。Mid doxgyaux laj ciengz. 墙下尖刀相捅。

刀⁵ ndau [ʔdaːu¹]〈名〉星;星星。(见㓠)

刄(㓠、戋、豸、錢) cienz [çiːn²]❶〈名〉钱;钱币。《初》:刄𠞑,cienzrei,体己钱;私房钱。❷〈量〉钱(市制重量单位)。《初》:十刄𠚥刅。Cib cienz guh liengx. 十钱为一两。

𠚣 cienz [çiːn²]〈名〉钱(钱币)。(见武鸣《张》)

刅 saeb [θap⁸]〈副〉倏地(形容动作利索、快捷)。(见佚²)

刅 bag [paːk⁸]〈动〉劈。马山《中界地旂》:雷斗刅。Loiz daeuj bag. 雷来劈。

刅¹(刅) cangz [çaːŋ²]〈量〉两。《初》:双刅艮,song cangz ngaenz,二两银子。

刅² liengx [liːŋ⁴]〈量〉两。《初》:十刄𠚥刅。Cib cienz guh liengx. 十钱为一两。

刅³ vaek [wak⁷]〈量〉块。四刅肉,seiq vaek noh,四块肉。

𠚧 cax [ça⁴]〈名〉刀。(见𠜎)

刎 cax [ça⁴]〈名〉刀。上林《信歌》:拎刎割胡,gaem cax gvej hoz,拿刀割脖子。(见𠜎)

切 历 cet [çe:t⁷]〈动〉❶ 游荡。❷ 巡视。❸ 拜访;探望。(见遭)

叱(扗、牯) daet [tat⁷]〈动〉剪。《初》:欧𬌗料叱𧜢。Aeu geuz daeuj daet baengz. 用剪刀来剪布。

召¹ cauj [ça:u³]〈动〉炒。田阳《麽収魂糎一科》:蛋召, gyaeq cauj,炒蛋。

召² ciuh [çi:u⁶]〈量〉世;辈。《粤风》:许名今匹召。Hawj mwngz gaem baenz ciuh. 给你掌握一辈子。(见佋)

刄 cax [ça⁴]〈名〉刀。(见刹)

刖(刀、斫) dau [ta:u¹]〈量〉❶ 刀(一百张纸为一"刀")。《初》:𧶬双刖帋莎。Cawx song dau ceijsa. 买两刀绵纸。❷ 挂(一挂肉,俗称一"刀")。《初》:提刖𠮩内𬬭。Dawz dau noh neix bae. 把这一挂肉拿去。

刕 nyaeg [ṇak⁸]〈动〉 砍;剁。《初》:刹刕淰否刈。Cax nyaeg raemx mbouj gat. 刀砍水不断。

刅¹(𠚣) 历 vaengq [waŋ⁵]〈动〉 缺;崩缺。《初》:刹刅, cax vaengq,缺口刀。

刅² vangq [wa:ŋ⁵]〈动〉崩缺。(见䏍)

负 baenz [pan²]〈动〉 成为。《粤风》:尔先负公妈。Neix sien baenz goeng meh. 现在先成为公婆(夫妻)。

刞¹ bag [pa:k⁸]〈动〉劈。(见劏)

刞² 历 bag [pa:k⁸]〈形〉劳碌(与𠚫连用)。《初》:昍昍𠚫刞偽偲脎。Ngoenzngoenz bazbag vih aen dungx. 天天奔波劳碌都是为了填饱肚子。

刞³ 历 baq [pha⁵]〈动〉 破;剖。(见《初》)

刞⁴ 历 byax [pja⁴]〈名〉刀。(见肥)

肥(刢、刞、鈀) 历 byax [pja⁴]〈名〉刀。《初》:肥芲, byaxbyaek,菜刀。

刢 历 byax [pja⁴]〈名〉刀。(见肥)

刅 cangz [ça:ŋ²]〈量〉两。(见刅¹)

争¹ ceng [çe:ŋ¹] ❶〈动〉欠。❷〈形〉差;相差。(见䋫)

争² cengj [çe:ŋ³]〈动〉❶ 推(指由下往上顶或推)。❷ 撑(船、篙)。(见撑¹)

争³ cengq [çe:ŋ⁵]〈动〉 逞能(与干连用)。都安《三界老爺唱》:争干批价, cengqganq bae gyaq,逞能去问价。

争⁴ 历 deng [te:ŋ¹]〈动〉对;中。上林《赶圩歌》:𠬠㥬迭争鷂。Youh lau nyangz deng yiuh. 又怕遇对老鹰。

斫 dau [ta:u¹]〈量〉❶ 刀(一百张纸为一"刀")。❷ 挂(一挂肉,俗称一"刀")。(见刖)

刎¹(刎、吻、文、坟、抆、肦) faenz [fan²]〈动〉砍。《初》:刎𣘺, faenz faex,砍树。

刎² mbaenq [ʔban⁵]〈动〉掐(用指甲)。(见抆²)

刎³ 历 vaenx [wan⁴]〈动〉𠜾。(见抆⁶)

肦¹ faenz [fan²]〈动〉砍。(见刎¹)

肦[2] faenz [fan²]〈名〉齿。(见豜[1])

危[1] gvih [kwi⁶]〈动〉跪。(见蹫)

危[2] ngveiz [ŋwei²]〈动〉醉;迷糊。马山《信歌》:躺各韫各危。Ndang gag unq gag ngveiz. 身体自软自迷糊。

危[3] ngvih [ŋwi⁶]〈量〉粒。(见桅)

危[4] ngviz [ŋwi²]〈名〉骨髓。(见髋)

肸(刬、剤) heh [he⁶]〈动〉割;切割。《初》:肸胬䊸。Heh noh mou. 割猪肉。

屻(遳、趴) 㕒 lub [lup⁸]〈动〉精磨(剃刀、刨刀等)。《初》:屻㑗剃。Lub fagdaeq. 精磨剃刀。

动(劀、剳、掹) ronq [ɣoːn⁵]〈动〉切。《初》:偧动花馭动胬。De ronq byaek caiq ronq noh. 他切菜又切肉。

刨(㲏) bauh [paːu⁶] ❶〈名〉刨子。❷〈动〉刨。《初》:提刨㸎刨𣘞。Dawz bauh bae bauh faex. 拿刨子去刨木头。

㼎(敉) byaenz [pjan²]〈动〉崩缺(利器出现小的缺口)。《初》:刹㼎卦。Cax byaenz gvaq. 刀口崩缺了。

㓢 cax [ɕa⁴]〈名〉刀。马山《三界》:闲𠃊自里伐㓢断。Ndaw ranz cix leix fag cax donh. 家里仅余一断刀。

刞(粗、刵) 㕒 danj [taːn³]〈动〉片;斜切(用刀斜切成薄片)。(见《初》)

㓨 faeg [fak⁸]〈动〉剁。都安《雷王大帝唱》:扲㓢㓨, gaem cax faeg, 拿刀砍。

刜(㓇) faet [fat⁷]〈动〉斩(挥刀把小树枝或藤条轻快地一刀砍断)。(见《初》)

刂乍 gaj [ka³]〈动〉杀。(见𠛎)

㓞(㓞、刞) 㕒 gyax [kja⁴]〈名〉刀。《初》:㓞杖, gyaxfwnz, 柴刀。

㓞 㕒 gyax [kja⁴]〈名〉刀。(见㓞)

㓟(扑) 㕒 mbak [ʔbaːk⁷]〈动〉砍;劈。《初》:㓟槑㸎点螅。Mbak yuih bae diemj goep. 劈松明去捕青蛙。

刃(砬、𭪿、砽) 㕒 raeb [ɣap⁸]〈动〉精磨(剃刀、刨刀等)。《初》:刃㑗剃。Raeb fagdaeq. 精磨剃刀。

旁(剨、㓹) raed [ɣat⁸]〈动〉剪。《初》:旁䙓紉衲。Raed baengz nyib buh. 剪布缝衣。

㕏 cawx [ɕaɯ⁴]〈动〉买。(见賒)

𠛎(脎、㴊、鎈、㕚、刏、鍣、刹、㓚、𠟳、杀、㕚、鎈、㓾、鉳、㓺、乍、社) cax [ɕa⁴]〈名〉刀。《初》:刃𠛎动膿䐈。Raeb cax ronq bwdbouz. 磨刀切囊膪肉。

脎[1] cax [ɕa⁴]〈名〉刀。(见𠛎)

脎[2] gaj [ka³]〈动〉杀。(见𠛎)

㓣 daet [tat⁷]〈动〉剪。(见肶)

㓠 dat [taːt⁷]〈动〉削。(见迚)

㑗[1](伐、刞、㓹、㓻) faeg [fak⁸]〈动〉剁。《初》:㑗花䊸, faeg byaek mou, 剁猪菜。

㑗[2](鉣、伏、栿、栰、㕊、㗅、发、䑺、钹、㘴) fag [faːk⁸]〈量〉把(也常作工具、

武器类名词的词头）。《初》：㑊㓧，fagcax，刀子。| 双㑊㓧，song fag cax，两把刀子。

𠛾 fag［fa:k⁸］〈量〉把（也常作工具、武器类名词的词头）。（见㑊²）

𠜟¹ geuq［keu⁵］〈动〉磨（牙）。（见𤝞）

𠜟² nyeuq［ȵeu⁵］〈动〉干磨；钢（把刀放在布、皮、石、缸口等处轻磨几下使锋利）。（见𥗽）

刻¹（嗐）haih［ha:i⁶］〈动〉害。《初》：刻伝，haih vunz，害人。

刻² 㕦 haih［ha:i⁶］〈形〉厉害（与利连用）。上林《赶圩歌》：收欢唻利刻。Sou fwen lai leihhaih. 你们山歌太厉害。

㓠¹（挒、勒、烈）lieb［li:p⁸］〈动〉破（篾）。《初》：㓠笁斈打紃。Lieb ruk hag dajsan. 破篾学编织。

㓠² 㕦 veh［we⁶］〈动〉割；切。（见𠞰）

㓜 㕦 saemz［θam²］〈动〉❶ 斜切（切得很快很细）。❷ 剁。（见𠠎）

𠞰（㓠、𠠾）㕦 veh［we⁶］〈动〉割；切。《初》：㓧𠞰淰否刈。Cax veh raemx mbouj gat. 刀割水不断。

刚（𠛪）ven［we:n¹］〈动〉❶ 剜。❷ 挖（洞）。（见《初》）

𠛪 ven［we:n¹］〈动〉❶ 剜。❷ 挖（洞）。（见刚）

𠠪（𠠇）㕦 saek［θak⁷］〈动〉细切。《初》：𠠪芼蘿貧絲。Saek lauxbaeg baenz sei. 切萝卜成丝。

𠛸（𠛼、𠜳）yangj［ja:ŋ³］〈名〉❶ 大刀；马刀。❷ 戟。（见《初》）

𠜯 daeq［tai⁵］〈动〉剃。（见𠜩）

𠜴 faet［fat⁷］〈动〉斩（挥刀把小树枝或藤条轻快地一刀砍断）。（见𠜴）

𠛩（鈘）geuz［keu²］〈名〉剪刀。（见《初》）

𠛹（克）㕦 gyaek［kjak⁷］〈动〉剐（肉）。《初》：𠛹提𠎁𡋍吽。Gyaek dawz noh bae gwn. 剐肉拿去吃。

𠛼（鉶）raeh［ɣai⁶］〈形〉❶ 利；锋利。❷（听觉、视觉）敏锐。（见《初》）

𠠗（方、凹、𡐝、喑、𡌿）㕦 vangq［wa:ŋ⁵］〈动〉崩缺。《初》：㓧𠠗，cax vangq，刀口崩缺。

𠛮 bag［pa:k⁸］〈动〉劈。（见𠝹）

𠜐¹ camx［ɕa:m⁴］〈动〉扎；戳。马山《达稳之歌》：訬咒貧針𠜐。Ndaq ngven baenz cim camx. 咒骂似针扎。

𠜐²（斬、攒、赞）camz［ɕa:m²］〈动〉刺；戳；扎。《初》：双𡰪俩𩢨料任𠜐。Song mbiengj bing max daeuj doxcamz. 两边兵马互相刺杀。

𠛱 danj［ta:n³］〈动〉❶ 铲。❷ 削。（见𠝳²）

𠠋 㕦 faix［fa:i⁴］〈动〉横砍（用斧头）。（见《初》）

𠜪 faenx［fan⁴］〈名〉灰尘。（见坋）

刿 gaj [ka³]〈动〉杀。(见紥)

韧(刳、𠜾、闊) iem [ʔi:m¹]〈动〉阉。《初》:韧鸠,iem gaeq,阉鸡。

劳(膝、搼、𦛗、刽、斫、劆) raemj [ɣam³]〈动〉砍。《初》:劳奔,raemj faex,砍树。

𦛗 raemj [ɣam³]〈动〉砍。(见劳)

胧 vad [wa:t⁸]〈动〉❶划(船)。❷摇;挥动。❸招;挥(手)。❹扇(挥动扇子)。(见拁¹)

剙 yangj [ja:ŋ³]〈名〉长刀;腰刀。金城江《台腊恒》:仆之累剙仆累角。Boux cix ndaej yangj boux ndaej vaek. 一人得长刀一人得鞘。

别¹(别) bied [pi:t⁸]〈动〉区别;分别(见《初》)

别² biek [pi:k⁷]〈动〉离别;分别。(见纷)

𠟠¹ cab [ça:p⁸] ❶〈名〉铡刀。❷〈动〉切;铡。《初》:歐㑘𠟠𠟠秤。Aeu fagcab cab nyangj. 拿铡刀切稻草。

𠟠² faeg [fak⁸]〈动〉剁。(见㑘¹)

𠟠³ 历 saek [θak⁷]〈动〉细切。(见胣)

剪 cap [ça:p⁸]〈动〉插。《粤风》:花除剪伦落。Va dawz cap rim loh. 拿花插满路。

𠛼 cax [ça⁴]〈名〉刀。(见刴)

𠜷 cax [ça⁴]〈名〉刀。武鸣《劳动歌》:带𠜷口㟨,daiq cax haeuj ndoeng,带刀入山林。

𠛱 cax [ça⁴]〈名〉刀。(见刴)

𦜆 daeq [tai⁵]〈动〉剃。(见剃)

則 faeg [fak⁸]〈动〉剁。(见㑘¹)

𠝏 gaj [ka³]〈动〉杀。(见紥)

胋 gvet [kwe:t⁷]〈动〉刮;铲。(见拐³)

𠠇 mid [mit⁸]〈名〉匕首;尖刀。(见劏¹)

媢 mid [mit⁸]〈名〉匕首;尖刀。(见劏¹)

𠜾 ndaemq [ʔdam⁵]〈动〉刺。(见𦞦)

𠛷 cax [ça⁴]〈名〉刀。(见刴)

𠞊(擗、𨭚、剥、掐、㤰、扒、𠛴、㓦、㔩、𠚼、𠛑、擗、破) bag [pa:k⁸]〈动〉劈。《初》:𠞊校,bag fwnz,劈柴火。

𠠎(揣、𠜽) donj [to:n³]〈动〉砍(把伐下的树一节一节地砍断)。《初》:𣏾奔𠠎几𦞦。Go faex donj geij geh. 一根树木砍成几段。

𠞗(剧) doz [to²]〈名〉屠。《初》:𠈌𠞗,canghdoz,屠夫。

赖¹ lai [la:i¹]〈形〉多。马山《欢叹父母》:坏好赖盘补。Vaih haujlai bwnz mbuk. 用坏好多张褔褓。

赖² laih [la:i⁶]〈动〉以为。马山《迪封信斗巡》:赖吽皮心謀。Laihnaeuz beix sim maeuz. 以为阿哥心贪。

赖³ laih [la:i⁶]〈副〉却。马山《偻笁荳貧够》:部鲁书鲁詌,板皮赖不眉。Boux rox saw rox gangj, mbanj beix laih mbouj miz. 认字能说的人,哥哥村里却没有。

赖^{4} laih [la:i^{6}] ❶〈动〉赖以;依靠。❷〈动〉诬赖。❸〈动〉以为。❹〈形〉乐观(与桒连用)。(见嘞^{2})

赖^{5} laiq [la:i^{5}]〈副〉幸亏;幸好;幸而;好在。(见嘞^{3})

𠝎 mid[mit^{8}]〈名〉匕首;尖刀。(见𠝎^{1})

𦟛 mid[mit^{8}]〈名〉匕首;尖刀。(见𠝎^{1})

𦢪 bauh[pa:u^{6}] ❶〈名〉刨子。❷〈动〉刨。(见刨)

𠞰^{1} gvej [kwe^{3}]〈动〉割。(见𠞰)

𠞰^{2} 方 veh [we^{6}]〈动〉割;切。(见刔)

𦢄 laep [lap^{7}]〈形〉暗;昏暗。金城江《台腊恒》:𦢄𥊐,laep mok,起雾般的昏暗。

𦢆 raemj [ɣam^{3}]〈动〉砍。(见𠝹)

𦢈 donj [to:n^{3}]〈动〉砍(把伐下的树一节一节地砍断)。(见𠝹)

𦢉 liemz [li:m^{2}]〈名〉镰刀。(见𠟫)

𠟫 liemz [li:m^{2}]〈名〉镰刀。(见𠟫)

𦢊 gvej [kwe^{3}]〈动〉割。(见𠞰)

𦢋 mid[mit^{8}]〈名〉匕首;尖刀。(见𠝎^{1})

𦢌 raix [ɣa:i^{4}]〈副〉果真(与馱连用)。马山《迪封信斗巡》:眉情馱𦢌,miz cingz dahraix,果真有情。

𦢍(剔、剻、惕) dik [tik^{7}]〈动〉❶剔(骨头)。《初》:𦢍𩩍,dik ndok,剔骨头。❷挑剔。《初》:𦢍蕴,dik oen,挑刺。

𦝫(㾕) rei [ɣei^{1}]〈名〉体己;个人名分下的财物。《初》:𠀋𦝫,cienzrei,体己钱(私房钱)。

𦢎 vet [we:t^{7}]〈动〉刮。《初》:𦢎𣬶𤞴。Vet bwn mou. 刮猪毛。

𦢏^{1} raix [ɣa:i^{4}]〈动〉❶倒;腾(把物品倾出或倒到另一容器)。❷斟(酒)。(见𢫬)

𦢏^{2} raix [ɣa:i^{4}]〈副〉真的;真正的;实在的(与哒、嗅连用)。(见唻^{1})

卜部

卜^{1} boek [pok^{7}]〈动〉翻;倒扣;覆;倾覆。马山《为人子者》:介批卜彬吽伝尸。Gaej bae boekbinq gwn vunz ndwi. 不要两面三刀坑害别人。

卜^{2} bog [po:k^{8}]〈量〉束;捆。田阳《唱罕王》:三十养𠮿卜。Samcib yangj guh bog. 三十把长刀做一捆。

卜^{3} bog [po:k^{8}]〈动〉补。平果《贼歌》:含那卜侣卜? Haenz naz bouxlawz bog? 田埂谁来补。

卜^{4} boh [po^{6}]〈名〉❶父;父亲。马山《欢叹父母》:卜姆养偻劳。Bohmeh ciengx raeuz laux. 父母养大了我们。❷父辈(家族或亲戚中与父亲平辈的男性)。❸父亲似的人。❹男性;雄性。(见仪^{1})

卜^{5} bok [po:k^{7}]〈动〉剥。田东《大路歌》:卜欧床布豆。Bok aeu cuengz buh daeuh. 剥取那件青衣。

卜^{6} boux [pou^{4}]〈量〉个;位。马山《叹亡》:生欧卜孙葹, seng aeu boux lwgsai,要生个男儿。| 马山《欢叹父母》:开而骂卜佬。Gaejlaeg ndaq bouxlaux. 千万别骂老人。(见俌)

卜^{7} boux [pou^{4}]〈形〉雄(多指禽类)。(见公卜^{2})

卜^{8} mboek [ʔbok^{7}]〈名〉陆上;陆地;岸边。田阳《唱罕王》:限定恨罵卜。Hanhdingh hwnjma mboek. 肯定要到陆上来。

卜^{9} mboek [ʔbok^{7}]〈动〉下降;降下;减少。(见汴^{3})

卜^{10} 方 mbuk [ʔbuk^{7}]〈动〉下降;降低(水位);干(水)。《初》:淰罾卜。Raemxnaz mbuk. 田水干。(即 mboek)

卡^{1} gaj [ka^{3}]〈动〉杀。东兰《莫卡盖用》:卡盖, gaj gaeq,杀鸡。(见𢭏)

卡^{2} gaz [ka^{2}]〈动〉卡;卡住;阻碍。(见拤)

卡^{3} gaz [ka^{2}]〈名〉枷;枷锁。马山《丹亡》:提卡, dawz gaz,戴枷锁。

卡^{4} guh [ku^{6}]〈动〉编织。田东《大路歌》:卡马朵卡伞。Guh max doq guh liengj. 织马又织伞。

卡^{5} laj [la^{3}]〈名〉下;下面。(见𠀠^{1})

卧 mup [mup^{7}]〈动〉闻;嗅。(见𪖐)

公卜^{1} boh [po^{6}]〈名〉雄性(禽类)。(见交)

公卜^{2}(卜、外、仪、𡚻、𫚭) boux [pou^{4}]〈形〉雄(多指禽类)。《初》:鴮公卜, gaeqboux,雄鸡。

卓^{1} cog [coːk^{8}]〈名〉❶ 将来。❷ 明(天、晚)。马山《欢叹母》:吃卓扛批埊。Haetcog gangh bae dieg. 明早抬去墓地。(见昨^{1})

卓^{2} congz [ɕoːŋ^{2}]〈名〉桌。马山《二十四孝欢》:提麻祭卓灵。Dawz ma caeq congzlingz. 拿来灵桌上祭奠。

𫠦 faiq [faːi^{5}]〈名〉棉花。(见芥)

𫠧 rawz [ɣaɯ^{2}]〈名〉后年(与𫠨连用)。《初》:𫠨𫠧, birawz,后年。

𫠩(𨍭、𨌫、𫠪、朴、扑、抃、躰、𫠫、挞) boek [pok^{7}]〈动〉翻;翻覆;倾覆。《初》:舼𫠩丞閆汏。Ruz boek youq gyang dah. 船翻在河中间。

𫠬 nok [noːk^{7}]〈名〉❶ 肉峰(黄牛颈上突起的肉块)。❷ 瘤。(见𦟛)

𫠭(矴、矜、𨟻、𠻫、碇、泞) ndaengq [ʔdaŋ^{5}] ❶〈名〉碱(草木灰水)。《初》:歐淰𫠭料浥袮。Aeu raemxndaengq daeuj saeg buh. 要碱水来洗衣服。❷〈形〉咸。《初》:佲花内𫠭移。Gij byaek neix ndaengq lai. 这菜太咸了。

冂 部

冂^{1} byouq [pjou^{5}]〈形〉空(容器倒置以示其空)。田阳《唱罕王》:暑到冂大劳。Swq dauq byouq daxlauz. 媒人空回灰溜溜。| 马山《駄向书信》:𣅶奢吭各纫,眠肻冂咻名。

Haemh ce gouq gag youq, ninz ranz byouq daej mwngz. 留我夜独眠,睡空房哭你。

门^{2} hoengq [hoŋ^{5}]〈形〉❶ 空;空白。马山《駄向书信》:田超门陽間。Guh ciuh hoengq yiengzgyan. 阳间空为一世人。❷ 空闲。(见閧)

门 goemq [kom^{5}]〈形〉傻。平果《贼歌》:不门贝独后。Boux goemq bae doeklaeng. 傻人跟后头。

丹 gvan [kwa:n^{1}]〈名〉丈夫。马山《女人田婧丁》:乿丹不同侈。Ndaej gvan mbouj doengz saemq. 得个丈夫不同辈。(见倌)

且 方 ningq [niŋ^{5}]〈名〉阴茎。(见《初》)

冇^{1} byouq [pjou^{5}]〈形〉空;一无所有。(见硚^{2})

冇^{2} 方 cuq [ɕu^{5}]〈形〉空。(见初^{4})

冇^{3} mbouj [ʔbou^{3}]〈副〉不;没。马山《欢叹卜》:冇魋栒斗吽,mbouj raen yiengq daeuj gwn,不见转来吃。(见否^{2})

冇^{4} 方 ndi [ʔdi^{1}]〈副〉不。金城江《覃氏族源古歌》:必卑冇跕任。Beixnuengx ndi soengx nyaemx. 兄弟互不帮关照。

冇^{5} (肎)ndwi [ʔdɯ:i^{1}] ❶〈动〉无;没有。马山《偻齐架桥铁》:冇埊应,ndwi dieg ing,无处可倚。❷〈形〉空;无;闲。《初》:眃圣冇卦眃。Ngoenz youqndwi gvaq ngoenz. 每天休闲过一天。| 衶冇,doekndwi,落空。| 宜州《孟姜女》:港冇故同啰。Gangj ndwi guh doengzlox. 说空话来互相欺骗。❸〈副〉白;白白地。马山《行孝歌》:吽冇,gwn ndwi,白吃。

内^{1} 方 naeq [nai^{5}]〈动〉看。(见眲)

内^{2} ndaw [ʔdaɯ^{1}]〈名〉内;里。马山《二十四孝欢》:各闷屯内心。Gag mbaenqdaenz ndaw sim. 独自烦闷在内心。| 马山《哀歌》:父别口内阴。Boh bieg haeuj ndaw yaem. 父亲别离入阴间里。

内^{3} ndwi [ʔdɯ:i^{1}]〈副〉空;白。田阳《布洛陀遗本》:偷斗不斗内。Hoiq daeuj mbouj daeuj ndwi. 我来不白来。

内^{4}(尔、尼、亦、你、侣) neix [nei^{4}] ❶〈代〉这;此。马山《欢叹母》:劲猜优内跪。Lwgcing youq neix gvih. 亲生孩子在此跪。❷〈名〉现;此;今。马山《奠别歌》:断恩情时内,duenh aencingz seizneix,断恩情此时。| 马山《欢叹母》:晗内眸江當。Haemhneix ninz gyang dangq. 今晚睡厅堂。❸〈连〉然;然而。马山《叹别情》:爹鲁爹祖斗,内爹不鲁闹。De rox de coj daeuj, neix de mbouj rox nauq. 他知他定来,然他不知晓。

内^{5} noix [noi^{4}]〈形〉❶ 少。马山《劳功歌》:伝内兀托譗。Vunz noix ndei dox-yaeng. 人少好相商。❷ 小;幼小。马山《叹亡歌》:叮收朝劲内,daengq sou cauh lwg noix,叮嘱你们众小儿。(见尛)

内^{6} nyaeq [ɲai^{5}]〈形〉小;幼小。马山《信歌》:友内,youx nyaeq,小乖乖,小情人。| 来宾《欢情》:吽佲不眉媚,苒又眉劲内。Naeuz mwngz mbouj miz maex, ranz youh miz lwg nyaeq. 说你没有妻,家又有小儿。(见絸^{1})

冋1 dungx［tuŋ⁴］〈名〉肚子。平果《贼歌》：只冋饿勺死。Aen dungx iek yaek dai. 肚子饿得要死。

问2 haemq［ham⁵］〈动〉问。东兰《造牛（残页）》：到丕问怖罗托。Dauq bae haemq Baeuqroxdoh. 回去问布洛陀。

冉 yiemj［jiːm³］❶〈名〉险；危险。《初》：𠬠冉，byat yiemj，脱离危险。｜肙冉，miz yiemj，有危险。❷〈形〉险恶；凶险（易发生不幸或灾难）。《初》：坤冉，roen yiemj，险恶的道路。❸〈副〉险；险些；差点儿。《初》：冉冉約𣦬命。Yiemjyiemj yaek dai mingh. 差点儿要送命。

用 yong［joːŋ¹］〈名〉篱笆。东兰《造牛（残页）》：请麻胇用门。Cing ma daengz yong dou. 牵来到篱笆门。

同1 doengh［toŋ⁶］〈量〉些。（见嗵¹）

同2 doengz［toŋ²］〈名〉老庚；老同；情人。《粤风》：齐同扶攎鲁。Gyaez doengz bouxlawz rox. 疼爱老同有谁知。（见侴）

同3 doengz［toŋ²］〈量〉圈；道。都安《三界老爺唱》：腮涞扒躺二三同。Sai raiz gyaeb ndang song sam doengz. 彩带箍身两三圈。

同4 doengz［toŋ²］〈副〉互相。宜州《孟姜女》：冇同啰，ndwi doengzlox，不相欺骗。

网 fueng［fuːŋ¹］〈名〉方。宜州《孟姜女》：地网，deihfueng，地方。

有 方 yaeu［jau¹］〈名〉枫。金城江《台腊恒》：桧有，faexyaeu，枫树。

侑1 方 byou［pjou¹］〈代〉我们。《初》：侑齊料读𣓤。Byou caez daeuj doegsaw. 我们一起来读书。

侑2（𤞑、冇、宋）byouq［pjou⁵］〈形〉空；无。《初》：𢬣侑，fwngzbyouq，空手。｜武鸣《信歌》：咟侑讲那䆼，bakbyouq gangj naz fwz，空口说荒田（喻空许诺，无实惠）。

侑3 方 byouq［pjou⁵］〈代〉怎么。（见敌）

周 caeu［ɕau¹］〈动〉藏；收藏。（见𢭃）

冈 gang［kaːŋ¹］〈名〉钢。（见鏮）

䶇 方 naeuq［nau⁵］〈形〉愤怒；气愤。（见忸）

侑 方 ngaeuq［ŋau⁵］〈动〉恳求；哀求；追求。（见嘿）

囿 yo［jo¹］〈动〉收；收藏。马山《完筆字信》：囿笼厢，yo roengz sieng，收藏进箱子里。

㑚 nax［na⁴］〈名〉舅舅；舅妈；姨；姨丈。（见㑚¹）

肤（使）方 sawj［θaɯ³］〈动〉使；使用；用；开支。《初》：艮𦔖俗各肤。Ngaenzrei mwngz gag sawj. 你的体己钱你自己用。

厢 sieng［θiːŋ¹］〈名〉箱子。马山《完筆字信》：迪叺厢挞囿。Dwk haeuj sieng bae yo. 放进箱里收藏。

𥦎 hoengq［hoŋ⁵］〈形〉❶空；空白。❷空闲。（见閧）

𦁅 hongx［hoːŋ⁴］〈名〉圈套；陷阱。

《初》:佲介合橱。Mwngz gaej haeuj hongx. 你莫人圈套。

䶚 㐅 gup [khup[7]]〈量〉周岁。(见嵩)

䶛 hop [hoːp[7]]〈名〉一周;一循环;一轮(年岁、圩日等)。(见輪)

雕 diu [tiːu[1]]〈动〉阉;骗。都安《三界老爺唱》:争干批价特羊雕。Cengqganq bae gyaq daeg yiengzdiu. 逞能去问骗羊价。

䋄 muengx [muːŋ[4]]〈名〉网。(见紇)

䶝 doen [ton[1]]〈名〉墩子(用稻草编结)。(见礅)

人(亻)部

人[1] saenz [θan[2]]〈名〉人。武鸣《女送》:人情倍人情。Saenzcingz boiz saenzcingz. 人情还人情。|马山《伏依女娲句》:伏依添姊妹,同隊造人民。Fug'ei dem Ceijmoih, doengzdoih caux saenzminz. 伏依和子妹,一同造人民。

人[2] vunz [wun[2]]〈代〉人;别人。武鸣《珠文瑞》:寒人混否行。Hanh vunz hoenx mbouj hingz. 谅必别人打不赢。

个[1] ga [ka[1]]〈名〉腿。田东《闹滔懷一科》:个歪,ga gvez,脚跛。

个[2] gax- [ka[4]]〈副〉先;先前(与贯连用)。马山《信歌》:名悲个贯。Mwngz bae gaxgonq. 你先去。

个[3] goj [ko[3]]〈副〉也。忻城《传扬歌》:安邳安个顺。An caeuq an goj swnh. 一拨人跟一拨人相互转手。

个[4] guh [ku[6]]❶〈动〉做;干。❷〈动〉是;充当。❸〈动〉建;造。❹〈动〉唱(山歌);编(歌);作(诗歌)。❺〈副〉老;老是;越。(见cu)

从 coengz [ɕoŋ[2]]〈动〉听从;服从。《初》:吽偻総否从。Naeuz de cungj mbouj coengz. 怎么讲他都不听从。

介[1](改、皆、詅、揩、給)gaej [kai[3]]〈副〉莫;别。《初》:佲介愣。Mwngz gaej lau. 你别怕。|雰犨亦介罢呈。Fwn doek cix gaejbah bae. 下雨就暂莫去。

介[2] gaex [kai[4]]〈动〉推。马山《哀歌》:介闹三介四,gaej nauh sam gaex seiq,别闹三推四(别埋怨推脱不养老人)。

介[3] gah- [ka[6]]〈缀〉什么(与嘛连用)。宜州《孟姜女》:礼本介嘛,ndei baenz gahmaz,好成什么样。

介[4] gai [kaːi[1]]〈名〉扁桃。田东《大路歌》:月乃忑个介。Yietnaiq laj gogai. 在扁桃树下歇息。

介[5] gai [kaːi[1]]〈动〉卖。田东《大路歌》:放不了写介。Cuengq mbouj liux caiq gai. 放不完才卖。

介[6] gaiq [kaːi[5]]〈量〉❶块;支。马山《奠别欢》:眉畐鲃介肉,吗父可屑贼。Miz duz bya gaiq noh, heuh boh goj ndwi han. 若有一条鱼一块肉,再叫父亲他也不答应。❷些(不定量,有时可译为"的")。《粤风》:宽介留,fwen gaiq raeuz,我们的歌。|眉介呻介样,miz gaiq gwn gaiq yiengh,有一些好吃

好货。（见玠）

介^{7} gaiq[ka:i^{5}]〈名〉东西（与度连用）。《初》：度介，doxgaiq，东西。

介^{8} gaiq [ka:i^{5}]〈动〉盖；压倒；超群。（见𨆍）

介^{9} gyawz [kjaɯ^{2}]〈代〉哪；何。宜州《龙女与汉鹏》：问侬嘢介斗。Haemq nuengx youq gyawz daeuj. 问妹从哪来。

今^{1} gaem [kam^{1}]❶〈动〉抓；拿；持；握；握住；掌握；掌管。田东《大路歌》：奷今合连兰。Yah gaem hok lienz ranz. 家婆掌管家财。❷〈量〉束；抓；把。《初》：三今稼，sam gaem gyaj，三把秧。（见扲^{1}）

今^{2} gaemh [kam^{6}]〈动〉按；压（双手向下用力）。田东《大路歌》：双逢力今贺。Song fwngz laeg gaemh hoq. 双手莫按膝。

亼 saenz[θan^{2}]〈动〉颤；发抖。（见抻^{2}）

仝 doengz [toŋ^{2}]❶〈动〉同；相同；一样。马山《情歌》：仝口仝吽齐仝幼。Doengz guh doengz gwn caez doengz youq. 同做同吃一同住。❷〈名〉老同；老庚；情人。马山《唱欢情》：交㐌佲仝金，恩心十足昂。Gyau ndaej mwngz doengz gim，aen sim cibcuk angq. 结交得你金老同，我心十足是高兴。

乇（屠、托）doz[to^{2}]〈动〉投宿；歇宿。《初》：乇丕偲铺内，doz youq aen bouq neix，投宿在这个店铺。

以^{1} ei [ʔei^{1}]〈动〉依；依照。宜州《龙女与汉鹏》：汉鹏以嗦之嗦喈。Hanbungz ei soh cih soh gyaiz. 汉鹏依实就实说。

以^{2} ndij [ʔdi^{3}]〈介〉与；跟。田阳《布洛陀遗本》：斗以布相散，daeuj ndij baeuq doenghcam，来跟祖公相询问。

以^{3} hix [hi^{4}]〈副〉也；亦。（见亦^{1}）

仐（干）ganq [ka:n^{5}]〈动〉护理；料理；照料；看护。（见《初》）

亏 gungx [kuŋ^{4}]〈形〉弯；弯曲。（见㑋）

令^{1} 方 lengq[le:ŋ^{5}]〈名〉处；处所。（见𣲞）

令^{2} lengx [le:ŋ^{4}]〈形〉旱；干旱。（见《初》，即 rengx）

令^{3} lin [lin^{1}]〈名〉石头。田阳《布洛陀遗本》：水欵咘忑令。Raemx youq mboq laj lin. 水在岩下清泉里。

令^{4} linx [lin^{4}]〈名〉舌头。（见𦧲）

令^{5} lingh [liŋ^{6}]❶〈形〉另；别。❷〈副〉另；再；重新。（见另）

令^{6} 方 lingh [liŋ^{6}]〈名〉闪电（与啦连用）。（见𩆍^{1}）

令^{7} 方 lingh [liŋ^{6}]〈形〉赤身；裸体（与龙连用）。（见伶^{2}）

令^{8} lingq [liŋ^{5}]〈形〉陡；陡峭；峻峭。（见玲^{2}）

令^{9} lingz [liŋ^{2}]〈形〉伶仃。马山《默向书信》：吞叽纫令丁。Raen gou youq lingzding. 见我独住孤伶仃。

令^{10} 方 ringx [ɣiŋ^{4}]〈动〉滚；滚动。（见𨧗）

众 gyoengq [kjoŋ^5]〈量〉❶ 帮；群；伙。❷ 们（与代词连用）。（见傗）

合^1 hab [haːp^8]〈形〉合适。马山《皮里患鲁不》：𬾀度欧升合。Ndaej doxaeu cingq hab. 能结婚才合适。

合^2 hap [haːp^7]〈动〉讲；讲明。田阳《麽収魂糎一科》：布禄途造合。Baeuqroxdoh caux hap. 布洛陀就讲。

合^3 方 het [heːt^7]〈副〉才；刚刚。（见洽）

合^4 hob [hoːp^8]〈动〉合拢；围拢。（见《初》）

会 方 hoih [hoi^6]〈副〉慢；再。（见曼^1）

㑒 byawz [pjaɯ^2]〈代〉谁；哪个。（见佦^1）

佉 get [keːt^7]〈形〉烈；浓；醇。（见醘）

舍^1 方 cax [ɕa^4]〈名〉钹。（见鎈^1）

舍^2 ce [ɕe^1]〈动〉留；留下；遗留。马山《欢叹母》：舍收朝公春。Ce sou cauh goeng cin. 留下你们众亲家。（见扯）

㑬 cawx [ɕaɯ^4]〈动〉买。（见賗）

侗（㑭、同）doengz [toŋ^2]〈名〉老庚；老同；情人。（见《初》）

伞 liengj [liːŋ^3]〈名〉伞。平果《贼歌》：口店贝主伞。Haeuj diemq bae cawx liengj. 进店去买伞。

㑣（挌、䆕、䂺、䔍、洜）loenq [lon^5]〈动〉脱落；掉下。《初》：䅘旭㑣了轴。Byoemgyaeuj loenq liux ngaeuz. 头发脱落光了。

侖^1 lumz [lum^2]〈动〉忘记。金城江《覃氏族源古歌》：時代冷用侖。Daengq daih laeng yungh lumz. 叮嘱后辈勿忘。

侖^2 lwnz [lɯn^2]〈名〉情妹；情哥（男女间的昵称）。（见倫^3）

命^1 maen [man^1]〈形〉不育的。田东《闹涽懐一科》：養懐命造呰。Ciengx vaiz maen caux ceh. 养不育的牛才繁殖。

命^2 mieng [miːŋ^1]〈动〉诅咒；发誓。马山《完筆字信》：命名听，mieng mwngz dingq，诅咒给你听。

㒪^1（𠔃、畲）方 ce [ɕe^1]〈动〉遮盖。《初》：㒪䘳，ce denz，盖被子。

㒪^2 ciq [ɕi^5]〈动〉借。《初》：廪㒪籼賠粡。Lumj ciq san boiz raeh. 好像借白米还稻谷（比喻占了别人的便宜）。

㑧 方 coek [ɕok^7]〈动〉余；剩余；盈余。（见《初》）

畲^1 haemh [ham^6]〈名〉晚上。田阳《布洛陀遗本》：作畲甫黎鲁。Gyang haemh bouxlawz rox. 夜晚谁人知。

畲^2 haemz [ham^2]〈形〉辛酸；难听；恶毒。田阳《布洛陀遗本》：陳畲得隴埔。Coenz haemz dwk roengz namh. 辛酸话语埋下地。

畲^3 hoemq [hom^5]〈动〉盖；修整。右江《本麼叭》：蘭亦落任畲。Ranz yaek loh yaemz hoemq. 屋将漏雨要赶快修整。

㑣 方 laenz [lan^2]〈动〉挤。《初》：㑣卦

㑲,laenz gvaq maz,挤过来。

㒳 历 liengj [liːŋ³]〈形〉黄。《初》:趼污墉㒳。Ga uq namh liengj。脚沾黄泥。

㑩¹ 历 ce [çe¹]〈动〉遮盖。(见傘¹)

㑩² haemz [ham²]〈形〉❶(味)苦。❷ 苦;辛苦;穷;困难;艰苦。(见𠯿)

𠓨(霊、㧓、𥙩、𠑲、𠔕) liengj [liːŋ³]〈名〉伞。(见《初》)

𠓣 lumj [lum³]〈动〉像;似。(见廪)

㑭(吞) 历ndaen [ʔdan¹]〈量〉个。《初》:双㑭𥓙,song ndaen mak,两个果子。

㑽 历 boenh [phon⁶]〈量〉群。《初》:㑽𠈉傪,boenh gaenz de,他们那一群人。

盒 hab [hap⁸]〈名〉火柴(与㶷连用)。《初》:盒㶷,habfeiz,火柴。

𠎩(加) 历 gah [ka⁶]〈代〉什么(与庅连用)。《初》:呻𠎩庅? Gwn gahmaz? 吃什么?

㥁 gyoengq [kjoŋ⁵]〈量〉❶ 帮;群;伙。❷ 们(与代词连用)。(见倊)

㝓 ham [haːm¹]〈名〉神位;神堂;神龛。(见坎²)

𠑲 liengj [liːŋ³]〈名〉伞。(见𠓨)

斜 sej [θe³]〈名〉骨架;骨子。(见骴)

贪 历 vax [wa⁴]〈形〉愚蠢;笨拙;傻。(见疨)

甜 历 goemz [kom⁴]〈动〉弯;俯;低下。(见龄)

𣪘 haeb [hap⁸]〈动〉咬。(见𠽬)

𠨬 历 ngamj [ŋaːm³]〈形〉合;合适;适宜。(见𠿾)

㤙(因、谷、㐃、恴、嗯、恩、咹、安) aen [ʔan¹]〈量〉❶ 个(人除外)。《初》:𢄂佲双㤙𥓙。Faen mwngz song aen mak. 分给你两个果子。❷ 张(桌、凳)。《初》:双㤙榁,song aen daengq,两张凳子。❸ 盏。《初》:㤙灯刁,aen daeng ndeu,一盏灯。❹ 座;幢。《初》:㤙空刁,aen ranz ndeu,一座房屋。

貪 历 damh[thaːm⁶]〈动〉扛。(见《初》,即 ram)

𠅤 历 danj [taːn³]〈动〉踢。(见《初》)

斡 gaenj [kan³]〈形〉紧;紧急。(见𦂾)

哥 go [ko¹]〈量〉棵;株。(见槅)

㷔 remj [ɣeːm³]❶〈动〉烧焦。❷〈形〉炽热;炎热。❸〈动〉烧;焚烧。(见爁)

舍(㧪) sij [θi³]〈动〉舍。《初》:舍否𠮩盼佲。Sij mbouj ndaej biek mwngz. 舍不得离开你。

貓 历 mbeuj [ʔbeu³]〈形〉❶ 歪。❷ 歪扭。(见䟭)

𠎷(令、羚、蹘、䎁、䃧) 历 ringx [ɣiŋ⁴]〈动〉滚;滚动。《初》:磌打丕岜𠎷笭料。Rin daj gwnz bya ringx roengz daeuj. 石头从山上滚下来。

𧷤(开、开、夻、皆、稭、岐、该、𪇮、䔇、𧷤) gai [kaːi¹]〈动〉卖。马山《欢哭母》:𫔰柴,gai fwnz,卖柴。

𨪝 dawz [taɯ²]〈动〉❶ 持;抓;拿。❷ 捉拿。❸ 挑。(见�T²)

龕 ham [haːm¹]〈名〉神位;神堂;龛;香案。(见坎²)

亿 iq [ʔi⁵]〈形〉小。都安《行孝唱文》:可议劲亿係吞心。Goj ngeix lwg iq youq aen sim. 老想小儿在内心。

𠆢 方 ngaem [ŋam¹]〈名〉阴;荫。(见晻)

仆¹ 方 baeuq[pau⁵]〈名〉公公;翁。(见𫏨¹)

仆² boh [po⁶]〈名〉❶ 父;父亲。马山《欢哭母》:仆吙挡伝害。Boh gou deng vunz haih. 我父亲被人谋害。❷ 父辈(家族或亲戚中与父亲平辈的男性)。❸ 父亲似的人。❹ 男性;雄性。(见仪¹)

仆³ boux [pou⁴]〈量〉个;位。马山《欢叹母》:仆偭重吙里? Bouxlawz coengh gou leix? 哪个帮我料理? | 宜州《孟姜女》:仆佬啦,bouxlaux ndaq,老人责骂。(见俌)

仈 baz [pa²]〈名〉妻。宜州《孟姜女》:结关仈伯妹。Giet gvanbaz bohmaex. 结成夫妻一对。

仢 方 biu [piːu¹]〈形〉伶俐。(见《初》)

什 caep [ɕap⁷]〈动〉收拾;打扫。田东《大路歌》:那度什秀。Naj dou caep seuq. 门前收拾干净。

仇¹ caeuz [ɕau²]〈名〉晚饭。马山《欢叹母》:肛班仇,daengz ban caeuz,到晚饭时分。(见粃)

仇² 方 caeuz [ɕau²]〈名〉牛鼻绳。(见犾)

仇³ couh [ɕou⁶]〈副〉就。(见𧿒)

仃¹ daengz [taŋ²]〈动〉到。(见肛²)

仃² 方 dingz[tiŋ²]〈动〉停;停止;停下。上林《赶圩歌》:𥅽眗布仃。Da gaeuj mbouj dingz. 眼看个不停。

仉 geij [kei³]〈形〉几多;多少。上林《赶圩歌》:眉愎慨仉猍。Meiz fukheiq geijlai. 有几多福气。

仂¹ lwenz [lɯːn²]〈名〉昨。宜州《龙女与汉鹏》:恨仂卜差斗榄佷。Haemhlwenz bouxcai daeuj ranz haemq. 昨晚官差到家查问。

仂² lwg [lɯk⁸]❶〈名〉子女;孩子。宾阳《催春》:仂娋,lwgsau,姑娘。| 宜州《孟姜女》:乜焗古仂朵。Meh ciengx gou lwgdog. 母亲养我一独女。❷〈名〉崽(用在某些名词后面表示小的意思)。❸〈名〉果;籽实(与名词连用,多用于表示果子等)。❹〈缀〉子。❺〈量〉捆。❻〈量〉个;只(可视情况灵活对译)。(见劲)

仂³ 方 raeg [ɣak⁸]〈副〉偷偷;悄悄(与㕸连用)。《初》:偧㕸仂料。De guhraeg daeuj. 他悄悄地来。

仅¹ raeuz [ɣau²]〈代〉我们;咱们(包

括对话的一方)。都安《雷王大帝唱》:布兰其而眉贤聖,仅自批请斗求天。Mbouj rox gizlawz miz yienzsingq, raeuz cix bae cingj daeuj gouz dien. 不知何处有贤圣,我们就请来求天。(见偻[1])

仅[2] raeuz [ɣau²]〈形〉滑;滑溜。都安《雷王大帝唱》:仅爺仅潒,raeuzhiz raeuzrad,滑里滑溜。

仅[3] raeuz [ɣau²]〈名〉影子;阴影。(见彯)

仍[1] 方 nyaengh [ɳaŋ⁶]〈连〉如果。(见迺)

仍[2] saeng [θaŋ¹]〈名〉罾。宜州《龙女与汉鹏》:西月锐达呗节仍。Seiqnyied ruih dah bae ciet saeng. 四月河边去扳罾。

仍[3] 方 yaengz [jaŋ²]〈副〉连续。《初》:仍絻四刃艿。Yaengz mbaen seiq liengx ndaij. 连续搓好四两麻线。

仁 方 sinz [θin²]〈形〉老练的;熟练的;有经验的。上林《赶圩歌》:妖妖欢井仁。Dahdah fwen cingq sinz. 个个唱歌很老练。

化[1] 方 va [wa¹]〈形〉孪生;双生。(见化)

化[2] vah [wa⁶]〈名〉话。(见吪[2])

化[3] vaq [wa⁵]〈名〉裤子。(见袜[2])

化[4] vaq [wa⁵]〈名〉乞丐。(见傀)

化[5] 方 vax [wa⁴]〈连〉和;同。(见囮)

化[6] 方 vaz [wa²]〈动〉混;混合;搅拌。(见《初》)

仏 vunz [wun²]〈名〉人。金城江《覃氏族源古歌》:仏行嘢,vunz hengz yak,行恶的人。

仛 方 caj [ɕa³]〈动〉等;等待。(见㑳)

仨 cam [ɕaːm¹]〈动〉问。(见嚵)

仸[1] da [ta¹]〈名〉❶外公。❷岳父。(见馱)

仸[2] dax- [ta⁴]〈缀〉阿(用于长辈亲属的称谓前)。《初》:仸伩,daxboh,阿爸(父亲)。| 仸妑,daxmeh,阿妈(母亲)。

代[1] daeq [tai⁵]〈动〉替。武鸣《信歌》:㘭劲代爹田,guh hoengq daeq de dienz,干活替他填[债]。

代[2] 方 daih [taːi⁶]〈动〉❶接;接受;继承。❷待;招待。(见待)

代[3] daiq [taːi⁵]〈动〉带;带领;率领;引导。(见俤[1])

代[4] daix [taːi⁴]〈动〉托住。(见抬)

他[1] da [ta¹]〈名〉眼睛。(见䀲[1])

他[2] da [ta¹]〈名〉❶外公。❷岳父。(见馱)

他[3] dah [ta⁶]〈名〉河。(见汏[1])

他[4] dax [ta⁴]〈名〉刚才(与昧连用)。(见昳[2])

他[5] de [te¹]〈代〉它。东兰《造牛(残页)》:丕偶他馬,bae aeu de ma,去要它回来。

仜[1] 方 diq [ti⁵]〈名〉山主。(见俤)

仜^{2} hong [hoːŋ^{1}]〈名〉工;活路。宜州《龙女与汉鹏》:古呀否软故仜哏。Gou yax mbouj suenq guh hong gwn. 我也不打算干活谋生了。

仃 dingz [tiŋ^{2}]〈动〉停;停止;停顿。(见竚)

仛^{1} doj [to^{3}] ❶〈形〉土(指本地的)。❷〈名〉草皮(与坔连用)。(见玊^{1})

仛^{2}(度、徒、多、托、迯、秃) dox-[to^{4}]〈缀〉相;互相。《初》:仛躧, doxraen, 相见。

仜^{1} fangz [faːŋ^{2}]〈动〉做梦(与嗔连用)。马山《书信》:仜嗔, fangzhwnz, 做梦。

仜^{2} mbangj [ʔbaːŋ^{3}] ❶〈名〉部分(整体中的一些)。❷〈副〉也许;或许。(见沪^{1})

仜^{3} muengz [muːŋ^{2}]〈名〉亡灵。马山《起书嚧特豆》:角飳險貧仜。Gak iek yiemj baenz muengz. 挨饿险些成亡灵(差点儿就饿死)。

仉 fanz [faːn^{2}]〈名〉凡人。《初》:俇尸仙尸仉。Nuengx mbiengj sien mbiengj fanz. 阿妹半是神仙半是凡人。

付^{1} fouq [fou^{5}]〈形〉富。马山《二十四孝欢》:批当功老付。Bae dang goeng lauxfouq. 去给富人当长工。

付^{2} fouz [fou^{2}]〈名〉符。(见孚^{2})

伌 gvang [kwaːŋ^{1}]〈名〉❶男友;男情人(敬称)。❷丈夫;男人(尊称)。❸客人;官人(尊称)。(见侊^{2})

伃(令、躬、穷) gungx [kuŋ^{4}]〈形〉弯;弯曲。《初》:腘伃, hwet gungx, 驼背。

伃(亏、佮) 历 gvae [kwai^{1}]〈动〉归;属于。《初》:佲伃佟揞。Mwngz gvae de guenj. 你归他管。

仡^{1} gwiz [kɯːi^{2}]〈名〉婿;夫婿。宜州《孟姜女》:老氓侬米仡。Lau mwngz nuengx miz gwiz. 怕妹妹你已有夫婿。

仡^{2} 历 haet [hat^{7}]〈动〉❶做。❷建筑;造;起。❸搞;闹。(见扢^{2})

仡^{3} hoiq [hoi^{5}] ❶〈名〉奴隶;仆人;佣人。❷〈代〉我(谦称)。(见伬^{1})

仟^{1} hawq [haɯ^{5}]〈形〉干。(见玹)

仟^{2} youq [jou^{5}]〈动〉住;在。《古壮字春联》:哏俐仟俐。Gwn ndei youq ndei. 吃好住好。(见圣)

仦^{1} neux [neu^{4}]〈形〉❶瘦削;(人)高瘦。《初》:孙内䫁馭仦。Lwg neix sang youh neux. 这孩子长得又瘦又高。❷细长。《初》:孙内揹跒仦。Lwg neix gen ga neux. 这小孩手脚细长。

仦^{2}(伲、滞、妮、嬑) niq [ni^{5}]〈形〉小(对小孩的昵称)。《初》:妖仦内实哈惯。Dahniq neix saed hab maij. 这个女孩真可爱。

仦^{3}(小) siuj [θiːu^{3}]〈形〉❶少;缺少。《初》:空夗伝坆仦。Ranz gou vunz hong siuj. 我家劳力少。❷小。《初》:佲介䢱仦佟。Mwngz gaej yawj siuj de. 你莫小看他。

仪^{1} ngeix [ŋei^{4}]〈动〉❶想。马山《望吞話名詢》:仪佲心之敗。Ngeix mwngz sim cix baih. 想你心就烦乱。| 马山《欢叹父母》:吽登何又仪。Gwn daengz hoz youh ngeix. 吃下喉咙心又想。❷ 思;思念。❸ 寻思;思索;考虑。(见忞[1])

仪[2] 方 nyeq [ȵe⁵]〈动〉挤。(见揎)

伬 sei [θei¹]〈名〉尸体。马山《勺记时种花》:㲎勺欧吞伬,里勺欧吞伝。Dai yaek aeu raen sei, lix yaek aeu raen vunz. 死要见尸,活要见人。

仕[1] 方 saeh [θei⁶]〈名〉事;事情。上林《赶圩歌》:訶傢仕听龙。Hoh gyasaeh hinglungz. 贺家事兴隆。

仕[2] saeq [θai⁵]〈名〉土官;土司爷。田阳《唱祖公》:甫仕哽熟那着浩。Bouxsaeq gwn cug naj cauh hau. 官人吃熟食脸才白。

仔[1] sai [θaːi¹]〈名〉男。(见財)

仔[2] (彩) 方 saij [θaːi³]〈动〉亏;吃亏;上当(与蟀连用)。《初》:泶内蟀仔啰! Mbat neix catsaij lo! 这回上当了!

付 yaez [jai²]〈名〉情友;情人。金城江《台腊恒》:劝队友付, gyuenq doih youx yaez,劝情友伙伴。

仰[1] 方 angq [ʔaːŋ⁵]〈动〉谢;感谢。(见唴)

仰[2] -ngongj [ŋoːŋ³]〈缀〉睁睁地。(见昂[5])

仰[3] nyangj [ȵaːŋ³]〈名〉稻草。(见蔏)

仰[4] yaek [jak⁷]〈动〉要;欲。东兰《造牛(残页)》:仰亲押日裡, yaek leh ya ngoenz ndei,要挑选好日子。

仳 beix [pei⁴] ❶〈名〉兄;姐。❷〈名〉情哥;情郎。❸〈名〉阿哥;阿姐(泛称平辈年长于己者)。❹〈动〉年长;大于。(见俻)

仪[1] (卜、仆、爷、外、佈、扶、爸) boh [po⁶]〈名〉❶ 父;父亲。马山《行孝唱》:仪姆功德劲介喻。Bohmeh goengdaek lwg gaej lumz. 父母功德儿莫忘。❷ 父辈(家族或亲戚中与父亲平辈的男性)。马山《交情唱》:苒丕请仪龙,苒夈请仪傲。Ranz gwnz cingj bohlungz, ranz laj cingj boh'au. 上屋请伯父,下屋请叔叔。❸ 父亲似的人。马山《建房歌》:请匠仪抩头。Cingj canghboh gaem gyaeuj. 请工匠大师来当头。| 马山《学师》:拜佲卬仪师。Baiq mwngz guh bohsae. 拜你做师父。❹ 男性;雄性。马山《欢情》:仪苒, bohranz,男性家长。| 鶏仪, gaeqboh,雄鸡。

仪[2] boux [pou⁴]〈量〉个;位。(见俌)

仪[3] boux [pou⁴]〈形〉雄(多指禽类)。(见㸬[2])

伕[1] boux [pou⁴]〈量〉个;位。(见俌)

伕[2] 方 fawh [faɯ⁶]〈名〉时期;时段;季节。(见胇)

伓 boux [pou⁴]〈量〉个;位。(见俌)

仗[1] 方 bug [phuk⁸]〈名〉山芋;野芋。(见《初》)

仗[2] ciengx [ɕiːŋ⁴]〈动〉❶ 养;供养;抚养。❷ 牧;放牧。(见敾)

似 cawx［ɕaɯ⁴］〈动〉买。宜州《龙女与汉鹏》:便佚节改古节似。Bienh de saj gai gou saj cawx. 若他舍得卖我就舍得买。

传 cienz［ɕiːn²］〈形〉全;全部。上林《赶圩歌》:传傢堂宽慎。Cienz gyadangz vuenheij. 全家皆欢喜。

仲 cungq［ɕuŋ⁵］〈名〉枪。(见宙)

休 ⽅ cwij［ɕɯːi³］〈形〉衰。(见《初》)

斗¹ daeuj［tau³］〈动〉来。马山《哭姐歌》:亲尺斗送灯。Caencik daeuj soengq daeng. 亲戚来送灯。

斗²(杜、都、头)dou［tou¹］〈代〉我们。《初》:空斗,ranz dou,我们的家。| 马山《为人子者》:不得斗各造。Mbouj dwg dou gag caux. 不是我们自编造。

斗³ dou［tou¹］〈名〉门。马山《造翻变贫型》:嫁往屋斗,haq nuengx ok dou,嫁妹妹出门。

仗 din［tin¹］〈名〉脚。(见盯²)

伪¹ faed［fat⁸］〈名〉佛。《初》:伪老,faedlaux,佛爷。(见伕)

伪²(娍、僫、俳、雲、勿)fwx［fɯ⁴］〈代〉别人;人家。都安《农歌》:伪撒稼贫穲,偻岩拎絆犿。Fwx vanq gyaj baenz ndaem, raeuz ngamq gaem cag vaiz. 别人播秧可移栽,咱们方才拿牛绳(比喻误了时辰)。| 金城江《覃氏族源古歌》:用亨伪。Yungh haengj fwx. 不要给别人。

伐¹ fad［faːt⁸］〈动〉打;抽打。田阳《布洛陀遗本》:伐楧吽到慢,fad maex liu dauq mbanj,用类芦秆抽打赶回村。(见拔¹)

伐² faeg［fak⁸］〈动〉剁。(见伤¹)

伐³ vuet［wuːt⁷］〈动〉砍;伐。《粤风》:伐了活漤他。Vuet liux uet raemxda. 边伐边抹泪。

伕(勿、伪、俳、僫、娍)faed［fat⁸］〈名〉佛。《初》:伕老,faed laux,大佛。(即 baed)

份¹ faenh［fan⁶］❶〈名〉份;部分。《初》:大倠総眉份。Daihge cungj miz faenh. 大家都有份。❷〈量〉份。《初》:徬乿双份。De ndaej song faenh. 他得两份。❸〈名〉自己;本分(强调不是别的人)。《初》:份兄,faenh gou,我自己。

份² faenz［fan²］〈名〉牙;牙齿。马山《孝顺歌唱》:他就咬份瞒犻眦。De couh haeb faenz myonx lwgda. 他就咬牙翻眼珠。

伏¹ faeg［fak⁸］〈动〉孵。(见觥)

伏² fag［faːk⁸］〈形〉饱满(一般指农作物的颗粒)。(见筶)

伏³ fag［faːk⁸］〈量〉把(也常作工具、武器类名词的词头)。(见伤²)

伏⁴ ⽅ fak［faːk⁷］〈动〉寄;寄托;付托。武鸣《信歌》:伏信,fak saenq,寄信。(见扰²)

伏⁵ ⽅ fawh［faɯ⁶］〈名〉时期;时段;季节。马山《丹亡》:肝伏糭伏粇,daengz fawh ngaiz fawh caeuz,到午饭晚饭时。| 马山《孝顺歌唱》:伏泥,fawhnit,冬季。(见晡)

伏⁶ ⽅ fod［foːt⁸］〈动〉生气;恼火。(见怫)

伏[7] foek [fok[7]]〈动〉覆。(见贩)

伏[8] fug [fuk[8]]〈动〉❶ 服;服侍。马山《为人子者》:伏士佈老, fugsaeh bouxlaux,服侍老人。❷ 服;服从;服气;佩服。(见《初》)

伏[9] mboek [ʔbok[7]]〈动〉下降。田阳《麽叹魂糯一科》:杏栿健不伏。Iux maex gieng mbouj mboek. 硬木仓廪的米不下降(比喻陈粮吃不完)。

仮(罚) famh [faːm[6]]〈名〉犯人。《初》:俌仮, bouxfamh,犯人。

仿[1] fangz [faːŋ[2]]〈名〉鬼;神。(见魅)

仿[2] fiengj [fiːŋ[3]]〈名〉粟;小米。巴马《漢皇一科》:甫黎关厚仿? Bouxlawz ndaem haeuxfiengj? 谁人种粟子?(见粉[2])

仹 fwngz [fɯŋ[2]]〈名〉手。(见𢫔)

佧 fwngz [fɯŋ[2]]〈名〉手。宜州《龙女与汉鹏》:佧授颂茶之成哏。Fwngz caeux coeng caz cix caengz gwn. 手拿杯茶未曾喝。

伙[1] fwz [fɯ[2]]〈形〉荒;荒凉;荒芜;寂寞;冷落。(见墲)

伙[2] hoj [ho[3]]〈形〉❶ 穷;苦;贫苦;贫穷。宜州《龙女与汉鹏》:朝古否伙。Ciuh gou mbouj hoj. 我这辈不穷。❷ 困难;艰苦。(见焅)

伙[3] o [ʔo[1]]〈形〉紫;紫蓝。马山《迪封信斗巡》:不論腮論巾,数之裫伙𠃊。Mboujlwnh sai lwnh gaen, coj cix baengz o guh. 不论彩带或面巾,全是紫蓝布料做。

伢 ga [ka[1]]〈名〉乞丐(与伲连用)。《初》:伢伲, gavaq,乞丐。

伶 历 gaemx [kam[4]]〈动〉借。(见䛪[1])

伙 ged [keːt[8]]〈形〉吝啬;小气。(见𫄷)

伩[1] goq [ko[5]]〈动〉顾。马山《造䨲变贫型》:鲁往伩不伩。Rox nuengx goq mbouj goq. 谁知妹妹顾不顾。

伩[2] gvang [kwaːŋ[1]]〈名〉❶ 男友;男情人(敬称)。❷ 丈夫;男人(尊称)。❸ 客人;官人(尊称)。(见侊[2])

伩[3] hoh [ho[6]]〈动〉护;护佑;保佑。马山《满月酒歌》:伩劲孙平安。Hoh lwglan bingzan. 护佑子孙平安。

伩[4] 历 hoq [ho[5]]〈名〉卧室;屋子。上林《赶圩歌》:幼閬伩, youq ndaw hoq,在屋子里。

伩[5] lawz [laɯ[2]]〈代〉哪;何;哪样。(见𠰚[2])

佝 gou [kou[1]]〈代〉我。(见兄)

伕(快、𫢸) gvai [kwaːi[1]]〈形〉乖。(见《初》)

伱 gyoengq [kjoŋ[5]]〈量〉❶ 帮;群;伙。❷ 们(与代词连用)。(见侬)

仡 haet [hat[7]]〈动〉做;干。《初》:庀䁆仡。Beijgeix haet. 这样做。

伇[1] 历 iet [ʔiːt[7]]〈动〉入殓(与肉连用)。《初》:伇肉, ietnyuk,入殓。

伇[2] mbaw [ʔbaɯ[1]] ❶〈名〉叶子。❷〈量〉张;面(用于薄的片状的东西)。(见𦬸)

伦^{1} 方 lunz[lun^{2}]〈名〉幺儿;老小。宜州《孟姜女》:等依伦该论。Daengq nuengx lunz gaiq lunh. 叮嘱小妹别乱讲。(即 lwnz)

伦^{2} rim[ɣim^{1}]〈形〉满。《粤风》:花除剪伦落。Va dawz cap rim loh. 把花拿来插满路。

伦^{3} roen[ɣon^{1}]〈名〉路。《粤风》:条伦狠北判。Diuz roen hwnj byaekmbonq. 道路已长赤苍藤。

伻 mbangj[ʔbaːŋ^{3}]❶〈名〉部分(整体中的一些)。❷〈副〉也许;或许。(见沪^{1})

佬 mbauq[ʔbaːu^{5}]❶〈名〉男儿;男青年。❷〈名〉男情人。❸〈形〉英俊。(见貌)

仿 mbaw[ʔbaɯ^{1}]❶〈名〉叶子。❷〈量〉张;面(用于薄的片状的东西)。(见蚄)

佲^{1}(那、伽、哪、逷、嫏、舺、㑚、鄉)nax[na^{4}]〈名〉舅;舅妈;姨;姨丈。马山《欢氿姜》:请佬隆姆妑,请佲兇佲依。Cingj lauxlungz mehbaj, cingj nax hung nax iq. 请舅父舅妈,请大姨小舅。

佲^{2} noix[noi^{4}]〈形〉❶少。❷小。(见尐)

伌(厄)ngaek[ŋak^{7}]〈动〉点(头)。《初》:伌尥,ngaek gyaeuj,点头。

任^{1} nyaemx[ȵam^{4}]〈名〉班辈。金城江《覃氏族源古歌》:時任冷用放。Daengq nyaemx laeng yungh langh. 叮嘱后辈勿放下。

任^{2} nyaemx[ȵam^{4}]〈名〉关照。金城江《覃氏族源古歌》:必奥跲任。Beixnuengx soengx nyaemx. 兄弟帮忙关照。

任^{3} nyib[ȵip^{8}]〈动〉缝。(见紝)

任^{4} raemx[ɣam^{4}]〈名〉水。宜州《龙女与汉鹏》:任痕,raemx haemz,水浑浊。|宜州《孟姜女》:辽啦任暗稳。Liuh laj raemx raen vunz. 看下水中见人影。

任^{5} yaemz[jam^{2}]〈副〉快;赶快。右江《本麽叭》:蘭亦塘任若。Ranz yaek doemq yaemz yo. 屋将倒塌要赶快修整。

伢^{1} 方 ra[ɣa^{1}]〈副〉悄悄;悄然。上林《赶圩歌》:幼沉哂沉伢。Youq caemrwg caemra. 栖息静悄悄。

伢^{2}(依)yaej[jai^{3}]〈名〉布依。《初》:俌伢,Bouxyaej,布依族。

伢^{3} yah[ja^{6}]〈名〉夫妻(与九连用)。宜州《龙女与汉鹏》:氓伽九伢,mwngz gah gyaeujyah,你的夫妻缘。

伊 方 sinq[θin^{5}]〈名〉信。(见㚞)

仭(雙)sueng[θuːŋ^{1}]❶〈形〉偶;双。《初》:貧仭貧对,baenz sueng baenz doiq,成双成对。❷〈数〉两;二。上林《赶圩歌》:欢仭旬,fwen sueng coenz,两句歌。

华^{1} uet[ʔuːt^{7}]〈动〉抹;擦;拭。田东《大路歌》:巾不眉华汗。Gaen mbouj miz uet hanh. 没有巾抹汗。

华^{2} vaz[wa^{2}]〈动〉抓。马山《三界公》:华亖魂螅㤁垫能。Vaz aeu hoen ndip ma demh naengh. 抓她生魂来垫坐。

佤 vah[va^{6}]〈动〉画。宜州《龙女与汉鹏》:佤么像者氓。Vah mbaw siengq ce mwngz. 画一张像留给你。

伝(云、侩、龠、傴、倱、斌)vunz [wun²] ❶〈名〉人。马山《二十四孝欢》:伝鲁禮,vunz rox laex,知礼的人。|众伝偻齐听。Gyoengq vunz raeuz caez dingq. 我们众人一齐听。❷〈名〉每人;人人。马山《欢哭母》:事你伝总鲁。Saeh neix vunz cungj rox. 这事人人都知道。❸〈代〉别人;人家。马山《欢哭母》:伝害仆吼。Vunz haih boh gou. 别人谋害我父亲。

伭¹ 㓐 yenz [jeːn²]〈名〉❶ 旁边;边沿。《初》:伭汏,yenz dah,河边。❷ 附近。(即 henz)

伭² 㓐 yienz [jiːn²]〈形〉长;延长(指寿命)。《初》:俦伭,souhyienz,长寿。

伭³(延)yienz [jiːn²]〈形〉贤;贤惠。上林《赶圩歌》:欧礼媌伭,aeu ndaej bawx yienz,娶得贤惠妻。

优 youq [jou⁵]〈动〉在。马山《欢叹母》:优对䨻,youq doiqnaj,在对面。

伖(酉、伷、友)youx [jou⁴]〈名〉情人;朋友。(见《初》)

侽¹ au [ʔaːu¹]〈名〉叔;叔父。(见翁)

侽² mbauq [ʔbaːu⁵] ❶〈名〉男儿;男青年。❷〈名〉男情人。❸〈形〉英俊。(见䶂)

侽³(号)hauh [haːu⁶] ❶〈量〉样;种;类。《初》:侽伝内叫礼貧? Hauh vunz neix guh ndaej baenz? 这种人做得成事吗? ❷〈连〉要是;倘若。《初》:侽叶儋否料,兄䟢否眥。Hauh naeuz de mbouj daeuj,gou caemh mbouj bae. 要是他不来,我也不去。

伻¹ baenz [pan²]〈动〉❶ 成;成为。都安《行孝唱文》:伻伝,baenz vunz,成人。❷ 如;似。都安《行孝唱文》:丐伻龙,ndei baenz lungz,好如龙。

伻² biengz [piːŋ²]〈名〉世界;天下;世间。大化《嚏奠别》:歪伻,gwnzbiengz,世界上。|伝夵伻,vunz lajbiengz,天下人。|马山《信歌》:閙伻侵眉墜。Ndaw biengz caemh miz doih. 世间也有伴。(见㚘)

伻³ mbiengj [ʔbiːŋ³]〈名〉边;一半。(见尸³)

伖 beix [pei⁴] ❶〈名〉兄;姐。❷〈名〉情哥;情郎。❸〈名〉阿哥;阿姐(泛称平辈年长于己者)。❹〈动〉年长;大于。(见㞗)

佛¹ baed [pat⁸]〈名〉❶ 佛像。❷ 神龛;神台。(见魃)

佛² fwed [fɯːt⁸]〈名〉翅膀。《粤风》:凤托佛来琶。Fungh dak fwed byai bya. 凤晒翅膀高山顶。

佛³ 㓐 fwiz [fɯːi²]〈动〉拜(神)。(见𫞩)

㑚 baeuq [pau⁵]〈名〉公公;翁。(见𫞩¹)

佈¹ baeuq [pau⁵]〈名〉公公;翁。(见𫞩¹)

佈² boh [po⁶]〈名〉❶ 父;父亲。❷ 父辈(家族或亲戚中与父亲平辈的男性)。❸ 父亲似的人。❹ 男性;雄性。(见仪¹)

佈³ boux [pou⁴] ❶〈量〉个;位。《初》:双佈伝,song boux vunz,两个人。❷〈名〉人(与相应名词连用)。大化《嚏奠别》:母媥佈缌, mehmbwk bouxsai, 妇女男人。❸〈代〉谁(与而连用)。马山《奠别歌》:佈而如爱㑚? Bouxlawz hih gyaez dai? 谁又乐意死?(见俌)

佈[4] buh [pu[6]]〈名〉衣服。大化《嚔奠别》:㧻佈皓行孝。Daenj buh hau hengz hauq. 穿白衣行孝。

佈[5] mbaw [ʔbaɯ[1]] ❶〈名〉叶子。❷〈量〉张;面(用于薄的片状的东西)。(见𦬺)

㑩(㧊、𠡃、趴) bamq [pa:m[5]]〈动〉❶伏;趴。《初》:侈㑩丕枱。De bamq youq gwnz daiz。他伏在桌子上。❷埋伏。

㑗 bing [piŋ[1]]〈名〉兵。(见《初》)

伯[1] bawz [paɯ[2]]〈代〉谁。金城江《覃氏族源古歌》:用伯想来响。Yungh bawz siengj lai yiengh. 谁都不用想太多。

伯[2] boh [po[6]]〈名〉❶父亲。宜州《龙女与汉鹏》:啷伯啷乜卸作楞。Langh boh langh meh ce coq laeng. 抛父丢母在后头。❷夫;丈夫。宜州《孟姜女》:结关仈伯妹。Giet gvanbaz bohmaex. 结一对夫妻。

伯[3] byawz [pjaɯ[2]]〈代〉谁;哪个。宜州《龙女与汉鹏》:伯修吲功本样伲。Byawz siu yaemgoeng baenz yienghneix. 谁修阴功能这样。(见佲[1])

伴[1] 方 bonq [po:n[5]]〈动〉拼。《初》:伴㑘, bonqmingh, 拼命。

伴[2] bonz [po:n[2]]〈名〉前(天、晚)。(见𣅜)

伴[3] mbonq [ʔbo:n[5]]〈名〉床。大化《嚔奠别》:父老病内伴。Boh laux bingh ndaw mbonq. 老父病在床。

伸 caemh [ɕam[6]] ❶〈动〉同;共同。❷〈副〉也;同;一起。(见䏂)

佐[1] caj [ɕa[3]]〈动〉等;等待。右江《麽請布涤畾》:佐伝, caj vunz, 等人。

佐[2] 方 co [ɕo[1]]〈动〉谢。(见𨵦)

佐[3] 方 coh [ɕo[6]]〈连〉和。(见挫)

佐[4] gyoh [kjo[6]]〈动〉怜爱。《粤风》:有不佐疼都。Youx mbouj gyoh daengz dou. 情哥不怜爱到我。(即 coh)

作[1] cak [ɕa:k[7]]〈动〉嗟叹。马山《百岁歌》:鲁之作件驴。Rox cix cak gienh lawz. 不知嗟叹何事。(见作[1])

作[2] coh [ɕo[5]]〈介〉朝;向;往;到。宜州《龙女与汉鹏》:古利变哇作却呗。Gou lij bienqvaq coh gyawz bae. 我还变化往哪走。

作[3] coq [ɕo[5]]〈动〉放;放在。宜州《龙女与汉鹏》:啷伯啷乜卸作楞。Langh boh langh meh ce coq laeng. 抛父丢母在后头。

作[4] coz [ɕo[2]]〈形〉年轻;年青。(见倬)

作[5] rox [ro[4]]〈动〉知道。宜州《孟姜女》:否作客板艮。Mbouj rox hek mbanj gwnz. 不知是上村的客人。

作[6] rox [ɣo[4]]〈连〉或;或者。宜州《孟姜女》:呗艮作呗拉。Bae gwnz rox bae laj. 往上或往下。|仆仄作仆勇。Bouxcaeg rox bouxyungx. 贼人或兵勇。

作^{7} soh［so^{6}］〈形〉❶直;直接。宜州《孟姜女》:作故对呗马。Soh guhdoih baema. 直接做伴回家。❷善良;老实;耿直;诚实;诚恳。(见魮)

作^{8} 方 sux［θu^{4}］〈动〉迎接;接待。金城江《覃氏族源古歌》:卡悔作妚妚。Gaj mou sux da daiq. 杀猪迎接外公外婆。

佺 cing［ɕiŋ^{1}］〈形〉亲生的。金城江《台腊恒》:米仔米佺,miz lwg miz cing,有嫡子亲子。

佋(召、朝、俘)ciuh［ɕiːu^{6}］〈量〉世;辈。《初》:兄佋伝内,gou ciuh vunz neix,我这辈子。| 佋𧶼,ciuhgonq,古代。

佮 da［ta^{1}］〈名〉❶外公。❷岳父。(见馱)

低^{1} daej［tai^{3}］〈动〉哭。《粤风》:劳往吞鲁低。Lau nuengx raen rox daej. 怕妹见到会哭泣。

低^{2} ndei［ʔdei^{1}］〈形〉好;美;善;良好。(见兀^{1})

但 danh［taːn^{6}］〈副〉❶且;姑且。马山《欢情》:佲但听吅吒。Mwngz danh dingq gou hauq. 你且听我说。❷一旦。马山《駄向书信》:但名産人丁,吅唎英唎𠱚。Danh mwngz sanj saenzding, gou gyo ing gyo baengh. 一旦你产有人丁,我能借来做依凭。

佚^{1} de［te^{1}］〈代〉他;她;它。宜州《孟姜女》:佚之嗦该嘛? De seih coh gahmaz? 他叫什么名? (见傜)

佚^{2}(刃)saeb［θap^{8}］〈副〉倏地(形容动作利索、快捷)。《初》:佚⊇就吗欢。Saeb naengh couh eu fwen. 倏地坐下就唱山歌。

佚^{3} 方 saet［θat^{7}］〈动〉失;无。上林《赶圩歌》:眉旬哪佚俚? Miz coenz lawz saetlaex? 有哪句失礼?

佃 demx［teːm^{4}］〈名〉簟;竹席。(见箹^{2})

体 dij［ti^{3}］〈动〉值;值得。(见魮)

佗 doh［to^{6}］〈形〉遍;遍及;全。金城江《覃氏族源古歌》:分五板他佗。Faen haj mbanj de doh. 五个村子全给他。

倒(对、队)doih［toi^{6}］〈名〉伙伴;同伴。《初》:眉倒叩欢,miz doih guh fwen,有同伴对歌。

佣 方 ek［ʔeːk^{7}］〈形〉辛苦。(见愢)

伽^{1} ga［ka^{1}］〈量〉条。宜州《孟姜女》:涔伽沫任而。Gwn ga mboq raemx lawz. 喝哪条泉水。

伽^{2} ga［ka^{1}］〈名〉影;倒影(与傍连用)。宜州《孟姜女》:修伽傍喑稳。Ciuq gabangh raen vunz. 照影子见人。

伽^{3} gag［kaːk^{8}］〈副〉自;独自。宜州《孟姜女》:古伽列仂给。Gou gag leh lwggwiz. 我自选丈夫。

伽^{4} 方 gah-［ka^{6}］〈缀〉头;面(与方位词连用)。宜州《孟姜女》:姜女呗伽赶。Gyanghnij byaij gahgonq. 姜女走在前面。

伽^{5}(加)方 gyaj［kja^{3}］〈动〉等候。《初》:任伽,doxgyaj,互相等候。| 宜州《龙

女与汉鹏》:哄哎伽, yung ngaiz gyaj,煮饭等候。(即 caj)

佝 gaeuj [kau^{3}]〈动〉看见。宜州《孟姜女》:佝暗栏好翰。Gaeuj raen ranz hau hanq. 看见白灿灿的房子。

仡 gat [ka:t^{7}]〈动〉❶ 割切(用绳索等切割粽子、糍粑)。❷ 断;断开(指线、绳等长条物)。(见刈)

估^{1} 方 gu [ku^{1}]〈代〉我。(见古^{6})

估^{2} 方 gux [ku^{4}]〈名〉姑姑;姑母。(见姑)

位^{1} gyaeuj [kjau^{3}]〈名〉首;头。(见尥)

位^{2} ngvih [ŋwi^{6}]〈名〉核;粒。田阳《麽収魂粡一科》:位模岩郭眦。Ngvih makngganx gueg da. 龙眼果核做眼珠。

位^{3} 方 vae [wai^{1}]〈名〉姓;姓氏。《初》:佲位庅? Mwngz vae maz? 你姓什么?

伊 gyax [kja^{4}]〈名〉孤儿。(见孙)

佮(喉) haeuj [hau^{3}]〈动〉像;似(指面貌相似)。《初》:䎽侈佮伏仪。Naj de haeuj daxboh. 他的脸长得像他父亲。

何^{1} hah [ha^{6}]〈动〉挽留;邀约。田东《大路歌》:何名斗哽天。Hah mwngz daeuj gwn dieng. 约你来吃黄瓜。

何^{2} haz [ha^{2}]〈动〉茅草。田东《大路歌》:密绞何不断。Mid gvej haz mbouj goenq. 刀割草不断。

何^{3} hoz [ho^{2}]〈名〉❶ 脖子;喉咙;咽喉。马山《欢叹父母》:吽登何又仪。Gwn daengz hoz youh ngeix. 吃到喉咙又想起。| 何西, hozsae,咽喉。❷ 心思。《粤风》:谁何秋。Caih hoz sou. 随你们的心思。(见胎)

何^{4} 方 hoz- [ho^{2}]〈缀〉阿(亲属名词词头)。《初》:何爸, hozba,阿爸,父亲,爸爸。| 何翁, hozung,祖父。

伶^{1} laenj [lan^{3}]〈名〉曾孙。(见玲)

伶^{2}(令) 方 lingh [liŋ^{6}]〈形〉赤身;裸体(与龙连用)。《初》:龙伶, lungzlingh,裸体。

侖^{1} liengj [li:ŋ^{3}]〈名〉伞。(见侖)

侖^{2} mingh [miŋ^{6}]〈名〉命。(见《初》)

伒 方 loek [lok^{7}]〈形〉热情;快乐;欢乐(与嚨连用)。(见樂)

佲 meh [me^{6}]〈名〉母亲。武鸣《信歌》:佲支丕揠关。Meh coi bae laeng gvan. 母亲催去丈夫家。

伬(黴、民、茗、綿) 方 minz [min^{2}]〈代〉他。《初》:伬佅庲。Minz mij maz. 他不来。

佅(侮) 方 moiz [moi^{2}]〈代〉你。《初》:佅㫟佅㫟? Moiz bae mij bae? 你去不去?

佘(没) 方 mued [mu:t^{8}]〈动〉绝;灭绝。《初》:㲒佘, daimued,死绝。

佤 ndaej [ʔdai^{3}]〈动〉得。宾阳《催春》:搃佤银, gip ndaej ngaenz,捡得钱。

你 neix [nei^{4}] ❶〈代〉这;此。马山《传扬歌》:放断你到楞。Cuengq duenh neix dauq laeng. 放这一段到后面。❷〈名〉现在;如今。马山《哀歌》:你父㲒口阴,勺貝情貝

仪。Neix boh dai haeuj yaem, yaek boiz cingz boiz ngeih. 如今父归阴,要还情还义。|《粤风》:你换奈图么。Neix vuenh naih duzmaz. 如今交换有何碍。❸〈连〉然;然而。马山《三府雷王》:扶提淰溸外橈放,你偻双尸様而通? Yiuj dawz raemxmok rog yiuj cuengq, neix raeuz song mbiengj yienghlawz doeng? 提来溯水廪外放,然咱双方如何通?(见内[4])

伲[1] neix [nei[4]]〈代〉这。宜州《龙女与汉鹏》:伯修吲功本样伲。Byawz siu yaemgoeng baenz yienghneix. 谁修阴功能如此。

伲[2] niq [ni[5]]〈形〉小(对小孩的昵称)。(见仏[2])

佞 ningq [niŋ[5]]〈量〉些;一些;丁点。宜州《廖碑》:里佞㽥豆埊。Lix ningq naz doh reih. 还有一些田和地。

㑚 noz [no[2]]❶〈名〉奴隶;奴才;仆人。❷我(谦称)。(见《初》)

㑥 nyungq [ɳuŋ[5]]〈形〉蓬乱(一般指线、纱、麻、丝、发等)。(见䌷)

佃[1] raeuz [ɣau[2]]〈代〉我们;咱们(包括对话的一方)。(见偻[1])

佃[2] youx [jou[4]]〈名〉情人;朋友。(见伖)

伺 saeq [θai[5]]〈名〉❶官;官吏。❷土司;土官。(见㒏)

㔺 seiq [θei[5]]〈名〉世。宜州《龙女与汉鹏》:喇喔㔺,nda okseiq,刚出世。

侕 siengj [θiːŋ[3]]〈动〉想。(见想)

侅[1](俕、咳) 方 ae [ʔai[1]]〈量〉个;位(男性的人称量词)。《初》:侅㚣㐗内。Ae lwgnyez neix. 这个小男孩。

侅[2] 方 haih [haːi[6]]〈动〉停。《初》:咟嗛否侅。Bak gangj mbouj haih. 嘴巴讲不停。

依[1] ae [ʔai[1]]❶〈量〉位;个。马山《情欢》:斗双三依客。Daeuj song sam ae hek. 来了两三位客人。❷〈代〉他。都安《三界老爺唱》:专板依眉双棵楓。Laeng mbanj ae miz song go raeu. 他的村后有两棵枫树。❸〈代〉谁;哪个(与𠈈连用)。马山《二十四孝欢》:依𠈈嗬書? Aelawz gaeuj saw? 谁在看书? ❹〈名〉个(表示某类男性)。马山《建房歌》:请斗三依匠。Cingj daeuj sam ae cangh. 请来三个工匠。

依[2] ei [ʔei[1]]〈动〉依;依照;依从。田东《闹滔懐一科》:皇依布嚁。Vuengz ei baeuq naeuz. 王依照祖公说的[做]。

依[3] ij [ʔi[3]]〈名〉一会儿;一下子。《初》:佲䢔兄依刁。Mwngz daj gou ij ndeu. 你等我一下。

依[4] ndij [ʔdi[3]]❶〈介〉跟;向;照;沿。❷〈连〉和;与。(见㧐[1])

依[5] yaej [jai[3]]〈名〉布依。(见伢[2])

依[6] yij [ji[3]]〈副〉不;没。宾阳《催春》:依眉吽,yij miz gwn,没有食物。

依[7] 方 i [ʔi[1]]〈副〉不。宾阳《催春》:伝依呞。Vunz i rox. 别人不知道。

佛[1] bang [paːŋ[1]]〈动〉帮;帮助;协助。《初》:眥佛伝口坛。Bae bang vunz guh hong. 去帮别人做工。

佛[2](侊、傍) bangx [paːŋ[4]]〈名〉边上;壁上;侧面上。《初》:袮抔丕佛垟。Buh venj youq bangx ciengz. 衣服挂在墙壁上。

侊[1] bangx [paːŋ[4]]〈名〉边上;壁上;侧面上。(见佛[2])

侊[2](况、伊、洭、伂、駫) gvang [kwaːŋ[1]]〈名〉❶男友;男情人(敬称)。❷丈夫;男人(尊称)。❸客人;官人(尊称)。(见《初》)

侊[3] 方 gvangh [kwaːŋ[6]]〈名〉蚌。宜州《龙女与汉鹏》:节磊独侊马缸腽。Ciet ndaej duzgvangh ma eng gyaeng. 捞得河蚌缸中养。

併 方 bengx [peːŋ[4]]〈动〉顺带;连带;兼;搭。《初》:併伝吽, bengx vunz gwn, 跟人家搭伙。

佰[1] boh [po[6]]〈名〉夫。宜州《龙女与汉鹏》:拆散佰媄伽妏姻。Cek sanq bohmaex gah vaenyim. 拆散夫妻的姻缘。

佰[2] byawz [pjaɯ[2]]〈代〉谁;哪个。宜州《龙女与汉鹏》:佰之斗哋古哄哏。Byawz cix daeuj diq gou yung gwn. 谁就来替我弄吃的。

侕[1](啪、詯、侌、伯、咘、溥、泊、皱、舫) byawz [pjaɯ[2]]〈代〉谁;哪个。《初》:侕侵兄眥? Byawz caeuq gou bae? 谁跟我一起去?

侕[2] lawz [laɯ[2]]〈代〉谁;何;哪。马山《欢叹母》:仆侕重吮? Bouxlawz coengh gou? 谁帮助我?(见咘[2])

侕[3](尔、邦、黎) 方 yawz [jaɯ[2]]〈代〉怎样;如何;哪样;怎么;若何。(见《初》)

偒 caemh [ɕam[6]] ❶〈动〉同;共同。❷〈副〉也;同;一起。(见匙)

侭[1] caen [ɕan[1]]〈形〉真;的确;实在。上林《赶圩歌》:皮侭相騎馬。Beix caen siengj gwih max. 哥真想骑马。

侭[2] cingh [ɕiŋ[6]]〈形〉❶纯;纯粹;纯洁;干净;纯净。❷净(重)。(见鄭)

攸[1] caeu [ɕau[1]]〈动〉藏;收藏。(见搊)

攸[2](修、收、苏、唆、数、倇、叟、佃、俶、傢) sou [θou[1]]〈代〉你们。《初》:攸約眥其咘? Sou yaek bae gizlawz? 你们要去哪里?

偆(再、在、最、柴、斋) caih [ɕaːi[6]]〈介〉随;由;任凭;任由;随便。《初》:吽否吽偆佲。Gwn mbouj gwn caih mwngz. 吃不吃随你的便。

偛 cangh [ɕaːŋ[6]]〈名〉匠;匠人;工匠(从事某种职业或具备某种专门技术的人)。《初》:偛欢, canghfwen, 歌师(山歌手)。

佺 cienz [ɕiːn[2]]〈动〉传;相传;传达;流传;传扬;传授。(见哼)

俁[1] ciuh [ɕiːu[6]]〈量〉世;辈。(见佋)

俁[2] sau [θaːu[1]]〈名〉女孩;姑娘;女青年。(见娋[1])

侗[1] doengz [toŋ[2]]〈名〉老庚;老同;情人。(见侖)

侗[2] 㓝 doengz [toŋ[2]]〈副〉相;互相。宜州《孟姜女》:作之稳侗德。Rox seih vunz doengzdwk. 或是人们互相追打。| 侗偶否用媒。Doengzaeu mbouj yungh moiz. 相娶不用媒人。

㑬 㓝 dungh- [tuŋ[6]]〈缀〉相;互相。《初》:㑬搱,dunghgoenj,互相摔打。| 㑬㑲,dunghmaih,互相靠拢。

㑲 ei [ʔei[1]]〈介〉依;依照。《初》:㑲佲叫,ei mwngz guh,依你的办。

侁[1] fangz [fa:ŋ[2]]〈名〉鬼;神。(见魅)

侁[2] 㓝 senz [θe:n[2]]〈形〉得意。《初》:佲介侁貧移。Mwngz gaej senz baenzlai. 你别那么得意。

侁[3] sien [θi:n[1]]〈名〉仙人;神仙;仙子。上林《赶圩歌》:良利当仁侁。Lingzleih dangq sinzsien. 伶俐如神仙。

侠[1] gab [ka:p[8]]〈动〉夹。(见押[1])

侠[2] gap [ka:p[7]]〈动〉结合。上林《达妍与勒驾》:侠亲,gap cin,结亲。

佶[1] 㓝 ge [ke[1]]〈代〉他们。(见㑣)

佶[2] geq [ke[5]]〈名〉伯父。(见《初》)

佬[1] geq [ke[5]]〈形〉老。马山《嘘模》:卩佬卩着,bouxgeq bouxcoz,老人年青人。(见䛋)

佬[2](老)laux [la:u[4]]❶〈形〉老。宜州《孟姜女》:仆佬啦,bouxlaux ndaq,老人责骂。❷〈动〉长大。宜州《孟姜女》:佬瞭古伽列。Laux liux gou gag leh. 长大了我自个儿挑选。

供[1] gueng [ku:ŋ[1]]〈动〉喂(牲畜)。(见饶)

供[2] gungx [kuŋ[4]]〈名〉角落。(见拱[2])

供[3] gyoengq [kjoŋ[5]]〈量〉❶帮;群;伙。❷们(与代词连用)。(见㑢)

佚(丹、关、妖、朕、関)gvan [kwa:n[1]]〈名〉丈夫。《初》:双偻叫佚妑。Song raeuz guh gvanbaz. 我俩结为夫妻。| 宾阳《催春》:杰跳佚,siengj diuq gvan,想抛弃丈夫。

佳 gyai [kja:i[1]]〈名〉前年。《粤风》:隔卑卦卑佳。Gek beigvaq beigyai. 隔前年去年。

㑢(䢸、閧、供、倲、闳、㥛、伩、𨱏、穷、啂、众、闳、龔、閎)gyoengq [kjoŋ[5]]〈量〉❶帮;群;伙。《初》:料貧㑢貧㑢。Daeuj baenz gyoengq baenz gyoengq. 成群结队地来。❷们(与代词连用)。《初》:㑢䏂,gyoengqde,他们。

佷[1] haemq [ham[5]]〈动〉问;查问。宜州《龙女与汉鹏》:卜差斗榄佷。Bouxcai daeuj ranz haemq. 官差到家查问。

佷[2] maenh [man[6]]〈形〉定;稳。上林《达妍与勒驾》:嗱佲佊银挦心佷。Daengq mwngz beix ngaenz dawz sim maenh. 嘱你情哥把心定(勿移情别恋)。

㑯(僪、堺)haw [haɯ[1]]〈名〉圩。《初》:㟁㑯,bae haw,赶集。| 㑯敢,hawgamj,歌圩。

伷(呭、鬏)古 hied [hiːt[8]]〈动〉休息;歇。《初》:合裕楧伷跒。Haeuj goek maex hied ga. 到树荫下歇脚。(即 iet)

佊[1](傢、灰、竉、仡、悔、婺、嵍)hoiq [hoi[5]]❶〈名〉奴隶;仆人;佣人。❷〈代〉我(谦称)。(见《初》)

佊[2](扳)古 veix [wei[4]]〈代〉我。(见《初》)

佃 in [ʔin[1]]〈形〉痛;疼痛。都安《三界公》:布朏以布佃,mbouj get hix mbouj in,不痛也不疼。

侀(咧、傠、刘)古 laeuz [lau[2]]〈代〉我们。(见《初》)

侣[1] lawz [laɯ[2]]〈代〉哪;哪里;何;哪样。大化《嚏奠别》:批侣度甦? Bae lawz doxraen? 去哪里相见? | 马山《奠别歌》:里鲁过侣麻。Lij rox gvaq lawz ma. 还能知道从哪里回来。(见哂[2])

侣[2] neix [nei[4]] ❶〈代〉这;此。❷〈名〉现;此;今。❸〈连〉然;然而。(见内[4])

例 lieb [liːp[8]]〈动〉探访。马山《孝歌》:度例度巡,doxlieb doxcunz,相互走动探访。

佅[1] 古 mbij [ʔbi[3]]〈形〉傻;愚笨。(见《初》)

佅[2](米)古 mij [mi[3]]〈副〉没有;不;未。《初》:唓佅飪。Gin mij imq. 吃不饱。

佅[3] miuz [miːu[2]]〈名〉苗(民族)。(见偛)

倗 古 mbongh- [ʔboːŋ[6]]〈缀〉们。《初》:倗偭,mbonghmawz,你们。

伯 mbwq [ʔbɯ[5]]〈形〉烦闷;厌烦;无聊;闷。(见喑)

佲(名、盟、萌、咯)mwngz [mɯŋ[2]]〈代〉你。《初》:眃内于纷佲。Ngoenzneix ij bieg mwngz. 今天将要和你分别。

俳 nax [na[4]]〈名〉舅;舅娘;姨;姨丈。马山《奠母唱》:仪俳姆俳斗,迪氿许佲叩。Bohnax mehnax daeuj, dwk laeuj hawj mwngz gwn. 舅父舅母来,斟酒给你喝。(见伖[1])

侬 nuengx [nuːŋ[4]]❶〈名〉弟;妹。宜州《孟姜女》:等侬伦该论。Daengq nuengx lunz gaiq lunh. 叮嘱小妹别乱讲。❷〈名〉情妹。❸〈名〉老弟;小妹(泛称比自己小的同辈)。❹〈动〉小于;幼于(年纪比某人小)。(见程)

侽 raemh [ɣam[6]]〈名〉❶ 荫。❷ 阴。(见隂)

侳 sab [θaːp[8]]〈名〉辈。马山《奠别歌》:叮同侳,daengq doengzsab,叮嘱同辈。

使[1] saej [θai[3]]〈名〉肠。马山《欢叹父母》:卜结杜结使。Boh gyaet dungx gyaet saej. 父亲勒紧肚和肠。(见朠[2])

使[2] saeq [θai[5]]〈名〉官;官吏;土官;土司爷。田阳《麽収魂糘一科》:使吽那造竜。Saeq gwn naj caux luengz. 土司爷吃了脸才光滑。

使[3] 古 sawj [θaɯ[3]]〈动〉使;使用;用;开支。(见腰)

使[4] 𠀋 sij [θi³]〈形〉凄惨;苦楚;穷苦(与㦛连用)。(见使)

他 𠀋 swz [θɯ²]〈代〉哪。《初》:佲他? Goenzswz? 哪个?

伝 vunz [wun²] ❶〈名〉人。❷〈名〉每人;人人。❸〈代〉别人;人家。(见伝)

佮 𠀋 yab [jaːp⁸]〈动〉合;合并。《初》:侗佮, dunghyab,会合。(即 hab)

俱 beix [pei⁴] ❶〈名〉兄;姐。❷〈名〉情哥;情郎。❸〈名〉阿哥;阿姐(泛称平辈年长于己者)。❹〈动〉年长;大于。(见晟)

便[1] benz [peːn²]〈动〉攀;攀登;爬。(见趀)

便[2] bienh [piːn⁶] ❶〈形〉方便;便利。马山《情欢》:佲便之斗巡。Mwngz bienh cix daeuj cunz. 你方便就来探访。❷〈动〉得空。马山《劳功歌》:否便批罗友。Mbouj bienh bae ra youx. 不得空去找女友。❸〈动〉任随;任由。马山《家教欢》:便佲貧俩吽,侈否听勺詢。Bienh mwngz baenzlawz naeuz, de mbouj dingq saek coenz. 任随你怎么说,他都不听一句。(见㛹)

便[3] bienh [piːn⁶]〈动〉备;准备。马山《欢情》:兄便菲粡𨀐。Gou bienh byaek haeux deq. 我准备饭菜等候。

倁 biek [piːk⁷]〈动〉离别;分别。(见盼)

俌(仪、伓、布、甫、伕、𠏣、扶、仆、卟、哺、佈、冂、卜) boux [pou⁴]〈量〉个;位。《初》:啱料三俌伝。Ngamq daeuj sam boux vunz. 刚来三个人。

侵[1] caemh [ɕam⁶] ❶〈动〉同;共同。❷〈副〉也;同;一起。马山《信歌》:閊伻侵眉壁。Ndaw biengz caemh miz doih. 世间也有伴。(见𨀁)

侵[2] 𠀋 caemj [ɕam³]〈介〉从;自从。(见𨀁)

侵[3] caemq [ɕam⁵]〈动〉诬陷。田东《大路歌》:侵卜盗果良。Caemq boux caeg makfiengz. 诬赖别人偷杨桃。

侵[4] caemz [ɕam²]〈动〉玩耍。田东《大路歌》:卡侵杀玉内。Guhcaemz caj youx noix. 玩耍等情郎。

侵[5] cimh [ɕim⁶] ❶〈动〉跟;随。马山《皮里患鲁不》:悲侵同班, bae cimh doengzban, 去跟同辈。❷〈介〉跟;与。马山《欢情》:兄侵皮批圩。Gou cimh beix bae haw. 我跟哥哥上街。(见𨀁)

侟(嗺、雀) coeg [ɕok⁸]〈动〉戳;刺。《初》:屷蕴侟合𢬷。Deng oen coeg haeuj fwngz. 被荆棘刺进手。

侸[1] daeuz [tau²]〈名〉头。马山《完筆字信》:心侸或了往。Simdaeuz huek liux nuengx. 心头慌乱了阿妹呀。

侸[2] dou [tou¹]〈代〉我们。马山《迪封信斗巡》:侸諁统吊弄。Dou ngeix dungj diuq loeng. 我们想来[心]都乱跳。

俤[1](哋、躰、悌) daex [tai⁴]〈名〉同伴;伙计。《初》:偻孖碁否俤! Raeuz caez bae mbouj daex! 我们一起去吧,伙计!

俤[2] diq [ti⁵]〈动〉替;帮。宜州《龙女

与汉鹏》:卜而俤古哄哏? Bouxlawz diq gou yung gwn? 谁替我弄吃的?

俘 fouz [fou²]〈名〉符。(见孚²)

俲¹(伶、鐱) 古 gaemx [kam⁴]〈动〉借。《初》:俲刄, gaemx cienz,借钱。

俲² ngoemj [ŋom³]〈动〉俯(首);低(头);弯(腰)。(见鐱²)

俈 gauj [ka:u³]〈名〉乞丐(与侂连用)。《初》:俈侂, gaujvaq,乞丐。

俥(啤) 古 ge [ke¹]〈代〉大家。《初》:偻斊俥迪禮。Raeuz caezge dwk ndaengq. 我们大家来制蓝靛。

俭¹ gemh [ke:m⁶]〈名〉隘口。(见嵌)

俭² hemq [he:m⁵]〈动〉喊;叫;叫喊;呼喊。(见喊²)

俔(见) 古 gienq [ki:n⁵]〈副〉凡是。《初》:俔䟢伝只嗲。Gienq raen vunz cix cam. 凡是见到人就问。

俰(几、其、鸡、启) gij [ki³]〈量〉些。《初》:俰花内䓘粆。Gij byaek neix geq lai. 这些菜太老了。|俰吨俰袮, gij gwn gij daenj,吃的穿的。

俚 goenz [kon²]〈名〉人。《初》:胣兀俚俚卿。Sim ndei goenzgoenz yaenh. 好心人人赞。(即 vunz)

俽 gwiz [kɯ:i²]〈名〉婿。(见孞)

俦¹ gyoengq [kjoŋ⁵]〈量〉❶帮;群;伙。❷们(与代词连用)。(见俇)

俦² lungz [luŋ²]〈名〉伯父。(见侂)

俶 古 gyoz [kjo²]〈动〉乞讨。《初》:俶粑, gyoz gaeuj,讨饭。

侻¹ gwiz [kɯ:i²]〈名〉婿。(见孞)

侻² 古 haet [hat⁷]〈动〉❶做。❷建筑;造;起。❸搞;闹。(见扢¹)

傍¹ lau [la:u¹]〈动〉怕。马山《百岁歌》:傍好生, lau haeuxseng,怕后生。|大化《嚏奠别》:傍不旮同幼。Lau mbouj ndaej doengz youq. 怕不能同住(怕不能在一起生活)。

傍² 古 laux [la:u⁴]〈形〉大。《初》:猍傍, mou laux,大猪。

俐¹ leih [lei⁶]〈名〉利;利益;利息。《初》:双尸総眉俐。Song mbiengj cungj miz leih. 双方都有利。

俐² lij [li³]〈副〉还;还是;仍然;仍旧。(见里²)

俐³ ndei [ʔdei¹]〈形〉好。《古壮字春联》:哏俐仔俐。Gwn ndei youq ndei. 吃好住好。

俐⁴ 古 ndi [ʔdi¹]〈形〉❶好;良好。❷美好。❸精彩。(见难²)

俐⁵ ndij [ʔdi³]〈介〉跟;向;照;沿。(见跜)

俐⁶ ndij [ʔdi³]❶〈介〉和;与;跟。❷〈连〉和;与。(见㐌¹)

俐⁷ 古 rix [ɣi⁴]〈代〉这;此。(见《初》)

俍¹(领) lingj [liŋ³]〈形〉伶俐;聪明;

精明;机灵(与粦连用)。《初》:𠸄佲𠈨侵粦。Gaeuj mwngz haemq lingjlaeu. 看你比较伶俐。

侵 2 mbwng [ʔbɯŋ¹]〈形〉❶欲哭的。❷忧愁。(见𦝱)

侞(僋、毪、偞、弄、龙、隆) lungz [luŋ²]〈名〉伯父;大舅父。(见《初》)

倠 lungz [luŋ²]〈名〉伯父;大舅(亲戚中与父母平辈而年长于父母的男性)。

保 1 㫙 mbaeuj [ʔbau³]〈名〉头;脑袋;脑壳。(见胧)

保 2 mbauq [ʔbaːu⁵]〈形〉帅;英俊;俊美。《粤风》:花伦剪花保。Va lunz cap va mbauq. 娇花伴雄卉。

保 3 mbouj [ʔbou³]〈副〉不;没。(见否²)

俍 ndang [ʔdaːŋ¹]〈名〉身体。宜州《孟姜女》:俍若古,ndangnoh gou,我的身体。

俪 ndei [ʔdei¹]〈形〉好;美;善;良好。(见兀¹)

侹 nden [ʔdeːn¹]〈名〉近旁;近邻。(见健¹)

俄 ngoz [ŋo²]〈形〉痴呆。马山《偻笁荳貧够》:淋部伝俄。Lumj boux vunz ngoz. 像个痴呆人。

俉 ngux [ŋu⁴]〈数〉五。《初》:朕俉,ndwenngux,五月。(见《初》)

偿 1 㫙 ngvangq [ŋwaːŋ⁵]〈形〉神经衰弱;头晕。(见《初》)

偿 2 㫙 vangh [waːŋ⁶]〈形〉疯;癫。(见疣)

侼 saemq [θam⁵]〈名〉辈;辈分。马山《女人囗婧丁》:𣎏丹不同侼。Ndaej gvan mbouj doengz saemq. 得个丈夫不同辈。

俏 1 sau [θaːu¹]〈名〉姑娘;女青年;小女孩。(见娋¹)

俏 2(扫、嚆、娋) 㫙 sauh [θaːu⁶]〈名〉班辈;行辈。(见《初》)

俢 sou [θou¹]〈代〉你们。(见做²)

㑏 sou [θou¹]〈代〉你们。(见做²)

修 sou [θou¹]〈代〉你们。(见做²)

俦 souh [θou⁶]〈名〉寿。《初》:伝俦伝,vunz souhyienz,长寿人。

俗 sug [θuk⁸]〈动〉熟悉。(见㥚)

傀(化) vaq [wa⁵]〈名〉乞丐。《初》:佫傀,gaujvaq,乞丐。

倇 wnq [ʔɯn⁵]〈代〉别(处);别(人);别(样)。(见㑡)

偲 㫙 yaenx [jan⁴]〈形〉淫荡。(见《初》)

係 youq [jou⁵]〈动〉在。都安《行孝唱文》:可议劲亿係吞心。Goj ngeix lwg iq youq aen sim. 老想小儿在内心。

倍 1 bae [pai¹]〈动〉去。马山《欢叹父母》:背空偻倍六。Aemq ndwi raeuz bae louz. 背着我们去游玩。

倍²　boih［poi⁶］〈动〉❶背诵。❷背；有偏(客套话，表示先用过茶、酒、饭等)。(见啃)

倍³　方 boiz［poi²］〈动〉赔。上林《赶圩歌》：欢仅句倍俚。Fwen sueng coenz boiz laex. 两句歌来赔礼。

倗¹　baeng［paŋ¹］〈动〉拦；挡。(见武鸣《张》)

倗²(㑟、凴、朋、旁) baengh［paŋ⁶］〈动〉依靠；依赖；靠。《初》：任倗，doxbaengh，互相依靠。

俵　biuj［piːu³］〈名〉老表。(见《初》)

偡　caemh［ɕam⁶］〈动〉共；同。马山《百岁歌》：皮往偡把𤝍。Beixnuengx caemh faj fwngz. 兄弟如同一只手。

侵(受、凑) caeuq［ɕau⁵］〈介〉跟；和；同；与。《初》：佲料侵兄𠮿。Mwngz daeuj caeuq gou gwn. 你来和我一起吃。

倉　方 cang［ɕaːŋ¹］〈名〉柱子。《初》：㭪倉，doengxcang，柱子。

倀¹　cangq［ɕaːŋ⁵］〈形〉强壮；健壮。《初》：䏶倀，ndang cangq，身体健壮。

倀²　cangz［ɕaːŋ²］〈量〉十个(用于碗、碟、蛋、糍粑等)。(见棖)

值(直) ciz［ɕi²］〈介〉按；逐。《初》：值昛算双坾。Ciz ngoenz suenq cienzhong. 按日计算工钱。

倬(偖、睹、菖、作、晫) coz［ɕo²］〈形〉年轻；年青。《初》：俌倬，bouxcoz，年轻人。｜㑳里倬。De lij coz. 他还年轻。

偂¹　方 cuj［ɕu³］〈名〉叔。(见《初》)

偂²　cwh［ɕɯ⁶］〈动〉❶是。❷相信。(见《初》)

倎　daej［tai³］〈动〉哭。宜州《廖碑》：古倎𡗶尽紅。Gou daej mbwn caenh hoengz. 我哭得天都红了。

倘　dangq［taːŋ⁵］〈动〉当；当作；如；像；好像。(见咄²)

倒¹　dauj［taːu³］〈动〉翻犁。《初》：倒㽸，dauj naz，翻犁田地。

倒²(套) dauq［taːu⁵］〈动〉归来；回来。(见《初》)

倒³(到) dauq［taːu⁵］〈动〉倒；颠倒(与𠂎连用)。《初》：伝𠅙提𤞟抔倒𠂎。Canghdoz dawz mou venj dauqdingq. 屠夫把猪倒挂着。

份　faen［fan¹］〈动〉分。(见《初》)

偑¹　faed［fat⁸］〈名〉佛。(见伕)

偑²(憮、武) foux［fou⁴］〈名〉❶舞。❷武。(见《初》)

偑³　fwx［fɯ⁴］〈代〉别人；人家。(见伆²)

俳¹　faed［fat⁸］〈名〉佛。(见伕)

俳²　fwx［fɯ⁴］〈代〉别人；人家。(见伆²)

俳³　fwz［fɯ²］〈形〉荒；荒凉；荒芜；寂寞；冷落。(见𢬽)

傍　fangz［faːŋ²］〈名〉鬼；神。(见�)

傔 㘬 gaemj [kham³]〈动〉俯卧。(见《初》)

偕 㘬 gaenj [kan³]〈形〉健康。《初》:俌仪兄里偕。Boux boh gou lij gaenj. 我的父亲还健康。

㑊(估)㘬 ge [ke¹]〈代〉他们。《初》:㑊料呿? Ge daeuj ha? 他们来吗?

倾 gingj [kiŋ³]〈动〉滚;滚动。(见渹)

倿 㘬 heh [he⁶]〈动〉嘶;嘶鸣。(见《初》)

倱¹(军、倌)gun [kun¹]〈名〉汉;汉族;汉语。《初》:俌倱,Bouxgun,汉族。|㖥倱,gangj Gun,讲汉语。

倱² vunz [wun²] ❶〈名〉人。❷〈名〉每人;人人。❸〈代〉别人;人家。(见伝)

倌 gun [kun¹]〈名〉汉;汉族;汉语。(见倱¹)

俙 gvai [kwa:i¹]〈形〉乖。(见㑲)

倠 gyai [kja:i¹]〈名〉前(年)。《初》:䏲倠,bi'gyai,前年。

倦 hak [ha:k⁷]〈名〉官;官吏。(见黠)

倥(工、哼、㟏)hoeng [hoŋ¹]〈连〉但是。《初》:然 吽 曈 冬 肛,倥 里 漕 熷 㲀。Yienznaeuz seizdoeng daengz, hoeng lij caengz rox nit. 虽然到了冬天,但是还不觉得冷。

倚 㘬 ij [ʔi³]〈副〉欲;想;将;快要;要。(见于¹)

偀¹ eng [ʔe:ŋ¹]〈名〉婴儿;小孩子;娃崽。(见𫣊)

偀² ing [ʔiŋ¹]〈动〉靠;依靠。(见𩃳)

倫¹ laenh [lan⁶]〈动〉割。右江《本麽叭》:倫角批吃咟。Laenh gaeu bae haed bak. 割藤条去拴嘴巴。

倫² lwnh [lɯn⁶]〈动〉❶ 论述;议论。❷ 讲述;诉说;告诉。(见論)

倫³(侖)lwnz [lɯn²]〈名〉❶ 幺儿;老小。金城江《覃氏族源古歌》:他之仆兒倫。De cix boux laeglwnz. 他是最小儿。❷ 情妹;情哥(男女间的昵称)。(见《初》)

倫⁴ raen [ɣan¹]〈动〉见。(见𥅽)

傗 㘬 laeuz [lau²]〈代〉我们。(见㑳)

倮 㘬 loq [lo⁵]〈动〉好像;相似。(见《初》)

㑣 lumj [lum³]〈动〉像;似。(见廪)

偪 mbwk [ʔbɯk⁷]〈形〉大。都安《行孝唱文》:佈偪佈咨,boux mbwk boux ningq,大人小孩。

偛(伕)miuz [mi:u²]〈名〉苗(民族)。《初》:俌偛,Bouxmiuz,苗族。

倪 㘬 naeh [nai⁶]〈形〉小心眼;负心。《粤风》:妹 莫 做 叶 倪。Nuengx mbouj guh dwgnaeh. 妹莫要负心。

得(躳)ndaek [ʔdak⁷]〈量〉个(多指男性成年人,有时含贬义)。《初》:得伝内,ndaek vunz neix,这个人(这个家伙)。

郎 ndang [ʔda:ŋ¹]〈名〉身;身体。(见躺)

佤[1](与、礼、里、呢、俐、哌、依、难)ndij [ʔdi³] ❶〈介〉和;与;跟。马山《贼歌》:呰佤俢欧银。Bae ndij de aeu ngaenz. 去跟他要钱。❷〈连〉和;与。《初》:兄佤佲呰伢。Gou ndij mwngz bae haw. 我和你去赶集。

佤[2] lij [li³]〈副〉还;还是;仍然;仍旧。(见里[2])

侫 nding [ʔdiŋ¹]〈形〉红。东兰《莫卡盖用》:淋侫, raemx nding, 红水。

倌 nyez [ȵe²]〈名〉小孩。(见孲)

倠 roeb [ɣop⁸]〈动〉遇;碰。(见逢)

倸 sai [θaːi¹]〈名〉男。(见財)

俙[1] soij [θoi³]〈名〉耳环。《初》:祎俙, daenj soij, 戴耳环。

俙[2] yoek [jok⁷]〈副〉极为;很(与桨连用)。(见唽[2])

倻 历 yiz [ji²]〈名〉老爺。(见《初》)

偊 历 ae [ʔai¹]〈量〉个;位(男性的人称量词)。(见俟[1])

偶[1] aeu [ʔau¹]〈动〉要。宜州《孟姜女》:否亨偶之叭。Mbouj haengj aeu cixbah. 不给要就算。| 偻偶心公道。Raeuz aeu sim goengdauh. 我们内心要公道。| 东兰《造牛(残页)》:丕偶他馬, bae aeu de ma, 去要它回来。

偶[2] 历 ngaeux [ŋau⁴]❶〈名〉霉;霉斑。❷〈动〉发霉;长霉。上林《赶圩歌》:起呶計起偶。Yied caeu gaeq yied ngaeux. 越藏它越长霉。❸〈动〉生锈。上林《赶圩歌》:以劲偶掛肩。Hix vut ngaeux ndek ndwi. 也白白丢着生锈。

偶[3] ngaeuz[ŋau²]〈名〉影子。马山《偻笁荳貧够》:偶閌镜, ngaeuz ndaw gingq, 镜中影。

偶[4] ngaeuz [ŋau²]〈形〉❶光滑。❷尽;光;完。(见铀[1])

偋 bingh [piŋ⁶]〈名〉病。(见痪)

倸 caen[ɕan¹]〈名〉亲;亲人;亲戚。(见《初》)

傞 cax [ɕa⁴]〈形〉杂;粗。(见《初》)

傗 coi [ɕoi¹]〈动〉催;支使。(见嗺)

偘 daemq [tam⁵]〈形〉矮;低。(见套[1])

偍 de [te¹]〈代〉他;它;她。(见俢)

偙(仾) 历 diq [ti⁵]〈名〉山主。(见《初》)

偳 doek [tok⁷]〈动〉❶落。❷丢失。(见犊[1])

偷 dou [tou¹]〈名〉门。(见闭)

偣(襲、螣、襏、桼、鮲、咊、伏) fag [faːk⁸]〈形〉饱满(一般指农作物的颗粒)。《初》:㸦内粝偣㸯。Bineix haeux fag lai. 今年谷粒很饱满。

做 guh [ku⁶]〈动〉建筑;造。田东《贼歌》:忐加达做兰。Hwnj gya dat guh ranz. 到崖上建屋。

傢 gyax [kja⁴]〈名〉孤儿。(见㹢)

倒 gemj [ke:m^{3}]〈名〉 颊；面颊；腮帮。都安《三界老爺唱》：尸倒依公造初红。Mbiengj gemj ae goeng cauh co hoengz. 公公面颊才初红。

假 gyaj [kja^{3}]〈名〉秧；秧苗。(见稼)

䊆(供) 方 gyungq [kjuŋ^{5}]〈动〉把几样东西卷在一起。(见《初》)

供 方 gyungq [kjuŋ^{5}]〈动〉把几样东西卷在一起。(见䊆)

佫^{1} hak [ha:k^{7}]〈名〉官；官吏。(见黠)

佫^{2} hek [he:k^{7}]〈名〉客。《初》：眉佫料。Miz hek daeuj. 有客人来。

偾(踭) 方 henz [he:n^{2}]〈动〉爱护；保护；保卫。《初》：侈偾孙㚢㚢。De henz lwg lailai. 他很爱护他的孩子。

傀 hoenz [hon^{2}]〈名〉魂；灵魂；魂魄。(见神)

偲^{1} lw [lɯ^{1}]〈动〉余；剩余；盈余。(见黎)

偲^{2} sai [θa:i^{1}]〈名〉男。马山《奠别歌》：孙媚孙偲，lwgmbwk lwgsai，女孩男孩。(见財)

偲^{3} 方 sw [θɯ^{1}]〈名〉媒。《初》：俌偲，bouxsw，媒人。

偛 方 mawz [maɯ^{2}]〈代〉你。《初》：俼偛，mbonghmawz，你们。

俳 方 mbaiq [ʔba:i^{5}]〈动〉多谢；谢谢；感谢(与謝连用)。《初》：謝俳，gyo'mbaiq，多谢。

偘 mbauq [ʔba:u^{5}] ❶〈名〉男儿；男青年。❷〈名〉男情人。❸〈形〉英俊。(见飑)

偋(娟) moiz [moi^{2}]〈名〉 媒。《初》：她偋料肝空。Mehmoiz daeuj daengz ranz. 媒婆来到家。| 歐徒鴀内叩髪偋。Aeu duz roeg neix bae guh moiz. 拿这只鸟去做媒鸟。

偣 方 nyaengz [ɳaŋ^{2}]〈动〉活着。(见垡)

偻^{1}(仅、伷、晋、畨、陏、僂) raeuz [ɣau^{2}]〈代〉我们；咱们(包括对话的一方)。马山《二十四孝欢》：众伝偻齐听。Gyoengq vunz raeuz caez dingq. 我们大家一齐来听。

偻^{2} 方 raeuz [ɣau^{2}]〈名〉影子；阴影。(见彯)

側 saek [θak^{7}]〈动〉❶ 塞；堵；堵塞。❷ 驳(倒)。(见挹^{2})

偗^{1} 方 sengj [θe:ŋ^{3}]〈名〉 省；省城。《初》：俌偗，Bouxsengj，蔗园人(杂居在壮族地区的汉族，因来自省城而得名)。

偗^{2} singj [θiŋ^{3}]〈形〉清醒；(睡)醒；敏感；聪明；机警。(见惺)

偛 sieng [θi:ŋ^{1}]〈动〉伤。(见《初》)

偢 sou [θou^{1}]〈代〉你们。(见敂^{2})

偿(汪) 方 vangq [wa:ŋ^{5}]〈形〉空；闲；空闲；闲暇。《初》：𠩍偿，ndaej vangq，得空。

偉 viz [wi^{2}]〈名〉阴茎。(见鱙)

偪 vunz [wun^{2}]❶〈名〉人。❷〈名〉每

人;人人。❸〈代〉别人;人家。(见伝)

㑏(相、倇、掓、吅) wnq [ʔɯn⁵]〈代〉别(处);别(人);别(样)。《初》:俌㑏, bouxwnq,别人。

偟 㽵yangz [ja:ŋ²]〈名〉皇帝。(见《初》)

傲 au [ʔa:u¹]〈名〉叔;叔父。(见翁)

傍¹ bangh [pa:ŋ⁶]〈名〉影子(与伽连用)。宜州《孟姜女》:修伽傍喑稳。Ciuq gabangh raen vunz. 照影子见人。

傍² bangh [pa:ŋ⁶]〈名〉同伴;伙伴。平果《情歌》:同傍斗巡。Doengzbangh daeuj cinz. 同伴来玩耍。

傍³ bangx [pa:ŋ⁴]〈名〉边上;壁上;侧面上。平果《情歌》:傍䂓, bangx reih,畲地边。| 马山《曾迪字悲喛》:傍䂞, bangx dat, 崖壁上。(见㑂²)

傍⁴ biengz [pi:ŋ²]〈名〉❶天下。巴马《赎魂糯㕭》:分腾傍哽度。Baen daengx biengz gwn doh. 分给天下人吃够。| 上林《赶圩歌》:厼傍古眉嚟。Lajbiengz goj miz laeh. 天下也有先例。❷地盘。右江《麼叭劢姐》:礼接傍父母。Ndaej ciep biengz bohmeh. 得继承父母的地盘。❸社会;世界;世间。(见旁)

傮 㽵caeux [ɕau⁴]〈名〉妇女;女人(与奷连用)。(见㜷)

傥¹ dangh [ta:ŋ⁶]〈连〉如果;要是;倘若。(见𨨏)

傥² mbangj [ʔba:ŋ³]❶〈名〉部分(整体中的一些)。❷〈副〉也许;或许。(见沪¹)

傪(爹、箠、佚、侄) de [te¹]〈代〉他;她;它。《初》:傪𦛚花料㑇。De rap byaek daeuj haw. 他挑菜来赶圩。

傢 fag [fa:k⁸]〈形〉饱满(一般指农作物的颗粒)。(见𫗦)

傢 gya [kja¹]〈名〉家;家庭;家人(与堂连用)。上林《赶圩歌》:传傢堂, cienz gyadangz,全家人。

㑝 hah [ha⁶]〈动〉❶挽留。❷占;号定。(见擭)

㒃 hoiq [hoi⁵]❶〈名〉奴隶;仆人;佣人。❷〈代〉我(谦称)。(见佊¹)

傰 laeng [laŋ¹]〈名〉后;背后;后面。(见㧯¹)

㑚 nax [na⁴]〈名〉舅;舅妈;姨;姨丈。(见㑚¹)

㑗 ndang [ʔda:ŋ¹]〈名〉身;身体。(见躺)

㑧¹(侹、廛) nden [ʔde:n¹]〈名〉近旁;近邻。《初》:岦㑧, ranznden,邻舍。

㑧² rengh [re:ŋ⁶]〈名〉处。忻城《十劝书》:斗㑧你𫟦。Daeuj rengh neix naengh. 来此处坐。

偞 ndiep [ʔdi:p⁷]〈动〉❶爱;疼爱。❷惦念;思念。(见㤐)

傛 rungx [ɣuŋ⁴]〈动〉抚育;哺养;抚养。(见㝗²)

傃¹ soh [θo⁶]〈副〉幸亏;多亏。《初》:

傃礼眉伝伄。Soh ndaej miz vunz bang. 幸亏有人帮忙。

傃² sug［θuk⁸］〈动〉熟悉。(见僌)

傃¹ soh［θo⁶］〈形〉❶直。❷善良;老实;耿直;诚实;诚恳。(见趖)

傃² sou［θou¹］〈代〉你们。(见偢²)

傃³ sug［θuk⁸］〈动〉熟悉。(见僌)

傀(誰) 方 soi［θoi¹］〈形〉衰;背时;倒霉。《初》:傀肛否眉比。Soi daengz mbouj miz beij. 衰到无可比(喻倒霉透顶)。

傌 maj［ma³］〈动〉长;长大;成长。(见駷)

傜 yiuz［jiːu²］〈名〉瑶。《初》:佣傜,Bouxyiuz,瑶族。

傰 baengh［paŋ⁶］〈动〉依靠;依赖;靠。(见倗²)

傚 baih［paːi⁶］〈动〉败。(见《初》)

傑 方 bwnh［pɯn⁶］〈形〉笨;愚蠢;呆笨。(见《初》)

傞 coz［ɕo²］〈形〉年轻;年青。(见倬)

傠(蔙、跃) faek［fak⁷］❶〈名〉荚。《初》:傠垣眉几糙。Faek duh miz geij ceh. 一个豆荚有几粒籽。❷〈量〉苞(指玉米)。《初》:双傠粞粸。Song faek haeuxmaex. 两苞玉米。

傦¹ 方 guenj［kuːn³］〈形〉鳏;寡。(见《初》)

傦² gvan［kwaːn¹］〈形〉鳏。(见《初》)

傴 haw［haɯ¹］〈名〉圩。(见伃)

慢 menh［meːn⁶］❶〈形〉慢。❷〈副〉再。(见邊)

僘 方 minz［min²］〈代〉他。(见伲)

脢 方 moiz［moi²］〈代〉你。(即 mwngz)(见休)

僟(僫、㘝、峨、峩) 方 ngoz［ŋo²］〈形〉凶恶;勇猛;强横。《初》:侈僟移。De ngoz lai. 他太凶恶了。

僌¹ foux［fou⁴］〈名〉❶舞。❷武。(见僌²)

僌² 方 ngoz［ŋo²］〈形〉凶恶;勇猛;强横。(见僟)

僂 raeuz［ɣau²］〈代〉我们;咱们(包括对话的一方)。(见偻¹)

傸(俠) 方 sangj［θaːŋ³］〈名〉模样。(见《初》)

俠 方 sangj［θaːŋ³］〈名〉模样。(见傸)

僌 au［ʔaːu¹］〈名〉叔;叔父。(见叝)

僨 bengz［peːŋ²］〈形〉贵。(见黈)

僋(呏、傻、埁、叓、尋) caemz［ɕam²］〈动〉玩。《初》:叩僋,guhcaemz,玩耍。

僒 ciq［ɕi⁵］〈动〉借。(见傘)

僜 daemq［tam⁵］〈形〉矮;低。(见衵¹)

僦 daeuj［tau³］〈名〉父亲(与爺连用)。《初》:爺僦,bohdaeuj,父亲。

儆[1] gyaeng [kjaŋ^{1}]〈动〉囚;关;监禁。(见圈)

儆[2] [方] gyaengx [kjaŋ^{4}]〈副〉似;如。《初》:儆肛梿。Gyaengx daengz ruenz. 如同回到家。

僐(啩) gyo [kjo^{1}]〈动〉喜好打扮。《初》:妚内真僐。Dah neix caen gyo. 这个姑娘很喜好打扮。

僖(愾) heij [hei^{3}]〈形〉喜;喜庆的。

僯 lumj [lum^{3}]〈动〉像;似。(见廩)

僨 [方] maih [maːi^{6}]〈动〉靠拢。《初》:㑑僨,dunghmaih,互相靠拢。

僙 raek [ɣak^{7}]〈动〉❶带;佩戴。❷怀孕。❸携带。(见攊)

僋 rom [ɣoːm^{1}]〈动〉攒;积攒;积累;储蓄;储存。(见擩)

僸(孙、甚) saemq [θam^{5}]〈名〉辈;班辈。《初》:仝僸,doengz saemq,同辈人。

僐 sienh [θiːn^{6}]〈形〉善良。《初》:叫伝約胣僐。Guh vunz yaek simsienh. 做人心要善。

僞 vih [wi^{6}]〈动〉为。(见《初》)

僷 yiep [jiːp^{7}]〈形〉胆怯;胆寒。(见嗡)

價 gyaq [kja^{5}]〈名〉嫁妆;嫁礼。马山《达稳之歌》:拎途攸㕛價。Lingx duh sou cienzgyaq. 领了你们的嫁妆钱。

億 iq [ʔi^{5}]〈形〉小。马山《二十四孝欢》:孙兕里億。Lwgnyez lij iq. 小孩还幼小。

僵 gyaengj [kjaŋ^{3}]〈形〉冻僵。《初》:湼廸㹢兄僵。Nit dwk fwngz gou gyaengj. 冷得我的手都冻僵了。

儈 hoiq [hoi^{5}]〈代〉我。田阳《布洛陀遗本》:儈斗不斗内。Hoiq daeuj mbouj daeuj ndwi. 我来不白来。

儂[1] ndong [ʔdoːŋ^{1}]〈名〉亲家。《初》:佬儂,lauxndong,男亲家。

儂[2] nuengx [nuːŋ^{4}]❶〈名〉弟;妹。❷〈名〉情妹。❸〈名〉老弟;小妹(泛称比自己小的同辈)。❹〈动〉小于;幼于(年纪比某人小)。(见侭)

儀(司、伺、饲) saeq [θai^{5}]〈名〉❶官;官吏。❷土司;土官。(见《初》)

儃 ciq [ɕiŋ^{4}]〈动〉借。(见傘)

儆 git [kit^{7}]〈名〉跟斗(与孚连用)。《初》:孚儆,dingjgit,跟斗。

儇[1] [方] he [he^{1}]〈动〉防备;提防。(见㐅)

儇[2] re [ɣe^{1}]〈动〉❶保重;预防。❷提防。(见兮)

儌[1] [方] he [he^{1}]〈动〉防备;提防。(见㐅)

儌[2] re [ɣe^{1}]〈动〉❶保重;预防。❷提防。(见兮)

儋(魯) luj [lu^{3}]〈动〉像;似。《初》:双戾侭任儋。Song beixnuengx doxluj. 两兄弟的相貌很相像。

儑 soemz [θom^{2}]〈形〉痴呆。《初》:侈
馭儑馭𠎰。De youh soemz youh huk. 他又痴
又蠢。

僬(傃、傃、俗、涑) sug[θuk^{8}]〈动〉熟
悉。《初》:僬䎃, sugnaj, 面熟(脸熟)。

錦^{1} 方gaemx [kam^{4}]〈动〉借。(见
㑴^{1})

錦^{2}(㑴) ngoemj [ŋom^{3}]〈动〉俯(首);
低(头);弯(腰)。(见《初》)

儮 ciq [çiŋ^{4}]〈动〉借。(见䧠)

儮 eng[ʔeːŋ^{1}]〈名〉婴儿;小孩子;娃崽。
(见孆)

儱 lungz [luŋ^{2}]〈名〉伯父;舅父。马
山《赵贞》:儱俤弄席用酒紅。Lungz nax
loengh sig yungh laeuj hoengz. 伯父舅父用红
酒开宴席。(见侻)

儯 boux [pou^{4}]〈量〉个;位。(见偱)

鬊 coemh [çom^{6}]〈动〉烧;焚烧。(见
㷞)

儬 方hen [heːn^{1}]〈动〉留;留下;留出。
(见哏^{1})

雙 sueng [θuːŋ^{1}]〈形〉偶;双。(见仅)

儰 giemz [kiːm^{2}]〈名〉下巴(与齗连
用)。(见𦝶)

儶^{1} 方he[he^{1}]〈动〉防备;提防。(见𢚃)

儶^{2} re [ɣe^{1}]〈动〉❶ 保重;预防。❷ 提
防。(见兮)

儸 方rox [ɣo^{4}]〈动〉抓起;捧起。《初》:
儸𦆮𡎝, rox nyungq danj, 捧起铲下的杂草。

儻 yanj [jaːn^{3}]〈动〉起哄;轰动。(见汳)

儻 yanj [jaːn^{3}]〈动〉起哄;轰动。(见汳)

入 部

合(叺、口、吼、㑒、㒰、㖂) haeuj
[hau^{3}]〈动〉❶ 进;入。《初》:请合竺庲⑶。
Cingj haeuj ranz ma naengh. 请进屋里来坐。
❷ 祖护;庇护。《初》:仪合劲。Boh haeuj
lwg. 父亲祖护孩子。

仝 uk [ʔuk^{7}]〈名〉脑;脑子;脑浆;脑髓;
脑海;脑筋。(见腥^{2})

𠓥 方gvae [kwai^{1}]〈动〉归;属于。
(见佧)

𠓭 haep [hap^{7}]〈动〉❶ 关;闭;掩。❷
堵拦(流水)。❸ 威胁。(见閤)

凹(凹) mboep [ʔbop^{7}]〈形〉凹;瘪。
《初》:飢迪胮凹了。Iek dwk dungx mboep
liux. 饿得肚子瘪了。

㑒 haeuj [hau^{3}]〈动〉❶ 进;入。《初》:
请㑒竺庲⑶。Cingj haeuj ranz ma naengh. 请
进屋里来坐。❷ 祖护;庇护。(见合)

㒰 haeuj [hau^{3}]〈动〉❶ 进;入。❷ 祖
护;庇护。(见合)

䧠(儮、儮、儁、喍) ciq [çi^{5}]〈动〉借。
《初》:䧠鼪呫气。Ciq ndaeng diemheiq. 借鼻
子呼吸(喻借他人之力而成事)。

㖠(洊、暖、𥥭) ndonj[ʔdoːn^{3}]〈动〉钻;
钻入。《初》:㖠𡋙, ndonj congh, 钻洞。

𫡡 nyib [ȵip[8]]〈动〉缝。(见纫)

𪫩 doek [tok[7]]〈动〉❶落。❷丢失。(见䃔[1])

𠓠 yeb [jeːp[8]]〈拟〉翩翩。《初》:徒虮蝨𠓠𠓠。Duzmbaj mbin yebyeb. 蝴蝶翩翩起舞。

𠓡 gyan [kjaːn[1]]〈动〉❶吞;吞咽。❷吞没;侵吞。❸堆叠;套;合拢。(见𩟔)

八(丷)部

八[1] 㕮 bah [pa[6]]〈名〉爸爸。(见《初》)

八[2] bah [pa[6]]〈副〉暂莫;暂不。马山《二十四孝欢》:介八闹鼓铃。Gaejbah nauh gyong lingz. 暂莫敲响鼓铃。| 收八吽偻啤。Sou bah naeuz de nyi. 你们暂莫说给他知道。(见罢[1])

八[3] bamz [paːm[2]]〈形〉笨。右江《麽劲在》:防他八多召。Fangz de bamz doq ciuh. 那鬼崽笨了终生。

八[4] mbat [ʔbaːt[7]]❶〈量〉次;下;回。❷〈副〉一(与couh呼应作关联词用)。(见𠀧)

分[1] baenz [pan[2]]〈动〉磨。(见𥕦)

分[2] faen [fan[1]]〈名〉种子;籽实。田阳《麽収魂粡一科》:吽分粉肚捞。Gwn faen fiengj dungx laeng. 吃小米肚子胀。

分[3] faen [fan[1]]〈副〉纷纷。马山《二十四孝欢》:淰眦斗分分。Raemxda daeuj faenfaen. 眼泪落纷纷。

分[4] fwn [fuːn[1]]〈名〉雨。(见雰)

公 goeng [koŋ[1]]❶〈名〉祖父;爷爷;家公。马山《二十四孝欢》:养父母公奸。Ciengx bohmeh goeng yah. 赡养父母和祖父祖母。❷〈名〉公(尊称长辈或同辈男性)。《初》:公僡,goeng'au,叔叔。| 马山《丹亡》:叹介公家先,danq gij goeng gyasien,赞叹那些前辈祖先。❸〈量〉个;位。《初》:双公内,song goeng neix,这两个男人。

兮 㕮 he [he[1]]〈动〉防备;提防。(见𠏁)

只 㕮 daem [tham[1]]〈名〉睾丸;阴囊。(见《初》,即 raem)

兮(衛、俾、傒、儶) re [ɣe[1]]〈动〉❶保重;预防。《初》:兮躺介𢫦痪。Re ndang gaej hawj bingh. 保重身体别生病。❷提防。《初》:兮解掉,re gaijdiuq,提防扒手。

叭(雹、雹) 㕮 bag [paːk[8]]〈名〉雹。《初》:劲叭,lwgbag,冰雹。

共[1] 㕮 gongh [koːŋ[6]]〈名〉院子。(见𢊞)

共[2] gungz [kuŋ[2]]〈形〉穷。(见𧶮)

兴 㕮 hinj [hin[3]]〈形〉脏;肮脏。《初》:其内兴䅶。Gizneix hinj lai. 这里太脏了。

关[1] baenz [pan[2]]〈动〉成。平果《雷王》:枯粝闲䅘结关绳。Gohaeux ndaw naz giet baenz cag. 田中禾稻结成绳。| 马山《迪封信斗巡》:顾往关伝,goq nuengx baenz vunz,照顾妹妹成人。(见貧[1])

关[2] mbaenq [ʔban[5]]〈动〉绩(麻)。平果《信歌》:苦佈伝关紡,hoj boux vunz mbaenq ndaij,缺一续麻人。

兵 bengh [peːŋ⁶]〈名〉开裆(裤)。(见祇)

䏲 byak [pjaːk⁷]〈名〉壳;荚。(见䟽)

岔 nga [ŋa¹]〈名〉杈;枝杈。《粤风》:大路无数岔。Daihloh fouzsoq nga. 大路无数岔。

㸹 历 ung [ʔuŋ¹]〈名〉祖父(与何连用)。《初》:何㸹,hozung,祖父。

㒰 cawx [ɕaɯ⁴]〈动〉买。(见𧵳)

具 gawh [kaɯ⁶]〈动〉涨;膨胀。(见肚)

其¹ geh [ke⁶]〈名〉间隙;缝隙。(见𨻶)

其² gij [ki³]〈量〉些。(见佮)

其³ giz [ki²]〈名〉脊椎(与龍连用)。(见䯠)

其⁴ giz [ki²]〈名〉❶处。马山《哭姐歌》:其你,gizneix,此处(这里)。❷住处;住地。东兰《莫卡盖用》:其故㗅淋勒。Giz gou youq raemx laeg. 我的住地在水深处。

其⁵ gyaez [kjai²]〈动〉❶爱;爱好;喜欢。❷挂念;想念;怀念。(见㤝)

㒷 历 hwng [hɯŋ¹]〈形〉久。(见《初》)

㒺¹ 历 rim [ɣim¹]〈形〉全部;所有。金城江《覃氏族源古歌》:㒺那嚁他卬。Rim naz gyuenj de ywq. 所有田园全是他占。

㒺² 历 rim[ɣim¹]〈副〉就。金城江《覃氏族源古歌》:㒺改名换姓。Rim gaij mingz vuenh singq. 就改名换姓。

㳄(八、扒、叭、嚏) mbat[ʔbaːt⁷]❶〈量〉次;下;回。《初》:𠰺只𡒰㳄𠄘。Gou cij bae mbat ndeu. 我才去过一次。❷〈副〉一(与couh 呼应作关联词用)。《初》:㳄𠯗𠉞𤄧𥬀。Mbat gangj de couh riu. 一讲他便笑。

㭊 baen [pan¹]〈动〉分。(见𠔥)

𠔥 biek[piːk⁷]〈动〉离别;分别。(见盼)

㒶 历 byat [pjaːt⁷]〈动〉❶出壳。❷脱离。(见穴)

𠔱(擃、扗、垻)历haet [hat⁷]〈动〉堵;拦。《初》:𠔱汏。Haet dah. 拦河。

𠔾¹(𠇶、仆、布、佈、褒) 历 baeuq [pau⁵]〈名〉公公;翁。《初》:𠔾𦔀,baeuq geq,老公公。|𠔾洛陀,Baeuqlozdoz,洛陀公公(布洛陀,壮族神话中的男性创世始祖)。

𠔾² boux [pou⁴]〈形〉雄(多指禽类)。(见𠔁²)

𠕄 历 sung [θuŋ¹]〈形〉高。(见篙²)

𠕅 历 ywnz [jɯn²]〈名〉宵;夜。(见𡖚)

𠕆 don[toːn¹]〈动〉阉(用于禽类)。(见腯)

𠕇 don[toːn¹]〈动〉阉(用于禽类)。(见腯)

𠕈 gungz [kuŋ²]〈形〉穷。(见𧹞)

𠕉 boek [pok⁷]〈动〉翻;翻覆;倾覆。(见𣁼)

丫¹ aq [ʔa⁵]〈动〉裂;裂开。(见閅)

丫[2](杈、椏、杈、梜、枒、凹) nga [ŋa[1]] ❶〈名〉枝。《初》:丫 菲, ngafaex, 树 枝。❷〈量〉支;条。《初》:几丫淰任秧貧汏奋。Geij nga raemx doxgaq baenz dah hung. 几条支流汇成大河。

半[1] buen [pu:n[1]]〈动〉搬运。田东《贼歌》:半粝谷陇船。Buen haeuxgok roengz ruz. 搬谷米下船。

半[2] buenq [pu:n[5]]〈名〉鸳鸯(与十连用)。上林《情歌》:十半, cizbuenq, 鸳鸯。

半[3] buenq [pu:n[5]]〈动〉贩。右江《麽叭在》:貇閉忐半馬, hwnj bae gwnz buenq max, 上北方贩马。

文 mod [mo:t[8]]〈名〉蛀虫。(见蚨[3])

兰[1] ranz [ɣa:n[2]]〈名〉家;屋;宅。马山《欢叹父母》:卜入兰十摘。Boh haeuj ranz cix bwz. 父亲进家就摆弄。| 田东《阳高》:肝兰了, daengz ranz leux, 到家了。(见空)

兰[2] rox [ɣo[4]] ❶〈动〉懂;会;认识;晓得。❷〈连〉或;或者;还是。(见𰽴)

冄 ranz [ɣa:n[2]]〈名〉家;屋;房。平果《贼歌》:冄冄执朋肖。Ranzranz caep mbaengq siu. 家家备硝筒。(见空)

卞 方 yok [jo:k[7]]〈名〉花。(见《初》)

𠁥(糚、粓) byongh [pjo:ŋ[6]]〈数〉半;一半。《初》:𠁥昙, byongh ngoenz, 半天。

关[1] daep [tap[7]]〈动〉锁。宜州《龙女与汉鹏》:汉朋关堵喔呗那。Hanbungz daep dou okbae naz. 汉鹏锁门去田间。

关[2] gvan [kwa:n[1]]〈名〉丈夫。武鸣《信歌》:佲支丕捞关。Meh coi bae laeng gvan. 母亲催去丈夫家。| 宜州《孟姜女》:结关仈伯妹。Giet gvanbaz bohmaex. 结成夫妻搭档。(见佚)

关[3] gvanq [kwa:n[5]]〈量〉贯。(见贯)

巿 方 nauh [na:u[6]]〈语〉呢。(见《初》)

苒 ranz [ɣa:n[2]]〈名〉家;屋;宅。马山《改漫断鄰鄰》:不㲋贺瓶苒, mbouj ndaej hoh hog ranz, 不得护家屋。(见空)

芘 bi [pi[1]]〈名〉年;岁。(见𣆳)

弟 daeh [tai[6]]〈动〉传送;传递。田东《贼歌》:文字弟多陇。Faenzsaw daeh doxroengz. 官书往下传。

孑 reuq [ɣeu[5]]〈形〉蔫;枯萎;萎谢。(见蓼)

芮 方 swenz [θɯ:n[2]]〈名〉屋;家。(见《初》)

巻[1] 方 guenj [ku:n[3]]〈副〉都;总;全部;统统;完全。《初》:俌俌巻唱。Bouxboux guenj angq. 人人都高兴。

巻[2](卷) 方 gyuen [kju:n[1]]〈动〉❶没收(家产)。❷收拾。《初》:妑空巻咟㶳。Mehranz gyuen bakcauq. 主妇收拾厨房里的东西。

卷[1] gwenj [kɯ:n[3]]〈动〉揭;掀。(见拗)

卷[2] 方 gyuen [kju:n[1]]〈动〉❶没收(家产)。❷收拾。(见巻[2])

卷[3] 方 gyuenq［kjuːn⁵］〈动〉劝说。(见啳)

丷卞(卞兰) 方 lamq［laːm²］〈动〉遗漏。(见《初》)

卞兰 方 lamq［laːm²］〈动〉遗漏。(见丷卞)

芭 mbaw［ʔbaɯ¹］❶〈名〉叶子。❷〈量〉张;面(用于薄的片状的东西)。(见𦲿)

券 yiengh［jiːŋ⁶］〈名〉样;样子;榜样;模样。《初》:𢳔𠈈𠲤券。Hawj de guh yiengh. 给他做榜样。

丷中[1] byongh［pjoːŋ⁶］〈数〉半;一半。(见𫝆)

丷中[2] 方 congh［ɕoːŋ⁶］〈数〉半;一半。《初》:𥑾盂里丷中淰。Aencenj lij congh raemx. 杯子里还有半杯水。

丷中[3] gyang［kjaːŋ¹］❶〈名〉中;中间。❷〈数〉半(容量、高度的半数)。(见閅[3])

首[1] 方 caeux［ɕau⁴］〈名〉妇女;女人(与奸连用)。(见㛪)

首[2] nduj［ʔdu¹］〈名〉开初;起初。平果《贼歌》:正歹定贝首,cingq hai din bae nduj,正启程首征。

首[3](收) 方 saeu［θau¹］〈形〉逍遥;悠闲;自在;慢慢(与由连用)。《初》:首由踋。Saeuyaeuz byaij. 悠闲地走。|佅首由呻。Moiz saeuyaeuz gwn. 你慢慢吃。

首[4] saeuj［θau³］〈动〉❶甩动。❷抖动;抖掉。(见抖)

养[1] cangx［ɕaːŋ⁴］〈名〉上。马山《望吞話名詢》:就眉病养躺,couh miz bingh cangx ndang,就有病上身。

养[2] yiengh［jiːŋ⁶］〈名〉样子;像。《粤风》:养勒佛排摇。Yiengh lwgbaed byai bya. 像山巅佛像。

养[3] yueng［juːŋ¹］〈形〉青。田阳《麽収魂耨一科》:歐叩养郭使。Aeu gaeu yueng gueg saej. 要青藤做肠。

总[1] cungj［ɕuŋ³］〈副〉都;总;全部;统统;完全。(见総[2])

总[2] cungq［ɕuŋ⁵］〈名〉枪。(见䦺)

共 donj［toːn³］〈动〉❶斩断。❷拦。《初》:共塘,donj dangz,拦路。

卷 方 gyuenq［kjuːn⁵］〈动〉劝说。(见啳)

亲 leh［le⁶］〈动〉选;挑选。东兰《造牛(残页)》:亲日裡,leh ngoenz ndei,挑选好日子。

兲 ranz［ɣaːn²］〈名〉屋;家;房。都安《雷王大帝唱》:雷王吞你古幼兲。Loizvuengz ngoenzneix goj youq ranz. 雷王今日也在家。(见室)

前 方 sienz［θiːn²］〈动〉好像;如同(与如连用)。《初》:如前霬露不荠邑。Sawzsienz mohlox oemq byai bya. 好像云雾盖山顶。

芊 方 yaez［jai²］〈名〉蕊。《初》:芊芐,yaezyok,花蕊。

羞 ciuq［ɕiːu⁵］〈动〉照。宜州《龙女

与汉鹏》:嗦星艮天斗羞故。Rox cingq gwnz mbwn daeuj ciuqgoq. 怕是上天来照顾。

前 1 㘝 gvaih [khwa:i6]〈形〉快。《初》:庲前。Ma gvaih. 快来。

前 2 gvaix [kwa:i4]〈动〉舀起。(见㧟)

前 3 senq [θe:n5]〈副〉早;老早。(见眑)

兝 hawq [haɯ5]〈形〉干。(见祛)

叙 caj [ɕa3]〈动〉等;等候。马山《抄晋嚎》:叙母呻,caj meh gwn,等着母亲吃饭(靠母亲带回食物养孩子)。

着 1 cauh [ɕa:u6]〈副〉才。田阳《唱祖公》:甫仕哽熟那着浩。Boux saeq gwn cug naj cauh hau. 土官吃熟食脸才白。

着 2 cieg [ɕi:k8]〈动〉破裂;碎。(见憷)

着 3 ciek [ɕi:k7]〈形〉惊慌;惊恐。马山《信歌》:心吼各着。Sim gou gag ciek. 我心自惊慌。

着 4 coh [ɕo6]〈形〉可怜(与卦连用)。马山《雲红不乣荫》:着卦,cohgvaq,可怜。

着 5 coq [ɕo5]〈动〉❶放。❷施。❸灌;灌溉。(见措)

着 6 coz [ɕo2]〈形〉年青。马山《宽模》:卩着,bouxcoz,年青人。

粠 gyang [kja:ŋ1] ❶〈名〉中;中间。❷〈数〉半(容量、高度的半数)。(见閍3)

馗 gyaeuj [kjau3]〈名〉首;头。(见尥)

馗 gyaeuj [kjau3]〈名〉首;头。(见尥)

巷 hong [ho:ŋ1]〈名〉工作;活路。(见功)

羫 㘝 ngeuh [ŋeu6]〈名〉瓦酒壶。(见磐)

菁 ranz [ɣa:n2]〈名〉家;屋;宅。(见空)

曾 1 caeng [ɕaŋ1]〈动〉❶囤;囤积。❷盛;装。(见呈1)

曾 2 caengz [ɕaŋ2]〈动〉❶瞪(眼睛)。❷憎恨。《粤风》:也布被吞曾。Yax mbouj beih raen caengz. 不被人憎恨。(见瞪1)

曾 3 caengz [ɕaŋ2]〈副〉未曾;尚未。宜州《廖碑》:短長晋曾咾。Dinj raez raeuz caengz rox. 长短我们尚未知。| 来宾《贤女救夫》:曾文伝,caengz baenz vunz,尚未成人。(见�)

曾 4 caengz [ɕaŋ2]〈量〉层;重。《初》:曾垟三曾楄。Caengz ciengz sam caengz benj. 一层墙壁三层板。

曾 5 saengz [θaŋ2]〈形〉欢乐。马山《望吞話名詢》:曾貧鲃宠洡。Saengz baenz bya roengz raiq. 欢似鱼下滩。

曾 6 yaeng [jaŋ1]〈动〉商量;商议。马山《奠别歌》:度曾请师道。Doxyaeng cingj sae dauh. 相商请师公道公。

拳 daengz [taŋ2]〈动〉到。(见肝2)

䫕(期) geiz [kei2]〈动〉预料;料想。《初》:否䫕蚌内狼。Mbouj geiz bineix rengx. 料想不到今年天旱。

歕 gyaeuj [kjau3]〈名〉首;头。(见尥)

粆 mbanq [ʔba:n^5]〈动〉豁;崩缺。金城江《台腊恒》:碗粆, vanj mbanq,豁口碗。

䊷 ngeiz [ŋei^2]〈动〉❶疑;猜疑;怀疑。❷以为。(见㒣)

䜣 gyaeuj [kjau^3]〈名〉首;头。(见旭)

䊈 历 raemz [ɣam^2]〈动〉用鞭或棍子打。(见揿^6)

䊟 ranz [ɣa:n^2]〈名〉屋;房;家。宾阳《催春》:伝䊟砾之笑。Vunz ranz rog cix riu. 邻家人就笑。(见竺)

䊝 baex [pai^4]〈动〉❶遮挡;遮蔽。❷背光。(见黯)

酙(噌) cingq [ɕiŋ^5]〈副〉正好;才。《初》:侈酙料肛。De cingq daeuj daengz. 他正好来到。

黔 goemq [kom^5]〈动〉盖;遮盖。(见禁)

䊩^1 gyaeuj [kjau^3]〈名〉首;头。(见旭)

䊩^2 gyaeuz [kjau^2]〈量〉个(蒜头)。(见球)

䊞 nyaengq [ȵaŋ^5]〈形〉忙。马山《造䨻变贫型》:叩工䊞, guh hong nyaengq,干活忙。

羲^1 nyi [ȵi^1]〈动〉听。东兰《莫卡盖用》:侧耳羲故奴。Nyengq rwz nyi gou naeuz. 侧耳听我讲。

羲^2 nywj [ȵɯ^3]〈名〉草。东兰《造牛(残页)》:之本叭哏羲。Cih baenz bak gwn nywj. 就成嘴巴[能]吃草。

䊥 gyaeng [kjaŋ^1]〈动〉囚;关;监禁。(见圙)

䊦 raengh [ɣaŋ^6]〈动〉捶打。《初》:䊦䑇侈。Raengh aek de. 捶他的胸口。

勹　部

勹 dak [ta:k^7]〈动〉晒。马山《嚁凭》:二月独鸿鸩,勹眃夵寒里。Ngeihnyied duz roegbit, dak ndit laj haenz rij. 二月野鸭子,溪边晒太阳。

勺^1 coq [ɕo^5]〈动〉放;藏;留。《粤风》:齐同勺攎肚。Gyaez doengz coq ndaw dungx. 恋情同放在内心。

勺^2 saek [θak^7]〈代〉任何。马山《丹亡》:勺畐犆畐犿,睧是提口椋。Saek duzcwz duzvaiz, haemh cix dawz haeuj riengh. 若有任何黄牛水牛,晚上就赶回栏圈。| 马山《欢哭母》:不礼松勺時。Mbouj ndaej soeng saek seiz. 任何时候都不能轻松。

勺^3 yaek [jak^7]❶〈副〉要;欲;将;想。马山《二十四孝欢》:孙十分勺記。Lwg cibfaen yaek geiq. 孩子们十分要记住。| 母勺吽冬笋。Meh yaek gwn doeng rangz. 母欲吃冬笋。| 马山《连情欢》:霥勺竺就竺,介拆杦迪炜。Fwn yaek doek couh doek, gaej cek loek dwk feiz. 雨要下就下,别拆水车当柴烧。❷〈连〉不论;若是。马山《丹亡》:𠆳勺苦勺眉,介竺支公奷。Ranz yaek hoj yaek miz, gaej doekcoih goeng yah. 家中不论贫或富,别得罪公婆。| 勺伏㛞伏㛢,魂偶父利妫。

Yaek fawh ngaiz fawh caeuz, hoenz ngaeuz boh lij youq. 若是到了午饭晚饭时分，父亲的幻影还在家。（见約²）

勺⁴ yaep［jap⁷］〈名〉一会儿；一阵。马山《奠别欢》：个病勺竺勺，不宜失家疕。Goj bingh yaep doek yaep, mbouj ngawz saet gyaranz. 病了一阵又一阵，不料就丢下家园。

勺⁵ yak［ja:k⁷］〈形〉可憎；难看（与勝连用）。马山《駄向书信》：勺勝口超伝。Yakcaengz guh ciuhvunz. 可憎为人一世。

勿¹ faed［fat⁸］〈名〉佛。（见伕）

勿² foed［fot⁸］〈名〉绿肥（植物的青叶嫩枝）。（见茀）

勿³ fwd［fɯt⁸］〈副〉骤然。田阳《贖魂糎呟》：王造勿哪虚。Vuengz cauh fwd naj hawq. 王才骤然脸干（尴尬）。

勿⁴ fwed［fɯ:t⁸］〈名〉翅膀。（见䎗¹）

勿⁵（忽、弗）fwt［fɯt⁷］〈副〉突然。《初》：偻勿𨒍𢫦𨑜。De fwt naengh roengzbae. 他突然坐下去。

勿⁶ fwx［fɯ⁴］〈代〉别人；人家。（见㑗²）

勿⁷ uet［ʔu:t⁷］〈动〉抹；擦；拭。（见抈）

勿⁸ vuet［wu:t⁷］〈动〉割；砍（用镰刀将荆棘、杂草、小树等割光砍光）。《初》：勿坤，vuet roen，斩荆开路。

勾¹ gaeu［kau¹］〈名〉藤。（见芶¹）

勾² gou［kou¹］〈代〉我。（见兄）

勾³ ngaeu［ŋau¹］❶〈名〉钩子。❷〈形〉弯曲。❸〈动〉扳。（见乚²）

句¹ gou［kou¹］〈代〉我。（见兄）

句² gawq［kaw⁵］〈名〉锯；锯子。（见鉅）

㫟 cimq［ɕim⁵］〈动〉浸；泡。（见浸）

旬¹ coenz［ɕon²］〈量〉句。马山《哭姐歌》：不礼喊旬话。Mbouj ndaej han coenz vah. 不能回答一句话。（见响）

旬² swnx［θɯn⁴］〈形〉❶不酥粉；不松软（指熟后的薯、芋类）。❷半生不熟。（见蚺）

㐫 cwk［ɕɯk⁷］〈动〉抹。（见《初》）

甸 㕣 ndemq［ʔde:m⁵］〈动〉瞧；看。（见䀹）

戋 cienz［ɕi:n²］❶〈名〉钱；钱币。❷〈量〉钱（市制重量单位）。（见刄）

㚗 gonz［ko:n²］〈名〉担子的一头。（见𦊰）

㔫 vut［wut⁷］〈动〉❶扔；丢掉；抛弃；丢下。❷失掉；丢失。（见㧒）

㫓¹ 㕣 cak［ɕa:k⁷］〈动〉晒（谷、衣等）。《初》：㫓粴，cak gaeuj，晒谷子。

㫓²（落、錯）㕣 cak［ɕa:k⁷］〈名〉额。《初》：䪼㫓，najcak，额头。

㧒（㕾、夫、扔、忽、㔫、㧗、甭、炜、跌、揔、撑）vut［wut⁷］〈动〉❶扔；丢掉；抛弃；丢下。❷失掉；丢失。上林《赶圩歌》：以㧒偶栅㞞。Hix vut ngaeux ndek ndwi. 也白白丢着生锈。

𩚵 fag［fa:k^8］〈形〉饱满(一般指农作物的颗粒)。(见𥢧)

𩛩 gyongx［kjo:ŋ^4］〈量〉套;圈。(见𠻗)

𦎗 nanz［na:n^2］〈形〉久。(见𢿣)

䊵 历 daux［ta:u^4］〈动〉❶ 倒伏。《初》:粈䊵。Gaeuj daux. 禾稻倒伏。❷ 跌倒。

𩝶(𠒇)历 rumx［ɣum^4］〈动〉抚育;哺养。《初》:𩝶孙,rumx lwg,抚养孩子。

𩞇 duk［tuk^7］〈动〉包;包装;包扎;裹;包裹。(见𧟮)

𠟈(吻)vet［we:t^7］〈动〉交叉;反手;反剪(与嗶连用)。《初》:提修綻𠟈嗶。Dawz de cug vetbit. 把他反剪两手捆起来。

𩿺 fup［fup^7］〈副〉骤然。《初》:斐𩿺煶𢩭料。Feiz fup dawz hwnjdaeuj. 火骤然烧了起来。

儿　部

兇 hung［huŋ^1］〈形〉大。马山《情歌》:图怀原吽兇,定图蜱呻血。Duzvaiz yienznaeuz hung, deng duzbing gwn lwed. 水牛虽说大,被蚂蝗吸血。

㕭 ndek［ʔde:k^7］〈形〉幼;幼小。金城江《台腊恒》:仂㕭哏糖。Lwgndek gwn dangz. 幼儿吃糖。

先 历 sienq［θi:n^5］〈名〉石条;料石(与石连用)。《初》:石先,sigsienq,石条,料石。

兒 wq［ʔɯ^5］〈语〉呢(表示疑问或反问)。(见呃)

兕 历 yoengq［joŋ^5］〈动〉蹲(与跖连用)。(见踊)

兊 hung［huŋ^1］〈形〉❶ 大。马山《叹亡》:别孙兊孙意,bieg lwg hung lwg iq,别离大儿小儿。❷ 自大。(见夯)

兒 nyez［ȵe^2］〈名〉孩;孩童。马山《三界公》:孙兒杖枉能论昨。Lwgnyez ciengx vaiz naengh lwnh soh. 牧童直接说与听。

児 nyez［ȵe^2］〈名〉孩。马山《二十四孝欢》:伝孙児里億。Vunz lwgnyez lij iq. 人是小孩还幼小。

兜 daeuz［tau^2］〈名〉青苔。广南《花根歌》:䰡貧兜寮壛。Dai baenz daeuz reux namh. 死去［尸骸］变成青苔拌泥土。

𠒣 历 den［te:n^1］〈名〉仙。《初》:妑𠒣,mehden,女仙人。

𠒫 nden［ʔde:n^1］〈形〉不安;忐忑。《初》:兄胋𠒫𠩆。Gou sim nden lai. 我心中很不安。

几　部

几^1(己、幾)geij［kei^3］〈数〉几。《初》:眉几偺伝料? Miz geij boux vunz daeuj? 有几个人来?

几^2 gij［ki^3］〈量〉些。(见佁)

凡^1 历 caemz［ɕam^2］〈动〉❶ 吻。《初》:凡孙玎。Caemz lwgnding. 吻婴儿。❷ 亲热。《初》:修料凡兄。De daeuj caemz gou. 他来

和我亲热。

凡² fanh [faːn⁶]〈数〉万。宜州《龙女与汉鹏》：千兵凡马斗纷纷。Cien bing fanh max daeuj faenfaen. 千兵万马来纷纷。

凢 fangz [faːŋ²]〈名〉鬼；神。（见魅）

几 naengh [naŋ⁶]〈动〉坐。（见③）

朵 dog [toːk⁸]〈形〉独；单独。宜州《孟姜女》：乜婗古仂朵。Meh ciengx gou lwgdog. 母亲养我一独女。

兇 ngox [ŋo⁴]〈形〉凶。金城江《覃氏族源古歌》：兇星否累渚。Ngox sing mbouj ndaej seh. 凶星不能犯。

抌 㕦 gi [ki¹]〈名〉盐。（见𪉲）

凪 㕦 gi [ki¹]〈名〉盐。（见𪉲）

凭 baengh [paŋ⁶]〈动〉靠；依靠。马山《行孝歌》：凭父母，baengh bohmeh，依靠父母。

虎 guk [kuk⁷]〈名〉虎。（见彪）

凬 hoenz [hon²]〈名〉火烟；烟雾。（见𩅜）

凰 fungh [fuŋ⁶]〈名〉风。金城江《台腊恒》：花戭凰，valungzfungh，龙凤花。

凮 hawx [haɯ⁴]〈名〉雨。马山《雷王》：生凰凮，seng funghawx，生风雨。

𠘨 rouh [ɣou⁶]〈量〉窝；胎（指一胎多崽儿的动物）。（见叡）

凬 rumz [ɣum²]〈名〉风。（见𫗀）

凧 mbaeu [ʔbau¹]〈形〉轻。（见戳）

𠘩 ndoj [ʔdo³]〈动〉躲；藏。（见𬌗）

𪉲（抌、凪）㕦 gi [ki¹]〈名〉盐。（见《初》）

凮 fung [fuŋ¹]〈名〉风。（与凧连用）

凳 㕦 dangq [taːŋ⁵]〈副〉❶ 像；好像。上林《赶圩歌》：凳同灵揹古。Dangq doengzlingz boiq goj. 像铜铃配鼓。❷ 无比；非常（与麻连用）。（见当⁸）

匕 部

匕 㕦 ij [ʔi³]〈形〉一点儿。（见《初》）

𠤎（能）㕦 nwngh [nɯŋ⁶]〈数〉 一。《初》：须犽𠤎，du vaiz nwngh，一头水牛。

北¹ baek [pak⁷]〈动〉插。（见扎）

北² bak [paːk⁷]〈名〉嘴；口。（见咟¹）

北³ byaek [pjak⁷]〈名〉菜；蔬菜。（见芘²）

北⁴ 㕦 mbaek [ʔbak⁷]〈动〉咬。《初》：犸北仈。Ma mbaek gaenz. 狗咬人。

𠤏 㕦 vaq [wa⁵]〈形〉预先；提前。《初》：𠤏仡，vaq haet，提前去做。

𣬉 㕦 raij [ɣaːi³]〈动〉凋谢。（见《初》）

𣬊 baeg [pak⁸]〈形〉累；困倦；疲乏。（见悲¹）

𣬋 baeg [pak⁸]〈形〉累；困倦；疲乏。（见

悲[1])

䛶 baeg[pak⁸]〈形〉累;困倦;疲乏。(见悲[1])

𣡎 naengh [naŋ⁶]〈动〉坐。(见𡿨)

乂 部

乂[1] ca [ɕa¹]❶〈名〉差;错。马山《起书囃特豆》:恩心名乂。Aen sim mwngz ca. 你的心太差。❷〈形〉劣;低劣。(见仪)

乂[2] ca [ɕa¹]〈名〉夜叉。马山《信歌》:下乂,yahca,夜叉。

乂[3] cah [ɕa⁶]〈名〉竹扫帚(与摚连用)。(见笶)

乂[4] 历 cax [ɕa⁴]〈形〉丑陋(与喙连用)。(见叹)

㐅 历 caz [ɕa²]〈形〉粗糙。(见《初》)

㚵(䒤) 历 nyauq [ȵaːu⁵]〈形〉差;坏;粗劣。(见《初》)

杀[1] cah [ɕa⁶]〈副〉忽然(与劳连用)。东兰《莫卡盖用》:双江胑杀劳。Song gyang daengz cahlauh. 两位壮汉忽然来到。

杀[2] cax [ɕa⁴]〈名〉刀。(见刹)

杀[3](刷) sad [θaːt⁸]〈副〉居然。马山《信歌》:吽爹杀不听。Naeuz de sad mbouj dingq. 说了他居然不听。| 同勝呑家底,杀不礼寿年。Doengz cengq aen gyadaej, sad mbouj ndaej souhnienz. 共同支撑这家庭,居然不能享寿年。

杀[4] sap [θaːp⁷]〈形〉淘气(与气连用)。(见唰)

杀[5] sat [θaːt⁷]〈动〉❶ 完;结束。❷ 算了;罢了。武鸣《信歌》:否緦只杀。Mbouj lw cix sat. 没有剩余就算了。(见䟽)

杀[6](刷) -sat [θaːt⁷]〈缀〉溜溜。《初》:𥖁榜醠杀杀。Makfiengz soemjsatsat. 杨桃酸溜溜的。

杀[7] sat [θaːt⁷]〈动〉裱糊。(见粆)

希 历 hi [hi¹]〈名〉阴门。(见唏)

𢒼 oiq [ʔoi⁵]〈形〉❶ 嫩。❷ 幼小;年轻。(见荟[2])

𥿁 gaj [ka³]〈动〉杀。(见𥿑)

难 nanz [naːn²]〈形〉难。(见《初》)

𣘊 gaj [ka³]〈动〉杀。(见𥿑)

𥿑(卡、加、可、㓨、胩、刹、𦙶、𥿁、𣘊、㮶、㓤) gaj [ka³]〈动〉杀。《初》:𥿑𤟊卦膳。Gaj mou gvaq Cieng. 杀猪过春节。

𥿊 gvaz [kwa²]〈名〉右。(见𢬿)

𥾹 -cak [ɕaːk⁷]〈缀〉闪亮的;白白的。《初》:㫰𥾹𥾹,haucakcak,白晃晃。

𥿋 nyoeg [ȵok⁸]〈动〉捅;插。(见𢫕)

𥿎 cat [ɕaːt⁷]〈动〉上当。(见䟽)

𤊪(仛、叉、笁、𢽩、察、查) 历 caj [ɕa³]〈动〉等;等待。《初》:丕内𤊪伝。Youq neix caj vunz. 在这儿等人。

亠　部

亡1 方mang［maːŋ1］〈动〉❶ 诅咒。❷ 发誓。(见詝)

亡2 muengz［muːŋ2］〈名〉亡灵。

六1 方loeg［lok8］〈动〉贪恋;徘徊(与戀连用)。(见錄2)

六2 loeg［lok8］〈数〉六。马山《传扬歌》:三月冇打裕,六月𡊞而欧? Samnyied mbouj daj goek, loegnyied bae lawz aeu? 三月不打根基,六月去哪收获?

六3 loeg［lok8］〈名〉禄;福禄;福分。《初》:特偻否眉六,迪金総否𢵧。Daeg raeuz mbouj miz loeg, dwk gim cungj mbouj ndaej. 我没有福分,淘金都不得。

六4 方loeg［lok8］〈名〉处;处所。《初》:佲打六哂料? Mwngz daj loeglawz daeuj? 你从何处来?

六5 loek［lok7］❶〈形〉错。❷〈名〉错;差错。(见鏌)

六6 方louz［lou2］〈动〉游玩。马山《欢叹父母》:背偻倍六。Aemq raeuz bae louz. 背着我们去游玩。

六7 lub方［lup8］〈动〉捋;爱抚。田东《大路歌》:父千六万鲁。Boh cien lub fanh lox. 父千抚万哄。

六8 lueg方［luːk8］〈名〉山谷。《粤风》:十六管国六。Cib lueg gyonj guh lueg. 十谷归并做一谷。

六9 roeg［ɣok8］〈名〉鸟。(见鴒)

六10 rouh［ɣou6］〈动〉赎。田东《大路歌》:特斗六双灰。Dawz daeuj rouh song hoiq. 拿来赎我俩。

六11 ruz［ɣu2］〈动〉船。田东《大路歌》:能头六, naengh gyaeujruz,坐船头。

玄 henz［heːn2］〈名〉边;边沿。《粤风》:幼玄潭, youq henz daemz,在塘边。

亠1 cit［ɕit7］〈动〉注定出。马山《尊老爱幼歌》:亠㚦𡥥中明, cit lwglan coengmingz,注定出聪明子孙。

亠2 ok［ʔoːk7］〈动〉出。平果《贼歌》:岜亠度, bya ok doh,鱼儿游出水口。

𣎴 方byok［pjoːk7］〈动〉播(种)。《初》:𣎴粄, byok faenz,播种。

交1 gau［kaːu1］〈量〉次;回。(见逥)

交2 giuq［kiːu5］〈形〉聪明。田阳《麽収魂糯一科》:召貫交元交。Ciuhgonq giuq yienz giuq. 前辈聪明又聪明。

交3 gyau［kjaːu1］〈名〉蜘蛛。(见蛟)

交4 gyauq［kjaːu5］〈名〉计谋;办法。宜州《龙女与汉鹏》:汉朋痕楞另拉交。Hanbungz haetlaeng lingh nda gyauq. 汉鹏后早另设法。

交5 gyaux［kjaːu4］〈动〉❶ 拌搅。马山《欢叹父母》:白糖交糯碗。Begdangz gyaux haeux guenq. 白糖拌着瓦罐饭。❷ 捅;戳。平果《贼歌》:刀托交, mid doxgyaux,尖刀相捅。(见挍2)

交[6] 历 ngauj [ŋaːu[3]]〈动〉演。《初》：兄各编各交。Gou gag bien gag ngauj. 我自编自演。

亦[1]（日、以、如、吔）hix [hi[4]]〈副〉也；亦。《初》：嗛亦否了。Gangj hix mbouj liux. 讲也讲不完。

亦[2] neix [nei[4]] ❶〈代〉这；此。❷〈名〉现；此；今。❸〈连〉然；然而。（见内[4]）

亦[3] yaek [jak[7]]〈副〉将；欲；将要；快要。（见約[2]）

亦[4] yawj [jaɯ[3]]〈动〉看；察看。东兰《造牛（残页）》：三根到丕亦。Sam haet dauq bae yawj. 三早过后去察看。

亦[5] yied [jiːt[8]]〈副〉越。右江区《本麽叭》：亦老那亦眜。Yied laux naj yied maeq. [年岁]越大脸越粉红。

亥[1] hai [haːi[1]]〈动〉开。（见攋[2]）

亥[2] haih [haːi[6]]〈动〉消；消散。宜州《孟姜女》：孟功吙倒亥。Mungzgungh hoz dauq haih. 孟公内心气消散。

亥[3] 历 haiq [haːi[5]]〈动〉看；视；阅；瞅。（见眩）

亥[4] 历 haiq [haːi[5]]〈副〉却；反而；原来。《初》：𦬿菩䨳桄亥结𬍡。Faexnguh fouz va haiq giet mak. 无花果树不开花却结果。（见噎）

卤[1] 历 hung [huŋ[1]]〈形〉凶。（见《初》）

卤[2]（目）历 muk [muk[7]]〈形〉糊涂（与籙连用）。《初》：佲介卤籙貧栘。Mwngz gaej mukduk baenzlai. 你不要那么糊涂。

卤[3] yung [juŋ[1]]〈形〉凶。马山《为人子者》：行卤，hengz yung，行凶。

亨 历 haengj [haŋ[3]]〈动〉给。宜州《孟姜女》：否亨偶，mbouj haengj aeu，不给要。| 亨仂妚造栏。Haengj lwg haq caux ranz. 给女儿出嫁建家庭。

亢 历 sung [θuŋ[1]]〈形〉高。（见篙[2]）

卒[1] caeg [ɕak[8]] ❶〈名〉强盗；土匪；贼。❷〈动〉偷；盗窃；剽窃。（见狦）

卒[2] soed [θot[8]]〈动〉塞进；放进。（见捽[2]）

卒[3] swt [θɯt[7]]〈动〉移；挪移。马山《哭母歌》：姆亦卒㘃湿。Meh cix swt ndaw mbaeq. 母亲就移到湿处睡。

京[1] ging [kiŋ[1]] ❶〈名〉京；京城；京都。《初》：𨄗京𠰲黯。Bae ging guh hak. 赴京当官。❷〈形〉上等的；上好的（贡品或京城制造的）。《初》：炟京，danq ging，上等的炭。❸〈名〉罗盘。《初》：罗京，lazging，罗盘。❹〈名〉红薯（与檚连用）。《初》：檚京，sawzging，红薯。

京[2] ging [kiŋ[1]]〈动〉裂；开裂。马山《架什架桥铁》：桥铁不鲁京。Giuz diet mbouj rox ging. 铁桥不会开裂。

京[3] 历 ging [kiŋ[1]]〈副〉一旦；一经。（见逕）

兊 hung [huŋ[1]]〈形〉大。马山《勺记时种花》：风兊泥泅泅。Rumz hung nit gyouzgyouz. 大风冷飕飕。

𫷢 mamx [ma:m⁴]〈形〉惊慌。《初》:𫷢𫷢𫷢𫷢𫷢。Haemhlwenz gaeq haen mamx. 昨夜鸡乱啼(指未到时辰就啼)。

𫷣 mwngz [mɯŋ²]〈代〉你。宜州《孟姜女》:𫷣年古呗。Mwngz nemz gou bae. 你跟我去。|《龙女与汉鹏》:否啰卜而俤𫷣哄。Mbouj rox bouxlawz diq mwngz yung. 不知谁人替你煮。

亭 dingz [tiŋ²]〈量〉一半;半数;一部分。(见𫷤)

𫷥 gangj [ka:ŋ³]〈动〉讲;说。武鸣《信歌》:咟𫷥只照㲺。Bak gangj cix ciuq soq. 嘴巴说了要算数。

亮¹ liengh [li:ŋ⁶]〈形〉伶俐。马山《信歌》:胴胑喽不亮。Dungx saej naeuz mbouj liengh. 肠肚说是不伶俐。

亮² liengh [li:ŋ⁶]〈动〉谅;估计;估量;揣测;料想。上林《信歌》:亮以布途㐫, liengh hix mbouj doxraen,谅也不再相见。(见量¹)

亮³ riengh [ɣi:ŋ⁶]〈名〉栏圈。右江《麽叭娘妣》:忑亮隆懐粉怀好。Laj riengh roengz vaiz fonx vaiz hau. 栏圈下生有黑牛白牛。

𫷦 lot [lo:t⁷]〈动〉❶擦破;刮破(表皮受到损伤)。❷剥落。(见𫷧)

峦 luenz [lu:n²]〈形〉圆。(见圞¹)

弯¹ van [wa:n¹]〈形〉甜;甘;甜美。(见𫷨)

弯² 历 van [wa:n¹]〈名〉斧。(见𨭉)

高¹ euj [ʔeu³]〈动〉折(断)。田东《贼歌》:坐西金高梯。Gyo youx gim euj dawh. 谢妹帮折筷。

高² gaeuq [kau⁵]〈动〉够。马山《尊老爱幼歌》:𫷩名真高樔。Ranz mwngz caen gaeuq sauj. 你家真够干爽。

高³ gauh [ka:u⁶]〈动〉像;如。巴马《贖魂糏吰》:枯老高恩利。Go laux gauh aen lih. 大棵高如鱼梁。

离¹ liz [li²]〈动〉离开。《粤风》:离有三年判。Liz youx sam nienz buenq. 离开情友三年半。

离² ndi [ʔdi¹]〈动〉与;跟。《粤风》:杜离喃争下。Vungj ndi namh ceng nya. 杜与地争草。

离³ 历 ndi [ʔdi¹]〈形〉❶好;良好。❷美好。❸精彩。(见𫷪²)

𫷫¹ laz [la²]〈名〉鸬(鹚)。(见鸕)

𫷫² lup [lup⁷]〈动〉包;裹着。(见苙)

𫷬 mieng [mi:ŋ¹]〈名〉沟渠。(见汒³)

𫷭 haem [ham¹]〈动〉埋。(见埳)

𫷮 历 ywnz [jɯn²]〈名〉宵;夜。(见𫷯)

𫷰 haemh [ham⁶]〈名〉晚;夜晚;夕。(见𫷱)

𫷲 haemh [ham⁶]〈名〉晚;夜晚;夕。(见𫷱)

𫷳(陷、堪) haemq [ham⁵]〈副〉比较;稍为。《初》:养内𫷴𫷳𫷵。Yienghneix guh haemq ndei. 这样做比较好。|偌花内𫷳𫷶。

Gij byaek neix haemq ndaengq. 这些菜稍咸。

㝉1 hwnz［hɯn²］〈名〉❶深夜。❷梦（与防连用）。武鸣《信歌》：想廸路防㝉。Siengj dwk loq fangzhwnz. 想得夜梦频（喻日有所思，夜有所梦）。

㝉2 方 ywnz［jɯn²］〈名〉宵；夜。（见𬂛）

𬀸 lueg［lu:k⁸］〈名〉山谷；坡谷。（见渌）

蛮 manz［ma:n²］〈名〉壮语。金城江《覃氏族源古歌》：比蛮伪难咱。Bij manz fwx nanz mbag. 壮歌别人难分辨。

𬀹 myox［mjo⁴］〈形〉❶不鲜艳。❷模糊。❸（灯光）暗淡；（火焰）微弱。（见瞙³）

𬀺 方 wenj［ʔɯ:n³］〈动〉❶放晴；霁（雨后天晴）。❷反光；反射。（见𩃹）

𬂛（瞚、寅、㝉、𡖙、𬀻、𬀼、𡖖） 方 ywnz［jɯn²］〈名〉宵；夜。《初》：閁𬂛，gyangywnz，半夜。（即 hwnz）

𬀻 方 ywnz［jɯn²］〈名〉宵；夜。（见𬂛）

𬀽 gip［kip⁷］〈动〉❶拾；捡。❷采摘。（见𢫔¹）

廉1 liemz［li:m²］〈名〉镰刀。（见𠜾）

廉2 方 riemx［ɣi:m⁴］〈名〉厨房（与斐连用）。（见阏）

𬀾 rongh［ɣo:ŋ⁶］〈形〉亮；明亮；光亮。（见㫰²）

𬀿 方 roek［ɣok⁷］〈名〉织梭；梭子。（见《初》）

𬁀 rug［ɣuk⁸］〈名〉卧房；内房；闺房。（见㝉）

𬁁 方 senq［θe:n⁵］〈副〉怪不得（与來连用）。（见噆）

𬁂 sang［θa:ŋ¹］〈形〉高。（见𩕁）

𬁃 yiuh［ji:u⁶］〈名〉鹞鹰。（见鷂）

𬁄 yiuh［ji:u⁶］〈名〉鹞鹰。马山《偻笁荳貧够》：蚣螋想肝𬁄。Gungqsou siengj daep yiuh. 癞蛤蟆想［吃］老鹰肝。（见𬁄）

𬁅（亭）dingz［tiŋ²］〈量〉一半；半数；一部分。《初》：任㑷歐俻𬁅。Doxfaen aeu boux dingz. 对半分各要一半。|𬁅𬁆，dingzlai，大半（大部分）。

𬁇 euq［ʔeu⁵］❶〈动〉强辩；争论。❷〈形〉执拗。（见𠺃）

𬁈 goz［ko²］〈形〉弯；弯曲。（见𫔭）

𬁉（𬁊）gyawj［kjaw³］〈形〉近。（见《初》）

豪1 方 hauh［ha:u⁶］〈动〉（猪、狗等）发情。（见𢤦）

豪2 方 hauz［ha:u²］〈名〉东西（与荒连用）。《初》：荒豪，honghauz，东西。

𬁋 hwnz［hɯn²］〈名〉宵；夜。（见𬁌）

𬁍（𬁎、𬁏、𬁐）roeb［ɣop⁸］〈动〉遇；碰。《初》：丁丁𬁍哄佲。Dingding roeb gwxde. 偏偏遇到他。|𬁍倣圣南宁。Roeb sou youq Namzningz. 在南宁遇见你们。

褒 方 baeuq［pau⁵］〈名〉公公；翁。

(见𫗍[1])

𬑿 haemh [ham⁶]〈名〉晚;夜晚;夕。(见𫏔)

𬒀 mieng [miːŋ¹]〈名〉沟渠。(见汒[3])

𬒁 ndongq [ʔdoːŋ⁵] ❶〈形〉火红。❷〈名〉烧红的铁或火炭。❸〈形〉炫目。(见𤑠[2])

𬒂 ndongq [ʔdoːŋ⁵] ❶〈形〉火红。❷〈名〉烧红的铁或火炭。❸〈形〉炫目。(见𤑠[2])

𬒃 方 rauj [ɣaːu³]〈形〉干;干燥。(见𬒄)

𬒅 ruh [ɣu⁶]〈名〉食槽(盛牲畜饲料的长形器具)。(见櫓)

𬒆 方 rumx [ɣum⁴]〈动〉抚育;哺养。(见𬒇)

𬒈 cit [ɕit⁷]〈形〉淡(指味道)。(见𬒉)

𬒊 goz [ko²]〈形〉弯;弯曲。(见闾)

𬒋 方 wenj [ʔɯːn³]〈动〉❶ 放晴;霁(雨后天晴)。❷ 反光;反射。(见𬒌)

𬒍(𬒎) yiuh [jiːu⁶]〈名〉鹞鹰。马山《偻笁荳貧够》:蚣螋想肝𬒍。Goengqsou siengj daep yiuh. 癞蛤蟆想[吃]老鹰肝。

𬒏 方 gyaengj [kjaŋ³]〈动〉愣。《初》:佲里𬒏口厷? Mwngz lij gyaengj guh maz? 你还愣着干什么?

𬒐(𬒑) 方 hak [haːk⁷]〈形〉确切;清楚。《初》:旯𬒒𬒓𬒐。Gou yawj ndaej hak. 我看得清楚。

𬒔 nyingz [ȵiŋ²]〈动〉射。上林《达妍与勒驾》:𬒔箣嘿卦伝。Nyingz naq ak gvaq vunz. 射箭本领比别人强。

𬒕 cab [ɕaːp⁸] ❶〈动〉杂;掺杂。❷〈形〉复杂;杂乱;烦乱。(见凶)

𬒖 sah [θa⁶]〈动〉浸洗;浸泡。田阳《布洛陀遗本》:配要布隴𬒖。Bawx aeu baengz roengz sah. 媳妇拿布泡水中。

𬒗 guiz [kuːi²]〈形〉弯曲。(见𬒘)

𫏔(昭、陌、晈、𬒙、𬒚、𬒛、𬒜、晗、晅、𬒝、𬒞、恒、𬑿) haemh [ham⁶]〈名〉晚;夜晚;夕。《初》:𫏔𬒟, haemhgonq, 前晚。

𬒠 yox [jo⁴]〈拟〉哄哄。《初》:伝𬒡嘲𬒠𬒠。Vunz lai cauz yoxyox. 人多吵闹哄哄的。

𬒢 方 lu [lu¹]〈形〉钝。《初》:𬒣𬒢𬒤只𬒥。Caxlu baenz cix raeh. 钝刀磨了就锋利。

𬒦 方 ndi [ʔdi¹]〈形〉❶ 好;良好。❷ 美好。❸ 精彩。(见𬒧[2])

𬒌(𬒋、𬒨) 方 wenj [ʔɯːn³]〈动〉❶ 放晴;霁(雨后天晴)。《初》:𬒩𬒌, mbwn wenj, 天晴。❷ 反光;反射。《初》:𬒪𬒫𬒌𬒬𬒬。Daengngoenz wenj vangjvangj. 阳光反射很强烈。

𬒭 goz [ko²]〈形〉弯;弯曲。(见闾)

𬒮(丧、丧、丧、桑、𬒯、𬒰、𬒱) sang [θaːŋ¹]〈形〉高。《初》:岜𬒮, bya sang, 高山。

𪺷 luenz [luːn²]〈形〉圆。(见圞[1])

冫部

𣲶 caet [ɕat⁷] ❶〈名〉漆。❷〈动〉上漆。《初》:偲𨻫内𣲶迪䌷㸂。Aen gvih neix caet dwk raeuzmig. 这个柜子漆得光亮。

汁 cix [ɕi⁴]〈副〉❶就。❷也;又。(见只[2])

冫力[1] laeg [lak⁸]〈名〉情人;情友。平果《贼歌》:冫力不稳不安。Laeg mbouj onj mbouj an. 友不安不稳。

冫力[2] laeg [lak⁸]〈形〉深。平果《贼歌》:黑他不黑冫力。Ndaem dah mbouj ndaem laeg. 潜水莫深潜。

冫力[3] laeg [lak⁸]〈副〉莫;别。平果《贼歌》:江早冫力吉早。Gyanghaet laeg ok romh. 早上莫早出。

冫力[4] raek [ɣak⁷]〈动〉挎;携带;佩戴。平果《贼歌》:冫力朋肖拜乐。Raek mbaengq siu byaij loh. 携硝筒走路。

冫乇 [方] daep [thap⁷]〈量〉次。《初》:㧡冫乇刁,ma daep ndeu,来一次。

冫九 rug [ɣuk⁸]〈名〉胎衣;胞衣。马山《尊老爱幼歌》:姆德冫九九脊。Meh raek rug gouj ndwen. 母亲怀胎九个月。

冲[1] [方] bung [puŋ¹]〈动〉冲兑;掺兑。(见㵗)

冲[2] congh [ɕoːŋ⁶]〈名〉洞;孔;穴;窟窿。大化《嚏奠别》:江香竺冲。Gyangngoenz doek congh. 太阳落洞(即太阳落山)。(见𡉏)

冲[3] cungq [ɕuŋ⁵]〈名〉枪。(见《初》)(见铳)

冲[4] daem [tam¹]〈动〉舂。巴马《赎魂粳呟》:冲粳造礼散。Daem haeux caux ndaej san. 舂稻谷才得白米。

冫屯 daem [tam¹]〈动〉舂。马山《曾迪字悲喼》:粳冇眉部冫屯。Haeux mbouj miz boux daem. 稻谷无人舂。

沃 giuj [kiːu³]〈名〉完蛋;死。田阳《布洛陀遗本》:个脚亥許沃。Guh giuz hai hawj giuj. 搭桥开路给[她]完蛋。

冫六(𠗗) [方] luk [luk⁷]〈动〉欺骗。《初》:佲介冫六兄。Mwngz gaej luk gou. 你莫要欺骗我。

冫丑 [方] ndouj [ʔdou³]〈形〉初;首。(见祖)

冫户 rawz [ɣaɯ²]〈名〉后天(与昡连用)。(见𣈥)

波(涪、淏、䶃、㳍、培、㫖、𠿪、回) baez [pai²]〈量〉次;遍;回;趟。《初》:双波,song baez,两次。

冫白[1] biek [piːk⁷]〈名〉芋。忻城《传扬歌》:七月收冫白门。Caetnyied sou biek maenz. 七月收薯芋。

冫白[2] biek [piːk⁷]〈动〉离别;分别。(见𠔢)

冫末 byai [pjaːi¹]〈名〉尾;尾部;末端;末尾;梢。(见𦬖)

冲 [方] coemz [çom²]〈形〉悲伤;凄切(与㤘连用)。《初》:冲㤘,coemzcieb,悲伤。

况¹ [方] guengq [ku:ŋ⁵]〈名〉腘(膝的后部,小腿与大腿之间可弯曲处)。(见胱)

况² gvang [kwa:ŋ¹]〈名〉❶男友;情郎(敬称)。马山《书信》:想悲跟况,siengj bae cimh gvang,想去跟情郎。❷丈夫;男人(尊称)。❸君子;客人;官人(尊称)。(见侊²)

况³(匡) gvangh [kwa:ŋ⁶]〈动〉❶奔跑;狂奔。《初》:犸况盯否竫。Max gvangh din mbouj dingz. 马儿狂奔不停蹄。❷跳下。

况⁴ gvangq [kwa:ŋ⁵]〈形〉宽大;广大;宽阔。(见宪)

况⁵ luengq [lu:ŋ⁵]〈名〉缝隙;间隙。(见塀¹)

冷¹ laeng [laŋ¹]〈名〉后;后来(时间靠后的)。金城江《覃氏族源古歌》:冷又丕古灵。Laeng youh bae Gojlingz. 后又去古零。

冷² lengx [le:ŋ⁴]❶〈形〉冷。《初》:飔北好麻冷。Rumz baek haujmaz lengx。北风好冷。❷〈动〉晾。《初》:提袮𧊅呰冷。Dawz buh okbae lengx. 拿衣服出去晾晒。

冷³ ringh [ɣiŋ⁶]〈形〉细小(指两头大,中间小)。平果《雷王》:吐蠕渴浹胣只冷。Duzyae hat lai hoz cix ringh. 蜾蠃太渴脖才细。

泥 nit [nit⁷]〈形〉冷;寒冷。(见𡸈)

泣 yaep [jap⁷]❶〈动〉眨(眼)。❷〈名〉一会儿。(见眝⁴)

浊 cog [ço:k⁸]〈名〉❶将来。❷明(天、晚)。(见晔¹)

涛 dot [to:t⁷]❶〈动〉啄;咬。❷冰冷刺骨。(见跿)

洁¹(𣵀、浛)[方] gaet [kat⁷]〈形〉冰冷。《初》:淰洁,raemx gaet,水冰冷。

洁² gyaet [kjat⁷]〈形〉冷;冰冷。(见𡸈)

洪 [方] gongj [ko:ŋ³]〈形〉僵;冻。(见渞)

洿 gvaj [kwa³]〈动〉垮。(见坬)

洟 heiz [hei²]❶〈形〉脏。❷〈名〉汗泥;污垢。(见胰)

洽(合、义)[方] het [he:t⁷]〈副〉才;刚刚。《初》:兄洽𫴂。Gou het rox. 我刚刚知道。

浉 [方] ndangj [ʔda:ŋ³]〈形〉寒冷。(见浪²)

浥(滮)[方] reiz [ɣei²]〈形〉碎;细。《初》:吽苝歐㘎浥。Gwn byaek aeu nyaij reiz. 吃菜要细嚼。

洵 saenz [θan²]〈动〉颤;发抖。(见抻²)

浛 [方] sag [θa:k⁸]〈名〉水滴。《初》:浛噜湉对湉。Sag roq caek doiq caek. 屋檐水滴滴对滴(滴滴相连)。

泧 swt [θɯt⁷]〈动〉理睬。《初》:佲介泧偻。Mwngz gaej swt de. 你别理睬他。

浏 vek [we:k⁷]〈动〉❶碰触。❷凑巧。❸对路。(见洊)

涀 baez [pai²]〈量〉次;遍;回;趟。(见波)

冼 caep [çap⁷]〈形〉冷;冰冷(指物体)。(见溜)

浛 㓐 gaet [kat⁷]〈形〉冰冷。(见洁¹)

浩 gau [kaːu¹]〈量〉次;回。(见遖)

浪¹(良) liengz [liːŋ²]〈形〉凉。《初》:ጓ夻奞趄浪。Naengh laj faex yietliengz. 坐在树下纳凉。| 廸浪, dwgliengz, 着凉。

浪²(㳮)㓐 ndangj [ʔdaːŋ³]〈形〉寒冷。(见《初》)

涂 loenq [lon⁵]〈动〉脱落;掉下。(见㸦)

涕 rih [ɣi⁶]〈动〉流(口水、眼泪、鼻涕等)。(见浰²)

涑 sug [θuk⁸]〈动〉熟悉。(见㑛)

湧(㳚、㴤、勒、㧷) vek [weːk⁷]〈动〉❶ 碰触。❷ 凑巧。❸ 对路。(见《初》)

浸 yaemz [jam²]〈形〉静;寂静;沉默。(见㑴³)

涪 baez [pai²]〈量〉次;遍;回;趟。(见波)

准 cinj [çin³]〈动〉准许;应允;听从。马山《二十四孝欢》:准句話母老。Cinj coenz vah meh laux. 听从老母的一句话。

湅 doengq [toŋ⁵]〈形〉浑;浊;液体凝结。《初》:淰湅难倒澉。Raemx doengq nanz dauq saw. 浊水难转清。

㴻 get [keːt⁷]〈形〉烈;浓;醇。(见醯)

淩¹ laeng [laŋ¹]〈名〉后;背后;后面。(见㨃¹)

淩² nding [ʔdiŋ¹]〈形〉红。(见䋘)

㳠(拉) -laix [laːi⁴]〈缀〉松垮的;宽松的(指衣物不合身)。《初》:袪裱内襱㳠㳠。Geu buh neix loengzlaixlaix. 这件衣服又宽又大。

凉¹ 㓐 liengz [liːŋ²]〈形〉农闲(与㤤连用)。《初》:㤤凉亦否汪。Hongliengz hix mbouj vangq. 农闲时也没有空。

凉² liengz [liːŋ²]〈名〉黄瓜(与瓠连用)。(见䐛)

渌 lueg [luːk⁸]〈名〉山谷;坡谷。(见渌)

湌 mieng [miːŋ¹]〈名〉沟。平果《贼歌》:岜咘不跳湌。Bya mboq mbouj diuq mieng. 泉里的鱼不往沟里跳。

㳘 baez [pai²]〈量〉次;遍;回;趟。(见波)

凑 caeuq [çau⁵]〈介〉跟;和;同;与。(见侵)

㵱 fai [faːi¹]〈名〉水坝。(见㙰)

減 gemj [keːm³]〈名〉面颊;脸颊。(见㬊)

㴞 laeng [laŋ¹]〈名〉后;背后;后面。(见㨃¹)

㴉 㓐 laj [la³]〈名〉下(表方位)。宜州《廖碑》:出生㡇㴉㚑。Doekseng ma lajmbwn. 投生来天下。|《初》:㴉䠷, lajndang,

下身(隐私处,即身世)。

添(沾、怗、念、踮)nem [neːm¹]〈介〉和;与;同。《初》:旯添佲呰。Gou nem mwngz bae. 我和你一起去。

洰 㕣raengz [ɣaŋ²]〈形〉肿;水肿。《初》:趺洰。Ga raengz. 脚肿。

浬 rei [ɣei¹]〈名〉体己;个人名分下的财物。(见貎)

㳰¹ saenz [θan²]〈动〉颤;发抖。(见抻²)

㳰²(哨)㕣sengj [θeːŋ³]〈形〉冷落。《初》:圩㳰。Haw sengj. 圩场冷落。

湔(哦)senx [θeːn⁴]〈拟〉表示摇摇晃晃的模样。《初》:奞約躪湔湔。Faex yaek laemx senxsenx. 树木快要倒下来。

溇 buz [pu²]〈名〉婆。金城江《覃氏族源古歌》:溇王造斗看。Buzvuengz caux daeuj ganq. 花婆始来看护。

洁 㕣gaet [kat⁷]〈形〉冰冷。(见洁¹)

湏(洪)㕣gongj [koːŋ³]〈形〉僵;冻。《初》:𢪏湏,fwngz gongj,手冻僵。

浩 gyaet [kjat⁷]〈形〉冷;冰冷。(见㳩)

滁(咘)㕣gyuq [kju⁵]〈量〉块。《初》:滁金刁,gyuq gim ndeu,一块金子。

浇(筅、浇)ndangj [ʔdaːŋ³]〈形〉干涸;干结。《初》:稂迪罾浇。Rengx dwk naz ndangj. 旱得水田都干结了。

湼(疕、涀、𣶏、𦛗、㴪、聆、漽)nit [nit⁷]〈形〉冷;寒冷。《初》:湼迪躬抻。Nit dwk ndang saenz. 冷得打颤。

涀 nit [nit⁷]〈形〉冷;寒冷。(见湼)

滬 㕣reiz [ɣei²]〈形〉碎;细。(见沲)

溹(溹)sak [θaːk⁷]〈形〉(水)干。《初》:坤溹。Roen sak. 路面积水已干。

㴰¹ cung [ɕuŋ¹]〈动〉冲;冲击。《初》:㑪提刹㴰合呰。De dawz cax cung haeujbae. 他持刀冲进去。

㴰²(捅、㶉)dongj [toːŋ³]〈动〉冲;冲撞;冲击;冲洗。《初》:鲃奔㴰紅外。Bya hung dongj muengx vaih. 大鱼冲破了网。

溜(冰、㶉)caep [ɕap⁷]〈形〉冷;冰冷(指物体)。《初》:粝溜,haeux caep,冷饭。| 淰溜,raemx caep,冷水。

滰(腐)㕣cengx [ɕeːŋ⁴]〈形〉冷;寒冷。《初》:眃内滰哄懶。Ngoenzneix cengx gwxraix. 今天果真冷。

㳩(浩、洁)gyaet[kjat⁷]〈形〉冷;冰冷。《初》:佲淰内㳩㳩。Gij raemx neix gyaet lai. 这些水很凉。

溚 -ndat [ʔdaːt⁷]〈缀〉霉烂的(形容木头朽坏腐烂)。《初》:条奞内䨿溚溚。Diuz faex neix nduknda tndat. 这根木头全朽了。

雪 sied [θiːt⁸]〈动〉❶ 下降。❷ 消耗。❸ 消退(肿胀)。❹ 蚀;亏。(见泆)

㵘 vek [weːk⁷]〈动〉❶ 碰触。❷ 凑巧。❸ 对路。(见洂)

澘（憎、曾）caengz [ɕaŋ²]〈副〉未曾；尚未。《初》：兄澘吅馀。Gou caengz gwn ngaiz. 我未曾吃早饭。

涷 dongj [toːŋ³]〈动〉冲；冲撞；冲击；冲洗。（见㴉²）

涚 dot [toːt⁷] ❶〈动〉啄；咬。❷〈形〉冰冷刺骨。（见啌）

漗（喜、許）㊍ heij [hei³]〈量〉些。《初》：漗鴅漗猈，徒徒総䵷。Heij gaeq heij mou, duzduz cungj biz. 这些鸡和猪，只只都很肥。

澿（落、洛、拉、硠、壥）lak [laːk⁷]〈动〉崩；崩塌；崩溃。《初》：岜澿。Bya lak. 山崩。

漠 moq [mo⁵]〈形〉新。（见蓦）

涅 nit [nit⁷]〈形〉冷；寒冷。（见滗）

涇 nit [nit⁷]〈形〉冷；寒冷。（见滗）

澟 ㊍ saemz [θam²]〈名〉糠。（见《初》，即 raemz）

澥（汚、消、唀、醑、湍、哂、淪）seuq [θeu⁵]〈形〉❶ 干净；清洁。❷ 利落；利索。《初》：妖内躺澥。Dah neix ndang seuq. 这姑娘干净利落。❸ 光；完。《初》：吅花澥去。Gwn byaek seuq bae. 把菜全部吃光去。

漬 nduk [ʔduk⁷]〈形〉❶ 朽。❷ 坏；烂；歹毒。（见荪）

澛 ruj [ɣu³]〈拟〉（胖）嘟嘟。《初》：糙粝内饈澛澛。Naed haeux neix mbot rujruj. 这粒谷子真饱满。

澲 caep [ɕap⁷]〈形〉冷；冰冷（指物体）。（见溼）

冖 部

冖（卵、叭）㊍ byat [pjaːt⁷]〈动〉❶ 出壳。《初》：冖鴅，byat gaeq，鸡崽出壳。❷ 脱离。《初》：冖冉，byat yiemj，脱离危险。

冗¹（砣、针）caem [ɕam¹]〈动〉沉；沉没；下沉。《初》：舻冗㚘夲汏㞗。Ruz caem roengz laj dah bae. 船沉到河底下去。

冗² caem [ɕam¹]〈动〉❶ 斟；倒。《初》：冗氿，caem laeuj，斟酒。❷ 添；加。

冗³ roengz [ɣoŋ²]〈动〉下。马山《偻齐架桥铁》：岜鲮冗涞。Byalingz roengz raiq. 鲮鱼下滩。

牙（龋）㊍ gaep [khap⁷]〈动〉咬。《初》：犸牙狃。Ma gaep nou. 狗咬老鼠。

军 gun [kun¹]〈名〉汉；汉族；汉语。（见倱¹）

农 nuengx [nuːŋ⁴] ❶〈名〉弟；妹。❷〈名〉情妹。❸〈名〉老弟；小妹（泛称比自己小的同辈）。❹〈动〉小于；幼于（年纪比某人小）。（见程）

冧（不、З）oemq [ʔom⁵]〈动〉遮盖；笼罩；蒙；盖住。《初》：霙露冧葬岜。Mohlox oemq byai bya. 云雾笼罩山顶。|冧旭冧聏眸。Oemq gyaeuj oemq rwz ninz. 蒙头盖脸地睡。

冮 fa [fa¹]〈名〉盖子。（见蔽）

宠 roengz［ɣoŋ²］〈动〉下；下来。马山《信歌》：淰㕦宠各擲。Raemxda roengz gag uet. 眼泪下来独自抹。

𡨤 cimh［ɕim⁶］❶〈动〉跟；随。❷〈介〉跟；与。（见𨁈）

𡧳 coux［ɕou⁴］〈动〉❶装；盛。❷迎接。❸娶。（见㨋）

𡧭 raemh［ɣam⁶］〈名〉❶荫。❷阴。（见𨻐）

冠¹ gonz［ko:n²］〈名〉担子的一头。（见𦋹）

冠² guen［ku:n¹］〈名〉顶冠（道公、师公的法帽）。（见《初》）

𡧸 gauq［ka:u⁵］〈名〉筶子（卜具，师公、道士卜卦的用具，以一节弯曲的佛肚竹对剖而成）。（见𡩇）

㝡 cw［ɕɯ¹］〈动〉遮；遮盖；遮蔽。《初》：㝡䘨，cw denz，盖被子。｜武鸣《信歌》：荣茄㝡𥄮木。Ronggya cw da faex. 竹箨遮竹眼。

𡨊 㔾 laengx［laŋ⁴］〈形〉无奈。（见悆）

𡨆¹ loem［lom¹］〈动〉穿底；破底；穿通；陷落。（见鑶）

𡨆² rumj［ɣum³］❶〈动〉围拢。❷〈动〉遮盖。❸〈形〉丰满。（见《初》）

𡨚¹ caemz［ɕam²］〈动〉玩。（见㑭）

𡨚² raemh［ɣam⁶］〈形〉啰唆；重复。《初》：㖭𡨚。Gangj raemh. 讲话重复。

𡨚³（𩔽、浸、沈、吣、𡋺）yaemz［jam²］〈形〉静；寂静；沉默。《初》：大家𡨚𡗅料。Daihgya yaemz roengzdaeuj. 大家都静下来。

𡩄 camj［ɕa:m³］❶〈名〉罩子。金城江《台腊恒》：𡩄鹩𡩄吔额。Camj gaeq camj ngeqngw. 罩子罩着咿嗷叫。❷〈动〉罩。

𡩇（篙、教、𡧸）gauq［ka:u⁵］〈名〉筶子（卜具，师公、道士卜卦的用具，以一节弯曲的佛肚竹对剖而成）。《初》：迪𡩇，dwk gauq，卜卦。

𡩑（𨈅）㔾 rangj［ɣa:ŋ³］〈动〉设置器具诱捕（动物）。《初》：𦀲𥳣𡴞𡩑鲃。San soeg bae rangj bya. 编鱼笼去捕鱼。

𡩖 cau［ɕa:u¹］〈动〉抄。《初》：𡩖駛，cau sij，抄写。

𡩗 doemq［tom⁵］〈动〉塌；倒塌；坍塌。（见埮）

𡩘 㔾 gyuem［kju:m¹］〈动〉❶盖。《初》：䆗眸約𡩘䘨。Haemh ninz yaek gyuem denz. 夜里睡觉要盖被子。❷笼罩；遮盖；弥漫。

𨻐（𡧭、㑣、𣍧、菩、桧、𡵆）raemh［ɣam⁶］〈名〉❶荫。《初》：合𡗶𡘱趄𨻐。Haeuj laj faex yietraemh. 到树下歇凉。❷阴。《初》：𨻐𢒛，raemhngaeuz，阴影。

𡪄 daenj［tan³］〈动〉❶穿（衣服、鞋、袜等）。❷戴。（见袸）

𡫊（㝳、黔、噤、㨎、𢴯、𧃌）goemq［kom⁵］〈动〉盖；遮盖。《初》：介𡫊𩠗𤴵𩗂。Gaej goemq gyaeuj moek rieng. 不要盖头遮尾。

𭕴(刂、扛、佯、冠、掍) gonz [koːn²]〈名〉担子的一头。《初》:𭕴迈𭕴㐢。Gonz naek gonz mbaeu. 担子一头重一头轻。

𪞶 gun [kun¹]〈名〉汉。金城江《覃氏族源古歌》:唱𪞶吅亨客。Ciengq gun naeuz hawj hek. 唱汉[歌]给客人听。

𪞷 sij [θi³]〈动〉写。《初》:𪞷𭁍, sij saw,写字。

凵 部

凵 vauq [waːu⁵]〈动〉崩;缺;豁。《初》:咟凵, bak vauq,豁嘴。

𠙷 naengh [naŋ⁶]〈动〉坐。(见㇋)

凷(凹、夲、宾、岑、㙮、垮、岭、鐔、墋、閧) gumz [kum²] ❶〈名〉凹处;小坑;洼地。《初》:挖凷穤柰。Vat gumz ndaem faex. 挖坑种树。❷〈名〉墓穴。❸〈形〉凹;凹状的。

凶(雜、乍) cab[ɕaːp⁸] ❶〈动〉杂;掺杂。《初》:侶粝内凶砟。Gij haeux neix cab sa. 这些米掺杂有沙子。❷〈形〉复杂;杂乱;烦乱。《初》:胣旯凶㸦。Sim gou cab lai. 我的心很烦乱。

凼(迷) 㓁 yuq[ju⁵]〈动〉住;在。《初》:伕凼芮吙睛? Moiz yuq swenz hit sawz? 你在家干啥? (即 youq)

凷 rap [ɣaːp⁷] ❶〈动〉挑。❷〈名〉担子。都安《雷王大帝唱》:提凷到囬鄉。Dawz rap dauq hoiz yieng. 挑担转回乡。

凼(垁、勅) 㓁 cwk [ɕuk⁷]〈动〉积攒;积累。《初》:凼氿貧叙艮。Cwk ndaej baenz raeuh ngaenz. 积攒得很多钱。

凼 㓁 raengz [ɣaŋ²]〈名〉窝。《初》:凼鴪, raengz gaeq,鸡下蛋的草窝。

凼 㓁 ngoz [ŋo²]〈形〉凶恶;勇猛;强横。(见㑚)

峨 㓁 ngoz [ŋo²]〈形〉凶恶;勇猛;强横。(见㑚)

𡶴 㓁 ngoz [ŋo²]〈形〉凶恶;勇猛;强横。(见㑚)

丩 部

収[1] caeuq [ɕau⁵]〈动〉催。右江《麽孙在》:父収力蘭埋。Boh caeuq lwg lanz fai. 父催儿筑拦河坝。

収[2] saeu [θau¹]〈名〉柱子。右江《麽叭孙姐》:叭隆斗廣収。Gyat roengzdaeuj guengh saeu. 殃怪降临柱子间。

収[3] sou [θou¹]〈代〉你们。马山《孝顺父母》:叶収众孙孙,欧孝顺父姆。Naeuz sou gyoengq lwglan, aeu hauqswnh bohmeh. 说你们一众子孙,要孝顺父母。

收[1] caeuq [cau⁵]〈介〉跟;与。马山《欢叹父母》:收卜姆吵吓。Caeuq bohmeh cauqnyax. 跟父母吵闹。| 马山《勺记时种花》:旯收仪肘背。Gou caeuq boh daengz ranz. 我跟父亲回到家。

收[2] 㓁 saeu [θau¹]〈形〉逍遥;悠闲;

自在；慢慢（与由连用）。（见首[3]）

收[3] sou［θou¹］〈代〉你们。马山《欢叹母》：舍收朝公春。Ce sou cauh goeng cin. 留下你们众亲家。（见僜[2]）

暘 nyeq［ȵe⁵］〈名〉肉（做食品的）。马山《尊老爱幼歌》：眉岜眉暘，miz bya miz nyeq，有鱼有肉。

卩部

卩[1] bouh［pou⁶］〈名〉簿；本子。马山《奠别歌》：点卩，diemj bouh，点簿（按名册清点）。

卩[2] boux［pou⁴］❶〈量〉个；位。马山《完筆》：卩姤卩宜偶。Boux ndiep boux ngi'-ngaeu. 一个疼爱一个意切切。❷〈名〉人。马山《偻笁荳貧够》：吅妑卩应，guh baz bouxwnq，做他人妻子。（见俌）

卩[3] mbangj［ʔbaːŋ³］❶〈名〉部分（整体中的一些）。❷〈副〉也许；或许。（见沪[1]）

印[1] 方 imq［ʔim⁵］〈形〉饱。《粤风》：讲十艮布印。Gangj cib ngoenz mbouj imq. 讲十天不完（由"不饱"引为"不够、不完"）。

印[2] 方 inx［ʔin⁴］〈名〉真鲇。田阳《布洛陀遗本》：印欳忑放蛋。Inx youq laj ok gyaeq. 真鲇在［水］底产卵。

卯[1] 方 mauh［maːu⁶］〈名〉❶稻草人。❷纸人。（见茆）

卯[2] 方 maux［maːu⁴］〈量〉次；遍。《初》：䨓䨓三卯。Byaj raez sam maux. 雷鸣三次。

卬[1] nyinh［ȵin⁶］〈动〉记得；醒悟。金城江《覃氏族源古歌》：否啲卬，mbouj roxnyinh，不醒悟。

卬[2] 方 yinq［jin⁵］〈名〉印；官印。金城江《覃氏族源古歌》：鑑卬晉榜，gaem yinq guenj biengz，掌印管天下。

卭 方 ywq［jɯ⁵］〈动〉居住。金城江《覃氏族源古歌》：者迩嶓数卭。Ce gyawj hawj sou ywq. 留近处给你们住。（即 youq）

却[1] cog［ɕoːk⁸］〈名〉❶将来。❷明（天、晚）。（见昨[1]）

却[2] gyawz［kjaɯ²］〈代〉哪里；何处。宜州《龙女与汉鹏》：作却呗？ Coh gyawz bae? 往哪里走？

却[3] 方 gyoh［kjo⁶］〈动〉❶同情。❷可怜。（见愢）

却[4] gyok［kjoːk⁷］〈名〉寨子；巷子。右江《麽娘妣》：閉叫道却江。Bae heuh dauh gyok gyang. 去叫中寨的道人。

却[5] gyuek［kjuːk⁷］〈动〉脏；弄脏。马山《古事行孝》：恶屎恶屎劳却佲。Ok nyouh ok haex lau gyuek mwngz. 屙尿拉屎怕弄脏你。

却[6] sig［θik⁸］〈名〉脚镣（与柞连用）。都安《三界老爺唱》：跀提却柞不礼趴。Din dawz sigsak mbouj ndaej byaij. 脚戴脚镣不能走。

卸 ce［ɕe¹］〈动〉留；放在。宜州《龙女与汉鹏》：啷伯啷乜卸作楞。Langh boh

langh meh ce coq laeng. 丢父丢母放在后头。

卵 㔾 mbengj［ʔbeːŋ³］〈动〉分；分开（与鴥连用，指公鸡没有阉净）。《初》：鴥卵，gaeqmbengj，阉不净的雄鸡（俗称半生鸡、夹生鸡）。

𠨫（伏、或、宖、涹、域、啲、鉽、鵴）faeg［fak⁸］〈动〉孵。《初》：鴏圸𠨫𧊅。Gaeqmeh faeg gyaeq. 母鸡孵蛋。

阝（在左）部

队 doih［toi⁶］〈名〉伴；伙伴；同伴。马山《送夭灵》：蹚批踉队，dangh bae riengz doih，跑去跟伙伴。

阣 㔾 gen［kheːn¹］〈动〉隔开。《初》：否𠄡郮板傿岜阣。Mbouj ndaej doq mbanj vih bya gen. 不能同村因山隔。

阵 caenx［ɕan⁴］❶〈动〉挤。❷〈形〉拥挤。（见撻）

阻 coux［ɕou⁴］〈动〉❶装；盛。❷迎接。❸娶。（见䞉）

防 fangz［faːŋ²］〈名〉鬼；神。（见魅）

阶 geu［keu¹］〈量〉件。宜州《龙女与汉鹏》：由偶唻荅故阶补。Youh aeu bwn roeg guh geu buh. 又用羽毛做件衣。

阴¹ yaem［jam¹］〈名〉阴；阴间。马山《二十四孝欢》：父老㲾口阴。Boh laux dai haeuj yaem. 老父死了入阴间。

阴² 㔾 yaemj［jam³］〈形〉❶犹豫不决（与恀连用）。《初》：介阴恀貧栘。Gaej yaemjywk baenzlai. 别那么犹豫不决。❷拘束；惊慌。《初》：氼䀏㲀阴㑂。Mbat ngonz caemh yaemjywk. 乍一看也有点惊慌。❸不适；不舒服。《初》：昑内兄躺阴恀。Ngoenzneix gou ndang yaemjywk. 今天我身体不舒服。

阴³ yiemz［jiːm²］〈名〉阎罗（与逻连用）。马山《欢叹母》：佲㲾入阴逻。Mwngz dai haeuj yiemzlaz. 你死进阎罗［殿］。

陈 coenz［ɕon²］〈量〉句。（见咰）

附 doemq［tom⁵］〈动〉塌；倒塌；坍塌。（见埮）

阾 lingq［liŋ⁵］〈形〉陡；陡峭；峻峭。（见玲²）

阿¹ 㔾 oh［ʔo⁶］〈动〉思量。《初》：昑偋腋擞阿。Ngoenz ndij hwnz laeg oh. 日与夜暗思量。

阿² oq［ʔo⁵］〈动〉思虑。宜州《廖碑》：恨难呑勒阿。Hwnz ndij ngoenz raeg oq. 夜与日暗思。

阝立 raeb［ɣap⁸］〈名〉❶侧面；背面。❷隅；那边（不定处所词）。（见𠆨）

陇 roengz［ɣoŋ²］〈动〉下；放下。田阳《布洛陀遗本》：奷要絠陇壬。Yah aeu faiq roengz yaemz. 婆婆取纱来浸泡。

陇¹ roengz［ɣoŋ²］〈动〉❶下。马山《奠别歌》：淰陇溪不囬。Raemx roengz rij mbouj hoiz. 水流下溪不回头。❷产；生。田东《贼歌》：独马陇子神。Duzmax roengz lwgbaed. 母马生神子。❸写；签（字）。田

东《大路歌》:许他陇字元。Hawj de roengz sawyiemq. 让他写欠条。❹ 下(力气);使(劲);努力。(见夅)

陇 2 rungh [ɣuŋ6]〈动〉山岽;岽场(群山中的小地块或村落)。(见岽)

陚 cax [ɕa4]〈名〉刀。(见初)

陋 1 gaeuj [kau3]〈动〉看。《粤风》:正江花厘陋。Cingqgyang va ndei gaeuj. 中间的花好看。

陋 2 laeuh [lau6]〈动〉❶ 漏。❷ 泄露。❸ 暴露;透露。《初》:事内佲介陋䟺呰。Saeh neix mwngz gaej laeuh okbae. [这些]事你不要透露出去。

陋 3 laeuj [lau3]〈名〉酒。东兰《莫卡盖用》:陋坐舂。Laeuj coq cingz. 酒放到缸里。

陋 4 ⽅ ndaeuq [ʔdau5]〈动〉❶ 记恨。《初》:事卦三𢇛里胎陋。Saeh gvaq sam bi lij hoz ndaeuq. 事过三年还记恨在心。❷ 恼火。

陋 5 raeuh [ɣau6]❶〈形〉多。马山《馱向书信》:恩情眉陋。Aencingz miz raeuh. 恩情有多。❷〈副〉很;极(放在形容词后,表示程度的加深)。(见叙2)

陋 6〈动〉raeuq [ɣau5]〈动〉吠。马山《完箄字信》:嗎约陋潺潺。Ma yak raeuq canzcanz. 凶狗吠汪汪。

陋 7 rouh [ɣou6]〈动〉赎。马山《信歌》:该埊嘀悲陋。Gai naz ndei bae rouh. 卖好田去赎。

降 1 gang [ka:ŋ1]〈动〉❶ 撑。❷ 张挂。❸ 搭。(见㨦)

降 2 gyang [kja:ŋ1]❶〈名〉中;中间。❷〈数〉半(容量、高度的半数)。(见閆3)

降 3 gyangq [kja:ŋ5]〈动〉降临。马山《二十四孝欢》:眉途仙斗降。Miz duzsien daeuj gyangq. 有仙人来降临。

陷 gek [ke:k7]〈动〉隔;隔开。平果《贼歌》:双皮农陷离。Song beixnuengx gekliz. 两兄弟隔开。

限 1 haenz [han2]〈名〉堤;岸;埂;塍。(见垠1)

限 2 hanh [ha:n6]〈动〉约会。马山《望吞話名詢》:好同不𣎴限。Ndiep doengz mbouj ndaej hanh. 挂念老同[却]不能约会。

限 3 hanz [ha:n2]〈名〉扁担。(见楆)

限 4 raen [ɣan1]〈动〉见;看见。田东《大路歌》:限名杀不力。Raen mwngz cax mbouj raek. 见你不带刀。

陚 raemh [ɣam6]〈名〉❶ 荫。❷ 阴。(见䧟)

陑 ⽅ rwz [ɣɯ2]〈形〉麻痹;粗心大意(与蹭连用)。《初》:蹭陑,raengrwz,麻痹大意。

除 1 ⽅ cawz [ɕaɯ2]〈名〉❶ 厨房。❷ 熟食。(见《初》)

除 2 dawz [taɯ2]〈动〉拿;提。《粤风》:花除剪伦落。Va dawz cap rim loh. 拿花插满路。

除 3 dawz [taɯ2]〈动〉烧;着;燃。(见煶1)

阡 han [haːn¹]〈动〉回答。金城江《覃氏族源古歌》:覃怀满是阡。Cinz Vaizmonj cix han. 覃怀满就回答。

陋¹ raeuh [ɣau⁶]〈副〉很;极。(见叙²)

陋² raeuz [ɣau²]〈代〉我们;咱们(包括对话的一方)。(见偻¹)

陑(哪、稔)[方] boemz [pom²]〈名〉阴(天)。《初》:尞陑, mbwn boemz, 阴天。

陳 coenz [çon²]〈量〉句。田阳《布洛陀遗本》:父王答陳嘆。Bohvuengz dap coenz han. 父王应了一句。

陶 dauz [taːu²]〈动〉担忧(与炁连用)。马山《改漫断鄰鄰》:勒陶炁, laeg dauzheiq, 莫担忧。

隈 gon [koːn¹]〈形〉(缝隙)宽;不密实。(见寬)

陲 [方] seiz [θei²]〈动〉随;任随。上林《赶圩歌》:陲便咯很騎。Seizbienh mwngz hwnj gwih. 随你上[去]骑。

陰 yaem [jam¹]〈形〉阴森;阴沉。(见諳)

陰 yaem [jam¹]〈名〉阴间。马山《达稳之歌》:魁閬陰盡樂。Fangz ndaw yaem caenh lag. 阴间鬼神全乐。

隞 dep [teːp⁷]〈动〉靠近;接近;临近。(见蹀)

隊 doih [toi⁶]〈名〉伙伴;同伴。马山《二十四孝欢》:吃吆伝嘎隊, haet baenz vunz ha doih, 才成为与同伴般配的人。(见佽)

隆¹ lungz [luŋ²]〈名〉伯父;大舅父。(见侊)

隆² lungz [luŋ²]〈名〉脊椎骨;脊梁。(见龍³)

隆³ roengz [ɣoŋ²]〈动〉❶下。❷产(崽);生(崽)。❸签(名)。❹下(力气);使(劲);努力。(见夅)

陪 ngaem [ŋam¹]〈动〉低(头);俯(首)。(见⑶)

隂 nyumx [n̥um⁴]〈动〉染。(见黔)

随 saex [θai⁴]〈动〉呷(食);梳理(鸭、鹅等用嘴梳理羽毛或在水中找东西吃)。(见𣛮)

隖 baengh [paŋ⁶]〈动〉凭;依;靠;倚仗。武鸣《欢孝顺》:隖㚢伏冚偀。Baengh daiq da guh ing. 倚仗外家做靠山。

隔 gek [keːk⁷]〈动〉隔。《粤风》:隔卑卦卑佳。Gek beigvaq beigyai. 隔去年前年。

陷¹ haemh [ham⁶]〈名〉晚;夜晚;夕。(见𣇈)

陷² haemq [ham⁵]〈副〉比较;稍为。(见𧡊)

陷³ haemz [ham²]〈形〉❶(味)苦。❷苦;辛苦;穷;困难;艰苦。(见㗖)

隘 ngaix [ŋaːi⁴]〈名〉处。金城江《覃氏族源古歌》:平隘遠隘近, bingz ngaix gyae ngaix gyawj, 不论远处近处。

隥 dat [taːt⁷]❶〈名〉山崖;峭壁。

❷〈形〉陡峭。(见墶)

陰 方 iem [ʔiːm¹]〈动〉含。《初》:咟陰淰。Bak iem raemx. 嘴巴含水。

隔¹ nduk [ʔduk⁷]〈形〉朽;朽烂;腐朽。马山《尊老爱幼歌》:隔几絺翻田,nduk geijlai fan denz,烂了多少床棉被。

隔² nuk [nuk⁷]〈形〉聋。马山《尊老爱幼歌》:大忙耳又隔。Da mong rwz youh nuk. 眼花又耳聋。

隮 方 raeng [ɣaŋ¹]〈形〉粗心大意;麻痹(与陑连用)。《初》:叫事介隮陑䅐。Guh saeh gaej raengrwz lai. 做事别太粗心大意。

隨 swiz [θɯːi²]〈名〉枕头。(见榹)

陲 roh [ɣo⁶]〈动〉❶漏。❷泄露。(见瀂)

陏 roh [ɣo⁶]〈动〉❶漏。❷泄露。(见瀂)

隨 fuengz [fuːŋ²]〈名〉房间。(见髝)

隨 方 seiz [θei²]〈名〉红薯。(见蒷)

隴 roengz [ɣoŋ²]〈动〉下。马山《天旱歌》:三脅不隴伝,叄勺踉竟伝。Sam ndwen mbouj roengz fwn, mbwn yaek rengx dai vunz. 三月不下雨,天欲旱死人。

阝(在右)部

叩¹ gaeu [kau¹]〈名〉藤。(见右江《本麽叭》)

叩² haeuj [hau³]〈动〉入;进入。右江《本麽叭》:粝叩栏。Haeux haeuj lanz. 稻谷进屋。

邙 mbiengj [ʔbiːŋ³]〈名〉边;一半。(见尸³)

邦¹ bang [paːŋ¹]〈名〉神宴;道场。马山《信歌》:拫撻己会邦,caemh dad geij hoih bang,也大做了几次神宴。| 马山《三界唱》:旧邦宪邦意,guh bang hung bang iq,做大小道场。

邦² biengz [piːŋ²]〈名〉世界;天下;世间。马山《二十四孝欢》:造教舍許邦。Caux gyauq ce hawj biengz. 造教化给世[人]。

邦¹ biengz [piːŋ²]〈名〉地方。金城江《覃氏族源古歌》:庅阶邦賓州。Ma daengz biengz Binhcouh. 来到宾州地方。

邦² mbangj [ʔbaːŋ³]〈名〉部分;有的。右江《本麽叭》:邦畐也殆瘟。Mbangj duz yej dai ngoenh. 有的[猪]就死于瘟疫。

邳¹ caeuq [ɕau⁵]〈动〉跟。忻城《传扬歌》:安邳安个顺。An caeuq an goj swnh. 一拨人跟一拨人相互转手。

邳² ndij [ʔdi³]❶〈介〉跟;与。忻城《十劝歌》:庄邳关托闹。Cang ndij gvan doxnyaux. 装着跟丈夫吵闹。❷〈连〉与;和。忻城《十劝歌》:力婚肚布通,是畬公邳奷。Lwgbawx dungx mbouj doeng, cix haemz goeng ndij yah. 儿媳心里不敞亮,就怨公公与婆婆。

邳³ youq [jou⁵]❶〈介〉在。忻城《十劝歌》:邳夈锅,youq laj gva,在锅头下。

❷〈动〉住。忻城《十劝歌》:斗其你齐邛。Daeuj gizneix caez youq. 来这里一起住。

那[1] na [na¹]〈形〉厚。(见䰈)

那[2] nag [na:k⁸]〈名〉水獭。(见狝)

那[3] naj [na³]〈名〉❶脸;面孔。❷脸面;面子。宜州《孟姜女》:氓姜女米那。Mwngz Gyanghnij miz naj. 你姜女有脸面。(见䚧)

那[4] nax [na⁴]〈名〉舅;舅妈;姨;姨丈。(见伖[1])

那[5] naz [na²]〈名〉田。宜州《孟姜女》:否白接塘那。Mbouj byawz ciep daemznaz. 无人继承田园。(见䣽)

郗 ciuz [ɕi:u²]〈动〉聚集;聚拢;朝向。(见嘲[2])

邱 gyaeuj [kjau³]〈名〉首;头。(见尯)

郄[1] 厉 gyawz [kjaw²]〈代〉哪里。金城江《台腊恒》:丕郄? Bae gyawz? 去哪里?

郄[2] gyo [kjo¹]〈动〉凭借;依凭。平果《贼歌》:郄友娄, gyo youx raeuz,依凭咱们的情哥哥。

郄[3] gyoh [kjo⁶]〈名〉❶瓠瓜。❷葫芦。金城江《台腊恒》:能郄恒丕, naengh gyoh hwnjbae,乘坐葫芦[漂]上去。

郄[4] gyoq [kjo⁵]〈名〉炭火;炭头。平果《贼歌》:表𠔉叻表郄。Beuj feiz laeg beuj gyoq. 收拾火堆别挪移炭火(把炭火埋住保留火种)。

郎 厉 langz [la:ŋ²]〈名〉纸人;稻草人(与茆连用。法事仪式上用纸或稻草捆绑成的小人)。《初》:茆郎, mauhlangz,纸人、稻草人。

郎[1](狼) langz [la:ŋ²]〈名〉种公猪(与猅连用)。《初》:猅郎, moulangz,种公猪。

郎[2] 厉 langz [la:ŋ²]〈名〉笋。右江《狼麽鬧魂糟》:郎外郭断。Langz faiz gueg donq. 甜竹笋当饭餐。

郝 hak [ha:k⁷]〈名〉官;官吏。(见黠)

郍 naq [na⁵]〈名〉箭。(见笰[2])

部[1](埠、步) bouh [pou⁶]〈名〉(过)分;(过)度。《初》:卦部, gvaqbouh,过分、过度。

部[2] boux [pou⁴]〈量〉个;位(指人)。马山《书信》:纫部其部揢, youq boux giz boux rangh,一人各住一地。

都[1] dou [tou¹]〈名〉门。(见闬)

都[2] dou [tou¹]〈代〉我们。(见㪷[2])

郭[1] got [ko:t⁷]〈动〉抱;搂;搂抱;拥抱。(见搰)

郭[2](㓝、扣) gueg [ku:k⁸]〈动〉❶做。《初》:郭㓝, gueg hong,做工。❷种;种植。右江《麽娘妣》:力郭糟不平。Lwg gueg haeux mbouj baenz. 儿种稻不成。

鄀 iek [ʔi:k⁷]〈形〉饿。(见飠)

䣽 naj [na³]〈名〉❶脸;面孔。❷面子。(见䚧)

䚧 naj [na³]〈名〉❶脸;面孔。❷面子。

(见䣛)

鄭(佲)cingh [ɕiŋ⁶]〈形〉❶ 纯;纯粹;纯洁;干净;纯净。❷ 净(重)。《初》:十斤鄭,cib gaen cingh,净重十斤。

鄧 daengh [taŋ⁶]〈形〉相称;般配。宜州《廖碑》:你到少鄧伝。Neix dauq ij daengh vunz. 现在反倒不与人般配。

䣛(那、挪、郍)na [na¹]〈形〉 厚。《初》:俌伝内䣛䣛否𬞙惚。Boux vunz neix najna mbouj rox nyaenq. 这个人脸皮厚不知羞耻。

䣛 nda [ʔda¹]〈名〉背带。(见袦)

鄧 ndaengq [ʔdaŋ⁵]〈名〉❶ 碱(草木灰水)。❷〈形〉咸。(见䶢)

鄵 gyu [kju¹]〈名〉盐。(见砝²)

力 部

力¹ laeg [lak⁸]〈形〉深。《粤风》:度了笼洪力。Doxra roengz vaengz laeg. 相携下深潭。

力² laeg [lak⁸]〈副〉莫。田东《大路歌》:双逢力今贺。Song fwngz laeg gaemh hoq. 双手莫按膝盖。

力³ laeh [lai⁶]〈名〉荔枝。马山《果歌》:五月模力犁,nguxnyied mak laehcei,五月荔枝果。

力⁴ lij [li³]〈副〉还。宜州《盘斗古》:力开架麻斗养命? Lij gai gahmaz daeuj ciengx mingh? 还卖什么来养命?(见里²)

力⁵ lwg [lɯk⁸] ❶〈名〉子女;孩子。右江《麽劧在》:父叹力閗那。Boh caeuq lwg bae naz. 父催儿去[种]田。❷〈名〉崽;仔(用在某些名词后面表示小的意思)。马山《信歌》:踉楞廪獅力。Riengz laeng lumj malwg. 像狗崽跟在后头。❸〈名〉果;籽实(与名词连用,多用于表示果子等)。❹〈缀〉子。❺〈量〉捆。❻〈量〉个;只(可视情况灵活对译)。(见劧)

力⁶ naek [nak⁷]〈名〉重;沉。《粤风》:条条腊真力。Diuzdiuz rap caen naek. 每条担子都沉重。

力⁷ raek [ɣak⁷]〈动〉带;佩戴。田东《大路歌》:名杀不力。Mwngz cax mbouj raek. 你战刀不带。

力⁸ raez [ɣai²]〈动〉(鸣)叫。田东《贼歌》:亚斗力百当。A daeuj raez bakdangq. 乌鸦厅前叫。

力⁹ rw [ɣɯ¹]〈动〉模仿。宜州《盘斗古》:力蒙正,rw Mungzcingq,模仿吕蒙正。

力¹⁰ saek [θak⁷]〈量〉一些;一丁点儿。《粤风》:约论力巡岑。Yaek lwnh saek coenz haemz. 想诉说一些苦楚话。

办 㔾gya [khja¹]〈动〉找寻。《初》:𤘁岜𬞙办㹻。Hwnj bya bae gya mbej. 上山去找羊。(即ra)

加 lawz [lauɯ²]〈代〉哪;何。(见哂²)

劝 ndip [ʔdip⁷]〈形〉生(不熟)。(见𤙫²)

分 rengz [ɣeːŋ²] ❶〈名〉力;力气;力量。❷〈形〉辛苦;艰难;着力(与迪连用)。

❸〈动〉妒忌。(见衔)

劶 ak［ʔa:k⁷］〈形〉❶强；有力量。❷有本领；能干。❸勇敢；英勇。(见勚)

加¹ 㓝 gah［ka⁶］〈代〉什么(与庅连用)。(见饶)

加² gaj［ka³］〈动〉杀。(见粭)

加³ gyaj［kja³］〈动〉等；等候。(见伽⁵)

㧑(㤈) 㓝 rig［ɣik⁸］〈动〉磨损。《初》：犽牸秡㧑。Vaiz geq faenz rig. 老牛牙齿磨损了。

㔓 coengh［ɕoŋ⁶］〈动〉帮忙；协助；支援。(见㮶)

动 doengh［toŋ⁶］〈名〉往时；过去；从前(与辖连用)。(见嗵²)

劥 baeg［pak⁸］〈形〉累；困倦；疲乏。(见悲¹)

㔿 baeg［pak⁸］〈形〉累；困倦；疲乏。(见悲¹)

助¹ coh［ɕo⁶］〈名〉雌。田东《闹滔懷一科》：歐懷助批福。Aeu vaizcoh bae faek. 拿雌牛去调教。

助² coh［ɕo⁶］❶〈动〉朝；向；对着。马山《偻齐架桥铁》：读封信名况，当卸漶度助。Doeg fung saen mwngz gvang, dangq gangj van doxcoh. 读你情郎信，如相对甜言。❷跟随。马山《信歌》：孙放珠悲助。Lwg cuengq caw bae coh. 孩子大哭去跟随。❸〈介〉向；往；朝(放在动词和名词之间)。马山《信歌》：踠悲助旁汏。Byaij bae coh bangx dah. 向河边走去。(见翗)

助³ coh［ɕo⁶］〈形〉可爱。《粤风》：劳有助廊辛。Lau youx coh ndang saenz. 只怕可爱的阿妹身发抖。

助⁴ 㓝 coh［ɕo⁶］〈副〉就。(见托¹)

助⁵ coq［ɕo⁵］〈动〉供奉；祭祀。右江《麽娘妣》：掿閉助橙桐，dawz bae coq daengq doengz，拿去祭神台。

助⁶ coux［ɕou⁴］〈动〉接。宜州《孟姜女》：否米白斗助。Mbouj miz byawz daeuj coux. 没有谁来接。

助⁷ 㓝 coux［ɕou⁴］〈动〉喜欢；爱。(见愖)

助⁸ 㓝 gyoh［kjo⁶］〈动〉❶同情。❷可怜。(见愰)

助⁹ soh［θo⁶］〈形〉❶直。❷善良；老实；耿直；诚实；诚恳。(见鲑)

㔊 maenh［man⁶］〈形〉❶坚固；牢固。❷强壮；健壮。(见㚕¹)

㔀 ak［ʔa:k⁷］〈形〉❶强；有力量。❷有本领；能干。❸勇敢；英勇。(见勚)

劤 㓝 gyaek［khjak⁷］〈形〉勤勉。(见㤆)

㫰 haenq［han⁵］〈形〉猛；猛烈。(见㚨)

㔕 rengz［ɣe:ŋ²］❶〈名〉力；力气；力量。❷〈形〉辛苦；艰难；着力(与迪连用)。❸〈动〉妒忌。(见衔)

劶 㓝 sengz［θe:ŋ²］〈名〉❶力；力气；力量。❷能力。❸魄力。《初》：佅眉劶㸭。

Moiz miz sengz lai. 你很有力气。

勅^{1} 历 cwk [ɕɯk^{7}]〈动〉积攒；积累。(见齒)

勅^{2} 历 cwk [ɕɯk^{7}]〈动〉画。《初》：俌道勅符。Bouxdauh cwk fouz. 道人画符。

勅^{3}(叻) laeg [lak^{8}]〈动〉❶勒(紧)。《初》：胨飠勅𧝎袝。Dungx iek laeg saivaq. 肚子饿了勒紧裤带。❷勒索。《初》：㹮勅艮。Caeg laeg ngaenz. 强盗勒索钱财。

勅^{4}(叻) laeg[lak^{8}]〈动〉偷盗；窃。(见《初》)

劶(勸) aenq [ʔan^{5}]〈动〉❶估计；酌量。《初》：佲劶𠁥𥹃否？ Mwngz aenq guh ndaej mbouj? 你估计做得了吗？ ❷节约；节省(有计划地节制)。《初》：劶吽劶用。Aenq gwn aenq yungh. 省吃俭用。

㔙^{1} gik [kik^{7}]〈形〉懒；懒惰。(见武鸣《张》)

㔙^{2} rengz [ɣeːŋ^{2}]〈形〉辛苦；难受(与迪连用)。武鸣《信歌》：迪㔙幼护胣。Dwgrengz youq ndaw sim. 难受在内心。

㤃(劶) 历 gyaek [khjak^{7}]〈形〉勤勉。《初》：俌内廸俌伝㤃刁。Boux neix dwg boux vunz gyaek ndeu. 这是一个勤勉的人。

㔚^{1} rengz [ɣeːŋ^{2}] ❶〈名〉力；力气；力量。《初》：㑇眉㔚。De miz rengz. 他有力气。❷〈形〉辛苦；艰难；着力(与的连用)。马山《二十四孝欢》：的㔚介勒鬧。Dwgrengz gaejlaeg nauh. 辛苦莫埋怨。❸〈动〉妒忌。(见衔)

㔚^{2} riengz [riːŋ^{2}]〈动〉❶跟；跟随。马山《情欢》：㔚皮齐𨑜圩。Riengz beix caez bae haw. 跟着兄长一起去赶圩。❷安葬。马山《二十四孝欢》：賣躺㔚父母。Gai ndang riengz bohmeh. 卖身安葬父母。

勇^{1} 历 yongz [joːŋ^{2}]〈形〉强；能干。(见《初》)

勇^{2} 历 yungj [juŋ^{3}]〈名〉兵；兵勇；军人。宜州《孟姜女》：勇啦马查稳。Yungj laj ma caz vunz. 兵[到]下面来查人。

勇^{3} 历 nyungj [ɲuŋ^{3}]〈形〉忙；忙碌；(工作)紧张。(见㥩)

㧜 gyax [kja^{4}]〈名〉孤儿。(见㹢)

劧 hoengq [hoŋ^{5}]〈形〉❶空闲。马山《情欢》：劧之斗巡往。Hoengq cix daeuj cunz nuengx. 空闲就来探访妹妹。❷空。武鸣《信歌》：𠁥劧代爹田，guh hoengq daeq de dienz，空干活替他填[债]。(见閚)

㚉 loz [lo^{2}]〈名〉大梁；横梁。(见栌)

動 doengh [toŋ^{6}]〈量〉些。(见嗵^{1})

勘 历 gamj [khaːm^{3}]〈动〉跨。(见欧)

㹏(狠、㔚、恨) haenq [han^{5}]〈形〉猛；猛烈。《初》：㫰㹏䎊。Ndit haenq lai. 阳光太猛烈。

㔋(追、揖) 历 lieg [liːk^{8}]〈动〉选；挑选；拣；选择。《初》：㔋粨粒。Lieg haeuxfaen. 选谷种。

㔏 lix [li^{4}]〈动〉活；生。(见㘈)

㑊 mbauq [ʔbaːu⁵] ❶〈名〉男儿；男青年。❷〈名〉男情人。❸〈形〉英俊。（见𫊧）

㔁 ngeng [ŋeːŋ¹]〈形〉❶ 侧。❷ 歪。（见𨈑）

㔂 历 soux [θou⁴]〈动〉❶ 搞；用力冲。❷ 打架。（见咰）

㔃 ak [ʔaːk⁷]〈形〉❶ 强；有力量。❷ 有本领；能干。❸ 勇敢；英勇。（见勫）

㔄（㔅、勈）历 li [li¹]〈动〉剩余。（见《初》，即 lw）

勫（㔆、㔇、㖼、㔈、㔃、㔉、㔊、㔋、㔌）ak [ʔaːk⁷]〈形〉❶ 强；有力量。《初》：俌内勫卦伝。Boux neix ak gvaq vunz. 这个人比别人有力。| 袋否眉艮否𡘫勫。Daeh mbouj miz ngaenz mbouj ndaej ak. 袋中无钱不敢[逞]强。❷ 有本领；能干。《初》：佲勫佲料𡘫。Mwngz ak mwngz daeuj guh. 你有本领你来做。❸ 勇敢；英勇。《初》：㑊𨑜俌伝勫。De dwg boux vunz ak. 他是勇敢人。

㔈 ak [ʔaːk⁷]〈形〉❶ 强；有力量。❷ 有本领；能干。❸ 勇敢；英勇。（见勫）

勤¹ gaenx [kan⁴] ❶〈动〉揉搓。❷〈动〉按压；猛按。❸〈形〉勤。（见𢯻）

勤² gwnz [kɯn²]〈名〉上；上面（方位词）。《粤风》：子挂勤违远。Fwj gvaq gwnz vixvienx. 云过上空飘悠悠。（见𡘫¹）

㔍¹ gyongz [kjoːŋ²]〈动〉捅；戳。（见𢬵²）

㔍²（㔎、㔏）历 rem [ɣeːm¹] ❶〈形〉脆。《初》：垣㔐㔍啰。Duh ceuj rem lo. 豆子炒得脆了。❷〈动〉膨胀。

㔑 laeg [lak⁸]〈形〉深。（见㵐¹）

㔒 maed [mat⁸]〈形〉密。（见㗁）

㔓¹（㔔、闵、㖼、㦛、㚷、㔕、抆、㨉、㜂、㭊、敏）maenh [man⁶]〈形〉❶ 坚固；牢固。《初》：𢓭枱内㧅𡘫㔓。Aen daiz neix doq ndaej maenh. 这张桌子做得牢固。❷ 强壮；健壮。《初》：㑊佲亟㔓。Ndang mwngz gig maenh. 你身体很健壮。

㔓² 历 maengh [maŋ⁶]〈形〉强壮；结实。（见𡘫）

㔔 maenh [man⁶]〈形〉❶ 坚固；牢固。❷ 强壮；健壮。（见㔓¹）

㔎 历 rem [ɣeːm¹]〈形〉❶ 脆。❷ 膨胀。（见㔍）

勢 saeq [θai⁵]〈名〉土官；土司爷。金城江《覃氏族源古歌》：布勢㢤，bouxsaeq ciengx，土司爷养。

㔖 lik [lik⁷]〈动〉剥；撕开。（见𢫦）

㔗 ak [ʔaːk⁷]〈形〉❶ 强；有力量。❷ 有本领；能干。❸ 勇敢；英勇。（见勫）

㔘 aenq [ʔan⁵]〈动〉❶ 估计；酌量。❷ 节约；节省（有计划地节制）。（见𢯻）

㔙 ngoeg [ŋok⁸]〈动〉❶ 摇动（把埋紧的木桩左右摇摆，使其松动，以便拔出）。《初》：㔙楝𡘫𡘫料。Ngoeg dongh faex hwnjdaeuj. 摇动木桩把它拔起。❷ 撬起。《初》：㔙𥖁𡘫𥒦㝦。Ngoeg rin ma caep ranz. 撬起石头来砌房子。

又 部

又¹ 㕣 nyaeuq [ȵau⁵]〈形〉皱。(见叒)

又² youq [jou⁵]〈代〉怎么;怎样。平果《贼歌》:邦勺乱而又? Biengz yaek luenh rox youq? 天下将乱或怎样?

又³ youx [jou⁴]〈名〉情人;情友。平果《贼歌》:又况眉名初。Youx gvang miz mingzcoh. 情郎有名字。

叉¹ 㕣 ca [ɕa¹] ❶〈名〉差;差错;错。❷〈形〉质量低劣。(见仅)

叉² 㕣 caj [ɕa³]〈动〉等;等待。(见㸪)

双¹ cangq [ɕa:ŋ⁵]〈动〉遇。宜州《孟姜女》:斗同双, daeuj doengzcangq, 来相遇。

双²(松) song [θo:ŋ¹]〈数〉 二; 两。《初》:双徒怀, song duz vaiz, 两头水牛。| 双三伝, song sam vunz, 两三个人。

支¹ coi [ɕoi¹]〈动〉催;支使。武鸣《信歌》:侮支丕捞关。Meh coi bae laeng gvan. 母亲催去丈夫家。(见嗺)

支² ngeiq [ŋei⁵]〈名〉枝丫。(见杈)

邓 daengq [taŋ⁵]〈动〉叮嘱。《粤风》:邓双刘改失。Daengq song raeuz gaej saet. 叮嘱咱俩莫离散。

友¹ youh [jou⁶]〈副〉 又。宜州《龙女与汉鹏》:友港寺观的卜稳。Youh gangj gyuh gonq gah bouxvunz. 又讲前朝的人。

友² youx [jou⁴]〈名〉情人;朋友。(见伖)

对¹ doih [toi⁶]〈名〉伙伴;同伴。(见傤)

对² doiq [toi⁵]〈动〉退。马山《二十四孝欢》:肩尽敗对盯。Ndwi caenh baih doiq din. 否则几乎就退缩。

对³ dop [to:p⁷]〈动〉❶回赠(给回礼)。马山《欢贺春》:粽裐对劲婦。Faengx noh dop lwgmbwk. 粽子猪肉回赠女儿。❷馈赠。金城江《台腊恒》:省尺对銀斗公賀。Saencik dop ngaenz daeuj goenghoh. 亲戚馈赠银两来恭贺。

对⁴ ndoiq [ʔdoi⁵]〈量〉个(多用于儿童)。马山《尊老爱幼歌》:对对眉才成。Ndoiqndoiq miz caizcingz. 个个有才情。

圣¹ gwnz [kɯn²]〈名〉上;上面(方位词)。(见歪¹)

圣² youq [jou⁵]〈动〉在;住。(见圣)

发¹ fad [fa:t⁸]〈动〉打;抽打。(见拔¹)

发² fag [fa:k⁸]〈量〉把(也常常作工具、武器类名词的词头)。(见伐²)

发³ 㕣 fak [fa:k⁷]〈动〉寄;寄托;付托。(见抜²)

发⁴ fwet [fɯ:t⁷]〈动〉刈;割(草或谷类等)。田东《大路歌》:垡达杀度发。Reih dat caj dou fwet. 荒地等我们刈。

夂 㕣 yaeuq [jau⁵]〈动〉藏;收藏。(见《初》)

𭆬 㐉 faengz [faŋ²]〈动〉欢腾;沸腾(与𭆳连用)。《初》:䏴肝䄂𥞇併𭆬𭆳。Cieng daengz geq eng byaemh faengzfwz. 春节来临老少齐欢腾。

欢[1](𠸄、𡲅、𧮴、㕭、歌、吹、莞、寛) fwen[fɯ:n¹]〈名〉山歌;歌;诗歌。《初》:𰃅家料𠯘欢。Caezgya daeuj guh fwen. 大家来唱山歌。

欢[2] vuen [wu:n¹]〈形〉❶ 高兴;愉快;宽心。❷ 幸福(与荣连用)。(见《初》)

观 gonq [ko:n⁵] ❶〈名〉前;先前;过去。宜州《龙女与汉鹏》:友港寺观的卜稳。Youh gangj gyuh gonq gah bouxvunz. 又讲前朝的人。❷〈副〉先。(见𬙋)

𠬢 mbiengj [ʔbi:ŋ³]〈名〉边;一半。(见𡰩³)

𠬵(又、肘、朽、扠、紉) nyaeuq [ȵau⁵]〈形〉皱。《初》:𩈘𠬵貧猻。Naj nyaeuq baenz lingz. 脸皱如猴。

𠬶 㐉 sengh [θe:ŋ⁶]〈名〉肋骨;排骨。《初》:𩩍𠬶𮃮,ndoksengh mou,猪排骨。

𰀨(仔、圣、𰀦、呦、𰃍、𥔊、𰀧、𰀩、𰀪) youq [jou⁵] ❶〈动〉在;住。《初》:𬾀否𰀨𰁣。De mbouj youq ranz. 他不在家。❷〈介〉在。《初》:干寡𰀨当坤。Gienzgvax youq dang roen. 在路上徘徊。

𭆳 㐉 fwz [fɯ²]〈动〉沸腾;欢腾(与𭆬连用)。

𰀫(立) 㐉 laeb [lap⁸]〈连〉又。《初》:衤衤套𰀫套。Buhvaq dauq laeb dauq. 衣服一套又一套。

𰀬 ngaih [ŋa:i⁶]〈形〉容易。(见𰀭)

𰀮(𦚎) rouh [ɣou⁶]〈量〉 窝;胎(指一胎多崽儿的动物)。《初》:𰀮𮃮十𠯘𭃂。Rouh mou cibhaj lwg. 一窝小猪有十五只。

𰀯[1](在) caiq[ɕa:i⁵]〈副〉再;又。《初》:𭃂𰀯𰀰波刁。Gou caiq yawj baez ndeu. 我再看一次。

𰀯[2] youh [jou⁶]〈副〉又。(见《初》)

𰀱 gouh [kou⁶]〈量〉❶ 双(筷子、鞋子)。❷ 副(棺材)。(见𣘶²)

𰀲 haiz [ha:i²]〈名〉鞋。(见鞋)

𰀳 㐉nge [ŋe¹]〈量〉❶ 只。❷ 个。《初》:𰀳𰀴𰀵,nge du nwngh,一个脑袋。

𰀶[1] raeuh [ɣau⁶]〈形〉 多。《初》:𭃂𰀷貧𰀶𰀸。Cwk ndaej baenz raeuh ngaenz. 积攒得这么多钱。

𰀶[2](陋、楼、𰀹、喽、𰀺、𰀻、嘐、陑、嚁、𰀼、听) raeuh [ɣau⁶]〈副〉 很;极(放在形容词后,表示程度的加深)。《初》:𰀽𰀶,ndei raeuh,好得很。

𰀦 youq [jou⁵]〈动〉在;住。(见𰀨)

𰀾(𰀿) 㐉 byouq [pjou⁵]〈代〉怎么。《初》:𰀾养内𠯘? Byouq yienghneix guh? 怎么这样搞?

𰁀 deng [te:ŋ¹] ❶〈动〉对;中。❷〈介〉挨;被。(见𰁁)

观[1] gon [ko:n¹]〈形〉 宽;缝隙大(与

䶨连用,则义为得意、扬扬自得)。(见管[1])

观[2] gonz [ko:n[2]]〈动〉邀请;聘请。右江《麽請布淥畐》:造礼观布斗,caux ndaej gonz baeuq daeuj,就能请得祖公来。

㪷[1] haeuj [hau[3]]〈动〉❶ 装上;套上。❷ 做。(见㐱)

㪷[2] yaeuh [jau[6]]〈动〉哄骗;欺骗;诱惑。(见骻)

叟 sou [θou[1]]〈代〉你们。(见㑋[2])

㞙(汥、㞙、㞙) nyouh [ɳou[6]]〈名〉尿。(见《初》)

㞙 nyouh [ɳou[6]]〈名〉尿。(见㞙)

难[1] namh [na:m[6]]〈名〉泥。宜州《孟姜女》:叹提难七砖。Ngoenz dih namh caep cien. 每天运泥砌砖。

难[2] nanz [na:n[2]]〈形〉久;许久。马山《望吞話名詢》:难不吞皮趴。Nanz mbouj raen beix byaij. 许久不见阿哥走动。

㕭 raeuh [ɣau[6]]〈副〉很;极(放在形容词后,表示程度的加深)。(见㕭[2])

叙 deih [tei[6]]〈形〉密(距离近,间隔小)。(见𦬊)

㕭 doiz [toi[2]]〈语〉呢。(见㖃[1])

㕭 geiz [kei[2]]〈名〉鳍。(见鮨)

㕭 nanz [na:n[2]]〈形〉久。(见𢿢)

㕭 nanz [na:n[2]]〈形〉久。(见𢿢)

㕭 sang [θa:ŋ[1]]〈形〉高。(见𩫱)

㕭 nyungq [ɳuŋ[5]]〈形〉蓬乱(一般指线、纱、麻、丝、发等)。(见䌷)

㕭(䨣、䨣) coemq [ɕom[5]]〈动〉重叠;重复。《初》:䅽糙介揞㕭。Doek ceh gaej hawj coemq. 种子不要重播。

䨣 coemq [ɕom[5]]〈动〉重叠;重复。(见㕭)

厶 部

么[1] ma [ma[1]]〈动〉❶ 来。武鸣《信歌》:开提么苟,hai dawz ma gaeuj,打开来看。❷ 回来。(见庲)

么[2] maz [ma[2]]〈代〉什么;啥。(见㕭[2])

么[3] maz [ma[2]]〈语〉嘛。《粤风》:宽介留么往。Fwen gaiq raeuz maz nuengx. 我们的歌嘛妹。

么[4] mbaw [ʔbaɯ[1]]〈量〉张。宜州《龙女与汉鹏》:祖啱么像之吼强。Sou raen mbaw siengq cix naeuz gyangh. 你们见画像就夸赞。

㔿 [方] ngumj [ŋum[3]]〈名〉粥。《初》:㔿澉貧㲺汫。Ngumj saw baenz raemx cingj. 粥稀得像井水一样。(即 oemj)

台[1] dah [ta[6]]〈副〉果真(与来连用)。马山《欢叹父母》:真孖爹台来。Caen lwg de dahraix. 果真是他的孩子。

台[2] dai [ta:i[1]]〈动〉死。《粤风》:台批齐寻墓。Dai bae caez caemh moh. 死去共一坟。(见㱙[1])

𪨊(腮) sai [θa:i¹]〈动〉丢(脸)。《初》:佲真𪨊𦟀兄。Mwngz caen sai naj gou. 你真丢我的脸。

能 naengh [naŋ⁶]〈动〉坐。平果《贼歌》:见友能下佛。Raen youx naengh laj baed. 见妹坐在神龛下。(见㘈)

能¹ laeng [laŋ¹]〈名〉后;背后;后面。(见楞¹)

能² naeng [naŋ¹]〈名〉皮。宜州《龙女与汉鹏》:偶㭎莕年能犊。Aeu bwn roeg nemz naeng duz. 要鸟毛和兽皮。(见胜)

能³ 㓈 naeng [naŋ¹]〈动〉响。(见㗈¹)

能⁴ naengh [naŋ⁶]〈动〉坐。马山《欢叹父母》:抱偻官升能。Umj raeuz gonq cingq naengh. 先抱我们才坐下。(见㘈)

能⁵ naengh [naŋ⁶]〈副〉才。马山《抄崗歌》:能暫暫吞嘀, naengh ciemhciemh raen ndei, 才渐渐好转。

能⁶ naengh [naŋ⁶]〈连〉若;如。马山《欢叹父母》:㐱能哥贫病,卜姆心十浮。Lwg naenghgoq baenz bingh, bohmeh sim cix fouz. 孩子若生病,父母心就浮。

能⁷ naengz [naŋ²]〈形〉能干。来宾《贤女救夫》:读书点字几来能。Doeg saw rox cih geijlai naengz. 读书认字多能干。

能⁸ naengz [naŋ²]〈副〉❶索性(与以连用)。马山《完筆字信》:以能不貧世, hixnaengz mbouj baenz seiq, 索性不过今生。❷居然;竟。马山《三界公》:自旦李长肚能咋。Cix danq leixcangh dungx naengz yak. 只叹里长心肠竟[这么]黑。

能⁹ nangz [na:ŋ²]〈名〉嫂。马山《哭姐歌》:能拐㪷封尾。Nangzlaeng daeuj fung faex. 娘家来人封棺材。

能¹⁰ ndaeng [daŋ¹]〈名〉牛鼻。东兰《造牛(残页)》:之本能春長。Cih baenz ndaeng con cag. 就成牛鼻能穿绳子。

能¹¹ ninz [nin²]〈动〉睡;眠;睡觉。(见眸)

能¹² 㓈 nwngh [nɯŋ⁶]〈数〉一。(见㐌)

𤫟 cam [ɕa:m¹]〈动〉交;相交。《初》:camca,交叉。

㲱¹(歹、台、殆、殀、朗、胎、耊、㬢) dai [ta:i¹]〈动〉死。马山《二十四孝欢》:父老㲱卦世。Boh laux dai gvaqseiq. 老父过世了。|《欢叹父母》:㘵良勺爱㲱。Dwgrengz yaek gyaez dai. 辛苦得要死。

㲱² 㓈 hai [ha:i¹]〈名〉月;月亮。(见胲²)

𫛵 vut [wut⁷]〈动〉❶扔;丢掉;抛弃;丢下。❷失掉;丢失。(见㧒)

𪧷 giek [ki:k⁷]〈名〉基;根基;底子。马山《三界公》:𪧷冲连埔扒刁红。Giek cung lienz namh mbat ndeu hoengz. 钟底连土一起[烧]红。

𫏛 gveng [kwe:ŋ¹]〈动〉丢;扔;抛弃。(见㧟)

𫢸 ciz [çi²]〈连〉如果;倘若;假如。(见唁²)

廴 部

𨑜 gwnz [kɯn²]〈名〉上;上头。上林《信歌》:咘苟𨑜,ninz gyaeuj gwnz,睡上头。

𨑡 laj [la³]〈名〉下;下头。上林《信歌》:咘苟𨑡,ninz gyaeuj laj,睡下头。

廸¹(提、的、特)dwg [tɯk⁸]〈动〉❶ 是。《初》:佲廸佂𠟩。De dwg canghdoz. 他是屠夫。❷ 被;挨。《初》:廸綞,dwg cug,挨绑。❸ 承受。《初》:廸衍,dwgrengz,辛苦、吃力。

廸²(的、悳)dwk [tɯk⁷]❶〈动〉打。《初》:廸𩵜,dwk bya,打鱼。❷〈动〉下。《初》:廸棋,dwk geiz,下棋。❸〈动〉放;施。《初》:廸屎,dwk bwnh,施肥。❹〈助〉得(连接谓语和补语)。《初》:𣎏廸𥈭眎,gaeuj dwk da raiz,看得眼花。❺〈助〉着(表示继续保持某一状态)。《初》:浪孙廸否理。Langh lwg dwk mbouj leix. 丢着孩子不照管。

延¹ yienz [jiːn²]〈名〉边;边沿。宜州《龙女与汉鹏》:叩马延榄,dauq ma yienz ranz,返回屋边。

延² yienz [jiːn²]〈形〉贤;贤惠。(见伝³)

干 部

干¹ ganq [kaːn⁵]〈动〉护理;料理;照料;看护。田阳《唱罕王》:𡗅吞舍徃干,laj ndaen ce nuengx ganq,天下留给弟弟管理。| 马山《丹亡》:在收干𥘺青,caih sou ganq lan cing,任随你们照料亲孙子。(见佡)

干² gienz [kiːn²]〈动〉徘徊;盘旋(与寡连用)。《初》:干寡圣当坤。Gienzgvax youq dang roen. 在路上徘徊。

干³ gonq [koːn⁵]❶〈名〉前;以前;先前。宜州《龙女与汉鹏》:世干独古卡关仈。Seiq gonq duh gou gah gvanbaz. 前世我的夫妻缘。❷〈副〉先。马山《嚏花》:佲比佲斗干。De beij mwngz daeuj gonq. 他比你先到。(见馈)

干⁴ gauq [kaːu⁵]〈动〉照顾。

干⁵ gen [keːn¹]〈名〉手臂。(见𦛚)

干⁶ hawq [haɯ⁵]〈形〉干;干爽。马山《哀歌》:孙只眸埅干,lwg cix ninz dieg hawq,孩子就睡干爽处。

𢀢 hawq [haɯ⁵]〈形〉干。(见祛)

𢀣(泋、溉)[方] goih [khoi⁶]〈形〉干;渴。(见《初》)

𢀥 [方] beb [peːp⁸]〈形〉瘪;秕。(见𥝩)

祛(扗、茳、𠫰、浫、𤆬、汿、仔、𢀢、嘘、滤、呿、去)hawq [haɯ⁵]〈形〉干。《初》:𣅶𥻗祛𡉈。Dak haeux hawq bae. 把谷子晒干。| 𦛚祛,hozhawq,口渴、口干。

𢀦 haenz [han²]〈名〉堤;岸;埂;塍。(见垠¹)

𢀧¹ [方] beb [peːp⁸]〈形〉瘪;秕。(见𥝩)

𪼝2 bep［peːp⁷］〈形〉炒干的。《初》：豆𪼝，duh bep，炒干的豆子。

𣅹 gyo［kjo¹］〈形〉干（水分少）。（见䓁）

稂（曉、䅊、勒、䅱、哂、稈、䅎、䅬、良、䅶）rengx［ɣeːŋ⁴］〈形〉旱。《初》：𡗶稂，mbwn rengx，天旱。

䅎 ndangj［ʔdaːŋ³］〈形〉干涸；干结。（见浇）

工　部

工1 goeng［koŋ¹］〈量〉工日。马山《建房歌》：圪基欧三工，vet giek aeu sam goeng，挖地基需要三个工日。

工2 hoeng［hoŋ¹］〈连〉但是。（见倥）

工3 hong［hoːŋ¹］〈名〉工。都安《盘古歌》：伝偻夻𡗶造工吽。Vunz raeuz laj-mbwn caux hong gwn. 我们在世上靠劳动谋生。

巧 方 geuh［kheu⁶］〈形〉绿。（见《初》）

左1 方 coh［ɕo⁶］〈连〉和。（见挓）

左2 方 coq［ɕo⁵］〈动〉烧。（见炨）

左3 coq［ɕo⁵］〈动〉❶ 放。❷ 施。❸ 灌；灌溉。（见揝）

左4 rox［ɣo⁴］〈动〉知道。宜州《孟姜女》：地网呀可左。Deihfueng yax goj rox. 地方也知道。

功 gongz［koːŋ²］〈动〉叫；呻吟。田阳《布洛陀遗本》：功肚㖸，gongz dungx iek，叫肚子饿。

玙 方 geuj［kheu³］〈名〉齿。（见犽）

吞 mbwn［ʔbɯn¹］〈名〉天。（见𡗶）

㺬 hung［huŋ¹］〈形〉❶ 大。❷ 自大。（见奆）

巧 yauj［jaːu³］〈拟〉连连。都安《三界老爺唱》：王帝𡗶堂硯巧巧。Vuengzdaeq gwnz dangz guenz yaujyauj. 皇帝堂上服连连。

𢀳 cauh［ɕaːu⁶］〈动〉造；制造；创造。（见揍¹）

巩 cauh［ɕaːu⁶］〈动〉造；制造；创造。（见揍¹）

贡 方 gong［koːŋ¹］〈量〉堆；朵。（见埧¹）

攻 gueng［kuːŋ¹］〈动〉喂。马山《欢叹父母》：攻粰孙有吽。Gueng haeux lwg mbouj gwn. 喂饭孩子不吃。

𢀓（𥥖、慌、空、纴、㗆、空、康、埪、巷、控）hong［hoːŋ¹］〈名〉工作；活路。（见《初》）

㓚 gueg［kuːk⁸］〈动〉❶ 做。❷ 种；种植。（见郭²）

㓦 方 swix［θɯːi⁴］❶〈名〉左；左边。❷〈形〉不熟练；相左。《初》：佲𢫔𦣸㓦𥠎。De cae naz swix lai. 他犁田很不熟练。

㓣（吉）方 gip［kip⁷］〈名〉工具（与事连用）。《初》：提㓣事𫶠。Dawz gipsaeh ma. 把工具拿回来。

扛 gwed［kɯːt⁸］❶〈动〉扛。❷〈量〉

捆。(见撓)

项 hek [heːk^{7}]〈名〉客。金城江《台腊恒》:有叩项,ndwi guhhek,不客气。

玒 hong [hoːŋ^{1}]〈名〉工作;活路。(见㤇)

㠭 -oenx [ʔon^{4}]〈缀〉纷纷。《初》:乱㠭㠭,luenh'oenxoenx,乱纷纷。

㞗 yauj [jaːu^{3}]〈拟〉连连。马山《三界公》:八仙到专哯㞗㞗。Bet sien dauq laeng guenz yaujyauj. 八仙听后服连连。

㤇 hong [hoːŋ^{1}]〈名〉工作;活路。马山《信歌》:悲叩㤇,bae guh hong,去干活。(见㤇)

𢀓(攋、㔖、㞢) swix [θɯːi^{4}]〈名〉左;左边。《初》:𢬵𢀓,fwngz swix,左手。

項^{1} hangz [haːŋ^{2}]〈名〉下巴。(见𪘁)

項^{2} hangz [haːŋ^{2}]〈动〉欺侮;欺负。(见哘^{1})

𢀖 mbaeu [ʔbau^{1}]〈形〉轻。(见𨮴)

𢀙 方 soix [θoi^{4}]〈名〉左。《初》:𢬵𢀙,mungz soix,左手。

𢀗 saix [θaːi^{4}]〈动〉(太阳)西斜。《初》:昑眃𢀗𢪉西。Daengngoenz saix baihsae. 太阳往西斜。

土(士)部

土^{1} doj [to^{3}]〈动〉碰撞。右江《麽娘妣》:色時腿忐零同土,saek seiz dwix gwnz ringj doengzdoj,有时橱柜上的碗也相互碰撞。

土^{2} doq [to^{5}]〈名〉兔子。(见㹀)

士^{1} saeh [θai^{6}]〈名〉事。马山《为人子者》:心士,simsaeh,心事。

士^{2} saeh [θai^{6}]〈动〉侍。马山《为人子者》:伏士母老,fugsaeh meh laux,服侍老母。

圪 方 aet [ʔat^{7}]〈动〉堵塞。(见圠)

圡^{1}(仛、垑、垛) doj [to^{3}] ❶〈形〉土(指本地的)。《初》:襉圡,baengzdoj,土布。❷〈名〉草皮(与㙈连用)。《初》:圡㙈,dojbeiz,草皮、草皮灰。

圡^{2} dou [tou^{1}]〈名〉门。(见闭)

圦 baq [pa^{5}]〈名〉山(有石有泥者)。金城江《台腊恒》:旁圦否米𦶑。Bangx baq mbouj miz haz. 山上没有草。

圤^{1} bo [po^{1}]〈名〉山坡;土山。(见㟻)

圤^{2} 方 byoz [pjo^{2}]〈名〉山丘;小山包。(见堝)

圤^{3} 方 goix [khoi^{4}]〈名〉奴仆。(即hoiq,见《初》)

圤^{4} 方 mbok [ʔboːk^{7}]〈量〉丘(指梯田或田垌里的小块田)。《初》:双圤𦱰,song mbok naz,两丘田。

圣 方 dengj [theːŋ^{3}]〈动〉擂打。(见《初》)

圢 dwngj [tɯŋ^{3}]〈名〉❶田埂。❷田埂口。(见埩)

去 hawq [haɯ^5]〈形〉干。(见祛)

坔(垄)㊉ lih [li^6]〈名〉畲地。《初》:坔墁,lih'um,肥沃的畲地。(即 reih)

坜^1 ndai [ʔda:i^1]〈动〉耘。(见耔)

坜^2 ndoi [ʔdoi^1]〈名〉土山;岭。(见墷)

卡 saw [θaɯ^1]〈名〉❶书。❷字。(见 斆)

圠(圪、乫)㊉ aet [ʔat^7]〈动〉堵塞。《初》:圠豞狃。Aet congh nou. 堵塞老鼠洞。

在^1 caih [ɕa:i^6]〈介〉随;任随;任由。马山《丹亡》:在收干䢅青,caih sou ganq lan cing,任随你们照料亲孙子。(见偝)

在^2 caiq [ɕa:i^5]〈副〉再;又。(见敢^1)

在^3 gaij [ka:i^3]〈动〉消解。田东《大路歌》:烟列哽在灭。Ien le gwn gaijmbwq. 抽烟来解闷。

在^4 sai [θa:i^1]〈名〉男;男孩。右江《麽孙在》:孙在,lwgsai,男儿。

圩^1 cenj [ɕe:n^3]❶〈名〉杯;盏。❷〈量〉杯。(见盂)

圩^2 cien [ɕi:n^1]〈名〉砖。(见矸^2)

圳 cien [ɕi:n^1]〈名〉砖。(见矸^2)

圹^1 daemh [tam^6]〈名〉篓子。马山《嚏模》:四月模李,眉贫圹楞枯。Seiqnyied makmaenj, miz baenz daemh laeng go. 四月李果,成篓树上结。

圹^2 daemz [tam^2]〈名〉塘。马山《欢叹母》:䢅佲肝很圹。Lan mwngz daengz haenz daemz. 你的孙子到塘边。

地 ㊉ deih [tei^6]〈形〉密;密集的。上林《赶圩歌》:欢喔嗤尽地。Fwen sing ci cinx deih. 歌声催得密。(见䊪)

垚^1 deih [tei^6]〈名〉地方;土地。(见 垲^1)

垚^2 dieg [ti:k^8]〈名〉地;地方;地址;区域。(见墿)

吉^1 gaed [kat^8]〈形〉小气;(脾气)紧;狭窄(心胸)。(见氰)

吉^2 gaet [kat^7]〈动〉啃;啮;咬。田东《大路歌》:蛇它吉口逢。Ngwzdoeg gaet haeuj fwngz. 毒蛇咬中手。(见犵)

吉^3 gik [kik^7]〈形〉懒。(见 㥛)

吉^4 ㊉ gip [kip^7]〈名〉工具(与 亊连用)。(见 珓)

吉^5 ㊉ git [kit^7]❶〈名〉闩。❷〈形〉急(流)。(见 趌)

吉^6 gix [ki^4]〈代〉这;这里。宜州《孟姜女》:马艮费吉宁。Ma gwnz faex gix ninz. 来树上这里睡。

吉^7 gwed [kɯ:t^8]〈动〉扛。田东《嘹歌》:使吉羊卦路。Saeq gwed yangj gvaq roen. 官扛刀剑过路。

吉^8 gyaed [kjat^8]〈副〉渐。马山《吊孝》:年吉吞吉佬,nienz gyaed ngoenz gyaed geq,年岁逐日渐变老。

吉[9] gyaez [kjai²]〈动〉爱。宜州《龙女与汉鹏》:同吉古之论,doengzgyaez gou cix lwnh,相爱我才说。

吉[10] 方 ndaet [ʔdat⁷]〈形〉堵;紧;烦恼(指心情不好受)。《初》:肶吉移。Sim ndaet lai. 心里很烦恼。

寺[1] 方 cawz [ɕaɯ²]〈名〉时节;季节;时期。(见咁)

寺[2] six [θi⁴]〈名〉❶ 社神;社公;土地公。❷ 社庙;社坛;土地庙。(见魁)

圪 vet [weːt⁷]〈动〉挖(用较小的工具挖)。(见扢[3])

赤[1] angq [ʔaːŋ⁵]〈形〉乐。巴马《贖魂粡呟》:王造赤里林。Vuengz caux angq lihlinz. 王才乐陶陶。

赤[2] cih [ɕi⁶] ❶〈名〉字;文字。❷〈量〉字;个。(见狖)

赤[3] cik [ɕik⁷]〈形〉炽热;酷热。(见睐[1])

坝 方 baq [pa⁵]〈名〉野外。(见《初》)

坢[1] 方 bien [piːn¹]〈名〉片。《初》:胬坢,noh bien,肉片。

坢[2] vax [wa⁴]〈名〉瓦。(见瓬)

坺 bo [po¹]〈名〉山坡;土山。(见溥)

壳(夵) byuk [pjuk⁷]〈名〉❶ 果皮。❷ 壳。《初》:壳蛳,byuk sae,螺蛳壳。

坊 ciengz [ɕiːŋ²] ❶〈名〉场。马山《二十四孝欢》:孝主起丧坊。Hauqcawj hwnj sangciengz. 孝主搭起了丧场。❷〈量〉场。马山《风俗歌》:連吽双坊氿,lienz gwn song ciengz laeuj,连喝两场酒。

坧 ciengz [ɕiːŋ²]〈名〉墙。平果《贼歌》:下坧,laj ciengz,墙下。

坐[1] coq [ɕo⁵]〈动〉放。东兰《莫卡盖用》:陋坐舂。Laeuj coq cingz. 酒放埕子里。

坐[2] soq [θo⁵]〈名〉数;数目(与毬连用,义为完蛋)。(见数[2])

坤(中、盅) cung [ɕuŋ¹]〈名〉小口坛;坛子。《初》:粝貧叙,氿闏坤。Haeux baenz raeuh, laeuj rim cung. 米成堆,酒满坛。

坛 daemz [tam²]〈名〉池塘。(见壇)

坔(庵) dienh [tiːn⁶]〈名〉殿;宫殿;殿堂。《初》:皇帝彐坔。Vuengzdaeq naengh dienh. 皇帝坐殿堂。

坉[1] doenq [ton⁵]〈动〉❶ 腾。《初》:坉飒宀刁料。Doenq fungh ranz ndeu daeuj. 腾出一间房子来。❷ 移动;挪动。《初》:坉倒捞的刁。Doenq dauqlaeng di ndeu. 往后挪一点儿。

坉[2] doem [tom¹]〈名〉泥;土;土壤。(见垚[2])

坒 doem [tom¹]〈名〉泥;土;土壤。(见垚[2])

抖 doj [to³]〈量〉斗。《初》:抖粝刁,doj haeux ndeu,一斗米。

坄[1] 方 dum [tum¹]〈名〉泥。(即doem,见《初》)

坳² singz［θiŋ²］〈名〉城。(见墭)

坋(粉、粄、坋、旀) faenx［fan⁴］〈名〉灰尘。《初》:拂侣坋偻蛗。Baet gij faenx de bae. 把那些灰尘扫掉。

坟¹ faenz［fan²］〈动〉砍。(见攵¹)

坟² faenz［fan²］〈名〉齿。(见豥¹)

坱 fok［foːk⁷］〈名〉尘埃;浮尘;尘土。(见埃²)

坽 历 gaemz［kam²］〈量〉大团;大块。(见跨²)

圿(盖、介、吤、改、盍、界) gaiq［kaːi⁵］〈量〉❶ 块;支。《初》:圿 型 刁, gaiq reih ndeu,一块地。❷ 些(不定量)。《初》:圿内, gaiq neix,这些。

坎¹ 历 gamj［khaːm³］〈动〉跨。(见欧,即 hamj)

坎²(堪、龛、龕、炭) ham［haːm¹］〈名〉神位;神堂;龛;香案。(见《初》)

坚¹ gen［keːn¹］〈名〉手臂。(见揹)

坚² genq［keːn⁵］〈形〉❶ 坚硬。❷ 牢固。❸ 健旺(多指上了年纪的人)。(见樫²)

坚³ 历 gin［kin¹］〈动〉吃。(见喹)

坟 历 giq［ki⁵］〈名〉路口。《初》:坤较坟, roen gap giq,交叉路口。

坙(嗡、吙) 历 goemz［khom²］〈名〉坑。(见《初》)

夳 gumz［kum²］❶〈名〉凹处;小坑;洼地。❷〈名〉墓穴。❸〈形〉凹;凹状的。(见凼)

均 历 gun［kun¹］〈副〉全;都是。

壳 hag［haːk⁸］❶〈动〉学;学习。❷〈名〉学校;学堂。(见李²)

毛 hauz［haːu²］〈名〉壕沟。(见磽)

坑 lueg［luːk⁸］〈名〉山谷;谷地(土岭土山之间的狭长地带)。平果《贼歌》:宁下坑, ninz laj lueg,睡在谷地里。

坂 mbanj［ʔbaːn³］〈名〉村;寨。(见板²)

坏 moek［mok⁷］〈动〉埋。《初》:坏圣夽垚。Moek youq lajdoem. 埋在泥地下。

坳 ndoi［ʔdoi¹］〈名〉土山;岭。(见墙)

坏¹ vai［waːi¹］〈名〉坝。马山《欢叹母》:姆㲣坏只堋。Meh dai vai cix lak. 母死犹如水坝垮。(即 fai,见砯)

坏² vaih［waːi⁶］〈动〉浪费。田东《大路歌》:哽烟结坏火。Gwn ien get vaih feiz. 吸辣烟费火。

坬(坢、砙) vax［wa⁴］〈名〉 瓦。(见《初》)

坒(肥) beiz［pei²］〈名〉草皮(与圡连用)。《初》:跕圡坒。Danj dojbeiz. 铲草皮。

坡¹ bo［po¹］〈名〉山坡;土山。(见潭)

坡² boq［po⁵］〈动〉❶ 吹。田东《大路歌》:欧哞斗尔坡。Aeu naeuz daeuj neix boq. 拿笛子来这里吹。❷ 扇;搧。《粤风》:許旧面坡林。Hawj gaeuqmienh boq rumz. 给情妹

扇风。

坡^{3} 方 byoz [pjo^{2}]〈名〉堆。上林《赶圩歌》:欢叹坡。Fwen baenz byoz. 歌成堆(喻歌很多)。

坋^{1}(堒)方 boenq [pon^{5}]〈名〉尘埃;灰尘。《初》:墒坋,namh boenq,尘土。

坋^{2} faenx [fan^{4}]〈名〉灰尘。(见坋)

坋^{3} mbon [ʔbo:n^{1}]〈动〉挖;掏。(见抺^{7})

壴 cawx [ɕaɯ^{4}]〈动〉买。(见貹)

垥 coq [ɕo^{5}]〈动〉❶放。❷施。❸灌;灌溉。(见措)

垓 方 danh [tha:n^{6}]〈名〉亲家。《初》:爺垓,bohdanh,男亲家。|妑垓,mehdanh,女亲家。

坦 danj [ta:n^{3}]〈动〉❶铲。❷削。(见掸^{2})

坺 faq [fa^{5}]〈量〉扇;堵。(见橃^{2})

坵^{1} 方 gaeu [khau^{1}]〈名〉❶丘陵。❷藤。(见《初》)

坵^{2} you [jou^{1}]〈名〉偶;菩萨。(见莸)

坩(填、田)方 dien [ti:n^{1}]〈名〉地。《初》:妑坩,mehdien,地、大地。

垬 doengh [toŋ^{6}]〈名〉田垌;田野。(见垌)

垰 方 ga [ka^{1}]〈名〉卡;关卡。(见《初》)

坫 guh [ku^{6}]❶〈动〉做;干。❷〈动〉是;充当。❸〈动〉建;造。❹〈动〉唱(山歌);编(歌);作(诗歌)。❺〈副〉老;老是;越。(见田)

坰 gumz [kum^{2}]〈名〉❶泥坑。❷墓穴。马山《书信》:宠坰曾断,roengz gumz caengz duenh,下墓穴才断情。

卦^{1} gvaek [kwak^{7}]〈动〉❶划;打(火石取火)。❷敲(以手指节击物)。(见挠)

卦^{2}(挂、咵、趌、𫘬)gvaq [kwa^{5}]〈动〉❶过。《初》:卦汏,gvaq dah,过河。❷超过;过度。《初》:卦部,gvaqbouh,过度、过分。❸可怜;哀怜(与恕、着连用)。《初》:俌偭恕卦佲? Bouxlawz cojgvaq mwngz? 谁人可怜你? ❹过世。马山《叹亡》:吞眭姆偻卦。Ngoenzlwenz meh raeuz gvaq. 昨天咱们母亲过世。

卦^{3} venj [we:n^{3}]〈动〉挂。田东《大路歌》:鞋麻卦仑昆。Haizmaz venj laeng goenq. 草鞋挂在树蔸上。

坬(瓡、洿)gvaj [kwa^{3}]〈动〉垮。(见《初》)

坤^{1} gyaek [kjak^{7}]〈量〉❶级。❷格。(见砷^{1})

坤^{2}(里、苗)方 gyaz [kja^{2}]〈动〉卡;堵;封堵;围(指用荆棘等封堵围篱的漏洞)。马山《农事》:欧蕴坤圚花。Aeu oen gyaz suen byaek. 用荆棘围菜园。

坤^{3} nyap [ɲa:p^{7}]〈名〉❶杂草。❷垃圾。(见茾^{3})

幸(橿)方 gyamq [kja:m^{5}]〈名〉皮;壳。《初》:幸躣。Gyamq gyaeq. 蛋壳。

坤[1] goenq [kon⁵]〈动〉断。(见䉲)

坤[2] gueng [kuːŋ¹]〈动〉喂(牲畜)。(见饒)

坤[3] 方 gun [khun¹]〈名〉毛。(见毽)

坤[4] 方 hoen[hon¹]〈量〉次;回;趟。(见趂)

坤[5] hoenz [hon²]〈名〉魂;灵魂;魂魄。(见魂)

坤[6](踇、魂)roen[ɣon¹]〈名〉路。《初》:任她踇条坤刁。Doxcaemh byaij diuz roen ndeu. 同走一条路。

坽[1] 方 lengq[leːŋ⁵]〈名〉处;处所。(见㰤)

坽[2](岭、令、巠、坜、嶺、阾) lingq [liŋ⁵]〈形〉陡;陡峭;峻峭。《初》:偲塰内坽黟。Aen bo neix lingq lai. 这个山坡太陡。| 武鸣《信歌》:礤坽, dat lingq, 峭壁。

坜[1] 方 lengq[leːŋ⁵]〈名〉处;处所。(见㰤)

坜[2] lingq [liŋ⁵]〈形〉陡;陡峭;峻峭。(见坽[2])

坖 方 lih [li⁶]〈名〉畲地。(见坔)

坒 mbwng [ʔbwŋ¹]〈形〉❶欲哭的。❷忧愁。(见朚)

坘 mbaek [ʔbak⁷]〈量〉级。《初》:偲橡内眉七坘。Aen lae neix miz caet mbaek. 这梯子有七级。

坆 moh [mo⁶]〈名〉墓。(见墓[2])

埞 ndaem [ʔdam¹]〈动〉种;栽。(见䅖)

坳 ngeuq [ŋeu⁵]〈量〉❶小块。❷颗。(见墺[4])

坳(外、歪) vaih[vaːi⁶]〈形〉坏。《初》:伝坳, vunz vaih, 坏人。

坸(迯、趴) 方 yin [jin¹]〈名〉路。(见《初》)

坳 you [jou¹]〈名〉偶;菩萨。(见菣)

垚[1] boengj [poŋ³]〈量〉堆。马山《毛红唱》:淰眺口垚斗不停。Raemxda guh boengj daeuj mbouj dingz. 眼泪成堆流不停。

垚[2](囤、垔、坉、塦、墪) doem [tom¹]〈名〉泥;土;土壤。《初》:𤞦她哏垚。Moumeh munx doem. 母猪拱泥巴。

垨 caemz [çam²]〈动〉玩。(见㝵)

垗 cauq [çaːu⁵]〈名〉灶。(见烑)

垟(长) ciengz[çiːŋ²]〈名〉墙。(见《初》)

垿 comz[çoːm²]〈动〉集拢;围拢;堆积。(见擽[2])

垪 方 cu [çu¹]〈名〉洲。(见《初》)

垱[1] dangh [taːŋ⁶]〈名〉缸。宜州《龙女与汉鹏》:瞭啨嘢勒垱。Liuh raen youq ndaw dangh. 看见在缸里。

垱[2](档)方dangx[taːŋ⁴]〈名〉槛。《初》:垱闭, dangxdou, 门槛。

垱[3] ndiengq [ʔdiːŋ⁵]〈动〉❶翘起。❷摇动;摇晃;晃动(物体放置不平)。(见躩)

埊1 deih［tei⁶］〈名〉地；土地；地上。马山《哀歌》：株老倒陇埊。Faex laux dauj roengz deih. 大树倒下地。

埊2 dieg［tiːk⁸］〈名〉地；土地；地方；地址。马山《丹亡》：不𡉇幼埊公。Mbouj ndaej youq dieg goeng. 不能住在祖宗之地。|田阳《麽収魂糯一科》：造馬造埊容。Caux max caux dieg yungz. 在草地造马。(见𡍣)

埊3 reih［ɣei⁶］〈名〉畲地；旱地；农地。宜州《廖碑》：里佞𤳇豆埊。Lix ningq naz doh reih. 还有一些田和地。

垌(峝、垰、埬) doengh［toŋ⁶］〈名〉田垌；田野。(见《初》)

垑1 doj［to³］❶〈形〉土(指本地的)。❷〈名〉草皮(与垕连用)。(见圡1)

垑2 dong［toːŋ¹］❶〈名〉堆。❷〈动〉堆。❸〈量〉堆。(见埬2)

垛1 doj［to³］❶〈形〉土(指本地的)。❷〈名〉草皮(与垕连用)。(见圡1)

垛2 duj［tu³］〈量〉朵。(见菜)

垜 duh［tu⁶］〈名〉豆类。(见垣)

垘1 fag［faːk⁸］〈量〉把(也常常作工具、武器类名词的词头)。(见㑶2)

垘2(坺) fok［foːk⁷］〈名〉尘埃；浮尘；尘土。《初》：壛垘，namhfok，尘埃。

圪 gaed［kat⁸］〈形〉小气；(脾气)紧；狭窄(心胸)。(见氜)

垦(㾖、㾕、墾) genz［keːn²］〈形〉贫瘠，瘠薄；不肥沃。《初》：垦垦穲樜根。Reih genz ndaem sawzminz. 瘠薄地种木薯。

垬1 〔方〕goengq［koŋ⁵］〈名〉陡坡。(见岄1)

垬2(弓、供、哄) gungx［kuŋ⁴］〈名〉角落。《初》：垬垟，gungx ciengz，墙角。

垮 gumz［kum²］❶〈名〉凹处；小坑；洼地。❷〈名〉墓穴。❸〈形〉凹；凹状的。(见凼)

垮 gvaq［kwa⁵］〈动〉过(引为"超过、可及")。马山《欢叹父母》：嗳内心不垮。Gyaez ndaw sim mbouj gvaq. 内心喜爱无可及。

垎 gyaek［kjak⁷］〈量〉❶级。❷格。(见砷1)

垠1(硍、垣、砸、申、痕、𬙳、限、恨、㟯、䝿、珢、䫲、𬒗) haenz［han²］〈名〉堤；岸；埂；塍。《初》：垠𤳇，haenz naz，田塍。

垠2 haenz［han²］〈形〉痒。(见痕4)

垣 haenz［han²］〈名〉堤；岸；埂；塍。(见垠1)

垓 〔方〕hwq［hɯ⁵］〈形〉干(旱)。

垎 loh［lo⁶］〈名〉路。《初》：条垎内实宪。Diuz loh neix saed gvangq. 这条道路真宽广。

垩 naz［na²］〈名〉田。马山《信歌》：该垩嚅悲陋。Gai naz ndei bae rouh. 卖好田去赎回。(见𤳇)

埬 naz [na²]〈名〉田。(见畓)

赤 nding [ʔdiŋ¹]〈形〉红。(见䋝)

堅 ndoet [ʔdot⁷]〈动〉喝;饮;吸;嘬;吮。(见飥)

坳(兀) ngut [ŋut⁷] ❶〈形〉曲;弯曲。《初》:条坤内坳壊。Diuz roen neix ngutngauj. 这条路弯弯曲曲。❷〈动〉恼怒;生气(常与壊连用)。《初》:侈坳壊只遂。De ngutngauj cix deuz. 他一恼怒就走开。

埢 nyaj [ȵa³]〈名〉草;野草;杂草。(见芐)

垉 sag [θaːk⁸]〈名〉水滴;水珠(滴落的)。马山《尊老爱幼歌》:垉瓦点对点。Sag vax diemj doiq diemj. 瓦檐水珠滴对滴。

城(碱、械、圠) singz [θiŋ²]〈名〉城。《初》:闉闬城。Byaengq dou singz. 敞开城门。

圩 youq [jou⁵]〈动〉在;住。马山《为人子者》:父母里圩。Bohmeh lij youq. 父母还健在。

僿 baed [pat⁸]〈名〉❶佛像。❷神龛;神台。(见魌)

埔 bouq [pou⁵]〈量〉十里(路程单位)。《初》:三埔坤, sam bouq roen, 三十里路。

犁¹ cae [ɕai¹]〈名〉犁。平果《贼歌》:贝提犁, bae dawz cae, 去掌犁。

犁²(唎、娳、埘、利、黎) reih [ɣei⁶]〈名〉畲地;田地。上林《赶圩歌》:𡊛口犁, bae guh reih, 去种地。

垊(筐、搐) cuk [ɕuk⁷]〈动〉筑。《初》:垊垟口室。Cuk ciengz guh ranz. 筑墙做房子。

埗 方 cwk [ɕɯk⁷]〈动〉积攒;积累。(见㘦)

埢 daenz [tan²]〈动〉压;压上。(见腌)

掉 方 dinq [tin⁵]〈动〉摘(指洗菜后把它摘短)。(见扶¹)

埪¹ doemq [tom⁵]〈动〉塌;倒塌;坍塌。(见埮)

埪² hoemj [hom³]〈动〉❶倒扣。❷扑倒。《初》:㪐埪, boekhoemj, 扑倒。

垣(垛、荳、踿) duh [tu⁶]〈名〉豆类。《初》:垣黯, duhndaem, 黑豆。| 圪垣垚, vet duhdoem, 挖花生。

埰 duq [tu⁵]〈名〉髻。(见紧)

埋¹ fai [faːi¹]〈名〉坝;堤坝。右江《麽孙在》:父収力蘭埋。Boh caeuq lwg lanz fai. 父催儿筑坝。

埋² faiq [faːi⁵]〈名〉纱;纱线。田东《闹涽懷一科》:埋絞, faiqgeu, 纺纱的棉条。

坱 fai [faːi¹]〈名〉水坝。(见壀)

埂 gemh [keːm⁶]〈名〉隘口。(见崁)

垒 goek [kok⁷]〈名〉❶根基;根底;根端;根部。❷本;本钱。(见桊¹)

塄 gong [koːŋ¹]〈量〉泡(尿、屎)。(见哄¹)

埦 -gwx [kɯ⁴]〈缀〉连连;畏缩(动词

后缀)。《初》:坉垸,doenqgwx,后退。

埳(埳、堪、埝、捦、祂、搈) haem [ham¹]〈动〉埋。《初》:埳金圣夻埔。Haem gim youq laj namh. 把金子埋在地下。

埛 henz [heːn²]〈名〉旁边;边沿;附近。《初》:音合埛纭挲。Yaem haeuj henz cih bae. 注音到字的旁边。(见堋)

埲¹(弄、祷、跰、衖、况) luengq [luːŋ⁵]〈名〉缝隙;间隙。《初》:埲闭,luengq dou,门缝。|圣埲伝閬佲。Youq luengq vunz ndaw de. 在人缝之中。

埲² luengx [luːŋ⁴]〈量〉垄。(见衖)

埲³ rungh [ɣuŋ⁶]〈名〉山岽;岽场。(见岽)

埌 ndiengq [ʔdiːŋ⁵]〈动〉❶ 翘起。❷ 摇动;摇晃;晃动(物体放置不平)。(见躚)

埃 ngaiz [ŋaːi²]〈名〉饭;早饭。(见餜)

埄 rauq [ɣaːu⁵] ❶〈名〉耙;耙具。❷〈动〉耙。(见耪)

埘 reih [ɣei⁶]〈名〉畲地;田地。(见型²)

埍 siu [θiːu¹]〈动〉埋;埋葬(与埋连用)。马山《毛红唱》:亘骨骴房埍埋。Aeu goetyiet ma siumaiz. 拿骨骸来安葬。

埜 six [θi⁴]〈名〉❶ 社神;社公;土地公。❷ 社庙;社坛;土地庙。(见魁)

埣 sok [θoːk⁷]〈名〉❶ 码头。❷ 出入口。(见磔¹)

域 〔方〕vod [woːt⁸]〈动〉挖。《初》:域凼,vod gumz,挖坑。

堦¹ 〔方〕ai [ʔaːi¹]〈名〉沙滩。《初》:堦砟,aisa,沙滩。

堦² gyawz [kjauɯ²]〈代〉哪;哪里。金城江《覃氏族源古歌》:晻尼丕肣堦? Haemhneix bae daengz gyawz? 今晚去到哪?

培¹ baez [pai²] ❶〈量〉次;遍;回;趟。《初》:叫双培咥,guh song baez hong,做两遍工。❷〈副〉一(常与"就"呼应作关联词)。马山《叹父恩》:仪培叺荐就揾孙。Boh baez haeuj ranz couh umj lwg. 父亲一进家就抱儿子。(见波)

培² baez [pai²]〈名〉疮。马山《欢叹父母》:培爹他十揄。Baez de de cix lumh. 他生的疮他才摸。

堋¹(塝、淜、朢、澎、嘣、朋、堬) boengz [poŋ²]〈名〉烂泥;淤泥。《初》:𬏟堋,nazboengz,烂泥田。

堋² lak [laːk⁷]〈动〉垮。马山《欢叹母》:姆㲯坏只堋。Meh dai vai cix lak. 母死犹如水坝垮。

朢 boengz [poŋ²]〈名〉烂泥;淤泥。(见堋¹)

埕¹ 〔方〕boenq [pon⁵]〈名〉尘埃;灰尘。(见坋¹)

埕²(均)〔方〕gun [kun¹]〈副〉全;都是。《初》:佽佲埕任侵孪堂。Gyoengqde gun doxcaeuq hagdangz. 他们都是一个学校的。

埠¹ bouh [pou⁶]〈名〉(过)分;(过)度。(见部¹)

埠2 [古] fawx [faɯ⁴]〈名〉圩场;市集。《初》:䢂埠,bae fawx,去赶集。

垉(圤、砎)[古] byoz [pjo²]〈名〉山丘;小山包。(见《初》)

塟 cangq [ɕaːŋ⁵]〈动〉葬;安葬。(见㚘)

埶 caep [ɕap⁷]〈动〉筹备。巴马《赎魂糎呟》:王造埶川故。Vuengz caux caep cuenz guh. 王就筹备招魂。

埞1 [古] dingz [tiŋ²]〈动〉堵塞。《初》:埞淰瞀,dingz raemxnaz,堵田水。

埞2 dwngj [tɯŋ³]〈名〉❶田埂。❷田埂口。(见墱)

埮(墰、㙮、潹、淋、阽、䀍)doemq [tom⁵]〈动〉塌;倒塌;坍塌。《初》:宔埮,ranz doemq,房子倒塌。

𪣻 dou [tou¹]〈名〉门。金城江《台腊恒》:銭丕𪣻之閅。Cienz bae dou cix fung. 钱财走了门就关。

堵1 dou [tou¹]〈名〉门。宜州《龙女与汉鹏》:关堵喔呗那。Daep dou okbae naz. 锁门去田间。

堵2 dou [tou¹]〈代〉我们。宜州《龙女与汉鹏》:堵故独堵。Dou guh duh dou. 我们做我们的。

堕1 dox [to⁴]〈动〉剁。马山《欢叹父母》:十堕给偻吽。Cix dox hawj raeuz gwn. 就剁给我们吃。

堕2 doek [tok⁷]〈动〉❶落。❷丢失。(见𥗜[1])

埬1 doengh [toŋ⁶]〈名〉田垌;田野。田东《闹涽懐一科》:卦埬,gvaq doengh,走过田垌。(见垌)

埬2(垶、䑼)dong [toːŋ¹]❶〈名〉堆。《初》:屎埬,bwnh dong,粪堆。❷〈动〉堆。《初》:埬𠀌料,dong hwnjdaeuj,堆起来。❸〈量〉堆。马山《建房歌》:搬斗双埬碄。Buen daeuj song dong rin. 搬来两堆石头。

埬3 dongh [toːŋ⁶]〈名〉柱;桩子。(见檤)

域 faeg [fak⁸]〈动〉孵。(见𫚭)

埄 fai [faːi¹]〈名〉水坝。(见壀)

埅1 fangz [faːŋ²]〈形〉盲;瞎。(见眆)

埅2 [古] fiengh [fiːŋ⁶]〈名〉半个;半边;半块。(见枋)

坋 [古] foenq [fon⁵]〈名〉尘土。(见䊢)

斧1 [古] fuj [fu³]〈名〉斧。(见𨰾[2])

斧2 youq [jou⁵]〈动〉在;住。(见𡉃)

䞑 get [keːt⁷]〈形〉烈;浓;醇。(见𨢰)

埝1 giemx [kiːm⁴]〈名〉槛。(见𢬣)

埝2 haem [ham¹]〈动〉埋。(见㙣)

埧1(贡)[古] gong [koːŋ¹]〈量〉堆;朵。《初》:埧𫇰,gong fwj,云朵、云堆。

埧2 ndoet [ʔdot⁷]〈动〉喝;饮;吸;啜;吮。(见䭾)

据 [古] gw [kɯ¹]〈名〉盐。(见䀽)

堪 gyae [kjai¹]〈形〉远。马山《信歌》:奷悲堪,haq bae gyae,嫁去远方。

垰¹(埻、衖、䢋、行、彴) 历 hangh [ha:ŋ⁶]〈名〉圩;集市。《初》:𡗶垰,bae hangh,赶圩、赶集。| 垰端,hanghdonq,歌圩。

垰² hong [ho:ŋ¹]〈名〉工作;活路。(见㺿)

垰³ hongh [ho:ŋ⁶]〈名〉巷。(见䜶³)

埻 历 hangh [ha:ŋ⁶]〈名〉圩;集市。(见垰¹)

堹 henz [he:n²]〈名〉旁边;边沿;附近。(见㘓)

埜 历 laemh [lam⁶]〈动〉重复;反复。《初》:伝老嚟䶊埜。Vunzlaux gangj haengj laemh. 老人家讲话喜欢重复。

埝 laemx [lam⁴]〈动〉倒;倒下;跌倒。(见躏)

埛(㮫、寀) lumx [lum⁴]〈动〉培土;埋;盖。(见《初》)

堋¹ maeuq [mau⁵]〈动〉蹲。(见跔)

堋² you [jou¹]〈名〉偶;菩萨。(见薂)

埪(埪、㖮) mboeng [ʔboŋ¹]〈形〉松;蓬松;松软;粉松(指土、棉花和熟的薯芋等)。《初》:埔埪,namh mboeng,松土。| 偲莂䕷内稲埪。Aen biek dumq neix loq mboeng. 这个煮熟的芋头比较粉松。

埪 mboeng [ʔboŋ¹]〈形〉松;蓬松;松软;粉松(指土、棉花和熟的薯芋等)。(见埪)

堵 ndaek [ʔdak⁷]〈量〉大团;大块。(见碍¹)

埭¹ ndai [ʔda:i¹]〈动〉耘。(见耖)

埭² ndoi [ʔdoi¹]〈名〉土山;岭。(见墵)

堆 ndoi [ʔdoi¹]〈名〉坡;岭;丘陵;土山。马山《欢叹母》:批歪堆造苒。Bae gwnz ndoi caux ranz. 去坡上建房。(见墵)

堅 历 rem [ɣe:m¹]〈形〉❶脆。❷膨胀。(见㽹)

埴 you [jou¹]〈名〉偶;菩萨。(见薂)

埲(躃、㦬、拜、敗、迸、擻、塈、排) baih [pa:i⁶]〈名〉方;边;面。《初》:埲揦眉伝。Baihlaeng miz vunz. 后面有人。

堔 daemq [tam⁵]〈形〉矮;低。(见䆲¹)

塔¹(踼) daeb [tap⁸]〈动〉蹬;踏(以脚掌猛力踩踏)《初》:塔跁掐搼。Daeb din bek fwngz. 跺脚拍手。

塔² dak [ta:k⁷]〈动〉晒。(见晎)

埭 demh [te:m⁶]〈动〉垫。《初》:歐巴搼掛伝埭3。Aeu baj fwngz hawj vunz demh naengh. 伸手掌给人垫坐(喻拍马屁)。

堤 dieg [ti:k⁸]〈名〉地方。金城江《覃氏族源古歌》:庅迓堤,ma ya dieg,来找地方。

堷(頃) 历 du [thu¹]〈名〉头。(见《初》)

頃 历 du [thu¹]〈名〉头。(见堷)

墋(堞、埩) 历 dez [te²]〈名〉堤;埂。《初》:墋㽯,dez naz,田埂。

堞 㘝 dez [te²]〈名〉堤;埂。(见埊)

墤(溣、坱、埑、沸、汭、瀗、檑、埿、㴚、湃、沸) fai [faːi¹]〈名〉水坝。《初》:硳墤。Caep fai. 砌坝;筑坝。| 武鸣《信歌》:粝黄只开墤。Haeux henj cix hai fai. 稻谷黄了就开坝。

埿 fai [faːi¹]〈名〉水坝。(见墤)

袁 㘝 fwenz[fuːn²]〈动〉烦。(见《初》)

堨 gyaek [kjak⁷]〈量〉❶ 级。❷ 格。(见砰¹)

捡 㘝 giem [kiːm¹]〈动〉打劫。《初》:猘捡空。Caeg giem ranz. 强盗打家劫舍。

垓 㘝 -gik [kik⁷]〈缀〉寒酸的;穷困的。《初》:空兄嗧垓粭。Ranz gou haemzgik lai. 我家境极为贫寒。

𡎺 㘝 git [kit⁷]〈形〉从前的;过去的(指年份)。《初》:𡎺𡎺,bigit,大前年。

趩(趌) gix [ki⁴]〈形〉纷纷(表示来回走动,络绎不绝)。《初》:伝呰板趩趩。Vunz bae mbanj gixgix. 人们纷纷去走亲戚。

堪¹ haem [ham¹]〈动〉埋。(见埳)

堪² haemq [ham⁵]〈副〉比较;稍为。武鸣《信歌》:偻踬呇堪易。Raeuz byaij ndaej haemq heih. 我们走得比较快。(见𧡋)

堪³ ham [haːm¹]〈名〉神位;神堂;龛;香案。(见坎²)

堪⁴ hamq [haːm⁵]〈名〉岸;边沿。(见㽎⁴)

堪⁵ han [haːn¹]〈动〉应;答应;回应。宜州《廖碑》:盆伝布相堪。Bungz vunz mbouj siengj han. 逢人不想回应(遇人不想打招呼)。

㙷 haenx [han⁴]〈代〉那。(见䙴¹)

堨 㘝 haet [hat⁷]〈动〉堵;拦。《初》:堨汏。Haet dah. 拦河。(见㞾)

喜 㘝 heij [hei³]〈量〉些。(见噾)

埕 henz [heːn²]〈名〉旁边;边沿;附近。(见㘋)

堭 hwnj [hɯn³]〈动〉❶ 上;登。❷ 长;长起;发。❸ 涨(价);(水)涨。(见㐂²)

塗 㘝 luk [luk⁷]〈动〉欺骗。(见㳩)

埔(南) namh [naːm⁶]〈名〉土;泥土;土壤。《初》:埳金丕乔埔。Haem gim youq laj namh. 把金子埋在地下。

塇 suen [θuːn¹]〈名〉园子。(见圎)

塭 㘝 um [ʔum¹]〈形〉肥沃。《初》:垄塭,lih'um,肥沃的畲地。

堚 㘝 vueng [wuːŋ¹]〈名〉方。(见《初》,即 fueng)

堯 yiu [jiːu¹]〈动〉翘(起);撅。(见𧺝)

塝¹(旁、嵭、榜、房) bangx [paːŋ⁴]〈名〉旁;边。《初》:塝汏,bangx dah,河边。

塝² mieng [miːŋ¹]〈名〉沟渠。(见汒³)

塷(卜、坡、坲) bo [po¹]〈名〉山坡;土山。《初》:㺊呻芓乔塷。Yiengz gwn nywj

gwnz bo. 羊在山坡上吃草。

埲 boengz［poŋ²］〈名〉烂泥;淤泥。(见堋[1])

盤 方 buenz［pu:n²］〈动〉培;壅。(见墥)

塘[1] dam［ta:m¹］〈动〉接;连接。田东《闹涽懷一科》:時塘時。Cwz dam cwz. 一个时代接一个时代。

塘[2](唐)方 dangz［ta:ŋ²］〈量〉路程单位(十里为一塘)。(见《初》)

墋[1] deq［te⁵］〈动〉等;等候;等待。(见䨑)

墋[2] 方 dez［te²］〈名〉堤;埂。(见墜)

填[1] 方 dien［ti:n¹］〈名〉地。(见細)

填[2] dienz［ti:n²］〈动〉偿还;赔偿;补偿。(见賟)

塨 方 gongq［ko:ŋ⁵］〈动〉碰。上林《达妍与勒驾》:否疑另乱塨榲芽。Mbouj ngeix lingh ndaej gongq oennyaz. 不料碰着刺丛窝。

墘 gumz［kum²］❶〈名〉凹处;小坑;洼地。❷〈名〉墓穴。❸〈形〉凹;凹状的。(见凼)

塪[1] haem［ham¹］〈动〉埋。(见埪)

塪[2] hamh［ha:m⁶］〈动〉陷。《初》:怀塪罾堋。Vaiz hamh nazboengz. 水牛陷进烂泥田。

塪[3] 方 hamj［ha:m³］〈名〉门槛;户限。上林《赶圩歌》:踥酊合杺塪。Yamq din haeuj monzhamj. 迈脚进门槛。

塪[4](堪、脜、辦、韜)hamq［ha:m⁵］〈名〉岸;边沿。《初》:塪汏,hamq dah,河岸边。

㷀 方 let［le:t⁷］〈形〉滑。《初》:雰犨坤㷀。Fwn doek roen let. 下雨路滑。

塯 方 liuh［li:u⁶］〈名〉锤子。(见鏐)

塻[1] mboek［ʔbok⁷］〈名〉陆地;陆上。(见《初》)

塻[2](壙、礳、垁)moh［mo⁶］〈名〉墓。《初》:辈扠塻。Bae cap moh. 去扫墓。

塻[3] muj［mu³］〈名〉模;模型;样式;规格。(见梅)

塺 -mek［me:k⁷］〈缀〉表示随意、草率、赶快等。《初》:垘塺圣夲埔。Moekmek youq laj namh. 随便埋在地下。

能[1] naengh［naŋ⁶］〈动〉坐。(见3)

能[2] saengj［θaŋ³］〈副〉白白地;枉然地(与肨连用)。马山《信歌》:卡伝肨能,gaj vunz daengzsaengj,白白杀人。

墑 nyap［n̥a:p⁷］〈名〉❶杂草。❷垃圾。(见苷[3])

埡 nyaz［n̥a²］〈名〉衙门。(见閜)

碚 youq［jou⁵］〈动〉在;住。(见圣)

墽 baih［pa:i⁶］〈名〉方;边;面。(见埤)

墪 baih［pa:i⁶］〈名〉方;边;面。(见埤)

塭(盤、般、搵) 方 buenz [pu:n^{2}]〈动〉培;壅。《初》:塭墒,buenz namh,培土。

墶(剷) canj [ça:n^{3}]〈动〉❶ 铲(草)。❷ 劫掠;占领;铲平。《初》:猘料墶坂。Caeg daeuj canj mbanj. 强盗来劫掠村庄。

墶(陸、峵、砝、达、闼、磣、碹、礴) dat [ta:t^{7}] ❶〈名〉山崖;峭壁。❷〈形〉陡峭。《初》:岜岜内亟墶。Goengq bya neix gig dat. 这座山很陡。

墿(得、垡、垪、垚、墒) dieg [ti:k^{8}]〈名〉地;地方;地址;区域。《初》:佲廸伝墿哂? Mwngz dwg vunz dieg lawz? 你是哪地方人?

墒 dieg [ti:k^{8}]〈名〉地;地方;地址;区域。(见墿)

墋 doem [tom^{1}]〈名〉泥;土;土壤。(见垚^{2})

墜 doih [toi^{6}]〈名〉伴;同伴。马山《信歌》:閙伻侵眉墜。Ndaw biengz caemh miz doih. 世间也有伴。

墘 gemh [ke:m^{6}]〈名〉隘口。(见嶮)

諫 方 gyoet [kjot^{7}]〈名〉痢疾(与胨连用)。《初》:胨諫,dungxgyoet,痢疾。

赫^{1} hak [ha:k^{7}]〈名〉官;官吏。(见黯)

赫^{2} hawj [haɯ^{3}]〈动〉给。宜州《孟姜女》:妎赫万良,haq hawj Van Liengz,嫁给万良。

墸 lak [la:k^{7}]〈动〉崩;崩塌;崩溃。(见澘)

墼 maenh [man^{6}]〈形〉❶ 坚固;牢固。❷ 强壮;健壮。(见㚷^{1})

墒 mon [mo:n^{1}] ❶〈动〉熄灭。马山《欢情》:斐墒否吱烜。Feiz mon mbouj boq daeuh. 火熄灭了不吹灰。❷〈形〉清冷。平果《贼歌》:江晚咛平鼓,江早墒平豆。Gyanghaemh ning baenz gyong, gyanghaet mon baenz daeuh. 夜间喧闹如敲鼓,早晨清冷似火灰。

墒 方 muenz [mu:n^{2}]〈动〉埋;盖。(见墥)

墿^{1} 方 raeq [ɣai^{5}]〈动〉耕作。(见《初》)

墿^{2} 方 roih [ɣoi^{6}]〈量〉丘;块(指较大的田块)。《初》:三墿畓,sam roih naz,三块田。

墹 vunq [wun^{5}]〈名〉模型;痕迹。(见蹞)

塳 boengz [poŋ^{2}]〈名〉烂泥;淤泥。(见堋^{1})

增^{1} caengz [çaŋ^{2}]〈动〉恨;愤恨;怀恨;痛恨。(见噌^{1})

增^{2} saengz [θaŋ^{2}]〈形〉❶ 有趣;好玩。❷ 高兴。马山《嚏嘆情》:拃增拃不增,vaeg saengz vaeg mbouj saengz,忽而高兴忽而不高兴。

墝 cauq [ça:u^{5}]〈名〉灶。(见烑)

墤 cawx [çaɯ^{4}]〈动〉买。金城江《覃氏族源古歌》:眉㐱之寛墤。Miz cienz cix guenj cawx. 有钱就尽管买。

塔 dab [ta:p8]〈动〉叠。《初》:提梼塔玊料。Dawz daengq dab hwnjdaeuj. 把凳子叠起来。

㙮1(掃)[古] daemj [tham3]〈动〉剁。(见《初》)

㙮2 daemq [tam5]〈形〉矮;低。(见衾1)

壜(沌、潭、粈、沓、溏、坛) daemz [tam2]〈名〉池塘。(见《初》)

墑 dieg [ti:k8]〈名〉地方。金城江《台腊恒》:墑受,dieg raeuz,咱们的地方。

墪 doem [tom1]〈名〉泥;土;土壤。(见垚2)

墱(圢、埞、墱) dwngj [tɯŋ3]〈名〉❶田埂。《初》:墱畓,dwngj naz,田埂。❷田埂口。《初》:阁墱,haep dwngj,堵上田埂口。

墲(伙、茯、俳、蕪、蔙、蘸) fwz [fɯ2]〈形〉荒;荒凉;荒芜;寂寞;冷落。《初》:犁墲,reih fwz,荒芜的畲地。

㽬 genq [ke:n5]〈形〉❶坚硬。❷牢固。❸健旺(多指上了年纪的人)。(见樫2)

𡑞(吉、洁、闰、桔、闞) [古] git [kit7] ❶〈名〉闩。《初》:𡑞闩,gitdou,门闩。❷〈形〉急(流)。《初》:淰泷𡑞咹咹。Raemxrongz git faxfax. 洪水哗哗地急流。

墫 gumz [kum2] ❶〈名〉凹处;小坑;洼地。❷〈名〉墓穴。❸〈形〉凹;凹状的。(见凼)

墭 gyu [kju1]〈名〉盐。(见砝2)

墹(闲、垷、堹、恨、賢、閑、閒、逷、垌) henz [he:n2]〈名〉旁边;边沿;附近。《初》:墹汏,henz dah,河边。| 墹空,henz ranz,房屋的附近。

墨 mwh [mɯ6]〈名〉时期;季节。东兰《洞壁歌》:又挂墨,youh gvaq mwh,又过了季节。

墹(閩、敏、姄) [古] mwnq [mɯn5]〈名〉处;处所。《初》:各伝丕各墹。Gak vunz youq gak mwnq. 各人各住一处。

墂1 haw [haɯ1]〈名〉圩。(见伢)

墂2 ndaem [ʔdam1]〈动〉种;栽。(见穲)

墰 [古] ndin [ʔdin1]〈名〉下界(壮族神话中把宇宙分为三界,天为上界,地为中界,墰为下界)。(见《初》)

墺1 ngauh [ŋa:u6]〈量〉堵;幅。(见鳌1)

墺2(㵆) ngauj [ŋa:u3]〈形〉❶曲;弯曲(常与墘连用)。《初》:条垎内墘墺。Diuz loh neix ngutngauj. 这条路弯弯曲曲。❷〈动〉恼怒;发气。

墺3(奥、澳、礉、嫯) ngauq [ŋa:u5]〈量〉❶大团;大块。《初》:双墺磸,song ngauq rin,两块大石头。❷个(用于男性,含贬义)。《初》:墺伝内。Ngauq vunz neix. 这个家伙。

墺4(坳) ngeuq [ŋeu5]〈量〉❶小块。《初》:墺磸刁,ngeuq rin ndeu,一块小石头。❷颗。《初》:墺屎羊刁,ngeuq haex yiengz ndeu,一颗羊屎。

𡌿(燒、飒、掃)[方] rauj[ɣaːu³]〈形〉干;干燥。《初》:粝 晧 𡌿 卦。Haeux dak rauj gvaq. 谷子晒干了。

墤 roq[ɣo⁵]〈名〉檐。(见髎)

𡑾(呼、窝)u[ʔu¹]〈名〉小坑。《初》:塝𡑾,namh u,小泥坑。

𡏬 dieg[tiːk⁸]〈名〉地方。金城江《台腊恒》:肦𡏬,daengz dieg,到地方。

墐 genz[keːn²]〈形〉贫瘠,瘠薄;不肥沃。(见墾)

墘(埝、剑、硷、欴、劎)giemx[kiːm⁴]〈名〉槛。《初》:墘闭,giemxdou,门槛。

𡌶 iu[ʔiːu¹]〈动〉邀;邀约;邀请。(见呋³)

墓 moh[mo⁶]〈名〉墓。(见墎²)

墙(扔、垧、岣、埣、崃、堆、岺、雷、𡏛、嵋、嶫、藟)ndoi[ʔdoi¹]〈名〉土山;岭。《初》:挻卦墙卦崬,侈双倘难离。Soengq gvaq ndoi gvaq ndoeng, de song boux nanz liz. 送过一山又一林,他俩难舍又难分。

𡏛 ndoi[ʔdoi¹]〈名〉土山;岭。(见墙)

墚 sauj[θaːu¹]〈形〉干;干燥。《初》:坤墚兀踋。Roen sauj ndei byaij. 路干好行走。

墦[方] vangq[waːŋ⁵]〈动〉崩缺。(见㾊)

墱 dwngj[tɯŋ³]〈名〉❶ 田埂。❷ 田埂口。(见埲)

墰[方] gonj[khoːn³]〈量〉块。(见磌)

壙 gvangq[kwaːŋ⁵]〈形〉宽大;广大;宽阔。(见宪)

𡎺(满、墁)[方] muenz[muːn²]〈动〉埋;盖。《初》:歐垚䅥咧𡎺。Aeu doem moq let muenz. 要新土稍盖一下。

墼 sok[θoːk⁷]〈名〉❶ 码头。❷ 出入口。(见磜¹)

墦 sok[θoːk⁷]〈名〉❶ 码头。❷ 出入口。(见磜¹)

壘 caep[çap⁷]〈动〉砌。(见磖)

壜[方] gvaengz[kwaŋ²]〈名〉深潭。(见泟¹)

墟¹ lawh[laɯ⁶]〈动〉替换;代替;轮换。(见挒²)

墟² lawz[laɯ²]〈代〉哪;何;哪样。(见咧²)

𪤮(靚、很、䩥、肯、恒、揹)haengj[haŋ³]〈动〉❶ 喜欢。《初》:兄各𪤮哄㑊。Gou gag haengj gwxde. 我自已喜欢他。❷ 肯;愿意;允许;许可。

壠 loengz[loŋ²]〈形〉❶ 痴呆。❷ 疯;癫。(见憹)

𡔤 gai[kaːi¹]〈动〉卖。(见𧷤)

𡔥 iu[ʔiːu¹]〈动〉邀;邀约;邀请。(见呋³)

𡔰 gyaeu[kjau¹]〈形〉美丽。上林《特华信歌》:𡔰𠮗几咁春。Gyaeu ndaej geij cawzcin. 美得几回春。

扌(手)部

扎 caeg [çak⁸]〈副〉偷偷;悄悄。宜州《孟姜女》:故扎呗雅给。Guhcaeg bae ya gwiz. 偷偷去找女婿。

扐 iet [ʔi:t⁷]〈动〉伸。(见抴)

扒¹ bag [pa:k⁸]〈动〉劈。(见㓦)

扒² bieg [pi:k⁸]〈动〉别;别离。马山《哭姐歌》:皮周往度扒。Beix caeuq nuengx doxbieg. 姐与妹相别。

扒³ gyaeb [kjap⁸]〈动〉扎;箍。都安《三界老爺唱》:腮淶扒躺。Sairaiz gyaeb ndang. 彩带箍身。

扒⁴ 〔方〕mbat [ʔba:t⁷]❶〈形〉斜。❷〈动〉倒伏。(见丿³)

扒⁵ mbat [ʔba:t⁷]❶〈量〉次;下;回。马山《曾迪字悲唫》:写扒信第一,欧书雠斗唫。Sij mbat saenq daih'it, aeu Sawndip daeuj cam. 第一次写信,用古壮字询问。❷〈副〉一(与 couh 呼应作关联词)。(见次)

扒⁶ 〔方〕mbek [ʔbe:k⁷]〈动〉分析。金城江《台腊恒》:偶话名馬扒。Aeu vah mwngz ma mbek. 拿你的话来分析。

打¹ beuj [peu³]〈动〉收拾;移开。宜州《盘斗古》:打肯台尼丕。Beuj gwnz daiz neix bae. 把桌上[的东西]收拾[好]。

打² 〔方〕geux [keu⁴]〈动〉绞;扭。《初》:打綌,geux cag,绞绳子。

打³(尞)liuh [li:u⁶]〈动〉料理;护理;照料(与理连用)。《初》:约打理珐岦。Yaek liuhleix hong ranz. 要料理家务。

打⁴(尞)〔方〕liuh [li:u⁶]〈名〉缸。(见《初》)

打⁵ riuj [ɣi:u³]〈动〉提;拎。(见扚)

扑¹ 〔方〕boek [pok⁷]〈名〉把。(见炑)

扑² boek [pok⁷]〈动〉翻;翻覆;倾覆。(见𣏾)

扑³ 〔方〕mbuk [ʔbuk⁷]〈动〉摸;掏。(见扑²)

扡 byaet [pjat⁷]〈动〉❶采摘。❷剥(玉米粒)。(见《初》)

扗¹(杙、挩、摺)caet [çat⁷]〈动〉塞;堵塞;淤塞。《初》:閬汒町鈮扗啰。Ndaw mieng deng naez caet lo. 水沟被泥土淤塞了。

扗² cik [çik⁷]❶〈名〉尺子。❷〈量〉尺。❸〈量〉只(鞋、袜)。(见呎)

扗³ daet [tat⁷]〈动〉剪。(见肶)

扗⁴ 〔方〕haet [hat⁷]〈动〉堵;拦。《初》:扗汏。Haet dah. 拦河。(见㕭)

扗⁵ mbaet [ʔbat⁷]〈动〉摘;采摘;取。上林《赶圩歌》:妑只拉㘿扗。Baz cix ra bae mbaet. 她就去摘下。

扠¹(涤、搽)cat [ça:t⁷]〈动〉擦;刷(用刷子擦)。《初》:扠裇,cat buh,刷衣服。| 扠犸,cat heuj,刷牙。

扠² cat [ça:t⁷]〈动〉上当。(见蜍)

扐[1] da [ta^1] 眼睛。(见眲[1])

打[2] daj [ta^3] ❶〈动〉打(砖、瓦)。《初》：打矸，daj cien，打砖。❷〈动〉搓；编。《初》：打緋艻，daj cagndaij，搓麻绳。❸〈介〉自从；从。《初》：兄打北京料。Gou daj Baekging daeuj. 我从北京来。| 打佲料板偻，daj mwngz daeuj mbanj raeuz，自从你来到我们村。❹〈缀〉做；从事(动词词头)。《初》：打炷，dajcawj，烹饪。| 打浥，dajsaeg，洗衣服。| 打紃，dajsan，编织。❺〈动〉上；成(指数量达某一程度)。马山《送夭灵》：眉打千朋友。Miz daj cien baengzyoux. 有上千朋友。❻〈量〉打(12个)。(见《初》)

扨[1] 仿 dauz [$ta:u^2$]〈动〉绹；捆；绑；拴。(见绹)

扨[2] mid [mit^8]〈名〉匕首；尖刀。(见剹[1])

扚[1](刁、挑) deu [teu^1]〈动〉❶挑(刺)。《初》：提蕴扚魒料。Dawz oen deu okdaeuj. 把刺挑出来。❷雕；雕刻。《初》：扚印，deu yaenq，刻印章。❸剖(破开禽类的肠子来清洗)。《初》：扚胅鴿，deu saej gaeq，剖鸡肠。

扚[2] deuq [teu^5]〈动〉撩；拨(用细长的东西慢慢拨)。(见挅)

扚[3] gyaux [$kja:u^4$]〈动〉混；混合。(见挍[2])

扖 gip [kip^7]〈动〉❶拾；捡。❷采摘。(见揿[1])

扐[1] 仿 lag [$la:k^8$]〈动〉拉。《初》：犸扐車。Vaiz lag ci. 牛拉车。(即 rag)

扐[2] lik [lik^7]〈动〉剥；撕开。(见劸)

扔 riengq [$ɣi:ŋ^5$]〈拟〉连连地；不停地。(见蹍[1])

扖(抈、摺、擨、擨) yaeb [jap^8]〈动〉❶摘。《初》：扖花，yaeb byaek，摘菜。❷捡。

扨 baeb [pap^8]〈动〉叠；折叠。(见撘[1])

扗[1] caengh [$ɕaŋ^6$] ❶〈名〉秤。❷〈动〉称。❸〈量〉称(重量单位，市制五十斤，原指称一箩筐之量)。(见橧[1])

扗[2](扪) conq [$ɕo:n^5$]〈量〉寸。《初》：十扗叩呎。Cib conq guh cik. 十寸为一尺。

扠(挿) cap [$ɕa:p^7$]〈动〉❶叉(腰)。《初》：扠臆，capeiq，叉腰。❷插。

扦 cap [$ɕa:p$]〈动〉插。马山《曾迪字悲喹》：花扦头耳。Va cap gyaeuj rwz. 花朵插在耳边。

扞[1] cengq [$ɕe:ŋ^5$] ❶〈动〉撑。❷〈形〉勉强；硬撑。(见挣[3])

扞[2] gang [$ka:ŋ^1$]〈动〉❶撑。❷张挂。❸搭。(见擱)

扪[1] 仿 ciengq [$ɕi:ŋ^5$]〈动〉放；放牧。《初》：扪犸，ciengq vaiz，牧牛。

扪[2] conq [$ɕo:n^5$]〈量〉寸。(见扗[2])

托[1](助) 仿 coh [$ɕo^6$]〈副〉就。(见《初》)

托[2] 仿 dak [$ta:k^7$]〈名〉围裙(与䠀连用)。《初》：托䠀，dakndang，围裙。

托^{3} dak［ta:k^{7}］〈动〉晒。(见晀)

托^{4} do［to^{1}］〈动〉❶ 捞(在水面上捞取东西)。❷ 盛;装。❸ 承接(用容器或双手接从上往下落的东西)。(见拸^{1})

托^{5} doek［tok^{7}］〈连〉又。宜州《廖碑》:吞相故托故。Ngoenz siengj guj doek guj. 每日想事一件又一件。

托^{6} doek［tok^{7}］〈动〉种;播种;栽种。田东《大路歌》:花割卜力托? Byaekgat bouxlawz doek? 芥菜谁人种?

托^{7} doek［tok^{7}］〈动〉❶ 落。❷ 丢失。(见犊^{1})

托^{8} doek［tok^{7}］〈介〉被。金城江《覃氏族源古歌》:塘而托他嗄。Daemz yax doek de hah. 塘亦被他占。

托^{9} doh［to^{6}］〈动〉糊;封。东兰《莫卡盖用》:文墒灵托正。Vaenj namh nding doh ciengz. 捏红泥糊墙。

托^{10} doh［to^{6}］〈动〉尽;遍;够。(见度^{3})

托^{11} doq［to^{5}］〈动〉打制;制作(木器)。大化《白事鸟歌》:斗托栜,daeuj doq faex,来打制棺材。(见拸^{3})

托^{12} dox-［to^{4}］〈缀〉相;互相。上林《赶圩歌》:昡内礼托逢。Ngoenzneix ndaej doxbungz. 今日能相逢。(见仼^{2})

托^{13} dox-［to^{4}］〈缀〉东西。田阳《麽収魂粡一科》:托破名批排。Doxbo mwngz bae baiz. 成堆东西你［拿］去供奉。

托^{14} doz［to^{2}］〈动〉投宿;歇宿。(见乇)

托^{15} doz［to^{2}］〈动〉作祟;作弄;作怪;缠上(被鬼纠缠)。(见魠)

托^{16} doz［to^{2}］〈动〉挣(钱)。田阳《布洛陀遗本》:非托錢要配。Fwx doz cienz aeu bawx. 我挣钱娶媳妇。

托^{17} duet［tu:t^{7}］〈动〉脱。(见挩^{3})

托^{18} [方] ro［ɣo^{1}］〈动〉❶ 乞;乞讨;乞求。❷ 捡漏;拾遗。(见蘿)

执 [方] -cup［ɕup^{7}］〈缀〉齐全;完整;整齐(与斉连用)。上林《赶圩歌》:劧烂斉执执。Lwglan caezcupcup. 儿孙都有齐(多)。

扙 daz［ta^{2}］〈动〉❶ 拉;扯。❷ 纺(纱)。❸ 搀;扶。(见挞^{2})

扲 gaem［kam^{1}］〈动〉抓;拿;持;握;握住;掌握。(见拎^{1})

扣^{1} gaeu［kau^{1}］〈名〉藤。(见苟^{1})

扣^{2} [方] gaeu［kau^{1}］〈名〉号角。《初》:扣蚋,gaeu naez,螺号。

扣^{3} gaeu［kau^{1}］〈名〉角。上林《达妍与勒驾》:辣淋扣枖,rah lumj gaeu vaiz,粗如牛角。

扣^{4} gaeu［kau^{1}］〈动〉抓;挠。上林《达妍与勒驾》:蚼合尥否扣。Maet haeuj gyaeuj mbouj gaeu. 跳蚤上头也不抓。

扛^{1} gang［ka:ŋ^{1}］〈动〉❶ 撑。❷ 张挂。❸ 搭。(见搁)

扛^{2} gonz［ko:n^{2}］〈名〉担子的一头。

(见罻)

扛^{3} guengz [kuːŋ^{2}]〈形〉狂傲;傲慢。马山《想歐型口罶》:不笑以吽扛。Mbouj riu hix naeuz guengz. 不笑又说是傲慢。

扱^{1}(夾) geb [keːp^{8}]〈动〉夹;钳;镊。(见《初》)

扱^{2} gip [kip^{7}]〈动〉夹。(见《初》)

扱^{3} gip [kip^{7}]〈动〉❶拾;捡。❷采摘。(见捻^{1})

扩 gveng [kweːŋ^{1}]〈动〉丢;扔;抛弃。(见薆)

抔^{1} ha [ha^{1}]〈动〉欺侮;威胁。(见《初》)

抔^{2} hah [ha^{6}]〈动〉❶挽留。❷占;号定。(见擭)

扢^{1} geb [keːp^{8}]〈动〉夹。田阳《布洛陀遗本》:布是扢鲠念。Baeuq cix geb gwn nep. 公公就夹吃了一筷子。

扢^{2}(仡、侻)[方] haet [hat^{7}]〈动〉❶做。《初》:扢玄,haet hong,做工。❷建筑;造;起。《初》:扢椗,haet ruenz,起房子。❸搞;闹。《初》:扢事,haet saeh,闹事。

扢^{3}(圪) vet [weːt^{7}]〈动〉挖(用较小的工具挖)。《初》:扢垣垚。Vet duhdoem. 挖花生。

扨(刄)[方] ngeh [ŋe^{6}]〈动〉揩。《初》:扨屎,ngeh haex,揩屎。

扗^{1} samj [θaːm^{3}]〈动〉撒;轻撒。《初》:扗烜,samj daeuh,撒火灰。

扗^{2} san [θaːn^{1}]〈动〉织;编;编织。平果《情歌》:勺扗网的汏。Yaek san muengx dwk dah. 要织网打鱼。

扗^{3} sanq [θaːn^{5}]〈动〉❶散;分散。❷扩散。(见屾^{2})

扫 [方] sauh [θaːu^{6}]〈名〉班辈;行辈。(见俏^{2})

扑 [方] sauz [θaːu^{2}]〈动〉洗。(见澡^{2})

扐(万、挔、擕、挽) vanq [waːn^{5}]〈动〉撒;播。《初》:扐紅,vanq muengx,撒网。| 扐粝糙,vanq haeuxceh,播谷种。

扚(約) yaek [jak^{7}]〈动〉掏。《初》:扚聏,yaek rwz,掏耳朵。

批 bae [pai^{1}]〈动〉去。马山《欢叹父母》:批欧药,bae aeu yw,去取药。(见㚝)

拂 bae [pai^{1}]〈动〉去。(见㚝)

扮 baen [pan^{1}]〈动〉分。(见扮)

扳^{1} ban [paːn^{1}]〈名〉时分;时候。(见晳)

扳^{2} banj [paːn^{3}]〈动〉斜打。《初》:㭝樉扳卦㚝。Faexhanz banj gvaqbae. 用扁担斜打过去。

扳^{3} [方] banj [paːn^{3}]〈动〉诽谤;诬陷。(见訮)

扳^{4} manx [maːn^{4}]〈动〉扳倒。(见擾)

扳^{5} mbanj [ʔbaːn^{3}]〈名〉村;寨。(见板^{2})

扨^{1} baet [pat^{7}]❶〈动〉扫。❷〈名〉扫

帚;扫把(与撑连用)。(见靶)

扐2 vut [wut7]〈动〉❶ 扔;丢掉;抛弃;丢下。❷ 失掉;丢失。(见㧒)

扮 banz [pa:n2]〈动〉用力摔(东西)。(见《初》)

把1 bax [pa4]〈动〉怀;怀孕。田阳《目連經》:甫姆把劲。Bouxmeh bax lwg. 母亲怀小孩。

把2 baz [pa2]〈形〉软瘫(与浬连用)。巴马《贖魂粰呟》:押特怒把浬。Gab dawz nou bazyaih. 夹得老鼠软瘫。

把3 [方] baz [pa2]〈动〉扒拉;寻找。(见扤1)

把4 faq [fa5]〈量〉扇;堵。(见橃2)

把5 mbaj [ʔba3]〈动〉糊;粘住。马山《嚏嘆情》:血斗把心头。Lwed daeuj mbaj simdaeuz. 血来糊住心头。

把6 mbaj [ʔba3]〈动〉蝴蝶。《粤风》:枉离把争天。Uengj ndij mbaj ceng mbwn. 枉与蝶争天。

拼 beng [pe:ŋ1]〈动〉拉;扯。(见柄)

拚 benz [pe:n2]〈动〉攀;攀登;爬。(见趫)

抔 biengj [pi:ŋ3]〈动〉掀;揭。(见搒)

押 biengj [pi:ŋ3]〈动〉掀;揭。(见搒)

扒1 boek [pok7]〈动〉翻;翻覆;倾覆。(见翻)

扒2 doek [tok7]〈动〉播种。武鸣《信歌》:扒糣,doek vaeng,播䅲子(鸭脚粟)。(见犇)

扒3 loek [lok7]〈形〉错。(见鏶)

扒4(笁)[方] loek [lok7]〈动〉削。《初》:扒菱,loek oij,削甘蔗。(即 soek)

扒5(笁)[方] roek [ɣok7]〈动〉播;播撒。《初》:扒稼,roek gyaj,播秧。(即 doek)

扒6 [方] ruk [ɣuk7]〈形〉(衣着)不整齐。《初》:袮袨袮扒淶。Daenj geu buh rukraix. 穿的衣服很不整齐。

扶1 boh [po6]〈名〉❶ 父;父亲。❷ 父辈(家族或亲戚中与父亲平辈的男性)。❸ 父亲似的人。❹ 男性;雄性。(见仪1)

扶2 boux [pou4]〈量〉个;位。(见俌)

扶3 fou [fou1]〈动〉搓洗。(见泆)

扰 [方] caemz [ɕam2]〈动〉❶ 扎;刺。❷ 针灸。(见剠1)

找(草) cauj [ɕa:u3]〈动〉找补;兑换。(见《初》)

扭1 coux [ɕou4]〈动〉迎接。田阳《麽収魂粰一科》:請甫道斗扭。Cingj bouxdauh daeuj coux. 请道人来迎接。

扭2 niu [ni:u1]〈形〉韧(指竹篾或藤类)。(见搗)

扭3 niuj [ni:u3]〈名〉疤;瘢痕(指不平滑的疤)。(见斛)

抙 daem [tam1]〈动〉舂。(见撢2)

扽^{1} daemq［tam^{5}］〈形〉矮。宜州《孟姜女》:呀否扽否涨。Yax mbouj daemq mbouj sang. 也不高不矮。

扽^{2} daenj［tan^{3}］〈动〉❶穿(衣服、鞋、袜等)。❷戴。(见裃)

扽^{3}(捂)方 dwn［tɯn^{1}］〈动〉猛拉;猛扯。《初》:㑇衎扽紼刈。Haenqrengz dwn cag gat. 奋力猛拉绳子就断。

抖 方 daeuq［tau^{5}］〈动〉制作;打制(木器)。(见抠^{1})

抍(撣、攤)dan［taːn^{1}］〈动〉分;摊。《初》:吽碗粝仛抍。Gwn vanj haeux doxdan. 一碗饭分着吃。

扚 deuq［teu^{5}］〈动〉撩;拨(用细长的东西慢慢拨)。(见挑)

扷^{1}(訋)方 dinq［tin^{5}］〈动〉择(指洗菜后把它择短)。《初》:扷花㕭灶。Dinq byaek ma cawj. 择菜来煮。

扷^{2} iuj［ʔiːu^{3}］〈动〉踮。(见踿)

投 douh［tou^{6}］〈动〉栖息。(见趿^{1})

抒 方 dwx［thɯ^{4}］〈动〉相似;像。(见《初》)

扠^{1} faenz［fan^{2}］〈名〉齿。(见犾^{1})

扠^{2} faenz［fan^{2}］〈动〉❶砍。马山《丹亡》:拎阼恶批扠,gaem cax okbae faenz,拿刀出去砍。(见攵^{1})❷打。(见《初》)

扠^{3} 方 fwet［fuːt^{7}］〈动〉斩;砍。(见斩)

扠^{4} maenh［man^{6}］〈形〉❶坚固;牢固。❷强壮;健壮。(见㚲^{1})

扠^{5}(刅、肨)mbaen［ʔban^{1}］〈动〉剪(禾穗)。《初》:提釰𡎬扠粝。Dawz rep bae mbaen haeux. 拿禾镰去剪稻穗。

扠^{6}(攵)方 vaenx［wan^{4}］〈动〉剜。《初》:扠歐佁胬骶内。Vaenx aeu gij nohcing neix. 剜要这些瘦肉。

扗^{1} fwngz［fɯŋ^{2}］〈名〉手。(见𢭃)

扗^{2} gop［koːp^{7}］❶〈动〉掬。❷〈量〉掬;捧。(见拾^{2})

扲^{1}(抻、岑、今、峹、搇、玪、扻、襟、哽、襟、擒、锦、琴、欽、撳、岺)gaem［kam^{1}］❶〈动〉抓;拿;持;握;握住;掌握。《初》:提犿歐扲紉。Dawz vaiz aeu gaem boek. 抓牛要抓牛鼻绳。❷〈量〉束;抓;把。马山《情歌》:三扲花,sam gaem byaek,三把菜。

扲^{2} gaemh［kam^{6}］〈动〉擒;抓;捉。马山《欢保空》:猫扲狃。Meuz gaemh nou. 猫抓鼠。

扲^{3} laengz［laŋ^{2}］〈动〉❶扣留;扣押。❷阻拦。(见搼^{4})

抅(躹、㺃、构、朐、毬)gaeuz［kau^{2}］〈形〉❶弯曲;弯。《初》:抅貧兀,gaeuz baenz ek,弯如牛轭。❷驼。《初》:躬抅,gumq gaeuz,驼背。

抗^{1} 方 gang［kaːŋ^{1}］〈名〉畚箕。(见筕)

抗^{2} gangh［kaːŋ^{6}］〈动〉扛。马山《二十四孝欢》:抗旙𫵦轉棺。Gangh fan riengz cienh faex. 扛长幡跟着绕棺材。

抗[3] gangq [ka:ŋ[5]]〈副〉先前(与官连用)。马山《欢哭母》:抗官仆过世。Gangqgonq boh gvaqseiq. 先前父亲去世早。

抉[1] 㕵 geh [khe[6]]〈动〉切。(见《初》,即 heh)

抉[2] gvaij [kwa:i[3]]〈动〉拐带。(见搉[1])

护[1] 㕵 gyawz [kjaɯ[2]]〈代〉哪里;何处。(见㖇)

护[2] lawz [laɯ[2]]〈代〉哪;何。(见𠲎[2])

护[3] ndaw [ʔdaɯ[1]]〈名〉里;内。武鸣《信歌》:迪㑻幼护𦙦。Dwgrengz youq ndaw sim. 难受在内心。

护[4] rawz [ɣaɯ[2]]〈名〉后天(与昛连用)。(见𣈜)

扷[1] gyon [kjo:n[1]]〈名〉柴枝;柴条(不带枝叶的小树干)。马山《三府雷王》:眉介苦押介苦扷,miz gaiq hoij gab gaiq hoij gyon,有些挂在夹条上,有些挂在柴枝上(指布伯用水绵来防雷王)。

扷[2] ndienq [ʔdi:n[5]]〈动〉递交。马山《书信》:捈悲扷部护? Dawz bae ndienq bouxlawz? 拿去递交何人?

扷[3] yiuj [ji:u[3]]〈动〉提;拎。马山《三府雷王》:扷提淰濅外㮝放。Yiuj dawz raemxmok rog yiuj cuengq. 提来溷水廪外放。

抡[1] 㕵 laemz [lam[2]]〈动〉打。(见㨆[2])

抡[2] laenq [lan[5]]〈动〉落下;掉下。金城江《台腊恒》:存丕它冚抡。Caengz bae de guh laenq. 尚未安上它老是掉下。

扐 led [le:t[8]] ❶〈动〉轻涂;轻触。❷〈动〉蘸。❸〈副〉轻轻地。(见㧷[1])

执 ndaem [ʔdam[1]]〈动〉种;栽。(见穓)

抑 ngiengx [ŋi:ŋ[4]]〈动〉仰;昂。(见了)

扼 㕵 nguk [ŋuk[7]]〈形〉固执;执拗(与猂连用,常表示不听劝阻)。(见抽[1])

扫(挩) nyaed [ɳat[8]]❶〈形〉拥挤;挤。《初》:伝扫㸸。Vunz nyaed lai. 人太拥挤了。❷〈动〉推进;塞进。《初》:扫枚合𤆴。Nyaed fwnz haeuj cauq. 把柴火塞进灶里去。

扨 㕵 nyaeuq [ɳau[5]]〈形〉皱。(见叒)

扬 nyangz [ɳa:ŋ[2]]〈动〉逢;相逢;遇见。(见逳)

扻[1] sauq [θa:u[5]] ❶〈动〉扫。❷〈名〉扫把;扫帚。(见撨)

扻[2] vad [wa:t[8]]〈动〉❶ 划(船)。❷ 摇;挥动。❸ 招;挥(手)。❹ 扇(挥动扇子)。(见捌[1])

折[1] sek [θe:k[7]]〈动〉转。金城江《覃氏族源古歌》:與折恨㑂, rim sek hwnjma,就转上来。

折[2] sied [θi:t[8]]〈动〉❶ 下降。❷ 消耗。❸ 消退(肿胀)。❹ 蚀;亏。(见泆)

扛 㕵 vang [wa:ŋ[1]]〈动〉拦住。《初》:请佲㑍扛犿。Cingj mwngz bang vang vaiz. 请你帮拦住牛。

扤[1](沉) vax [wa[4]]〈动〉❶ 打捞(捞取水中物)。《初》:𡑍壇㟁扤𩵜。Roengz

daemz bae vax bya. 下塘里去捞鱼。❷抓。《初》:孙殖抓花吽。Lwgnyez vax byaek gwn. 小孩抓菜来吃。

扤²(𢱧)[方] vaz [wa²]〈动〉抓。《初》:扤花吽。Vaz byaek gwn. 用手抓菜吃。|任扤任措,doxvaz doxsik,互相抓扯厮打。

抔(𠀀、环、挽、揻、揞、挖、緄、懸、𢱧)venj [we:n³]〈动〉吊;挂。《初》:提胬抔𨑨乚。Dawz noh venj gwnz ngaeu. 把肉挂到钩子上。

抈¹ yaeb[jap⁸]〈动〉❶摘。❷捡。(见扒)

抈² yaek [jak⁷]〈动〉玩弄;戏弄;撩逗。(见攄²)

抈³ [方] yax[ja⁴]〈形〉厉害;能干。《初》:佲抈衫。De yax lai. 他太能干。

抗 [方] yienh [ji:n⁶]〈动〉传递。(见献²)

押¹(握)[方] ap [ʔa:p⁷]〈动〉❶扣留;扣押。❷阻拦。《初》:佲弛押圣閄街。De dwg ap youq gyang gai. 他被阻拦在街头。

押² gab [ka:p⁸]〈动〉夹。巴马《贖魂糯呟》:押特怒把涯。Gab dawz nou bazyaih. 夹得老鼠软瘫。(见押¹)

押³ gyaeb [kjap⁸]〈动〉系;扎。马山《欢叹母》:押䊶号仆姆。Gyaeb sai hauq bouxmeh. 系上孝巾为母亲戴孝。

押⁴ gap [ka:p⁷]〈动〉❶合;合伙;搭伙。❷交;结交。❸配(药)。(见𢬵)

押⁵ gaz [ka²]〈动〉卡;卡住;阻碍。(见挊)

押⁶ rap [ɣa:p⁷]❶〈名〉担子。❷〈量〉担。❸〈动〉挑(担)。❹〈动〉负担。❺〈动〉担当。(见轚)

押⁷ ya [ja¹]〈动〉找。东兰《造牛(残页)》:押日裡,ya ngoenz ndei,找好日子。(即ra)

挀(拍、北)baek[pak⁷]〈动〉插。《初》:提劎挀桊台。Dawz mid baek roengz daiz. 把匕首插到桌子上。

拍¹ baek [pak⁷]〈动〉插。(见挀)

拍² baet [pat⁷]❶〈动〉扫。❷〈名〉扫帚;扫把(与撑连用)。(见𢭃)

拍³ bak [pa:k⁷]〈名〉嘴;口。(见咟¹)

拍⁴ beg [pe:k⁸]〈动〉角力;比臂力。(见劤)

拍⁵ ep [ʔe:p⁷]〈动〉强迫。(见喳)

抔¹ baemz [pam²]〈动〉捽;捽打;痛打。宜州《盘斗古》:提累五雷仔马抔。Dawz ndaej Nguxloiz lwg ma baemz. 抓得雷王来痛打。

抔²(掘、擯、擯、撙)baenj [pan³]〈动〉捏;塑。《初》:抔粀,baenj ceiz,捏糍粑。

抔³ baen [pan¹]〈动〉分。(见扮)

抔⁴ baenq [pan⁵]〈动〉转;转动;旋转。(见轓)

抔⁵ bywnj [pjɯn³]〈动〉❶翻卷;卷刃。❷翻;反转。(见翻¹)

抺^{6} coemj［ɕom^{3}］〈动〉扑;捕。(见掸^{2})

抺^{7}(坋、搕) mbon［ʔboːn^{1}］〈动〉挖;掏。《初》:抺叾狃,mbon congh nou,掏鼠洞。

拂^{1} baet［pat^{7}］〈动〉拂;轻拍。(见拂)

拂^{2} fwd［fɯt^{8}］〈动〉扭碎;撕扯。(见揔^{1})

拔^{1} bat［paːt^{7}］〈名〉盆。(见釟)

拔^{2} 㐅 fad［faːt^{8}］〈名〉袜子。(见袯)

拔^{3} fad［faːt^{8}］〈动〉打;抽打。(见捝^{1})

抱 㐅 bamq［paːm^{5}］〈动〉❶ 伏;趴。❷ 埋伏。(见俔)

披 beiz［pei^{2}］〈名〉扇;扇片;叶片。大化《嚏奠别》:披枛,beiz loek,水车叶片。

柄(拼、拼、抦、椖) beng［peːŋ^{1}］〈动〉拉;扯。《初》:柄絔,beng cag,拉绳子。

拃^{1} cak［ɕaːk^{7}］〈动〉挣扎。《初》:猍勳拃熖拎。Mou ak cak hoj gaemh. 挣扎得厉害的猪难抓住。

拃^{2} 㐅 cap［ɕaːp^{7}］❶〈动〉拃(张开拇指和食指来量长度)。❷〈量〉拃(成人张开手后,其拇指和食指两端的距离,约五寸长)。(见脎)

拃^{3} 㐅 cog［ɕoːk^{8}］〈动〉唆使;嗾使;怂恿。(见怍^{2})

招^{1} cauj［ɕaːu^{3}］〈动〉招(烦);添(麻烦);劳(神);打扰。(见操^{1})

招^{2} cauz［ɕaːu^{2}］〈形〉嘈;嘈杂;喧哗;吵闹。(见嘲^{1})

招^{3} ciu［ɕiːu^{1}］〈动〉招惹;惹。(见昭)

担(舍、觜、者) 㐅 ce［ɕe^{1}］〈动〉留;留下;遗留。《初》:担孙内囗秤。Ce lwg neix guh gyax. 丢下这年幼的孩子做孤儿。

拆 㐅 cek［ɕeːk^{7}］〈动〉剖;解剖;破开。《初》:拆鲃,cek bya,剖鱼。

掤^{1}(册、郻、轄) cek［ɕeːk^{7}］〈动〉拆;拆开;隔开;分开。《初》:掤匱,cek gai,零售。

掤^{2} ndek［ʔdeːk^{7}］〈动〉丢;失掉;丢失。上林《赶圩歌》:以玏偶掤屌。Hix vut ngaeux ndek ndwi. 也白白丢着生锈。

抧 cij［ɕi^{3}］〈动〉❶ 喂(奶)。《初》:抧玏揎。Cij lwgnyez. 给小孩喂奶。❷ 拉;扯。《初》:抧丫歐粿。Cij ngez aeu mak. 拉下树枝摘果子。❸ 指。《初》:抧卦其偧辈。Cij gvaq giz de bae. 指向那边去。

抻^{1} 㐅 cing［ɕiŋ^{1}］〈动〉牵。《初》:抻怀,cing vaiz,牵牛。

抻^{2}(夊、沕、辰、洵、寅、神、渻、揤、揤) saenz［θan^{2}］〈动〉颤;发抖。《初》:愣迪躺抻迪了。Lau dwk ndang saenz liux. 怕得浑身发抖。

抾(左、佐) 㐅 coh［ɕo^{6}］〈连〉和。《初》:兀抾孬否紛。Ndei coh rwix mbouj baen. 好和坏不分。

抽 coux［ɕou^{4}］〈动〉❶ 装;盛。❷ 迎接。❸ 娶。(见𢭃)

拙^{1} cug［ɕuk^{8}］〈动〉捆;绑。(见綻)

抇² 〔方〕 cwt [ɕɯt⁷]〈动〉出。《初》:眉衎抇衎,眉叉抇叉。Miz rengz cwt rengz, miz cienz cwt cienz. 有力出力,有钱出钱。

扗 cumh [ɕum⁶] ❶〈动〉包;裹。《初》:歐岇料扗糖。Aeu ceij daeuj cumh dangz。拿纸来包糖。❷〈量〉包。《初》:扗糖刁, cumh dangz ndeu,一包糖。

抬(代) daix [ta:i⁴]〈动〉托住。《初》:双㩳抬齘。Song fwngz daix hangz. 双手托住下巴。

扣 danz [ta:n²]〈动〉猛打。(见擢)

拕 daz [ta²]〈动〉带领;引导;引领。(见踏)

抻¹ deng [te:ŋ¹] ❶〈动〉对;中。❷〈介〉挨;被。(见町)

抻²(拼、秕、𢭃、覙) ndenq [ʔde:n⁵]〈动〉递。《初》:信抻肝㩳𢰸。Saenq ndenq daengz fwngz nuengx. 信递到了阿妹手中。

抵 dij [ti³]〈动〉值;值得。(见𧍱)

拖 do [to¹]〈动〉❶ 捞(在水面上捞取东西)。❷ 盛;装。❸ 承接(用容器或双手接从上往下落的东西)。(见拸¹)

抖 douh [tou⁶]〈动〉栖息。(见跗¹)

拸¹(㖨、𥫗) duengh [tu:ŋ⁶]〈动〉拉;扯;拖。《初》:介任拸。Gaej doxduengh. 不要互相拉扯。

拸² 〔方〕 gingq [kiŋ⁵]〈动〉揹。(见撇)

拸³ 〔方〕 rongj [ɣo:ŋ³]〈动〉冲;撞。《初》:徒怀尽拸槟。Duzvaiz caenh rongj riengh. 牛老是撞栏。

拸⁴ rungx [ɣuŋ⁴]〈动〉抚育;哺养;抚养。(见㝥²)

拐 euj [ʔeu³]〈动〉折;折断。(见挍¹)

拗 euj [ʔeu³]〈动〉折;折断。(见挍¹)

拨 fad [fa:t⁸]〈动〉打;抽打。(见拡¹)

抲(卡、咔、砵、押、格、桛) gaz [ka²]〈动〉卡;卡住;阻碍。《初》:鲠䰿抲胎。Gangj bya gaz hoz. 鱼刺卡在喉咙里。

抲¹ goj [ko³]〈动〉❶ 抓;握;扶。❷ 围拢;靠近。(见抲¹)

抲² 〔方〕 oj [ʔo³]〈动〉背。《初》:抲孙, oj lwg,背小孩。

拈 guh [ku⁶] ❶〈动〉做;干。❷〈动〉是;充当。❸〈动〉建;造。❹〈动〉唱(山歌);编(歌);作(诗歌)。❺〈副〉老;老是;越。(见𠀧)

拐 〔方〕 gvaix [kwa:i⁴]〈形〉拐弯。(见抶)

抈 〔方〕 gyad [kja:t⁸]〈动〉擦。(见《初》)

抇 gyaeng [kjaŋ¹]〈动〉囚;关;监禁。(见圍)

抬 haeuj [hau³]〈动〉扣。(见拞)

抾¹ hawq [haɯ⁵]〈形〉干。(见玹)

抾² fat [fa:t⁷]〈动〉❶ 发放。❷ 发;勃发;发展。(见拡²)

抟 laeng [laŋ¹]〈名〉后。马山《二十四孝欢》:姆抟, mehlaeng,后娘、后母。

拉[1] laj［la³］〈名〉下；下面。东兰《造牛(残页)》：松丕者拉外。Suek bae ce laj vai. 包了拿去放在水坝下。（见夈[1]）

拉[2] -laix［la:i⁴］〈缀〉松垮的；宽松的(指衣物不合身)。（见𬇙）

拉[3] lax［la⁴］〈动〉摸；抚摸。（见攞）

拉[4] nda［ʔda¹］〈动〉设(计)。宜州《龙女与汉鹏》：痕楞另拉交。Haet laeng lingh nda gyauq. 明早另设计。

拉[5] ra［ɣa¹］〈动〉找。马山《欢叹母》：啉到苒拉姆。Daej dauq ranz ra meh. 哭泣回家找妈妈。（见摢[2]）

拉[5] raq［ɣa⁵］〈量〉阵。（见𬇙）

拎[1](肣) lingx［liŋ⁴］〈动〉领。《初》：拎〼㓇。Lingx cienzhong. 领取工钱。

拎[2] 方 raengq［ɣaŋ⁵］〈动〉一松一紧地拉。（见拎）

拑[1] gam［ka:m¹］〈动〉监视；监督；押送；看守。（见敢[2]）

拑[2] 方 lomx［lo:m⁴］〈动〉❶ 集拢；围。《初》：歐蕴料拑圓花。Aeu oen daeuj lomx suen byaek. 用荆棘来围菜园。❷ 围抱；环；绕。《初》：槅𡘙内双伝拑否卦。Go faex neix song vunz lomx mbouj gvaq. 这株大树两人围抱都不拢。

抹 方 mad［ma:t⁸］〈名〉袜子。（见絉[1]）

挘[1] bej［pe³］〈形〉扁。（见䫌）

挘[2] biq［pi⁵］〈动〉逃脱；逃掉。（见逼）

挘[3] mbaet［ʔbat⁷］〈动〉摘。大化《嚷奠别》：勺葉竹葉樌，挘移亦个了。Yaek mbaw ndoek mbaw faiz, mbaet lai hix goj liux. 就是簕竹甜竹的叶子，摘多了也会完(喻人生终会有尽头)。

挘[4] mbiq［ʔbi⁵］〈动〉剥。（见擗[1]）

挘[5] mbit［ʔbit⁷］〈形〉歪；歪扭。平果《雷王》：吐羊渴移觓只挘。Duzyiengz hat lai gaeu cix mbit. 羊儿太渴角才歪。

拖(哋、吓) nda［ʔda¹］〈动〉❶ 安放；摆。《初》：锕花兄听拖，佲䞍𩵜䏙𪇰畬？Rek byaek gou gaenq nda, mwngz cawx ndaej bya rox noh? 锅头我已架好，你买得鱼还是肉回来？❷ 装。《初》：拖𦁤，nda rap，装担子。

抴[1](䵒) 方 neb［ne:p⁸］❶〈量〉束；小叠。《初》：抴㭒刁，neb ceij ndeu，一小叠纸。❷〈动〉寻找。《初》：犿否䙥啰，䟢㐀抴倒！Vaiz mbouj raen loh, vaiq bae neb dauq! 牛不见了，赶快去找回来！

抴[2] nip［nip⁷］〈动〉夹；镊。马山《欢叹父母》：抴开肉想吸，nip gaiq noh siengj gaet，夹起一块肉正想啃。（见㚢）

抳[1] nip［nip⁷］〈动〉夹。（见㚢）

抳[2] 方 ning［niŋ¹］〈动〉动。（见㨬）

挐 nu［nu¹］捏；揉(眼睛)。（见拏）

拵 方 nyaenh［θan⁶］〈动〉怀孕。（见《初》）

抑 nyaenj［n̥an³］〈动〉❶ 捏；塑(泥偶)。《初》：抑鼡，nyaenj ndaeng，捏鼻子。❷ 挤。《初》：抑胑犿，nyaenj cij vaiz，挤牛奶。

拥^{1}(挝、烪)nyoengx[ȵoŋ^{4}]〈动〉推。《初》:拥闼,nyoengx dou,推门。| 拥枚合㶷埕。Nyoengx fwnz haeuj cauq bae. 把柴推进灶里。

拥^{2} umj[ʔum^{3}]〈动〉抱。(见ȝ)

拥^{3} yaeng[jaŋ^{1}]〈动〉抚养;抚育。(见《初》)

拥^{4} 历 yoeng[joŋ^{1}]〈动〉抚养;养育。(见㖞^{1})

护 rawz[ɣaɯ^{2}]〈名〉后天(与昡连用)。(见晒)

抴^{1} saej[θai^{3}]〈动〉选;拣。《初》:抴花,saej byaek,拣菜(把菜中杂草杂物拣出)。

抴^{2} 历 sij[θi^{3}]〈动〉吃亏(与洪连用)。《初》:佲洪抴㐌。Mwngz siedsij lai. 你太吃亏了。

抶 历 saet[θat^{7}]〈副〉好;蛮;很。《初》:抶叒否任㲩。Saet naih mbouj doxraen. 好久不见面。

抴 历 seng[θeːŋ^{1}]〈动〉抢。《初》:㨢眦抴歐。Hai da seng aeu. 明目张胆地强抢。

抓 unq[ʔun^{5}]〈形〉软。都安《三界老爺唱》:淂你抓吪正兀呻。Ndaek neix unqnyemq cingq ndei gwn. 这块软绵正好吃。

㧗(逊、洑、跡、㧓、我、㺯)vaij[waːi^{3}]〈动〉❶划(船)。《初》:㧗舟,vaij ruz,划船。❷游(水)。《初》:㧗淰,vaij raemx,游水。

抰^{1} yaek[jak^{7}]〈动〉玩弄;戏弄;撩逗。(见㩘^{2})

抰^{2} 历 yap[jaːp^{7}]❶〈动〉挑(担)。❷〈名〉担子。❸〈量〉担。❹〈动〉负担;担当;承担。(见《初》,即rap)

抳 yaeuj[jau^{3}]〈动〉提;提起(双手提)。(见拗)

拓 yaeuj[jau^{3}]〈动〉提;提起(双手提)。(见拗)

按^{1} an[ʔaːn^{1}]〈名〉鞍。马山《三府雷王》:馬泰金按。Max daiq gim'an. 马带金鞍。

按^{2} 历 nganj[ŋaːn^{3}]〈动〉啃。(见《初》)

拍^{1} bag[paːk^{8}]〈动〉劈。(见㓦)

拍^{2} 历 bak[phaːk^{7}]〈动〉寄。《初》:拍隻,bak sinq,寄信。

拍^{3} bek[peːk^{7}]〈动〉拍。《初》:拍㩙,bek fwngz,拍手。

拼^{1} beng[peːŋ^{1}]〈动〉拉;扯。(见柄)

拼^{2} bin[pin^{1}]〈动〉爬;攀爬。(见逼)

拥 历 biengx[piːŋ^{4}]〈动〉打耳光。(见《初》)

拾^{1} 历 caeb[ɕap^{8}]〈动〉收拾。(见摺^{2})

拾^{2} gaeb[kap^{8}]〈动〉捉;捕。(见拾^{1})

拾^{3} saeb[θap^{8}]〈动〉❶嵌塞(把小东西塞进缝隙中)。❷再三地说;反复地说。(见摺^{5})

拵^{1} caenh[ɕan^{6}]〈动〉撵;驱赶。都安《三界老爺唱》:拵贼,caenh caeg,驱赶盗贼。

⿰扌尽^{2} [方] caenj [çan^{3}]〈动〉捻;挤;捏。《初》:⿰扌尽蠻,caenj non,捻虫子。

⿰扌尽^{3} caenx [çan^{4}] ❶〈动〉挤。❷〈形〉拥挤。(见揰)

⿰扌尽^{4} coq [ço^{5}]〈动〉❶ 放。❷ 施。❸ 灌;灌溉。(见揸)

⿰扌杂 cap [ça:p^{7}]〈动〉❶ 叉(腰)。❷ 插。(见扱)

挣^{1} ceng [çe:ŋ^{1}]〈动〉差;缺;少。都安《三界老爺唱》:卑你钱粮挣几移? Bineix cienz liengz ceng geijlai? 今年粮钱差多少?

挣^{2} cengj [çe:ŋ^{3}]〈动〉❶ 推(指由下往上顶或推)。❷ 撑(船、篙)。(见撑^{1})

挣^{3}(扦) cengq [çe:ŋ^{5}] ❶〈动〉撑。《初》:挣牪怀吅鼓。Cengq naeng vaiz guh gyong. 撑牛皮来做鼓。❷〈形〉勉强;硬撑。《初》:吅否㕭勒挣吅。Guh mbouj ndaej laeg cengq guh. 做不了别硬撑着做。

抶(⿰扌毡) ciemz [çi:m^{2}]〈动〉拔。《初》:抶稼,ciemz gyaj,拔秧。

掝 cingz [çiŋ^{2}]〈动〉助;帮助。平果《信歌》:糏闶洞黄粡,苦佈欧批掝。Haeux ndaw doengh henj ngaeu, hoj boux aeu bae cingz. 田垌稻黄熟,缺一人帮收。

指 cij [çi^{3}] ❶〈名〉乳房。❷〈名〉奶水;乳汁。❸〈动〉喂奶。(见肚)

拵^{1} comz [ço:m^{2}]〈动〉堆积;集拢;围拢。(见揔^{2})

拵^{2}(拴) conz [ço:n^{2}]〈动〉❶ 收拾。《初》:閅㙓歐摺拵。Ndaw ranz aeu caebconz. 家里的东西要收拾好。❷ 堆积;聚集。《初》:提偮屎拵兀。Dawz gij bwnh conz ndei. 把这些肥料堆积好。

拴 conz [ço:n^{2}]〈动〉❶ 收拾。❷ 堆积;聚集。(见拵^{2})

拖 daeh [tai^{6}]〈动〉搬运;运输。(见遆^{1})

挡^{1} dangj [ta:ŋ^{3}]〈动〉捕;拦;挡(设置栅栏用鱼筌捕捉)。(见漟^{1})

挡^{2} [方] dangj [ta:ŋ^{3}]〈动〉托住。(见挠)

挡^{3} [方] dangx [ta:ŋ^{4}]〈动〉支撑;抵挡;抵抗。(见掌)

挞^{1} dag [ta:k^{8}]〈动〉度;量。(见黰)

挞^{2}(大、扶、趺、達、搭、紩、鎝) daz [ta^{2}]〈动〉❶ 拉;扯。❷ 纺。《初》:挞緓,daz mae,纺线。❸ 搀;扶。《初》:挞孙殖孪踕。Daz lwgnyez hag byaij. 扶着小孩学步。

挺 dengj [te:ŋ^{3}]〈动〉顶;冲撞;碰。(见矴^{1})

挑^{1} deu [teu^{1}]〈动〉❶ 挑(刺)。❷ 雕;雕刻。❸ 剖(破开禽类的肠子来清洗。)(见扚^{1})

挑^{2} deuq [teu^{5}]〈动〉撩;拨(用细长的东西慢慢拨)。(见⿰扌吊)

⿰扌吊(了、扚、押、挑、咷) deuq [teu^{5}]〈动〉撩;拨(用细长的东西慢慢拨)。(见《初》)

拮^{1} [方] dit [tit^{7}]〈动〉弹。(见咭)

拮^{2} gaet [kat^{7}]〈名〉扣子。(见袺)

拮^{3} 历 gaet [kat^{7}]〈副〉直接;即刻(与跡连用)。《初》:三眃拮跡唻肝空。Sam ngoenz gaetcik ma daengz ranz. 三天直接回到家。

拮^{4} ged [ke:t^{8}]〈动〉挪动;移动。《初》:拮樗밝韜枱。Ged daengq bae coh daiz. 挪动凳子往桌边靠。

拮^{5} gwed [kɯ:t^{8}] ❶〈动〉扛。❷〈量〉捆。(见撓)

掋^{1}(刁、咗) diu [ti:u^{1}]〈动〉疏浚;疏通(渠道)。《初》:掋汒밝韜暂。Diu mieng bae coh naz. 朝水田方向疏通水渠。

掋^{2} vut [wut^{7}]〈动〉❶ 扔;丢掉;抛弃;丢下。❷ 失掉;丢失。(见㧻)

挆 do [to^{1}]〈动〉❶ 捞(在水面上捞取东西)。❷ 盛;装。❸ 承接(用容器或双手接从上往下落的东西)。(见拸^{1})

拸^{1}(托、拖、挆、挼) do [to^{1}]〈动〉❶ 捞(在水面上捞取东西)。❷ 盛;装。❸ 承接(用容器或双手接从上往下落的东西)。(见《初》)

拸^{2} doh [to^{6}]〈动〉打。(见摚^{2})

拸^{3}(咃、托、摚) doq [to^{5}]〈动〉造;打制(木器)。《初》:拸樗, doq daengq,打制凳子。

挆(扚) doek [tok^{7}]〈动〉播种。《初》:三月挆粝粓。Sam nyied doek haeuxvaeng. 三月播下鸭脚粟(稗子)。

掴 历 dom [to:m^{1}]〈动〉集;积攒。《初》:掴双, dom cienz,积攒钱。(即 rom)

挏(梋) duengh [tu:ŋ^{6}]〈动〉攀附;投靠;依靠。《初》:否埊挏, mbouj deih duengh,无处依靠。

拵 duengh [tu:ŋ^{6}]〈动〉❶ 往下拉。❷ 垂下;坠。(见撴^{1})

挍^{1}(拗、拐) euj [ʔeu^{3}]〈动〉折;折断。《初》:挍条薆内㯿밝。Euj diuz oij neix raek bae. 把这根甘蔗折断。

挍^{2}(扚、交、挠、㗒、敎) gyaux [kja:u^{4}]〈动〉混;混合;搅拌。(见《初》)

挠 euq [ʔeu^{5}]〈动〉拒绝。宾阳《催春》:挠翻嚅㪲, euq naj ndwi daeuj,拒绝不来(euq naj,是抹不开情面,拉不下脸)。

拔 fad [fa:t^{8}]〈动〉打;抽打。(见挞^{1})

拺^{1} fad [fa:t^{8}]〈动〉打;抽打。(见挞^{1})

拺^{2}(戈、发、伏) 历 fak [fa:k^{7}]〈动〉寄;寄托;付托。《初》:拺双掛伝老。Fak cienz hawj vunzlaux. 寄钱给老人。

拺^{3} fak [fa:k^{7}]〈动〉搧;打(耳光)。(见撥^{1})

拷^{1} gauj [ka:u^{3}] ❶〈动〉绞;缠绕。❷〈动〉纠绕;纠结(线状物绞成一团)。❸〈形〉忙乱;忙碌;乱成一团。(见绔)

拷^{2} 历 gauz [ka:u^{2}]〈动〉裂;开裂(有小裂纹)。《初》:鍕拷。Cauq gauz. 锅头裂了。

挄 genj [ke:n^{3}]〈动〉选;拣;挑选;选择。《初》:挄粝糙。Genj haeuxceh. 选谷种。

挢(救)[古] giux [kiːu⁴]〈动〉扭;拧。《初》:忬帊欧挢祛。Sujbaq aeu giux hawq. 毛巾要拧干。

挞 gop [koːp⁷]❶〈动〉掬。❷〈量〉掬;捧。(见拾²)

挄 gueng [kuːŋ¹]〈动〉喂(牲畜)。(见䬋)

挂 gvaq [kwa⁵]〈动〉❶过。上林《赶圩歌》:侬酙欢挂料。Nuengx ciengq fwen gvaqdaeuj. 妹妹放歌过来。❷超过;过度。❸可怜;哀怜(与恝连用)。❹过世。(见卦²)

括¹ gvaz [kwa²]〈名〉右。(见祐)

括² gvax [kwa⁴]〈动〉盘旋。(见寡)

挟 gyaeb [kjap⁸]〈动〉扎;勒。(见繩)

掯(掝、拾) haeuj [hau³]〈动〉扣。《初》:掯袺,haeuj gaet,扣扣子。

抎 hoenx [hon⁴]〈动〉打。(见揾¹)

抎 hoenx [hon⁴]〈动〉打。(见揾¹)

挻 iet [ʔiːt⁷]〈动〉伸。(见锲)

捅¹ lawh [lauɯ⁶]〈动〉替换;代替;轮换。(见挒²)

捅² raek [ɣak⁷]〈动〉戴;佩戴;挂;带。大化《白事鸟歌》:捅孝,raek hauq,戴孝。

捅³(咯、而、驳、撂、署) rieg [ɣiːk⁸]〈动〉换(水、衣服等)。《初》:捅袆,rieg buh,换衣服。

挒¹(挒、烈、扐) led [leːt⁸]❶〈动〉轻涂;轻触。❷〈动〉蘸。《初》:挒芘,led yw,轻轻地涂药。❸〈副〉轻轻地。《初》:挒擭,led doh,轻轻地打。

挒² lieb [liːp⁸]〈动〉破(篾)。(见㓼¹)

挒³ [古] rex [ɣe⁴]〈动〉扶。(见《初》)

挒⁴ -reg [ɣeːk⁸]〈缀〉随意地。(见洌)

挒⁵ vek [weːk⁷]〈动〉❶碰触。❷凑巧。❸对路。(见洅)

捙 [古] lieg [liːk⁸]〈动〉选;挑选;拣;选择。(见撻)

挌¹ loenq [lon⁵]〈动〉脱落;掉下。(见邜)

挌² roq [ɣo⁵]〈动〉敲;打。(见掿)

拹 [古] mbit [ʔbit⁷]〈动〉采;摘;掐。(见秘)

挴(搄、秘) miq [mi⁵]〈动〉拔(毛)。《初》:挴鴓,miq bit,拔鸭毛。

挖(搪) mo [mo¹]〈动〉摸;摸索。《初》:挖嘿踋垎。Mo laep byaij loh. 摸黑走路。

拁¹(扼) [古] nguk [ŋuk⁷]〈形〉固执;执拗(与猚连用,表示不听劝阻)。《初》:得内真拁猚。Ndaek neix caen nguknɡak. 这个人真固执。

拁² ut [ʔut⁷]〈动〉弯。(见㢾)

拱(控) [古] oengj [ʔoŋ³]〈动〉推;拥。《初》:伝古拱古押。Vunz guj oengj guj gab. 人们老是互相拥挤。

挔 [历] nungh [nuŋ⁶]〈动〉穿。(见襛)

拵 nyangz [n̥a:ŋ²]〈动〉推脱;推诿;搪塞。马山《达稳之歌》:兄総否推拵。Gou cungj mbouj doinyangz. 我从不推诿。

挹¹ saeg [θak⁸]〈动〉洗(衣物、纺织物)。(见浥)

挹²(峗、噻、泦、側、德) saek [θak⁷]〈动〉❶塞;堵;堵塞。《初》:提弩狃挹兀。Dawz congh nou saek ndei. 把老鼠洞堵好。❷驳(倒):歐吪挹伝。Aeu vah saek vunz. 用语言驳倒人家。

拧(守、走、首、捎) saeuj [θau³]〈动〉❶甩动。《初》:拧裓, souj buh,甩动衣服。❷抖动;抖掉。《初》:拧趶, souj ga,抖动脚。

挴(攦) sai [θa:i¹]〈动〉斟;筛(酒)。《初》:挴氿, sai laeuj,斟酒。

挮 sai [θa:i¹]〈动〉浪费;乱用;损失。(见泋)

拻¹ [历] sat [θa:t⁷]〈动〉❶搓;编结。❷绕(纱)。(见絒²)

拻² sat [θa:t⁷]〈动〉❶完;结束。❷算;罢了。(见氉)

挦¹ sek [θe:k⁷]〈副〉轻易地;利索地;毫不费力地。《初》:挦揇就弖料。Sek rap couh hwnjdaeuj. 很轻易地就挑起来。

挦² [历] siq [θi⁵]〈动〉扔;投掷;射。《初》:挦磌, siq rin,扔石头。

掺(摻) [历] souj [θou³]〈动〉装;载。(见《初》)

拭 swk [θɯk⁷]〈动〉抹。武鸣《信歌》:各拭汰眺, gag swk raemxda,独自抹眼泪。

挆¹ vaeg [wak⁸]〈副〉忽而;一会儿。马山《嚏嘆情》:挆增挆不增。Vaeg saengz vaeg mbouj saengz. 忽而高兴忽而不高兴。

挆² uet [ʔu:t⁷]〈动〉抹;擦;拭。(见扨)

挆³ vaq [wa⁵]〈名〉裤子。(见袜²)

挆⁴ vad [wa:t⁸]〈动〉❶划(船)。❷摇;挥动。❸招;挥(手)。❹扇(挥动扇子)。(见揻¹)

揻¹(搳、擿、活、划、搰、挆、棒、胯、觟、掝、胈、抌) vad [wa:t⁸]〈动〉❶划。《初》:揻舡, vad ruz,划船。❷摇;挥动。《初》:揻旗, vad geiz,挥动旗子。❸招;挥。《初》:揻攏, vad fwngz,招手。❹扇(挥动扇子)。《初》:揻蝾, vad nyungz,扇蚊子。|揻飈, vad rumz,扇风。

揻² vaij [wa:i³]〈动〉❶划(船)。❷游(水)。(见拶)

揻³ -veg [we:k⁸]〈缀〉随意地;轻快地。《初》:抓揻犹提毕。Vaxveg couh dawz bae. 随便一抓就拿走。

挖 [历] vaek [wak⁷]〈动〉指责;质问;恶毒骂人。(见《初》)

挔 [历] veix [wei⁴]〈代〉我。(见伒²)

捎 yaeuj [jau³]〈动〉提;提起(双手提)。(见拗)

拙 yot [jo:t⁷]〈动〉好;痊愈。都安《三界老爺唱》:催扶肚皷以到拙。Coih boux

dungx bongz hix dauq yot. 治腹部肿胀的人也能痊愈。

挧 yuengq[juːŋ⁵]〈动〉踮(脚);伸(手)。(见《初》)

揞¹ aemq[ʔam⁵]〈动〉背;背负。(见𠃌)

揞² gaemh[kam⁶]〈动〉压;按。(见搇²)

揞³ ngah[ŋa⁶]❶〈形〉馋。❷〈动〉爱好;喜欢。(见餓)

挨 㕥 ai[ʔaːi¹]〈动〉靠;倚靠。(见椌)

拷¹ auq[ʔaːu⁵]〈动〉劝;敬(酒)。金城江《台腊恒》:他之否哏祖利拷。De cix mbouj gwn sou lix auq. 他不想吃你们还老劝。

拷² gauz[kaːu²]〈动〉搅乱;捣乱。金城江《覃氏族源古歌》:否嘮仆而拷。Mbouj lau bouxlawz gauz. 不怕谁捣乱。

挨¹ beng[peːŋ¹]〈动〉拉;扯。(见柄)

挨² biengj[piːŋ³]〈动〉掀;揭。(见搒)

挨³ bin[pin¹]〈动〉爬;攀爬。(见逼)

挹(汃、粑)㕥 byaz[pja²]〈动〉涂污。《初》:介挹垟。Gaej byaz ciengz. 别涂污墙壁。

捝¹ caet[ɕat⁷]〈动〉塞;堵塞;淤塞。(见扎¹)

捝² dot[toːt⁷]〈动〉叮啄。巴马《贖魂糎呟》:鴪捝,roeg dot,鸟啄。

捝³(托、脱、奪)duet[tuːt⁷]〈动〉脱。《初》:捝袆,duet buh,脱衣服。

捝⁴ nyaed[n̥at⁸]❶〈形〉拥挤;挤。❷〈动〉推进;塞进。(见扣)

捝⁵(揿)yot[joːt⁷]〈动〉抽;纺(纱)。《初》:捝芥,yot faiq,纺纱。

拃 㕥 cap[ɕaːp⁷]❶〈动〉拃(张开拇指和食指来量长度)。❷〈量〉拃(成人张开手后,其拇指和食指两端的距离,约五寸长)。(见胇)

捉¹ 㕥 coeb[ɕop⁸]〈动〉装。《初》:捉揞,coeb dab,装担子。

捉² cug[ɕuk⁸]〈动〉捆;绑。金城江《覃氏族源古歌》:伪捉娄盆獁。Fwx cug raeuz baenz max. 别人绑咱如拴马。(见綅)

捔¹ cog[ɕoːk⁸]〈名〉❶将来。❷明(天、晚)。(见昨¹)

捔² gyok[kjoːk⁷]❶〈动〉箍。❷〈名〉箍子。❸〈形〉窄。❹〈名〉枷锁。(见箹)

掬 coux[ɕou⁴]〈动〉❶装;盛。❷迎接。❸娶。(见掱)

�¹ cug[ɕuk⁸]〈动〉捆;绑。(见綅)

揀² suek[θuːk⁷]〈动〉包;裹。(见搠)

挞 dad[taːt⁸]〈动〉打;揍;挞。《初》:挞佲双尜膧。Dad mwngz song mbat fwngz. 打你两巴掌。

捹¹ daenh[tan⁶]〈动〉震。《初》:揞捹,saenqdaenh,震动。

捹² daenj[tan³]〈动〉❶穿。大化《嚏奠别》:捹佈皓行孝。Daenj buh hau hengz hauq. 穿白衣行孝。❷戴。马山《欢批

垌》:陇垌欧捪笚。Roengz doengh aeu daenj gyaep. 下田垌要戴斗笠。(见褅)

捪^{3} [方] dwn [tɯn^{1}]〈动〉猛拉;猛扯。(见扽^{3})

捪^{4} raenx [ɣan^{4}]〈动〉碾;团弄;捏;揉(把东西揉成条形或圆形)。(见《初》)

捵 daeh [tai^{6}]〈动〉搬运;运输。(见遆^{1})

掫^{1}(抖、豆) [方] daeuq [tau^{5}]〈动〉制作;打制(木器)。《初》:掫匮,daeuq gvih,打制柜子。

掫^{2} daeuq [tau^{5}]〈动〉❶ 挖。《初》:掫垣埔,daeuq duhnamh,挖花生。❷ 斗;争。《初》:掫气,daeuqheiq,斗气。

捈 dawz [taɯ^{2}]〈动〉拿。上林《赶圩歌》:捈計𠰹迪胅。Dawz gaeq caeu dwk dungx. 把它藏在肚子里。

掇^{1} do [to^{1}]〈动〉❶ 捞(在水面上捞取东西)。❷ 盛;装。❸ 承接(用容器或双手接从上往下落的东西)。(见㧊^{1})

掇^{2} [方] nuij [nuːi^{3}]〈量〉帮;群。《初》:掇仈㐌,nuij gaenz nwngh,一帮人。

捅 dongj [toːŋ^{3}]〈动〉冲;冲撞;冲击;冲洗。(见㶇^{2})

掛(摅) duq [tu^{5}]〈动〉赶(专指赶家畜家禽)。《初》:掛怀歨提𪀕。Duq vaiz bae dawz cae. 赶牛去犁田。

捊 fou [fou^{1}]〈动〉搓洗。(见泭)

挾^{1} gab [kaːp^{8}]〈动〉夹。(见抻^{1})

挾^{2} gaeb [kap^{8}]〈形〉狭窄。(见㾏)

捞^{1} gaem [kam^{1}]〈动〉抓;拿;持;握;握住;掌握。(见拎^{1})

捞^{2}(掭、搽、捚) gaemh [kam^{6}]〈动〉压;按。《初》:捞觓怀吣芋。Gaemh gaeu vaiz gwn nywj. 强按牛角吃草。

掕^{1} gaem [kam^{1}]〈动〉抓;拿;持;握;握住;掌握。(见拎^{1})

掕^{2} gaenx [kan^{4}] ❶〈动〉揉搓。❷〈动〉按压;猛按。❸〈形〉勤。(见懃)

掕^{3}(紤) ginq [kin^{5}]〈形〉坚实。《初》:伝檍盯𨅝掕。Vunz iq din fwngz ginq. 人小但手脚坚实。

掋 gaex [kai^{4}]〈动〉❶ 掀;撬。❷ 使劲把沉重的担子挑起来。(见挘)

掆 gang [kaːŋ^{1}]〈动〉❶ 撑。❷ 张挂。❸ 搭。(见㧙)

控(抗) [方] gangz [kaːŋ^{2}]〈动〉扛。《初》:控奔,gangz faex,扛木头。

抗 [方] gangz [kaːŋ^{2}]〈动〉扛。(见控)

捤 gen [keːn^{1}]〈名〉手臂。(见㨖)

捄 [方] giuh [kiːu^{6}]〈动〉撬。《初》:捄墺磺内𡉏料。Giuh ngauq rin neix hwnjdaeuj. 把这块大石头撬起来。

捔^{1} goed [kot^{8}]〈动〉抵;触碰(动物以角相斗或触物)。(见揢)

捔^{2} got [koːt^{7}]〈动〉抱;搂;搂抱;拥抱。(见擖)

捆^{1} goenq[kon^{5}]〈名〉树蔸;树桩。(见栎^{3})

捆^{2} goenq[kon^{5}]〈动〉断。(见断)

捆^{3} hoenx[hon^{4}]〈动〉打。(见搵^{1})

捌 gvet[kweːt^{7}]〈动〉刮;铲。(见𢳂^{3})

捖 gwed[kɯːt^{8}]❶〈动〉扛。❷〈量〉捆。(见撓)

捃(䠷、卷、拵、搢)gwenj[kɯːn^{3}]〈动〉揭;掀。《初》:捃𧜟,gwenj denz,掀开被子。

捞 gyongz[kjoːŋ^{2}]〈动〉捅;戳。(见㨋^{2})

捡^{1} haem[ham^{1}]〈动〉埋。(见埳)

捡^{2} [方] haemh[ham^{6}]〈动〉盖。《初》:捡禖。Haemh moeg. 盖被子。

捡^{3} hamh[haːm^{6}]〈动〉用手围抱。《初》:𢬿捡𫜭卦。Fwngz hamh ndaej gvaq. 双手合抱得拢。

捡^{4} [方] hamj[haːm^{4}]〈动〉挽留。(见搣)

捂(海、悔)[方] hoij[hoi^{3}]〈动〉挂。《初》:捂袧𧙫塝丁。Hoij geu buh bangxding. 挂衣服在钉子上。

捌^{1} laeh[lai^{6}]〈动〉赶;追赶。马山《叹亡歌》:畄畄捌入㮛。Duzduz laeh haeuj riengh. 只只赶入栏。

捌^{2}(揇、慂、慮、墟)lawh[laɯ^{6}]〈动〉替换;代替;轮换。《初》:提𦐧否𬎆捌肥。Dawz rap mbouj rox lawh mbaq. 挑担不懂得换肩(喻做事不机灵)。

捞^{1} lau[laːu^{1}]❶〈动〉怕;害怕;担心。❷〈副〉恐怕;也许。(见愣^{1})

捞^{2} ndau[ʔdaːu^{1}]〈动〉搅:搅动;搅拌。(见挠^{1})

捻(臨)limz[lim^{2}]〈动〉打;击。《初》:㳄𠕻捻㲸双徒虵。Mbat faex limz dai song duz ngwz. 一棍子打死两条蛇。

捩 lingh[liŋ^{6}]〈形〉裸(与弄连用)。马山《二十四孝欢》:弄捩养途喧。Loenghlingh ciengx duznengz. 裸露身子养蚊虫。

拵^{1}(弄、拜)loengh[loŋ^{6}]〈动〉❶耍;玩耍;戏弄;玩弄。《初》:任擵任拵。Doxyaek doxloengh. 互相戏弄。❷做。《初》:拵荰,loengh byaek,做菜。

拵^{2} lumh[lum^{6}]〈动〉摸;摸索。(见擵)

拵^{3} [方] rumh[ɣum^{6}]〈动〉乞讨;讨饭。(见㧵)

捷 [方] maek[mak^{7}]〈名〉臼。《初》:磌捷,rinmaek,石臼。

捫^{1} maenh[man^{6}]〈形〉❶坚固;牢固。❷强壮;健壮。(见㚃^{1})

捫^{2}(枘、椚、砇、𧿒)mbaenq[ʔban^{5}]〈量〉段;节。《初》:吽蔞捫添捫。Gwn oij mbaenq dem mbaenq. 甘蔗吃了一节又一节。

挽^{1} mbanj[ʔbaːn^{3}]〈名〉村;寨。(见板^{2})

挽^{2} vanq[waːn^{5}]〈动〉撒;播。(见扐)

挽^{3} venj[weːn^{3}]〈动〉吊;挂。(见抔)

桊(木、卟、摆、抺)moeb[mop^{8}]

〈动〉打;揍。《初》:侈迪槑迪訹。De dwg moeb dwg ndaq. 他挨打挨骂。

抹 moeb [mop⁸]〈动〉打;揍。(见槑)

扌浸 ndaemq [ʔdam⁵]〈动〉刺。(见黖)

扌良 ndiengq [ʔdiːŋ⁵]〈动〉❶翘起。❷摇动;摇晃;晃动(物体放置不平)。(见躩)

挨 ngaiz [ŋaːi²]〈名〉饭;早饭。(见餜)

拏 ra [ɣa¹]〈动〉找。(见挧²)

拎(拎)㓵 raengq [ɣaŋ⁵]〈动〉一松一紧地拉。(见《初》)

扌两¹ rangh [ɣaːŋ⁶]〈名〉地;地方。马山《书信》:眼你偻分厘,纫部其部扌两。Ngoenzneix raeuz faenliz, youq boux giz boux rangh。今日我们分离,一人各住一地。

扌两² riengh [ɣiːŋ⁶]〈动〉连接。(见繞)

捙 roix [ɣoi⁴]❶〈动〉串;串起。❷〈量〉串。(见鏬)

扌乱¹ gvaek [kwak⁷]〈动〉❶划;打(火石取火)。❷敲(以手指节击物)。(见挔)

扌乱² gvaix [kwaːi⁴]〈动〉舀起。(见戗)

扌乱³ ronq [ɣoːn⁵]〈动〉切。(见动)

掚¹ nyaengq [ȵaŋ⁵]〈形〉忙;繁忙;忙碌。(见愹¹)

掚² wnq [ʔɯn⁵]〈代〉别(处);别(人);别(样)。(见㑂)

换¹ rieg [ɣiːk⁸]〈动〉换;更换。平果《贼歌》:为畓眉敏换。Ndang dumz miz mbaen rieg. 身湿有地方换衣服。

换² vuenh [wuːn⁶]〈动〉交换。田东《大路歌》:合牙换合利,hab yak vuenh hab ndei,坏盒换好盒。

扌宠 rungx [ɣuŋ⁴]〈动〉抚育;哺养;抚养。(见寵²)

扌声 saengq [θaŋ⁵]〈动〉挥霍。(见賸)

扌男 sai [θaːi¹]〈名〉男。(见財)

捎 siu [θiːu¹]〈动〉烧;焚。(见燨)

捒(耸)㓵 soengj [θoŋ³]〈动〉猛推;猛撞。《初》:佲捒兄口庅? Mwngz soengj gou guh maz? 你推我干什么? |捒侈躏砦。Soengj de laemx bae. 把他撞倒。

捖 vanq [waːn⁵]〈动〉撒;播。(见扐)

捖 venj [weːn³]〈动〉吊;挂。(见抔)

扌位 viq [wi⁵]〈动〉❶扒。❷翻;拨;摸。(见撝)

捐 yuenq [juːn⁵]〈动〉递;伸给。金城江《台腊恒》:捐酒丕胻手,yuenq laeuj bae daengz fwngz,递酒到手上。

捹¹ baet [pat⁷]〈动〉拂;轻拍。(见拂)

捹²(嘣)byoengq [pjoŋ⁵]〈动〉破;开窟窿。《初》:垟捹,ciengz byoengq,墙破了窟窿。|袪衻内捹双咨。Geu buh neix byoengq song congh. 这件衣服破了两个洞。

排¹ baih [paːi⁶]〈名〉方;边;面。(见垪)

排² 㓵 baih [paːi⁶]〈副〉几乎;差点儿就。《初》:侈排躏垄汏。De baih laemx roengz dah. 他差点儿就跌下河去。

排[3] baiz［paːi²］〈动〉供奉；祭拜。田阳《麽叹魂糗一科》：托破名批排。Doxbo mwngz bae baiz. 成堆东西由你［拿］去供奉。

排[4] byai［pjaːi¹］〈名〉梢；顶。《粤风》：花排菲，va byaifaex，树梢的花朵。｜排拸，byai bya，山顶。

掊 beiz［pei²］❶〈名〉扇子。❷〈动〉扇。（见鈹）

拼 bin［pin¹］〈动〉爬；攀爬。（见遍）

摽（飘、票）biu［piːu¹］〈动〉飞奔；狂奔；飞跑。马山《书信歌》：摽憐憐，biu linlin，飞奔连连。｜《初》：徒怀摽瑶瑶。Duzvaiz biu fiegfieg. 这牛狂奔如飞。

掤[1]（撢）boemz［pom²］〈动〉❶摔；打翻。《初》：掤毕偲砰刁。Boemz bae aen bingz ndeu. 摔破了一个瓶子。｜掤俢垄埔毕。Boemz de roengz namh bae. 把他打翻在地上。❷打（砖）。《初》：掤研，boemz cien，打砖。

掤[2] bongx［poːŋ⁴］〈动〉❶拍。❷敲；敲打。（见撯²）

掽 历 boenq［pon⁵］〈动〉赶走；追赶；驱逐；追；撵。（见趂）

掮[1] bywngj［pjɯŋ³］〈拟〉急速的；迅捷的。（见蹁）

掮[2] gaenx［kan⁴］❶〈动〉揉搓。❷〈动〉按压；猛按。❸〈形〉勤。（见撳）

掮[3] 历 gaenz［kan²］〈形〉勤；勤劳。（见劤）

掮[4] haengj［haŋ³］〈动〉❶喜欢。❷肯；愿意；允许；许可。（见誩）

揞[1] 历 caemj［ɕam³］〈动〉拄（杖）。《初》：偂詰揞桓。Bouxgeq caemj daeux. 老人拄拐杖。

揞[2]（抹）coemj［ɕom³］〈动〉扑；捕。《初》：拚兄揞颱偻。Hawj gou coemj rumhraeuz. 让我扑了个空影。

揞[3] 历 hoemj［hom³］〈动〉俯下；扣下。上林《赶圩歌》：眉级揞级攌。Miz gip hoemj gip ai.［瓦片］有倒扣有仰放着的。

掺[1]（暂）camh［ɕaːm⁶］〈动〉铺设（楼板）：掺楋，camh bam，铺设楼板。

掺[2] 历 souj［θou³］〈动〉装；载。（见搜）

措（装）cang［ɕaːŋ¹］〈动〉❶装捕；诱捕（设置器具或诱饵捕捉动物）。《初》：毕汏措鲃。Bae dah cang bya. 去河里捕鱼。❷安装；装设。

抄 ceuj［ɕeu³］〈动〉炒。（见敖）

捨 ce［ɕe¹］〈动〉留。马山《望吞話名詢》：捨条路志草。Ce diuz loh hwnj nya. 留道路长草。

振 ciengh［ɕiːŋ⁶］〈量〉丈。《初》：双振裲，song ciengh baengz，两丈布。

授[1] coux［ɕou⁴］〈动〉❶装；盛。❷迎接。❸娶。（见掓）

授[2] saeux［θau⁴］〈动〉要挟。（见嗖⁵）

掀[1] coux［ɕou⁴］〈动〉娶；迎娶。马山《起书嚷特豆》：不曾掀滕荇，mbouj caengz

coux daengz ranz，尚未娶回家。| 朕九皮𠂉挄，ndwengouj beix ndaej coux，九月哥哥得迎娶。

挄² coux［ɕou⁴］〈动〉盛。马山《完筆》：挄糎粝，coux haeuxfiengj，盛粟米。

揿 cuengq［ɕuːŋ⁵］〈动〉放；释放。（见舯¹）

搭 历 dab［taːp⁸］❶〈动〉挑（担）。❷〈量〉担。❸〈动〉负担；担当。❹〈名〉担子。《初》：捉搭，coeb dab，装担子。（即 rap）

挦¹（㨁、㯖、㯖、嘚、德、则）daek［tak⁷］〈动〉❶ 舀。《初》：挦淰，daek raemx，舀水。❷ 盛。《初》：挦粝，daek haeux，盛饭。❸ 得（罪）。《初》：挦罪，daekcoih，得罪。

挦²（㨐、提、鍉）dawz［taɯ²］〈动〉❶ 持；抓；拿。《初》：挦伄䥶𡸜磸。Dawz fagcax bae baenz. 拿刀去磨。❷ 捉拿；擒拿。《初》：挦𠂉双得㺐。Dawz ndaej song ndaek caeg. 捉拿到两个强盗。❸ 挑。马山《老来难》：挦予，dawz rap，挑担。

挦³ dawz［taɯ²］〈动〉❶ 结（瓜、果）。❷ 放（哨）；瞭望；守望；监视。❸ 把守。（见提²）

挦⁴ dwg［tɯk⁸］〈介〉被；挨。马山《丹亡》：挦綐，dwg cug，被绑。

挦⁵ yaek［jak⁷］〈动〉玩弄；戏弄；撩逗。（见㨁²）

掸¹ dan［taːn¹］〈动〉分；摊。（见拼）

掸² danh［taːn⁶］〈动〉动弹；动静。《初》：呥否動否掸。Naeuz mbouj doengh mbouj danh. 说了还不见动静。

掂 历 diemq［tiːm⁵］〈动〉❶ 点种；点播。❷ 间种；间作。（见攧）

捎¹ dik［tik⁷］〈动〉❶ 弹（用拇指勾住其他指头使劲向外弹出）。马山《欢情》：捎埇觉助㑫。Dik namhgyoq coh nuengx. 向着阿妹弹土块。❷ 打；拨拉（算盘）。马山《当家难》：偧鲁捎劧盘。De rox dik lwgbuenz. 他会打算盘。

捎² diz［ti²］〈动〉锻造；锻打；捶打（见鍉）

掉 diuq［tiːu⁵］〈名〉扒手；小偷（摸人腰包者，与解连用）。《初》：解掉，gaijdiuq，扒手。

掴 doz［to²］〈动〉纺。（见緫¹）

掟 duengh［tuːŋ⁶］〈动〉❶ 往下拉。❷ 垂下；坠。（见㨮¹）

掭¹ dwg［tɯk⁸］〈形〉可。马山《欢叹父母》：宜肝真掭爱。Ngeix daengz caen dwggyaez. 想到［孩子］真可爱。

掭²（抡）历 laemz［lam²］〈动〉打。《初》：歐𠹌樉掭卦𡸜。Aeu faexhanz laemz gvaqbae. 用扁担打过去。

掭³ loem［lom¹］〈动〉穿底；破底；穿通；陷落。（见䫐）

掭⁴ loemq［lom⁵］〈动〉塌；跨。《初》：㚇掭。Mbwn loemq. 天塌。

掭⁵ lumh［lum⁶］〈动〉摸；摸索。（见㩰）

掭⁶（㷻）历 raemz［ɣam²］〈动〉用鞭或棍子打。（见《初》）

抇 ep［ʔeːp⁷］〈动〉强迫。（见唈）

抾¹（发、拔、拨、抜、㧞、擭、伐）fad［faːt⁸］〈动〉打；抽打。《初》：抾粝，fad haeux，打稻谷。| 马山《三府雷王》：馬泰金按不用抾。Max daiq gim'an mbouj yungh fad. 马带金鞍不用抽打。

抾²（扗、泼）fat［faːt⁷］〈动〉❶发放。《初》：抾㳄竑。Fat cienzhong. 发放工钱。❷发；勃发；发展。《初》：偌粝内抾𣎏𨂾。Gij haeux neix fat ndaej vaiq. 这些禾苗长得快。

揔¹（拂、捽）fwd［fuːt⁸］〈动〉扭碎；撕扯。《初》：揔花，fwd byaek，把菜扭碎。

揔² ut［ʔut⁷］〈动〉弯；使弯。都安《三界老爺唱》：揔轎樻梧罡名公。Ut giuh faex nguh ram mwngz goeng. 把无花果木弯做轿子来抬您老。

揔³ vid［wit⁸］〈动〉卷；挽（衣袖或裤脚）。（见㳒²）

揔⁴ vut［wut⁷］〈动〉❶扔；丢掉；抛弃；丢下。❷失掉；丢失。（见㔺）

捽¹ fwd［fuːt⁸］〈动〉扭碎；撕扯。（见揔¹）

捽²（卒、祽、搼）soed［θot⁸］〈动〉塞进；放进。《初》：提鲃捽夲篢。Dawz bya soed roengz rieng. 把鱼塞进鱼篓里。

拑 gaem［kam¹］〈动〉抓；拿；持；握；握住；掌握。（见扲¹）

拣 gaemh［kam⁶］〈动〉压；按。（见搒²）

捡 历 gaemz［kam²］〈动〉低（头）。《初》：捡尥，gaemz gyaeuj，低头。

据 gawh［kauɯ⁶］〈动〉涨；膨胀。（见胒）

捲¹ genj［keːn³］〈动〉择；选择；挑选。上林《赶圩歌》：捲日子欧姢。Genj saedceij aeu bawx. 择吉日娶媳。

捲² gyonj［kjoːn³］〈副〉总是；尽是。马山《欢叹母》：捲烦偻皮往。Gyonj fanz raeuz beixnuengx. 总是麻烦众兄弟。

揵（樫）genq［keːn⁵］〈形〉坚韧。《初》：揵禀肐杯。Genq lumj nyinz vaiz. 韧如牛筋。

掘 goed［kot⁸］〈动〉抵；触碰（动物以角相斗或触物）。（见搰）

掍¹ geuh［keu⁶］〈动〉撬。田阳《布洛陀遗本》：掍攏七丈光，geuh roengz caet ciengh gvangq，挖下七丈宽。

掍² 历 goenj［khon³］〈动〉摔。《初》：㑚掍，dunghgoenj，相互摔打。

掍³ gonh［koːn⁶］❶〈名〉戽斗。❷〈动〉戽（水）。（见棍）

掍⁴ gonz［koːn²］〈名〉担子的一头。（见𥳩）

掍⁵ hoenx［hon⁴］〈动〉打。（见揾¹）

掬 gop［koːp⁷］❶〈动〉掬。❷〈量〉掬；捧。（见拾²）

掴¹（抉）gvaij［kwaːi³］〈动〉拐带。（见《初》）

掴² 历 gvaix［kwaːi⁴］〈动〉拐弯。（见抉）

捌[1] gvat［kwaːt[7]］〈动〉刮；搜刮。(见《初》)

捌[2] vad［waːt[8]］〈动〉❶ 划(船)。❷ 摇；挥动。❸ 招；挥(手)。❹ 扇(挥动扇子)。(见𢫔[1])

掭 gwenj［kɯːn[3]］〈动〉揭；掀。(见拱)

掦 gyongz［kjoːŋ[2]］〈动〉捅；戳。(见㨂[2])

掐 历 hamh［haːm[6]］〈动〉装拼；组装(指把木器部件拼接起来，安装好)。《初》：角匽敺掐𥫘。Gok gvih aeu hamh red. 柜角要装拼紧密。

揞[1] hoenx［hon[4]］〈动〉打。(见揾[1])

揞[2] venj［weːn[3]］〈动〉吊；挂。(见抔)

控[1] hong［hoːŋ[1]］〈名〉工作；活路。(见玒)

控[2] 历 oengj［ʔoŋ[3]］〈动〉推；拥。(见拱)

拏 laj［la[3]］〈名〉下；下面。(见𠂤[1])

拉 lak［laːk[7]］〈动〉崩；崩塌；崩溃。(见㶌)

掄[1] laemx［lam[4]］〈动〉倒；倒下；跌倒。(见躏)

掄[2] laengz［laŋ[2]］〈动〉❶ 扣留；扣押。❷ 阻拦。(见𢭰[4])

𢭰[1] lax［la[4]］〈动〉摸；抚摸。(见攞)

𢭰[2]（䎃、䂀、逻、啰、𢫏、拉、而、䁕）ra［ɣa[1]］〈动〉找。《初》：𨑜岜坒𢭰怀。Hwnj bya bae ra vaiz. 上山去找牛。| 宾阳《催春》：各𢭰吓𢭰裢。Gag ra gwn ra daenj. 自个儿找吃找穿。| 马山《二十四孝欢》：𢭰皮𢭰徃，ra beix ra nuengx，找兄找弟。

掚 liengj［liːŋ[3]］〈名〉伞。(见𠆲)

掹[1] 历 mbaengq［ʔbaŋ[5]］〈动〉掐；戳；捏(见撴)

掹[2]（捧）mboengj［ʔboŋ[3]］〈动〉打；揍。《初》：𡏧掹犺瘋。Faex mboengj ma vangh. 棍打疯狗。

捧[1] mboengj［ʔboŋ[3]］〈动〉打；揍。(见掹[2])

捧[2] rumq［ɣum[5]］〈动〉兜(用衣襟兜物)。(见䩬)

掭 ndaej［ʔdai[3]］〈动〉❶ 得；得到；获得。❷ 能。(见𢭰)

揬 ndaet［ʔdat[7]］〈形〉紧。(见𪏠)

捸[1] ndai［ʔdaːi[1]］〈动〉耘。(见耪)

捸[2] 历 raiz［ɣaːi[2]］〈动〉写。《初》：捸𡦂，raiz saw，写字。

掏 ndau［ʔdaːu[1]］〈动〉搅；搅动；搅拌。(见挠[1])

捻（唸）历 nemq［neːm[5]］〈动〉攀。《初》：盯哆𨅝敀捻。Din yo fwngz youh nemq. 踮起脚来手又攀。

捱 历 ngaiq［ŋaːi[5]］〈连〉虽；虽然。马山《家难当》：捱吽㝵侈苦，劲仆仆鲁书。Ngaiq naeuz ranz de hoj，lwg bouxboux rox saw. 虽说他家穷，儿个个知书。

揎(仪)㊄nyeq [n̥e⁵]〈动〉挤。《初》:揎合𫨝。Nyeq haeuj bae. 挤进去。

揟 ㊄nyug [n̥uk⁸]〈动〉摇;摇动。《初》:揟擱梈粿䓷粿𥼝。Nyugnyaenh gomak hawj mak doek. 摇动果树让果子落下来。

掃¹ ㊄rauj [ɣa:u³]〈形〉干;干燥。(见𪏮)

掃² sau [θa:u¹]〈名〉姑娘。东兰《莫卡盖用》:掃仙娘,sau sien niengz,仙女姑娘。

𢱕 rauq [ɣa:u⁵]❶〈名〉耙;耙具。❷〈动〉耙。(见耪)

揎 rib [ɣip⁸]〈动〉收;收拾。金城江《台腊恒》:庆桿卡了揎。Gyaemx ganh gau ndeu rib. 连秆一起收。

接 sep [θe:p⁷]〈形〉辣痛。(见痿)

𢭃 sij [θi³]〈动〉舍。(见𩠠)

措 sik [θik⁷]❶〈动〉撕。❷〈形〉破;烂。(见𢺓)

㨖 ㊄sip [θip⁷]〈动〉接;续(把断的东西连接起来)。(见《初》)

探 soem [θom¹]〈量〉庹(成人两手平伸之距离,约五尺)。(见𨈊)

掝¹ ㊄vaek [wak⁷]❶〈动〉抓(用手或爪子)。❷〈量〉幅。❸〈动〉点(头)。《初》:掝𠃵,vaek gyaeuj,点头。

掝² ㊄vez [we²]〈动〉❶捞(把水中的物体捞起)。❷(在水中)摸。(见《初》)

揞 yamq [ja:m⁵]❶〈动〉跨;迈;走。❷〈量〉步。(见踸)

掿 yo [jo¹]〈动〉抬(高);提(高)。(见《初》)

握 ㊄ap [ʔa:p⁷]〈动〉❶扣留;扣押。❷阻拦。(见押¹)

摒¹ ㊄baiq [pa:i⁵]〈动〉长;生长。上林《赶圩歌》:大𧿆摒菻节。Daihloh baiq rumhaz. 道路长杂草。

摒²(䳝、𫛛)㊄baiz [pa:i²]〈动〉祭;供。《初》:摒祖宗,baiz cojcoeng,祭祖宗。

揊¹ baenj [pan³]〈动〉捏;塑。(见抷²)

揊² baenq [pan⁵]〈动〉转;转动;旋转。(见轓)

揊³ ㊄daemj [tham³]〈动〉剁。(见埸¹)

掛 boek [pok⁷]〈动〉翻;翻覆;倾覆。(见𣦬)

搥¹ ㊄boenq [pon⁵]〈动〉赶走;追赶;驱逐;追;撵。(见趀)

搥² coi [ɕoi¹]〈动〉催;支使。(见嗺)

搥³ loih [loi⁶]〈动〉擂;捶;打。(见犁)

揹 ㊄boiq [poi⁵]〈动〉配;搭配。上林《赶圩歌》:凳同灵揹古。Dangq doengzlingz boiq goj. 像铜铃配鼓。

揤¹(仄、則)caek [ɕak⁷]〈形〉❶偏向;偏斜;不正中。《初》:偲台内𢫔揤啰。Aen daiz neix cuengq caek lo. 这张桌子摆偏了。❷偏(离开正常位置)。《初》:㇌揤閬𫨝的。Naengh caek ndaw bae di. 往偏里一些坐。

揤^{2}(嗠) 方 cag [ça:k^{8}]〈动〉离别;分别。《初》:仛揤,doxcag,分别。

揤^{3}(𤛓) saeg[θak^{8}]〈动〉猛撞。《初》:尫犿仛揤。Gyaeuj vaiz doxsaeg. 牛头相撞。

揤^{4} swk [θɯk^{7}]〈动〉拭;抹;擦。《初》:揤枱,swk daiz,擦桌子。

搜 方 caeux [çau^{4}]〈动〉拿;把;捉拿。(见搜)

搽 cat [ça:t^{7}]〈动〉擦;刷(用刷子擦)。(见扠^{1})

摭 ciemz [çi:m^{2}]〈动〉拔。(见扶)

揪 ciuq [çi:u^{5}]〈动〉看;看见。宜州《龙女与汉鹏》:卜斗揪吼否咋。Boux daeuj ciuq naeuz mbouj ca. 来看的人都说不差。

揣 coih [çoi^{6}]〈动〉❶修;修整;修理;修补。❷纠正。(见擓)

摏(春) 方 cwn [çɯn^{1}]〈动〉穿。(见《初》)

提^{1} daeh [tai^{6}]〈动〉搬运;运输。田东《大路歌》:各提淋各种。Gag daeh raemx gag ndaem。自个儿运水自个儿种。(见遆^{1})

提^{2}(捊) dawz [taɯ^{2}]〈动〉❶结(瓜、果)。《初》:𤽶内粿提䎹。Bineix mak dawz lai. 今年[树]结果多。❷放(哨);瞭望;守望;监视。《初》:提盯,dawzneuz,放哨;瞭望;监视。❸把守。马山《改漫断鄰鄰》:悲当兵提坤。Bae dang bing dawz roen. 去当兵把守路口。

提^{3} dawz [taɯ^{2}]〈动〉烧;着;燃。(见焍^{1})

提^{4} dawz [taɯ^{2}]〈动〉❶持;抓;拿。❷捉拿。(见捊^{2})

提^{5} dawz [taɯ^{2}]〈副〉又。马山《偻笁荳貧够》:丕其提其,bae giz dawz giz,去了一处又一处。| 武鸣《信歌》:丕蘭提蘭,bae ranz dawz ranz,去了一家又一家。

提^{6} did [tit^{8}]〈动〉萌(芽)。田东《大路歌》:提枝,did nye,长新枝。(见秸)

提^{7} 方 dih [ti^{6}]〈动〉运;搬运。宜州《孟姜女》:吺提难七砖。Ngoenz dih namh caep cien. 每天运泥砌砖。(即 daeh)

提^{8} dik [tik^{7}]〈动〉踢。(见踶)

提^{9} dwg [tɯk^{8}]〈动〉❶是。❷被;挨。❸承受。(见廸^{1})

提^{10} dwg [tɯk^{8}]〈形〉可(与着连用)。《欢哭母》:皮往很提着。Beixnuengx raen dwgcoh. 亲人见了皆可怜。

捈 dawz [taɯ^{2}]〈动〉❶持;抓;拿。❷捉拿。(见捊^{2})

搭^{1} daz [ta^{2}]〈动〉带领;引导;引领。(见踏)

搭^{2} daz [ta^{2}]〈动〉❶拉;扯。❷纺(纱)。❸搀;扶。(见挞^{2})

搭^{3} rap [ɣa:p^{7}]❶〈名〉担子。❷〈量〉担。❸〈动〉挑(担)。❹〈动〉负担。❺〈动〉担当。(见𦈡)

搸 dek [te:k^{7}]〈动〉裂;裂开;破裂;爆炸;爆裂。(见𧟰)

掂 diem [ti:m[1]]〈动〉拉;提(把罾从水里拉出来)。《初》:掂繒, dien saeng,往上提罾。

掓[1] 㕣 doeb [top[8]]〈动〉触动。《初》:偻否掓否訬偐。Raeuz mbouj doeb mbouj ndaq de. 我们没有触动也没有骂他。

掓[2] dok [to:k[7]]〈动〉❶ 榨;捶。❷ 打。❸ 催。(见槊[1])

掓[3] dub [tup[8]]〈动〉打;揍。(见搷[2])

掓[4] duk [tuk[7]]〈动〉包;包装;包扎;裹;包裹。(见䙱)

掓[5] ndoet [?dot[7]]〈动〉磕碰;碰到(与踁连用,指走路时脚趾碰到地面的突出物)。(见蹴)

搜[1] dag [ta:k[8]]〈动〉度;量。(见毤)

搜[2](拸、度) doh [to[6]]〈动〉打。《初》:介搜伝。Gaej doh vunz. 别打人。

搜[3] doq [to[5]]〈动〉造;打制。(见拸[3])

搜[4] duq [tu[5]]〈动〉赶(专指赶家畜家禽)。(见扯)

搷[1] dog [to:k[8]]〈动〉顿;击打;撞击。马山《家教歌》:吽糭布咨乱搷箸。Gwn ngaiz mbouj ndaej luenh dog dawh. 吃饭不能乱顿筷。| 讲话吽话伝搷喇。Gangj vah gwn vah vunz dog bak. 说话食言人打嘴。

搷[2](犸、掓) dub [tup[8]]〈动〉打;揍。《初》:介搷伝。Gaej dub vunz. 别打人。| 佤搷, doxdub,打架。

搷[3] duk [tuk[7]]〈动〉包;包装;包扎;裹;包裹。(见䙱)

揬 dok [to:k[7]]〈动〉❶ 榨;捶。❷ 打。❸ 催。(见槊[1])

揆 fad [fa:t[8]]〈动〉打;抽打。(见拄[1])

揩 gaej [kai[3]]〈副〉莫;别。(见介[1])

挎 gaek [kak[7]]〈形〉急;焦虑。金城江《台腊恒》:猴猕磅砍挎牙挨。Gaenglingz bangx dat gaek ngazngaiz. 崖边猿猴急巴巴。

揲[1] gaemh [kam[6]]〈动〉擒;按;压;强迫。武鸣《信歌》:揲猫么吽秣, gaemh meuz ma gwn meiq,强按猫来吃醋。

揲[2] nip [nip[7]]〈动〉夹。(见㧗)

揳(改、界、戒、解、皆) gaiq [ka:i[5]]〈动〉押解;押送(犯人)。《初》:揳俌佊毕歪。Gaiq bouxfamh bae gwnz. 押解犯人上送。

揳(鎅) gaq [ka[5]]〈动〉架。《初》:揳桥擀伝跰。Gaq giuz hawj vunz byaij. 架桥给人们走。

揿[1](及、扌、扱、圾、哈、砷) gip[kip[7]]〈动〉❶ 拾;捡。《初》:揿屎怀, gip haex vaiz,捡牛粪。| 宾阳《催春》:揿佲银, gip ndaej ngaenz,捡得钱。❷ 采摘。

揿[2] gyaep [kjap[7]]〈动〉追;驱赶;撵。(见跋)

揢(揥、掘) goed [kot[8]]〈动〉 抵;触碰(动物以角相斗或触物)。《初》:怀伳揢。Vaiz doxgoed. 牛相斗。

揌 历 gvaj[kwa³]〈动〉拐卖。(见《初》)

揵 gwed [kɯːt⁸] ❶〈动〉扛。❷〈量〉捆。(见揯)

揞 haem [ham¹]〈动〉埋。(见埮)

揻(掄) 历 hamj [haːm³]〈动〉挽留。(见《初》)

揳 haeuj [hau³]〈动〉扣。(见拞)

揾¹(掍、搰、捆、抎、抎) hoenx [hon⁴]〈动〉打。《初》:揾仗,hoenx ciengq,打仗。|任揾,doxhoenx,打架。

揾² umj [ʔum³]〈动〉抱。(见𢫕)

揺¹ hot [hoːt⁷]〈动〉❶ 结(瓜、果)。❷ 打结。(见落)

揺² vad [waːt⁸]〈动〉❶ 划(船)。❷ 摇;挥动。❸ 招;挥(手)。❹ 扇(挥动扇子)。(见捌¹)

揻 iu[ʔiːu¹]〈动〉邀;邀约;邀请。(见呋³)

掕¹(愣、叧、楞、倰、能、㑥、凌、䉄、東、䚏、聆、夌、痕、楞) laeng [laŋ¹]〈名〉后;背后;后面。《初》:劲踦圣𡏧掕。Lwg byaij youq baihlaeng. 儿子走在后面。

掕² laeng [laŋ¹]〈名〉家。武鸣《信歌》:掕关,laeng gvan,丈夫家。

掕³ laeng [laŋ¹]〈形〉胀;肿胀;鼓胀。田阳《麽収魂耨一科》:吽分粉肚掕。Gwn faen fiengj dungx laeng. 吃小米肚子胀。

掕⁴(拎、愣、掄) laengz [laŋ²]〈动〉❶ 扣留;扣押。《初》:提㹴掕𢱕料。Dawz caeg laengz hwnjdaeuj. 把强盗扣押起来。❷ 阻拦。《初》:徒鴨約合𦐊,佞兄掕合㾤。Duzbit yaek haeuj naz, caeuq gou laengz haeujma. 鸭子要进田,帮我拦回来。

揽¹(搖、擸、缆、紦、繝) lamh [laːm⁶]〈动〉拴。《初》:揽㺢圣夻𣘔。Lamh max youq laj faex. 把马拴在树下。

揽²(擸) ram [ɣaːm¹]〈动〉抬。《初》:双俌揽条𣘔。Song boux ram diuz faex. 两人抬一根木头。

揶¹(拸、批、挘) mbiq [ʔbi⁵]〈动〉剥。《初》:揶䏘䂄,mbiq naeng mak,剥果皮。

揶² miq [mi⁵]〈动〉拔(毛)。(见抺)

拸 mbiq [ʔbi⁵]〈动〉剥。(见揶¹)

挠¹(捞、掉、撻、搯、揑) ndau [ʔdaːu¹]〈动〉搅;搅动;搅拌。《初》:介东挠西挠。Gaej doeng ndau sae ndau. 别东搅西搅。

挠² gyaux [kjaːu⁴]〈动〉混;混合;搅拌。(见挍²)

擨 ndai [ʔdaːi¹]〈动〉耘。(见耓)

搯 ndau [ʔdaːu¹]〈动〉搅;搅动;搅拌。(见挠¹)

揑¹ ndau [ʔdaːu¹]〈动〉搅;搅动;搅拌。(见挠¹)

揑²(喔) 历 sing [θiŋ¹]〈动〉抢;抢夺;争夺。《初》:任揑,doxsing,互相争夺。

揑³ singj [θiŋ³] ❶〈动〉(睡) 醒。❷〈形〉清醒;敏感;聪明;机警。(见惺)

摬[1] ndiengq [ʔdi:ŋ[5]]〈动〉❶ 翘起。❷ 摇动;摇晃;晃动(物体放置不平)。(见躔)

摬[2] riengh [ɣi:ŋ[6]]〈动〉连接。(见繞)

摬[3] riengq[ɣi:ŋ[5]]〈拟〉连连地;不停地。(见蹺[1])

摓[1] nyoengx [ȵoŋ[4]]〈动〉推。(见拥[1])

摓[2](松) soengq [θoŋ[5]]〈动〉送。(见《初》)

摢(挌、搿、擌) roq [ɣo[5]]〈动〉敲;打。《初》:摢闬, roq dou, 敲门。| 摢鼓, roq gyong, 打鼓。

摑(摒) 历 rumh [ɣum[6]]〈动〉乞讨;讨饭。《初》:皿佶偌摑吽。Guh gaujvaq rumh gwn. 做乞丐去讨饭吃。

揹(擤) saengq [θaŋ[5]]〈动〉擤。《初》:揹鼽, saengq mug, 擤鼻涕。

搇(震) saenq [θan[5]]〈动〉抖动(拿住口袋抖出东西来,或把口袋里的东西抖匀)。《初》:搇佀根閄袮甀料。Saenq gij maenz ndaw daeh okdaeuj. 把口袋里的红薯抖出来。

搟 saenz [θan[2]]〈动〉颤;发抖。(见抻[2])

搟 saenz [θan[2]]〈动〉颤;发抖。(见抻[2])

揹 saeuj [θau[3]]〈动〉❶ 甩动。❷ 抖动;抖掉。(见抒)

搋 sap [θa:p[7]]〈名〉蟑螂。(见蟍[1])

摟(踏) 历 saq [θa[5]]〈动〉打;抽打(用小棍或细长物)。

撡(扡) sauq [θa:u[5]]❶〈动〉扫。《初》:撡空。Sauq ranz. 打扫房子。❷〈名〉扫把;扫帚。《初》:撡靶, sauqbaet, 扫帚。

搽 sax [θa[4]]〈动〉作揖。(见《初》)

揮 历 uij [ʔu:i[3]]〈动〉叫;唤;委派。(见㷇)

揞 umj [ʔum[3]]〈动〉抱。(见3)

搢 vad [wa:t[8]]〈动〉❶ 划(船)。❷ 摇;挥动。❸ 招;挥(手)。❹ 扇(挥动扇子)。(见㧓[1])

搣(鶃) 历 vae [wai[1]]〈动〉摆动。(见《初》)

撝(㩳、跬、拖) viq [wi[5]]〈动〉❶ 扒。《初》:鴗撝坴㧡吽。Gaeq viq doem ra gwn. 鸡扒泥土找食物。❷ 翻;拨;摸。《初》:撝榇, viq loengx, 翻箱子。

撳[1] 历 yoq [jo[5]]〈动〉打;敲(锣鼓)。《初》:撳鼓撳鑯, yoq gyong yoq laz, 敲锣打鼓。(即 roq)

撳[2] yot [jo:t[7]]〈动〉抽;纺(纱)。(见挩[5])

擁 历 yung [juŋ[1]]〈动〉培壅;施放(肥料)。金城江《台腊恒》:提粪擁畓, dawz bwnh yung naz, 拿粪肥放到田里。

搒(扚、抻、拆、拘、乱、㧳、旁) biengj [pi:ŋ[3]]〈动〉掀;揭。《初》:搒袓, biengj moeg, 掀开被子。

摵 boed [pot[8]]〈动〉崩溃。(见砵)

搏[1] boeg [pok[8]]〈形〉背时;背运(与背连用)。都安《行孝唱》:勺招背搏害昭伝。

Yaek ciu boihboeg hai ciuhvunz. 欲招背运害一生。

搏² buek [puːk⁷]〈动〉搏；拼；拼搏。《初》：搏**命**，buekmingh，拼命。

𢫬 bok [poːk⁷]〈动〉剥；脱。《初》：𢫬**䘳**，bok ndang，脱光衣服。

摆 byai [pjaːi¹]〈名〉梢；尾。宜州《龙女与汉鹏》：之论过摆斗王叮。Cih lwnh goek byai daeuj vuengz dingq. 就诉说根梢来给王听(说清来龙去脉)。

搇 caem [ɕam¹]〈动〉亏；蚀。(见賝)

搔 camq [ɕaːm⁵]〈动〉插。金城江《台腊恒》：搔花銀，camq va ngaenz，插银花。

搥 历 daeux [tau⁴]〈动〉❶ 崴；扭伤(与撘连用)。《初》：趺町撘搥咯！Ga deng daebdaeux lo! 把脚给崴了！ ❷ 卷曲。

搨 dag [taːk⁸]〈动〉度；量。(见𣯷)

搋 doz [to²]〈动〉❶ 挣(钱)；寻找。《初》：搋刄，doz cienz，挣钱。❷ 谋生。《初》：搋碗粝，doz vanj haeux，找一碗饭吃(谋生活)。

揰¹(逢)历 fongz [foːŋ²]〈动〉弹；拂(用掸子或别的东西轻轻地抽打或扫去灰尘)。(见《初》)

揰² fwngz [fɯŋ²]〈名〉手。(见𢬵)

揩(揩、掮) gaex [kai⁴]〈动〉❶ 掀；撬。《初》：揩磒，gaex rin，掀石头。❷ 使劲把沉重的担子挑起来。

揳 历 geq [ke⁵]〈动〉耙；刮拢。《初》：揳**莽**庲迪䉲。Geq rong ma dwk feiz. 耙拢树叶来烧火。

搁 goj [ko³]〈动〉❶ 抓；握；扶。❷ 围拢；靠近。(见扻¹)

揰¹(宼、叻) cauh [ɕaːu⁶]〈动〉造；制造；创造。《初》：刅岜揰**犁**𤲼。Bag bya cauh reihnaz. 开山造田地。

揰²(造、硽) cauh [ɕaːu⁶]〈动〉掷；投；抛。《初》：揰磒，cauh rin，掷石头。

揰³(造) 历 cauh [ɕaːu⁶] ❶〈名〉棹。❷〈动〉划(船)。《初》：揰舻，cauh ruz，划船。

搐 cuk [ɕuk⁷]〈动〉筑。(见埞)

摊 dan [taːn¹]〈动〉分；摊。(见抍)

搅(党、挡) 历 dangj [taːŋ³]〈动〉托住。《初》：奀𢫬里眉岜搅。Mbwn loemq lij miz bya dangj. 天塌还有山托住。

摁 dok [toːk⁷]〈动〉❶ 榨；捶。❷ 打。❸ 催。(见𣗳¹)

撓(挠、拮、撵、靰、扛) gwed [kɯːt⁸] ❶〈动〉扛。《初》：撓杖，gwed fwnz，扛柴。❷〈动〉承担。《初》：眉事由佲撓。Miz saeh youz mwngz gwed. 有事由你承担。❸〈量〉捆。《初》：双撓橑，song gwed liu，两捆柴火。

搪 gyongz [kjoːŋ²]〈动〉捅；戳。(见𢳆²)

擾(抲、嘎、夏、嘎、偄、諕) hah [ha⁶]〈动〉❶ 挽留。《初》：擾傍呻粝。Hah de gwn ringz. 挽留他吃午饭。❷ 占；号定。《初》：

攫埿兀叩欢。Hah dieg ndei guh fwen. 占地方好唱山歌。

撁 hat [haːt^{7}]〈动〉吆喝;叱;责骂。(见嗐^{2})

捌^{1} led [leːt^{8}] ❶〈动〉轻涂;轻触。❷〈动〉蘸。❸〈副〉轻轻地。(见挒^{1})

捌^{2} rep [ɣeːp^{7}]〈名〉禾剪;禾镰(用一块薄钢片嵌到小木片里做成半月形的小农具,农民常用来收取稻穗、瓜豆等)。平果《情歌》:胨他捌扴稚。Ndwen de rep gaz fwngz. 那月禾剪正卡手(正当秋收农忙时节)。

摀 厉 maq [ma^{5}]〈动〉背。《初》:摀孙殖。Maq lwgnyez. 背小孩。

搯 厉 mbit [ʔbit^{7}]〈动〉采;摘;掐。(见柲)

搋(撁) naep [nap^{7}]〈动〉插;别。《初》:搋𠦲矢丞丕躺。Naep cungqdinj youq gwnzndang. 别着短枪在身上。

撁 naep [nap^{7}]〈动〉插。(见搋)

搩 ndaet [ʔdat^{7}]〈形〉紧。(见緊)

搯 ndek [ʔdeːk^{7}]〈动〉丢;丢弃;抛弃。马山《达备之歌》:否慇傪倒搯。Mbouj ngeix de dauq ndek. 不料他却先抛弃。

撽(敖、螯) ngauz [ŋaːu^{2}]〈动〉摇;动摇。《初》:撽尥,ngauz gyaeuj,摇头。

揽 ram [ɣaːm^{1}]〈动〉抬。(见揽^{2})

攩 rangh [ɣaːŋ^{6}]〈动〉跟随;连同。(见浪^{11})

擸(搭、擸、樃、押、搭、押、蜡、臘) rap [ɣaːp^{7}] ❶〈名〉担子。❷〈量〉担。❸〈动〉挑(担)。《初》:擀佲擸条擸迈内。Hawj mwngz rap diuz rap naek neix. 让你挑这副重担。❹〈动〉负担。❺〈动〉担当。

押 rap [ɣaːp^{7}] ❶〈名〉担子。❷〈量〉担。❸〈动〉挑(担)。❹〈动〉负担。❺〈动〉担当。(见擸)

揬 riuj [ɣiːu^{3}]〈动〉提;拎。(见扚)

搮 riuj [ɣiːu^{3}]〈动〉提;拎。(见扚)

搧 sienq [θiːn^{5}]〈动〉风(谷);扇。《初》:搧粝提竖昵。Sienq haeux dawz bae dak. 风净谷子拿去晒。

搗 sik [θik^{7}] ❶〈动〉撕。❷〈形〉破;烂。(见措)

搠(朔、缩、捒) suek [θuːk^{7}]〈动〉包;裹。《初》:搠粉,suek faengx,包粽子。

擳 uet [ʔuːt^{7}]〈动〉抹。马山《哭姐歌》:往多擳淰眣。Nuengx doq uet raemxda. 妹妹随即抹眼泪。

搣 venj [weːn^{3}]〈动〉吊;挂。(见抔)

搖 yiuh [jiːu^{6}]〈名〉鹞鹰。(见鷂)

搌 yuenh [juːn^{6}]〈动〉递;伸给。金城江《台腊恒》:搌亨他哏,yuenh haengj de gwn,递给他喝。

摳 aeu [ʔau^{1}] ❶〈动〉要。❷〈动〉娶。❸〈动〉拿;取。❹〈介〉用。❺〈助〉采取……的方法(用在动词后表示某种方法)。(见歐^{1})

摺[1] baeb[pap8]〈动〉叠;折叠。(见㩐[1])

摺[2](㩐、拾)[历] caeb[ɕap8]〈动〉收拾。《初》:摺㧡度介。Caebconz doxgaiq. 收拾东西。

摺[3] caet[ɕat7]〈动〉塞;堵塞;淤塞。(见扎[1])

摺[4] [历] daep[thap7]〈动〉寻找。(见《初》)

摺[5](拾)saeb[θap8]〈动〉❶嵌塞(把小东西塞进缝隙中)。❷再三地说;反复地说。(见《初》)

摺[6] saeb[θap8]〈动〉插。上林《达妍与勒驾》:椛嘿摺丕肖屄杯。Va eq saeb youq goengq haex vaiz. 红花插在牛粪上。

摺[7] yaeb[jab8]〈动〉❶摘。❷捡。(见扒)

擯 baenj[pan3]〈动〉捏;塑。(见抺[2])

撍[1] baenz[pan2]❶〈动〉成;行;可以。❷〈动〉如;像;似。❸〈形〉全;整;成;一。❹〈代〉这么;如此。❺〈动〉生;患(病、疮)。(见貧[1])

撍[2] bin[pin1]〈动〉爬;攀爬。(见逼)

掊 beiz[pei2]❶〈名〉扇子。❷〈动〉扇。(见𬬭)

摽 beuj[peu3]〈动〉❶收拾。❷搬。《初》:摽空,beuj ranz,搬家。

搠 boed[pot8]〈动〉垮;坍塌;崩溃;连根拔起。(见𥔙)

搵 [历] buenz[puːn2]〈动〉培;壅。(见塭)

撑 bywnj[pjɯn3]〈动〉❶翻卷;卷刃。❷翻;反转。(见𬎆[1])

摌(扠、阵)caenx[ɕan4]❶〈动〉挤。《初》:摌合㟁𬌗。Caenx haeujbae yawj. 挤进去看。❷〈形〉拥挤。《初》:眃伏伝摌迻。Ngoenzhaw vunz caenx lai. 集日人太拥挤。

撕[1](斬)[历] camh[ɕaːm6]〈动〉拦。《初》:撕鲃丕閅澘。Camh bya youq gyang vaengz. 把鱼拦在水汪中。

撕[2] [历] camh[ɕaːm6]〈动〉照;照耀。上林《达妍与勒驾》:眕灯眃斗撕。Raen daengngoenz daeuj camh. 见到太阳来照耀。

掮 ciengx[ɕiːŋ4]〈动〉❶养;供养;抚养。❷牧;放牧。(见敹)

摧 coi[ɕoi1]〈动〉催;支使。(见嗺)

撦(笏、扠、坐、左、着)coq[ɕo5]〈动〉❶放。《初》:撦粝㚢鍋。Coq haeux roengz rek. 放米下锅。❷施。《初》:撦屎,coq bwnh,施肥。❸灌;灌溉。《初》:𬾡内兄㟁撦淰畓。Haemhneix gou bae coq raemx naz. 今晚我去灌田水。

搨 daek[tak7]〈动〉❶舀。❷盛。❸得(罪)。(见捍[1])

擒(貪)dam[taːm1]〈动〉连接;套上。《初》:任擒,doxdam,互相连接。

搷 [历] diemq[tiːm5]〈动〉❶点种;点播。❷间种;间作。(见摅)

攏 方 dit［tit⁷］〈动〉弹。(见跍)

𢴈¹(㗍、噇、扗、拄) duengh［tuːŋ⁶］〈动〉❶往下拉。《初》:𨅝𢴈楦歐𥠁。Fwngz duengh nge aeu mak. 用手把树枝拉下摘果。❷垂下;坠。《初》:𥠁结廸𣘈𢴈。Mak giet dwk faex duengh. 果实结得树枝坠。

𢴈²(捞、㔜、捅、掘) gyongz［kjoːŋ²］〈动〉捅;戳。《初》:𣘈樑𢴈窲蟆。Faexsaux gyongz rongz doq. 长竹竿捅马蜂窝。

㩉 fak［faːk⁷］〈动〉搧;打(耳光)。(见撥¹)

搕 gae［kai¹］〈名〉横梁。金城江《台腊恒》:介台搕, gaej daiz gae, 别夸赞横梁。

撳 gaemh［kam⁶］〈动〉抓;擒;捕;逮捕;俘;捉拿。(见㨢²)

㨼(扛、扞、刚、㧏、降、㨍、鋼) gang［kaːŋ¹］〈动〉❶撑。《初》:㨼𠎺, gang liengj, 撑伞。❷张挂。《初》:㨼𦀚, gang riep, 挂蚊帐。❸搭。《初》:㨼偲𡧲芏刁。Gang aen ranzhaz ndeu. 搭一间茅草屋。

㨍 gang［kaːŋ¹］〈动〉❶撑。❷张挂。❸搭。(见㨼)

㩣 方 gaw［kaɯ¹］〈动〉❶住;歇。❷整;收拾。❸计较。(见闸)

搢 guenj［kuːn³］〈动〉管;管制;管辖;管理;管束。(见《初》)

𢭃(遊、𡰪、㗅、許、䛙、抙) hawj［haɯ³］〈动〉❶给;给予;让;赋予。《初》:歐条樉𢭃兄。Aeu diuzhanz hawj gou. 拿扁担给我。❷许可;允许。《初》:㑐否𢭃伝吽。De mbouj hawj vunz naeuz. 他不许别人说。

㩂¹ 方 laeg［lak⁸］〈动〉❶偷。《初》:㩂貿, laeg huq, 偷东西。❷瞒;背。

㩂² raek［ɣak⁷］〈动〉❶带;佩戴。❷怀孕。❸携带。(见㩗)

㨫 lamh［laːm⁶］〈动〉拴。(见揽¹)

㨘(扳) 方 manx［maːn⁴］〈动〉扳倒。《初》:佈㦖㨘𣎏佈奔。Boux iq manx ndaej boux hung. 小个子扳得倒大个子。

㩋(搕) 方 mbaengq［ʔbaŋ⁵］〈动〉掐;戳;捏(将指甲用力在软的物体上按压、掐、戳)。(见《初》)

㨦 mbon［ʔboːn¹］〈动〉挖;掏。(见抹⁷)

㨭(吝、扼、喀) 方 ning［niŋ¹］〈动〉动。《初》:圿内㨭否𣎏。Gaiq neix ning mbouj ndaej. 这件东西动不得。

㨎(扭) niu［niːu¹］〈形〉韧(指竹篾或藤类)。《初》:箣㨎兀綻芏。Duk niu ndei cug haz. 韧的篾好捆茅草。

㨵 方 oq［ʔo⁵］〈动〉供养。《初》:佈㨵双佈伝。Boux oq song boux vunz. 一人供养两个人。

㩓 方 raej［ɣai³］〈形〉省;节俭。《初》:波眉約𪾢㩓。Baez miz yaek rox raej. 有钱时要懂得节俭。

撕 raek［ɣak⁷］〈动〉断;折。(见㯼)

㩟¹(𠼫、挲) rag［ɣaːk⁸］〈动〉拉;拖。《初》:犿㩟車。Vaiz rag ci. 牛拉车。

擇² rieg［ɣiːk⁸］〈动〉换(水、衣服等)。(见㧊³)

㨁 历 saemx［θam⁴］〈形〉尖利(与擠连用)。《初》:鲃鰣角㨁擠。Bya'ndoek gok saemxsaengx. 塘角鱼的胸鳍硬刺很尖利。

摷¹(杪、槽、槌、樔、筲) saux［θaːu⁴］〈名〉竹竿。《初》:歐奔摷晄裕。Aeu faexsaux dak buh. 用竹竿来晒衣服。

摷² 历 sauz［θaːu²］〈名〉一会儿;一下子。(见曍)

摷 sauz［θaːu²］〈动〉干;打;揍。《初》:物袛迪大摷。Vid vaq dwk daih sauz. 卷起裤筒大干一场。

揳 历 seh［θe⁶］〈动〉挤;挤入。《初》:揳合䂖𡉪,seh haeuj congh bae,挤进洞里去。

擩 soed［θot⁸］〈动〉塞进;放进。(见捽²)

摰 yaeb［jab⁸］〈动〉❶摘。❷捡。(见扒)

搖 yaemz［jam²］〈动〉下夜罾(夜间捕鱼的一种方法,把罾悄悄放入水中,待鱼入网后再慢慢提起来)。(见鯚)

擙¹ aeu［ʔau¹］❶〈动〉要。❷〈动〉娶。❸〈动〉拿;取。❹〈介〉用。❺〈助〉采取……的方法(用在动词后表示某种方法)。(见歐¹)

擙² auq［ʔaːu⁵］〈名〉山;山头。马山《达稳之歌》:先擙,sien auq,仙山。

擙³(奥) auq［ʔaːu⁵］〈动〉❶驯;教。《初》:擙犿提𩊱。Auq vaiz dawz cae. 教牛犁田。❷扳;比。《初》:擙揁,auq gen,扳手臂(比臂力)。❸校正。

擙⁴ euq［ʔeu⁵］❶〈动〉强辩;争论。❷〈形〉执拗。(见嘢)

擱¹ 历 ai［ʔaːi¹］〈动〉朝上;仰着。上林《赶圩歌》:眉级捙级擱。Miz gip hoemj gip ai.［瓦片］有倒扣有仰放着的。

擱²(亥、海、醢) hai［haːi¹］〈动〉开。《初》:擱闷。Hai dou. 开门。

擀¹ 历 baeng［paŋ¹］〈动〉挡;遮。《初》:歐幪帊擀䁒。Aeu sujbaq baeng naj. 拿手巾遮脸。

擀²(搠) bongx［poːŋ⁴］〈动〉❶拍。《初》:擀柀,bongx foenq,拍打灰尘。|擀闷,bongx dou,拍门。❷敲;击打。《初》:歐奔𡉪擀䂣。Aeu faex bae bongx mak. 拿木棍去把果子打下。

撢¹ boemz［pom²］〈动〉❶摔;打翻。❷打(砖)。(见搠¹)

撢²(磹、踸、乇、㧗、椿、跉) daem［tam¹］〈动〉舂。《初》:撢粝,daem haeux,舂米。

撢³ daemx［tam⁴］〈动〉顶住。《初》:歐奔庲撢闷。Aeu faex ma daemx dou. 用木头顶住门板。

撯 历 bu［pu¹］〈动〉扶。

擺 bya［pja¹］〈名〉山。《粤风》:养勒佛排擺。Yiengh lwgbaed byai bya. 像山巅的佛像。

擣 caemh［ɕam⁶］❶〈动〉同;共同。❷

〈副〉也;同;一起。(见𨑛)

揲 caemq[ɕam⁵]〈动〉跺;顿(脚)。(见𨃰[1])

揁[1] 历 caeng[ɕaŋ¹]〈动〉关禁;囚。(见《初》,即 gyaeng)

揁[2] saengq[θaŋ⁵]〈动〉挥霍。(见賸)

揁[3] 历 saengx[θaŋ⁴]〈形〉尖利(与探连用)。《初》:角探揁,gaeu saemxsaengx,角很尖利。

揲[1] caep[ɕap⁷]〈动〉砌。(见磼)

揲[2](荐、㖩、栫、拵、垎、㖽)comz[ɕoːm²]〈动〉堆积;集拢;围拢。《初》:蚵蚣揲哈哈。Nengznyaen comz ruxrux. 苍蝇成群来围拢。

揲[3] 历 haet[hat⁷]〈动〉堵;拦。《初》:揲汏。Haet dah. 拦河。(见㓹)

撰 canh[ɕaːn⁶]〈动〉赚。《初》:䙡鞋紦撰刄。Gaicawx ndaej canh cienz. 做买卖能赚钱。

撑[1](争、挣)cengj[ɕeːŋ³]〈动〉❶推(指由下往上顶或推)。❷撑(船、篙)。《初》:夆衎撑舺。Roengzrengz cengj ruz. 用力撑船。

撑[2] gaenz[kan²]〈动〉挺;勃起。《粤风》:禄撑。Roeg gaenz. 阳器勃起。

擝 daeb[tap⁸]〈动〉叠;垒。《初》:提佁圳内擝𡉂料。Dawz gij cien neix daeb hwnjdaeuj. 把这些砖叠起来。

撍 daeh[tai⁶]〈动〉搬运;运输。(见递[1])

擿[1] daek[tak⁷]〈动〉❶舀。❷盛。❸得(罪)。(见㨶[1])

擿[2] yaek[jak⁷]〈动〉耍;耍弄;戏弄;玩弄;撩逗。上林《赶圩歌》:打眺哑眺擿。Daj senq daeuh senq yaek. 老早就互相撩逗玩耍。(见擿[2])

撜[1] daenj[tan³]〈动〉❶穿(衣服、鞋、袜等)。❷戴。(见袮)

撜[2] 历 daengx[taŋ⁴]〈动〉撑顶。《初》:磸撜,rindaengx,用以撑顶重物的石条或石块。

撜[3] daengx[taŋ⁴]〈形〉全。上林《达妍与勒驾》:撜兰,daengx ranz,全家。

撜[4] raemj[ɣam³]〈动〉砍。(见㓧)

撻[1] daz[ta²]〈动〉带领;引导;引领。(见踏)

撻[2](沱)daz[ta²]〈动〉涂(墙);抹(灰)。(见《初》)

撻[3] doz[to²]〈动〉纺。(见䋈[1])

撴 deng[teːŋ¹]❶〈动〉对;中。❷〈介〉挨;被。(见盯)

㨊(掂、攧)历 diemq[tiːm⁵]〈动〉❶点种;点播。《初》:㨊垣,diemq duh,点播豆子。❷间种;间作。《初》:犁垣㨊糇粓。Reih duh diemq haeuxyangz. 在豆子地里间种玉米。(即 diemj)

擆[1] doek[tok⁷]〈动〉❶落。❷丢失。(见䃔[1])

搚² roq [ɣo⁵]〈动〉敲;打。(见掠)

撳 gaem[kam¹]〈动〉抓;拿;持;握;握住;掌握。(见拎¹)

擒 gaem [kam¹]〈动〉抓;拿;持;握;握住;掌握。(见拎¹)

搿 gaex [kai⁴]〈动〉❶ 掀;撬。❷ 使劲把沉重的担子挑起来。(见掟)

撓 gauj [ka:u³]❶〈动〉绞;缠绕。❷〈动〉纠绕;纠结(线状物绞成一团)。❸〈形〉忙乱;忙碌;乱成一团。(见绔)

撖(拵) 方 gingq [kiŋ⁵]〈动〉揩。《初》:撖屡,gingq haex,揩屎。

擱(曷、擭、郭、格、葛、榾、捔、擴、抲) got [ko:t⁷]〈动〉抱;搂;搂抱;拥抱。《初》:仜擱,doxgot,拥抱。

撛¹ 方 laemh [lam⁶]〈动〉摸;抚摸。(见攋)

撛² laenz [lan²]〈动〉搓(绳)。《初》:歐皷庲撛絈。Aeu baez ma laenz cag. 用龙须草来搓绳子。

撋 mai [ma:i¹]❶〈名〉胎斑;胎记。❷〈动〉涂;画。(见瀆)

擝¹ moeb [mop⁸]〈动〉打;揍。(见桀)

擝² ndaem[ʔdam¹]〈动〉种;栽。(见穲)

撨 ndau [ʔda:u¹]〈动〉搅:搅动;搅拌。(见撓¹)

撊 方 nyaenh [ɲan⁶]〈动〉摇动(与揁连用)。

撘 rap [ɣa:p⁷]❶〈名〉担子。❷〈量〉担。❸〈动〉挑(担)。❹〈动〉负担。❺〈动〉担当。(见帮)

擸 rap [ɣa:p⁷]❶〈名〉担子。❷〈量〉担。❸〈动〉挑(担)。❹〈动〉负担。❺〈动〉担当。(见帮)

撶 riengh [ɣi:ŋ⁶]〈动〉连接。(见繞)

攋 方 saenh [θan⁶]〈动〉添(火);续(柴)。《初》:彐罾烑攋斐。Naengh naj cauq saenh feiz. 坐在火灶前添柴火。

撮 vad [wa:t⁸]〈动〉❶ 划(船)。❷ 摇;挥动。❸ 招;挥(手)。❹ 扇(挥动扇子)。(见挗¹)

擕 vanq [wa:n⁵]〈动〉撒;播。(见扐)

撲 vut [wut⁷]〈动〉❶ 扔;丢掉;抛弃;丢下。❷ 失掉;丢失。(见扨)

撮 yep [je:p⁷]❶〈动〉抓;捏。《初》:撮的砧夆鍘。Yep di gyu roengz rek. 抓点儿盐下锅。❷〈量〉撮。《初》:撮劤穈刁,yep lwgraz ndeu,一撮芝麻。

擗 bag [pa:k⁸]〈动〉劈。(见剝)

操¹(招) cauj [ɕa:u³]〈动〉招(烦);添(麻烦);劳(神);打扰。《初》:介擀兄操烦。Gaej hawj gou caujfanz. 莫给我添麻烦。

操² saeu [θau¹]〈形〉馊。(见呶²)

擂¹(摺、扨) baeb [pap⁸]〈动〉叠;折叠。《初》:擂衵,baeb denz,叠被子。

擂² 方 caeb [ɕap⁸]〈动〉收拾。(见摺²)

撘3 〔方〕daeb［tap[8]］〈动〉崴；扭伤(脚)。《初》：盯町撘揼！Din deng daebdaeux! 脚给崴了！

撘4 daep［tap[7]］❶〈动〉套。❷〈名〉套子。(见叠)

搒 baenj［pan[3]］〈动〉捏；塑。(见拚[2])

撵 bywnj［pjɯn[3]］〈动〉❶翻卷；卷刃。❷翻；反转。(见翻[1])

擇 〔方〕caek［ɕak[7]］〈动〉探望；看。(见瞿)

揮(治、揣、罪) coih［ɕoi[6]］〈动〉❶修；修整；修理；修补。《初》：揮宔。Coih ranz. 修补房子。❷纠正。

擋 〔方〕dangx［taːŋ[4]］〈动〉支撑；抵挡；抵抗。(见挙)

撥1(拨、扶、呚) fak［faːk[7]］〈动〉掮；打(耳光)。《初》：撥双㳄聏。Fak song mbat rwz. 打两个耳光。

撥2 fwed［fɯːt[8]］〈名〉翅膀。(见毴[1])

擒1 gaem［kam[1]］〈动〉抓；拿；持；握；握住；掌握。(见拎[1])

擒2(擒、撖、甘) gaemh［kam[6]］〈动〉抓；擒；捕；捉；逮捕；俘获。《初》：擒伝佊。Gaemh vunzfamh. 捉拿犯人。

擒3 goemq［kom[5]］〈动〉盖；遮盖。(见禁)

擒4 gaemh［kam[6]］〈动〉按；压。(见拷[2])

撳(扻、揹、勤、跟、搌) gaenx［kan[4]］❶〈动〉揉搓。《初》：撳稳面，gaenx mbamienh，揉搓面粉。❷〈动〉按压；猛按。马山《欢迪贼》：度撳夅墒坒。doxgaenx roengz namh bae，互相按压下泥地。❸〈形〉勤。《初》：撳Ш垙，gaenx guh hong，勤干活。

搌 gaenx［kan[4]］❶〈动〉揉搓。❷〈动〉按压；猛按。❸〈形〉勤。(见撳)

撄 〔方〕ge［khe[1]］〈动〉抛网。(见《初》)

擗(玘、溉) gej［ke[3]］〈动〉❶解；解开。《初》：擗絉，gej cag，解开绳子。❷解释。《初》：擗吽，gejnaeuz，解说。

擓 〔方〕hoi［hoi[1]］〈动〉敲(鼓)。

擂1 laeh［lai[6]］〈动〉跑。宜州《龙女与汉鹏》：擂艮由擂喇。Laeh gwnz youh laeh laj. 跑上又跑下。

擂2 loih［loi[6]］〈动〉擂；捶；打。(见犁)

擂3 roix［ɣoi[4]］❶〈动〉串；串起。❷〈量〉串。(见餟)

擿(搛) 〔方〕laemh［lam[6]］〈动〉摸；抚摸。《初》：擿尬孙犽。Laemh gyaeuj lwgnyez. 抚摸小孩的头。(即 lumh)

擄 〔方〕mungz［muŋ[2]］〈名〉手。(见擄)

撵1 〔方〕neb［neːp[8]］〈动〉❶驱逐；追；撵；赶。❷跟踪。(见迣)

撵2(聶、蹑) nep［neːp[7]］〈动〉❶夹。《初》：撵花，nep byaek，夹菜。❷捏(用手指夹)。

擨 方 raix［ɣaːi⁴］〈形〉拖拉(与摺连用)。《初》:修田佲庅総摺擨。De guh gijmaz cungj ragraix. 他做什么事都拖拉。

擦 roemj［ɣom³］〈拟〉悠悠;腾腾(叠用于动词或形容词后)。《初》:抒肸庲擦擦。Riuj noh ma roemjroemj. 提着肉慢悠悠地走回来。

擼 roq［ɣo⁵］〈动〉敲;打。(见拡)

擡(帅) sai［θaːi¹］〈动〉锯。《初》:擡栥,sai faex,锯木头。

擨 sai［θaːi¹］〈动〉斟;筛(酒)。(见揌)

擮 swix［θɯːi⁴］〈名〉左;左边。(见牺)

擩 baenq［pan⁵］〈动〉转;转动;旋转。(见轓)

擶 donj［toːn³］〈动〉砍(把伐下的树一节一节地砍断)。(见敦)

擲 duet［tuːt⁷］〈动〉夺;抢夺;掠夺。(见《初》)

擳 got［koːt⁷］〈动〉抱;搂;搂抱;拥抱。(见撺)

擸 gwenj［kɯːn³］〈动〉揭;掀。(见掀)

擹 lax［la⁴］〈动〉摸;抚摸。(见攞)

擦 lax［la⁴］〈动〉摸;抚摸。(见攞)

擪 ndaem［ʔdam¹］〈动〉种;栽。(见稴)

擫(躬、侧、擞、則、乜、翩) raek［ɣak⁷］〈动〉❶ 带;佩戴。《初》:擫剃垰崬。Raek liemz bae ndoeng. 佩戴镰刀上山林。❷ 怀孕。《初》:姕擫孖九朕。Meh raek lwg gouj ndwen. 母亲怀胎九个月。❸ 携带。《初》:呥烟愁擫奘。Gwn ien lumz raek feiz. 抽烟忘记带火柴。

擯 bag［paːk⁸］〈动〉劈。(见剶)

擰[1] daek［tak⁷］〈动〉❶ 舀。❷ 盛。❸ 得(罪)。(见捛[1])

擰[2](犽、抰、捛、擰) yaek［jak⁷］〈动〉玩弄;戏弄;撩逗。《初》:任擰任抔,doxyaek doxloengh,互相撩逗戏弄。

擸(担、担、掸) danz［taːn²］〈动〉猛打。《初》:擸汷軰刄掛佲。Danz mbat fwngz ndeu hawj mwngz. 猛打你一巴掌。

擾(魂) honz［hoːn²］〈动〉❶ 松动。《初》:牙擾。Heuj honz. 牙齿松动。❷ 溏(蛋)。《初》:鸡擾,gyaeqhonz,溏蛋、散黄蛋。

擽 nda［ʔda¹］〈动〉摆。金城江《台腊恒》:之盘瓶斗擽,cix banz mbanq daeuj nda,摆的全是豁口盘。

擿(挢、林、抨) lumh［lum⁶］〈动〉摸;摸索。(见《初》)

攁 aemq［ʔam⁵］〈动〉背;背负。(见ɔ)

攂 gvaek［kwak⁷］〈动〉❶ 划;打(火石取火)。❷ 敲(以手指节击物)。(见挖)

攃 naenx［nan⁴］〈动〉❶ 按;压。❷ 忍。(见跟)

攅 camz［ɕaːm²］〈动〉刺;戳;扎。(见疹[2])

擥 lamh［laːm⁶］〈动〉拴。(见揽[1])

攎[1] lawz［laɯ²］〈代〉谁;哪一个。《粤

风》:扶攎鲁,bouxlawz rox,谁知道。

攎² ndaw [ʔdauɯ¹]〈名〉里面。《粤风》:勺攎肚,coq ndaw dungx,放在肚子里。

攠 mo [mo¹]〈动〉摸:摸索。(见抺)

攋¹ raix [ɣaːi⁴]〈动〉❶ 倒;腾(把物品倾出或倒到另一容器)。❷ 斟(酒)。(见㔹)

攋² raq [ɣa⁵]〈量〉阵。《粤风》:也眉攋凛闯。Yax meiz raq raemx dongj. 也有一阵洪水冲。

攆 方 neb [neːp⁸]〈动〉❶ 驱逐;追;撵;赶。❷ 跟踪。(见逆)

攏 roengz [ɣoŋ²]〈动〉 下。田阳《布洛陀遗本》:掘攏七丈光,geuh roengz caet ciengh gvangq,挖下七丈宽。

攒 swnj [θɯn³]〈动〉连接;联结。(见綍)

攡 方 giengj [kiːŋ³]〈名〉伞。(见《初》)

攞 lab [laːp⁸]〈形〉杂;混杂(与凶连用)。《初》:攞凶,labcab,混杂、拉杂、复杂。

扐(扐、㔹)lik [lik⁷]〈动〉剥;撕开。《初》:丫奞扐叿双戸。Nga faex lik guh song mbiengj. 把树枝撕成两半。

扑¹ 方 mbak [ʔbaːk⁷]〈动〉砍;劈。(见芣)

扑²(扑)方 mbuk [ʔbuk⁷]〈动〉摸;掏。《初》:扑袮歐艮。Mbuk daeh aeu ngaenz. 掏口袋取钱。

扚(撲、㩧、揄、犰、打)riuj [ɣiːu³]〈动〉提;拎。《初》:扚偲箞芲料。Riuj aen giuq byaek daeuj. 提一个菜篮来。

扖(綵)caeq [ɕai⁵]〈动〉祭;祭祀。(见《初》)

扱¹ gaeb [kap⁸]〈动〉捉;捕。(见拾¹)

扱² gip [kip⁷]〈动〉❶ 拾;捡。❷ 采摘。(见捻¹)

扱³ 方 gyoep [kjop⁷]〈动〉❶ 摘《初》:扱花,gyoep byaek,摘菜。❷ 拾。《初》:扱粡,gyoep gaeuj,拾谷子。

扡 lax [la⁴]〈动〉摸;抚摸。(见攞)

扠 方 ngeh [ŋe⁶]〈动〉揩。(见扠)

扨 riuj [ɣiːu³]〈动〉提;拎。(见扚)

扬 方 ciengz [ɕiːŋ²] ❶〈连〉既然。❷〈副〉趁便;趁手(与一连用)。

扮(拚、扮、奔、㶧)baen [pan¹]〈动〉分。《初》:扮䅇掛孖葅吔。Baen mak hawj lwgnyez gwn. 分果子给小孩子吃。

扒¹(把)方 baz [pa²]〈动〉扒拉;寻找。《初》:否眉粝吔俌兄扒。Mbouj miz haeux gwn caih gou baz. 没有饭吃由我去找。

扒² faj [fa³]〈名〉手掌(与蓬连用)。马山《百岁歌》:偈扒蓬,caemh fajfwngz,同一只手掌。

扭 coux [ɕou⁴]〈动〉❶ 装;盛。❷ 迎接。❸ 娶。(见捊)

扐 fong [foːŋ¹]〈动〉补。(见𫽕)

扶 fou［fou¹］〈动〉搓洗。(见泆)

拏 fwngz［fɯŋ²］〈名〉手。(见㧶)

玟¹ fwngz［fɯŋ²］〈名〉手。(见㧶)

玟²(玪、攽、㪻) mbaenq［ʔban⁵］〈动〉掐(用指甲)。《初》:孙㧶介任玟。Lwgnyez gaej doxmbaenq. 小孩不要互相掐。

玪¹ gaem［kam¹］〈动〉拿;抓;持。马山《信歌》:玪瓶氿,gaem bingz laeuj,拿酒瓶。(见拎¹)

玪² goem［kom¹］〈形〉亏。马山《否㤘叁翻雲》:世伝兄太玪。Seiq vunz gou daiq goem. 我今生太亏。

玪³ mbaenq［ʔban⁵］〈动〉掐(用指甲)。(见玟²)

扣 gueg［ku:k⁸］〈动〉❶做。❷种;种植。(见郭²)

抙 hawj［haɯ³］〈动〉❶给;给予;让;赋予。❷许可;允许。(见𢫒)

护(户) hoq［ho⁵］〈名〉肘(与揁连用)。《初》:偻任侵偲台,介任佊护揁。Raeuz doxcaeuq aen daiz, gaej doxfamh hoqgen. 咱共坐一桌,手肘莫相碰。

抸 mbiq［ʔbi⁵］〈动〉剥。(见㨨¹)

抍 ndenq［ʔde:n⁵］〈动〉递。武鸣《信歌》:抍叺㧶斗。Ndenq haeuj fwngz daeuj. 递入手中。(见掩²)

抍 ndenq［ʔde:n⁵］〈动〉递。(见掩²)

扷 ndienq［ʔdi:n⁵］〈动〉递。马山《完筆》:扷許爹,ndienq hawj de,递给他。

扨(拃、勿、活) uet［ʔu:t⁷］〈动〉抹;擦;拭。《初》:揁袮扨淰𥄡。Genbuh uet raemxda.［用］衣袖抹眼泪。

我 vaij［wa:i³］〈动〉❶划(船)。❷游(水)。(见㧒)

㧒 vaij［wa:i³］〈动〉❶划(船)。❷游(水)。(见㧒)

扒 方 vaz［wa²］〈动〉抓。(见抓²)

扰 yaeuj［jau³］〈动〉提;提起(双手提)。(见㧪)

拂(揼、拂) baet［pat⁷］〈动〉拂;轻拍。《初》:拂㧶,baet fwngz,拂手。

拍¹ bag［pa:k⁸］〈动〉劈。(见㔍)

拍² mbak［ʔba:k⁷］〈动〉锄。马山《欢哭母》:各拍䨱拍犁。Gag mbak naz mbak reih. 独自耕田又锄地。

拜¹ baih［pa:i⁶］〈名〉方;边;面。(见𢪏)

拜² 方 baiq［pa:i⁵］〈动〉瞌睡。(见䀨)

拜³ byaij［pja:i³］〈动〉走。东兰《造牛(残页)》:丕請他到拜。Bae cing de dauq byaij. 去牵它却会走动。

抯 danz［ta:n²］〈动〉猛打。(见㩥)

押¹(侠、押、挟) gab［ka:p⁸］〈动〉夹。《初》:押㧶,gab fwngz,夹手。

押² 方 nyap［ȵa:p⁷］〈动〉抓。《初》:歐㧶押花呻。Aeu fwngz nyap byaek gwn. 用手抓菜吃。

拑 gaemh [kam⁶]〈动〉抓;擒;捕;逮捕;俘;捉。(见擒²)

抲¹(抲、搿) goj [ko³]〈动〉❶ 抓;握;扶。《初》:盵岜否俈抲。Bin bya mbouj dieg goj. 爬石山无处抓握。❷ 围拢;靠近。《初》:鴭孙抲鴭妣。Gaeqlwg goj gaeqmeh. 小鸡围着母鸡转。

抲² gop[ko:p⁷]❶〈动〉掬。❷〈量〉掬;捧。(见拾²)

抲³ got [ko:t⁷]〈动〉抱;搂;搂抱;拥抱。(见搞)

抷(秮、䟫、括) gvaz [kwa²]〈名〉右。《初》:𢬣抷, fwngzgvaz, 右手。

抛 gveng [kwe:ŋ¹]〈动〉丢;扔;抛弃。(见𢫫)

拉 lat [la:t⁷]〈动〉拉;扯。金城江《台腊恒》:拉墨否亨吊, lat maeg mbouj haengj diuq, 拉紧墨线不给歪。

抺 miq [mi⁵]〈动〉拔(毛)。(见抹)

抳 naet [nat⁷]〈形〉酸痛。马山《欢叹父母》:卜姆躺抳奶。Bohmeh ndang naet-naiq. 父母身体有病痛。

扽 ndenq [ʔde:n⁵]〈动〉递。(见扽²)

拏(挐) nu [nu¹]〈动〉捏;揉(眼睛)。《初》:提徒蠕内拏龛呰。Dawz duz moed neix nu dai bae. 把这只蚂蚁捏死。

拗(拗、揄、抓、拓、右) yaeuj [jau³]〈动〉提;提起(双手提)。《初》:拗箩粨𢈊橄料。Yaeuj loz haeux hwnj bam daeuj. 提一箩谷子到楼上来。

拘 biengj [pi:ŋ³]〈动〉掀;揭。(见撈)

揪 coux[ɕou⁴]〈动〉❶ 装;盛。❷ 迎接。❸ 娶。(见捘)

㧻 coux[ɕou⁴]〈动〉❶ 装;盛。❷ 迎接。❸ 娶。(见捘)

挑 厉 diuj [thi:u³]〈动〉提。《初》:𢬣挑袋。Mungz diuj daeh. 手提着袋子。(即 riuj)

拾¹(及、扱、拾) gaeb [kap⁸]〈动〉捉;捕。《初》:拾鴭厏刹。Gaeb gaeq ma gaj. 捉鸡来杀。

拾²(抲、抙、抾、掬) gop [ko:p⁷]❶〈动〉掬。❷〈量〉掬;捧。《初》:拾拾淰刁料吽。Gop gop raemx ndeu daeuj gwn. 掬一掬水来喝。

拳¹ gen [ke:n¹]〈名〉手臂。(见掮)

拳² genz [khe:n²]〈名〉手臂。(见攉,即 gen)

扛 humz [hum²]〈形〉痒。(见瘩)

㧑 lax [la⁴]〈动〉摸;抚摸。(见攞)

捋 lued [lu:t⁸]〈动〉抢夺;掠夺。(见《初》)

挪 na [na¹]〈形〉厚。(见甀)

㧏 naenj [nan³]〈动〉❶ 精雕细刻;刻意加工;精心制作。《初》:㧏花, naenj byaek, 精心做菜。❷ 打扮;装扮。《初》:妚娋内𰀶㧏。Dah sau neix rox naenj. 这姑娘会打扮。

𢫔(葊) sonx [θo:n⁴]〈动〉❶ 叠。《初》:𢫔碗,sonx vanj,叠碗。❷ 套。

挖(硍) vat [wa:t⁷]〈动〉挖。《初》:挖莀岜𠸒飩。Vat maenzbya guh donq. 挖山薯当餐(充饥)。

挈 veg [we:k⁸] ❶〈名〉笔画。❷〈动〉划。《初》:挈埊界。Veg dieggaiq. 划地界。

拴 baek [pak⁷]〈动〉拄。马山《尊老爱幼歌》:趁路㕭拴滕。Yamq loh deng baek dwngx. 走路要拄拐杖。

捌[1](挈) bek [pe:k⁷]〈动〉❶ 间(苗)。《初》:捌粑粫,bek gaeujdaeq,间玉米苗。❷ 分;分开。《初》:捌㕮,bek gun,分开吃(即分家)。

捌[2] biek [pi:k⁷]〈动〉离别;分别。(见彬)

捌[3](刮、捌、胋) gvet [kwe:t⁷]〈动〉刮;铲。《初》:捌 苷 琗 毞 眥。Gvet nyapnyaj okbae. 把垃圾刮出去。

挈 bek [pe:k⁷]〈动〉❶ 间(苗)。❷ 分;分开。(见捌[1])

捄 cug [ɕuk⁸]〈动〉捆;捆绑。武鸣《信歌》:毆鏈捄,aeu lienh cug,用链条捆绑。(见絿)

捋(逷、受、授、㓝、捊、抽、㕛、㝌、阯、丑、㗑、㧒、稄、𢭃、揪、扭、捉、盄) coux [ɕou⁴]〈动〉❶ 装;盛。《初》:毆椧料捋粝。Aeu sangq daeuj coux haeux. 用大木桶来装米。❷ 迎接。❸ 娶。《初》:捋始庲㝉。Coux bawx ma ranz. 娶媳妇回家。

捉 coux [ɕou⁴]〈动〉❶ 装;盛。❷ 迎接。❸ 娶。(见捋)

拴 㐰 fawz [faɯ²]〈名〉手。武鸣《信歌》:拎闶拴否放。Gaem ndaw fawz mbouj cuengq. 拿在手里不放下。

捊 fou [fou¹]〈动〉搓洗。(见汏)

拂 㐰 fwiz [fɯ:i²]〈动〉拜(神)。(见䄻)

挟(及、甲、押、挙、晗、䩡) gap [ka:p⁷]〈动〉❶ 合;合伙;搭伙。《初》:挟手𠸒䙡䝨。Gapsouj guh gaicawx. 合伙做买卖。❷ 交;结交。《初》:兄佷佲挟朋友。Gou caeuq mwngz gap baengzyoux. 我和你交朋友。❸ 配(药)。《初》:挟芲,gap yw,配药。

挙 gap [ka:p⁷]〈动〉❶ 合;合伙;搭伙。❷ 交;结交。❸ 配(药)。(见挟)

挸 gen [ke:n¹]〈名〉手臂。(见掮)

掔 gen [ke:n¹]〈名〉手臂。(见掮)

掑(剴) 㐰 gvaez [kwai²]〈动〉割;刈。《初》:掑粝,gvaez haeux,割稻子。

捔(卦、挋、擓) gvaek [kwak⁷]〈动〉❶ 划;打(火石取火)。《初》:捔 焼 劀 炪 烟。Gvaek hujliemz cit ien. 打火镰取火抽烟。❷ 敲(以手指节击物)。《初》:介捔尯劧蒩。Gaej gvaek gyaeuj lwgnyez. 莫敲小孩的头。

拼 loengh [loŋ⁶]〈动〉❶ 要;玩要;戏弄;玩弄。❷ 做。(见拼[1])

挈(擂、搥、蹫) loih [loi⁶]〈动〉擂;捶;打。《初》:毆奔眥挈垣。Aeu faex bae loih duh. 拿木棒去打豆子。

挕 rom [ɣo:m¹]〈动〉攒;积攒。马山

《欢叹父母》:孤㐅𠬠许㐅,rom ndaej noh hawj lwg,攒得肉食给孩子。

𢭃 va [wa¹]〈动〉抓;挠;搔。《初》:徒㹨𢭃痞。Duzlingz va humz. 猴子搔痒。

换 vuenh [wu:n⁶]〈动〉换。马山《达稳之歌》:换㧡妖㖞承? Vuenh ra dah lawz swngz? 换找何女来相承?

𢬵 beuj [peu³]〈动〉搬。马山《望吞話名詢》:𢬵家,beuj gya,搬家。

𢭼 mbaet [ʔbat⁷]〈动〉摘;摘取。马山《传扬歌》:介批𢭼𦬠伝。Gaej bae mbaet byaek vunz. 别去摘人家的菜。

授 coux [ɕou⁴]〈动〉❶ 装;盛。❷ 迎接。❸ 娶。(见𢪭)

㨵 danz [ta:n²]〈动〉猛打。(见擹)

𢭸 㕫 dimh [tim⁶]〈动〉捶(用木杵捶打)。《初》:扲𣗑𡎝𢭸𧞫。Gaem sak bae dimh baengz. 拿木杵去捶布。

𢭹 faq [fa⁵]〈名〉掌。《初》:𢭹𢭼, faqfwngz,手掌。

揹(干、见、坚、捑、揵、𢭭、简、拳、𧛇、𢭱、𢬿、𣐷、𦛨、𦡊、挸、𨈈、視)gen [ke:n¹]〈名〉手臂。《初》:揹擖揹音蹛。Gen got gen caez byaij. 手挽着手一起走。

𢭱 gen [ke:n¹]〈名〉手臂。大化《嚏奠别》:㬛眸𢭱班头。Haemh ninz gen banq gyaeuj. 夜眠手搁在额头(喻心忧难以入睡)。(见揹)

揵 gen [ke:n¹]〈名〉手臂。(见揹)

𢭺(极、吉、㤂、斘、㮀、惧、㤅、㥛)gik [kik⁷]〈形〉懒。《初》:伝𢭺𦚏只㕦。Vunz gik dungx cix iek. 懒人只能饿肚子。

斘 gik [kik⁷]〈形〉懒。(见𢭺)

掍(錕、錮)goenh [kon⁶]〈名〉手镯。《初》:掍𤥭,goenh nyawh,玉手镯。

掄 lumh [lum⁶]〈动〉摸。马山《欢叹父母》:培爹他十掄。Baez de de cix lumh. 他生的疮他才摸。

𢭿 lumh [lum⁶]〈动〉摸;摸索。(见𢯽)

𢭾 㕫 mungz [muŋ²]〈名〉手。(见𢱕)

掴 naux [na:u⁴]〈名〉秤纽。(见𦁨)

掿(𥟖)nyoeg [ȵok⁸]〈动〉 捅; 插。《初》:歐𣑁掿合𡎝𡎝。Aeu faex nyoeg haeuj congh bae. 用木棍捅进洞里去。

掌 rag [ɣa:k⁸]〈动〉拉;拖。(见擢¹)

措(㥛、息、昔、㕧、夕、啐、措、石)sik [θik⁷] ❶〈动〉撕。《初》:措𢬿㤎丕垟㞒㡴。Sik mbaw ceij gwnz ciengz roengzma. 把墙上那张纸撕下来。❷〈形〉破;烂。《初》:𧞫措,buh sik,破衣裳。

𢮑(受、搜、揍)㕫 caeux [ɕau⁴]〈动〉拿;把;捉拿。《初》:否㐅𢮑𠻚的。Mbouj ndaej caeux saekdi. 一点儿也不拿。

揍 㕫 caeux [ɕau⁴]〈动〉拿;把;捉拿。(见𢮑)

搭 㕫 dap [ta:p⁷]〈动〉绊;碍(手脚)。《初》:搭盯㧡𢭼。Dap din gaz fwngz. 碍手碍脚。

掤[1] faeg [fak⁸]〈动〉剁。(见㓦[1])

掤[2] saeg [θak⁸]〈动〉洗(衣物、纺织物)。(见浥)

摡 gej [ke³]〈动〉解;解开。(见擗)

揕 goemq [kom⁵]〈动〉盖;遮盖。(见槩)

揲(㓷、㞾) mbe [ʔbe¹]〈动〉铺开;张开。《初》:揲翍,mbe fwed,张开翅膀。

揮(撣) 方 uij [ʔu:i³]〈动〉叫;唤;委派。《初》:揮僗岜。Uij de bae. 派他去。

撝 viq [wi⁵]〈动〉❶ 扒。❷ 翻;拨;摸。(见撝)

换 vuenh [wu:n⁶]〈动〉换;交换;撤换;替换。(见乂)

搬 buen [pu:n¹]〈动〉搬。《初》:搬空,buen ranz,搬家。

摓(仟、抔、玟、夆、逢、跰、摓) fwngz [fuŋ²]〈名〉❶ 手。马山《欢叹父母》:抱孔孙肝摓,umj ndaej lwg daengz fwngz,抱孩子到手。❷ 指头(与孙连用)。马山《二十四孝欢》:咬孙摓欧血,haeb lwgfwngz aeu lwed,咬破指头要鲜血。

搵 gen [ke:n¹]〈名〉手臂。(见揙)

揆 riuj [ɣi:u³]〈动〉提;拎。(见扚)

搊(僓) rom [ɣo:m¹]〈动〉攒;积攒;积累;储蓄;储存。《初》:搊乄砶空䕭。Rom cienz caep ranz moq. 攒钱盖新屋。

搐 bwz [pɯ²]〈动〉抚摸;弄。马山《欢叹父母》:卜入兰十搐。Boh haeuj ranz cix bwz. 父亲进家就摆弄。

揞 gaep [kap⁷]〈动〉盖(印)。(见《初》)

撳 genz [khe:n²]〈名〉手臂。(即 gen,见擓)

搣(摩、厤) 方 mwz [mɯ²]〈名〉手。(即 fwngz,见《初》)

厤 方 mwz [mɯ²]〈名〉手。(见搣)

搌[1] ndenq [ʔde:n⁵]〈动〉递。(见抻[2])

搌[2] yien [ji:n¹]〈动〉牵;拉。上林《赶圩歌》:俌尔岜搌綖? Bouxlawz bae yien cag? 谁帮牵马缰?

擞 nyok [ɲo:k⁷]〈动〉赠送;赐与。(见賘)

摰 yaeb [jab⁸]〈动〉❶ 摘。❷ 捡。(见扒)

攀 bin [pin¹]〈动〉爬;攀爬。(见遍)

播 方 box [po⁴]〈动〉放;搁置。《初》:提粡播𬭤。Dawz gaeuj box gang. 把米放到缸里去。

擎 gingz [kiŋ²]〈动〉❶ 擎;举(举起较重的东西)。《初》:擎碍磺𤯦料。Gingz ndaek rin hwnjdaeuj. 举一块石头起来。❷ 翘起(尾巴)。《初》:徒犭擎䟨。Duzma gingz rieng. 狗翘起尾巴。

擖 got [ko:t⁷]〈动〉抱;搂;搂抱;拥抱。(见擖)

㩌 ndaem [ʔdam¹]〈动〉种;栽。(见穜)

攞 㽞 ceih[ɕei⁶]〈动〉修理;添置;惩治。(即 coih,见𠟂)

㩒¹ gaem[kam¹]〈动〉抓;拿;持;握;握住;掌握。(见扲¹)

㩒² gaemh[kam⁶]〈动〉抓;擒;捕;逮捕;俘获;捉拿。(见㩒²)

㩭(鲁、嚕)lox[lo⁴]〈动〉❶哄;诱骗(用花言巧语骗人)。《初》:歐吪𠄩𫶧㩭伝。Aeu vah ndei ma lox vunz. 拿好话来哄人。❷搀扶。《初》:㩭俢𫴣𫶧窒。Lox de baema ranz. 扶他回家去。

㩚(㨎、㨛)㽞 mungz[muŋ²]〈名〉手。(见《初》)

擯 baenj[pan³]〈动〉捏;塑。(见抺²)

㩡(㑇、㗖、啁、周、叹)caeu[ɕau¹]〈动〉藏;收藏。(见《初》)

擤 saengq[θaŋ⁵]〈动〉擤。(见揞)

㩷 ndaem[ʔdam¹]〈形〉黑。(见黯)

攉(㩲、拳)genz[kheːn²]〈名〉手臂。

攍 ringz[ɣiŋ²]〈名〉晌午饭。(见粌)

攞(㧜、擦、㧣、扐、拉、㩌)lax[la⁴]〈动〉摸;抚摸。《初》:她攞㞗㓦。Meh lax gyaeuj lwg. 母亲抚摸儿子的头。

艹 部

苄 baeg[pak⁸]〈名〉萝卜。(见蔔)

艿 byaz[pja²]〈名〉青芋;芋蒙。平果《蓝王》:枯艿,go'byaz,青芋(栽培蔬菜,植株形状似芋,全体淡青或青白色,叶柄做蔬菜食用,也叫 byaekbyaz)

节 ciet[ɕiːt⁷]〈动〉扳;扯。宜州《龙女与汉鹏》:呗节仍,bae ciet saeng,去扳罾。

艽 gaeu[kau¹]〈名〉藤。(见芶¹)

艻¹ laeh[lai⁶]〈名〉荔。(见荲)

艻² laeh[lai⁶]〈动〉赶;追。上林《达妍与勒驾》:艻徒犸很墙,laeh duzmax hwnj ndoi,赶马上土岭。

艿(麻、蒗、莱)ndaij[ʔdaːi³]〈名〉苎麻(俗称青麻)。

艾¹ ngaih[ŋaːi⁶]〈名〉艾绒(用作打火镰引火之物)。(见菜)

艾² ngaiq[ŋaːi⁵]❶〈动〉靠近。金城江《覃氏族源古歌》:艾韦覃豆莫。Ngaiq Vaez Cimz doh Mueg. 靠近姓韦、姓覃和姓莫的。❷〈连〉若;假若。金城江《覃氏族源古歌》:艾仆礼六向,提必㑊口真。Ngaiq boux ndaej loeg yiengq, dawz beixnuengx guh caen. 若人能如此,待兄弟真心。

艾³ 㽞 ngaiz[ŋaːi²]〈形〉拖沓;拖拉(与莪连用)。《初》:俢口㕬亟艾莪。De guh hong gig ngaizngox. 他做工很拖沓。

芑 nye[ȵe¹]〈名〉水藻。(即 myez,见《初》)

艼(蕗)reuz[ɣeu²]〈名〉薹;苗;菜薹。《初》:花艼𫶧炒𦧲。Byaekreuz ma cauj noh. 用菜薹来炒肉。

艾 rum［ɣum¹］❶〈名〉草。❷〈动〉长草。（见䒱²）

芍 cieg［ɕiːk⁸］〈名〉野芭蕉。（见䕷）

节¹ 方 haz［ha²］〈名〉草；杂草。上林《赶圩歌》：大塔摒䒱节。Daihloh baiq rum haz. 道路长杂草。

节² saj［θa³］〈动〉写。宜州《龙女与汉鹏》：由节封信呗嗱王。Youh saj fung saenq bae raen vuengz. 又写一信去给大王。

节³ saj［θa³］〈动〉舍；舍得。宜州《龙女与汉鹏》：便佚节改古节似。Bienh de saj gai gou saj cawx. 若他舍得卖我就舍得买。

𦫳（桠、䅢、蕒、箬、䒽、雅） 方 nyaj［ȵa³］〈名〉草；野草；杂草。《初》：歐𦫳口枚。Aeu nyaj guh fwnz. 拿杂草当柴烧。

芋（芆、義、䄠、䓴、䡾、䡴） nywj［ȵɯ³］〈名〉草；青草。《初》：劐芋庲廸枛。Gvej nywj ma dwk vaiz. 割青草来喂牛。

芆¹ 方 nyez［ȵe²］〈名〉芽。（见䒡）

芆² nywj［ȵɯ³］〈名〉草；青草。（见芋）

芆³ rum［ɣum¹］❶〈名〉草。❷〈动〉长草。（见䒱²）

芚 yw［jɯ¹］〈名〉药；药材。马山《哭母歌》：孙里依䑖病，姆博命拉芚。Lwg lij iq ndang bingh, meh buekmingh ra yw. 儿幼时生病，母拼命找药。

芭 byaz［pja²］〈名〉青芋；芋蒙。广南《两个人》：吡芭，byaekbyaz，青芋。（见䅊）

芷（上、昌、𦶋） cangq［ɕaːŋ⁵］〈动〉葬；安葬；埋葬（专指埋骸骨）。《初》：清明伝芷墓。Cingmingz vunz cangq moh. 清明时节人们葬墓。

苞 daenj［tan³］〈动〉❶ 穿（衣服、鞋、袜等）。❷ 戴。（见祢）

芙（咀） dwenx［tɯːn⁴］〈副〉纷纷。《初》：三月宧穲罶，四殳桄芙芙。Samnyied mwh ndaem naz, seiqlengq va dwenxdwenx. 三月插秧时节，到处花开纷纷。

芴¹ foed［fot⁸］〈名〉绿肥。（见茀）

芴² 方 vumz［wum²］〈名〉 阴。（见《初》）

茂 fonx［foːn⁴］〈形〉黑；灰黑。平果《贼歌》：那茂平建。Naj fonx baenz gieng. 脸面灰黑如黄姜。

芬 fonx［foːn⁴］〈形〉黑；灰黑。平果《贼歌》：那芬，naj fonx，脸黑。

芶¹（勾、芁、扣、苟、茹、㕧、䓽、㮒、够、㺃） gaeu［kau¹］〈名〉藤。《初》：芶苠，gaeu maenz，薯藤。

芶² 方 gaeuj［kau³］〈名〉丈夫。《初》：芶奷，gaeujyah，夫妻。

芶³ 方 gaeuj［kau³］〈名〉乞丐；叫花子（与俇连用）。《初》：芶俇，gaeujvaq，叫花子。

芶⁴ gouh［kou⁶］〈量〉❶ 双（筷子、鞋子）。❷ 副（棺材）。（见㮒²）

芸（瓡、蕒、荷、䂪、桠、䃌、嗒、䒊、䕯、䕦、㭋、唊） haz［ha²］〈名〉茅草。《初》：

歐�庲迪㶣。Aeu haz ma dwk feiz. 要茅草来烧火。

芆 heuj［heu³］〈名〉慈姑。广南《造村选寨歌》：捡芆，gip heuj，捡慈姑。

芡 ho［ho¹］〈名〉蒜。金城江《台腊恒》：芡斗荞，ho daeuh giux，蒜和藠。

芀 hing［hiŋ¹］〈名〉姜。（见莫）

劳¹ lau［la:u¹］❶〈动〉怕；害怕；担心。田东《大路歌》：哽烟劳厄脸。Gwn ien lau aekremj. 吸烟怕伤肺。❷〈副〉恐怕；也许。（见愣¹）

劳² lauh［la:u⁶］〈副〉忽然（与杀连用）。东兰《莫卡盖用》：双江胻杀劳。Song gyang daengz cahlauh. 两位壮汉忽然来到。

劳³ laux［la:u⁴］〈形〉大。马山《欢叹父母》：卜姆养偻劳。Bohmeh ciengx raeuz laux. 父母把我们养大。

劳⁴ rau［ɣa:u¹］〈动〉量；测量。田阳《布洛陀遗本》：奷劳布不足。Yah rau baengz mbouj doh. 婆婆量布布不够。

苿 㐰 mbued［ʔbu:t⁸］〈动〉萌芽。（见首）

芽 nya［ɳa¹］❶〈形〉蓬乱；杂草丛生。马山《欢友》：坤芽否兀趆。Roen nya mbouj ndei byaij. 杂草丛生的路不好走。❷〈名〉杂草。马山《欢情》：利不許忻芽。Reih mbouj hawj hwnj nya. 畲地不让长杂草。

䒟 nyaengq［ɳaŋ⁵］❶〈名〉杂草。❷〈形〉杂草丛生；芜杂。（见莁）

芢（筋）nyinz［ɳin²］〈名〉（稻草）人。《初》：茆芢，mauhnyinz，稻草人。

苒 ranz［ɣa:n²］〈名〉家；屋；宅。金城江《台腊恒》：馬苒，ma ranz，回家。（见空）

茷 rong［ɣo:ŋ¹］〈名〉叶子（多指较大可包裹他物者）。马山《三府雷王》：欧茷晗，aeu rong roemj，用叶子遮盖。（见荞）

芮 ruih［ɣu:i⁶］〈动〉下。宜州《孟姜女》：姜女芮达滲。Gyanghnij ruih dah caemx. 姜女下河洗澡。

苏 sou［θou¹］〈代〉你们。（见倣²）

芸 va［wa¹］〈名〉花。（见椛²）

花 va［wa¹］〈量〉抓；把。田阳《麽収魂糯一科》：花糠禁批刘。Va haeux gyaemq bae luh. 拿一抓紫糯米饭去赎魂。

芠 vaeng［waŋ¹］〈名〉❶䅟；鸭脚粟。❷稗草。（见秐）

芘¹ baek［pak⁷］〈名〉山国。田阳《唱罕王》：十二六芘，cibngeih lueg baek，十二处山国。

芘²（菮、蓖、𦼫、苩、苩、北）byaek［pjak⁷］〈名〉菜；蔬菜。《初》：芘芎，byaekheu，青菜。｜芘㖧，byaekhau，白菜。

芘³ mbaek［ʔbak⁷］〈名〉台阶；石级。平果《信歌》：栏冇芘冇杉。Ranz mbouj mbaek mbouj bingq. 家无台阶无抓手（喻家穷无可依凭，缺这少那）。

苩¹ biek［pi:k⁷］〈名〉芋。平果《蓝王》：枯苩蓝王贫枯六。Gobiek Lamzvuengz baenz

go'byaz. 蓝王的芋头成青芋。| 马山《起书嚏特豆》: 吘茹吘苩, gwn maenz gwn biek, 吃薯吃芋。

苩² byaek [pjak⁷]〈名〉菜; 蔬菜。(见芘²)

苩³ mbak [ʔbaːk⁷]〈动〉分开; 分手。金城江《覃氏族源古歌》: 阶街之苩。Daengz gai cix mbak. 到了街上就分开。

苩⁴ mbaw [ʔbaɯ¹] ❶〈名〉叶子。❷〈量〉张; 片; 叶。马山《赵贞》: 里烧苩纸闭丧同。Lij byaeu mbaw ceij hai sang doengz. 但烧纸钱同开丧。(见眆)

莁¹ bungz [puŋ²]〈动〉遇见; 遇到; 相逢。(见蹚)

莁² nyungq [ȵuŋ⁵]〈形〉蓬乱(一般指线、纱、麻、丝、发等)。(见毴)

茹¹ gaz [ka²]〈代〉那; 那些。《粤风》: 粿六雷茹吟。Daemz lueg ndwi gaz gwn. 山塘无可食。

茹² gya [kja¹]〈名〉箨; 笋壳。武鸣《信歌》: 戟茹冣眦木。Ronggya cw da faex. 竹箨遮竹眼。(见蒙)

茹³(家) 㕥 gya [kja¹]〈名〉鱼床; 鱼梁(用芦苇或竹片编成, 放在河中急流的下方, 以捕捉随水流下的鱼类)。(见《初》)

茹⁴ 㕥 gyaj [kja³]〈名〉雷。田阳《布洛陀遗本》: 忐霎盖麻不迷茹? Gwnzmbwn gaeqmaz mbouj miz gyaj? 天上怎么没有雷?

若¹ cieg [ɕiːk⁸]〈名〉野芭蕉。(见蘵)

若² ndwet [ʔdɯːt⁷] ❶〈动〉喧哗; 吵闹。❷〈形〉妖冶; 风流; 轻浮(指女人)。❸〈形〉喜欢; 高兴。(见齸)

若³ yo [jo¹]〈动〉扶持; 保佑。右江《狼麽若》: 明若孙様你。Mwngz yo lwg yienghneix. 你如此扶持儿辈。

若⁴ 㕥 yo [jo¹]〈动〉修整。右江《本麽叭》: 蘭亦塘任若。Ranz yaek doemq yaemz yo. 屋将倒塌要赶快修整。

英¹ 㕥 engh [ʔeːŋ⁶]〈形〉细; 小。(见要)

英² engq [ʔeːŋ⁵]〈连〉与; 和。大化《嚏奠别》: 彼英往, beix engq nuengx, 兄与弟。

英³ ing [ʔiŋ¹]〈动〉靠; 倚靠。武鸣《信歌》: 冇眉埊英。Ndwi miz dieg ing. 无处倚靠。| 马山《抄邕歌》: 孙英梼望姆。Lwg ing saeu muengh meh. 孩子倚柱盼母亲。(见䕫)

英⁴ 㕥 ying [jiŋ¹]〈名〉姜。(见𦚢)

苮 fa [fa¹]〈名〉盖子。(见蕟)

芣(歪、棫、䯄、䌊、楒) faiq [faːi⁵]〈名〉棉花。《初》: 朕四哈稞芣。Ndwenseiq hab ndaem faiq. 四月适宜种棉花。

范(犯、罚) famh [faːm⁶]〈动〉遮蔽; 遮挡; 遮盖(植物延伸遮盖了他物)。《初》: 奔范卦垟料。Faex famh gvaq ciengz daeuj. 树枝遮盖过墙来。

茀(勿、芴、茇、笰) foed [fot⁸]〈名〉绿肥(植物的青叶嫩枝)。《初》: 歐茀㖨迪䍗。Aeu foed ma dwk naz. 拿绿肥来田里放。

茇 foed [fot⁸]〈名〉绿肥。(见茀)

苛^{1} gaeu[kau^{1}]〈名〉藤。马山《信歌》：偻笁荳貧苛。Raeuz doek duh baenz gaeu. 咱们播豆得藤。(见芶^{1})

苛^{2} gaeu[kau^{1}]〈名〉阉。(见阄)

苛^{3} gaeuj[kau^{3}]〈动〉看；视；阅；瞅。宜州《廖碑》：苛布欣後代。Gaeuj mbouj raen laeng daih. 看不见后一代。| 武鸣《信歌》：开提么苛。Hai dawz ma gaeuj. 打开来看。(见觓)

苛^{4} gaeuq[kau^{5}]〈形〉旧；老。宜州《龙女与汉鹏》：伯媄苛，bohmaex gaeuq，老夫妻。

苛^{5} gou[kou^{1}]〈代〉我。(见兄)

苛^{6} gyaeuj[kjau^{3}]〈名〉头。上林《信歌》：哖苛赴，ninz gyaeuj gwnz，睡上头。(见尬)

苄 方 gah[kha^{6}]〈名〉砂仁。《初》：苷苄，gyazgah，砂仁茶。

苜 gouh[kou^{6}]〈量〉❶ 双(筷子、鞋子)。❷ 副(棺材)。(见构^{2})

䒷 方 gyau[kjaːu^{1}]〈名〉漂浮物。《初》榾䒷，go'gyau，漂浮在水面上的树枝、杂草。

苷^{1} 方 gyaz[kja^{2}]〈名〉茶。《初》：啞苷，gin gyaz，喝茶。(即 caz)

苷^{2} 方 gyaz[kja^{2}]〈动〉堵塞；围(用荆棘等堵住围篱的漏洞)。(见坤^{2})

苷^{3}(甲、坤、呹、柍、荚、墷)nyap[ȵaːp^{7}]〈名〉❶ 杂草。❷ 垃圾。《初》：苷苄，nyapnyaj，垃圾。

䒵^{1}(靘、䩠、龅、嚣、夭、䬒、餗、䭔、閙、澜、朕、䴘、蚜、菇、勪、闾)heu[heu^{1}]〈形〉青。《初》：花䒵，byaekheu，青菜。

䒵^{2} 方 nyauq[ȵaːu^{5}]〈形〉差；坏；粗劣。(见㺃)

苦 hoj[ho^{3}]〈动〉缺。百色《麽収魂糈一科》：苦畐怀特那。Hoj duz vaiz dawz naz. 缺一头牛犁田。

茏^{1}(龙)loengz[loŋ^{2}]〈形〉糊涂(与嚜连用)。《初》：嚜茏，moengxloengz，糊涂、懵懂。

茏^{2} ndoeng[ʔdoŋ^{1}]〈名〉树林；森林；深山。(见崬)

苙(蒞、莅、䇐、㕼、䭆、跑、泣)lup[lup^{7}]〈动〉包；包裹着。《初》：芲苙，byaeklup，包心菜。| 椛苙，valup，花苞、花蕾、花骨朵。

苠^{1}(门、民、茗、根、椕、閩)maenz[man^{2}]〈名〉薯；红薯。(见《初》)

苠^{2} mbinj[ʔbin^{3}]〈名〉草席。(见蘼)

茂^{1} 方 maeuq[mau^{5}]〈名〉处；处所。《初》：佲迪伝茂哂？Mwngz dwg vunz maeuqlawz? 你是何处人？

茂^{2} maeuq[mau^{5}]〈形〉愁；忧愁。武鸣《信歌》：闷肚茂憐憐。Ndaw dungx maeuq linzlinz. 心里愁连连。

茂^{3} 方 mbaeuj[ʔbau^{3}]〈名〉头；脑袋；脑壳。(见朕)

茂^{4} mbouq[ʔbou^{5}]〈动〉惊；发虚。(见

相）

茂 mbaeuq［ʔbaeu⁵］〈副〉不；未；尚未。右江《本麽叭》：茂炁茂愁，mbaeuq heiq mbaeuq caeuz，不忧不愁。| 右江《本麽叭》：落茂累任奉。Lag mbaeuq lwix yaemz fong. 篱笆未坏快修补。

茆（卯）㊄ mauh［maːu⁶］〈名〉❶稻草人（与茞连用）。《初》：茆茞，mauhnyinz，稻草人。❷纸人（与郎连用）。《初》：茆郎，mauhlangz，纸人（指焚化给鬼神的）。

苜（茉）㊄ mbued［ʔbuːt⁸］〈动〉萌芽。《初》：粝苜。Haeux mbued. 稻谷萌芽。

茨 mez［me²］〈名〉水藻。（见葳）

苊 ndiq［ʔdi⁵］〈名〉苦瓜（与瓠连用）。（见䕓）

苒 ranz［ɣaːn²］〈名〉家。马山《欢叹母》：姆优祖菅苒。Meh youq coj guenj ranz. 母亲在时肯定会管家。| 宜州《孟姜女》：苒伯古，ranz boh gou，我父亲的家。

苒 ranz［ɣaːn²］〈名〉家；屋；宅。（见空）

茦 ㊄ yak［jaːk⁷］〈名〉金坛（装骨骸用的坛子）。（见宗）

茔 romj［ɣoːm³］〈名〉❶板蓝；马蓝。平果《贼歌》：卦十二陇茔，gvaq cibngeih rungh romj，走过十二个种板蓝的山村。❷蓝靛。平果《贼歌》：那黑平茔。Naj ndaem baenz romj. 脸黑如蓝靛。

茷 ㊄ bad［phaːt⁸］〈动〉斩。（见《初》）

荕 baex［pai⁴］〈动〉❶遮挡；遮蔽。❷背光。（见黯）

苩[1] biek［piːk⁷］〈名〉芋头。（见蒴）

苩[2] byaek［pjak⁷］〈名〉菜；蔬菜。（见芲[2]）

茉 byai［pjaːi¹］〈名〉尾；尾部；末端；末尾；梢。（见葬）

草 cauj［çaːu³］〈动〉找补；兑换。（见找）

茶[1] cauh［çaːu⁶］〈动〉划；棹。田阳《布洛陀遗本》：隆股茶避闹，roengz luz cauh bae nauq，下船划走永不回。

茶[2] caz［ça²］〈量〉丛。大化《嚏奠别》：茶吓茶荒，caz vaeng caz vangq，稗丛草丛。（见耷）

茶[3] ㊄ yaq［ja⁵］〈动〉完；结束。（见冦）

荠 cid［çit⁸］〈名〉荸荠（俗称马蹄）。《初》：孙荠，lwgcid，荸荠。

荐[1]（战、川）cienq［çiːn⁵］〈动〉转。《初》：佲荐躺卦料。Mwngz cienq ndang gvaqdaeuj. 你转过身来。

荐[2] comz［çoːm²］〈动〉堆积；集拢；围拢。（见摚[2]）

荐[3] swnj［θɯn³］〈动〉连接；联结。（见缯）

荨 daem［tam¹］〈动〉舂。金城江《台腊恒》：吞对利克荨，aen doiq lix gwq daem，碓子还在舂着。

荅 dap［taːp⁷］〈动〉答；回答。马山《三界公》：公不荅言。Goeng mbouj dap yienz.

公公不回话。

茱(垜) duj [tu³]〈量〉朵。《初》:茱椛刁, duj va ndeu,一朵花。

茯 fwz [fɯ²]〈形〉荒;荒凉;荒芜;寂寞;冷落。(见墲)

茩 gaeu [kau¹]〈名〉藤。(见芶¹)

荞(晗、䓫) gup [kup⁷]〈拟〉连连;频频(眨眼)。《初》:眃眦荞荞, yaep da gupgup,连连眨眼。

䓫 gup [kup⁷]〈拟〉连连;频频(眨眼)。(见荞)

菌(莔) gut [kut⁷]〈名〉菊。《初》:椛菌, vagut,菊花。

茳 方 gyangz [kjaːŋ²]〈动〉呻吟;哼。(见�)

茬 haz [ha²]〈名〉茅草。(见茧)

茹¹ hau [haːu¹]〈形〉白。(见㖀)

茹² heu [heu¹]〈形〉青。(见荂¹)

荒¹ 方 hong [hoːŋ¹]〈名〉东西(与豪连用)。《初》:提荒豪捻兀。Dawz honghauz gip ndei. 把东西收拾好。

荒² vang [waːŋ¹]〈形〉横。(见枉²)

荒³ 方 vangq [waːŋ⁵]〈名〉草。大化《嚏奠别》:茶荒, caz vangq,草丛。

莀 lanz [laːn²]〈名〉家。巴马《贖魂糑呟》:莀王利富贵。Lanz vuengz ndi fouq-gviq. 王的家好且富贵。

荖 laux [laːu⁴]〈名〉萝卜(与蘆连用)。《初》:荖蘆㷄犸犻。Lauxbaeg aeuq noh vaiz. 萝卜炖牛肉。

苙 lup [lup⁷]〈动〉包;包裹着。(见笠)

茹¹ maenz [man²]〈名〉薯。马山《起书嚏特豆》:吘茹吘莒, gwn maenz gwn biek,吃薯吃芋。

茹² sawz [θaɯ²]〈名〉薯类。(见糍)

茗¹ maenz [man²]〈名〉薯;红薯。(见苠¹)

茗² 方 minz [min²]〈代〉他。(见佲)

茫 miengz [miːŋ²]〈动〉一晃;一闪(常指短暂、一瞬间)。(见《初》)

茜¹ ndiq [ʔdi⁵]〈名〉苦瓜(与瓠连用)。(见𧀼)

茜² saeh [θai⁶]〈名〉柿。(见𦽕)

茾 nya [ɳa¹] ❶〈名〉杂草;乱草。金城江《台腊恒》:魂千茾万茾。Roen cien nya fanh nya. 道路杂草千千万。❷〈形〉茂密;浓密;蓬乱。

茚 nyangj [ɳaːŋ³]〈名〉稻草。(见蒳)

荣¹ nyungq [ɳuŋ⁵]〈形〉蓬乱(一般指线、纱、麻、丝、发等)。(见毴)

荣² yungz [juŋ²]〈形〉❶高兴;愉快;宽心;幸福(与欢连用)。《初》:欢荣䏰喽。Vuenyungz lai laeuh. 多么幸福呀。❷灿烂;灿然。马山《欢叹父母》:卜𦗟荣才才。Boh naj yungz saixsaix. 父亲满面笑容[神彩焕发]。

蒵 oen［ʔon¹］〈名〉刺;荆棘。(见蕴)

荟¹ oij［ʔoi³］〈名〉甘蔗。上林《赶圩歌》:呾 哎 荟 哝 糖。Diemz baenz oij ndij dangz. 甜似蔗和糖。

荟²(愷、㤥、𢤧、桧、𧾷、爱、𡮢、𡮣、𡮤)oiq［ʔoi⁵］〈形〉❶ 嫩。❷ 幼小;年轻。(见《初》)

荫 历 raemh［ɣam⁶］〈名〉班辈。宜州《孟姜女》:对荫,doih raemh,同辈伙伴。(即saemh)

茦(柵)raet［ɣat⁷］〈名〉 菌;蕈。(见《初》)

茓 raq［ɣa⁵］〈名〉楠。(见杍)

荖 roeg［ɣok⁸］〈名〉鸟。宜州《龙女与汉鹏》:装类荖。Cang ndaej roeg. 捕得鸟。| 栩荖,bwn roeg,鸟的羽毛。(见鴗)

茪(𧙓、䉒)sen［θeːn¹］〈名〉 蓑 衣。《初》:𠁅 茪 防 雰 𩅠。Aemq sen fuengz fwn doek. 背着蓑衣防下雨。

划(划、篘)vad［waːt⁸］〈名〉瓢;木瓢。(见《初》)

蒟(𤙔、苩、𦬍、𦭳)biek［piːk⁷］〈名〉芋头。

𦬍 biek［piːk⁷］〈名〉芋头。(见蒟)

荐 cieg［çiːk⁸］〈名〉野芭蕉。(见䕯)

荳 duh［tu⁶］〈名〉豆。马山《偻笁荳貧够》:笁荳,doek duh,播豆。(见垣)

莶 em［ʔeːm¹］〈名〉芭芒。(见菩¹)

芬 历 fonz［foːn²］〈形〉黑。(见《初》)

莞 fwen［fɯːn¹］〈名〉山歌;歌;诗歌。(见欢¹)

菂 gaeu［kau¹］〈名〉藤。(见芶¹)

𦬁 gaeuj［kau³］〈动〉看;视;阅;瞅。(见勼)

莞¹ gwiz［kɯːi²］〈名〉婿。上林《达妍与勒驾》:想欧勒莞斗肝链。Siengj aeu lwggwiz daeuj daengz nden. 想要女婿在身边。

莞² gwx［kɯ⁴］〈名〉生菜(与菁连用)。《初》:菁莞,aengjgwx,生菜。

莞³(梡)gwz［kɯ²］〈名〉茄子。《初》:𪧘莞,lwggwz,茄子。

茹 gyoh［kjo⁶］〈名〉葫芦。(见《初》)

荷¹ ha［ha¹］〈动〉般配。马山《书信》:不度荷,mbouj doxha,不相般配。

荷² haz［ha²］〈名〉茅草。(见苙)

荷³ o［ʔo¹］〈形〉紫;紫蓝。马山《偻笁荳貧够》:花荷,va o,紫花。

荷⁴ 历 o［ʔo¹］〈形〉蓝。(见嗬)

荷⁵ oij［ʔoi³］〈名〉甘蔗。(见蒌)

荷⁶ 历 oq［ʔo⁵］〈名〉盛开;鲜艳。《初》:桦荷,va oq,盛开的花。| 马山《曾迪字悲喳》:往淋朵花荷。Nuengx lumj duj va oq. 妹似一朵鲜艳的花。

荷⁷ roh［ɣo⁶］〈动〉❶ 漏。❷ 泄 露。(见𣵀)

𫇭 方 homx［hoːm⁴］〈动〉围;合抱。(见𡇞¹)

䓞(立、芀) laeh［lai⁶］〈名〉荔。《初》:䓞枝,laehcei,荔枝。

苪 mbinj［ʔbin³］〈名〉草席。(见蘋)

莓 方 mboiz［ʔboi²］❶〈名〉叶子。《初》:莓楳,mboiz maex,树叶。❷〈量〉张;片。《初》:莓紗刁,mboiz sa ndeu,一张纸。(即 mbaw)

莫¹ 方 mag［maːk⁸］〈量〉把。(见鏌)

莫² mak［maːk⁷］〈名〉果子。(见𬴊)

莫³ mo［mo¹］〈名〉经;经文。东兰《莫卡盖用》:莫卡盖。Mo gaj gaeq. 杀鸡用的经文。

莫⁴ mo［mo¹］〈动〉摸索。田东《大路歌》:卜莫躺卜卦。Boux mo ndang boux gvaq. 一个摸着一个的身子走过。

莫⁵ moek［mok⁷］〈动〉埋;盖。田东《大路歌》:来得斗莫火,laih ndaej daeuj moek feiz,以为能来把火埋。

莫⁶ mok［moːk⁷］〈名〉潲。(见糢¹)

莫⁷ moq［mo⁵］〈形〉新。大化《劳动歌》:收糏莫,sou haeux moq,收新稻。

莫⁸ 方 mwh［mɯ⁶］〈名〉季节。右江《狼麽孙在》:四月滕莫那,seiqnyied daengz mwh naz,四月到了种田的季节。

𦬆 mwn［mɯn¹］〈形〉茂盛。(见𦼮)

菒(艾、㛒、𮐏) ngaih［ŋaːi⁶］〈名〉艾绒(用作打火镰引火之物)。《初》:菒棉,ngaihminz,木棉艾绒。

莔(咪、呦) ngeu［ŋeu¹］〈拟〉猫叫声。(见《初》)

䓉 方 nyez［ȵe²］〈名〉芽。(见𦬸)

莪¹ 方 ngox［ŋo⁴］〈形〉拖沓;拖拉(与艾连用)。《初》:介艾莪貧㕸。Gaej ngaizngox baenzlai. 别那么拖沓。

莪² ngox［ŋo⁴］〈名〉芦苇。(见䓊)

菩(梧、蓓) nguh［ŋu⁶］〈名〉无花果。《初》:𦾥菩毎椛。Faexnguh fouz va. 无花果树无花开。

莁(艻、贈) nyaengq［ȵaŋ⁵］❶〈名〉杂草。❷〈形〉杂草丛生;芜杂。《初》:𦱎否耔只莁。Naz mbouj ndai cix nyaengq. 田不耘就会杂草丛生。

苬 nyez［ȵe²］〈名〉小孩。(见𤳢)

莢¹ nyap［ȵaːp⁷］〈形〉愁闷;苦闷;烦闷。(见怏)

莢² nyap［ȵaːp⁷］〈名〉❶杂草。❷垃圾。(见莭³)

茾(莪、龙、莨、戴) rong［ɣoːŋ¹］〈名〉叶子。《初》茾榧,rongreiz,榕叶(指细叶榕)。

莎 sa［θa¹］〈名〉❶构树;楮树(树皮富含纤维,是造纸的上好原料)。《初》:榾莎,gosa,构树。❷纱皮(构树皮的纤维层,白色,用来造绵纸)。❸绵纸;纱纸(用构树皮制造)。《初》:㡳莎,ceijsa,绵纸(俗称纱纸)。

荒 vaeng［waŋ¹］〈名〉稗草。巴马《贖魂糏呟》:哏分荒不平,gwn faen vaeng mbouj

baenz,吃稗草籽不行。

莜 yid［jit⁸］〈名〉余甘子(亦称牛甘果)。《初》:楉莜,goyid,牛甘果树。|䐗莜,makyid,余甘子。

莬 yw［jɯ¹］〈动〉医;医治。(见《初》)

菁 aengj［ʔaŋ³］〈名〉生菜(与莣连用)。《初》:菁莣,aengjgwx,生菜。

茇 历 baez［pai²］〈名〉龙须草。(见鞁)

䒾 历 beiq［pei⁵］〈名〉丹竹。《初》:夰䒾𬺚埲岜。Faexbeiq hwnj bangx bya. 丹竹长在山麓。

䓖 biek［piːk⁷］〈名〉芋头。(见菂)

荫 历 boengz［poŋ²］〈名〉芙蓉树(与蓉连用)。《初》:荫蓉,boengzyoengz,芙蓉树。

茈 byaek［pjak⁷］〈名〉菜;蔬菜。(见芘²)

菥 cik［ɕik⁷］〈形〉热;炽热。金城江《覃氏族源古歌》:賔州地方菥。Binhcouh deihfueng cik. 宾州地方气候热。

蓆 cieg［ɕiːk⁸］〈名〉野芭蕉。(见䕸)

崇¹ coeng［ɕoŋ¹］〈名〉葱。(见《初》)

崇² 历 coengh［ɕoŋ⁶］〈名〉蓖麻。劧崇,lwgcoengh,蓖麻籽。|楉崇,gocoengh,蓖麻(指植株)。

菖 历 dieng［tiːŋ¹］〈名〉黄瓜。上林《赶圩歌》:劧菖,lwgdieng,黄瓜。

菉¹(蓫、䕜) dug［tuk⁸］〈量〉根;条。《初》:双菉花,song dug byaek,两根菜。

菉² ndoek［ʔdok⁷］〈名〉簕竹。《粤风》:如个菉逢春。Lumj go'ndoek bungz cin. 像枯竹逢春。

菲 faex［fai⁴］〈名〉树。《粤风》:花排菲,va byaifaex,树梢的花朵。

蒡 历 fangz［faːŋ²］〈名〉稻草。(见鞒)

莣(羫) 历 gieng［kiːŋ¹］〈名〉姜。(见《初》)

菓 go［ko¹］〈量〉棵;蔸。宜州《孟姜女》:菓榕,gorungz,榕树。

蓋 goemq［kom⁵］〈动〉盖;遮盖。(见䕻)

菅 guenj［kuːn³］〈动〉管。马山《欢叹母》:姆优祖菅苒。Meh youq coj guenj ranz. 母亲在时肯定会管家。

菎 gut［kut⁷］〈名〉菊。(见菌)

菲 gvai［kwaːi¹］〈形〉乖;精明;乖巧。广南《建村造寨歌》:胐菲㑚各媥。Caw gvai de gag rox. 心思聪明他自知。

菊 历 gyoek［kjok⁷］〈动〉邀;邀约。《粤风》:齐度菊口笼。Caez doxgyoek haeuj rungh. 相邀入山弄。

蓬 历 gyoengh［kjoŋ⁶］〈名〉蓖麻。《初》:䐗蓬,makgyoengh,蓖麻籽。(即coengh)

莫(䒹) hing［hiŋ¹］〈名〉姜。(见《初》)

菈 lup［lup⁷］〈动〉包;包裹着。(见芠)

莽 mbangj［ʔbaːŋ³］〈名〉部分。金城江《覃氏族源古歌》:莽涍丕六東。Mbangj

ce bae Luegdoeng. 留一部分人去六东。

蓼 mbaw [ʔbaɯ¹] ❶〈名〉叶子。❷〈量〉张;面(用于薄的片状的东西)。(见朌)

菋 㓈 meiz [mei²]〈名〉酸枣。《初》:粿菋,makmeiz,酸枣果。

萌 mwngz [mɯŋ²]〈代〉你。(见佲)

苝 ndaej [ʔdai³]〈动〉❶得;得到;获得。❷能。(见乿)

萊 ndaij [ʔdaːi³]〈名〉苎麻。(见艿)

菂 ndiq [ʔdi⁵]〈名〉苦瓜(与瓠连用)。(见籧)

萓 㓈 nyez [ȵe²]〈名〉芽。(见蕣)

䓿 㓈 nguenx [ŋuːn⁴]〈名〉断肠草(一种长在土坡上的毒草)。(见《初》)

茡¹ nyod [ȵoːt⁸]〈名〉顶芽;嫩苗。(见蒴)

茡² 㓈 yak [jaːk⁷]〈名〉金坛(装骨骸用的坛子)。(见宗)

菏 oij [ʔoi³]〈名〉甘蔗。(见蔆)

蘭 ranz [ɣaːn²]〈名〉家;屋;宅。(见空)

菻¹ 㓈 rimh [ɣim⁶]〈名〉木蓝(提取靛蓝的植物)。《初》:穛菻㾷㸒䄸。Ndaem rimh ma nyumx baengz. 种木蓝来染布。(即gocamz)

菻²(艾、蓊、艾、蓓、毯、鞯、毯、輪)rum [ɣum¹] ❶〈名〉草。上林《赶圩歌》:大垎揺菻节。Daihloh baiq rum haz. 道路长杂草。❷〈动〉长草。马山《迪封信斗巡》:条路介許菻,diuz loh gaej hawj rum,这条路别给长草。

蓊 rum [ɣum¹] ❶〈名〉草。❷〈动〉长草。(见菻²)

萨¹ -sag [θaːk⁸]〈缀〉机警;警觉;精明;清醒(与惺连用)。《初》:惺萨,singjsag,清醒、精明、机警。

萨² sag [θaːk⁸]〈形〉白净(与㟧连用)。上林《达妍与勒驾》:年乿十八𥾉㟧萨。Nienz ndaej cibbet noh hausag. 年纪十八皮肤白净。

萨³ sat [θaːt⁷]〈动〉❶完;结束。❷算;罢了。(见䢺)

算¹ sonx [θoːn⁴]〈动〉❶叠。❷套。(见拵)

算² suenq [θuːn⁵]〈动〉算。武鸣《信歌》:伝算命否算。Vunz suenq mingh mbouj suen. 人算命不算(人算不如天算、天不从人愿)。

荏(䕲、䵷)vengj [weːŋ³]〈名〉金樱。《初》:粿荏,makvengj,金樱果。

菁(荀、菂)㓈 yueg [juːk⁸]〈名〉野芭蕉。(见《初》)

荀 㓈 yueg[juːk⁸]〈名〉野芭蕉。(见菁)

菖(毯)㓈 baen [pan¹]〈名〉毛;发。《初》:菖鴿,baen gaeq,鸡毛。(即 bwn)

葿¹ bien [piːn¹]〈名〉鞭子。(见梚)

葿² bien [piːn¹]〈形〉崎岖;偏僻(与蕻连用)。金城江《台腊恒》:外九洞葿蕻,vaij

geij doengh bienyenz. 走过几垌崎岖路。

䓙（梈、䨓、淶、沬、莱、㭸）byai［pjaːi¹］〈名〉尾;尾部;末端;末尾;梢。《初》:䓙奞,byaifaex,树梢。

落¹ 㕣 cak［ɕaːk⁷］〈名〉额。（见㿄²）

落² lag［laːk⁸］〈名〉篱笆。右江《麽請布淥啚》:蘭你累貧落。Ranz neix lwix baenz lag. 这屋破烂如篱笆。

落³ lag［laːk⁸］〈量〉堆。都安《三界老爺唱》:四边火落根分䬷。Seiq bien hoj lag hwnj faenfei. 四边火堆纷飞燃。

落⁴ lak［laːk⁷］〈名〉崖;崖壁。田东《闹潘懷一科》:懷皇造鲁落。Vaiz vuengz caux luz lak. 王的牛就掉下崖壁。

落⁵ lak［laːk⁷］〈动〉崩;崩塌;崩溃。（见澔）

落⁶ log［loːk⁸］〈名〉外。右江《麽叭孙姐》:不閉落,mbouj bae log,不外出。

落⁷ loh［lo⁶］〈名〉路。《粤风》:花除剪伦落。Va dawz cap rim loh. 拿花插满路。

落⁸ loh［lo⁶］〈动〉❶露。❷裸露。（见𩪲）

落⁹ lot［loːt⁷］〈动〉脱落。田东《大路歌》:扲枝结列落,gaem nye ge le lot,手抓松枝却脱落。

萘（猜）cai［ɕaːi¹］❶〈名〉斋。《初》:吽萘,gwncai,吃斋、吃素。❷〈动〉斋戒;忌食。《初》:萘肉吽当。Cai noh gwn dang. 戒肉喝汤（指做事不彻底或虚伪）。

葬cangq［ɕaːŋ⁵］〈动〉葬;安葬;埋葬。大化《嚏奠别》:批肸垫安葬。Bae daengz dieg ancangq. 去到墓地安葬。

蒼（楂、茶、槎）caz［ɕa²］〈量〉丛。《初》:双蒼蕴,song caz oen,两丛荆棘。

曹 coz［ɕo²］〈形〉年轻;年青。（见倬）

菰¹ dug［tuk⁸］〈量〉根;条。（见蓑¹）

菰² duk［tuk⁷］〈名〉篾。宜州《盘斗古》:双仔菰,song lwg duk,两捆竹篾。

䓭（地、掋、咃、䁀、啲、叙、𨆢、𧃓）deih［tei⁶］〈形〉密（距离近,间隔小）。《初》:佲粝内穲䓭彩。Gij haeux neix ndaem deih lai. 这些禾苗种得太密了。

葶（梃、梃）diengz［tiːŋ²］〈名〉茅寮;棚子。《初》:葶屎,diengzhaex,茅厕、厕所。

菩¹（吽、菩、藏、菴、韃、楁、嬙、萹、樜、蘦）em［ʔeːm¹］〈名〉芭芒。（见《初》）

菩² raemh［ɣam⁶］〈名〉❶荫。❷阴。（见㿄）

菴 em［ʔeːm¹］〈名〉芭芒。（见菩¹）

萹 em［ʔeːm¹］〈名〉芭芒。（见菩¹）

韭（韮）giux［kiːu⁴］〈名〉薤（俗称藠头,也叫荞或荞头）。《初》:蒜祘韭閫圎。Coeng suenq giux ndaw suen. 园中的葱、蒜、薤。

苓 㕣 goemz［khom²］〈形〉苦（味）。《初》:犾苓,lwggoemz,苦瓜。（即 haemz）

葛 got［koːt⁷］〈动〉抱;搂;搂抱;拥抱。

（见擖）

蓋 历 guij［kuːi^{3}］〈名〉芭蕉。（即 gyoij，见《初》）

葵 gvih［kwi^{6}］〈动〉跪。（见蹨）

蒯 历 gyaek［kjak^{7}］〈名〉菜。田阳《目連經》：吽糎吽蒯可不萬。Gwn haeux gwn gyaek goj mbouj van. 吃饭吃菜也不甜。（即 byaek）

䓘 haz［ha^{2}］〈名〉茅草。（见荳）

蒚 heq［he^{5}］〈形〉清贫；赤贫。《初》：蒚迪廪淰浣。Heq dwk lumj raemx riengx. 清贫如洗。

萿（迲、括）hot［hoːt^{7}］〈动〉❶ 结（瓜、果）。《初》：椇奔内萿䊀㛋。Go faex neix hot mak lai. 这棵树结很多果子。❷ 打结。《初》：萿絣，hot cag，把绳子打结。

惹^{1} lawz［law^{2}］〈代〉哪；谁。宜州《孟姜女》：否米卜惹查。Mbouj miz bouxlawz caz. 没有谁查问。

惹^{2} nyez［ɳe^{2}］〈名〉小孩。（见殖）

葉^{1} 历 mbaw［ʔbai^{1}］〈名〉叶，叶子。田阳《布洛陀遗本》：食葉竹泠懷，gwn mbaw ndoek lumj vaiz，像牛吃竹叶。

葉^{2} 历 ndep［ʔdeːp^{7}］〈动〉驱赶。（见《初》）

葉^{3} rong［ɣoːŋ^{1}］〈名〉叶子；竹箨。武鸣《信歌》：葉茄㝡眦木。Ronggya cw da faex. 竹箨遮竹眼。

萳 历 nam［naːm^{1}］〈名〉荆棘。（见《初》）

䒾 nyaj［ɳa^{3}］〈名〉草；野草；杂草。（见芐）

蔏（仰、茚、秄、蕻）nyangj［ɳaːŋ^{3}］〈名〉稻草。（见《初》）

蒳（栜、孪、蒻）nyod［ɳoːt^{8}］〈名〉顶芽；嫩苗。《初》：蒳奔，nyodfaex，树芽。

葎 nywj［ɳɯ^{3}］〈名〉草；青草。（见芓）

葞 nywj［ɳɯ^{3}］〈名〉草；青草。（见芓）

蕗^{1} nywj［ɳɯ^{3}］〈名〉草；青草。（见芓）

蕗^{2} rum［ɣum^{1}］❶〈名〉草。❷〈动〉长草。（见菻^{2}）

蓟 oij［ʔoi^{3}］〈名〉甘蔗。（见蓌）

蓙 oij［ʔoi^{3}］〈名〉甘蔗。（见蓌）

蕃 历 rang［ɣaːŋ^{1}］〈形〉茁壮。《初》：劧眉她只蕃。Lwg miz meh cix rang. 儿有娘就长得茁壮。

菻（棶）romj［ɣoːm^{3}］〈名〉❶ 板蓝（俗称蓝靛草）。❷ 蓝靛。《初》：歐菻庲䵂裲。Aeu romj ma nyumx baengz. 要蓝靛来染布。

萘 saeh［θai^{6}］〈名〉柿。（见菑）

蓳（隨）历 seiz［θei^{2}］〈名〉红薯。（见《初》）

萬 van［waːn^{1}］〈形〉甜；甘甜。田阳《目連經》：吽糎吽蒯可不萬。Gwn haeux gwn gyaek goj mbouj van. 吃饭吃菜也不甜。

葯 历 yueg［juːk^{8}］〈名〉野芭蕉。（见菁）

莂^{1} biek［piːk^{7}］〈名〉芋头。(见莂)

莂^{2} biek［piːk^{7}］〈动〉离别;分别。(见吩)

蓬 bungz［puŋ^{2}］〈动〉遇见;遇到;相逢。(见韸)

菲 byaek［pjak^{7}］〈名〉菜;蔬菜。(见芘^{2})

䓖 byak［pjaːk^{7}］〈名〉额。(见斞)

敬 byak［pjaːk^{7}］〈名〉额。(见斞)

䒼 cauj［ɕaːu^{3}］〈名〉草。《初》:鞋䒼,haizcauj,草鞋。

䔇(蒡)㊄fangz［faːŋ^{2}］〈名〉稻草。(见《初》,即 fiengz)

蕪 fwz［fɯ^{2}］〈形〉荒;荒凉;荒芜;寂寞;冷落。(见墲)

蕪 fwz［fɯ^{2}］〈形〉荒;荒芜;荒凉。(见墲)

艮 gaenq［kan^{5}］〈名〉蒂。(见茛)

蒙(茄、枷) gya［kja^{1}］〈名〉箨;竹壳。《初》:莑蒙,ronggya,竹壳。

䓛 gyaeuj［kjau^{3}］〈名〉首;头。(见旭)

蕃 gyu［kju^{1}］〈名〉藜(与花连用)。《初》:芘蕃,byaekgyu,藜(一种野菜)。

甜^{1} haemz［ham^{2}］〈动〉恨;憎恨。《初》:胎甜。Hozhaemz. 心里憎恨、怀恨在心。

甜^{2} haemz［ham^{2}］〈形〉苦。(见嗧)

䕀 haz［ha^{2}］〈名〉❶茅草。❷山草(做柴薪者)金城江《台腊恒》:旁破否米䕀。Bangx bo mbouj miz haz. 山坡上没有柴草。(见茔)

蕒^{1} haz［ha^{2}］〈名〉茅草。(见茔)

蕒^{2} nyaj［ɲa^{3}］〈名〉草;野草;杂草。(见芐)

蕥^{1} haz［ha^{2}］〈名〉茅草。(见茔)

蕥^{2} nya［ɲa^{1}］❶〈名〉草;杂草。马山《行孝唱》:介舍坤忻蕥,gaej ce roen hwnj nya,别给路长草。❷〈形〉荒芜;杂草丛生的。马山《情歌》:嚣蕥迪嚣糗。Naz nya dwg naz haeux. 杂草丛生的田是好稻田。

蕥^{3} nyaq［ɲa^{5}］〈名〉渣;渣滓。(见吖)

蕥^{4} ㊄nyez［ɲe^{2}］〈名〉芽。(见䓊)

蕥^{5} ㊄yaj［ja^{3}］〈名〉草。(见《初》)

菏^{1} hoh［ho^{6}］〈动〉贺;祝贺。上林《赶圩歌》:菏傢仕昕龙。Hoh gyasaeh hinglungz. 贺家事兴隆。

菏^{2} hoj［ho^{3}］〈形〉可怜(与悿连用)。《初》:菏悿,hojlienz,可怜。

蔀 mbouq［ʔbou^{5}］〈动〉惊;发虚。(见相)

萁 mbinj［ʔbin^{3}］〈名〉草席。(见蘋)

葳(茭) mez［me^{2}］〈名〉水藻。(见《初》)

蒙^{1} moengz［moŋ^{2}］〈形〉懵;呆;愣(与麻连用)。武鸣《信歌》:犊奈麻蒙,doeknaiq mazmoengz,懊悔发呆。

蒙^{2} mungz［muŋ^{2}］〈名〉❶芋柄;芋叶。马山《望吞話名詢》:浮貧蒙江馱。Fouz

baenz mungz gyang dah. 心浮如江心的芋叶。❷ 野芋。《初》: 蒙䅤, mungzbyaz, 野芋(指海芋、尖尾芋等)。

蒙^3 moengx [moŋ^4]〈形〉糊涂(与龙连用)。(见㠓)

蒙^4 mwnq [mɯn^5]〈代〉那。武鸣《信歌》: 放鲃龙蒙墰。Cuengq bya roengz mwnq daemz. 放鱼下那个塘。

蓦^1 moh [mo^6]〈名〉雾(与露连用)。(见霚^1)

蓦^2 moq [mo^5]〈形〉新。(见糢)

蒳(㭔、䅞) nat [na:t^7]〈名〉暴牙郎(丛状灌木,生长在丘陵地带,花粉红或浅红,果实成熟后皮裂开)。《初》: 碟蒳, maknat, 暴牙郎果。

𦾟 nguh [ŋu^6]〈名〉无花果。(见菩)

蒻 nyod [ɲo:t^8]〈名〉顶芽;嫩苗。(见蒳)

蔢(䓘、䔇、樓、莓、桧、桧、荷、菏、萮、虂) oij [ʔoi^3]〈名〉甘蔗。(见《初》)

莓 oij [ʔoi^3]〈名〉甘蔗。(见蔢)

荟 oiq [ʔoi^5]〈形〉❶ 嫩。❷ 幼小;年轻。(见荟^2)

䓿 方 roeg [ɣok^8]〈名〉茂密的草丛。(见䔩)

莨 rong [ɣo:ŋ^1]〈名〉叶子。(见莑)

蒹(素) 方 su [θu^1]〈动〉收藏。(见《初》)

蓉 方 yoengz [joŋ^2]〈名〉木芙蓉;芙蓉树(与萠连用)。(见《初》)

蔹(塯、坳、堈、垢、坵) you [jou^1]〈名〉偶;菩萨。《初》: 徒蔹眉呾否𫅗㗂。Duzyou miz bak mbouj rox gangj. 菩萨有嘴不会说话。

蔭^1 aemq [ʔam^5]〈动〉背;背负。(见𠃩)

蔭^2 方 yaem [jam^1]〈动〉递(眼色);丢(眼角);暗示。(见暗)

蔈(标、漂、藨) biuz [pi:u^2]〈名〉浮萍。《初》: 磌措蔈否散。Rin cauh biuz mbouj sanq. 投石难使浮萍散(喻感情很深不可分离)。

䔲(欿、䕵、敨) byak [pja:k^7]〈名〉额。《初》: 䍜䔲, najbyak, 额头。

蓠 did [tit^8]〈动〉萌(芽)。(见蛣)

藏 em [ʔe:m^1]〈名〉芭芒。(见菩^1)

鞊 gouh [kou^6]〈量〉❶ 双(筷子、鞋子)。❷ 副(棺材)。(见槆^2)

葵 guiz [ku:i^2]〈形〉累。金城江《台腊恒》: 哏作项高之下葵。Gwn soh hangzgauq cix yaek guiz. 吃得下巴就要累。

蔱(橻) gyaeuq [kjau^5]〈名〉桐。《初》: 碟蔱, makgyaeuq, 桐果。

莍(𫁡、𪏾、球) gyaeuz [kjau^2]〈量〉个(蒜头)。《初》: 双莍尥祘, song gyaeuz gyaeujsuenq, 两个蒜头。

葭 gyaj [kja^3]〈名〉秧;秧苗。(见稼)

菡 haemz［ham²］〈形〉❶（味）苦。❷苦；辛苦；穷；困难；艰苦。（见𠾨）

蔓¹ manh［maːn⁶］〈形〉辣。（见𫗼）

蔓² mwn［muːn¹］〈形〉茂盛。（见𤅊）

𦽬 mbinj［ʔbin³］〈名〉草席；席子。宾阳《催春》：𦽬已尸欣霉。Mbinj hix mbiengj hwnj moiz. 席子半边已长霉。（见𦾹）

𦾴 历 miengz［miːŋ²］〈名〉❶地上；人间；世上。❷地域。（见𪩘）

暮 moq［mo⁵］〈形〉新。（见𥻦）

慕 moq［mo⁵］〈形〉新。（见𥻦）

𦵢 ndaij［ʔdaːi³］〈名〉苎麻（见艿）。

𦷝 历 ndok［ʔdoːk⁷］〈名〉花。（见《初》）

𦾆 nyangj［n̥aːŋ³］〈名〉稻草。（见蔺）

𦾉 nywj［n̥uɯ³］〈名〉草；青草。（见芓）

𦿀 rim［ɣim¹］〈动〉满。（见㘓³）

𦼮（茜、𦬬）saeh［θai⁶］〈名〉柿。《初》：𥓘𦼮，maksaeh，柿子。

𦾔 suen［θuːn¹］〈名〉园子。（见𡈡）

萼 yag［jaːk⁸］〈名〉坏话。巴马《赎魂𦰦吰》：栏忑落吒萼。Ranz laj rox hauq yag. 下面一家会讲坏话。

萼 yak［jaːk⁷］〈形〉恶；凶；恶毒；凶恶。（见𠲎）

𦾐（卞）baeg［pak⁸］〈名〉萝卜（与荖连用）。《初》：荖𦾐，lauxbaeg，萝卜。

蕊¹ ceiz［ɕei²］〈名〉糍粑。巴马《赎魂𦰦吰》：特批唐國蕊。Dawz bae daem gueg ceiz. 拿去舂做糍粑。

蕊² 历 yaez［jai²］〈形〉脏脏的。（见《初》）

𦿗 cieg［ɕiːk⁸］〈名〉野芭蕉。（见𧃎）

蕼¹ 历 daez［tai²］〈名〉荸荠（与𥓘连用）。《初》：𥓘蕼，makdaez，荸荠（俗称马蹄）。

蕼² did［tit⁸］〈动〉萌（芽）。（见𫉁）

蕩¹ dangq［taːŋ⁵］〈动〉当；典当。（见𧶼）

蕩² dangq［taːŋ⁵］〈动〉当；当作；如；像；好像。（见𠹼²）

薦 历 fwiz［fuːi²］〈动〉拜（神）。（见𦔻）

蕪 fwz［fuɯ²］〈形〉荒芜；丢荒。武鸣《信歌》：那勿空只蕪。Naz vut hoengq cix fwz. 田闲置就荒芜。

𦿳¹ 历 gaemz［kham²］〈形〉苦。《初》：肶𪯻𠲥咘𠲥咘𦿳。Mbei doek cauq lawz cauq lawz gaemz. 胆落哪锅哪锅苦。（即 haemz）

𦿳² haemz［ham²］〈形〉❶（味）苦。❷苦；辛苦；穷；困难；艰苦。（见𠾨）

𦿒（䓖）历 ging［khiŋ¹］〈名〉姜。《初》：𦿒岜，gingbya，山姜。

𦾗（𥢆、㖕、𣔺、䊢）gut［kut⁷］〈名〉蕨。《初》：𠜾𦾗庲𠑗𡍢。Gvej gut ma cw ciengz. 割蕨草来遮盖泥墙。

𦽨 gyoij［kjoi³］〈名〉芭蕉。（见𧃜）

蕸（閪、葃、𦱽、喒、嗒、畣、𦼆、蘙、哐、䣛、陷、䄻、鹹）haemz［ham²］〈形〉❶（味）苦。《初》：蕸貧胚。Haemz baenz mbei. 苦如胆汁。❷ 苦；辛苦；穷；困难；艰苦。《初》：吽蕸吽煯。Gwn haemz gwn hoj. 含辛茹苦。

䔈 lauz［la:u²］〈名〉❶ 动物脂肪；背。❷〈形〉肥。❸〈形〉白色的。（见膀¹）

蓤 loenq［lon⁵］〈动〉脱落；掉下。（见𨙻）

蕒 mai［ma:i¹］〈名〉密蒙花。马山《行孝唱》：正月花蕒开。Ciengnyied vamai hai. 正月密蒙花开。

𧁔（䍖、迋、㗊、浮、凮、迊）mbaeu［ʔbau¹］〈形〉轻。《初》：条䍺内𧁔移。Diuz rap neix mbaeu lai. 这副担子太轻。

蕷 naengj［naŋ³］〈动〉蒸。（见𩟔）

蕛 ndiq［ʔdi⁵］〈名〉苦瓜（与瓠连用）。（见𧃳）

䔳 nywj［nɯ³］〈名〉草；青草。（见芧）

蕴 oen［ʔon¹］〈名〉刺；荆棘。（见蘊）

蕎 oij［ʔoi³］〈名〉甘蔗。（见蔆）

蕤（𨣂、涞、綵）raiz［ɣa:i²］〈形〉❶ 麻；花麻。《初》：侈𤽢瘵𦒟蕤。De hwnj rok naj raiz. 他出天花脸麻了。❷ 花。《初》：𫌀蕤，baengz raiz，花布。

蘭 ranz［ra:n²］〈名〉家；屋；宅。东兰《莫卡盖用》：蘭故係老漢。Ranz gou youq Langhhan. 我的家在郎汉。（见宆）

蕯（𢂀、嘹、𢄶）reuq［ɣeu⁵］〈形〉蔫；枯萎；萎谢。《初》：㫖𤎏𨑡䓖蕯。Nditndat dwk rong reuq. 烈日晒得树叶蔫了。| 上林《赶圩歌》：布𣏾椛以蕯。Mbouj mbaet va hix reuq. 不采花也萎。

蕕 yaem［jam¹］〈形〉慢。《初》：佲蕕蕕𨀐。Mwngz yaemyaem byaij. 你慢慢走。

薏¹ 〔方〕 aeq［ʔai⁵］〈副〉也。《初》：侈薏民𩯀。De aeq maenz sang. 他也相当高。

薏² ndiq［ʔdi⁵］〈名〉苦瓜（与瓠连用）。（见𧃳）

𧂇 byaek［pjak⁷］〈名〉菜；蔬菜。（见𦬸²）

蕩 did［tit⁸］〈动〉萌；初长；新长。武鸣《信歌》：暗蕩𥚃𥠐，ngamq did bwnsongz，刚长出羽毛。

蕃 em［ʔe:m¹］〈名〉芭芒。（见菴¹）

䓘 gut［kut⁷］〈名〉蕨。（见𦳝）

𧂒（𫉬）ndaeuq［ʔdau⁵］〈名〉薯茛（一种野薯）。《初》：𧂒𦬒兀吽否黎肝犴。Ndaeuqndaek ndei gwn mbouj lw daengz cenh. 薯茛如果好吃就轮不到豪猪了。

蕻 ndoeng［ʔdoŋ¹］〈名〉森林；山林。金城江《台腊恒》：𡈐家作兀蕻。Guh ranz coq din ndoeng. 建房屋在山林边。

蒐 oen［ʔon¹］〈名〉刺；荆棘。金城江《台腊恒》：茄蒐，caz oen，刺丛。

蘁 aeuj［ʔau³］〈形〉紫。（见𦺵）

薦 〔方〕 cet［ɕe:t⁷］〈动〉❶ 游荡。❷ 巡

视。❸ 拜访;探望。(见遵)

薸 biuz [piːu²]〈名〉浮萍。(见蔈)

蔏 did [tit⁸]〈动〉萌(芽)。(见𦰡)

蕯 doek [tok⁷]〈动〉❶ 落。❷ 丢 失。(见䢅¹)

蕢 gaeuq [kau⁵]〈动〉够。(见哆)

蕗 roz [ɣo²]〈形〉疏;薄(指织物、纱窗等)。(见蓦)

藏¹ 㽞 cangz [ɕaːŋ²]〈动〉 叹;呻吟。(见吭)

藏² 㽞 gyangz [kjaːŋ²]〈动〉呻吟;哼。(见喰)

藏¹ haemz [ham²]〈形〉❶(味)苦。❷ 苦;辛苦;穷;困难;艰苦。(见谽)

藏² hamz [haːm²]〈形〉咸。(见䶢)

蕷 haz [ha²]〈名〉茅草。(见芐)

藝 mak [maːk⁷]〈名〉果子。(见䴹)

蔄 muenz [muːn²]〈名〉灯芯。(见䊚)

蕻 㽞 nyez [ȵe²]〈名〉芽。(见𦬼)

䅷 㽞 nyungz [ȵuŋ²]〈名〉稻草。《初》:䅷粑,nyungzbaet,稻草扫帚。

蕯 oen [ʔon¹]〈名〉刺;荆棘。金城江《台腊恒》:桧蕯,faex oen,带刺的树木。

蕂(𦵔) 㽞 roeg [ɣok⁸]〈名〉 茂密的草丛。(见《初》)

蕻 rong [ɣoːŋ¹]〈名〉叶子。(见䒞)

蓦(略、蕗) roz [ɣo²]〈形〉 疏;薄(指织物、纱窗等)。《初》:佲裥内蓦栘。Gij baengz neix roz lai. 这种布太薄。

薷 rum [ɣum¹] ❶〈名〉草。❷〈动〉长草。(见菻²)

蕷 vaeng [waŋ¹]〈名〉 ❶ 䅦;鸭脚粟。❷ 稗草。(见秔)

蘚 yenz [jeːn²]〈名〉崎岖;偏僻(与蒝连用)。金城江《台腊恒》:外九洞蒝蘚,vaij geij doengh bienyenz. 走过几垌崎岖路。

蔽(蘊) aeuj [ʔau³]〈形〉紫。《初》:椛蔽,va aeuj,紫色的花。

藤 daengz [taŋ²]〈动〉到。《粤风》:齐藤有结末。Gyaez daengz youx gietmoz. 爱郎至永远。

藈(砝、椛、笣、㳭、㽞、筕、花) fa [fa¹]〈名〉盖子。《初》:灶粝歐客藈。Cawj haeux aeu goeb fa. 煮饭要盖锅盖。

蕔 giux [kiːu⁴]〈名〉薤(俗称藠头,也叫荞或荞头)。(见韮)

蘗 㽞 gyiuh [kjiːu⁶]〈动〉撬。金城江《覃氏族源古歌》:晗眉贼眉蘗。Hwnz miz caeg miz gyiuh. 夜有贼来撬。

蕌 gyoij [kjoi³]〈名〉芭蕉。(见𦺢)

蕿 manh [maːn⁶]〈形〉辣。(见䁯)

蘑 ndaeuq [ʔdau⁵]〈名〉 薯莨(一种野薯)。(见蒠)

藟 ndoi [ʔdoi¹]〈名〉土山;岭。(见壜)

蕴（篕、蕴、榅、篔、㛹、𢢃、温、嗯、唵、椢、困、林、楒、縕）oen［ʔon¹］〈名〉刺；荆棘。《初》：双荟蕴，song caz oen，两丛荆棘。|蕴阑陌垎。Oen dimz bak loh. 荆棘堵塞了路口。|蕴絲，oensei，南蛇簕（一种荆棘）。

蕼 reuz［ɣeu²］〈名〉薹；苗；菜薹。（见芀）

䕼 rum［ɣum¹］❶〈名〉草。❷〈动〉长草。（见菻²）

䕩 em［ʔeːm¹］〈名〉芭芒。（见菴¹）

䕷（蘄、楷、𦾴、䓘、藋、菭）gyoij［kjoi³］〈名〉芭蕉。（见《初》）

蘄 gyoij［kjoi³］〈名〉芭蕉。（见䕷）

蕻 loenq［lon⁵］〈动〉脱落；掉下。（见𬜬）

𧁈 loq［lo⁵］❶〈名〉梦。❷〈动〉做梦；睡梦。（见𣗈）

𧁊（矇、㠓、𩟸）mong［moːŋ¹］〈形〉❶灰。《初》：𧙫套裙𧙝𧁊。Daenj dauq buhvaq mong. 穿一套灰色衣服。❷模糊（视线）。《初》：伝䓰䏧只𧁊。Vunz geq da cix mong. 人老眼就模糊了。

𧂍 naengj［naŋ³］〈动〉蒸。（见㷕）

𧁼 ranz［ɣaːn²］〈名〉家；屋；宅。（见宔）

蘇 so［θo¹］〈名〉铁锹。田阳《布洛陀遗本》：百補百發蘇，bak boux bak fag so，百人百把锹。

蘭¹ lan［laːn¹］〈名〉孙。（见䍀）

蘭² ranz［ɣaːn²］〈名〉家；房子。武鸣《信歌》：丕蘭提蘭，bae ranz dawz ranz，去了一家又一家。

𧅃 haemz［ham²］〈形〉❶苦（味）。❷穷苦；贫苦；辛苦；艰苦；困难。（见𠳄）

䕸 hoh［ho⁶］❶〈名〉节；关节（物体各段连接处或物体的一段）。❷〈量〉节。（见䒦）

𧄹（苠、荓、䒶、䍃、䪻）mbinj［ʔbin³］〈名〉草席。《初》：歐𧄹庲㙇眸。Aeu mbinj ma demh ninz. 拿草席来垫睡。

𧅟 〔方〕 mbu［ʔbu¹］〈名〉莲；莲藕。《初》：粚𧅟，ceh mbu，莲子。

蔴 ndaij［ʔdaːi³］〈名〉苎麻；青麻。金城江《台腊恒》：㘦蔴㘦外㘦累本。Guh ndaij guh vaiq guh ndaej baenz. 续麻纺棉做得成。

䕭 raz［ɣa²］〈名〉芝麻。（见䅿）

𧆈 fwz［fɯ²］〈形〉荒；荒凉；荒芜；寂寞；冷落。武鸣《信歌》：陌𥱞讲那𧆈，bak byouq gangj naz fwz，空口说荒田。（见㷆）

䕦 nyaengq［ȵaŋ⁶］❶〈名〉杂草。❷〈形〉杂草丛生；芜杂。（见莣）

𧅼 ngaih［ŋaːi⁶］〈名〉艾绒（用作打火镰引火之物）。（见莱）

𧆂 reuq［ɣeu⁵］〈形〉蔫；枯萎；萎谢。（见𦶜）

𦾴 gyoij［kjoi³］〈名〉芭蕉。（见䕷）

蘿（泙、托）〔方〕 ro［ɣo¹］〈动〉❶乞；乞讨；乞求。《初》：蘿吽，ro gwn，乞食。❷捡漏；拾遗。《初》：蘿粝，ro haeux，捡遗漏的稻谷。

韄（偀、英）ing［ʔiŋ¹］〈动〉靠；依靠。《初》：韄条奔内合塝垟垲。Ing diuz faex neix haeuj bangx ciengz bae. 把这条木棍靠到墙上去。

䕯 giuq［kiːu⁵］〈名〉提篮。（见篍）

藨 giuq［kiːu⁵］〈名〉提篮。（见篍）

䔛 mbaw［ʔbaɯ¹］❶〈名〉叶子。❷〈量〉张；面（用于薄的片状的东西）。（见昉）

藉（楉、芍、若、焎、花、蒴）cieg［ɕiːk⁸］〈名〉野芭蕉。

蘙 oij［ʔoi³］〈名〉甘蔗。（见蒌）

藾 moq［mo⁵］〈形〉新。（见䅺）

寸 部

寸 sueng［θuːn⁵］〈动〉❶计算。❷认作；当作。❸作罢。（见算¹）

㓦 dag［taːk⁸］〈动〉度；量。（见毻）

夺¹ dog［doːk⁸］〈形〉独。宜州《孟姜女》：啦仂夺故而？Ndaq lwgdog guh lawz? 责骂独女做什么？

夺² doh［to⁶］〈形〉所有；遍及；全。宜州《龙女与汉鹏》：夺卜斗揪吼否咋。Doh boux daeuj ciuq naeuz mbouj ca. 所有人来看都说不错。

㞻 deng［teːŋ¹］❶〈动〉对；中。❷〈介〉挨；被。（见町）

㝵 方 doz［to²］〈连〉但。（见《初》）

専 方 cuenq［ɕuːn⁵］〈动〉转。（见《初》）

封¹ fong［foːŋ¹］〈动〉补。（见㚢）

封² fungh［fuŋ⁶］〈量〉间（房屋）。（见飙）

耐¹ nai［naːi¹］〈动〉❶安慰。❷赞扬。（见㤂¹）

耐² naih［naːi⁶］〈形〉久。（见孬）

耐³ naih［naːi⁶］〈副〉越。都安《行孝唱文》：耐议件件亦眉情。Naih ngeix gienh gienh hix miz cingz. 越想件件亦有情。| 马山《完筆字信》：奈議胡耐叻。Naih ngeix hoz naih gaek. 越想越气急。

耐⁴ naiq［naːi⁵］〈形〉❶虚弱；萎靡；委顿。❷累；疲倦。宜州《孟姜女》：耐之马吉宁。Naiq cih ma gix ninz. 累了就回这里睡。（见㾬）

耐⁵ 方 naiz［naːi²］〈名〉口水；痰。（见沥²）

尅 hag［haːk⁸］❶〈动〉学；学习。❷〈名〉学校；学堂。（见孝²）

㓂 ceiz［ɕei²］〈名〉鸬鹚。（见鹚）

㙷 方 mbak［ʔbaːk⁷］❶〈名〉伯父。❷〈动〉斩。（见《初》）

㔉（朸、罼）方 geh［ke⁶］〈量〉段；截。《初》：㔉絴刁，geh cag ndeu，一截绳子。

廾 部

开¹ gaej［kai³］〈副〉别。马山《欢叹

父母》：眉吚开忘情。Miz gwn gaej lumz cingz. 有吃别忘恩情。

开² gaiq［kaːi⁵］〈量〉块。马山《欢叹父母》：密奀岜开肉，miz duzbya gaiq noh，若有一些鱼或肉。

开³ gai［kaːi¹］〈动〉卖。（见賷）

㓣 㕫 gaiz［khaːi²］〈名〉鞋。（见《初》）

开 gai［kaːi¹］〈动〉卖。（见賷）

弆（埊）cangq［ɕaːŋ⁵］〈动〉葬；安葬。《初》：弆墓孟夻墶。Cangq moh youq laj dat. 安葬坟墓在石崖下。

刑 hingz［hiŋ²］〈动〉赢；胜利。（见行³）

䎋 gwiz［kɯːi²］〈名〉婿。（见㹈）

㔔（劚）ceg［ɕeːk⁸］〈动〉裂；开裂。《初》：石柳㔔閅只貧吚。Siglouz ceg aq cij baenz gwn. 石榴果裂开了才好吃。

䅓 gai［kaːi¹］〈动〉卖。（见賷）

𥡷 㕫 rumh［ɣum⁶］〈名〉阴（影）。（见䨻）

䆉（磨）moj［mo³］〈形〉凸起；隆起；高出。《初》：捍碗粝䆉䆉崯。Daek vanj haeux mojmoj bae. 一碗饭盛得满满的。

大　部

大¹ da［ta¹］〈名〉❶外公。❷岳父。（见䣃）

大² dah［ta⁶］〈副〉果真；果然；真正；实在（与哰连用）。（见哒）

大³（太）daih［taːi⁶］❶〈形〉大。《初》：圿功劳㑳大。Gaiq goenglauz de daih. 他的功劳大。| 大䶕，daihbaj，大把（很多、好多）。| 大脊，daihcaez，大家、一起。❷〈缀〉第（序数的词头）。《初》：大乙，daih'it，第一。

大⁴ dax［ta⁴］〈名〉庭院（与洪连用）。东兰《造牛（残页）》：请麻阶大洪。Cing ma daengz daxhongh. 牵来到庭院。

大⁵ daz［ta²］〈名〉秤砣。（见砆）

大⁶ daz［ta²］〈动〉❶拉；扯。❷纺（纱）。❸搀；扶。（见挞²）

太¹ dah［ta⁶］〈副〉果真（与浗连用）。马山《偻齐架桥铁》：眉心太浗，miz sim dahraix，果真有心。

太² dai［taːi¹］〈动〉死；去世。田阳《麽収魂糈一科》：䏶光父娄太。Bigonq boh raeuz dai. 前年我们父亲去世。

太³ daih［taːi⁶］❶〈形〉大。❷〈缀〉第（序数的词头）。（见大³）

太⁴ daiq［taːi⁵］〈名〉外婆。马山《叹亡歌》：六叮大太，roek daengq da daiq，第六叮嘱外公外婆。

太⁵ 㕫 daix［thaːi⁴］〈动〉大骂。

太⁶ daiq［taːi⁵］〈动〉带；带领；率领；引导。（见㑚¹）

头¹ daeuz［tau²］〈名〉❶头；第一。《初》：波头，baez daeuz，头一回、第一次。❷头领；首领。《初》：㑳廸備头板内。De dwg bouxdaeuz mbanj neix. 他是这个村子的头领。

头[2] dou [tou¹]〈代〉我们。(见㐀²)

央 yaemz[jam²]〈名〉椿。广南《椿树》:鳰燕赌苝央。Roegenq douh byai yaemz. 燕子停栖椿树梢。

夸 gvaq [kwa⁵]〈动〉过。马山《欢叹父母》:卜老偻夸西。Bouxlaux raeuz gvaqseiq. 我们的老人去世。

夽 hung [huŋ¹]〈形〉❶大。❷自大。(见奋)

㚈 mbwk [ʔbɯk⁷]〈形〉大。金城江《台腊恒》:汏㚈汏妄水否米。Dah mbwk dah ningq raemx mbouj miz. 大河小河没有水。

㚁 raq [ɣa⁵]〈名〉瘟疫。(见疨)

奋(夽、𡗶、宄、𡗿、㖪、宏、𡘋、洪、奀、夿、𡙇、𡗷)hung [huŋ¹]〈形〉❶大。《初》:𤜶奋,mou hung,大猪。❷自大。《初》:伝嘇佲総否咟,㲸奋貧㣲? Vunz cam mwngz cungj mbouj han, ndaej hung baenzlai? 人家问你都不吭声,这么傲慢自大?

奀 hung [huŋ¹]〈形〉❶大。❷自大。(见奋)

𡗵 历 nyaeq [ȵai⁵]〈形〉小;幼小。(见𦀔¹)

奔 baen [pan¹]〈动〉分。(见扮)

夳 baenq [pan⁵]〈动〉转;转动;旋转。(见轓)

奋 fwnz [fɯn²]〈名〉柴火。(见枚)

夸[1] 历 gvah [khwa⁶]〈名〉裤子。(见袴)

夸[2] 历 mangj [maːŋ³]〈副〉常。《初》:夸㾓,mangj ma,常来。

奇 gwih [kɯːi⁶]〈动〉骑。(见骑)

𡚒 hong [hoːŋ¹]〈名〉工作;活路。(见㓕)

㚇 hung [huŋ¹]〈形〉❶大。❷自大。(见奋)

𡙇 hung [huŋ¹]〈形〉❶大。❷自大。(见奋)

奈[1] naih [naːi⁶]〈副〉越。马山《完筆字信》:奈訑胡耐吋。Naih ngeix hoz naih gaek. 越想越气急。

奈[2] naiq [naːi⁵]〈形〉❶虚弱;萎靡;委顿。❷累;疲倦。(见㾍)

奈[3] naiq [naːi⁵]〈形〉惋惜;懊悔(与𢫕连用)。武鸣《信歌》:𢫕奈麻蒙,doeknaiq mazmoengz,懊悔发呆。

奈[4] ndaij [ʔdaːi³]〈名〉苎麻。《粤风》:赖舻批贩奈。Laih ruz bae fanq ndaij. 以为船去贩苎麻。

奆 dai [taːi¹]〈动〉死。(见㱜¹)

奞 dot [toːt⁷]〈动〉剧痛;阵痛(一叮一啄似的疼痛)。马山《信歌》:跌奞了双昋。Gyaeuj dot liux song ngoenz. 头痛了两天。(见𤻙)

夿 hung [huŋ¹]〈形〉❶大。❷自大。(见奋)

夶 hung [huŋ[1]]〈形〉❶ 大。❷ 自大。(见夯)

䶣 aq [ʔa[5]]〈动〉裂;裂开。(见閄)

套 dauq [taːu[5]]〈动〉归来;回来。(见倒[2])

㚥 nax [na[4]]〈名〉舅,舅娘;姨,姨丈。(见㑚[1])

坔[1] onj [ʔoːn[3]]〈形〉稳;安稳。(见闉[1])

坔[2] vaenj [wan[3]]〈形〉稳。(见闉[2])

㚗(㚗、撍、扯、呲、抳) nip [nip[7]]〈动〉夹。《初》:㚗圿𦧲掛俌嵇。Nip gaiq noh hawj bouxgeq. 夹一块肉给老人家。

奢 ce [çe[1]]〈动〉❶ 留。马山《駄向书信》:昭奢吪各纫,眠咅门啉名。Haemh ce gouq gag youq, ninz ranz byouq daej mwngz. 留我夜独眠,睡空房哭你。❷ 弃;丢弃;抛弃。马山《信歌》:半路奢友谷,另丕笁卜佤。Buenqloh ce youx goek, lingh bae doek bouxwnq. 半路弃初恋,另去嫁他人。

䭾(㐲、㐳、䭾、㕦、他、她、大) da [ta[1]]〈名〉❶ 外公。❷ 岳父。(见《初》)

奥[1] aeu [ʔau[1]] ❶〈动〉要。❷〈动〉娶。❸〈动〉拿;取。❹〈介〉用。❺〈助〉采取……的方式(用在动词后表示某种方法)。(见歐[1])

奥[2] au [ʔaːu[1]]〈名〉叔;叔父。(见叟)

奥[3] auq [ʔaːu[5]]〈动〉❶ 驯;教。❷ 扳;比。(见搜[3])

奥[4] ngauq [ŋaːu[5]]〈量〉❶ 大团;大块。❷ 个(用于男性,含贬义)。(见㠸[3])

奥[5] nyeux [ȵeu[4]]〈动〉转(头);回(看)。(见遱)

𡘙 gyaeuz [kjau[2]]〈量〉个(蒜头)。(见菉)

㚢 mbwk [ʔbɯk[7]] ❶〈名〉女性。❷〈形〉大。(见媥)

𡙇 naemq [nam[5]]〈形〉❶ 用心;认真。❷ 起劲;热烈;热闹。❸ 实;重。(见黔[2])

奣 nanz [naːn[2]]〈形〉久。(见赧)

㚈 raeuj [ɣau[3]]〈形〉❶ 暖和;暖;温暖 ❷ (水)温。(见暖)

獒 ngauq [ŋaːu[5]]〈量〉❶ 大团;大块。❷ 个(用于男性,含贬义)。(见㠸[3])

奪 duet [tuːt[7]]〈动〉脱。(见捝[3])

㨶 yaem [jam[1]]〈形〉阴森;阴沉。(见䅽)

奞(撍、碍、䶣) daep [tap[7]]❶〈动〉套。《初》:奞兀忺,daep ek vaiz 套牛轭。❷〈名〉套子。《初》:奞秕,daep bit,笔套。

兀(尢)部

兀[1](轭、枙、梔、𣗥) ek [ʔeːk[7]]〈名〉轭。《初》:兀忺,ek vaiz,牛轭。

兀[2] ngieg [ŋiːk[8]]〈名〉❶ 蛟龙;水神。田阳《祭祀仪式歌》:警动滕独兀,gingdoengh daengz duzngieg,惊动到蛟龙。❷ 水螳螂。(见蠮)

兀[3] ngut [ŋut[7]] ❶〈形〉曲;弯曲。❷〈动〉恼怒;生气。(见堋)

兀¹（㛿、㝵、𡕜、肍、俪、低、媄、㜫、岈、厘）ndei［ʔdei¹］〈形〉好；美；善；良好。《初》：吽兀袮兀。Gwn ndei daenj ndei. 吃好穿好。

兀² ndij［ʔdi³］〈介〉跟；随；沿。都安《三界老爺唱》：兀船兀海沠途笼。Ndij ruz ndij haij byaij doxroengz. 随船沿海一直走。

兀³ ndwi［ʔdɯːi¹］〈副〉不。忻城《传扬歌》：咸泔兀过，hamj mieng ndwi gvaq，垮不过沟。

旯¹ 方 laeg［lak⁸］〈动〉儿。金城江《覃氏族源古歌》：旯你怉丕肯。Laeg nix hwnj bae gwnz. 此儿去上方。（即 lwg）

旯² 方 ngih［ŋi⁶］〈名〉处女（俗称黄花女，见《初》）。

尪 方 ngauh［ŋaːu⁶］〈动〉撬。《初》：尪磌，ngauh rin，撬石头。

尤 couh［ɕou⁶］〈副〉就。（见䟢）

无¹ hoj［ho³］〈形〉穷。金城江《覃氏族源古歌》：介用嫌仆无。Gaej yungh yiemz boux hoj. 勿嫌弃穷者。

无² ndi［ʔdi¹］〈动〉无；没有。宜州《孟姜女》：古呗呀无用。Gou bae yax ndi yungh. 我去也没有用。

䟢（受、尤、仇、祖）couh［ɕou⁶］〈副〉就。《初》：嗛肝䟢𠇗肝。Gangj daengz couh guh daengz. 说得到就做得到。

兂 方 yaeuj［jau³］〈动〉收藏。《初》：兂糙𥺉𠇗秋。Yaeuj ceh fag guh faen. 收藏饱满的谷粒留做种子。

就 couh［ɕou⁶］〈动〉迁就。（见嘍³）

䶮 lungz［luŋ²］〈名〉伯；伯父。金城江《台腊恒》：䶮有𠇗项。Lungz ndwi guh-hek. 伯父不客气。

小 部

小¹ 方 siuj［θiːu³］〈形〉❶ 少；缺少。❷ 小。（见伙³）

小² siuj［θiːu³］〈形〉馋。（与㖡连用）。《初》：小㖡，siujgvij，嘴馋、嘴刁。

少¹ ij［ʔi³］〈副〉不；没。宜州《廖碑》：你到少鄧伝。Neix dauq ij daengh vunz. 现在反倒不与人般配。

少² iu［ʔiːu¹］〈动〉邀请。田东《大路歌》：不得少卜对，mbouj ndaej iu boux doih，不能邀同伴。

不 oemq［ʔom⁵］〈动〉遮盖；笼罩；盖住。（见丆）

尐 oiq［ʔoi⁵］〈形〉❶ 嫩。❷ 幼小；年轻。（见荟²）

尔¹ lawz［laɯ²］〈代〉哪；何；哪样。（见哘²）

尔² neix［nei⁴］❶〈代〉这；此。❷〈名〉现；此；今。❸〈连〉然；然而。（见内⁴）

尔³ 方 yawz［jaɯ²］〈代〉怎样；如何；哪样；怎么；若何。（见俉³）

当1 daeng［taŋ1］〈名〉太阳(与昡连用)。(见昍)

当2 dang［taːŋ1］〈动〉❶当;担任。❷应当。❸承当;担当。(见哾1)

当3 dang［taːŋ1］〈名〉上;上面。《初》:当坤,dangroen,路上。

当4 dangh［taːŋ6］〈连〉如果;要是;倘若。(见玎)

当5 dangq［taːŋ5］〈代〉各;各自。马山《偻齐架桥铁》:当卩纫当尸。Dangq boux youq dangq mbiengq. 各人各自在一方。

当6 [方] dangq［taːŋ5］〈名〉从前(与櫎连用)。《初》:当櫎侈里憶。Dangqgonq de lij iq. 从前他还小。

当7 dangq［taːŋ5］〈动〉当;当作;如;像;好像。(见哃2)

当8(凳) [方] dangq［taːŋ5］〈副〉❶像;好像。上林《赶圩歌》:当打줐竿料。Dangq daj mbwn doek daeuj. 像从天降到。❷无比;非常(与麻连用)。《初》:偻胣啱当麻。Raeuz sim'angq dangqmaz. 我们非常高兴。

当9 dangz［taːŋ2］〈名〉厅堂;大堂。(见坣)

当10 deng［teːŋ1］〈动〉挨;得。宜州《龙女与汉鹏》:王偶古呗古当呗。Vuengz aeu gou bae gou deng bae. 王要我去我得去。

光1 gonq［koːn5］〈名〉前。田阳《麽収魂粡一科》:腗光母娄太。Bigonq meh raeuz dai. 前年我们母亲过世。

光2 gvang［kwaːŋ1］〈名〉情郎。马山《起书嚏特豆》:怨名光,ienq mwngz gvang,埋怨情郎你。

光3 gvangq［kwaːŋ5］〈形〉宽。宜州《孟姜女》:叭杜三相光。Bakdou sam ciengh gvangq. 门口三丈宽。

光4 gvengq［kweːŋ5］〈形〉空旷;开阔。马山《嚏嘆情》:地光,dieg gvengq,空旷处。

佊 nip［nip7］〈动〉夹。(见㧏)

尜 nyaeq［ɲai5］〈形〉小;幼小。(见䌌1)

光 [方] luenj［luːn3］〈动〉耀(眼);刺(眼)。(见《初》)

尒1 noix［noi4］〈形〉❶少。❷小。(见尐)

尒2 nyaeq［ɲai5］〈形〉小;幼小。(见䌌1)

肖 [方] seuj［θeu3］〈名〉(用小鞭子)抽打。(见梢)

玎(当、湯、说、倪、哾、哃) dangh［taːŋ6］〈连〉如果;要是;倘若。《初》:玎佲否情嘞,昨駈愢否盱。Dangh mwngz mbouj haengj saw, cog ngawz ienq mbouj hoiz. 如果你不愿努力读书,将来愚蠢无知,那就后悔莫及了。

挙(擋、挡) [方] dangx［taːŋ4］〈动〉支撑;抵挡;抵抗。《初》:徒蚆挙否吼襎袖。Duzmaet dangx mbouj ndaej fan denz. 跳蚤支撑不起被子。

坣(当、唐、嚺) dangz［taːŋ2］〈名〉厅

堂;大堂。《初》:閅坣,gyang dangz,堂屋。

灿 -mig［mik[8]］〈缀〉闪亮;光亮(与粬连用)。《初》:偲匽内⺁迪亟粬灿。Aen gvih neix caet dwk gig raeuzmig. 这个柜子油漆得很光亮。

狞(咛、寍、吝) 方 ningq［niŋ[5]］〈形〉小;幼小。《初》:特䅣兄里狞。Daegnuengx gou lij ningq. 我的弟弟还幼小。

尛(尐、闭、宂、闭、衲、内、侢、呐) noix［noi[4]］〈形〉❶少。《初》:尛双俌伝。Noix song boux vunz. 少两个人。❷小。《初》:奷尛,yahnoix,小老婆、小妾。

尐 noix［noi[4]］〈形〉❶少。❷小。(见尛)

尚 caengz［ɕaŋ[2]］〈动〉恨;愤恨;怀恨;痛恨。(见噌[1])

纱 cauj［ɕa:u[3]］〈动〉反刍。《初》:怀吽芋翻纱。Vaiz gwn nywj fancauj. 牛吃草反刍。

犷 gvangq［kwa:ŋ[5]］〈形〉宽大;广大;宽阔。(见宄)

尖 yiuq［ji:u[5]］〈动〉看;瞧。马山《偻笁荳貧够》:乃尖乃不礼。Naih yiuq naih mbouj ndaej. 越看越不行。

档 dangx［ta:ŋ[4]］〈形〉亮堂;靓丽;光彩四射(与糖连用)。金城江《台腊恒》:綤四方糖档,ciuq seiqfueng angjdangx,光彩照四方。

怺 oiq［ʔoi[5]］〈形〉❶嫩。❷幼小;年轻。(见荟[2])

列 red［ɣe:t[8]］〈形〉密实;紧密。(见𩅦)

尖 soem［θom[1]］〈形〉尖;锋利。(见𨬖)

党 方 dangj［ta:ŋ[3]］〈动〉托住。(见挡)

棠(档) dangq［ta:ŋ[5]］〈名〉把柄。《初》:棠磨,dangq muh,推磨的木把手。

雀 coeg［ɕok[8]］〈动〉戳;刺。(见夬)

炏 方 myaengz［mjaŋ[2]］〈形〉反光;耀眼。(见𥇢)

尐 方 ngid［ŋit[8]］〈形〉很少。(见喧[4])

粗 rongh［ɣo:ŋ[6]］〈形〉亮;明亮;光亮。(见㼴[2])

粡 方 sungh［θuŋ[6]］〈形〉光;亮。(见《初》)

粜 cauq［ɕa:u[5]］〈名〉灶。(见烑)

翘 fwed［fɯ:t[8]］〈名〉翅;翅膀。金城江《台腊恒》:翘鳳凰,fwed funghvuengz,凤凰的翅膀。

㞘 方 gyai［kja:i[1]］〈名〉梢;末端;尾部。(见崴[3])

尞[1] deuz［teu[2]］〈动〉逃。(见逄)

尞[2] 方 liu［li:u[1]］〈动〉瞄;看。(见盯[1])

尞[3] liuh［li:u[6]］〈动〉料理;护理;照料(与理连用)。(见打[3])

尞[4] 方 liuh［li:u[6]］〈名〉缸。(见打[4])

尞[5] ndeu［ʔdeu[1]］〈数〉一。(见刁)

尞[6] reux［ɣeu[4]］〈动〉拌;搅拌。广南

《花根歌》：㫒貧兜㝋埇，dai baenz daeuz reux namh，死去［尸骸］变成青苔拌泥土。

㚚 㓁 sen［θe:n^{1}］〈形〉尖锐（声音大而刺耳）。《初》：嗽叱嚐亟㚚。Gangj vah sing gig sen. 说话的声音很尖。

當^{1} dang［ta:ŋ^{1}］〈动〉庇护。田东《闹涽懔一科》：懔造礼當。Vaiz caux ndaej dang. 水牛才得庇护。

當^{2} dangq［ta:ŋ^{5}］〈名〉厅堂。马山《欢叹母》：晻内眸江當。Haemhneix ninz gyang dangq. 今晚睡在厅堂里。

當^{3} dangq［ta:ŋ^{5}］〈代〉各；各自。马山《回复书信》：當部幼當伻，dangq boux youq dangq biengz，各人各自在一方。

煈（𤈳、𤇭、㶸）ndongj［ʔdo:ŋ^{3}］〈形〉❶硬。❷贫瘠；瘠薄。《初》：䣙煈，naz ndongj，瘠薄的田。❸结实；强壮。上林《达妍与勒驾》：勒驾躺又煈。Lwggyax ndang youh ndongj. 孤儿身板又强壮。

𤇭 ndongj［ʔdo:ŋ^{3}］〈形〉❶硬。❷贫瘠；瘠薄。❸结实；强壮。（见煈）

𤈟 rongh［ɣo:ŋ^{6}］〈形〉亮；明亮；光亮。（见㷲^{2}）

𤆬 rongh［ɣo:ŋ^{6}］〈形〉亮；明亮；光亮。（见㷲^{2}）

㶽 rongh［ɣo:ŋ^{6}］〈形〉亮；明亮；光亮。（见㷲^{2}）

焻^{1} 㓁 cangj［ɕa:ŋ^{3}］〈形〉炫目；闪亮（与𤈳连用）。《初》：𤈳焻，ndongqcangj，光彩炫目。

焻^{2} 㓁 langq［la:ŋ^{5}］〈形〉炫目；耀眼；强光刺眼。（见哴^{1}）

焻^{3} 㓁 riengz［ɣi:ŋ^{2}］❶〈形〉明亮。《初》：四㚇焻㷲㷲。Seiqlengq riengz dwenxdwenx. 四处亮堂堂。❷〈动〉挂；垂挂。

㶶 raeuz［ɣau^{2}］〈形〉光滑。《初》：㶶𤆵，raeuzmig，光滑得发亮。

㷮（鈢、𤆬、稴、深、逼、笑）soem［θom^{1}］〈形〉尖；锋利。《初》：偲𣚺双㩁㷮。Aen daeuq song gyaeuj soem. 梭子两头尖。

㷩 siuj［θi:u^{3}］〈动〉旋转（风）。《初》：颷㷩鴘，rumzsiujgaeq，旋风（俗称鬼头风，发生时可将尘土、毛、纸等卷到空中）。

㷻 vid［wit^{8}］〈拟〉灿烂的；闪耀的；闪烁的。《初》：昍眃曨㷻㷻。Daengngoenz langq vidvid. 太阳光闪闪。

㷙 angj［ʔa:ŋ^{3}］〈形〉亮堂；靓丽；光彩四射（与㷖连用）。金城江《台腊恒》：绍四方㷙㷖，ciuq seiqfueng angjdangx，光彩照四方。

㷼 dak［ta:k^{7}］〈动〉晒。（见晫）

㷲^{1} dwenx［tɯ:n^{4}］〈拟〉❶累累（指果实）。《初》：䫌丕歪柌焻㷲㷲。Mak youq gwnz go riengz dwenxdwenx. 果实在树枝挂累累。❷晃晃；堂堂（指光亮）。《初》：焻㷲㷲，riengz dwenxdwenx，亮堂堂。

㷲^{2}（㶽、㷾、晄、閬、晃、㫰、炮、閇、𤆬、昽、晱、烎、𤈟）rongh［ɣo:ŋ^{6}］〈形〉亮；明亮；光亮。《初》：㷲禀肤十五。Rongh lumj ndwen cib ngux. 明亮得像十五的月亮。｜上

林《赶圩歌》:⿴欢伢肝㬘。Guh fwenhaw daengz rongh. 唱歌到天亮。

粄 ndoq [ʔdo⁵]〈形〉秃;光。平果《信歌》:躺粄林鸡情。Ndang ndoq lumj gaeq cingz. 身光似秃鸡。

烷 dangq [taːŋ⁵]〈动〉烫。(见烧¹)

檍 oiq [ʔoi⁵]〈形〉❶嫩。❷幼小;年轻。(见荟²)

䅦 ndongj[ʔdoːŋ³]〈形〉❶硬。❷贫瘠;瘠薄。❸结实;强壮。(见捅)

糲 ngaeuz [ŋau²]〈形〉❶光滑。❷尽;光;完。(见轴¹)

䅬 yiu [jiːu¹]〈动〉翘(起);撅。(见魅)

糟(瞠、瞟、繒、糀) 方 myaengz [mjaŋ²]〈形〉反光;耀眼。(见《初》)

糯 myak [mjaːk⁷]〈形〉闪闪;闪烁。《初》:龞飜糯糯爱犨雰。Byajmig myakmyak aiq doek fwn. 电光闪闪可能要下雨。

耀 yiuq[jiːu⁵]〈动〉看。马山《嚏嘆情》:否耀路,mbouj yiuq loh,不看路。

口 部

口¹ gaeu [kau¹]〈名〉藤。东兰《造牛(残页)》:口丕達否恨。Gaeu bae daz mbouj hwnj. 用藤去拉[它]不起来。

口² 方 gaeuj [khau³]〈名〉稻;米;饭。(见粣)

口³ haeuj[hau³]〈动〉❶入;进入。《初》:请口空庲ℨ。Cingj haeuj ranz ma naengh. 请进屋里来坐。| 马山《二十四孝欢》:七月口立秋。Caetnyied haeuj laebcou. 七月入立秋。❷祖护;庇护。马山《风俗唱》:皮往口皮往。Beixnuengx haeuj beixnuengx. 兄弟祖护兄弟。❸对;中。田东《大路歌》:吉口逢,gaet haeuj fwngz,咬对了手。(见合)

⿴(个、⿰、⿱、拮、坫、枯、哭、哭、骨) guh [ku⁶]❶〈动〉做;干。马山《传扬歌》:⿴悾造盆保,⿴贼造冤家。Guh hong cauh baenz bauj, guh caeg caux ien'gya. 干活才是宝,做贼结冤家。❷〈动〉是;充当。巴马《漢皇一科》:娘⿴甫廖竜. Nangz guh boux liuh luengq. 老娘是串巷子的人。❸〈动〉建;造。《初》:⿴空,guh ranz,造房子。❹〈动〉唱(山歌);编(歌);作(诗歌)。《初》:⿴欢,guh fwen,唱山歌。❺〈副〉老;老是;越。马山《架什架桥铁》:⿴耀⿴眉理,⿴议⿴眉情。Guh yiuq guh miz leix, guh ngeix guh miz cingz. 老看老是觉得有理,越想越觉得有情。

⿱ guh[ku⁶]❶〈动〉做;干。❷〈动〉是;充当。❸〈动〉建;造。❹〈动〉唱(山歌);编(歌);作(诗歌)。❺〈副〉老;老是;越。(见⿴)

⿰ guh[ku⁶]❶〈动〉做;干。❷〈动〉是;充当。❸〈动〉建;造。❹〈动〉唱(山歌);编(歌);作(诗歌)。❺〈副〉老;老是;越。(见⿴)

叺¹ aep[ʔap⁷]〈动〉吠;吼。平果《贼歌》:狗叹叺。Ma raeuq aep. 狗猛吠。

叺² caep[ɕap⁷]〈动〉遇。马山《二十四孝欢》:叺仙,caep sien,遇上仙人。

叺³ gyaeb［kjap⁸］〈动〉扎。马山《丹亡》：孙守孝叺绑。Lwg souj hauq gyaeb sai. 儿辈守孝扎孝带。

叺⁴ haeuj［hau³］〈动〉❶入；进入。《初》：请叺竺㡳㞢。Cingj haeuj ranz ma naengh. 请进屋里来坐。｜马山《情歌》：断难不叺崇，duenh nanz mbouj haeuj ndoeng，隔久不入林。❷祖护；庇护。（见合）

叭¹ bah［ba⁶］〈动〉罢；算了。宜州《孟姜女》：否亨偶之叭。Mbouj haengj aeu cixbah. 不给要就算了。

叭² baj［pa³］〈名〉伯母；姨妈。宜州《龙女与汉鹏》：由呗榄艮问双叭。Youh bae ranz gwnz haemq song baj. 又去上屋问两位姨妈。

叭³ bak［paːk⁷］〈名〉嘴；口。东兰《造牛（残页）》：之本叭哏蕘。Cih baenz bak gwn nywj. 就变成嘴巴能吃草。｜宜州《孟姜女》：叭杜三相光。Bakdou sam ciengh gvangq. 门口三丈宽。

叭⁴ bap［paːp⁷］〈拟〉吧嗒。《初》：烛烟叭叭。Cit ien bapbap. 吧嗒吧嗒地抽着水烟。

叭⁵ bat［paːt⁷］〈名〉盆。（见䀚）

叭⁶ byap［pjaːp⁷］〈名〉妖邪。田阳《布洛陀遗本》：貧叭居个嫁。Baenz byap giq go gyaj. 变成妖邪附在秧苗上。

叭⁷ byat［pjaːt⁷］〈名〉魔鬼；鬼怪。马山《吊孝》：田妖精叭怪，dienz iucing byat gvaiq，镇妖精魔怪。

叭⁸ 方 byat［pjaːt⁷］〈动〉❶出壳。❷脱离。（见穴）

叭⁹ ca［ɕa¹］〈副〉猛然（与深连用）。巴马《贖魂糯吰》：王深叭呌气。Vuengz caemhca heuhhit. 王猛然叫喊。

叭¹⁰ gyat［kjaːt⁷］〈名〉殃怪；灾难。右江《本麽叭》：叭隆斗廣収。Gyat roengzdaeuj guengh saeu. 殃怪降临柱子间。

叶¹ boux［pou⁴］〈量〉个；位。（见俌）

叶² （吙）方 byoek［pjok⁷］〈动〉唤醒。（见《初》）

叶³ byux［pju⁴］〈拟〉乱纷的。《初》：伙羊䟴䰢恪叶叶。Gyoengq yiengz raen guk linj byuxbyux. 羊群见虎很惊慌。

叱¹ caep［ɕap⁷］〈动〉遇；逢；遭逢。都安《三界老爺唱》：正叱公你惡巡由。Cingq caep goeng neix ok cinzyouz. 正逢此公出巡游。

叱² mbaet［ʔbat⁷］〈动〉屏；憋。都安《三界老爺唱》：名叱旬孝听吭叹。Mwngz mbaet coenz hauq dingq gou naeuz. 你且屏声听我说。

吒¹ cit［ɕit⁷］〈形〉淡（指味道）。（见謐）

吒² yaep［jap⁷］〈名〉一下子；一会儿。（见眍⁴）

叹¹ caeu［ɕau¹］〈动〉藏；收藏。（见搊）

叹² han［haːn¹］〈动〉回答；答应。（见哻²）

叹[3] naeuz [nau²]〈动〉说。都安《三界老爺唱》:名听吭叹。Mwngz dingq gou naeuz. 你听我说。

叹[4] raeuq [ɣau⁵]〈动〉吠。平果《贼歌》:狗叹叺叹叺,叹贼而叹人? Ma raeuq aep raeuq aep, raeuq caeg rox raeuq vunz? 狗猛吼猛吠,吠贼或吠人?

叺(乂) 方 cax [ɕa⁴]〈形〉丑陋(与喙连用)。《初》:徒猉内叺喙夥。Duz mou neix caxcemx lai. 这头猪很丑陋。

占 ciem [ɕi:m¹]〈名〉签。(见笘)

只[1] cij [ɕi³]〈副〉❶ 才。《初》:眉沋廸苝只貧吘。Miz youz dwk byaek cij baenz gwn. 有油煮菜才好吃。❷ 只。《初》:只叐养内𠚐。Cij ndaej yienghneix guh. 只能这么做。

只[2](是、自、汁、之、字、则、咥) cix [ɕi⁴]〈副〉❶ 就。《初》:波吗偧只料。Baez heuh de cix daeuj. 一叫他就来。| 大化《嚏奠别》:奀害𠑶只八,里侊㑫勺巡。Mbwn haih dai cixbah, lij lungz nax yaek cinz. 天害[父]死就罢了,还有舅姨要看探。❷ 也;又。《初》:否迪偧只否迪兄。Mbouj dwg de cix mbouj dwg gou. 不是他也不是我。| 吗偧𡲪偧只否𡲪。Heuh de bae de cix mbouj bae. 叫他去他又不去。

㕣 ciuq [ɕi:u⁵]〈动〉依照;模仿。《初》:㕣佲嗛𡲪𠚐。Ciuq mwngz gangj bae guh. 照你说的去做。

叮[1] daengq [taŋ⁵]〈动〉嘱;叮嘱。大化《嚏奠别》:叮收彼英徃,收介乱度唫。Daengq sou beix engq nuengx, sou gaej luenh doxceng. 叮嘱你们兄与弟,你们别轻易相争吵。

叮[2] deng [te:ŋ¹]〈动〉❶ 对。马山《偻齐架桥铁》:读不叮勒骂。Doeg mbouj deng laeg ndaq. 读不对莫骂。❷ 挨;遭遇。金城江《覃氏族源古歌》:憂呑叮事, you ngoenz deng saeh,烦忧遭遇事情的日子。

叮[3] ning [niŋ¹]〈动〉动。马山《哭姐歌》:皮可眸不叮。Beix goj ninz mbouj ning. 姐姐只睡不动。

叨[1](滔) 方 dauh [ta:u⁶]〈动〉叨咕;唠叨。《初》:介叨咟叨㖞。Gaej dauh bak dauh heuj. 嘴巴不要唠唠叨叨。

叨[2] dauq [ta:u⁵]〈动〉回;回来;转回。宜州《龙女与汉鹏》:呗噔半温之另叨。Bae daengz gyang roen cix lingh dauq. 去到中途又转回。

叨[3] laeg [lak⁸]〈动〉❶ 勒索。❷ 勒(紧)。(见勒[3])

叨[4] laeg [lak⁸]〈动〉偷;窃。(见勒[4])

叨[5] ndau [ʔda:u¹]〈名〉星;星星。(见𠝹)

叼[1] euq [ʔeu⁵] ❶〈动〉强辩;争论。❷〈形〉执拗。(见㖸)

叼[2] 方 ndiuj [ʔdi:u³]〈形〉❶ 忸怩。❷ 调皮。《初》:叼哩, ndiujndeh,调皮。

叩[1] gaeu [kau¹]〈名〉角。田东《闹涽懐一科》:歐镁元郭叩。Aeu maexyienj gueg gaeu. 要蚬木做角。

叩 ^{2} gaeu［kau^{1}］〈名〉藤。右江《本麽叭》：叩葛閉嫎角。Gaeugak bae laengz gaeu. 葛藤去拴牛角。

叩 ^{3} 方 gaeuj［khau^{3}］〈动〉入；进。（见叹，即 haeuj）

叩 ^{4} gaeuq［kau^{5}］〈动〉够。（见哆）

叩 ^{5} haeuj［hau^{3}］〈动〉入；进。平果《信歌》：腊月叩大寒，风吹䏰肒胬。Labnyied haeuj daihhanz, rumz ci ndang daengz noh. 腊月入大寒，风吹进肉身。

可 ^{1} gaj［ka^{3}］〈动〉杀。（见狝）

可 ^{2} goj［ko^{3}］〈名〉❶故事。❷话；话语。（见訶）

可 ^{3}（古、故）goj［ko^{3}］〈副〉也。《初》：旯可𨑜。Gou goj bae. 我也去。

可 ^{4} goj［ko^{3}］〈副〉尽管；只管。马山《家难当》：肻勺苦可苦，劲鲁哓只贫。Ranz yaek hoj goj hoj, lwg roxyiuj cix baenz. 家穷尽管穷，儿知礼就行。

吇 方 geuj［kheu^{3}］〈名〉齿。（见犽）

吅 geuq［keu^{5}］〈动〉抽筋（与肕连用）。（见纠^{3}）

古 ^{1} go［ko^{1}］〈量〉棵；株。（见槣）

古 ^{2} goj［ko^{3}］〈名〉❶故事。❷话；话语。（见訶）

古 ^{3} 方 goj［ko^{3}］〈名〉鼓。上林《赶圩歌》：凳同灵揹古。Dangq doengzlingz boiq goj. 像铜铃配鼓。

古 ^{4} goj［ko^{3}］〈副〉也。（见可^{3}）

古 ^{5} goj［ko^{3}］〈连〉虽；虽然。上林《赶圩歌》：吪古嗛吽内。Vah goj gangj naeuz neix. 话虽这么说。

古 ^{6}（估、故、沽）gu［ku^{1}］〈代〉我。（见《初》，即 gou）

古 ^{7} 方 guj［ku^{3}］〈副〉尽是；老是；总是。《初》：伝古拱古押。Vunz guj oengj guj gab. 人们老是互相拥挤。

旯（九、戈、勾、句、叴、㑲、苟、赳）gou［kou^{1}］〈代〉我。《初》：昖内旯恷䝔。Ngoenzneix gou nyaengq lai. 今天我很忙。

叴 gou［kou^{1}］〈代〉我。马山《欢叹母》：能礼姆叴优，陌闬常时干。Naengh lij meh gou youq, bakdou ciengzseiz ganq. 若有我的母亲在，门庭时常能照料。（见旯）

㕘 haemz［ham^{2}］〈动〉恨；怨恨。马山《尊老爱幼歌》：介㕘仪姆，gaej haemz bohmeh，别怨恨父母。

号 ^{1} hauh［haːu^{6}］〈代〉如此；这般；这样（与内连用）。都安《行孝唱文》：𠯿叩号内乾眉情。Ndaej guh hauhneix haet miz cingz. 能如此做方有情。

号 ^{2} hauh［haːu^{6}］❶〈名〉样；种；类。❷〈连〉要是；倘若。（见倶^{3}）

号 ^{3} haux［haːu^{4}］❶〈形〉黏；滑。❷〈名〉黏液。（见浮^{2}）

叻 ^{1} laeg［lak^{8}］〈动〉❶勒（紧）。❷勒索。（见勑^{3}）

叻^{2} laeg [lak^{8}]〈动〉偷;窃。(见勅^{4})

叻^{3} lawz [law^{2}]〈代〉哪;何;哪样。(见哂^{2})

叻^{4} lik [lik^{7}]〈副〉偶尔(与啰连用)。宜州《孟姜女》:叻啰斗同碰。Likloek daeuj doengzbungq. 偶尔来相逢。

叻^{5} lwg [lɯk^{8}] ❶〈名〉子女;孩子。❷〈名〉崽;仔(用在某些名词后面表示小的意思)。❸〈名〉果;籽实(与名词连用,多用于表示果子等)。❹〈缀〉子。❺〈量〉捆。❻〈量〉个;只(可视情况灵活对译)。(见孙)

叻^{6} ndaw [ʔdaɯ^{1}]〈名〉里;里面。宜州《龙女与汉鹏》:叻心想,ndaw sim siengj,心里想。

叻^{7} riz [ɣi^{2}]〈动〉舔。(见䄻)

叻^{8} rwg [ɣɯk^{8}]〈拟〉悄悄;寂静地。(见哂^{5})

吇^{1} [方] leuz [leu^{2}]〈形〉(不)得已(与嗯连用)。《初》:否吇嗯,mbouj leuzsiz,不得已。

吇^{2} liuz [liːu^{2}]〈名〉❶娣。❷婶(见嫽)

吇^{3} ndeu [ʔdeu^{1}]〈数〉一。(见刁)

吇^{4} [方] raeux [ɣau^{4}]〈动〉❶梳理。《初》:鴓吇躺。Bit raeux ndang. 鸭子用嘴梳理身上的羽毛。❷躲;藏。《初》:否眉其吇躺。Mbouj miz giz raeux ndang. 无处藏身。

另(令) lingh [liŋ^{6}] ❶〈形〉另;别。《初》:㸤叩另养垯。Bae guh lingh yiengh hong. 去干另一种活。❷〈副〉另;再;重新。《初》:另㸤叩,lingh bae guh,重新去做。

𠯆^{1} nai [naːi^{1}]〈动〉叮咛。马山《信歌》:部部勺想𠯆。Bouxboux yaek siengj nai. 个个想叮咛。

𠯆^{2} nai [naːi^{1}]〈动〉❶安慰。❷赞扬。(见悆^{1})

𠯆^{3} [方] naih [naːi^{6}]〈动〉要求。(见《初》)

𠯆^{4} [方] naiz [naːi^{2}]〈名〉口水;痰。(见氿^{2})

以 [方] sub [θup^{8}]〈副〉骤然;猛地。(见朿)

叽 wq [ʔɯ^{5}]〈语〉呢(表示疑问或反问)。(见呢)

𠮠 wx [ʔɯ^{4}]〈语〉唔;嗯(表示应允)。《初》:伝吽哂偻総𠮠。Vunz naeuz lawz de cungj wx. 人家怎么说他都应允。

右 yaeuj [jau^{3}]〈动〉提;提起(双手提)。(见拗)

兄 [方] yung [juŋ^{1}]〈动〉煮。金城江《台腊恒》:兄艾,yung ngaiz,煮饭。(即 rung)

吖^{1}(哑、瓲、呵、呃) aj [ʔa^{3}]〈动〉张开。《初》:吖陌𨑹奅奅。Aj bak dwk hunghung. 嘴巴张得大大的。

吖^{2} haj [ha^{3}]〈数〉五。上林《赶圩歌》:大吖,daihhaj,第五。

吖^{3} [方] nga [ŋa^{1}]〈形〉蛮不讲理(与幡连用)。(见悭)

吖[4] -ngat [ŋaːt[7]]〈缀〉弧度大;弯曲大。《初》:乚吖吖, ngaeungatngat,弯弯的。

吆[1](噢) aux [ʔaːu[4]]〈动〉 唆使;嗾使;指使。《初》:吆犾合莅。Aux ma haeuj nyaengq. 嗾使狗进草丛(比喻唆使人干坏事)。

吆[2] moq [mo[5]]〈形〉新。(见蓦)

吼 bamz [paːm[2]]〈形〉❶ 笨;傻;愚。❷ 笨拙(式样不美观)。(见疨[1])

吂[1](吃) caem [ɕam[1]]〈动〉❶ 斟酌(与唧连用)。《初》:吂唧, caemciek,斟酌。❷ 商量;商议。(见《初》)

吂[2] cam [ɕaːm[1]]〈动〉 问。平果《贼歌》:贝吂友欧帽, bae cam youx aeu mauh,去问阿妹要帽子。(见嗲)

吒 方 cah [ɕa[6]]〈动〉问价。(见《初》)

吅[1] cam [ɕaːm[1]]〈动〉问。马山《欢叹父母》:多吅孙康官。Doq cam lwg gangqgonq. 就先问孩子[怎么样]。(见嗲)

吅[2] han [haːn[1]]〈动〉回答;答应。(见咞[2])

吅[3] sanz [θaːn[2]]〈拟〉潺潺。《初》:淰浰喻吅吅。Raemxrij gok sanzsanz. 溪水潺潺响。

吐[1] 方 cangz [ɕaːŋ[2]]〈动〉叹;呻吟。(见咔)

吐[2](喑) nyamh [ȵaːm[6]]〈动〉哺;嚼喂。《初》:歐粝吐孙瘟。Aeu haeux nyamh lwgnyez. 拿饭来嚼喂小孩。

吓[1] caz [ɕa[2]]〈动〉❶ 查;检查;调查;审查;视察。❷ 查问。(见嗏[1])

吓[2] 方 hax [ha[4]]〈动〉说。(见哈[8])

吓[3](旱) laj [la[3]]〈语〉啦;了;吗。《初》:佲庲吓? Mwngz ma laj? 你回来啦?

吓[4] laj [la[3]]〈名〉下;下面。东兰《造牛(残页)》:者吓禄, ce laj lueg,放在山谷下。(见夵[1])

吓[5] nda [ʔda[1]]〈动〉❶ 安放;摆。❷ 装。(见拖)

吓[6] ngah [ŋa[6]]❶〈形〉馋。❷〈动〉爱好;喜欢。(见館)

吓[7] 方 nyah [ȵa[6]]〈动〉生气。(见氝)

吓[8] nyax [ȵa[4]]〈动〉闹(与吵连用)。马山《欢叹父母》:收卜姆吵吓。Caeuq bohmeh cauqnyax. 跟父母吵闹。

吓[9] raq [ɣa[5]]〈名〉瘟疫。(见疨)

吓[10] 方 raq [ɣa[5]]〈名〉时候。《初》:侈吓嘛料? De raqlawz daeuj? 他什么时候来?

吓[11] yah [ja[6]]〈名〉❶ 婆婆。❷ 妻子;老婆。(见奷)

吓[12] 方 yax [ja[4]]〈动〉说;交代。(见謓[2])

吓[13](下) 方 yax [ja[4]]〈连〉如果;倘若;假如(与喳连用)。《初》:喳吓, cizyax,如果。

吃[1] caem [ɕam[1]]〈动〉❶ 斟酌(与唧

连用)。❷ 商量;商议。(见吀[1])

吂[2] ci [ɕi[1]]〈动〉吹(风)。《初》:飈吂卦荐奔。Rumz ci gvaq byaifaex. 风吹过树梢。

吂[3](之) cih [ɕi[6]]〈动〉谢。《初》:哆吂佲。Docih mwngz. 多谢你。

吂[4] ciq [ɕi[5]]〈动〉把(屎尿)。马山《哭母歌》:晻吂尿吂屎,haemh ciq nyouh ciq haex,半夜[给小孩]把尿把屎。

吘 cienx [ɕiːn[4]]〈拟〉摇晃的样子。《初》:伖踙摋吘吘。De byaij ngauz cienxcienx. 他走路摇摇晃晃。

吋[1] 㕍 cik [ɕik[7]]〈动〉斟酌(与浸连用)。《初》:浸吋,cimqcik,斟酌。(即 caemciek)

吋[2] gaek [kak[7]]〈形〉急;紧。马山《完筆字信》:奈諔胡耐吋。Naih ngeix hoz naih gaek. 越想越气急。

吠[1] da [ta[1]]〈名〉眼睛。(见眺[1])

吠[2] nda [ʔda[1]]〈名〉背带。马山《尊老爱幼歌》:找吠罵了,ra nda ma aemq,找背带来背。

吊[1] 㕍 deuh [teu[6]]〈量〉十斤。《初》:吊粝刁,deuh haeux ndeu,十斤米。

吊[2] 㕍 diu [tiːu[1]]〈动〉呼吸;透气(与咮连用)。(见唒[1])

吊[3] diuh [tiːu[6]]〈动〉调遣。田东《贼歌》:字派忐斗吊。Saw baihgwnz daeuj diuh. 上边下文来调兵。

吊[4] diuq [tiːu[5]]〈动〉跳。马山《行孝歌》:议肚心又吊。Ngeix daengz sim youh diuq. 想到心又惊跳。

吊[5] diuq [tiːu[5]]〈动〉歪。金城江《台腊恒》:否亨吊,mbouj haengj diuq,不给歪。

吊[6] diuq [tiːu[5]]〈动〉嫌弃;抛弃。马山《欢离情》:侈吊闵括劲,批枌肚埅哜。De diuq gvan vut lwg, baefinz daengz dieg gyae. 她弃夫抛儿,私奔去远方。

吊[7] ndeu [ʔdeu[1]]〈数〉一。(见刁)

吐 duz [tu[2]]〈量〉❶ 头;匹;条;只(用于动物的量词)。❷ 个(用于鬼神、影子)。❸ 个(用于人,含贬义)。❹ 条(用于虹)。(见徒[2])

吭 fangz [faːŋ[2]]〈名〉鬼;神。(见魊)

吸[1] gaet [kat[7]]〈动〉啃;啮;咬。马山《欢叹父母》:扯开肉想吸。Nip gaiq noh siengj gaet. 夹块肉要啃。(见犵)

吸[2] 㕍 gup [khup[7]]〈动〉咬。《初》:犸吸仈。Ma gup gaenz. 狗咬人。

吸[3] gyaez [kjai[2]]〈动〉爱;喜爱。都安《行孝唱文》:父母吸劲。Bohmeh gyaez lwg. 父母爱孩子。| 吸书,gyaez saw,喜爱书本。

吸[4] haeb [hap[8]]〈动〉咬。(见跲)

吁[1](嗐) gan [kaːn[1]]〈形〉干;渴。《初》:朌吁䅫。Hoz gan lai. 口太渴。

吁[2] 㕍 ganz [kaːn[2]]〈名〉扁担。(见簳)

吁[3] han [haːn[1]]〈动〉回答;答应。(见哻[2])

吁[4] hat [haːt[7]]〈形〉渴;干渴(与朌连

用)。(见噶)

吅[1](强) 方 gangz [kaːŋ[2]]〈名〉下巴(与罒连用)。《初》:罒吅,ndawjgangz,下巴。

吅[2] gongz [koːŋ[2]]〈动〉叹。马山《书信》:尽吅噫,caenh gongz heiq,尽叹气。

吖[1] goeng [koŋ[1]]〈名〉功力;力气(与凉连用)。马山《百岁歌》:偻同勝吖凉。Raeuz doengz cengq goengrengz. 我们一同下力气。

吖[2](唪、啌、嗊、哼、嗡、訌、硿) 方 gongz [koːŋ[2]]〈动〉哼;呻吟。马山《産难嘆嚧》:瞚眼吖屋喇,hwnz ngoenz gongz ok bak,日夜呻吟出嘴巴。

吓(巾、吟、哏、哽、啃、飾) gwn [kɯn[1]]〈动〉❶吃;喝;吮。马山《二十四孝欢》:母勺吓冬笋。Meh yaek gwn doengrangz. 母亲想吃冬笋。|马山《奠别歌》:请吓氿奠别,cingj gwn laeuj dienh bieg,请喝奠别酒。|马山《孝顺歌唱》:畐羊吓乳跪贝情。Duzyiengz gwn cij gvih boiz cingz. 羊羔吮乳跪还情。❷抽;吸。平果《盘古》:英台造烟吓解气。Yinghdaiz caux ien gwn gaij heiq. 英台造烟抽解忧。❸维生;谋生。马山《丹亡》:口召造功吓,guh ciuh caux hong gwn,一辈子劳作谋生。❹享受;享用。马山《丹亡》:吞吓离休㽞,ngoenz gwn lij youq naj,享受的日子还在前头。❺继承。马山《造家计》:圹㽞舍佲吓,daemznaz ce mwngz gwn,田园留给你继承。❻克。马山《寡妇歌》:命孬命吓关。Mingh nyauq mingh gwn gvan. 命差命克夫。❼坑害。马山《为人子者》:介批卜彬吓伝厄。Gaej bae boekbinq gwn vunz ndwi. 不要两面三刀坑害别人。❽承担;承受。马山《行孝歌》:介許佈佬爹吓亏。Gaej hawj bouxlaux de gwn vei. 别给老人受委屈。❾费;耗费。马山《建房歌》:工你吓功衍。Hong neix gwn goengrengz. 这种活耗费力气。

吖 gyaez [kjai[2]]〈动〉❶爱;爱好;喜欢。❷挂念;想念;怀念。(见憍)

吖 方 gyoh [kjot[6]]〈动〉❶同情。❷可怜。(见愩)

吃[1] 方 haet [hat[7]]〈名〉早晨;早上。上林《赶圩歌》:吃内叽䟻料。Haetneix gou okdaeuj. 今早我出门。

吃[2] 方 haet [hat[7]]〈副〉才。马山《奠别歌》:吃告恨丹电。Haet gauq hwnj dan dienh. 才告辞上丹殿。|《二十四孝欢》:造吃㐰配恩。Cauh haet ndaej boiz aen. 才能还报恩情。

旱[1] laj [la[3]]〈名〉下;下面。(见䍃[1])

旱[2] laj [la[3]]〈语〉啦;了;吗。(见吓[3])

吕 lawz [laɯ[2]]〈代〉哪;何;哪样。(见哳[2])

吖[1](门、文、民) 方 maenz [man[2]] ❶〈动〉能;能够。《初》:孙偧吖踫啰。Lwg de maenz byaij loh. 他的孩子能够走路了。❷〈名〉能力;才干。《初》:偧吖栘。De maenz lai. 他很有能力。

吖[2] myonx [mjoːn[4]]〈动〉❶翻(眼珠)。❷食言(与唰连用)。❸偷懒。(见《初》)

叮³ ngonz［ŋo:n²］〈动〉观看。(见瞬)

吗 maz［ma²］〈代〉什么;啥。(见宏²)

吂¹ 㓁 mang［ma:ŋ¹］〈动〉❶诅咒。❷发誓。(见訨)

吂²(嗅、詉、謤、盟) mieng［mi:ŋ¹］❶〈动〉诅咒;发誓。《初》:兄吂卦否㗂。Gou mieng gvaq mbouj guh. 我发过誓不干了。❷〈名〉咒语。马山《信歌》:公师訲吂。Goengsae gangj mieng. 师公念咒语。

吂³ mieng［mi:ŋ¹］〈名〉沟渠。(见汒³)

吂⁴ vueng［wu:ŋ¹］〈形〉慌;慌张。马山《起书曉特豆》:心趺各吂。Simdaeuz gag vueng. 心头自慌张。

吆 mwh［mɯ⁶］❶〈名〉时;时候;时期。❷〈副〉忽然(与暑连用)。(见官)

叹 nyi［ȵi¹］〈动〉闻;听见;听到。(见取)

吵 sik［θik⁷］❶〈动〉撕。❷〈形〉破;烂。(见措)

吔¹ hix［hi⁴］〈副〉也;亦。(见亦¹)

吔² youq［jou⁵］❶〈动〉住。宜州《孟姜女》:分栏亨佚吔。Baen ranz haengj de youq. 分房子给她住。❷〈介〉在。宜州《龙女与汉鹏》:古吔旁任类佚马。Gou youq bangx raemx ndaej de ma. 我在河边把她带回。

吖¹ aj［ʔa³］〈动〉张开。(见吖¹)

吖² ha［ha¹］〈动〉如;般配;匹配。马山《恭喜满月酒歌》:〇厈兇吖队。Ceiz ndi hung ha doih. 糍粑不如伙伴的大。

吖³(㗊) haj［ha³］〈数〉五。(见《初》)

吖⁴(㗊) haj［ha³］〈动〉哈(气);打(哈欠)。《初》:吖颲, hajrumz, 打哈欠。

吖⁵(哑、哈) haq［ha⁵］〈动〉哈(气)。《初》:吖气。Haq heiq. 哈气。

呗 bae［pai¹］〈动〉去。宜州《孟姜女》:叫古样而呗。Heuh gou yienghlawz bae. 叫我怎样去。

吆¹ baenq［pan⁵］〈动〉转。马山《二十四孝欢》:姆老吆灵灵。Meh laux baenq lingqlingq. 老母团团转。

吆² baenz［pan²］❶〈动〉成;成为。马山《二十四孝欢》:吆伝鲁禮, baenz vunz rox laex, 成为知礼的人。❷〈动〉像;似。上林《赶圩歌》:呥吆糖, diemz baenz dangz, 甜似糖。❸〈动〉生(病)。马山《吊丧》:吆双叁吞病。Baenz song sam ngoenz bingh. 生两三天病。❹〈形〉全;整;成;一。《初》:吆昿否合闷。Baenz ngoenz mbouj haeuj dou. 整天不进家门。❺〈代〉这么;这样;如此(与尼连用)。马山《孝场唱》:收勒吆尼㗂。Sou laeg baenzneix guh. 你们别这么做。(见貧¹)

吆³ baenz［pan²］〈动〉磨。马山《三府雷王》:吆㓦吆䂼, baenz van baenz cax, 磨斧磨刀。(见磸)

吆⁴ coenz［ɕon²］〈量〉句。(见响)

吆⁵ faenz［fan²］〈名〉齿。(见䶧¹)

吆⁶ faenz［fan²］〈动〉砍。(见肦¹)

吆⁷ maenj［man³］〈动〉❶威吓。❷怒吼;吼叫(指虎、猫等)。❸咆哮。(见嗷²)

吣[8] maenz［man²］〈动〉能；行。上林《赶圩歌》：败武咯以吣。Baih foux mwngz hix maenz. 你在武的方面也行。

吣[9] ngoenz［ŋon²］〈名〉日；天。宜州《孟姜女》：吣提难七砖。Ngoenz dih namh caep cien. 每天运泥砌砖。

吧[1] bah［pa⁶］〈副〉暂莫；暂不。（见罢[1]）

吧[2] bak［pa:k⁷］〈名〉嘴；口。宜州《孟姜女》：嗨吧啦。Hai bak ndaq. 张嘴骂。（见咟[1]）

吸[1] 方 banj［pa:n³］〈动〉诽谤；诬陷。（见䛀）

吸[2] fwen［fu:n¹］〈名〉歌；山歌。平果《嘹歌》：吸贼，fwen caeg，贼歌。｜吸三月，fwen samnyied，三月歌。｜吸大垎，fwen daihloh，大路歌。

兕 方 bih［phi⁶］〈名〉兄；姐。（见𫝑）

品 bingz［piŋ²］〈拟〉嘭嘭（与本连用）。金城江《台腊恒》：風老拷本品。Rumz laux gauj bumzbingz. 大风搅得嘭嘭响。

吡[1] biq［pi⁵］〈动〉吐（痰；口水）。《初》：介吡㵠𡗶𡗶垚𡋬。Gaej biq myaiz roengz laj doem bae. 莫吐痰到地上。

吡[2]（皀）biz［pi²］〈拟〉噼啪（与𰀀连用）。《初》：响吡𰀀，yiengj bizbyanz，响噼啪。

吥 方 byaet［pjat⁷］〈动〉拍。《初》：吥佮墒歪躺。Byaet gij namh gwnz ndang. 拍掉身上的泥尘。

吠[1] byob［pjo:p⁸］〈拟〉纷纷；噗噗。《初》：淰𬐺𰀁吠吠。Raemxda doek byobbyob. 泪落纷纷。

吠[2] 方 byoek［pjok⁷］〈动〉唤醒。（见卟²）

吠[3] loeg［lok⁸］〈名〉禄。马山《恭喜满月酒歌》：福禄刀麻偻。Fuk loeg dauq ma raeuz. 福禄转来跟咱们。

吠[4] loek［lok⁷］〈形〉错。上林《赶圩歌》：䛍吠色旬，langh loek saek coenz，若错哪一句。（见鏉）

吠[5] 方 luq［lu⁵］〈动〉欺骗。（见《初》）

吠[6] nduk［ʔduk⁷］〈形〉❶ 朽。❷ 烂；坏；歹毒。武鸣《信歌》：心吠，sim nduk，心烂。（见𦬔）

吠[7] roeg［ɣok⁸］〈名〉鸟。（见𫛭）

吠[8]（喴、嘫）rueg［ɣu:k⁸］〈动〉呕吐。（见《初》）

吠[9] yoeg［jok⁸］〈动〉唆使；煽动；怂恿；教唆。（见哟）

吻[1] caep［ɕap⁷］〈动〉解。金城江《台腊恒》：吻汗，caep hat，解渴。

吻[2] -ged［ke:t⁸］〈缀〉零零。《初》：孖吻吻，gyaxgedged，孤零零。

吮[1]（汎、譖、忖、沉）caem［ɕam¹］〈形〉❶ 静；沉静；寂静；清静；沉寂。《初》：閪坂吮禀鴿梟㓞。Ndaw mbanj caem lumj gaeq dai raeg. 村子里寂静得好像鸡都死绝了一样。❷ 熟（睡）；沉（睡）。《初》：眤𥄮吮涞汯。Ninz ndaej caem raixcaix. 睡得实在很沉。

吮[2] yaemz［jam²］〈形〉静；寂静；沉默。

（见锓[3]）

呈[1]（曾）caeng［çaŋ¹］〈动〉❶ 囤；囤积。《初》：扮囵呈粝。Doq cang caeng haeux. 造仓囤谷。❷ 盛；装。《初》：鏮呈淰迪阑。Gang caeng raemx dwk rim. 缸装满了水。

呈[2] caengz［çaŋ²］〈动〉憎恨；嫌弃。田东《大路歌》：名力呈合灰。Mwngz laeg caengz hab hoiq. 你莫嫌弃我的盒子。

呈[3] cimz［çim²］〈动〉尝。田东《大路歌》：拜拜东得呈，baihbaih cungj ndaej cimz，处处都尝过。

呈[4] cingz［çiːŋ²］〈名〉情。（见惑）

呁（吐、咣、嗤、藏）历 cangz［çaːŋ²］〈动〉叹；呻吟。《初》：呁迈，cangz naek，长叹。

呅[1] cangz［çaːŋ²］〈动〉叹；呻吟。都安《行孝唱文》：呅迈不翻声。Cangz naek mbouj ok sing. 长叹不出声。

呅[2] raez［ɣai²］〈动〉（雷）鸣。（见齇）

呅[3] raez［ɣai²］〈动〉舔。上林《达妍与勒驾》：乜辂呅揽揽。Iet linx raez ramram. 伸舌头来舔连连。（即 riz）

吅 历 cap［çaːp⁷］❶〈动〉拃（张开拇指和食指来量长度）。❷〈量〉拃（成人张开手后，其拇指和食指两端的距离，约五寸长）。（见猕）

吱[1] ci［çi¹］〈动〉❶ 吹；吹拂。上林《赶圩歌》：吱稡粝旅桃。Ci gohaeux langh va. 吹得禾苗开了花。｜飏吱桃。Rumz ci va. 风吹花枝。❷ 催促；催。上林《赶圩歌》：欢吱很吱笼。Fwen ci hwnj ci roengz. 歌催去催来。

❸ 追。（见《初》）

吱[2] coi［çoi¹］〈动〉催；支使。（见嗺）

呫（佺、唫、遷）cienz［çiːn²］〈动〉传；相传；传达；流传；传扬；传授。《初》：俌呫俌。Boux cienz boux. 一个传给一个。

叨 cij［çi³］❶〈名〉乳房。❷〈名〉奶水；乳汁。❸〈动〉喂奶。（见肚）

叺 历 coengz［çoŋ²］〈动〉商量（与嘀连用）。《初》：佚妃囗家歐叺嘀。Gvanbaz guh gya aeu coengzciengz. 夫妻创家立业要互相商量。

叾（沛、呻、冲、串、容、寂）congh［çoːŋ⁶］〈名〉洞；孔；穴；窟窿。《初》：歐栥猪合叾辈。Aeu faex nyoeg haeuj congh bae. 用木棍捅进洞里去。｜叾敢，conghgamj，岩洞。

吚 congh［çoːŋ⁶］〈名〉洞；孔；穴；窟窿。（见叾）

吜[1] couj［çou³］〈形〉羞；耻。《初》：否蟾吜嚭。Mbouj rox coujnaj. 不知羞耻。

吜[2] naeuh［nau⁶］〈形〉烂；腐烂。（见翻）

吜[3] naeuz［nau²］❶〈动〉说；讲。❷〈连〉或；或者。（见吽）

吜[4] 历 ndouj［ʔdou³］〈形〉初；首。（见祖）

串[1] con［çoːn¹］〈动〉穿（洞）。（见阉）

串[2] congh［çoːŋ⁶］〈名〉洞；孔；穴；窟窿。（见叾）

串[3] conh［çoːn⁶］〈动〉冒；淌；溢；涌（指

从里往外流）。（见沖²）

串⁴ cuenq［ɕuːn⁵］〈名〉❶锥子。❷钻子。（见鉮）

吞¹ aen［ʔan¹］〈量〉个。马山《奠别歌》：吞心劲又议。Aen sim lwg youh ngeix. 孩子的心又思念。

吞² 方 daen［than¹］〈动〉见。（见眃）

吞³ daen［tan¹］〈动〉骂；数说；埋怨。右江《麼請布渌啚》：灰个吞命。Hoiq gag daen mingh. 我自个儿怨命。

吞⁴ 方 ndaen［ʔdan¹］〈量〉个。（见偆）

吞⁵ ndaen［ʔdan¹］〈名〉地；地面。右江《本麼叭》：营甫迠吞，ing boux laj ndaen，依靠地面的人。

吞⁶ raen［ɣan¹］〈动〉见；看见。《粤风》：吞同厘伶俐。Raen doengz ndei lingzleih. 见情侣伶俐。

呆¹ 方 daiq［taːi⁵］〈名〉月亮（与胲连用）。（见腺）

呆² ngaiz［ŋaːi²］〈名〉饭；早饭。（见餸）

吐 方 doj［to³］〈动〉哄（小孩）；诱骗。（见註）

吨¹ donq［toːn⁵］〈量〉餐。（见飩）

吨² 方 dwnx［tɯn⁴］〈代〉这。《初》：偲梿吨，aen ruenz dwnx，这间房屋。|佬吨真寀褁。Laux dwnx caen laepleij. 这个老人真窝囊。

吨³ ndwnj［ʔdɯn³］〈动〉吞咽；咽。（见唔⁴）

呑¹ dengq［teːŋ⁵］〈拟〉闪闪的；光耀的。宜州《盘斗古》：过旱三年日呑呑。Goj rengx sam bi ndit dengqdengq. 大旱三年日光闪。

呑²（訞、嚅、諯、哝、唔）dwen［tɯːn¹］〈动〉提及；提起；谈到。《初》：呑肛佲只忩，dwen daengz mwngz cix ngeix，提到你我就想念。

呑³ dwen［tɯːn¹］〈拟〉呼呼；吁吁。武鸣《张》：火呑呑，huj dwendwen，气呼呼。

沓¹ dumz［tum²］〈形〉湿；潮湿。田东《大路歌》：汗七色沓躺。Hanh ndik caek dumz ndangq. 汗流大滴湿透身。（见畓²）

沓² mboq［ʔbo⁵］〈名〉泉。（见沛）

呋¹ 方 eu［ʔeu¹］〈动〉叫；叫喊。上林《赶圩歌》：鴔鴐喊只呋。Roegacak cix eu. 喜鹊鸟就叫。

呋² feu［feu¹］〈拟〉习习（与怯连用）。金城江《台腊恒》：春时风怯呋。Cinseiz rumz faqfeu. 春时风习习。

呋³（嘤、要、跃、摎、䙯、麩）iu［ʔiːu¹］〈动〉邀；邀约；邀请。《初》：任呋𡗷口欢。Doxiu bae guh fwen. 相邀去唱山歌。

呋⁴ ndiu［ʔdiːu¹］❶〈动〉醒。❷〈量〉（一）觉。（见酧）

吀¹ em［ʔeːm¹］〈名〉芭芒；芒草。马山《丹亡》：砂吀，caz em，芒草丛。（见菩¹）

吀² nyaemj［ȵam³］〈动〉嚼；细嚼。（见《初》）

吒^{3} 方nyaemq［ȵam^{5}］〈动〉品。（见玖）

吒^{4} 方 nyaenx［ȵan^{4}］〈代〉如此；这样（与好连用）。马山《为人子者》：好吒吃哎伝。Hauhnyaenx haet baenz vunz. 如此方成人。

吒^{5} 方 nyemq［ȵe:m^{5}］〈动〉看。马山《为人子者》：偻唱许伝吒。Raeuz ciengq hawj vunz nyemq. 我们唱给人家看。

吒^{6} nyim［ȵim^{1}］〈动〉沉思；寻思。都安《行孝唱文》：论唱行孝许伝吒。Lwnh ciengq hengzhauq hawj vunz nyim. 说唱行孝让人们寻思。

吒^{7}（啾）nyimz［ȵim^{2}］❶〈动〉吟唱。❷〈拟〉悄悄；窃窃（低语）。《初》：双伝嗹吒吒。Song vunz gangj nyimznyimz. 两人窃窃私语。

吒^{8} nyumj［ȵum^{3}］〈形〉微微（笑）。《初》：腜吒，riunyumj，微笑。

吩 faenx［fan^{4}］〈副〉纷纷。《初》：娋䠷口欢嘝吩吩。Sau mbauq guh fwen nauh faenxfaenx. 男女青年唱山歌闹纷纷。

吭 fan［fa:n^{1}］❶〈量〉张；件；条；床。❷〈名〉幡。（见旛^{1}）

昆 fij［fi^{3}］〈拟〉习习。（见翡）

吟^{1}（哽、咚、唵、嘐）gaemz［kam^{2}］〈量〉口。《初》：吽双吟淰，gwn song gaemz raemx，喝两口水。

吟^{2} gwn［kɯn^{1}］〈动〉❶吃；喝；吮。❷抽；吸。❸维生；谋生。❹享受；享用。❺继承。❻克。❼坑害。❽承担；承受。❾费；耗费。（见吽）

听 gaen［kan^{1}］〈动〉跟；跟随；随；跟从。（见斫）

吻^{1} gaep［kap^{7}］〈形〉急。马山《完筆字信》：耐议胡耐吻，naih ngeix hoz naih gaep，越想心越急。

吻^{2} mbwn［ʔbɯn^{1}］〈名〉天。宜州《孟姜女》：昂哪焦艮吻。Ngangx naj liuq gwnz、mbwn. 仰面瞧天上。

吻^{3} vet［we:t^{7}］〈动〉交叉；反手；反剪（与嚾连用）。（见勫）

叺（叩）方 gaeuj［khau^{3}］〈动〉入；进。《初》：叺芮，gaeuj swenz，进家。（即 haeuj）

吤^{1} gaiq［ka:i^{5}］〈量〉❶块；支。❷些（不定量）。（见圿）

吤^{2} yoeg［jok^{8}］〈动〉唆使；煽动；怂恿；教唆。（见哟）

告 gau［ka:u^{1}］〈量〉次；回。（见遖）

古 方 goj［ko^{3}］〈动〉抓。（见《初》）

呕^{1} 方 guz［khu^{2}］〈动〉笑。（见噱^{1}）

呕^{2} 方 ngouq［ŋou^{5}］〈动〉吠。《初》：犾呕。Ma ngouq. 狗吠。（即 raeuq）

呀^{1} 方 ha［ha^{1}］〈动〉如；及；般配；匹配；相称。马山《卦世伝曼断》：文墨不呀对。Faenzmaeg mbouj ha doih. 文墨不如同伴。（见跒）

呀^{2} hah［ha^{6}］〈代〉如何；怎样（与俪连用）。马山《欢情》：助往呀俪吽？ Coh nuengx hahlawz heuh? 阿妹名字如何称呼？

呀^{3} 方 nyah [ȵa⁶]〈动〉生闷气(气恼而不说话)。大化《嚷奠别》:介𠀾呀廸伝。Gaej guhnyah dwk vunz. 别对人家生闷气。(见氝)

呀^{4} 方 ya [ja¹]〈动〉找。金城江《覃氏族源古歌》:認仝呀喻你。Nyinh doengz- ya lumj nix. 记得如此相找寻。(即 ra)

呀^{5} yax [ja⁴]〈副〉也。宜州《孟姜女》:古呗呀无用。Gou bae yax ndi yungh. 我去也没有用。

吃 haet [hat⁷]〈名〉上午;早晨;早上。(见盵¹)

吼 haeuj [hau³]〈动〉❶ 进;入。《初》:请吼㞬㳚ʒ。Cingj haeuj ranz ma naengh. 请进屋里来坐。❷ 袒护;庇护。(见合)

吒(啩、秏) hauq [haːu⁵]❶〈动〉说;讲;告诉。马山《欢情》:佲但听叽吒。Mwngz danh dingq gou hauq. 你且听我说。❷〈名〉话。《初》:偻音盯㑋嗹咰吒。Raeuz caez dingq de gangj coenz hauq. 我们一齐来听他讲话。

吽^{1} heuh [heu⁶]〈动〉叫。大化《嚷奠别》:体吽父母。Daej heuh bohmeh. 哭叫父母。|马山《哭姐歌》:不鲁呀俩吽。Mbouj rox hahlawz heuh. 不知如何开口叫。

吽^{2} heux [heu⁴]〈动〉绕;环绕;缠绕。(见绡)

吽^{3} liu [liːu¹]〈名〉类芦。田阳《布洛陀遗本》:伐楳吽, fad maex liu,用类芦秆抽打。

吙^{1} hoj [ho³]〈形〉❶ 穷;苦;贫苦;贫穷。❷ 困难;艰苦。(见㸡)

吙^{2} hoz [ho²]〈名〉❶ 脖子;喉咙。❷ 心;内心。宜州《龙女与汉鹏》:叻吙塞呀。Ndaw hoz caeg nyah. 心里暗生闷气。

吙^{3}(灾) hux [hu⁴]〈语〉呀。《初》:妑吙妑妑。Mehbaj hux mehbaj. 伯母呀伯母。

吙^{4} rux [ɣu⁴]〈拟〉聚集的(地);群集的(地)(叠用于动词后)。(见喖⁵)

吰(哝、啌) 方 hongz [hoːŋ²]〈动〉响。《初》:𢫔吰。Cungq hongz. 枪响。

叹 方 ik [ʔik⁷]〈动〉呃逆;打嗝儿(与㗂连用)。《初》:㗂叹, caekik, 打嗝儿。

吕 mbaj [ʔba³]〈形〉结巴;口吃。《初》:㑋嗹吕。De gangj mbaj. 他说话结巴。

否^{1} mboengj [ʔboŋ³]〈动〉敲打。马山《信歌》:否十瞈九暄。Mboengj cib haemh gouj hwnz. 敲打十晚九夜。

否^{2}(不、冇、布、保、咘、屌) mbouj [ʔbou³]〈副〉不;没。武鸣《珠文瑞》:混否行, hoenx mbouj hingz,打不赢。|《初》:兄否眉嘈否眉㙐。Gou mbouj miz naz mbouj miz reih. 我没有田没有地。

味 mug [muk⁸]〈名〉鼻涕。(见鯥)

呐^{1}(呢、㖠) 方 naeh [nai⁶]〈动〉叫;叫唤(猪饥饿时叫着觅食)。《初》:猓犳呐于吘。Moulwg naeh ij gwn. 小猪叫着要吃东西。

呐^{2} 方 naeq [nai⁵]〈动〉看。(见眲)

呐^{3} naj [na³]〈名〉前。宜州《龙女与汉鹏》:佲呗呐刀咪眼。Mwngz bae naj dauq

miz gwn. 你往前去反而有吃(比喻将来生活美好)。

呐4 noix [noi4]〈形〉❶ 少。❷ 小。(见尐)

咔(訲、㖠、呶、喽、咧、吅、嗣、㒷、嚁、噹) naeuz [nau2]❶〈动〉说；讲。《初》：叮晌吪佲咔。Dingq coenz vah mwngz naeuz. 听你讲的话。❷〈连〉或；或者。上林《赶圩歌》：布鲁咄咔咁。Mbouj rox cit naeuz diemz. 不知淡或甜。

吭 nden [ʔde:n1]〈名〉旁边；近旁；邻近。马山《尊老爱幼歌》：传百灶吭肥，cuenh bak cauq nden feiz，转灶口火旁。

吋 ngaiz [ŋa:i2]〈名〉饭；早饭。(见餜)

吘 㕦 ngoj [ŋo3]〈语〉啊。(见《初》)

吪1 raq [ɣa5]〈量〉阵。(见㕦)

吪2(化) vah [wa6]〈名〉话。(见《初》)

吪3(訛) vaq [wa5]〈动〉❶ 化(缘)。❷ 乞讨。《初》：吪粝呻。Vaq haeux gwn. 讨饭吃。

吪4 㕦 vax [wa4]〈连〉和；同。(见囮)

吾 ut [ʔut7]〈形〉弯曲。田阳《麽収魂粡一科》：貧四个吾卆。Baenz seiq ga utux. 成弯曲四腿。

呍 㕦 voenz [won2]〈名〉魂；灵魂；魂魄。(见鬼云)

吲1 yaem [jam1]〈名〉阴。宜州《龙女与汉鹏》：修吲功，siu yaemgoeng，修阴功。

吲2 㕦 yaen [jan1]〈动〉见；看见。金城江《台腊恒》：鸟鹑吲可嚧。Roegvek yaen goj sed. 鹧鸪看见也啼鸣。(即 raen)

吅 yet [je:t7]〈形〉低(声)；细(语)。(见訲)

吚(乙、咧) -yet [je:t7]〈缀〉❶ 津 津；丝丝(形容味道可口)。《初》：偖花内菑吚吚。Gij byaek neix vanyetyet. 这些菜甜津津的。❷ 森森；沉沉。《初》：其内瞻吚吚。Gizneix yaemyetyet. 这里阴森森的。

吚 yiengh [ji:ŋ6]〈名〉样。金城江《覃氏族源古歌》：吚尼，yienghneix，这样。| 吚乙，yiengh yed，最后一样。

呦1(拥) 㕦 yoeng [joŋ1]〈动〉抚养；养育。《初》：呦劲，yoeng lwg，养育子女。

呦2 㕦 nyaengz [ɲaŋ2]〈动〉活着。(见垽)

哎1 ae [ʔai1]〈动〉咳嗽。(见痎)

哎2 ngaiz [ŋa:i2]〈名〉饭。宜州《龙女与汉鹏》：哄哎伽，yung ngaiz gyaj，煮饭等候。

呵1 aj [ʔa3]〈动〉张开。(见吖1)

呵2 㕦 ha [ha1]〈动〉回应。《粤风》：往买皮就呵。Nuengx maij beix couh ha. 妹爱哥就回应。

呵3 㕦 oj [ʔo3]〈名〉(鸡)冠。《初》：呵鴘，ojgaeq，鸡冠。

呵4 㕦 oj [ʔo3]〈拟〉喔(鸡啼声)。《初》：徒鴘哏呵呵。Duzgaeq haen ojoj. 公鸡喔喔啼。

咟^{1} baeg［pak^{8}］〈形〉累；困倦；疲乏。（见悲[1]）

咟^{2} bag［paːk^{8}］〈动〉分开；分手。马山《欢友》：千年否托咟。Ciennienz mbouj doxbag. 千年不分手。

咟^{3} bak［paːk^{7}］〈名〉嘴；口。（见陌[1]）

咟^{4} 方 bex［pe^{4}］〈形〉疲劳；劳累。（见趴）

咟^{5} mbat［ʔbaːt^{7}］❶〈量〉次；下；回。❷〈副〉一（与couh呼应作关联词用）。（见烪）

咟^{6} mbwq［ʔbɯn^{5}］〈形〉烦闷；厌烦。武鸣《信歌》：甫添甫改咟。Boux dem boux gaej mbwq. 一个跟一个别相互厌烦。

吡^{1} baeg［pak^{8}］〈形〉累；困倦；疲乏。（见悲[1]）

吡^{2} 方 bex［pe^{4}］〈形〉疲劳；劳累。（见趴）

吡^{3} bak［paːk^{7}］〈名〉嘴；口。（见陌[1]）

吡^{4} byaek［pjak^{7}］〈名〉菜。广南《两个人》：吡芭，byaekbyaz，青芋。

呆 baenz［pan^{2}］❶〈动〉成；行；可以。❷〈动〉好像；类似。❸〈形〉全；整；成；一（阵）。❹〈代〉这样；如此。❺〈动〉生（病、疮）。（见貧[1]）

吣^{1} 方 beij［pei^{3}］〈名〉山歌。（见比[1]）

吣^{2} 方 mbaep［ʔbap^{7}］〈形〉瘪。（见《初》）

吣^{3} bod［poːt^{8}］〈拟〉连连。都安《三界老爺唱》：公喃吣吣。Goeng nauh bodbod. 老头嘟囔声连连。

㞫（彼、仳、俱、㖤、𬭫、皮、𫉾、彼、㑅）beix［pei^{4}］❶〈名〉兄；姐。马山《信歌》：否眉㞫眉往。Mbouj miz beix miz nuengx. 没有哥姐没弟妹。❷〈名〉情哥；情郎。马山《赶圩歌》：几吞否𬲝㞫，心古仪连连。Geij ngoenz mbouj raen beix，sim goj ngeix lienzlienz. 几日不见郎，心老想连连。❸〈名〉阿哥；阿姐（泛称平辈年长于己者）。马山《情歌》：𠮩佲㞫批佈。Cam mwngz beix bae lawz? 问你阿哥去何方？❹〈动〉年长；大于。马山《情歌》：佲㞫噜爹㞫？Mwngz beix rox de beix? 你大或他大？

呯 bengz［peːŋ^{2}］〈形〉贵。（见甏）

叱 方 bih［phi^{6}］〈名〉兄；姐。（见觃）

咀^{1}（咱、咯）bwh［pɯ^{6}］〈动〉备；预备；准备。（见《初》）

咀^{2} mug［muk^{8}］〈名〉鼻涕。（见䟂）

吱^{1} 方 boj［po^{3}］〈动〉❶ 打赌。❷ 赌气。（见䞑）

吱^{2}（啵、吙、噃）boq［po^{5}］〈动〉（用嘴）吹。《初》：吱斐，boq feiz，吹火。

吱^{3} roet［ɣot^{7}］〈名〉屁。（见屄）

咩^{1} buenh［puːn^{6}］〈动〉伴；陪伴。马山《尊老爱幼歌》：提罵咩孙细。Dawz ma buenh lwg saeq. 拿来陪伴小儿。

咩^{2} 方 bwenh［puːn^{6}］〈动〉留；省（指食物）。《初》：咩圿㕵揹𨒐呻。Bwenh gaiq yeq hawj lan gwn. 留一块肉给孙子吃。

咩[3] mbonq [ʔbo:n[5]]〈名〉床;床铺。(见桦)

呠[1] 方 bonj [po:n[3]]〈动〉喂(小孩)。《初》:呠衦的,bonj lugndik,喂小孩。

呠[2] byoenx [pjon[4]]〈拟〉嘟哝。(见闷[1])

呠[3] daej [tai[3]]〈动〉哭。马山《奠别歌》:迪漤了又呠。Dwk laeuj liux youh daej. 斟酒了又哭。

呠[4] mbaenj [ʔban[5]]〈动〉许愿;祈祷;祷告。(见《初》)

呠[5] mboen [ʔbon[1]]〈动〉唠叨;嘀咕。(见哼[3])

咋[1] ca [ɕa[1]]〈形〉差。宜州《龙女与汉鹏》:斗揪吼否咋。Daeuj ciuq naeuz mbouj ca. 来看的都说不差。

咋[2] coh [ɕo[6]]〈介〉向;往;朝(放在动词和名词之间)。(见馏)

咋[3] fox [fo[4]]〈拟〉呼呼;呼噜。《初》:眸迪齗咋咋。Ninz dwk gyaen foxfox. 睡得呼呼直打鼾。

哷 方 cet [ɕe:t[7]]〈动〉喷;喷射。(见嗽)

呫[1] 方 ciem [ɕi:m[1]]〈形〉吝啬(与啫连用)。《初》:佲呫啫貧栘。Mwngz ciemce baenzlai. 你那么吝啬。

呫[2] cienh [ɕi:n[6]]〈形〉贱;便宜。《初》:徒鴰内魽夽呫。Duz gaeq neix cawx ndaej cienh. 这只鸡买得便宜。

咄[1] cit [ɕit[7]]〈动〉❶ 抽(烟);吸(烟)。《初》:咄烟,cit ien,抽烟。❷ 点(火);放(火)。(见炪)

咄[2] 方 cit [ɕit[7]]〈形〉淡(指味道)。上林《赶圩歌》:布鲁咄吽咁。Mbouj rox cit naeuz diemz. 不知淡或甜。(见澛)

咄[3] 方 cwt [ɕɯt[7]]〈名〉一阵子。(见出[1])

咄[4] 方 dup [tup[7]]〈动〉新长出。《初》:鴗啱啱咄毜。Roeg ngamqngamq dup fwed. 小鸟刚刚长出翅毛。

咄[5] 方 laet [lat[7]]〈形〉愚蠢;笨。(见闼[1])

哹(招) ciu [ɕi:u[1]]〈动〉招惹;惹。《初》:打蚮哹蟾。Daj nengz ciu moed. 打苍蝇来招蚂蚁。

咔 cog [ɕo:k[8]]〈名〉将来。马山《尊老爱幼歌》:咔科路眉罪。Cog goj rox miz coih. 将来会知道有罪的。

呴[1] coenz [ɕon[2]]〈量〉句。(见响)

呴[2] hawq [haɯ[5]]〈形〉干;渴。马山《完筆》:胡呴不乿吀。Hoz hawq mbouj ndaej gwn. 喉咙干渴不得喝[水]。

呩 cwt [ɕɯt[7]]〈形〉淡。平果《贼歌》:酒呩如水咘。Laeuj cwt lumj raemxmboq. 酒淡似泉水。

咃[1] da [ta[1]]〈名〉眼;眼睛。马山《信歌》:不眉功咃耀,mbouj miz lwgda yiuq,没有眼睛看(不忍看)。|《百岁歌》:淰咃笼,raemxda roengz,眼泪流。(见眺[1])

咃[2] nda［ʔda¹］〈动〉❶安放;摆。❷装。（见拖）

哈 daej［tai³］〈动〉哭。（见渧）

咜 㫏 dah［tha⁶］〈动〉囤放。《初》:咜粑,dah gaeuj,囤放谷子。

呾[1] 㫏 danh［ta:n⁶］〈副〉但愿;只要(与哆连用)。《初》:哆呾,dohdanh,但愿;只要。

呾[2]（詚、嘆、啴）danq［ta:n⁵］〈动〉❶叹(气)。❷歌颂;赞美;颂扬。《初》:伝歐欢𡊞呾。Vunz aeu fwen bae danq. 人们唱着山歌来赞颂。

吋[1] deih［tei⁶］〈形〉密(距离近,间隔小)。（见䔣）

吋[2] -dui［tu:i¹］〈缀〉灿灿的;艳艳的。金城江《台腊恒》:贴香火巷吋,diep yunghvah angqdui,贴到神龛红灿灿。

呋[1] det［te:t⁷］〈拟〉(抽搐)连连。《初》:遡呋呋,maez detdet,昏迷时抽搐连连。

呋[2] ndaet［ʔdat⁷］〈形〉紧。（见𩭿）

咁[1] diemz［ti:m²］〈形〉甜。上林《赶圩歌》:咁哎荟咏糖。Diemz baenz oij ndij dangz. 甜似蔗和糖。

咁[2] dwenx［tɯ:n⁴］〈副〉纷纷。（见芙）

咚 㫏 dungq［tuŋ⁵］〈形〉欢腾;热闹(与唝连用)。《初》:閙坂𠺝欢亟唝咚。Ndaw mbanj guh fwen gig hoenghdungq. 村子里唱山歌很热闹。

吨 dwen［tɯ:n¹］〈动〉提;提及。宾阳《催春》:依吨伝依呞。I dwen vunz i rox. 不提人不知。

呦[1] euq［ʔeu⁵］❶〈动〉强辩;争论。❷〈形〉执拗。（见㬋）

呦[2] ngeu［ŋeu¹］〈拟〉猫叫声。（见㖸）

呦[3] yaeuh［jau⁶］〈动〉骗。马山《偻齐架桥铁》:改呦鸭冗塘。Gaej yaeuh bit roengz daemz. 莫骗鸭下塘。

呦[4] youq［jou⁵］〈动〉在;住。（见丞）

呩 fag［fa:k⁸］〈形〉饱满(一般指农作物的颗粒)。（见䅯）

咈 㫏 fawh［faɯ⁶］〈名〉时期;时段;季节。（见晡）

哸[1] fax［fa⁴］〈拟〉哗哗。《初》:趋哸哸,git faxfax,［水流］急哗哗。

哸[2] -fab［fa:p⁸］〈缀〉当当;纷纷。（见嗲）

哸[3] fak［fa:k⁷］〈动〉掮;打(耳光)。（见撥[1]）

味 feih［fei⁶］〈形〉❶好吃。❷鲜美。（见啡[2]）

听（哳）㫏 fek［fe:k⁷］〈动〉叱喝。（见《初》）

咐 fouq［fou⁵］〈量〉副。马山《信歌》:咐唎以迪層。Fouq bak hix dwgcaengz. 一副嘴巴也可憎。

咔[1] gah［ka⁶］〈动〉问价。（见𧧟）

咔[2] 㫏 gaz［ka²］〈名〉哀歌;挽歌(与

欢连用)。(见怍)

咔³ gaz [ka²]〈动〉卡;卡住;阻碍。上林《赶圩歌》:开剥又咔嘛。Hai bak youh gaz sing. 欲开口却又卡腔。(见拤)

咔⁴ ngaj [ŋa³]〈形〉狠毒。上林《达妍与勒驾》:心最咔,sim ceiq ngaj,心最毒。

呷¹ gap [ka:p⁷]〈动〉交;结交。上林《赶圩歌》:呷朋友,gap baengzyoux,交朋友。

呷² gyax [kja⁴]〈名〉孤儿。(见狎)

呿¹ get [ke:t⁷]〈动〉疼;疼爱。上林《达妍与勒驾》:閼心各呿布勒驾。Ndaw sim gag get boux lwggyax. 心里自疼这孤儿。

呿² 方 gig [kik⁸]〈动〉恨。(见《初》)

呿³ hawq [haɯ⁵]〈形〉干。(见祛)

呿⁴ mbwq [ʔbɯ⁵]〈形〉烦闷;厌烦;无聊;闷。(见喑)

吚 方 geu [kheu¹]〈形〉臭。(见气)

咕 goj [ko³]〈名〉❶故事。❷话;话语。(见詞)

哝¹ gyaeh [kjai⁶]〈形〉顺;顺利。马山《女人囗婧丁》:囗不哝,guh mbouj gyaeh,做得不顺利。

哝²(示)方 si [θi¹]〈动〉告诉;诉说;扯(话题)。(见《初》)

咲¹ gyaeuj [kjau³]〈名〉首;头。(见尡)

咲²(嗮、嘱、喉、嗽、哐、狭、犾)raeuq [ɣau⁵]〈动〉吠。《初》:犸咲。Ma raeuq. 狗吠。

咘¹ 方 gyuq [kju⁵]〈量〉块。(见鄀)

咘² mboq [ʔbo⁵]〈名〉泉。马山《雲红不爫荫》:淰咘,raemxmboq,泉水。(见沛)

咘³ mbouj [ʔbou³]〈副〉不。宾阳《催春》:连大舅咘吅,lienz daihgaeuh mbouj naeuz,连大舅也不说。(见否²)

哋¹ haeb [hap⁸]〈动〉咬。都安《三界老爺唱》:提反哋,dawz ma haeb,拿来咬。

哋²(熷、嘿)方 laeb [lap⁸]〈名〉闪电(与粦连用)。《初》:哋粦丞歪叁。Laeblingh youq gwnz mbwn. 天空在闪电。

哋³(罗)方 laeb [lap⁸]〈形〉❶胡乱(与吼连用)。马山《吊孝》:收介哋吼囗。Sou gaej laebluenh guh. 你们切莫胡乱干。❷轻易;随便(与吼连用)。《初》:否哋吼氿甦。Mbouj laebluenh ndaej raen. 不能轻易见到。

哋⁴ laep [lap⁷]〈形〉黑;黑暗;昏暗。(见嘿¹)

哋⁵ laep [lap⁷]〈动〉闭。马山《百岁歌》:㲋㔙咃不哋。Dai lwgda mbouj laep. 死时眼睛不闭上(死不瞑目)。(见眨²)

哋⁶ 方 rip [ɣip⁷]〈名〉雹。(见黿)

吽 han [ha:n¹]〈动〉回答;答应。(见呼²)

叹 han [ha:n¹]〈动〉回答;答应。马山《尊老爱幼歌》:叹声底,han sing daemq,低声应。(见呼²)

呞 han [ha:n¹]〈动〉回答;答应。(见呼²)

吚[1] hauh［haːu⁶］❶〈名〉号子。《初》：啵吚。Boq hauh. 吹号子。❷〈动〉记；号。《初》：吚𠫔佲𠃑𡑒。Hauh coh mwngz hwnjbae. 把你的名字记上。

吚[2] 方 hauh［haːu⁶］〈动〉（猪、狗 等）发情。（见㺯）

吚[3]（嘵、㖃）heuh［heu⁶］〈动〉❶ 叫；唤。《初》：佲快吚𠲢料。Mwngz vaiq heuh de daeuj. 你快叫他来。| 马山《为人子者》：一吚就跑斗，it heuh couh buet daeuj，一叫就跑来。❷ 称呼。《初》：貧哂吚佲呢？Baenzlawz heuh mwngz ne? 怎样称呼你呢？❸ 唱。《初》：吚欢，heuh fwen，唱山歌。

吚[4] heuj［heu³］〈名〉牙齿。（见㸦）

咢 heuh［heu⁶］〈动〉叫；夸赞。金城江《台腊恒》：亱尼伄旦亶，唱双困咢材。Haemhneix baeuq dam ndong，ciengq song goenz heuh soih. 今晚老翁结亲家，来唱两句夸筵席。

吘 heuj［heu³］〈名〉牙齿。马山《尊老爱幼歌》：吘日端发虫。Heuj hix doenq fat ndungj. 牙也日渐生龋齿。

呤 linx［lin⁴］〈名〉舌头。（见舔）

㕶 方 lo［lo¹］〈动〉担忧。（见《初》）

咙[1] loeng［loŋ¹］〈形〉错。（见𢗀）

咙[2]（嚨）rongx［ɣoːŋ⁴］〈动〉叫；吼；啸；咆哮。《初》：犽咙，vaiz rongx，牛叫。| 𧲣咙，guk rongx，虎啸。

咾[1] lox［lo⁴］〈动〉骗；诱骗；欺骗。忻城《十劝歌》：介乱咾𥁞钱。Gaej luenh lox aeu cienz. 别乱骗要钱。

咾[2] 方 nyaemq［ɲam⁵］〈动〉品。（见玖）

咾[3] ranz［ɣaːn²］〈名〉屋；房；家。马山《恭喜新房歌》：咾名对埊真。Ranz mwngz doiq dieg caen. 你家建对好地方。（见空）

咾[4] roq［ɣo⁵］〈名〉檐。忻城《十劝歌》：菻辻肸枩咾。Rum hwnj daengz laj roq. 杂草长到屋檐下。

咾[5] rox［ɣo⁴］〈动〉知道；会；懂。都安《三界老爺唱》：吡布咾啉。Gou mbouj rox lumz. 我不会忘记的。

呡 maenh［man⁶］〈形〉❶ 坚固；牢固。❷ 强壮；健壮。（见𡚢[1]）

呠 mbwt［ʔbɯt⁷］〈拟〉扬扬（描摹得意的神情）。《初》：𪓟管呠呠。Ndaenggon mbwtmbwt. 得意扬扬；扬扬自得。

吻[1] mug［muk⁸］〈名〉鼻涕。马山《回报父母恩》：辞吻，swz mug，擤鼻涕。

吻[2] 方 muz［mu²］〈动〉干呕（欲呕吐，但吐不出东西来）。《初》：吻飈，muz laemz，干呕。

咖（諪、㖭）方 myauq［mjaːu⁵］〈形〉轻浮。《初》：姺内太咖㑜。Dah neix daiq myauq lai. 这个女子太轻浮。

呐[1] 方 naet［nat⁷］❶〈形〉熟练；练达。《初》：功夫呐。Goengfou naet. 技艺熟练。❷〈动〉想；爱。《初》：艮𠬞眉呐呐𥟱金。Ngaenzcienz meiz naet naet nuengx gim. 不想

金钱只想妹。

咄2 ndiep [ʔdiːp7]〈动〉❶爱;疼爱。❷惦念;思念。(见毖)

咄3 nip [nip7]〈动〉夹。(见蚁)

呶 naeuz[nau2]❶〈动〉说;讲。❷〈连〉或;或者。(见吘)

㕭 naeuz[nau2]❶〈动〉说;讲。❷〈连〉或;或者。(见吘)

呐 nauh [naːu6]❶〈形〉热闹;繁华。❷〈动〉闹;吵闹。(见嗵2)

礼(眢、礼、戾、掠、累、帝、祀) ndaej [ʔdai3]〈动〉❶得;得到;获得。《初》:礼偲騍刁。Ndaej aen mak ndeu. 得到一个果子。|叫礼貧,guh ndaej baenz,做得成。❷能。《初》:礼眛否礼歐。Ndaej yawj mbouj ndaej aeu. 只能看不能要。

呢1 㕦 naeh [nai6]〈动〉叫;叫唤(猪饥饿时叫着觅食)。(见呐1)

呢2 ndij [ʔdi3]〈介〉跟;向;照;沿。(见踀)

呢3 ndij [ʔdi3]❶〈介〉和;与;跟。❷〈连〉和;与。(见僫1)

咛1 nengz[neːŋ2]〈名〉飞虫。马山《二十四孝欢》:三月咛正嗔。Samnyied nengz cingq faenh. 三月蚊虫正猖獗。

咛2 㕦 ningq[niŋ5]〈形〉小;幼小。(见柠)

吻 㕦 ngwh [ŋɯ6]〈动〉以为。《初》:吻伕伕庥。Ngwh moiz mij maz. 以为你不来。

星 nuengx [nuːŋ4]❶〈名〉弟;妹。❷〈名〉情妹。❸〈名〉老弟;小妹(泛称比自己小的同辈)。❹〈动〉小于;幼于(年纪比某人小)。(见程)

咏1 nyaenx [ȵan4]〈代〉这样;这么;如是;如此。(见愢3)

咏2 nyinh [ȵin6]〈动〉认;承认。(见㗂2)

咛 raeuz [ɣau2]〈形〉流利。(见溇3)

呫 sek [θeːk7]〈形〉消化好;胃口好。(见呲)

咔 㕦 seng [θeːŋ1]〈动〉多谢(与啵连用)。《初》:咔啵佲! Sengsoh mwngz! 多谢你!(即 sengsouh)

咻 swd [θɯt8]〈动〉吸吮;喝(较浓的流质物)。(见啐3)

呼1 u [ʔu1]〈名〉小坑。(见窊)

呼2 㕦 ux [ʔu4]〈动〉哄(小孩)。(见喔3)

哃 unq [ʔun5]〈形〉软;柔软;委婉;好听。都安《三界老爺唱》:嗲旬哃, cam coenz unq, 问好话。

哠 㕦veng [weːŋ1]〈名〉疙瘩。(见《初》)

咴 wh [ʔɯ6]〈动〉同意;认可;答应。《初》:兄嗲俢晚咴。Gou cam de doq wh. 我一问他马上答应。

吻1 wnq [ʔɯn5]〈代〉别;另;别(样)。(见偈)

叩² 方 yaemh [jam⁶]〈名〉夜。(见晗)

吣 yaez [jai²]〈形〉差;次;低劣。(见孬³)

呑 方 yaih [ja:i⁶]〈动〉害。《初》:呑佲, yaih goenz,害人。(即 haih)

咹¹ ae [ʔai¹]〈动〉咳嗽。(见痎)

咹² 方 ae [ʔai¹]〈量〉个;位(男性的人称量词)。(见侅¹)

咹³(意) eiq[ʔei⁵] ❶〈动〉任随。《初》:咹伲, eiq de,任随他。❷〈名〉意;意思。❸〈名〉情意。《初》:胣咹, sim'eiq,心意。

咹⁴ 方 ndei [ʔdei¹]〈形〉好;优秀的。上林《赶圩歌》:收倗才悭咹。Sou doih caizcingz ndei. 你们伙伴才学好。| 上林《赶圩歌》:呷朋友咹啌。Gap baengzyoux ndei lai. 交得很好的朋友。

咹⁵ ndij [ʔdi³]〈连〉和。上林《赶圩歌》:咁㕭荟咹糖。Diemz baenz oij ndij dangz. 甜似蔗和糖。

咹¹ aen [ʔan¹]〈量〉❶ 个(人除外)。❷ 张(桌、凳)。❸ 盏。❹ 座;幢。(见偲)

咹² 方 emq [ʔe:m⁵]〈名〉骂架声;嘈杂声。(见《初》)

咹³ han [ha:n¹]〈动〉回答;答应。(见呼²)

咹⁴ ngamq [ŋa:m⁵]〈副〉刚;刚刚。(见啱¹)

咹⁵ oen [ʔon¹]〈名〉刺;荆棘。(见蕴)

咹⁶ onj [ʔo:n³]〈形〉稳;安稳。(见闉¹)

咹⁷ wen [ʔɯ:n¹]〈形〉腻;发腻。马山《叹亡歌》:议路路尽咹。Ngeix lohloh caenh wen. 想[吃]样样尽发腻。

呃 方 aep [ʔap⁷]〈动〉逼迫;强迫。《初》:呃猫吽酥。Aep meuz gwn meiq. 强迫猫儿喝酸醋(比喻强迫别人做不愿做的事情)。

吒¹ ak [ʔa:k⁷]〈形〉❶ 强;有力量。❷ 有本领;能干。❸ 勇敢;英勇。(见勳)

吒² dag [ta:k⁸]〈形〉利索;麻利(与踏连用)。《初》:踋踏吒𨁈𡶴。Vaiq dabdag hwnjbae. 迅速而利索地踏上去。

吒³ -dak [ta:k⁷]〈缀〉表示赶快、迅速、草草。《初》:𥽪吒提𡶴㡛。Dukdak dawz bae ma. 随便一包就拿回去。(-ak 作后缀,常随前边动词用同一声母,如 gwngak,赶快吃;vutvak,赶紧扔;siksak,迅速撕;moekmak,草草掩埋)

吒⁴ do [to¹]〈动〉多谢(与吃连用)。(见哆²)

吒⁵ doek [tok⁷]〈拟〉笃笃(敲木头的响声)。金城江《台腊恒》:九晚拷响吒。Gyaeuj van gauq ndietdok. 斧头敲打响笃笃。

吒⁶ doq [to⁵]〈动〉造;打制(木器)。(见拸³)

吒⁷ dot [to:t⁷]〈动〉啄。(见哾²)

哑 aj [ʔa³]〈动〉张开。(见吖¹)

哈¹ 方 ap [ʔa:p⁷]〈动〉告诉;讲明;指点。(见諂)

哈^{2} hab [ha:p^{8}] ❶〈形〉适宜;适合。《初》:哈步,habbouh,恰当;适时。| 条袆内袆哈䏡。Diuz buh neix daenj hab ndang. 这件衣服穿得合身。❷〈动〉合;合并。《初》:脊肔哈衔。Caez sim hab rengz. 同心协力。❸〈动〉符合。《初》:𠕻𬾝哈情理。Guh ndaej hab cingzleix. 做得合情合理。

哈^{3} haeb [hap^{8}]〈动〉咬。(见㗅)

哈^{4} haep [hap^{7}]〈动〉❶关;闭;掩。❷堵拦(流水)。❸威胁。(见阖)

哈^{5} 方 hap [ha:p^{7}]〈量〉担。《初》:哈䳚苣,hap gaz nwngh,一担茅草。(即 rap)

哈^{6} haq [ha^{5}]〈动〉哈(气)。(见呞^{5})

哈^{7} hax [ha^{4}]〈名〉刚才(与晽连用)。《初》:哈晽,haxbaenh,刚才。

哈^{8}(吓) 方 hax [ha^{4}]〈动〉说。(见《初》)

咟^{1}(咱、北、吡、拍、剥、𠿬、吧) bak [pa:k^{7}]〈名〉嘴;口。《初》:咟䆃,baklai,多嘴。

咟^{2} mbaek [ʔbak^{7}]〈名〉级;台阶。上林《达妍与勒驾》:咟㰚桑,mbaek lae sang,楼梯的台阶高。

哛 bengz [pe:ŋ^{2}]〈形〉❶贵;金贵。金城江《覃氏族源古歌》:否提咟𠕻哛。Mbouj dawz bak guh bengz. 不把嘴巴当金贵(不惜言)。❷甜(嘴)。马山《孝母歌》:𭈮咟哛鲁晓。Lwg bak bengz roxyiuj. 嘴甜的孩子知礼节。(见䩾)

品^{1} bid [pit^{8}]〈名〉蝉。东兰《洞壁歌》:二月没有顶,几独品几雷。Ngeihnyied mbaw raeu did, geij duz bid geij raez. 二月枫叶萌,几只蝉凄鸣。

品^{2} bwn [pɯn^{1}] ❶〈名〉毛;羽毛;毛发。❷〈形〉坏(心肠)。(见毪)

品^{3} mbungq [ʔbuŋ^{5}]〈名〉蝴蝶。(见蠓)

哷 boq [po^{5}]〈动〉(用嘴)吹。(见啵^{2})

咱^{1} bwh [pɯ^{6}]〈动〉备;预备;准备。(见呾^{1})

咱^{2} fwq [fɯ^{5}]〈拟〉呼呼。(见咈)

咱^{3} mwh [mɯ^{6}] ❶〈名〉时;时候;时期。❷〈副〉忽然(与暑连用)。(见宜)

咱^{4} nwj [nɯ^{3}]〈语〉呀。(见哰)

哂^{1} byawz [pjaɯ^{2}]〈代〉谁;哪个。(见俩^{1})

哂^{2}(雷、叻、尔、护、伵、侣、勒、壚、俩、郝、加、槅、槅、吕、由) lawz [laɯ^{2}]〈代〉谁;何;哪。《初》:佲打𡑒哂料? Mwngz daj mwnq lawz daeuj? 你从哪里来? | 佲约𠕻偖哂? Mwngz yaek guh gijlawz? 你要干什么?

哂^{3} rox [ɣo^{4}]〈动〉知;知道;识得。宾阳《催春》:嚅哂底道理,ndwi rox di dauhleix,不知一点儿道理。

哂^{4} ruek [ɣu:k^{7}]〈动〉传;传开。马山《尊老爱幼歌》:提胡哂度垌。Dwk rongj ruek doh doengh. 打砻声传遍了田垌。

呏[5]（叻）rwg［ɣɯk[8]］〈拟〉悄悄；寂静地。《初》：㑺呏呏，yaemz rwgrwg，静悄悄。

咆[1]（则、色）caek［ɕak[7]］〈副〉幸亏；幸好；幸而；好在（与嚾连用）。《初》：俌劲殰犁淰，咆嚾眉伝救。Boux lwgnyez doek raemx，caeklaiq miz vunz gouq. 小孩子落水，幸亏有人救。

咆[2] saeg［θak[8]］〈动〉洗（衣物、纺织物）。（见浥）

咆[3]（嚗）saek［θak[7]］〈动〉❶ 呛；噎（与簕连用）。《初》：咆簕，saekndaek，呛喉。❷ 打嗝儿（与嗌连用）。《初》：咆嗌，saekwk，打嗝儿；呃逆。

咆[4] saek［θak[7]］❶〈量〉一；任何。❷〈代〉那么（与时间词连用，表示虚拟、假设）。❸〈副〉大约；大概。（见嚗[3]）

呞[1] caemz［ɕam[2]］〈动〉玩。（见㝶）

呞[2] cimh［ɕim[6]］❶〈动〉跟；随。❷〈介〉跟；与。（见踻）

㕭[1] caeu［ɕau[1]］〈动〉收；藏；收藏。上林《赶圩歌》：捈計㕭迪胳。Dawz gaeq caeu dwk dungx. 把它藏在肚子里。（见搊）

㕭[2]（操）saeu［θau[1]］〈形〉馊。（见《初》）

呾[1] 㔾 caeux［ɕau[4]］〈副〉才；就。（见䞣）

呾[2] haet［hat[7]］〈名〉上午；早晨；早上。（见䵍[1]）

咗 caix［ɕa:i[4]］〈副〉十分；非常；极（与淶连用）。（见洓）

哐 㔾 cangz［ɕa:ŋ[2]］〈动〉叹；呻吟。（见㖆）

哊[1] -canz［ɕa:n[2]］〈缀〉声响大的。金城江《覃氏族源古歌》：同争嗑哏哊。Doengz ceng baenz gunjcanz. 争吵声如鼎沸。

哊[2] coenz［ɕon[2]］〈量〉句。（见响）

哊[3]〈名〉com［ɕo:m[1]］〈名〉角。马山《书信》：哊咆，com da，眼角。

哊[4] swnx［θɯn[4]］〈形〉❶ 不粉松；不松软（指熟后的薯、芋类）。❷ 半生不熟。（见蚺）

唓[1] ceng［ɕe:ŋ[1]］〈动〉争；争吵；争取。《初》：任唓，doxceng，互相争吵。

唓[2] ceng［ɕe:ŋ[1]］❶〈名〉差错；差池。马山《完筆字信》：可眉的唓乍，goj miz di cengca，是有些差错。❷〈形〉差；差错。马山《奠别歌》：劲养佲唓乍，修龙妑勺吽。Lwg yienghlawz cengca，sou lungz baj yaek naeuz. 孩子有哪样差错，你们伯父伯母要提醒。

唓[3] deng［te:ŋ[1]］❶〈动〉对；中。❷〈介〉挨；被。（见盯）

唓[4] 㔾 nemq［ne:m[5]］〈动〉攀。（见捻）

唓[5] 㔾 ngengj［ŋe:ŋ[3]］〈动〉仔细看；阅读。（见睁）

唑 cienz［ɕi:n[2]］〈动〉传；相传；传达；流传；传扬；传授。（见吱）

吙 cik [çik⁷] ❶〈名〉尺子。❷〈量〉尺。❸〈量〉只(鞋、袜)。(见呎)

咥¹ cix [çi⁴]〈副〉❶ 就。❷ 也;又。(见只²)

咥² [历] deij [tei³]〈量〉一点儿。《初》:佲踑愒咥。Mwngz byaij heih deij. 你快点儿走。

咥³ ndeiq [ʔdei⁵]〈名〉星(与勯连用)。(见對)

咰(旬、唡、哼、询、运、訰、哎、响、嚋、囁、陈) coenz [çon²]〈量〉句。《初》:侈嗛咰咰动胣伝。De gangj coenzcoenz doengh sim vunz. 他讲话句句动人心。

咇(嗗、捉、習、呢、愘) cup [çup⁷]〈动〉❶ 吻。《初》:任咇,doxcup,接吻。❷ 吸。《初》:咇烟。Cup ien. 吸烟。

哘 -cup [çup⁷]〈缀〉完满的;齐备的(与賫连用)。马山《达稳之歌》:料賫哘,daeuj caezcup,全都到齐。

咑 da [ta¹]〈名〉❶ 外公;外祖父。❷ 岳父。(见馱)

哆¹ da [ta¹]〈名〉眼睛。(见眦¹)

哆²(哘) do [to¹]〈动〉多谢(与吃连用)。《初》:哆吃佲! Docih mwngz! 多谢你!

哆³ doq [to⁵]〈副〉马上;立即。(见晚¹)

哆⁴ yo [jo¹]〈动〉踮。《初》:哆酊,yo din,踮脚。

哒(大、妖) dah [ta⁶]〈副〉果真;果然;实在(与唻连用)。《初》:丕觖哒唻。Ndei yawj dahraix. 实在好看。

咣¹ dangh [taːŋ⁶]〈连〉如果;要是;倘若。(见虰)

咣²(当、倘、蕩) dangq [taːŋ⁵]〈动〉当;当作;如;像。《初》:孙數咣亲生。Lwgciengx dangq caenseng. 养子当作亲生子。

咣³ deng [teːŋ¹]〈动〉挨;碰;触;叮;咬。马山《尊老爱幼歌》:趍路咣搼膝。Yamq loh deng baek dwngx. 走路要拄拐杖。| 马山《二十四孝欢》:劳批咣佈老。Lau bae deng bouxlaux. 怕[它们]去叮咬老人。

哋 diq [ti⁵]〈介〉替。宜州《龙女与汉鹏》:佰斗哋古哄哏? Byawz daeuj diq gou yung gwn? 谁来替我煮食?

咶¹(吊) [历] diu [tiːu¹]〈动〉呼吸;透气(与咮连用)。《初》:咶咮否肛閉。Diucaw mbouj daengz rog. 透不过气来。

咶² diu [tiːu¹]〈动〉疏浚;疏通(渠道)。(见挧¹)

哷 [历] doh [to⁶]〈副〉但愿;只要(与咀连用)。《初》:哷咀圪乳丕,dohdanh haet ndaej ndei,只要搞得好。

哃 dongx [toːŋ⁴]〈动〉打招呼。(见嗵)

哚¹ dot [toːt⁷]〈动〉啄。(见哾²)

哚² ndoj [ʔdo³]〈动〉躲;藏。(见赌)

哓¹ euq [ʔeu⁵]〈动〉争辩;争论。上林《赶圩歌》:倣哓計麻漆。Sou euq gaeqmaz

dem. 你们还争辩什么。

哓2 方 -nyeuq［ɲeu5］〈缀〉悄悄。上林《赶圩歌》：幼沉哓，youq caemnyeuq，静悄悄地待着。

咈1（悖、喏）fok［fo:k7］〈动〉吼；斥责；训斥。（见《初》）

咈2 fox［fo4］〈拟〉呼呼。《初》：呫嗻咈咈，diemcaw foxfox，呼呼喘息。

叒 fwen［fu:n1］〈名〉歌；山歌；诗歌。（见欢1）

咨 fwen［fu:n1］〈名〉歌；山歌；诗歌。（见欢1）

吹 fwen［fu:n1］〈名〉歌；山歌；诗歌。（见欢1）

咭1 gaet［kat7］〈名〉扣子。（见袺）

咭2 gaet［kat7］〈动〉啃；啮；咬。（见犵）

咭3 方 gaet［kat7］〈形〉浓烈；醇（指酒味）。（见酷）

咭4 方 gaet［kat7］〈副〉千万（与昰连用）。《初》：佲咭昰记兀。Mwngz gaetgyaeng geiq ndei. 你千万要记住。

咭5 geih［kei6］〈动〉❶ 忌；禁忌。❷ 计较。（见忌）

咭6（结、痦、胠）get［ke:t7］〈动〉❶ 疼痛。《初》：趶咭渫洼。Ga get raixcaix. 脚很痛。❷ 疼爱；爱惜。《初》：傰咟否咭劲！Bouxlawz mbouj get lwg! 哪个不疼爱自己的子女！

咭7 gyaed［kjat8］〈副〉逐；逐渐。马山《信歌》：咭皋年咭佬。Gyaed bi nienz gyaed geq. 年纪逐岁逐渐老。

咭8 方 gyaeg［kjak8］〈动〉盘问。（见嘞1）

咭9 gyaek［kjak7］〈量〉❶ 级。❷ 格。（见砷1）

咭10（矻）gyaet［kjat7］〈动〉嗑。《初》：咭糙瓠。Gyaet ceh gve. 嗑瓜子。

咭11 方 oq［ʔo5］〈形〉热；炎热。（见炣2）

咭12 reih［ɣei6］〈名〉地。宜州《龙女与汉鹏》：汉朋恁咭否恁那。Hanbungz ndaen reih mbouj ndaen naz. 汉鹏没地又没田。

咖 gaeu［kau1］〈名〉藤。（见芶1）

咪1 方 gaeuj［khau3］〈名〉稻谷；米；饭。（见粐）

咪2 方 mbej［ʔbe3］〈名〉羊。（见徕）

咪3 miz［mi2］〈动〉有。宜州《龙女与汉鹏》：氓呗九呐刀咪哏。Mwngz bae gyaeuj-naj dauq miz gwn. 你往前头反而有吃的（比喻今后不愁吃）。

咪4 ngeu［ŋeu1］〈拟〉猫叫声。（见蔚）

咳1 gag［ka:k8］〈副〉独自。《粤风》：布厘琶咳怨。Mbouj ndaej baz gag yienq. 没有妻自怨。

咳2（嗐、娄、嗤、咳、嘣、嚏）haiz［ha:i2］〈动〉吐；吐出。《初》：吘否尖，咳否魒。Gwn mbouj roengz，haiz mbouj ok. 吃不

下去,吐不出来。

咳³ ing [ʔiŋ¹]〈动〉倚;靠。《粤风》:咳当临他流。Ing dou raemxda riuz. 倚门眼泪涌。

咳⁴ raix [ɣaːi⁴]〈副〉真的;真正的;实在的(与哒、哄连用)。(见唻¹)

咯¹ gah [ka⁶]〈动〉问价。(见訃)

咯² gax [ka⁴]〈语〉呀。(见畧)

咯³ goj [ko³]〈副〉也;本就。宜州《龙女与汉鹏》:咯原独古卡关仈。Goj nyuenz duh gou gah gvanbaz. 原本就是我的夫妻缘。

咯⁴ 历 gwx [kɯ⁴] ❶〈代〉处;某(指代某处或某人)。❷〈动〉玩(耍)。❸〈形〉真的;真正的;实在的。(见哄²)

咯⁵ loh [lo⁶]〈语〉了;啦。(见啰⁴)

咯⁶ rieg [ɣiːk⁸]〈动〉换(水、衣服等)。(见揷³)

咯⁷ rog [ɣoːk⁸]〈名〉外。宜州《龙女与汉鹏》:关堵喔呗咯。Daep dou ok bae rog. 锁门出外去。

咯⁸ soh [θo⁶]〈副〉就;径直。宜州《龙女与汉鹏》:卜差类哇心咯变。Bouxcai ndaej vah sim soh bienq. 差役听见心就变。

咡¹ 历 gamh [kaːm⁶]〈动〉猜。(见茸)

咡² ngeix [ŋei⁴]〈动〉❶ 思;思念。❷ 思索;寻思;考虑。(见恣¹)

咡³ nyi [ȵi¹]〈动〉闻;听见;听到。(见取)

咡⁴ wj [ʔɯ³]〈动〉吭。《初》:佲総冇敢咡噻晌。De cungj ndwi gamj wj saek coenz. 他都不敢吭一声。

咡⁵ wq [ʔɯ⁵]〈语〉呢(表示疑问或反问)。(见呪)

吰¹ 历 gangj [kaːŋ³]〈动〉讲;说。上林《赶圩歌》:喔吰,sing gangj,讲话的声音。

吰² 历 gieng [kiːŋ¹]〈动〉争吵。金城江《台腊恒》:同吰,doengzgieng,互相争吵。

吰³ gyang [kjaːŋ¹] ❶〈名〉中;中间。❷〈数〉半(容量、高度的半数)。(见閅³)

唎 gangj [kaːŋ³]〈动〉讲;说;谈;议论;宣布。(见嗛)

哜 历 geux [keu⁴]〈动〉咬;嚼;啃。(见皭)

屎 go [ko¹]〈动〉凑份子聚餐(俗称打平伙)。(见餶)

哄¹(硔、捞)gong [koːŋ¹]〈量〉泡(尿、屎)。《初》:怀軞双哄叞。Vaiz ok song gong nyouh. 牛屙了两泡尿。

哄² gungx [kuŋ⁴]〈名〉角落。(见垬²)

哄³ gyongx [kjoːŋ⁴]〈量〉套;圈。(见蹨)

哄⁴ hoengh [hoŋ⁶]〈形〉❶ 旺盛;兴旺;热闹;繁华。❷ 嘈杂;吵闹。❸ 丰盛。(见咗³)

哄⁵ yoeg [jok⁸]〈动〉唆使;煽动;怂恿;教唆。(见哟)

哄^{6} yung［juŋ^{1}］〈动〉煮;弄。宜州《龙女与汉鹏》:哄哎伽,yung ngaiz gyaj,煮饭等候。

咣^{1} gueng［kuːŋ^{1}］〈动〉喂。马山《嘹模》:咣劲内,gueng lwgnoix,喂小孩。(见餵)

咣^{2} hongh［hoːŋ^{6}］〈名〉巷。(见哘^{3})

哭 guh［ku^{6}］❶〈动〉做;干。❷〈动〉是;充当。❸〈动〉建;造。❹〈动〉唱(山歌);编(歌);作(诗歌)。❺〈副〉老;老是;越。(见叫)

咬 历 gun［kun^{1}］〈动〉吃。(见《初》,即 gwn)

咄^{1} gut［kut^{7}］〈名〉蕨。(见蛐)

咄^{2}(㚘、㕧)gyuk［kjuk^{7}］❶〈动〉(母鸡)叫;叫唤。马山《风俗唱》:鸡姆咄鸡劲。Gaeqmeh gyuk gaeqlwg. 母鸡叫唤小鸡。❷〈形〉嘈;嘈杂;喧哗;吵闹。(见《初》)

哏^{1} gwn［kɯn^{1}］〈动〉❶吃;喝;吮。东兰《造牛(残页)》:之本叭哏羲。Cih baenz bak gwn nywj. 就成嘴巴［能］吃草。| 宜州《孟姜女》:古米哏。Gou miz gwn. 我有吃的。❷抽;吸。❸维生;谋生。❹享受;享用。❺继承。❻克。❼坑害。❽承担;承受。❾费;耗费。(见吨)

哏^{2} haemq［ham^{5}］〈动〉问。宜州《孟姜女》:姜女哏伯。Gyanghnij haemq boh. 姜女问父亲。

哏^{3} haen［han^{1}］〈动〉啼。(见喂)

哏^{4} haenx［han^{4}］〈代〉那。(见覆^{1})

哏^{5} haenz［han^{2}］〈形〉痒。(见痕^{4})

哐 gvangq［kwaːŋ^{5}］〈形〉宽大;广大;宽阔。(见宪)

咵 gvaq［kwa^{5}］〈动〉❶过。❷超过;过度。❸可怜;哀怜(与恝连用)。❹过世。(见卦^{2})

哜^{1} gyae［kjai^{1}］〈形〉远。(见遡)

哜^{2} gyaez［kjai^{2}］〈动〉❶爱;爱好;喜欢。❷挂念;想念;怀念。(见愘)

昗 历 gyaeng［kjaŋ^{1}］〈副〉千万。《初》:咭昗,gaetgyaeng,千万。

咰 gyoengq［kjoŋ^{5}］〈量〉❶帮;群;伙。❷们(与代词连用)。(见佡)

哐^{1} 历 haemq［ham^{5}］〈动〉问。(见嗮)

哐^{2} haemz［ham^{2}］〈形〉❶(味)苦。❷苦;辛苦;穷;困难;艰苦。(见豁)

哘^{1}(行、項、𠾴)hangz［haːŋ^{2}］〈动〉欺侮;欺负。(见《初》)

哘^{2} hing［hiŋ^{1}］〈动〉兴;兴盛。上林《赶圩歌》:傢仕哘龙。Gyasaeh hinglungz. 家业兴隆。

哘^{3}(埲、咣、榥)hongh［hoːŋ^{6}］〈名〉巷。《初》:哘空,hongh ranz,巷子。

哘^{4} 历 hongz［hoːŋ^{2}］〈名〉菜汁。(见洐)

咢 hangz［haːŋ^{2}］〈名〉下巴。(见斮)

咾^{1} gaeuq［kau^{5}］〈副〉够。马山《书嚏

友》:叭尼正哮萛。Mbat neix cingq gaeuqsuenq. 这回才够呛。

哮² 方 hauh［haːu⁶］〈动〉哈(气)。《初》:哮飈, hauh rumz, 打哈欠。

哮³ hauq［haːu⁵］〈名〉话。上林《赶圩歌》:啰哮, sing hauq, 说话声。

戏 heiq［hei⁵］〈名〉戏。(见譺)

唭 heiq［hei⁵］❶〈名〉空气;气体。❷〈名〉汽。❸〈名〉气味。❹〈动〉忧愁;担忧;忧虑;顾虑。(见气)

呬 heiz［hei²］❶〈形〉脏。❷〈名〉汗泥;污垢。(见胰)

呀 heuj［heu³］〈名〉牙齿。(见犽)

咖 方 hied［hiːt⁸］〈动〉休息;歇。(见伽)

咣 hung［huŋ¹］〈形〉❶大。❷自大。(见奔)

哟¹ iek［ʔiːk⁷］〈形〉饿。(见飦)

哟² yoj［jo³］〈动〉看。宜州《龙女与汉鹏》:班而想哟伲之料。Banlawz siengj yoj mwngz cix liuh. 何时想看你就瞧。

咽¹ in［ʔin¹］〈动〉节约。《欢叹母》:批咽㕦双用。Bae in guh cienz yungh. 拿去节约做钱用。

咽² 方 yaeng［jaŋ¹］〈形〉慢。《初》:咽咽蹝, yaengyaeng byaij, 慢慢走。

咧¹ 方 laeuz［lau²］〈代〉我们。(见俐)

咧² 方 leuz［leu²］〈动〉活泼好动(与吵连用)。《初》:孖内实吵咧。Lwg neix saed ceuqleuz. 这孩子真活泼好动。

咾¹ -lauj［laːu³］〈缀〉陡峭的样子。《初》:玲咾咾, lingqlaujlauj, 陡陡的。

咾² ndau［ʔdaːu¹］〈名〉星;星星。(见䎡)

咾³ -raux［ɣaːu⁴］〈缀〉青幽幽的样子。《初》:荨咾咾, heurauxraux, 青青的。

咾⁴ rox［ɣo⁴］〈动〉知;知道。宜州《廖碑》:你也米咾定。Neix yax mij roxdingh. 现在也不知道。|短長晋曾咾。Dinj raez raeuz caengz rox. 长短咱们尚未知。

咧¹(列) 方 let［leːt⁷］〈副〉稍;稍微。《初》:歐垚穓咧墋。Aeu doem moq let muenz. 要新土稍盖一下。

咧²(烈) lez［le²］〈名〉唢呐(与啰连用)。《初》:啵啰咧。Boq loxlez。吹唢呐。

咧³ naeuz［nau²］❶〈动〉说;讲。❷〈连〉或;或者。(见吽)

咧⁴ req［ɣe⁵］〈名〉砂砾。(见磓)

咧⁵ rog［roːk⁸］〈名〉外;外头;外边。大化《白事鸟歌》:纠闪纠咧客盈栏。Gyaeuj ndaw gyaeuj rog hek rim ranz. 里头外头客满屋。

哂¹ maih［maːi⁶］〈连〉纵使;即使;即便;任由;尽管。(见迈)

哂² 方 maij［maːi³］〈动〉不管;不理。(见秝)

吧 方 mang［maːŋ¹］〈动〉❶诅咒。❷发誓。(见訨)

咩^{1} 方 mbej［ʔbe^{3}］〈名〉羊。（见犻）

咩^{2} nyangz［ȵaːŋ^{2}］〈动〉逢；相逢；遇见。（见逘）

咩^{3} rangh［ɣaːŋ^{6}］〈动〉跟随；连同。（见浪^{11}）

咩^{4} riengz［ɣiːŋ^{2}］〈动〉跟；随。马山《达稳之歌》：咩同生㗊買。Riengz doengzsaemh guh maij. 跟同辈结成好姐妹。（见蹺^{2}）

呅 mo［mo^{1}］〈名〉经；经文。巴马《贖魂糇呅》：贖魂糇呅。Rouh hoenz haeux mo. 赎稻魂的经文。

咯 mwngz［mɯŋ^{2}］〈代〉你。（见佲）

咩 方 naeuz［nau^{5}］〈名〉笛子。田东《大路歌》：欧咩斗尔坡。Aeu naeuz daeuj neix boq. 拿笛子来这里吹。

叧 naeuz［nau^{2}］❶〈动〉说；讲。❷〈连〉或；或者。（见吘）

呞 ndeu［ʔdeu^{1}］〈数〉一。（见刁）

响^{1} 方 ndiet［ʔdiːt^{7}］〈动〉响。金城江《台腊恒》：九晩拷响吜。Gyaeuj van gauq ndietdok. 斧头敲打响笃笃。

响^{2} 方 yieng［jiːŋ^{1}］〈名〉唢呐（与𠽤连用）。《初》：响𠽤，yienghiq，唢呐。

响^{3} yiengh［jiːŋ^{6}］〈名〉样。金城江《覃氏族源古歌》：用伯想来响。Yungh byawz siengj lai yiengh. 谁都不用想太多。

㗊 ndoet［ʔdot^{7}］〈动〉喝；饮；吸；嘬；吮。（见饳）

呥^{1} 方 ndum［ʔdum^{1}］〈形〉❶ 胆寒；害怕；胆怯。《初》：眉庅貧肔呥？ Miz maz baenz sim ndum? 什么事使［你］这样害怕？ ❷ 牙齿酸软。《初》：吽橄迪矝呥。Gwn maenj dwk faenz ndum. 吃李果弄得牙齿酸软。

呥^{2} nyaemh［ȵam^{6}］〈连〉任；任随。《初》：呥从吽。Nyaemh coengz gwn. 任随吃。

哖^{1} nem［neːm^{1}］〈动〉粘；贴；贴近。宜州《廖碑》：冩啲古哖紙。Sij coh gou nem ceij. 写我名字到纸上。

哖^{2} niemh［niːm^{6}］〈动〉念。宜州《龙女与汉鹏》：类信特马哖。Ndaej saenq dawz ma niemh. 得到信件拿来念。

哖^{3} ninz［nin^{2}］〈动〉睡；眠；睡觉。上林《信歌》：哖苟䢊，ninz gyaeuj laj，睡下头。（见眸）

咢 ngoeg［ŋok^{8}］〈动〉晃动。《初》：咢㙈。Ngoeg duh. 晃动脑袋。

哝 方 nong［noːŋ^{1}］〈动〉争吵；吵闹。《初》：叐徎否哝，仪她肔唱。Beixnuengx mbouj nong，bohmeh sim'angq. 兄弟无争，父母心欢。

咬 nyeux［ȵeu^{4}］〈动〉转（头）；回（看）。（见遶）

哊 raeuh［ɣau^{6}］〈副〉很；极（放在形容词后，表示程度的加深）。（见㕲^{2}）

哷 raeuq［rau^{5}］〈动〉吠；嗥。平果《蓝王》：吐獁蓝王贫獁透，吞吞批哷大山林。Duzma Lamz vuengz baenz madaeuq，ngoenzngoenz bae raeuq daih sanlimz. 蓝王的狗成猎狗，天

天去吹大山林。

哂[1] sae [θai¹]〈动〉嘶;嘶鸣;叫。《初》:獁哂。Max sae. 马嘶。

哂[2] seuq [θeu⁵]〈形〉❶ 干净;清洁。❷ 利落;利索。《初》:妚内躺哂。Dah neix ndang seuq. 这姑娘干净利落。❸ 光;完。(见𣵀)

咜 saek [θak⁷]〈名〉啄木鸟(与唷连用)。大化《白事鸟歌》:叫咜唷斗托林。Heuh saekgonh daeuj doq faex. 叫啄木鸟来做棺材。

虽[1] saej [θai³]〈名〉肠子。(见胅[2])

虽[2] saeq [θai⁵]〈形〉小;细。(见𫄨[2])

哉[1] sai [θaːi¹]〈名〉男。(见財)

哉[2] sai [θaːi¹]〈名〉带子。(见𧜟)

哒 sat [θaːt⁷]〈动〉❶ 完;结束。❷ 算;罢了。(见𨁈)

哰(守、溲、唆) 历 soux [θou⁴]〈动〉❶ 搞;用力冲。《初》:哰合𪧘。Soux haeuj bae. 冲进去。❷ 打架。《初》:侵佞任哰。Caeuq vunz doxsoux. 跟人家打架。

咣 swenj [θɯːn³]〈动〉高喊。(见噒)

哎[1] vab [waːp⁸]〈拟〉连连(打哈欠的模样)。《初》:吔飔哎哎。Hajrumz vabvab. 哈欠连连。

哎[2](槳) vet [weːt⁷]〈拟〉啾啾。《初》:徒鴂吗哎哎。Duzroeg heuh vetvet. 鸟啼啾啾。

哙 历 voiq [woi⁵]〈叹〉喂(用于打招呼)。(见《初》)

哇 vah [wa⁶]〈名〉话。宜州《龙女与汉鹏》:卜差类哇。Bouxcai ndaej vah. 差役得到这些话。

吻(㦝、越) yiep [jiːp⁷]〈形〉胆怯;胆寒。《初》:狃𧾷猫只吻。Nou raen meuz cix yiep. 老鼠见到猫就胆寒。

呐[1] yoeg [jok⁸]〈动〉唆使;煽动;怂恿;教唆。(见哟)

呐[2] yug [juk⁸]〈动〉侮辱;辱骂;骂街。(见嗕)

啊 aj [ʔa³]〈动〉张;张开。都安《行孝唱文》:啊咟又怨巹。Aj bak youh ienq mbwn. 张嘴又怨天。

咋[1] ak [ʔaːk⁷]〈形〉厉害;能干。上林《赶圩歌》:吅欢咋,guh fwen ak,唱山歌厉害。

咋[2] cog [ɕoːk⁸]〈名〉将来。金城江《覃氏族源古歌》:咋尼,cogneix,将来。

咋[3] 历 cog [ɕoːk⁸]〈动〉唆使;嗾使;怂恿。(见怍[2])

咋[4] yak [jaːk⁷]〈形〉恶;坏。都安《三界老爺唱》:自旦李长肚能咋。Cix danq leixcangh dungx naengz yak. 只叹里长心肠坏。

呗 bae [pai¹]〈动〉去。宜州《孟姜女》:氓年古呗。Mwngz nemz gou bae. 你跟我去。

咟(䟺) 历 baeuj [pau³]〈形〉干渴。《初》:嗛咟, gangj baeuj,讲得嘴都干了。

哸^{1} [方] beng [pe:ŋ^{1}]〈名〉不祥之兆。(见《初》)

哸^{2} [方] beng [pe:ŋ^{1}]〈动〉祈。《初》:哸貝, bengbwi,祈祷。

哹 bengz [pe:ŋ^{2}]〈形〉贵。(见甑)

哵^{1} bet [pe:t^{7}]〈数〉八。上林《赶圩歌》:大哵偻公慽。Daihbet raeuz goengheij. 第八咱们来恭喜。

哵^{2} biek [pi:k^{7}]〈动〉离别;分别。(见盼)

哺^{1} [方] boux[pou^{4}]〈动〉(盘)卷。《初》:徒蚯盆哺迪丕。Duzngwz buenzboux dwk youq. 蛇盘卷着。

哺^{2} boux [pou^{4}]〈量〉个;位。(见俌)

哺^{3} fouz[fou^{2}]❶〈动〉浮。❷〈形〉飘浮;轻浮。(见罘^{2})

哾 byak [pja:k^{7}]〈名〉壳;荚。(见皝)

哧(寺、嚍)[方] cawz[ɕaɯ^{2}]〈名〉时节;季节;时期。《初》:哧导, cawzcun,春季。

哶 byawz [pjaɯ^{2}]〈代〉谁;哪个。(见偭^{1})

唽^{1} ceng [ɕe:ŋ^{1}]〈动〉争吵;吵闹。金城江《覃氏族源古歌》:妖孛乱同唽。Dahnuengx luenh doengzceng. 姊妹别轻易争吵。

唽^{2}(嗻)cied [ɕi:t^{8}]〈形〉❶ 绝;绝后;灭绝。《初》:𡨧修听唽啰。Ranz de gaenq cied loh. 他家已经绝后了。❷ 绝;过火;过头。《初》:佲𠕇太唽啰。Mwngz guh daiq cied loh. 你做得太绝了。❸ 断绝。

唽^{3} [方] fek [fe:k^{7}]〈动〉叱喝。(见听)

唫 cim[ɕim^{1}]〈动〉看。马山《书信歌》:唫其其之门。Cim gizgiz cix hoengq. 看处处皆空。

唘^{1} coenz [ɕon^{2}]〈量〉句。忻城《十劝歌》:扶少唘之罢。Boux siuj coenz cixbah. 一人少一句就罢了。(见啊)

唘^{2} [方] gyoenz [kjon^{2}]〈量〉句。《初》:兄嗛双唘吪。Gou gangj song gyoenz vah. 我说两句话。

唝 coh [ɕo^{6}]〈名〉名;名字。宜州《龙女与汉鹏》:呀否喑稳否喑唝。Yax mbouj raen vunz mbouj raen coh. 也不见人不见名。

唨^{1} coh[ɕo^{6}]〈名〉名字。宜州《廖碑》:冩唨古咋紙。Sij coh gou nem ceij. 写我名字到纸上。

唨^{2} coh [ɕo^{6}]〈动〉可惜;怜惜。忻城《十劝歌》:唨钱艮布到。Coh cienzngaenz mbouj dauq. 可惜银钱不回来。

唨^{3} gyo [kjo^{1}]〈动〉依靠;依仗;依凭。马山《二十四孝欢》:唨门承途灶。Gyo maenzswngz duzsaeuq. 依仗门神和灶神。

唨^{4} [方] yoh [jo^{6}]〈名〉名字。(见《初》,即 coh)

唚^{1} cimz [ɕim^{2}]〈动〉尝;品尝。武鸣《弔阕》:丕唚菜唚笋。Bae cimz byaek cimz rangz. 去尝菜与笋。

唚^{2} comz [ɕo:m^{2}]〈动〉堆积;集拢;围

拢。(见搡²)

唦¹ 方 coj [ɕo³]〈副〉必定;肯定。马山《欢情》:爹斗唦口栏。De daeuj coj haeuj ranz. 他来肯定会进屋。

唦² 方 coq [ɕo⁵]〈动〉食言(与叮连用)。《初》:叮唦。Myonxcoq. 食言。

唦³ 方 cub [ɕup⁸]〈动〉嗅;闻。(见鰊)

唦⁴ gyo [kjo¹]〈动〉凭;凭借;依凭。马山《信歌》:唦眉欢眉盎。Gyo miz vuen miz angq. 凭此有欢有乐。| 马山《駄向书信》:叽唦英唦憑。Gou gyo ing gyo baengh. 我得借以倚靠和依凭。

唻 方 cub [ɕup⁸]〈动〉嗅;闻。(见鰊)

啋¹ 方 cub [ɕup⁸]〈动〉嗅;闻。(见鰊)

啋²(归)gvij [kwi³]〈形〉❶ 馋。❷ 刁。《初》:小啋,siujgvij,嘴馋。| 咟啋,bak gvij,嘴刁。

哫¹ 方 cuk [ɕuk⁷]〈动〉吵闹;嘈杂。《初》:僘勒哫栘。Sou laeg cuk lai. 你们不要太吵闹。

哫² cuk [ɕuk⁷]〈动〉闭住。都安《三界老爺唱》:哫得咟幼。Cuk ndaek bak youq. 紧闭嘴巴待着。

哫³ cup [ɕup⁷]〈动〉❶ 吻。❷ 吸。(见唝)

呦¹ cwt [ɕɯt⁷]〈拟〉嘻嘻。金城江《台腊恒》:笑呦呦,riu cwtcwt,笑嘻嘻。

呦² 方 gyoh [kjot⁶]〈动〉❶ 同情。❷ 可怜。(见憒)

唻 daej [tai³]〈动〉哭。《欢叹母》:唻到苒拉姆。Daej dauq ranz ra meh. 哭泣回家找妈妈。(见渧)

唔¹ 方 daen [than]〈动〉见。(见晤)

唔² dwen [tɯːn¹]〈动〉提及;提起;谈到。(见呅²)

唔³ ndaenj [ʔdan³]〈动〉❶ 挤。❷ 钻。(见粫²)

唔⁴(吨)ndwnj [ʔdɯn³]〈动〉吞咽;咽。《初》:唔湄啅啅。Ndwnj myaiz yogyog. 连连吞口水。

哣¹ 方 daeuh [tau⁶]〈动〉逗;逗弄;引逗。上林《赶圩歌》:打靗哣靗摅。Daj senq daeuh senq yaek. 老早就互相撩逗玩耍。

哣² douh [tou⁶]〈动〉栖息。(见跌¹)

哣³ raeuq [rau⁵]〈动〉吠。(见咪²)

㖶 daeuj [tau³]〈动〉来。宜州《龙女与汉鹏》:喔㖶装啷。Okdaeuj cang ndang. 出来装扮。

唏¹ daex [tai⁴]〈名〉同伴;伙计。(见俤¹)

唏² gyaeq [kjai⁵]〈名〉蛋;卵。(见鑃)

唓 doenx [ton⁴]〈动〉欲吐。《初》:吽氿栘町唓。Gwn laeuj lai deng doenx. 喝酒多了想呕吐。

哾¹(戏)doiz [toi²]〈语〉呢。《初》:波内焙否哾? Baez neix hoj mbouj doiz? 这回苦不苦呢?

哾² (啲、咃、哚) dot [toːt⁷]〈动〉啄。《初》:鵤哾粝。Gaeq dot haeux. 鸡啄米。

哳 dongx [toːŋ⁴]〈动〉打招呼。(见嗵)

哃 dongx [toːŋ⁴]〈动〉打招呼。(见嗵)

哽¹ engq [ʔeːŋ⁵]〈副〉已经。(见硬)

哽² gaem [kam¹]〈动〉抓;拿;持;握;握住;掌握。(见拎¹)

哽³ gaemz [kam²]〈量〉口。(见吟¹)

哽⁴ (更) 㓾 ngengh [ŋeːŋ⁶]〈连〉虽然。《初》:伝偧哽吽緦,提犁百几斤。Vunz de ngengh naeuz saeq, dawz rap bak geij gaen. 他个子虽小,挑担百余斤。

哽⁵ ngoemx [ŋom⁴]〈形〉哑巴。(见噁)

哽⁶ gwn [kɯn¹]〈动〉❶吃;喝;吮。❷抽;吸。田东《大路歌》:能头六哽烟。Naengh gyaeuj ruz gwn ien. 坐船头抽烟。❸维生;谋生。❹享受;享用。❺继承。❻克。❼坑害。❽承担;承受。❾费;耗费。(见吞)

唝 gungq [kuŋ⁵]〈形〉蜷曲;弯躬(与躹连用)。(见躹²)

哮¹ gaemz [kam²]〈量〉口。《初》:啐双哮粰。Swd song gaemz souh. 喝两口粥。(见吟¹)

哮² 㓾 goem [kom¹]〈动〉损失;亏损。(见弓)

哑 㓾 gaenq [kan⁵]〈形〉矮;短。(见衮³)

唃¹ -gak [kaːk⁷]〈缀〉催促;赶快(用在动词后)。《初》:提絣絞唃丞尬樉。Dawz cag geujgak youq gyaeuj hanz. 把绳子随便缠绕在扁担头上。| 吅唃。Gwngak. 索性吃掉。

唃² goek [kok⁷]〈名〉❶根基;根底;根端;根部。❷本;本钱。(见梏¹)

唃³ (咯) gok [koːk⁷]〈形〉响亮;洪亮;嘹亮。《初》:嚐号唃淶浛。Sing hauh gok raixcaix. 号声十分嘹亮。

唃⁴ yak [jaːk⁷]〈形〉恶;凶;恶毒;凶恶。(见嗯)

唅¹ gamj [kaːm³]〈名〉岩洞;山洞。平果《贼歌》:卦侣贝通唅? Gvaq lawz bae doeng gamj? 过哪里通到山洞? | 十二唅。Cibngeih gamj. 十二个岩洞。

唅² ngamz [ŋaːm²]〈名〉坳;山坳。平果《贼歌》:口唅女吅艾。Haeuj ngamz neix gwn ngaiz. 进此坳吃饭。

啫¹ (嚆) gauq [kaːu⁵]〈动〉控告。《初》:托啫。Doxgauq. 相互控告。

啫² 㓾 geux [keu⁴]〈动〉咬;嚼;啃。(见䜍)

啫³ hauq [haːu⁵]❶〈动〉说;讲;告诉。❷〈名〉话。(见吒)

啤¹ 㓾 ge [ke¹]〈代〉大家。(见俥)

啤² nyi [ṇi¹]〈动〉闻;听见;听到。马山《信歌》:礼啤吗貧病。Ndaejnyi gongz baenz bingh. 只听呻吟生了病。| 马山《造罶变贫型》:吽詢咋吮啤。Naeuz coenz soh gou nyi. 说句实话给我听。(见取)

哽¹ [方] gengx［keːŋ^{4}］〈形〉寒冷。《初》：昡内哽𪢮。Ngoenzneix gengx lai. 今天太冷了。

哽² gengz［keːŋ^{2}］〈形〉赤膊；裸（与𨈖连用）。（见𨈖）

哽³（瞪）[方] giemq［kiːm^{5}］〈动〉看。（见《初》）

哽⁴ ngeng［ŋeːŋ^{1}］〈形〉❶侧。❷歪。（见𨈖）

唫（坚）[方] gin［kin^{1}］〈动〉吃。《初》：唫啱𪢮。Gin ngonz lai. 吃得很合口味。（即gwn）

咯¹ gok［koːk^{7}］〈形〉响亮；洪亮；嘹亮。（见喅^{3}）

咯² gyuk［kjuk^{7}］❶〈动〉（母鸡）叫；叫唤。❷〈形〉嘈；嘈杂；喧哗；吵闹。（见呻^{2}）

咯³ mboek［ʔbok^{7}］〈动〉下降；降下；减少。（见汴^{3}）

咯⁴ myub［mjup^{8}］〈拟〉切切（非常思念）。《初》：㥁咯咯。Siengj myubmyub. 思切切。

咯⁵（吙）rux［ɣu^{4}］〈拟〉聚集的（地）；群集的（地）（叠用于动词后）。《初》：㩙咯咯。Comz ruxrux. 成群地围拢着。

唠 [方] gongz［koːŋ^{2}］〈动〉哼；呻吟。（见吗^{2}）

哐 gueng［kuːŋ^{1}］〈动〉喂（牲畜）。（见𩟔）

哭 guh［ku^{6}］❶〈动〉做；干。❷〈动〉是；充当。❸〈动〉建；造。❹〈动〉唱（山歌）；编（歌）；作（诗歌）。❺〈副〉老；老是；越。（见圵）

呋 gvaix［kwaːi^{4}］〈拟〉踉跄；摇晃（站立不稳）。《初》：跰迪蹲呋呋。Byaij dwk soenx gvaixgvaix. 走得踉踉跄跄。

哯¹（克、𩚵）[方] gw［kɯ^{1}］〈动〉吃。（即gwn，见《初》）

哯²（喫）ngwq［ŋɯ^{5}］〈拟〉呆呆的（地）；木然的（地）；愣愣的（地）。

哻¹ haen［han^{1}］〈动〉啼。（见喂）

哻²（吽、喂、汉、咹、訕、哻、叹、哵、咦、叹、喗、咞、呬、謇、喊）han［haːn^{1}］〈动〉回答；答应。《初》：侈喳皑喳倒総否哻。De cam bae cam dauq cungj mbouj han. 他问来问去都不回答。

哼¹（肯）[方] haengj［haŋ^{3}］〈动〉给；给予；让；赋予。《初》：否眉伝司哼。Mbouj miz vunz sei haengj. 没有人给予施舍。| 侈否哼兄皑。De mbouj haengj gou bae. 他不让我去。

哼² [方] haengz［haŋ^{2}］〈名〉声音。（见唤）

哼³ hoeng［hoŋ^{1}］〈连〉但是。（见倥）

哼⁴ raeng［ɣaŋ^{1}］〈形〉胀。（见膡^{2}）

啨¹ [方] haengq［haŋ^{5}］〈动〉怒斥。《初》：兄啨侈。Gou haengq de. 我怒斥他。

啨² sing［θiŋ^{1}］〈名〉声；声音。大化

《嚏莫别》:咘咘体叫母。Singsing daej heuh meh. 声声哭叫母。| 马山《勺记时种花》:㖭迪咘不屋。Daej dwk sing mbouj ok. 哭得出不了声。

唅 hamz [haːm^{2}]〈形〉咸。(见鹹)

唅^{1}(衔) hamz [haːm^{2}]〈动〉衔;含(在嘴里)。《初》:禀徒凤唅桄。Lumj duzfungh hamz va. 似彩凤衔花。

唅^{2} 方 hoemz [hom^{2}]〈副〉就。《初》:兄唅跿。Gou hoemz bae. 我就去。

唅^{3} hoemz [hom^{2}]〈形〉浑浊。(见涻)

哻 han [haːn^{1}]〈动〉回答;答应。(见哰^{2})

哮 hauq [haːu^{5}]〈名〉话。马山《改漫断鄰鄰》:叺嗱徃詢哮。Gou daengq nuengx coenz hauq. 我嘱阿妹一句话。

啊 hawj [haɯ^{3}]〈动〉给。宜州《龙女与汉鹏》:哄哎啊古哏。Yung ngaiz hawj gou gwn. 煮饭给我吃。

唻^{1} haz [ha^{2}]〈名〉茅草。(见芐)

唻^{2} nyap [ȵaːp^{7}]〈名〉❶ 杂草。❷ 垃圾。(见菫^{3})

哘 henx [heːn^{4}]〈动〉啃。(见嘖)

唰 henx [heːn^{4}]〈动〉啃。(见嘖)

唏(希) 方 hi [hi^{1}]〈名〉阴门。(见《初》)

啶^{1} hingq [hiŋ^{5}]〈动〉庆。上林《赶圩歌》:出炮昂啶贺。Cit bauq angq hingqhoh. 点鞭炮喜庆贺。

啶^{2} 方 ingq [ʔiŋ^{5}]〈动〉应承;答应。

哝 方 hongz [hoːŋ^{2}]〈动〉响。(见呟)

哑^{1} iek [ʔiːk^{7}]〈形〉饿;饥饿。田阳《布洛陀遗本》:功肚哑路粮。Gongz dungx iek lohliengz. 喊肚饿得咕咕叫。

哑^{2}(纙) ngaq [ŋa^{5}]〈拟〉呆呆的(地);木然的(地);愣愣的(地)(与咙连用)。《初》:𠁥哑咙。Ndwn ngaqngwq. 呆呆地站着。

唎^{1} laex [lai^{4}]〈名〉礼。马山《为人子者》:偻勺提唎。Raeuz yaek dawz laex. 我们要讲礼。

唎^{2} ndeiq [ʔdei^{5}]〈名〉星(与勶连用)。(见勶)

唎^{3} reih [ɣei^{6}]〈名〉畬地;旱地。(见犁^{2})

唎^{4} riq [ɣi^{5}]〈形〉老练。《初》:嗛迪溇唎嗶。Gangj dwk raeuz riqraed. 话讲得很流利老练。

唠^{1} lau [laːu^{1}] ❶〈动〉怕;害怕;担心。宾阳《催春》:唠咀依眉吔。Lau naeuz yij miz gwn. 怕说没有食物。❷〈副〉恐怕;也许。(见恅^{1})

唠^{2} lauz[laːu^{2}]〈形〉老练(与嗹连用)。上林《特华信歌》:田坛唠嗹。Guh hong lauzlwenh. 干活老练。

哩^{1} 方 lij [li^{3}]〈名〉唢呐(与唎连用)。《初》:哩唎, lijlez, 唢呐。

哩[2] 历 ndaej [ʔdai[3]]〈动〉得;得到;可以。《粤风》:约区区布哩。Yaek aeu aeu mbouj ndaej. 想娶娶不得。

哩[3] 历 ndeh[ʔde[6]]〈形〉❶ 忸怩。❷ 调皮(与叼连用)。《初》:叼哩。Ndiujndeh. 调皮。

哩[4] ndi [ʔdi[1]]〈副〉没。宜州《龙女与汉鹏》:堵之哩枉。Dou cix ndi vangq. 我们没空闲。

哩[5] ndit [ʔdit[7]]〈名〉阳光。(见旵[2])

唪[1] loeng [loŋ[1]]〈形〉错。上林《赶圩歌》:都敯唪只嗛。Dou cingq loeng cix gangj. 我们唱错[你]就讲。(见繗)

唪[2] rungx [ɣuŋ[4]]〈动〉抚育;哺养;抚养。(见窿[2])

哢 loeng [loŋ[1]]〈形〉错。(见繗)

唎 lom [loːm[1]]〈形〉❶ 松(不合适)。❷ 不上(眼)。(见囨)

唡[1](乱) luenh [luːn[6]]〈形〉轻易(多用于否定句)。《初》:双偻否唡逄。Song raeuz mbouj luenh bungz. 咱俩不轻易相逢。| 否咗唡㐷䞴。Mbouj laebluenh ndaej raen. 不轻易能见到。

唡[2] 历 ruenh [ɣuːn[6]]〈动〉吼;吼叫;震动。《初》:䨻䨺唡度㕘。Byaj raez ruenh doh mbwn. 雷声震天响。

浨 lumj [lum[3]]〈动〉像;似。(见廪)

唰[1] maenj [man[3]]〈动〉❶ 威吓。❷ 怒吼;吼叫(指虎、猫等)。❸ 咆哮。(见𠵼[2])

啂[2] 历 oemq [ʔom[5]]〈动〉烧(砖、炭和草皮灰等)。(见焐[2])

唤(耐) 历 mbenj [ʔbeːn[3]]〈动〉撒娇(指小孩)。(见《初》)

哕 历 meuq [meu[5]]〈形〉❶ 轻浮(多指女子)。❷ 多嘴。(见喵)

咻 mug [muk[8]]〈名〉鼻涕。(见𪖈)

哪 nax [na[4]]〈名〉舅;舅娘;姨;姨丈。(见㑚[1])

唑 ndaek [ʔdak[7]]〈量〉块;团;坨。马山《望吞話名詢》:至唑宠海。Rin ndaek roengz haij. 石块入海。

唯 ndwnj [ʔdɯn[3]]〈动〉吞;咽;吞咽。马山《尊老爱幼歌》:唯陇肚。Ndwnj roengz dungx. 咽下肚。

喑[1] 历 ngonz [ŋoːn[2]]〈形〉合口味。《初》:啌喑夥。Gin ngonz lai. 吃得很合口味。

喑[2] 历 yanx [jaːn[4]]〈名〉谎话。(见嗲)

哦(栈) ngot [ŋoːt[7]]〈拟〉突突;忽忽;咿呀(形容植物拔节生长迅疾且带有声响)。《初》:椤花内騄哦哦。Go byaek neix maj ngotngot. 这菜拔节长忽忽。

咒 ngven[ŋweːn[1]]〈动〉咒骂。马山《达稳之歌》:訙咒貧針胗。Ndaq ngven baenz cim camx. 咒骂似针扎。

喀 历 ning [niŋ[1]]〈动〉动。(见拧)

啰[1] nyaenx [ɲan[4]]〈代〉这样;这么;如是;如此。(见恁[3])

叻[2]（任、咏、恁、润、嗔）nyinh［ȵin⁶］〈动〉认；承认。《初》：叻䚕。Nyinh loek. 认错。

呀（讶、犽、犽、嗄）nyaq［ȵa⁵］〈名〉渣；渣滓。《初》：呀蔆。Nyaq oij. 甘蔗渣。

吭 nyemq［ȵeːm⁵］〈形〉软绵（与抓连用）。都安《三界老爺唱》：得你抓吭正兀吽。Ndaek neix unqnyemq cingq ndei gwn. 这坨软绵正好吃。

哴 raeuz［ɣau²］〈形〉滑；滑溜。（见溇[2]）

哴[1]（𨃵）-rangh［ɣaːŋ⁶］〈缀〉溜溜。《初》：𨃵哴哴，raezranghrangh，长溜溜的。

哴[2] riengx［ɣiːŋ⁴］〈动〉❶ 洗；涮；盥。❷ 漱。（见滰）

哂 rengx［ɣeːŋ⁴］〈形〉旱。（见硠）

呣 saemj［θam³］〈动〉审讯。（见嚐[1]）

唀 seuq［θeu⁵］〈形〉❶ 干净；清洁。❷ 利落；利索。《初》：妹内䝆唀。Dah neix ndang seuq. 这姑娘干净利落。❸ 光；完。（见潲）

咐 son［θoːn¹］〈动〉教。（见譐）

唆 sou［θou¹］〈代〉你们。（见傲[2]）

咽 unq［ʔun⁵］〈形〉软；软弱。（见歞）

啦 vei［wei¹］〈动〉亏待；亏。（见愢）

呢 vei［wei¹］〈动〉亏待；亏。（见愢）

唵[1] 方 amq［ʔaːm⁵］〈量〉口。《初》：兄吽双唵氿。Gou gwn song amq laeuj. 我喝两口酒。

唵[2] gaemz［kam²］〈量〉口。（见吟[1]）

唴（仰）方 angq［ʔaːŋ⁵］〈动〉谢；感谢。《初》：兄唴佲侈。Gou angq mwngz lai. 我很感谢你。

唱（𥾢、䨥、惕）angq［ʔaːŋ⁵］〈形〉高兴；兴奋；快乐；欢喜。《初》：胣唱。Sim'angq. 心里高兴。

咯[1] 方 baeq［pai⁵］〈代〉怎样；如何；怎么；若何。（见嘞）

咯[2] bwh［pɯ⁶］〈动〉备；预备；准备。（见咀[1]）

咯[3] re［ɣe¹］〈动〉防；提防；防备。马山《传扬歌》：詌话勺咯的。Gangj vah yaek re di. 说话要提防一些。

唑 bemx［peːm⁴］〈形〉爽；痛快。金城江《台腊恒》：他累碗水正辣唑。De ndaej vanj raemx cingq nda bemx. 他得一碗水喝才感觉爽。

唛 beu［peu¹］〈动〉得罪；冒犯。（见諘）

啵[1] bob［poːp⁸］〈拟〉啪；啪嗒。《初》：蹬胻夈𡰪啵。Daengh hangx roengzbae bob. 啪嗒一声摔了个屁股蹲儿。

啵[2] byox［pjo⁴］〈拟〉蹦蹦。（见跛）

唃[1] 方 boemz［pom²］〈名〉荫；阴影。（见阴）

唃[2] boengz［poŋ²］〈名〉烂泥；淤泥。（见堋[1]）

唃[3] byoengq［pjoŋ⁵］〈动〉破；开窟窿。

(见搒²)

啵¹ boh [po⁶]〈名〉夫。宜州《龙女与汉鹏》:噔楞本啵娒。Daengz laeng baenz bohmaex. 后来成夫妻。

啵² byoq [pjo⁵]〈动〉(用嘴) 喷;吹。《初》:啵淰。Byoq raemx. 喷水。|啵𩙶。Byoq rumz. 吹风。

㖦 boih [poi⁶]〈动〉❶背诵。❷背;有偏(客套话,表示先用过茶饭、喜酒等)。(见啨)

㗘 bonz [po:n²]〈名〉前(天、晚)。(见㿽)

㖞¹ bwn [pɯn¹]〈名〉毛。宜州《龙女与汉鹏》:偶㖞荅故阶补。Aeu bwn roeg guh geu buh. 用羽毛做一件衣服。

㖞² bwnq [pɯn⁵]〈动〉喂(用于不能自己吃要别人喂的)。(见餴)

㖞³(呠、訲、嗱、嗍) mboen [ʔbon¹]〈动〉唠叨;嘀咕。(见《初》)

㕮 方 byaemh [pjam⁶]〈副〉一起。(见并)

喙¹(噜、趵、蹜、蹧) byuj [pju³]〈拟〉噗。《初》:犇喙。Doek byuj. 噗的一声落下来。

喙² rouh [ɣou⁶]〈动〉赎。(见赎)

喙³ rug [ɣuk⁸]〈名〉卧房;内房;闺房。(见房)

唓 方 caej [ɕai³]〈副〉不要;别。《初》:唓乱用叉。Caej luenh yungh cienz. 不要乱花钱。

喳¹ caep [ɕap⁷]〈动〉解(渴);润(喉)。金城江《台腊恒》:哏双中喳哻。Gwn song cung caep hat. 喝两盅解渴。

喳²(锎) ciz [ɕi²]〈连〉如果;倘若;假如(与吓连用)。《初》:喳吓, cizyax, 如果;倘若;假如。

啁¹ caeu [ɕau¹]〈动〉藏;收藏。(见搊)

啁² haeu [hau¹]〈形〉臭。(见齁)

嗖¹ 方 caeuq [ɕau⁵]〈动〉哀求。《初》:倏尽𠂊只嗖。De caenh dai cix caeuq. 他苦苦地哀求。

嗖²(忬) caeuz [ɕau²]〈名〉仇;冤仇。(见《初》)

嗖³(就) couh [ɕou⁶]〈动〉迁就。《初》:佲介嗖倏。Mwngz gaej couh de. 你不要迁就他。

嗖⁴ coux [ɕou⁴]〈动〉❶装;盛。❷迎接。❸娶。(见搊)

嗖⁵(授) saeux [θau⁴]〈动〉要挟。《初》:倏嗖伝歐叉。De saeux vunz aeu cienz. 他要挟人家要钱。

嗖⁶(嫍) souh [θou⁶]〈动〉受。《初》:嗖煱, souh hoj, 受苦。

嗖⁷ 方 soux [θou⁴]〈动〉❶搞;用力冲。❷打架。(见吋)

嗜¹ caez [ɕai²]〈形〉久。(见歆)

嗜² gyaez [kjai²]〈动〉爱。马山《偻齐架桥铁》:书嗜。Saw gyaez. 爱书(即情书)。

哜 gyaez [kjai^{2}]〈动〉爱。马山《迪封信斗唅》：真心敬哜金。Caensim gingq gyaez gim. 真心敬爱阿哥。

哆（叱、吅、仛、运）cam [ɕa:m^{1}]〈动〉问。《初》：哆𫝀毕其哂？ Cam nuengx bae gizlawz? 问阿妹去哪里？｜马山《欢叹母》：姆只哆劲衲。Meh cix cam lwgnyaeq. 母亲就问小儿子。

唅 cam [ɕa:m^{1}]〈动〉❶ 问。马山《曾迪字悲唅》：写扒信第一，欧书雌斗唅。Sij mbat saenq daih'it, aeu Sawndip daeuj cam. 第一次写信，用古壮字询问。❷ 问八字；求婚。马山《欢交親》：差媒批唅字。Cai moiz bae cam saw. 派媒去问八字(求讨生辰八字)。

啫^{1} 历 ce [ɕe^{1}]〈形〉吝啬。《初》：咕啫，ciemce，吝啬。

啫^{2} 历 doj [to^{3}]〈动〉❶ 斗。❷ 诱(捕)。(见迖)

啨 历 ciengq [ɕi:ŋ^{5}]〈动〉唱。上林《赶圩歌》：啨肝你以元。Ciengq daengz neix hix yuenz. 唱到这里结束。

啩 历 cij [ɕi^{3}]〈动〉假装(与假连用)。《初》：啩假，cijgyaj，假装。

啅^{1} 历 cog [ɕo:k^{8}]〈动〉唆使；嗾使；怂恿。(见怍^{2})

啅^{2} yog [jo:k^{8}]〈拟〉连连。《初》：唔潤啅啅。Ndwnj myaiz yogyog. 连连吞口水。

啾 历 cub [ɕup^{8}]〈动〉嗅；闻。(见𪖙)

啶^{1} daej [tai^{3}]〈动〉哭。(见涕)

啶^{2} ndij [ʔdi^{3}] ❶〈介〉和；与；跟。❷〈连〉和；与。(见仾^{1})

啶^{3} ndiq [ʔdi^{5}]〈拟〉密密的；紧紧的；连续的。《初》：𪓰啶啶，ndaet ndiqndiq，紧紧实实的。

啖^{1} damz [ta:m^{2}]〈动〉❶ 讲；说。❷ 唠叨；喃喃；嘀咕。(见誩^{1})

啖^{2} duemh [tu:m^{6}]〈形〉昏暗；暗淡；微弱(指灯火)。(见烟)

啴 danq [ta:n^{5}]〈动〉❶ 叹(气)。❷ 歌颂；赞美；颂扬。(见咀^{2})

啶^{1} deng [te:ŋ^{1}] ❶〈动〉中；挨。马山《完筆》：鴂啶梛。Roeg deng naq. 中箭的鸟。❷〈形〉对。马山《皮里患鲁不》：讀不啶。Doeg mbouj deng. 读不对。❸〈形〉同；相符。马山《皮里患鲁不》：欧理不度啶。Aeu leix mbouj doxdeng. 道理要得不一样。

啶^{2} dengq [te:ŋ^{5}]〈名〉碟。都安《三界老爺唱》：自罗十盤乑九啶。Cix nda cib banz ndij gouj dengq. 就摆十盘与九碟。

㖡 din [tin^{1}]〈名〉脚。(见趶^{2})

啢^{1} dongx [to:ŋ^{4}]〈动〉打招呼。(见嗵)

啢^{2} 历 mboengx [ʔboŋ^{4}]〈动〉吹嘘；吹牛。《初》：嗹啢。Gangj mboengx. 讲大话；胡吹。

啢^{3} ndungj [ʔduŋ^{3}]〈名〉蝼蛄。(见蛒)

唍^{1}（度、哆）doq [to^{5}]〈副〉马上；立即。《初》：兄哆㑨唍吙。Gou cam de doq wh. 我一问他马上答应。

唤²　van［waːn¹］〈名〉斧。金城江《台腊恒》：九唤。Gyaeuj van. 斧头；斧背。

㖦¹　duengh［tuːŋ⁶］〈动〉拉；扯；拖。（见㨂¹）

㖦²　duengh［tuːŋ⁶］〈动〉❶往下拉。❷垂下；坠。（见㨂¹）

㖦　dwen［tɯːn¹］〈动〉提及；提起；谈到。（见吠²）

㖹¹　eng［ʔeːŋ¹］〈名〉婴儿；小孩子；娃崽。（见㜪）

㖹²　方 ing［ʔiŋ¹］〈动〉应；应该。上林《赶圩歌》：㖹哨示𡂘欢。Ingdang seih guh fwen. 应当是唱山歌。

㖹³（嶝）oem［ʔom¹］〈动〉生气；恼怒。《初》：胎㖹。Hoz oem. 心中恼怒。

㖹⁴　方 yaeng［jaŋ¹］〈动〉说；讲。（见噌⁶）

啪（拍、拍）ep［ʔeːp⁷］〈动〉强迫。《初》：啪猫吮酥。Ep meuz gwn meiq. 逼猫喝醋（比喻强人所难）。

㖸（叼、嗷、擙、㕭、坳、㜵）euq［ʔeu⁵］❶〈动〉强辩；争论。《初》：傍明𫜸否㕸里㖸。De mingz rox mbouj deng lij euq. 他明知不对还要强辩。❷〈形〉执拗。

㖿　fag［faːk⁸］〈量〉把（常作工具、武器类名词的词头）。（见𠊨²）

㖷　fangz［faːŋ²］〈形〉盲；瞎。（见昉）

啡¹　方 feh［fe⁶］〈动〉唠叨。（见《初》）

啡²（味、未）feih［fei⁶］〈形〉❶好吃。❷鲜美。《初》：倡花内啡当麻。Gij byaek neix feih dangqmaz. 这些菜味道很鲜美。

㖞　fieg［fiːk⁸］〈拟〉迅捷的；急速的。《初》：徒犸内拺㖞㖞。Duz max neix biu fiegfieg. 这匹马奔驰如飞。

㗂　fiengz［fiːŋ²］〈名〉稻草。（见䅣）

㖶¹　fit［fit⁷］〈名〉陶哨子（玩具，以陶土烧成鸡、鸟、人等形状，可以吹出哨子声）。（见𠰌）

㖶²　nyug［n̥uk⁸］〈动〉溶烂。马山《欢叹父母》：㖶好赖盘褓。Nyug haujlai bunz nda. 用烂了好多条背带。

喏¹　fok［foːk⁷］〈动〉吼；斥责；训斥。（见㖔¹）

喏²　方 ngiek［ŋiːk⁷］〈名〉齿龈。（见肷）

喏³　方 nyog［n̥oːk⁸］〈动〉开玩笑。（见𢚔）

喏⁴　rox［ɣo⁴］❶〈动〉懂；会；认识；晓得。❷〈连〉或；或者；还是。（见𫜸）

喏⁵　yo［jo¹］〈动〉唤；叫（狗）。《初》：喏犸犸否料。Yo ma ma mbouj daeuj. 叫狗狗不来。

喏⁶　yo［jo¹］〈动〉扶（把将倒的东西扶起来）。（见𧼈）

喏⁷　yoeg［jok⁸］〈动〉唆使；煽动；怂恿；教唆。（见㘈）

唪　fwngq［fɯŋ⁵］〈拟〉喷喷；纷纷（形容气味一阵阵飘过来）。（见𩡓）

𠯿[1] 方 gaen［khan[1]］〈动〉啼。（见𠯿[1]）

𠯿[2] goenj［kon[3]］〈动〉❶滚;开;沸腾。❷喧哗;喧闹;吵闹。（见𤆬）

𠯿[3] goenq［kon[5]］〈名〉树蔸;树桩。（见𣏾[3]）

𠯿[4] goenq［kon[5]］〈动〉断。（见𣃔）

𠯿[5] 方 goenq［kon[5]］〈副〉才。（见𧵑）

𠯿[6] gunj［kun[3]］〈动〉沸腾。金城江《覃氏族源古歌》:同争嗑𠯿咘。Doengz ceng baenz gunjcanz. 争吵声如鼎沸。

𠯿[7]（𠯿）方 munx［mun[4]］〈动〉撅;拱。《初》:猉𡛔𠯿垚。Moumeh munx doem. 母猪拱泥巴。

𠯿[8] 方 ndoenq［ʔdon[5]］〈动〉叨念。（见𠻗）

𠲿 方 gaen［khan[1]］〈动〉啼。（见𠯿[1]）

𠯿[1]（𠲿、𠯿、𠰷） 方 gaen［khan[1]］〈动〉啼。《初》:鴘𠯿。Gaeq gaen. 鸡啼。（即 haen）

𠯿[2] 方 munx［mun[4]］〈动〉撅;拱。（见𠯿[7]）

啇 gaeuj［kau[3]］〈动〉看;视;阅;瞅。马山《二十四孝欢》:啇書。Gaeuj saw. 看书。（见䚫）

哆（叩、𡚢、舊）gaeuq［kau[5]］〈动〉够。《初》:粝哆吋,艮哆腰。Haeux gaeuq gwn, ngaenz gaeuq sawj. 粮够吃,钱够使。

啿 gamj［ka:m[3]］〈名〉洞。马山《二十四孝欢》:啿仙,gamj sien,仙洞。

𠴰[1] gangj［ka:ŋ[3]］〈动〉讲;说;谈;议论;宣布。（见𠰲）

𠴰[2] gyaengh［kjaŋ[6]］〈名〉无底洞;深渊。（见𣹞）

𠴰[3] -gyangq［kja:ŋ[5]］〈缀〉遥远的。《初》:𨖬𠴰𠴰,gyae'gyangqgyangq,很遥远。

𠴰[4] 方 gyangz［kja:ŋ[2]］〈动〉呻吟;哼。（见𠴰）

哊 ged［ke:t[8]］〈形〉吝啬;小气。（见𦁤）

啍[1] gingj［kiŋ[3]］〈动〉滚;滚动。（见𩑶）

啍[2] 方 gyaengz［kjaŋ[2]］〈动〉呻吟;哼。（见𠴰）

啾[1] 方 goemz［khom[2]］〈名〉坑。（见坔）

啾[2]（噤）方 gyoemh［kjom[6]］〈动〉耳语;低语。《初》:双𡚢程各啾各𠴩。Song beixnuengx gag gyoemh gag riu. 兄弟俩边耳语边笑。

啾[3] haenh［han[6]］〈动〉羡慕;赞扬。（见𢙽）

啾[4] nyimz［ṇim[2]］❶〈动〉吟唱。❷〈拟〉悄悄;窃窃(低语)。（见𠯿[7]）

啯[1] goj［ko[3]］〈副〉就;即。宜州《龙女与汉鹏》:利𠮩啯故架。Lij saeq goj guh gyax. 尚幼即成为孤儿。

啯[2] guh［ku[6]］〈动〉做。宜州《龙女与汉鹏》:呗傍𧵑啯㖭。Bae bangx bya guh reih.

去山边锄地。

哘1 [古] gongz [koːŋ2]〈动〉哼;呻吟。(见吗2)

哘2 humz [hum2]〈形〉痒。(见瘔)

哰1 [古] gongz [koːŋ2]〈动〉哼;呻吟。(见吗2)

哰2 hoeng [hoŋ1]〈连〉但是。(见倥)

哰3(哄、洪、焢、閧) hoengh [hoŋ6]〈形〉❶旺盛;兴旺;热闹;繁华。《初》:空侈哰㑪。Ranz de hoengh lai. 他家很兴旺。❷嘈杂;吵闹。《初》:佡介哰㑪。Sou gaej hoengh lai. 你们别太吵闹。❸丰盛。《初》:枱氿内哰㑪。Daiz laeuj neix hoengh lai. 这桌酒席很丰盛。

哰4 hoengq [hoŋ5]〈形〉❶空;空白。❷空闲。(见閧)

哰5 hong [hoːŋ1]〈名〉工;工作;活路。(见玒)

哰6 [古] hongz [hoːŋ2]〈动〉响。(见呟)

哻1 gonh [koːn6]〈名〉啄木鸟(与咤连用)。

哻2 gonq [koːn5] ❶〈副〉先。❷〈名〉前;前面。(见㯋)

啩1 gu [ku1]〈名〉锅;鼎锅。(见鈷)

啩2 [古] guz [khu2]〈动〉笑。(见嘝1)

啩3 haemz [ham2]〈形〉❶(味)苦。❷苦;辛苦;穷;困难;艰苦。(见醅)

啃 gwn [kɯn1]〈动〉❶吃;喝;吮。❷抽;吸。❸维生;谋生。❹享受;享用。❺继承。❻克。❼坑害。❽承担;承受。❾费;耗费。(见吽)

唭1 gwx [kɯ4]〈形〉安然(与𧿹连用)。《初》:眉空丞唭𧿹,偻妑劲胣㧓。Miz ranz youq gwxywg, raeuz meh lwg sim hai. 有房住安然,咱母子开心。

唭2(克、咯) [古] gwx [kɯ4] ❶〈代〉处;某(指代某处或某人)。《初》:唭内。Gwxneix. 这里。| 唭偻。Gwxde. 他;他们。❷〈动〉玩(耍)。《初》:唭㑬。Gwxcaemz. 玩耍。❸〈形〉真的;真正的;实在的。《初》:佲㱔唭唻? Mwngz bae gwxraix? 你真地去吗?

哜1 gyae [kjai1]〈形〉远。马山《欢离情》:批枌肝埅哜。Baefinz daengz dieg gyae. 私奔去远方。

哜2 gyaez [kjai2]〈动〉❶爱;爱好;喜欢。❷挂念;想念;怀念。(见恀)

唠 gyaez [kjai2]〈动〉爱。马山《二十四孝欢》:唠父老十情。Gyaez boh laux cibcingz. 十分爱戴老父。

售(卷、券) [古] gyuenq [kjuːn5]〈动〉劝说。《初》:售伝跖善介跖勡。Gyuenq vunz hengz sienh gaej hengz yak. 劝人行善莫作恶。

啮 haeb [hap8]〈动〉咬。(见䶧)

哏1 haen [han1]〈动〉啼。(见㖃)

哏2 han [haːn1]〈动〉回答;答应。(见呼2)

噴（哼）方 haengz［haŋ²］〈名〉声音。《初》：噴摝，haengz mongz，声音洪亮。

唉 haeuj［hau³］〈动〉❶进；入。《初》：请唉竺庲ʒ。Cingj haeuj ranz ma naengh. 请进屋里来坐。❷祖护；庇护。（见合）

哷 hak［ha:k⁷］〈名〉官。都安《三界老爺唱》：伝罡哷。Vunz ram hak. 人们抬大官。

㖾 haq［ha⁵］〈动〉哈（气）。（见呸⁵）

䶎 hauh［ha:u⁶］〈名〉后生（与生连用）。《初》：䶎生。Hauhseng. 后生。

啨 heuj［heu³］〈名〉牙齿。（见㸐）

唬 huj［hu³］〈动〉吆喝。马山《嚏嘆情》：吞伝唬憐憐。Raen vunz huj linlin. 见人吆喝连连。

咊 方 huz［hu²］〈名〉斧背；锄头背。（见鈇³）

㗅 huz［hu²］〈拟〉呼呼；吁吁。金城江《台腊恒》：菅哭本哝㗅。Guenj daej baenz hizhuz. 全部哭呼呼。

咢¹ iek［ʔi:k⁸］〈形〉饥饿。田阳《布洛陀遗本》：肚咢甫黎見。Dungx iek boux-lawz raen. 肚饿谁人见。

咢² yak［ja:k⁷］〈形〉凶恶。田阳《布洛陀遗本》：今女咢不嚁。Gaenj neix yak mbouj naeuz. 这根凶恶不说它。

哂¹ laeuh［lau⁶］〈语〉了；啦。（见喽¹）

哂² raeuq［rau⁵］〈动〉吠。（见吠²）

啦¹ lah［la⁶］〈动〉看。《初》：啦否㕸岜㖨。Lah mbouj raen bya maeuz. 看不见山顶。

啦² laj［la³］〈名〉下。宜州《孟姜女》：辽啦任喑稳。Liuh laj raemx raen vunz. 看水下见人影。

啦³ ndaq［ʔda⁵］〈动〉骂。宜州《孟姜女》：嗨吧啦。Hai bak ndaq. 开口骂。

啦⁴ raq［ɣa⁵］〈量〉场；阵。马山《望吞話名詢》：吞乃不竺啦。Raen naih mbouj doek raq. 见好久不下一场雨。（见溚）

啷¹ langh［la:ŋ⁶］〈动〉❶放；放开；放弃。宜州《龙女与汉鹏》：啷古嚶楞之呕气。Langh gou youq laeng cih aeuqheiq. 放我在家独怄气。❷丢下。宜州《龙女与汉鹏》：啷伯啷乜卸作楞。Langh boh langh meh ce coq laeng. 丢下父母在身后。

啷² ndang［ʔda:ŋ¹］〈名〉身子。宜州《龙女与汉鹏》：马装啷。Ma cang ndang. 来打扮身子。

啰¹ lax［la⁴］〈动〉寻找。《粤风》：有剥剥簪啰。Youx bakbak cam lax. 情哥口口声声查问。

啰² loek［lok⁷］〈形〉偶然（与叻连用）。宜州《孟姜女》：叻啰斗同碰。Likloek daeuj doengzbungq. 偶然来相逢。

啰³ loh［lo⁶］〈名〉路。宜州《孟姜女》：歪啰。Vaij loh. 过路。

啰⁴（咯、鲁）loh［lo⁶］〈语〉了；啦。《初》：次内廸䌊啰。Mbat neix dwg cat loh. 这次挨上当了。

啰⁵ loq［lo⁵］❶〈名〉梦。❷〈动〉做梦；睡梦。（见𬞦）

啰⁶（路）lox［lo⁴］〈名〉唢呐（与咧连用）。《初》：吱啰咧。Boq loxlez. 吹唢呐。

啰⁷ lox［lo⁴］〈动〉骗。宜州《孟姜女》：港冇故同啰。Gangj ndwi guh doengzlox. 说空话来相欺骗。

啰⁸ ra［ɣa¹］〈动〉找。（见㧡²）

啰⁹ raz［ra²］〈名〉初恋情人；原配。马山《嚁凭》：凭佲啰叿伝。Baengh mwngz raz guh vunz. 依靠情妹你照顾成人。

啰¹⁰ raq［ɣa⁵］〈量〉场。马山《雲红不𥒪荫》：汾笁啰。Fwn doek raq. 下大雨。

啰¹¹ rox［ɣo⁴］〈动〉懂。宜州《龙女与汉鹏》：否啰卜而佛伲哄。Mbouj rox bouxlawz diq mwngz yung. 不知谁人帮你煮。

啉¹ 方 lemh［leːm⁶］〈副〉左右；大概。（见嗛¹）

啉² lumj［lum³］〈动〉像；似。马山《迪封信斗巡》：啉叿呀迪吼。Lumj guh nyah dwk gou. 像是对我生气。

啉³ lumz［lum²］〈动〉忘记。都安《三界老爺唱》：布咘啉，mbouj rox lumz，不会忘记。

啉⁴ rumx［ɣum⁴］〈拟〉轰轰。《初》：䨺𩂶嗷啉啉。Byajraez maenj rumxrumx. 雷鸣轰轰响。

啉⁵ rumz［ɣum²］〈名〉风。（见𩙥）

槑 lumj［lum³］〈动〉像；似。（见廪）

啽¹ lumj［lum³］〈动〉像。《覃氏族源古歌》：啽你。Lumj neix. 像这么样。

啽² lumz［lum²］〈动〉忘；忘记。大化《嚏奠别》：肻啽時刁闹。Ndwi lumz seiz ndeu nauq. 无一时能忘（没有哪一时刻可以忘记）。

啽³ lwnh［lɯn⁶］〈动〉告诉；告知。宾阳《催春》：以当啽盟吅。Hix dangq lwnh mwngz naeuz. 也当告诉给你知。

唖¹（孟、娚、盟）方 maengx［maŋ⁴］〈形〉快乐；高兴；欢喜；兴奋。《初》：孙𤯷袮袦䄻亟唖。Lwgnyez daenj buh moq gig maengx. 小孩子穿上新衣服非常高兴。

唖² mboeng［ʔboŋ¹］〈形〉❶蓬松；粉松。❷轻松。上林《达妍与勒驾》：等兰心唖盆𣘤芥。Daengx ranz sim mboeng baenz vafaiq. 全家心情轻松似棉花。

嘪 maenj［man³］〈动〉❶威吓。❷怒吼；吼叫（指虎、猫等）。❸咆哮。（见嗷²）

唧¹ mbej［ʔbe³］〈拟〉咩（羊叫声）。（见《初》）

唧² nye［ȵe¹］〈动〉听闻。（即nyi，见《初》）

唧³ nyi［ȵi¹］〈动〉闻；听见；听到。（见取）

嗙 mbwk［ʔbɯk¹］❶〈名〉女性。❷〈形〉大。（见𡤓）

喵（𠰺）方 meuq［meu⁵］〈形〉❶轻浮

(多指女子)。❷ 多嘴。《初》:妖内真㖿喵。Dah neix caen bak meuq. 这个女子真多嘴。

嗱 mieng [miːŋ¹]〈动〉发誓;诅咒。马山《迪封信斗巡》:嗱許爹听。Mieng hawj de dingq. 发誓给他听。| 马山《信歌》:度嗱度嘶。Doxmieng doxduenj. 相互诅咒谩骂。

呢 历 naeh [nai⁶]〈动〉叫;叫唤(猪饥饿时叫着觅食)。(见呐¹)

喧¹ 历 naeq [nai⁵]〈动〉看。(见眲)

喧² nengz [neːŋ²]〈名〉飞虫。马山《二十四孝欢》:弄掓养途喧。Loenghlingh ciengx duznengz. 裸露身子养蚊虫。

喧³ ngeix [ŋei⁴]〈动〉❶ 思;思念。❷ 思索;寻思;考虑。(见忢¹)

喧⁴(飣)历 ngid [ŋit⁸]〈形〉一点儿;丁点;很少。《初》:只眉的喧内。Cij miz di ngid neix. 仅有这么一点儿。

喧⁵ nyi [ȵi¹]〈动〉闻;听见;听到。(见耳)

吼 naeuz [nau²]〈动〉说;告诉。宜州《孟姜女》:姜女吼乜。Gyanghnij naeuz meh. 姜女告诉母亲。

㖨¹ naeuz [nau²] ❶〈动〉说;讲。❷〈连〉或;或者。(见吽)

㖨²(嚙、𠰷)nauh [naːu⁶] ❶〈形〉热闹;繁华。❷〈动〉闹;吵闹。《初》:㑋介㖨。Sou gaej nauh. 你们别吵闹。

㖨³ ndau [ʔdaːu¹]〈名〉星;星星。(见勁)

嗦¹ nai [naːi¹]〈动〉❶ 安慰。❷ 赞扬。(见恧¹)

嗦² ndai [ʔdaːi¹]〈动〉耘。(见耖)

啱¹(岩、咹、㟏、暗、嗷、䆓、䥥)ngamq [ŋaːm⁵]〈副〉刚;刚刚。《初》:𠮇広只啱料。Guh maz cij ngamq daeuj? 干什么才刚来? | 上林《赶圩歌》:啱学𠮇欢。Ngamq hag guh fwen. 刚学唱山歌。

啱² 历 ngamq [ŋaːm⁵]〈形〉蛮不讲理(与㤰连用)。(见㦣)

啱³ ngoemx [ŋom⁴]〈形〉哑巴。(见㖠)

㖠 ngoemx [ŋom⁴]〈形〉哑巴。(见㖠)

𡛂(农、侬、星、往、徃、姓、儂)nuengx [nuːŋ⁴] ❶〈名〉弟;妹。《初》:𡛂𡛂。Beixnuengx. 兄弟;姐妹;亲戚。| 𡧲眉𡛂眉𡛂。Ranz miz beix miz nuengx. 家里有兄弟姐妹。❷〈名〉情妹。马山《情歌》:𠸄𡛂伝方佋? Cam nuengx vunz fueng lawz? 问妹何方人? ❸〈名〉老弟;小妹(泛称比自己小的同辈)。❹〈动〉小于;幼于(年纪比某人小)。马山《情歌》:爹𡛂𠮿三𣎃。De nuengx gou sam ndwen. 她比我小三个月。

𠼪 nyaij [ȵaːi³]〈动〉嚼;咀嚼。(见𪘨)

㖭 nyi [ȵi¹]〈动〉闻;听见;听到。(见耳)

唻¹(咳、燒、𪍑)raix [ɣaːi⁴]〈副〉真的;真正的;实在的(与哒、啩连用)。《初》:兀𦧲哒唻。Ndei yawj dahraix. 实在好看。| 佲𨄼啩唻? Mwngz bae gwxraix? 你真的去吗?

咪^{2} raix [ɣaːi^{4}] ❶〈副〉极；十分；非常（与浾连用）。❷〈形〉（衣冠）不整齐（与扻连用）。（见浹^{6}）

咪^{3} lai [laːi^{1}] ❶〈形〉多。❷〈副〉比较。❸〈副〉太；很；极。（见?）

咪^{4} [方] laiz [laːi^{2}]〈名〉口水；痰。（见?）

咸 rueg [ɣuːk^{8}]〈动〉呕吐。（见吙^{8}）

唰（杀）sap [θaːp^{7}]〈形〉淘气（与气连用）。《初》：孖内真唰气。Lwg neix caen sapheiq. 这孩子真淘气。

呰（呫）sek [θeːk^{7}]〈形〉消化好；胃口好。《初》：呰吽。Sek gwn. 胃口好。

哦 senx [θeːn^{4}]〈拟〉表示摇摇晃晃的模样。（见湔）

啐^{1} sik [θik^{7}] ❶〈动〉撕。❷〈形〉破；烂。（见猎）

啐^{2} [方] sut [θut^{7}]〈动〉吸；抽（气）。《初》：啐呃。Suthaq. 咝哈（嘴里受到辣味刺激或剧冷而急促吸气）。

啐^{3}（嘶、嘈、咄）swd [θɯt^{8}]〈动〉吸吮；喝（较浓的流质物）。《初》：啐双哆粝。Swd song gaemz souh. 喝两口粥。

啯 sip [θip^{7}]〈名〉牛虱。（见蚨^{2}）

啿 soemj [θom^{3}]〈形〉酸。（见醽）

唽^{1} soq [θo^{5}]〈动〉诉。《初》：唽煯，soqhoj，诉苦。

唽^{2}（偭、岳）yoek [jok^{7}]〈副〉极为；很（与桨连用）。《初》：侈眉否眉吽総唱桨唽。De miz mbouj miz gwn cungj angq loekyoek. 他有没有饭吃都很乐观。

啭 [方] souh [θou^{6}]〈名〉稀饭；粥。（见粝^{2}）

唯 [方] suix [θuːi^{4}]〈形〉衰；不好；贱。（见荟）

喽 vae [wai^{1}]〈名〉野茼蒿。《初》：花喽，byaekvae，野茼蒿。

吥（喂、晚、锾）[方] vamz [waːm^{2}]〈量〉句。《初》：囮伕嗛双吥。Vax moiz gangj song vamz. 和你讲两句。

哾（叽、兕、呃）wq [ʔɯ^{5}]〈语〉呢（表示疑问或反问）。《初》：貧否貧哾？ Baenz mbouj baenz wq? 成不成呢？

咮 vet [weːt^{7}]〈拟〉啾啾。（见唎^{2}）

啀 [方] yai [jaːi^{1}]〈名〉❶ 汽；烟。《初》：啀淰。Yai raemx. 水蒸气。❷ 味。《初》：啀氝。Yai hom. 香味。

唎 -yet [jeːt^{7}]〈缀〉津津，丝丝（形容味道可口）。（见明）

唷 yoeg [jok^{8}]〈动〉唆使；煽动；怂恿；教唆。（见哟）

喝 aen [ʔan^{1}]〈量〉❶ 个（人除外）。❷ 张（桌、凳）。❸ 盏。❹ 座；幢。（见偲）

嘤1 au [ʔaːu^{1}]〈名〉叔;叔父。大化《嚏奠别》:八别叮龙嘤。Bet bieg daengq lungz au. 八别叮嘱叔伯。

嘤2 iu [ʔiːu^{1}]〈动〉邀;邀约;邀请。(见呩^{3})

嘤3 yaeuh [jau^{6}]〈动〉哄骗;欺骗;诱惑。(见騗)

嘤4 yiuj [jiːu^{3}]〈动〉晓;知晓;懂得(与鱠连用)。《初》:寒嗛否鱠嘤。Hanz gangj mbouj roxyiuj. 再三讲了[还是]不懂。

嗌1 baenz [pan^{2}]〈动〉成;成为;如;似。金城江《覃氏族源古歌》:同争嗌哏哮。Doengz ceng baenz gunjcanz. 争吵声如鼎沸。

嗌2 方 buemx [puːm^{4}]〈形〉丑;丑陋(与咩连用)。《初》:嗌咩,buemxsuemx,丑陋。

嗼(嚗)方baeuq [pau^{5}]〈动〉吹。《初》:嗼斐。Baeuq feiz. 吹火。

喕 方 baiq [paːi^{5}]〈动〉服输;拜服(与辞连用)。《初》:喕辞,baiqswz,服输;认输。

嗖 benz [peːn^{2}]〈动〉攀;攀登;爬。(见趀)

啃(背、倍、啤、啉) boih [poi^{6}]〈动〉❶背诵。《初》:啃䛿。Boih saw. 背书。❷背;有偏(客套话,表示先用过茶饭、喜酒等)。《初》:氿啃佲啰。Laeuj boih mwngz loh. 背你喝喜酒了。

㪣 cae [ɕai^{1}]❶〈名〉犁头。❷〈动〉犁。(见𨫡)

嘈1 cauj [ɕaːu^{3}]❶〈动〉吵。❷〈形〉嘈。(见《初》)

嘈2 -yauj [jaːu^{3}]〈缀〉荡荡;飕飕。(见𡡉)

喳1 方 cax [ɕa^{4}]〈连〉如果。(见《初》)

喳2 cat [ɕaːt^{7}]〈动〉上当。(见䌰)

嗏1(吓、查) caz [ɕa^{2}]〈动〉❶查;检查;调查;审查;视察。❷查问。(见《初》)

嗏2 saz [θa^{2}]〈拟〉喳喳。《初》:鸿歪歪奔嘣殊嗏。Roeg youq gwnz faex nauh cizsaz. 鸟在树上闹叽喳。

喈 ceij [ɕei^{3}]〈动〉诬陷;乱指证。(见諎)

喞1(烱) ciek [ɕiːk^{7}]〈动〉斟酌(与吒连用)。《初》:吒喞,caemciek,斟酌;商量;商议。

喞2 faeg [fak^{8}]〈动〉孵。(见𪇏)

喞3 ngwq [ŋɯ^{5}]〈拟〉呆呆的(地);木然的(地);愣愣的(地)。(见咗^{2})

喑(趻、啱、嘾) cimz [ɕim^{2}]〈动〉尝。(见《初》)

啱 cimz [ɕim^{2}]〈动〉尝。(见喑)

嗺(支、吱、催、搥、擢) coi [ɕoi^{1}]〈动〉催;支使。《初》:嗺侈快庲空。Coi de vaiq maranz. 催他快回家。

啼1 daeh [tai^{6}]〈动〉搬。田东《闹涽懔一科》:批宜蟻啼貝。Bae ndij moed daeh bwi. 去跟蚂蚁搬土。

啼² daej [tai³]〈动〉哭。(见渧)

㬎 daemq [tam⁵]〈形〉矮;低。(见㽹¹)

垦 daemq [tam⁵]〈形〉矮;低。(见㽹¹)

嗒¹ daengj [taŋ³]〈动〉竖。平果《雷王》:杦槵傍汏嗒皓賤。Loek beiz bangx dah daengj haucanz. 河边水车的叶片白惨惨地竖起来。

嗒² daengq [taŋ⁵]〈动〉叮嘱;嘱咐;吩咐;交代。马山《改漫断鄰鄰》:叽嗒徃詢哮。Gou daengq nuengx coenz hauq. 我叮嘱阿妹一句话。

嗒³ mbaek [ʔbak⁷]〈名〉台阶;石级。金城江《台腊恒》:花梯嗒嗒纳之台。Va lae mbaekmbaek nax cix daiz. 花梯级级姨皆赞。

喋(嗟)[方] deh [te⁶]〈副〉就要;即将。《初》:喋㟁墟。Deh bae hangh. 就要去赶集。

嗟 [方] deh [te⁶]〈副〉就要;即将。(见喋)

啫¹ [方] dengx [teːŋ⁴]〈量〉句。《初》:啫㐌, dengx nwngh,一句话。

啫² [方] saeng [θaŋ¹]〈代〉什么。《初》:伕庲圪啫? Moiz maz haet saeng? 你来干啥?

啫³ [方] saengq [θaŋ⁵]〈动〉嘱托;托付;捎话。(见諥,即 daengq)

啫⁴ saengx [θaŋ⁴]〈拟〉呼呼(形容辣得连连哈气)。《初》:𠯿𩓥鴓𩓥啫啫。Lwgmanh gaeq manh saengxsaengx. 朝天椒非常辣。

啫⁵ [方] sengj [θeːŋ³]〈形〉冷落。(见渻²)

啾 deuq [teu⁵]〈动〉撩;拨(用细长的东西慢慢拨)。(见挑)

啮(点) diem [tiːm¹]〈动〉❶ 呼吸。《初》:啮气。Diemheiq. 呼吸。❷ 喘。《初》:𦁛迲揹兄提,貧啮咮吠吠。Rap naek hawj gou dawz, baenz diemcaw foxfox. 重担给我挑,弄得呼呼喘大气。

啭 doeg [tok⁸]〈拟〉咯嗒(母鸡下蛋后或受惊时的叫声,引申为吃惊、惊恐)。《初》:鴓妑啭嗽。Gaeqmeh doegdek. 母鸡咯嗒叫。

嗖¹ [方] doh [to⁶]〈名〉门路。《初》:𨂾嗖哂𤽶兀? Byaij doh lawz ndaej ndei? 走何门路好?

嗖² [方] doh [to⁶]〈介〉向;朝;往。《初》:庲嗖板。Ma doh mbanj. 往村子里来。

嗯 [方] doij [toi³]〈动〉呕吐。(见《初》)

畐 duz [tu²]〈量〉只;条。马山《行孝歌》:眉畐鲃畐鸥, miz duz bya duz gaeq,有一条鱼一只鸡。|巴马《贖魂糯吰》:畐畢押畐架。Duzbit gab duzgya. 鸭[嘴里]夹着鱼。

哔(吠)-fab [faːp⁸]〈缀〉当当;纷纷。《初》:淰壇𨶑哔哔。Raemx daemz rimfabfab. 塘水满当当。

員 [方] fenh [feːn⁶]〈形〉圆。(见《初》)

嘑 gah [ka⁶]〈动〉问价。(见𨰥)

嵁¹ gan [kaːn¹]〈形〉干;渴。(见吁¹)

嗿² haemq [ham⁵]〈动〉理睬。《初》:佲介嗿俢。Mwngz gaej haemq de. 你别理睬他。

嗊 gangj [ka:ŋ³]〈动〉讲;说;谈;议论;宣布。(见嗛)

喧¹ 方 gien [ki:n¹]〈动〉管;教。(见管)

喧² swenj [θɯ:n³]〈动〉喊;大叫。上林《赶圩歌》:偽麻喧布呼。Vihmaz swenj mbouj han. 为何喊不应。

嗿¹ gip [kip⁷]〈动〉拾;捡;采摘。(见捻¹)

嗿² 方 saeb [θap⁸]〈动〉大口吞。《初》:嗿吅,saeb gwn,大口吞吃。

喈¹ giz [ki²]〈名〉处。金城江《覃氏族源古歌》:晻尼庌娄喈。Haemhneix ma raeuz giz. 今晚来到咱这处。

喈² gyaiz [kja:i²]〈动〉说。宜州《龙女与汉鹏》:汉鹏以嗦之嗦喈。Hanbungz ei soh cih soh gyaiz. 汉鹏依实就直说。

嗿 goep [kop⁷]〈名〉黑斑蛙(俗称田鸡)。(见蝹)

嘅 方 goij [khoi³]〈名〉奴;我(晚辈子女对长辈的自称)。(见《初》)

喀 gueng [ku:ŋ¹]〈动〉喂。田阳《布洛陀遗本》:喀漢。Gueng hanq. 喂鹅。

嗗 gut [kut⁷]〈形〉蜷曲;弯躬(与躹连用)。(见躹)

嗿¹ gyanq [kja:n⁵]〈形〉呛;冲(形容气味刺鼻,如炒辣椒或石灰粉末飞扬时,鼻腔受刺激后的难受感觉)。

嗿² han [ha:n¹]〈动〉回答;答应。(见呼²)

嗟 gyawj [kjaɯ³]〈形〉近。宜州《龙女与汉鹏》:呗嗟嗦呗给。Bae gyawj rox bae gyae. 去近处或远处。

喖¹ gyo [kjo¹]〈形〉干(水分少)。(见苴)

喖² gyo [kjo¹]〈动〉喜好打扮。(见僋)

嗶 方 gyunj [kjun³]〈名〉脽;腓(禽类的屁股)。《初》:嗶鳺揹俌老吅。Gyunj gaeq hawj bouxlaux gwn. 鸡腓给老人家吃。

嗿 haemz [ham²]〈形〉❶(味)苦。❷苦;辛苦;穷;困难;艰苦。(见䶢)

喰(哼、哏、嗯、嚛) haen [han¹]〈动〉啼。《初》:鳺喰。Gaeq haen. 鸡啼。

喰¹ 方 haen [han¹]〈形〉快。《初》:嗛氶喰。Gangj ndaej haen. 说得快。

喰² haenx [han⁴]〈代〉那。(见翟¹)

喰³ haenh [han⁶]〈动〉羡慕;赞扬。(见悬)

喰⁴ haenz [han²]〈名〉堤;岸;埂;塍。(见垠¹)

嗬 haenh [han⁶]〈动〉羡慕;赞扬。(见悬)

喉¹ haeu [hau¹]〈形〉臭。(见䶢)

喉² haeuj [hau³]〈动〉进。宜州《龙女与汉鹏》:喉仍。Haeuj saeng. 进罾里。

喉^{3} haeuz［hau^{2}］〈名〉灯罩。《初》:喉灯。Haeuzdaeng. 煤油灯罩。

㖃 haeu［hau^{1}］〈形〉臭。（见𦟛）

喉^{1} haeuj［hau^{3}］〈动〉像;似(指面貌相似)。(见佮)

喉^{2} raeuq［rau^{5}］〈动〉吠。(见㕧^{2})

咳 haiz［ha:i^{2}］〈动〉吐;吐出。(见咳^{2})

𠯿 haiz［ha:i^{2}］〈动〉吐;吐出。(见咳^{2})

喊^{1} han［ha:n^{1}］〈动〉❶ 应;答应;回答。马山《哭姐歌》:不礼喊句话。Mbouj ndaej han coenz vah. 不能回答一句话。❷ 回应;回嘴。马山《叹亡歌》:话嗂只介喊。Vah nyauq cix gaej han. 不好的话就别回应。(见哻^{2})

喊^{2}(欠、俭) hemq［he:m^{5}］〈动〉喊;叫;叫喊;呼喊。《初》:𭄆喊仪佲料。Bae hemq boh mwngz daeuj. 去喊你父亲来。

嗒 haz［ha^{2}］〈名〉茅草。(见苲)

㖂^{1}(𠌽)方 hen［he:n^{1}］〈动〉留;留下;留出。《初》:㖂花𢯢佲。Hen byaek hawj de. 留菜给他。

㖂^{2} henx［he:n^{4}］〈动〉啃。(见𠽨)

𠷤 hom［ho:m^{1}］〈形〉香。(见𣱶)

唂^{1} hot［ho:t^{7}］〈量〉首;句(诗、歌)。《初》:吗欢唂对唂。Heuh fwen hot doiq hot. 对唱山歌一首又一首。

唂^{2} hued［hu:t^{8}］〈动〉换(气);透(气)。上林《特华信歌》:𨓐𭄆游唂气。Okbae youz huedheiq. 出去游玩换换气。

喑^{1} imq［ʔim^{5}］〈形〉饱。(见飪)

喑^{2} raen［ɣan^{1}］〈动〉见。宜州《龙女与汉鹏》:马榄喑哎否喑稳。Ma ranz raen ngaiz mbouj raen vunz. 回家见饭不见人。

喑^{3} rim［ɣim^{1}］〈动〉满。(见𨶙^{3})

喑^{4} yaem［jam^{1}］〈动〉隐瞒。(见《初》)

啡^{1} 方 laet［lat^{7}］〈形〉愚蠢;笨。(见闼^{1})

啡^{2} lud［lut^{8}］〈名〉过错;过失。马山《达稳之歌》:𣮷冇故冇啡。Dag fouz guq fouz lud. 自量无故无过错。

啡^{3} 方 lwd［lɯt^{8}］〈动〉谈论。《初》:佲啡否𫘝了。De lwd mbouj rox liux. 他谈论个没完。

啡^{4} lwt［lɯt^{7}］〈名〉卷纱筒。(见箻^{2})

啡^{5} raed［ɣat^{8}］〈形〉流利的;流畅的。《初》:嗛迪溇唎啡。Gangj dwk raeuz riqraed. 话讲得很流利。

喽^{1}(酒、哂) laeuh［lau^{6}］〈语〉了;啦。《初》:佲太恒㝹喽。Mwngz daiq ngawz lai laeuh. 你太愚蠢了。

喽^{2} naeuz［nau^{2}］❶〈动〉说;讲。❷〈连〉或;或者。(见吽)

喽^{3} raeuh［ɣau^{6}］〈副〉很;极。(见叝^{2})

喽^{4} raeuj［ɣau^{3}］〈形〉❶ 暖和;暖;温暖。❷ (水)温。(见𤏫)

喇[1]（辣）方 lah［la[6]］〈动〉到处乱跑。《初》：介喇䅟。Gaej lah lai. 不要到处乱跑。

喇[2] laj［la[3]］〈名〉下；下面。（见夽[1]）

喇[3] nda［ʔda[1]］〈副〉刚。宜州《龙女与汉鹏》：喇喔栏。Nda ok ranz. 刚出家门。| 喇喔丗。Nda okseiq. 刚出世。

咯 loq［lo[5]］❶〈名〉梦。❷〈动〉做梦；睡梦。（见㹊）

喋（謀）方 maeuz［mau[2]］〈名〉末端；顶端。《初》：啦否䁅岜喋。Lah mbouj raen bya maeuz. 看不见山顶。

唱[1] mbaeu［ʔbau[1]］〈形〉轻。（见戳）

唱[2] 方 myauq［mjaːu[5]］〈形〉轻浮。（见吅）

喑（盾、怕、怵、呿、伯）mbwq［ʔbɯ[5]］〈形〉烦闷；厌烦；无聊；闷。《初》：丕閧倒喑。Youq hoengq dauq mbwq. 闲着反倒烦闷。

嗼[1] meiq［mei[5]］〈名〉醋。马山《尊老爱幼歌》：议心祘贫嗼。Ngeix sim suen baenz meiq. 想来心酸如醋。（见酶）

嗼[2] moq［mo[5]］〈形〉新。（见䅵）

嵋 miz［mi[2]］❶〈动〉有。❷〈形〉富；富有；富裕。（见眉[1]）

喠[1] naek［nak[7]］〈形〉❶重。❷深奥。❸专注；上心。❹偏重；偏爱。（见迈[1]）

喠[2] naemq［nam[5]］〈形〉❶用心；认真。❷起劲；热烈；热闹。❸实；重。（见黔[2]）

喃[1] naemj［nam[3]］〈动〉思考；考虑；思索；寻思。（见黔[1]）

喃[2]（噔）方 nam［naːm[1]］〈动〉谈；叨咕。《初》：総否喃啕訶。Cungj mbouj nam coenz goj. 都没叨咕一句话。

喃[3] namh［naːm[6]］〈名〉地；泥地。《粤风》：枉离喃争下。Uengj ndij namh ceng nya. 枉与地争草。

喃[4] namj［naːm[3]］〈动〉唱读；吟诵；言语。（见《初》）

嗡 nauh［naːu[6]］❶〈形〉热闹；繁华。❷〈动〉闹；吵闹。（见嗣[2]）

嗰 ndau［ʔdaːu[1]］〈名〉星；星星。（见𠡒）

喔[1] nding［ʔdiŋ[1]］〈形〉红。（见纡）

喔[2] 方 saengq［θaŋ[5]］〈动〉嘱托；托付；捎话。（见諿）

喔[3] 方 sing［θiŋ[1]］〈名〉性子；脾性。（见鼞[1]）

喔[4] sing［θiŋ[1]］〈名〉声。上林《赶圩歌》：喔恨地又斉。Sing haen deih youh caez. 啼声密又齐。

喔[5] 方 sing［θiŋ[1]］〈动〉抢；抢夺；争夺。（见搢[2]）

喔[6] 方 singj［θiŋ[3]］〈动〉想。（见《初》）

㨃 ndoet［ʔdot[7]］〈动〉喝；饮；吸；嘬；吮。（见饨）

喁（偷、謳）方 ngaeuq［ŋau[5]］〈动〉恳求；哀求；追求。《初》：偧喁兄嗜嗜。De ngaeuq gou sedsed. 他苦苦地哀求我。

嗢[1] ngon [ŋon[1]]〈动〉祈求;要求。(见詨)

嗢[2] 历 un [ʔun[1]]〈动〉嫉妒;不满(因分配不公,心中妒恨)。(见諨[1])

嗢[3] unq [ʔun[5]]〈形〉软;软弱。(见歍)

唸(忭) niemh [ni:m[6]]〈动〉念;读;诵。《初》:唸经。Niemh ging. 诵经。

嗱 历 nyah [ɳa[6]]〈动〉生气。(见氝)

嗲 nyamh[ɳa:m[6]]〈动〉哺;嚼喂。(见吐[2])

喔[1] ok [ʔo:k[7]]〈动〉出。宜州《龙女与汉鹏》:喇喔価,nda okseiq. 刚出世。(见魐)

喔[2] uk [ʔuk[7]]〈名〉脑;脑子;脑浆;脑髓;脑海;脑筋。(见腥[2])

喔[3](呼)历 ux [ʔu[4]]〈动〉哄(小孩)。《初》:喔犻。Ux lwg. 哄小孩。

喨 riengh [ɣi:ŋ[6]]〈名〉栏圈;栏厩。(见樈[3])

唣 rug [ɣuk[8]]〈名〉卧房;内房;闺房。(见戻)

啉 rungj [ɣuŋ[3]]〈名〉怀;怀抱。马山《尊老爱幼歌》:于内啉他兇。Youq ndaw rungj de hung. 在他怀里长大。

喇 soeg [θok[8]]〈动〉吞吃;吞咽(尤指鸭子仰头抖脖子而吞下)。《初》:鴓喇粝閙畱。Bit soeg haeux ndaw naz. 鸭子吞吃田里的稻谷。

嗾 soengx [θoŋ[4]]〈动〉煽动;怂恿;挑动。(见怂)

嗯 soengx [θoŋ[4]]〈动〉煽动;怂恿;挑动。(见怂)

喕 swiz [θɯ:i[2]]〈名〉枕头。(见槌)

喴 历 vamz [wa:m[2]]〈量〉句。(见吓)

嚩 van [wa:n[1]]〈形〉甜;甘;甜美。(见甜)

唿 vet [we:t[7]]〈动〉骂街。(见《初》)

喭(喧、彦)历 yanx [ja:n[4]]〈名〉谎话。《初》:嗛喭。Gangj yanx. 撒谎。

喲(䂋、吙、訞、唷、呐、喏、吤、沃、哄) yoeg [jok[8]]〈动〉唆使;煽动;怂恿;教唆。《初》:喲伝田坳。Yoeg vunz guh vaih. 唆使他人干坏事。

䂋 yoeg [jok[8]]〈动〉唆使;煽动;怂恿;教唆。(见喲)

嗋 youq [jou[5]]〈动〉在。东兰《莫卡盖用》:其故嗋淋勒。Giz gou youq raemx laeg. 我的住地在水深处。

嗳 历 aix [ʔa:i[4]]〈形〉扫兴;不高兴;信心不足。(见忮)

嗑 angq [ʔa:ŋ[5]]〈形〉快乐。马山《駄向书信》:田超嗑夺荟。Guh ciuh angq laj-mbwn. 一生快乐在天下。

嗷[1] au [ʔa:u[1]]〈名〉叔;叔父。(见翁)

嗷[2] 历 ngaux [ŋa:u[4]]〈动〉争吵。(见《初》)

嗷[3] 历 ngvauh [ŋwa:u[6]]〈动〉理睬。(见瞰)

嗷4 euq［ʔeu5］❶〈动〉强辩；争论。❷〈形〉执拗。（见崢）

嗔 baenh［pan6］〈名〉刚才（与昳连用）。（见昧1）

喇 bak［pa:k7］〈名〉嘴；口。马山《産难嘆嚏》：瞋眼吗屋喇。Hwnz ngoenz gongz ok bak. 日夜呻吟出嘴来。

唰 bak［pa:k7］〈名〉口；嘴。马山《书信歌》：唰桓，bakdou，门口。

喃 bengz［pe:ŋ2］〈形〉贵。（见龂）

嗙 biengz［pi:ŋ2］〈名〉社会；世界；世间；地方。（见雾）

嚍 boih［poi6］〈动〉❶背诵。❷背；有偏（客套话，表示先用过茶饭、喜酒等）。（见啃）

嘙 boq［po5］〈动〉（用嘴）吹。（见哱2）

嘁 方 caek［çak7］〈动〉呃逆（与员连用）。《初》：嘁员，caekik，呃逆；打嗝儿。

嗔1 caenx［çan4］〈拟〉汪汪（狗叫声）。《初》：徒犸吠嗔嗔。Duzma raeuq caenxcaenx. 狗汪汪不停地吠。

嗔2 gyaemq［kjam5］〈形〉青。巴马《贖魂糈呟》：五吃嗔里林。Haj haet gyaemq lihlinz. 五早［秧苗］青幽幽。

咮（喻、珠）caw［çaɯ1］〈名〉息；气息。《初》：呫咮，diemcaw，呼吸；喘气；呼大气。

喻 caw［çaɯ1］〈名〉息；气息。（见咮）

嗲 方 cemx［çe:m4］〈形〉丑陋（与叹连用）。《初》：叹嗲，caxcemx，丑陋。

嗦1 coh［co6］〈名〉名字。宜州《孟姜女》：佚之嗦该嘛？ De cih coh gahmaz? 他叫什么名字？

嗦2 duq［tu5］〈名〉髻。（见紥）

嗦3 rox［ɣo4］❶〈连〉或；还是。宜州《龙女与汉鹏》：呗嗟嗦呗给。Bae gyawj rox bae gyae. 去近处还是去远处。❷〈副〉或许；也许。宜州《龙女与汉鹏》：嗦星艮天斗羞故。Rox cingq gwnzmbwn daeuj ciuqguq. 或是上天来照顾。

嗦4 soh［θo6］〈形〉直；实；诚实。宜州《龙女与汉鹏》：卜老勒板之港嗦。Bouxlaux ndaw mbanj cih gangj soh. 村里老人就直说。| 以嗦之嗦啱。Ei soh cih soh gyaiz. 依实就直说。

噬 方 cuz［çu2］〈动〉邀；邀请。（见逛）

嗐1 方 daek［tak7］〈形〉断；折。（见聽）

嗐2 ndaek［ʔdak7］〈量〉大团；大块。（见碍1）

嗜 方 daem［tam1］〈动〉下（饭）。《初》：脔嬰兀嗜粝。Nohbiz ndei daem haeux. 肥肉好下饭。

嘡1（当）dang［ta:ŋ1］〈动〉❶当；担任。《初》：嘡黯。Dang hak. 当官。❷应当。《初》：否信侖偻嘡。Mbouj saenq mingh raeuz dang. 不信我们命运应当［如此］。❸承当；担当。《初》：各凹各嘡。Gag guh gag dang. 自己做事情自己承担。

嘡2 dangh［ta:ŋ6］〈连〉如果；要是；倘

若。(见虸)

嗵(哃、詷、哃、㖥、哃、噇)dongx[to:ŋ⁴]〈动〉打招呼。《初》:波任𪵱只嗵。Baez doxraen cix dongx. 每次见面都打招呼。

𩬳(髗)duengq[tu:ŋ⁵]〈动〉吊(用绳子系着向上提或向下放)。(见《初》)

嘟 duz[tu²]〈量〉❶头;匹;条;只(动物的量词)。❷个(用于鬼神、影子)。❸个(用于人,含贬义)。❹条(用于虹)。(见徒²)

噰 fwngq[fuŋ⁵]〈拟〉扬扬。《初》:𪵱管噰噰。Ndaenggon fwngqfwngq. 得意扬扬。

嗯¹ 㕩 gaen[khan¹]〈动〉啼。(见㗌¹)

嗯² haenh[han⁶]〈动〉羡慕;赞扬。(见㤅)

嘝 gangj[ka:ŋ³]〈动〉讲;说;谈;议论;宣布。(见㖫)

嗃¹ gauq[ka:u⁵]〈动〉控告。(见咭¹)

嗃² 㕩 sauh[θa:u⁶]〈名〉班辈;行辈。(见俏²)

嗝 go[ko¹]〈动〉凑份子聚餐(俗称打平伙)。(见餶)

㞎 go[ko¹]〈动〉凑份子聚餐(俗称打平伙)。(见餶)

嗊 㕩 gongz[ko:ŋ²]〈动〉哼;呻吟。(见吘²)

嗲 gyaq[kja⁵]〈量〉架。(见椥¹)

嗜 haeb[hap⁸]〈动〉咬。(见𪘁)

嗿¹ 㕩 haemq[ham⁵]〈动〉问。(见𠰺)

嗿² roemj[ɣom³]〈动〉遮挡;遮盖。马山《三府雷王》:欧莪嗿。Aeu rong roemj. 用叶子遮盖。

嗅 haeu[hau¹]〈形〉臭。(见𪖙)

嗨¹ 㕩 haex[hai⁴]〈动〉哭。(见《初》)

嗨² hai[ha:i¹]〈动〉开。宜州《孟姜女》:嗨吧。Hai bak. 开口。

嗨³ 㕩 haiq[ha:i⁵]〈副〉却;原来;反而。(见嗐)

嗄¹ haep[hap⁷]〈动〉❶关;闭;掩。❷堵拦(流水)。❸威胁。(见闸)

嗄² hah[ha⁶]〈动〉❶挽留。马山《女人田婧丁》:部驴嗄名添? Bouxlawz hah mwngz dem? 谁还挽留你? ❷占;号定。金城江《覃氏族源古歌》:塘而托他嗄。Daemz yax doek de hah. 塘亦被他占。(见擭)

嗄³ ngah[ŋa⁶]❶〈形〉馋。❷〈动〉爱好;喜欢。(见餓)

嗄⁴ nyaq[n̥a⁵]〈动〉渣;渣滓。(见吖)

嗄⁵ 㕩 ya[ja¹]〈动〉吓唬。(见《初》,即 yaq)

嗄⁶ 㕩 yax[ja⁴]〈动〉说;交代。(见讶²)

嗐¹ haih[ha:i⁶]〈动〉害。(见刻¹)

嗐² haiz[ha:i²]〈动〉吐;吐出。(见咳²)

嗐(嗨、海、亥、爱)㕩 haiq[ha:i⁵]〈副〉却;原来;反而。《初》:傪四妗𡗶跻佲,佲嗐丕閬竺。De seiqlengq bae cimh mwngz, mwngz haiq youq ndaw ranz. 他到处去找你，你却在家里。

嘸 hangz［haːŋ²］〈动〉欺侮；欺负。（见哘¹）

𪘨 heuj［heu³］〈名〉牙齿。（见𪘨）

㖩¹（焻）方 langq［laːŋ⁵］〈形〉炫目；耀眼；强光刺眼。《初》：昍昡㖩㷍㷍。Daengngoenz langq vidvid. 太阳亮闪闪。

㖩² -rangx［ɣaːŋ⁴］〈缀〉（苦）凄凄的。《初》：𠵟㖩㖩。Haemzrangxrangx. 苦凄凄的；很苦的。

嗹¹ 方 lemh［leːm⁶］〈副〉左右；大概。（见嗛¹）

嗹² lwenh［lɯːn⁶］〈形〉老练（与唠连用）。上林《特华信歌》：伝叿汯唠嗹。Vunz guh hong lauzlwenh. 人家做工老练。

嗹³（炼）lwenx［lɯːn⁴］〈副〉经常；永远（与常连用）。《初》：常嗹躃㐀奀。Ciengxlwenx byaij hwnjroengz. 经常来往走动。

㖕〈动〉lieb［liːp⁸］〈动〉探望。马山《默向书信》：叽嗜名悲㖕。Gou gyaez mwngz bae lieb. 我思念你时就去探望。

嘀¹ lig［lik⁸］〈形〉好。马山《默向书信》：伝命嘀鲁訨。Vunz mingh lig rox gangj. 命好的人会说话。

嘀² ndei［ʔdei¹］〈形〉好。马山《信歌》：该塱嘀悲陋。Gai naz ndei bae rouh. 卖好田去赎回。

嘀³ 方 ndi［ʔdi¹］〈形〉❶好；良好。❷美好。❸精彩。（见难¹）

嘀⁴ riz［ɣi²］〈动〉舔。（见䶜）

啉 方 liu［liːu¹］〈动〉瞄；看。（见盯¹）

嗦 lwenq［lɯːn⁵］〈形〉光滑；光亮。（见䴏）

嗼 moq［mo⁵］〈形〉新。（见䵦）

唉 myaiz［mjaːi²］〈名〉口水。（见渭¹）

嘚¹（能、椰）方 naeng［naŋ¹］〈动〉响。《初》：𨧀嘚䳽犟。Cungq naeng roeg doek. 枪响鸟落。

嘚² 方 ndaengj［ʔdaŋ³］〈形〉顽皮；调皮；淘气。（见惀¹）

嘚³ 方 ndaengz［ʔdaŋ²］〈动〉打雷。（见雩）

嘚⁴ 方 ngaengz［ŋaŋ²］〈形〉呆；愣。（见䝴）

㗂 naeuz［nau²］❶〈动〉说；讲。❷〈连〉或；或者。（见吽）

㖠 nanq［naːn⁵］〈动〉❶估计；酌量。❷猜测。（见㦊）

嗯（啱、㖸、哽）ngoemx［ŋom⁴］〈形〉哑巴。《初》：侈廸俌伝嗯刁。De dwg boux vunz ngoemx ndeu. 他是一个哑巴。

㘈 nyangq［ɳaːŋ⁵］〈形〉韧；坚韧。（见绊）

㗁 nyauq［ɳaːu⁵］〈形〉差；不好；孬。

马山《叹亡歌》:话嗂只介喊。Vah nyauq cix gaej han. 不好的话就别回应。

嘝 方 nyog [ȵo:k⁸]〈动〉开玩笑。(见惂)

嗬(荷、䕷) o [ʔo¹]〈形〉蓝(色)。《初》:裲嗬, baengz o, 蓝布。

嗯 oen [ʔon¹]〈名〉刺;荆棘。(见蒕)

嗯¹ ok [ʔo:k⁷]〈动〉出。(见𨙩)

嗯² yak [ja:k⁷]〈形〉恶;凶;恶毒;凶恶。金城江《覃氏族源古歌》:伝行嗯。Vunz hengz yak. 行凶人。(见𢙽)

嗂 raeuh [ɣau⁶]〈副〉很;极。(见叙²)

嘝 riuz [ɣi:u²]〈动〉传;传开;传播;传说;流传;传扬。(见嘹⁵)

嗘 rij [ɣi³]〈拟〉灿灿;澄澄。《初》:偌粝内䵸嗘嗘。Gij haeux neix henj rijrij. 这些谷子黄澄澄的。

嗅¹ riu [ɣiu¹]〈动〉笑。(见䇘)

嗅² 方 seu [θeu¹]〈动〉吹。《初》:颰嗅𬯀𬨞浪。Rumz seu rox dwgliengz. 风吹会着凉。

嘝 rox [ɣo⁴]〈动〉知;知晓。金城江《覃氏族源古歌》:嘝印, roxnyinh, 知晓。

嗇 sed [θe:t⁸]〈动〉啼鸣;啼叫。金城江《台腊恒》:鸟鹑嗇。Roegvek sed. 鹧鸪啼鸣。

嗯 方 siz [θi²]〈形〉(不)得已(与吖连用)。《初》:否吖嗯。Mbouj leuzsiz. 不得已。

嗵 soem [θom¹]〈量〉庹(成人两手平伸之距离)。(见𨱂)

嗉 方 souh [θou⁶]〈名〉稀饭;粥。(见粡²)

嗦 son [θo:n¹]〈动〉教。马山《信歌》:嗦朋友伝賴。Son baengzyoux vunzlai. 教朋友大众。(见諄)

嗫 swenj [θɯ:n³]〈动〉高喊。(见𠳽)

嗺 swnj [θɯn³]〈动〉连接;联结。(见𦁲)

嗌 wk [ʔɯk⁷]〈动〉嗝。《初》:吽紧爱咆嗌。Gwn gaenj aiq saekwk. 吃得太急了容易打嗝儿。

嗕(呐、欲) yug [juk⁸]〈动〉侮辱;辱骂;骂街。(见《初》)

嘔¹ aeu[ʔau¹]❶〈动〉要。❷〈动〉娶。❸〈动〉拿;取。❹〈介〉用。❺〈助〉采取……的方式(用在动词后表示某种方法)。(见歐¹)

嘔²〈动〉aeuq [ʔau⁵]〈动〉怄。上林《特华信歌》:各嘔气。Gag aeuqheiq. 自个儿怄气。

嘣(咯) 方 baeq [pai⁵]〈代〉怎样;如何;怎么;若何。《初》:揩兄嘣口? Hawj gou baeq guh? 叫我怎么办?

嗙 baez [pai²]〈量〉次;遍;回;趟。(见波)

嘝 bak [pa:k⁷]〈名〉嘴;口。(见咟¹)

嘌¹ beu [peu¹]〈动〉得罪;冒犯。马

山《完筆字信》:眉麻嘌火記? Miz maz beu hujgeiq? 有何得罪伙计?

嘌[2] biu [piːu[1]]〈动〉(植物很快地)抽芽;生长。(见漂[1])

嘌[3] 〔历〕biuz [piːu[2]]〈动〉吹(口哨)。《初》:嘌颸。Biuz laemz. 吹口哨。

嗱[1] bwnh [pɯn[6]]〈名〉粪;粪便;肥粪。(见屎)

嗱[2] mboen [ʔbon[1]]〈动〉唠叨;嘀咕。(见哢[3])

嗌byop [pjoːp[7]]〈拟〉噗。《初》:鴂皿迪响嗌嗌。Roeg mbin dwk yiengj byopbyop。鸟飞得噗噗响。

㖞byoux [pjou[4]]〈拟〉急忙的样子。《初》:拡獁庲㖞㖞。Fad max ma byouxbyoux. 扬鞭打马急忙回转。

咅-bywngj [pjɯŋ[3]]〈缀〉很快地。《初》:卦咅。Gvaqbywngj. 很快地过去。

嗤〔历〕cangz [ɕaːŋ[2]]〈动〉叹;呻吟。(见吭)

嘈(曹、刬) cauz [ɕaːu[2]]〈动〉喂(指特别加料和用心喂养马、牛)。《初》:蹸鞊庲嘈獁。Gyaeqhak ma cauz max. 用蛋黄来喂马。

嘘[1] cawj [ɕaɯ[3]]〈名〉主意。宜州《龙女与汉鹏》:另拉嘘。Lingh nda cawj. 另打主意。

嘘[2] hawq [haɯ[5]]〈形〉干。(见祛)

嘀〔历〕ciengz [ɕiːŋ[2]]〈动〉商量(与从连用)。《初》:从嘀,coengzciengz,商量。

嗺[1](謫)〔历〕cog [ɕoːk[8]]〈动〉叫;喊。《初》:侈嗺兄佉。De cog gou bae. 他叫我去。

嗺[2] coeg [ɕok[8]]〈动〉戳;刺。(见矢)

嗦cuenz [ɕuːn[2]]〈动〉传。马山《二十四孝欢》:書嗦恶是真。Saw cuenz ok cix caen. 有书传出就是真。

嗜[1] cup [ɕup[7]]〈动〉❶吻。❷吸。(见咆)

嗜[2] -cup [ɕup[7]]〈缀〉表示茂盛、丰盛。《初》:澂嗜嗜,mwncupcup,非常茂盛。

嗜[3] swd [θɯt[8]]〈动〉吸吮;喝(较浓的流质物)。(见啐[3])

嗗[1] daej [tai[3]]〈动〉哭。宜州《孟姜女》:添等由礼嗗。Dwen daengz youh ndei daej. 提到又好想哭。

嗗[2] daek [tak[7]]〈动〉❶舀。❷盛。❸得(罪)。(见捍[1])

嗗[3] 〔历〕daek [tak[7]]〈形〉断;折。(见䏙)

嗗[4] ndaek [ʔdak[7]]〈量〉大团;大块。(见硙[1])

啖damz [taːm[2]]〈动〉❶讲;说。❷唠叨;喃喃;喃呐。(见詛[1])

嗤[1] dangz [taːŋ[2]]〈名〉厅堂;大堂。(见堂)

嗤[2] dongh [toːŋ[6]]〈名〉柱;桩子。(见蕫)

嘆[1] danq [taːn[5]]〈动〉❶叹(气)。❷歌颂;赞美;颂扬。(见呾[2])

嘆^{2} han［haːn^{1}］〈动〉回答；答应。田阳《布洛陀遗本》：父王答陳嘆。Boh vuengz dap coenz han. 父王答应到。

唯^{1} deih［tei^{6}］〈形〉密（距离近，间隔小）。（见䓫）

唯^{2} deiq［tei^{5}］〈形〉啰唆（与嚅连用）。《初》：嚅唯，leizdeiq，啰唆；喋喋不休。

嘀 dek［teːk^{7}］〈拟〉咯嗒（母鸡下蛋后或受惊时的叫声，引申为吃惊、惊恐。与啭连用）。（见嗽）

嘞^{1}（同、動）doengh［toŋ^{6}］〈量〉些。《初》：嚀嘞伮叓徎料吨氿。Daengq doengh gyoengq beixnuengx daeuj gwn laeuj. 嘱咐兄弟姐妹们来喝喜酒。

嘞^{2}（通、动）doengh［toŋ^{6}］〈名〉往时；过去；从前（与辖连用）。《初》：傥嘞辖否楚。Siengj doenghbaez mbouj lumz. 忆往时旧事难忘。

嘞^{3} 方 doengh［toŋ^{6}］〈名〉东西；物件（与介连用）。《初》：嘞介，doenghgaiq，东西；物件。

嘞^{4} dongx［toːŋ^{4}］〈动〉打招呼。平果《土歌》：嘞往批其插？ Dongx nuengx bae gizlawz? 打招呼问妹妹去何处？

嘫^{1} dot［toːt^{7}］〈动〉啄。（见哾^{2}）

嘫^{2} ndot［ʔdoːt^{7}］〈拟〉彤彤；通通；殷红。《初》：纡嘫嘫。Nding ndotndot. 紫红紫红的。

嘶^{1} donq［toːn^{5}］〈量〉餐。（见飩）

嘶^{2} 方 duenh［tuːn^{6}］〈名〉段；段落。上林《赶圩歌》：佧欢嘶叡嘶。Dou fwen duenh youh duenh. 我们的山歌一段又一段。

嘶^{3} duenj［tuːn^{3}］〈动〉谩骂。马山《信歌》：度喻度嘶。Doxmieng doxduenj. 相互诅咒谩骂。

嘶^{4} duenq［tuːn^{5}］〈动〉约定。（见讅）

嗐^{1} 方 fuenq［fuːn^{5}］〈动〉翻。（见贩）

嗐^{2} 方 gyuenj［kjuːn^{3}］〈形〉全。金城江《覃氏族源古歌》：與那嗐他邛。Rim naz gyuenj de ywq. 所有田园全是他占。

嘎^{1} ga［ka^{1}］〈量〉条。马山《欢情》：觉嘎淰尼吨。Gyo ga raemx neix gwn. 凭借这条河谋生。

嘎^{2} ha［ha^{1}］〈动〉般配。马山《二十四孝欢》：吆伝嘎隊。Baenz vunz ha doih. 成为与伙伴般配的人。

嘎^{3} hah［ha^{6}］〈动〉❶挽留。❷占；号定。（见擭）

嘎^{4} raq［ɣa^{5}］〈名〉瘟疫。（见疨）

嘎^{5} yaq［ja^{5}］〈动〉吓唬；恫吓。马山《迪封信斗巡》：家公名以嘎。Gya'goeng mwngz hix yaq. 你家公也来吓唬。

嗑 gaiq［kaːi^{5}］〈动〉盖；压倒；超群。（见尴）

嗽^{1} gamj［kaːm^{3}］〈名〉岩洞。（见敢）

嗽^{2} gemj［keːm^{3}］〈名〉面颊；脸颊。（见瞰）

嗷^{3} ngamq [ŋa:m^{5}]〈副〉刚;刚刚。(见啱^{1})

嗛(亘、江、閆、諡、嘒、諡、誦、唎、啩、閶、嗱)gangj [ka:ŋ^{3}]〈动〉讲;说;谈;议论;宣布。《初》:嗛訶。Gangj goj. 讲故事;聊天。

哯^{1} genq [ke:n^{5}]〈形〉❶坚硬。❷牢固。❸健旺(多指上了年纪的人)。(见樫^{2})

哯^{2} henx [he:n^{4}]〈动〉啃。(见嗩)

哯^{3} [方]ywenq [jɯ:n^{5}]〈形〉腻。(见胧)

嗬^{1}(呕、喏、笘、臁)[方]guz [khu^{2}]〈动〉笑。(见《初》)

嗬^{2} gyaez [kjai^{2}]〈动〉❶爱;爱好;喜欢。❷挂念;想念;怀念。(见恄)

嗬^{3} roek [ɣok^{7}]〈数〉六。上林《赶圩歌》:大嗬,daihroek,第六。

啦 gyae [kjai^{1}]〈形〉远。(见邂)

嘞^{1}(詰、德、咭)[方]gyaeg [kjak^{8}]〈动〉盘问。《初》:嘞𡎺馭嘞倒。Gyaeg bae youh gyaeg dauq. 反复地盘问。

嘞^{2} haeb [hap^{8}]〈动〉咬。(见䶬)

嘞^{3}(勒)[方]laeg [lak^{8}]〈副〉大约;大概(与嗛连用)。《初》:佲眉二十㸃嘞嗛。De miz ngeihcib bi laeglemh。他大约有二十岁。

嘞^{4} lawz [law^{2}]〈代〉何;哪。马山《达稳之歌》:𡎺嘞? Bae lawz? 去哪里?

嘞^{5} lw [lɯ^{1}]〈动〉余;剩余;盈余。(见黎)

嘞^{6} [方]lwd [lɯt^{8}]〈动〉❶赶。❷拉;扯。(见逮)

嘞^{7} ndaw [ʔdaw^{1}]〈名〉里;内。宜州《龙女与汉鹏》:㖸嘞垱。Youq ndaw dangh. 在水缸里。

嘞^{8} saeq [θai^{5}]〈形〉小。宜州《龙女与汉鹏》:利嘞咽故架。Lij saeq goj guh gyax. 尚小即成孤儿。

嘣^{1} gyaen [kjan^{1}]〈动〉打鼾。(见鼾)

嘣^{2} gyan [kja:n^{1}]〈动〉❶吞(不嚼或不细嚼,整个儿地或整块地咽下去)。❷吞没;侵吞。❸堆叠;套;合拢。(见餉)

嗷 [方]gyaeuz [kjau^{2}]〈名〉瘟疫。《初》:𢿐媒盯嗷。Ciengx mou deng gyaeuz. 养猪挨染瘟疫。

嗡(嗱、痕、藏、茬、強)[方]gyangz [kja:ŋ^{2}]〈动〉呻吟;哼。(见《初》)

嚯 gyok [kjo:k^{7}]❶〈动〉箍。❷〈名〉箍子。❸〈形〉(衣服)窄。❹〈名〉枷锁。(见箶)

嚭(嚭)gyonj [kjo:n^{3}]〈动〉凑;汇集;合并;集拢。《初》:淰汇嚭貧汏。Raemx mieng gyonj baenz dah. 溪水汇集成江河。|嚭𡎺料嗛。Gyonj hwnjdaeuj gangj. 总而言之。

嗌 haeb [hap^{8}]〈动〉咬。(见䶬)

嚷 haenz [han^{2}]〈形〉痒。(见痕^{4})

許 hawj [haw^{3}]〈动〉❶给;给予;让;赋予。❷许可;允许。(见揣)

唠 hawj［haɯ³］〈动〉❶给；给予；让；赋予。❷许可；允许。（见揩）

啨（哏、现、哯、啊、咧、蚚）henx［heːn⁴］〈动〉啃。《初》：犸啨髋。Ma henx ndok. 狗啃骨头。

嗊 huq［hu⁵］〈名〉货物。（见貿¹）

唵 iemq［ʔiːm⁵］〈动〉渗；渗透。（见氼²）

噞 imq［ʔim⁵］〈形〉饱。（见飪）

嚨 loeng［loŋ¹］〈形〉错。（见緃）

噜 loq［lo⁵］〈动〉梦见。马山《书信歌》：昭眠噜吞娘。Haemh ninz loq raen nangz. 夜里睡觉梦见姑娘。

嚕 lox［lo⁴］〈动〉❶哄；诱骗（用花言巧语骗人）。❷搀扶。（见摞）

嘛 lumj［lum³］〈动〉像；似。（见廪）

嗨¹ 方 maen［man¹］〈形〉臭。（见嘝）

嗨²（詗、謿、嘪、慣、吱、啁）maenj［man³］〈动〉❶威吓。❷怒吼；吼叫（指虎、猫等）。❸咆哮。（见《初》）

嗨³ 方 moenz［mon²］〈形〉圆。（见圂）

嚒 方 maet［mat⁷］〈形〉吝啬（与亲连用）。《初》：嚒亲，maetmei，吝啬。

嘛¹ maz［ma²］〈代〉什么；啥（与该连用）。宜州《孟姜女》：嗦该嘛？ Coh gahmaz? 什么名字？

嘛² 方 maz［ma²］〈形〉轻佻；轻浮；不正经；不检点（与腊连用，用于女性生活作风有问题）。《初》：奷嘛腊内。Yah mazlaz neix. 这个不正经的女人。

嗔 mieng［miːŋ¹］❶〈动〉诅咒；发誓。❷〈名〉咒语。（见吂²）

噹 naeuz［nau²］❶〈动〉说。田东《闹滘懷一科》：皇依道布噹。Vuengz ei dauh baeuq naeuz. 王依照祖公说的道理做。❷〈连〉或；或者。（见吽）

嘇 nyaij［n̥aːi³］〈动〉嚼；咀嚼。（见嚡）

嗺 nyaij［n̥aːi³］〈动〉嚼；咀嚼。（见嚡）

嗔 nyinh［n̥in⁶］〈动〉认；承认。（见哂²）

嗲 raeuh［ɣau⁶］〈副〉很；极（放在形容词后，表示程度的加深）。（见叙²）

嘱 raeuq［rau⁵］〈动〉吠。（见吽²）

嗽 raeuq［rau⁵］〈动〉吠。（见吽²）

嘁 reih［ɣei⁶］〈名〉地；畲地。宜州《龙女与汉鹏》：呗嘅嘁岜。Bae gvej reih bya. 去割山地［的草］。

嘒¹ sed［θeːt⁸］〈拟〉苦苦的（地）；低声下气的（地）。《初》：嘪嘒嘒。Ngaeuq sedsed. 苦苦地哀求。

嘒² -set［θeːt⁷］〈缀〉溜溜（与醣连用）。《初》：佀酥内醣嘒嘒。Gij meiq neix soemjsetset. 这些醋酸溜溜的。

嗖 方 soh［θo⁶］〈动〉多谢（与吽连用）。《初》：吽嗖佲！ Sengsoh mwngz! 多谢你！

咩 方 suemx［θuːm⁴］〈动〉丑陋（与嗌连用）。《初》：嗌咩，buemxsuemx，丑陋。

嗗 sup［θup⁷］〈动〉吸(气)；吸收(水分)。(见《初》)

㖮 swd［θɯt⁸］〈动〉吸吮；喝(较浓的流质物)。(见啐³)

晩 方 vamz［wa:m²］〈量〉句。(见㕸)

嘫 van［wa:n¹］〈形〉甜；甘；甜美。(见䄻)

嗯 van［wa:n¹］〈形〉甜；甘；甜美。(见䄻)

嗌 方 vangq［wa:ŋ⁵］〈动〉崩缺。(见庣)

嗡 vueng［wu:ŋ¹］〈形〉慌。(见忹³)

嗍 yanj［ja:n³］〈动〉起哄；轰动。(见汳)

嘢 youq［jou⁵］❶〈动〉住；在。宜州《龙女与汉鹏》：地嘢，diegyouq，住地。❷〈介〉自；从。宜州《龙女与汉鹏》：儂江嘢介斗。Nuengx gyangh youq gyawz daeuj. 漂亮阿妹自何地来。

嚻 方 aen［ʔan¹］〈名〉器皿；器具。《初》：宔焅否眉嚻。Ranz hoj mbouj miz aen. 家穷没器具。

噢 aux［ʔa:u⁴］〈动〉唆使；嗾使；指使。(见吆¹)

嘡 方 baeuq［pau⁵］〈动〉吹。(见嗥)

嘞¹ bauq［pa:u⁵］〈动〉报；报(讯)。(见《初》)

嘞² byouq［pjou⁵］〈形〉空。宾阳《催春》：吽酒嘞。Gwn laeuj byouq. 喝空酒(已发请帖临办喜宴时，有一方悔婚或出了意外，婚宴办不成，就说是 gwn laeuj byouq)。

嘥 beix［pei⁴］❶〈名〉兄；姐。❷〈名〉情哥；情郎。❸〈名〉阿哥；阿姐(泛称平辈年长于己者)。❹〈动〉年长；大于。(见㞔)

嘭 bengz［pe:ŋ²］〈形〉贵。(见䝏)

嗶(𫛷) bit［pit⁷］〈动〉反绑；背着手绑(与勫连用)。《初》：提㑋綻勫嗶。Dawz de cug vetbit. 把他反剪两手捆起来。

嘾¹ 方 boemz［pom²］〈副〉倏地；忽地；猛地。(见矔)

嘾² cimz［ɕim²］〈动〉尝。马山《抄凿歌》：沺患夛嘾度。Cit van ndaej cimz doh. 甜淡都尝遍。(见㖊)

嘭 bongq［po:ŋ⁵］〈形〉胀；膨胀。(见膖¹)

噜¹ byuj［pju³］〈拟〉噗。(见喙¹)

噜²(鲁) rox［ro⁴］〈动〉懂；会；知道；明白。马山《二十四孝欢》：讀書噜辺里。Doegsaw rox dauhleix. 读书明白道理。

噌¹(憎、增、㿝) caengz［ɕaŋ²］〈动〉恨；愤恨；怀恨；痛恨。(见《初》)

噌² caengz［ɕaŋ²］〈副〉尚未。马山《二十四孝欢》：福受不噌肟。Fuk souh mbouj caengz daengz. 福分尚未来到。

噌³ cingq［ɕiŋ⁵］〈副〉正好；才。(见𠂇)

噌⁴ gyaeng［kjaŋ¹］〈动〉囚；关；监禁。(见圊)

噌⁵ saengz［θaŋ²］〈形〉❶有趣。❷欢。马山《完筆》：鲃各噌各吊。Bya gag saengz

gag diuq. 鱼自欢自跳。

噌 6(哄)历 yaeng [jaŋ1]〈动〉说;讲。(见《初》)

噌 7 yaeng [jaŋ1]〈动〉商量;商议。马山《改漫断鄰鄰》:到慢度噌。Dauq menh doxyaeng. 回来再商量。| 马山《信歌》:眉事同墜噌。Miz saeh doengzdoih yaeng. 有事同伴一同商量。

噌 8〈动〉yaeng [jaŋ1]〈动〉应(声);回答。(见譄2)

嗠 历 cag [ɕa:k8]〈动〉离别;分别。(见捔2)

嘲 1(招)cauz [ɕa:u2]〈形〉嘈;嘈杂;喧哗;吵闹。《初》:介嘲移。Gaej cauz lai. 别那么吵闹。

嘲 2(郩、朝)ciuz [ɕi:u2]〈动〉聚集;聚拢;朝向。《初》:鲃悄𡊢嘲沛。Bya haengj bae ciuz mboq. 鱼儿喜欢往泉眼聚拢。

嗭 cied [ɕi:t8]〈形〉❶ 绝;绝后;灭绝。❷ 绝;过火;过头。❸ 断绝。(见哳2)

噚 comz [ɕo:m2]〈动〉堆积;集拢;围拢。(见㩟2)

嗙(謄、噔、等、蹬、譄)daengq [taŋ5]〈动〉叮嘱;嘱咐;吩咐;交代。《初》:嗙佽孙迗庲吽氿。Daengq gyoengq lwg lan ma gwn laeuj. 嘱咐众儿孙来喝喜酒。

噔 1 daengh [taŋ6]〈形〉相称;般配;匹配。宜州《孟姜女》:都呀否同噔。Dou yax mbouj doengzdaengh. 我们也不相称。

噔 2 daengq [taŋ5]〈动〉叮嘱;嘱咐;吩咐;交代。(见嗙)

噔 3 daengz [taŋ2]〈动〉到。宜州《龙女与汉鹏》:噔楞本啵媄。Daengz laeng baenz bohmaex. 到后来成了夫妻。

噔 4 历 nam [na:m1]〈动〉谈。(见喃2)

噔 5 oem [ʔom1]〈动〉生气;恼怒。(见哄3)

嚟 dek [te:k7]〈动〉裂;裂开;破裂;爆炸;爆裂。(见裂)

噇 1 dongx [to:ŋ4]〈动〉打招呼。(见嗵)

噇 2 duengh [tu:ŋ6]〈动〉❶ 往下拉。❷ 垂下;坠。(见㨖1)

噗 ep [ʔe:p7]〈动〉逼迫。武鸣《信歌》:噗猫吽酥。Ep meuz gwn meiq. 逼迫猫喝醋。

嘖 faenh [fan6]〈形〉猖獗。马山《二十四孝欢》:三月吘正嘖。Samnyied nengz cingq faenh. 三月蚊虫正猖獗。

噃 fwen [fɯ:n1]〈名〉歌;山歌;民歌。马山《噃凭》:噃凭。Fwen baengh。相依歌。| 马山《不料天翻云》:搥双响噃。Cauh song coenz fwen. 编两句山歌。

嘍 gaemz [kam2]〈量〉口。(见吟1)

器 历 gaez [khai2]〈名〉甑子。《初》:竴器㸿粈。Daengj gaez naengj gaeuj. 安甑子蒸饭。

嗝 1 geq [ke5]〈形〉老。(见祮)

嗝 2 get [ke:t7]〈形〉烈;浓;醇。(见醅)

嘖 gonh［koːn6］❶〈名〉戽斗。❷〈动〉戽(水)。(见棍)

噘 gvej［kwe3］〈动〉割。宜州《龙女与汉鹏》:呗噘喊岜。Bae gvej reih bya. 去割山地［的草］。

噷(哼)[方] gyaengz［kjaŋ2］〈动〉呻吟;哼。(见《初》)

噍 gyaez［kjai2］〈动〉爱;喜欢。金城江《覃氏族源古歌》:仝噍俞干,doengz-gyaez lumj gonq,相爱如从前。

噏(咟、啗)[方] haemq［ham5］〈动〉问。《初》:否鑥只噏伝。Mbouj rox cix haemq vunz. 不懂的就问别人。

嘒1 gvej［kwe3］〈动〉割。(见剈)

嘒2(諱、揮)hat［haːt7］〈动〉吆喝;叱;责骂。《初》:嘒犽。Hat vaiz. 吆喝牛。

噞 gyae［kjai1］〈形〉远。(见遐)

嘆1 haen［han1］〈动〉啼。(见哏)

嘆2 han［haːn1］〈动〉回答;答应。(见哻2)

嘪 haiz［haːi2］〈动〉吐;吐出。(见咳2)

𩓹 hangz［haːŋ2］〈名〉下巴。(见𪙨)

嘣 hanz［haːn2］〈名〉扁担。(见檊)

噶(吀)hat［haːt7］〈形〉渴;干渴(与胋连用)。《初》:胋噶。Hozhat. 口渴;口干。

嚣 heuh［heu6］〈动〉喊;叫喊(与力连用)。巴马《贖魂粝呟》:王况七力嚣。Vuengz caemhcit laezheuh. 王突然叫喊。

嘵1 heuh［heu6］〈动〉❶叫;唤。❷称呼。❸唱。(见吗3)

嘵2 yiu［jiːu1］〈动〉翘(起);撅。(见尠)

嘓 hux［hu4］〈动〉犯;冒犯。马山《达稳之歌》:歬眉咰咟嘓。Ndi miz coenz lawz hux. 没有哪句是冒犯。

嚙 lad［laːt8］〈拟〉哧溜。《初》:汁夻呰嚙嚙。Conj roengz bae ladlad. 一哧溜地滑下去。

噒(粦)linz［lin2］〈拟〉乎乎;连连(形容难受的程度很高)。《初》:呻犿𦝮𦝮噒噒。Gwn lwgmanh manh linzlinz. 吃辣椒嘴巴辣乎乎的。

嘹1 [方] liu［liːu1］〈动〉瞄;看。(见盯1)

嘹2 ndiu［ʔdiːu1］❶〈动〉醒。❷〈量〉(一)觉。(见酌)

嘹3 reuq［ɣeu5］〈形〉蔫;枯萎;萎谢。(见蓼)

嘹4 riu［ɣiːu1］〈动〉笑。(见鞘)

嘹5(啹)riuz［ɣiːu2］〈动〉传;传开;传播;传说;流传;传扬。《初》:修四姈嘹名。De seiqlengq riuz mingz. 他的名声到处传扬。上林《赶圩歌》:肯伝嘹叫估。Hawj vunz riuz guh goj. 给人流传作笑料。

嚗(嗷)[方]maen［man1］〈形〉臭。《初》:嚗屎,maen haex,有屎臭味。

嘬1 maen［man1］〈形〉不孕育的;无生殖力的(指雌性)。(见娓)

嘿^{2} mboen [ʔbon^{1}]〈动〉唠叨;嘀咕。(见啼^{3})

嘪^{1} maiq [maːi^{5}]〈形〉寡。(见嬇)

嘪^{2} maih[maːi^{6}]〈连〉纵使;即使;即便;任由;尽管。(见迈)

噠^{1} mbat [ʔbaːt^{7}] ❶〈量〉次;下;回。❷〈副〉一(与couh呼应作关联词用)。(见次)

噠^{2} 〔方〕ndak [ʔdaːk^{7}]〈量〉点;滴。(见灖)

嘿 ndaep [ʔdap^{7}]〈动〉熄;灭。(见燶)

硩(𡎺、碍) ngaih [ŋaːi^{6}]〈形〉容易。《初》:造空𡊨硩。Cauh ranz ndwi ngaih. 创建家业不容易。

嚱 nyin [ȵin^{1}]〈拟〉叽喳(与响连用)。金城江《台腊恒》:田同誰嚱响。Guh doengz gyuk nyinnyan. 相互打闹喊叽喳。

嗾 rouh [ɣou^{6}]〈动〉❶浸;泡。❷烫。(见漊)

嗠 roz [ɣo^{2}]〈形〉疏;薄(指织物、纱窗等)。(见蕯)

嗕 rueg [ɣuːk^{8}]〈动〉呕吐。(见吙^{8})

嘶^{1} sek [θeːk^{7}]〈动〉吆喝。《初》:嘶犻。Sek vaiz. 吆喝牛。

嘶^{2} swenj [θɯːn^{3}]〈动〉高喊。(见嚾)

嗜(潒)〔方〕senq [θeːn^{5}]〈副〉怪不得(与來连用)。《初》:嗜來眃内煴胗。Senqlaiz ngoenzneix oem lai. 怪不得今天很闷热。

噂 son [θoːn^{1}]〈动〉教。(见譐)

嗵^{1} swnj [θɯn^{3}]〈动〉连接;联结。(见繂)

嗵^{2} swnx [θɯn^{4}]〈形〉❶不粉松;不松软(指熟后的薯、芋类)。❷半生不熟。(见蚺)

嗢 unq [ʔun^{5}]〈形〉软;软弱。(见歖)

噶 van [waːn^{1}]〈形〉甜;甘;甜美。(见茒)

嘁 wij [ʔɯːi^{3}]〈动〉打嗝儿。(见《初》)

嗜 〔方〕yaemh [jam^{6}]〈名〉夜。(见晗,即 haemh)

嗽 yaemj[jam^{3}]〈动〉慢慢嚼。(见《初》)

嚯 〔方〕yax [ja^{4}]〈动〉说;交代。(见謢^{2})

嗶 〔方〕byoi [pjoi^{1}]〈名〉梦话。《初》:嗛嗶。Gangj byoi. 说梦话。

嘰(錢)〔方〕cenz [ɕeːn^{2}]〈动〉咬。《初》:徒蟋料嘰徒蟳。Duzmoed daeuj cenz duzdaek. 蚂蚁来咬蚂蚱。

嚩(哷)〔方〕cet [ɕeːt^{7}]〈动〉喷;喷射。(见《初》)

嘸(棹)〔方〕cup [ɕup^{7}]〈动〉空嚼(嘴巴)。《初》:佬内嘸咟浛眦垄。Laux neix cup bak raemxda roengz. 这老人空嚼嘴巴眼泪流。

嘇 -det [teːt^{7}]〈缀〉表示很短。《初》:矧嘇嘇。Dinjdetdet. 短短的。

嘬 方dwenh［tɯːn^{6}］〈量〉场。（见《初》）

噫^{1} eiq［ʔei^{5}］〈名〉腋；腋窝。马山《尊老爱幼歌》：劲睡迁噫。Lwg ninz laj eiq. 孩子睡在腋窝下。

噫^{2} heiq［hei^{5}］〈名〉气。马山《书信》：尽吖噫。Caenh gongz heiq. 尽叹气。

噤^{1} goemq［kom^{5}］〈动〉盖；遮盖。（见㯲）

噤^{2} 方 gyoemh［kjom^{6}］〈动〉耳语；低语。（见唫^{2}）

嘂 gyaux［kjaːu^{4}］〈动〉混；混合；搅拌。（见挍^{2}）

嚅^{1} leiz［lei^{2}］〈形〉啰唆（与唯连用）。《初》：侈嗹吪嚅唯。De gangj vah leizdeiq. 他讲话啰唆。

嚅^{2} ndwi［ʔdɯːi^{1}］〈副〉不。宾阳《催春》：嚅同伝世界。Ndwi doengz vunz seiqgyaiq. 不同当世人。｜嚅蚪。Ndwi daeuj. 不来。

嚅^{3} raez［ɣai^{2}］〈动〉（雷）鸣。（见霺）

嗹^{1}（啉、嗹）方 lemh［leːm^{6}］〈副〉左右；大概。《初》：嘞嗹。Laeglemh. 左右；大概。

嗹^{2} 方 riemx［ɣiːm^{4}］〈名〉厨房（与斐连用）。（见阌）

嘚^{1} loed［lot^{8}］〈拟〉冉冉；滚滚（指浓烟翻滚上涌）。《初》：㘇弖焐嘚嘚。Hoenz hwnj heuq loedloed. 浓烟滚滚从烟囱冒上来。

嘚^{2} roh［ɣo^{6}］〈动〉❶漏。❷泄露。（见灖）

噱^{1} mboeng［ʔboŋ^{1}］〈形〉松；蓬松；粉松；松软（指土、棉花和熟的薯芋等）。（见埲）

噱^{2} mong［moːŋ^{1}］〈形〉❶灰。❷模糊（视线）。马山《行孝歌》：眊噱。Da mong. 眼睛模糊。（见矇）

噱^{3} 方mongz［moːŋ^{2}］〈形〉洪亮。《初》：嗊噱，haengz mongz，声音洪亮。

噱（蒙）moengx［moŋ^{4}］〈形〉糊涂（与茏连用）。《初》：佲噱茏貧柊。Mwngz moengxloengz baenzlai. 你这么糊涂。

噹 ndangj［ʔdaːŋ^{3}］〈形〉发硬；干硬。马山《信歌》：謰赖胡以噹。Gangj lai hoz hix ndangj. 说多喉咙也发硬。

嚬（昆、啹）方 ndoenq［ʔdon^{5}］〈动〉叨念。《初》：嗜哂嗜否嚬。Seiz lawz seiz mbouj ndoenq. 哪个时候不叨念。

嗓^{1} ndoet［ʔdot^{7}］〈动〉喝；饮；吸；嘬；吮。（见饦）

嗓^{2} yok［joːk^{7}］〈拟〉匆匆；急忙地。《初》：拎袮裃嗓嗓。Gaem buh daenj yokyok. 拿着衣服匆匆穿。

嗳 ndonj［ʔdoːn^{3}］〈动〉钻；钻入。（见㛃）

嚆 ok［ʔoːk^{7}］〈动〉出。（见𨑨）

噻^{1} saek［θak^{7}］〈动〉❶塞；堵；堵塞。❷驳（倒）。（见抢^{2}）

噻^{2} saek［θak^{7}］〈动〉❶呛；噎（与簕连用）。❷打嗝儿（与嗌连用）。（见飡^{3}）

噻[3]（色、咆、則）saek［θak⁷］❶〈量〉一；任何。《初》：否眉噻的。Mbouj miz saek di. 一点儿也没有。❷〈代〉那么（与时间词连用，表示虚拟、假设等）。马山《苦歌》：可眉噻吞紀翻躺。Goj miz saek ngoenz ndaej fanndang. 会有那么一天能翻身。❸〈副〉大约；大概。《初》：料紀噻双昡。Daeuj ndaej saek song ngoenz. 来了大约两天。

嗯 saiq［θaːi⁵］〈动〉丢（脸）；坏（面子）。马山《达稳之歌》：嗯嚁，saiqnaj，丢脸。

噷 yiet［jiːt⁷］〈动〉歇；休息；暂停。（见趄）

鞄 beu［peu¹］〈形〉单；单层的（只有一层的衣、裤或被子）。《初》：袮鞄，buhbeu，单衣。|袖鞄，benzbeu，单被。

嗙 byangj［pjaːŋ³］〈形〉辣痛。（见痨）

嗤 历 cawz［ɕaɯ²］〈名〉时节；季节；时期。（见咁）

嗏 ciq［ɕi⁵］〈动〉借。（见傘）

喘[1] dwen［tɯːn¹］〈动〉提及；提起；谈到。（见呹[2]）

喘[2] ndon［ʔdoːn¹］〈动〉隐痛（吃生硬东西或未嚼碎就吞下食物，引起肚子疼痛等不舒服的感觉）。（见蚀）

嘐 feuz［feu²］〈形〉浅。（见谬）

嚾 fwen［fɯːn¹］〈名〉歌；民歌；山歌。大化《嚾交友》：挞田嚾貧昭。Bae guh fwen baenz haemh. 整夜去唱歌。（见欢[1]）

噎 genx［keːn⁴］〈动〉噎；噎住；难受。马山《女人田婧丁》：闁胡生各噎。Ndaw hoz seng gag genx. 内心生生自难受。

嚝 gyang［kjaːŋ¹］❶〈名〉中；中间。❷〈数〉半（容量、高度的半数）。（见閊[3]）

嚣 heu［heu¹］〈形〉青。（见萼[1]）

噠 ndaek［ʔdak⁷］〈形〉（睡）熟；（睡）着。（见瞁）

嚹 ndaengq［ʔdaŋ⁵］〈名〉❶碱（草木灰水）。❷〈形〉咸。（见鹹）

嗽[1] ndaq［ʔda⁵］〈动〉骂。（见訧）

嗽[2] rat［ɣaːt⁷］〈拟〉咴咴（嘶鸣）。《初》：徒猽哂嗽嗽。Duzmax sae ratrat. 马儿咴咴地嘶鸣。

嘹 riuq［ɣiːu⁵］〈动〉瞧；看。金城江《台腊恒》：纳斗㘵克嘹。Nax daeuj ndaw gwq riuq. 姨妈来到里面老是瞧。

畯 son［θoːn¹］〈动〉教。（见譐）

嚛 yaed［jat⁸］〈名〉黄麻。（见蟐）

噡 历 yaemh［jam⁶］〈名〉夜。（见晗）

嗼（謏）历 yanj［jaːn³］〈动〉议论。《初》：角㖠角否嗼？Gok lawz gok mbouj yanj? 哪个角落不在议论纷纷？

噢 aeuq［ʔau⁵］〈动〉怄。上林《达妍与勒驾》：可烧可訧噢气。Deng huj deng ndaq daiq aeuqheiq. 被恼挨骂太怄气。

嚪 boq［po⁵］〈动〉（用嘴）吹。（见啵[2]）

嚬 历 cub［ɕup⁸］〈动〉嗅；闻。（见鰊）

嚈[1] 方 daek［tak⁷］〈形〉断；折。（见𪡏）

嚈[2] ndaek［ʔdak⁷］〈形〉（睡）熟；（睡）着。马山《尊老爱幼歌》：睡布嚈。Ninz mbouj ndaek. 睡不着。（见䁚）

嚈[3] ndaek［ʔdak⁷］〈量〉大团；大块。（见䃷[1]）

嚈[4] ndwk［ʔdɯk⁷］〈拟〉非常；十分；很（用于形容词之后）。《初》：㗂嚈嚈。Haemz ndwkndwk. 非常苦；很苦。

嗽（嘀）dek［teːk⁷］〈拟〉咯嗒（母鸡下蛋后或受惊时的叫声，引申为吃惊、惊恐。与啮连用）。（见《初》）

嗡 方 gongz［koːŋ²］〈动〉哼；呻吟。（见吖[2]）

嚡 haiz［haːi²］〈动〉吐；吐出。（见咳[2]）

嘳 haiz［haːi²］〈动〉吐；吐出。（见咳[2]）

嚕[1] luh［lu⁶］〈语〉了。（见《初》）

嚕[2] roh［ɣo⁶］〈动〉❶漏。❷泄露。（见滜）

嚕[3] roq［ro⁵］〈名〉檐。《初》：沧嚕浯对浯。Sag roq caek doiq caek. 屋檐滴水滴对滴。（见𩯁）

嚕[4] rox［ɣo⁴］❶〈动〉懂；会；认识；晓得。❷〈连〉或；或者；还是。（见𫚉）

嚛[1] 方 limq［lim⁵］〈量〉片；瓣。（见閝[1]）

嚛[2] 方 lwnj［lɯn³］〈形〉口吃；结巴。《初》：佟嗹嚛廸。De gangj lwnj dwk. 他说话结巴。

噏 gyimq［kjim⁵］〈动〉斟酌；商量。金城江《覃氏族源古歌》：眉事才加噏。Miz saeh caezgya gyimq. 有事大家商量。

嚟[1] 方 laeh［lai⁶］〈名〉例；例子。上林《赶圩歌》：夻傍古眉嚟。Lajbiengz goj miz laeh. 天下也有例子。

嚟[2] raez［ɣai²］〈动〉（雷）鸣。（见䨓）

噾[1]（嗚）saemj［θam³］〈动〉审讯。《初》：提伝仮𫛭料噾。Dawz vunzfamh okdaeuj saemj. 押犯人出来审讯。

噾[2] soemx［θom⁴］❶〈动〉大吃；大嚼。《初》：廪㺃噾叩糢。Lumj mou soemx gwn mok. 像猪大口嚼食一样。❷〈形〉慢吞吞。《初》：踋坤咪噾噾。Byaij roen ma soemxsoemx. 慢吞吞走路回来。

嚫 swenj［θɯːn³］〈动〉高喊。（见𠳽）

嚩 van［waːn¹］〈形〉甜；甘；甜美。（见甜）

嚥 方 goemz［khom²］〈名〉坑。（见𡋂）

嚹[1] lai［laːi¹］❶〈形〉多。❷〈副〉比较。❸〈副〉太；很；极。（见𪨊）

嚹[2]（赖）laih［laːi⁶］❶〈动〉赖以；依靠。《初》：兄嚹佲只𣎏叩。Gou laih mwngz cij ndaej gwn. 我依靠你才得吃。❷〈动〉诬赖。《初》：佲介乱嚹伝。Mwngz gaej luenh laih vunz. 你不要乱诬赖人家。❸〈动〉以为。《初》：嚹吽佲否料。Laihnaeuz mwngz mbouj daeuj. 以为你不来了。❹〈形〉乐观（与樂连用）。《初》：樂嚹，loeklaih，乐观。

嚹^{3}（赖）laiq［la:i^{5}］〈副〉幸亏；幸好；幸而；好在。《初》：⿰口色嚹昡内⿰足逢佲。Caeklaiq ngoenzneix bungz mwngz. 幸好今天碰见你。

⿰口默 fag［fa:k^{8}］〈量〉把（常作工具、武器类名词的词头）。（见㑡^{2}）

⿰口鋼 gang［ka:ŋ^{1}］〈名〉钢。（见鏮）

⿰口罵 ndaq［ʔda^{5}］〈动〉骂。马山《信歌》：部部爹统⿰口罵。Bouxboux de gwx ndaq. 个个她都骂。

⿰口應 engq［ʔe:ŋ^{5}］〈副〉已经。（见硬）

嚷 nangq［na:ŋ^{5}］〈动〉咬。《初》：迪徒蛢嚷。Dwg duzbing nangq. 挨蚂蟥咬。

⿰口聲 sing［θiŋ^{1}］〈名〉❶声；声音。❷口音。（见《初》）

⿰口鮮（⿰口展、算、⿰口想、嘶、⿰口先）swenj［θɯ:n^{3}］〈动〉高喊。（见《初》）

⿰口罈 boemh［pom^{6}］〈名〉坛子。（见《初》）

嚨 rongx［ɣo:ŋ^{4}］〈动〉叫；吼；啸；咆哮。（见咙^{2}）

囒 yanj［ja:n^{3}］〈动〉起哄；轰动。（见㳂）

⿰口譚 方 boemz［pom^{2}］〈副〉倏地；忽地；猛地。（见瞫）

⿰口蠢 coenz［ɕon^{2}］〈量〉句。（见响）

⿰口靄（啋、⿰口彩、⿰口崖）nyaij［ȵa:i^{3}］〈动〉嚼；咀嚼。（见《初》）

囗 部

囚^{1} 方 caeuz［ɕau^{2}］〈名〉牛绳。田阳《麽収魂粫一科》：剥獁憐郭囚。Gyak ma laenz gueg caeuz. 野麻拿来搓成牛绳。

囚^{2} caeuz［ɕau^{2}］〈名〉晚饭。（见粅）

囚^{3} caeuz［ɕau^{2}］〈名〉痤疮；粉刺；酒刺。（见疮）

囚^{4} gyan［kja:n^{1}］〈动〉❶吞（不嚼或不细嚼，整个儿地或成块地咽下去）。❷吞没；侵吞。❸堆叠；套；合拢。（见餰）

四 seiq［θei^{5}］〈名〉势；势力。《初》：傪眉權眉四。De miz gienz miz seiq. 他有权有势。

因^{1} aen［ʔan^{1}］〈量〉❶个（人除外）。马山《情歌》：两因砞。Song aen dengq. 两个碟子。❷张（桌、凳）。❸盏。❹座；幢。（见愢）

因^{2} in［ʔin^{1}］❶〈形〉痛。❷〈动〉疼爱；爱惜。（见痼）

团 duenz［tu:n^{2}］〈动〉猜。（见遁）

回 hoiz［hoi^{2}］〈动〉❶放松；松开。❷复（信）；回（信）。❸答复。❹返。（见𥈟）

⿴囗小（啢、⿴囗䜌）lom［lo:m^{1}］〈形〉❶松（不合适）。《初》：愢鋸内⿴囗小移。Aen goenh neix lom lai. 这个手镯太松了。❷不上（眼）。《初》：兄勑傪⿴囗小眦。Gou gaeuj de lom da. 我看不上眼他。

⿴囗仓（圊）cang［ɕa:ŋ^{1}］❶〈名〉仓；仓库。

《初》:糎闟囵。Haeux rim cang. 粮满仓。|拸囵呈糎。Doq cang caeng haeux. 造仓囤谷。❷〈量〉仓(一仓库之量):双囵糎。Song cang haeux. 两仓粮。

囨 domz [toːm²]〈名〉小坑。马山《完筆》:淰幼囨。Raemx youq domz. 水在小坑里。

囩 fwi [fɯːi¹]〈名〉蒸汽;水汽。马山《叹亡》:眉囩眉气。Mbouj fwi mbouj heiq. 无声无息。

囹[1](殓) gaemz [kam²]〈动〉噙;含着(与𪃿连用,指雏禽未孵出而死在蛋壳里)。《初》:𪃿囹。Daigaemz. (雏禽)死在蛋壳里。

囹[2] 方 gaemz [kam²]〈量〉大团;大块。(见趻²)

困[1] goenq [kon⁵]〈动〉断。(见断)

困[2] goenz [kon²]〈量〉句。金城江《台腊恒》:唱双困。Ciengq song goenz. 唱两句。

困[3] oen [ʔon¹]〈名〉刺;荆棘。上林《达妍与勒驾》:否疑椛岠对困鞾。Mbouj ngeix va sanq doiq oennyaz. 不料花在刺中开。(见蕴)

围 humx [hum⁴]〈动〉围。田东《贼歌》:围温。Humx oen. 围上荆棘。

囚 rug [ɣuk⁸]〈名〉卧室;卧房。马山《産难嘆嚏》:因曾乿屋。Rug caengz ndaej ok. 未能出卧室。

化(吪、化) 方 vax [wa⁴]〈连〉和;同。《初》:兄囮佅㙮塄。Gou vax moiz bae hangh. 我和你去赶集。

包 bau [paːu¹]〈量〉包。《初》:双囵烟。Song bau ien. 两包烟。

园 ruenz [ɣuːn²]〈动〉爬行。(见𧾷)

图[1] duz [tu²]〈量〉只;个(多用于动物,可随文译为相应的量词)。马山《情歌》:图犿原吽兇,定图蜄吽血。Duzvaiz yienznaeuz hung, deng duzbing gwn lwed. 水牛虽然大,被蚂蝗吸血。

图[2] doz [to²]〈动〉纺。(见緅¹)

图[3] duz [tu²]〈量〉❶头;匹;条;只(动物的量词)。❷个(用于鬼神、影子)。❸个(用于人,含贬义)。❹条(用于虹)。(见徒²)

囯[1] gyaeng [kjaŋ¹]〈动〉关押。马山《接信歌》:囯犯。Gyaeng famh. 关押犯人。

囯[2] gyaeng [kjaŋ¹]〈动〉停灵。马山《信歌》:斗吊缔眼囯。Daeuj diuqcaeq ngoenz gyaeng. 停灵之日来祭吊。

枷 gyaq [kja⁵]〈名〉枷锁。马山《三府雷王》:姆柏批肑枷就囹。Mehbieg bae daengz gyaq couh gyaemz. 姆伯去到枷就罩。

囻(嗷) 方 moenz [mon²]〈形〉圆。《初》:台囻, daiz moenz,圆桌。

囮 ngieg [ŋiːk⁸]〈名〉❶蛟龙。❷水螳螂。(见𧍱)

囲[1](圚) gvaengx [kwaŋ⁴]❶〈名〉周边;周围。《初》:四囲。Seiqgvaengx. 四周。❷〈量〉圈。《初》:只眉双囲絈。Cij miz song gvaengx cag. 只有两圈绳子。

囲[2] 方 gvaengz [kwaŋ²]〈形〉恶劣。

《初》:俌侈囥够。Boux de gvaengz lai. 那个人很恶劣。

囲^{3} rongh［ɣo:ŋ^{6}］〈形〉亮;明亮。马山《喜事歌》:点灯囲仗仗。Diemj daeng rongh cangxcangx. 点灯亮堂堂。

囧 gyaeng［kjaŋ^{1}］〈动〉囚;关;监禁。马山《三府雷王》:提依到迁囧欧衮。Dawz ae dauq laj gyaeng aeu fwn. 抓他到下界来关押而要雨水。(见圙)

困 mbiz［ʔbi^{2}］〈名〉汤圆(与囹连用)。《初》:困囹,mbiznongz,汤圆。

囹 方 nongz［no:ŋ^{2}］〈名〉汤圆(与困连用)。(见困)

囥 suen［θu:n^{1}］〈名〉园子。(见圚)

囨(苟)gaeu［kau^{1}］〈名〉阄。《初》:蚏囨。Nip gaeu. 抓阄儿。

囯^{1} gvaengh［kwaŋ^{6}］〈动〉圈住。武鸣《信歌》:廪鸭迪囯。Lumj bit dwg gvaengh. 像鸭子被圈住。

囯^{2}(泟)gvaengz［kwaŋ^{2}］❶〈动〉围。《初》:伱伝囯迪䎐。Gyoengqvunz gvaengz dwk yawj. 人们围着看。❷〈名〉圆圈;圈圈。

囶 gyok［kjo:k^{7}］❶〈动〉箍。❷〈名〉箍子。❸〈形〉窄;紧(指衣服)。❹〈名〉枷锁。(见篇)

圅^{1}(吭)方 homx［ho:m^{4}］〈动〉围;合抱。《初》:椇奆内三伝圅否卦。Go faex neix sam vunz homx mbouj gvaq. 这棵树三个人也合抱不拢。

圅^{2}(桧)humx［hum^{4}］〈动〉围。《初》:圅圚花。Humx suen byaek. 围菜园子。

圁 方 langh［la:ŋ^{6}］〈名〉栏;栏圈。《初》:圁犄。Langh vaiz. 牛栏。

囲(回)hoiz［hoi^{2}］〈动〉❶放松;松开。《初》:囲鞯袘。Hoiz saivaq. 松开裤带。❷复(信);回(信)❸答复。❹返。

圂 rungh［ɣuŋ^{6}］〈动〉山弄;弄场(群山中的小地块或村落)。(见弄)

圊 cang［ça:ŋ^{1}］❶〈名〉仓;仓库。❷〈量〉仓(一仓库之量)。(见囥)

國^{1} goek［kok^{7}］〈名〉柜角。右江《狼麽娘妣》:粝添隆國。Haeux diem loengz goek. 米饭藏到柜角。

國^{2} gueg［ku:k^{8}］〈动〉做。巴马《贖魂粝呟》:國様你造退。Gueg yienghneix caux doiq. 如此做才对。

國^{3} gyok［kjo:k^{7}］〈名〉部族。东兰《莫卡盖用》:國故係淋偻。Gyok gou youq raemx nding. 我的部族在红水河。

圊 gvaengx［kwaŋ^{4}］❶〈名〉周边;周围。❷〈量〉圈。(见囲^{1})

圎 gyaemz［kjam^{2}］〈动〉罩;关。马山《三府雷王》:又提雷王口橈圎。Youh dawz Loizvuengz haeuj yiuj gyaemz. 又抓雷王仓廪关。

圖 ndaek［ʔdak^{7}］〈量〉大团;大块。(见碍^{1})

圈 gyuen［kju:n^{1}］〈动〉收藏。金城江

《台腊恒》：粝礼又圈丕作楷。Haeux ndei youh gyuen bae coq caengx. 好谷又往大竹箩里收藏。

哈 hop［hoːp⁷］〈名〉一周；一循环；一轮（年岁、圩等）。（见钤）

圙 suen［θuːn¹］〈名〉园子。（见圜）

嘧 ndeiq［ʔdei⁵］〈名〉星（与勁连用）。（见尉）

蹬 gyaeng［kjaŋ¹］〈动〉囚；关；监禁。（见圙）

圙（闭、囸、僜、閳、噌、蹭、溇、阚、㧑、㹞、蹬、圙、閰）gyaeng［kjaŋ¹］〈动〉囚；关；监禁。《初》：圙鸽丕閦笼。Gyaeng gaeq youq ndaw rungz. 把鸡关在笼子里。

圓 hoengx［hoŋ⁴］〈名〉圈套；陷阱。《初》：揞圓迪提彪。Cang hoengx dwk dawz guk. 设着圈套捕捉老虎。

圙 riengh［ɣiːŋ⁶］〈名〉栏圈；栏厩。（见梡³）

圙 lom［loːm¹］〈形〉❶ 松（不合适）。❷ 不上（眼）。（见囨）

圜（宣、埴、梡、孫、阚、酝、园、楦、圙、圙、蒜）suen［θuːn¹］〈名〉园子。《初》：圜花，suen byaek，菜园子。

圙 suen［θuːn¹］〈名〉园子。（见圜）

圙 -luj［lu³］〈缀〉溜溜。《初》：圞圙圙。Luenzlujluj. 圆圆的。

圞¹（寬、峦）luenz［luːn²］〈形〉圆。《初》：䐈朴圞圙圙。Makbug luenzlujluj. 柚子圆溜溜。

圞² 方 nduen［ʔduːn¹］〈形〉圆。（见《初》）

山 部

山¹ camq［çaːm⁵］〈动〉插；簪；戴（把花插在头上）。田东《大路歌》：日鸡麻得山？Ngoenz gijmaz ndaej camq? 哪日才得戴？

山² 方 san［θaːn¹］〈量〉堵（墙）。《初》：双山垟。Song san ciengz. 两堵墙。

山³ 方 san［θaːn¹］〈名〉大雁；鸿雁（与虎连用）。平果《情歌》：山虎，sanhoz，大雁。

屶 dingj［tiŋ³］❶〈名〉顶端。《初》：屶邑，dingj bya，山顶。❷〈动〉顶；顶替；代替。❸〈动〉支撑；抵抗。❹〈动〉顶撞。

岂（炢）lanz［laːn²］〈动〉拦；阻拦。（见《初》）

出¹（咄）方 cwt［çɯt⁷］〈名〉一阵子。《初》：兄鏷佲貧出。Gou deq mwngz baenz cwt. 我等你好一阵子了。

出² cwt［çɯt⁷］〈动〉造就。巴马《贖魂糎吰》：出盖甫羅記。Cwt gaiq boux rox giq. 造就聪明人。

岵¹（粘、粋）ciem［çiːm¹］〈名〉籼。《初》：粝岵，haeuxciem，籼米。

岵²（扫）sanq［θaːn⁵］〈动〉❶ 散；分散。❷ 扩散。（见《初》）

岩（岴）goengq［koŋ⁵］〈量〉座（山）。

《初》：岜岜䨲亟䘗。Goengq bya haenx gig sang. 那座山很高。

屾 nyan［ȵa:n¹］〈名〉疥疮。（见癣）

岁 raeh［ɣai⁶］〈形〉伶俐；聪明。金城江《台腊恒》：纳肚刀岁。Nax dungx dauq raeh. 阿姨心思倒伶俐。

岕 yap［ja:p⁷］〈动〉闪；打闪。（见《初》）

肻（朋、彤）bumz［pum²］〈形〉阴；昏暗（指天象）。《初》：叁肻。Mbwn bumz. 天阴。

岜¹（岊、𡶴、岜、嶓）bya［pja¹］〈名〉山；石山。《初》：岜䘗，bya sang，高山。

岜² bya［pja¹］〈名〉鱼。宜州《龙女与汉鹏》：稳节磊岜佚磊㑆。Vunz ciet ndaej bya de ndaej gvangh. 人家扳［罾］得鱼他得蚌。

岊 bya［pja¹］〈名〉山；石山。都安《三界老爺唱》：迈岊，rin bya，山石。（见岜¹）

岑¹ gaem［kam¹］❶〈动〉抓；拿；持；握；握住；掌握。❷〈量〉束；抓；把。《初》：三岑稼。Sam gaem gyaj. 三把秧苗。（见拎¹）

岑² 㘥 goem［kom¹］〈动〉损失；亏损。（见弓）

岑³ gumq［kum⁵］〈名〉❶ 臀；屁股。❷ 腰背部。（见躰¹）

岑⁴ gumz［kum²］❶〈名〉凹处；小坑；洼地。❷〈名〉墓穴。❸〈形〉凹；凹状的。（见凼）

岑⁵ haemz［ham²］〈形〉苦；愁苦。《粤风》：约论力巡岑。Yaek lwnh saek coenz haemz. 想诉说一些愁苦。

岑⁶ ndaem［ʔdam¹］〈形〉黑。《粤风》：败岑样墨。Baih ndaem yiengh maeg. 几乎黑如墨。

岑⁷ ngaem［ŋam¹］〈动〉低（头）；俯（首）。（见③）

岗 㘥 gang［ka:ŋ¹］〈形〉干涸；断流。（见涸）

岰 ndoi［ʔdoi¹］〈名〉土山；岭。（见壝）

岀 raemh［ɣam⁶］〈名〉❶ 荫。❷ 阴。（见陰）

岂 baq［pa⁵］〈名〉土坡。（见《初》）

岜 㘥 ca［ɕa¹］❶〈名〉差；差错；错。❷〈形〉质量低劣。（见杈）

岞（走、作）㘥 cok［ɕo:k⁷］〈名〉顶峰。《初》：岞岜，cok bya，山顶。

岳¹ doek［tok⁷］〈动〉❶ 落。❷ 丢失。（见犇¹）

岳² yoek［jok⁷］〈副〉极为；很（与栥连用）。（见哳²）

岕 gaem［kam¹］〈动〉抓；拿；持；握；握住；掌握。（见拎¹）

岕 㘥 goem［kom¹］〈动〉损失；亏损。（见弓）

峼 㘥 hau［ha:u¹］〈名〉悬崖。（见《初》）

岬 ngamz［ŋa:m²］〈名〉坳。（见《初》）

岩¹ ngamz［ŋa:m²］〈名〉坳。巴马《贖

魂糎呟》:弓批特咟岩。Gung bae dwk bak ngamz. 拿弓去安在山坳口。

岩^2 nganx[ŋa:n^4]〈名〉龙眼。田阳《麽叹魂糎一科》:位模岩郭眦。Ngvih mak-nganx gueg da. 龙眼果核做眼珠。

岩^3 ngamq[ŋa:m^5]〈副〉刚;刚刚。(见啱^1)

岰 ngeuh[ŋeu^6]〈名〉山坳。《初》:空兄圣歪岰。Ranz gou youq gwnz ngeuh. 我家住在山坳上。

岸 ngonz[ŋo:n^2]〈动〉观看。(见睻)

屵 历 youj[jou^3]〈名〉山顶。(见《初》)

岀^1 bongz[po:ŋ^2]〈拟〉嘭。《初》:皷鍘嚨岀则。Gyonglaz naeng bongzcaek. 锣鼓嘭嚓嚓地响。

岀^2(汕)-canz[ɕa:n^2]〈缀〉嘈杂的;乱哄哄的。《初》:㖞岀岀, goenjcanzcanz,嘈哄哄。

岜 bya[pja^1]〈名〉山;石山。(见岜^1)

岆 dat[ta:t^7]❶〈名〉山崖;峭壁。❷〈形〉陡峭。(见墶)

岦^1(垖)deih[tei^6]〈名〉地方;土地。(见《初》)

岦^2 deih[tei^6]〈形〉密(距离近,间隔小)。(见茀)

峝 doengh[toŋ^6]〈名〉田垌;田野。金城江《覃氏族源古歌》:立峝畬坔迩。Laeb doengh reih gyuenj gyawj. 所有耕地全都在近处。(见垌)

岑 gaem[kam^1]〈动〉抓;拿;持;握;握住;掌握。(见扲^1)

峙 历 giz[ki^2]〈名〉一种道公专用的餐具。(见《初》)

哄^1(垬)历 goengq[koŋ^5]〈名〉陡坡。《初》:虬哄𡶒穲奔。Hwnj goengq bae ndaem faex. 到坡上去种树。

哄^2 goengq[koŋ^5]〈量〉座(山)。(见岗)

峘 历 gyai[kja:i^1]〈名〉梢;末端;尾部。(见嵅^3)

崅 历 gyai[kja:i^1]〈名〉梢;末端;尾部。(见嵅^3)

坔〈名〉gyuenj[kju:n^3]〈副〉全;都。金城江《覃氏族源古歌》:畬坔迩。Reih gyuenj gyawj. 耕地全在近处。

岈^1 ndei[ʔdei^1]〈形〉好;美;善;良好。(见旡^1)

岈^2 历 ngaux[ŋa:u^4]〈名〉楼房;高大的房子。(见嶅^2)

岙 历 ngaux[ŋa:u^4]〈名〉楼房;高大的房子。(见嶅^2)

峗(𡵨、峞)历 ngvaeh[ŋwai^6]〈名〉(山)腰。《初》:狆羊圣峗岜。Cuengq yiengz youq ngvaeh bya. 在山腰放羊。

峞 历 ngvaeh[ŋwai^6]〈名〉(山)腰。(见峗)

𡵨 历 ngvaeh[ŋwai^6]〈名〉(山)腰。(见

峗）

崀 nyaen［ȵan¹］〈名〉野兽。宜州《龙女与汉鹏》：装类荅又类崀。Cang ndaej roeg youh ndaej nyaen. 捕得鸟又得野兽。

峗 saek［θak⁷］〈动〉❶ 塞；堵；堵塞。❷ 驳(倒)。(见挹²)

岈 suih［θuːi⁶］〈动〉下；下来。金城江《台腊恒》：岜雷岈斗扒。Byajloiz suih daeuj bag. 雷王下来劈。

岈 suih［θuːi⁶］〈动〉下；下来。金城江《台腊恒》：岈拉馬解。Suih laj ma gai. 下到下面(下界)来卖。

峴 gemh［keːm⁶］〈名〉隘口。(见嶮)

峀 geng［keːŋ¹］〈名〉山岗；山坳。(见《初》)

崁 ham［haːm¹］〈名〉神位；神堂；龛；香案。(见坎²)

峩¹ 㕣 ngaz［ŋa²］〈形〉结巴。《初》：嗹峩。Gangj ngaz. 讲话结巴。

峩²(峨)㕣 ngoz［ŋo²］〈量〉座(山)。《初》：峩岜刁。Ngoz bya ndeu. 一座山。

峨 㕣 ngoz［ŋo²］〈量〉座(山)。见(峩²)

罡 㕣 ngiemz［ŋiːm²］〈名〉岩洞。(见巖)

崬 㕣 nonz［noːn²］〈动〉睡。(见暖)

峇 reih［ɣei⁶］〈名〉地；畬地。马山《百岁歌》：界畓峇悲赎。Gai naz reih bae rouh. 卖田地去赎。

峲 㕣 reiq［ɣei⁵］〈名〉山涧。(见《初》)

崋(崀、䄻、埲、䄺、弄、陇、囲) rungh［ɣuŋ⁶］〈名〉山峷；峷场(群山中的小地块或村落)。

崀 rungh［ɣuŋ⁶］〈动〉山峷；峷场。(见峷)

崩¹ baengz［paŋ²］〈名〉布；棉布；布帛；布匹。(见裥)

崩² bongz［poːŋ²］〈形〉胀；肿胀。(见膨)

嵘(䅟、扠、喳、殺、窄) cat［ɕaːt⁷］〈动〉上当。《初》：次内廸嵘啰。Mbat neix dwg cat loh. 这一次挨上当了。

崻 conh［ɕoːn⁶］〈动〉显；显露；露。《初》：袮搒咨，胬崻魌料。Buh byoengq congh, noh conh okdaeuj. 衣服破了，肌肉露出来。

崀 cwx［ɕɯ⁴］〈名〉山名。《初》：岜崀，Byacwx，大明山。

崖 gyawz［kjaɯ²］〈代〉哪；哪里；何处。《粤风》：崖有布贪骑。Gyawz youx mbouj dam gwiz. 何女不恋婿。

崊 㕣 laemz［lam²］〈动〉绝。(见啉)

峎 lueg［luːk⁸］〈名〉山谷；坡谷。(见渌)

崊 ndan［ʔdaːn¹］〈名〉山侧；山背。金城江《台腊恒》：召凛漠排崊。Ciuq laep mok baih ndan. 瞧山那边起雾般昏暗。

崠(茏、東、崬、筞、蕽、橦、櫳) ndoeng［ʔdoŋ¹］〈名〉树林；森林；山林。马山《情歌》：难赖布合𡸃。Nanz lai mbouj haeuj ndoeng. 好久不入林。｜武鸣《信歌》：眃当𩃬内𡸃。Laep dangq fwj ndaw ndoeng. 暗如山林罩云雾。

崠 ndoeng［ʔdoŋ¹］〈名〉树林；森林；山林。（见𡸃）

崍 ndoi［ʔdoi¹］〈名〉土山；岭。（见墸）

𡸔 nduk［ʔduk⁷］〈形〉❶ 朽。❷ 坏；烂；歹毒。（见𤗻）

𡹬 㓈 ngoiz［ŋoi²］〈动〉看。（见䀡）

𡹭 㓈 nonz［no:n²］〈动〉睡。（见暖）

崙 reih［ɣei⁶］〈名〉地；耕地。金城江《覃氏族源古歌》：崙埊迩。Reih gyuenj gyawj. 耕地全在近处。

崙 rum［ɣum¹］〈名〉草；杂草。马山《毛红唱》：于闷崙。Youq ndaw rum. 在草丛里。

崇 㓈 soengz［θoŋ²］〈动〉站。（见趴）

崴¹ bya［pja¹］〈名〉山；石山。武鸣《信歌》：崴崴，Byacwx，大明山。（见岜¹）

崴² 㓈 ca［ɕa¹］〈名〉山；石山。（见《初》）

崴³（䠐、趆、尼、岦、崋、𡽗）㓈 gyai［kja:i¹］〈名〉梢；末端；尾部。《初》：崴奆，gyaifaex，树梢。（即 byai）

嵌 gamq［ka:m⁵］〈动〉衔接；重叠。《初》：碻圩歐仜嵌。Caep cien aeu doxgamq. 砌砖要相互衔接。

𡼏 ndoi［ʔdoi¹］〈名〉土山；岭。（见墸）

崽 sai［θa:i¹］〈名〉带子。（见𢄂）

嵑 ut［ʔut⁷］〈动〉弯。（见𢏺）

嵭 bangx［pa:ŋ⁴］〈名〉旁；边。（见塝¹）

嵥 gai［ka:i¹］〈动〉卖。（见𧸯）

嵠 lan［la:n¹］〈名〉孙。（见𢑡）

嵃 lueg［lu:k⁸］〈名〉山谷；坡谷。（见渌）

𡽫 ndongj［ʔdo:ŋ³］〈形〉❶ 硬。❷ 贫瘠；瘠薄。❸ 结实；强壮。（见𦝼）

嶅¹（墺）ngauh［ŋa:u⁶］〈量〉堵；幅。《初》：嶅垟刁。Ngauh ciengz ndeu. 一堵墙。

嶅²（窑、屷）㓈 ngaux［ŋa:u⁴］〈名〉楼房；高大的房子。（见《初》）

嶅³ ngauz［ŋa:u²］〈动〉摇；动摇。（见撽）

嵊 㓈 nonz［no:n²］〈动〉睡。（见暖）

嵘 sang［θa:ŋ¹］〈形〉高。（见𩕳）

嵌（岙、𡾊、磡、钳、甜、𡿊、嶅、磬、𡹲、敢）gamj［ka:m³］〈名〉岩洞。《初》：合嵌毙𧾷雰。Haeuj gamj bae ndoj fwn. 进岩洞里去躲雨。

𡾙 gamj［ka:m³］〈名〉岩洞。（见嵌）

𨱴（𨨏）㓈 ngamj［ŋa:m³］〈形〉合；合适；适宜。《初》：歐兀悇耋㭁否𨱴。Aeu ek cwz daep vaiz mbouj ngamj. 拿黄牛轭去套水牛不合适。

峌 ok［ʔoːk⁷］〈动〉出。(见𡻟)

𡸖 sat［θaːt⁷］〈名〉簟;竹席。(见籤)

𡸣 sai［θaːi¹］〈名〉带子。(见𧚔)

嶮(俭、嶮、垷、峴、墘) gemh［keːm⁶］〈名〉隘口。《初》:嶮岜,gemh bya,山隘。

嶮 gemh［keːm⁶］〈名〉隘口。(见嶮)

𡽫 geuq［keu⁵］〈名〉山坳。(见《初》)

𡿀 ndoi［ʔdoi¹］〈名〉土坡;土岭;丘陵。宾阳《催春》:忐𡿀鸿催春。Gwnz ndoi roeg coi cun. 坡上鸟催春。(见墦)

𡻟(𡻟、噁、恶、䴚、屋、𨀐、峌、喔、嗃、沃) ok［ʔoːk⁷］〈动〉出。《初》:𨂽𡻟𡸛。Byaij ok bae. 走出去。

𡾰 gamj［kaːm³］〈名〉岩洞。(见崁)

𡻟 ok［ʔoːk⁷］〈动〉出。(见𡻟)

𡿂 deih［tei⁶］〈形〉密(距离近,间隔小)。(见𦓐)

嶺 lingq［liŋ⁵］〈形〉陡;陡峭;峻峭。(见玲²)

嶫 ndoi［ʔdoi¹］〈名〉土山;岭。(见墦)

𡿖(饌、𥑮) can［ɕaːn¹］〈名〉一阵子;一下子。《初》:佲蹲兄𡿖刁。Mwngz daengj gou can ndeu. 你等我一下子。

𡿇 hamq［haːm⁵］〈名〉岸;边沿。(见埳⁴)

巖(岻) 方 ngiemz［ŋiːm²］〈名〉岩洞。(见《初》)

巾 部

巾¹ gaen［kan¹］〈名〉巾。马山《迪封信斗巡》:巾裍伙。Gaen baengz o. 紫红布料的面巾。

巾² gwn［kɯn¹］〈动〉❶吃;喝;吮。❷抽;吸。❸维生;谋生。❹享受;享用。❺继承。❻克。❼坑害。❽承担;承受。❾费;耗费。(见吞)

布¹ 方 baeuq［pau⁵］〈名〉公公;翁。(见𫢸¹)

布² boux［pou⁴］〈量〉个;位。(见佈)

布³ mbouj［ʔbou³］〈副〉不;没;未。宜州《廖碑》:苟布欣後代。Gaeuj mbouj raen laeng daih. 看不见后一代。| 都安《三界老爺唱》:放伞布曾能。Cuengq liengj mbouj caengz naengh. 放下雨伞未曾坐。(见否²)

帅¹ 方 caiz［ɕaːi²］〈形〉傻;痴呆;愚蠢。(见犲¹)

帅² sai［θaːi¹］〈动〉锯。(见攋)

㠲(袜、补) mbuk［ʔbuk⁷］〈名〉襁褓。(见《初》)

帇(㠶) 方 cij［ɕi³］〈名〉手帕;手巾(与帊连用)。《初》:帇帊,cijbaq,手帕;手巾。

㠶 方 cij［ɕi³］〈名〉手帕;手巾(与帊连用)。(见帇)

帊(帕) baq［pa⁵］〈名〉帕;巾。《初》:𢄂帊,sujbaq,手帕;手巾;毛巾。

帋 ceij [ɕei³]〈名〉纸。《初》：帋刄，ceijcienz，纸钱；冥钞。

帍（冒）mauh [maːu⁶]〈名〉帽。《初》：袥帍。Daenj mauh. 戴帽。

帘 ndeu [ʔdeu¹]〈数〉一。（见刁）

帕 baq [pa⁵]〈名〉帕；巾。（见帊）

帒¹（太、代）daiq [taːi⁵]〈动〉带；带领；率领；引导。《初》：帒垎。Daiq loh. 带路。

帒² dwk [tɯk⁷]〈动〉放。马山《叹亡歌》：礼香帒逢亡。Ndaej yieng dwk fwngz muengz. 得香烛来给亡灵。

帞 suj [θu³]〈名〉手帕（与帊连用）。（见幪）

帍 方 boz [pho²]〈量〉堆。（见帍）

帎 feiz [fei²]〈名〉火。（见斐）

帞 gaen [kan¹]〈名〉巾；毛巾。（见紟）

帝 ndaej [ʔdai³]〈动〉❶ 得；得到；获得。❷ 能。（见礼）

帵（幭）方 swt [θɯt⁷]〈名〉蚊帐。（见《初》）

帋 caeq [ɕai⁵]〈动〉祭；祭奠。马山《信歌》：斗吊帋眼囯。Daeuj diuqcaeq ngoenz gyaeng. 停灵之日来祭吊。

帗 方 fad [faːt⁸]〈名〉袜子。（见紱）

帍 hauq [haːu⁵]〈名〉孝。（见袴）

帄 nda [ʔda¹]〈名〉背带。（见袘）

帣 rae [ɣai¹]〈动〉发情（指雄性动物）。（见翷）

帠 rok [ɣoːk⁷]〈名〉土织布机。（见纅）

帍（帍、剻、溇）方 boz [pho²]〈量〉堆。《初》：帍猹。Boz gix. 屎堆。

常 cangz [ɕaːŋ²]〈动〉喊。田阳《麽叹魂糯一科》：常病。Cangz bingh. 病中呻吟。

帳 cangz [ɕaːŋ²]〈量〉十个（用于碗、碟、蛋、糍粑等）。（见帐）

㛠 naj [na³]〈名〉仪式；礼节（指婚宴上的）。金城江《台腊恒》：時恒项开㛠。Seiz haenx hengz hai naj. 那时才开始兴仪式。

帹 方 omj [ʔoːm³]〈名〉尿布。（见《初》）

帥 sai [θaːi¹]〈名〉带子。马山《欢叹母》：押帥号仆姆。Gyaeb sai hauq bouxmeh. 系上孝巾为母亲戴孝。

帏 daeh [tai⁶]〈名〉袋。（见袋）

帣 nda [ʔda¹]〈名〉背带。（见袘）

帥（䐁、䄙、緦、腮、尌、崽、𫄧、戋、㭗、䋊、緦、彩）sai [θaːi¹]〈名〉带子。《初》：帥袜姓。Saivaq naeng. 皮裤带。

帡 baengz [paŋ²]〈名〉布；棉布；布帛；布匹。（见襕）

帥 sai [θaːi¹]〈名〉带子。《初》：胨飳勅帥袜。Dungx iek laeg saivaq. 肚子饿了就勒紧裤带。

帻 方 saek [θak⁷]〈形〉窄。（见窄）

𫄬 sai [θaːi¹]〈名〉带子。(见𢃗)

𫄬 方 bonq [poːn⁵]〈名〉寿布;裹尸布。《初》:𫄬𫄬,baengzbonq,裹尸布。| 迪𫄬。Dwk bonq. 裹上寿布。

𫄬 faiq [faːi⁵]〈名〉棉花。(见芥)

幡 fan [faːn¹] ❶〈量〉张;件;条;床。❷〈名〉幡。(见旛¹)

幮(帄、楚、鎖) suj [θu³]〈名〉手帕(与帊连用)。《初》:幮帊,sujbaq,手帕;手巾。

𫄬 方 swt [θɯt⁷]〈名〉蚊帐。(见𢄂)

𫄬 daemj [tam³]〈动〉织(布)。(见缔)

𫄬 mboek [ʔbok⁷]〈动〉下降;降下;减少。(见汴¹)

𫄬 sai [θaːi¹]〈名〉带子。(见𢃗)

𫄬 baengz [paŋ²]〈名〉布;棉布;布帛;布匹。(见𫄬)

彳 部

化(化) 方 va [wa¹]〈形〉孪生;双生。《初》:㚢化,lwgva,双胞胎。

行¹ 方 haengz [haŋ²]〈名〉巷子。(见《初》)

行² hengz [heːŋ²] ❶〈动〉行;施行。马山《二十四孝欢》:行孝眉动情。Hengz hauq miz doengh cingz. 行孝故事有动情。❷〈名〉桁(条)。(见桁²)

行³(形、𫄬) hingz [hiŋ²]〈动〉赢;胜利。《初》:曾𫄬𫄬行。Caengz faen saw hingz. 未分胜负。

行⁴ haenz [han²]〈形〉痒。《粤风》:约友二何行。Yaek youxngeih hozhaenz. 逗阿妹心痒。

行⁵ 方 hangh [haːŋ⁶]〈名〉圩;集市。(见垉¹)

行⁶ hangz [haːŋ²]〈动〉欺侮;欺负。(见吭¹)

𫄬 方 hangh [haːŋ⁶]〈名〉圩;集市。(见垉¹)

𫄬 nyungq [ɲuŋ⁵]〈形〉蓬乱(一般指线、纱、麻、丝、发等)。(见𫄬)

伯 beg [peːk⁸]〈动〉角力;比臂力。(见劯)

彼 beix [pei⁴] ❶〈名〉兄;姐。大化《嚏奠别》:叮收彼英徃,收介乱度哰。Daengq sou beix engq nuengx, sou gaej luenh doxceng. 叮嘱你们兄与弟,你们别轻易相争。❷〈名〉情哥;情郎。大化《情歌》:㚻彼金赖赖。Ndiep beix gim lailai. 疼爱情郎太多。(见𫄬)

征 cwngq [ɕɯŋ⁵]〈动〉争论;争执;顶嘴。(见諍)

衍¹ hangz [haːŋ²]〈名〉腭;下巴。巴马《贖魂糯呟》:亞衍上。Aj hangz gwnz. 张开上腭。| 定造㙗衍忑。Din caux dieb hangz laj. 脚就踩下巴。

衍² rengz [ɣeːŋ²] ❶〈名〉力;力气;力量。❷〈形〉辛苦;艰难;着力(与迪连用)。

❸〈动〉妒忌。(见衕)

㣚(㺧)[方] hauz [haːu^{2}]〈名〉最漂亮。(见《初》)

往 nuengx [nuːŋ^{4}] ❶〈名〉弟弟;妹妹。马山《欢叹母》:捲烦偻皮往。Gyonj fanz raeuz beixnuengx. 总是麻烦众兄弟。❷〈名〉情妹。《粤风》:往悬皮就笼。Nuengx hwnj beix couh roengz. 妹来哥就往。❸〈名〉老弟;小妹(泛称比自己小的同辈)。❹〈动〉小于;幼于(年纪比某人小)。(见程)

徃 nuengx [nuːŋ^{4}] ❶〈名〉弟;妹;弟弟;妹妹。马山《奠别歌》:别皮英徃, bieg beix engq nuengx,别了兄弟和姐妹。❷〈名〉情妹。❸〈名〉老弟;小妹(泛称比自己小的同辈)。❹〈动〉小于;幼于(年纪比某人小)。(见程)

佣 nyungq [ɲuŋ^{5}]〈形〉蓬乱(一般指线、纱、麻、丝、发等)。(见䌷)

衕(㑨、娘、良、衍、刅、夯) rengz [ɣeːŋ^{2}] ❶〈名〉力;力气;力量。《初》:修最眉衕。De ceiq miz rengz. 他力气最大。❷〈形〉辛苦;艰难;着力(与迪连用)。马山《産难嘆嚱》:姆偻迪衕。Meh raeuz dwgrengz. 我们母亲很辛苦。❸〈动〉妒忌。《初》:修否𨖥㕵,伝㕵修只衕。De mbouj bae guh, vunz guh de cix rengz. 他不去做,别人做了他就妒忌。

徏(偪、㝠)[方] byaemh [pjam^{6}]〈副〉一起。《初》:瞎肝䂑蕻徏劧㚟。Cieng daengz geq eng byaemh faengzfwz. 春节来临老少齐欢腾。| 徏𨖥。Byaemh bae. 一起去。

待(代)[方] daih [taːi^{6}]〈动〉❶接;接受;继承。《初》:兄待斛𡨋仪。Gou daih hokranz boh. 我继承父亲的家产。❷待;招待。《初》:㑇待伝兀𨒪。Sou daih vunz ndei dwk. 你们招待好人家。

衍 hangz [haːŋ^{2}]〈形〉乖顺(与才连用)。金城江《覃氏族源古歌》:欣供他才衍。Yin gyoengqde caezhangz. 见他们乖顺。

律^{1} [方] laet [lat^{7}]〈形〉愚蠢;笨。(见闶^{1})

律^{2} [方] lwd [lɯt^{8}]〈动〉❶赶。❷拉;扯。(见逮)

律^{3} lwt [lɯt^{7}]〈名〉卷纱筒。(见箻^{2})

徝 [方] singz [θiŋ^{2}]〈名〉以往(与徲连用)。《初》:徝徲, singzbaez, 以往。(即ciengzbaez)

徒^{1} dox- [to^{4}]〈缀〉相;互相。(见任^{2})

徒^{2}(吐、图、独、度、途、嘟) duz [tu^{2}]〈量〉❶头;匹;条;只(动物的量词):徒怀刁。Duz vaiz ndeu. 一头牛。❷个(用于鬼神、影子):徒魁刁。Duz fangz ndeu. 一个鬼。| 徒㑳刁。Duz ngaeuz ndeu. 一个影子。❸个(用于人,含贬义):徒䝘䂑刁。Duz dojgeq ndeu. 一个赌棍。❹条(用于虹):徒霐刁。Duz doengz ndeu. 一条彩虹。(见《初》)

很^{1} haengj [haŋ^{3}]〈动〉❶喜欢。❷肯;愿意;允许;许可。(见䛁)

很^{2} haenj [han^{3}]〈代〉那;那里;那儿。《初》:𨖥很。Bae haenj. 去那里。

很^{3} haenx [han^{4}]〈代〉那。(见覑^{1})

很[4] haenz [han²]〈名〉边。马山《欢叹母》：玾佲肛很圹。Lan mwngz daengz haenz daemz. 你的孙子到塘边。

很[5] hwnj [hɯn³]〈动〉❶ 上；登。马山《劳功歌》：很岜。Hwnj bya. 上山。❷ 长；长起；发。上林《信歌》：很火黑斗敝。Hwnj huj ndaem daeuj baex. 起黑云来遮蔽。❸ 涨（价）；（水）涨。马山《农事歌》：淰汏很。Raemxdah hwnj. 河水涨。（见𤴵[2]）

很[6] raen [ɣan¹]〈动〉见。马山《欢哭母》：皮往很提着。Beixnuengx raen dwgcoh. 亲戚相见皆可怜。

𢓭 heng [heːŋ¹]〈名〉砧板。（见𣘼）

律 方 lod [loːt⁸]〈动〉逃脱。《初》：�律𡛕。Gaeq lod bae. 鸡逃脱了。

徕 方 yiengz [jiːŋ²]〈名〉床。（见《初》）

得[1] daek [tak⁷]〈名〉蚂蚱。马山《改漫断鄰鄰》：畐得，duzdaek，蚂蚱。

得[2] 方 daek [tak⁷]〈拟〉吱（划火柴的响声）。《初》：灺盒斐得㦥。Diq habfeiz daekdex. 划火柴吱的一声响。

得[3] daep [tap⁷]〈动〉绞乱；纷乱。右江《麽請布渌畐》：蘭你得貧綑。Ranz neix daep baenz le. 这家纷乱似渔网。

得[4] dieg [tiːk⁸]〈名〉地方。东兰《莫卡盖用》：得故係敖山。Dieg gou youq Ngauzcanh. 我的地方在敖山。（见𡑒）

得[5] doek [tok⁷]〈动〉❶ 落。❷ 丢失。（见𨀐[1]）

得[6] dwk [tɯk⁷]〈动〉剿；讨伐。田东《贼歌》：吊贝得贼蛮。Diuh bae dwk caeg manz. 调［兵］去打蛮贼。

得[7] dwk [tɯk⁷]〈动〉系；扎。田东《闹涽懷一科》：迀和得恩孔。Laj hoz dwk aen oengj. 脖子下面系轭套。

得[8] ndaek [ʔdak⁷]〈动〉（睡）熟；（睡）着。（见䁃）

得[9] ndaek [ʔdak⁷]〈量〉大团；大块。（见碍[1]）

徤 gieng [kiːŋ¹]〈形〉坚固；坚硬。田阳《麽収魂糎一科》：杳栿徤。Iux maex gieng. 硬木仓廪。

徎 nuengx [nuːŋ⁴]〈名〉妹。马山《否料叁翻雲》：丹徎犭。Gvan nuengx yauj. 阿妹的丈夫聪明。

𢓯 方 hangh [haːŋ⁶]〈名〉圩；集市。（见巷[1]）

偪 方 byaemh [pjam⁶]〈副〉一起。（见併）

徔（聴）方 dwq [tɯ⁵]〈形〉凸状的；骨碌碌的（与瞱连用）。《初》：眦修凸徔瞱。Da de doed dwqgywq. 他眼睛鼓突骨碌碌。

𢕄（米）方 fez [fe²]〈形〉一样；相同。（见《初》）

徍 hwnj [hɯn³]〈形〉长；长出。金城江《台腊恒》：徍口。Hwnj gaeu. 长角。

衖 luengq [luːŋ⁵]〈名〉缝隙；间隙。（见埲[1]）

微 feiz [fei²]〈名〉火。(见斐)

衜 giuj [ki:u³]〈形〉巧妙;灵巧。《初》:计衜,geiq giuj,巧计。

衖 方 hangh [ha:ŋ⁶]〈名〉圩日;集市。(见埲¹)

衖(埲) luengx [lu:ŋ⁴]〈量〉垄。《初》:圿罾𠮩几衖。Gaiq naz guh geij luengx. 一块田分做几垄。

傌 ma [ma¹]〈动〉❶来。❷回来。(见庲)

衜 方 ndaij [ʔda:i³]〈动〉捶衣(板)。《初》:板衜,banj ndaij,捶衣板。

衛 re [ɣe¹]〈动〉❶保重;预防。❷提防。(见兮)

徵 feiz [fei²]〈名〉火。田东《闹涽懷一科》:欄造烈貧徵。Ranz caux ndied baenz feiz. 家才兴旺似火。

衔 hamz [ha:m²]〈动〉衔;含(在嘴里)。(见唅¹)

德¹ daeg [tak⁸]〈名〉公;雄(指雄性哺乳动物)。(见犊)

德² daek [tak⁷]〈动〉❶舀。❷盛。❸得(罪)。(见挬¹)

德³ dwg [tɯk⁸]〈动〉是。宜州《孟姜女》:佚否德马冇。De mbouj dwg ma ndwi. 他不是空手归来。

德⁴ 方 gyaeg [kjak⁸]〈动〉盘问。(见嘞¹)

德⁵ ndw [ʔdɯ¹]〈名〉脐;肚脐。(见胨)

德⁶ raek [ɣak⁷]〈动〉怀。马山《尊老爱幼歌》:姆德氿九脊。Meh raek rug gouj ndwen. 母亲怀胎九个月。

德⁷ saek [θak⁷]〈动〉❶塞;堵;堵塞。❷驳(倒)。(见挹²)

衖 方 hongh [ho:ŋ⁶]〈量〉圈;道。《初》:𧇊霳眉几衖。Saidoengz miz geij hongh. 彩虹有几道[色彩]。

𠎀(𠎀) ndaek [ʔdak⁷]〈名〉薯莨(与蔃连用)。《初》:蔃𠎀,ndaeuqndaek,薯莨(可作染料)。

𠎀 ndaek [ʔdak⁷]〈名〉薯莨(见𠎀)。

𠐏 naek [nak⁷]〈形〉❶重。❷深奥。❸专注;上心。❹偏重;偏爱。(见迡¹)

徵 deng [te:ŋ¹]❶〈动〉对;中。❷〈介〉挨;被。(见盯)

彡 部

形 hingz [hiŋ²]〈动〉赢;胜利。(见行³)

形(影) ingj [ʔiŋ³]❶〈动〉映。❷〈名〉影;影子。《初》:形牰,ingjngaeuz,影子。|马山《百岁歌》:卦愣不𧡊形。Gvaqlaeng mbouj raen ingj. 过后不见影。❸〈动〉拍照。《初》:形相,ingj siengq,照相。

彬 buh [pu⁶]〈名〉❶上衣。❷衣服;衣裳。(见袯)

彩¹ sai [θa:i¹]〈名〉带子。(见𧇊)

彩^{2} [方] saij［θaːi^{3}］〈动〉亏；吃亏；上当（与䑜连用）。（见仔^{2}）

彩 [方] soengx［θoŋ^{4}］〈形〉大量；慷慨；乐观（与龍连用）。《初》：修龍彩栘。De loengx-soengx lai. 他很乐观。

彭^{1} bengx［peːŋ^{4}］〈副〉一边；顺带；兼。马山《孟姜女》：彭去彭涕彭打算。Bengx bae bengx daej bengx dajsuenq. 一边去一边哭一边打算。

彭^{2} bengz［peːŋ^{2}］〈形〉可爱；宝贵。《粤风》：望有彭照顾。Muengh youx bengz ciuq-goq. 盼娇妹照顾。

彭^{3} bengz［peːŋ^{2}］〈形〉贵。（见甂）

彭^{4} bongq［poːŋ^{5}］〈形〉胀；膨胀。（见膖^{1}）

須 [方] duh［tu^{6}］〈量〉❶头。《初》：須犿㐌。Duh vaiz nwngh. 一头水牛。❷〈缀〉作词头，用于动物及人等。《初》：須犿，duhvaiz，水牛。| 須孡，duhlan，孙。| 須妑，duhmeh，妻子。

𢒿（仅、偻）raeuz［ɣau^{2}］〈名〉影子；阴影。《初》：閆昡犨垪西，䧰𢒿䟑哴哴。Gyangngoenz doek baihsae, raemhraeuz raezranghrangh. 太阳落西边，阴影长又长。（即 ngaeuz）

髪 gyae［kjai^{1}］〈形〉远。（见𨗙）

彩 mbin［ʔbin^{1}］〈动〉飞。（见𩙻）

影 ingj［ʔiŋ^{3}］❶〈动〉映。❷〈名〉影子。❸〈动〉拍照。（见彬）

糉 byongh［pjoːŋ^{6}］〈数〉半；一半。（见半）

犭(犬)部

犭 [方] yauj［jaːu^{3}］〈形〉巧；灵巧；聪明。马山《否料叁翻雲》：丹徎犭呏犭。Gvan nuengx yauj haz yauj. 阿妹的丈夫聪明又灵巧。

犭 ndang［ʔdaːŋ^{1}］〈名〉身；身体。（见躺）

犳 diu［tiːu^{1}］〈形〉阉的；骟的（指畜类）。都安《行孝唱》：羊犳，yiengzdiu，骟羊。

犯 famh［faːm^{6}］〈动〉遮蔽；遮挡；遮盖（植物延伸遮盖了他物）。（见范）

犱 [方] gij［ki^{3}］〈名〉鹿；黄鹿；黄猄。（见《初》）

犳 beuq［peu^{5}］〈名〉豹。（见猿）

犴（狱、猸、箭、獖、獖、錢）cenh［ɕeːn^{6}］〈名〉豪猪（俗称箭猪）。（见《初》）

犾 duz［tu^{2}］〈量〉只。都安《行孝唱》：犾鼠眉㖸。Duznou miz lwg. 老鼠生崽。

犸^{1} ma［ma^{1}］〈名〉狗。（见犸）

犸^{2} ma［ma^{1}］〈动〉昏迷；昏厥（与㲋连用）。马山《勺记时种花》：㲋犸纫江堂。Daima youq gyang dangq. 在厅堂中昏厥。

犸^{1}（犸、庅、獁、獁、獁）ma［ma^{1}］〈名〉狗。（见《初》）

狘² ma [ma¹]〈名〉蛙(与䎱连用)。《初》:狘䎱,manaz,一种体形小的青蛙。

狘³ 方 moz [mo²]〈名〉黄牛。(见犘)

犳 方 daeuq [tau⁵]〈动〉打猎;狩猎。(见狟)

狃(扭、峱、㺜、䶂) nou [nou¹]〈名〉鼠;老鼠。《初》:徒狃㹴吽粝。Duznou caeg gwn haeux. 老鼠偷吃谷子。

狗 方 gaeu [kau¹]〈名〉狐狸(与獓连用)。《初》:狗獓,gaeugiuh,狐狸。

狆(纳、㑚、㘨、㑚、𤞤、㺧、㚢、那) nag [na:k⁸]〈名〉水獭。《初》:狆吽鲃。Nag gwn bya. 水獭吃鱼。| 狘狆,manag,水獭(亦称 nagma)。

犾 raeuq [rau⁵]〈动〉吠。(见㕧²)

犷 roeg [rok⁸]〈名〉鸟。(见鴓)

犿¹ vaiz [wa:i²]〈名〉水牛。(见怀¹)

犿² vaiz [wa:i²]〈名〉人熊婆(与犽连用。传说中的一种人形动物,能直立行走,但不能上树,食人)。(见狝¹)

犽 yah [ja⁶]〈名〉人熊婆(与狝连用。传说中的一种人形动物,能直立行走,但不能上树,食人)。《初》:犽狝,yahvaiz,人熊婆。

狍 beuq [peu⁵]〈名〉豹。(见猋)

犭戋 cenh [çe:n⁶]〈名〉豪猪(俗称箭猪)。(见犴)

犭只¹ duz [tu²]〈量〉只(用于动物)。(见《张》)

犭只² mou [mou¹]〈名〉猪。(见猍)

犭卡 ga [ka¹]〈名〉鸦。(见鸪)

犭令¹ linh [lin⁶]〈名〉穿山甲。(见獜)

犭令² lingz [liŋ²]〈名〉猴子。(见猔)

犭母¹ meh [me⁶]〈名〉母(畜)。都安《行孝唱》:㹀犭母,yiengzmeh,母羊。

犭母² 方 mu [mu¹]〈名〉猪。(见犭巫)

犭未 mui [mu:i¹]〈名〉熊。(见犭每)

犭尼 naez [nai²]〈名〉狼(与狘连用)。《初》:狘犭尼,manaez,狼。

犭民 ninz [nin²]〈动〉睡;眠;睡觉。(见眤)

犭奴 方 nu [nu¹]〈名〉老鼠。(见犭务)

犭永 nyaen [ȵan¹]〈名〉❶ 狸;野狸。❷ 兽;野兽(总称)。(见犭忍)

犭用 nyungz [ȵuŋ²]〈形〉卷毛的;毛茸茸的。《初》:狘犭用,ma'nyungz,茸毛狗。

犭夬 raeuq [rau⁵]〈动〉吠。(见㕧²)

狝¹(犿) vaiz [wa:i²]〈名〉人熊婆(与犽连用。传说中的一种人形动物,能直立行走,但不能上树,食人)。《初》:犽狝,yahvaiz,人熊婆。

狝² vaiz [wa:i²]〈名〉水牛。(见怀¹)

犭邦¹(犭旁)方 bangh [pa:ŋ⁶]〈名〉狐(与猎连用)。《初》:猎犭邦,lazbangh,狐狸。

犭邦² mbangq [ʔba:ŋ⁵]〈名〉鼯鼠(俗称

飞虎、飞鼠)。(见《初》)

狴 方 caeq [ɕai⁵]〈名〉麝。《初》:狴香,caeqyieng,麝香。

狩(獯、德、惠) daeg [tak⁸]〈名〉公;雄(指雄性哺乳动物)。《初》:怀狩,vaizdaeg,公牛。

独¹ doek [tok⁷]〈动〉❶落。❷丢失。(见犊¹)

独² duh [tu⁶]〈助〉的(表示领属关系)。宜州《龙女与汉鹏》:份独氓。Faenh duh mwngz. 你的那份。

独³ duk [tuk⁷]〈动〉包。马山《欢叹父母》:姆独批独刀。Meh duk bae duk dauq. 母亲包来包去。

独⁴ 方 duk [tuk⁷]〈形〉糊涂(与凶连用)。(见篤¹)

独⁵ duz [tu²]〈量〉❶头;匹;条;只(动物的量词)。❷个(用于鬼神、影子)。❸个(用于人,含贬义)。❹条(用于虹)。(见徒²)

狢 guk [kuk⁷]〈名〉虎。(见虩)

洸¹ 方 gvangh [kwaːŋ⁶]〈名〉山鹿。(见《初》)

洸² gongx [koːŋ⁴]〈拟〉抖擞地;雄赳赳地。(见跣)

狟 方 haen [han¹]〈名〉野狸。(见《初》)

狠¹ haenq [han⁵]〈形〉猛;猛烈。(见㾕)

狠² hwnj [hɯn³]〈动〉长。《粤风》:条伦狠北。Diuz roen hwnj byaek. 路上长了菜。

狝(咩、咪、闭) 方 mbej [ʔbe³]〈名〉羊。(见《初》)

狮 nag [naːk⁸]〈名〉水獭。(见狎)

狗 noh [no⁶]〈名〉肉。(见胬)

狆 nyaen [ȵan¹]〈名〉❶狸;野狸。❷兽;野兽(总称)。(见犾)

狪 nyaen [ȵan¹]〈名〉❶狸;野狸。❷兽;野兽(总称)。(见犾)

狏 方 si [θi¹]〈名〉老虎。(见《初》)

狭 yiengz [jiːŋ²]〈名〉羊。《初》:辶狭。Neb yiengz. 赶羊。

狟(犲、狣) 方 daeuq [tau⁵]〈动〉打猎;狩猎。《初》:𡗶廸狟。Bae dwkdaeuq. 去打猎。

狣 方 daeuq [tau⁵]〈动〉打猎;狩猎。(见狟)

狹 gaeb [kap⁸]〈形〉狭窄。(见臎)

狸¹(耕、狭、猜) gaeng [kaŋ¹]〈名〉乌猿;猴类。《初》:狸否侵猓囗侑。Gaeng mbouj caeuq lingz guhdoih. 乌猿不和猴子做伴。

狸² 方 gaengz [kaŋ²]〈形〉瘦弱。(见痩)

狢¹ goep [kop⁷]〈名〉黑斑蛙(俗称田鸡)。(见蛤)

狢² guk [kuk⁷]〈名〉虎。(见虩)

猑 gunx [kun⁴] ❶〈动〉(猪用嘴)掀;推;

拱。❷〈形〉驯服。(见惆[2])

狠[1] haen [han¹]〈形〉❶紧;紧实。❷困难(手头无钱)。(见組)

狠[2] langh [la:ŋ⁶]〈动〉晾;晒。(见晍)

狠[3] langz [la:ŋ²]〈名〉种公猪(与猓连用)。(见郎[1])

狠[4] rangq [ɣa:ŋ⁵]〈形〉坏;恶;糟糕。都安《行孝唱》:佲偻介田心事狠。Vunz raeuz gaej guh simsaeh rangq. 咱们为人莫要心思坏。

狎 hanj [ha:n³]〈名〉野狸。《初》:猽狎,nyaenhanj,野狸(身黄色,嘴尖,尾下呈白色,重两斤左右)。

狢 linh [lin⁶]〈名〉穿山甲。(见獜)

狲 linh [lin⁶]〈名〉穿山甲。(见獜)

猂(羚) lingz [liŋ²]〈名〉猴子。《初》:徒猂丞歪岜。Duzlingz youq gwnz bya. 猴子在山上。

狑 lwngq [lɯŋ⁵]〈名〉獾。(见獊)

猫 mou [mou¹]〈名〉猪。(见猓)

狐(㹻) 方 mu [mu¹]〈名〉猪。(见《初》,即 mou)

狗(㹼、㹽、猜) mui [mu:i¹]〈名〉熊。(见《初》)

狳(努、㹲、蚁、㹷) 方nu [nu¹]〈名〉老鼠。(见《初》,即 nou)。

猽(狇、狆、㹭、㹶、猸、㺃、獿) nyaen [ɲan¹]〈名〉❶狸;野狸。《初》:猽䴥,nyaenmak,果子狸。❷兽;野兽(总称)。

猝 nyaen [ɲan¹]〈名〉❶狸;野狸。❷兽;野兽(总称)。(见猽)

猕 vaiz [wa:i²]〈名〉水牛。(见都安《行孝唱文》)

猆(㹬、獑、狍、犳) beuq [peu⁵]〈名〉豹。(见《初》)

㺜 bienq [pi:n⁵]〈动〉变化;变换。(见㬥)

猢 方 byoeng [pjoŋ¹]〈动〉生;生下(指动物)。(见墍)

猜 cai [ɕa:i¹]〈名〉斋。(见蒘)

猗 cenh [ɕe:n⁶]〈名〉豪猪(俗称箭猪)。(见犴)

猫 方 ciu [ɕi:u¹]〈名〉画眉。(见鵃)

㹨 doq [to⁵]〈名〉兔子。(见㺠)

狭 gaeng [kaŋ¹]〈名〉乌猿;猴类。上林《达妍与勒驾》:昈淋狭灵啃当汪。Ngoenz lumj gaenglingz gwn dangh vangq. 每日像猿猴吃了就闲得慌。(见猅[1])

猜 gaeng [kaŋ¹]〈名〉乌猿;猴类。(见猅[1])

猄 方 ging [kiŋ¹]〈名〉黄猄。(见《初》)

猌 方hin [hin¹]〈名〉❶兽;野兽。❷狸。《初》:猌狸,hinmongh,果子狸。

㺀 方 langz [la:ŋ²]〈名〉狼。(见《初》)

猎 方 laz [la²]〈名〉狐。(见猸)

猕 linh [lin⁶]〈名〉穿山甲。(见𤟹)

𤠯(𤣧、𤝤、𧱇) lwngq [lɯŋ⁵]〈名〉獾(野兽,其中一种的形体似狗,叫狗獾,俗称聋狗;另外一种的形体似猪,叫猪獾。重二三十斤,喜吃农作物)。《初》:𤠯犸,lwngqma,狗獾。

猛 方momh [mo:m⁶]〈名〉牛口套。(见箞²)

𤜱 mou [mou¹]〈名〉猪。马山《欢叹母》:勺犻鸡犻𤜱。Saek lwg gaeq lwg mou. 一些鸡或猪。(见猉)

猬 mou [mou¹]〈名〉猪。(见猉)

𤟢 mui [mu:i¹]〈名〉熊。(见狵)

獝 nou [nou¹]〈名〉鼠;老鼠。(见狃)

猍 方raih [ɣa:i⁶]〈名〉野猪。《初》:猉猍,mouraih,野猪。

猵 byom [pjo:m¹]〈形〉瘦。马山《传扬歌》:馬猵,max byom,瘦马。

猘(则、卒) caeg [ɕak⁸] ❶〈名〉强盗;土匪;贼。❷〈动〉偷;盗窃;剽窃。《初》:徒狃猘粝。Duznou caeg haeux. 老鼠偷粮。

猏 cenh [ɕe:n⁶]〈名〉豪猪(俗称箭猪)。(见猏)

𤞵¹(笠、托、得、笃、堕、溚、洓、蕏、岳、馀、𦼮、独、𧾷、𨂜、𨄑、𨄽、竿、𧊁) doek [tok⁷]〈动〉❶落。《初》:昑眃𤞵㙓西。Daengngoenz doek baihsae. 太阳落西边。❷丢失。《初》:㑊鍉兄𤞵啰。Fagseiz gou doek loh. 我的钥匙丢失了。

𤞵² doek [tok⁷]〈形〉惋惜;懊悔(与奈连用)。武鸣《信歌》:𤞵奈麻蒙。Doeknaiq mazmoengz. 懊悔发呆。

猼(兔、土) doq [to⁵]〈名〉兔子。(见《初》)

猯(𤢍、猔) duenh [tu:n⁶]〈名〉野猪。《初》:猉猯,mouduenh,野猪。

猔 duenh [tu:n⁶]〈名〉野猪。(见猯)

獛¹ foeg [fok⁸]〈动〉肿。(见胇²)

獛² ngoek [ŋok⁷]〈拟〉发呆的(地);愣愣的(地)。《初》:𨑜哑獛。Ndwn ngaqngoek. 愣愣地站着。

猩 方henj [he:n³]〈名〉黄猄(与𤝞连用)。《初》:𧶬𦙛𤝞猩料吽。Cawx yeq nohhenj daeuj gwn. 买黄猄肉来吃。

猤 方laeuz [lau²]〈名〉马骝(即猴子,与𤠣连用)。(见獶)

猣 lwngq [lɯŋ⁵]〈名〉獾。(见𤠯)

猸 方mih [mi⁶]〈名〉熊。(见《初》,即mui)

猉(猫、𤜱、𤝯、猬、𤢎、某) mou [mou¹]〈名〉猪。(见《初》)

猤 mui [mu:i¹]〈名〉熊。(见狵)

獈 nduk [ʔduk⁷]〈形〉摇的;摇动的;摇晃的;晃动的(物体放置不平稳所致)。(见𨂽)

獤 方nu [nu¹]〈名〉老鼠。(见𤠳)

犸 wenj［ʔɯːn³］〈形〉滑;光滑;滑溜(指兽毛)。马山《传扬歌》:馬猫眉眼犸。Max byom miz ngoenz wenj. 瘦马也有皮毛光滑之日。

㺍 方 bangh［paːŋ⁶］〈名〉狐(与猸连用)。(见狲¹)

獖¹ cenh［ɕeːn⁶］〈名〉豪猪(俗称箭猪)。(见犴)

獖² nyaen［ɲan¹］〈名〉❶狸;野狸。❷兽;野兽(总称)。(见犯)

犉 daeg［tak⁸］〈名〉雄;公(畜)。(见都安《行孝唱》)

獈(蚄)方 fongz［foːŋ²］〈名〉果子狸。(见《初》,即 nyaenfuengz、nyaenmak)

猎 方 gix［ki⁴］〈名〉屎。(见《初》)

猰 guk［kuk⁷］〈名〉虎。(见彪)

𤞞(扩、挸、䖵、狂)gveng［kweːŋ¹］〈动〉丢;扔;抛弃。《初》:𤞞㚘墰岿。Gveng roengz daemz bae. 丢下塘里去。

狂 gveng［kweːŋ¹］〈动〉丢;扔;抛弃。(见𤞞)

獎 gyuk［kjuk⁷］❶〈动〉(母鸡)叫;叫唤。❷〈形〉嘈;嘈杂;喧哗;吵闹。(见嚙²)

獶(留、㺜、騮)方 laeuz［lau²］〈名〉马骝(即猴子,与獁连用)。《初》:獁獶勤逼𣏭。Maxlaeuz ak bin faex. 猴子善爬树。

獁¹ ma［ma¹］〈名〉狗。(见犸¹)

獁² ma［ma¹］〈动〉回;回来。田阳《麽収魂耨一科》:特獁放忎足。Dawz ma cuengq laj coek. 拿回来放在栏圈下。

獁³(踽)max［ma⁴］〈名〉❶马。(见《初》)❷马骝(即猴子,见獶)。

獏 方 moz［mo²］〈名〉黄牛。(见犊)

㺘 nag［naːk⁸］〈名〉水獭。(见狣)

獳 nag［naːk⁸］〈名〉水獭。(见狣)

獰 nag［naːk⁸］〈名〉水獭。(见狣)

獮 方 nanx［naːn⁴］〈名〉黄猄。(见《初》)

𤞤¹(摽、砕、揬、拙)dok［toːk⁷］〈动〉❶榨;捶。《初》:𤞤沈,dok youz,榨油。❷打。《初》:𤞤丁,dok ding,打钉子。❸催。《初》:𤞤歐𠬠债,dok aeu cienzcaiq,催逼债款。

𤞤² nduk［ʔduk⁷］〈形〉摇的;摇动的;摇晃的;晃动的(物体放置不平稳所致)。(见𧾷)

猜 方 sw［θɯ¹］〈名〉老虎。(见《初》)

猺 yauz［jaːu²］〈名〉人熊婆。(与狝连用。传说中的一种人形动物,能直立行走,但不能上树,食人)。《初》:猺狝, yauzvaiz, 人熊婆。

㹲 beuq［peu⁵］〈名〉豹。(见猋)

猪 coh［ɕo⁶］〈名〉雌(畜)。(见都安《行孝唱》)

獨(䥈、拙、捧、𪚧、𥿋)duk［tuk⁷］〈动〉包;包装;包扎;裹;包裹。《初》:獨粭。Duk faengx. 包粽子。

𤡣 duk［tuk⁷］〈动〉包;包装;包扎;裹;包裹。(见𧝅)

𤡤 duk［tuk⁷］〈动〉包;包装;包扎;裹;包裹。(见𧝅)

𤡥 dub［tup⁸］〈动〉打;揍。(见㨦²)

𤡦 方 giuh［kiːu⁶］〈名〉狐狸(与狗连用)。《初》:狗𤡦,gaeugiuh,狐狸。

𤡧 loeg［lok⁸］〈名〉鹿。(见《初》)

𤡨 ma［ma¹］〈名〉狗。(见犸¹)

𤡩(獴)方 mongh［moːŋ⁶］〈名〉野狸。《初》:猃𤡩,hinmongh,果子狸。

𤡪(橥、𤝞、𤟍)nduk［ʔduk⁷］〈形〉摇的;摇动的;摇晃的;晃动的(物体放置不平稳所致)。《初》:𥕢𥗺内𤡪𨃰。Ndaek rin neix nduknciengq. 这块石头摇晃。

𤡫 nyaen［ȵan¹］〈名〉❶狸;野狸。❷兽;野兽(总称)。(见犿)

𤡬 beuq［peu⁵］〈名〉豹。(见猋)

𤡭 ciengh［ɕiːŋ⁶］〈名〉象。《初》:徒𤡭𪖐最𨂿。Duzciengh ndaeng ceiq raez. 大象的鼻子最长。

𤡮 daeg［tak⁸］〈名〉公;雄(指哺乳动物雄性)。(见犆)

𤡯(𤡰)方 haet［hat⁷］〈名〉竹鼠。《初》:徒𤡯,duzhaet,竹鼠。

𤡱(猎)方 laz［la²］〈名〉狐。《初》:𤡱𤞍,lazbangh,狐狸。

𤡲(狑、𤟠、𩸦、𤞣、𪇈、𤟆、𤞥)linh［lin⁶］〈名〉穿山甲。《初》:𨉖𨍥𢈈徒𤡲。Gutgungq lumj duzlinh.［身体］蜷曲像穿山甲一样。

𤡳 dug［tuk⁸］〈量〉根;条。(见𦰹¹)

獴 方 mongh［moːŋ⁶］〈名〉野狸。(见𤡩)

𤡴 don［toːn¹］〈形〉阉过的;骟的(指禽类)。(见都安《行孝唱》)

𤡰 方 haet［hat⁷］〈名〉竹鼠。(见𤡯)

𤡵 mu［mu¹］〈名〉猪。马山《时辰歌》:亥时时𠁅𤡵。Haihseiz seiz duzmu. 亥时是猪时。

𤡶 box［po⁴］〈名〉公(畜)。(见都安《行孝唱》)

𤡷 ma［ma¹］〈名〉狗。(见犸¹)

𤡸 duenh［tuːn⁶］〈名〉野猪。(见猯)

𤡹 vaiz［waːi²］〈名〉水牛。(见犿¹)

𤡺 mou［mou¹］〈名〉猪。(见𤞸)

𤡻 rengx［ɣeːŋ⁴］〈形〉旱。(见𤞩)

𤡼 nyaen［ȵan¹］〈名〉❶狸;野狸。❷兽;野兽(总称)。(见犿)

献¹ ienq［ʔiːn⁵］〈动〉怨。马山《二十四孝欢》:母𠮶各献𡗶。Meh youq gag ienq mbwn. 母亲自个儿怨天。

献²(元、抏)方 yienh［jiːn⁶］〈动〉递;传递。《初》:献条𣘻哼𠊛。Yienh diuz hanz haengj de. 递一条扁担给他。

夕 部

夕[1] sied [θiːt⁸]〈动〉❶ 下降。❷ 消耗。❸ 消退(肿胀)。❹ 蚀;亏。(见泆)

夕[2] sik [θik⁷] ❶〈动〉撕。❷〈形〉破;烂。(见猎)

外[1] vai [waːi¹]〈名〉水坝。东兰《造牛(残页)》:松丕者拉外。Suek bae ce laj vai. 包去放在水坝下。(即 fai)

外[2] vaih [vaːi⁶]〈形〉坏。(见坳)

多[1] doq [to⁵]〈副〉立即;就。马山《欢叹父母》:多咁孙康官。Doq cam lwg gangq-gonq. 立即先问孩子怎么样。| 马山《不料仑翻雲》:多𠔊金否雇。Doq vut gim mbouj goq. 就丢下情人不顾。

多[2] dox- [to⁴]〈缀〉相;互相。(见任²)

多[3] ndaq [ʔda⁵]〈动〉骂。(见訧)

名 mwngz [muɯŋ²]〈代〉你。《粤风》:许名今。Hawj mwngz gaem. 给你拿。(见佲)

夽 [方] ywnz [juɯn²]〈名〉宵;夜。(见旋)

夗(约、亩) gaeuq [kau⁵]〈形〉 旧。《初》:衭夗,buh gaeuq,旧衣服。

㚢 caix [ɕaːi⁴]〈副〉十分;非常;极(与涞连用)。(见洧)

𡖄(巴) baj [pa³]〈形〉大把;很多(与大连用)。《初》:坂賀徐怀大𡖄。Mbanj haenx cwz vaiz daihbaj. 那个村有很多牛。

㚣 raeuh [ɣau⁶]〈副〉很;极。(见叙²)

麥 meg [meːk⁸]〈名〉麦。《初》:麥稀,megmax,高粱。

够 gaeu [kau¹]〈名〉藤。马山《偻笁荳貧够》:伝笁荳䂊荳,偻笁荳貧够。Vunz doek duh ndaej duh, raeuz doek duh baenz gaeu. 人家播豆得豆,我们种豆得藤。(见芶¹)

夠 gaeu [kau¹]〈名〉藤。(见芶¹)

夠(箍、鼓) [方] guj [khu³]〈形〉硕(多指谷穗或果类饱满)。(见《初》)

夥[1] [方] doq [to⁵]〈动〉 同;共;共同。《初》:夥板。Doq mbanj. 同村。

夥[2] doq [to⁵]〈副〉就;都。上林《达妍与勒架》;昖夥眈兄肝。Ngoenz doq raen gou daengz. 每天都见我到来。

㚊 gyoengq [kjoŋ⁵]〈量〉❶ 帮;群;伙。❷ 们(与代词连用)。(见侬)

𡖅[1] [方] lad [laːt⁸]〈量〉 列;排。《初》:空貧𡖅貧𡖅。Ranz baenz lad baenz lad. 成排成排的房子。

𡖅[2] dong [toːŋ¹] ❶〈名〉堆。❷〈动〉堆。❸〈量〉堆。(见堜²)

夥 ndoj [ʔdo³]〈动〉躲;藏。(见䠷)

𡖚(𣗬) [方] raq [ɣa⁵]〈量〉 群;帮;伙。《初》:眉𡖚鴔刁𠁲卦料。Miz raq roeg ndeu mbin gvaqdaeuj. 有一群鸟飞过来。

𡖛 gaeuq [kau⁵]〈动〉够。(见哆)

夥 lai [laːi¹] ❶〈形〉多。都安《行孝唱

文》:父母吘气几𫩶心。Bohmeh gwnheiq geijlai sim. 父母几多忧虑操心。❷〈副〉比较;太。《行孝唱文》:特三关奴𫩶行孝。Daegsam gvanbaz lai hengzhauq. 老三夫妻比较孝顺。| 噜算𫩶辺苦。Rox suenq lai dauq hoj. 太会算计倒反穷。

䅒 lai[laːi^{1}]❶〈形〉多。❷〈副〉比较。❸〈副〉太;很;极。(见𡖖)

𡖖(来、來、𪨶、唻、䅒、𠻱)lai[laːi^{1}]❶〈形〉多。《初》:佲眉𠬠亟𡖖。Mwngz miz cienz gig lai. 你有很多钱。❷〈副〉比较。《初》:𨂀条坤内𡖖𨒍。Byaij diuz roen neix lai gyawj. 走这条路比较近。❸〈副〉太;很;极。《初》:𠀾𡖖。Ndei lai. 很好。| 哏啱𡖖。Gin ngonz lai. 吃得极合口味。

𡖙 soeng[θoŋ^{1}]❶宽松;宽敞(指住所)。❷轻松;爽快;舒服。(见㥶^{1})

𡖛^{1} 历 mbw[ʔbɯ^{1}]〈形〉密实;严实;密密麻麻。《初》:鸿㩟𣘈迪𡖛。Roeg comz faex dwk mbw. 鸟密密麻麻地在树上栖息。

𡖛^{2} 历 mbw[ʔbɯ^{1}]〈形〉烂;腐朽。上林《达妍与勒驾》:否欧𣘈𡖛斗卡。Mbouj aeu faex mbw daeuj guh gaq. 不要朽木来做架子。

𡖝 raeuh[ɣau^{6}]〈副〉很;极。(见𠬢^{2})

𡖞 历 raq[ɣa^{5}]〈量〉群;帮;伙。(见𡚌)

𡖟 raeuh[ɣau^{6}]〈副〉很;极。(见𠬢^{2})

𡖠(露、瞭、睩、𡖡、咯、𡖢、𡖣、啰)loq[lo^{5}]❶〈名〉梦。《初》:�化𡖠。Guh loq. 做梦。❷〈动〉做梦;睡梦。《初》:眸睸𩲡𦜛𡖠。Ninz ndaek fangzhwnz loq. 熟睡了做梦。| 马山《欢行孝》:昭眸𡖠𧡊妑。Haemh ninz loq raen meh. 夜眠梦见母。

𥽣 历 guj[khu^{3}]〈形〉硕(多指谷穗和果类饱满)。(见𥽤)

𡖤 gyoengq[kjoŋ^{5}]〈量〉❶帮;群;伙。❷们(与代词连用)。(见𠊛)

夂部

务 历 mouh[mou^{6}]〈名〉雾。(见𣳭^{2})

各^{1}(架、格)gag[kaːk^{8}]〈副〉各;独自;单;仅。马山《二十四孝欢》:各闷屯内心。Gag mbaenqdaenz ndaw sim. 独自烦闷在心里。| 各兄料。Gag gou daeuj. 仅仅我来。

各^{2} gah[ka^{6}]〈动〉问价。(见𠲎)

各^{3} goek[kok^{7}]〈名〉根;根源。金城江《台腊恒》:各它住吉而? Goek de youq gizlawz? 它的根在何处?

各^{4} goet[kot^{7}]〈名〉骨头;骨骼。马山《达稳之歌》:𣨳了各昢𤽗。Dai liux goet haucanz. 死了骨头白惨惨。

各^{5} ngah[ŋa^{6}]❶〈形〉馋。❷〈动〉爱好;喜欢。(见𩟔)

𡕩 历 gak[khaːk^{7}]〈动〉敲(用小棍)。(见《初》)

备 biq[pi^{5}]〈动〉逃脱;逃掉。(见𨒪)

𡕪(坽、玲、令、於、𡕫)历 lengq[leːŋ^{5}]〈名〉处;处所。《初》:四𡕪眉𠲤欢。Seiqlengq miz sing fwen。四处有歌声。

𡕀 㘫mwnq［mɯn⁵］〈名〉处；处所。（见𡎍）

𡖄 㘫gah［ka⁶］〈动〉放；置；搁。《初》：度介𡖄其㑳。Doxgaiq gah gizde. 东西放那里。

𡕒 dongq［to:ŋ⁵］〈形〉凸；隆起（程度较轻微的）。（见《初》）

𡖇 au［ʔa:u¹］〈名〉叔；叔父。（见翁）

略（咯）gax［ka⁴］〈语〉呀。《初》：𧾷𨒪的刁略！Caemh rox di ndeu gax. 也懂一点儿呀！

夏[1] ha［ha¹］〈动〉如；配；般配；匹配；相称。马山《传扬歌》：夏隊。Ha doih. 与同伴般配。（见𨀆）

夏[2] hah［ha⁶］〈动〉❶ 挽留。马山《駄向书信》：夏伝㓜。Hah vunz youq. 挽留人家留下。❷ 占；号定。（见擭）

夏[3] hah［ha⁶］〈动〉阻拦。《粤风》：布劳扶𢹂夏。Mbouj lau bouxlawz hah. 不怕谁阻拦。

夏[4] 㘫yah［ja⁶］〈名〉权势。《初》：俌夏，bouxyah，有权势的人。

𡖋（伏）foek［fok⁷］〈动〉覆。《初》：𣎴眸𡖋𨑜𣅶否㕸。Haemh ninz foekfonj da mbouj laep. 晚上翻来覆去睡不着。

𦛚 dungx［tuŋ⁴］〈名〉❶ 肚子；腹部。❷ 肚才；才学。（见胴）

憂 yaeu［jau¹］〈动〉忧；怕；烦忧。金城江《覃氏族源古歌》：个憂𣈜吖事。Gox yaeu ngoenz deng saeh. 也忧出事日。

𩎖 gonq［ko:n⁵］❶〈副〉先。❷〈名〉前；前面。（见𩎖）

𡖙 raix［ɣa:i⁴］❶〈副〉极；十分；非常（与𣻒连用）。❷〈形〉（衣冠）不整齐（与抗连用）。（见淶[6]）

𨇤（砐、跍、閧、其、结）geh［ke⁶］〈名〉间隙；缝隙。《初》：𨇤闩，gehdou，门缝。｜𨇤巷，gehhongh，巷子。

丬　部

収 caeu［ɕau¹］〈动〉收；招。巴马《庅𠹘佈洛陀》：庅収𩲡𥞖。Mo caeu hoen haeux. 招稻魂经文。

状 㘫sangh［θa:ŋ⁶］〈名〉状纸。《初》：𧦝状，sawsangh，诉讼状文。

将 ciengq［ɕi:ŋ⁵］〈动〉浆洗。马山《迪封信斗巡》：裖楞𨈈往将。Buh laeng ndang nuengx ciengq. 身上的衣服是妹妹浆洗。

𤖨 ndaek［ʔdak⁷］〈量〉个；坨。都安《三界老爺唱》：𨂍𨂾自提𤖨却柞。Laj din cix dawz ndaek sigsak. 脚上就戴一镣铐。

𤖮（鲜）㘫sien［θi:n¹］〈形〉鲜。《初》：𩵡𤖮，bya sien，鲜鱼。

广　部

广 gvangh［kwa:ŋ⁶］〈动〉奔腾。《粤风》：凛卦广陂波。Raemx gvaq gvangh beizboz.

水流奔腾响哗啦。

庀 [古] beij［pei³］〈代〉如此；这样(与暱连用)。《初》：庀暱仛。Beijgeix haet. 这样做。

庂 ma［ma¹］〈动〉来。都安《三界老爺唱》：发吽亜鸡庂旧材。Fat heuh aeu gaeq ma guh ngaiz. 叫嚷要鸡来弄饭。

庆¹ gyaemx［kjam⁴］〈副〉一并；连带。金城江《台腊恒》：酒庆糠庆籵。Laeuj gyaemx reb gyaemx raemz. 连谷壳带米糠的酒。

庆² hing［hiŋ¹］〈名〉姜。大化《种植歌》：种庆。Ndaem hing. 种姜。

庅¹ ma［ma¹］〈名〉狗。(见犸¹)

庅²(么、吗、庝、麻、庂) maz［ma²］〈代〉什么；啥。《初》：佲料𠚤庅? Mwngz daeuj guh maz? 你来干啥?

庅³ [古] mo［mo¹］❶〈名〉麽；巫师。巴马《庅呋佈洛陀》：丕唫庅六甲。Bae cam Moluggyap. 去问麽渌甲。❷〈名〉经；经文。巴马《庅呋佈洛陀》：庅収䰟糐。Mo caeu hoen haeux. 招稻魂经。| 庅収䰟犪徐馬。Mo caeu hoen vaiz cwz max. 招水牛黄牛魂和马魂的经文。❸〈动〉念(咒)；诵(经)。马山《送魁妖》：庅双劲魁牌。Mo song lwg fangzbyaiz. 诵经超度两个夭折鬼。

庂¹ ma［ma¹］〈动〉来；回来。金城江《覃氏族源古歌》：三仆才家庂。Sam boux caezgya ma. 三人一起回来。

庂² maz［ma²］〈代〉什么；啥。(见庅²)

庂 [古] saem［θam¹］〈动〉穿(过)。《初》：庂䶑犿。Saem ndaeng vaiz. 穿牛鼻子。

床¹ [古] congz［ɕoːŋ²］〈名〉桌子。(见桊)

床² cuengz［ɕuːŋ²］〈量〉件。田东《大路歌》：欧床布豆。Aeu cuengz buh daeuh. 要一件青衣。| 欧床布六。Aeu cuengz buh loeg. 要一件绿衣。

应¹ ing［ʔiŋ¹］〈动〉倚；倚靠。马山《偻齐架桥铁》：冇埊应。Ndwi dieg ing. 无处可倚。

应² nyaengq［n̥aŋ⁵］〈形〉忙；繁忙；忙碌。(见恾¹)

应³ wnq［ʔɯn⁵］〈代〉别的；另外的；其他的。马山《偻笁荳貧够》：𠚤妑尸应。Guh baz bouxwnq. 做别人的妻子。

库¹ hoq［ho⁵］〈名〉膝盖。(见蹞)

库² [古] goz［ko²］〈名〉颈。(见胋¹)

庈 ma［ma¹］〈动〉❶来。❷回来。(见庲)

庘 ndaw［ʔdaɯ¹］〈名〉内；里。(见閄)

庥 [古] ciengz［ɕiːŋ²］〈名〉床。(见《初》)

庢 dab［taːp⁸］〈动〉架；叠架。(见《初》)

底¹ daej［tai³］〈名〉❶底。《初》：底鞐，daejhaiz，鞋底。❷底子。《初》：否眉底。Mbouj miz daej. 没有底。❸老底；老本。《初》：泆底，sieddaej，蚀底；蚀本。

底² dij［ti³］〈动〉值；值得。(见䴴)

府 fouj [fou³]〈名〉斧头。(见斧)

庞 loengz [loŋ²]〈形〉❶痴呆。❷疯;癫。(见懞)

庲 ma [ma¹]〈动〉❶来。❷回来。(见庲)

庛 ma [ma¹]〈动〉❶来。❷回来。(见庲)

度¹ doh [to⁶]〈量〉次;趟。右江《麽叭劢姐》:司斗度太三。Swq daeuj doh daihsam. 媒人来了第三趟。

度² doh [to⁶]〈动〉打。(见擭²)

度³(托) doh [to⁶]〈动〉尽;遍;够。《初》:躃度国偻。Byaij doh guek raeuz. 走遍我们的国家。| 马山《抄畄歌》:湛患乿�度。Cit van ndaej cimz doh. 甜淡皆尝遍。

度⁴ doq [to⁵]〈副〉马上;立即。(见晚¹)

度⁵ 方 douh [tou⁶]〈动〉点(火、灯)。(见熄¹)

度⁶ dox- [to⁴]〈缀〉❶东西(与介连用)。《初》:度介,doxgaiq,东西。❷相;互相。马山《二十四孝欢》:关闭房度到。Gven dou fuengz doxdauq. 关上房门就转回。(见任²)

度⁷ du [tu¹]〈代〉我们。巴马《贖魂粡呟》:滕盖度召你。Daengz gaiq du ciuh neix. 到了我们这一代。

度⁸ duh [tu⁶]〈助〉的(用在代词、名词前表示领属关系)。(见途¹)

度⁹ duz [tu²]〈量〉❶头;匹;条;只(动物的量词)。❷个(用于鬼神、影子)。❸个(用于人,含贬义)。❹条(用于虹)。(见徒²)

庤 dot [toːt⁷]〈动〉剧痛。(见瘷)

庅 ma [ma¹]〈动〉来。宜州《廖碑》:出生庅喇叁。Doekseng ma lajmbwn. 投生来人间。

庡¹ langh [laːŋ⁶]〈形〉宽广;宽阔。《初》:埅庡。Dieg langh. 地域宽广。

庡² haenz [han²]〈形〉痒。(见痕⁴)

庲(麻) 方 maz [ma²]〈动〉来。《初》:佲侎庲。Minz mij maz. 他不来。(即 ma)

庰 方 caenh [ɕan⁶]〈名〉玻璃酒瓶。(见《初》)

唐¹ daem [tam¹]〈动〉舂。巴马《贖魂粡呟》:特批唐國蕊。Dawz bae daem gueg ceiz. 拿去舂做糍粑。

唐² dangz [taːŋ²]〈名〉裆。(见襠²)

唐³ 方 dangz [taːŋ²]〈量〉程(十里为一塘)。(见塘²)

唐⁴ dangz [taːŋ²]〈名〉厅堂;大堂。(见堂)

庅 maz [ma²]〈代〉什么;啥。(见広²)

庀 nyaengq [ɲaŋ⁵]〈形〉忙;繁忙;忙碌。(见恾¹)

庡(紱) bo [po¹]〈名〉棉毛苹婆(即家麻树),木本,树高达7米余,皮富含纤维,可编绳索或造纸。(见《初》)

㕰（䨢、鍩、鈷）方 demq［teːm⁵］〈动〉钓。《初》：歐蚂蜴㕰蟾。Aeu gvej bae demq goep. 要小蚂蜴去钓青蛙。

康¹ gang［kaːŋ¹］〈名〉缸。（见鏮）

康² gang［kaːŋ¹］〈名〉钢。（见鏮）

康³ gangq［kaːŋ⁵］〈名〉先前；从前（与官连用）。马山《欢叹父母》：康官在内补。Gangqgonq youq ndaw mbuk.［我们］从前尚在襁褓里。

康⁴ gyang［kjaːŋ¹］❶〈名〉中；中间。❷〈数〉半（容量、高度的半数）。（见閅³）

康⁵ hong［hoːŋ¹］〈名〉工作；活路。（见玒）

鹿 gyok［kjoːk⁷］❶〈动〉箍。❷〈名〉箍子。❸〈形〉窄（指衣物）。❹〈名〉枷锁。（见箶）

庲（序、庥、庛、𧿒、㺯、犸、么、麻、罵）ma［ma¹］〈动〉❶来。《初》：歐㯳庲𠀭。Aeu daengq ma naengh. 拿凳子来坐。❷回来。《初》：庲㪴各炷粝。Ma caiq gag cawj haeux. 回来再自己煮饭。

麻¹ ma［ma¹］〈动〉❶来。东兰《造牛（残页）》：请麻阶大洪。Cing ma daengz daxhongh. 牵来到庭院。❷回来。（见庲）

麻² mak［maːk⁷］〈名〉果；果子。巴马《贖魂糯呟》：麻迫，makbug，柚子。

麻³ maz［ma²］❶〈代〉什么；啥。马山《情歌》：佲勺想𠮩麻？ Mwngz yaek siengj guh maz? 你想要干啥？（见庅²）❷〈形〉懵；呆；愣（与蒙连用）。武鸣《信歌》：𤺅奈麻蒙。Doeknaiq mazmoengz. 懊丧发呆。❸〈副〉无比；非常（与当连用，用在形容词之后）。《初》：兀当麻。Ndei dangqmaz. 非常好。❹〈语〉嘛；呀。马山《情歌》：否样你𠮩麻。Mbouj yiengjneix guh maz. 别这么做嘛。| 㑑否论兄麻。De mbouj lwnh gou maz. 他不告诉我呀。

麻⁴ 方 maz［ma²］〈动〉来。（见庲）

廊 ndang［ʔdaːŋ¹］〈名〉身体。《粤风》：劳有助廊辛。Lau youx coh ndang saenz. 怕妹身发抖。

廆¹ baenz［pan²］〈动〉磨。（见磌）

廆² lawh［law⁶］〈动〉替换；代替；轮换。（见㓑²）

廍 mbonq［ʔboːn⁵］〈名〉床；床铺。（见栚）

㢋 方 yaemh［jam⁶］〈名〉夜。（见晻）

廸 nden［ʔdeːn¹］〈名〉近旁；近邻。（见𨖧）

廪 biu［piːu¹］〈名〉标蛇痧。（见瘭）

廣 guengh［kuːŋ⁶］〈形〉间；间隙。右江《本麽叭》：廣収。Guengh saeu. 柱子之间。

廖¹（了）方 liu［liːu¹］〈形〉（粥）稀。《初》：餶廖，cauxliu，稀饭。

廖² 方 liuh［liːu⁶］〈动〉游；串。巴马《漢皇一科》：娘𠮩甫廖竜。Nangz guh boux liuh luengq. 老娘是串巷子的人。

廩（綝、𥝖、浸、啉、㑣、𣓌、㑣、林、淋）lumj［lum³］〈动〉像；似。《初》：㧡内𦧸廩仪㑑。Lwg neix naj lumj boh de. 这孩子

相貌像他父亲。

䁰(英) 𠮩 ying [jiŋ¹]〈名〉 姜。(即hing,见《初》)

𢈙 nanz [na:n²]〈形〉久。(见𠸂)

𢊁 daemq [tam⁵]〈形〉矮;低。(见𡚦¹)

摩¹ moh [mo⁶]〈名〉雾(与露连用)。(见霿¹)

摩² 𠮩 mwz [mɯ²]〈名〉手。(见𢬿)

𢋴 mbinj [ʔbin³]〈名〉草席。(见𦵲)

𪊨 byom [pjo:m¹]〈形〉瘦。(见《初》)

𢋂 mbaenq [ʔban⁵]〈量〉段;节。(见𢪏²)

磨¹ 𠮩 moz [mo²]〈名〉黄牛。(见犘)

磨² moj [mo³]〈形〉凸起;隆起;高出。(见𪊨)

𪋞 remj [ɣe:m³] ❶〈动〉烧焦。❷〈形〉炽热;炎热。❸〈动〉烧;焚烧。(见𤆒)

𢌌 gumh [kum⁶]〈名〉坩;窝;笼。金城江《台腊恒》:提馬𢌌江。Dawz ma gumh gyaeng. 拿来鸡笼关。

𪋤(吅、𣻚、汼、𡋽、㭬、𣲒、𣳭、怒) naeuh [nau⁶]〈形〉烂;腐烂。《初》:犿𣥲𦨶否𪋤。Vaiz dai gok mbouj naeuh. 牛死角不腐烂。

𪋢 𠮩 bo [po¹]〈形〉麻烦。(见𤸸)

靡 miz [mi²]〈动〉有。宜州《龙女与汉鹏》:星否故仜否靡哏。Cingq mbouj guh hong mbouj miz gwn. 不去做工就没有吃的。

𪎊 ndaij [ʔda:i³]〈名〉苎麻。(见艿)

𩄶 fwj [fɯ³]〈名〉云。(见䨺)

𪎊 muz [mu²]〈动〉磨;研磨。(见礳)

𪎌 nduk [ʔduk⁷]〈形〉❶ 朽。❷ 坏;烂;歹毒。(见𤻯)

𪏺 yiuh [ji:u⁶]〈名〉鹞鹰。(见𪁍)

门(門)部

门¹ maenz [man²]〈名〉薯;红薯。(见苠¹)

门² 𠮩 maenz [man²] ❶〈动〉 能;能够。马山《尊老爱幼歌》:素能布门丁。Soh naengh mbouj maenz ning. 径直坐下不能动。❷〈名〉能力;才干。(见㖻¹)

门³ muenz [mu:n²]〈动〉隐瞒。(见𨷲²)

闩¹ dou [tou¹]〈名〉门。(见𨳍)

闩² mbwn [ʔbɯn¹]〈名〉天。巴马《庅兵叭用》:召未僧造闩。Ciuh fih caengz caux mbwn. 那时未曾造天。

闩³ vet [we:t⁷]〈动〉骂街。《初》:闩伝。Vet vunz. 骂人。

闩 gven [kwe:n¹]〈动〉关闭。《初》:闩闩。Gven dou. 关门。

闩 ranz [ɣa:n²]〈名〉家;屋;房。忻城《十劝歌》:叩闩。Haeuj ranz. 进家。

闬(㚇)[方] maengh [maŋ⁶]〈形〉强壮;结实。《初》:躺闬。Ndang maengh. 身体结实。

门 nding [ʔdiŋ¹]〈形〉红。(见㸆)

闭¹ bae [pai¹]〈动〉去。马山《欢叹父母》:丢偻闭空。Ndek raeuz bae hoengq. 丢下我们空手去。

闭² baex [pai⁴]〈动〉❶遮挡;遮蔽。❷背光。(见黭)

闭³ [方] mbej [ʔbe³]〈名〉羊。(见狓)

闰¹ doem [tom¹]〈名〉泥;土;土壤。(见坴²)

闰² dou [tou¹]〈名〉门。(见闬)

闯 dongj [toːŋ³]〈动〉冲。《粤风》:也眉攋凛闯。Yax miz raq raemx dongj. 也有洪水冲。

闫 gyang [kjaːŋ¹] ❶〈名〉中;中间。❷〈数〉半(容量、高度的半数)。(见閰³)

闬 hoengq [hoŋ⁵]〈形〉❶空;空白。❷空闲。(见閧)

闩 muengx [muːŋ⁴]〈名〉网。(见紅)

闲 noix [noi⁴]〈形〉❶少。❷小。(见尐)

闭¹(吩)byoenx [pjon⁴]〈拟〉嘟哝。《初》:詚闭闭。Damz byoenxbyoenx. 嘟嘟哝哝地唠叨。

闭² gyoengq [kjoŋ⁵]〈量〉❶帮;群;伙。❷们(与代词连用)。(见佡)

闬(圡、闩、闰、闬、閅、闿、都、閅、偷、闿、榆)dou [tou¹]〈名〉门。马山《哭姐歌》:跢盯恶咟闬。Yamq din ok bakdou. 抬脚出门口。

闬 dou [tou¹]〈名〉门。(见闬)

闪¹ feiz [fei²]〈名〉火。(见斐)

闪² haeuj [hau³]〈动〉入;进入。忻城《传家训》:读书闪旧伴。Doegsaw haeuj guh buenx. 读书出入作伴。

闪³ haeuj [hau³]〈动〉祖护;帮忙。忻城《十劝歌》:请鄉老斗闪。Cingj yienglaux daeuj haeuj. 请乡老来帮忙。

闪⁴ huj [hu³]〈名〉火;火气。忻城《十劝歌》:時了闪辻那。Seiz ndeu huj hwnj naj. 一时火气上了脸。

闪⁵ nding [ʔdiŋ¹]〈形〉红。平果《贼歌》:云闪,fwj nding,红云。| 只咘女发闪。Aen mboq neix fat nding. 这汪泉泛红。(见㸆)

闷 -gyaemx [kjam⁴]〈缀〉黑漆漆;黑黝黝;黑乎乎(与黯连用)。《初》:黯闷闷,ndaemgyaemxgyaemx,黑漆漆。

闸 gyang [kjaːŋ¹] ❶〈名〉中;中间。❷〈数〉半(容量、高度的半数)。(见閰³)

闬 [方] haej [hai³]〈动〉给。巴马《贖魂耨呟》:魂旻托闬故。Hoenngoenz doek haej gu. 魂魄降临来给我。

闲¹ hanz [haːn²]〈名〉扁担。《粤风》:送条闲肺榕。Soengq diuz hanz faexrungz. 送榕木扁担。

闲^{2} hanz [haːn^{2}]〈连〉纵然;即使。宾阳《催春》:就闲捻佩银,以难贫财主。Couh hanz gip ndaej ngaenz, hix nanz baenz caizcawj. 纵然捡得钱,也难成财主。

闲^{3} henz [heːn^{2}]〈名〉旁边;边沿;附近。(见堌)

闳 hoengq [hoŋ^{5}]〈形〉❶ 空;空白。❷ 空闲。(见閧)

闵^{1} maenh [man^{6}]〈形〉❶ 坚固;牢固。❷ 强壮;健壮。(见孯^{1})

闵^{2} maenj [man^{3}]〈名〉李子。(见檄)

闷^{1} mbaenq [ʔban^{5}]〈形〉烦闷(与屯连用)。马山《二十四孝欢》:各闷屯内心。Gag mbaenqdaenz ndaw sim. 独自烦闷在内心。

闷^{2} moen [mon^{1}]〈动〉堵;窒息。《粤风》:何闷也为花。Hoz moen yax vih va. 心堵为花颜。

闷^{3} mon [moːn^{1}]〈形〉火力微弱;火将灭(灰烬里只残留一些小火炭)。(见闶)

闷^{4} 方 muenj [muːn^{3}]〈名〉尘土。(见《初》)

闷^{5} 方 mwnz [mɯn^{2}]〈形〉圆;圆形的。(见門^{2})

闶(闷、满) mon [moːn^{1}]〈形〉火力微弱;火将灭(灰烬里只残留一些小火炭)。《初》:斐約闶啰,踋添杖合烑毙。Feiz yaek mon loh, vaiq dem fwnz haeuj cauq bae. 火将灭了,快添柴进灶去。

闪 ndaw [ʔdaɯ^{1}]〈名〉里;里头;里边。大化《白事鸟歌》:纠闪纠咧客盈栏。Gyaeuj ndaw gyaeuj rog hek rim ranz. 里头外头客满屋。

闭 noix [noi^{4}]〈形〉❶ 少。❷ 小。(见尐)

闰 yinz [jin^{2}]〈名〉人。马山《二十四孝欢》:正賢闰眉名。Cingq henzyinz miz mingz. 正是有名的贤人。

闻^{1} daemz [tam^{2}]〈名〉塘;池塘。忻城《十劝歌》:肩闻帮家当。Miz daemznaz gyadangq. 有田园家当。

闻^{2} gumz [kum^{2}]〈名〉坑;墓穴。忻城《传家教》:眼父姝陇闻,想召佉布了。Ngoenz bohmeh roengz gumz, siengj ciuh vunz mbouj liux. 父母下土日,悔终生不了。

闸^{1}(䯳、𫚈、䣛) goz [ko^{2}]〈形〉弯;弯曲。《初》:腰闸,hwet goz,驼背。| 闸腰。Goz hwet. 弯着腰。

闸^{2} ndoj [ʔdo^{3}]〈动〉躲;藏。(见𨶜)

闬 heu [heu^{1}]〈形〉青。(见荳^{1})

闷^{1}(咄、律、啤)方 laet [lat^{7}]〈形〉愚蠢;笨。《初》:俌内胳腴闷。Boux neix dungxsaej laet. 这个人很愚笨。

闷^{2} raeb [ɣap^{8}]〈名〉❶ 侧面;侧背面。❷ 隅;那边。(见𨸏)

闹^{1} nauh [naːu^{6}]〈动〉嘟哝。马山《改漫断鄰鄰》:改勒闹。Gaejlaeg nauh. 莫要嘟哝。

闹² nauh [naːu⁶]〈动〉闹;敲响。马山《二十四孝欢》:介八闹鼓铃。Gaejbah nauh gyong lingz. 暂时不要敲响鼓铃。

闹³ 方 nauq [naːu⁵]〈副〉❶ 不;无。大化《嚏奠别》:尸喻時刁闹。Ndwi lumz seiz ndeu nauq. 无一时能忘(没有哪一时刻能忘记)。❷ 永不。田阳《布洛陀遗本》:隆股茶避闹。Roengz luz cauh bae nauq. 下船划走永不回。

闷 ndaw [ʔdauɯ¹]〈名〉内;里。(见閦)

闷 nding [ʔdiŋ¹]〈形〉红。(见纾)

闷 rin [ɣin¹]〈名〉石头。(见磌)

闷 rog [ɣoːk⁸]〈名〉外;外边。武鸣《信歌》:闷帐。Rog riep. 蚊帐外边。

闰 yaem [jam¹]〈形〉阴森;阴沉。(见詅)

闼 dat [taːt⁷] ❶〈名〉山崖;峭壁。❷〈形〉陡峭。(见墶)

闺¹ 方 gaet [kat⁷]〈形〉浓烈;醇(指酒味)。(见酤)

闺² 方 git [kit⁷] ❶〈名〉闩。❷〈形〉急(流)。(见諡)

闶¹ gvang [kwaːŋ¹]〈名〉光。马山《二十四孝欢》:点烛闶泣洛。Diemj cuk gvang lizlinz. 点上蜡烛亮闪闪。

闶² ndongq [ʔdoːŋ⁵]〈形〉❶ 亮;明亮;光明。都安《三界老爺唱》:紪闶布勺闶。Ranz ndongq mbouj yaek ndongq. 天将亮未亮。| 马山《孝歌》:点灯闶萨萨。Diemj daeng ndongq sadsad. 点灯亮闪闪。❷ 使光彩。马山《传扬歌》:闶罍众皮往。Ndongq naj gyoengq beixnuengx. 使众兄弟脸上有光彩。

闵 gven [kweːn¹]〈动〉关。马山《六中官将唱》:闵于闳梱。Gven youq ndaw giemx. 关在栏厩里。

闳 gyaeng [kjaŋ¹]〈动〉囚;关;监禁。(见圇)

闶 gyan [kjaːn¹]〈动〉❶ 吞;吞咽。❷ 吞没;侵吞。❸ 堆叠;套;合拢。(见餇)

闳 gyoengq [kjoŋ⁵]〈量〉❶ 帮;群;伙。❷ 们(与代词连用)。(见俭)

闫(迏、哈、嗄) haep [hap⁷]〈动〉❶ 关;闭;掩。《初》:闫闬。Haep dou. 关门。❷ 堵拦(流水)。《初》:闫汏。Haep dah. 拦河。❸ 威胁。《初》:闫伝歐刄。Haep vunz aeu cienz. 威胁人家拿出钱财。

闾 lawz [lauɯ²]〈代〉何;哪。《粤风》:鲁批败闾啰。Rox bae baihlawz lax. [谁]知去哪找。

间 mwh [muɯ⁶] ❶〈名〉时;时候;时期。武鸣《信歌》:生斗否丁间。Seng daeuj mbouj deng mwh. 生来不逢时。❷〈副〉忽然(与暑连用)。(见宵)

闽 方 voemx [wom⁴] ❶〈名〉哑巴。❷〈形〉哑。(见《初》,即 ngoemx)

闭 co [ɕo¹]〈动〉多谢;谢谢(与邁连用)《初》:闭邁。Co'mbaih. 多谢;谢谢。(即 gyo'mbaiq)(见闞)

闰 dou［tou¹］〈名〉门。(见闭)

闸(居、阔、攄) 方 gaw［kaɯ¹］〈动〉❶住;歇。《初》:闸盯。Gaw din. 歇脚。❷整;收拾。《初》:汷内屽闸啰。Mbat neix deng gaw loh. 这回挨整了。❸计较。《初》:闸貧移口広? Gaw baenzlai guh maz? 计较那么多干啥?

闲 gyaeu［kjau¹］〈形〉美丽;漂亮。(见姣)

阁 gyan［kja:n¹］〈动〉❶吞;吞咽。❷吞没;侵吞。❸堆叠;套;合拢。(见餰)

闭¹ gyoeng［kjoŋ¹］〈形〉空心;通心。(见窓)

闭² gyoengq［kjoŋ⁵］〈量〉❶帮;群;伙。❷们(与代词连用)。(见伀)

闼 in［ʔin¹］❶〈形〉痛。❷〈动〉疼爱;爱惜。(见痐)

闾¹ 方ndaemq［ʔdam⁵］〈动〉看见。(见《初》)

闾² ndomq［ʔdo:m⁵］〈动〉窥视。(见《初》)

闼 vaenj［wan³］〈形〉稳。(见闉²)

瓯 aj［ʔa³］〈动〉张开。(见吖¹)

闾 方 gaw［kaɯ¹］〈动〉❶住;歇。❷整;收拾。❸计较。(见)

阵 gyang［kja:ŋ¹］❶〈名〉中;中间。❷〈数〉半(容量、高度的半数)。(见閅³)

闹 heu［heu¹］〈形〉青。(见茾¹)

闲 hoengq［hoŋ⁵］〈形〉❶空;空白。❷空闲。(见閸)

阁 luengq［lu:ŋ⁵］〈名〉巷子。《初》:空侈丞阁垄。Ranz de youq luengq gwnz。他家在上面的巷子。

阴 ndoj［ʔdo³］〈动〉躲藏。武鸣《信歌》:逃丕阴。Deuz bae ndoj. 逃去躲藏。

闵(熑、廉、嗛) 方 riemx［ɣi:m⁴］〈名〉厨房(与斐连用)。《初》:闵斐,riemxfeiz,厨房。

闺 roenx［ɣon⁴］〈动〉溢;漫。(见涤²)

阁 rox［ɣo⁴］❶〈动〉懂;会;认识;晓得。❷〈连〉或;或者;还是。(见鳹)

闰¹ vangj［wa:ŋ³］〈拟〉空荡荡的;无遮拦的。(见旺)

闰² 方 vieng［wi:ŋ¹］〈形〉寂静;荒凉。(见苀)

阁(串、川、袴、审、村) con［ço:n¹］〈动〉穿(洞)。《初》:阁紑怀。Con boek vaiz. 穿牛鼻绳。

洪 hoengh［hoŋ⁶］〈形〉❶旺盛;兴旺;热闹;繁华。❷嘈杂;吵闹。❸丰盛。(见啌³)

阁 ngonz［ŋo:n²］〈动〉观看。(见睅)

阁 nyok［n̥o:k⁷］〈动〉赠送;赐与。(见賍)

闷 yaep［jap⁷］❶〈动〉眨(眼)。❷〈名〉一会儿。(见眨⁴)

闻 yaez［jai²］〈形〉差;次;低劣。(见孬³)

閺 haeu [hau¹]〈形〉臭。(见䶊)

閾 方 hoi [hoi¹]〈动〉开。《初》:閾闭。Hoi dou. 开门。

閪 sonj [θo:n³]〈动〉捞(用织得很密的小渔网在浅水的地方捞鱼虾)。《初》:夅壇塂閪蜣。Roengz daemz bae sonj gungq. 下塘去捞虾。

闇 iem [ʔi:m¹]〈动〉阉。(见刢)

閷 方 dimz [tim²]〈动〉塞;堵塞。《初》:蕴閷陌垎。Oen dimz bak loh. 荆棘堵塞了路口。

闍 dou [tou¹]〈名〉门。(见闭)

闠 guenq [ku:n⁵]〈动〉灌。(见潰)

闄 henj [he:n³]〈形〉黄(色)。(见黰)

闝 heu [heu¹]〈形〉青。(见莮¹)

闇 iem [ʔi:m¹]〈动〉阉。(见刢)

闟 raek [ɣak⁷]〈动〉❶ 带;佩戴。❷ 怀孕。❸ 携带。(见摵)

闛¹ byaengq [pjaŋ⁵]〈动〉敞开。《初》:闛闭埅肚肚。Byaengq dousingz vangjvangj. 城门空荡荡敞开着。(见閳)

闛² gyaeng [kjaŋ¹]〈动〉囚;关;监禁。(见圌)

闣 gyaeng [kjaŋ¹]〈动〉囚;关;监禁。(见圌)

闤¹ laep [lap⁷]〈动〉闭(眼)。(见眬²)

闤² laep [lap⁷]〈形〉黑;黑暗;昏暗。(见嘿¹)

闤³ ndaem [ʔdam¹]〈形〉黑。(见黯)

闤⁴ ndaem [ʔdam¹]〈动〉种;栽。(见穓)

闥 gyaeng [kjaŋ¹]〈动〉囚;关;监禁。(见圌)

閬 riengh [ɣi:ŋ⁶]〈名〉栏圈;栏厩。(见梡³)

闧¹ muenx [mu:n⁴]〈动〉没;漫。《初》:淰闧卦垠畓。Raemx muenx gvaq haenz naz. 水漫过田埂。

闧²(门、闧)muenz [mu:n²]〈动〉隐瞒。《初》:兄否闧佲。Gou mbouj muenz mwngz. 我不瞒你。

闧³(黔、林、鏻、灡、鑾、滥、歆、淋、临、泠、喑)rim [ɣim¹]〈动〉满。《初》:氿闧坤。Laeuj rim cung. 酒满坛。| 淰闧肘垠壇。Raemx rim daengz haenz daemz. 水满到塘边。

闢 hai [ha:i¹]〈动〉开。(见捆²)

閛 mbe [ʔbe¹]〈动〉铺开;张开。(见搛)

閯 suen [θu:n¹]〈名〉园子。(见圓)

鬨 henj [he:n³]〈形〉黄(色)。(见黰)

鬫 方 hai [ha:i¹]〈动〉卖。《初》:鬫花。Hai byaek. 卖菜。

門¹ 方 mon [mo:n¹]〈名〉枕。《初》:門墒, monduh, 枕头。

門²(闷)方 mwnz [mɯn²]〈形〉圆;圆形的。(见《初》)

閅 dou [tou¹]〈名〉门。(见闫)

閂 fung [fuŋ¹]〈动〉封;封锁;捂;封闭;塞。(见閧)

閅 dou [tou¹]〈名〉门。(见闫)

閅 ningq [niŋ⁵]〈形〉小;幼小。马山《駄向书信》:往年己里閅。Nuengx nienzgeij lij ningq. 弟妹年纪还幼小。

閅(闔)㊄ up [ʔup⁷]〈动〉掩;关;闭。《初》:閅闫。Up dou. 掩门。

閅(閅、䦈、㘬、䦅、丫) aq [ʔa⁵]〈动〉裂;裂开。《初》:㙩垟内閅啰! Faq ciengz neix aq loh! 这堵墙裂了!

閅 gan [ka:n¹]〈量〉间。《初》:𡧃兄眉三閅。Ranz gou miz sam gan. 我家有 三间屋子。

閅 maenz [man²]〈量〉 元;个;枚(铜板)。《初》:閅乂㤁䞊腱䴱。Maenz cienz siengj cawx daep mou. 一个铜板也想买到猪肝(喻无此便宜事)。

閅 baex [pai⁴]〈动〉❶ 遮挡;遮蔽。❷ 背光。(见黯)

閅 gyoengq [kjoŋ⁵]〈量〉❶ 帮;群;伙。❷ 们(与代词连用)。(见伙)

閅¹ henz [he:n²]〈名〉旁边;边沿;附近。(见堹)

閅² henz [he:n²]〈连〉虽然。马山《信歌》:分吭閅鲁訁,有眉産人丁。Faenh gou henz rox gangj, ndwi miz sanj vunz ding. 我虽然会说,却不[会]繁衍人丁。

閅 henz [he:n²]〈名〉旁边;边沿;附近。(见堹)

閅¹ maen [man¹]〈形〉不孕。田阳《布洛陀遗本》:閅解要劲養。Maen gaej aeu lwg ciengx. 不孕也别抱养子。

閅² maenz [man²]〈名〉薯;红薯。(见苠¹)

閅³ ㊄ mwnq [mɯn⁵]〈名〉处;处所。(见堹)

閅(汩、泯、潡、泂、潹) mboen [ʔbon¹]〈动〉潜(水)。《初》:閅淰擝鲃。Mboen raemx lumh bya. 潜水摸鱼。

閅(閅、㕣、冏) ndaw [ʔdaɯ¹]〈名〉内;里。《初》:合閅𡧃庲𫝛。Haeuj ndaw ranz ma naengh. 进屋里来坐。

閅 nding [ʔdiŋ¹]〈形〉红。(见𦇐)

閅¹ rog [ɣo:k⁸]〈名〉外;外边。(见閅)

閅² rug [ɣuk⁸]〈名〉卧房;内房;闺房。(见房)

閅 ej [ʔe³]〈名〉屎。(见屙)

閅¹ nauh [na:u⁶]〈动〉埋怨;嘟哝。马山《二十四孝欢》:的𤽶介勤閅。Dwgrengz gaejlaeg nauh. 辛苦也莫要埋怨。

閅² nauq [na:u⁵]〈副〉不。马山《駄向书信》:𡗶不開吭閅。Mbwn mbouj hai gou nauq. 天一点儿都不为我开恩。|《抄岜歌》:閅缸不眉閅。Ndaw gang mbouj miz nauq. 缸里[一点儿粮]都没有。

閖 ndaw［ʔdauɯ^{1}］〈名〉内；里。（见閖）

閅 ndoj［ʔdo^{3}］〈动〉躲；藏。（见躲）

阴（閄）rog［ɣo:k^{8}］〈名〉外；外边。《初》：阴闭。Rog dou. 门外。| 上林《赶圩歌》：断难屑螺阴。Duenh nanz ndi ok rog. 好久不外出。

閄 rongh［ɣo:ŋ^{6}］〈形〉亮；明亮；光亮。（见糠^{2}）

閄^{1} gangj［ka:ŋ^{3}］〈动〉讲；说；谈；议论；宣布。（见嗛）

閄^{2} gyaeng［kjaŋ^{1}］〈动〉囚；关；监禁。（见圊）

閄^{3}（蹚、茳、康、江、阌、降、嚝、堽、罡、闸、闫、吰、䛬、羾、舯）gyang［kja:ŋ^{1}］❶〈名〉中；中间。《初》：閄汰，gyang dah，河中间。❷〈数〉半（容量、高度的半数）。《初》：閄幪粝，gyang mbaek haeux，半竹筒米。

閄^{4}（江）历 gyang［kja:ŋ^{1}］〈名〉太阳（与昡连用）。《初》：閄昡，gyangngoenz，太阳。

閧^{1} gumz［kum^{2}］❶〈名〉凹处；小坑；洼地。❷墓穴。❸〈形〉凹；凹状的。（见凼）

閧^{2} gumh［kum^{6}］〈形〉低洼；凹下；坑洼。（见闕^{1}）

関 gvan［kwa:n^{1}］〈名〉丈夫。（见佚）

閖 oemq［ʔom^{5}］〈动〉堆积；沤。（见闣）

閣 raiq［ɣa:i^{5}］〈名〉栅；水栅门（用竹或铁丝编成，用来拦住水口，防鱼逃脱）。（见槭）

閬 rongh［ɣo:ŋ^{6}］〈形〉亮；明亮；光亮。（见糠^{2}）

閾 aq［ʔa^{5}］〈动〉裂；裂开。（见閄）

閪（闸、佐）历 co［ɕo^{1}］〈动〉谢。《初》：閪哄佲俌兄。Co gwx mwngz bang gou. 多谢你帮助我。| 閪邁。Co'mbaih. 多谢；谢谢。（即 gyo'mbaiq）

閶 gangj［ka:ŋ^{3}］〈动〉讲；说；谈；议论；宣布。（见嗛）

閣 gaek［kak^{7}］〈动〉发怒；生气；恼。（见氪）

闞 历 git［kit^{7}］❶〈名〉闩。❷〈形〉急（流）。（见諡）

闞 历 gyuk［kjuk^{7}］〈形〉热闹；喧哗。《初》：闞貧鋓倨謌。Gyuk baenz laz canghheiq. 热闹得像戏人的锣鼓。

闟 leih［lei^{6}］〈名〉鱼床；鱼梁（渔具，放在水位落差大的下方，以捕捉顺流而下的鱼类，也称鱼栅）。（见箣）

闟 历 maez［mai^{2}］〈形〉快乐；闹热。（见闋）

闉^{1}（奎、咹）onj［ʔo:n^{3}］〈形〉稳；安稳。《初》：闉澧。Onjwt. 非常安稳。

闉^{2}（闽、奎、勬）vaenj［wan^{3}］〈形〉稳。《初》：闉廩泰山。Vaenj lumj Daisanh. 稳如泰山。

闍^{1} boj［po^{3}］〈动〉说出；嘟哝。马山《駄向书信》：论伝听曾闍。Lwnh vunz dingq caengz boj. 告诉别人才说出。

閣² gaek [kak⁷]〈动〉发怒;生气;恼。(见氪)

閣³ haemz [ham²]〈形〉❶(味)苦。❷苦;辛苦;穷;困难;艰苦。(见豁)

閧 geh [ke⁶]〈名〉间隙;缝隙。(见雕)

闕 gwenj [kɯ:n³]〈动〉揭;掀。(见掀)

閸(闳、闫、閃、椌、跭、啌、宓、劲、门)hoengq [hoŋ⁵]〈形〉❶空;空白。《初》:偲空内閸移。Aen ranz neix hoengq lai. 这间房子空荡荡的。❷空闲。《初》:兄否乱閸。Gou mbouj ndaej hoengq. 我没有空。

闔 imq [ʔim⁵]〈形〉饱。(见飪)

閣 方 nyaek [ȵak⁷]〈动〉恼怒;恼恨(指生闷气)。(见惍¹)

閺 rug [ɣuk⁸]〈名〉卧房;内房;闺房。(见房)

阁 rug [ɣuk⁸]〈名〉卧房;内房;闺房。(见房)

閭(埡) nyaz [ȵa²]〈名〉衙门。(见《初》)

闏 aq [ʔa⁵]〈动〉裂;裂开。(见閄)

閿 ceg [ɕe:k⁸]〈动〉裂;开裂。(见㓦)

闚 方 du [tu¹]〈名〉门。(见《初》,即dou,见闭)

闓(閅、闣) fung [fuŋ¹]〈动〉封;封锁;捂;封闭;塞。《初》:闓 忍 狃。Fung congh nou. 塞老鼠洞。

閧¹(凹、歪、閧) gumh [kum⁶]〈形〉低洼;凹下;坑洼。《初》:畓閧, naz gumh,低洼田。

閧² 方 hoengh [hoŋ⁶]〈副〉刚刚;才。《初》:貧痥閧兀。Baenz bingh hoengh ndei. 生病刚刚好。

闑(閙) 方 maez [mai²]〈形〉快乐;闹热。《初》:旼内闑貧膳。Ngoenzneix maez baenz cieng. 今天热闹得像过春节一样。

闇 oem [ʔom¹]〈形〉闷热。(见熅²)

闉 方 up [ʔup⁷]〈动〉掩;关;闭。(閅)

闊 -vat [wa:t⁷]〈缀〉空荡荡(一无所有的样子)。《初》:閬空閸闊闊。Ndaw ranz hoengqvatvat. 家里空荡荡的。

闣 fung [fuŋ¹]〈动〉封;封锁;捂;封闭;塞。(见闓)

闂(閗) oemq [ʔom⁵]〈动〉堆积;沤。《初》:闂屎。Oemq bwnh. 沤肥。

闥(閸) byaengq [pjaŋ⁵]〈动〉敞开。《初》:闥闭埁。Byaengq dou singz. 敞开城门。

闟 gek [ke:k⁷]〈拟〉咯;哒啦(如拖木鞋走路的响声)。(见《初》)

闖¹(湳) ndaem [ʔdam¹]〈动〉潜。《初》:闖淰, ndaem raemx,潜水。

闖² ndaem [ʔdam¹]〈形〉黑。马山《信歌》:裀闖。Baengz ndaem. 黑布。

閬 langx [la:ŋ⁴]〈动〉犯难。马山《起书嚏特豆》:閬憐憐, langx linlin,犯难连连。

闧 muenz [mu:n²]〈动〉隐瞒。(见闧²)

氵(水氺)部

汔 rwed [ɣɯ:t⁸]〈动〉淋;浇。(见洫)

汴¹ bop [po:p⁷]〈名〉泡。《初》:𢫕𤘅汴。Fwngz hwnj bop. 手起水泡。

汴² byoeg [pjok⁸]〈拟〉噗噗。《初》:淰眦洌汴汴。Raemxda rih byoegbyoeg. 眼泪掉噗噗。

汴³(卜、哈、泗、𦺖) mboek [ʔbok⁷]〈动〉下降;降下;减少。《初》:淰壇汴。Raemxdaemz mboek. 池塘的水位下降。

汃 㓝 byaz [pja²]〈动〉涂污。(见𢫡)

汔¹ caed [ɕat⁸]〈动〉搓。马山《嚏嘆情》:肉不汔𧺃皓。Noh mbouj caed caemh hau. 肌肤不搓洗也洁白。

汔² caet [ɕat⁷] ❶〈名〉漆;漆料。《初》:卦汔。Gvaq caet. 上漆。❷〈动〉漆。《初》:汔匮。Caet gvih. 漆柜子。

汔³ cit [ɕit⁷]〈形〉淡(指味道)。(见𣶏)

汁 㓝 dik [tik⁷]〈量〉滴。《初》:汁淰刁。Dik raemx ndeu. 一滴水。

汉¹ han [ha:n¹]〈动〉回答;答应。马山《哭姐歌》:皮叽可礼汉。Beix gou goj ndaej han. 我姐也还能回答。(见哻²)

汉² hanq [ha:n⁵]〈名〉鹅。马山《欢叹父母》:汉猛。Hanq mboeng. 茁壮的小鹅。

氿(滔、漊、洒、醽、䣼、䣼) laeuj [lau³]〈名〉酒。《初》:兄否𤽡吨氿。Gou mbouj rox gwn laeuj. 我不会喝酒。

沥¹ naiq [na:i⁵]〈形〉软。宾阳《催春》:实西沥盯𢫕。Saed seih naiq din fwngz. 实在是软了手脚。

沥²(呖、耐、㴥) 㓝 naiz [na:i²]〈名〉口水;痰。《初》:吡沥。Biq naiz. 吐口水。(即 myaiz)

沥³ 㓝 naiz [na:i²]〈名〉露;露水。(见雳)

汈 ndik [ʔdik⁷] ❶〈动〉滴。《初》:淰汈叄料。Raemx ndik roengzdaeuj. 水滴下来。❷〈量〉滴。《初》:汈淰刁。Ndik raemx ndeu. 一滴水。

㲹 㓝 yin [jin¹]〈形〉冷。(见《初》)

汥 byaiz [pja:i²]〈形〉汹涌;澎湃(与浿连用)。金城江《台腊恒》:水拉汏浿汥。Raemx laj dah byoegbyaiz. 河中水汹涌。

汛¹ caem [ɕam¹]〈形〉❶静;沉静;寂静;清静;沉寂。❷熟(睡);沉(睡)。(见吣¹)

汛²(浾、浸) caemx [ɕam⁴]〈动〉洗(澡);游泳。《初》:汛𣳔, caemxndang,游泳。

汢(涓) -cangq [ɕa:ŋ⁵]〈缀〉味淡的;无味的。《初》:𣶏汢汢。Citcangqcangq.(味道)很淡。

汕¹ -canz [ɕa:n²]〈缀〉嘈杂的;乱哄

哄的。(见岀²)

汕² -sanx [θa:n⁴]〈缀〉破烂的。《初》:佲躺裕偧测汕兰。Gij ndangdaenj de saegsanxranx. 他的穿着很破烂。

汋(涬) conj [ɕo:n³]〈动〉滑;滑倒。《初》:汋夆埁。Conj roengzbae. 滑下去。

汏¹(汰、沲、他、驮、汱、汸、渺、馱) dah [ta⁶]〈名〉河。《初》:夆汏迪鲃。Roengz dah dwk bya. 下河捕鱼。| 汏荟, Dahmbwn,银河。

汏² dah [ta⁶]〈副〉果真;果然(与浹连用)。马山《二十四孝欢》:眉福炁汏浹。Miz fukheiq dahraix. 果真有福气。

汏³ daih [ta:i⁶]〈动〉滤;过滤。《初》:淰浛歐汏卦。Raemx hoemz aeu daih gvaq. 浑浊的水要过滤。

汏⁴ raq [ɣa⁵]〈量〉阵。(见涖)

汎 dan [ta:n¹]〈名〉滩;沙滩。马山《迪封信斗巡》:鲃里吊汎。Byaleix diuq dan. 鲤鱼跳滩。

江¹ gangj [ka:ŋ³]〈动〉讲;说;谈;议论;宣布。(见嗛)

江² gyaeng [kjaŋ¹]〈动〉关。马山《悼姆歌》:迪犿口梡江。Dwk vaiz haeuj riengh gyaeng. 赶牛入栏关起来。

江³ gyaengh [kjaŋ⁶]〈量〉截;节;段。(见殛)

江⁴ gyang [kja:ŋ¹]〈名〉中;中间。宜州《龙女与汉鹏》:嘢江任。Youq gyang raemx. 在水中。| 宜州《孟姜女》:江旁, gyang biengz,人世间。

江⁵ gyang [kja:ŋ¹]〈名〉壮汉;壮士;大汉。东兰《莫卡盖用》:双江胻杀劳。Song gyang daengz cahlauh. 两位壮汉猛然来到。

江⁶ gyang [kja:ŋ¹] ❶〈名〉中;中间。❷〈数〉半(容量、高度的半数)。(见閅³)

江⁷ 方gyang [kja:ŋ¹]〈名〉太阳(与昡连用)。(见閅⁴)

江⁸ gyang [kja:ŋ¹]〈形〉晏;迟。(见旺)

江⁹ gyangh [kja:ŋ⁶]〈形〉漂亮。宜州《龙女与汉鹏》:儂江嘢介斗。Nuengx gyangh youq gyawz daeuj. 漂亮阿妹自何处来。

江¹⁰ gyangq [kja:ŋ⁵]〈名〉陀螺。平果《情歌》:朋友斗淂江。Baengzyoux daeuj dwk gyangq. 朋友来打陀螺。

沪¹ 方 gvaengz [kwaŋ²]〈名〉深潭。(见泟¹)

沪² vaengz [waŋ²]〈名〉❶潭。❷深水汪(河段中较深的地方)。(见澢³)

汗 hat [ha:t⁷]〈形〉渴。金城江《台腊恒》:口切汗, caep hat,解渴。

汒¹ mah [ma⁶]〈副〉立即(与之连用)。东兰《造牛(残页)》:汒之押日裡丕足。Mahcih ya ngoenz ndei bae coux. 立即找好日子去迎接。

汒² mangx [ma:ŋ⁴]〈动〉对半分成。平果《情歌》:口瞀汒。Guh naz mangx. 租种对半分成的田。

汇[3](滂、淊、吢、淍、沪、洛、埲、漧、蒲、漭)mieng[miːŋ[1]]〈名〉沟渠。《初》:擱汇造諾晋。Hai mieng bae coh naz. 往田里开沟渠。

汇[4] vaengz[waŋ[2]]〈名〉❶潭。❷深水汪(河段中较深的地方)。(见澘[3])

汩[1] mboen[ʔbon[1]]〈动〉潜(水)。(见閖)

汩[2] 方mueng[muːn[5]]〈形〉烦闷。《初》:胣汩。Sim mueng. 心烦。

沵 mboek[ʔbok[7]]〈动〉降;下降。平果《欢勒谊》:淰汏沵肛底。Raemxdah mboek daengz daej. 河水降到底。

汹[1] mboq[ʔbo[5]]〈名〉泉。(见沛)

汹[2] mok[moːk[7]]❶〈名〉雾。❷〈形〉模糊。(见瞙[1])

汩 方mwz[mɯ[2]]〈动〉回去。《初》:汩芮。Mwz swenz. 回家。

汝 ni[ni[1]]〈名〉江。《初》:淰汝。Raemxni,江水。

汗[1] ra[ɣa[1]]〈动〉打瞌睡(与眸连用)。(见晒)

汗[2] raj[ɣa[3]]〈形〉马虎;一呼隆(与漕连用,有草草了事、蒙混过关等意味)。(见洒)

汗[3] raq[ɣa[5]]〈名〉瘟疫。(见疗)

汗[4] 方raq[ɣa[5]]〈名〉一会儿;一下子。《初》:汗刁兄靴造。Raq ndeu gou couh bae. 一会儿我就去。

汗[5] yaep[jap[7]]〈名〉瞬间;一会儿;一下子。马山《欢哭母》:不眉汗吠唤。Mbouj miz yaep gyaeuj in. 没有时间说头疼。

汗[6] 方yaq[ja[5]]〈形〉大。金城江《台腊恒》:四月斗温汗。Seiqnyied daeuj vun yaq. 四月来大雨。

汉 raq[ɣa[5]]〈量〉阵。(见拉)

沏 saenz[θan[2]]〈动〉颤;发抖。(见抻[2])

污[1] uq[ʔu[5]]❶〈形〉脏;肮脏。❷〈动〉污;玷污。(见《初》)

污[2] 方uq[ʔu[5]]〈动〉在。田阳《布洛陀遗本》:糎配污立榜。Haeux bawx uq laj fag. 饭被媳妇[藏]在竹垫下。

沈 youz[jou[2]]〈名〉油。(见沈)

沛 方baiz[paːi[2]]〈名〉布。(见《初》)

汜 bya[pja[1]]〈名〉鱼。(见鲃)

泚 byaeuz[pjau[2]]〈动〉滚;沸;开。(见武鸣《张》)

洧 方byoux[pjou[4]]〈动〉溢出(锅里的水、汤、牛奶等因沸腾而溢出)。(见《初》)

沉[1] caem[çam[1]]〈形〉❶静;沉静;寂静;清静;沉寂。❷熟(睡);沉(睡)。(见吣[1])

沉[2] coemj[çom[3]]〈动〉蒙;蒙住。《粤风》:扶沉苟笼梯。Buh coemj gyaeuj roengzlae. 衣蒙头出嫁。

洴[1] cingj[çiŋ[3]]〈名〉井。(见《初》)

洴[2] mieng[miːŋ[1]]〈名〉沟。忻城《传

扬歌》:咸汫兀过。Hamj mieng ndwi gvaq. 跨不过沟。

沌[1] 㕣 daem [tam¹]〈形〉满。(见《初》)

沌[2] daemq [tam⁵]〈形〉低。马山《接盘古》:介沌者田畱,介桑者田垦。Gaiq daemq ce guh naz, gaiq sang ce guh reih. 低处留做水田,高处留做旱地。

沌[3] daemz [tam²]〈名〉池塘。(见墰)

沌[4] dumh [tum⁶]〈动〉淹;淹没。(见㴺)

沌[5] dumx [tum⁴]〈动〉淹;淹没。马山《伏羲子妹》:淰沌掛批。Raemx dumx gvaqbae. 大水淹过去。

沌[6] dumz [tum²]〈形〉湿。马山《为人子者》:父母地沌孖地旴。Bohmeh dieg dumz lwg dieg hawq. 父母睡湿处孩子睡干爽处。(见汵)

沺 dumz [tum²]〈形〉湿。(见汵)

汒[1] dumz [tum²]〈形〉湿。(见汵)

汒[2] nyinh [ȵin⁶]〈形〉湿;润;潮湿;湿润。马山《叹亡》:母什眸垫汒。Meh cix ninz dieg nyinh. 母亲就睡潮湿处。

汏 dah [ta⁶]〈名〉河。大化《奠别歌》:淰汏笼斗追,枟披难彬到。Raemxdah roengzdaeuj cei, loek beiz nanz baenq dauq. 河水下来推,水车难倒转。|平果《情歌》:扛网的汏。San muengx dwk dah. 织网打河鱼。(见汏¹)

汰 dah [ta⁶]〈名〉河。武鸣《信歌》:徒蟯闷汰。Duznyauh ndaw dah. 河中的小虾。(见汏¹)

汸 㕣 faengq [faŋ⁵]〈名〉河岸;岸边。(见《初》)

汶 㕣 foenx [fon⁴]〈动〉溢;盈;冒。(见湓)

泆(捊、捊、孚、扶、扶) fou [fou¹]〈动〉搓洗。《初》:泆袮。Fou buh. 搓洗衣服。

汾[1] fwn [fɯn¹]〈名〉雨。马山《雲红不乿荫》:汾笁啰。Fwn doek raq. 下大雨。(见雰)

汾[2] fwnz [fɯn²]〈名〉柴火。(见枚)

洰 gawh [kaɯ⁶]〈动〉涨;膨胀。(见胅)

泠[1] 㕣 gengx [keːŋ⁴]〈名〉发馊的食物。(见涀¹)

泠[2] rim [ɣim¹]〈动〉满。(见䦆³)

汧 㕣 goih [khoi⁶]〈形〉干;渴。(见趼)

汪 㕣 him [him¹]〈动〉满。金城江《覃氏族源古歌》:児攬緤汪邦。Lwglan gyeh him biengz. 儿孙繁衍满天下。

沥 lwed [lɯːt⁸]〈名〉血。(见衂)

沘(涞)㕣 maeq [mai⁵]〈形〉湿;潮湿。(即 mbaeq,见《初》)

沪[1](玶、伌、尸、伊、卩、傥、膀) mbangj [ʔbaːŋ³] ❶〈名〉部分(整体中的一些)。《初》:沪跰沪㐉。Mbangj byaij mbangj ndwn. 有部分走有部分站着。|佲

花内泪呻泪籲。Gij byaek neix mbangj gwn mbangj gai. 这些菜一部分吃一部分卖掉。❷〈副〉也许;或许。马山《欢情》:泪爹否愿扯。Mbangj de mbouj nyienh bae. 也许他不愿去。

泪2 mieng [miːŋ1]〈名〉沟渠。(见汒3)

没1 mbaw [ʔbaɯ1]〈名〉叶;叶子。东兰《洞壁歌》:二月没有顶,几独品几雷。Ngeihnyied mbaw raeu did, geij duz bid geij raez. 二月枫叶萌,几只蝉凄鸣。

没2 方 mued [muːt8]〈动〉绝;灭绝。(见余)

沵 方 mbwt [ʔbɯt7]〈名〉烂泥。《初》:畓沵。Nazmbwt. 烂泥田。

沐 mug [muk8]〈名〉鼻涕。(见鯥)

汭 nae [nai1]〈名〉雪。(见𩅝)

泎1 naeuh [nau6]〈形〉烂;腐烂。(见𦡁)

泎2 ngaeuz [ŋau2]〈形〉❶光滑。❷尽;光;完。(见轴1)

沲 ngieg [ŋiːk8]〈名〉❶蛟龙。❷水螳螂。(见蟎)

泀 nyaq [ɲa5]〈名〉渣;渣滓。(见呀)

汳 nyouh [ɲou6]〈名〉尿。(见㞙)

沃1 ok [ʔoːk7]〈动〉出。(见𨒪)

沃2 yoeg [jok8]〈动〉唆使;煽动;怂恿;教唆。(见哟)

冰 raemx [ɣam4]〈名〉水。(见淰)

沨 rumz [ɣum2]〈名〉风。(见飈)

沪 ruz [ɣu2]〈名〉船。(见舟)

沙1 方 sa [θa1]〈代〉什么。《初》:𤿺𠀾沙? Bae guh sa? 去干什么?

沙2 方 sa [θa1]〈名〉左。《初》:𢬣沙,mungzsa,左手。

沙3 saj [θa3]〈名〉土纺纱车。(见纟1)

沕1(溸、溜、溹、涮、泎) 方 swd [θɯt8]〈拟〉潺潺;滔滔(水流动的样子)。(见《初》)

沕2(揔) vid [wit8]〈动〉卷;挽(衣袖或裤脚)。《初》:沕盯袜。Vid din vaq. 卷起裤脚。

汪1 vaengz [waŋ2]〈名〉❶潭。❷深水汪(河段中较深的地方)。(见澔3)

汪2 方 vangq [waːŋ5]〈形〉闲;空闲;闲暇。《初》:垅凉亦否汪。Hongliengz hix mbouj vangq. 农闲时也没有空。(见侊)

汪3 vangq [waːŋ5]〈形〉惶惶。《欢叹父母》:卜心浮汪汪。Boh sim fouz vangq-vangq. 父亲心里虚惶惶。

沠 vax [wa4]〈动〉❶打捞(捞取水中物)。❷抓。(见抓1)

沩(浘) 方 vij [wi3]〈名〉溪。(见《初》,即 rij)

次 yaem [jam1]〈动〉❶渗漏。❷沥(液体一点点地落下)。(见湆3)

沈[1] yaemz［jam²］〈形〉静;寂静;沉默。(见㑪³)

沈[2] yaemz［jam²］〈动〉下夜罾(夜间捕鱼的一种方法,把罾悄悄放入水中,待鱼入网后再慢慢提起来)。(见鲶)

汳(訮、廻、㘓、䶑、囒、䶓)yanj［ja:n³］〈动〉起哄;轰动。《初》:乱汳三场。Luenh yanj sam ciengz. 胡乱起哄。

汙[1] 㑾 yag［ja:k⁸］〈名〉水滴。马山《孝顺歌唱》:汙茅汙瓦溂对溂。Yag haz yag vax caek doiq caek. 茅檐瓦檐的水珠滴对滴。

汙[2] 㑾 yaq［ja⁵］〈副〉刚;刚刚。《初》:兄汙肛。Gou yaq daengz. 我刚刚到。

沈(氿、㕀)youz［jou²］〈名〉油。(见《初》)

泒 byaij［pja:i³］〈动〉走;走动。都安《三界老爺唱》:兀船兀海泒途笼。Ndij ruz ndij haij byaij doxroengz. 随船沿海一直走。

泊 byawz［pjaɯ²］〈代〉谁;哪个。(见佈¹)

沺 caem［ɕam¹］〈形〉沉;沉重。(见砛¹)

沚[1] 㑾 caemx［ɕam⁴］〈动〉洗(澡);游泳。(见汛²)

沚[2](靕)㑾 cingx［ɕiŋ⁴］〈形〉清。《初》:淰沛沚洡洓。Raemxmboq cingx raixcaix. 泉水清得很。

汢[1] cit［ɕit⁷］〈形〉淡(指味道)。马山《抄畄歌》:汢患乿嘾度。Cit van ndaej cimz doh. 甜淡都尝遍。(见謟)

汢[2] 㑾 saed［θat⁸］〈名〉锯子。(见鋕)

治 coih［ɕoi⁶］〈动〉❶修;修整;修理;修补。❷纠正。(见掑)

泜[1] daej［tai³］〈动〉哭。(见渧)

泜[2] ndi［ʔdi¹］〈副〉不。马山《二十四孝欢》:泜抈皮抈徃。Ndi ra beix ra nuengx. 不找兄和弟。

涕 daej［tai³］〈动〉哭。(见渧)

池 dah［ta⁶］〈名〉河。(见汏¹)

汀 dah［ta⁶］〈名〉河。(见汏¹)

沱 daz［ta²］〈动〉涂(墙);抹(灰)。(见撻²)

沾[1] 㑾 dem［te:m¹］〈形〉全;整个。《初》:沾躺胬只黯。Dem ndang noh cix ndaem. 全身肌肉皆紫黑。

沾[2] nem［ne:m¹］〈介〉和;与;同。(见添)

沾[3] nem［ne:m¹］〈动〉❶贴。❷附着。(见粘)

沗 dumz［tum²］〈形〉湿。(见汿)

泝[1] fai［fa:i¹］〈名〉坝;水坝。上林《赶圩歌》:泝淰,fai raemx,水坝。(见墄)

泝[2] vaij［wa:i³］〈动〉❶划(船)。❷游(水)。(见拚)

泡 fauz［fa:u²］〈名〉泡沫。(见瀙¹)

法[1] fangz［fa:ŋ²］〈名〉鬼;神。(见魅)

法[2] faq［fa⁵］〈量〉扇;堵。(见檪²)

法[3] fax［fa[4]］〈名〉针。田阳《闹涽懷一科》:襪法,matfax,竹管针。

法[4] faz［fa[2]］〈名〉铁。田东《闹涽懷一科》:歐法郭那剥。Aeu faz gueg najbyak. 要铁块做额头。

沸[1] 方 foed［fot[8]］〈名〉泡沫(与潶连用)。《初》:沸潶,foedfauz,泡沫。(即fugfauz)

沸[2] fai［fa:i[1]］〈名〉水坝。(见墄)

泋 方 get［ke:t[7]］〈动〉溅。(见澵)

沽[1] gu［ku[1]］〈代〉我。(见古[6])

沽[2] gyu［kju[1]］〈名〉盐。(见砝[2])

泇 方 gyad［kja:t[8]］〈动〉❶ 漱。《初》:泇咟,gyadbak,漱口。❷ 涮;冲;冲洗。《初》:泇碗,gyad doix,涮碗。

泅 gyouz［kjou[2]］〈拟〉飕飕。马山《勺记时种花》:风宂泥泅泅。Rumz hung nit gyouzgyouz. 大风冷飕飕。

河 ha［ha[1]］〈动〉相称;匹配;相当。马山《信歌》:命偻不河。Mingh raeuz mbouj ha. 咱们的命格不相配。(见跢)

涄[1] 方 hauj［ha:u[3]］〈形〉干(指泥土、柴草)。(见焴[1])

涄[2](号、滘、濠) haux［ha:u[4]］❶〈形〉黏;滑。《初》:坤涄。Roen haux. 路滑。❷〈名〉黏液。《初》:涄蠷,hauxgyaeq,蛋清。

泖 方 inq［ʔin[5]］〈名〉印记。(见《初》)

泣[1] 方 laeb［lap[8]］〈名〉腩肉(带有一层韧膜或带筋的牛肉)。(见脸[2])

泣[2] laep［lap[7]］〈形〉黑;黑暗;昏暗。(见嘿[1])

泣[3] laep［lap[7]］〈动〉闭(眼)。马山《欢叹母》:泣汏舍皮往。Laep da ce beixnuengx. 眼睛一闭丢下众兄弟。(见脸[2])

泣[4] liz［li[2]］〈形〉闪闪;闪亮(与洛连用)。马山《二十四孝欢》:点烛阕泣洛。Diemj cuk gvang lizlinz. 点上蜡烛亮闪闪。

泣[5] lup［lup[7]］〈动〉包;包裹着。(见苙)

泣[6] raeb［ɣap[8]］〈名〉❶ 侧面;侧背面。❷ 隅;那边(不定处所词)。(见啦)

泣[7] rih［ɣi[6]］〈动〉流(口水、眼泪、鼻涕等)。(见浰[2])

泠[1] lumj［lum[3]］〈名〉像;似。田阳《布洛陀遗本》:食葉竹泠懷。Gwn mbaw ndoek lumj vaiz. 吃竹叶似牛。

泠[2] vaengz［waŋ[2]］〈名〉❶ 潭。❷ 深水汪(河段中较深的地方)。(见澮[3])

沫[1] 方 mae［mai[1]］〈名〉雪。(见湈)

沫[2] mbaeq［ʔbai[5]］〈形〉湿。(见溂)

沫[3] mboq［ʔbo[5]］〈名〉泉。宜州《孟姜女》:涔伽沫任而。Gwn diuz mboq raemx lawz. 喝哪里的泉水。

沫[4](滅) mwt［muɯt[7]］〈形〉阴沉;苦(与罊连用)。《初》:俢罊沫貧眃。De najmwt baenzngoenz. 他整天愁眉苦脸。

泙 方 mbingh［ʔbiŋ[6]］〈动〉憋气使劲。

(见《初》)

泯 mboen［ʔbon¹］〈动〉 潜(水)。(见閖)

泗 mboek［ʔbok⁷］〈动〉下降;降下;减少。(见汴³)

沐 mboenx［ʔbon⁴］〈拟〉连连(描摹水势涌出的状况)。《初》:淰泎沐沐。Raemx danh mboenxmboenx. 水连连冒出。

沛(涾、泏、漠、瀑、吥、沓) mboq［ʔbo⁵］〈名〉 泉。《初》:淰沛,raemxmboq,泉水。

汵¹ mok［mo:k⁷］❶〈名〉雾。❷〈形〉模糊。(见瞙¹)

汵²(务) 方 mouh［mou⁶］〈名〉 雾。《初》:嘿汵否瞇坤。Laep mouh mbouj raen roen. 雾浓看不见路。

泇 naeuh［nau⁶］〈形〉烂;腐烂。(见齀)

泞 ndaengq［ʔdaŋ⁵］〈名〉❶ 碱(草 木灰水)。❷〈形〉咸。(见鱗)

泥¹ ngi［ŋi¹］〈拟〉连连;哀哀(与勾连用)。平果《雷王》:涕泥勾,daej ngi'ngaeu,哭连连。

泥² nit［nit⁷］〈动〉冷。马山《勺记时种花》:风宄泥泅泅。Rumz hung nit gyouzgyouz. 大风冷飕飕。

涌 nyumx［ɲum⁴］〈动〉染。(见黔)

泮¹ ranx［ɣa:n⁴］〈拟〉漉漉。《初》:袮沥泮泮。Buh dumz ranxranx. 衣服湿漉漉。

泮² -ranx［ɣa:n⁴］〈缀〉破烂的。《初》:躺袮测汕泮。Ndangdaenj saegsanxranx. 衣穿很破烂。

泮³(淋) romx［ɣo:m⁴］〈动〉❶ 焯。马山《欢情》:泮芘芥淩酸。Romx byaekgat iep soemj. 焯芥菜腌酸菜。❷ 染。《初》:泮裙,romx baengz,染布。

沭 raq［ɣa⁵］〈量〉阵。(见湗)

洩¹ rih［ɣi⁶］〈动〉流(口水、眼泪、鼻涕等)。(见浰²)

洩² saej［θai³］〈名〉❶ 肠子。❷ 心肠。❸ 内才;肚才。(见胦²)

洩³ saw［θaɯ¹］〈形〉清。(见漱)

洩⁴(济、濐) siq［θi⁵］❶〈动〉泻;拉(肚子)。《初》:洩廸眦犇瞜。Siq dwk da doekmbok. 拉肚子拉得眼睛凹了。❷〈名〉痢疾(腹泻)。《初》:恶洩,oksiq,拉痢。

泷¹ roengz［ɣoŋ²］〈动〉❶ 下。❷ 产(子);生(子)。❸ 签(名)。❹ 下(力气);使(劲);努力。(见춖)

泷²(澍、淏) rongz［ɣo:ŋ²］〈名〉洪。《初》:淰泷次刁卦,淰沛只长漯。Raemxrongz mbat ndeu gvaq, raemxmboq cij ciengz lae. 洪水一阵过,泉水才长流。

泎¹ sag［θa:k⁸］〈名〉水珠;水滴(滴落的)。马山《达稳之歌》:汗犇貧泎洏。Hanh doek baenz sagnywx. 汗滴犹如钟乳水。

泎² 方 swd［θɯt⁸］〈拟〉潺潺;滔滔(水流动的样子)。(见汋¹)

洗(夕、折、雪、蝕) sied [θi:t⁸]〈动〉❶下降。《初》:淰汏洗呰。Raemxdah sied bae. 河水下降了。❷消耗。❸消退(肿胀)。❹蚀;亏。《初》:洗底,sieddaej,蚀底(亏本)。

泩 soemj [θom³]〈形〉酸。(见醯)

沈 厉 sumx [θum⁴]〈形〉酸。(见醂)

泓 vaengz [waŋ²]〈名〉❶潭。❷深水汪(河段中较深的地方)。(见澮³)

泔 van [wa:n¹]〈形〉甜;甘;甜美。(见葝)

泱 厉 yah [ja⁶]〈量〉滴。《初》:泱淰乜。Yah raemx nwngh. 一滴水。

泼 厉 yux [ju⁴]〈动〉谈恋爱。(见妭)

派¹ byai [pja:i¹]〈名〉梢。平果《情歌》:派楣,byaifaex,树梢。

派² byaij [pja:i³]〈动〉走;走动。马山《欢叹父母》:偻勺派恨龙。Raeuz yaek byaij hwnj roengz. 我们要上下走动。(见躃)

测¹ caek [çak⁷]〈量〉滴。马山《孝顺歌唱》:汙瓦测对测。Yag vax caek doiq caek. 瓦檐水珠滴对滴。

测² suek [θu:k⁷]〈动〉包。平果《信歌》:测粽,suek faengx,包粽子。

洧(豺、咗、臓) caix [ça:i⁴]〈副〉十分;非常;极(与涞连用)。《初》:兀涞洧,ndei raixcaix,好极了。

涤¹ cat [ça:t⁷]〈动〉擦;刷(用刷子擦)。(见扠¹)

涤² sab [θa:p⁸]〈动〉❶敷;热敷(用热水或热药水敷烫或泡洗患处)。❷焯(把青菜放在开水里涮一下)。(见澘¹)

涤³ sat [θa:t⁷]〈动〉喷(用唧筒)。(见《初》)

涤⁴ sat [θa:t⁷]〈动〉完;结束;罢了。马山《尊老爱幼歌》:屌以吔实涤。Ndi hawj gwn cix sat. 不给吃就罢了。

涤⁵(潺) sax [θa⁴]〈拟〉哗哗。《初》:雰犊涤涤。Fwn doek saxsax. 雨哗哗下。

沏 cax [ça⁴]〈名〉刀。(见초)

浐 ce [çe¹]〈动〉留;留下。金城江《覃氏族源古歌》:莽浐丕六東。Mbangj ce bae Luegdoeng. 留一部分人去六东。| 浐丕摘贼,ce bae baet caeg,留[他]去剿贼。

浔 cimq [çim⁵]〈动〉浸;泡。(见浸)

汏 dah [ta⁶]〈名〉河。(见汏¹)

洑 dah [ta⁶]〈名〉河。(见汏¹)

档¹ dang [ta:ŋ¹]〈名〉汤水。《初》:菜胬吽档。Cai noh gwn dang. 忌肉喝汤(指做事不彻底或虚伪)。

档² dangh [ta:ŋ⁶]〈动〉蹚;涉(水)。(见趟¹)

档³(澢) 厉 dangx [ta:ŋ⁴]〈名〉排水口。《初》:档畨,dangx naz,田埂的排水口。

洞 doengh [toŋ⁶]〈名〉田垌。马山《欢叹父母》:卜背洞刀兰。Boh bae doengh dauq ranz. 父亲下田回到家。

汹 dumx [tum^{4}]〈动〉淹;淹没。(见沔)

汭(孖、沌、沺、汇、沅、潭) dumz [tum^{2}]〈形〉湿。《初》:雰涕躺汭。Fwn dih ndang dumz. 雨淋身子湿。

洁 [方] git [kit^{7}]❶〈名〉闩。❷〈形〉急(流)。(见趋)

洭 gvang [kwa:ŋ^{1}]〈名〉❶ 男友;男情人(敬称)。❷ 丈夫;男人(尊称)。❸ 客人;官人(尊称)。(见侊^{2})

洽^{1} [方] gyah [khja^{6}]〈量〉阵;场。《初》:霶洽,boenzgyah,阵雨。

洽^{2} raq [ɣa^{5}]〈量〉阵。(见湁)

洨 haex [hai^{4}]〈名〉屎。(见屡)

涄 haux [ha:u^{4}]❶〈形〉黏;滑。❷〈名〉黏液。(见浔)

汻 hawq [haɯ^{5}]〈形〉干。(见祛)

浥 heiz [hei^{2}]❶〈形〉脏。❷〈名〉汗泥;污垢。(见胰)

洪^{1} hoengh [hoŋ^{6}]〈形〉❶ 旺盛;兴旺;热闹;繁华。❷ 嘈杂;吵闹。❸ 丰盛。(见啌^{3})

洪^{2} [方] hoengj [hoŋ^{3}]〈形〉兴奋(与庆连用)。上林《赶圩歌》:鲁仉涞庆洪。Rox gijlai hingqhoengj. 不知多兴奋。

洪^{3} hongh [ho:ŋ^{6}]〈名〉庭院;院子。东兰《造牛(残页)》:请麻阶大洪。Cing ma daengz daxhongh. 牵来到庭院。

洪^{4} hung [huŋ^{1}]〈形〉❶ 大。马山《叹亡歌》:苒洪卜眉过。Ranz hung boh miz gvaq. 大屋子父亲曾经有过。❷ 自大。(见奋)

洪^{5} vaengz [vaŋ^{2}]〈名〉潭;水汪。《粤风》:度了笼洪力。Doxra roengz vaengz laeg. 相携下深潭。

洐(哘) [方] hongz [ho:ŋ^{2}]〈名〉菜汁。

洇^{1} iemq [ʔi:m^{5}]〈动〉渗;渗透。(见炏^{2})

洇^{2} yaem [jam^{1}]〈动〉❶ 渗漏。❷ 沥(液体一点点地落下)。(见湆^{3})

洛^{1} [方] lag [la:k^{8}]〈动〉失踪。(见臬)

洛^{2} lak [la:k^{7}]〈动〉崩;崩塌;崩溃。(见澔)

洛^{3} loh [lo^{6}]〈名〉路;道路。金城江《台腊恒》:土斗阶太洛。Dou daeuj daengz daihloh. 我们来到大路上。

洛^{4} loq [lo^{5}]〈副〉稍;稍微;颇。(见稖)

洛^{5} lueg [lu:k^{8}]〈名〉山谷;坡谷。(见渌)

洛^{6} roz [ɣo^{2}]〈形〉干枯。《初》:梋棄内約臯洛。Go faex neix yaek dai roz. 这棵树快要枯死了。

洛^{7} [方] souh [θou^{6}]〈名〉稀饭;粥。(见粠^{2})

洺 mieng [mi:ŋ^{1}]〈名〉沟渠。(见汇^{3})

洣^{1} mok [mo:k^{7}]〈名〉潲。(见糢^{1})

洣^{2} [方] meiq [mei^{5}]〈动〉洗(清洗沾有粪便的衣物)。(见渼)

淿 mok[mo:k^{7}]❶〈名〉雾。❷〈形〉模糊。(见瞙[1])

浟 ndij[ʔdi^{3}]〈介〉跟;向;照;沿。(见踧)

浓 厉 nong[no:ŋ^{1}]〈名〉浆;浆汁(指植物或果类的浆;也指较稠的淀粉浆。(见《初》)

涞^{1} raih[ɣa:i^{6}]〈量〉块;片。平果《情歌》:𠀾色涞𦬘汒。Guh saek raih naz mangx. 租种一些对半分成的田。

涞^{2} raiq[ɣa:i^{5}]〈名〉河滩。马山《嘆嘆情》:浸江涞,caem gyang raiq,沉没在河滩中。

洏(汿)raj[ɣa^{3}]〈形〉马虎;一呼隆(与澛连用,有草草了事、蒙混过关等意味)。《初》:偻𠀾玒亟澛洏。De guh hong gig rujraj. 他做工很马虎。

洌(捌)-reg[ɣe:k^{8}]〈缀〉随意地。《初》:𩑦洌盂淰丞埊埔。Raixreg cenj raemx youq gwnz namh. 随意把一杯水倒在地上。

洸^{1} riengx[ɣi:ŋ^{4}]〈动〉❶洗;涮;盥。❷漱。(见滰)

洸^{2} romh[ɣo:m^{6}]❶〈名〉早;晨。❷〈形〉早。(见𣅜)

泻 rih[ɣi^{6}]〈动〉流(口水、眼泪、鼻涕等)。(见浰[2])

洫(汔、越)rwed[ɣuu:t^{8}]〈动〉淋;浇。《初》:洫淰花,rwed raemx byaek,给菜淋水。|上林《赶圩歌》:胬鸊油洫肯。Noh bit youz rwed gwnz. 鸭肉淋上油。

浥(挹、色、唈、潩、浿、捵)saeg[θak^{8}]〈动〉洗(衣物、纺织物)。《初》:𪟊垠汏浥袻。Bae haenzdah saeg buh. 去河边洗衣服。

浉(篩、撕、𩟄)sai[θa:i^{1}]〈动〉浪费;乱用;损失。《初》:𢿣𤞑不貧白浉艮。Ciengx mou mbouj baenz beg sai ngaenz. 养猪不成白费钱。

济 siq[θi^{5}]❶〈动〉泻;拉(肚子)。❷〈名〉痢疾(腹泻)。(见泄[4])

活^{1} uet[ʔu:t^{7}]〈动〉抹;擦;拭。《粤风》:活溇他,uet raemxda,抹眼泪。(见扐)

活^{2} vad[wa:t^{8}]〈动〉❶划(船)。❷摇;挥动。❸招;挥(手)。❹扇(挥动扇子)。(见扨[1])

活^{3} 厉 vued[wu:t^{8}]〈动〉安慰。(见𢗽)

活^{4} vued[wu:t^{8}]〈动〉淋;浇。都安《三界老爺唱》:又亘桐油活卦丕。Youz aeu doengzyouz vued gvaq gwnz. 又拿桐油浇到上边。

浏 厉 vaet[wat^{7}]〈动〉塞入;丢下;沉入。《初》:提𪟊浏汏奄。Dawz bae vaet dah hung. 拿去沉入大河。

湖 yaem[jam^{1}]〈动〉❶渗漏。❷沥(液体一点点地落下)。(见湆[3])

洋 yangz[ja:ŋ^{2}]〈名〉鹭鸶(与鸿连用)。平果《情歌》:鸿洋,hanqyangz,鹭鸶。

洍 厉 baz[pa^{2}]〈动〉戽。《初》:洍淰,baz raemx,戽水。

浜 㫃 bik [pik⁷]〈形〉蓝。(见《初》)

浥¹ 㫃 bya [pja¹]〈名〉眼。《初》:淰浥,raemxbya,眼泪。(即 da)

浥² bya [pja¹]〈名〉鱼。(见鲃)

浦 㫃 byoux [pjou⁴]〈形〉多;很多。《初》:馭猉内孙貧浦。Rouh mou neix lwg baenz byoux. 这窝小猪很多。

浸¹ caem [ɕam¹]〈动〉沉没。马山《嚱嘆情》:浸江沫,caem gyang raiq,沉没在河滩中。

浸² caem [ɕam¹]〈动〉亏;蚀。(见膠)

浸³ 㫃 caemx [ɕam⁴]〈动〉洗(澡);游泳。(见汛²)

浸⁴ cimh [ɕim⁶] ❶〈动〉跟;随。❷〈介〉跟;与。(见踻)

浸⁵ coemh [ɕom⁶]〈动〉焚;焚烧。马山《欢叹母》:浸纸送金宝。Coemh ceij soengq gim bauj. 焚烧纸钱送金宝。

浸⁶ yaemz [jam²]〈动〉下夜罾(夜间捕鱼的一种方法,把罾悄悄放入水中,待鱼入网后再慢慢提起来)。(见鰻)

浻¹ congh [ɕoːŋ⁶]〈名〉洞;孔;穴;窟窿。(见䆫)

浻² (串、夅) conh [ɕoːn⁶]〈动〉冒;淌;溢;涌(指从里往外流)。《初》:汗浻,hanh conh,冒汗。|淰眦浻,raemxda conh,眼泪涌。

浻³ conj [ɕoːn³]〈动〉滑;滑倒。(见汼)

浠¹ daej [tai³]〈动〉哭。(见渧)

浠² (涕) 㫃 dih [thi⁶]〈名〉汗水。(见《初》)

涕¹ daej [tai³]〈动〉哭。(见渧)

涕² (滴) dih [ti⁶]〈动〉淋(雨)。《初》:圣閄町雰涕。Youq rog deng fwn dih. 在外边挨雨淋。

涕³ 㫃 dih [thi⁶]〈名〉汗水。(见浠²)

浢 㫃 daeuh [tau⁶]〈名〉水绵(与潹连用)。《初》:浢潹,daeuhraez,水绵(丝状水草,青色,在水沟、池塘等处成团生长)。

涉 doek [tok⁷]〈动〉❶ 落。❷ 丢失。(见䡔¹)

沊 dumq [tum⁵]〈动〉煮(用水煮整个或整块的食物)。(见㶸)

涝 finh [fin⁶]〈动〉甩;摇(头)。马山《百岁歌》:仇不呆涝潢。Caeuz mbouj ngaiz finh vang. 午饭晚饭不吃皆摇头。

浮¹ fouz [fou²]〈动〉无。(见舞)

浮² fouz [fou²]〈形〉漂浮;虚浮。马山《书信歌》:踹躺浮貧蚍。Byaij ndang fouz baenz beih. 走路身浮似蜻蜓。

浮³ fouz [fou²]〈名〉符。(见孚²)

浮⁴ mbaeu [ʔbau¹]〈形〉轻。(见䥋)

浤 fouz [fou²] ❶〈动〉浮。❷〈形〉飘浮;轻浮。(见柔²)

涪 㫃 fuz [fu²]〈动〉浮。(见《初》,即 fouz)

渤 get [keːt⁷]〈形〉烈;浓;醇。(见醑)

涀¹(泠)[仿] gengx [keːŋ⁴]〈名〉发馊的食物。(见《初》)

涀² mbaeq [ʔbai⁵]〈形〉湿。(见润)

浗 giengh [kiːŋ⁶]〈名〉浆糊。(见糨)

洭¹(沆、漕、濉、壜) [仿] gvaengz [kwaŋ²]〈名〉深潭。(即 raengz,见《初》)

洭² gvaengz [kwaŋ²] ❶〈动〉围。❷〈名〉圆圈;圈圈。(见囸²)

浣 gwh [kɯ⁶]〈形〉多。金城江《覃氏族源古歌》:畓濑又淰浣。Naz vai youh raemx gwh. 有坝的田水充足。(即 gawh)

涒 gyaemq [kjam⁵]〈形〉紫(色)。(见《初》)

涺 gyang [kjaːŋ¹] ❶〈名〉中;中间。❷〈数〉半(容量、高度的半数)。(见閅³)

浗 gyu [kju¹]〈名〉盐。(见砝²)

海¹ hai [haːi¹]〈动〉开。(见擱²)

海² [仿] haiq [haːi⁵]〈副〉却;原来;反而。(见嗐)

海³ [仿] hoij [hoi³]〈动〉挂。(见擓)

浩 hau [haːu¹]〈形〉白;白亮。马山《迪封信斗巡》:浩貧膀十四。Hau baenz ndau cibseiq. 白亮如七月十四的星星。

涅 hawq [haɯ⁵]〈形〉干。(见玹)

浛(涵、啥) hoemz [hom²]〈形〉浑浊。《初》:淰浛兀擝鲃。Raemx hoemz ndei lumh bya. 浑水好摸鱼。

酒 laeuh [lau⁶]〈语〉了;啦。(见喽¹)

涞¹ [仿] laiz [laːi²]〈名〉口水;痰。(见濑)

涞² raiq [ɣaːi⁵]〈名〉滩。马山《偻齐架桥铁》:邑鲅冗涞。Byalingz roengz raiq. 鲮鱼下滩。

涞³ raix [ɣaːi⁴]〈副〉果真;真正;实在(与太、汏连用)。马山《偻齐架桥铁》:眉心太涞。Miz sim dahraix. 果真有心。| 马山《二十四孝欢》:眉福炁汏涞。Miz fukheiq dahraix. 果真有福气。

涞⁴ raiz [ɣaːi²]〈形〉花;彩。马山《三界公》:腮涞扒躺二三同。Sai raiz gyaeb ndang song sam doengz. 彩带围身两三圈。

浪¹ [仿] lang [laːŋ¹]〈动〉烘;焙(把潮湿的谷子等放在锅内炕干)。(见浪)

浪² langh [laːŋ⁶]〈动〉晾;晒。(见眼)

浪³(浪) langh [laːŋ⁶] ❶〈动〉放;放开;放出;丢下。《初》:浪劧廸否理。Langh lwg dwk mbouj leix. 丢着孩子不照管。❷〈动〉开;盛开;怒放。马山《节令歌》:三月花枉浪。Samnyied vavengj langh. 三月金樱花盛开。| 马山《恭喜满月酒歌》:偻丁欢丁浪。Raeuz dingq vuen dingq langh. 我们听歌听得心花怒放。❸〈动〉喘;喘息。马山《哭姐歌》:可浪氣林林。Goj langh heiq linzlinz. 但见喘气吁吁。❹〈形〉放荡;野。马山《迪封信斗巡》:心浪,sim langh,人心放荡。

浪[4] langh [laːŋ[6]]〈连〉若;假如;假若。平果《情歌》:皮浪媟只巡。Beix langh ndiep cix cinz. 哥若疼爱就来巡。| 马山《二十四孝欢》:浪眉猑眉鸡,提麻祭卓灵。Langh miz mou miz gaeq, dawz ma caeq congzlingz. 若有猪有鸡,拿来灵桌祭。

浪[5] langh [laːŋ[6]]〈形〉枉然(与湯连用)。马山《书信歌》:浪湯坏心机。Langhdangh vaih simgei. 枉然坏心机。| 吼吞嘇浪湯。Gou raen caemh langhdangh. 我看也枉然。

浪[6] langx [laːŋ[4]]〈动〉 乘(凉)。 田东《大路歌》:浪良芯个吾。Langx liengz laj go'nguh. 在无花果树下乘凉。

浪[7] langx [laːŋ[4]]〈形〉忧愁;烦忧。马山《嚾嘆情》:勺㑫浪累佲。Yaek dai langx ndij mwngz. 欲为你忧愁而死。

浪[8] 方 langx [laːŋ[4]]〈形〉可惜;惋惜。(见悢)

浪[9] ndangq [ʔdaːŋ[5]]〈动〉越级;越位;僭越。(见趤[1])

浪[10] ndangq [ʔdaːŋ[5]]〈名〉斑纹。(见趤[2])

浪[11](挡、咩) rangh [ɣaːŋ[6]]〈动〉 跟随;连同。《初》:閆𧝓浪袮眸。Gyanghaemh rangh buh ninz. 晚上和衣而睡。

浪[12] riengx [ɣiːŋ[4]]〈动〉❶ 洗;涮;盥。❷ 漱。(见滰)

淋[1] linz [lin[2]]〈形〉闪闪;闪亮(与泣连用)。马山《二十四孝欢》:点烛闳泣淋。Diemj cuk gvang lizlinz. 点上蜡烛亮闪闪。

淋[2](淪、闂、润) roenx[ɣon[4]]〈动〉溢;漫。《初》:淰淋垠淋㟏。Raemx roenx haenz roenx hamq. 水漫过堤岸。

流[1] louz [lou[2]]〈动〉 游玩;玩耍。平果《情歌》:嗜同斗流, daengq doengz daeuj louz,约老同来玩。

流[2] riuz [ɣiːu[2]]〈动〉 传;传闻;传播;流传。田东《贼歌》:人流勿流弗。Vunz riuz-foed riuzfwx. 人传这传那。

浾 lumz [lum[2]]〈动〉忘记。(见惏)

浰[1] 方 lwix [lɯːi[4]]〈动〉敬。《初》:浰氿, lwix laeuj,敬酒。

浰[2](洩、泻、涕、湫、淚、浬、㓹、泣) rih [ɣi[6]]〈动〉流(口水、眼泪、鼻涕等)。《初》:鼽浰, mug rih,流鼻涕。

浰[3] rij [ɣi[3]]〈名〉溪。大化《嚾奠别》:淰龙浰不囬。Raemx roengz rij mbouj hoiz. 水流下溪不再回。(见浬[2])

浻 mboen[ʔbon[1]]〈动〉潜(水)。(见閖)

涾 mboq [ʔbo[5]]〈名〉泉。(见泲)

涙 nduk [ʔduk[7]]〈形〉❶ 朽。❷ 坏;烂;歹毒。(见𤷫)

浧 方 nemz [neːm[2]]〈动〉 靠近;接近;临近。(见《初》)

浛[1] nyaenq[ɲan[5]]〈形〉羞;羞耻;害臊。(见惗[2])

浛[2] raenz [ɣan[2]]〈动〉 滗(挡住渣滓或浸泡物,把液体倒出)。《初》:浛淰粳。

Raenz raemxreiz. 滗出米汤。

润 nyinh [ȵin⁶]〈动〉认;承认。(见吲²)

浵 历 nyoemx [ȵom⁴]〈动〉浸。(见濡)

淚 rih [ɣi⁶]〈动〉流(口水、眼泪、鼻涕等)。(见浰²)

浬¹ rih [ɣi⁶]〈动〉流(口水、眼泪、鼻涕等)。(见浰²)

浬²(浰) rij [ɣi³]〈名〉溪。《初》:淰浬漯淅淅。Raemxrij lae cexcex. 溪水潺潺流。

浘¹ riengx [ɣiːŋ⁴]〈动〉❶ 洗;涮;盥。❷ 漱。(见滰)

浘² 历 vij [wi³]〈名〉溪。(见沩)

涏 历 ro [ɣo¹]〈动〉❶ 乞;乞讨;乞求。❷ 捡漏;拾遗。(见蘿)

涨 sang [θaːŋ¹]〈形〉高。宜州《孟姜女》:呀否扽否涨, yax mbouj daemq mbouj sang,也不矮不高。

涍 seuq [θeu⁵]〈形〉❶ 干净;清洁。❷ 利落;利索。❸ 光;完。(见潲)

消¹ seuq [θeu⁵]〈形〉❶ 干净;清洁。❷ 利落;利索。❸ 光 ;完。(见潲)

消² siu [θiːu¹]〈动〉消;消化。(见胁)

浚 soemj [θom³]〈形〉酸。马山《欢叹父母》:躺嗅加嗅浚。Ndang haeu gyaq haeu soemj. 身上臭臊臭酸。

浤 vaengz [waŋ²]〈名〉❶ 潭。❷ 深水汪(河段中较深的地方)。(见澹³)

淜¹ baengh [paŋ⁶]〈动〉依靠。马山《迪封信斗巡》:眉友旧度淜。Miz youx gaeuq doxbaengh. 有旧友相互依靠。

淜² boengz [poŋ²]〈名〉泥浆;烂泥;淤泥。武鸣《信歌》:歪淜画马, gwnz boengz veh max,泥浆上画马。(见堋¹)

淜³ 历 bung [puŋ¹]〈动〉冲兑;掺兑。(见棚)

浶¹ byai [pjaːi¹]〈名〉尾;尾部;末端;末尾;梢。(见葬)

浶² raih [ɣaːi⁶]〈动〉尿床。《初》:觙浶, nyouhraih,尿床。

浶³ raih [ɣaːi⁶]〈动〉爬;走。(见踿³)

浶⁴ raiq [ɣaːi⁵]〈名〉滩。(见濑²)

浶⁵ raix [ɣaːi⁴]〈动〉❶ 倒;腾(把物品倾出或倒到另一容器)。❷ 斟(酒)。(见㯽)

浶⁶(㶆、唻) raix [ɣaːi⁴] ❶〈副〉 极;十分;非常(与洧连用)。《初》:兀浶洧, ndei raixcaix,好极了。❷〈形〉(衣冠)不整齐(与扴连用)。《初》:袥袆扴浶。Daenj buh rukraix. 衣服穿不整齐。

浶⁷ raiz [ɣaːi²]〈名〉露水。(见霡)

浶⁸ raiz [ɣaːi²] ❶〈形〉 麻;花麻。❷〈名〉花纹。(见粺)

淍 历 byouz [pjou²]〈形〉 多嘴的。《初》:咟淍, bakbyouz,多嘴。

深¹ caemh [çam⁶]〈副〉猛然(与叭连用)。巴马《贖魂糯吰》:王深叭吽气。Vuengz

caemhca heuh hit. 王猛然叫喊。

深[2] soem [θom[1]]〈量〉庹(成人两手平伸之距离,约五尺)。(见𨈖)

深[3] soem [θom[1]]〈形〉尖;锋利。(见𨫼)

渗 caemx [ɕa:m[4]]〈动〉洗澡。宜州《孟姜女》:姜女芮达渗。Gyanghnij ruih dah caemx. 姜女下河洗澡。

淐 -cangq [ɕa:ŋ[5]]〈缀〉味淡的;无味的。(见壮)

渹[1] cat [ɕa:t[7]]〈动〉淘;洗。《初》:渹粝,cat haeux,淘米。

渹[2] sab [θa:p[8]]〈动〉❶敷;热敷(用热水或热药水敷烫或泡洗患处)。❷焯(把青菜放在开水里渹一下)。(见溜[1])

渹[3] 方 swd [θɯt[8]]〈拟〉潺潺;滔滔(水流动的样子)。(见汐[1])

浛 方 ceh [ce[6]]〈动〉浸泡。《初》:浛粝粒,ceh haeuxfaen,浸谷种。| 上林《达妍与勒驾》:贱盆蛳留浛。Cienh baenz sae naz ceh. 贱如田中的螺蛳。

淀 daenh [tan[6]]〈名〉蓝靛(用板蓝、木蓝等制成的膏状染料)。(见桥[1])

添[1] dem [te:m[1]]〈动〉吸。马山《信歌》:添珠,demcaw,吸气(呼吸)。

添[2] dem [te:m[1]]❶〈副〉还;再。马山《女人田婧丁》:部驴嗄名添? Bouxlawz hah mwngz dem? 谁还挽留你? ❷〈副〉又。马山《望吞話名詢》:望眼添眼。Muengh ngoenz dem ngoenz. 盼了一天又一天。❸〈连〉和。武鸣《信歌》:叁送雨添䬙。Mbwn soengq hawx dem rumz. 天送雨和风。

添[3] diem [ti:m[1]]〈动〉藏;收藏。百色《本麼叭》:粝添隆國。Haeux diem loengx goek. 米饭藏到柜角下。

添[4] diemj [ti:m[3]]〈动〉举(步);抬(脚)。马山《哭姐歌》:往添跕恶板。Nuengx diemj din ok mbanj. 妹妹抬脚出村口。

添[5] dwen [dɯ:n[1]]〈动〉提;提到。宜州《孟姜女》:添等由礼嘚。Dwen daengz youh ndei daej. 提到又好想哭。

漆[1] dem [te:m[1]]❶〈动〉加;添加。❷〈连〉和;与;跟;又。《初》:兄漆佲皆伢。Gou dem mwngz bae haw. 我和你去赶集。| 吽蔞掬漆掬。Gwn oij mbaenq dem mbaenq. 甘蔗吃了一节又一节。❸〈副〉还;再。上林《赶圩歌》:俽哓計麻漆。Sou euq gaeqmaz dem. 你们还争辩什么。

漆[2] deng [te:ŋ[1]]❶〈动〉对;中。❷〈介〉挨;被。(见町)

淂 dwk [tɯk[7]]〈动〉❶施;放。平果《情歌》:淂粪,dwk bwnh,施肥。❷打。平果《情歌》:朋友斗淂江。Baengzyoux daeuj dwk gyangq. 朋友来打陀螺。

淴 faeg [fak[8]]〈动〉孵。(见𤓖)

淝 fai [fa:i[1]]〈名〉水坝。(见墢)

湓(盼、汶) 方 foenx [fon[4]]〈动〉溢;盈;冒。《初》:淰湓,raemx foenx,水溢出来。(即 roenx)

⿰氵岡(岗、𣿅)方 gang [ka:ŋ^{1}]〈形〉干涸;断流。《初》:㕦㫰㝳汏刈⿰氵岡。Mbwn rengx lai dah gatgang. 天久旱河水断流。

混^{1} 方 goenj [kon^{3}]〈形〉❶ 缠绕;纠缠(线状物绞成一团)。❷ 忙乱;忙碌;乱成一团。(见緄)

混^{2} goenj [kon^{3}]〈动〉❶ 滚;开;沸腾。❷ 喧哗;喧闹;吵闹。(见𧊭)

涳 gungz [kuŋ^{2}]〈形〉穷。(见𧶼)

⿰氵罗^{1} gyaeng [kjaŋ^{1}]〈动〉囚;关;监禁。(见圔)

⿰氵罗^{2} ra [ɣa^{1}]〈动〉找。都安《三界老爺唱》:江陌又悪斗⿰氵罗吽。Gyanghaemh youh okdaeuj ra gwn. 半夜又出来找食物。

⿰氵罗^{3} roh [ɣo^{6}]〈动〉❶ 漏　。❷ 泄露。(见漏)

⿰氵降(嵱)gyaengh [kjaŋ^{6}]〈名〉无底洞;深渊。(见《初》)

淐 gyau [kja:u^{1}]〈名〉蜘蛛。(见蛟)

涵 hoemz [hom^{2}]〈形〉浑浊。(见浛)

涽^{1} 方 hoen [hon^{1}]〈名〉魂。田东《闹涽懐一科》:涽懐皇条散。Hoen vaiz vuengz deuz sanq. 皇的牛魂已逃散。

涽^{2} 方 hun [hun^{1}]〈名〉雨。(见霫^{1})

淁 iep [ʔi:p^{7}]〈动〉泡;浸。《初》:淁袮袮口浥。Iep buhvaq guhsaeg. 用水泡衣服准备洗。

淚^{1} lae [lai^{1}]〈动〉流。马山《皮里患鲁不》:恣咘各淚。Raemxda gag lae. 泪水自流。

淚^{2} loi [loi^{1}]〈动〉梳;梳理。右江《麽請布渌啚》:请布斗淚芽。Cingj baeuq daeuj loi ya. 请祖公来梳乱草。(即 roi)

淋^{1} laemz [lam^{2}]〈形〉绝;灭绝。马山《信歌》:𠁥淋,dai laemz,灭绝、死绝。

淋^{2} 方 laemz [lam^{2}]〈名〉盲肠(与胦连用)。(见替)

淋^{3} limz [lim^{2}]〈名〉浊;浑浊。《粤风》:巴不里溇淋。Bya mbouj leix raemx limz. 鱼不理浊水。

淋^{4} lumh [lum^{6}]〈动〉摸;抚摸。马山《欢叹父母》:罗昵淋何西。Roxnyinh lumh hozsae. 睡醒过来摸孩子。(hozsae 是喉咙、咽喉。此处喻孩子,如同汉语的心肝宝贝)

淋^{5} lumj [lum^{3}]〈动〉像;似。(见廪)

淋^{6} lumz [lum^{2}]〈动〉忘记。(见㤝)

淋^{7} ndomq [ʔdo:m^{5}]〈动〉看。《粤风》:花脉淋了好。Vamaenj ndomq liux hau. 李花看了满眼白。

淋^{8} raemx [ɣam^{4}]〈名〉水。东兰《莫卡盖用》:其故㖭淋勒。Giz gou youq raemx laeg. 我住的地方在水深处。(见淰)

淋^{9} rim [ɣim^{1}]〈动〉满。(见𥄮^{3})

淋^{10} romx [ɣo:m^{4}]〈动〉染。(见𣴹^{3})

淋^{11} rumq [ɣum^{5}]〈动〉兜(用衣襟兜物)。(见𫗧)

淋[12] rumz［ɣum²］〈名〉风。（见飈）

洒[1]（漏、楼）历 laeuh［lau⁶］〈名〉漩涡（与漙连用）。《初》:漙洒，cienqlaeuh，漩涡。

洒[2] laeuj［lau³］〈名〉酒。（见氿）

渌（渌、洛、㴲、㵩、𣷹）lueg［lu:k⁸］〈名〉山谷；坡谷。（见《初》）

淪 mieng［mi:ŋ¹］〈名〉沟渠。（见汒³）

渆 mieng［mi:ŋ¹］〈名〉沟渠。（见汒³）

渵 miuh［mi:u⁶］〈形〉清（汤）；稀（粥）。马山《达稳之歌》:炷粡貧渵渵。Cawj souh baenz dang miuh. 煮粥变清汤。

渃 mug［muk⁸］〈名〉鼻涕。（见鼽）

浽 naeuh［nau⁶］〈形〉烂；朽烂；腐烂。武鸣《信歌》:怀㲞角否浽。Vaiz dai gaeu mbouj naeuh. 牛死角不烂（喻忠贞之心至死不变）。（见𦞦）

涫[1] -ngwd［ŋɯt⁸］〈缀〉溜溜。《初》:轴涫涫，ngaeuzngwdngwd，光溜溜、很光滑。

涫[2] nit［nit⁷］〈形〉冷；寒冷。马山《二十四孝欢》:姆㐌各叱涫。Meh youq gag gou nit. 母在仅有我受寒。

浉 nywx［ȵɯ⁴］〈名〉钟乳水（与泎连用）。马山《达稳之歌》:汗𥑂貧泎浉。Hanh doek baenz sagnywx. 汗落犹如钟乳水。

淰（林、淡、淋、惔、忢、泳）raemx［ɣam⁴］〈名〉水。《初》:淰汏，raemxdah，河水。| 淰咘，raemxmboq，泉水。| 马山《欢叹父母》:淰大，raemxda，眼泪。

淩[1] raengz［ɣaŋ²］〈名〉深水潭。（见澛²）

淩[2] vaengz［waŋ²］〈名〉❶ 潭。❷ 深水汪（河段中较深的地方）。（见澛³）

泣（啦、拉、吡、汉、汴、洽、汏、烁、㵓）raq［ɣa⁵］〈量〉阵。《初》:泣飈辺，raq rumz ndeu，一阵风。

淪[1] roengz［ɣoŋ²］〈动〉流；流下。马山《完筆》:淰眺淪潺潺。Raemxda roengz canzcanz. 泪水流潺潺。

淪[2] roenx［ɣon⁴］〈动〉溢；漫。（见浛²）

渌 rouh［ɣou⁶］〈动〉❶ 浸；泡。❷ 烫。（见溇）

浕 历 rumz［ɣum²］〈动〉浸。（见渢）

淸 历 sauz［θa:u²］〈动〉洗；摆洗。（见漕）

渄 saw［θaɯ¹］〈形〉清。（见潵）

渚 seh［θe⁶］〈动〉犯；侵犯。金城江《覃氏族源古歌》:兇星否累渚。Ngox sing mbouj ndaej seh. 凶星不能犯。

泚 历 sej［θe³］〈动〉淋洗。《初》:泚躺，sej ndang，淋浴；洗澡。

淯 seuq［θeu⁵］〈形〉❶ 干净；清洁。❷ 利落；利索。❸ 光；完。（见瀞）

減[1]（惑、轼）历 vaeg［wak⁸］❶〈形〉轻浮。❷〈副〉忽而。《初》:減畋飈，減畋雰。Vaeg youh rumz，vaeg youh fwn. 忽而刮风，忽而下雨。

減[2] 历 vued［wuːt⁸］〈动〉安慰。(见适)

温 -byumx［pjum⁴］〈缀〉多盐的;味咸的。《初》:鹹温温,hamzbyumxbyumx,咸咸的。

涵(测、則) 历 caek［ɕak⁷］〈量〉滴。《初》:双涵淰,song caek raemx,两滴水。

测[1] 历 caek［ɕak⁷］〈量〉滴。马山《孝顺歌唱》:汙茅汙瓦测对测。Yag haz yag vax caek doiq caek. 茅檐瓦檐的水珠滴对滴。(见涵)

测[2] saeg［θak⁸］〈形〉邋遢;衣冠不整(与滗连用)。《初》:䏶袮傪测滗。Ndangdaenj de saegsoemx. 他的衣着很不整齐。

测[3] saeg［θak⁸］〈动〉洗(衣物、纺织物)。(见浥)

测[4] saek［θak⁷］〈动〉❶塞;堵;堵塞。❷驳(倒)。(见扽²)

浸 cimq［ɕim⁵］〈动〉浸;泡。(见浸)

渧(涕、哌、咊、洓、泜、咍、啼、涕、睇) daej［tai³］〈动〉哭。《初》:孙殖渧呻阁。Lwgnyez daej gwn nauq. 孩子哭着要吃奶。

湯[1] dangh［taːŋ⁶］〈形〉枉然(与浪连用)。马山《书信歌》:叽吞嘎浪湯。Gou raen caemh langhdangh. 我看也枉然。| 浪湯坏心机。Langhdangh vaih simgei. 枉然坏心机。

湯[2] dangh［taːŋ⁶］〈连〉如果;要是;倘若。(见虰)

渟 历 dinz［tin²］〈形〉寂静;无声息的。上林《赶圩歌》:幼沉哂沉渟。Youq caemrwg caemdinz. 闲居静悄悄。

渰[1] doemq［tom⁵］〈动〉塌;倒塌;坍塌。(见埮)

渰[2](滙) 历 ndaek［ʔdak⁷］〈形〉湿。《初》:踏汏町袮渰。Dangh dah deng vaq ndaek. 涉水过河裤子被浸湿。

湇 dumh［tum⁶］〈动〉淹;淹没。(见氹)

湃 fai［faːi¹］名〉坝。马山《完筆》:畨谷湃不愣。Naz goek fai mbouj lau. 坝下田不忧。(见墢)

湫 历 fax［fa⁴］〈名〉天。(见委)

港 gangj［kaːŋ³］〈动〉讲;说;谈。宜州《龙女与汉鹏》:友港寺观的卜稳。Youh gangj gyuh gonq gah boux vunz. 又讲前朝的人。| 宜州《孟姜女》:港冇,gangj ndwi,说空话、空谈。

渴 历 gat［khaːt⁷］〈动〉❶断。❷破;破烂。(见曷¹)

溉 历 goih［khoi⁶］〈形〉干;渴。(见研)

渱 gyan［kjaːn¹］〈动〉❶吞(不嚼或不细嚼,整个儿地或整块地咽下)。❷吞没;侵吞。❸堆叠;套;合拢。(见餰)

湺 haenq［han⁵］〈动〉淬(火)。《初》:打鉎歐湺淰。Daj diet aeu haenqraemx. 打铁要淬火。

渕 iemq［ʔiːm⁵］〈动〉渗;渗透。(见氼²)

湆[1] iemq［ʔiːm⁵］〈动〉渗;渗透。(见氼²)

湆[2] oemq [ʔom[5]]〈动〉诈骗；欺骗；暗算（与廸连用）。《初》：廸湆咁伝。Dwkoemq gwn vunz. 诈骗坑人。

湆[3]（沗、洇、溁、鮨）yaem [jam[1]]〈动〉❶ 渗漏。❷ 沥（液体一点点地落下）。（见《初》）

溇[1] laeuj [lau[3]]〈名〉酒。马山《奠别歌》：迪溇，dwk laeuj，斟酒。（见氿）

溇[2]（瀴、唻）raeuz [ɣau[2]]〈形〉滑；滑溜。《初》：坤溇难踹。Roen raeuz nanz byaij. 路滑难走。

溇[3]（咛）raeuz [ɣau[2]]〈形〉流利。《初》：侈嗛氕亟溇。De gangj ndaej gig raeuz. 他讲得很流利。

滷 laeuj [lau[3]]〈名〉酒。（见氿）

瀄 langx [la:ŋ[4]]〈动〉涮；冲洗。《初》：瀄硂，langx duix，涮碗。

湳 历 lim [lim[1]]〈形〉满。巴马《贖魂粡呟》：粝利王湳倉。Haeux lih vuengz lim cang. 王的旱稻满粮仓。

渌 log [lo:k[8]]〈名〉洛。右江《本麽叭》：請布渌啚，cingj Baeuqlogdoz，请布洛陀。

湈（沬）历 mae [mai[1]]〈名〉雪。（见《初》，即 nae）

溦 历 maeq [mai[5]]〈形〉湿；潮湿。（见沘）

溃 mbaeq [ʔbai[5]]〈形〉湿。武鸣《信歌》：躺溃，ndang mbaeq，身子湿。

渼（沬）历 meiq [mei[5]]〈动〉洗（清洗沾有粪便的衣物）。《初》：渼袮，meiq omj，洗尿布。

滺 mieng [mi:ŋ[1]]〈名〉沟；沟渠。（见《初》）

漭 mieng [mi:ŋ[1]]〈名〉沟渠。（见汇[3]）

溛 naeuh [nau[6]]〈形〉烂；腐烂。（见𦎺）

湎 历 naiz [na:i[2]]〈名〉口水；痰。（见沥[2]）

湳[1] ndaem [ʔdam[1]]〈动〉潜（水）。（见闐[1]）

湳[2] numj [num[3]]〈形〉不干爽；未干透。（见《初》）

滗 ndangj [ʔda:ŋ[3]]〈形〉干涸；干结。（见浇）

溶 ndonj [ʔdo:n[3]]〈动〉钻；钻入。（见𠇍）

滞 niq [ni[5]]〈形〉小（对小孩的昵称）。（见仈[2]）

温[1] oen [ʔon[1]]〈名〉刺；荆棘。（见蕴）

温[2] 历 onj [ʔo:n[3]]〈形〉❶ 年轻 ❷ 嫩；幼小。（见《初》）

温[3] roen [ɣon[1]]〈名〉路。宜州《龙女与汉鹏》：呗噔半温之另叨。Bae daengz gyang roen cix lingh dauq. 去到半路又转回。| 宜州《孟姜女》：歪温，vaij roen，过路。

温[4] 历 un [ʔun[1]]〈动〉嫉妒；不满（因分配不公，心中妒恨）。（见諨[1]）

温⁵ unq [ʔun⁵]〈形〉软;软弱。马山《书信歌》:挃跰温,gen ga unq,手脚软。|巴马《赎魂糈呟》:合温,hoz unq,心软。(见歐)

温⁶ 方vuen [wu:n¹]〈动〉愿意。(见悢³)

温⁷ 方vun [wun¹]〈名〉雨。(见云)

滰(洸、浪、哏、泿) riengx [ɣi:ŋ⁴]〈动〉❶洗;涮;盥。❷漱。《初》:滰咟,riengx bak,漱口。

湫 rih [ɣi⁶]〈动〉流(口水、眼泪、鼻涕等)。(见洌²)

湢 rim [ɣim¹]〈动〉满。(见阑³)

湪 roenx [ɣon⁴]〈动〉溢;漫。(见涤²)

溁 rongz [ɣo:ŋ²]〈名〉洪。(见泷²)

渢(沲) 方 rumz [ɣum²]〈动〉浸。《初》:牵犿垰渢淰。Yien vaiz bae rumz raemx. 牵牛去泡水。

湿 saeb [θap⁸]〈形〉纷纷;蒙蒙(形容雨点很细小)。《初》:雰犊湿湿。Fwn doek saebsaeb. 下着蒙蒙细雨。

溲 方sauz [θa:u²]〈动〉洗;摆洗。(见漕)

渻 singj [θiŋ³]〈形〉清白。(见《初》)

湝 方soeg [θok⁸]〈动〉漱。《初》:歐淰料湝咟。Aeu raemx daeuj soeg bak. 拿水来漱口。

淴 suk [θuk⁷]〈形〉足;充足;周到。马山《尊老爱幼歌》:道理都尼淴。Dauhleix dou mbouj suk. 我们的礼节不周到。

湿 方suz [θu²]〈名〉洞。(见《初》)

湿 swiq [θɯ:i⁵]〈动〉洗。《初》:夅汏湿躺。Roengz dah swiqndang. 下河洗澡。

湾 vanq [wa:n⁵]〈形〉伶俐。马山《百岁歌》:湾批各当家,vanqvaq gag danggya,伶俐自当家。

湝 -yaengh [jaŋ⁶]〈缀〉淋淋。《初》:衂湝湝,lwedyaenghyaengh,血淋淋。

溇 方boz [pho²]〈量〉堆。(见希)

溦 byaez [pjai²]〈形〉涟涟。宾阳《催春》:淋眦陇溦溦。Raemxda roengz byaez-byaez. 泪水落涟涟。

溥 byawz [pjaɯ²]〈代〉谁;哪个。(见偭¹)

滬 方cienj [ɕi:n³]〈形〉浅。《初》:淰墰滬緓。Raemxdaemz cienj lai. 池塘水太浅。

溍 方cug [ɕuk⁸]〈形〉浊;浑浊。(见《初》)

溏¹ daemz [tam²]〈名〉池塘。(见墰)

溏² 方dong [tho:ŋ¹]〈名〉❶水滩。❷瀑布。(见《初》)

溻(踼) 方dangh [tha:ŋ⁶]〈动〉寻;找。(见《初》)

滔 方dauh [ta:u⁶]〈动〉叨咕;唠叨。(见叨¹)

溮 dauj [ta:u³]〈动〉倒。马山《达稳之歌》:抙垰溮廸媒。Dawz bae dauj dwk mou.

拿去倒了喂猪。

滚 goenj [kon³]〈动〉❶ 滚;开;沸腾。❷ 喧哗;喧闹;吵闹。(见㶇)

浬¹ mai [maːi¹] ❶〈名〉胎斑;胎记。❷〈动〉涂;画。(见潩)

浬² myaiz [mjaːi²]〈名〉口水。(见湄¹)

漠¹ mak [maːk⁷]〈名〉果子。(见䄾)

漠² mboq [ʔbo⁵]〈名〉泉。金城江《台腊恒》:漠水清,mboqraemxsaw,清水泉。(见沛)

漠³ mok [moːk⁷]〈名〉潲。(见糢¹)

漠⁴ mok [moːk⁷] ❶〈名〉雾。❷〈形〉模糊。(见瞙¹)

溤 方 maq [ma⁵]〈动〉浸(指谷物种子的泡水处理)。《初》:溤粄,maq faenz,浸种。

滬 mbaeq [ʔbai⁵]〈形〉湿。(见㵎)

溹 mboen[ʔbon¹]〈动〉潜(水)。(见閖)

滂 mieng [miːŋ¹]〈名〉沟渠。(见汒³)

满¹ mon [moːn¹]〈形〉火力微弱;火将灭(灰烬里只残留一些小火炭)。(见闷)

满² mued [muːt⁸]〈动〉没;终。马山《欢叹父母》:認情爹满朝。Nyinh cingz de mued ciuh. 终生铭记他的恩情。

满³ 方 muenz[muːn²]〈动〉埋;盖。(见墁)

滅¹ mued [muːt⁸]〈动〉死绝;灭绝。田阳《布洛陀遗本》:焚檂檂可滅。Coemh faiz faiz goj mued. 火烧甜竹甜竹也会死绝。

滅² mwt [mɯːt⁷]〈形〉阴沉;苦(与䨲连用)。(见沬⁴)

滗 naengj [naŋ³]〈动〉蒸。(见㸑)

滙 方 ndaek [ʔdak⁷]〈形〉湿。(见渹²)

滝 ndij [ʔdi³]〈介〉跟;向;照;沿。(见跮)

溺¹ ngieg [ŋiːk⁸]〈名〉❶ 蛟龙。❷ 水螳螂。(见蝷)

溺² unq [ʔun⁵]〈形〉软;软弱。(见歖)

溪 riq [ɣi⁵]〈动〉疾跑。(见踦)

溹¹ sak [θaːk⁷]〈形〉(水)干。(见溹)

溹² 方 swd [θɯːt⁸]〈拟〉潺潺;滔滔(水流动的声音)。(见汐¹)

溹 方 swd [θɯːt⁸]〈拟〉潺潺;滔滔(水流动的声音)。(见汐¹)

溜 you [jou¹]〈名〉偶;菩萨。(见莸)

漂¹(标、嘌、標、票)biu [piːu¹]〈动〉(植物很快地)抽芽;生长。《初》:芶莀漂𨃰三㬹。Gaeu maenz biu raez sam soem. 红薯藤猛长三庹长。

漂² biuz [piːu²]〈名〉浮萍。(见薸)

淅 cex [çe⁴]〈拟〉潺潺;淙淙。《初》:淰浰漯淅淅。Raemxrij lae cexcex. 溪水潺潺流。

漟¹(挡)dangj [taːŋ³]〈动〉捕;拦;挡(设置栅栏用鱼筌捕捉)。(见《初》)

澭² 〔方〕dangx [taːŋ⁴]〈名〉排水口。(见当³)

滴 dih [ti⁶]〈动〉淋(雨)。(见涕²)

滏 doek [tok⁷]〈动〉❶落。❷丢失。(见犊¹)

漰 dumh [tum⁶]〈动〉淹;淹没。(见犇)

漅¹(泡) fauz [faːu²]〈名〉泡沫。《初》:叩齸沸漅。Bak ok foedfauz. 嘴吐泡沫。

漅²(巢、抄)〔方〕sauz [θaːu²]〈动〉洗。《初》:漅翻,sauz naj,洗脸。

漮 〔方〕gang [kaːŋ¹]〈形〉干涸;断流。(见涸)

滰¹(强) giengh [kiːŋ⁶]〈动〉跳;投(河)。《初》:滰汏,giengh dah,跳河。

滰² giengx [kiːŋ⁴]〈动〉含;噙。《初》:盼佲淰眺滰。Biek mwngz raemxda giengx. 噙着眼泪与你分别。

澒(经、倾、咛) gingj [kiŋ³]〈动〉滚;滚动。《初》:澒磸,gingj rin,滚石头。

潰(惯、馆、阍) guenq [kuːn⁵]〈动〉灌。《初》:閚乾潰模犿。Gyanghaet guenq mok vaiz. 早上拿潲水来灌牛。

漶 〔方〕guij [khuːi³]〈名〉小溪。(见《初》)

滤 hawq [haɯ⁵]〈形〉干。(见祛)

漇 heiz [hei²]❶〈形〉脏。❷〈名〉汗泥;污垢。(见胰)

滌 iemq [ʔiːm⁵]〈动〉渗;渗透。(见氺²)

漯(澀) lae [lai¹]〈动〉流。《初》:淰汏漯否竫。Raemxdah lae mbouj dingz. 河水流不停。

澫¹(霧、靸) laeg [lak⁸]〈形〉深。《初》:淰澫移。Raemx laeg lai. 水太深。

澫² lwed [lɯːt⁸]〈名〉血。(见盈)

漏¹ 〔方〕laeuh [lau⁶]〈名〉漩涡(与漙连用)。(见涠¹)

漏² 〔方〕lauz [laːu²]〈名〉纹理;纹饰。《粤风》:辛生凭花漏。Rin seng baengh valauz. 天生的石头靠花纹。

潤(潰、沫、涀、溣) mbaeq [ʔbai⁵]〈形〉湿。《初》:虰雺涕裥潤。Deng fwn dih buh mbaeq. 挨雨淋湿衣服。

潡 mboen[ʔbon¹]〈动〉潜(水)。(见閖)

漫 menh [meːn⁶]❶〈形〉慢。❷〈副〉再。(见邊)

漸 〔方〕myab [mjaːp⁸]〈动〉擦;抹。《初》:捍淰料漸躺。Daek raemx daeuj myab ndang. 舀水来擦身。

潪¹ 〔方〕ndaek [ʔdak⁷]〈形〉深。(见《初》)

潪² ndaek [ʔdak⁷]〈形〉(睡)着。上林《达妍与勒驾》:眸勺潪。Ninz yaek ndaek. 将睡着。

漬 ngaeh [ŋai⁶]〈名〉汗垢;污垢。(见寘)

潙 ngaeuz [ŋau²]〈形〉❶ 光滑。❷ 尽;光;完。(见䄂¹)

潄 numh [num⁶]〈形〉小;幼小。金城江《台腊恒》:鷄潄,gaeqnumh,小鸡崽。

滏 㓑 nyeq [ȵe⁵]〈名〉江。(见《初》)

澘 -rad [ɣaːt⁸]〈缀〉(滑)溜溜。《初》:泻澘澘,hauxradrad,滑溜溜、很黏滑。

溻 -rad [ɣaːt⁸]〈缀〉(滑)溜。都安《雷王大帝唱》:仅爺仅溻,raeuzhiz raeuzrad,滑里滑溜。

溇¹ raemx [ɣam⁴]〈名〉水。《粤风》:巴不里溇淋。Bya mbouj leix raemx limz. 鱼不理浊水。

溇² rimz [ɣim²]〈名〉近旁;身边。《粤风》:也不里腾溇。Yax mbouj ndaej daengz rimz. 也不能来到身边。

澒 rongz [ɣoːŋ²]〈名〉洪。(见泷²)

漊(渌、㗂)rouh [ɣou⁶]〈动〉❶ 浸;泡。《初》:犿 𩾶 淰只漊。Vaiz raen raemx cix rouh. 水牛见水就泡。❷ 烫。《初》:粉漊卦𨗓吺。Faenj rouh gvaq menh gwn. 米粉要烫后再吃。

澀¹(涁、涮)sab [θaːp⁸]〈动〉❶ 敷;热敷(用热水或热药水敷烫或泡洗患处)。❷ 焯(把青菜放在开水里涮一下)。(见《初》)

澀² saep [θap⁷]〈形〉涩。《初》:𣘻橄澀栘亟焅吺。Makmaenj saep lai gig hoj gwn. 李果太涩很难吃。|上林《赶圩歌》:剥澀,bak saep,嘴巴涩。

澀³ saep [θap⁷]〈形〉❶ 阴冷(脸色)。❷ 愁苦。《初》:䀹澀,najsaep,愁眉苦脸。

澀⁴ saep [θap⁷]〈形〉零碎。《初》:澀碎,saepsoiq,零碎、零星、琐碎。

澀⁵ 㓑 swd [θɯt⁸]〈拟〉潺潺;滔滔(水流动的声音)。(见汾¹)

漕(浔、溲、曹) 㓑 sauz [θaːu²]〈动〉洗;摆洗。《初》:漕裥,sauz baengz,洗布。

滣 sep [θeːp⁷]〈形〉辣痛。(见痿)

潨¹ soemx [θom⁴]〈形〉❶ 邋遢(与测连用)。《初》:傪测潨栘。De saegsoemx lai. 他很邋遢。❷ 衣冠不整。(见《初》)

潨² 㓑 soemz [θom²]〈形〉漏;失禁(指小便)。《初》:㞎潨。Nyouh soemz. 小便失禁。

潢¹ vaengz [waŋ²]〈名〉❶ 潭。❷ 深水汪(河段中较深的地方)。(见澄³)

潢² vang [waːŋ¹]〈形〉横。马山《百岁歌》:澇潢,finh vang,横着摇头。

滏 vaengz [waŋ²]〈名〉❶ 潭。❷ 深水汪(河段中较深的地方)。(见澄³)

潓 van [waːn¹]〈形〉甜。马山《偻齐架桥铁》:读封信名况,当訁潓度助。Doeg fung saenq mwngz gvang, dangq gangj van doxcoh. 读你情郎信,如相对甜言。

澳¹ aeu [ʔau¹] ❶〈动〉要。❷〈动〉娶。❸〈动〉拿;取。❹〈介〉用。❺〈助〉采取……的方法(用在动词后表示某种方法)。(见歐¹)

澳² ngauq [ŋaːu⁵]〈量〉❶ 大团;大块。❷ 个(用于男性,含贬义)。(见墺³)

㴖 㕣 baiz [paːi²]〈名〉水坝。(见《初》)

澎 boengz [poŋ²]〈名〉烂泥;淤泥。(见堋¹)

𣻮(炁、䴵、炍) byouz [pjou²]〈动〉沸腾。《初》:淰𣻮。Raemx byouz. 水沸(水烧开)。

潯(浔、𣶟、旬) cimq [ɕim⁵]〈动〉浸;泡。(见《初》)

潮 㕣 ciuz [ɕiːu²]〈名〉洋;大洋。(见《初》)

潭¹ daemz [tam²]〈名〉池塘。(见壇)

潭² dumz [tum²]〈形〉湿。(见汤)

㵄 daenh [tan⁶]〈名〉蓝靛(用板蓝、木蓝等制成的膏状染料)。(见桥¹)

潶¹ 㕣 eq [ʔe⁵]〈形〉红。(见《初》)

潶²(麳) maeg [mak⁸] ❶〈名〉墨。❷〈动〉默读;默写。(见《初》)

㵞 fai [faːi¹]〈名〉水坝。(见墄)

澛¹ 㕣 gvaengz [kwaŋ²]〈名〉深潭。(见涯¹)

澛²(凌) raengz [ɣaŋ²]〈名〉深水潭。(见《初》)

澛³(潢、横、汇、沪、灘、澂、泶、凌、泠、滢、泓、汪) vaengz [waŋ²]〈名〉❶潭。❷深水汪(河段中较深的地方)。(见《初》)

潕 㕣 huj [hu³]〈名〉云。(见《初》)

澫 manh [maːn⁶]〈形〉辣。(见𩟗)

澬 mbaeq [ʔbai⁵]〈形〉湿。(见𣴘)

澘 mug [muk⁸]〈名〉鼻涕。(见𪖙)

潤¹(浬、唉) myaiz [mjaːi²]〈名〉口水。《初》:澛吽潤只浰。Caengz gwn myaiz cix rih. 还未吃口水就先流。

潤² mai [maːi¹] ❶〈名〉胎斑;胎记。❷〈动〉涂;画。(见潰)

㴋 nit [nit⁷]〈形〉冷;寒冷。(见𠖭)

澔 raq [ɣa⁵]〈量〉阵。(见拉)

澫 riengj [ɣiːŋ³]〈形〉敏捷;利索;麻利。(见𢤦)

㵐 saez [θai²]〈名〉鱼筌(喇叭形的)。(见箵)

㵊 sax [θa⁴]〈拟〉哗哗。(见浃⁵)

澙 siq [θi⁵] ❶〈动〉泻;拉(肚子)。❷〈名〉痢疾(腹泻)。(见泄⁴)

溫 unq [ʔun⁵]〈形〉软;软弱。(见歍)

澂 vaengz [waŋ²]〈名〉❶潭。❷深水汪(河段中较深的地方)。(见澛³)

澐 㕣 vun [wun¹]〈名〉雨。(见云)

澺 -wt [ʔɯt⁷]〈缀〉表示非常;十分(用在形容词之后)。《初》:咹澺,onjwt,非常安稳。

澾(䵺、泏、汦、咄、叱、稙、灎) cit [ɕit⁷]〈形〉淡(指味道)。《初》:䓖澾否兀吽。Byaek cit mbouj ndei gwn. 菜淡了不好吃。

灎 cit [ɕit⁷]〈形〉淡(指味道)。(见澾)

𣿍(沛)[方] get [keːt⁷]〈动〉溅。《初》:淰𣿍,raemx get,水溅。

𤃩 iemq [ʔiːm⁵]〈动〉渗;渗透。(见氼²)

澰 iemq [ʔiːm⁵]〈动〉渗;渗透。(见氼²)

㵪(𤁜)ngawh [ŋaɯ⁶]〈名〉淤泥;沉淀物。《初》:𧊅咳㵪。Sae haiz ngawh. 田螺吐淤泥。

濃 noengz [noŋ²]〈形〉❶浊;浑(水不清)。《初》:淰濃,raemxnoengz,浊水。❷浓;稠密(跟"淡"相对)。《初》:茶濃,caznoengz,浓茶。

潞 roh [ɣo⁶]〈动〉❶漏。❷泄露。(见𤅢)

濇 saeg [θak⁸]〈动〉洗(衣物、纺织物)。(见沧)

澟 [方] saemx [θam⁴]〈动〉含咬。(见《初》)

澨(恧、浐、泱)saw [θaɯ¹]〈形〉清。《初》:淰澨,raemxsaw,清水。

湍 seuq [θeu⁵]〈形〉❶干净;清洁。❷利落;利索。❸光;完。(见𣼭)

瀞 [方] cengh [ɕeːŋ⁶]〈形〉净;干净。《初》:碗内迪碗瀞。Vanj neix dwg vanj cengh. 这个碗是干净的。

濠 haux [haːu⁴]❶〈形〉黏;滑。❷〈名〉黏液。(见浔²)

㵘(濑、咮、涞)[方] laiz [laːi²]〈名〉口水;痰。(见《初》,即 myaiz)

濑 laz [la²]〈形〉累。金城江《台腊恒》:哏肉鸡𪇰作之濑。Gwn noh gaeqnumh soh cix laz. 吃幼鸡肉直到累。

瀴 raeuz [ɣau²]〈形〉滑;滑溜。(见溇²)

澨 fai [faːi¹]〈名〉水坝。(见𡒃)

澔 gveuh [kweu⁶]〈形〉斑斑点点;花斑斑。《初》:𥻵澔澔,raiz gveuhgveuh,斑斑点点、花斑斑。

澈 haux [haːu⁴]〈名〉鲇。(见鲓)

瀊[1] lawz [laɯ²]〈副〉原来(与濑连用)。《初》:濑瀊迪傪。Laizlawz dwg de. 原来是他。

瀊[2](厘)[方] raez [ɣai²]〈名〉水绵(与逗连用)。《初》:逗瀊,daeuhraez,水绵(丝状水草,青色,在水沟、池塘等处成团生长)。

瀊[3] raez [ɣai²]〈形〉长。平果《情歌》:胨吞古里瀊。Ndwenngoenz goj lij raez. 岁月还悠长。

瀂[1](鲁)[方] lu [lu¹]〈动〉流。《初》:𪖐瀂。Mug lu. 鼻涕流。

瀂[2] [方] ruj [ɣu³]〈形〉马虎;一呼隆(与洒连用,有草草了事、蒙混过关等意味)。《初》:瀂洒卦佋伝。Rujraj gvaq ciuhvunz. 一呼隆就过了一生。

瀖 lw [lɯ¹]〈动〉余;剩余;盈余。(见黎)

瀆(摜、浬、潤)mai [maːi¹]❶〈名〉胎斑;胎记。❷〈动〉涂;画。《初》:瀆黯口记号。Mai ndaem guh geiqhauh. 涂上黑色做记号。

瀑 mboq [ʔbo⁵]〈名〉泉。(见沛)

濉 munh [mun⁶]〈形〉心烦意乱。《初》:起忞起胣濉。Yied ngeix yied simmunh. 越想越心烦意乱。

瀦 方 myag [mjaːk⁸]〈形〉滑;泥泞。(见粝)

濋(浐) 方 nyoemx [ȵom⁴]〈动〉浸。《初》:濋袡𡘫淰𡎝。Nyoemx buh roengz raemx bae. 把衣服浸下水。

瀋 soemj [θom³]〈形〉酸。(见醦)

瀩¹ 方 gvaengz [kwaŋ²]〈名〉深潭。(见泬¹)

瀩² vaengz [waŋ²]〈名〉❶ 潭。❷ 深水汪(河段中较深的地方)。(见澔³)

瀬 方 laiz [laːi²]〈名〉口水;痰。(见漇)

瀬¹ 方 laiz [laːi²]〈副〉原来(与滚连用)。《初》:瀬滚廸佲料。Laizlawz dwg mwngz daeuj. 原来是你来。

瀬²(浹) raiq [ɣaːi⁵]〈名〉滩。《初》:舡𡘫瀬只趺。Ruz roengz raiq cix vaiq. 船下滩速度就快。

瀬³ raix [ɣaːi⁴]〈动〉❶ 倒;腾(把物品倾出或倒到另一容器)。❷ 斟(酒)。(见粡)

瀰 unq [ʔun⁵]〈形〉软;软弱。(见歐)

濶 yaiq [jaːi⁵]〈形〉鱼贯而行、一个跟着一个连接着走的样子。《初》:伙伝任擒𡎝濶濶。Gyoengqvunz doxdam bae yaiqyaiq. 众人一个跟着一个前行。

瀐(莔、蔓) mwn [mɯn¹]〈形〉茂盛。《初》:肪奔瀐嚁嚁。Mbawfaex mwn cupcup. 树叶长得很茂盛。

潡 ngauj [ŋaːu³] ❶〈形〉曲;弯曲。❷〈动〉恼怒;发气。(见墺²)

瀤〈名〉vai [waːi¹] 水坝。金城江《覃氏族源古歌》:畓瀤, naz vai,有水坝灌溉的田。

瀳(战) 方 cienq [ɕiːn⁵]〈名〉漩涡(与洒连用)。《初》:瀳洒, cienqlaeuh,漩涡。

瀝 lae [lai¹]〈动〉流。(见潔)

瀶 rim [ɣim¹]〈形〉满。(见闟³)

瀿 red [ɣeːt⁸]〈形〉密实;紧密。(见䇾)

灡 rim [ɣim¹]〈形〉满。(见闟³)

灢 ngawh [ŋaɯ⁶]〈名〉淤泥;沉淀物。(见澋)

灈(潞、𬇕、踣、荷、咯、涰、嚕) roh [ɣo⁶]〈动〉❶ 漏。《初》:雰𬇕𡊱只灈。Fwn doek ranz cix roh. 下雨屋就漏水。❷ 泄露。

水 laemx [lam⁴]〈动〉倒。田东《大路歌》:水初忑定农。Laemx youq laj din ndoeng. 晕倒在山林下。

氼 方 mbaet [ʔbat⁷]〈动〉摁;按(入水里)。《初》:氼茇𡘫畓。Mbaet foed roengz naz. 把绿肥按到水田里。

氼¹ ndaem [ʔdam¹]〈动〉潜。马山《情歌》:氼卦𡘫淰批。Ndaem gvaq laj raemx bae. 潜过水下去。

氼[2] ndaem［ʔdam¹］〈动〉种。巴马《漢皇一科》：甫黎氼厚仿？ Bouxlawz ndaem haeuxfiengj? 谁人种粟米。

氼 conh［ɕoːn⁶］〈动〉冒；淌；溢；涌。（见沖²）

沓 caem［ɕam¹］〈动〉沉。田东《大路歌》：真香沓刀忑。Caen hom caem dauq laj. 真香沉到底。

氹 dumh［tum⁶］〈动〉淹；淹没。（见㴪）

氽 㑄 nemq［neːm⁵］〈动〉查看；探视。《初》：氽偻口侣庅？ Nemq de guh gijmaz? 看他做什么？

沓[1] dumh［tum⁶］〈动〉淹；淹没。（见㴪）

沓[2]（沓）dumz［tum²］〈形〉湿；潮湿。马山《産难嘆嚍》：躺里沓苦幼。Ndang lij dumz hoj youq. 身子还湿正难受。

㳥（滵）㑄 myag［mjaːk⁸］〈形〉滑；泥泞。《初》：雰犐坤㳥。Fwn doek roen myag. 下雨路滑。

㴓 sae［θai¹］〈名〉螺；螺蛳。（见蛳）

㳂 sij［θi³］〈名〉洞箫（与簫连用）。（见㳂）

㴀（硧）doengj［toŋ³］〈名〉 桶。（见《初》）

㳚（㳚）㑄 gyuk［kjuk⁷］〈动〉漱。《初》：㳚咟，gyuk bak，漱口。

㳚 㑄 gyuk［kjuk⁷］〈动〉漱。（见㳚）

㴪（氹、沌、㵌、涔、沓、湔）dumh［tum⁶］〈动〉淹；淹没。《初》：㝎偻町淰㴪。Ranz de deng raemx dumh. 他的房子被水淹了。

㵌 dumh［tum⁶］〈动〉淹；淹没。（见㴪）

㴱 fwi［fɯːi¹］〈名〉水蒸气。（见悲）

㵊（弔、昆、捃、噴、齦、踔）gonh［koːn⁶］❶〈名〉戽斗。《初》：欧㵊料㵊淰。Aeu gonh daeuj gonh raemx. 拿戽斗来戽水。❷〈动〉戽（水）。《初》：偻㵊淰擀鲃。Raeuz gonh raemx gaemh bya. 我们戽水抓鱼。

㳳 raiz［ɣaːi²］〈名〉露水。（见霴）

㵝（随）saex［θai⁴］〈动〉 呷（食）；梳理（鸭、鹅等用嘴梳理羽毛或在水中找东西吃）。《初》：𪂴㵝毰。Bit saex bwn. 鸭子梳理羽毛。

㵡（䅽）iep［ʔiːp⁷］〈动〉腌。《初》：㵡花，iep byaek，腌菜。

㴤 raengx［ɣaŋ⁴］〈形〉静止的；不流动的（指水）。《初》：淰㴤，raemxraengx，静水（死水）。

㶕（卧）mbok［ʔboːk⁷］〈动〉凹陷；下降（与犐连用）。《初》：泧廸眦犐㶕。Siq dwk da doekmbok. 拉肚子拉得眼睛凹了。

忄（心）部

忟（乂、叉、㓶）㑄 ca［ɕa¹］❶〈名〉差；差错；错。❷〈形〉质量低劣。（见《初》）

忇（㥦）㑄 mbaj［ʔba³］〈形〉忙。（见《初》）

忇^{1} nai［naːi^{1}］〈动〉❶ 安慰。❷ 赞扬。(见恧^{1})

忇^{2} naiq［naːi^{5}］〈形〉虚弱;精神萎靡;疲倦。(见瘵)

忇^{1} raek［ɣak^{7}］〈动〉断。田东《大路歌》:桥忇不得卦。Giuz raek mbouj ndaej gvaq. 断桥不能过。

忇^{2} 〔方〕rig［ɣik^{8}］〈动〉磨损。(见疓)

忙 mong［moŋ^{1}］〈形〉(眼)花;昏花。马山《尊老爱幼歌》:大忙耳又隔。Da mong rwz youh nuk. 眼花耳又聋。

忄勺 nyaek［ɲak^{7}］〈形〉窝火。马山《信歌》:吣炁胡各忄勺。Gwnheiq hoz gag nyaek. 烦忧内心自窝火。

忖^{1} caem［ɕam^{1}］〈形〉❶ 静;沉静;寂静;清静;沉寂。❷ 熟(睡);沉(睡)。(见吣^{1})

忖^{2} 〔方〕saem［θam^{1}］〈名〉心。(见《初》)

忼 angq［ʔaŋ^{5}］〈形〉高兴;乐。马山《孝顺歌唱》:卜姆忼。Bohmeh angq. 父母高兴。

忄方^{1}(娦)〔方〕byangz［pjaːŋ^{2}］〈名〉谎言;假话。《初》:嗛忄方,gangjbyangz,撒谎、讲假话。

忄方^{2} vueng［wuːŋ^{1}］〈形〉慌。(见怔^{3})

物 〔方〕faed［fat^{8}］〈名〉带子。《初》:物糀,faedraiz,花带子。

怜 〔方〕gaemz［kam^{2}］〈动〉恼怒。《初》:胎怜,hozgaemz,恼怒、含怒。

快^{1} gvai［kwaːi^{1}］〈形〉乖;聪明。马山《情歌》:皮只迪伝快。Beix cix dwg vunz gvai. 阿哥就是乖巧人。(见侠)

快^{2} gvai［kwaːi^{1}］〈名〉乖乖;情人。马山《皮里患鲁不》:己眼不𪾢快,当獨牛望杌。Geij ngoenz mbouj raen gvai, dangq duzvaiz muengh loek. 几天不见情人,犹如牛望水车(比喻发呆发愣)。

快^{3} gvaix［kwaːi^{4}］〈动〉舀起。(见㧟)

快^{4} gvaiz［kwaːi^{2}］〈形〉迟。《初》:乾内趄𠃝快。Haet neix hwnq ndaej gvaiz. 今早起得迟。

忦(嫑)〔方〕gyoih［kjoi^{6}］〈动〉爱。《初》:劲俫真忎忦。Lwg moiz caen doeggyoih. 你的孩子真可爱。

伙 hoj［ho^{3}］〈形〉❶ 穷;苦;贫苦;贫穷。❷ 困难;艰苦。(见熇)

忻^{1} haen［han^{1}］〈动〉啼;啼鸣;啼叫。右江《本麽叭》:争要鸡忻龍。Ceng aeu gaeq haen loengq. 争要笼里啼鸣的大公鸡。

忻^{2} hwnj［hɯn^{3}］〈动〉❶ 上;登。马山《劳动歌》:忻岜批欧杖。Hwnj bya bae aeu fwnz. 上山去打柴。|马山《百岁歌》:忻心,hwnjsim,上心、用心。❷ 长;长起;发。马山《完筆字信》:路忻菻。Loh hwnj rum. 道路长草。❸ 涨(价);(水)涨。(见玊^{2})

忻^{3} raen［ɣan^{1}］〈动〉见。(见𪾢)。

忄日 -hwt［hɯt^{7}］〈缀〉滋滋;洋洋。《初》:閅肒䩞忄日忄日。Ndaw sim haengjhwthwt. 内心喜滋滋。

忹[1] in[ʔin^1]❶〈形〉痛。❷〈动〉疼爱；爱惜。（见痐）

忹[2] nyinh[ȵin^6]〈动〉认；承认。（见㖠[2]）

怵 mbouq[ʔbou^5]〈动〉惊；发虚。（见相）

忟（駁）历 mieg[mi:k^8]〈形〉❶沮丧；灰心丧气。《初》：偲胣兄忟了。Aen sim gou mieg liux. 我灰心丧气了。❷精疲力尽。《初》：佀衍兄忟了。Gij rengz gou mieg liux. 我已经精疲力尽了。

忸（貃、炄）历 naeuq[nau^5]〈形〉愤怒；气愤。《初》：佲吽忸否忸！ Mwngz naeuz naeuq mbouj naeuq! 你说气愤不气愤！

忳（悑）历 ngaengh[ŋaŋ^6]〈形〉❶疲惫；困倦。《初》：眃内兄忳穇。Ngoenzneix gou ngaengh lai. 今天我太疲惫了。❷（头）晕；昏。《初》：尥忳。Gyaeuj ngaengh. 头昏。

忹[1] 历 ngvangh[ŋwa:ŋ^6]〈形〉笨拙；傻；愚蠢。（见疰[1]）

忹[2] 历 vangx[wa:ŋ^4]〈动〉懊悔。《初》：总肝兄䞉忹。Siengj daengz gou caemh vangx. 想来我也懊悔。

忹[3]（彷、荳、慌、忂、嘡、蹚、恾）vueng[wu:ŋ^1]〈形〉慌。《初》：忹忙，vuengmuengz，慌忙。|马山《勺记时种花》：戾心各忹。Beix sim gag vueng. 阿哥心自慌。

忨 ngawz[ŋaɯ^2]〈形〉傻；愚蠢；愚笨。（见覒）

攸 历 siu[θi:u^1]〈动〉修；修炼。《初》：否攸罡内攸罡塄。Mbouj siu seiq neix siu seiq laeng. 不修今世修来世。

怂（嗟、㖆）soengx[θoŋ^4]〈动〉煽动；怂恿；挑动。《初》：佲介信伝怂。Mwngz gaej saenq vunz soengx. 你别轻信他人怂恿。

怀[1] 历 vai[wa:i^1]〈名〉水坝。（见砵）

怀[2] vaiz[wa:i^2]〈名〉牛。马山《欢叹父母》：草利宜肝怀。Nywj ndei ngeix daengz vaiz.[见到]好草想到牛。

怫 vau[wa:u^1]〈形〉虚；虚浮；空虚；茫然。马山《迪封信斗巡》：心之怫。Sim cix vau. 内心就茫然。

怌 vaz[wa^2]〈形〉愣（与惑连用）。马山《达稳之歌》：胎兄各怌惑。Hoz gou gag vazvaeg. 我心自一愣。

怍[1]（惠）vei[wei^1]〈动〉违抗。（见《初》）

怍[2] 历 veiq[wei^5]〈动〉辜负。（见偻）

忇 历 vi[wi^1]〈动〉❶亏；亏待。❷忘（恩）；辜负。（见忎）

怟（飫、偲、酘、胺）wen[ʔɯ:n^1]〈形〉恶心。《初》：起忞起怟。Yied ngeix yied wen. 越想越恶心。

忬 yak[ja:k^7]〈形〉恶；凶；恶毒；凶恶。（见嘢）

忮（㥎、嗳）历 aix[ʔa:i^4]〈形〉扫兴；不高兴；信心不足。

怉 历 baeu[pau^1]〈名〉怀抱。（见胇[1]）

怕 bag[pa:k^8]〈动〉癫；疯。（见疳）

怍[1]（作）历 cak[ɕa:k^7]〈动〉嗟怨；

嗟叹。《初》：各怨差怨怍。Gag yienq ca yienq cak. 自怨自嗟叹。

怍[2]（咋、啅、諎、拃）[历] cog［ɕo:k[8]］〈动〉唆使；嗾使；怂恿。《初》：怍犸合莡。Cog ma haeuj nyaengq. 嗾使狗进草丛（比喻唆使人干坏事）。

惻 [历] ek［ʔe:k[7]］〈形〉辛苦。（见厄）

怍（咔）[历] gaz［ka[2]］〈名〉哀歌；挽歌（与欢连用）。《初》：町伝喝欢怍，偻淰眦总浰。Dingq vunz heuh fwengaz, raeuz raemx-da cungj rih. 听到人家唱挽歌，我们悲痛得流下眼泪。

怙（詁）[历] goj［ko[3]］〈动〉估计。《初》：怙秏徒猉内眉几栘迊。Goj yawj duz mou neix miz geijlai naek. 估量这头猪有多重。

惎 gyaez［kjai[2]］〈动〉❶爱；爱好；喜欢。❷挂念；想念；怀念。（见悋）

烂[1]（懒）lanh［la:n[6]］〈形〉勇猛；胆大。《初》：得内胚实烂。Ndaek neix mbei saed lanh. 这个家伙胆子真大。

烂[2] -ranx［ɣa:n[4]］〈缀〉紧急的样子。《初》：紧烂烂，gaenjranxranx，紧急的、急切的。

愣 lingz［liŋ[2]］〈形〉灵；灵验。（见恧）

怺 lox［lo[4]］〈动〉撩；撩逗。金城江《台腊恒》：甲怺娋江洞。Gya lox sau gyang doengh. 不如田间撩姑娘。

悔 mou［mou[1]］〈名〉猪。金城江《覃氏族源古歌》：卡悔，gaj mou，杀猪。

怗 nem［ne:m[1]］〈介〉和；与；同。（见添）

怞（忞、怽、茂、蔛、慒）mbouq［ʔbou[5]］〈动〉惊；发虚。《初》：胴怞，dungx mbouq，心惊、惊慌、害怕。

怩[1] naet［nat[7]］〈形〉累；疲乏；疲惫；困倦。（见黏）

怩[2] [历] nih［ni[6]］〈动〉回忆；回想。（见《初》）

怀[1] ngvaih［ŋwa:i[6]］〈名〉巫师。右江《本麽叭》：叫怀狼却令。Heuh ngvaih laeng gyoklingq. 叫来坡寨的巫师。

怀[2] vaiz［wa:i[2]］〈名〉水牛。田阳《麽叹魂糯一科》：歐怀批歐娝。Aeu vaiz bae aeu bawx. 用水牛去迎娶媳妇。

怢（箦、失）saet［θat[7]］〈动〉吃惊（与笁、犨连用）。《初》：犨怢，doeksaet，吃惊。

使（使）[历] sij［θi[3]］〈形〉凄惨；凄苦；穷苦（与惐连用）。《初》：惐～当麻。Vijsij dangqmaz. 非常凄惨。

性[1] [历] singq［θiŋ[5]］〈名〉脾性；性子；脾气。《初》：佲性兀。De singq ndei. 他的脾性好。｜忻城《传扬歌》：介用乱发性。Gaej yungh luenh fat singq. 不要乱发脾气。

性[2] nuengx［nu:ŋ[4]］〈名〉弟；妹。《粤风》：论新苦性呻。Lwnh sinhoj nuengx nyi. 讲辛苦妹闻。

恔 [历] anj［ʔa:n[3]］〈形〉疲倦。（见《初》）

怕 bag［pa:k[8]］〈动〉劈。（见剝）

怞 caeuz [çau^{2}]〈名〉仇;冤仇。(见嘐^{2})

悃 don [to:n^{1}]〈动〉阉(用于禽类)。(见臜)

怽(伏) 方 fod [fo:t^{8}]〈动〉生气;恼火。《初》:胎怽,hozfod,生气、恼火。

怙 gik [kik^{7}]〈形〉懒。(见揤)

悋 gyaez [kjai^{2}]〈动〉❶ 爱;爱好;喜欢。❷ 挂念;想念;怀念。(见愘)

恒^{1} haemh [ham^{6}]〈名〉晚;夜晚;夕。(见褞)

恒^{2} haemz [ham^{2}]〈动〉恨;恼恨。金城江《台腊恒》:吾雷何恒又何牙。Nguxloiz hozhaemz youh hoznyah. 雷王心恨又气恼。

恒^{3} haengj [haŋ^{3}]〈动〉❶ 喜欢。❷ 肯;愿意;允许;许可。(见黼)

恒^{4} haengz [haŋ^{2}]〈形〉胀;膨胀(水分多引起)。马山《农事歌》:荳騝淰之恒。Duh raen raemx cix haengz. 豆子见水就膨胀。

恒^{5} haenx [han^{4}]〈代〉那;彼。金城江《台腊恒》:時恒吾雷他叫惵。Seizhaenx Nguxloiz de guh yak. 那时雷王他作恶。

恒^{6} haenz [han^{2}]〈名〉边;旁边。金城江《台腊恒》:肯恒塘, gwnz haenz daemz, 塘边上。

恒^{7} hwnj [hɯn^{3}]〈动〉❶ 上;登。金城江《台腊恒》:太白叫牙恒丕口。Daihbeg guhnyah hwnjbae gaeuj. 太白赌气上去看。❷ 长;长起;发。金城江《台腊恒》:恒勾, hwnj gaeu,长角。❸ 涨(价);(水)涨。(见䟘^{2})

恒^{8} hwnz [hɯn^{2}]〈名〉深夜。马山《悼亡歌》:貧恒否𥘹眸。Baenzhwnz mbouj ndaej ninz. 整夜不得睡。

恒^{9} 方 raengz [ɣaŋ^{2}]〈形〉胀。《初》:垣淂夅夵淰恒。Duh cimq roengz laj raemx raengz. 豆子泡下水就涨起来。

恨^{1} haemh [ham^{6}]〈名〉晚。宜州《龙女与汉鹏》:恨伖卜差斗榄很。Haemhlwenz bouxcai daeuj ranz haemq. 昨晚官差到家查问。

恨^{2} haenh [han^{6}]〈动〉赞扬;羡慕。马山《孝歌》:孝姆㕦伝恨。Hauq meh ndaej vunz haenh. 孝敬母亲得到别人赞扬。(见恳)

恨^{3} haenq [han^{5}]〈形〉猛;猛烈。(见孬)

恨^{4} haenx [han^{4}]〈代〉那。(见覴^{1})

恨^{5} haenz [han^{2}]〈名〉堤;岸;埂;塍。(见垠^{1})

恨^{6} haet [hat^{7}]〈名〉早上。东兰《造牛(残页)》:仆黄三恨到丕亦。Bouxvuengz sam haet dauq bae yawj. 大王三早转去看。

恨^{7} henz [he:n^{2}]〈名〉旁边;边沿;附近。上林《赶圩歌》:逬𡸞肛恨板。Bongh bae daengz henz mbanj. 奔跑到村边。(见堋)

恨^{8} hwnj [hɯn^{3}]〈动〉❶ 上;登上。宜州《龙女与汉鹏》:马上痕过之恨温。Maxsaengh haetcog cix hwnj roen. 明早立即就上路。| 马山《奠别歌》:送恨路輪回。Soengq hwnj loh lwnzhoiz. 送上轮回之路。❷ 起来。东兰《造牛(残页)》:口丕達否恨。

Gaeu bae daz mbouj hwnj. 用藤去拉[它]不起来。

恨[9] hwnz [hɯn²]〈名〉宵;夜。(见腋)

恨[10] wnq [ʔɯn⁵]〈代〉别;另。右江《本麽叭》:許様恨, hawj yiengh wnq, 给另一样。

恅 lau [la:u¹] ❶〈动〉怕;害怕;担心。金城江《台腊恒》:吭话利礼恅。Gangjvah lix ndeilau. 说话好可怕。❷〈副〉恐怕;也许。《初》:恅侈否丕斉。Lau de mbouj youq ranz. 也许他不在家。(见惗¹)

恪 厉 loep [lop⁷]〈名〉才略。《初》:侈恪卦偣。De loep gvaq gwnz. 他才略超群。

悋[1] 厉 maeh [mai⁶]〈动〉爱;想。(见《初》)

悋[2] mbwq [ʔbɯ⁵]〈形〉烦闷;厌烦;无聊;闷。(见噜)

悋[3] 厉 meih [mei⁶]〈动〉思考。(见《初》)

悀[1] mbwq [ʔbɯ⁵]〈形〉烦闷;厌烦;无聊;闷。(见噜)

悀[2] mwh [mɯ⁶] ❶〈名〉时;时候;时期。❷〈副〉忽然(与暑连用)。(见宧)

恾[1] 厉 miengz [mi:ŋ²]〈名〉❶ 地上;人间;世上。❷ 地域。(见岙)

恾[2] muengz [mu:ŋ²]〈形〉忙;慌忙。金城江《覃氏族源古歌》:丕摘贼之恾。Bae baet caeg cix muengz. 一去扫荡盗贼就慌忙。

恁 niemh [ni:m⁶]〈动〉念;读;诵。(见唸)

悃 nyaenq [ȵan⁵]〈形〉羞;羞耻;害臊。(见惗²)

恢(夾、莢、㤳) nyap [ȵa:p⁷]〈形〉愁闷;苦闷;烦闷。《初》:胒恢。Sim nyap. 心情愁闷。

㤔 yaez [jai²]〈形〉差;次;低劣。(见孬³)

惞 厉 yux [ju⁴]〈动〉谈恋爱。(见妭)

悓 ceiz [çei²]〈形〉气馁。上林《特华信歌》:各崽各犇悓。Gag siengj gag doekceiz. 自想自气馁。

悜[1] cingj [çiŋ³]〈动〉请;请求;邀请。上林《赶圩歌》:悜㨃喤挂料。Cingj hai sing gvaqdaeuj. 请放歌声过来。

悜[2] cingz [çiŋ²]〈名〉情;才情(才学)。上林《赶圩歌》:收尉才悜哝。Sou doih caizcingz ndei. 你们才学高。

悜[3] cingz [çiŋ²]〈动〉成;完成。上林《赶圩歌》:㖞肛你元悜。Ciengq daengz neix yuenzcingz. 唱到此完成。

㤉(助) 厉 coux [çou⁴]〈动〉喜欢;爱。《初》:伩内否㤉吽鮀。Niq neix mbouj coux gwn bya. 这个小孩不喜欢吃鱼。

恒 daeux [tau⁴]〈动〉生气(与憕连用)。马山《达稳之歌》:屌揹侈憕恒。Ndi hawj de daenghdaeux. 不让他生气。

悌 daex [tai⁴]〈名〉同伴;伙计。(见俤¹)

恫¹ don［toːn¹］〈动〉阉(用于禽类)。(见𦡊)

恫²(㹞) gunx［kun⁴］❶〈动〉(猪用嘴)掀;推;拱。《初》:猉恫墒。Mou gunx namh. 猪拱土。❷〈形〉驯服。《初》:徒鴿内亟恫。Duz gaeq neix gig gunx. 这只鸡很驯服。

怫 fok［foːk⁷］〈动〉吼;斥责;训斥。(见咈¹)

恎¹ gaek［kak⁷］〈动〉发怒;生气;恼。(见氪)

恎²(迏)㊎ gyaek［kjak⁷］〈动〉盘算。《初》:各恎閙胣。Gag gyaek ndaw sim. 自己在心中盘算。

悕 heiq［hei⁵］❶〈名〉空气;气体。❷〈名〉汽。❸〈名〉气味。❹〈动〉忧愁;担忧;忧虑;顾虑。(见气)

悔¹ ㊎ hoij［hoi³］〈动〉挂。(见㩋)

悔² hoiq［hoi³］❶〈名〉奴隶;仆人;佣人。❷〈代〉我(谦称)。(见佅¹)

悔³ ㊎ vuij［wuːi³］〈动〉叹息。(见《初》)

悢(悢、浪)㊎ langx［laːŋ⁴］〈形〉可惜;惋惜。《初》:扐畓否穲粝,总料胣𢀸悢。Vut naz mbouj ndaem haeux, siengj daeuj sim caemh langx. 丢荒田地不耕种,想来心里也惋惜。

愺¹(劳、㤿、唠、捞、𨈭) lau［laːu¹］❶〈动〉怕;害怕;担心。《初》:犿㚢否愺𧇸。Vaizlwg mbouj lau guk. 初生牛犊不怕虎。❷〈副〉恐怕;也许。《初》:佲介𨄴㧚偻,愺𨄴否丞㘬。Mwngz gaej bae ra de, lau de mbouj youq ranz. 你别去找他了,恐怕他不在家。

愺² lauq［laːu⁵］〈动〉虚度。马山《駄向书信》:苦连名愺超。Hojlienz mwngz lauq ciuh. 可怜你虚度一生。

㥄¹ lingz［liŋ²］〈形〉灵;灵验。(见㥄)

㥄² lingz［liŋ²］〈数〉零。《初》:百㥄𠄡徒鴨。Bak lingz haj duz bit. 一百零五只鸭子。

恪(憪、磷、㦦、憐) linj［lin³］〈动〉惊悸;害怕。《初》:㺜𥅾𧇸只恪。Max raen guk cix linj. 马见老虎就惊悸。

悜 loeng［loŋ¹］〈形〉错。(见𢗭)

悯¹ maenh［man⁶］〈形〉❶坚固;牢固。❷强壮;健壮。(见𢮪¹)

悯² nyaenq［ɲan⁵］〈形〉羞;羞耻;害臊。(见㤖²)

㤖¹ naenx［nan⁴］〈动〉❶按;压。❷忍。(见跟)

㤖²(㥼、悯、㤛、㳥) nyaenq［ɲan⁵］〈形〉羞;羞耻;害臊。《初》:否愺㤖。Mbouj lau nyaenq. 不怕羞。|𦕈𦞂否𧸮㤖。Najna mbouj rox nyaenq. 脸皮厚不知害臊。

㤖³(㖠、忍、咏) nyaenx［ɲan⁴］〈代〉这样;这么;如是;如此。《初》:𧸮㤖兄否𠙾。Roxnyaenx gou mbouj guh. 知道如此我早就不干了。

㤖⁴ nyinh［ɲin⁶］〈动〉认;承认。(见

啰²)

悦 nden［ʔdeːn¹］〈动〉惦念。武鸣《信歌》：甫老心悦。Bouxlaux sim nden. 老人心里惦念。

悋 ndaenq［ʔdan⁵］〈动〉恼火；恼恨；痛恨；愤恨。(见《初》)

悪(亜、椏、吖) 㓈 nga［ŋa¹］〈形〉蛮不讲理(与㦈连用)。《初》：俌内最㦈悪。Boux neix ceiq ngamqnga. 这个人最不讲理。

悈 ngah［ŋa⁶］❶〈形〉馋。❷〈动〉爱好；喜欢。(见饿)

悟 nguh［ŋu⁶］❶〈形〉迟；迟误。❷〈动〉耽误；耽搁。(见逜)

悞 nguh［ŋu⁶］❶〈形〉迟；迟误。❷〈动〉耽误；耽搁。(见逜)

悙¹(应、䏜、掟、慏、㨾、筳) nyaengq［ɲaŋ⁵］〈形〉忙；繁忙；忙碌。《初》：眃内兄悙翗。Ngoenzneix gou nyaengq lai. 今天我很忙。

悙² wnq［ʔɯn⁵］〈代〉别；另；其他。上林《达妍与勒驾》：江𨅝立拎几蓙悙。Gyang fwngz lij gaem gij yw wnq. 手中还拿别的药。

悙¹ 㓈 ngaengh［ŋaŋ⁶］〈形〉❶(人)疲惫；困倦。❷(头)晕；昏。(见忳)

悙² ngengh［ŋeŋ⁶］〈副〉硬是。马山《达备之歌》：悙捍㾗分罡。Ngengh dawz ma faen seiq. 硬是拿来拆分。

悙³(昂、硬、㹀) nyengh［ɲeːŋ⁶］〈副〉硬要；偏偏。《初》：兄否㧓佲吅佲悙吅。Gou mbouj hawj mwngz guh mwngz nyengh guh. 我不让你做你偏偏要做。

悷 riuz［ɣiu²］〈形〉快；迅捷。金城江《台腊恒》：丕累悷，bae ndaej riuz，走得快。

悿 saeuz［θau²］〈形〉忧愁；烦忧(与愢连用)。上林《特华信歌》：総乙起悿愢，cungj itheij saeuzmaeuz，都一起烦忧。

悚 soeng［θoŋ¹］〈形〉❶宽松；宽敞。❷轻松；爽快；舒服。(见悰¹)

悝 rix［ɣi⁴］〈拟〉呼呼；连连(叠用，用在动词或形容词后)。《初》：氣悝悝，gaek rixrix，气呼呼。

悎 sau［θaːu¹］〈名〉女孩；姑娘。田阳《布洛陀遗本》：悎梗那不妹。Sau gwn naj mbouj maeq. 女孩吃了脸色不粉嫩。

悰 vueng［wuːŋ¹］〈形〉慌。(见怔³)

悍 angq［ʔaːŋ⁵］〈形〉高兴；兴奋；快乐；欢喜。(见唱)

悍¹ daek［tak⁷］〈动〉舀。都安《三界公》：自悍碗糎批打卦。Cix daek vanj haeux bae dajgvaq. 舀一碗米去卜卦。

悍² gyaeg［kjak⁸］〈名〉台级；台阶。都安《三界老爺唱》：恨岂岜仙悍竺悍。Hwnj goengq byasien gyaeg doek gyaeg. 登上仙山阶连阶。

悍³ raek［ɣak⁷］〈动〉断。都安《三界老爺唱》：催扶跌悍礼罡迈。Coih boux ga raek ndaej ram rin. 治得腿断者能抬石头。

惕 dik [tik⁷]〈动〉❶ 剔(骨头)。❷ 挑剔。(见㔙)

怯 faq [fa⁵]〈拟〉习习(与呋连用)。金城江《台腊恒》:春时风怯呋。Cinseiz rumz faqfeu. 春时风习习。

恪(格)历 gaeg [kak⁸]〈形〉瘦;消瘦。《初》:瘷恪,doekgaeg,消瘦。

極(亟)gik [kik⁷]〈动〉刺激;气;气人。《初》:佲介極偻𠲨。Mwngz gaej gik de lai. 你莫要太刺激他。| 嗹貧貧偻否盯,佲吽極否極? Gangj baenzbaenz de mbouj dingq, mwngz naeuz gik mbouj gik? 怎么讲他都不听,你说气人不气人?

惎 gik [kik⁷]〈形〉懒。(见𢙺)

惯¹ gonq [koːn⁵]❶〈副〉先。❷〈名〉前;前面。(见𧼧)

惯² guenq [kuːn⁵]〈动〉灌。(见潅)

情¹ gwnz [kɯn²]〈名〉上;上面。金城江《覃氏族源古歌》:恨丕情,hwnj bae gwnz,往上面去。

情² haengj [haŋ³]〈动〉❶ 肯。马山《风俗歌》:偻情𨑜鲁否? De haengj bae rox mbouj? 他肯去或否? ❷ 喜欢;喜爱。《初》:徒鳰情吽蚂。Duzroeg haengj gwn daek. 鸟儿喜欢吃蚂蚱。

㤈(吖、其、佢、㗐、吤、𡚪、𡛟、㑁、㥁、憢、㘓)gyaez [kjai²]〈动〉❶ 爱;爱好;喜欢。《初》:任㤈,doxgyaez,相爱。❷ 挂念;想念;怀念。

惛 hoenz [hon²]〈名〉魂;灵魂;魂魄。(见魂)

㥽 hoj [ho³]〈形〉❶ 穷;苦;贫苦;贫穷。❷ 困难;艰苦。(见㝵)

悇¹ 历 ij [ʔi³]〈副〉欲;想;将;快要;要。(见于¹)

悇² naiq [naːi⁵]〈形〉虚弱;精神萎靡;疲倦。(见㾍)

惀 lumz [lum²]〈动〉忘记。(见㥤)

㦬 mbouq [ʔbou⁵]〈动〉惊;发虚。(见佰)

惜¹ 历 meu [meu¹]〈形〉惊慌。马山《丧场唱》:一噜𦣦就惜。It rox naj couh meu. 一知脸色就惊慌。

惜² miuz [miːu²]〈动〉发情;发骚(指畜牲兽类等)。(见《初》)

惗¹ nenj [neːn³]〈形〉安定。《初》:朒兄实否惗。Sim gou saed mbouj nenj. 我心里实在不安定。

惗² niemh [niːm⁶]〈动〉怀念;思念。《初》:吽淰約惗泲。Gwn raemx yaek niemh mboq. 饮水要思泉。

愃¹ ngeix [ŋei⁴]〈动〉❶ 思;思念。❷ 思索;寻思;考虑。(见忈¹)

愃² ngeiz [ŋei²]〈动〉❶ 疑;猜疑;怀疑。❷ 以为。(见㣽)

㥦 nyaengq [ɲaŋ⁵]〈形〉忙;繁忙;忙碌。(见㤞¹)

筽 nyaengq [ȵaŋ^{5}]〈形〉忙;繁忙;忙碌。(见惋^{1})

們 nyaenq [ȵan^{5}]〈形〉羞;羞耻;害臊。(见愢^{2})

惹(喏、嗕) [方] nyog [ȵo:k^{8}]〈动〉开玩笑。(见《初》)

惰 nyuk [ȵuk^{7}]〈形〉气恼;恼火(与悏连用)。《初》:悏惰,nyapnyuk,气恼、恼火、恼怒、烦恼、心烦。

悰^{1}(松、鬆、頌、悚、宋) soeng [θoŋ^{1}]〈形〉❶ 宽松;宽敞。❷ 轻松;爽快;舒服。《初》:胣悰,simsoeng,心情轻松。

悰^{2} [方] soengz [θoŋ^{2}]〈动〉站。(见趴)

惘(㣻) [方] vaeng [waŋ^{1}]〈动〉发愣。

慠(𢓈) -vak [wa:k^{7}]〈缀〉赶紧地;迅速地。《初》:抝慠,vitvak,迅速地丢掉。

悸 [方] veiq [wei^{5}]〈动〉得罪。马山《达稳之歌》:妷馱另𥹫悸。Daiqda lingh ndaej veiq. 另得罪娘家。

倭(㦴、怺) [方] veiq [wei^{5}]〈动〉辜负。《初》:倭惑,veiqcingz,负情。

惚 vuet [wu:t^{7}]〈形〉快活。(见恬)

愂(懙、㣋、愻) [方] ywk [jɯk^{7}]〈形〉❶ 犹豫不决。❷ 拘束;慌张。❸ 不舒服;不适(与阴连用)。《初》:躺阴愂。Ndang yaemjywk. 身体不舒服。

愎(祔) [方] fuk [fuk^{7}]〈名〉福;福气;福分。上林《赶圩歌》:眉愎㤥仉淶。Miz fukheiq gijlai. 有几多福气。

慀 gaek [kak^{7}]〈动〉发怒;生气;恼。(见氪)

愢 gyaez [kjai^{2}]〈动〉❶ 爱;爱好;喜欢。❷ 挂念;想念;怀念。(见㤭)

慥 gyaez [kjai^{2}]〈动〉❶ 爱;爱好;喜欢。❷ 挂念;想念;怀念。(见㤭)

慽 hamz [ha:m^{2}]〈形〉咸。(见臧)

慌^{1} hong [ho:ŋ^{1}]〈名〉工作;活路。(见㤃)

慌^{2} vangq [wa:ŋ^{5}]〈形〉空;闲。平果《情歌》:九月皮不慌。Gouj nyied beix mbouj vangq. 九月阿哥不得空。

㥐 hwnj [hɯn^{3}]〈动〉上。金城江《台腊恒》:昂那照㥐叁。Ngangx naj ciuq hwnj mbwn. 仰面看上天。

愣^{1} laeng [laŋ^{1}]〈名〉后;背后;后面。(见㨃^{1})

愣^{2} laengz [laŋ^{2}]〈动〉❶ 扣留;扣押。❷ 阻拦。(见㨃^{4})

愣^{3} [方] laengx [laŋ^{4}]〈形〉无奈。(见悆)

惵 maeuz [mau^{2}]〈形〉忧愁;烦忧(与恃连用)。上林《特华信歌》:総乙起恃惵,cungj itheij saeuzmaeuz,都一起忧愁。

㦗 mieng [m:iŋ^{1}]〈动〉诅咒。田阳《布洛陀遗本》:个途㦗許太。Guhdoeg mieng hawj dai. 恶意诅咒让[她]死。

愤 ndiengq[ʔdiːŋ⁵]〈动〉❶ 翘起。❷ 摇动;摇晃;晃动(物体放置不平)。(见躔)

惵 ndiep[ʔdiːp⁷]〈动〉❶ 爱;疼爱。❷ 惦念;思念。(见悲)

惗(蹍)numq[num⁵]〈形〉缓慢;迟缓。《初》:踌惗,byaij numq,走得慢。

惢¹(閣)[方] nyaek[ɳak⁷]〈动〉恼怒;恼恨(指生闷气)。《初》:胎惢,hoznyaek,恼怒;恼;生气。

惢² [方] ywk[jɯk⁷]〈形〉❶ 犹豫不决。❷ 拘束;慌张。❸ 不舒服;不适(与阴连用)。(见愐)

惢 nyap[ɳaːp⁷]〈形〉愁闷;苦闷;烦闷。(见悏)

愑(勇)[方] nyungj[ɳuŋ³]〈形〉忙;忙碌;(工作)紧张。(见《初》)

惴 senz[θeːn²]〈形〉剧痛。《初》:于盼胣亦惴。Ij biek sim hix senz. 将要离别心中十分痛苦。

惺 [方] sing[θiŋ¹]〈名〉性子;脾性。(见鼆¹)

惺(星、腥、惺、偓、揈、暒、醒)singj[θiŋ³]〈形〉(睡)醒;清醒;敏感;聪明;机警。《初》:孙内真惺。Lwg neix caen singj. 这个孩子很聪明。

愠¹ [方] un[ʔun¹]〈动〉嫉妒;不满(因分配不公,心中妒恨)。(见諠¹)

愠² unq[ʔun⁵]〈形〉软;软弱。(见歖)

愄(椳、啦、喂)vei[wei¹]〈动〉亏;亏待;吃亏。《初》:否揹倘啊愄。Mbouj hawj bouxlawz vei. 不让谁吃亏。

愄¹ [方] veiq[wei⁵]〈动〉辜负。(见倭)

愄²(威)vij[wi³]〈形〉凄惨;凄苦;穷苦(与怏连用)。《初》:愄怏难咩。Vijsij nanz naeuz. 凄苦难言。

惬(瘑、惚)vuet[wuːt⁷]〈形〉快活。《初》:胣否惬。Sim mbouj vuet. 心里不痛快。

愠 wen[ʔɯːn¹]〈形〉恶心。(见忺)

愺 yak[jaːk⁷]〈形〉恶。金城江《台腊恒》:時恒吾雷他口愺。Seizhaenx Nguxloiz de guh yak. 那时雷王他作恶。

愢(怨)yienq[jiːn⁵]〈动〉❶ 悔;悔恨。《初》:愢掕,yienqlaeng,后悔。❷ 怨;埋怨;怨恨。

愋 [方] aix[ʔaːi⁴]〈形〉扫兴;不高兴;信心不足。(见忕)

慥 doek[tok⁷]〈动〉❶ 落。❷ 丢失。(见犨¹)

愡 [方] dongx[thoːŋ⁴]〈名〉胃;肚。(见《初》)

慍 [方] ek[ʔeːk⁷]〈形〉辛苦。(见愢)

愤 gungz[kuŋ²]❶〈名〉无名指。❷〈形〉穷尽;尽头的;末尾的。(见穹¹)

慨¹ heij[hei³]〈形〉喜;喜庆的。上林《赶圩歌》:欢公慨仅旬。Fwen goengheij song coenz. 两句恭喜歌。(见僖)

懳² heiq［hei⁵］❶〈名〉空气；气体。❷〈名〉汽。❸〈名〉气味。❹〈动〉忧愁；担忧；忧虑；顾虑。（见气）

㤪 huk［huk⁷］〈形〉笨；愚。（见𧾷）

悢 厉 langx［laːŋ⁴］〈形〉可惜；惋惜。（见悢）

慩 lienz［liːn²］〈形〉怜。《初》：里 愷 𠬠 孙 押，太 𠰚 慩 㛣 喽。Lij iq guh lwggyax, daiq hojlienz lai laeuh. 从小当孤儿，实在太可怜。

慿 厉 mbaj［ʔba³］〈形〉忙。（见㭭）

憕¹（㤼、噔）厉 ndaengj［ʔdaŋ³］〈形〉顽皮；调皮；淘气。《初》：孙内憕㛣。Lwg neix ndaengj lai. 这小孩很顽皮。

憕² 厉 ngaengz［ŋaŋ²］〈形〉呆；愣。（见䂓）

㤠 ndwet［ʔdɯːt⁷］❶〈动〉喧哗；吵闹。❷〈形〉妖冶；风流；轻浮（指女人）。❸〈形〉喜欢；高兴。（见鏠）

愿 nyienh［n̥iːn⁶］〈动〉愿；愿意。《初》：兄否愿㱔𠬠。Gou mbouj nyienh bae guh. 我不愿意去干。

㤵 vueng［wuːŋ¹］〈形〉慌。（见𢗖³）

慨 baih［paːi⁶］〈名〉方；边；面。（见𢫦）

慓 beu［peu¹］〈动〉得罪；冒犯。（见𧩼）

惜（着）cieg［ɕiːk⁸］〈动〉破裂；碎（多用于害怕或伤心时）。《初》：愣䢝胚惜㱔。Lau dwk mbei cieg bae. 怕得胆破了。｜胣惜，simcieg，心碎。

㥅 cup［ɕup⁷］〈动〉❶ 吻。❷ 吸。（见㖼）

㥾 厉 lawq［laɯ⁵］〈形〉疏忽；不周。《初》：㥾里，lawq leix，礼节不周。

慢 menh［meːn⁶］〈副〉再。马山《改漫断鄰鄰》：到慢度噌。Dauq menh doxyaeng. 回来再商量。

慲（𢣧）厉 mwenx［mɯːn⁴］〈形〉晕。《初》：逥慲，maez mwenx，过度兴奋而昏厥。

㥲 nyaengq［n̥aŋ⁵］〈形〉忙；繁忙；忙碌。（见㤺¹）

㥮 -seg［θeːk⁸］〈缀〉熟 悉 的。《初》：兄佼㑩㦣㥮。Gou caeuq de sugseg. 我和他很熟悉。

憎¹ caengz［ɕaŋ²］〈动〉瞪（眼）。（见瞪¹）

憎² caengz［ɕaŋ²］〈动〉恨；愤恨；怀恨；痛恨。（见噌¹）

憎³ caengz［ɕaŋ²］〈副〉未曾；尚未。（见㬝）

憎⁴ saengz［θaŋ²］〈动〉感兴趣。马山《信歌》：吪不𧥃不憎。Gou mbouj ngeix mbouj saengz. 我不想也不感兴趣。

慌（𥽜）co［ɕo¹］〈形〉粗。《初》：歐篬慌篬粝粠。Aeu raeng co raeng haeuxyangz. 用粗眼的筛子筛玉米。

㥿¹ daemq［tam⁵］〈形〉矮。都安《三界老爺唱》：公㥿斗肝拜立拜。Goeng daemq

daeuj daengz baiq laeb baiq. 矮公来到拜又拜。

㤥[2] saemq [θam⁵]〈名〉辈。都安《三界老爺唱》:正趾同㤥斗皆羘。Cingq coep doengzsaemq daeuj gai yiengz. 正遇同辈来卖羊。

憕 daengh [taŋ⁶]〈动〉生气(与恒连用)。马山《达稳之歌》:屄揞㑪憕恒。Ndi hawj de daenghdaeux. 不让他生气。

憢(却、吀、助、嘞、覚、熍) 㕣 gyoh [kjo⁶]〈动〉❶ 同情。《初》:俌俌憢㑪。Bouxboux gyoh de. 个个都同情他。❷ 可怜。《初》:孙押憢移。Lwggyax gyoh lai. 孤儿太可怜。

㥯(駚、㦁、易) heih [hei⁶]〈形〉❶ 易;容易。《初》:嚎㥯田只难。Gangj heih guh cix nanz. 说易做则难。❷ 快;迅速。《初》:佲踋㥯的。Mwngz byaij heih di. 你走快点儿。

㦁 heih [hei⁶]〈形〉❶ 易;容易。❷ 快;迅速。(见㥯)

憪[1] maenj [man³]〈动〉❶ 威吓。❷ 怒吼;吼叫(指虎、猫等)。❸ 咆哮。(见嘋²)

憪[2] 㕣 maenx [man⁴]〈动〉刺。《初》:㑪憪町徒猠猵刁。De maenx deng duz mouduenh ndeu。他刺中了一只野猪。

㦖 linj [lin³]〈动〉惊悸;害怕。(见恪)

憐 linj [lin³]〈动〉惊悸;害怕。(见恪)

憒 maiq [maːi⁵]〈形〉寡。(见嬻)

憕 㕣 ndaengj [ʔdaŋ³]〈形〉顽皮;调皮;淘气。(见惼¹)

㦗 ndiep [ʔdiːp⁷]〈动〉❶ 爱;疼爱。❷ 惦念;思念。(见悲)

㥦 nyengh [ȵeːŋ⁶]〈副〉硬要;偏偏。(见㥦³)

憹(湰、退、趔) riengj [ɣiːŋ³]〈形〉敏捷;麻利;利索。《初》:跕𨂻憹。Dinfwngz riengj. 手脚麻利。

憓 㕣 vi [wi¹]〈动〉❶ 亏;亏待。❷ 忘(恩);辜负。(见㤜)

憶[1] aek [ʔak⁷]〈名〉胸。(见膉)

憶[2] oiq [ʔoi⁵]〈形〉❶ 嫩。❷ 幼小;年轻。(见荟²)

懆 cau [ɕaːu¹]〈动〉操(心);烦(心)。(见昭)

懶 lanh [laːn⁶]〈形〉勇猛;胆大。(见烂¹)

懰 linj [lin³]〈动〉惊悸;害怕。(见恪)

懜 㕣 moengh [moŋ⁶]〈名〉梦。(见《初》)

懞 ndiep [ʔdiːp⁷]〈动〉❶ 爱;疼爱。❷ 惦念;思念。(见悲)

懎(暗、喑) 㕣 ngamq [ŋaːm⁵]〈形〉蛮不讲理(与㤎连用)。《初》:懎㤎, ngamqnga, 蛮不讲理。

懐 vaiz [waːi²]〈名〉水牛。右江《本麼叭》:懐除淋迀亮。Vaiz cwz lim laj riengh. 水牛黄牛满栏圈。

𢛣 vueng [wuːŋ¹]〈形〉慌。(见㤝³)

𢟪 历 ywk [jɯk⁷]〈形〉❶犹豫不决。❷拘束;慌张。❸不舒服;不适(与阴连用)。(见㥯)

𢠆 don [toːn¹]〈动〉阉(用于禽类)。(见𦢊)

𢡋(豪、吼)历 hauh [haːu⁶]〈动〉(猪、狗等)发情。(见《初》)

𢡆 hwnz [hɯn²]〈名〉夜;深夜。金城江《台腊恒》:𢡆吞克丕干。Hwnz ngoenz gwq bae ganq. 日夜老是去看护。

𢤦 lieb [liːp⁸]〈动〉❶猎。都安《蓝陆》:𢤦𠹁双畐𤞟。Lieb ndaej song duz linh. 猎得两只穿山甲。❷找。《初》:𡊳𢤦徒怀庲。Bae lieb duz vaiz ma. 去把牛找回来。

㦟 历 mwenx [mɯːn⁴]〈形〉晕。(见㦟)

𢢈¹(買)历 maij [maːi³]〈动〉爱;爱好;喜欢。《初》:𡲤佞𡰪伝𢢈。Beix caeuq nuengx doxmaij. 情郎和情妹相爱。|㓜𤘅𢢈𠯘𠀾。Lwgnyez maij guhcaemz. 小孩子喜欢玩。

𢢈² maiq [maːi⁵]〈形〉寡。(见𡢃)

𢤎 mbwng [ʔbɯŋ¹]〈形〉❶欲哭的。❷忧愁。(见𦢆)

㦬(胧、庞、𢤱、𡒢)loengz [loŋ²]〈形〉❶痴呆。武鸣《信歌》:伝㦬,vunzloengz,痴呆人。❷疯;癫。《初》:㦬尸,loengz miengj,疯癫、精神失常。

𢥛 历 ruengx [ɣuːŋ⁴]〈动〉牵挂。(见《初》)

𢤱 loengz [loŋ²]〈形〉❶痴呆。❷疯;癫。(见㦬)

必¹ bi [pi¹]〈动〉摇摆;摆动。田东《大路歌》:土足桥必盆。Duk cug giuz bibuengq. 竹篾扎桥会摇动。

必² biet [piːt⁷]〈动〉教;传授。马山《书信》:不用必来,mbouj yungh biet lai,不用教太多。

必³ biet [piːt⁷]〈动〉完;结束。马山《信歌》:必劲,biet hong,完工、工作结束。

忌(欺、咭)geih [kei⁶]〈动〉❶忌;禁忌。《初》:貧痎忌吽䅤。Baenz ae geih gwn manh. 咳嗽忌吃辣椒。❷计较。《初》:总否忌否嗏。Cungj mbouj geih mbouj caz. 不计较也不查问。

忐 历 doeg- [thok⁸]〈缀〉可(放在动词前)。《初》:忐㑆,doeggyoih,可爱。

忐 gwnz [kɯn²]〈名〉上;上面(方位词)。右江《本麽叭》:㤙閉忐半馬,hwnj bae gwnz buenq max,上北方贩马。(见丕¹)

忑 laj [la³]〈名〉下;下面;下边。田阳《唱罕王》:古牙𤜸卦忑。Gou ngaq noh gvaq laj. 我以为野兽过下边。|宾阳《催春》:㤟忑又㤟忐。Siengj laj youh siengj gwnz. 想下又想上(即左思右想)。(见𡗶¹)

忢¹(议、仪、喧、耳、𢘠、誼、惍、宜、咡、疑)ngeix [ŋei⁴]〈动〉❶思;思念。❷思索;寻思;考虑。《初》:忢仪妑恩情。Ngeix bohmeh aencingz. 思念父母的恩情。

忢² nyaengq [ɲaŋ⁵]〈形〉忙;忙碌。

马山《恭贺满月酒歌》:布论十层忞,mboujguenj cib caengz nyaengq,不管多么忙。

忍 nyaenx[ɲan^{4}]〈代〉这样;这么;如是;如此。(见慦^{3})

忘 rim[ɣim^{1}]〈动〉满。平果《贼歌》:孙李忘江空。Lwg'eng rim gyang hongh. 小孩满庭院。

⿱元心(怟、惠、憓) 历 vi[wi^{1}]〈动〉❶亏;亏待。《初》:偻介⿱元心仪妑。Raeuz gaej vi bohmeh. 我们莫亏待父母。❷忘(恩);辜负。

⿱丆心 baenz[pan^{2}]〈动〉成;行;妥;犯难。马山《迪封信斗巡》:⿸尸比想心不⿱丆心。Beix siengj sim mbouj baenz. 阿哥寻思心不妥。

⿱切心 历 cieb[ɕi:p^{8}]〈形〉悲伤;凄切(与冲连用)。《初》:冲⿱切心,coemzcieb,悲伤、凄切。

忿 faed[fat^{8}]〈名〉佛;菩萨。宜州《龙女与汉鹏》:样忿观音,yiengh faed guenyim,像观音菩萨的样子。

忽^{1} fwt[fɯt^{7}]〈副〉突然。(见勿^{5})

忽^{2} vut[wut^{7}]〈动〉❶扔;丢掉;抛弃;丢下。武鸣《信歌》:眉肉只忽鲃,眉那只忽垫。Miz noh cix vut bya, miz naz cix vut reih. 有肉就扔鱼,有田就丢地。❷失掉;丢失。(见𠢥)

⿱木心^{1} mbouq[ʔbou^{5}]〈动〉惊;发虚。(见怇)

⿱木心^{2} siengj[θi:ŋ^{3}]〈动〉想;想念。忻城《十劝书》:乙⿱木心肚越浮。Yied siengj dungx yied fouz. 越想心越浮。

念^{1} naemj[nam^{3}]〈动〉思考;考虑;思索;寻思。(见黔^{1})

念^{2} nem[ne:m^{1}]〈介〉和;与;同。(见添)

⿱氺心 raemx[ɣam^{4}]〈名〉水。马山《皮里患鲁不》:⿱氺心哋各淚。Raemxda gag lae. 泪水自流。(见淰)

怂 soengx[θoŋ^{4}]〈动〉奉承;恭维。(见㧐)

⿱因心 aen[ʔan^{1}]〈量〉❶个(人除外)。❷张(桌、凳)。❸盏。❹座;幢。(见偲)

⿱北心^{1}(吡、勂、𢁾、咟、⿱白心、疵、𣱽、𡯂、皈、𪐝、𬒄、䎱、⿰白息、白)baeg[pak^{8}]〈形〉累;困倦;疲乏。《初》:否𥅿⿱北心。Mbouj rox baeg. 不觉得累。

⿱北心^{2} 历 bex[pe^{4}]〈动〉认输;佩服;拜服。(见㓦)

⿱白心 baeg[pak^{8}]〈形〉累;困倦;疲乏。(见⿱北心^{1})

⿱非心 历 baeh[pai^{6}]〈动〉歪。《初》:⿱非心咟,baeh bak,歪嘴巴。

⿱册心(㑴、𣏌、⿰忄益)历 ek[ʔe:k^{7}]〈形〉辛苦。《初》:世伝嗖⿱册心。Seiq vunz souh ek. 一辈子受苦。

怨^{1} ienq[ʔi:n^{5}]〈动〉❶埋怨;怨恨。《初》:各怨㑹否貧。Gag ienq mingh mbouj baenz. 自怨命运不好。❷悔。《初》:怨捞,ienqlaeng,后悔。

怨^{2} yienq[ji:n^{5}]〈动〉❶悔;悔恨。❷怨;埋怨;怨恨。(见㥤)

忞 mbaet [ʔbat⁷]〈动〉憋住;屏住。(见杁)

忎 mbaet [ʔbat⁷]〈动〉憋住;屏住。(见杁)

怒¹ naeuh [nau⁶]〈形〉烂;腐烂。(见䤈)

怒² 方 nu [nu¹]〈名〉鼠。巴马《贖魂粦呟》:怒后押黎罡。Nu haeuj gab laezheuh. 鼠进夹子就喊叫。

急 方 gip [kip⁷]〈名〉鳞。(见鱃)

恷(呲、憷、惶、憷、偻) ndiep [ʔdi:p⁷]〈动〉❶ 爱;疼爱。《初》:俌哂仪妑否恷劲? Bouxlawz bohmeh mbouj ndiep lwg? 哪个做父母的不疼爱孩子? ❷ 惦念;思念。马山《情欢》:恷移之斗巡。Ndiep lai cix daeuj cunz. 太思念了就来探望。

惦 saej [θai³]〈名〉心肠;情意。(见《初》)

忲 yunx [jun⁴]〈动〉允;答应;愿意(与愿连用)。《初》:佲否忲愿。De mbouj yunxyienh. 他不答应。

恩¹ aen [ʔan¹]〈量〉❶ 个(人除外)。❷ 张(桌、凳)。❸ 盏。❹ 座;幢。(见偲)

恩² 方 ngaen [ŋan¹]〈形〉❶ 贫穷。❷ 瘦弱。(见瘾)

恩³ ngaenz [ŋan²]〈名〉银。宜州《孟姜女》:偶否呗分恩。Aeu mbouj bae faen ngaenz. 娶来不费一分银。

惑(卄、呈) cingz [ɕiŋ²]〈名〉情。《初》:迠惑,naek cingz,重感情。

恴 gik [kik⁷]〈形〉懒。(见䅳)

悳 gik [kik⁷]〈形〉懒。(见䅳)

恳(䛍、很、恳、恨、想、哏、㫜、㬲、啾、諠) haenh [han⁶]〈动〉羡慕;赞扬。《初》:俌俌総恳佲。Bouxboux cungj haenh de. 大家都赞扬他。

恊 方 hieb [hi:p⁸]〈动〉怯;害怕。《初》:朊恊。Ndei hieb. 胆怯。

恳¹ hwnj [hɯn³]〈动〉上。《粤风》:往恳皮就笼。Nuengx hwnj beix couh roengz. 阿妹上来阿哥就下去。

恳² haenh [han⁶]〈动〉羡慕;赞扬。(见恳)

恳³ hwnj [hɯn³]〈动〉❶ 上;登。❷ 长;长起;发。❸ 涨(价);(水)涨。(见𤴰²)

约 iek [ʔi:k⁷]〈形〉饿。(见飦)

烈(裂) lek [le:k⁷]〈动〉惊乱;骚动;惊散。《初》:串喰鴗烈。Cungq naeng roeg lek. 枪响鸟惊散。

怣 mbaet [ʔbat⁷]〈动〉憋住;屏住。(见杁)

悶¹(𢗌) 方 muenh [mu:n⁶]〈形〉快乐;欢畅。《初》:佞㞧吅欢悶当麻。Caeuq nuengx guh fwen muenh dangqmaz. 和情妹唱山歌心里很欢畅。

悶² ndwet [ʔdɯ:t⁷] ❶〈动〉喧哗;吵闹。❷〈形〉妖冶;风流;轻浮(指女人)。❸〈形〉喜欢;高兴。(见䶁)

忞[3](愠、温)㊀vuen[wu:n¹]〈动〉愿意。(见《初》)

恁 ndaen[ʔdan¹]〈名〉块。宜州《龙女与汉鹏》:汉朋恁咭否恁那。Hanbungz ndaen reih mbouj ndaen naz. 汉鹏没田又没地。

恶 ok[ʔo:k⁷]〈动〉出。马山《哭姐歌》:往添趷恶板。Nuengx diemj din ok mbanj. 妹妹抬脚出村口。(见䞣)

恷 raemx[ɣam⁴]〈名〉水。武鸣《信歌》:各拭恷眺,gag swk raemxda,独自抹眼泪。(见淰)

恓 saw[θaɯ¹]〈形〉清。(见澌)

息[1] sik[θik⁷]❶〈动〉撕。❷〈形〉破;烂。(见㧜)

息[2] sik[θik⁷]〈动〉惜;可惜;惋惜。上林《赶圩歌》:荷息偲俞纨。Hojsik aen liengjcouz. 可惜那把绸伞。

恙 vueng[wu:ŋ¹]〈形〉慌。(见忹[3])

悲(悲)㊀bex[pe⁴]〈动〉认输;佩服;拜服。《初》:兄肶悲佲啰! Gou sim bex mwngz lo! 我从心底里佩服你咯!

恕(初、𥙩)coj[ɕo³]〈形〉可怜;哀怜(与卦连用)。《初》:孙押内真恕卦。Lwggyax neix caen cojgvaq. 这孤儿实在可怜。

悭 genz[ke:n²]〈动〉不满;妒忌。《初》:胎悭,hozgenz,妒忌、眼红。

恇[1] guengz[ku:ŋ²]〈形〉狂妄;疯狂;猖狂;猖獗。(见《初》)

恇[2] gvaengz[kwaŋ²]〈形〉恶劣。《初》:俌侈恇移。Boux de gvaengz lai. 那人很恶劣。

恐(怺、愣)lingz[liŋ²]〈形〉灵;灵验。《初》:㱮侈嗹恐否恐。Rox de gangj lingz mbouj lingz. 不知道他讲的灵不灵。

恧 mbaeu[ʔbau¹]〈形〉轻松。马山《信歌》:卦煉了恧躺。Gvaq lienh liux mbaeu ndang. 过了炼狱身轻松。

恝 ndi[ʔdi¹]〈形〉好。田东《闹涽懐一科》:㰖造恝貧旧。Lanz caux ndi baenz gaeuq. 家才好如初。

悪 ok[ʔo:k⁷]〈动〉出。都安《三界老爺唱》:江陷又悪斗洌吔。Gyanghaemh youh okdaeuj ra gwn. 半夜又出来找食物。

恷[1] raemx[ɣam⁴]〈名〉水。武鸣《信歌》:恷粺,raemxreiz,米汤。(见淰)

恷[2] roemx[ɣom⁴]〈动〉长出;冒出;超出(物体超出预定范围)。《初》:䏴盯恷卦鞍。Angjdin roemx gvaq haiz. 脚掌长出鞋子。

患 van[wa:n¹]〈形〉甜。马山《信歌》:皮里患鲁不? Beix lij van rox mbouj? 哥心甜或否?

愳(朋、箣)㊀bung[puŋ¹]〈形〉笨。《初》:孙内愳移。Lwg neix bung lai. 这孩子太笨了。

悲 coih[ɕoi⁶]〈名〉罪。(见《初》)

悳[1] daeg[tak⁸]〈名〉公;雄(指哺乳动物雄性)。(见犆)

悳[2] dwk[tɯk⁷]❶〈动〉打。❷

〈动〉下。❸〈动〉放;施。❹〈助〉得(连接谓语和补语)。❺〈助〉着(表示继续保持某一状态)。(见廸²)

𢗭 gwnz［kɯn²］〈名〉上;上面(方位词)。(见歪¹)

𢗭(阏、穹、空、𨷧)gyoeng［kjoŋ¹］〈形〉空心;通心。《初》:𣘻𦳆肔各𢗭。Faex geq sim gag gyoeng. 树老心自空。

𢙁(𢙁、愣)㊍ laengx［laŋ⁴］〈形〉无奈。《初》:𢙁𠮿, laengx lai, 太无奈。

𢘓(𢘓、𦉪、𣵾、惀、㭎、𧩷、淋、彬)lumz［lum²］〈动〉忘记。(见《初》)

𢘞 ㊍ mbih［ʔbi⁶］〈形〉闷;烦闷;无聊。《初》:𠄡㑣佲丕否𢘞。Gou caeuq mwngz youq mbouj mbih. 我和你在一起不感到烦闷。

𢘝¹(嗦、叻、仍、訥、耐)nai［na:i¹］〈动〉❶安慰。《初》:她妑料𢘝伝疾。Mehbaj daeuj nai vunzbingh. 伯母来安慰病人。❷赞扬。《初》:俌俌総𢘝侈。Bouxboux cungj nai de. 个个都赞扬他。❸恭维。《初》:任𢘝, doxnai, 相互恭维。

𢘝² ㊍ naih［na:i⁶］〈名〉丈夫对妻子的称呼。(见《初》)

𢘥(玩、䫄)ngvanh［ŋwa:n⁶］〈动〉考虑;思考;思索;寻思。《初》:叫事歐𢘥兀。Guh saeh aeu ngvanh ndei. 做事要深思熟虑。

𢘱 ㊍ nyawx［ɳaɯ⁴］〈名〉意义;意思。(见《初》)

𢙐 ngeix［ŋei⁴］〈动〉❶思;思念。❷思索;寻思;考虑。(见忞¹)

𢙑(相、併)siengj［θi:ŋ³］〈动〉想;思念。《初》:𢙑𡛔𢙑盯眊𨗉䘐。Siengj nuengx siengj daengz da ok lwed. 想妹想到眼出血。

㤝(怂)soengx［θoŋ⁴］〈动〉奉承;恭维。《初》:㤝侈的。Soengx de di. 恭维他一些。

惑¹ vaeg［wak⁸］〈动〉猜疑;疑惑。《初》:介东𢘢西惑。Gaej doeng ngeiz sae vaeg. 莫东疑西猜。

惑² ㊍ vaeg［wak⁸］❶〈形〉轻浮。❷〈副〉忽而。武鸣《信歌》:惑又番𩙠北。Vaeg youh fan rumz baek. 忽而又翻北风。(见㖪¹)

惠¹ ㊍ vi［wi¹］〈动〉❶亏;亏待。❷忘(恩);辜负。(见𢖵)

惠² vei［wei¹］〈动〉违抗。(见忇¹)

想 ㊍ diengz［thi:ŋ²］〈名〉糖。(见粻)

意¹ eiq［ʔei⁵］❶〈动〉任随。❷〈名〉意;意思。❸〈名〉情意。(见咹³)

意² heiq［hei⁵］〈动〉弃。宜州《孟姜女》:𠍤 呀 该 言 意。Mwngz yax gaej yiemzheiq. 你也别嫌弃。

意³ ㊍ ij［ʔi³］〈副〉欲;想;将;快要;要。(见于¹)

愳¹ haemz［ham²］〈形〉苦。金城江《台腊恒》:提䗍干标愳。Dawz daeuh ganq beuzhaemz. 拿火灰去照料苦瓠瓜。

愳² hwnj［hɯn³］〈动〉❶上;登。❷长;长起;发。❸涨(价);(水)涨。(见𡱞²)

悢^{3} haenh [han^{6}]〈动〉羡慕;赞扬。(见惪)

㣼 haenh [han^{6}]〈动〉羡慕;赞扬。(见惪)

惷 huk [huk^{7}]〈形〉蠢;愚蠢。马山《信歌》:伝惷愚, vunz hukngawz,蠢笨的人。

恧 naiq [naːi^{5}]〈形〉虚弱;精神萎靡;疲倦。(见瘵)

愚^{1} ngawz [ŋaɯ^{2}]〈动〉料想。马山《信歌》:愚吞孙斗罪。Ngawz raen lwg daeuj coih. 料到儿子会来修缮。

愚^{2} ngawz [ŋaɯ^{2}]〈形〉愚;愚笨。马山《产难嚏终》:惷愚, hukngawz,蠢笨、愚蠢。

㥗 singj [θiŋ^{3}]〈形〉(睡)醒;清醒;敏感;聪明;机警。(见惺)

惢 历 ywk [jɯk^{7}]〈形〉❶ 犹豫不决。❷ 拘束;慌张。❸ 不舒服;不适(与阴连用)。(见愲)

㥮(㳚、祮、活) 历 vued [wuːt^{8}]〈动〉安慰。(见《初》)

㮽 历 buenz [puːn^{2}]〈动〉想。(见《初》)

慇 in [ʔin^{1}] ❶〈形〉痛;疼痛。❷〈动〉疼爱;爱惜。(见痼)

㦝(杅) liuh [liːu^{6}]〈动〉料;预料;意料。《初》:兄㦝佲否𦝲𡑒𡈐。Gou liuh mwngz mbouj haengj bae guh. 我料你不肯去做。

㦦(㖠、誰、𧬙) nanq [naːn^{5}]〈动〉❶ 估计;酌量。《初》:㦦𠃝收几成? Nanq gaeuj sou geij cingz? 估计能收几成? ❷ 猜测。《初》:𡨤题𢬀兄㦦。Ok daez hawj gou nanq. 出题给我猜。

㥾^{1} ndaek [ʔdak^{7}]〈形〉(睡)着。马山《駅向书信》:眠以不㥾。Ninz hix mbouj ndaek. 睡也睡不着。

㥾^{2} yaek [jak^{7}]〈副〉将;欲;将要;快要。(见約^{2})

㤥 历 vangh [waːŋ^{6}]〈形〉疯;癫。(见㾝)

㦇(砑、㭨、㤞、嗯、喫、𥧋、萼) yak [jaːk^{7}]〈形〉恶;凶;恶毒;凶恶。(见《初》)

愿^{1} 历 nyued [ɳuːt^{8}]〈形〉甘心。(见胡)

愿^{2} 历 yienh [jiːn^{6}]〈动〉愿意;答应(与忞连用)。《初》:侈否忞愿。De mbouj yunxyienh. 他不愿意。

㦞 rwix [ɣɯːi^{4}]〈形〉不好;劣;坏。(见孬^{2})

凴 baengh [paŋ^{6}]〈动〉依靠;依赖;靠。(见倗^{2})

㦒 lumz [lum^{2}]〈动〉忘记。(见惏)

㦺 naemj [nam^{3}]〈动〉思考;考虑;思索;寻思。(见黔^{1})

㦿(瘵、斛) nok [noːk^{7}]〈名〉❶ 肉峰(黄牛颈上突起的肉块)。《初》:㦿犊, nok cwz,黄牛肉峰。❷ 瘤。《初》:偲尥侈𠁲㦿。Aen gyaeuj de hwnj nok. 他的头上长瘤。

𢙈[1] baengz [paŋ²]〈名〉布。马山《欢叹父母》：叫偻闭拎𢙈。Heuh raeuz bae gaem baengz. 叫我们去拿布条。

𢙈[2] bungz [puŋ²]〈动〉逢；碰；遇；遭遇。右江《本麽叭》：𢙈力绝難，bungz lwg cietnanh，逢上儿子遇绝难。

𢣷 方 nyoiq [ɲoi⁵]〈形〉粗；大。《初》：𤜱𢣷，mou nyoiq，大猪。

𢣸 ngah [ŋa⁶]❶〈形〉馋。❷〈动〉爱好；喜欢。(见餓)

𢟮 方 vuen [wu:n¹]〈动〉愿意。(见恣³)

𢤁 方 hied [hi:t⁸]〈动〉休息；歇。(见伷)

𢣻 hwnj [hɯn³]〈动〉上。右江《本麽叭》：𢣻閉忐半馬，hwnj bae gwnz buenq max，上北方贩马。

𢤄 naed [nat⁸]❶〈名〉颗；粒；颗粒。❷〈量〉颗；粒。(见粒)

𢤆(恒、𢤆) ngawz [ŋaɯ²]〈形〉傻；愚蠢；愚笨。《初》：介叩事𢤆。Gaej guh saeh-ngawz. 别干蠢事。

𢤅[1](念、喃、𢤅、壬) naemj [nam³]〈动〉思考；考虑；思索；寻思。《初》：兄各𢤅否通。Gou gag naemj mbouj doeng. 我自己想不通。

𢤅[2](䭃、𩞼、𩟗、𢤅、嗤) naemq [nam⁵]〈形〉❶用心；认真。《初》：叩家貧𠰺𢤅。Guh gya baenzlai naemq. 当家这么用心。❷起劲；热烈；热闹。《初》：雰𥑯𢤅。Fwn doek naemq. 雨下得正起劲。| 嗛𠮿正𢤅，gangj ndaej cingq naemq，讨论得正热烈。❸实；重。《初》：㖠𥗐内真𢤅。Ndaek rin neix caen naemq. 这块石头真重。

𢤆(宜、恒、疑、𢤆、𢤆) ngeiz [ŋei²]〈动〉❶疑；猜疑；怀疑。《初》：佲介𢤆侈。Mwngz gaej ngeiz de. 你莫怀疑他。❷以为。《初》：兄𢤆佲否料。Gou ngeiz mwngz mbouj daeuj. 我以为你不来。

𢤦 venj [we:n³]〈动〉吊；挂。(见抔)

𢤆(𢤆) 方 ngoengq [ŋoŋ⁵]〈形〉❶晕。《初》：𠌴𢤆，gyaeuj ngoengq，头晕。❷糊涂。《初》：佲𠮿𢤆貧𠰺！ Mwngz ndaej ngoengq baenzlai! 你这么糊涂！❸愚笨。《初》：读𢤆總否𢤆，实𠮿𢤆𢤆啰。Doeg saw cungj mbouj rox，saed ndaej ngawz ngoengq lo. 读书都不懂，实在太愚蠢了。

𢤆 方 ngoengq [ŋoŋ⁵]〈形〉❶晕。❷糊涂。❸愚笨。(见𢤆)

𢤆 ngawz [ŋaɯ²]〈形〉傻；愚蠢；愚笨。(见𢤆)

戀[1](练) 方 lienh [li:n⁶]〈动〉❶贪恋。❷徘徊(与錄连用)。《初》：錄戀，loeglienh，贪恋；徘徊。

戀[2] lingx [liŋ⁴]〈动〉滚；滚动。田阳《布洛陀遗本》：恩簣可耳戀。Aen mbaij goj rox lingx. 簸箕也会滚动。

宀 部

宁[1] ningq [niŋ⁵]〈形〉小。宜州《孟姜女》：立宁祖亡雅。Lij ningq sou cih ra. 还小你们就找。

宁[2] ninz [nin²]〈动〉睡。宜州《孟姜女》:稳马宁艮费。Vunz ma ninz gwnz faex. 人来睡树上。

安[1] aen [ʔan¹]〈量〉❶ 个(人除外)。❷ 张(桌、凳)。❸ 盏。❹ 座;幢。(见偲)

安[2] an[ʔaːn¹]〈量〉拨。忻城《传扬歌》:安邵安个顺。An caeuq an goj swnh. 一拨人跟一拨人相互转手。

安[3] 㔾 onq [ʔoːn⁵]〈动〉依偎;撒娇(指小孩对自己的父母亲)。(见《初》)

字[1] cix [ɕi⁴]〈副〉❶ 就。❷ 也;又。(见只[2])

字[2] saw [θaɯ¹]〈名〉❶ 书。❷ 字。(见𰀀)

㝉[1] gonj[koːn³]〈量〉块。平果《贼歌》:合石㝉,haeb rin gonj,咬石块。

㝉[2] gonq[koːn⁵] ❶〈副〉先。❷〈名〉前。平果《贼歌》:友㕭银卡㝉。Youx ok ngaenz gaxgonq. 阿哥先出钱。

㝉[3] gonz [koːn²]〈量〉半担。平果《贼歌》:托星礼不㝉。Doxsing ndaej boux gonz. 相互争抢每人得半担。

宇 gya [kja¹]〈名〉家。马山《二十四孝欢》:犿辛苦宇穷。Ranz sinhoj gya gungz. 家中艰辛贫穷。

宣 ranz [ɣaːn²]〈名〉家;屋;宅。金城江《覃氏族源古歌》:當宣,dang ranz,当家。(见㝉)

害 㔾 saj [θa³]〈动〉写。金城江《台腊恒》:墨利係肯圩,否仆四馬害。Maeg lix youq gwnz haw, mbouj byawz cawx ma saj. 墨还在镇上,没谁买来写。

守[1] saeuj [θau³]〈动〉❶ 甩动。❷ 抖动;抖掉。(见拧)

守[2] 㔾 soux [θou⁴]〈动〉❶ 搞;用力冲。❷ 打架。(见吋)

宗 byouq [pjou⁵]〈形〉空;一无所有。(见㤘[2])

宂 coux [ɕou⁴]〈动〉❶ 装;盛。❷ 迎接。❸ 娶。(见𢬀)

寂[1] cueng [ɕuːŋ¹]〈名〉窗户。(见窗)

寂[2] congh [ɕoːŋ⁶]〈名〉洞;孔;穴;窟窿。(见𥦗)

㞢 fa [fa¹]〈名〉盖子。(见蔽)

实 fouq [fou⁵]〈形〉富裕。(见肤)

宎 hoengq [hoŋ⁵]〈形〉❶ 空;空白。❷ 空闲。(见閧)

宀 㔾 hog [hoːk⁸]〈名〉禽舍;笼。《初》:宀鴿,hoggaeq,鸡舍。

宄 㔾 hongj [hoːŋ³]〈名〉回响;响声。《初》:宄岜,hongj bya,石山的回响。

宏 hung [huŋ¹]〈形〉❶ 大。❷ 自大。(见奋)

灾 hux [hu⁴]〈语〉呀。(见吙[3])

宋 soeng [θoŋ¹]〈形〉❶ 宽松;宽敞。❷ 轻松;爽快;舒服。(见悰[1])

宋 bonz［poːn²］〈名〉前(天、晚)。(见晗)

实 cix［ɕi⁴］〈副〉 就；即。马山《尊老爱幼歌》：孙实呶声底。Lwg cix han sing daemq. 儿子就低声答应。

定¹ dingj［tiŋ³］〈动〉摔跟斗；翻跟斗；倒栽葱(与覅连用)。(见孯²)

定² dingj［tiŋ³］〈形〉恰巧；凑巧(与灵连用)。(见頂²)

定³ 㔾 dingq［tiŋ⁵］〈动〉纳(鞋)。(见釘)

定⁴ dingq［tiŋ⁵］〈动〉颠倒；倒置(与倒连用)。(见孯³)

宙 goemq［kom⁵］〈动〉盖；遮盖。(见檠)

官¹ gon［koːn¹］〈形〉宽；缝隙大(与觫连用，则义为得意、扬扬自得)。(见管¹)

官² gonq［koːn⁵］〈名〉前。马山《欢叹父母》：康官偻孙丁。Gangqgonq raeuz lwgnding. 从前我们幼小时。

宜¹ 㔾 naeq［nai⁵］〈动〉看。(见眲)

宜² ndij［ʔdi³］〈动〉跟。田东《闹涽懐一科》：批宜螺卦埬。Bae ndij rwi gvaq doengh. 去跟蜜蜂飞过田垌。

宜³ ngeix［ŋei⁴］〈动〉❶ 想；思索；寻思；考虑。❷ 思；思念。马山《欢叹父母》：草利宜肛怀。Nywj ndei ngeix daengz vaiz.［见到］好草想到牛。|《不料天翻云》：佲提悲宜。Mwngz dawz bae ngeix. 你拿去细想。(见忞¹)

宜⁴ ngeiz［ŋei²］〈动〉❶ 疑；猜疑；怀疑。❷ 以为。(见懸)

竺(䆤、兰、冄、兂、兟、苒、咞、亖、苒、苒、栏、萳、善、蘭、蘭、𡐓) ranz［ɣaːn²］〈名〉家；屋；宅。《初》：鳰燕皿合竺料。Roegenq mbin haeuj ranz daeuj. 燕子飞进屋里来。

宠 rungx［ɣuŋ⁴］〈动〉抚育；哺养；抚养。(见窽²)

宗(荣、孛) 㔾 yak［jaːk⁷］〈名〉金坛(装骨骸用的坛子)。(见《初》)

宦 bi［pi¹］〈名〉年；岁。(见㫿)

䆁(赤) cih［ɕi⁶］❶〈名〉 字；文 字。《初》：读𣑁只𠶜䆁。Doeg saw cij rox cih. 读书才能识字。❷〈量〉字；个。《初》：双䆁𣑁，song cih saw，两个字。

客 gaek［kak⁷］〈形〉 急；急 切(与 鸡连用)。马山《皮里患鲁不》：各宜各客鸡。Gag ngeix gag gaekgae. 自思心自急。

宧(㝅、褰、𦿋) goeb［kop⁸］〈动〉 盖；覆盖。《初》：宧衲，goeb denz，盖被子。| 宧𦿋，goeb fa，盖上盖子。

宾 gumz［kum²］❶〈名〉 凹 处；小 坑；洼地。❷〈名〉墓穴。❸〈形〉凹；凹状的。(见凼)

宪(况、哐、旷、纩、圹) gvangq［kwaːŋ⁵］〈形〉宽大；广大；宽阔。(见《初》)

宜(咱、间、脉、即、怕、昧、吆、瞜、迷) mwh［mɯ⁶］❶〈名〉时；时候；时期。《初》：宜兄里𢙺覔。Mwh gou lij iq haenx. 在

我还小那个时候。❷〈副〉忽然(与暑连用)。《初》:暑宜,sawqmwh,忽然。

西 㘝 sai [θaːi¹]〈动〉开(花);开放。《初》:三月西桄荏。Samnyied sai vavengj. 金樱花在三月开。

宣¹ son [θoːn¹]〈动〉教。(见譠)

宣² suen [θuːn¹]〈名〉园子。(见圎)

宾¹ baenz [pan²] ❶〈动〉成;行;可以。❷〈动〉如;像;类。❸〈形〉全;整;成;一。❹〈代〉这么;如此。❺〈动〉生;患。(见貧¹)

宾² baenz [pan²]〈动〉磨。(见磸)

宾³ bienq [piːn⁵]〈动〉变。宜州《龙女与汉鹏》:心事宾。Simsaeh bienq. 心事有了变化。

宙 con [çoːn¹]〈动〉穿(洞)。(见阌)

宽 fwen [fuːn¹]〈名〉歌;山歌;民歌。《粤风》:宽介留,fwen gaiq raeuz,我们的歌。

宩 goeb [kop⁸]〈动〉盖;覆盖。(见窞)

家¹ gya [kja¹]〈副〉还;还要。马山《欢叹父母》:貉偻家闭空。Ndek raeuz gya bae hoengq. 丢下我们还空手去。

家² 㘝 gya [kja¹]〈名〉鱼床(用芦苇或竹子编成,放在河中急流的下方,以捕捉随水流下的鱼)。(见茄³)

害 hai [haːi¹]〈动〉开;开始。《粤风》:礼肯往害今。Ndaej haengj nuengx hai gaem. 得给阿妹开来用。

密 mid [mit⁸]〈名〉匕首。右江《本麽叭》:眉要眉密,miz cax miz mid,有刀有匕首。

宿 saeuq [θau⁵]〈名〉灶头。田阳《布洛陀遗本》:尸一落陌宿。Vemh ndeu doek bak saeuq. 一片飞落火灶头。

容 yungz [juŋ²]〈名〉草丛。田阳《麽収魂糗一科》:造馬造埊容。Caux max caux dieg yungz. 造马造在草丛地。

宝¹ fa [fa¹]〈名〉盖子。(见蔢)

宝² faeg [fak⁸]〈动〉孵。(见翑)

寄 geiq [kei⁵]〈动〉拜;认(干爹、干妈)。《初》:她寄,mehgeiq,契妈、干妈、义母。

𡨧 hag [haːk⁸] ❶〈动〉学;学习。❷〈名〉学校;学堂。(见斈²)

寐 lumx [lum⁴]〈动〉培土;埋;盖。(见埗)

密¹ maeq [mai⁵]〈形〉粉红;桃红。《粤风》:花桃淋了密。Vadauz ndomq liux maeq. 桃花看了满眼粉红色。

密² miz [mi²]〈动〉有。马山《欢叹父母》:密奕邑开肉,miz duzbya gaiq noh,若有一些鱼或肉。

𡩋 ndaet [ʔdat⁷]〈形〉紧。(见𦁶)

寍¹ ning [niŋ¹]〈动〉动。东兰《造牛(残页)》:丕足他到寍。Bae coux de dauq ning. 去接它就动。

寍² 㘝 ningq [niŋ⁵]〈形〉小;幼小。(见佇)

𩲡(**𩲃**) 㘝 ngoiz [ŋoi²]〈动〉看。(见

《初》)

寅[1] saenz [θan²]〈动〉颤;发抖。(见抻²)

寅[2] 方 ywnz [jɯn²]〈名〉宵;夜。(见夜)

窣(栈、�星)方 swt [θɯt⁷] ❶〈动〉堵塞。❷〈名〉塞子。(见《初》)

宬 方 vag [wa:k⁸]〈副〉忽然。《初》:宬盤肝。Vag buenz daengz. 忽然想起。

宼(牙、雅、茶)方 yaq [ja⁵]〈动〉完;结束。《初》:咥宼,gin yaq,吃完。

害(窖)yo [jo¹]〈动〉藏;收藏。《初》:各窖艮𣎃料。Gag yo ngaenz hwnjdaeuj. 把钱私藏起来。

富 fouj [fou³]〈名〉斧头。(见斧)

宼 gonq [ko:n⁵] ❶〈副〉先。❷〈名〉前;前面。(见瓘)

寒[1] han [ha:n¹]〈动〉答。东兰《造牛(残页)》:佈罗托尽寒。Baeuqloxdoz cih han. 布洛陀就答。

寒[2] hanz [ha:n²]〈副〉❶ 再三。❷ 反正。(见塞)

寒[3] hanz [ha:n²]〈名〉扁担。(见槤)

寘(貳、渍)ngaeh [ŋai⁶]〈名〉汗垢;污垢。《初》:躺寘,ndang ngaeh,身上的汗垢。

寣 方 nyez [ȵe²]〈名〉芽。(见蒻)

窉 方 vaeng [waŋ¹]〈动〉发愣。(见恇)

塞 caeg [ɕak⁸]〈副〉偷偷。宜州《龙女与汉鹏》:吙塞呀。Hoz caeg nyah. 心里偷偷生闷气。

寋 方 han [ha:n¹]〈副〉刚刚;方才。《初》:寋㐴十三咔。Han ndaej cibsam bi. 刚满十三岁。

寒 han [ha:n¹]〈动〉回答;答应。(见哻²)

䆶 naengh [naŋ⁶]〈动〉坐。(见㐅)

寬 naez [nai²]〈名〉泥。《初》:歐寬庲𠰴圩。Aeu naez ma guh cien. 要泥来打砖。|寬菣,naezyou,泥偶、泥菩萨。

寪 saeq [θai⁵]〈名〉❶ 官;官吏。❷ 土司;土官。(见儎)

𡨧(唦、萨、煞、杀、�、刹)sat [θa:t⁷]〈动〉❶ 完;结束。《初》:兄吽粝啱𡨧。Gou gwn haeux ngamq sat. 我刚吃完饭。❷ 算;罢了。《初》:佲否𡿨只𡨧。Mwngz mbouj bae cix sat. 你不去也罢了。

察 方 caj [ɕa³]〈动〉等;等待。(见㤽)

寬[1] fwen [fɯ:n¹]〈名〉山歌;歌;诗歌。(见欢¹)

寬[2] gon [ko:n¹]〈形〉(缝隙)宽;不密实。(见寛)

寬[3] guenj [ku:n³]〈副〉管;尽管。金城江《覃氏族源古歌》:眉𠂉之寬𧶄。Miz cienz cix guenj cawx. 有钱就尽管买。

𡨦 goeb [kop⁸]〈动〉盖;覆盖。(见吝)

𰢖 gonq[koːn⁵]❶〈副〉先。❷〈名〉前;前面。(见𰨴)

𰢗(括)gvax[kwa⁴]〈动〉盘旋。《初》:鷂𰢗歪吞。Yiuh gvax gwnzmbwn. 老鹰在天上盘旋。|武鸣《信歌》:皮兵几皮𰢗。Baez mbin geij baez gvax. 一飞几盘旋。

𰢘 hanz[haːn²]〈动〉白费心机(与气连用)。《初》:𢗭歐𠈌𠇕姷,𠈌𢈪迪𰢘气。Siengj aeu de guh bawx, gou yawj dwg hanzheiq. 想讨她做媳妇,我看是白费心机。

𰢙 hanz[haːn²]〈副〉❶再三。❷反正。(见𰢚)

𰢛 dij[ti³]〈动〉值;值得。(见𧶞)

𰢜 gyax[kja⁴]〈名〉孤儿。(见𠈀)

𰢝 hak[haːk⁷]〈名〉官;官吏。(见𰢞)

𰢟 hak[haːk⁷]〈名〉官;官吏。(见𰢞)

𰢚(𰢙、寒)hanz[haːn²]〈副〉❶再三。❷反正。《初》:𰢚𠈌否𠫾。Hanz gou mbouj bae. 反正我不去。

𰢠 ndaem[ʔdam¹]〈动〉种;栽。(见𥟛)

𰢡(艾、𰢢、萱、𰢣、𰢤、𰢥、𰢦)方 nyez[ȵe²]〈名〉芽。(见《初》)

𰢧 soemj[θom³]〈形〉酸。(见𨢊)

𰢨 raj[ɣa³]〈动〉写。金城江《覃氏族源古歌》:墨𰢨紙。Maeg raj sa. 墨写于纸。

𰢩 byak[pjaːk⁷]〈名〉额。(见𩑶)

𰢪 gungz[kuŋ²]〈形〉穷。(见𰢫)

𰢬 hag[haːk⁸]❶〈动〉学;学习。❷〈名〉学校;学堂。(见斈²)

𰢭 maed[mat⁸]〈形〉密。(见𰢮)

𰢯 nyez[ȵe²]〈名〉小孩。(见𰢰)

𰢱 saw[θaɯ¹]〈名〉❶书。❷字。(见𰢲)

𰢳 方 caih[ɕaːi⁶]〈代〉怎样。《粤风》:皮是伝布𰢳。Beix seih vunz mbouj caih. 哥是不怎样的人。

𰢴 方 daj[tha³]〈动〉等。《初》:佲𰢴𠈌依刁。Mwngz daj gou ij ndeu. 你等我一下。(即 caj)

𰢵 deih[tei⁶]〈形〉密(距离近,间隔小)。(见𰢶)

𰢮(𰢭、𰢷)maed[mat⁸]〈形〉密。《初》:汏𭁠菋廸𰢮。Dah hwnj mez dwk maed. 河里长满了水藻。

𰢸 loengz[loŋ²]〈形〉宽大;宽松(指衣服)。(见𰢹)

𰢦 方 nyez[ȵe²]〈名〉芽。(见𰢡)

𰢺(烈、𰢻、𰢼)red[ɣeːt⁸]〈形〉密实;紧密。(见《初》)

𰢽 baed[pat⁸]〈名〉❶佛像。❷神龛;神台。(见𰢾)

辶 部

边¹ dauh[taːu⁶]〈名〉道。马山《二十

四孝欢》：讀書噜迈里。Doeg saw rox dauhleix. 读书明白道理。

迈² dauq［taːu⁵］❶〈动〉回；到。都安《行孝唱文》：迈肸昳内勺赔情。Dauq daengz fawhneix yaek boiz cingz. 到此时节要还恩。❷〈副〉倒；却。都安《行孝唱文》：亦噜算䅟迈反苦。Hix rox suenq lai dauqfanj hoj. 越会算计反倒越穷。

辽 daen［tan¹］〈动〉跺；顿(脚)。(见蹬)

辺 deuz［teu²］〈动〉逃。(见逯)

込 haeuj［hau³］〈动〉入；进入。都安《行孝唱文》：込櫝，haeuj faex，入棺。

辽¹ 㓑 liu［liːu¹］〈动〉瞄；看。(见盯¹)

辽² liuh［liːu⁶］〈动〉看。宜州《孟姜女》：辽啦任喑稳。Liuh laj raemx raen vunz. 看到水下见人影。

边¹ 㓑 binz［phin²］〈动〉成；行。(见𫄧)

边² mbin［ʔbin¹］〈动〉飞。(见䖝)

运¹ cam［ɕaːm¹］〈动〉问。(见嗲)

运² coenz［ɕon²］〈量〉句。(见咰)

巡¹ coenz［ɕon²］❶〈名〉句子。❷〈量〉句。《粤风》：宽解闷双巡。Fwen gaij mwn song coenz. 解烦歌两句。

巡² cinz［ɕin²］〈动〉巡视；巡查；拜访；探亲；访友。平果《情歌》：同傍斗巡。Doengzbangh daeuj cinz. 同伴来玩耍。

达¹ dah［ta⁶］〈名〉河。宜州《孟姜女》：姜女芮达渗。Gyanghnij ruih dah caemx. 姜女下河洗澡。| 宜州《龙女与汉鹏》：西月锐达呗节仍。Seiqnyied ruih dah bae ciet saeng. 四月河边去扳罾。

达² dah［ta⁶］〈名〉姑娘。宜州《龙女与汉鹏》：妢达龙女呗赫王。Haq dah Lungznwx bae hawj vuengz. 嫁龙女去给大王。

达³ dat［taːt⁷］❶〈名〉山崖；峭壁。❷〈形〉陡峭。(见墶)

达⁴ dat［taːt⁷］〈形〉荒；荒芜。田东《大路歌》：犁达杀度发。Reih dat caj dou fwet. 荒地给我们刈。

辻(啫) 㓑 doj［to³］〈动〉❶斗。《初》：鴘任辻。Gaeq doxdoj. 鸡相斗。❷诱(捕)。《初》：歐鴗媒垐辻。Aeu roeg moiz bae doj. 拿媒鸟去诱捕鸟。

过¹ go［ko¹］〈名〉聚餐。马山《欢叹父母》：卜姆背吥过。Bohmeh bae gwn go. 父母去参加聚餐。

过² goek［kok⁷］〈名〉根；根部。宜州《龙女与汉鹏》：之论过摆斗王叮。Cix lwnh goek byai daeuj vuengz dingq. 就说根梢给王听(把来龙去脉讲清)。

过³ goj［ko³］〈副〉已；已经(对已然事情的肯定)。宜州《龙女与汉鹏》：朝古否伙呀过伙。Ciuh gou mbouj hoj yax goj hoj. 我生不穷也已穷(今生算是穷定了)。

迂(孔、骈) gungj［kuŋ³］〈形〉❶拱。《初》：桥迂，giuz gungj，拱桥。❷弯；弯曲。

《初》：腮迃，hwet gungj，弯曲的腰。

迏[1] gwnz［kɯn[2]］〈名〉上；上面（方位词）。马山《伏羲子妹》：定定批迏，dinghdingh bae gwnz，直直去到上面。（见圣[1]）

迏[2] hwnj［hɯn[3]］〈动〉❶上；上去；登上。都安《造工呻》：度众亡灵迏天界。Doh gyoengq muengzlingz hwnj diengyaiq. 超度众亡灵上天界。❷长；长起；发。马山《书信》：介许坤迏菻。Gaej hawj roen hwnj rum. 莫让路长草。❸（水）涨；涨（价）。（见𤘺[2]）

迈（哋、嘪、買）maih［maːi[6]］〈连〉❶纵使；即使；即便；任由；尽管。《初》：迈否眉粝灶，呻淰𬮷総甜。Maih mbouj miz haeux cawj，gwn raemxbyouq cungj van. 即使无米下锅，喝清水也甜。❷不论。武鸣《信歌》：迈贫护贫护，双字书你記。Maih baenzlawz baenzlawz，song cih saw neix geiq. 不论是如何，此二字记录。

还[1] roengz［ɣoŋ[2]］〈动〉❶下。❷产（崽）；生（崽）。❸签（名）。❹下（力气）；使（劲）；努力。（见夅）

还[2] laj［la[3]］〈名〉下；下面。（见夈[1]）

迠 bae［pai[1]］〈动〉去。（见𨑜）

边[1] bien［piːn[1]］〈名〉边；旁边。金城江《覃氏族源古歌》：卭边，ywq bien，在旁边。

边[2] henz［heːn[2]］〈名〉边；旁边。忻城《十劝书》：边火，henz feiz，火旁。

进 caenh［ɕan[6]］❶〈动〉尽；完。❷〈副〉尽是；老是；总是。（见尽[2]）

迦 仿 cet［ɕeːt[7]］〈动〉❶游荡。❷巡视。❸拜访；探望。（见邅）

达 daz［ta[2]］〈动〉纺。马山《孝顺歌唱》：秝收达栿，son sou daz vaiq，教你们纺棉纱。

迚 daemq［tam[5]］〈形〉矮；低。（见蓇[1]）

迯 daeuj［tau[3]］〈动〉来。都安《行孝唱文》：出世迯夈㚘。Okseiq daeuj lajmbwn. 出世来天下。（见料）

迋 dingz［tiŋ[2]］〈动〉停。都安《三界老爺唱》：急谨騎马房布迋。Gipgaenj gwih max ma mbouj dingz. 紧急骑马来不停。

迟 仿 diz［ti[2]］〈动〉背。（见迡）

返（反）fanq［faːn[5]］❶〈名〉小贩；贩子。《初》：傰返，bouxfanq，贩子。❷〈动〉贩卖。《初》：𨑜返鴓，bae fanq bit，去贩鸭子。

迗 fanz［faːn[2]］〈动〉怀胎；带孕。田阳《布洛陀遗本》：姆羊迗。Meh yiengz fanz. 母羊怀胎。

迖（邂）仿 gaij［kaːi[3]］〈动〉捡；拾。（见《初》）

进 仿 ginx［khin[4]］〈形〉发育不良。（见《初》）

迲[1] gyae［kjai[1]］〈形〉远。（见遾）

迲[2] 仿 geix［kei[4]］〈名〉现在；今；如今。（见暣）

近[1] 仿 gyawz［kjauɯ[2]］〈代〉哪里；何处。（见𨑹）

近² gaenq [kan⁵]〈副〉❶曾经。❷已经。(见听)

迒 heiq [hei⁵] ❶〈名〉空气;气体。❷〈名〉汽。❸〈名〉气味。❹〈动〉忧愁;担忧;忧虑;顾虑。(见气)

连 lienz [liːn²]〈名〉帘。马山《贺喜歌》:眼你跈开连。Ngoenzneix mbwn hai lienz. 今日天开帘(出现海市蜃楼)。

迒¹ mbaeu [ʔbau¹]〈形〉轻。(见戳)

迒² nyungq [ȵuŋ⁵]〈形〉蓬乱(一般指线、纱、麻、丝、发等)。(见毺)

迗 mbwn [ʔbɯn¹]〈名〉天。来宾《贤女救夫》:忑迗天下屌扶比。Lajmbwn dienyah ndi boux beij. 天下世间无人比。

迒 方 muenh [muːn⁶]〈形〉快乐;欢畅。(见懑¹)

迺¹ naeh [nai⁶]〈动〉捉弄;开玩笑。《初》:介任迺伝。Gaej doxnaeh vunz. 别捉弄人家。

迺²(迡、跒) 方 nei [nei¹]〈动〉跑;逃跑。(见《初》)

迌¹ ndit [ʔdit⁷]〈名〉阳光。忻城《十劝歌》:岜晃又愣洡,岜怪又愣迌。Bae romh youh lau raiz, bae gvaiz youh lau ndit. 早去怕露水,迟去怕太阳。(见昰²)

迌² ngoenz [ŋon²] ❶〈名〉日;日头;太阳(与昍连用)。❷〈名〉天;日。❸〈量〉日;天。(见昡¹)

迺(仍) 方 nyaengh [ȵaŋ⁶]〈连〉如果。《初》:迺偧否料兄眊各岜。Nyaengh de mbouj daeuj gou couh gag bae. 如果他不来我就自己去。

迓¹ 方 nyah [ȵa⁶]〈动〉生气。(见氭)

迓² nyaz [ȵa²]〈形〉发呆的;无奈的;瘫软的(与我连用)。《粤风》:在笃乃迓我,caih doeknaiq nyazngoz,任是沮丧徒无奈。

迓³ raq [ɣa⁵]〈名〉瘟疫。(见疨)

迓⁴ 方 ya [ja¹]〈动〉找。金城江《覃氏族源古歌》:庅迓堤,ma ya dieg,来找地方。

迎 nyengq [ȵeːŋ⁵]〈动〉侧;倾斜。东兰《莫卡盖用》:迎耳羲故奴。Nyengq rwz nyi gou naeuz. 侧耳听我讲。

远¹ nyumx [ȵum⁴]〈动〉染。田东《大路歌》:来得闵远布。Laih ndaej nding nyumx buh. 以为能得红料染布。

远² vienx [wiːn⁴]〈形〉飘荡的;悠然的(与违连用)。《粤风》:子挂勤违远。Fwj gvaq gwnz vixvienx. 云过上空飘悠悠。

运 unq [ʔun⁵]〈形〉软。《粤风》:双逢运如慈。Song fwngz unq lumj ceiz. 双手软如糍。

违¹ venj [weːn³]〈动〉悬挂。田东《贼歌》:文字违忑伞。Vwnzsaw venj laj liengj. 官书挂伞柄。

违² vix [wi⁴]〈形〉飘荡的;悠然的。(与远连用)

迫 bug [puk⁸]〈名〉柚子。巴马《赎魂耨呟》:枯麻迫,go makbug,柚子树。

迷 方 bumj [pum³]〈形〉 钝。《初》:柰迷难批埔。Faex bumj nanz baek namh. 钝木难插下地。

迟 方 cueng [çuːŋ¹]〈动〉❶ 遇见;遇到。❷ 逢;相逢。《初》:合東迟彪老。Haeuj ndoeng cueng guk laux. 进山林碰见大老虎。

迨 daix [taːi⁴]〈动〉抬(起来);扶(把将倒的东西扶起来)。《初》:夆衘迨玊料。Roengzrengz daix hwnjdaeuj. 使劲抬起来。

迯¹ deuz [teu²]〈动〉逃;逃离。马山《起书嚏特豆》:往迯姆迯皮,句你怨名光。Nuengx deuz meh deuz beix, gawq neix ienq mwngz gvang. 阿妹逃离母亲逃离兄弟,这时就埋怨情郎你。(见逶)

迯² vaij [waːi³]〈动〉❶ 划(船)。❷ 游(水)。(见拁)

迋 方 dingx [tiŋ⁴]〈动〉打。(见《初》)

迪¹ dwg [twk⁸] ❶〈动〉是。马山《交友》:皮迪伝鲁字。Beix dwg vunz rox saw. 哥是知书人。❷〈介〉被。武鸣《信歌》:廪鸭迪囝。Lumj bit dwg gvaengh. 像鸭子被圈住。| 都安《三界老爺唱》:迪族,dwg cug,被绑。

迪² dwk [twk⁷] ❶〈动〉放。❷〈动〉斟。马山《奠别歌》:迪漤了又咊。Dwk laeuj liux youh daej. 斟酒了又哭。❸〈助〉得。武鸣《信歌》:叩迪心旯裂。Guh dwk sim gou lek. 弄得我心很惊诧。| 马山《勺记时种花》:咻迪哻不屋。Daej dwk sing mbouj ok. 哭得出不了声。

迦 gvax [kwa⁴]〈动〉拐弯;绕到;迂回。(见《初》)

迴 gyawj [kjaɯ³]〈形〉近。(见遡)

迩 gyawj [kjaɯ³]〈形〉近。金城江《覃氏族源古歌》:崙坔迩。Reih gyuenj gyawj. 耕地全在近处。

迏¹ 方 lwd [lɯt⁸]〈动〉❶ 赶。❷ 拉;扯。(见逹)

迏² ndeiq [ʔdei⁵]〈名〉星(与勆连用)。(见尌)

迊 mbaeu [ʔbau¹]〈形〉轻。(见戥)

迺¹(䨸、艴、砵、戥、匿、砸、匿、居、嗄、僆、至、砸、䞋) naek [nak⁷] ❶〈形〉重。《初》:条辈佲迺移。Diuz rap mwngz naek lai. 你这副担子太重了。❷〈形〉深奥。《初》:本数内迺移。Bonj saw neix naek lai. 这本书内容太深奥。❸〈形〉专注;上心。《初》:迺胣,naeksim,专心、用心。❹〈动〉偏重;偏爱。马山《风俗唱》:叩事介用迺尸刁。Guh saeh gaej yungh naek mbiengj ndeu. 做事不要偏重一方。

迺² ndaek [ʔdak⁷]〈形〉(睡)熟;(睡)着。(见瞓)

迺³ rin [ɣin¹]〈名〉石。都安《三界老爺唱》:迺吧,rin bya,山石、石头。

迡 方 nei [nei¹]〈动〉跑;逃跑。(见迶²)

� senj [θeːn³]〈动〉迁;迁移;迁徙;转移。(见韃)

迚 方 suh [θu⁶]〈动〉漏。《初》:芮迚。

Swenz suh. 房屋漏雨。

迣（蚦、䖖、遙、𢱢、㩉、𧕎、𨄔、𨁈、𨇤、蹀）**方**neb［ne:p^{8}］〈动〉❶ 追；撵；赶；驱逐。❷ 跟踪。《初》：迣徉，neb yiengz，赶羊。｜犸迣猔。Ma neb nyaen. 狗跟踪野狸。

辶永 **方**yin［jin^{1}］〈名〉路。（见垙）

迵 yungh［juŋ^{6}］〈形〉纷纷；匆匆；连连（表示走路急急忙忙的样子）。《初》：踂迵迵，byaij yunghyungh，匆匆而行。

逅 byaij［pja:i^{3}］〈动〉走；走动。（见踂）

迼 cae［ɕai^{1}］❶〈名〉犁头。❷〈动〉犁。（见鞑）

逓 daeh［tai^{6}］〈动〉搬运；运输。（见遆^{1}）

迡（迟）**方** diz［ti^{2}］〈动〉背。《初》：迡劲的，diz lwgndik，背小孩。

退 doiq［toi^{5}］〈形〉对。马山《奠别歌》：孙咊拉不退。Lwg daej ra mbouj doiq. 孩子哭着再也找不见。

迋 dox-［to^{4}］〈缀〉相；互相。（见仛^{2}）

迴（团、㨷）duenz［tu:n^{2}］〈动〉猜。《初》：佲迴迴䚟，閙𢫕兄眉佁庅？Mwngz duenzduenz yawj，ndaw fwngz gou miz gijmaz? 你猜猜看，我手中有什么东西？

迗（汯、𢀓）dumx［tum^{4}］〈动〉淹；淹没。《初》：淰汏迗肛空。Raemx dah dumx daengz ranz. 河水淹了房屋。

迼 gyae［kjai^{1}］〈形〉远。（见遾）

追^{1} gyae［kjai^{1}］〈形〉远。（见遾）

追^{2} gyoij［kjoi^{3}］〈名〉芭蕉。右江《麽請布洡啚》：蘭你累貧追。Ranz neix lwix baenz gyoij. 这家破烂似蕉叶。

逅 haeuj［hau^{3}］〈动〉进；进入。都安《行孝唱》：逅土，haeuj dou，进门。

遊 hau［ha:u^{1}］〈形〉白。（见皓）

追 **方** lieg［li:k^{8}］〈动〉选；挑选；拣；选择。（见𢲠）

迷^{1} **方** maex［mai^{4}］〈名〉妻子。（见姝^{1}）

迷^{2} mwh［mɯ^{6}］❶〈名〉时；时候；时期。❷〈副〉忽然（与暑连用）。（见亩）

迼 ndau［ʔda:u^{1}］〈名〉星；星星。（见𦚘）

逃（逃）**方** ndauz［ʔda:u^{2}］〈动〉（用棍子或长条物）挑；撩。（见《初》）

逃 **方** ndauz［ʔda:u^{2}］〈动〉（用棍子或长条物）挑；撩。（见逃）

逆（扬、咩、踓、踼、𨇯、𨇾）nyangz［ɳa:ŋ^{2}］〈动〉逢；相逢；遇见。《初》：坴茂内仛逆。Youq maeuqneix doxnyangz. 在这里相逢。

选^{1} san［θa:n^{1}］〈动〉编；编织。（见紃）

选^{2} senj［θe:n^{3}］〈动〉迁；迁移；迁徙；转移。（见𩬊）

选^{3} senq［θe:n^{5}］〈副〉早；老早。（见毨）

逊 son［θo:n^{1}］〈动〉教。（见譐）

迷 soeng［θoŋ^{1}］〈动〉松；松开。（见㧐）

适 swiz［θɯ:i²］〈名〉枕头。（见樋）

迗 van［wa:n¹］〈名〉斧。马山《三府雷王》：雷王吷迗更吷阼。Loizvuengz baenz van geng baenz cax. 雷王磨斧更磨刀。

逘 yoek［jok⁷］〈动〉刺；捅。（见剧）

退¹ bae［pai¹］〈动〉去。（见㘷）

退² 方 byoiq［pjoi⁵］〈动〉逃脱；走脱。《初》：鴒退，gaeq byoiq，鸡挣脱。

逢¹ bungz［puŋ²］〈动〉遇见；遇到；相逢。（见𨁟）

逢² foengq［foŋ⁵］〈量〉❶ 束。❷ 串（果子）。（见槰）

逢³ 方 fongz［fo:ŋ²］〈动〉弹；拂（用掸子或别的东西轻轻地抽打或扫去灰尘）。（见摓¹）

逢⁴ fongz［fo:ŋ²］〈动〉剖；纵剖；破开。田东《欢榫》：逢木桐郭四。Fongz faexdongz guh seiq. 剖开海桐做四块。

逢⁵ fwngz［fɯŋ²］〈名〉手。（见𢭃）

逰 byaij［pja:i³］〈动〉走；走动。（见踬）

造¹ 方 caeux［ɕau⁴］〈名〉妇女；女人（与奷连用）。（见姻）

造² cauh［ɕa:u⁶］〈动〉掷；投；抛。（见摧²）

造³ cauh［ɕa:u⁶］〈动〉构思（与意连用）。马山《信歌》：请伝造意。Cingj vunz cauh'eiq. 请人构思。

造⁴ 方 cauh［ɕa:u⁶］〈副〉刚刚；刚才。《初》：造庲，cauh ma，刚刚回来。

造⁵ 方 cauh［ɕa:u⁶］❶〈名〉棹。❷〈动〉划（船）。（见摧³）

造⁶ caux［ɕa:u⁴］〈动〉生；烧。（见𤊶）

造⁷ 方 caux［ɕa:u⁴］〈副〉❶ 就。❷ 才。田阳《麽叹魂糯一科》：布六托造合。Baeuqroxdoh caux ap. 布洛陀才讲。｜田阳《麽叹魂糯一科》：様他造利。Yienghde caux ndei. 那样才好。

造⁸ 方 caux［ɕa:u⁴］〈副〉❶ 开始。❷ 于是；就。（见�）

逐 cug［ɕuk⁸］〈动〉捆；绑。（见綅）

逜（嗻）方 cuz［ɕu²］〈动〉邀；邀请。《初》：逜俢料。Cuz de daeuj. 邀请他来。

透¹ daeuj［tau³］〈动〉来；到。《粤风》：水透鱼便通。Raemx daeuj bya bienh doeng. 水到鱼便来。

透² daeuq［tau⁵］〈动〉猎；狩猎。平果《蓝王》：獬透，madaeuq，猎狗。

逗¹ dawh［taɯ⁶］〈名〉筷子。（见箸）

逗² douh［tou⁶］〈动〉栖息。（见跦¹）

逯（跳、逖、遼、辺、尞）deuz［teu²］〈动〉逃。（见《初》）

通 doengh［toŋ⁶］〈名〉往时；过去；从前（与辖连用）。（见嘞²）

途¹（度）duh［tu⁶］〈助〉的（用在代词、名词前表示领属关系）。《初》：偲宔途俢。

Aen ranz duh de. 他的屋子。

途² douh［tou⁶］〈动〉栖息。(见趴¹)

途³ duz［tu²］〈量〉❶头;匹;条;只(动物的量词)。❷个(用于鬼神、影子)。❸个(用于人,含贬义)。❹条(用于虹)。(见徒²)

途⁴ doeg［to:k⁸］〈形〉毒;恶毒。田阳《布洛陀遗本》:个途惘許太。Guhdoeg mieng hawj dai. 恶意诅咒让她死。

迠(莀) gaenq［kan⁵］〈名〉蒂。《初》:迠茹,gaenq gyoh,葫芦蒂。

過 gvaq［kwa⁵］〈动〉过。金城江《覃氏族源古歌》:過累関,gvaq ndaej gvan,过得了关。

逺 gyae［kjai¹］〈形〉远。(见遨)

逺 方 gyaek［kjak⁷］〈动〉盘算。(见悦²)

連 lienz［li:n²］〈形〉光亮。田阳《麽収魂糑一科》:王造立造連。Vuengz caux laep caux lienz. 王造黑暗造光亮。

遈 nax［na⁴］〈名〉舅;舅娘;姨;姨丈。(见伖¹)

逜(悟、悮) nguh［ŋu⁶］❶〈形〉迟;迟误。《初》:兄料逜啰。Gou daeuj nguh lo. 我来迟了。❷〈动〉耽误;耽搁。《初》:佲介逜竑伝。Mwngz gaej nguh hong vunz. 你别耽误人家的工作。

逷 riengj［ɣi:ŋ³］〈形〉敏捷;利索;麻利。(见憬)

逋(跛、备、被、卑、抋) biq［pi⁵］〈动〉逃脱;逃掉。《初》:鳩逋倒㟁崠。Roeg biq dauq bae ndoeng. 鸟逃脱回树林去。

逡 coux［ɕou⁴］〈动〉❶装;盛。❷迎接。❸娶。(见艕)

迯(遁、辽) 方 daen［tan¹］〈动〉跺;顿(脚)。《初》:迯盯, daen din,跺脚。

達¹ daz［ta²］〈动〉❶拉;拖;扯。东兰《造牛(残页)》:口丕達否根。Gaeu bae daz mbouj hwnj. 用藤去拉［它］不起来。❷纺(纱)。❸搀;扶。(见挞²)

達² 方 ndad［ʔda:t⁸］〈动〉弹。《初》:達卦庲, ndad gvaq maz,弹过来。

逕(京) 方 ging［kiŋ¹］〈副〉一旦;一经。《初》:奔逕玊萻否𠂉用。Faex ging hwnj raet mbouj ndaej yungh. 木头一旦长了菌就不能用。

逩 gvaq［kwa⁵］〈动〉❶过。❷超过;过度。❸可怜;哀怜(与愸连用)。❹过世。(见卦²)

遀 gyaen［kjan¹］〈动〉打鼾。(见齗)

逺 gyoeng［kjoŋ¹］〈形〉空心;通心。(见窓)

逻¹ la［la¹］〈动〉找;认。右江《本麽叭》:娘不逻父母。Nangz mbouj la bohmeh. 女儿不认父母。

逻² ra［ɣa¹］〈动〉找。(见摞²)

逨¹ 方 laemj［lam³］〈动〉失算。(见覽)

逨² 方 rimz［ɣim²］〈名〉邻;近邻;附近;旁边。(见《初》)

迺 nauh [naːu⁶]〈动〉闹。金城江《台腊恒》:同迺胕班求。Doengz nauh daengz bancaeuz. 互相嬉闹到晚饭时分。

遊 youz [jou²]〈动〉游;游荡。都安《三界老爺唱》:遊卦批, youz gvaqbae, 游过去。

迸¹ baih [paːi⁶]〈名〉方;面;边。金城江《覃氏族源古歌》:立碑記左迸。Laeb bei geiq coq baih. 立碑记在旁边。(见㧡)

迸² byaij [pjaːi³]〈动〉走。金城江《覃氏族源古歌》:迸路, byaij loh,走路。

逼(䟆、赼、賁、墳、蹡、𨄅、擯、拼、扸、拼、攀、踫、叠) bin [pin¹]〈动〉爬;攀爬。《初》:逼楍, bin faex,爬树。

遡 历 cawj [ɕaɯ³]〈形〉近。(见《初》)

遂 coih [ɕoi⁶]〈动〉修;修正。田阳《麽収魂糯一科》:遂様他造利。Coih yienghde caux ndei. 那样修正才好转。

逡(踳) cunz [ɕun²]〈动〉❶ 巡视;巡查。❷ 探亲;访友;拜访。(见《初》)

遆¹(逓、拕、挮、揩、趆、提) daeh [tai⁶]〈动〉搬运;运输。《初》:遆屎, daeh bwnh,运肥料。

遆² 历 daeq [tai⁵]〈动〉(轻轻地)走。《初》:始䅵遆𨒪料。Bawxmoq daeq okdaeuj. 新媳妇轻轻地走出来。

遴 daemq [tam⁵]〈形〉矮;低。(见㕕¹)

遁 daen [tan¹]〈动〉跺;顿(脚)。(见迍)

道 dauh [taːu⁶]〈名〉道理;道道。田东《闹涽懷一科》:皇依道布嚅。Vuengz ei dauh baeuq naeuz. 王依照祖公说的道理[办]。

違 dep [teːp⁷]〈动〉靠近;接近;临近。(见蹀)

遣 gyawz [kjaɯ²]〈代〉哪;哪里;何处。金城江《覃氏族源古歌研究》:必㑚不遣? Beixnuengx bae gyawz? 兄弟去哪里?

逕 henz [heːn²]〈名〉旁边;边沿;附近。(见堹)

遂 louz [lou²]〈动〉游;游荡;游玩。都安《行孝唱》:丕遂圩, bae louz haw,去逛街。

達(迖、遭、律、嘞、腊) 历 lwd [lɯt⁸]〈动〉❶ 赶。❷ 拉;扯。《初》:達猅, lwd mou,赶猪。

遈(趰) maez [mai²]〈动〉昏迷。《初》:㲊遈, dai maez,昏迷而死。

逼 mbwk [ʔbɯk⁷] ❶〈名〉女性。❷〈形〉大。(见媥)

遛 历 nyaengz [ȵaŋ²]〈副〉还;还是;仍然。《初》:遛眉, nyaengz miz,还有。

遺 swiz [θɯːi²]〈名〉枕头。(见樻)

遊 youz [jou²]〈动〉游;游荡;游走。上林《特华信歌》:廪怀榜各遊。Lumj vaiz buengq gag youz. 像游荡的牛在游走。

適(交、考、告、浩、靠) gau [kaːu¹]〈量〉次;回。《初》:兄料適大乙。Gou daeuj gau daih'it. 我是第一次来的。

遨 方 nyaux [ȵaːu⁴]〈动〉争吵。(见《初》)

遜 saemq [θam⁵]〈名〉辈分。金城江《覃氏族源古歌》:同班又同逊。Doengz ban youh doengz saemq. 同班又同辈。

遡 方 boenq [pon⁵]〈动〉赶走;追赶;驱逐;追;撵。(见趀)

遳 caeh [ɕai⁶]〈动〉怪;怪罪。田阳《布洛陀遗本》:姆羊迈不欺遳萌。Meh yiengz fanz mbouj youq caeh mwngz. 母羊胎不保怪你。

遻 genq [keːn⁵]〈形〉❶ 坚硬。❷ 牢固。❸ 健旺(多指上了年纪的人)。(见樫²)

遡 hawj [haɯ³]〈动〉❶ 给;给予;让;赋予。❷ 许可;允许。(见掛)

遻 nyok [ȵoːk⁷]〈动〉赠送;赐与。(见賍)

遯 方 daemx [tam⁴]〈动〉达到。(见《初》)

遡 方 laeg- [lak⁸]〈缀〉第。《初》:次遡乙, mbat laeg'it, 第一次。

漫(曼、僈、漫) menh [meːn⁶] ❶〈形〉慢。❷〈副〉再。《初》:昈昨漫料。Ngoenzcog menh daeuj. 明天再来。

遑(蹚、榜、跸) bongh [poːŋ⁶]〈动〉❶ 猛冲;往前冲。《初》:徒蚆波遑几咫遨。Duzngwz baez bongh geij cik gyae. 蛇一冲就几尺远。❷ 蹿(向上跳)。《初》:猓遑贼槽。Mou bongh hamj cauz. 猪蹿出栏。❸ 跑;奔跑。上林《赶圩歌》:遑峇肛恨板。Bongh bae daengz henz mbanj. 奔跑到村边。❹ 勃发;猛长。《初》:雰竺花就遑。Fwn doek byaek couh byongh. 下雨菜就猛长。

遵 cienz [ɕiːn²]〈动〉传;相传;传达;流传;传扬;传授。(见哰)

遼 deuz [teu²]〈动〉逃。(见逯)

遭 方 lwd [lɯt⁸]〈动〉❶ 赶。❷ 拉;扯。(见逹)

邁¹ maiq [maːi⁵]〈形〉孤;寡。马山《书信》:貧燕邁, baenz enq maiq, 成了孤燕。| 口邁, guhmaiq, 守寡。

邁² 方 mbaih [ʔbaːi⁶]〈动〉谢。《初》:闲邁, co'mbaih, 多谢、谢谢。

遴¹ naengh [naŋ⁶]〈动〉坐。忻城《十劝书》:扶内书布彭, 介斗健你遴。Boux naeq sawq mbouj bengz, gaej daeuj rengh neix naengh. 小看书本者,别来此处坐。(见㐅)

遴² daengq [taŋ⁵]〈动〉叮嘱;嘱咐;吩咐;交代。(见哼)

遨(奥、咬) nyeux [ȵeu⁴]〈动〉转(头);回(看)。《初》:遨尫觐伝。Nyeux gyaeuj yawj vunz. 转头[来]看人。

遭 soem [θom¹]〈形〉尖;锋利。(见鉡)

避 bae [pai¹]〈动〉去;走。田阳《布洛陀遗本》:隆般茶避闹, roengz luz cauh bae nauq, 下船划走永不回。

蹀(谍、隟) dep [teːp⁷]〈动〉靠近;接近;临近。《初》:空偺蹀堋汏。Ranz de dep henz dah. 他家靠近河边。

邂 历 gaij［kaːi³］〈动〉捡；拾。（见迠）

遨 gyae［kjai¹］〈形〉远。《初》：跰坤遨。Byaij roen gyae. 走远路。（见遾）

邀 heuh［heu⁶］〈动〉叫。宜州《孟姜女》：邀万良跟哖。Heuh Van Liengz gaen nemz. 叫万良紧跟。

蹀 历 neb［neːp⁸］〈动〉❶ 驱逐；追；撵；赶。❷ 跟踪。（见迣）

邂 roeb［ɣop⁸］〈动〉遇；碰。（见迸）

還 vanz［waːn²］〈动〉回；还。田阳《布洛陀遗本》：配是還哢學。Bawx cix vanz coenz coh. 媳妇就回嘴［顶公婆］。

邂 riengh［ɣiːŋ⁶］〈动〉连接。（见繞）

邊 bien［piːn¹］〈名〉边，旁边。田阳《布洛陀遗本》：邊祥，bien ciengz，墙边。

邂 maez［mai²］〈动〉昏迷。（见遁）

邂（迷）历 laemj［lam³］〈动〉失算。《初》：步步迪邂。Bouhbouh dwg laemj。步步都失算。

邂（薦、迦、切、跕）历 cet［çeːt⁷］〈动〉❶ 游荡。《初》：邂丕邂夻。Cet gwnz cet laj. 东游西荡。❷ 巡视。《初》：邂淰畓。Cet raemx naz. 看田水。❸ 拜访；探望。《初》：眥邂岦妭。Bae cet ranz daiq. 去外婆家探望。

邂 guiz［kuːi²］〈形〉弯曲。（见岿）

遾（逺、奚、追、迡、蹗、遨、醆、㛎、蹽、哜、髮、唅、既、造）gyae［kjai¹］〈形〉远。上林《特华信歌》：起跰起眥遾。Yied byaij yied bae gyae. 越走越远去。

邂 riengh［ɣiːŋ⁶］〈动〉连接。（见繞）

邂（嗱）历 ndak［ʔdaːk⁷］〈量〉点；滴。《初》：否眨邂雰夻。Mbouj raen ndak fwn roengz. 没见下一滴雨。

彐 部

彐 siet［θiːt⁷］〈名〉雪。（见《初》）

彐ㄣ 历 bwh［phɯ⁶］〈名〉时。《初》：佲彐ㄣ𧊅唻？Mawz bwh dawz maz? 你何时来？

归 gvij［kwi³］〈形〉❶ 馋。❷ 刁。（见㖹²）

寻¹ caemh［çam⁶］❶〈动〉同；共同。❷〈副〉也；同；一起。（见㐌）

寻² caemz［çam²］〈动〉玩耍。《粤风》：扶买扶过寻。Boux maij boux guhcaemz. 人爱人来同游乐。

寻¹ caemh［çam⁶］❶〈动〉同；共同。马山《欢情》：双料寻加护。Song dou caemh gyahoh. 我们俩人同一个家族。❷〈副〉也；同；一起。平果《贼歌》：土寻不而。Dou caemh mbouj rox. 我们也不知道。| 马山《欢情》：收寻批寻刀。Sou caemh bae caemh dauq. 你们一起去一起回。（见㐌）

寻² 历 caemz［çam²］〈动〉❶ 扎；刺。❷ 针灸。（见剨¹）

寻³ caemz［çam²］〈动〉玩耍。马山《偻笠荳貧够》：依往𠃑寻。Ndij nuengx guhcaemz. 跟妹妹玩耍。（见㑭）

㝯[4] cimh［ɕim⁶］〈动〉跟;与。马山《信歌》:㝯佲𠁸三斡,cimh nuengx ndaej sam bi,跟妹妹已得三年。

㝯[5] 历 cimq［ɕim⁵］〈动〉斟酌(与叻连用)。《初》:㝯叻,cimqcik,斟酌。

𰀀 nae［nai¹］〈名〉雪。(见䨦)

𰀀(寻、㝯、侵、伸、𰀀、𰀀) caemh［ɕam⁶］❶〈动〉同;共同。《初》:𰀀枱吽粝。Caemh daiz gwn haeux. 同桌吃饭。❷〈副〉也;同;一起。《初》:𰀀𰀀𰀀。Gou caemh bae. 我也去。

𰀀 cimh［ɕim⁶］❶〈动〉跟;随。❷〈介〉跟;与。(见𰀀)

𰀀 nae［nai¹］〈名〉雪。(见䨦)

𰀀 ndeiq［ʔdei⁵］〈名〉星(与𰀀连用)。(见𰀀)

𰀀 ra［ɣa¹］〈动〉找。(见𰀀²)

尋[1] caemh［ɕam⁶］〈副〉也。金城江《覃氏族源古歌》:娄尋𠲎。Raeuz caemh rox. 我们也知晓。

尋[2] caemz［ɕam²］〈动〉玩。(见𰀀)

尋[3] cimh［ɕim⁶］❶〈动〉跟;随。❷〈介〉跟;与。(见𰀀)

𰀀 ringx［ɣiŋ⁴］〈动〉滚;滚动。(见𰀀)

𰀀 lingz［lŋ²］〈名〉魂魄(道公法事用字)。(见《初》)

𰀀 coemq［ɕom⁵］〈动〉重叠;重复。(见𰀀)

𰀀 caemq［ɕam⁵］〈形〉沉重。《初》:𰀀内𰀀貧磌。Rap neix caemq baenz rin. 这副担子像石头一样沉重。

尸　部

尺 cik［ɕik⁷］〈名〉戚。马山《哭姐歌》:亲尺𰀀送灯。Caencik daeuj soengq daeng. 亲戚[今晚]来送灯。

㞎[1] mbouj［ʔbou³］〈副〉不。马山《叹亡》:爹㞎空。De mbouj hoengq. 她不得空。(见否²)

㞎[2] ndi［ʔdi¹］〈副〉不;没。马山《開天盤古》:眉佈吽花㞎眉盐。Miz boux gwn byaek ndimiz gyu. 有人吃菜没有盐。|《初》:㞎眉伝凹𰀀。Ndimiz vunz guh doih. 没有人做伴。

㞎[3] ndwi［ʔdɯːi¹］❶〈形〉空;闲。《初》:𰀀㞎,youqndwi,闲着。❷〈副〉白白;不;无。马山《中界地旂》:养修㞎𰀀罪。Ciengx sou ndwi ndaej coih. 白养你们还有罪。|大化《𰀀奠别》:㞎喻時刁闹。Ndwi lumz seiz ndeu nauq. 无一时刻能忘记。(见有⁵)

尼[1] neix［nei⁴］❶〈代〉这;此。宜州《孟姜女》:马吉尼乙耐。Ma gizneix yietnaiq. 来这里休息。❷〈名〉现;此;今。❸〈连〉然;然而。(见内⁴)

尼[2] ndij［ʔdi³］〈介〉跟;向;照;沿。(见𰀀)

𰀀 nyouh［ȵou⁶］〈名〉尿。(见𰀀)

尽[1] 方 caemq [çam[5]]〈名〉阵。《初》:尽刁,caemq ndeu,一阵子。

尽[2](进) caenh [çan[6]] ❶〈动〉尽;完。《初》:尽衐冚坑。Caenhrengz guh hong. 尽力工作。| 艮用否尽。Cienz yungh mbouj caenh. 钱用不完。❷〈副〉尽是;老是;总是。《初》:佲尽𫝍嚏否𫝍冚。De caenh rox gangj mbouj rox guh. 他尽是会说不会做。

尽[3] cih [çi[6]]〈副〉就。东兰《造牛(残页)》:佈罗托尽寒。Baeuqloxdoz cih han. 布洛陀就回答。

尽[4] 方 cingx [çiŋ[4]]〈副〉都。《初》:生嚏胎尽祛。Seng gangj hoz cingx hawq. 生生讲得喉咙都干了。

屑[1] 方 meiz [mei[2]]〈副〉不。(见《初》)

屑[2] ndwi [ʔdɯ:i[1]]〈副〉没;不。马山《勺记时种花》:屑眉用,ndwimiz yungh,没有用。

屎 demh [te:m[6]]〈动〉垫;垫补;垫付。(见《初》)

局 gaeb [kap[8]]〈形〉狭窄。(见𦛨)

屑 ndwi [ʔdɯ:i[1]]〈副〉否则;不然。马山《二十四孝欢》:屑尽敗对盯。Ndwi caenh baih doiqdin. 否则几乎就退缩。

屄(吱) roet [ɣot[7]]〈名〉屁。《初》:𧊅屄凼陌犸。Ok roet deng bak ma. 放屁中狗嘴(喻碰巧)。

层 方 geix [kei[4]]〈名〉屁股。(见《初》)

屎(嗱、𨱘、肨、腷、粍、粋、𪏆) bwnh [pɯn[6]]〈名〉粪;粪便;肥粪。《初》:屎堜,bwnhdong,粪堆。| 佲𢫔屎𬗖𦣒。De rap bwnh bae naz. 他挑肥粪下田。

㞐 方 faix [fa:i[4]]〈形〉踉跄。(见《初》)

屙(閶) ej [ʔe[3]]〈名〉屎。《初》:屙怀,ej vaiz,牛屎。

居[1] 方 gaw [kaɯ[1]]〈动〉❶ 住;歇。❷ 整;收拾。❸ 计较。(见阐)

居[2] gawq [kaɯ[5]]〈副〉居然;竟然;硬是。《初》:仪吽亦否盯,居冚得尸刁。Boh naeuz hix mbouj dingq, gawq guh ndaek mbiengj ndeu. 父亲的话也不听,硬是拗过一边去。

居[3] gawq [kaɯ[5]]〈名〉锯;锯子。(见鉅)

居[4] giq [ki[5]]〈动〉附;附体。田阳《布洛陀遗本》:貧叭居个嫁。Baenz byap giq go'gyaj. 变成妖邪附在秧苗上。

眉 miz [mi[2]] ❶〈动〉有。忻城《十劝歌》:眉圹𦣒家当,miz daemznaz gyadangq,有田园家当。❷〈形〉富;富有;富裕。(见眉[1])

㞒 soem [θom[1]]〈量〉庹(成人两手平伸之距离,约五尺)。(见𦙶)

𡲾 yaet [jat[7]]〈动〉❶ 泄流。❷ 沥(液体一点点地落下)。(见疙)

𠨼 yaet [jat[7]]〈动〉❶ 泄流。❷ 沥(液体一点点地落下)。(见疙)

屏 bingz [piŋ[2]]〈名〉瓶子。(见砰)

𡱖 方 gyai [kja:i[1]]〈名〉梢;末端;尾部。(见嵗[3])

屄 haex［hai^4］〈名〉屎。（见屡）

屃 hangx［ha:ŋ^4］〈名〉屁股。（见䫲）

眉^1（肩、屎、𫘈、籾、嵋）miz［mi^2］❶〈动〉有。《初》：眉吓眉袮。Miz gwn miz daenj. 有吃有穿。❷〈形〉富；富有；富裕。《初》：俌眉，bouxmiz，富人、有钱人、财主。

眉^2 mbaw［ʔbaɯ^1］〈名〉叶；叶子。《粤风》：花色鲁落眉。Va saek rox loenq mbaw. 鲜花会落叶。

屗 naet［nat^7］〈形〉累；疲乏；疲惫；困倦。（见黜）

屔 naet［nat^7］〈形〉累；疲乏；疲惫；困倦。（见黜）

屌 rug［ɣuk^8］〈名〉卧房；内房；闺房。（见房）

呎（扡、呎）cik［çik^7］❶〈名〉尺子。❷〈量〉尺。《初》：双呎裲，song cik baengz，两尺布。❸〈量〉只（鞋、袜）。《初》：双呎鞋，song cik haiz，两只鞋子。

屁（呢、屁、咹）fit［fit^7］〈名〉陶哨子（玩具。以陶土烧成鸡、鸟、人等形状，可以吹出哨子声）。《初》：鴻屁，roegfit，鸟形陶哨子。

屡（屎、樹、痎、糩、粿、屭、屄）haex［hai^4］〈名〉屎。《初》：屡猉，haex mou，猪屎。

屋 ok［ʔo:k^7］〈动〉❶出。马山《造暂变贫型》：嫁往屋㐰，haq nuengx ok dou，嫁妹妹出门。❷长出；生长。巴马《赎魂糯吰》：分糯宜屋爱。Faen haeux neix ok ngaih. 这稻种容易出［芽］。（见䍃）

屆 uk［ʔuk^7］〈名〉脑；脑子；脑浆；脑髓；脑海；脑筋。（见腥^2）

𡰥（吡、拃、拃）㊄ cap［ça:p^7］❶〈动〉拃（张开拇指和食指来量长度）。❷〈量〉拃（成人张开手后，其拇指和食指两端的距离，约五寸长）。（见《初》）

屐 ㊄ lengq［le:ŋ^5］〈名〉处；处所。（见𡰹）

屎 miz［mi^2］❶〈动〉有。❷〈形〉富；富有；富裕。（见眉^1）

屃 nda［ʔda^1］〈名〉禽类尾腺体上的小肉疙瘩。（见《初》）

屄 ㊄ neb［ne:p^8］〈动〉❶驱逐；追；撵；赶。❷跟踪。（见迣）

屐（冷、涚）dot［to:t^7］❶〈动〉啄；咬。❷〈形〉冰冷刺骨。（见《初》）

屠 doz［to^2］〈动〉投宿；歇宿。（见乇）

屃 ㊄ fax［fa^4］〈名〉天。（见霎）

屁 fit［fit^7］〈名〉陶哨子。（见屁）

屇 raem［ɣam^1］〈名〉睾丸。（见𩨃^1）

屇 baet［pat^7］〈动〉拂；扫；摇（尾）。（见武鸣《张》）

屇 bi［pi^1］〈动〉摇（尾）。（见武鸣《张》）

屇 ㊄ caeuz［çau^2］〈名〉眉。（见㲘）

屇 cod［ço:k^8］〈形〉绝；尽。马山《馱向书信》：各閛吭命屇。Gag boj gou mingh

cod. 自叹我命绝。

㞙 iq［ʔi5］〈形〉小。宾阳《催春》:伝伪㞙已眉。Vunz lwg iq hix miz. 人家已有了小孩儿。

㞛 方 ndi［ʔdi1］〈形〉❶好;良好。❷美好。❸精彩。(见难2)

㞜 nit［nit7］〈形〉冷;寒冷。(见㓂)

㞝(㞞、深、探、㤾) soem［θom1］〈量〉庹(成人两手平伸之距离,约五尺)。(见《初》)

㞟 方 gyai［kja:i1］〈名〉梢;末端;尾部。(见巖3)

㞠 方 mae［mai1］〈动〉站。(见《初》)

㞡 rieng［ɣi:ŋ1］〈名〉尾巴。(见㞤)

㞢 方 dang［ta:ŋ1］〈名〉尾巴。(见𡲢)

㞤(𡱃、㞥、㞡、㞦、㞧、𡲣) rieng［ɣi:ŋ1］〈名〉尾巴。《初》:徒犸内㞤𧦸。Duz ma neix rieng gud. 这是一只短尾巴的狗。

㞦 rieng［ɣi:ŋ1］〈名〉尾巴。(见㞤)

㞨 ok［ʔo:k7］〈动〉出。(见𨖼)

㞩(墤、砾、橊、噜) roq［ɣo5］〈名〉檐。《初》:㞩窒,roqranz,屋檐。

㞪 byai［pja:i1］〈名〉尾;尾部;末端;末尾;梢。(见葬)

層 caengz［ɕaŋ2］〈形〉可憎(与迪连用)。马山《信歌》:吋唎以迪層。Fouq bak hix dwgcaengz. 一副嘴巴也可憎。

㞫 方 gyai［kja:i1］〈名〉梢;末端;尾部。(见巖3)

屭 hangx［ha:ŋ4］〈名〉屁股。(见䏰)

㞬 luengq［lu:ŋ5］〈名〉缝隙;间隙。(见塄1)

㞭 mbwn［ʔbɯn1］〈名〉天。(见叁)

㞮 riengh［ɣi:ŋ6］〈动〉连接。(见繞)

㞯 uk［ʔuk7］〈名〉脑;脑子;脑浆;脑髓;脑海;脑筋。(见腥2)

㞥 rieng［ɣi:ŋ1］〈名〉尾巴。(见㞤)

㞰 方 ciengz［ɕi:ŋ2］〈形〉冷。

㞧 rieng［ɣi:ŋ1］〈名〉尾巴。(见㞤)

㞱(肫、鸩) soenj［θon3］〈名〉脽;膟;屁股肉(指禽类尾部的肉块)。《初》:㽞㞱鸩拚㚻吽。Diuh soenj gaeq hawj meh gwn. 留鸡屁股肉给母亲吃。

㞲 mbe［ʔbe1］〈动〉铺开;张开。(见㩧)

㞳 haex［hai4］〈名〉屎。(见屎)

㞴 haex［hai4］〈名〉屎。(见屎)

𡲢(㞢) 方 dang［ta:ŋ1］〈名〉尾巴。(见《初》)

㞵 raez［ɣai2］〈形〉长。(见𨁈)

㞶 senq［θe:n5］〈副〉早;老早。(见㒜)

𡲣 rieng［ɣi:ŋ1］〈名〉尾巴。(见㞤)

㞷 raez［ɣai2］〈形〉长。(见𨁈)

㞸 mwt［mɯt7］❶〈名〉霉。❷〈动〉

长霉。(见霂)

己(巳)部

己 [1] geij [kei³]〈数〉几。(见几[1])

己 [2] geiq [kei⁵]〈动〉记;铭记。右江《本麽叭》:孙造己得厄。Lwg caux geiq dwk aek. 儿辈就记在心。

己 [3] gij [ki³]〈量〉些。马山《叹亡歌》:叹己公家仙。Danq gij goeng gyasien. 赞叹那些前辈祖先。

邔 方 boih [phoi⁶]〈动〉讲。(见《初》)

㔷(嚏、哽) engq [ʔeːŋ⁵]〈副〉已经。《初》:㔷�啰。Engq gwn lo. 已经吃了。

巴 [1] bah [pa⁶]〈副〉暂莫;暂不。(见罢[1])

巴 [2] 方 baj [pa³]〈名〉掌。《初》:巴𢫕,bajfwngz,手掌。

巴 [3] baj [pa³]〈形〉大把;很多(与大连用)。(见鈀)

巴 [4] baj [pa³]〈名〉伯母;姨妈;姊(娌)。(见妑[1])

巴 方 byax [pja⁴]〈名〉孤儿。(见祀)

叺 baz [pa²]〈动〉扒。《初》:鴭掝叺㧙吽。Gaeq vaek baz ra gwn. 鸡扒寻找食物。

𢀳 mbah [ʔba⁶]〈动〉泼。《初》:𢀳淰,mbah raemx,泼水。

色 mbaw [ʔbaɯ¹] ❶〈名〉叶子。❷〈量〉张;面(用于薄的片状的东西)。(见𦬻)

巷 angq [ʔaːŋ⁵]〈形〉红。金城江《台腊恒》:巷咐,angqdui,红灿灿。

弓 部

弓 [1] gongz [koːŋ²]〈动〉叹;呻吟。马山《信歌》:各添珠弓重。Gag demcaw gongz naek. 独自长叹息。

弓 [2] gungj [kuŋ³]〈形〉弯;曲。马山《喜歌》:樱弓度陇。Hwet gungj doxroengz. 腰向下弯。

弓 [3] gungx [kuŋ⁴]〈名〉角落。(见拱[2])

弓 [4] ut [ʔut⁷]〈动〉弯。(见弫)

弔 [1](調) 方 diuh [tiːu⁶]〈量〉条;件。《初》:弔袮内矝兀。Diuh buh neix lai ndei. 这件衣服比较好。

弔 [2](調) 方 diuq [tiːu⁵]〈动〉嫌弃。武鸣《弔闵》:弔闵輕否匿,丕㖭菜㖭笋。Diuq gvan mbaeu mbouj naek, bae cimz byaek cimz rangz. 嫌弃丈夫轻不重,如去尝菜与尝笋(言外之意是抛弃丈夫不是什么大事情)。

弔 [3] gonh [koːn⁶] ❶〈名〉戽斗。❷〈动〉戽(水)。(见棍)

弓 gveng [kweːŋ¹]〈动〉扔。田阳《布洛陀遗本》:陳咢弓隴塘。Coenz yak gveng roengz daemz. 恶言恶语扔下塘。

弓(哆、岑、㟏) 方 goem [kom¹]〈动〉损失;亏损。《初》:丩生意亦眉瞸弓 Guh seng'eiq hix miz seiz goem. 做生意也有亏损

的时候。

引[1] yinx［jin⁴］❶〈动〉引；指引；引导。《初》：引偻眰䨠。Yinx raeuz baenaj. 指引我们前进。| 引坤，yinxroen，引路、带路。❷〈名〉食指。《初》：䄳引，fwngzyinx，食指。

引[2] yinx［jin⁴］❶〈名〉瘾；兴趣。❷〈动〉喜欢；上瘾；着迷。（见瘬）

弗[1] -fwt［fɯt⁷］〈拟〉习习；喷喷（形容气味一阵阵飘过来）。（见氞）

弗[2] fwt［fɯt⁷］〈副〉突然。（见勿⁵）

张 Cieng［çiːŋ¹］〈名〉春节。（见䐢）

弘 㔔 gung［kuŋ¹］〈动〉锯。（见䥻）

弖[1] gwnz［kɯn²］〈名〉上。《初》：徒鴠柔弖淰。Duzbit fouz gwnz raemx. 鸭子浮游水面上。

弖[2]（辻、忻、恒、恳、很、堲、愢、跀）hwnj［hɯn³］〈动〉❶上；登。《初》：弖岜，hwnj bya，上山、登山。❷长；长起；发。《初》：弖霂，hwnjmwt，发霉。❸涨（价）；（水）涨。《初》：淰弖，raemx hwnj，水涨。

弖 hwnq［hɯn⁵］〈动〉建；起；砌；盖。《初》：弖柠否礼䟕。Hwnq saeu mbouj ndaej ngeng. 砌柱子不能歪。

弝 gaeuz［kau²］〈形〉❶弯曲；弯。❷驼。（见拘）

弞（弸、弸）㔔 lwngq［lɯŋ⁵］〈形〉松；松弛。（见《初》。即 lungq）

弸 㔔 lwngq［lɯŋ⁵］〈形〉松；松弛。（见弞）

弥 mbaw［ʔbaɯ¹］❶〈名〉叶子。❷〈量〉张；面（用于薄的片状的东西）。（见舥）

弩 㔔 nwj［nɯ³］〈名〉弩弓。（见笯²）

弢（拮、扌㧑）㔔 dit［tit⁷］〈动〉弹。《初》：歐䄳弢磌磓。Aeu fwngz dit rinreq. 用手指来弹小石子。

弫 gungj［kuŋ³］〈形〉❶拱。❷弯。（见迲）

弤 nwnj［nɯn³］〈名〉❶肿块；疙瘩。❷血痕。（见瘷）

弣 ut［ʔut⁷］〈动〉弯。（见强）

弦 gaeuz［kau²］〈动〉❶弯曲；弯。❷驼。（见拘）

弫 giengz［kiːŋ²］〈名〉锅撑子；铁三角灶（俗称三脚猫）。（见武鸣《张》）

弫 㔔 lwngq［lɯŋ⁵］〈形〉松。（见弞）

弱（𢐒）nyieg［ȵiːk⁸］〈形〉弱；虚弱。《初》：䏦弱，ndang nyieg，身体虚弱。

弼 biek［piːk⁷］〈动〉离别；分别。（见盼）

弶 giengz［kiːŋ²］〈名〉锅撑子；铁三角灶（俗称三脚猫）。（见鏹）

強 㔔 gyangz［kjaːŋ²］〈动〉呻吟；哼。（见噏）

弡 ut［ʔut⁷］〈动〉弯。（见强）

弲 byouz［pjou²］〈动〉沸腾。（见㶇）

發 fag［faːk⁸］〈量〉把。田阳《布洛陀遗本》：十補十發钾，cib boux cib fag gvak，十人十把锄。

强 1 [历] gangz［kaːŋ^{2}］〈名〉下巴。（见叮^{1}）

强 2 giengh［kiːŋ^{6}］〈动〉跳；投（河）。大化《嚏奠别》：劢蚆强灯。Lwgmbaj giengh daeng. 蛾子扑灯。（见滰^{1}）

强 3 giengh［kiːŋ^{6}］〈动〉下；下去。右江《本麽叭》：凴欲完强黎，fwngz yoek vengq giengh lae，手插口袋下楼梯。

强 4 giengz［kiːŋ^{2}］〈名〉锅撑子；三脚灶（俗称三脚猫）。马山《起书嚏特豆》：吽粡歪强，gwn haeux gwnz giengz，吃锅撑子上的热饭（吃紧火饭，喻性子急）。（见鏹）

强 5 [历] gingz［khiŋ^{2}］〈名〉镜。（见《初》）

强 6 gyaengh［kjaŋ^{6}］〈量〉节；截；段。大化《白事鸟歌》：眉强刁黑强刁皓。Miz gyaengh ndeu ndaem gyaengh ndeu hau. 有一截黑一截白。

弰 gumq［kum^{5}］〈名〉❶臀；屁股。❷腰背部。（见躾^{1}）

弩 hwet［hɯːt^{7}］〈名〉腰；脊背。（见腘）

弳（䠮、弑、弛、㞟、𠯋、抽、弓）ut［ʔut^{7}］〈动〉弯。（见《初》）

弶 [历] aek［ʔak^{7}］〈动〉丢人；丢脸（与䛚连用）。《初》：弶䛚，aeknaj，丢脸、丢人。

弶 gyang［kjaːŋ^{1}］❶〈名〉中；中间。❷〈数〉半（容量、高度的半数）。（见閅^{3}）

彈 fan［faːn^{1}］❶〈量〉张；件；条；床。❷〈名〉幡。（见播^{1}）

弻 nyieg［ȵiːk^{8}］〈形〉弱；虚弱。（见驰）

彈 [历] raeng［ɣaŋ^{1}］❶〈动〉发情。❷〈形〉性欲旺盛。（见《初》）

彋 rungq［ɣuŋ^{5}］〈形〉松。（见辂）

辂（彋）rungq［ɣuŋ^{5}］〈形〉松。《初》：条絔内綋辂栘。Diuz cag neix cug rungq lai. 这条绳子绑得太松了。

弡 byangj［pjaːŋ^{3}］〈形〉辣痛。（见痨）

彏 ak［ʔaːk^{7}］〈形〉❶强；有力量。❷有本领；能干。❸勇敢；英勇。（见勳）

子 部

子 1 ceij［çei^{3}］〈名〉子（地支）。马山《时辰歌》：子時時啚狃。Ceijseiz seiz duznou. 子时是鼠时。

子 2 fwj［fɯ^{3}］〈名〉云。《粤风》：子挂勤违远。Fwj gvaq gwnz vixvienx. 白云在上飘悠悠。

子 3 swj［θɯ^{3}］〈量〉绺（棉纱的计量单位）。（见紓）

孔 1 gungj［kuŋ^{3}］〈形〉❶拱。❷弯。（见迖）

孔 2 [历] gyungj［kjuŋ^{3}］〈名〉货郎鼓（与樔连用）。（见杋^{2}）

孔 3 oengj［ʔoŋ^{3}］〈名〉轭套。田东《闹

滔懷一科》：汇和得恩孔。Laj hoz dwk aen oengj. 牛脖下面系轭套。

孖 历 byax［pja⁴］〈名〉孤儿。（见孭）

劧（叻、仂、力、孙、勒）lwg［lɯk⁸］❶〈名〉子女；孩子。《初》：偻眉三俌劧。De miz sam boux lwg. 他有三个孩子。❷〈名〉崽（用在某些名词后面表示小的意思）。《初》：怀劧，vaizlwg，小牛、小水牛。｜鲃劧，byalwg，小鱼。❸〈名〉果；籽实（与名词连用，多用于表示果子等）。《初》：劧檄，lwgmaenj，李果。｜劧䅟，lwgmanh，辣椒。｜马山《结交歌》：棵梧结劧否开桄。Go'nguh giet lwg mbouj hai va. 无花果结果不开花。｜巴马《贖魂䅘呟》：泣䅘高劧補。Naed haeux gauh lwgbug. 稻粒像柚子。❹〈缀〉子。马山《孝顺歌唱》：他就咬份瞒劧眺。De couh haeb faenz myonx lwgda. 他就咬牙翻眼珠。❺〈量〉捆。马山《苦歌》：担双劧枚到。Rap song lwg fwnz dauq. 挑两捆柴火归来。❻〈量〉个；只（可视情况灵活对译）。马山《传扬歌》：双劧贼，song lwg caeg，两个小贼。｜《行孝歌》：眉劧猉劧鹍，陌勺揦合榥。Miz lwgmou lwggaeq，haemh yaek laeh haeuj riengh. 若有猪和鸡，晚上要赶进栏圈。

孖 ndai［ʔda:i¹］〈名〉私生子。（见孻）

孖（泞）nding［ʔdiŋ¹］〈名〉婴（儿）。《初》：揹劧孖吽䏦。Hawj lwgnding gwn cij. 给婴儿喂奶。

孖 rap［ra:p⁷］❶〈名〉担子。马山《老来难》：㧡孖迈，dawz rap naek，挑重担。❷〈动〉挑。马山《老来难》：丕孖淰，bae rap raemx，去挑水。❸〈量〉担。马山《老来难》：双孖淰，song rap raemx，两担水。

孖（乇）dog［to:k⁸］〈形〉独。《初》：劧孖，lwgdog，独生子女。

孖 gyax［kja⁴］〈名〉孤儿。（见孭）

学 hak［ha:k⁷］〈名〉官；官员；官家。平果《贼歌》：了学勺斗。Riuz hak yaek daeuj. 传说官员要来。

孖 lan［la:n¹］〈名〉孙。（见孖）

孖 nyez［ȵe²］〈名〉小孩儿。（见孖）

孙 saemq［θam⁵］〈名〉辈；班辈。（见倴）

孖 sai［θa:i¹］〈名〉男。（见財）

孖（巴、孖）历 byax［pja⁴］〈名〉孤儿。（见《初》，即 gyax）

孖 fwj［fɯ³］〈名〉云。（见䨴）

孖 lan［la:n¹］〈名〉孙。（见孖）

孖 历 lug［luk⁸］〈名〉儿女。《初》：孖的，lugndik，小孩儿。

孖¹ nag［na:k⁸］〈名〉水獭。（见狖）

孖² noix［noi⁴］〈形〉❶ 少。❷ 小。（见尛）

孖³ nyaeq［ȵai⁵］〈形〉幼；幼小。《欢叹母》：姆只嗲劧孖。Meh cix cam lwgnyaeq. 母亲就问幼儿。

孖 nou［nou¹］〈名〉鼠；老鼠。（见狃）

孖¹ cing［ɕiŋ¹］〈形〉亲生。马山《欢哭母》：劧孖不眉仆。Lwg cing mbouj miz boh. 亲生孩子无父亲。

孖² gyaeng [kjaŋ¹]〈动〉囚;关;监禁。(见圖)

孝 eng [ʔeːŋ¹]〈名〉婴儿;幼儿;小孩子。平果《贼歌》:劲孝忘江空。Lwg'eng rim gyang hongh. 小孩儿满庭院。(见䓗)

孤¹ go [ko¹]〈形〉孤;落单。平果《欢友》:当徒鶴雉孤。Dangq duznyanh doekgo. 像落单的飞雁一样。

孤² gyu [kju¹]〈名〉盐。《粤风》:贩孤,fanq gyu,贩盐。

孙(伶、𡥧) laenj [lan³]〈名〉曾孙。(见《初》)

孖(㟖、孙、㵎、孖、䕵、𡜵、蘭、𤄷、㺯) lan [laːn¹]〈名〉孙。《初》:眉劲敉眉孖。Miz lwg caiq miz lan. 有子又有孙。

孖(毒、𩰓、傢、毒、孖、孖、呷、孖、伊、㹢、胍、𡥧、傢、架、𡥧、孖) gyax [kja⁴]〈名〉孤儿。《初》:里憶只凹孖。Lij iq cix guh gyax. 幼年时便成了孤儿。

孖 gyax [kja⁴]〈名〉孤儿。(见孖)

孖 nding [ʔdiŋ¹]〈名〉婴(儿)。(见孖)

孨¹ byaij [pjaːi³]〈动〉走;走动。(见蹝)

孨² byanz [pjaːn²]❶〈拟〉噼啪。《初》:响吡孨,yiengj bizbyanz,噼啪响。❷〈形〉糟糟;纷纷。马山《尊老爱幼歌》:肚乱孨孨。Dungx luenh byanzbyanz. 内心乱糟糟。

孨³ canz [ɕaːn²]❶〈拟〉潺(流水声)。《初》:淰汏潔孨孨。Raemxdah lae canzcanz. 河水流潺潺。❷〈形〉晃晃;兮兮。马山《达稳之歌》:旗丕壛旳孨。Geiz gwnz moh haucanz. 坟上幡旗白兮兮。

学¹ hak [haːk⁷]〈名〉官;官员;官家。平果《贼歌》:土力左卜学。Dou lij caj bouxhak. 我们还等官员。

学² yoek [jok⁷]〈形〉❶极度的;程度很高的。马山《欢情》:吞心昂学学。Aen sim angq yoekyoek. 内心很高兴。❷蹦蹦(跳)。马山《报姆恩》:劲乐跳学学。Lwg rox diuq yoekyoek. 孩子已会蹦蹦跳。

孖 byoeng [pjoŋ¹]〈动〉生;生下(指动物)。(见孖)

孖 lai [laːi¹]❶〈形〉多。❷〈副〉比较。❸〈副〉太;很;极。(见㐱)

孖¹ lawz [law²]〈代〉哪;谁。马山《二十四孝欢》:依孖嗬書傳。Aelawz gaeuj sawcuenh. 谁人看传书。

孖² lwg [lɯk⁸]❶〈名〉子女;孩子。❷〈名〉崽;仔(用在某些名词后面表示小的意思)。❸〈名〉果;籽实(与名词连用,多用于表示果子等)。❹〈缀〉子。❺〈量〉捆。❻〈量〉个;只(可视情况灵活对译)。(见劲)

孖³ 〔方〕roiz [ɣoi²]〈量〉个(指男性)。(见《初》)

孖 leq [le⁵]〈名〉玄孙。(见《初》)

孖 〔方〕luenx [luːn⁴]〈动〉怀胎(指牲畜)。(见《初》)

孖 sai [θaːi¹]〈名〉男。(见財)

孖 〔方〕byoeng [pjoŋ¹]〈动〉生;生下(指

动物)。(见墾)

孩(孭、娢、桨、侻、娟、僦、趺) gwiz [kɯːi²]〈名〉婿。《初》:劧孩,lwggwiz,女婿。

孲 gyax [kja⁴]〈名〉孤儿。(见狎)

孙 lan [laːn¹]〈名〉孙。(见烂)

孭 mbauq [ʔbaːu⁵] ❶〈名〉男儿;男青年。❷〈名〉男情人。❸〈形〉英俊。(见䶅)

孮 mbauq [ʔbaːu⁵] ❶〈名〉男儿;男青年。❷〈名〉男情人。❸〈形〉英俊。(见䶅)

孯 nyez [ȵe²]〈名〉小孩儿。(见孡)

孫 suen [θuːn¹]〈名〉园子。(见圚)

孬 〔方〕yot [joːt⁷]〈形〉满(崽);晚(崽);幺(儿)。《初》:仪妑㤇劧孬。Bohmeh gyaez lwg'yot. 父母疼爱晚崽。

孰 sau [θaːu¹]〈名〉姑娘;女青年;小女孩。(见娋[1])

孱(腈)〔方〕cing [ɕiŋ¹]〈名〉亲生(儿女)。《初》:劧孱,lwgcing,亲生儿女。

孲(孪、偀、㖠、僾) eng [ʔeːŋ¹]〈名〉婴儿;幼儿;小孩子。《初》:提劧孲佲料。Dawz lwg'eng mwngz daeuj. 带你的小孩儿来。

孴 gonq [koːn⁵] ❶〈副〉先。❷〈名〉前;前面。(见𫆪)

孷 gwiz [kɯːi²]〈名〉婿。(见孩)

孹 lan [laːn¹]〈名〉孙。(见烂)

孺 lunz [lun²]〈名〉老幺;满崽;幼崽。《初》:俌内劧孺兄。Boux neix lwglunz gou. 这是我的满崽。

孻(孖) ndai [ʔdaːi¹]〈名〉私生子。《初》:劧孻,lwgndai,私生子。

孡(倇、觬、籽、惹、孽、孜) nyez [ȵe²]〈名〉小孩。《初》:孡佾,nyez doih,小孩子们。|劧孡㞢口得。Lwgnyez bae guhcaemz. 小孩子去玩耍。

孳 gyax [kja⁴]〈名〉孤儿。(见狎)

孭 mbauq [ʔbaːu⁵] ❶〈名〉男儿;男青年。❷〈名〉男情人。❸〈形〉英俊。(见䶅)

孬 mbwk [ʔbɯk⁷] ❶〈名〉女性。❷〈形〉大。(见媥)

孮 sai [θaːi¹]〈名〉男。(见財)

孲 gyax [kja⁴]〈名〉孤儿。(见狎)

學 rangj [ɣaːŋ³]〈动〉怀孕。(见㵸)

孻[1](㱢)〔方〕laeq [lai⁵]〈量〉❶个(用于小孩)。《初》:ʒ双孻劧孡。Umj song laeq lwgnyez。抱两个小孩。❷只;头(用于小动物)。《初》:孻猉内騠糺趼。Laeq mou neix maj ndaej vaiq. 这头小猪长得快。

孻[2] 〔方〕leij [lei³]〈形〉窝囊(与𡨧连用)。《初》:𡨧孻,laepleij,窝囊。

孶 fwj [fɯ³]〈名〉云;云雾。武鸣《信歌》:晾当孶内崠。Laep dangq fwj ndaw ndoeng. 暗如山林罩云雾。(见雺)

孷 laenj [lan³]〈名〉曾孙。(见孙)

𡥵 lan［la:n¹］〈名〉孙。（见𤽶）

𡦂 aet［ʔat⁷］〈名〉漂亮。金城江《台腊恒》：穿𡦂又穿礼。Daenj aet youh daenj ndei. 穿得漂亮又整齐。

學¹ coh［ɕo⁶］〈介〉❶ 朝；向。❷ 给。田阳《布洛陀遗本》：配是還咘學。Bawx cix vanz coenz coh. 儿媳还嘴向［公婆］。

學² coz［ɕo²］〈形〉壮；年青。田东《闹涽懷一科》：懷學貧懷記。Vaiz coz baenz vaiz geq. 壮牛变成老牛。

學³ hak［ha:k⁷］〈名〉官吏。马山《二十四孝欢》：批𠁥學𠁥官。Bae guh hak guh guen. 去当官做吏。

𡦃 历 laeq［lai⁵］〈量〉❶ 个（用于小孩）。❷ 只；头（用于小动物）。（见𤞷¹）

𡦄 lan［la:n¹］〈名〉孙。（见𤽶）

𡦅 lan［la:n¹］〈名〉孙。金城江《台腊恒》：伲奸累抱𡦅。Baeuq yah ndaej umj lan. 阿公阿婆得抱孙。

女 部

女 mbwk［ʔbɯk⁷］〈名〉女；女性（与姆、孖等连用）。金城江《台腊恒》：姆女𫡠㛪，mehmbwk namz nix，男男女女。| 马山《恭喜满月酒歌》：论姆女布𫝆，lwnh mehmbwk bouxsai，告诉女人男人。

女 ced［ɕe:t⁸］〈名〉女阴；阴户（女性和雌性动物的生殖器）。（见《初》）

奶 历 baz［pa²］❶〈名〉妻子；老婆。都安《行孝唱》：关奶行孝，gvanbaz hengz hauq，夫妻行孝。❷〈名〉妇女；妇人。❸〈量〉个；位（用于已婚成年女性）。（见妑²）

奵 liuz［li:u²］〈名〉❶ 婶婶；婶娘。❷ 娣；娌（对丈夫弟媳的称呼）。都安《𡅏奠别》：别妑英奵，bieg baj engq liuz. 离别众妯娌。（见𡠄）

她¹（姆、𡛕、嫆、㜷、𪚓）meh［me⁶］〈名〉母；母亲；妈妈。《初》：孖介㤀她𢿵。Lwg gaej lumz meh ciengx. 子女莫忘母亲养育之恩。

她² meh［me⁶］〈名〉拇［指］。《初》：她盯，mehdin，拇指。

奴¹ naeuz［nau²］〈动〉说。东兰《造牛（残页）》：莫罗甲尽奴。Moloxgap cih naeuz. 麽渌甲就说。| 东兰《莫卡盖用》：侧耳㔷故奴。Nyengq rwz nyi gou naeuz. 侧耳听我讲。

奴² noh［no⁶］〈名〉肉。（见𦚏）

奶 naiq［na:i⁵］〈形〉虚弱。马山《欢叹父母》：䠶䏧奶。Ndang naetnaiq. 身体酸痛虚弱。

奵 yah［ja⁶］〈名〉❶ 婆婆。❷ 妻子；老婆。（见奸）

她 da［ta¹］〈名〉❶ 外公。❷ 岳父。（见𫢸）

妋¹ da［ta¹］〈名〉外公。金城江《覃氏族源古歌》：卡㑄作妋妋。Gaj mou sux da daiq. 杀猪迎接外公外婆。

妭 ²（妲、妖、驮、妖、馱）dah［ta⁶］❶〈名〉姑娘。马山《欢情》：妭佈盯㨗兀？Dah lawz dinfwngz ndei? 哪个姑娘手艺好？❷〈量〉个；位（用于年轻女性）。马山《欢情》：𬃶双妭孙娋。Raen song dah lwgsau. 见两个姑娘。❸〈缀〉阿（用于青少年女性或小辈女性称呼前）。《初》：偽兄佼否𡛔，𠊧妭姐摺㧜。Vih gou boh mbouj meh, baengh dahcej caebconz. 因我无父母，靠阿姐照顾。

奿 方 fanz［faːn²］〈动〉怀孕。（见《初》）

好 ¹ hau［haːu¹］〈形〉白。宜州《孟姜女》：故而氓立好？Guh lawz mwngz neix hau? 干吗你这么白？|《粤风》：花脉淋了好。Vamaenj ndomq liux hau. 李花看了满眼白。

好 ² hauj［haːu³］〈副〉很；极；非常；十分（与䢪、麻连用）。《初》：好䢪伝，haujlai vunz，很多人。| 好麻兀，haujmaz ndei，非常好。

好 ³ haux［haːu⁴］〈名〉鲇鱼。田阳《布洛陀遗本》：好欶忑放蛋，haux youq laj ok gyaeq，鲇鱼在泉中产卵。

奸（奸）方 hei［hei¹］〈名〉阴门。（见《初》）

如 ¹ hix［hi⁴］〈副〉也；亦。（见亦¹）

如 ² lumj［lum³］〈动〉像；似。平果《贼歌》：了如圩勺拉。Riuz lumj haw yaek lak. 传说街市像是要骚乱。

如 ³ riz［ɣi²］〈动〉舔。（见𥎦）

如 ⁴ 方 sawz［θaɯ²］〈动〉❶ 让。《初》：对伝歐如里。Doiq vunz aeu sawzlaex. 对人要礼让。❷ 如；同。《初》：如前，sawzsienz，如同、好像。

如 ⁵ 方 sawz［θaɯ²］〈名〉蟾蜍。《初》：森如，saemzsawz，蟾蜍（俗称癞蛤蟆）。

妄 ¹ 方 nij［ni³］〈名〉上面。（见《初》）

妄 ² 方 nwj［nɯ³］〈名〉处女（与㜺连用）。《初》：妄㜺，nwjnangh，处女（即黄花闺女）。

妅 vangz［waːŋ²］〈名〉王。（见 伢妅，Yahvangz）

妚（下、𡚻、吓、娅、嫚、婭）yah［ja⁶］〈名〉❶ 婆婆。田阳《祭祀歌》：布妚能床桑。Baeuq yah naengh congz sang. 祖公祖婆坐上桌。❷ 妻子；老婆。《初》：妚兄𫥈口家。Yah gou rox guhgya. 我的妻子很会管家。

妑 ¹（𡜵、巴）baj［pa³］〈名〉伯母；姨妈；䄂（娌）。大化《嚎奠别》：一别皮英徃，二别妑英好。It bieg beix engq nuengx, ngeih bieg baj engq liuz. 一别兄与弟，二别众妯娌。

妑 ²（㚢）方 baz［pa²］❶〈名〉妻子；老婆。❷〈名〉妇女；妇人。大化《嚎奠别》：伝妑，vunzbaz，妇女。| 妑姆，bazmeh，母亲。| 妑姑，bazgux，姑妈。❸〈量〉个；位（用于已婚成年女性）。马山《丹情》：叁妑姆媥貧吞墟。Sam baz mehmbwk baenz aen haw. 三个妇女成个圩。

妣 方 bix［pi⁴］〈名〉嫂（与娘连用）。《初》：妣娘，bixnangz，嫂嫂。

妭 ¹ 方 dah［tha⁶］〈名〉老大。《初》：偧口妭。De guh dah. 他是老大。

⿰女太^{2}（𡞵、嬇、胎、娱）daiq［ta:i^{5}］〈名〉❶ 外祖母；外婆。《初》：料楞妉口得。Daeuj laeng daiq guhcaemz. 来外婆家玩。❷ 岳母。

⿰女犬 dah［ta^{6}］❶〈名〉姑娘。❷〈量〉个；位（用于年轻女性）。❸〈缀〉阿（用于青少年女性或小辈女性称呼前）。（见妖^{2}）

妖^{1} dah［ta^{6}］❶〈名〉姑娘。❷〈量〉个；位（用于年轻女性）。❸〈缀〉阿（用于青少年女性或小辈女性称呼前）。（见妖^{2}）

妖^{2} dah［ta^{6}］〈副〉果真；果然；真正；实在（与唻连用）。（见哒）

⿰女丂 [方] gaij［kha:i^{3}］〈名〉女人。（见《初》）

妗 gimx［kim^{4}］〈名〉舅母；舅娘。《初》：妑妗揿兄双閗艮。Mehgimx hawj gou song maenz ngaenz. 舅母给我两块钱。

⿰女五 haq［ha^{5}］〈动〉嫁。《初》：⿰女五娋，haq sau，嫁女。

妎 haq［ha^{5}］〈动〉嫁。宜州《孟姜女》：亨仂妎造栏。Haengj lwg haq caux ranz. 给女儿出嫁去成家。

⿰女午 [方] hei［hei^{1}］〈名〉阴门。（见奸）

妔 [方] lug［luk^{8}］〈名〉女孩；女儿。（见《初》，即 lwg）

⿰女殳 mbwk［ʔbɯk^{7}］❶〈名〉女性。❷〈形〉大。（见媥）

⿰女牛（妞、努）[方] nouq［nou^{5}］〈名〉❶ 乳房。❷ 奶水；乳汁。

妞 [方] nouq［nou^{5}］〈名〉❶ 乳房。❷ 奶水；乳汁。（见⿰女牛）

努 [方] nouq［nou^{5}］〈名〉❶ 乳房。❷ 奶水；乳汁。（见⿰女牛）

努 [方] nu［nu^{1}］〈名〉老鼠。（见猱）

⿱奻女（奶、媖）[方] nyingz［ȵiŋ^{2}］〈名〉女。《初》：妑⿱奻女，mehnyingz，女人。

奶^{1} [方] nyingz［ȵiŋ^{2}］〈名〉女。（见⿱奻女）

奶^{2} [方] yingz［jiŋ^{2}］〈名〉妇女；女人。（见媖^{3}）

⿰女毛 sau［θa:u^{1}］〈名〉姑娘。金城江《台腊恒》：⿰女毛利乙情粍。Sau lix nyiedcingz mbauq. 姑娘还对小伙子热情。

妏 vaen［wan^{1}］〈名〉婚。宜州《龙女与汉鹏》：拆散佰媄伽妏姻。Cek sanq bohmaex gah vaenyim. 拆散夫妻的婚姻。

⿰女牙^{1} yah［ja^{6}］〈名〉❶ 婆；婆婆。《初》：⿰女牙妅，Yahvangz，婆王（一个传说是壮族古代的女王。一个传说是麻雀的始祖。每年农历七月二十日死一次，然后又复活。因此，壮族民众把病重濒死又得康复的人喻为“⿰女牙妅”）。❷ 妻子；老婆。（见妡）

⿰女牙^{2} [方] yax［ja^{4}］〈名〉稻草人（与祃连用）。《初》：⿰女牙祃，yaxywz，稻草人。

忝 yiemz［ji:m^{2}］〈动〉嫌弃。马山《达备之歌》：修爱富忝貧。De ngaiq fouq yiemz binz. 他爱富嫌贫。

妭 youx［jou^{4}］〈名〉女情人；女友。（见《初》）

妸 㕥 a [ʔa¹]〈名〉母亲。(见《初》)

姰 㕥 bauq [paːu⁵]〈动〉❶ 嫖(与嫂连用)。❷ 交配(指禽类)。《初》:鴓嫂姰。Bit sauqbauq. 鸭子交配。

㚰 bawx [paɯ⁴]〈名〉媳妇。马山《贺喜歌》:受㚰麻滕秖。Coux bawx ma daengz ranz. 迎娶媳妇回到家。

㛯(㛯、婢、嫔、嫍、婔) bawx [paɯ⁴]〈名〉媳妇。《初》:偻㛯䄻兄。De bawxmoq gou. 她是我的新媳妇。

㚿 bawx [paɯ⁴]〈名〉媳妇。大化《嚏奠别》:叮劲㚿劲媢,daengq lwgbawx lwgmbwk,叮嘱儿媳和女儿。

㚰 cij [ɕi³]❶〈名〉乳房。❷〈名〉奶水;乳汁。❸〈动〉喂奶。(见肚)

姐 dah [ta⁶]〈名〉姑娘。宜州《孟姜女》:姐姜女吼乜。Dah Gyanghnij naeuz meh. 姜女姑娘告诉母亲。

㜶 lan [laːn¹]〈名〉孙。(见𡥈)

㚻 㕥 lo [lo¹]〈名〉媳妇。(见《初》)

㛆(㛆、㛹、嗯) maen [man¹]〈形〉不孕育的;无生殖力的(指雌性)。(见《初》)

妹¹ 㕥 maex [mai⁴]〈名〉妻子。宜州《孟姜女》:结关仈伯妹。Giet gvanbaz bohmaex. 结成一对夫妻。(见妹¹)

妹² maeq [mai⁵]〈形〉粉红;粉嫩。田阳《布洛陀遗本》:恅粳那不妹。Sau gwn naj mbouj maeq. 女孩吃了脸色不粉嫩。

姻¹ mbwk [ʔbɯk⁷]〈名〉女;女儿。右江《本麽叭》:狼你開劲姻。Rangh nix hai lwgmbwk. 这章说女孩。

姻² moiz [moi²]〈名〉媒。(见倮)

姆 meh [me⁶]〈名〉母亲;妈妈。(见她¹)

㛿 ndiep [ʔdiːp⁷]〈动〉疼爱。马山《书信歌》:真㛿名了。Caen ndiep mwngz liux. 真的疼爱你了。

妮 niq [ni⁵]〈形〉小(对小孩的昵称)。(见仦²)

娞 㕥 nyingz [ȵiŋ²]〈名〉女。(见𡛟)

㛮 rangj [ɣaːŋ³]〈动〉怀孕。(见𧱘)

㛐 sauj [θaːu³]〈名〉嫂子。(见娐²)

姓¹ sing [θiŋ¹]〈动〉争;抢。田东《贼歌》:同姓口岜梛。Doxsing haeuj baqnat. 相争上那岭。

姓² nuengx [nuːŋ⁴]❶〈名〉弟;妹。❷〈名〉情妹。❸〈名〉老弟;小妹(泛称比自己小的同辈)。❹〈动〉小于;幼于(年纪比某人小)。(见程)

妖 㕥 yeu [jeu¹]〈形〉诡计多端。(见《初》)

㚾(泼、㤩) 㕥 yux [ju⁴]〈动〉谈恋爱。(见《初》)

要 㕥 caj [ɕa³]〈拟〉哗啦;呼啦。《初》:垓䣛要,doemq rujcaj,哗啦倒下来。

㛯¹ bawx [paɯ⁴]〈名〉媳妇。(见㛯)

婟^{2} bek［peːk^{7}］〈名〉百。《初》：婟姓，beksingq，百姓。

姁 ciengx［ɕiːŋ^{4}］〈动〉养。宜州《孟姜女》：乜姁古仂朵。Meh ciengx gou lwg dog. 母亲养我一独女。

娔 dah［ta^{6}］❶〈名〉姑娘。❷〈量〉个；位（用于年轻女性）。❸〈缀〉阿（用于青少年女性或小辈女性称呼前）。（见妖^{2}）

娴 㑆 doengz［toŋ^{2}］〈名〉女情人。《初》：奷娴，yahdoengz，女情人。

要（英、媖）㑆 engh［ʔeːŋ^{6}］〈形〉细；小。《初》：犳要，vaiz engh，小水牛。

姼 㑆 gij［khi^{3}］〈形〉美丽；漂亮。（见《初》）

娱 gvan［kwaːn^{1}］〈名〉丈夫。（见倌）

奷 haq［ha^{5}］〈动〉嫁。金城江《台腊恒》：妈否开奷刀正礼。Meh mbouj hai haq dauq cingq ndei. 母不许嫁却正好。

要^{1} iu［ʔiːu^{1}］〈动〉邀；约；邀请。武鸣《信歌》：徒魟太徒蛲，度要丕游海。Duzgungq daiq duznyauh，doxiu bae youz haij. 大虾带小虾，相约去游海。（见呋^{3}）

要^{2} iuq［ʔiːu^{5}］❶〈名〉时段；时间。《初》：要很，iuq haenj，前段时间。❷〈副〉一定（与定连用）。《初》：佲要定歐料。Mwngz iuqdingh aeu daeuj. 你一定要来。

要^{3} 㑆 yauq［jaːu^{5}］〈名〉❶ 时段；时间；时期。❷ 季节。《初》：要内，yauq neix，这段时间。

娒^{1}（妹、媄、迷）㑆 maex［mai^{4}］〈名〉妻子。（见《初》）

娒^{2} meh［me^{6}］〈名〉母；母亲；妈妈。（见妑^{1}）

娜 nax［na^{4}］〈名〉舅；舅妈；姨妈。宜州《龙女与汉鹏》：由呗榄喇问双娜。Youh bae ranz laj haemq song nax. 又去下屋问两位舅舅。

妠 㑆 nw［nɯ^{1}］〈名〉肉。（见脿）

妒 rangj［ɣaːŋ^{3}］〈动〉怀孕。（见㾓）

娨^{1} sau［θaːu^{1}］〈名〉姑娘；女青年；小女孩。马山《为人子者》：魋孙娨过路上。Raen lwgsau gvaq loh gwnz. 见姑娘过上面那条路。| 武鸣《信歌》：娨缌，sau lw，剩女。（见娋^{1}）

娨^{2}（嫜、婶）sauj［θaːu^{3}］〈名〉嫂子。

娴 vet［weːt^{7}］〈形〉轻盈的样子。《初》：鲃游庲娴娴。Bya youz ma vetvet. 鱼儿轻盈地游过来。

娸 㑆 nyangz［ɳaːŋ^{2}］〈名〉伯母。（见《初》）

婜 baj［pa^{3}］〈名〉伯母；姨妈；妯（娌）。（见妑^{1}）

婄^{1} bawx［paɯ^{4}］〈名〉媳妇。（见妑）

婄^{2} mbwk［ʔbɯk^{1}］❶〈名〉女性。❷〈形〉大。（见媥）

娴 bawx［paɯ^{4}］〈名〉媳妇。（见妑）

娢 㑆 byangz［pjaːŋ^{2}］〈名〉谎言；假话。

（见怙）

㛪 coh［ɕo^{6}］〈名〉❶ 牸；雌性牲畜。❷ 母牛。（见牫）

㛰 daiq［taːi^{5}］〈名〉❶ 外祖母；外婆。❷ 岳母。（见㚢^{2}）

姑（故、估）㊄ gux［ku^{4}］〈名〉姑姑；姑母。（见《初》）

㛯 maen［man^{1}］〈形〉不孕不育的；无生殖力的（指雌性）。（见娓）

㛲 ㊄ maengx［maŋ^{4}］〈形〉快乐；高兴；欢喜；兴奋。（见㗬^{1}）

䋥 ㊄ mbaz［ʔba^{2}］〈语〉吧。《初》：㾮前䋥！ Maz gvaih mbaz！快来吧！

㛹 mbwk［ʔbɯk^{7}］❶〈名〉 女 性。❷〈形〉大。（见娪）

娘 nangz［naːŋ^{2}］〈名〉❶ 嫂；嫂子。《初》：妣娘，bixnangz，嫂嫂。❷ 姑娘。马山《书信歌》：瞬眠噜吞娘。Haemh ninz loq raen nangz. 夜眠梦见姑娘。

㚷 nix［ni^{4}］〈名〉女；女子。金城江《台腊恒》：姆女䏝㚷否伯吅。Mehmbwk namz nix mbouj boux naeuz. 男男女女无人说。

㚷 ndei［ʔdei^{1}］〈形〉好；美；善；良好。（见兀^{1}）

娋^{1}（㛧、嫖、㛵、俘、稍、俏、㛳）sau［θaːu^{1}］〈名〉女孩；姑娘；女青年。（见《初》）

娋^{2} ㊄ sauh［θaːu^{6}］〈名〉班辈；行辈。（见俏^{2}）

㛳 sau［θaːu^{1}］〈名〉女孩；姑娘；女青年。（见娋^{1}）

㛳 yah［ja^{6}］〈名〉❶ 婆婆。❷ 妻子；老婆。（见㚤）

婄 baex［pai^{4}］〈名〉媳妇。田阳《麽叹魂糯一科》：歐怀批歐婄。Aeu vaiz bae aeu baex. 要水牛去迎娶媳妇。（即 bawx）

婢^{1} bawx［paɯ^{4}］〈名〉媳妇。（见姢）

婢^{2} beix［pei^{4}］〈名〉嫂子。宜州《龙女与汉鹏》：汉朋马槐问双婢。Hanbungz ma ranz haemq song beix. 汉鹏回家问两位嫂子。

婆 boeg［pok^{8}］〈形〉背时；背运。都安《行孝唱文》：背婆，boihboeg，背时。

㛫（傮、首、造）㊄ caeux［ɕau^{4}］〈名〉妇女；女人（与㚤连用）。《初》：㛫㚤，caeuxyah，妇女、女人。

㛘 ㊄ camz［ɕaːm^{2}］〈动〉妒。（见㜮）

婧 cing［ɕiŋ^{1}］〈形〉亲生的。大化《嚏奠别》：再收干㚬婧。Caih sou ganq lwgcing. 任由你们照料亲孩儿。

婨 ciz［ɕi^{2}］〈连〉如果；倘若；假如。

媞 ㊄ deh［te^{6}］〈量〉个（用于姑娘、年轻女性）。（见㛨^{1}）

媖^{1} ㊄ engh［ʔeːŋ^{6}］〈形〉细；小。（见娶）

媖^{2} ㊄ engz［ʔeːŋ^{2}］〈名〉小女孩。（见《初》）

媖^{3}（嬿、㚣）㊄ yingz［jiŋ^{2}］〈名〉妇

女；女人。（见《初》）

娬[1] faed［fat[8]］〈名〉佛。（见伕）

娬[2] fwx［fɯ[4]］〈代〉别人；人家。（见伆[2]）

婦 foux［fou[4]］〈名〉妇；媳妇；妻子。马山《达稳之歌》：斷佋婦佋夫。Duenh ciuh foux ciuh fou. 断绝夫妇一世情。

媃（金）gim［kim[1]］〈名〉情妹；小乖乖（小伙子对心上人的爱称）。《初》：娋媃，sau gim，情妹。

孬 gyaeu［kjau[1]］〈形〉美丽；漂亮。（见𫎇）

奚 hoiq［hoi[5]］❶〈名〉奴隶；仆人；佣人。❷〈代〉我（谦称）。（见偯[1]）

嵡 hoiq［hoi[5]］❶〈名〉奴隶；仆人；佣人。❷〈代〉我（谦称）。（见偯[1]）

婗[1] maen［man[1]］〈形〉不孕育的；无生殖力的（指雌性）。（见娓）

婗[2] mbwk［ʔbɯk[7]］❶〈名〉女性。❷〈形〉大。（见媥）

婡 maiq［maːi[5]］〈形〉寡。（见嬻）

娘 方 nangh［naːŋ[6]］〈名〉处女（与妄连用）。《初》：妄娘，nwjnangh，处女、黄花闺女。

媏 方 ngamh［ŋaːm[6]］〈动〉嫉妒（与嫱连用）。《初》：傪媏嫱伝。De ngamhcamz vunz. 他嫉妒别人。

綮 方 noz［no[2]］〈名〉辫（与㜷连用）。《初》：㜷綮，maixnoz，辫子。

媎 nuengx［nuːŋ[4]］〈名〉妹妹；情妹。宾阳《催春》：叺欧盟媎。Gou aeu mwngz nuengx. 我要娶你情妹。

嫂 sauq［θaːu[5]］〈动〉交配（指禽类）。（见《初》）

媌 daiq［taːi[5]］〈名〉❶外祖母；外婆。❷岳母。（见妎[2]）

媌 daiq［taːi[5]］〈名〉❶外祖母；外婆。❷岳母。（见妎[2]）

媟[1]（婕、的）方 deh［te[6]］〈量〉个（用于姑娘、年轻女性）。《初》：三媟傪岜啰。Sam deh de bae lo. 那三个姑娘走了。

媟[2] ndiep［ʔdiːp[7]］〈动〉深爱；珍爱；疼爱。平果《情歌》：皮浪媟只巡。Beix langh ndiep cix cinz. 哥若疼爱就来巡。

媟[3] nyied［ȵiːt[8]］〈动〉甘愿。马山《回复书信》：胡往曾媟。Hoz nuengx caengz nyied. 妹妹的心未甘愿。

嫡 em［ʔeːm[1]］〈名〉芭芒。（见菴[1]）

嫆 gwiz［kɯːi[2]］〈名〉婿。（见兘）

姣 heuj［heu[3]］〈名〉牙齿。（见鸦）

媥（嗙、歒、䄸、媳、奴、婚、婗、𡚱、逼）mbwk［ʔbɯk[7]］❶〈名〉女性。《初》：妑媥，mehmbwk，妇女。❷〈形〉大。《初》：猉媥，mou mbwk，大猪。

媣[1] 方 maex［mai[4]］〈名〉妻子。（见妹[1]）

⿰女迷^{2} meh [me^{6}]〈名〉母亲;妈妈。(见她[1])

媄^{1} gyaeu [kjau^{1}]〈形〉美丽;漂亮。(见⿰求美)

媄^{2} maeq [mai^{5}]〈形〉粉红。马山《⿰口宽嘆情》:咟媄肉红。Bak maeq noh hoengz. 嘴巴粉红肉色红润。

媄^{3} maex [mai^{4}]〈名〉妻。宜州《龙女与汉鹏》:眸宜噔楞本啵媄。Mbouj nyiz daengz laeng baenz bohmaex. 不料后来成夫妻。

媄^{4} ndei [ʔdei^{1}]〈形〉好;美;善;良好。(见⿰兀[1])

⿰女寿 maiq [maːi^{5}]〈形〉寡。(见嬻)

婻 nangz [naːŋ^{2}]〈名〉嫂子。《初》:她婻,mehnangz,嫂子。

⿱奴而 [方] nouq [nou^{5}]〈名〉阴茎。(见⿰车丑)

⿰女茶 [方] nyah [ɳa^{6}]〈名〉老太婆。(见《初》)

⿰女草 sauj [θaːu^{3}]〈名〉嫂子。(见娊[2])

⿰女盈 [方] yingz [jiŋ^{2}]〈名〉妇女;女人。(见⿰女英[3])

⿱口妻 bongq [poːŋ^{5}]〈形〉胀;膨胀。(见⿰月並)

⿰女蚕(嫎) [方] camz [ɕaːm^{2}]〈动〉 妒。《初》:媏⿰女蚕,ngamhcamz,嫉妒。

嫁^{1} gya [kja^{1}]〈名〉鱼。田阳《布洛陀遗本》:嫁作,gya'gyoeg,倒刺鲃(即青竹鲤)。

嫁^{2} gyaj [kja^{3}]〈名〉禾;秧苗。田阳《布洛陀遗本》:貧叭居个嫁。Baenz byap giq go'gyaj. 变成妖邪附在秧苗上。

嫁^{3} gyax [kja^{4}]〈名〉孤儿。马山《哭姐歌》:跳吞嫁不免。Diuq ngoenz gyax mbouj mienx. 避免不了当孤儿的一天。

嫁^{4} haz [ha^{2}]〈名〉红毛鸡;毛鸡(与鸡连用)。平果《信歌》:鸡嫁叫江畓里烈。Gaeqhaz heuh gyang naz lizlied. 毛鸡田中叫连连。

⿰女料 liuz [liːu^{2}]〈名〉❶ 婶婶;婶娘。马山《行孝歌》:姆⿰女料埊⿱夵下,姆妑埊⿱夵上。Mehliuz ranz laj, mehbaj ranz gwnz. 下屋的婶娘,上房的伯娘。❷ 娣;娌(对丈夫弟媳的称呼)。马山《行孝歌》:数妑⿰女料皆度遨驳散。Sou bajliuz gaej doxnyaux bieg sanq. 你们妯娌别互相争吵闹分家。(见嫽)

⿱奴闹(⿰女闹、⿱奴闹) nauq [naːu^{5}]〈名〉❶ 乳房。《初》:偣⿱奴闹,aennauq,乳房。❷ 奶汁。《初》:⿰力⿱立乙⿰口巾⿱奴闹。Lwgnyez gwn nauq. 小孩吃奶。

⿱奴闹 nauq [naːu^{5}]〈名〉❶ 乳房。❷ 奶汁。(见⿱奴闹)

⿰女造 sau [θaːu^{1}]〈名〉姑娘;女青年;小女孩。马山《⿰口宽嘆情》:⿰女造十八,sau cibbet,十八岁的姑娘。(见娋[1])

⿰女夏 yah [ja^{6}]〈名〉❶ 婆婆。❷ 妻子;老婆。(见奷)

⿰妻同(⿰娄同) [方] giengz [khiːŋ^{2}]〈名〉镜子。(即 gingq,见《初》)

⿱曼女 maenh [man^{6}]〈形〉❶ 坚固;牢固。

❷ 强壮；健壮。（见䝋^{1}）

嫩 mwn［mɯn^{1}］〈形〉繁茂。《粤风》：高山眉花嫩。Gau san miz va mwn. 高山有繁花。

娒 meiq［mei^{5}］〈形〉粉红。马山《曾迪字悲喽》：咟娒，bak meiq，嘴唇粉红。

嫆 meh［me^{6}］〈名〉母亲；妈妈。（见她^{1}）

⿰女曹 sau［θaːu^{1}］〈名〉姑娘；女青年；小女孩。（见娋^{1}）

⿰女曾 coemq［ɕom^{5}］〈动〉入赘（俗称上门）。（见跧^{3}）

⿰女態 bawx［paɯ^{4}］〈名〉媳妇。（见妑）

⿱要血 hwet［hɯːt^{7}］〈名〉腰；脊背。（见䏏）

嫽（㜸、⿰口了、⿰女了）liuz［liːu^{2}］〈名〉❶ 婶婶；婶娘。马山《丹亡》：母嫽浔淰沈。Mehliuz dwk raemx caemx. 婶娘烧来洗澡水。❷ 娣；娌（对丈夫弟媳的称呼）。马山《産难嘆嚊》：淋恩仪妑嫽。Lumz aenngeih bajliuz. 忘掉妯娌的恩义。

⿰女買^{1}（買）历 maih［maːi^{6}］〈名〉女阴；阴部。（见《初》）

⿰女買^{2} maiq［maːi^{5}］〈形〉寡。（见嬻）

媄 ndei［ʔdei^{1}］〈形〉好；美；善；良好。（见丆^{1}）

⿱美女 ndei［ʔdei^{1}］〈形〉好；美；善；良好。（见丆^{1}）

⿰女蓬 nyungq［ȵuŋ^{5}］〈形〉蓬乱（一般指线、纱、麻、丝、发等）。（见⿺毛西）

⿰女閙 nauq［naːu5］〈名〉❶ 乳房。❷ 奶汁。（见⿰奚羽）

嬑 niq［ni^{5}］〈形〉小（对小孩的昵称）。（见仦^{2}）

⿰女豪 hauq［haːu^{5}］〈名〉孝；孝道。金城江《覃氏族源古歌》：護⿰女豪棒祖宗。Gangj hauq fungh cojcoeng. 讲孝道就敬奉祖宗。

嬻（慣、娕、婈、嘪、⿰女買、㥞）maiq［maːi^{5}］〈形〉寡。《初》：年㓗眈凹嬻。Nienz noix couh guh maiq. 年纪轻轻就守寡。

飞　部

飞 mbin［ʔbin^{1}］〈动〉飞。（见𩙻）

⿰分飞 finz［fin^{2}］〈动〉飞逝（与批连用）。马山《哭母歌》：刁厘批⿰分飞。Ndaundeiq baefinz. 流星飞逝。

⿰去飞^{1} fei［fei^{1}］〈名〉单据；票据；收条。（见非^{2}）

⿰去飞^{2} fwx［fɯ4］〈形〉别人的；人家的。田阳《布洛陀遗本》：㧯⿰去飞，lwg fwx，别人的孩子。

⿰去飞^{3}〈动〉mbin［ʔbin^{1}］〈动〉飞。马山《完筆》：否⿰乙礼⿰去飞，mbouj ndaej mbin，不能飞。｜马山《造䨓变贫型》：悲貧蚆⿰去飞，bae baenz mbaj mbin，去如蝴蝶飞。

⿰了飞 mbin［ʔbin^{1}］〈动〉飞。（见𩙻）

⿰开飞 mbin［ʔbin^{1}］〈动〉飞。马山《曾迪

字悲唑》:翅断椤难飛。Fwed donh raek nanz mbin. 半截的断翅难飞翔。

飛 mbin［ʔbin¹］〈动〉飞。武鸣《信歌》:皮飛几皮寡。Baez mbin geij baez gvax. 一飞几徘徊(盘旋)。(见翮)

飛 mbin［ʔbin¹］〈动〉飞。(见翮)

飛 mbaenq［ʔban⁵］〈量〉段;节。(见𢴊²)

飛 feiq［fei⁵］❶〈名〉盖子。❷〈动〉盖。(见䉬)

飛 mbin［ʔbin¹］〈动〉飞。(见翮)

飛 mbin［ʔbin¹］〈动〉飞。(见翮)

马(馬馬)部

马 ma［ma¹］〈动〉来。宜州《龙女与汉鹏》:马喇天,ma lajmbwn,来到天下。

驮¹ dah［ta⁶］〈名〉河。(见汏¹)

驮² dah［ta⁶］❶〈名〉姑娘。❷〈量〉个;位(用于年轻女性)。❸〈缀〉阿(用于青少年女性或小辈女性称呼前)。(见妖²)

驳¹ bieg［piːk⁸］〈动〉别;别离;分别。马山《行孝歌》:皆度遨驳散。Gaej doxnyaux bieg sanq. 别互相吵闹要分散。

驳² rieg［ɣiːk⁸］〈动〉换(水、衣服等)。(见摒³)

驴¹ lau［laːu¹］〈动〉怕。《粤风》:驴离流了有。Lau daej riux liux youx. 怕哭干了呀友。

驴² lawz［lauɪ²］〈代〉怎么;如何。《粤风》:驴离流了有? Lawz ndei raeuz liux youx? 咱们如何是好啊朋友?

驰 yaeuh［jau⁶］〈动〉哄骗;欺骗;诱惑。(见駦)

骆 lox［lo⁴］〈动〉骗;哄骗。《粤风》:旧情赖国骆。Gaeuqcingz lai guh lox. 阿妹当哄人。

骂 ndaq［ʔda⁵］〈动〉骂。田东《大路歌》:恳雷力骂雷。Hwnj ndoi laeg ndaq ndoi. 上岭莫骂岭。

骑 yaeuh［jau⁶］〈动〉哄骗;欺骗;诱惑。(见駦)

骻 vaq［wa⁵］〈名〉裤子。(见袜²)

骐 [历] guiz［kuːi²］〈名〉婿;女婿。宁明《把彩门歌》:去回牙许骐尼骂。Baemwz yaq hawj guiz nih ndaq. 回去莫给夫婿骂。(即gwiz)

骝 [历] laeu［lau¹］〈形〉溜;滑溜。(见䅰)

骑 gwiz［kuɪːi²］〈名〉婿;夫婿。马山《信歌》:劢骑,lwggwiz,女婿。|《粤风》:崖有布贪骑。Gyawz youx mbouj dam gwiz. 何女不恋婿。

馬¹ ma［ma¹］〈动〉来;回来。金城江《台腊恒》:比么㪅受馬。Bimoq nuengx coux ma. 明年阿妹娶回来。

馬² ma［ma¹］〈名〉狗。金城江《台腊恒》:保丈猸馬本。Baeuq ciengx mou ma baenz. 老翁养猪狗皆成。

馬3 max [ma4]〈名〉马。金城江《台腊恒》:保丈馬双朝。Baeuq ciengx max song cauz. 老翁养了两槽马。

罵 ndaq [ʔda5]〈动〉骂。金城江《台腊恒》:太白丕引太白罵。Daihbeg bae yaen Daihbeg ndaq. 太白去见了太白骂。

駿 an [ʔa:n1]〈名〉鞍。武鸣《信歌》:馬配駿。Max boiq an. 马配鞍。

馬1 ma [ma1]〈动〉来;回来。东兰《造牛(残页)》:丕足否馬, bae coux mbouj ma, 去接[它]不回来。

馬2 maj [ma3]〈动〉长;长大;成长。(见駸)

馱1 dah [ta6]〈名〉河。武鸣《信歌》:籠碩馱, roengz sok dah, 下码头。

馱2 方 dax [ta4]〈名〉屁股(与屡连用)。《初》:馱屡, daxhaex, 屁股。

媽 ma [ma1]〈动〉❶来。❷回来。(见庲)

馹 方 mwx [mɯ4]〈名〉昼夜。《初》:馹㐌, mwx nwngh, 一昼夜。

駃 方 bo [pho1]〈名〉童养媳。(见《初》)

駁1 buek [pu:k7]〈量〉拨;群。《初》:駁伝刁, buek vunz ndeu, 一群人。

駁2 方 mieg [mi:k8]〈形〉❶沮丧;灰心丧气。❷精疲力尽。(见忟)

馱1 dah [ta6]❶〈名〉女;姑娘。马山《信歌》:馱向书信, Dahyienggq saw saenq, 向姑娘的书信。❷〈量〉个;位(用于年轻女性)。❸〈缀〉阿(用于青少年女性或小辈女性称呼前)。(见妖2)

馱2 dah [ta6]〈副〉果真;果然(与赖连用)。马山《迪封信斗巡》:眉情馱赖 ,miz cingz dahraix, 果真有情。

馱3 dah [ta6]〈名〉河。(见汏1)

馱4 dax [ta4]〈名〉刚才(与畤连用)。(见昳2)

馱5 ma [ma1]〈名〉狗。马山《书信》:馱叹助伝生。Ma raeuq coh vunzseng. 狗朝生人吠。

騎(䯄、踦、奇、騗、跪)gwih [kɯ:i6]〈动〉骑。《初》:騎獁, gwih max, 骑马。

驴 lawz [laɯ2]〈代〉谁;何;哪。马山《女人叩婧丁》:部驴嘎名添? Bouxlawz hah mwngz dem? 谁还挽留你?

騄 方 lok [lok7]〈动〉骗。《初》:騄伝, lok vunz, 骗人。

瑪 方 maj [ma3]〈动〉回去。(见《初》)

媽 an [ʔa:n1]〈名〉鞍。《初》:媽獁, anmax, 马鞍。

罵 maj [ma3]〈动〉长,生长。田阳《布洛陀遗本》:食草草不罵。Gwn nywj nywj mbouj maj. 吃得野草不能长。

駞 sieg [θi:k8]〈名〉马嚼子(为便于驾驭,横放在马嘴里的小铁链,两端连在缰绳上)。《初》:駞獁, siegmax, 马嚼子。

駹 gwih [kɯːi⁶]〈动〉骑。(见騎)

駦(骟、骑、㪇、嘤、誘) yaeuh [jau⁶]〈动〉哄骗;欺骗;诱惑。《初》:吪駦伝介嗹。Vah yaeuh vunz gaej gangj. 骗人的话不要说。

騠(馬、㤃、偶) maj [ma³]〈动〉长;长大;成长。《初》:徒猓内騠亟䟆。Duz mou neix maj gig vaiq. 这头猪长得很快。

騎 gwih [kɯːi⁶]〈动〉骑。(见騎)

騮 〔方〕laeuz [lau²]〔方〕马骝(即猴子,与猧连用)。(见猺)

驫¹ byaeux [pjau⁴]〈形〉很多。《初》:鳰皿料貧驫。Roeg mbin daeuj baenz byaeux. 很多鸟飞来。

驫² byoeb [pjop⁸]〈拟〉嗒嗒。《初》:伙 猧 跌 驫 驫。Gyoengq max saet byoeb-byoeb. 马群嗒嗒地奔驰。

幺 部

幼 youq [jou⁵] ❶〈动〉住;居住。田东《贼歌》:忐加桑贝幼。Hwnj gyasang bae youq. 上高山去住。❷〈动〉在。马山《欢情》:咘佲幼其侕? Ranz mwngz youq gizlawz? 你家在哪里? ❸〈介〉在。马山《为人子者》:父母仪劲幼内心。Bohmeh ngeix lwg youq ndaw sim. 父母思儿在内心。

㓜 youq [jou⁵]〈动〉住;在。马山《默向书信》:吞吭㓜令丁。Raen gou youq lingzding. 见我独住孤单。

𡉘¹ euq [ʔeu⁵] ❶〈动〉强辩;争论。❷〈形〉执拗。(见㗚)

𡉘² youq [jou⁵]〈动〉住;在。(见圣)

𡊅 youq [jou⁵]〈动〉住;在。(见圣)

幾 geij [kei³]〈数〉几。(见几¹)

天 部

天 dieng [tiːŋ¹]〈名〉黄瓜。田东《大路歌》:斗哽天, daeuj gwn dieng, 来吃黄瓜。

丟¹ (丄、圣、让、忐、肯、旹、垦、垠、䞣、悬、勤、群) gwnz [kɯn²]〈名〉上;上面(方位词)。《初》:佲𝟑圣垪丟。De naengh youq baihgwnz. 他坐在上面。|马山《欢叹母》:批丟堆造苒。Bae gwnz ndoi caux ranz. 去坡上建屋。

丟² hwnj [hɯn³]〈动〉上。马山《偻齐架桥铁》:同队跚丟冗。Doengzdoih byaij hwnjroengz. 结伴上下行。

夻¹ (丅、卡、㕸、吓、还、忑、昰、拉、𡗶、㚘、雫、喇) laj [la³]〈名〉下;下面。《初》:夻奀, lajmbwn, 天下。|马山《欢叹父母》:眸夻衣, ninz laj eiq, 睡在腋窝下。

夻² 〔方〕laj [la³]〈副〉❶ 还;还是;仍然;仍旧。❷ 就。(见《初》)

奀(𬚸、奣、㤦) 〔方〕miengz [miːŋ²]〈名〉❶ 地上;人间;世上。❷ 地域。(见《初》,即 biengz)

㚘¹ byaj [pja³]〈名〉雷;雷公;雷神。(见䨻)

乑² 〔方〕fax［fa⁴］〈名〉天。（见𠅝）

㚇（丄、𩆉、𠅙、𠯑、𠅝、𠅘）mbwn［ʔbɯn¹］〈名〉天。马山《二十四孝唱》：伝偻恶夲㚇，匂奉承佈老。Vunz raeuz ok laj-mbwn, yaek funghswngz bouxlaux. 我们出生来天下，要奉承老人。

𠅝 mbwn［ʔbɯn¹］〈名〉天。（见㚇）

𠅗 ndwen［ʔdɯːn¹］❶〈名〉月；月亮。❷〈名〉月；月份。❸〈量〉月。（见肤²）

𠅛 raen［ɣan¹］〈动〉见。上林《信歌》：亮以布途𠅛。Liengh hix mbouj doxraen. 谅也不［再］相见。

𠅜 〔方〕doij［toi³］〈名〉底下。（见𠅞）

𠅟 fuemx［fuːm⁴］〈形〉临暮；临黑；昏暗。《初》：㚇𠅟只合㝎。Mbwn fuemx cij haeuj ranz. 天临黑了才回家。

癸 〔方〕gviq［kwi⁵］〈名〉布谷鸟（与九连用）。东兰《莫卡盖用》：九癸否乱雷。Gyiujgviq mbouj luenh raez. 布谷不轻易啼鸣。

𠅠 gyan［kjaːn¹］〈动〉❶吞；吞咽。❷吞没；侵吞。❸堆叠；套；合拢。（见𩛄）

𠅡 haet［hat⁷］〈名〉上午；早晨；早上。（见𠃑¹）

𠅞（𠅜）〔方〕doij［toi³］〈名〉底下。《初》：𠅞𠅝，doij fax，天底下。

𠅢 go［ko⁶］〈量〉颗。金城江《覃氏族源古歌》：歐𠅢磌分度。Aeu go rin faen duz. 拿颗石头来分界。

𠅣 〔方〕lingz［liŋ²］〈名〉午饭；晌午饭。（见𩚵）

𠅤 rengx［ɣeːŋ⁴］〈形〉旱。（见㫰）

𠅥（乑、𠅦、𣲙）〔方〕fax［fa⁴］〈名〉天。（见《初》，即 mbwn）

𠅧 fwn［fɯn¹］〈名〉雨。武鸣《信歌》：𠅧犇，fwn doek，下雨。（见雰）

𠅨 gyan［kjaːn¹］〈动〉❶吞；吞咽。❷吞没；侵吞。❸堆叠；套；合拢。（见𩛄）

𠅩 laj［la³］〈名〉下；下面。（见夰¹）

𠅙 mbwn［ʔbɯn¹］〈名〉天。（见㚇）

𠅪 〔方〕ndouj［ʔdou³］〈形〉初；首。（见𥘵）

𠅫 wen［ʔɯːn¹］〈形〉恶心。（见怃）

𠅬 benj［peːn³］〈名〉板。（见槅）

𠅭 〔方〕miengz［miːŋ²］〈名〉❶地上；人间；世上。❷地域。（见吞）

𠅮 ndaen［ʔdan¹］〈名〉地；大地。金城江《台腊恒》：造馬定㚇𠅮。Caeux ma dingh mbwn ndaen. 拿来定天地。

𠅯（𧽊、伻、傍、榜、嗙）biengz［piːŋ²］〈名〉社会；世界；世间。《初》：丕𠅯，gwnz biengz，世上。

𠅰 gyonj［kjoːn³］〈动〉凑；汇集；合并；集拢。（见𦧲）

䂅 gyan [kja:n¹]〈动〉❶吞;吞咽。❷吞没;侵吞。❸堆叠;套;合拢。(见餰)

霼 huj [hu³]〈名〉云。金城江《台腊恒》:黗霼勤考乢。Laep huj gyaemx gauj rumz. 云暗连翻风。

王(玉)部

玘¹ gej [ke³]〈动〉❶解;解开。❷解释。(见擨)

玘² geq [ke⁵]〈形〉老。(见䎠)

玖 gyaeuj [kjau³]〈名〉首;头。(见尯)

弄¹ loeng [loŋ¹]〈形〉错。马山《迪封信斗巡》:佢詉统吊弄。Dou ngeix cungj diuq loeng. 我们一想心头都乱跳。(见䎺)

弄² loengh [loŋ⁶]〈动〉❶耍;玩耍;戏弄;玩弄。❷做。(见挵¹)

弄³ loengh [loŋ⁶]〈形〉裸;光;赤(身)。马山《二十四孝欢》:弄掠养途喧。Loenghlingh ciengx duznengz. 裸身养蚊虫。

弄⁴ loengh [loŋ⁶]〈副〉逐;逐渐。田东《闹涽懔一科》:弄昙是弄欒。Loengh ngoenz cih loengh loz. 逐日渐消瘦。

弄⁵ luengq [lu:ŋ⁵]〈名〉缝隙;间隙。(见埁¹)

弄⁶ 方lungq [luŋ⁵]〈动〉摸弄;抚摸(与聊连用)。《初》:聊弄,liuzlungq,抚摸。

弄⁷ lungz [luŋ²]〈名〉伯父;大舅父。(见侜)

弄⁸ 方rung [ɣuŋ¹]〈动〉煮。(见㶶³)

弄⁹ rungh [ɣuŋ⁶]〈名〉山弄;弄场(石山中的小地块或小村落)。(见弄)

弄¹⁰ rungx [ɣuŋ⁴]〈动〉抚育;哺养;抚养。(见𡨸²)

玊 方sungj [θuŋ³]〈名〉寿。(见《初》)

荒(楧、闀)方vieng [wi:ŋ¹]〈形〉寂静;荒凉。《初》:弄荒,rungh vieng,荒凉的垌场。

玎 dinj [tin³]〈形〉短。(见矴)

玾 mbangj [ʔba:ŋ³]❶〈名〉部分(整体中的一些)。❷〈副〉也许;或许。(见沪¹)

玩¹ ngonz [ŋo:n²]〈动〉观看。(见䁅)

玩² ngvanh [ŋwa:n⁶]〈动〉想;考虑;思考;思索;寻思。马山《眼泣眉胧肤》:玩样样不通。Ngvanh yienghyiengh mbouj doeng. 样样想不通。|武鸣《信歌》:曼读曼玩,menh doeg menh ngvanh,慢慢读慢慢思索。(见惌)

玢(玨、䡀)方vangx [wa:ŋ⁴]〈名〉打扮。(见《初》)

环 venj [we:n³]〈动〉吊;挂。(见抔)

现¹ yienh [ji:n⁶]〈动〉递给。田东《大路歌》:现色面巾花,yienh saek mbenq gaenva,递给一条花手巾。

现² henx [he:n⁴]〈动〉啃。(见嚁)

玧 naed [nat⁸]❶〈名〉颗;粒;颗粒。❷〈量〉颗;粒。(见糉)

班[1] 方 ban［paːn¹］〈形〉赤(脚)。《初》:班盯,bandin,打赤脚。

班[2] ban［paːn¹］〈名〉时分;时候。马山《欢叹母》:班尼姆里优。Banneix meh lij youq. 此时母亲还在家。| 宜州《龙女与汉鹏》:班而,banlawz,何时、什么时候。(见晳)

班[3] ban［paːn¹］〈名〉班辈。宜州《孟姜女》:类万良同班。Ndeij Vanliangz doengzban. 跟万良同班辈。

班[4] banh［paːn⁶］〈动〉散。巴马《赎魂粝呟》:魂粝王条班。Hoen haeux vuengz deuz banh. 王的谷魂已逃散。

班[5] banq［paːn⁵］〈动〉搁。马山《二十四孝欢》:昭眸彪班頭。Haemh ninz gen banq gyaeuj. 夜眠手臂搁头上。

班[6] banz［paːn²］〈副〉猛;猛然。《哭姐歌》:心度墼德班。Sim doq liek dwk banz. 心一惊悸就猛跳。

班 方banh［paːn⁶］〈形〉鲜艳;艳丽。《初》:卞班,yok banh,鲜花。

珠[1] 方 caeq［ɕai⁵］〈动〉砌;垒;码。(见碕)

珠[2] caw［ɕaɯ¹］〈名〉气;气息;声息。马山《信歌》:添珠,dem caw,吸气。| 劧放珠悲助。Lwg cuengq caw bae coh. 孩子放声哭着去跟随。(见咮)

珠[3] caw［ɕaɯ¹］〈名〉内心;咽喉。马山《迪封信斗巡》:詉闷珠,ngeix ndaw caw,心里想。

球 gyaeuz［kjau²］〈量〉个(蒜头)。(见莍)

琞 nyawh［ȵaɯ⁶］〈名〉玉。《初》:磒琞,rinnyawh,玉石。

望 vang［waːŋ¹］〈形〉横。(见枉²)

琶[1] baz［pa²］〈名〉妻。《粤风》:布厘琶咳怨。Mbouj ndaej baz gag yienq. 娶不到妻自个儿怨。

琶[2] bya［pja¹］〈名〉山。《粤风》:风托佛来琶。Fungh dak fwed byaibya. 风在山顶晒翅。

鼓 方 dungj［tuŋ³］〈名〉鼓。(见《初》)

琼 方geng［kheːŋ¹］〈名〉砧板。(即heng,见《初》)

斑 mbanq［ʔbaːn⁵］〈动〉❶崩;卷。❷缺。(见曠)

聖 singq［θiŋ⁵］〈副〉每每;凡是。《初》:聖踸程只䇣。Singq raen nuengx cix riu. 每见情妹就[开心]笑。

琎 方bamz［paːm²］〈形〉❶笨;傻;愚。❷笨拙(式样不美观)。(见疒¹)

埊 方vangq［waːŋ⁵］〈动〉崩缺。(见庞)

琰[1] iemq［ʔiːm⁵］〈动〉渗;渗透。(见氼²)

琰[2] iep［ʔiːp⁷］〈动〉腌。(见頫)

琭(咔、弄、咙、悷、躘、錥、咙、嚨)loeng［loŋ¹］〈形〉错。《初》:琭咟针䏻,琭啯胶难。Loeng bak cim heih, loeng bak geuz nanz. 缝错易拆,裁错难办。

𤩵 muengh [muːŋ6]〈动〉望;盼望;希望。(见𥄗2)

𤪓 ngeiz [ŋei2]〈动〉❶ 疑;猜疑;怀疑。❷ 以为。(见𪧥)

𤩻 方 songx [θoːŋ4]〈动〉叫;吼叫。《初》:獏𤩻。Moz songx. 黄牛叫。(即 rongx)

𤪌(㺩、𪛈、哄)gyongx [kjoːŋ4]〈量〉套;圈。《初》:双𤪌絉, song gyongx cag, 两圈绳子。

云 部

云1 方 voenz [won2]〈名〉烟;烟火。(见熅4)

云2 vunz [wun2] ❶〈名〉人。《粤风》:江陷放苟云。Gyanghaemh cuengq gyaeuj vunz. 晚上放在头旁边。| 田阳《十拜歌》:眉云忈地行不正。Miz vunz lajdeih hengz mbouj cingq. 天下有人不走正道。❷〈名〉每人;人人。❸〈代〉别人;人家。(见伝)

𠫘 ndai [ʔdaːi1]〈动〉耘。(见粅)

𠫛 方 baj [pa3]〈量〉朵。(见䨼1)

𠫟 fwj [fɯ3]〈名〉云。(见𩅽)

云(温、雯、𩃵、𠫩、𩂢、𩃼、䨨、𩅖、澐、伝)方 vun [wun1]〈名〉雨。《初》:𣆍内𧮴云𣷆。Haetneix doek vunraq. 今早下阵雨。(即 fwn)

𩅽(纭、𠫟、𩂶、𩃓、𡪷、𩆋、𢭃、䖤、𢒝、𥫗、𩄧、𧈱、𩡷)fwj [fɯ3]〈名〉云。(见《初》)

𩂶 fwj [fɯ3]〈名〉云。(见𩅽)

𩲡(坤、惛、傀、𩲦)hoenz [hon2]〈名〉魂;灵魂;魂魄。《初》:兄愣迪𩲡否𡗶𩪅。Gou lau dwk hoenz mbouj youq ndang. 我吓得魂不附体。| 𩲡𣫜, hoenzsaw, 命书、八字、年庚。

䖤 fwj [fɯ3]〈名〉云。(见𩅽)

䰟 roen [ɣon1]〈名〉路;道路。金城江《台腊恒》:䰟茳, roen nya, 杂草丛生的道路。

𡪷 fwj [fɯ3]〈名〉云。(见𩅽)

魂 hoen [hon1]〈名〉魂。巴马《贖魂粰呟》:魂粰王条班。Hoen haeux vuengz deuz banh. 王的谷魂已逃散。

𠫪 loq [lo5] ❶〈名〉梦。❷〈动〉做梦;睡梦。(见䴾)

𩃵 方 vun [wun1]〈名〉雨。(见云)

𠫩 方 vun [wun1]〈名〉雨。(见云)

𩂢 方 vun [wun1]〈名〉雨。(见云)

𩲦1 fangz [faːŋ2]〈名〉鬼。马山《默向书信》:𩲦舊, fangz gaeuq, 旧鬼、老鬼。

𩲦2 hoen [hon]〈名〉魂;灵魂;魂魄。

𩲦3 hoenz [hon2]〈名〉魂;灵魂;魂魄。(见𩲡)

𩡷 fwj [fɯ3]〈名〉云。(见𩅽)

䨺 fwj [fɯ³]〈名〉云。(见雲)

韦(韋)部

韦¹ vi [wi¹]〈动〉❶ 辜负。田东《大路歌》:名㤞韦条灰。Mwngz laeg vi diuz hoiq. 你莫辜负我。❷ 忘记。

韦² viz [wi²]〈名〉阴茎。(见䪢)

韦止 历 niep [niːp⁷]〈形〉韧;坚韧。(见《初》)

韦屰 vut [wut⁷]〈动〉❶ 扔;丢掉;抛弃;丢下。❷ 失掉;丢失。(见劧)

韦丑(豿) 历 nouq [nou⁵]〈名〉阴茎。(见《初》)

韦氵¹(碒、㷄、韽)raem [ɣam¹]〈名〉睾丸。(见《初》)

韦氵² viz [wi²]〈名〉阴茎。(见䪢)

韦利(㸷、犁)rae [ɣai¹]〈动〉发情(指雄性动物)。(见《初》)

韦尾 历 vae [wai¹]〈动〉摆动。(见摵)

韦卯 viz [wi²]〈名〉阴茎。(见䪢)

韽 raem [ɣam¹]〈名〉睾丸。(见韦氵¹)

䪢(韦、偉、韦氵、韦卯)viz [wi²]〈名〉阴茎。(见《初》)

韦奇(丄)ej [ʔe³]〈动〉性交。(见《初》)

耂部

考¹ gau [kaːu¹]〈量〉次;回。(见遍)

考² 历 gauj [kaːu³]〈动〉❶ 搞。❷ 陆续。(见叟)

考³ gauq [kaːu⁵]〈动〉靠。武鸣《信歌》:考彩杈, gauq caijsoq,靠运气。

老¹ lau [laːu¹]〈动〉怕;害怕。宜州《孟姜女》:老氓侬米佐。Lau mwngz nuengx miz gwiz. 只怕阿妹你有夫婿。

老² laux [laːu⁴]❶〈形〉老。《初》:桊老, faexlaux, 老树。❷〈名〉老人。《初》:伝老, vunzlaux, 老人。❸〈名〉大人。东兰《造牛(残页)》:请麻阶残老。Cing ma daengz canz laux. 牵到大人的晒台下。❹〈动〉长大。马山《农事歌》:猽六肤之老。Mou roek ndwen cix laux. 猪养六个月就长大。❺〈动〉老;去世(死的委婉说法)。《初》:㑇哽老㘶啰。De engq laux bae lo。他已去世了。(见佬²)

老³ ndau [ʔdaːu¹]〈名〉星;星星。(见勡)

孝 hauq [haːu⁵]❶〈名〉话。马山《丹亡》:旬孝捍心头。Coenz hauq dwk simdaeuz. 话语放心头。❷〈动〉说;答。马山《为人子者》:吼他不喊嗲不孝。Heuh de mbouj han cam mbouj hauq. 叫他不应问不答。

考 历 heuh [heu⁶]〈形〉瘦。(见㾭)

者 历 ce [ɕe¹]〈动〉❶ 留;留下;遗留。

(见担)❷放在。东兰《造牛(残页)》:提丕者吓禄。Dawz bae ce laj lueg. 拿去放在山谷下。

䎁 geq [ke⁵]〈形〉老。(见耆)

劸 geq [ke⁵]〈形〉老。马山《欢叹父母》:勺守孝卜劸。Yaek souj hauq bouxgeq. 要给老人守孝。

耇 gaeuj [kau³]〈动〉看;视;阅;瞅。(见勼)

耄 历 geh [ke⁶]〈名〉蚧。《初》:刻耄, gaekgeh,蛤蚧。

秬 geq [ke⁵]〈形〉老。(见耆)

䎂 geq [ke⁵]〈形〉老。(见耆)

耆 geq [ke⁵]〈形〉老。(见耆)

䎃 geq [ke⁵]〈形〉老。(见耆)

䎄 geq [ke⁵]〈形〉老。(见耆)

耂 da [ta¹]〈名〉❶外公。❷岳父。(见䶊)

耆(佬、䎃、秬、耆、嗜、䎄、䎅、䎆、趄、䎂、䎇、耆、玘、䎈、䎁)geq [ke⁵]〈形〉老。《初》:俌耆, bouxgeq,老人。| 佋花内耆𠂉。Gij byaek neix geq lai. 这些菜太老了。

䎅 geq [ke⁵]〈形〉老。(见耆)

䎉 ngaux [ŋaːu⁴]〈量〉次;趟。(见蹾)

䎇 geq [ke⁵]〈形〉老。(见耆)

䎈 geq [ke⁵]〈形〉老。(见耆)

耇 gaeuj [kau³]〈动〉看。都安《行孝唱》:不信收只耇。Mbouj saenq sou cix gaeuj. 不信你们就看。

䎆 geq [ke⁵]〈形〉老。(见耆)

䎊 历 yaz [ja²]〈动〉遮盖;挡住。《初》:䎊昼, yaz ndit,挡阳光。

䎋 ngaux [ŋaːu⁴]〈量〉次;趟。(见蹾)

䎌 nyaz [ɳa²]〈名〉丛;刺丛。上林《达妍与勒驾》:否疑椛岠对困䎌。Mbouj ngeix va sanq doiq oennyaz. 不料花开在刺丛。

耆 geq [ke⁵]〈形〉老。(见耆)

䎍 rauq [ɣaːu⁵]❶〈名〉耙;耙具。❷〈动〉耙。(见耪)

木 部

木¹ mug [muk⁸]〈名〉鼻涕。(见䶑)

木² moeb [mop⁸]〈动〉打;揍。(见枽)

木³ muj [mu³]〈名〉模;模型;样式;规格。(见栂)

本¹ baen [pan¹]〈动〉分。金城江《台腊恒》:提馬本, dawz ma baen,拿来分。

本² baenz [pan²]〈动〉成。宜州《龙女与汉鹏》:噔楞本啵媄。Daengz laeng baenz bohmaex. 后来成了夫妻。

本³ bonj [poːn³]❶〈量〉本。《初》:本𡗶刁。bonj saw ndeu,一本书。❷〈名〉本钱;资本。马山《孝顺唱》:田贩勺欧本。

Guh buenq yaek aeu bonj. 做商贩要本钱。❸〈代〉本。《初》:傪本份,de bonjfaenh,他本人、他本身。

杋 1 方bah [pa6]〈名〉桁条。《初》:杋窐,bah ranz,房子的桁条。

杋 2 bat [pa:t7]〈名〉盆。(见釟)

朴 1 boek [pok7]〈动〉翻;翻覆;倾覆。(见卜)

朴 2 方mbok [ʔbo:k7] ❶〈名〉竹筒;筒子。❷〈量〉升;筒。《初》:双朴粑,song mbok gaeuj,两筒米、两升米。

杙 caet [ɕat7]〈动〉塞;堵塞;淤塞。(见扢1)

杍 1 daengq [taŋ5]〈名〉凳子。(见梈2)

杍 2 dwngx [tɯŋ4]〈名〉杖;拐杖。(见廾)

杍 3 方limq [lim5]〈量〉片;瓣。(见昤1)

杊 gauq [ka:u5]〈名〉脚枷。(见《初》)

杋 goux [kou4]〈名〉乌桕。(见楬)

朸 lae [lai1]〈名〉梯子。(见橡1)

杍 1 liu [li:u1]〈名〉柴;柴枝。都安《三界老爺唱》:皆杖皆杍无数担。Gai fwnz gai liu fouzsoq rap. 卖柴无数担。

杍 2 reux [ɣeu4]〈名〉木棉树。平果《贼歌》:位杍,ngvih reux,木棉籽。

朽 方nyaeuq [ȵau5]〈形〉皱。(见叒)

杉 bingq [piŋ5]〈名〉柄;抓手。平果《信歌》:栏冇茌冇杉。Ranz mbouj mbaek mbouj bingq. 家无台阶无抓手(喻家穷无可依凭,缺这少那)。

李 byonj [pjo:n3]〈动〉❶反转;翻。❷摔;翻(跟斗)。(见翾)

杆 cenj [ɕe:n3] ❶〈名〉杯;盏。❷〈量〉杯。(见盂)

村 con [ɕo:n1]〈动〉穿(洞)。(见㘣)

杒 daeb [tap8]〈名〉大叶千斤拔。平果《贼歌》:木杒,faexdaeb,大叶千斤拔。

杜 1 dou [tou1]〈代〉我们。(见斗2)

杜 2 dou [tou1]〈名〉门。马山《欢叹父母》:走肛白杜,haeuj daengz bakdou,进到[家]门口。|宜州《孟姜女》:叭杜三相光。Bakdou sam ciengh gvangq. 门口三丈宽。

杊 faex [fai4]〈名〉树。马山《不怼天翻雲》:穮杊,ndaem faex,种树。

杆 1 方ganz [ka:n2]〈名〉扁担。(见箐)

杆 2 nganx [ŋa:n4]〈名〉龙眼。(见桿)

极 gik [kik7]〈形〉懒。(见娷)

机 方gyi [kji1]〈名〉麒。金城江《台腊恒》:机林,gyilinz,麒麟。

杍 liuh [li:u6]〈动〉料;预料;意料。(见尥)

杒 1 maenj [man3]〈名〉李。(见檄)

杒 2 monz [mo:n2]〈名〉门;门庭。

（见腨）

杈 nga［ŋa[1]］❶〈名〉枝。❷〈量〉支；条。（见丫[2]）

杈 nga［ŋa[1]］❶〈名〉枝。❷〈量〉支；条。（见丫[2]）

杈（支）ngeiq［ŋei[5]］〈名〉枝丫。（见《初》）

杞 㽞 nyeiq［ɳei[5]］〈名〉枝丫。《初》：楧杞，maexnyeiq，树枝。

来（棖）㽞 rangq［ɣa:ŋ[5]］〈名〉陀螺。《初》：孙殖廸来。Lwgnyez dwk rangq. 小孩抽陀螺。

杯（荓、桛）raq［ɣa[5]］〈名〉楠。《初》：柰杯，faexraq，楠木。

杧 san［θa:n[1]］〈动〉编；编织。（见紃）

枋[1] bam［pa:m[1]］〈名〉楼；阁楼。（见搬[1]）

枋[2] mbaenq［ʔban[5]］〈量〉段；节。（见㧁[2]）

枋[3] 㽞 geh［ke[6]］〈量〉段。（见𨈆）

柎 benj［pe:n[3]］〈名〉板。（见㮁）

板[1] benj［pe:n[3]］〈名〉棺木。马山《孝歌》：父㲚迪合板。Boh dai dwk haeuj benj. 父死放入棺。

板[2]（坂、扳、挽、晚）mbanj［ʔba:n[3]］〈名〉村；寨。《初》：閙板，ndaw mbanj，村子里。| 宜州《孟姜女》：客板艮，hek mbanj gwnz，上村的客人。

柰（㝸、夵）boh［po[6]］〈名〉公；雄性（指禽类）。《初》：鴿柰，gaeqboh，公鸡。

毛 bwn［pɯn[1]］❶〈名〉毛；羽毛；毛发。❷〈形〉坏（心肠）。（见毪）

枞 coengz［ɕoŋ[2]］〈名〉松。《初》：柰枞，faexcoengz，松树。

桌（床、株、夵、桩、枘、种）㽞 congz［ɕo:ŋ[2]］〈名〉桌子。（见《初》）

夵 㽞 congz［ɕo:ŋ[2]］〈名〉桌子。（见桌）

种[1] 㽞 congz［ɕo:ŋ[2]］〈名〉桌子。（见桌）

种[2] 㽞 cungq［ɕuŋ[5]］〈名〉枪。平果《贼歌》：劳而太百种，lau rox dai bak cungq，或恐死于枪口下。

桯 㽞 dae［thai[1]］〈名〉犁。（见《初》，即 cae）

枓[1] daeux［tau[4]］〈名〉拐杖。（见梪[1]）

枓[2] ganj［ka:n[3]］〈名〉笏（师公用的一种道具）。（见樠）

杶[1] doen［ton[1]］〈名〉墩子（坐具）。马山《为人子者》：蹄橙蹄杶，dik daengq dik doen，踢凳子踢墩子（生气时的行为）。

杶[2] dwngx［tɯŋ[4]］〈名〉杖；拐杖。（见爿）

枙 ek［ʔe:k[7]］〈名〉轭。（见兀[1]）

柂 ek［ʔe:k[7]］〈名〉轭。（见兀[1]）

枇[1] faex［fai[4]］〈名〉❶ 树；树木；木；木

材;木头。❷ 棺材。(见莽)

枇[2] mbaet [ʔbat[7]] ❶〈名〉量米筒;竹筒。❷〈量〉筒(量米用,500 克的容量)。(见笵)

枌[1] finz [fin[2]]〈动〉私奔(与捞连用)。忻城《古记全阳》:狂叻虽捞枌。Gvengh lwg saeq bae finz. 丢下幼儿去私奔。

枌[2] fwnz [fɯn[2]]〈名〉柴。马山《劳功歌》:悲岜桑欧枌。Bae byasang aeu fwnz. 上高山打柴。

杋(汾、柇、奋、梤、焚、敹、歀) fwnz [fɯn[2]]〈名〉柴火。《初》:迪杋卦睽旰。Dwk fwnz gvaq saedceij. 打柴度日子。| 都安《三界老爺唱》:皆杋到敗東。Gai fwnz dauq baihdoeng. 回东边卖柴。

柇 fwnz [fɯn[2]]〈名〉柴火。(见杋)

构[1] gaeuz [kau[2]]〈形〉❶ 弯曲;弯。❷ 驼。(见拘)

构[2] ngaeu [ŋau[1]] ❶〈名〉钩子。❷〈形〉弯曲。❸〈动〉扳。(见乚[2])

柼[1] goek [kok[7]]〈名〉❶ 根基;根底;根端;根部。❷ 本;本钱。(见裕[1])

柼[2] loek [lok[7]]〈名〉❶ 轮子。❷ 水车。马山《皮里患鲁不》:獨牛望柼, duzvaiz muengh loek, 牛望水车(比喻发呆发愣)。| 大化《嚽奠别》:淰汱笼斗追,柼披难彬到。Raemxdah roengzdaeuj cei, loek beiz nanz baenq dauq. 河水下来推,水车难回转(河水推动水车朝一个方向转动,叶片不能逆向运转。比喻事情不可逆转)。(见禵)

柼[3] loek [lok[7]]〈形〉❶ 错。❷〈名〉错;差错。(见䜌)

柼[4] ndoek [ʔdok[7]]〈名〉竹子(总称)。马山《偻笁荳貧够》:棵柼叓榇, go'ndoek caemh caz,同一丛的竹子。(见櫟)

柼[5] rok [ɣo:k[7]]〈名〉土织布机。(见轆)

柍(拐、摇) 古 gvaix [kwa:i[4]]〈形〉拐弯。(见《初》)

杋[1] 古 gyoengj [kjoŋ[3]]〈名〉圈套。《初》:犨杋, doek gyoengj, 中了圈套、上当。

杋[2](孔) 古 gyungj [kjuŋ[3]]〈名〉货郎鼓(与楾连用)。《初》:撴杋楾收毴。Ngauz gyungjgingj sou byoem. 摇着货郎鼓收购毛发。

杭 hangx [ha:ŋ[4]]〈名〉屁股。(见膶)

枒[1] haz [ha[2]]〈名〉茅草。(见茊)

枒[2] nga [ŋa[1]] ❶〈名〉枝。❷〈量〉支;条。(见丫[2])

枒[3] nyaj [ɲa[3]]〈名〉草;野草;杂草。(见芇)

枒[4] raz [ɣa[2]]〈名〉芝麻。(见糠)

枒[5] 古 yax [ja[4]]〈名〉荒草。(见《初》)

柣 hoh [ho[6]]〈名〉节。马山《尊老爱幼歌》:树料柣对柣,垉瓦点对点。Faex heu hoh doiq hoh, sag vax diemj doiq diemj. 青竹节对节,檐水滴对滴。

杳[1] iux [ʔi:u[4]]〈名〉廪;仓廪。田阳《麽

収魂�一科》：杳栙徤，iux maexgieng，硬木仓廪。（即 yiuj）

杳[2] 方yiux［jiːu⁴］〈名〉房屋。（见《初》）

林[1] lumj［lum³］〈动〉像；似。（见廪）

林[2] raemx［ɣam⁴］〈名〉水。巴马《贖魂粝呟》：泣粝鳥批林。Naed haeux neuz bae raemx. 瘪谷粒随水漂浮去。（见淰）

林[3] rim［ɣim¹］〈形〉满。（见阑[3]）

林[4] rumz［ɣum²］〈名〉风。（见飈）

果 mak［maːk⁷］〈名〉果；果子。田东《大路歌》：果良，makfiengz，杨桃。

枒 ndaij［ʔdaːi³］〈名〉苎麻；青麻。平果《情歌》：立枒扗网。Lid ndaij san muengx. 拆青麻织网。

枘 方ndoi［ʔdoi¹］〈名〉梯子。（见《初》）

枝 ngeiq［ŋei⁵］〈名〉枝；枝条。马山《恭喜满月酒歌》：树kind枝亦笁。Faex lai ngeiq hix mwn. 树多枝繁茂。

枍[1]（椥、梓）ngingh［ŋiŋ⁶］〈名〉小树枝；小枝丫。《初》：扒枍奔凹杖。Yaeb ngingh faex guh fwnz. 捡小树枝当柴火。

枍[2] nyengx［ȵeːŋ⁴］〈名〉柴枝（带枝叶的小条柴火）。《初》：㓦枍庲廸斐。Raemj nyengx ma dwk feiz. 砍柴枝来烧火。

枖 方rah［ɣa⁶］〈名〉❶ 横木。《初》：枖甑，rah caengq，蒸笼的横木垫子。❷ 横杠。《初》：枖床，rah congz，床架的横杠。

枬 riengh［ɣiːŋ⁶］〈名〉栏圈；栏厩。（见梡[3]）

松[1] roengz［ɣoŋ²］〈动〉下。宜州《孟姜女》：松啦马古佷。Roengz laj ma gou haemq. 下到下面我来问。

松[2] soeng［θoŋ¹］〈形〉❶ 宽松；宽敞。❷ 轻松；爽快；舒服。（见悰[1]）

松[3] soengq［θoŋ⁵］〈动〉送。（见搃[2]）

松[4] soengz［θoŋ²］〈动〉站。金城江《台腊恒》：松拜冷，soengz baihlaeng，站在后面。

松[5] song［θoːŋ¹］〈数〉二；两。（见双[2]）

松[6] suek［θuːk⁷］〈动〉包；裹。东兰《造牛（残页）》：松丕者拉外。Suek bae ce laj vai. 包去放在水坝下。

杪 saux［θaːu⁴］〈名〉竹竿。（见摷[1]）

枉[1] vaeng［waŋ¹］〈名〉稗草。田阳《麽収魂粝一科》：吽分枉肚巨。Gwn faen vaeng dungx gawh. 吃稗籽腹胀。

枉[2]（旺、荒、望）vang［waːŋ¹］〈形〉横。《初》：徒蚱蹍枉。Duzbaeu byaij vang. 螃蟹横着走。

枉[3] vangq［waːŋ⁵］〈名〉空；空闲。宜州《孟姜女》：否枉雅媒，mbouj vangq ra moiz，没空找媒人。

杬 yienz［jiːn²］〈名〉弦（乐器上的发音线）。《初》：二杬，ngeihyienz，二弦（即二胡）。

林[1] baed［pat⁸］〈名〉❶ 佛像。❷ 神龛；神台。（见魑）

林[2] oen［ʔon¹］〈名〉刺；荆棘。（见蕴）

枏[1] bam［pa:m¹］〈名〉楼；阁楼。（见㮾¹）

枏[2] dam［ta:m¹］〈名〉柄。金城江《台腊恒》：手受剑枏秀。Fwngz caeux giemq dam siux. 手执柄有饰纹的宝剑。

枏[3] danx［ta:n⁴］〈名〉横担；横木（竹木具，用作支撑的木条）。（见《初》）

枏[4] wnq［ʔɯn⁵］〈代〉别（处）；别（人）；别（样）。（见㑫）

柏 beg［pe:k⁸］〈名〉框。《初》：柏闭，begdou，门框。

枊（篃、蕿）bien［pi:n¹］〈名〉鞭子。（见《初》）

标[1] beuz［peu²］〈名〉瓠瓜。金城江《台腊恒》：干标㥾，ganq beuzhaemz，照料苦瓠瓜。

标[2] biu［pi:u¹］〈动〉（植物很快地）抽芽；生长。（见漂¹）

标[3] biuz［pi:u²］〈名〉浮萍。（见薸）

板 byonj［pjo:n³］〈动〉❶ 反转；翻。❷ 摔；翻（跟斗）。（见𩩍）

枳 caep［ɕap⁷］〈动〉砌。（见𥗴）

查[1] 〔方〕cah［ɕa⁶］〈动〉垫。（见褚）

查[2] 〔方〕caj［ɕa³］〈动〉等；等待。（见𢘚）

查[3] caz［ɕa²］〈动〉❶ 查；检查；调查；审查；视察。❷ 查问。（见嗏¹）

查[4] -nyat［n̥a:t⁷］〈缀〉（乱）蓬蓬；（乱）糟糟。（见䋾）

栈 canz［ɕa:n²］〈名〉晒台。（见㭺）

栅 canz［ɕa:n²］〈名〉晒台。（见㭺）

柞[1] caq［ɕa⁵］〈动〉榨。《初》：柞沋，caq youz，榨油。

柞[2] 〔方〕cop［ɕo:p⁷］〈名〉木耳；菌菇。（见《初》）

柞[3] sak［θa:k⁷］〈名〉镣铐（与却连用）。都安《三界老爺唱》：夻跓自提得却柞。Laj din cix dawz ndaek sigsak. 脚下就戴一镣铐。

柱[1] cawx［ɕaɯ⁴］〈动〉买。（见𧶧）

柱[2] 〔方〕dawh［taɯ⁶］〈名〉箸；筷子。上林《赶圩歌》：欧柱𡊞扱。Aeu dawh bae nip. 用筷子去夹。

柘 ciem［ɕi:m¹］〈名〉签。（见笘）

相[1] ciengh［ɕi:ŋ⁶］〈量〉丈。宜州《孟姜女》：叭杜三相光。Bakdou sam ciengh gvangq. 门口三丈宽。

相[2] doengh-［toŋ⁶］〈缀〉相；相互。田阳《布洛陀遗本》：以布相散，ndij baeuq doenghcam，跟祖公相询。

相[3] sieng［θi:ŋ¹］〈名〉箱子。（见匩）

相[4] siengj［θi:ŋ³］〈动〉想。上林《赶圩歌》：想欧柱𡊞扱。Siengj aeu dawh bae nip. 想用筷去夹。（见㤪）

相[5]（象）siengq［θiːŋ[5]］❶〈名〉相貌。❷〈名〉相片。❸〈形〉漂亮。❹〈形〉聪明。❺〈形〉能干。

相[6] siengz［θiːŋ[2]］〈形〉诚。金城江《台腊恒》：米相心，miz siengzsim，有诚心。

柣 deb［teːp[8]］〈名〉椽子（钉在屋顶桁条上用来放置瓦片的长条木片）。金城江《台腊恒》：柣桧杠，deb faex hung，大木做的椽子。

柊 dongh［toːŋ[6]］〈名〉柱；桩子。（见𣙙）

柭 faex［fai[4]］〈名〉❶树；树木；木；木材；木头。❷棺材。马山《二十四孝欢》：抗旙䏲轉柭。Gangh fan riengz cienh faex. 扛幡跟着环绕棺材。（见𣗃）

柫 faex［fai[4]］〈名〉❶树；树木；木；木材；木头。❷棺材。（见𣗃）

朷 faex［fai[4]］〈名〉❶树；树木；木；木材；木头。❷棺材。（见𣗃）

柘 faex［fai[4]］〈名〉❶树；树木；木；木材；木头。❷棺材。（见𣗃）

柭 fag［faːk[8]］〈量〉把（也常常用作工具、武器类名词的词头）。（见㑛[2]）

架[1] gag［kaːk[8]］〈副〉各；独自；单；仅。（见各[1]）

架[2] gaz［ka[2]］❶〈动〉锁；锁住。❷〈名〉桎梏。（见枺[2]）

架[3] gyax［kja[4]］〈名〉孤儿。（见𠇓）

柙[1] 㓽gap［kaːp[7]］〈名〉枷（与梱连用）。《初》：柙梱，gapgoenq，脚枷。

柙[2]（梜）gyap［kjaːp[7]］〈名〉柴块；木柴（劈成块的木柴）。（见《初》）

枺[1] 㓽 gaq［ka[5]］〈名〉横条（指架在两壁之间用以支撑的横条）；桁条。（见《初》）

枺[2]（枷、架）gaz［ka[2]］❶〈动〉锁；锁住。❷〈名〉桎梏。（见《初》）

枷[1] gaz［ka[2]］❶〈动〉锁；锁住。❷〈名〉桎梏。（见枺[2]）

枷[2] gya［kja[1]］〈名〉箨；竹壳。（见蒙）

柯 go［ko[1]］〈量〉棵；株。（见槕）

枯[1] go［ko[1]］〈量〉棵；株。（见槕）

枯[2] guh［ku[6]］❶〈动〉做；干。❷〈动〉是；充当。❸〈动〉建；造。❹〈动〉唱（山歌）；编（歌）；作（诗歌）。❺〈副〉老；老是；越。（见叩）

枯[3] gyo［kjo[1]］〈形〉干（水分少）。（见𦯀）

柩 gouh［kou[6]］〈量〉❶双（筷子、鞋子）。❷副（棺材）。（见构[2]）

柺（而）㓽gyauh［kjaːu[6]］〈名〉耙子。（见《初》）

柳[1] gyaeuj［kjau[3]］〈名〉首；头。（见尥）

柳[2] liu［liːu[1]］〈名〉柴火。（见橑[1]）

柳[3] riuj［ɣiːu[3]］〈动〉拎。《欢叹母》：担鲁吽柳，rap roxnaeuz riuj，挑或拎。

柜 haeuj［hau[3]］〈动〉❶装上；套上。

❷ 做。（见㪠）

柆[1]（箻）[方]laet [lat⁷]〈形〉茂密。（见《初》）

柆[2] ndaet [ʔdat⁷]〈形〉茂密。《初》：𣘗𣘗柆氛氛。Ndoengfaex ndaetfwtfwt. 树林很茂密。

栊[1] [方]loengx [loŋ⁴]〈名〉门栅。（见《初》）

栊[2]（𫸩、櫳、栊、樒、楪）rungz [ɣuŋ²]〈名〉大叶榕。《初》：槅栊，gorungz，大叶榕。

栌（𦧸、𦧸）loz [lo²]〈名〉大梁；横梁。（见《初》）

林 lumz [lum²]〈动〉忘记。（见𢘮）

柅[1] maenz [man²]〈名〉薯；红薯。（见苠[1]）

柅[2]（民）[方]maenz [man²]〈副〉相当；蛮。《初》：柅兀，maenz ndei，相当好。

柅[3] [方]minz [min²]〈名〉❶ 木棉。《初》：𣘗柅栊𢰸𢁒𢟲𣎴。Faexminz va hai nding lumj feiz. 木棉花开红似火。❷ 木薯（与樜连用）。《初》：樜柅，sawzminz，木薯。

棑 [方] mbaiz [ʔbaːi²]〈量〉帮；群。《初》：棑犘，mbaiz moz，一群黄牛。

柲（搯、拌、扌）[方]mbit [ʔbit⁷]〈动〉采；摘；掐。《初》：柲花，mbit byaek，摘菜。

柈（𠳐、搬、𢈲、椚、𧜟）mbonq [ʔboːn⁵]〈名〉床；床铺。《初》：合柈眸。Haeuj mbonq ninz. 上床睡觉。

某 mou [mou¹]〈名〉猪。（见猉）

杩 muh [mu⁶] ❶〈名〉磨子。❷〈动〉磨。（见砝）

栂（墲、木）muj [mu³]〈名〉模；模型；样式；规格。《初》：栂扪，muj cien，砖模。|栂鞋，muj haiz，鞋子的样式。

椒 naeuh [nau⁶]〈形〉烂；腐烂。（见𦤶）

㭴[1] [方]ndouj [ʔdou³]〈形〉初；首。（见祖）

㭴[2]（柳）[方] ndux [ʔdu⁴]〈名〉❶ 头；开头；开初；开始。《初》：𢫔偻论榕㭴。Hawj raeuz lwnh goek ndux. 让我们从头讲起。❷ 头（放在量词或量词化的名词后表示“头”的意思）。

㭷 nduk [ʔduk⁷]〈形〉摇的；摇动的；摇晃的；晃动的（物体放置不平稳所致）。（见𤜵）

柮 nduk [ʔduk⁷]〈形〉❶ 朽。❷ 坏；烂歹毒。（见𣦸）

柳 [方]ndux [ʔdu⁴]〈名〉❶ 头；开头；开初；开始。❷ 头（放在量词或量词化的名词后表示“头”的意思）。（见㭴[2]）

栣 ninz [nin²]〈动〉睡；眠；睡觉。（见眸）

菓 nya [ɲa¹]〈名〉杂草。（见《初》）

㭝 nyod [ɲoːt⁸]〈名〉顶芽；嫩苗。（见䒡）

栏 ranz [ra:n²]〈名〉❶家;屋;宅。大化《白事鸟歌》:客盈栏。Hek rim ranz. 客满屋。| 马山《白事唱》:迪畐犽刀栏。Dwk duzvaiz dauq ranz. 赶水牛回家。(见竽)

栎 rok [ɣo:k⁷]〈名〉水瓢;竹筒瓢。(见《初》)

桴 方 ruq [ɣu⁵]〈名〉❶食槽(盛牲畜饲料的长形器具)。《初》:桴猓, ruq mou,猪槽。❷木盆。

梀(椩) sij [θi³]〈名〉洞箫(与箫连用)。《初》:啵梀箫, boq sijsiu,吹洞箫。

栤(柝、棑) 方 vaiq [wa:i⁵]〈名〉棉;棉花。马山《孝顺歌唱》:祘收达栤。Son sou daz vaiq. 教你们纺棉纱。(见芥,即 faiq)

栢 方baeq [pai⁵]〈名〉簕竹。《初》:穲粜栢。Ndaem faexbaeq. 种簕竹。

柇¹ cah [ɕa⁶]❶〈名〉荆棘。❷〈动〉围。(见楂²)

柇² caz [ɕa²]〈名〉丛。马山《嚏嘆情》:棵杬不貧柇。Go'ndoek mbouj baenz caz. 簕竹不成丛。

柇³ -sad [θa:t⁸]〈缀〉零落的;稀疏的。《初》:榈粜楮柇柇。Gofaex sengxsadsad. 树的枝叶稀稀落落。

柇⁴ sak [θa:k⁷]〈名〉杵。(见砉)

柴 caih [ɕa:i¹]〈介〉随;由;任凭;任由;随便。(见偕)

栫¹ comz [ɕo:m²]〈动〉堆积;集拢;围拢。(见撡²)

栫² fwnz [fɯn²]〈名〉柴。武鸣《信歌》:粝連栫, haeux lienz fwnz,连粮带柴。(见杈)

桩 方 congz [ɕo:ŋ²]〈名〉桌子。(见槑)

档¹ 方 dangx [ta:ŋ⁴]〈名〉槛。(见垱²)

档² dangq [ta:ŋ⁵]〈名〉把柄。(见桊)

桃¹ 方dauz [ta:u²]〈动〉浇;淋。上林《赶圩歌》:油桃胬鸊。Youz dauz noh bit. 油浇鸭肉。

桃² 方 dauz [ta:u²]〈动〉绹;捆;绑;拴。(见綯)

梃 diengz [ti:ŋ²]〈名〉茅寮;棚子。(见葶)

桐¹ dongz [to:ŋ²]〈名〉海桐;刺桐。田阳《欢榫》:逢木桐郭四。Fongz faexdongz guh seiq. 剖海桐做四块。

桐² duengh [tu:ŋ⁶]〈动〉攀附;投靠;依靠。(见挏)

株 faex [fai⁴]〈名〉棺材。马山《信歌》:叫槛株屋悲。Heuh ram faex okbae. 叫人抬棺材出去。

栿 fag [fa:k⁸]〈量〉把(也常用作工具、武器类名词的词头)。(见劈²)

桧¹ faex [fai⁴]〈名〉树;树木;木材。金城江《台腊恒》:桧有, faexyaeu,枫树。

桧² oij [ʔoi³]〈名〉甘蔗。(见蒌)

桧³ oiq [ʔoi⁵]〈形〉❶嫩。❷幼小;年轻。(见荟²)

梺 foenq [fon⁵]〈名〉灰尘;烟子(与橎连用)。《初》:梺橎, foenqfeq,吊煤灰。(即烟灰子)

格¹ 㕵gaeg [kak⁸]〈形〉瘦;消瘦。(见㤬)

格² gag [ka:k⁸]〈副〉各;独自;单;仅。(见各¹)

格³ gaz [ka²]〈动〉卡;卡住;阻碍。(见抲)

格⁴ goek [kok⁷]〈名〉❶ 根基;根底;根端;根部。❷ 本;本钱。(见䘮¹)

格⁵ got [ko:t⁷]〈动〉抱;搂;搂抱;拥抱。(见搉)

根 gaen [kan¹]〈名〉秧鸡。(见鶋)

杠¹ gangz [ka:ŋ²]〈名〉合欢树。《初》:槅杠, gogangz,合欢树。

杠²(榉)㕵gyang [kja:ŋ¹]〈名〉棕榈。《初》:槅杠, go'gyang,棕榈树。

杠³ gyangq [kja:ŋ⁵]〈名〉陀螺。都安《行孝唱》:迪杠, dwk gyangq,打陀螺。

栲 㕵gauj [kha:u³]〈名〉樟。《初》:槟栲, maexgauj,樟树。

桄¹ 㕵genj [ke:n³]〈名〉寄生植物。《初》:𣛭桄, faexgenj,寄生在大树上的植物。

桄² 㕵sienq [θi:n⁵]〈名〉唢呐。(见《初》)

桔 㕵git [kit⁷] ❶〈名〉闩。❷〈形〉急(流)。(见谵)

榾 gut [kut⁷]〈名〉蕨。(见䕸)

桄 gvang [kwa:ŋ¹]〈名〉桄榔。宜州《孟姜女》:白宁艮莫桄? Byawz ninz gwnz go'gvang? 谁睡桄榔树上?

柏 㕵gyaeuq [kjau⁵]〈名〉尖扁担。(见梂²)

核¹ haep [hap⁷]〈动〉堵。武鸣《信歌》:想核汏𠀧坛。Siengj haep dah guh daemz. 想堵河做塘。

核² hed [he:t⁸]〈形〉磨损。上林《达妍与勒驾》:槛闬踩勺核。Giemxdou caij yaek hed. 门槛踩得要磨损。

桁¹ 㕵hangz [ha:ŋ²]〈动〉咬;啃。(见《初》)

桁²(行)hengz [he:ŋ²]〈名〉桁(条)。《初》:㓤𣛭𠀧桁条。Raemj faex guh hengzdiuz. 砍树木来做桁条。

桓 hanz [ha:n²]〈名〉扁担。(见槵)

桙(𥑍、桲、䂵、碤、砛)heng [he:ŋ¹]〈名〉砧板。(见《初》)

梒 humx [hum⁴]〈动〉围。(见圀²)

椌 hung [huŋ¹]〈形〉大。金城江《台腊恒》:扒桧椌, bah faex hung,大木横梁。

栒 ieng [ʔi:ŋ¹]〈名〉植物或果实的浆。(见膡)

栏 lanz [lan²]〈名〉屋;房;家。右江《本麼叭》:粝邛栏。Haeux haeuj lanz. 稻谷进了屋。

𣏁 naeuh [nau⁶]〈形〉烂;腐烂。(见𦧘)

梛¹ naq [na⁵]〈名〉箭。马山《完筆》:鴓啶梛。Roeg deng naq. 中箭的鸟。

梛² 方 naeng [naŋ¹]〈动〉响。(见嚨¹)

梳 ndoengj [ʔdoŋ³]〈名〉簸箕。(见籠)

檂 方 ndoengz [ʔdoŋ²]〈形〉茂盛。(见《初》)

桉 nganx [ŋaːn⁴]〈名〉龙眼。马山《偻笁荳貧够》:模桉,maknganx,龙眼果。(见楴)

梱 oen [ʔon¹]〈名〉刺;荆棘。(见蕴)

栭¹ raet [ɣat⁷]〈名〉菌;蕈。(见菻)

栭² rauq [ɣaːu⁵]〈名〉耙。都安《三界老爺唱》:文栭,faenz rauq,耙齿。

梎 方 sa [θa¹]〈名〉纸。(见纱¹)

栖 方 sai [θaːi¹]〈名〉筛子。《初》:偲栖,aensai,筛子。

栒 方 saenj [θan³]〈量〉根;条。(见榗)

柕(膄、栘、梽、梼) saeu [θau¹]〈名〉柱子。(见《初》)

栘 saeu [θau¹]〈名〉柱子。(见柕)

椷 singz [θiŋ²]〈名〉城。(见埕)

栰 方 swt [θɯt⁷] ❶〈动〉堵塞。❷〈名〉塞子。(见窣)

桭 方 vaiq [waːi⁵]〈名〉棉;棉花。(见梤,即 faiq)

枺 yu [ju¹]〈名〉食槽。金城江《台腊恒》:偶金馬𠺝枺。Aeu gim ma guh yu. 用金来做[猪]食槽。

梹(挨) 方 ai [ʔaːi¹]〈动〉靠;倚靠。《初》:旭梹丕垮椅。Gyaeuj ai youq bangx eij. 头靠在椅子边上。

彬¹ baenq [pan⁵]〈动〉转;转动。大化《嚏奠别》:杺披难彬到。Loek beiz nanz baenq dauq. 水车的叶片难转回。

彬² lumz [lum²]〈动〉忘记。(见懜)

桶 bug [puk⁸]〈名〉柚。马山《三府雷王》:咟矤依眉双枯桶。Bak ranz ae miz song go bug. 他家门口有两棵柚子树。

梾¹ 方 congz [ɕoːŋ²]〈名〉桌子。(见桬)

梾² 〈名〉mbonq [ʔboːn⁵]〈名〉床。马山《抄凿歌》:眼歪梾,ninz gwnz mbonq,睡在床上。

梻 方 congz [ɕoːŋ²]〈名〉桌子。(见桬)

梽 dad [taːt⁸]〈动〉裂;开裂(指坚硬之物产生裂痕)。《初》:𢷹迈奔楧梽。Rap naek faexhanz dad. 挑重担子扁担裂。

梯¹ daez [tai²]〈形〉矮的。巴马《贖魂粡吰》:枯梯高麻迫。Go daez gauh makbug. 那棵矮的像柚子树。

梯² dij [ti³]〈动〉值;值得。(见𪙓)

梯³ raeh [ɣai⁶]〈形〉聒噪;吵闹(与鞡连用)。马山《抄凿歌》:鞡梯皮往伝。Ragraeh beixnuengx vunz. 聒噪众兄弟。

桪¹(淀、滓、黯)daenh [tan⁶]〈名〉蓝靛(用板蓝、木蓝等制成的膏状染料)。(见《初》)

桪² goen [kon¹]〈动〉煲。(见焜¹)

桪³(捆、棍、馆、欤、榊、哏)goenq [kon⁵]〈名〉树蔸;树桩。(见《初》)

桓¹(枓)daeux [tau⁴]〈名〉拐杖。(见《初》)

桓² daeuq [tau⁵]〈名〉梭子。(见栖)

桓³ dou [tou¹]〈名〉门。马山《信歌》:唰桓,bakdou,门口。

桦¹ fa [fa¹]〈名〉盖子。(见葭)

桦²(芤)va [wa¹]〈名〉花。(见《初》)

桦³ va [wa¹]〈名〉花纹。(见絉)

梶 faex [fai⁴]〈名〉❶树;树木;木;木材;木头。❷棺材。(见奔)

梜¹ gyap [kja:p⁷]〈名〉柴块;木柴(劈成块的木柴)。(见柙²)

梜² nga [ŋa¹] ❶〈名〉枝。❷〈量〉支;条。(见丫²)

梜³ nyap [ɲa:p⁷]〈名〉❶杂草。❷垃圾。(见革³)

梜⁴ 历 gyaep [kjap⁷]〈动〉殓。《初》:叹梜,gaeuj gyaep,入殓。

梚 faiz [fa:i²]〈名〉甜竹(亦称麻竹)。金城江《台腊恒》:洞拉汏果梚。Dumx laj dah gofaiz. 淹了河边的麻竹。

枚(钵、粉) 历 foenq [fon⁵]〈名〉尘土。(见《初》)

楁¹ gaeu [kau¹]〈名〉藤。(见芶¹)

楁²(芶、苗、芻、鞈、柩)gouh [kou⁶]〈量〉❶双(筷、鞋、袜等)。《初》:楁鑊刁,gouh dawh ndeu,一双筷子。❷副(棺材)。《初》:楁奔刁,gouh faex ndeu,一副棺材。

樫¹ gen [ke:n¹]〈名〉手臂。(见掮)

樫² genq [ke:n⁵]〈形〉硬;坚硬。《初》:樫銧銧,genqgvangjgvangj,硬邦邦。

梘¹ genq [ke:n⁵]〈形〉坚硬。金城江《台腊恒》:楝某梘,dongh faexgenq,硬木柱子。

梘² 历 yienq [ji:n⁵]〈名〉楦;模;样式。《初》:梘鞋,yienqhaiz,鞋楦。

桾 giemx [ki:m⁴]〈名〉栏;厩;槛。马山《六中官将唱》:闵于闳桾,gven youq ndaw giemx,关在栏厩里。

裕¹(斛、榾、棞、格、坌、谷、頜、杚、角、唃、槲、踻)goek [kok⁷]〈名〉❶根基;根底;根端;根部。《初》:裕淰,goekraemx,源头;水源。|齭裕,sawgoek,古老的文字。❷本;本钱。《初》:眉裕只眉利。Miz goek cij miz leih. 有本才有利。

裕² gut [kut⁷]〈名〉蕨。(见蛐)

梱 历goenq [kon⁵]〈名〉枷(与柙连用)。《初》:柙梱,gapgoenq,脚枷。

梡 gwz [kɯ²]〈名〉茄子。(见茕³)

槼 gwiz [kɯːi^2]〈名〉婿。(见尭)

梂^1 goux [kou^4]〈名〉乌桕。(见楔)

梂^2(柏)历 gyaeuq [kjau^5]〈名〉尖扁担。《初》:樸梂,hanzgyaeuq,尖扁担(两头尖,用来挑柴、稻草等)。

梂^3 历 gyaeuz [khjau^2]〈名〉枫。《初》:槸梂,maexgyaeuz,枫树。

梏 历gyau [kjaːu^1]〈名〉木鱼。(见《初》)

桿 hanz [haːn^2]〈名〉扁担。(见樸)

桧 hanz [haːn^2]〈名〉扁担。(见樸)

桲 heng [heːŋ^1]〈名〉砧板。(见珩)

楽(洛)历 lag [laːk^8]〈动〉失踪。《初》:怀楽辈。Vaiz lag bae. 牛失踪了。

梸^1 lae [lai^1]〈名〉梯子。(见橡^1)

梸^2 laeh [lai^6]〈名〉荔枝。马山《偻鵑荳貧够》:梸枝,laehci,荔枝。

梸^3 roi [ɣoi^1] ❶〈名〉梳子。❷〈动〉梳。(见檑^5)

梁 lieng [liːŋ^1]〈动〉滴出。巴马《贖魂糎吰》:王國料造梁。Vuengz gueg laeuj caux lieng. 王酿酒才滴出。

梾^1 diengz [tiːŋ^2]〈名〉茅寮;棚子。(见葶)

梾^2 liengz [liːŋ^2]〈名〉梁。《初》:奔奔㡛𠔉梾。Faexhung ma guh liengz. 用大木来做屋梁。

梾^3 rangz [ɣaːŋ^2]〈名〉笋。马山《嚏嘆情》:枯梾,gorangz,竹笋。

梾^4 riengh [ɣiːŋ^6]〈名〉栏圈;栏厩。(见梡^3)

梇^1 loengx [loŋ^4]〈名〉箱子。(见籠)

梇^2 nduk [ʔduk^7]〈形〉❶朽。❷坏;烂;歹毒。(见豱)

梱^1 maenj [man^3]〈名〉李。(见橄)

梱^2 maenh [man^6]〈形〉❶坚固;牢固。❷强壮;健壮。(见䫇^1)

梱^3 mbaenq [ʔban^5]〈量〉段;节。(见捆^2)

桵 mak [maːk^7]〈名〉果子。(见𥑮)

𪐴(榒)myaz [mja^2]〈名〉南酸枣(俗称人面果、五眼果。味酸,果核有五孔,似人面)。《初》:𥑮𪐴,makmyaz,南酸枣。

桠^1 历 nga [ŋa^1]〈形〉蛮不讲理(与𢚓连用)。(见恆)

桠^2 ngah [ŋa^6] ❶〈形〉馋。❷〈动〉爱好;喜欢。(见㑲)

梲^1 ngox [ŋo^4]〈名〉芦苇。马山《嚏嘆情》:枯梲,go'ngox,芦苇。(见箣)

梲^2 ngot [ŋoːt^7]〈拟〉突突;忽忽;咿呀(形容植物拔节生长迅疾且带有声响)。(见哦)

梧 nguh [ŋu^6]〈名〉无花果。都安《三界老爺唱》:轿樻梧,giuh faexnguh,无花果木做的轿子。(见菩)

棟 nye [ȵe¹]〈名〉枝(植物的小枝,比 nga 小,比 nyingh 大)。(见楦)

桧 oij [ʔoi³]〈名〉甘蔗。(见蔆)

梨 raez [ɣai²](雷)鸣。(见霾)

梶 riengh [ɣi:ŋ⁶]〈名〉栏圈;栏厩。(见梡³)

桱 ringj [ɣiŋ³]〈名〉碗柜。(见《初》)

梿 㓝 ruenh [ɣu:n⁶] ❶〈名〉房;屋。❷〈量〉户;家。❸〈名〉宅。❹〈名〉家庭。(见《初》)

梇 rungz [ɣuŋ²]〈名〉大叶榕。(见栊²)

梼 saeu [θau¹]〈名〉柱子。马山《抄畄歌》:孙英梼望姆。Lwg ing saeu muengh meh. 孩子倚柱盼母归。(见柠)

梀 saeu [θau¹]〈名〉柱子。(见柠)

柞 sak [θa:k⁷]〈名〉杵。(见㲼)

巢 㓝 sauz [θa:u²]〈动〉洗。(见澡²)

梢(肖)㓝 seuj [θeu³]〈动〉(用小鞭子、小木条)抽打。(见《初》)

梭 so [θo¹]〈名〉铁锹。宾阳《催春》:把梭,fagso,铁锹。(见鏉)

梡 suen [θu:n¹]〈名〉园子。(见圎)

楧 㓝 vieng [wi:ŋ¹]〈形〉寂静;荒凉。(见荒)

梺 㓝 yauq [ja:u⁵]〈名〉耙。(见《初》,即 rauq)

梚 baenq [pan⁵]〈动〉转;转动;旋转。(见轔)

棑[1] baiz [pa:i²]〈动〉并排。金城江《覃氏族源古歌》:各自棑安處。Gag cix baiz an cawq. 各自并排起了安身处。

棑[2] faex [fai⁴]〈名〉❶树;树木;木;木材;木头。❷棺材。(见桽)

棑[3] 㓝 vai [va:i¹]〈名〉坝。马山《迪封信斗巡》:绞棑不各貧。Geu vai mbouj gag baenz. 一条水坝不是自动形成的(比喻大成就都靠长期积累)。

梹 byai [pja:i¹]〈名〉尾;尾部;末端;末尾;梢。(见葬)

棣(簑)㓝 byauh [pja:u⁶]〈名〉篱笆。《初》:梿棣,ruenzbyauh,篱笆围着的房子。

棔(棇)cueng [ɕu:ŋ¹]〈名〉樟。《初》:桽棔,faexcueng,樟树。

棹 㓝 cup [ɕup⁷]〈动〉空嚼(嘴巴)。(见嗡)

棇 daemj [tam³]〈动〉碰;碰撞;顶撞。马山《尊老爱幼歌》:話棇凸仪姆。Vah daemjdongj bohmeh. 话语冲撞父母亲。

棟[1] daemj [tam³]〈动〉撞。田阳《布洛陀遗本》:劳萌棟咟翁。Lau mwngz daemj bak ungq. 怕你撞缸口。

棟[2] dongh [to:ŋ⁶]〈名〉柱子。金城江《台腊恒》:棟蚕,dongh canz,晒台柱子。

棟[3] ndoengj [ʔdoŋ³]〈名〉簸箕。(见簛)

椡(梪、㯰)daeuq [tau⁵]〈名〉梭子。《初》:偲椡双尥鎅。Aendaeuq song gyaeuj soem. 梭子两头尖。

棐(株、粎、棉、棍、枇、柭、棑、桁、樻、費、棐、棵、楪)faex [fai⁴]〈名〉❶树;树木;木;木材;木头。《初》:歐棐庲弖室。Aeu faex ma hwnj ranz. 要木头来起房子。❷棺材。马山《行孝唱》:否昨棐恶壗。Ngoenzcog faex ok ndoi. 明天棺材上山(出殡)。

棐 faex [fai⁴]〈名〉❶树;树木;木;木材;木头。❷棺材。(见棐)

棵 faex [fai⁴]〈名〉❶树;树木;木;木材;木头。❷棺材。(见棐)

楞 fiengz [fiːŋ²]〈名〉杨桃。《初》:碌楞醽杀杀。Makfiengz soemjsatsat. 杨桃果酸溜溜的。(见䅝)

棒¹ foengq [foŋ⁵]〈量〉❶束。❷串(果子)。(见樥)

棒² fungh [fuŋ⁶]〈动〉奉敬。金城江《覃氏族源古歌》:護嬑棒祖宗。Gangj hauq fungh cojcoeng. 讲孝道就奉敬祖宗。

棘(槅)gieg [kiːk⁸]〈名〉木屐;木板鞋。《初》:裿鞍棘。Daenj haizgieg. 穿木板鞋。

椋 历 giengz [khiːŋ²]〈名〉砧板。(见《初》)

椢 goek [kok⁷]〈名〉❶根基;根底;根端;根部。❷本;本钱。(见桍¹)

棍¹ goenq [kon⁵]〈动〉断。(见斷)

棍² goenq [kon⁵]〈名〉树蔸;树桩。(见桥³)

榊 goenq [kon⁵]〈名〉树蔸;树桩。(见桥³)

棋 历 gw [kɯ¹]〈名〉盐。(见餛)

箪(啉、挈、枯)gyo [kjo¹]〈形〉干(水分少)。《初》:枚箪, fwnz gyo, 干柴。

柯 haz [ha²]〈名〉茅草。(见茾)

椤 laeng [laŋ¹]〈名〉后;背后;后面。(见挘¹)

敉 maenj [man³]〈名〉李。(见檄)

梈 maenz [man²]〈名〉薯;红薯。(见苠¹)

椚 mbonq [ʔboːn⁵]〈名〉床;床铺。(见柈)

棉 mienz [miːn²]〈形〉细(指颗粒小)。(见絤¹)

椭 naux [naːu⁴]〈名〉秤纽。(见緢)

楉¹ ndoek [ʔdok⁷]〈名〉竹子(总称)。(见櫟)

楉² 历 noeg [nok⁸]〈量〉根(用于长得较粗大的植物幼苗)。(见《初》)

榐(杆、桉、楛)nganx [ŋaːn⁴]〈名〉龙眼。《初》:棐榐, faexnganx, 龙眼树。|碌榐, maknganx, 龙眼果。

楛 nganx [ŋaːn⁴]〈名〉龙眼。(见榐)

棒 ngingh [ŋiŋ⁶]〈名〉小树枝;小枝丫。(见栤¹)

梑 㞢 ngingh [ŋiŋ⁶]〈名〉小树枝；小枝丫（植物的小枝，比 nye 小，有时也读作 nyingh）。（见枘¹）

棯¹ nim [nim¹]〈名〉桃金娘。马山《十二月花歌》：四月花𠃍棯。Seiqnyied va lwgnim. 四月开桃金娘花。

棯² raemh [ɣam⁶]〈名〉❶ 荫。❷ 阴。（见䆦）

椬（椑）nye [ȵe¹]〈名〉枝（植物的小枝，比 nga 小，比 nyingh 大）。《初》：栥榧千万椬。Faexraez cien fanh nye. 榕树小枝千万条。（也常音变读如 nge）

棤 rad [ɣaːt⁸]〈拟〉弹颤的；颤悠的。都安《三界老爺唱》：罡轿棤棤卦王堂。Ram giuh radrad gvaq vuengzdangz. 抬轿颤悠过王堂。

椤 raek [ɣak⁷]〈动〉断。马山《曾迪字悲喹》：翅断椤难飛。Fwed donh raek nanz mbin. 半截断翅难飞起。

棖 㞢 rangq [ɣaːŋ⁵]〈名〉陀螺。（见未）

榔¹ rangx [ɣaːŋ⁴]〈形〉纷乱的。《初》：𨃭朧榔，raezroengxrangx，东西不整齐地垂吊着。| 朧朧榔榔，roengxroengx rangxrangx，纷纷乱乱。

榔² rangz [ɣaːŋ²]〈名〉竹笋。（见筤¹）

榭 sab [θaːp⁸]〈名〉茬；批；辈（同一时期生长的动植物）。《初》：仝榭，doengz sab，同茬。

森 㞢 saemz [θam²]〈名〉蟾蜍（与如连用）。《初》：森如，saemzsawz，蟾蜍、癞蛤蟆。

桑 sangx [θaːŋ⁴]〈形〉凋零；凋落。（见橎）

梏 sej [θe³]〈名〉骨架；骨子。（见髗）

棨 vaiz [waːi²]〈名〉槐。《初》：𣎴棨，faexvaiz，槐树。

棫 㞢 vak [waːk⁷]〈名〉柏。《初》：榤棫，maexvak，柏树。

𣏌 vangh [waːŋ⁶]〈名〉苹婆（俗称九层皮、鸡冠子、凤眼果、七姐妹、罗晃子，籽实富含淀粉，味似板栗，可食）。《初》：𥕛𣏌，makvangh，苹婆子。

椪 vengh [weːŋ⁶]〈名〉横木；横档（连接木器上的木条）。《初》：椪樄，vengh daengq，凳子的横木。

椑 baex [pai⁴]〈动〉❶ 遮挡；遮蔽。❷ 背光。（见黯）

楄（枅、瑂）benj [peːn³]〈名〉板。《初》：楄𣎴，benjfaex，木板。

棑¹ byai [pjai¹]〈名〉尾；尾部；末端；末尾；梢。（见葬）

棑² 㞢 vaiq [waːi⁵]〈名〉棉；棉花。（见桝，即 faiq）

榯 caek [ɕak⁷] ❶〈名〉量米筒；竹筒。❷〈量〉筒（量米用，500 克的容量）。（见箣）

棤¹ caengx [ɕaŋ⁴]〈名〉谷囤；大竹箩。

金城江《台腊恒》:粝礼又圈丕作榕。Haeux ndei youh gyuenj bae coq caengx. 好谷又往大竹箩里收藏。

榕2 方nyengx [ȵeːŋ4]〈名〉柴;柴枝(带小枝叶的)。(见《初》)

榕3(緔)sengx [θeːŋ4]〈形〉(树叶)稀疏。《初》:昐奔総榕了。Mbawfaex cungj sengx liux. 树叶掉得稀疏了。

楂1 方cah [ɕa6]〈动〉垫。(见褡)

楂2(梌、斯)cah [ɕa6] ❶〈名〉荆棘。《初》:歪岜眉楂栘。Gwnz bya miz cah lai. 山上有很多荆棘。❷〈动〉围(指用荆棘围菜园或地头)。《初》:楂圚花,cah suen byaek,围菜园。

楂3 方caz [ɕa2]〈名〉茶;茶水。上林《赶圩歌》:呵渴只�楂。Hozhat cix gwn caz. 口渴就喝茶。

楂4 caz [ɕa2]〈量〉丛。(见耷)

楪 caz [ɕa2]〈名〉丛。马山《偻笁荳貧够》:棵杁叐楪, go'ndoek caemh caz, 同一丛的竹子。

椿 cin [ɕin1]〈动〉穿。(见穃)

椯1 方cuih [ɕuːi6]〈名〉酒席。《初》:叫椯, guh cuih, 办酒席。

椯2 方seih [θei6]〈名〉(椿)树。《初》:楧椯, maexseih, 椿树。

楧 danq [taːn5]〈名〉木炭。(见炟)

楾 deiz [tei2]〈名〉凤尾竹。《初》:奔楾, feixdeiz, 凤尾竹。

椱 doh [to6]〈量〉段;节。《初》:条奔内傍三椱。Diuz faex neix faen sam doh. 这条木棍分三节。

楁 em [ʔeːm1]〈名〉芭芒。(见菩1)

楣1 faex [fai4]〈名〉树木。平果《情歌》:鸿鹳叫派楣。Roeglaej heuh byaifaex. 麻雀树梢叫。

楣2 方maex [mai4]〈名〉树木。(见楧)

樻 faex [fai4]〈名〉❶ 树;树木;木;木材;木头。❷ 棺材。(见奔)

榜 fag [faːk8]〈名〉❶ 篱笆;围篱。❷ 竹垫(垫在席子下的竹片卧具,作用相当于床板)。田阳《布洛陀遗本》:粝配污立榜。Haeux bawx uq laj fag. 媳妇藏饭竹垫下。

椷 faiq [faːi5]〈名〉棉花。(见芥)

粿(硋)geh [ke6]〈量〉截;半个;半块;半条。(见《初》)

榾1 goek [kok7]〈名〉❶ 根基;根底;根端;根部。❷ 本;本钱。(见裕1)

榾2 got [koːt7]〈动〉抱;搂;搂抱;拥抱。(见搰)

柰 gwg [kɯk8]〈拟〉咯(牙齿打战响声)。(见《初》)

榉 方gyang [kjaːŋ1]〈名〉棕榈。(见杠2)

楴1(椓、喙)gyaq [kja5]〈量〉架。《初》:黚糺楴車蘏。Cawx ndaej gyaq ci moq. 买得一架新车。

𣘚2 㘝 gyaz［kja2］〈量〉丛。《初》：𣘚蓍，gyaz em，芭芒丛。

𣘚3 gaz［ka2］〈动〉卡；卡住；阻碍。（见拤）

𣘚4 raq［ɣa5］〈名〉楠。（见杒）

楷 gyoij［kjoi3］〈名〉芭蕉。（见䕸）

椷 hanz［ha:n2］〈名〉扁担。（见㯪）

椌1 hongh［ho:ŋ6］〈名〉巷。（见哘3）

椌2 ndiengq［ʔdi:ŋ5］〈名〉❶门机；暗扣（门闩上的）。《初》：椌闩，ndiengq dou，门闩上的暗扣。❷（耙子）木条。《初》：椌耪，ndiengq rauq，耙子两端用来拴缆绳的木条。

椌3（枬、阚、圗、梶、唴、桹）riengh［ɣi:ŋ6］〈名〉栏圈；栏厩。马山《叹亡》：猪鸡周图怀，图图干叺椌。Mou gaeq caeuq duzvaiz，duzduz ganq haeuj riengh. 猪鸡和水牛，只只照料入栏厩。|《初》：椌怀，riengh vaiz，牛栏。| 椌猍，riengh mou，猪栏。

楆 hwet［hɯ:t7］〈名〉腰。马山《喜歌》：楆功弓度陇，很从屌𥑹素。Hwet gungq gungj doxroengz，hwnj soengz ndwi ndaej soh. 腰躬向下弯，立起不能直。

楞1（踜）㘝 laeng［laŋ1］〈名〉家（受表示人的名词或人称代词修饰，表示处所）。《初》：𡗧楞妖叩㝵。Bae laeng daiq guhcaemz. 去外婆家玩。

楞2 laeng［laŋ1］〈名〉后；背后；后面；后来。宜州《龙女与汉鹏》：眸宜噔楞本啵媄。Mbouj nyiz daengz laeng baenz bohmaex. 谁想后来成夫妻。（见捞1）

楞3 laeng［laŋ1］〈名〉上；上面。马山《迪封信斗巡》：袆楞躺往将。Buh laeng ndang nuengx ciengq. 身上的衣服是妹妹浆洗的。

楞4 laengx［laŋ4］〈形〉健忘（与淋连用）。马山《曾迪字悲喳》：改迪叩淋楞。Gaej dawz guh lumzlaengx. 别当作健忘。

楼1 㘝 laeuh［lau6］〈名〉漩涡（与漙连用）。（见溇1）

楼2 raeu［ɣau1］〈名〉枫。《初》：𣏾楼，faexraeu，枫树。

楼3 raeuh［ɣau6］〈副〉很；极（放在形容词后，表示程度加深）。（见叙2）

楽（烁、乐）㘝 loek［lok7］〈形〉热情；快乐；欢乐（与嚹连用）。《初》：佲廸俌伝楽嚹刁。De dwg boux vunz loeklaih ndeu. 他是一个热情的人。

楧（榵、槌、楣）㘝 maex［mai4］〈名〉树木。（见《初》，即 faex）

槌 㘝 maex［mai4］〈名〉树木。（见楧）

楼 㘝 mod［mo:t8］〈动〉卷（裤脚）。《初》：楼袜，mod vaq，卷裤脚。

椥1 ndoek［ʔdok7］〈名〉竹子（总称）。（见櫂）

椥2 nduk［ʔduk7］〈形〉❶朽。❷坏；烂；歹毒。（见𥚺）

黔 nim［nim1］〈名〉桃金娘（俗称倒稔子、稔果、稔子）。（见黏）

榑1 nya［ȵa¹］〈名〉杂草。马山《皮里患鲁不》：埅忻榑。Dieg hwnj nya. 地里长杂草。

榑2 saux［θaːu⁴］〈名〉竹竿。（见摷¹）

榅 oen［ʔon¹］〈名〉刺；荆棘。（见蕴）

橥（腊、榴、檏）rag［ɣaːk⁸］〈名〉根；植物的根部。《初》：橥乔，rag faex，树根。

埜（梻）历 raemq［ɣam⁵］〈动〉再生（作物）。《初》：拯花埜。Mbit byaek raemq. 摘再生菜。

榀 raeu［ɣau¹］〈名〉枫。都安《三界老爺唱》：专板依眉双棵榀。Laeng mbanj ae miz song go raeu. 他的村后有两棵枫树。

榄 ranz［ɣaːn²］〈名〉家。宜州《龙女与汉鹏》：汉朋马榄问双婢。Hanbungz ma ranz haemq song beix. 汉鹏回家问两位嫂子。

榧（檑）reiz［ɣei²］〈名〉小叶榕。《初》：槅榧，goreiz，小叶榕。

榫 roed［ɣot⁸］〈名〉毛金竹（常用来做钓竿）。《初》：筤榫，rangzroed，毛金竹笋。

棯 romj［ɣoːm³］〈名〉❶ 板蓝（俗称蓝靛草）。❷ 蓝靛。（见菍）

榇 rungz［ɣuŋ²］〈名〉大叶榕。（见栊²）

楺 saeu［θau¹］〈名〉柱。金城江《台腊恒》：偶馬⼝楺。Aeu ma guh saeu. 拿来做柱子。

溧 saj［θa³］〈名〉土纺纱车。（见緃¹）

樾（茹）sawz［θaɯ²］〈名〉薯类。（见《初》）

楦 suen［θuːn¹］〈名〉园子。（见圚）

楚 suj［θu³］〈名〉手帕（与帊连用）。（见幪）

槌（唷、隨、遀、桄、檅、适）swiz［θɯːi²］〈名〉枕头。（见《初》）

桄 swiz［θɯːi²］〈名〉枕头。（见槌）

檅 swiz［θɯːi²］〈名〉枕头。（见槌）

楊 yaengx［jaŋ⁴］〈动〉擎。马山《百岁歌》：楊条旙許姆。Yaengx diuz fan hawj meh. 擎起一条长幡给母亲。

榄 yienq［jiːn⁵］〈名〉蚬木（南方优秀树种，广西四大硬木之一，国家珍稀保护植物。多用于制作高级家具或做建材等。广西大新县有一棵千年巨蚬，高50多米，直径3.24米，被称为蚬木王）。《初》：乔榄，faexyienq，蚬木。

搬1（檻、枛、相）bam［paːm¹］〈名〉楼；阁楼。《初》：逄粝㐌搬砦。Daeh haeux hwnj bam bae. 把谷子搬上楼去。

搬2 mbonq［ʔboːn⁵］〈名〉床；床铺。（见栟）

榜1 bangx［paːŋ⁴］〈名〉旁；边。（见塝¹）

榜2 bangx［paːŋ⁴］〈名〉法杖。都安《三界老爺唱》：交許条爿榜。Gyau hawj diuz dwngxbangx. 交给一根法杖。

榜3 bengz［peːŋ²］〈形〉贵；贵重。金城江《台腊恒》：件布金榜四。Geu buh gim

bengz cawx. 衣服重金买。

榜 4 biengz [piːŋ2]〈名〉社会；世界；世间。（见坪）

榜 5 bongh [poːŋ6]〈动〉❶ 猛冲；往前冲。❷ 蹿（向上跳）。❸ 跑；奔跑。❹（植物）猛长。（见逬）

槫 bug [puk8]〈名〉柚。都安《三界老爺唱》：㕭都依眉双棵槫。Bakdou ae miz song go bug. 他家门前有两棵柚子树。

槽 caenh [ɕan6]〈副〉尽。马山《皮里患鲁不》：忲咘槽各淚。Raemxda caenh gag lae. 泪水尽自流。

榨 㓵 cah [ɕa6]〈动〉垫。（见楂）

㮝（栅、栈）canz [ɕaːn2]〈名〉晒台（用竹木搭成）。《初》：旺粝丕歪㮝。Dak haeux youq gwnz canz. 在晒台上晒谷子。

樋 㓵 doengx [toŋ4]〈名〉柱；柱子（与倉连用）。《初》：樋倉，doengxcang，柱子。

槰（棒、缝、逢）foengq [foŋ5]〈量〉❶ 束。❷ 串（果子）。《初》：歪奔提碟槰添槰。Gwnz faex dawz mak foengq dem foengq. 树上结果串连串。

槹（古、枯、柯、哥）go [ko1]〈量〉棵；株。《初》：三槹奔，sam go faex，三棵树。

槅 gieg [kiːk8]〈名〉木屐；木板鞋。（见梂）

槛 giemz [kiːm2]〈名〉下巴（与齗连用）。（见臁）

榢 gyaq [kja5]〈量〉架。（见架1）

榎 haz [ha2] ❶〈名〉茅草。马山《皮里患鲁不》：願者坂忻榎。Nyienh ce mbanj hwnj haz. 愿丢村庄长茅草。❷〈动〉长草。马山《皮里患鲁不》：改許路偻榎。Gaej hawj loh raeuz haz. 莫让我们的道路长草。

榴 liu [liːu1]〈名〉柴火。（见橑1）

槟 㓵 maex [mai4]〈名〉树木。（见楳）

碟（糢、𣏌、墓、漠、模、莫）mak [maːk7]〈名〉果子。《初》：偲碟内兀吽。Aen mak neix ndei gwn. 这个果好吃。| 碟一，makit，葡萄。

模 1 mak [maːk7]〈名〉果子。马山《送夭灵》：眉千桃万模。Miz cien dauz fanh mak. 有千桃万果。| 都安《三界老爺唱》：仙桃模，siendauzmak，仙桃果。| 马山《雲红不㞎荫》：模落棵，mak doek go，树下的落果。（见碟）

模 2 㓵 mbok [ʔboːk7]〈名〉竹筒（可量 250 克米）。（见篥）

㮈 nat [naːt7]〈名〉暴牙郎（丛状灌木，生长在丘陵地带，花粉红或浅红，果实成熟后皮裂开）。（见葝）

椏 nga [ŋa1] ❶〈名〉枝。❷〈量〉支；条。（见丫2）

榅 oen [ʔon1]〈名〉刺；荆棘。（见蕴）

樱 oij [ʔoi3]〈名〉甘蔗。（见菱）

槐 oiq [ʔoi5]〈名〉嫩；粉嫩。马山《尊老爱幼歌》：孙笑百又槐。Lan riu naj youh oiq. 孙子笑脸又粉嫩。

檑 lawz [laɯ²]〈代〉谁;哪;何。(见唎²)

𣟉(㮯、柞、㮸) sak [θa:k⁷]〈名〉杵。《初》:提𣟉庲埕垟。Dawz sak ma cuk ciengz. 拿杵来舂墙。

㮯 sak [θa:k⁷]〈名〉杵。(见𣟉)

㮐 方 sangz [θa:ŋ²]〈名〉(猪)槽。《初》:㮐猉,sangzmou,猪槽。

槡 sang [θa:ŋ¹]〈形〉高。马山《尊老爱幼歌》:仪姆誁声槡,劲实啾声底。Bohmeh gangj sing sang, lwg cix han sing daemq. 父母高声说,儿就低声应。

槎 saux [θa:u⁴]〈名〉竹竿。(见摷¹)

样 siengz [θi:ŋ²]〈名〉寄生树。(见《初》)

榡 方 sog [θo:k⁸]〈名〉泡桐。《初》:楧榡,maexsog,泡桐树。

樺 vad [wa:t⁸]〈动〉❶ 划(船)。❷ 摇;挥动。❸ 招;挥(手)。❹ 扇(挥动扇子)。(见挒¹)

榣 yiuj [ji:u³]〈名〉廪;仓廪。平果《信歌》:烦粝叩榣。Fanz haeux haeuj yiuj. 收稻谷入仓廪。

楍 bam [pa:m¹]〈名〉楼;阁楼。(见搬)

標 biu [pi:u¹]〈动〉(植物很快地)抽芽;生长。(见漂¹)

槽¹ cauz [ɕa:u²] ❶〈名〉马厩。《初》:廸㹠合槽。Dwk max haeuj cauz. 打马入厩。❷〈名〉装饲料的容器;马槽。❸〈动〉喂。《初》:槽㹠,cauz max,喂马。

槽² saux [θa:u⁴]〈名〉竹竿。(见摷¹)

榑 cenx [ɕe:n⁴]〈名〉竹刺;木刺(竹片或木片上裂开而翘出的尖细物)。(见笲¹)

樍¹ cieg [ɕi:k⁸]〈名〉野芭蕉。平果《蓝王》:棵蕉佲变貧棵樍。Go'gyoij mwngz bienqbaenz gocieg. 你的芭蕉变野蕉。(见鬚)

樍² ciek [ɕi:k⁷]〈形〉慌乱。马山《百岁歌》:父母各樍珠。Bohmeh gag ciek caw. 父母自个儿慌了神。

𣛱 daeuq [tau⁵]〈名〉梭子。(见㮧)

槁 dawh [taɯ⁶]〈名〉筷子。金城江《台腊恒》:槁㓒簶,dawh ndaw gyok,筒中的筷子。

榆 dou [tou¹]〈名〉门。(见闭)

樻(㶡) 方 feq [fe⁵]〈名〉灰尘;烟灰子(尤指厨房里沾在蜘蛛网上成串的烟尘)。《初》:梾樻,foenqfeq,吊煤灰(即烟灰子)。

槃 gaq [ka⁵]〈动〉架。(见㨎)

樫¹ genq [ke:n⁵]〈形〉坚韧。(见揵)

樫²(坚、哯、礎、遟、硜、䂦) genq [ke:n⁵]〈形〉❶ 坚硬。《初》:𣏐樫,faex genq,坚硬的木头。❷ 牢固。❸ 健旺(多指上了年纪的人)。

樉 goek [kok⁷]〈名〉❶ 根基;根底;根端;根部。❷ 本;本钱。(见裕¹)

樌¹ gonh [ko:n⁶]〈名〉树桩;树墩(锯掉大树后留下的近地面的根蔸)。都安《三界老爺唱》：提㽃丕樌你度分。Dawz ma gwnz gonh neix doxfaen. 摆上这树桩来分赃。

樌²（棔）gonj［koːn³］〈量〉❶ 支（笔）。《初》：樌毞刁，gonj bit ndeu，一支笔。❷ 团（泥）。《初》：埔貧樌。Namh baenz gonj. 成团的泥巴。

楰¹ goux［kou⁴］〈名〉乌桕。（见槨）

楰² gyaeuq［kjau⁵］〈名〉桐。（见蒛）

樂¹ lox［lo⁴］〈动〉欺骗。金城江《覃氏族源古歌研究》：吅火樂江邦。Guh hoj lox gyang biengz. 装穷骗世人。

樂² 方loz［lo²］〈形〉瘦；消瘦。田东《闹涽懐一科》：弄昙是弄樂。Loengh ngoenz cih loengh loz. 逐日就逐渐消瘦。（即 roz）

㯥 lumx［lum⁴］〈动〉培土；埋；盖。（见埛）

檓（桝、闵、敃、杒）maenj［man³］〈名〉李。《初》：硍檓否枣呻只醯。Makmaenj mbouj cug gwn cix soemj. 李果未熟吃起来就酸。| 柌檓，gomaenj，李树。

㰂 mbonq［ʔbon⁵］〈名〉床。马山《毛红唱》：跐㰂眸。Bae mbonq ninz. 上床睡觉。

樠 方mon［moːn¹］〈名〉木头矮凳；用稻草、蔗皮编成的草凳。（见《初》）

橅 myaz［mja²］〈名〉南酸枣。（见匙）

檂 ndoeng［ʔdoŋ¹］〈名〉树林；森林；山林。（见崠）

𣞟（吋、柮、煔、浞、梼、蚄、槸、箹、蛖、瀆、𪎭、錙、𥶍、䆯）nduk［ʔduk⁷］〈形〉❶ 朽。《初》：𣘨 肿 敮 只 𣞟。Faex cuengq nanz cix nduk. 木头放久了就腐朽。❷ 坏；烂；歹毒。《初》：胣𣞟，simnduk，歹心、坏心肠。

㶅 nyumx［n̥um⁴］〈动〉染。（见黔）

𣚦 nyumx［n̥um⁴］〈动〉染。（见黔）

𣟑（𨅬、撕）raek［ɣak⁷］〈动〉断；折。《初》：颷吃𣘨𨒫𣟑。Rumz ci faex dwk raek. 风吹断了树木。

檪 rag［ɣaːk⁸］〈名〉根；植物的根部。（见𣘿）

欗 riengh［ɣiːŋ⁶］〈名〉栏；栏厩。金城江《台腊恒》：吞对拉欗，naen doiq laj riengh，栏厩下的石碓。

槳 ruh［ɣu⁶］〈名〉食槽（盛牲畜饲料的长形器具）。（见櫓）

櫳 rungz［ɣuŋ²］〈名〉大叶榕。（见栊²）

櫓 ruz［ɣu²］〈名〉船。马山《勺记时种花》：匠櫓，canghruz，船夫、船工。

㯽（桑、喪）sangx［θaːŋ⁴］〈形〉凋零；凋落。《初》：柌𣘨内昉㯽了。Go faex neix mbaw sangx liux. 这棵树叶子都凋落光了。

榁 方swt［θɯt⁷］❶〈动〉堵塞。❷〈名〉塞子。（见窣）

横¹ vaeng［waŋ¹］〈名〉稗草。马山《完筆字信》：枯横粘枯粨。Govaeng nem gohaeux. 稗草紧贴着禾稻。

横² vaengz［waŋ²］〈名〉❶ 潭。❷ 深水汪（河段中较深的地方）。（见澢³）

槼 yuih [juːi⁶]〈名〉松明。《初》:点槼㶣吽粇。Diemj yuih rongh gwn caeuz. 点起松明照明吃晚饭。

榌 beiz [pei²]〈名〉❶扇子。❷(水车上的)叶片。平果《雷王》:杚榌傍汏嗒皓賎。Loek beiz bangx dah daengj haucanz. 河边水车的叶片白惨惨地竖起来。

橧[1](稃、穃、称、扗)caengh [çaŋ⁶] ❶〈名〉秤。《初》:偲橧刁, aen caengh ndeu, 一把秤。❷〈动〉称。《初》:橧脟, caengh noh, 称肉。❸〈量〉称(重量单位,市制50斤,原指称一箩筐的重量)。《初》:三橧粝, sam caengh haeux, 150斤米。

橧[2] caengq [çaŋ⁵]〈名〉甑子;(木制的)蒸桶。(见黨)

豬 㽅 cap [çaːp⁷]〈形〉馋。《初》:猍豬, mou cap, 贪馋的猪。

槎[1] caz [ça²]〈量〉丛。(见蒫)

槎[2] faq [fa⁵]〈量〉扇;堵。(见橃[2])

橧 cueng [çuːŋ¹]〈名〉樟。(见梖)

橔[1] daemj [tam³]〈动〉触;碰;撞;抵。(见覴)

橔[2](橙、橙、犖、朾、橙)daengq [taŋ⁵]〈名〉凳子。《初》:歐橔请客⿱。Aeu daengq cingj hek naengh. 拿凳子请客人坐。

橔[3] dwngx [tɯŋ⁴]〈名〉杖;拐杖。(见爿)

橙[1] daengq[taŋ⁵]〈名〉凳子。马山《为人子者》:蹄橙蹄枕, dik daengq dik doen, 踢凳子踢墩子(生气时的行为)。(见橔[2])

橙[2] ndaengq [ʔdaŋ⁵]〈名〉靛;蓝靛。平果《信歌》:淰橙, raemx ndaengq, 蓝靛水。

橔[1] doen [ton¹]〈名〉墩子(用稻草编结)。(见磝)

橔[2] doenj [ton³]〈名〉树墩。(见《初》)

楪 faex [fai⁴]〈名〉❶树;树木;木;木材;木头。❷棺材。(见荞)

櫃 faiz [faːi²]〈名〉甜竹;麻竹。大化《嚏奠别》:葉竹葉櫃, mbaw ndoek mbaw faiz, 簕竹甜竹的叶子。

楼 fwnz [fɯn²]〈名〉柴。马山《二十四孝欢》:賣楼养姆老。Gai fwnz ciengx meh laux. 卖柴养老母。

橒(景)gingj [kiŋ³]〈名〉货郎鼓;拨浪鼓(与机连用)。《初》:揿机橒。Ngauz gyungjgingj. 摇货郎鼓。

橈 㽅 giuq [kiːu⁵]〈名〉(竹篾编成的)竹桌。《初》:偲枱橈刁, aen daizgiuq ndeu, 一张竹桌。

騯(榜) fiengz[fiːŋ²]〈名〉杨桃。《初》:踝騯, makfiengz, 杨桃果。

樹 haex [hai⁴]〈名〉屎。(见屡)

欓(桿、箺、桓、橗、榈、栓、械、寒、限、喃)hanz [haːn²]〈名〉扁担。《初》:荞欓否离肥。Faexhanz mbouj liz mbaq. 扁担不离肩。

橗 hanz [haːn²]〈名〉扁担。(见欓)

𣟼 hanz［haːn²］〈名〉扁担。(见㰖)

𣠃 hoh［ho⁶］❶〈名〉节;关节(物体各段连接处或物体的一段)。❷〈量〉节。(见芦)

橉 linz［lin²］〈名〉水槽(一般用长木条凿成或竹筒等做成,使水从一头流到另一头)。

橑¹(𣜿、柳、㯿)liu［liːu¹］〈名〉柴火。《初》:𧸘橑卦暸盰。Gai liu gvaq saedceij. 卖柴度日子。

橑² 㽰 liu［liːu¹］〈动〉瞄;看。(见盯)

橑³ 㽰 reux［ɣeu⁴］〈名〉木棉。《初》:楧橑, maexreux,木棉树。| 椛橑, vareux,木棉花。

㯳 muh［mu⁶］❶〈名〉磨子。❷〈动〉磨。(见砪)

㯼 mup［mup⁷］〈动〉闻;嗅。(见鼽)

檁 ndaem［ʔdam¹］〈动〉种;栽。(见䅽)

橦 ndoeng［ʔdoŋ¹］〈名〉树林;森林;山林。(见崠)

黔(黔、黔)nim［nim¹］〈名〉桃金娘(俗称倒稔子、稔果、稔子)。《初》:𥗯黔, maknim,稔果。

黔 nim［nim¹］〈名〉桃金娘(俗称倒稔子、稔果、稔子)。(见黔)

䅿(洇、陰、𥻗、𥻗)nyumx［ȵum⁴］〈动〉染。《初》:䅿𧜖, nyumx baengz,染布。

𣡖 rag［ɣaːk⁸］〈名〉根;植物的根部。(见𣙺)

𣚽 rap［ɣaːp⁷］❶〈名〉担子。❷〈量〉担。❸〈动〉挑(担)。❹〈动〉负担。❺〈动〉担当。(见𢫬)

𣚺(絢、枸)㽰 saenj［θan³］〈量〉根;条。《初》:𣚺紩刁, saenj mae ndeu,一根线。

𣟇 sangq［θaːŋ⁵］〈名〉大木桶(无耳,可装百斤以上的谷物)。《初》:歐𣟇庲𦬻粝。Aeu sangq ma coux haeux. 拿大木桶来盛米。

𣗱 vengj［weːŋ³］〈名〉金樱。(见荏)

𣟊(䍃、哓、尧)yiu［jiːu¹］〈动〉翘(起);撅。《初》:𣘚𣟼双𣄙𣟊仛𨑜。Faexhanz song gyaeuj yiu doxhwnj. 扁担两头往上翘。

𣝣(朩、楉、𣚀)ndoek［ʔdok⁷］〈名〉竹子(总称)。《初》:𣘚𣝣, faexndoek,竹子。

𣠔 ngoz［ŋo²］❶〈形〉憔悴。❷〈动〉发呆;发愣。马山《勺记时种花》:断吨仇吨呆,仪肚快之𣠔。Donq gwn caeuz gwn ngaiz, ngeix daengz gvai cix ngoz. 每到吃早饭晚饭,一想到情人就发呆。

𣚠(柊、埬、硑、嗤、𥔲)dongh［toːŋ⁶］〈名〉柱;桩子。《初》:歐𣘚庲𠁨𣚠。Aeu faex ma guh dongh. 拿木头来做桩子。| 𣚠柱, donghcawx,石柱(或砖柱)。

橅 fonj［foːn³］〈动〉翻转(指整个翻过来)。(见𩐁³)

𣙺 gaenz［kan²］〈名〉柄。《初》:𣙺𠛅, gaenz cax,刀柄。

𣞗(棣、杦、橶、舅)goux［kou⁴］

〈名〉乌桕。《初》:𣘨樳,faexgoux,乌桕。

櫑1 lawz [laɯ2]〈代〉哪;何;哪样。(见哰2)

櫑2 loih [loi6]〈名〉(木)槌。《初》:𣘲櫑,moegloih,木槌。

櫑3 loiz [loi2]〈名〉雷王;雷公。(见雷3)

櫑4 reiz [ɣei2]〈名〉小叶榕。(见榧)

櫑5(耒、𫁹)roi [ɣoi1]❶〈名〉梳子。❷〈动〉梳。《初》:歐櫑𣘨櫑𠑲。Aeu roifaex roi gyaeuj.拿木梳来梳头。

檂 ndoeng [ʔdoŋ1]〈名〉树林;森林;山林。(见崬)

櫓 roq [ɣo5]〈名〉檐。(见𢒈1)

樔 sauj [θaːu3]〈形〉干燥;干爽。马山《恭喜新房歌》:𠁸名真高樔。Ranz mwngz caen gaeuq sauj.你的房屋真够干爽。

橙 daengq [taŋ5]〈名〉凳子。(见橙2)

櫶 厉 daet [tat7]〈量〉段;截。《初》:枸𣘨鉅三櫶。Go faex gawq sam daet.一棵树锯成三段。

檝1 fag [faːk8]〈形〉饱满(一般指农作物的颗粒)。(见㟷)

檝2(把、垅、法、朊、梐)faq [fa5]〈量〉扇;堵。《初》:𡨴呫四檝垟。Ranz ngamq seiq faq ciengz.家中仅仅四堵墙。

檜 gonj [koːn3]〈量〉❶支(笔)。❷团(泥)。(见槓2)

檿 muh [mu6]❶〈名〉磨子。❷〈动〉磨。(见砿)

檻 ram [ɣaːm1]〈动〉抬。马山《信歌》:吽檻𣘨屋悲。Heuh ram faex okbae.叫抬棺材出去(出殡)。

䊵 rongz [ɣoːŋ2]〈名〉巢;窝。(见㝐1)

櫝 ruh [ɣu6]〈名〉食槽(盛牲畜饲料的长形器具)。(见櫓)

𣟗 厉 sung [θuŋ1]〈形〉高。(见篙2)

𣞗 angq [ʔaːŋ5]〈形〉高兴;兴奋;快乐;欢喜。(见昂)

橙 daengq [taŋ5]〈名〉凳子。(见橙2)

𣟊 fai [faːi1]〈名〉水坝。(见墄)

𣘲(目)moeg [mok8]〈名〉木。《初》:𣘲櫑,moegloih,木槌。| 𣘲面,moegmienh,木面具、假面具(多指师公用者)。

櫟1(梯、枋)lae [lai1]〈名〉梯子。《初》:逼櫟,bin lae,爬梯子。

櫟2 ndae [ʔdai1]〈名〉柿。上林《赶圩歌》:剥涩凳𣘲櫟。Bak saep dangq lwgndae.嘴涩如柿子。

䅏 mak [maːk7]〈名〉果子。(见𥟍)

檬 muh [mu6]❶〈名〉磨子。❷〈动〉磨。(见砿)

櫓(漕、櫝、槊)ruh [ɣu6]〈名〉食槽(盛牲畜饲料的长形器具)。《初》:櫓猉,ruhmou,猪食槽。

𥾣 vengj [weːŋ³]〈名〉金樱。(见茾)

櫳¹ lomz [loːm²]〈名〉箩。田东《闹涽懷一科》:櫳四在, lomz seiq sai,四条绳带的竹箩。

櫳² rungz [ɣuŋ²]〈名〉大叶榕。(见栊²)

㯼 ut [ʔut⁷]〈动〉弯。(见弫)

𣚺 em [ʔeːm¹]〈名〉芭芒。(见菴¹)

櫰 faiz [faːi²]〈名〉甜竹;麻竹。田阳《布洛陀遗本》:焚櫰櫰可滅。Coemh faiz faiz goj mued. 火烧甜竹甜竹也会死绝。

𣠽 liu [liːu¹]〈名〉柴火。(见橑¹)

𣟴 lumj [lum³]〈动〉像;似。(见廪)

櫴(閣、絠、籟)raiq [ɣaːi⁵]〈名〉栅;水栅门(用竹或铁丝编成,用来拦住水口,防鱼逃脱)。《初》:歐櫴𡉚𢶍陌壇。Aeu raiq bae coq bak daemz. 拿栅子去拦塘口。

櫿¹ ronh [ɣoːn⁶]〈动〉垫;贿赂。马山《达稳之歌》:歐𠬠櫿卦𡗶。Aeu cienz ronh gvaq laj. 拿钱垫过底。

櫿² 方 ronh [ɣoːn⁶]〈动〉筛。《初》:櫿粡, ronh gaeuj,筛米。

𣞁 angq [ʔaːŋ⁵]〈形〉高兴;兴奋;快乐;欢喜。(见昂)

欗(枓)ganj [kaːn³]〈名〉笏(师公的一种道具)。(见《初》)

欖 lamh [laːm⁶] ❶〈名〉绳索;牛绳。田东《闹涽懷一科》:懷皇造叭欖。Vaiz vuengz caux gyat lamh. 王的牛才挣脱绳索。❷〈动〉拴。右江《本麽叭》:得斗欖谷奏。Dawz daeuj lamh goek saeu. 拿来拴在柱根下。

𣡚 方 neb [neːp⁸]〈动〉❶ 驱逐;追;撵;赶。❷ 跟踪。(见逊)

鬱¹ ut [ʔut⁷]〈动〉弯。(见弫)

鬱² 方 vaet [wat⁷]〈形〉委屈。《初》:真大鬱啰。Caen daih vaet lo. 真委屈得很。

支 部

翅 fwed [fuːt⁸]〈名〉翅膀。(见翍¹)

䞈 gix [ki⁴]〈形〉纷纷(表示来回走动,络绎不绝)。(见趞)

翅 fwed [fuːt⁸]〈名〉翅膀。马山《曾迪字悲喽》:翅断楞难飛。Fwed donh raek nanz mbin. 半截断翅难飞起。

歹 部

歹 dai [taːi¹]〈动〉死。(见臰¹)

歼(散)sanj [θaːn³]〈动〉繁衍;繁殖。(见《初》)

殊 byoek [plok⁷]〈动〉唠叨(与殊连用)。武鸣《张》:殊殊, byoekbyoenx,唠叨。

殀 dai [taːi¹]〈动〉死。(见臰¹)

殍¹ 方 bemh [peːm⁶]〈动〉(禾稻)含苞。(见《初》)

殍² buenq [puːn⁵]〈动〉贩卖。(见貥)

殆 dai [ta:i^{1}]〈动〉死。(见𡗑^{1})

殊 byoenx [plon^{4}]〈动〉唠叨(与殊连用)。武鸣《张》:殊殊,byoekbyoenx,唠叨。

残 canz [ɕa:n^{2}]〈名〉晒台。东兰《造牛(残页)》:请麻阶残老。Cing ma daengz canz laux. 牵到大人的晒台下。

殊 ciz [ɕi^{2}]〈拟〉叽喳(与嗦连用)。《初》:鴔丕歪乖啁殊嗦。Roeg youq gwnz faex nauh cizsaz. 鸟在树上闹叽喳。

殓 gaemz [kam^{2}]〈动〉噙;含着(与𡗑连用,指雏禽未孵出而死在蛋壳里)。(见囹^{1})

殀 方 giuj [ki:u^{3}]〈动〉完蛋;丧命。(见《初》)

歺 iet [ʔi:t^{7}]〈动〉伸。(见𠊎)

殎 iet [ʔi:t^{7}]〈动〉伸。(见𠊎)

歺 dai [ta:i^{1}]〈动〉死。(见𡗑^{1})

殁 方 mod [mo:t^{8}]〈动〉灭绝。《初》:殁棽,modlaemz,死绝。

殡 bingh [piŋ^{6}]〈名〉病。(见痃)

殒 方 meng [me:ŋ^{1}]〈动〉丧命(含贬义)。(见《初》)

棽 laemz [lam^{2}]〈动〉灭绝;死绝。《初》:殁棽,modlaemz,死绝。

殡 cangq [ɕa:ŋ^{5}]〈动〉葬;安葬;埋葬(专指埋骸骨)。(见芷)

殭 geng [ke:ŋ^{1}]〈形〉硬。(见硄)

车(車)部

转 cienq [ɕi:n^{5}]〈动〉煎;熬。(见战)

软 suenq [θu:n^{5}]〈动〉打算。宜州《龙女与汉鹏》:古呀否软故仜哏。Gou yax mbouj suenq guh hong gwn. 我不再打算干活谋生。

轼 方 vaeg [wak^{8}] ❶〈形〉轻浮。❷〈副〉忽而。(见減^{1})

轸 方 ringx [ɣiŋ^{4}]〈动〉滚;滚动。(见𫘧)

轑(赏) 方 sangz [θa:ŋ^{2}]〈名〉辕(车前架牲畜的两根直木)。《初》:乔梡口轑車。Faexyienq guh sangzci. 蚬木做车辕。

軵 boek [pok^{7}]〈动〉翻;翻覆;倾覆。(见𩑦)

軞 ge [ke^{1}]〈动〉拖。(见𬴂)

斬^{1} 方 camh [ɕa:m^{6}]〈动〉拦。(见撕^{1})

斬^{2} camz [ɕa:m^{2}]〈动〉刺;戳;扎。(见瘆^{2})

斬^{3} yamq [ja:m^{5}] ❶〈动〉跨;迈;走。❷〈量〉步。(见蹽)

䡑 方 ce [ɕe^{1}]〈动〉遮盖。(见傘^{1})

軲 cienh [ɕi:n^{6}]〈动〉转;绕圈子。马山《二十四孝欢》:抗膰娘軲林。Gangh fan riengz cienh faex. 扛长幡跟着绕棺材。

𬨫(𨋍、𡨌、𨌖、杬) loek [lok⁷]〈名〉❶轮子。❷水车。《初》:𬨫堽汏𨘢𨘢轓。Loek henz dah menhmenh baenq. 河边水车慢悠悠地转。

𨋍 loek [lok⁷]〈名〉❶轮子。❷水车。(见𬨫)

𡨌 loek [lok⁷]〈名〉❶轮子。❷水车。(见𬨫)

𮝹 ndoeng [ʔdoŋ¹]〈名〉蜗牛(与𫛞连用)。金城江《台腊恒》:又调𫛞𮝹偶块𪂇。Youh diu sae'ndoeng aeu gaiq gvemq. 又挑蜗牛一块肉做油渣。

𨋎 wj [ʔɯ³]〈拟〉嗡嗡。《初》:𠲎𨋎𨋎,maenj wjwj,嗡嗡响。

𨋅 baenq [pan⁵]〈动〉转;转动;旋转。(见轓)

𨋢 baenq [pan⁵]〈动〉转;转动;旋转。(见轓)

𨋹 beiz [pei²]〈动〉扇页;叶片。《初》:𨋹𬨫,beiz loek,水车的叶片。

𨋤 ga [ka¹]〈名〉脚;足;腿。(见跒)

𨋞 mbit [ʔbit⁷]〈形〉歪扭;歪斜。(见𫠾)

轿 giuh [kiːu⁶]〈名〉轿。马山《二十四孝欢》:扛轿肸闭门。Ram giuh daengz doumaenz. 抬轿到了城门口。

𨍋 -mbengq [ʔbeːŋ⁵]〈缀〉表示飘飘然、轻飘飘、轻盈的样子。《初》:𨀾迪𨍋𨍋𨍋。Byaij dwk mbaeumbengqmbengq. 走路轻飘飘的。

𨌺¹ 方daeu [tau¹]〈名〉花轿。(见《初》)

𨌺² daeuz [tau²]〈形〉大。金城江《覃氏族源古歌》:岜𨌺,bya daeuz,大山。

𨋹 fouz [fou²] ❶〈动〉浮。❷〈形〉飘浮;轻浮。(见𬎆²)

轓(𨋍、𫐝、𡚧、𨋢、𢹎、𢩶、躰、𢭸、𫐔) baenq [pan⁵]〈动〉转;转动;旋转。(见《初》)

𨌖 loek [lok⁷]〈名〉❶轮子。❷水车。(见𬨫)

輂 方lwenx [lɯːn⁴]〈名〉山歌。(见𬐥)

𨎮 veq [we⁵]〈动〉❶转(头);掉转。《初》:𨎮𦞂𫧇𠿊𣛹。Veq naj ma couh feiz. 转过脸来烤火。❷让开。《初》:眉車卦料約𨎮坤。Miz ci gvaqdaeuj yaek veq roen. 有车过来要让路。

𨏥(俥、倸、𠍐、兮) 方he [he¹]〈动〉防备;提防。《初》:𨏥𠌴合板。He caeg haeuj mbanj. 防备强盗进村。|𨏥㾓。He bingh. 防病。

輼 unq [ʔun⁵]〈形〉软;软弱。(见㰷)

𨏬 boek [pok⁷]〈动〉翻;翻覆;倾覆。(见𣀉)

𨐉 cek [ɕeːk⁷]〈动〉拆;拆开;隔开;分开。(见𣏺¹)

𨏩 方 geh [ke^{6}]〈量〉段。(见𨈠)

𨎌 mbit [ʔbit^{7}]〈形〉歪扭;歪斜。(见㧙)

轢(杚)rok [ɣo:k^{7}]〈名〉土织布机。《初》:粲轢,congzrok,土织布机。

牙　部

牙^{1} ngah [ŋa^{6}] ❶〈形〉馋。❷〈动〉爱好;喜欢。(见䶥)

牙^{2} ngaq [ŋa^{5}]〈动〉❶ 悟;醒悟;明白。马山《情欢》:訲了偻否牙,卦楞倒怪伝。Gangj liux de mbouj ngaq, gvaqlaeng dauq gvaiq vunz. 说了他不醒悟,过后倒怪别人。❷ 以为。田阳《唱罕王》:古牙㹀卦忑。Gou ngaq noh gvaq laj. 我以为野兽过下边。

牙^{3} nyah [ȵa^{6}]〈名〉生气。都安《三界老爺唱》:王帝上堂受发牙。Vuengzdaeq hwnj dangz couh fat nyah. 皇帝上殿就生气。

牙^{4} nyaq [ȵa^{5}]〈副〉仅;只。田阳《唱罕王》:灰牙吟孙一。Hoiq nyaq gaem lwg ndeu. 我只有一个孩子。

牙^{5} nyaz [ȵa^{2}]〈名〉❶ 牙;牙齿。❷(锯、镰、耙)齿。(见《初》)

牙^{6} yah [ja^{6}]〈名〉妻。宜州《孟姜女》:呀难本久牙。Yax nanz baenz gyaeujyah. 也难成夫妻。

牙^{7} 方 yaq [ja^{5}]〈动〉完;结束。(见冴)

牙^{8} 方 yaq [ja^{5}]〈副〉莫;别。宁明《把彩门歌》:去回牙许骐尼骂。Baemwz yaq hawj guiz nih ndaq. 回去莫给夫婿骂。

牙^{9} 方 yaz [ja^{2}]〈名〉人面果。右江《本麼叭》:危漠牙郭乳。Ngvih makyaz guh cej. 人面果核做乳头。

犽(吖、玙) 方 geuj [kheu^{3}]〈名〉齿。(即 heuj,见《初》)

犳 方 en [ʔe:n^{1}]〈动〉钓。《初》:犳鲃,enbya,钓鱼。

犿 nyaq [ȵa^{5}]〈名〉渣;渣滓。(见哷)

犮^{1}(文、吰、坆、抆、肦、犽、犿、䟫、㹞)faenz [fan^{2}]〈名〉齿。《初》:骀犮骀㸩,haeb faenz haeb heuj,咬牙切齿。|犮耪,faenz rauq,耙齿。

犮^{2} heuj [heu^{3}]〈名〉牙齿。(见㸩)

犿 faenz [fan^{2}]〈名〉齿。(见犮^{1})

砑 yak [ja:k^{7}]〈形〉恶;凶;恶毒;凶恶。(见𠯗)

䍲 yak [ja:k^{7}]〈形〉恶;凶;恶毒;凶恶。(见𠯗)

犽 方 yenx [je:n^{4}]〈动〉啃。《初》:犽骴,yenx ndok,啃骨头。(即 henx)

犸 方 gox [ko^{4}]〈名〉臼齿(与㸩连用)。《初》:㸩犸,heujgox,臼齿(俗称大牙)。

㸩(犽、犮、啨、䶬、吗、姣、䶩、㕮)heuj [heu^{3}]〈名〉牙齿。《初》:㸩犸,heujma,犬齿。

䶮(砑)方 nyag [ȵa:k^{8}]〈动〉破费;浪费;糟蹋。《初》:揞佲䶮犸啰。Hawj mwngz

nyag lai lo. 让你太破费了。

犸(吉、吸、咭、趷)gaet[kat[7]]〈动〉啃;啮;咬。《初》:狃犸絉。Nou gaet cag. 老鼠咬绳子。

犳 geuq[keu[5]]〈动〉磨(牙)。(见犸)

犸(哈、吸、啮、嗑、嘞、敆、嗜)haeb[hap[8]]〈动〉咬。《初》:犸犸犸犳, haeb heuj haeb faenz,咬牙切齿。

犸 heuj[heu[3]]〈名〉牙齿。(见犸)

犸 㓍nyaenj[ṇan[3]]〈动〉咬(牙)。《初》:犸犳犸犸, nyaenj faenz nyaenj heuj,咬牙切齿。

犸 yamq[ja:m[5]]❶〈动〉跨;迈;走。❷〈量〉步。(见蹽)

犸 yaez[jai[2]]〈形〉差;次;低劣。(见孬[3])

犸(糖、胶、较、磨)geuq[keu[5]]〈动〉磨(牙)。《初》:犸犳, geuq faenz,磨牙齿(多指熟睡后无意识的磨牙行为)。

犸 faenz[fan[2]]〈名〉齿。(见犳[1])

犸 heuj[heu[3]]〈名〉牙齿。(见犸)

雅[1] nyaj[ṇa[3]]〈名〉草;野草;杂草。(见芐)

雅[2] ra[ɣa[1]]〈动〉找。宜州《孟姜女》:雅稳, ra vunz,找人。

雅[3] ngah[ŋa[6]]❶〈形〉馋。❷〈动〉爱好;喜欢。(见馟)

雅[4] 㓍yaq[ja[5]]〈动〉完;结束。(见冴)

犸 ngah[ŋa[6]]❶〈形〉馋。❷〈动〉爱好;喜欢。(见馟)(见武鸣《张》)

犸 㓍ngak[ŋa:k[7]]〈形〉不端正(与抽连用)。《初》:抽犸, nguknga k,不端正。

犸 yaez[jai[2]]〈形〉差;次;低劣。(见孬[3])

孽(别)be[pe[1]]❶〈形〉骈生的;连体的。《初》:犸孽, heuj be,骈生牙。❷〈动〉贴近。《初》:㇋任孽, naengh doxbe,紧靠着坐。

戈 部

戈[1] 㓍fak[fa:k[7]]〈动〉寄;寄托;付托。(见扻[2])

戈[2] goq[ko[5]]〈动〉顾;照料;看护。平果《信歌》:犸不妑干戈。Lwg mbouj baz ganqgoq. 无妻儿看顾。

戈[3] gou[kou[1]]〈代〉我。兴宾《孔雀》:戈年五十淋。Gou nienz hajcib rim. 我年满五十整。(见兄)

成[1] caengz[ɕaŋ[2]]〈副〉未曾;尚未;没有。宜州《龙女与汉鹏》:佧授颂茶之成眼。Fwngz caeux coeng caz cix caengz gwn. 手拿杯茶未曾喝。

成[2] 㓍swngz[θɯŋ[2]]〈动〉❶承;继承;承接。❷过房;过继。(见承)

戎 㓍nyuh[ṇu[6]]〈动〉露。《初》:戎𣱼庲, nyuh okmaz,露出来。

戒 gaiq [kaːi^5]〈动〉押解;押送(犯人)。(见摒)

我 方 ngah [ŋa^6]〈形〉蠢笨。《初》:伈我,gaenz ngah,蠢人。

或^1 faeg [hak^8]〈动〉孵。(见翻)

或^2 hog [hoːk^8]〈名〉家;家屋;房屋。马山《雲红不秃荫》:暄眼纫或苒。Hwnz ngoenz youq hog ranz. 日夜守在家里。

或^3 huek [huːk^7]〈形〉惊慌;慌张。马山《完筆字信》:心佪或了。Simdaeuz huek liux. 心惊慌了。

战^1 方 cienq [çiːn^5]〈名〉漩涡(与湎连用)。(见溥)

战^2 cienq [çiːn^5]〈动〉转。(见荐^1)

咸 方 hamh [haːm^6]〈名〉❶ 大口坛子。❷ 馅儿。(见鹹)

威 vij [wi^3]〈形〉凄惨;凄苦;穷苦(与怏连用)。(见憾^2)

傶(魅、快、搋、前) gvaix [kwaːi^4]〈动〉舀起。(见《初》)

戥 ciengq [çiːŋ^5]〈动〉唱。(见敨)

馘 hog [hoːk^8] ❶〈名〉屋;家屋;房舍。马山《雲红不秃荫》:名眉馘眉家。Mwngz miz hog miz gya. 你有房舍有家庭。❷〈名〉栏;厩;圈。马山《孝场唱》:勺畐猸畐鸥,昭之捌口馘。Saek duz mou duz gaeq, haemh cix laeh haeuj hog. 若有一些猪和鸡,夜晚就赶归栏厩。❸〈量〉间;座。马山《孝顺唱》:接双馘空仪。Ciep song hog ranz boh. 继承父亲的两间屋子。

戚 方 vei [wei^1] ❶〈名〉梳子。❷〈动〉梳;梳理。《初》:戚墙,vei du,梳头。

戴 caix [çaːi^4]〈副〉十分;非常;极(与涞连用)。(见浍)

戳 ngox [ŋo^4]〈名〉芦苇。(见箣)

戱 ngox [ŋo^4]〈名〉芦苇。(见箣)

戳 ngox [ŋo^4]〈名〉芦苇。(见箣)

戴 naek [nak^7] ❶〈形〉重。❷〈形〉深奥。❸〈形〉专注;上心。❹〈动〉偏重;偏爱。(见迈^1)

比 部

比^1(吡) 方 beij [pei^3]〈名〉山歌。(见《初》)

比^2 beij [pei^3] ❶〈动〉比;比较;较量。《初》:兀毎比,ndei fouz beij,好得无法比。❷〈动〉比如。《初》:比贫吽,beijbaenz naeuz,比如说。❸〈连〉假如(与雪连用)。《初》:比雪雰笁就否丕。Beijsiet fwn doek couh mbouj bae. 假如下雨就不去。

比^3 fij [fi^3]〈拟〉习习。(见翡)

比 bae [pai^1]〈动〉去。(见毕)

毕(丕、比、批、迣、跞、批、拷、艹、皂、退、贝、鞋、鞋) bae [pai^1]〈动〉去。《初》:毕 佴,bae haw,去赶集。

批 bae [pai^1]〈动〉去。大化《白事鸟歌》:批叫鸿鹦斗请客。Bae heuh roegra

daeuj cingj hek. 去叫白鹇来请客。(见辔)

𰀀 beix [pei⁴] ❶〈名〉兄;姐。❷〈名〉情哥;情郎。❸〈名〉阿哥;阿姐(泛称平辈年长于己者)。❹〈动〉年长;大于。(见㞳)

𪚥(昆、比) fij [fi³]〈拟〉习习。《初》:𩙪之𪚥𪚥。Rumz ci fijfij. 风习习地吹。

𣬉 fit [fit⁷]〈名〉陶哨子。(见𠯿)

皆¹ gaej [kai³]〈副〉莫;别。(见介¹)

皆² gai [kaːi¹]〈动〉卖。(见𧸘)

皆³ gaiq [kaːi⁵]〈动〉押解;押送(犯人)。(见㧟)

皆⁴ gyae [kjai¹]〈形〉远。宜州《孟姜女》:伯乜氓嘢皆。Bohmeh mwngz youq gyae. 你父母住得远。

𣬏(拍、扐) baet [pat⁷] ❶〈动〉扫。《初》:𣬏苴节, baet nyapnyaj, 扫垃圾。❷〈名〉扫帚;扫把(与揰连用)。《初》:揰𣬏, sauqbaet, 扫帚。

𣬃 baez [pai²]〈量〉次;遍;回;趟。(见波)

𣬈(𤽆、𢆡、㝐、𣬉、𣬊、𦙚) bi [pi¹]〈名〉年;岁。《初》:𣬈内𣬋丰收。Bineix ndaej fungsou. 今年获丰收。

𣬊 bi [pi¹]〈名〉年;岁。(见𣬈)

𣬋 bi [pi¹]〈名〉年;岁。马山《奠别歌》:守三𣬋满孝。Souj sam bi muenx hauq. 守上三年满孝期。

𣬌 bae [pai¹]〈动〉去。(见辔)

䏻 biz [pi²]〈形〉肥;胖。(见𦟻)

𣬍 beiz [pei²] ❶〈名〉扇子。❷〈动〉扇。(见𦨭)

𣬎 dag [taːk⁸]〈动〉度;量。(见𣬏)

瓦 部

瓦 vax [wa⁴]〈名〉瓦片。马山《孝顺歌唱》:汚瓦, yag vax, 瓦檐的水滴。

瓰 mboenj [ʔbon³]〈名〉小罐。(见㼎)

瓯 〔方〕ngeuh [ŋeu⁶]〈名〉瓦酒壶。(见鏊)

瓱 mboenj [ʔbon³]〈名〉小罐。(见㼎)

止 部

止 cij [çi³] ❶〈名〉乳房。❷〈名〉奶水;乳汁。❸〈动〉喂奶。(见㧗)

𣥂¹ caez [çai²]〈形〉齐;全。金城江《台腊恒》:丕馬𣥂, baema caez, 全回家。

𣥂² swix [θɯːi⁴]〈名〉左;左边。(见𢪏)

𣥊¹ 〔方〕daem [tam¹]〈动〉碰。《初》:𣥆任𣥊, 𣥇任𣥈。Haet doxdaem, haemh doxdengj. 早相碰,晚相撞(喻早晚都可能有事相求)。

𣥊² 〔方〕daem [tam¹]〈名〉尽头;绝路;穷途(与𣥉连用)。(见𨀌¹)

趾[1](腾、蹬、踜、跹)daengx [taŋ⁴]〈动〉停;暂停。《初》:毕毕瑕趾圣。Baebae caiq daengx youq. 走走又停下来。

趾[2] daengz [taŋ²]〈动〉到。(见肛²)

卡 gag [ka:k⁸]〈副〉独自。金城江《台腊恒》:拉叁否乱伯卡係。Lajmbwn mbouj luenh byawz gag ywq. 天下不轻易有谁[能]独自生活。

步[1] bouh [pou⁶]〈名〉(过)分;(过)度。(见部¹)

步[2] coq [ɕo⁵]〈动〉放;放入。田东《大路歌》:艮它步口火。Ngaenz de coq haeuj feiz. 那些纸钱放入火里(烧)。

垄 swix [θɯ:i⁴]〈名〉左;左边。(见䏛)

武[1] foux [fou⁴]〈名〉❶舞。❷武。(见倵²)

武[2] huj [hu³]〈名〉火。马山《皮里患鲁不》:石武,rinhuj,火石;燧石。

岭 lingq [liŋ⁵]〈形〉陡;陡峭;峻峭。(见坽²)

䖆[1] rungz [ɣuŋ²]〈名〉大叶榕。(见桄²)

䖆[2] 〔方〕semh [θe:m⁶]〈形〉小心翼翼。金城江《台腊恒》:有䖆,ndwi semh,不须小心翼翼。

齗(龂、肵、䪼、㤫、項)hangz [ha:ŋ²]〈名〉下巴。

龂 hangz [ha:ŋ²]〈名〉下巴。(见齗)

踉 〔方〕rangx [ɣa:ŋ⁴]〈形〉半途而废。(见㫰)

啉(崊、临)〔方〕laemz [lam²]〈动〉绝。《初》:口事介太啉。Guh saeh gaej daiq laemz. 做事别太绝。

婷[1] daengz [taŋ²]〈动〉到。(见肛²)

婷[2] dingz [tiŋ²]〈动〉停;停止;停顿。(见𬆊)

歳 saeq [θai⁵]〈形〉小;细。(见䊶²)

暗 yaemz [jam²]〈形〉静;寂静;沉默。(见㑗³)

攵　部

改[1] gaej [kai³]〈副〉莫;别;不要。马山《偻齐架桥铁》:改呦鸭冗塘。Gaej yaeuh bit roengz daemz. 莫骗鸭下塘。| 马山《改漫断鄰鄰》:改勒闹。Gaejlaeg nauh. 莫要嘟哝。(见介¹)

改[2] gaiq [ka:i⁵]〈动〉押解;押送(犯人)。(见捓)

改[3] gaiq [ka:i⁵]〈量〉❶块;支。❷些(不定量)。(见圿)

敀 gaej [kai³]〈副〉莫;不要。《粤风》:邓双刘改失。Daengq song raeuz gaej saet. 叮嘱咱俩莫离散。

败 baih [pa:i⁶]〈副〉几乎;差点儿。马山《改漫断鄰鄰》:兄败勺臯。Gou baih yaek dai. 我几乎要死掉。

放[1] cuengq [ɕu:ŋ⁵]〈动〉放债。田东

《大路歌》：等不了放使。Daenj mbouj liux cuengq caiq. 穿不完就放债。

放² cuengq［ɕuːŋ⁵］〈动〉打猎；捕猎。上林《赶圩歌》：狮犸学放暗。Malwg hag cuengqamq. 狗崽学打猎。

放³ fangz［faːŋ²］〈名〉鬼；神。（见魅）

故¹ goj［ko³］〈名〉古；故事。马山《二十四孝欢》：論行孝故事。Lwnh hengzhauq gojsaeh. 诉说行孝的故事。

故² goj［ko³］〈副〉也。（见可³）

故³ gou［kou¹］〈代〉我。东兰《莫卡盖用》：侧耳𦖭故奴。Nyengq rwz nyi gou naeuz. 侧耳听我讲。

故⁴ 方 gu［ku¹］〈代〉我。（见古⁶）

故⁵ guh［ku⁶］〈动〉做；当。宜州《孟姜女》：作故对呗马。Soh guhdoih baema. 直接做伴回去。| 宜州《龙女与汉鹏》：汉朋利嘞啯故架。Hanbungz lij saeq goj guh gyax. 汉鹏从小就当孤儿。

故⁶ guj［ku³］〈量〉件。宜州《廖碑》：香相故托故。Ngoenz siengj guj doek guj.［每］日想事一件又一件。

故⁷ 方 gux［ku⁴］〈名〉姑姑；姑母。（见姈）

故⁸ gyoq［kjo⁵］〈名〉火炭。（见熄）

敖¹ au［ʔaːu¹］〈名〉叔；叔父。（见翁）

敖² ngauz［ŋaːu²］〈动〉摇；动摇。（见擹）

赦 ce［ɕe¹］〈动〉丢下；留下；丢弃。马山《馱向书信》：鴛鴦駁度赦。Yaemyieng bieg doxce. 鸳鸯别离相丢弃。

敢¹ gamj［kaːm³］〈名〉岩洞。（见嵌）

敢² hamj［haːm³］〈动〉跨过。田东《大路歌》：敢拜贝慢哽。Hamj baih bae menh gwn. 过对岸再吃。

教¹ gauq［kaːu⁵］〈名〉筶子（卜具，师公、道士卜卦的用具，以一节弯曲的佛肚竹对剖而成）。（见寫）

教² gyauq［kjaːu⁵］〈动〉调教。百色《闹滔懷一科》：歐懷特批教。Aeu vaizdaeg bae gyauq. 拿公牛去调教。

教³ 方 yauj［jaːu³］〈动〉叫；喊。（见《初》）

救¹ 方 giux［kiːu⁴］〈动〉扭；拧。（见挢）

救² gyaeuq［kjau⁵］〈名〉桐树。平果《吆甜四嶂》：卦忑谷古松，卦忑枝古救。Gvaq laj goek goge, gvaq laj nye go'gyaeuq. 过松树底下，过桐树枝下。

敏¹ maenh［man⁶］〈形〉❶坚固；牢固。❷强壮；健壮。（见孥¹）

敏² 方 mwnq［mɯn⁵］〈名〉处；处所。（见堋）

敏³ naemj［nam³］〈动〉想；欲。田东《大路歌》：敏欧床布六。Naemj aeu cuengz buh loeg. 想要一件绿衣。

敝 baex［pai⁴］〈动〉遮蔽。上林《信歌》：很火黑斗敝。Hwnj huj ndaem daeuj baex. 起

黑云来遮蔽。

散^{1} cam [ɕa:m^{1}]〈动〉问;询问;请教。田阳《布洛陀遗本》:斗以布相散。Daeuj ndij baeuq doenghcam. 来跟祖公相请教。

散^{2} san [θa:n^{1}]〈名〉白米。巴马《赎魂糈呟》:冲糈造礼散。Daem haeux caux ndaej san. 舂稻谷才得白米。

散^{3} san [θa:n^{1}]〈名〉棕竹。百色《本麽叭》:等�散布斗。Dwngx maexsan baeuq daeuj. 拄着棕竹拐杖来。

散^{4} sanj [θa:n^{3}]〈动〉繁衍;繁殖。(见歼)

敦 [方] domq [to:m^{5}]〈名〉绣球。上林《达妍与勒驾》:送恩勒敦許佲。Soengq aen lwgdomq hawj mwngz. 送个绣球给你。

敬 ging [kiŋ^{1}]〈形〉破;裂。田阳《布洛陀遗本》:很恩磅一敬。Dwk aen lauq ndeu ging. 砸裂了一个坛子。

数^{1} geq [ke^{5}]〈动〉❶数(数目)。❷诉说;陈诉。(见䞍)

数^{2}(所、素、坐)soq [θo^{5}]〈名〉数;数目(与毸连用,义为完蛋)。《初》:毸数,satsoq,了账;完蛋。

数^{3} soq [θo^{5}]〈动〉诉说。马山《完筆字信》:不数伝不鲁。Mbouj soq vunz mbouj rox. 不诉说人家就不知道。

数^{4} soq [θo^{5}]〈形〉认真(与正连用)。马山《駄向书信》:偻不眉部顧,勺正数听吽。Raeuz mbouj miz boux goq, yaek cingqsoq dingq gwn. 咱们无人照顾,要认真听教导。

数^{5} sou [θou^{1}]〈代〉你们。(见俲^{2})

瞅 [方] laeu [lau^{1}]〈形〉溜;滑溜。(见䵘)

擻 geq [ke^{5}]〈动〉❶数(数目)。❷诉说;陈诉。(见䞍)

𪐴(氭)mwnh [mɯn^{6}]〈形〉辣(指橘、柚类表皮含的辛辣汁味)。(见《初》)

月　部

月^{1} yied [ji:t^{8}]〈副〉越。(见赳)

月^{2} yiet [ji:t^{7}]〈动〉歇;休息。田东《大路歌》:恳浰留月乃。Hwnj raiqraeuz yietnaiq. 上篓滩休息。

月^{3} yw [jɯ^{1}]〈名〉药。田东《大路歌》:欧月税。Aeu yw coq. 用药敷。

肒^{1} aemq [ʔam^{5}]〈动〉背;背负。(见㐃)

肒^{2} boeg [pok^{8}]〈名〉臂。《初》:肒掮,boeggen,手臂。

肛^{1} daengx [taŋ^{4}]〈形〉全。马山《欢叹父母》:偻肛帮齐听。Raeuz daengx bang caez dingq. 我们全体齐来听。

肛^{2}(胻、脖、肝、阶、肫、阯、崞、仃、鲞、腾、滕)daengz [taŋ^{2}]〈动〉到。马山《欢叹父母》:草利宜肛怀,吽粄宜肛劲。Nywj ndei ngeix daengz vaiz, gwn ngaiz ngeix daengz lwg. [见到]好草想到牛,吃饭之时想到儿。

肛^{3} [方] dengx [te:ŋ^{4}]〈名〉东西(与胴

连用)。《初》:胴盯,doengxdengx,东西;物件。

肛^{4} din [tin^{1}]〈名〉脚。(见跈^{2})

肝 daengz [taŋ^{2}]〈动〉到。(见盯^{2})

肕 dau [taːu^{1}]〈名〉哈喇味。《初》:膀䏛肕。Lauz haeudau. 猪油臭了哈喇味。

肋 -lwd [lɯt^{8}]〈缀〉肥嘟嘟的(与膀连用)。《初》:侣畓内膀肋。Gij noh neix lauzlwd. 这些肉很肥。

肷 mbaq [ʔba^{5}]〈名〉肩膀。(见肥)

肘^{1} 方 reuz [ɣeu^{2}]〈动〉守望;瞭望;监视。《初》:眉伝料提肘,双偻只否愣。Miz vunz daeuj dawzreuz, song raeuz cix mbouj lau. 有人来监视,咱俩也不怕。

肘^{2} ndiu[ʔdiːu^{1}]❶〈动〉醒。❷〈量〉(一)觉。(见酊)

肘^{3} 方 nyaeuq [ȵau^{5}]〈形〉皱。(见叒)

肞 cij [ɕi^{3}]❶〈名〉乳房。❷〈名〉奶水;乳汁。❸〈动〉喂奶。(见眦)

肻 daengz [taŋ^{2}]〈动〉到。马山《信歌》:肻唎桓咘,daengz bakdou ranz,到家门口。

肵 daengz [taŋ^{2}]〈动〉到。马山《二十四孝欢》:娘父母肵歪。Riengz bohmeh daengz gwnz. 照料父母到上面(天庭)。

肸 daengz[taŋ^{2}]〈动〉到。平果《情歌》:肸歪,daengz gwnz,到上边。(见盯^{2})

肚^{1} 方 du [tu^{1}]〈代〉我们。右江《本麽叭》:肚跟糎不飪。Du gwn haeux mbouj imq. 我们吃饭吃不饱。

肚^{2} 方 duz [thu^{2}]〈名〉膝盖。(见胭)

肑(朐)方 gaeuh [kau^{6}]〈名〉膝盖。《初》:胭肑,duzgaeuh,膝盖。

肟^{1} 方 goengq [koŋ^{5}]〈形〉弯。《初》:𦟻迫椣只肟。Rap naek hanz cix goengq. 担子重得扁担都弯了。

肟^{2} 方 guengq [kuːŋ^{5}]〈名〉腘(膝的后部,小腿与大腿之间可弯曲处)。(见胱)

肯 gwnz [kɯn^{2}]〈名〉上;上面(方位词)。(见歪^{1})

肝 gyaep [kjap^{7}]〈动〉扎。都安《三界老爺唱》:肝腮袘,gyaep saivaq,扎紧裤带。

肛 方 hoengz [hoŋ^{2}]〈名〉肩膀(与肥连用)。《初》:肛肥,hoengzmbaq,肩膀。

肐 hwet [hɯːt^{7}]〈名〉腰;脊背。(见腘)

肑 iek [ʔiːk^{7}]〈形〉饿。(见飵)

肱(膜)方 moek [mok^{7}]〈名〉❶腹;肚。《初》:肱疟,moek cep,肚子痛。❷痢疾;腹泻。《初》:貧肱,baenz moek,患痢疾。❸心绪。《初》:肱醽肱痠,moek soemj moek sep,心烦意乱。

肞(喏)方 ngiek [ŋiːk^{7}]〈名〉齿龈。《初》:肞犽,ngiekgeuj,齿龈。

肗 方 nix [ni^{4}]〈名〉肉。(见舵)

肤 rangj [ɣaːŋ^{3}]〈动〉怀孕。(见㹻)

肔^{1} saej [θai^{3}]〈名〉肠子。(见腴^{2})

肔^{2} 方 yeq［je^{5}］〈名〉肉。（见𦙶）

胁（消）siu［θiːu^{1}］〈动〉消；消化。《初》：吽否胁，gwn mbouj siu，吃东西不消化（也比喻支撑不住，受不了）。

肮 aek［ʔak^{7}］〈名〉胸。（见膉）

朋^{1} baengh［paŋ^{6}］〈动〉依靠；依赖；靠。（见倗^{2}）

朋^{2} boengz［poŋ^{2}］〈名〉烂泥；淤泥。（见堋^{1}）

朋^{3} bumz［pum^{2}］〈形〉阴；昏暗（指天象）。（见肻）

朋^{4} 方 bung［puŋ^{1}］〈形〉笨。（见愢）

朋^{5} bungz［puŋ^{2}］〈动〉逢；遇见；遇到。金城江《台腊恒》：碰卡漠水清。Bungz ga mboqraemxsaw. 遇上一道清水泉。（见逄）

肥^{1} beiz［pei^{2}］〈名〉草皮（与圡连用）。（见埤）

肥^{2} feiz［fei^{2}］〈名〉火。（见斐）

肸（胇、肺、木）bwt［pɯt^{7}］〈名〉肺。《初》：肸猍，bwt mou，猪肺。

肚（𣎴、叨、𦙵、𧰼、指、止、胑、肞、奶）cij［ɕi^{3}］❶〈名〉乳房。❷〈名〉奶水；乳汁。《初》：吽肚，gwn cij，吃奶。❸〈动〉喂奶。《初》：肚孙，cij lwg，奶孩子。

肿 cungh［ɕuŋ^{6}］〈形〉重（病）。（见痄）

肣 daengz［taŋ^{2}］〈动〉到。金城江《台腊恒》：斗肣太洛，daeuj daengz daihloh，来到大路上。（见肝^{2}）

肫^{1} daengz［taŋ^{2}］〈动〉到。（见肝^{2}）

肫^{2} soenj［θon^{3}］〈名〉脽；脾；屁股肉（指禽类尾部的肉块）。（见𩨓）

肤^{1} dwen［tɯːn^{1}］〈动〉提到；提及。马山《尊老爱幼歌》：肤肚乱𢀓𢀓。Dwen dungx luenhbyanzbyanz. 提及心里乱纷纷。

肤^{2}（脪、脊、腍、胙）ndwen［ʔdɯːn^{1}］❶〈名〉月；月亮。《初》：十五肤最𤒹。Cibngux ndwen ceiq rongh. 十五月最明。❷〈名〉月；月份。马山《行孝唱》：正肣肤穷，cingq daengz ndwen gungz，正到荒月。❸〈量〉月。《初》：𣎏眉十二肤。Bi miz cibngeih ndwen. 一年有十二个月。| 马山《行孝唱》：揇倭九肤于闷肚。Raek raeuz gouj ndwen youq ndaw dungx. 怀咱九月在腹中。

肺 faex［fai^{4}］〈名〉树。《粤风》：送条闲肺榕。Soengq diuz hanz faexrungz. 送根榕木扁担。

服^{1} foeg［fok^{8}］〈动〉肿。（见胇^{2}）

服^{2} 方 nyued［ȵuːt^{8}］〈形〉甘心。（见胡）

肞^{1} caw［ɕaɯ^{1}］〈名〉心；心思。广南《建村造寨歌》：肞䒗偧各煸。Caw gvai de gag rox. 心思聪明他自知。

肞^{2} sim［θim^{1}］〈名〉心；心情。《初》：双尸偻眉肞。Song mbiengj raeuz miz sim. 咱们双方都有心。| 肞㲺，simbwn，歹心；黑心；坏心肠。

朐^{1} 方 gaeuh［kau^{6}］〈名〉膝盖。（见加）

朐^{2} gaeuz [kau^{2}]〈形〉❶ 弯 曲；弯。❷ 驼。（见拘）

䏱（洰、具、胧、据、腒）gawh [kaɯ^{6}]〈动〉涨；膨胀。（见《初》）

肣 gumq [kum^{5}]〈名〉❶ 臀；屁股。❷ 腰背部。（见𨉖^{1}）

肸^{1} gyaeq [kjai^{5}]〈名〉蛋；卵。（见䴥）

肸^{2}（膝）rug [ɣuk^{8}]〈名〉胞衣；胎衣。《初》：肸怀，rug vaiz，水牛的胞衣。

胍 方 ha [ha^{1}]〈名〉腿；脚。（见跒）。

肯^{1} haengj [haŋ^{3}]〈动〉❶ 喜欢。❷ 肯；愿意；允许；许可。（见䏔）

肯^{2} 方 haengj [haŋ^{3}]〈动〉给；给予；让；赋予。（见哼^{1}）

肤^{1} heu [heu^{1}]〈形〉青。（见荺^{1}）

肤^{2} 方 yeu [jeu^{1}]〈名〉颈；脖子。《初》：肤鸿，yeu hanq，鹅颈。

肛^{1} 方 hongh [hoːŋ^{6}]〈名〉喉管；喉咙（与胧连用）。《初》：胧肛，vozhongh，喉管。

肛^{2} 方 oengj [ʔoŋ^{3}]〈名〉气管。《初》：烧廸肛約裂。Huj dwk oengj yaek dek. 恼怒得气管都要爆裂了（喻极度气愤）。

䏰 imq [ʔim^{5}]〈形〉饱。（见飪）

肶 mbi [ʔbi^{1}]〈名〉胆。（见脒）

肽（眛）方 muk [muk^{7}]〈名〉肚。（见《初》）

肥^{1} 方 ndei [ʔdei^{1}]〈名〉胆。《初》：肥怂，ndei hieb，胆怯。（即 mbei，见胚^{2}）

肥^{2} ndei [ʔdei^{1}]〈形〉好；美；善；良好。（见兀^{1}）

肭 ndw [ʔdɯ^{1}]〈名〉脐；肚脐。（见脨）

胖（腶）nou [nou^{1}]〈名〉肱（与狶连用）。《初》：狶胖，gennou，肱二头肌（上臂鼓凸的肌肉）。

肵 nyinz [n̥in^{2}]〈名〉筋。（见䏰）

肱 方 ywenq [jɯːn^{5}]〈形〉腻。（见胧）

胇^{1}（䀖）baed [pat^{8}]〈名〉瞳仁；瞳孔。《初》：犲胇，lwgbaed，瞳孔。

胇^{2}（峇、服、奘）foeg [fok^{8}]〈动〉肿。《初》：趺胇，ga foeg，脚肿。

肺^{1}（怉）方 baeu [pau^{1}]〈名〉怀抱。《初》：犲 夻 眸 夻 肺。Lwgnyez ninz laj baeu. 小孩睡在怀抱里。

肺^{2} bouz [pou^{2}]〈名〉膪肉。（见腤）

𦙫^{1} biz [pi^{2}]〈形〉肥；胖。（见䏘）

𦙫^{2} bwt [pɯt^{7}]〈名〉肺。（见胚）

𦙄^{1} biz [pi^{2}]〈形〉肥；胖。（见䏘）

𦙄^{2} 方 biz [pi^{2}]〈名〉大腿。《初》：跒𦙄，habiz，大腿（即 gabi）。

𦙄^{3} bongz [poːŋ^{2}]〈形〉鼓胀；滚圆；撑圆。都安《三界老爺唱》：公伱𦙄胴厇呇条。Goeng neix bongzsongz ndwi rox deuz. 此公吃胀不思走。

𦙄^{4} naeng [naŋ^{1}]〈名〉皮。（见䏘）

胚[1] biz [pi²]〈形〉肥;胖。(见䏼)

胚[2](脢、䣯)mbei [ʔbei¹]〈名〉胆;胆量;胆略。(见《初》)

背[1] boih [poi⁶]〈动〉❶背诵。❷背;有偏(客套话,表示先用过茶饭、喜酒等)。(见啃)

背[2] boih [poi⁶]〈形〉背;背运(与婆、搏连用)。都安《行孝唱文》:劳卓背婆,lau cog boihboeg,怕将来背运。

肨[1] bwnh [pɯn⁶]〈名〉粪;粪便;肥粪。(见屎)

肨[2] mbaen [ʔban¹]〈动〉剪(禾穗)。(见挬[5])

胦[1] cawj [ɕaɯ³]〈动〉❶使;使用。❷支配。(见《初》)

胦[2](䝝、胦、泄、虽、西、肶、使)saej [θai³]〈名〉❶肠子。《初》:夾胳夾胦歚劲㭰。Geb dungx geb saej ciengx lwglunz. 忍饥挨饿养儿女。❷心肠。《初》:胳胦㗂。Dungxsaej yak. 心肠坏。❸内才;肚才。《初》:胳胦兀。Dungxsaej ndei. 才学好。

胵[1] Cieng [ɕiːŋ¹]〈名〉春节。(见膳)

胵[2] cing [ɕiŋ¹]〈形〉瘦;精(指肉)。(见䏶)

胩[1] daengz [taŋ²]〈动〉到;达到(用在动词后表示达到某种状况)。马山《信歌》:悲胩门,bae daengz hoengq,空手而去。

胩[2] daengz [taŋ²]〈副〉白白地;枉然地(与鐾连用)。马山《信歌》:白田胩鐾,beg guh daengzsaengj,白白干活。

胩[3] ga [ka¹]〈名〉脚;足;腿。(见跒)

胈[1] daep [tap⁷]〈名〉肝。田阳《麽収魂糯一科》:歐磺礼郭胈。Aeu rinlaex gueg daep. 要鹅卵石做肝。

胈[2](泣)历 laeb [lap⁸]〈名〉腩肉(带有一层韧膜或带筋的牛肉)。《初》:胈腊怀兀吽。Laeblaz vaiz ndei gwn. 牛腩肉好吃。

胈[3] laep [lap⁷]〈形〉黑;黑暗;昏暗。(见嘿[1])

胈[4] ndip [ʔdip⁷]〈形〉生(不熟)。(见姓[2])

胎[1] dai [taːi¹]〈动〉死。(见㲦[1])

胎[2] daiq [taːi⁵]〈名〉❶外祖母;外婆。❷岳母。(见妖[2])

胅 历 ded [theːt⁸]〈名〉脾脏(与腱连用)。《初》:腱胅,lenzded,脾脏。

胨(胴、䑋、䏍、胺)dungx [tuŋ⁴]〈名〉❶肚子;腹部。❷内才。《初》:胨胦,dungxsaej,肚才;才学;学问。

胈 faz [fa²]〈形〉难堪;不雅(与㗂连用)。《初》:㗂胈,yakfaz,难堪;不体面;不雅观。

肷[1] gemq [keːm⁵]〈名〉猪油渣。(见䏠)

肷[2] yiet [jiːt⁷]〈动〉歇;休息;暂停。(见趄)

朐 dai [taːi¹]〈动〉死。(见㲦[1])

腊¹ gemq [ke:m^5]〈名〉猪油渣。(见膉)

腊² 方nyued [ȵu:t^8]〈形〉甘心。(见胡)

胋 giemz [ki:m^2]〈名〉下巴(与齗连用)。(见臁)

肕 gumq [kum^5]〈名〉❶臀;屁股。❷腰背部。(见躾[1])

胋¹(库)方 goz [ko^2]〈名〉颈。(即hoz,见《初》)

胋² hoz [ho^2]〈名〉喉咙;脖子。(见晗)

脬 方 hauj [ha:u^3]〈形〉干(指泥土、柴草)。(见焅[1])

胡 hoz [ho^2]〈名〉❶喉咙;脖子。马山《嚧嘆情》:刈脏胡,gat saihoz,割喉咙。❷心;内心(指思维器官)。马山《奠别歌》:几綵胡不服。Geijlai hoz mbouj fug. 心里多么不服气。❸性子;脾性。马山《起书嚧特豆》:皮胡謹。Beix hoz gaenj. 哥哥性子急。(见晗)

肹 hoz [ho^2]〈名〉喉咙;脖子。(见晗)

肣 laeng [laŋ^1]〈名〉后;背后;后面。(见楞[1])

胧¹ loengz [loŋ^2]〈形〉❶痴呆。❷疯;癫。(见㦬)

胧² rungj [ɣuŋ^3]〈名〉怀抱。《初》:㐫圣閬胧妚。Naengh youq ndaw rungj meh. 坐在妈妈怀抱里。

脉¹ maenj [man^3]〈名〉李;李树。《粤风》:花脉淋了好。Vamaenj ndomq liux hau. 李花看了满眼白。

脉² mwh [mɯ^6]❶〈名〉时;时候;时期。❷〈副〉忽然(与暑连用)。(见宿)

脉 meg [me:k^8]〈名〉脉。(见嵺)

脉(肭、德)ndw [ʔdɯ^1]〈名〉脐;肚脐。《初》:黼脉,saindw,脐带;肚脐。

肫 ndwen [ʔdɯ:n^1]❶〈名〉月;月亮。❷〈名〉月;月份。❸〈量〉月。(见肤[2])

肞(敁)方 ngoih [ŋoi^6]〈形〉腻;恶心。(见《初》)

胡(腊、砚、愿、服) 方 nyued [ȵu:t^8]〈形〉甘心。《初》:㲋総胣否胡。Dai cungj sim mbouj nyued. 死也心不甘。(即nyied)

脈 aek [ʔak^7]〈名〉胸。(见膉)

胢 ai [ʔa:i^1]〈名〉嗉囊。(见鬉)

胲¹ ai [ʔa:i^1]〈名〉嗉囊。(见鬉)

胲²(腪、㲋)方 hai [ha:i^1]〈名〉月;月亮。《初》:胲㐭,haifax,月亮。

胦 bwt [pɯt^7]〈名〉肺。(见胏)

脖 daengz [taŋ^2]〈动〉到。(见肝[2])

胠¹ 方 dit [tit^7]〈形〉胀;鼓。(见《初》)

胠²(饄)gaet [kat^7]〈形〉寡(吃酸东西过量或饥饿时感觉肚子不好受)。《初》:吽花醠粆,胗胠淶洼。Gwn byaeksoemj lai, dungx gaet raicaix. 吃酸菜太多,肚子寡得厉害。

𦙶^{3} [方] gaet [kat^{7}]〈形〉浓烈;醇(指酒味)。(见酤)

𦙶^{4} get [keːt^{7}]〈动〉❶疼痛。❷疼爱;爱惜。(见咭^{6})

𦙶^{5} ndit[ʔdit^{7}]〈名〉❶阳光。❷晴天。武鸣《信歌》:霡𦙶夲议阶。Fwn ndit laj ngeix daengz. 雨天晴天皆想到。

胴^{1} [方] doengx [toŋ^{4}]〈名〉东西。(与肛连用)。《初》:胴肛,doengxdengx,东西;物件。

胴^{2} dungx [tuŋ^{4}]〈名〉❶肚子;腹部。上林《赶圩歌》:胴约只吽餜。Dungx iek cix gwn ngaiz. 肚饿就吃饭。❷肚才;才学。马山《信歌》:胴腆喽不亮。Dungxsaej naeuz mbouj liengh. 肚才说是不伶俐。(见胨)

胐^{1} get [keːt^{7}]〈形〉疼。都安《三界老爺唱》:布胐以布佪,mbouj get hix mbouj in,不疼也不痛。

胐^{2} hwet[hɯːt^{7}]〈名〉腰;脊背。(见膘)

䏚^{1} [方] guengq [kuːŋ^{5}]〈名〉肢;肢体。《初》:四䏚总齐全。Seiq guengq cungj caezcienz. 四肢都齐全。

䏚^{2} gumq [kum^{5}]〈名〉❶臀;屁股。❷腰背部。(见躬^{1})

胱(肦、况、骩、躦) [方] guengq [kuːŋ^{5}]〈名〉腘(膝的后部,小腿与大腿之间可弯曲处)。

胘 haemh [ham^{6}]〈名〉晚;夜晚;夕。(见䆷)

脜 haeu [hau^{1}]〈形〉臭。(见鄗)

胻^{1} hangx [haːŋ^{4}]〈名〉屁股。(见腼)

胻^{2} hangz [haːŋ^{2}]〈名〉下巴。(见龂)

胻^{3}(蹄、脝)hengh [heːŋ^{6}]〈名〉小腿;腿肚子。(见《初》)

胰(洟、夷、咦、洟、沧)heiz [hei^{2}]❶〈形〉脏。《初》:袆胰,buh heiz,脏衣服。|辘胰,fwngz heiz,手脏。❷〈名〉汗泥;污垢。

胎(何、眄、胸、胈、胡、胋、和)hoz [ho^{2}]〈名〉喉咙;脖子。(见《初》)

䏜 [方] ij [ʔi^{3}]〈名〉怀抱。(见《初》)

脒(膯、肶)mbi [ʔbi^{1}]〈名〉胆。《初》:脒奋,mbi hung,胆子大。(即 mbei)

䐍 naj [na^{3}]〈名〉❶脸;面孔。❷面子。(见䨫)

朗 ndang[ʔdaːŋ^{1}]〈名〉身;身体。(见躴)

䏬 ndang[ʔdaːŋ^{1}]〈名〉身;身体。(见躴)

蚀(嗤)ndon [ʔdoːn^{1}]〈动〉隐痛(吃生硬东西或未嚼碎就吞下食物,引起肚子疼痛等不舒服的感觉)。《初》:胨蚀,dungxndon,肠胃不适。

胖^{1} ndwen [ʔdɯːn^{1}]❶〈名〉月;月亮。❷〈名〉月;月份。❸〈量〉月。(见肤^{2})

胮² ninz［nin²］〈动〉睡；眠；睡觉。（见眸）

腩 noh［no⁶］〈名〉肉。（见胬）

胗 noh［no⁶］〈名〉肉。（见胬）

脮（妠、粎）古 nw［nɯ¹］〈名〉肉。（见《初》）

朕 riengz［ɣiːŋ²］〈动〉跟随；随着。都安《三界老爺唱》：朕母批嫁竺姓㥣。Riengz meh bae haq doek singq Bungz. 随母改嫁到冯家。

胰 saej［θai³］〈名〉❶ 肠子。马山《孝顺唱》：胰痳否𠀿钩。Saej humz mbouj ndaej gaeu. 肠子痒了挠不得(喻内有隐情无法述说)。❷ 肚才；才学。马山《信歌》：胴胰喽不亮。Dungxsaej naeuz mbouj liengh. 肚才说是不伶俐。（见肤²）

脏¹ sai［θaːi¹］〈名〉气管(与胡连用)。马山《嚏嘆情》：刈脏胡，gat saihoz，割喉咙。

脏² sai［θaːi¹］〈名〉男。（见财）

朔¹ sok［θoːk⁷］〈名〉❶ 码头；渡口。马山《信歌》：朔淰，sok raemx，挑水码头。| 朔 墰，sok daemz，池 塘 码 头。| 朔 駄，sok dah，码头；河的渡口。❷ 出入口。（见磜¹）

朔² suek［θuːk⁷］〈动〉包；裹。（见搠）

胇 vad［waːt⁸］〈动〉❶ 划(船)。❷ 摇；挥动。❸ 招；挥(手)。❹ 扇(挥动扇子)。（见㧐¹）

胺 wen［ʔɯːn¹］〈形〉恶心。（见怃）

腗 bi［pi¹］〈名〉年；岁。（见畀）

彭 bumz［pum²］〈形〉阴；昏暗(指天象)。（见肻）

脎（呆）古 daiq［taːi⁵］〈名〉月亮(与胲连用)。《初》：胲脎，haidaiq，月亮。

腣 古 dex［te⁴］〈形〉瘦小；矮小。（见膝）

脱¹ dot［toːt⁷］〈动〉剧痛。（见瘢）

脱² duet［tuːt⁷］〈动〉脱。（见挩³）

脘 gawh［kaɯ⁶］〈动〉涨；膨胀。（见胙）

脛¹ gen［keːn¹］〈名〉手臂。（见捎）

脛² gengz［keːŋ²］〈形〉赤膊；裸(与躬连用)。（见躹）

脛³ 古 genx［keːn⁴］〈形〉难受(吃生硬且嚼不烂的东西引起肠胃不适)。《初》：胗脛，dungx genx，肚子难受。

脉 gengz［keːŋ²］〈形〉赤膊；裸(与躬连用)。（见躹）

脜（氰、烱）gyaenq［kjan⁵］〈形〉膻；膻腥；臊臭。《初》：胬 羊 脜 㸙。Noh yiengz gyaenq lai. 羊肉太膻腥。

脚¹ giuz［kiːu²］〈名〉桥。田阳《布洛陀遗本》：个脚，guh giuz，搭桥；建桥。

脚² gyok［kjoːk⁷］〈名〉巷子。田阳《布洛陀遗本》：尸一落咟脚。Vemh ndeu doek bak gyok. 一片飞落巷子口。

脝 hengh［heːŋ⁶］〈名〉小腿；腿肚子。

（见胻³）

腘 hoz［ho²］〈名〉喉咙；脖子。（见胎）

膀¹（膀、䐃）lauz［laːu²］❶〈名〉动物脂肪；背。《初》：膀猓，lauz mou，猪油。❷〈形〉肥。《初》：肦膀，nohlauz，肥肉。❸〈形〉白色的。《初》：磺膀，rinlauz，方解石（取其白如凝脂之意）。

膀² ndau［ʔdaːu¹］〈名〉星星。马山《迪封信斗巡》：浩貧膀十四。Hau baenz ndau cibseiq. 白亮如［七月］十四的星星。

脢 mbei［ʔbei¹］〈名〉胆；胆量；胆略。（见胚²）

腖 ndang［ʔdaːŋ¹］〈名〉身；身体。（见躺）

脷 ndeiq［ʔdei⁵］〈名〉星星（与膀连用）。马山《偻笁荳貧够》：膀脷，ndaundeiq，星星。

腯 ndwen［ʔdɯːn¹］❶〈名〉月；月亮。马山《欢情》：叮话许亮腯。Daengq vah hawj ronghndwen. 寄语给月亮。❷〈名〉月；月份。平果《情歌》：腯腊，ndwenlab，腊月。｜腯七，ndwencaet，七月。❸〈量〉月。平果《情歌》：一輫十二腯。It bi cibngeih ndwen. 一年有十二月。❹〈名〉月子。平果《十月怀胎歌》：能腯，naengh ndwen，坐月子。（见肤²）

䏰（肵、筼、簱、缜、簕）nyinz［ȵin²］〈名〉筋。《初》：䏰怀，nyinz vaiz，牛筋。

腝（膾）nywnx［ȵɯn⁴］〈形〉腻。（见《初》）

脸 remj［ɣeːm³］〈动〉烧；烧焦。田东《大路歌》：哽烟劳厄脸。Gwn ien lau aek remj. 吸烟怕肺烧。

脷 songz［θoːŋ²］〈形〉滚圆（与胧连用）。马山《劝世歌》：肚胧脷。Dungx bongzsongz. 肚子滚圆。

脾 bi［pi¹］〈名〉年；岁。田阳《麽収魂糯一科》：脾光父母娄太。Bigonq bohmeh raeuz dai. 前年我们父母死。（见輫）

脑¹（膨、彭、嘭、噗）bongq［poːŋ⁵］〈形〉胀；膨胀。《初》：胨脑，dungx bongq，肚子胀。

脑²（犨）mbuemq［ʔbuːm⁵］〈动〉肿；浮肿。《初》：病迪䐐脑。Bingh dwk naj mbuemq. 病得脸浮肿。

棚（冲、溯）[万] bung［puŋ¹］〈动〉冲兑；掺兑。《初》：歐淰庲棚氿。Aeu raemx ma bung laeuj. 拿水来兑酒。

脜 byouh［pjou⁶］〈形〉脆；松脆。《初》：垣埇𤆬乩脜。Duhnamh iengj ndaej byouh. 花生烤得脆。

勝¹ caengz［ɕaŋ²］〈形〉可憎（与勺连用）。马山《駄向书信》：勺勝吅超伝。Yakcaengz guh ciuhvunz. 可憎为人一世。

勝² cengq［ɕeːŋ⁵］〈动〉支撑。马山《信歌》：同勝各家底。Doengz cengq aen gyadaej. 共同支撑这家庭。

勝³ cingq［ɕiŋ⁵］〈副〉才。马山《百岁歌》：眉酒嗒悲吨，勝啉伝啉墜。Miz laeuj daengq bae gwn，cingq lumj vunz lumj doih.

有酒席就叮嘱去赴宴，才能如人如同伴。

胗 camz [ɕaːm²]〈动〉刺。《初》：蜱蝮胗伝痌。Laez doq camz vunz in. 马蜂毒刺蜇人痛。

朝¹ cauh [ɕaːu⁶]〈名〉众；班。马山《欢叹父母》：登偻朝孝男。Daengq raeuz cauh hauqnamz. 叮嘱咱们众孝男。

朝² 㔾 caux [ɕaːu⁴]〈副〉❶开始。❷于是；就。（见趠）

朝³ ciuh [ɕiːu⁶]〈量〉世；辈。宜州《龙女与汉鹏》：朝古否伙。Ciuh gou mbouj hoj. 我这一辈不穷。| 马山《欢叹母》：批贫伝贫朝。Bae baenz vunz baenz ciuh. 去后成人又一世。（见佋）

朝⁴ ciuz [ɕiːu²]〈动〉聚集；聚拢；朝向。（见嘲²）

胑 cij [ɕi³] ❶〈名〉乳房。❷〈名〉奶水；乳汁。❸〈动〉喂奶。（见耻）

腈 cing [ɕiŋ¹]〈形〉瘦；精（指肉）。（见䏡）

腅 damj [taːm³]〈名〉胆；胆量。（见《初》）

脑 㔾 dangj [thaːŋ³]〈形〉安装；装套。《初》：脑犊，dangj moz，在黄牛身上套农具。

腧 daw [taɯ¹]〈名〉胗子。（见膔）

脣 daw [taɯ¹]〈名〉胗子。（见膔）

婁 dungx [tuŋ⁴]〈名〉❶肚子；腹部。❷肚才；才学。（见胨）

腠 dungx [tuŋ⁴]〈名〉❶肚子；腹部。❷内才；才学。

腘（肚）㔾 duz [thu²]〈名〉膝盖。

腒 gawh [kaɯ⁶]〈动〉涨；膨胀。（见肵）

期 geiz [kei²]〈动〉预料；料想。（见琪）

腱 gen [keːn¹]〈名〉手臂。（见掮）

脚 hoz [ho²]〈名〉脖子；喉咙。平果《雷王》：吐蠕脚冷。Duzyae hoz ringh. 蜾蠃脖子细。

胾¹ hoz [ho²]〈名〉喉咙；脖子。（见胎）

胾² 㔾 voz [wo²]〈名〉颈；脖子。（见《初》，即 hoz）

腋（恨、瞍、𬝭、眨、䀧）hwnz [hɯn²]〈名〉宵；夜。《初》：閆腋只庲空。Gyanghwnz cij ma ranz. 半夜才回家。

腊¹ lab [laːp⁸] ❶〈动〉腊。❷〈名〉蜡烛。（见曬¹）

腊² lah [la⁶]〈动〉散步；游玩。（见《初》）

腊³（罗）㔾 laz [la²]〈名〉❶牛腩（与肚连用）。《初》：肚腊犿，laeblaz vaiz，牛腩（带有一层韧膜或白筋的牛肉）。❷破鞋。《初》：嘛腊，mazlaz，破鞋；荡妇。

腊⁴ 㔾 lwd [lɯt⁸]〈动〉❶赶。❷拉；扯。（见逮）

腊⁵ rag [ɣaːk⁸]〈名〉根；植物的根部。（见檡）

腊^{6} rap［ɣa:p^{7}］〈名〉担子。《粤风》：条条腊真力。Diuzdiuz rap caen naek. 条条担都重。

腊^{7} raz［ɣa^{2}］〈名〉❶初恋情人。上林《达妍与勒驾》：伎腊，beix raz，情郎。❷原配。马山《欢离情》：幼半路括腊。Youq buenqloh vut raz. 在半途抛弃了原配。

朁（朁、淋）[方] laemz［lam^{2}］〈名〉盲肠（与胅连用）。《初》：胅朁，saejlaemz，盲肠。

胈（茂、保）[方] mbaeuj［ʔbau^{3}］〈名〉头；脑袋；脑壳。（见《初》）

腽（埕、牲、伣、㦒）mbwng［ʔbɯŋ^{1}］〈形〉❶欲哭的。❷忧愁。《初》：罶腽。Naj mbwng. 满面愁容。

䐈 ndaek［ʔdak^{7}］〈形〉（睡）熟；（睡）着。（见䁰）

腍 ndiem［ʔdi:m^{1}］〈形〉❶痒；麻痒（与臁连用。皮肤受刺激产生的酸痒）。❷心惊胆战。❸三心二意。《初》：佲介肞臁腍。Mwngz gaej sim ndumjndiem. 你别三心二意。（见臁）

腤 [方] ngamz［ŋa:m^{2}］〈名〉缝；缝隙。《初》：腤㩒，ngamz mungz，手指缝。

腊 noh［no^{6}］〈名〉肉。（见胬）

脒 raem［ɣam^{1}］〈名〉睾丸。马山《信歌》：町踢脒師傅。Din dik raem saefouh. 脚踢师傅的睾丸。

腂 rug［ɣuk^{8}］〈名〉胞衣；胎衣。（见胅^{2}）

䏊 saej［θai^{3}］〈名〉肠子。（见胑^{2}）

骻 aemq［ʔam^{5}］〈动〉背；背负。（见𠄎）

骹 aemq［ʔam^{5}］〈动〉背；背负。（见𠄎）

䐘（胒、胲、餧）ai［ʔa:i^{1}］〈名〉嗉囊。《初》：徒鴿内呻廸䐘紨裂。Duz gaeq neix gwn dwk ai yaek ceg. 这只鸡吃得嗉囊快要胀裂。| 胎䐘，hozai，甲状腺气囊（俗称大颈泡）。

腜 bouz［pou^{2}］〈名〉膪肉。（见䏺）

腷 bwnh［pɯn^{6}］〈名〉粪；粪便；肥粪。（见屎）

朝 caeuz［ɕau^{2}］〈名〉晚饭。（见粖）

腈（正、胚、璋、张）Cieng［ɕi:ŋ^{1}］〈名〉春节。《初》：呻腈，gwn cieng，过春节。

腾^{1} daengx［taŋ^{4}］〈动〉停；暂停。（见址^{1}）

腾^{2} daengz［taŋ^{2}］〈动〉到。（见肝^{2}）

腩^{1} domq［to:m^{5}］〈名〉绣球。上林《达妍与勒驾》：勺許勒腩許伎腊。Yaek hawj lwgdomq hawj beix raz. 欲抛绣球给情哥。

腩^{2} nomj［no:m^{3}］〈形〉幼。《初》：肓兄里年腩。Mwh gou lij nienznomj. 我还年幼的时候。

腻 gemj［ke:m^{3}］〈名〉面颊；脸颊。（见瞰）

腥^{1} huk［huk^{7}］〈形〉笨；蠢；愚。上林《达妍与勒驾》：佈腥，baeuq huk，愚蠢的老头。

腥^{2}（屋、臞、仝、喔、屘）uk［ʔuk^{7}］〈名〉脑；脑子；脑浆；脑髓；脑海；脑筋。《初》：

腥尳,ukgyaeuj,脑子;头脑。

朋 hwet [hɯːt⁷]〈名〉腰;脊背。(见𦡂)

䐗(桕)ieng [ʔiːŋ¹]〈名〉植物或果实的浆。《初》:䐗纵,iengcoengz,松香。

𦟌 mbuemq [ʔbuːm⁵]〈动〉肿;浮肿。(见𦢐²)

腦 naux [naːu⁴]〈名〉秤纽。(见繚)

䏠 ndang [ʔdaːŋ¹]〈名〉身;身体。(见躺)

膢 reuq [heu⁵]〈形〉枯萎;干枯。马山《皮里患鲁不》:朵花红不膢。Duj va hoengz mbouj reuq. 红花不枯萎。| 㿝骨膢不淋。Dai ndok reuq mbouj lumz. 死了骨头干枯也不相忘。

腮¹ sai [θaːi¹]〈名〉男。(见財)

腮² sai [θaːi¹]〈名〉带子。(见䙊)

腮³ sai [θaːi¹]〈动〉丢(脸)。(见㓤)

䑆 sai [θaːi¹]〈名〉带子。(见䙊)

腥 singj [θiŋ³]〈形〉清醒;(睡)醒;敏感;聪明;机警。(见惺)

䏡(肱、𬀭)[历] ywenq [jɯːn⁵]〈形〉腻。(见《初》)

䐐(䯉、腼、肥、臆、憶)aek [ʔak⁷]〈名〉胸。《初》:䎂䐐,najaek,胸口;胸脯;胸部。

膀 [历] bangq [paːŋ⁵]〈名〉大腿(与跒连用)。《初》:膀跒,bangqha,大腿。

䐦 cing [ɕiŋ¹]〈形〉瘦;精(指肉)。(见䏦)

䏹(䏡)[历] dex [te⁴]〈形〉瘦小;矮小。《初》:猍䏹,mou dex,矮小的猪。

䐑(肷、䏰、䏚)gemq [keːm⁵]〈名〉猪油渣。(见《初》)

膁(䏦、䐂、㒯)giemz [kiːm²]〈名〉下巴(与䶗连用)。《初》:膁䶗,giemzhangz,下巴。

䐤¹ haemh [ham⁶]〈名〉晚;夜晚;晚上。(见𣋽)

䐤² hamq [haːm⁵]〈名〉岸;边沿。(见㙈⁴)

䐿 [历]hai [haːi¹]〈名〉月;月亮。(见胲²)

䏶 laeng [laŋ¹]〈名〉后;背后;后面。(见㩉¹)

䐡 [历]lenz [leːn²]〈名〉脾脏(与肤连用)。《初》:䐡肤,lenzded,脾脏。

䏰 [历] mbwen [ʔbɯːn¹]〈名〉月;月份。《初》:䏰䐉,mbwencieng,正月。

膜 [历] moek [mok⁷]〈名〉❶ 腹;肚。❷ 痢疾;腹泻。❸ 心绪。(见肱)

䐫 naj [na³]〈名〉❶ 脸;面孔。❷ 面子。(见䎂)

䐜(蚖、蚕、蚨、蚓、蟼、蛒、蝷、螁)ndwen [ʔdɯːn¹]〈名〉蚯蚓。《初》:迪䐜𤝈鴄。Dwk ndwen coq bit. 挖蚯蚓喂鸭。

腰 ngaiz［ŋaːi²］〈名〉饭。田阳《布洛陀遗本》：不有糯得腰。Mbouj miz haeux dwk ngaiz. 没有米煮饭。

胂（刺、申、辛）saen［θan¹］〈名〉背部。《初》：胂㖞，saenlaeng，背脊。｜胂刹，saen cax，刀背。

膄 saeu［θau¹］〈名〉柱子。（见柠）

腦 方 bup［pup⁷］〈形〉蠢笨。《初》：佲乣腦貧粆！ Mwngz ndaej bup baenzlai! 你这么蠢笨！

膦 bwd［pɯt⁸］〈名〉膪肉；囊膪（与脬连用）。《初》：胬膦脬，nohbwdbouz，膪肉；囊膪（猪腹部肥而松弛的肉）。

滕 daengz［taŋ²］〈动〉到。（见肛²）

腤 daep［tap⁷］〈名〉肝。马山《百岁歌》：剫腤剫胰，goenq daep goenq saej，断肝断肠；肝肠寸断。

腸 daep［tap⁷］〈名〉肝。平果《情歌》：叫栘腸正收。Heuh lai daep cingq sou. 叫得太多肝收缩。

腨（㟀、𨫼、㡭、悃、恫、端、㼷、鶨、鑰）don［toːn¹］〈动〉阉（用于禽类）。《初》：鴿腨，gaeqdon，阉鸡。

膁（裥）gangh［kaːŋ⁶］〈名〉下身。《初》：躶膁，lohgangh，裸下身。

瞰（减、胘、噉）gemj［keːm³］〈名〉面颊；脸颊。《初》：淰眦梅瞰渊。Raemxda hoij gemj rih. 眼泪顺着面颊流。

腅 geng［keːŋ¹］〈形〉硬。（见硗）

腁¹ gumq［kum⁵］〈形〉驼背（与靛连用）。《初》：腁靛，gumqdingh，驼背。

腁² gumq［kum⁵］〈名〉❶臀；屁股。❷腰背部。（见躰¹）

䏶 gumq［kum⁵］〈名〉❶臀；屁股。❷腰背部。（见躰¹）

膩 方 guz［khu²］〈动〉笑。（见嘝¹）

膋 方 laemz［lam²］〈名〉盲肠（与胅连用）。（见替）

朦¹ 方 mbag［ʔbaːk⁸］〈名〉头；脑壳；脑袋（与胧连用）。《初》：朦胧，mbagmbaeuj，头；脑壳；脑袋。

朦² mbaq［ʔba⁵］〈名〉肩膀。（见肥）

膍 mbei［ʔbei¹］〈名〉胆；胆量；胆略。（见胚²）

膣 mbi［ʔbi¹］〈名〉胆。（见脒）

膦 方 momh［moːm⁶］〈名〉天灵盖。（见《初》）

朧 方 ruengz［ɣuːŋ²］〈名〉内脏。（见《初》）

𦡦（𦠝）方 saiq［θaːi⁵］〈动〉❶损失；亏损。《初》：胖怀𦡦㟢好粆刄。Buenq vaiz saiq bae haujlai cienz. 贩牛亏损了好多钱。❷花费。《初》：介摇𦡦刄。Gaej luenh saiq cienz. 别乱花钱。❸浪费。

𦠝 方 saiq［θaːi⁵］〈动〉❶损失；亏损。❷花费。❸浪费。（见𦡦）

朣 vangz［waːŋ²］〈形〉恍惚（与朦连

用)。马山《皮里患鲁不》:朦朦膸膸, moengzmoengz vangzvangz,恍恍惚惚。

腻 wen［ʔɯːn^{1}］〈形〉腻歪;腻味。马山《勺记时种花》:各忞各吞腻。Gag ngeix gag raen wen. 自个儿思量自个儿感觉腻味。

膛 angj［ʔaːŋ^{3}］〈名〉掌心。《初》:膛𨂊, angjfwngz,手掌心。| 膛盯, angjdin,脚掌心。

膨 bongq［poːŋ^{5}］〈形〉胀;膨胀。(见胧^{1})

膔(胷、朒、腮)daw［taɯ^{1}］〈名〉胗子。《初》:膔鴧, daw gaeq,鸡胗子。

腿 daw［taɯ^{1}］〈名〉胗子。(见膔)

膶 gumq［kum^{5}］〈名〉❶ 臀;屁股。❷ 腰背部。(见躸^{1})

䯆 gumq［kum^{5}］〈名〉❶ 臀;屁股。❷ 腰背部。(见躸^{1})

膖 gyaeng［kjaŋ^{1}］〈动〉关。宜州《龙女与汉鹏》:节磊独侊马缸膖。Ciet ndaej duzgvangh ma eng gyaeng. 捞得河蚌缸中养。

膜(胻、房、屌、杭)hangx［haːŋ^{4}］〈名〉屁股。(见《初》)

膘(脑、胴、黝、胷、肐)hwet［hɯːt^{7}］〈名〉腰;脊背。《初》:侈伃膘迪眸。De gungx hwet dwk ninz. 他弯着腰睡觉。

膦 历 linz［lin^{2}］〈名〉鸡冠。《初》:膦鴧㹴贫斐。Linzgaeq nding baenz feiz. 鸡冠红似火。

膛 mamx［maːm^{4}］〈名〉脾;脾脏(俗称蚂蟥肝、横肝)。《初》:膛猉稲貧吽。Mamx mou loq baenz gwn. 猪的脾脏比较好吃。

膪 历 nduk［ʔduk^{7}］〈名〉骨头。(即ndok,见《初》)

膭^{1} nywnx［ȵɯn^{4}］〈形〉腻。(见腰)

膭^{2}(哼)raeng［ɣaŋ^{1}］〈形〉胀。《初》:胨膭, dungx raeng,肚子胀。

臆^{1} aek［ʔak^{7}］〈名〉胸。(见膃)

臆^{2} eiq［ʔei^{5}］〈名〉腋;腋窝。《初》:袮扱圣夽臆。Buh geb youq lajeiq. 衣服挟在腋下。

䯇 历 dingh［tiŋ^{6}］〈形〉驼背(与𩩲连用)。《初》:𩩲䯇, gumqdingh,驼背。

髈 历 giz［khi^{2}］〈名〉女婿。《初》:髈䕨, giz moq,新女婿。(即gwiz)

朦 moengz［moŋ^{2}］〈形〉恍惚(与膸连用)。马山《皮里患鲁不》:朦朦膸膸, moengzmoengz vangzvangz,恍恍惚惚。

臑 nou［nou^{1}］〈名〉肱(与𦙶连用)。(见胖)

膯 doen［ton^{1}］〈名〉墩子(用稻草编结)。(见礅)

臌 fag［faːk^{8}］〈形〉饱满(一般指农作物的颗粒)。(见笹)

髈^{1} gumq［kum^{5}］〈名〉❶ 臀;屁股。❷ 腰背部。(见躸^{1})

髈^{2} laeng［laŋ^{1}］〈名〉后;背后;后面。(见摆^{1})

䯋 haengj［haŋ^{3}］〈动〉❶ 喜欢。❷ 肯;愿意;允许;许可。(见𨁭)

䁅 loenq[lon⁵]〈动〉脱落;掉下。(见㸒)

臜(脏)ndumj[ʔdum³]〈形〉❶痒;麻痒(与脏连用。皮肤受刺激产生的酸痒)。《初》:擝夰臆臜脏。Lumh lajeiq ndumjndiem. 摸腋窝感到酸痒。❷心虚;惊恐。《初》:偗逼墶否愣,偗𧡊倒臜脏。Boux bin dat mbouj lau, boux raen dauq ndumjndiem. 爬崖的人不害怕,旁观的人反惊恐。❸三心二意。《初》:佞伝交朋友,介用肕臜脏。Caeuq vunz gyau baengzyoux, gaej yungh sim ndumjndiem. 和人交朋友,莫三心二意。

臘 rap[ɣa:p⁷]❶〈名〉担子。❷〈量〉担。❸〈动〉挑(担)。❹〈动〉负担。❺〈动〉担当。(见𦨉)

臆 方 yoiq[joi⁵]〈形〉灰心。(见《初》)

臓 biz[pi²]〈形〉肥;胖。(见嫑)

臟 mbaq[ʔba⁵]〈名〉肩膀。(见肥)

臟 uk[ʔuk⁷]〈名〉脑;脑子;脑浆;脑髓;脑海;脑筋。(见腥²)

臙 naeng[naŋ¹]〈名〉皮。(见姓)

日(曰)部

日¹ hix[hi⁴]〈副〉亦;也。马山《尊老爱幼歌》:呃日端发虫。Heuj hix doenq fat ndungj. 牙也逐渐长龋齿。(见亦¹)

日² ndit[ʔdit⁷]〈名〉阳光。宜州《盘斗古》:日呋呋,ndit dengqdengq,阳光闪闪。

曰 方 ved[we:t⁸]〈动〉洒。《初》:曰淰,ved raemx,洒水。

旦¹ dam[ta:m¹]〈动〉结;缔结。金城江《台腊恒》:亱尼佨旦㫨。Haemhneix baeuq dam ndong. 今晚老翁结亲家。

旦² damq[ta:m⁵]〈动〉享受。田东《大路歌》:社召力娄旦。Ce ciuh lwg raeuz damq. 留给咱们儿孙享受。

旦³ danh[ta:n⁶]〈副〉但;只要。《初》:旦𣎏添𫢖ʒ仝排。Danh ndaej dem nuengx naengh doengz baiz. 只要能和妹妹坐在一起。

旦⁴ danh[ta:n⁶]〈副〉一旦。金城江《台腊恒》:旦仆了本疮,通家之本了。Danh boux ndeu baenz nyan, doeng ranz cix baenz liux. 一旦一人生疥疮,全家就会感染完。

旳 haet[hat⁷]〈名〉上午;早晨;早上。(见𣅶¹)

町 dengq[te:ŋ⁵]〈拟〉叮叮声。金城江《台腊恒》:𠹴旰町呀町。Guh hanh dengq hah dengq. 制造大旱叮呀叮。

旫 mwh[mɯ⁶]❶〈名〉时;时候;时期。❷〈副〉忽然(与暑连用)。(见肯)

旪 yaep[jap⁷]〈名〉一下子;一会儿。(见眨⁴)

旫 yaep[jap⁷]〈名〉一下子;一会儿。平果《情歌》:不眉旫刁空。Mbouj miz yaep ndeu hoengq. 没有一会儿得空。(见眨⁴)

旴 ceij[ɕei³]〈名〉日子(与睐连用)。《初》:睐旴,saedceij,日子;生活。

昖 cik［ɕik^{7}］〈形〉炽热;酷热。(见昋^{1})

亖 厉 cun［ɕun^{1}］〈名〉春。(见旾^{1})

旾^{1}(亖)厉 cun［ɕun^{1}］〈名〉春。(见《初》)

旾^{2} daeg［tak^{8}］❶〈名〉男性;雄性。❷〈量〉个;只;头。❸〈缀〉阿;老(男性的词头)。(见特^{1})

昳^{1} dak［taːk^{7}］〈动〉晒。金城江《台腊恒》:晊昳拉埔变本焥。Ndit dak laj namh bienqbaenz feiz. 阳光晒土变成火。

昳^{2}(他、馱)dax［ta^{4}］〈名〉刚才(与昧连用)。《初》:昳昧仭料卦。Daxbaenh de daeuj gvaq. 刚才他来过。

旹 gwnz［kɯn^{2}］〈名〉上;上面(方位词)。(见歪^{1})

旷 gvangq［kwaːŋ^{5}］〈形〉宽大;广大;宽阔。(见宪)

昈^{1} haed［hat^{8}］〈动〉捆;拴;勒。右江《本麽叭》:倫角批昈咟。Laenh gaeu bae haed bak. 割藤条去捆嘴巴。

昈^{2} haet［hat^{7}］〈名〉早晨;早上;上午。马山《欢叹母》:昈卓扛批埊。Haetcog gangh bae dieg. 明早抬去墓地。(见䟃^{1})

旱^{1} hah［ha^{6}］〈名〉夏。《初》:曀旱旦貧䨾。Seizhah ndit baenz feiz. 夏日骄阳似火。

旱^{2} laj［la^{3}］〈名〉下;下面。(见夻^{1})

旰^{1} hanh［haːn^{6}］〈形〉旱。金城江《台腊恒》:吞吞叿旰。Ngoenzngoenz guh hanh. 天天闹大旱。

旰^{2} hawq［haɯ^{5}］〈形〉干;干爽。马山《为人子者》:父母地沌孙地旰。Bohmeh dieg dumz lwg dieg hawq. 父母睡湿处孩子睡干爽处。

旳 厉 hit［hit^{7}］〈动〉做;干。(见欥)

旻(旼)厉 naw［naɯ^{1}］〈名〉早上。(见《初》)

旼 厉 naw［naɯ^{1}］〈名〉早上。(见旻)

昁 ndaem［ʔdam^{1}］〈形〉黑。(见黯)

旦 厉 net［neːt^{7}］〈形〉疲乏。(见《初》)

昄 ban［paːn^{1}］〈名〉时分;时候。(见晉)

昌 cangq［ɕaːŋ^{5}］〈动〉葬;安葬;埋葬(专指埋骸骨)。(见芷)

昆^{1} coenz［ɕon^{2}］〈名〉句。宜州《孟姜女》:仆佬啦色昆。Bouxlaux ndaq saek coenz. 老人骂几句。

昆^{2} goen［kon^{1}］〈动〉煲。(见焜^{1})

昆^{3} goenq［kon^{5}］〈动〉断。(见断)

昆^{4} gonh［koːn^{6}］❶〈名〉戽斗。❷〈动〉戽(水)。(见棍)

昆^{5} 厉 ndoenq［ʔdon^{5}］〈动〉叨念。(见噸)

昳 fawh［faɯ^{6}］〈名〉时节;时候。都安《行孝唱文》:辺肦昳内勺赔情。Dauq daengz fawhneix yaek boiz cingz. 待到此时要还报恩情。| 昳他,fawhde,那时候。

昑 gaeh[kai⁶]〈形〉警惕;机警;警醒(与惺连用)。《初》:惺昑,singjgaeh,警惕。

旯 历 gaemh[kam⁶]〈名〉晚。(见《初》,即 haemh)

旪 haet[hat⁷]〈名〉上午;早晨;早上。(见乾¹)

昛 hah[ha⁶]〈语〉呀。金城江《台腊恒》:田旰盯呀盯。Guh hanh dengq hah dengq. 制造大旱叮呀叮。

易 heih[hei⁶]〈形〉❶易;容易。❷快;迅速。(见惕)

昖(昖)历 hit[hit⁷]〈动〉做;干。《初》:佅凼芮昖曊? Moiz yuq swenz hit sawz? 你在家干啥?

罤 laez[lai²]〈名〉毒刺。(见蝉¹)

昄 ndit[ʔdit⁷]〈名〉阳光。(见昷²)

昂¹ angq[ʔaːŋ⁵]〈形〉欢喜。马山《偻齐架桥铁》:心各昂。Sim gag angq. 心自欢。

昂² ngangx[ŋaːŋ⁴]〈动〉仰;抬(头)。《初》:昂旭盳偲肰。Ngangx gyaeuj muengh aenndwen. 抬头望明月。|宜州《孟姜女》:昂哪焦艮吻。Ngangx naj liuq gwnzmbwn. 仰面瞧上天。

昂³ ngangz[ŋaːŋ²]〈形〉硬;硬是。《初》:傪昂否耵嗛。De ngangz mbouj dingq gangj. 他硬是不听讲。

昂⁴ ngiengx[ŋiːŋ⁴]〈动〉仰;昂。(见了)

昂⁵(仰)-ngongj[ŋoːŋ³]〈缀〉睁睁地。《初》:瞵昂,ngonzngongj,眼睁睁地看。

昡¹(艮、迀、昋、昳、昙、眼、晏、晐、晤、晞、晅、銁)ngoenz[ŋon²]❶〈名〉日;日头;太阳(与眢连用)。《初》:眢昡,daengngoenz,太阳。❷〈名〉天;日。昡㖤,ngoenzhaenx,那天。|昡内,ngoenzneix,今天。|昡兀,ngoenz ndei,好日子。❸〈量〉日;天。马山《情歌》:勺批倆几昡? Yaek bae lawz geij ngoenz? 要去哪里几天?

昡² ninz[nin²]〈动〉睡;眠;睡觉。(见眸)

昙 ngoenz[ŋon²]❶〈名〉日;日头;太阳(与眢连用)。❷〈名〉天;日。❸〈量〉日;天。(见昡¹)

昳 ngoenz[ŋon²]❶〈名〉日;日头;太阳(与眢连用)。马山《欢情》:眢昳屋拜東。Daengngoenz ok baihdoeng. 太阳东方出。❷〈名〉天;日。马山《情歌》:昳倆佲紦空? Ngoenzlawz mwngz ndaej hoengq? 哪天你得空? ❸〈量〉天;日。马山《欢叹父母》:論己昳不了。Lwnh geij ngoenz mbouj liux. 说几天也说不完。(见昡¹)

昋 ngoenz[ŋon²]❶〈名〉日;日头;太阳(与眢连用)。❷〈名〉天;日。❸〈量〉日;天。(见昡¹)

昑¹ remj[ɣeːm³]❶〈动〉烧焦。❷〈形〉炽热;炎热。❸〈动〉烧;焚烧。(见燴)

昑² rengx[ɣeːŋ⁴]〈形〉旱。马山《雲红不紦荫》:夯昑,mbwn rengx,天旱。

昇 历 seng [θeːŋ¹]〈动〉争。金城江《覃氏族源古歌》:吅爺同昇印。Naeuz hiz doengzseng yinq. 说爷争官印。(即 ceng)

昔 sik [θik⁷] ❶〈动〉撕。❷〈形〉破;烂。(见措)

旻(旼、魂、妲) 历 vaenz [wan²]〈名〉❶ 太阳。《初》:眦旻,davaenz,太阳。❷ 日;天;昼。《初》:旻眠,vaenzgeix,今天。

旼 历 vaenz [wan²]〈名〉❶ 太阳。❷ 日;天;昼。(见旻)

旺¹ vang [waːŋ¹]〈形〉横。(见枉²)

旺² vangq [waːŋ⁵]〈形〉空;闲。宜州《孟姜女》:久尼心否旺。Gyuhneix sim mbouj vangq. 现在心不闲。

旺³ vengh [weːŋ⁶]〈名〉横木。田阳《唱罕王》:旺黎,vengh lae,梯子的横木。

旷 yid [jit⁸]〈形〉热气腾腾。金城江《台腊恒》:旰本又旷。Hanh baenz yuzyid. 旱得热气腾腾。

昄¹(嗔、聘、瞆)baenh [pan⁶]〈名〉刚才(与眣连用)。《初》:眣昄侈料卦。Daxbaenh de daeuj gvaq. 刚才他来过。

昄² bonz [poːn²]〈名〉前(天、晚)。(见瞌)

昄 bongz [poŋ²]〈形〉肿胀。都安《三界老爺唱》:肚昄,dungx bongz,腹部肿胀。

昁 bonz[poːn²]〈名〉前天(与眼连用)。马山《曾迪字悲喳》:眼昁屋圩圹。Ngoenz-bonz ok Hawdangz. 前天上石塘街。

财(吅) 历 caeux [ɕau⁴]〈副〉才;就。《初》:兄财踮佲辈。Gou caeux riengz mwngz bae. 我就跟随你去。

昭(懆)cau [ɕaːu¹]〈动〉操(心);烦(心)。《初》:各合气肒昭。Gag haeujheiq sim cau. 自己担忧操心。

是¹ ci [ɕi¹]〈动〉追逐。田东《贼歌》:岜托是忑哪。Bya doxci laj naz. 鱼相逐田中。

是² cix [ɕi⁴]〈副〉❶ 就。❷ 也;又。(见只²)

春¹ cin [ɕin¹]〈名〉亲家。马山《欢叹母》:舍收朝公春。Ce sou cauh goeng cin. 留下你们众亲家。

春² cingz [ɕiŋ²]〈名〉缸;埕;坛。东兰《莫卡盖用》:陋坐春。Laeuj coq cingz. 酒放到缸里。

春³ con [ɕoːn¹]〈动〉穿。田东《闹涽懷一科》:禨法春卦貫。Matfax con gvaq gonq. 先用竹管针穿过。| 东兰《造牛(残页)》:之本能春長。Cih baenz ndaeng con cag. 就变成牛鼻能穿绳子。

春⁴ 历 cwn [ɕɯn¹]〈动〉顺从;听从。《初》:兄吽侈総否春。Gou naeuz de cungj mbouj cwn. 我劝说他都不听从。

春⁵ 历 cwn [ɕɯn¹]〈动〉穿。(见撁)

星¹ cing [ɕiŋ¹]〈形〉精;机警;机灵。宜州《孟姜女》:仂给尼星乖。Lwggwiz neix cinggvaiq. 这女婿很精。

星² cingq [ɕiŋ⁵]〈动〉是。宜州《孟姜女》:佚星仂江旁。De cingq lwg gyang

biengz. 他是世间的孩子(即孤儿)。| 宜州《龙女与汉鹏》:嗦星艮天斗羞故。Rox cingq gwnz mbwn daeuj ciuqgoq. 怕是上天来照顾。

星^{3} [方] sing [θiŋ^{1}]〈名〉路子;门路(与蹝连用)。《初》:眉星蹝。Miz singsok. 有门路。

星^{4} sing [θiŋ^{1}]〈动〉抢;争抢。平果《贼歌》:托星礼不伩。Doxsing ndaej boux gonz. 相互争抢每人得半担。

星^{5} sing [θiŋ^{1}]〈形〉腥。(见鯹)

星^{6} singj [θiŋ^{3}]〈形〉清醒;(睡)醒;敏感;聪明;机警。(见惺)

昛^{1} [方] can [ɕa:n^{1}]〈量〉餐;顿。(见餂)

昛^{2} can [ɕa:n^{1}]〈名〉一阵子;一下子。(见嵾)

昨^{1} cog [ɕo:k^{8}]〈名〉❶将来。❷明(天、晚)。(见昨^{1})

昨^{2} soh [θo^{6}]〈形〉老实。马山《造罶变贫型》:吽詾昨吭呻。Naeuz coenz soh gou nyi. 说实话给我听。

昋 cou [ɕou^{1}]〈名〉秋。(见《初》)

時 deih [tei^{6}]〈形〉密(距离近,间隔小)。(见䓞)

昁(伏、佚、咈、趺) [方] fawh [faɯ^{6}]〈名〉时期;时段;季节。《初》:昁寻,fawhcun,春季。

昛 gaeuq [kau^{5}]〈形〉旧。(见㐸)

曷^{1}(渴) [方] gat [kha:t^{7}]〈动〉❶断。《初》:絣曷。Cag gat. 绳子断。❷破;破烂。《初》:袻曷。Sij gat. 衣服破了。

曷^{2} got [ko:t^{7}]〈动〉抱;搂;搂抱;拥抱。(见擖)

乾^{1}(乞、吃、旴、哻、乹、𣅲、㚔、䫘、旷)haet [hat^{7}]〈名〉上午;早晨;早上。《初》:乾趔只㟏罶。Haet hwnq cix bae naz. 早上起身便下田。

乾^{2} [方] haet [hat^{7}]〈副〉才;方。都安《行孝唱文》:㕾田号内乾眉情。Ndaej guh hauhneix haet miz cingz. 能如此做方有情。

𣅲 haet [hat^{7}]〈名〉上午;早晨;早上。(见乾^{1})

显 henj [he:n^{3}]〈形〉黄(色)。(见黰)

昱^{1} laep [lap^{7}]〈形〉黑;黑暗;暗;昏暗。武鸣《信歌》:昱当䨺内崠。Laep dangq fwj ndaw ndoeng. 暗如山林罩云雾。(见嘿^{1})

昱^{2} ndit [ʔdit^{7}]〈名〉阳光。马山《嚅凭》:二月独鸿鸠,勺昱夲寒里。Ngeih-nyied duz roegbit, dak ndit laj haenz rij. 二月野鸭子,溪边晒太阳。

昱^{3} raet [ɣat^{7}]〈形〉蠢;愚蠢。马山《曾迪字悲喳》:昱愚,raet ngawz,愚笨。

昱^{4}(叱、飐、叱、叨、吡、啣、㕿、嘿)yaep [jap^{7}]〈名〉一下子;一会儿。《初》:兄昱刁邊㟏。Gou yaep ndeu menh bae. 我等一会儿再去。| 昱辻,yaepyet,一下子。

昧^{1} maeq [mai^{5}]〈形〉粉红。右江区《本麽叭》:亦老那亦昧。Yied laux naj yied maeq. [年岁]越大脸越粉红。

昧 2 meiq [mei5]〈名〉醋。(见酥)

昧 3 mwh [mɯ6] ❶〈名〉时;时候;时期。❷〈副〉忽然(与暑连用)。(见宜)

冒 1 mauh [ma:u6]〈动〉超(过);越(过)。(见冒)

冒 2 mauh [ma:u6]〈名〉帽。(见毛)

昵 ndeiq [ʔdei5]〈名〉星。马山《二十四孝欢》:讲七星晃昵。Gangj caetsing ndaundeiq. 讲北斗七星。

昳 ndit [ʔdit7]〈名〉阳光。(见昰2)

眠 ninz [nin2]〈动〉睡。马山《駄向书信》:眠以不鲍。Ninz hix mbouj ndaek. 睡也睡不着。

昂 nyengh [ȵe:ŋ6]〈副〉硬要;偏偏。(见悭3)

昖 rengx [ɣe:ŋ4]〈形〉旱。(见琅)

呥(洸、 晄)romh [ɣo:m1] ❶〈名〉早;晨。《初》:乾呥,haetromh,清晨。❷〈形〉早。《初》:佲趔乣呥。Mwngz hwnq ndaej romh. 你起得早。

昽 rongh [ɣo:ŋ6]〈形〉亮;明亮;光亮。(见糠2)

昷 unq [ʔun5]〈形〉软;软弱。(见歅)

眦 yaep [jap7]〈名〉一下子;一会儿。(见眨4)

晔 caeux [çau4]〈形〉早。(见娄)

昢 caeux [çau4]〈形〉早。(见娄)

旿 caeux [çau4]〈形〉早。(见娄)

時 1 caw [çaɯ1]〈名〉心;心肠。巴马《贖魂糀吰》:克栏侎時利。Gag ranz neix caw ndei. 独有这家人心好。

時 2 ciz [çi2]〈形〉❶ 和睦(与秄连用)。《初》:双侎妑内实秄時。Song gvanbaz neix saed huzciz. 这对夫妻很和睦。❷ 适当;合适。《初》:双偻口对最秄時。Song raeuz guh doiq ceiq huzciz. 我俩结为一对最合适。

時 3 cwz [çɯ2]〈名〉时代。田东《闹涽懷一科》:時塘時,cwz dam cwz,一个时代接一个时代。

時 4 seiz [θei2]〈名〉时(与气连用,表示运气;时运)。《初》:傪眉時气。De miz seizheiq. 他有运气。

晎(烔、晗、嗒、糌、托、塔)dak [ta:k7]〈动〉晒。《初》:晎粝,dak haeux,晒稻谷。

昡(灯、当)daeng [taŋ1]〈名〉太阳(与昡连用)。《初》:昡昡,daengngoenz,太阳。

略 方 gaeb [kat8]〈动〉遇。《初》:略琅,gaeb rengx,遇旱。

晕 gvaen [kwan1]〈动〉闹;扰乱。金城江《覃氏族源古歌》:干乱晕喇奎。Gonq luenh gvaen lajmbwn. 以前胡乱闹天下。

旺(江)gyang [kja:ŋ1]〈形〉晏;迟。《初》:乾内趔旺移。Haetneix hwnq gyang lai. 今早起床太晏。

晅 1 haemh [ham6]〈名〉晚;夜晚;夕。(见揞)

晅[2] hwnz [hɯn²]〈名〉深夜。都安《行孝唱文》:劲病难,父母同干肣半晅。Lwg bingh nanh, bohmeh doengz ganq daengz byonghhwnz. 儿生病,父母一同看护到半夜。

昡 hwngq [hɯŋ⁵]〈形〉热;炎热;闷热。(见晆)

晊 hwnz [hɯn²]〈名〉宵;夜。(见腋)

晐 历 ij [ʔi³]〈副〉欲;想;将;快要;要。(见于[1])

晒[1] lawz [laɯ²]〈代〉啥;什么。《初》:佲口晒? Mwngz guh lawz? 你干啥?

晒[2](护、抲、沪)rawz [ɣaɯ²]〈名〉后天(与昿连用)。《初》:昿晒, ngoenzrawz, 后天。

晿 ndat [ʔdaːt⁷] ❶〈形〉热;烫。❷〈动〉生(气)。(见燵)

晃[1] ndau [ʔdaːu¹]〈名〉星(与昵连用)。马山《二十四孝欢》:讲七星晃昵。Gangj caetsing ndaundeiq. 讲北斗七星。

晃[2] ndongq [ʔdoːŋ⁵] ❶〈形〉火红。❷〈名〉烧红的铁或火炭。❸〈形〉炫目。(见煓[2])

晃[3] rongh [ɣoːŋ⁶]〈形〉亮;明亮;光亮。(见晥[2])

晄[1] ndit [ʔdit⁷]〈名〉阳光。(见昰[2])

晄[2] ndongq [ʔdoːŋ⁵] ❶〈形〉火红。❷〈名〉烧红的铁或火炭。❸〈形〉炫目。(见煓[2])

晄[3] rongh [roːŋ⁶] ❶〈形〉亮;明亮;光明。马山《孤儿歌》:批甼只踸晄。Bae naj cix raen rongh. 往前就能见光明。❷〈名〉月亮(与肤连用)。马山《情歌》:记话许晄肤,记宽许友二。Geiq vah hawj ronghndwen, geiq fwen hawj youxngeih. 寄语给月亮,歌书传友谊。(见晥[2])

晆[1] 历 nded [ʔdeːt⁸]〈形〉晴。《初》:叐晆, fax nded, 天晴。

晆[2] ninz [nin²]〈动〉睡;眠;睡觉。(见眸)

晧 ndit [ʔdit⁷]〈名〉阳光。(见昰[2])

晀 ngoenz [ŋon²] ❶〈名〉日;日头;太阳(与昍连用)。❷〈名〉天;日。❸〈量〉日;天。(见昿[1])

晏 ngoenz [ŋon²] ❶〈名〉日;日头;太阳(与昍连用)。❷〈名〉天;日。❸〈量〉日;天。(见昿[1])

晻 ngoenz [ŋon²] ❶〈名〉日;日头;太阳(与昍连用)。❷〈名〉天;日。❸〈量〉日;天。(见昿[1])

晼 历 nguih [ŋuːi⁶]〈名〉山顶;山尖。金城江《覃氏族源古歌》:晼岜, nguih bya, 山顶。

晔 历 ngvaz [ŋwa²]〈名〉❶ 昨(与晗连用)。《初》:晗晔, yaemhngvaz, 昨晚。❷ 泛指过去。

晲 nyinh [ȵin⁶]〈动〉醒;睡醒;觉醒;醒悟。马山《欢叹父母》:罗晲淋何西。Roxnyinh lumh hozsae. 睡醒过来摸孩子。

晋 raeuz [rau²]〈代〉我们;咱们(包括对话的一方)。宜州《廖碑》:短長晋曾咾。Dinj raez raeuz caengz rox. 长短咱们尚未知。(见偻¹)

晄¹ senx [θeːn⁴]〈拟〉很快地(比况动作迅速)。《初》:肛晄晄, daengz senxsenx, 很快就到。

晄² senq [θeːn⁵]〈副〉早;老早。(见㒰)

晌 㽵 swnz [θɯn²]〈名〉前(天、晚)。《初》:旻晌, vaenzswnz, 前天。

䀫(䀫、𬀼) ciengq [ɕiːŋ⁵]〈动〉唱。《初》:䀫謑, ciengq heiq, 唱戏。

晘¹(赤、昖) cik [ɕik⁷]〈形〉炽热;酷热。《初》:肛六月𬀩晘。Daengz loegnyied seiz cik. 到六月酷热的时候。

晘² ndit [ʔdit⁷]〈名〉阳光。(见𡿨²)

晧¹(昨、却、瞎、晫、卓、浊、捔) cog [ɕoːk⁸]〈名〉❶将来。《初》:肛晧眉昛兀。Daengz cog miz ngoenz ndei. 将来会有好日子。❷明(天、晚)。《初》:昛晧邊任𧡊。Ngoenzcog menh doxraen. 明天再相见。

晧² soh [θo⁶]〈形〉直。都安《三界老爺唱》:犻兒杖牦能论晧。Lwgnyez ciengx vaiz naengh lwnh soh. 牧牛儿童索性就直说。

昇 㽵 damx [taːm⁴]〈副〉暂。《初》:昇𠕲, damx yuq, 暂住。

晖 foeg [fok⁸]〈形〉肿。马山《勺记时种花》:𥆾晖, da foeg, 眼睛肿。

晍 genq [keːn⁵]〈形〉猛;强;狠(用于阳光)。《初》:𡿨晍, ndit genq, 阳光强烈。

𣇈(哏) 㽵 goenq [kon⁵]〈副〉才。《初》:劤郭𣇈眉吽。Gaenx gueg goenq miz gwn. 勤劳才能丰衣食足。

晡 haed [hat⁸]〈动〉❶勒;勒紧。《初》:紇𧜦裖, haed saivaq, 勒紧腰带。❷限。(见紇)

晗 haemh [ham⁶]〈名〉晚;夜晚;夕。(见𩚵)

曼¹(会) 㽵 hoih [hoi⁶]〈副〉慢;再。《初》:曼曼料, hoihhoih daeuj, 慢慢来。

曼² menh [meːn⁶]❶〈形〉慢。❷〈副〉再。(见邊)

晾(䁁、浪、狼) langh [laːŋ⁶]〈动〉晾;晒。《初》:粝晾丕枩𣏾。Haeux langh youq gwnz canz. 谷子晒在晒台上。

晚 mbanj [ʔbaːn³]〈名〉村;寨。(见板²)

𣊺(老、𫊻、𪑟、𣊻、㖠、𪑒、磅、咾、迯、啁、叨、刀) ndau [ʔdaːu¹]〈名〉星;星星。《初》:𣊺丕㚢, ndau gwnzmbwn, 天上的星星。| 𣊺𣊹, ndaundeiq, 星星。| 𣊺乾, ndauhaet, 启明星。

𣊻 ndau [ʔdaːu¹]〈名〉星星(与𣊹连用)。马山《眼泣眉胧肤》:𣊻𣊹可里乐。Ndaundeiq goj lij rongh. 星星还在闪烁。

晔¹ ndongq [ʔdoːŋ⁵]❶〈形〉火红。❷〈名〉烧红的铁或火炭。❸〈形〉炫目。(见𤆬²)

晔² rongh [ɣoːŋ⁶]〈形〉亮;明亮;光亮。(见𤊨²)

晤 ngoenz [ŋon²]❶〈名〉日;日头;太

阳(与昀连用)。❷〈名〉天;日。❸〈量〉日;天。(见昡[1])

䶍 ngoenz [ŋon²]❶〈名〉日;日头;太阳(与昀连用)。❷〈名〉天;日。❸〈量〉日;天。(见昡[1])

睄(䁬)sauh [θaːu⁶]〈名〉时段;时节;季节。《初》:稼卦睄否貧。Gyaj gvaq sauh mbouj baenz. 秧苗过了季节[栽]不好。

曹[1] 㓈 sauz [θaːu²]〈动〉洗;摆洗。(见漕)

曹[2] cauz [ɕaːu²]〈动〉喂(指特别加料和用心喂养马、牛)。(见嘈)

暀 vangj [waːŋ³]〈拟〉流逝貌。《初》:昡卦昡暀暀。Ngoenz gvaq ngoenz vangj-vangj. [光阴]一天天地流逝。

最[1] caih [ɕaːi⁶]〈介〉随;由;任凭;任由;随便。(见俤)

最[2] 㓈ceix [ɕei⁴]〈名〉任何地方。《初》:俤佲埁最。Caih mwngz bae ceix. 任由你去任何地方。

暂[1] camh [ɕaːm⁶]〈动〉铺设(楼板)。(见掺[1])

暂[2] yamq [jaːm⁵]❶〈动〉跨;迈;走。❷〈量〉步。(见蹐)

晫[1] cog [ɕoːk⁸]〈名〉❶将来。❷明(天、晚)。(见昨[1])

晫[2] coz [ɕo²]〈形〉年轻;年青。(见倬)

晵 dak [taːk⁷]〈动〉晒。(见晊)

晲(跉、迡)㓈geix [kei⁴]〈名〉现在;今;如今。《初》:䡅晲,beigeix,今年。

景 gingj [kiŋ³]〈名〉货郎鼓;拨浪鼓(与杌连用)。(见槹)

晻[1] haemh [ham⁶]〈名〉晚;夜晚;夕。(见馣)

晻[2] hwnz [hɯn²]〈名〉宵;夜。(见腋)

暐(𪸕、熻、炴、𣌫、晎、烘)hwngq [hɯŋ⁵]〈形〉热;炎热;闷热。《初》:叁暐嘀嘀。Mbwn hwngqdigdig. 天气很闷热。|曀旱叁实暐。Seizhah mbwn saed hwngq. 夏天天气实在闷热。

晽[1] 㓈 laemx [laem⁴]〈副〉有时;偶尔(与曀连用)。《初》:晽曀, laemxseiz, 有时;偶尔。

晽[2] raemh[ɣam⁶]〈名〉荫处。马山《信歌》:悲躲晽, bae ndoj raemh, 去荫处躲太阳。

量[1](晾、亮)liengh [liːŋ⁶]〈动〉估计;估量;揣测;料想;谅。《初》:量佲叫否肛。Liengh mwngz guh mbouj daengz. 量你做不到。

量[2] liengq [liːŋ⁵]〈动〉炫耀;显摆。(见晾)

晾 liengh [liːŋ⁶]〈动〉估计;估量;揣测;料想;谅。(见量[1])

曚(碰)mboengq [ʔboŋ⁵]〈名〉时期;时段;季节。《初》:曚内佲埁哂? Mboengq neix mwngz bae lawz? 这段时间你去哪里?

望 muengh [muːŋ⁶]〈动〉望;盼望;希

望。(见眬²)

睰 ngamq [ŋaːm⁵]〈副〉 刚;刚刚。(见啱¹)

晤 ngoenz [ŋon²] ❶〈名〉日;日头;太阳(与昀连用)。❷〈名〉天;日。❸〈量〉日;天。(见昖¹)

暖 non [noːn¹]〈名〉虫;蛹。(见蠀)

昹 rengx [ɣeːŋ⁴]〈形〉旱。(见琅)

昤 rengx [ɣeːŋ⁴]〈形〉旱。(见琅)

晎 saed [θat⁸]〈名〉 日子(与盱、纸连用)。《初》:晎盱焅卦。Saedceij hoj gvaq.日子难过。| 上林《赶圩歌》:兑晎纸礼哝。Doiq saedceij ndaej ndei. 择吉日得好。

暑(試)sawq [θaɯ⁵]〈副〉 忽然(与宜连用)。《初》:暑宜发颵犨雰。Sawqmwh fat rumz doek fwn. 忽然刮风下雨。

晍 㓡 sawz [θaɯ²]〈代〉哪;何。《初》:旻晍庲? Vaenzsawz maz? 哪天来?

晄(晄、前、选、鳊、犗、犏、鶣)senq [θeːn⁵]〈副〉 早;老早。《初》:兄晄料盯。Gou senq daeuj daengz. 我老早来到。

晗 㓡 yaemh [jam⁶]〈名〉夜。(见晗)

晭 yaep [jap⁷]〈名〉一下子;一会儿。(见眨⁴)

暡(曚、們、昧、宋、伴、暡)bonz [poːn²]〈名〉 前(天、晚)。《初》:昖暡, ngoenzbonz,前天。

暈 gvaen [kwan¹]〈动〉 胡闹。金城江《覃氏族源古歌》:唠伪乱斗暈。Lau fwx luenh daeuj gvaen. 怕别人胡闹。

晗 haemh [ham⁶]〈名〉晚;夜晚;夕。(见馠)

暄 hwnz [hɯn⁶]〈名〉 夜;深夜。马山《信歌》:否十昭九暄。Mboengj cib haemh gouj hwnz. 敲打十晚九夜。

暒¹ ndeiq [ʔdei⁵]〈名〉星星。马山《眼泣眉胱肤》:昉暒, ndaundeiq,星星。

暒² singj [θiŋ³]〈形〉清醒;(睡)醒;敏感;聪明;机警。(见惺)

勤 ndeiq [ʔdei⁵]〈名〉星(与盰连用)。(见尉)

暗¹ 㓡 ngamq [ŋaːm⁵]〈形〉蛮不讲理(与憴连用)。(见惝)

暗² ngamq [ŋaːm⁵]〈副〉 刚;刚刚。武鸣《信歌》:暗蔼䅛䉬, ngamq did bwnsongz, 刚长出羽毛。(见啱¹)

昷 ninz [nin²]〈动〉 睡;眠;睡觉。(见眸)

暁 rengx [ɣeːŋ⁴]〈形〉旱。(见琅)

暕(喽、缕、熡、炓、焀)raeuj [ɣau³]〈形〉❶ 暖和;暖;温暖。❷(水)温。《初》:淰暕, raemxraeuj,温水。

曬 㓡 sai [θaːi¹]〈形〉 晏;迟(时间不早)。(见《初》)

暽 suemj [θuːm³]〈形〉 微明;半明半暗(指黎明、拂晓或傍晚、临暮。)(见曙)。

暚(唨、㾾、嗜、晗、𫠒) 㕣 yaemh [jam⁶]〈名〉夜。《初》:腓暚, baizyaemh,傍晚。| 暚晔, yaemhngvaz,昨晚。(即 haemh)

晳(班、眅、扳)ban [pa:n¹]〈名〉时分;时候。《初》:晳粄, banringz,晌午时分;午时。

暡 bonz [po:n²]〈名〉前(天、晚)。(见瞌)

暛(瞌)buemx [pu:m⁴]〈形〉半明半暗(指黎明、临暮时的天色。与嚅连用)。《初》:暛嚅只合空。Buemxsuemj cij haeuj ranz. 天临黑才回家。

暓(晫、䀹、暏、𣅯、瞅)caeux [çau⁴]〈形〉早。《初》:吃内兄趄暓。Haetneix gou hwnq caeux. 今天早上我起得早。

暏 caeux [çau⁴]〈形〉早。(见暓)

暆 gonq [ko:n⁵]❶〈副〉先。❷〈名〉前;前面。(见槓)

暗 haemh [ham⁶]〈名〉晚;夜晚;夕。马山《欢叹父母》:暗你, haemhneix,今晚。| 马山《书信歌》:暗眠噜吞娘。Haemh ninz loq raen nangz. 夜眠梦见姑娘。(见𣍐)

暅¹ haenz [han²]〈名〉堤;岸;埂;塍。(见垠¹)

暅² rengx [ɣe:ŋ⁴]〈形〉旱。(见琅)

暵 hwngq [hɯŋ⁵]〈形〉热;炎热;闷热。(见晫)

暭¹ langh [la:ŋ⁶]〈动〉晾;晒。(见眼)

暭² langq [la:ŋ⁵]〈动〉闪耀;闪烁。《初》:昍昖暭熜熜。Daengngoenz langq vidvid. 太阳光闪闪。

暕 lwenz [lɯ:n²]〈名〉昨。《初》:昖暕, ngoenzlwenz,昨天。| 𣍐暕, haemhlwenz,昨晚。

暛 sauh [θa:u⁶]〈名〉时段;时节;季节。(见哨)

暞 mwh [mɯ⁶]❶〈名〉时;时候;时期。❷〈副〉忽然(与暑连用)。(见宿)

䶵(䶵、𪰶、咥、唎、迖、䨲、砥、䶳、䶴)ndeiq [ʔdei⁵]〈名〉星(与勁连用)。《初》:勁䶵丕㚑。Ndaundeiq gwnzmbwn. 天上的星星。

暻 rengx [ɣe:ŋ⁴]〈形〉旱。(见琅)

暽 romh [ɣo:m⁶]〈形〉早。平果《信歌》:恨暽叐眝快。Hwnq romh baenz ninz gvaiz. 起早变成睡晏觉。

暸 baenh [pan⁶]〈名〉刚才(与昳连用)。(见㚲¹)

瞌 buemx [pu:m⁴]〈形〉半明半暗(指黎明、临暮时的天色。与嚅连用)。(见暛)

瞅 caeux [çau⁴]〈形〉早。(见暓)

暫 ciemh [çi:m⁶]〈副〉渐。马山《抄㘝歌》:能暫暫吞嗬, naengh ciemhciemh raen ndei,才渐渐好转。

㬌 ciengq [çi:ŋ⁵]〈动〉唱。(见敞)

䶶 㕣 cik [çik⁷]〈名〉流星(与勁连用)。《初》:勁䶶, ndaucik,流星。

暔^{1} cog [ɕo:k^{8}]〈名〉❶ 将来。❷ 明(天、晚)。(见昨^{1})

暔^{2} coz [ɕo^{2}]〈形〉年轻;年青。(见倬)

睫 dak [ta:k^{7}]〈动〉晒。平果《信歌》:粝粡睫𡉐栈。Haeuxnyangj dak gwnz canz. 禾把晒在晒台上。

晴 -dig [tik^{8}]〈缀〉闷热的;沉闷的。《初》:㬻晴晴,hwngqdigdig,天气很闷热。

曂 gonq [ko:n^{5}]❶〈副〉先。❷〈名〉前;前面。(见𬑥)

䀢 heih [hei^{6}]〈形〉❶ 易;容易。❷ 快;迅速。(见愒)

晆 方 henz [he:n^{2}]〈动〉爱护;保护;保卫。(见偾)

瞚^{1} hwnz [hɯn^{2}]❶〈名〉夜;深夜。马山《奠别歌》:眸肛瞚亦议。Ninz daengz hwnz youh ngeix. 睡到半夜又思念。❷〈动〉做梦;睡梦。马山《书信》:仜瞚,fangzhwnz,做梦;睡梦。

瞚^{2} 方 ywnz [jɯn^{2}]〈名〉宵;夜。(即hwnz,见𬀩)

暞 方 laeb [lap^{8}]〈名〉闪电(与𬀪连用)。(见昿^{2})

䀱 ndau [ʔda:u^{1}]〈名〉星;星星。(见䵷)

㪵 rau [ɣa:u^{1}]〈动〉量;测量。(见𬀩)

䁨 romh [ɣo:m^{1}]❶〈名〉早;晨。❷〈形〉早。(见暏)

曒(㩞) 方 sauz [θa:u^{2}]〈名〉一会儿;一下子。《初》:𧽍𡘫曒刁。Okbae sauz ndeu. 出去一下子。

晵 dak [ta:k^{7}]〈动〉晒。(见晘)

䁔 gonh [ko:n^{6}]❶〈名〉戽斗。❷〈动〉戽(水)。(见棍)

㷔^{1}(昿、𦙶、泣、𠯗、𬇙、𤀬、𨶹、𩜾、䵳) laep [lap^{7}]〈形〉黑;黑暗;昏暗。《初》:㷔合𩰪𧽍。Laep haeuj caeux ok. 早出晚归。| 马山《苦歌》:吃𡘫畈到双头㷔。Haet bae haemh dauq song gyaeuj laep. 早去晚回两头黑。

㷔^{2} yaep [jap^{7}]〈名〉一下子;一会儿。(见昿^{4})

䨻 mbauq [ʔba:u^{5}]❶〈名〉男儿;男青年。❷〈名〉男情人。❸〈形〉英俊。(见䶈)

𬁍 ndau [ʔda:u^{1}]〈名〉星;星星。(见䵷)

𬁎 ndeiq [ʔdei^{5}]〈名〉星(与䵷连用)。(见䵺)

曀 seiz [θei^{2}]〈名〉时;时候;时期;季节。《初》:曀旱,seizhah,夏季。

暟 haet [hat^{7}]〈名〉上午;早晨;早上。(见乾^{1})

𬁐 ndau [ʔda:u^{1}]〈名〉星;星星。(见䵷)

䁬 ngaeuz [ŋau^{2}]〈形〉❶ 光滑。❷ 尽;光;完。(见㧣^{1})

𬁑 ndau [ʔda:u^{1}]〈名〉星;星星。(见䵷)

曮(嘛) yaed [jat^{8}]〈名〉黄麻。《初》:

絊𭧒, cag yaed, 麻绳。

𬁫(掇、𫈉、挞、搨、𫟽)dag [ta:k⁸]〈动〉度;量。《初》:𬁫躺料裁袮。Dag ndang daeuj caiz buh. 量体裁衣。

曠(斑)mbanq [ʔba:n⁵]〈动〉❶崩;卷。《初》:刹曠咟。Cax mbanq bak. 刀子崩口。❷缺。《初》:朕曠, ndwen mbanq, 月亮缺。

𬀩bonz [po:n²]〈名〉前(天、晚)。(见𬀩)

𬁬ndeiq [ʔdei⁵]〈名〉星(与𠟷连用)。(见𬁬)

𬁩ngamq [ŋa:m⁵]〈副〉刚;刚刚。(见啱¹)

𬁢ngamq [ŋa:m⁵]〈副〉刚;刚刚。(见啱¹)

𬁮(𰅷)rau [ɣa:u¹]〈动〉量;测量。《初》:拎呎𬁮裍。Gaem cik rau baengz. 拿尺子量布。| 𬁮粝, rau haeux, 量米。

𬁯(𬀇)suemj [θu:m³]〈形〉微明;半明半暗(与𬀫连用,指黎明或傍晚的天色)。《初》:空𬀫𬁯眈趔。Ranz buemxsuemj couh hwnq. 天刚微明就起床。

𬁰haemh [ham⁶]〈名〉晚;夜晚;夕。(见𬁰)

𬁱(𬀿、𩜒、䫷、𫃗、显、𬁱)henj [he:n³]〈形〉黄(色)。《初》:袮𬁱, buh henj, 黄衣服。

𬁲hwngq [hɯŋ⁵]〈形〉热;炎热;闷热。(见𬁲)

𬁳-remh [ɣe:m⁶]〈缀〉微暖的;暖洋洋的。《初》:㖸𬁳𬁳, raeujremhremh, 暖洋洋。

𬁴sawz [θaɯ²]〈副〉何必(与相连用)。《初》:相𬁴养内𠀾! Siengqsawz yienghneix guh! 何必这样做!

𬁵ngaeuz [ŋau²]〈形〉❶光滑。❷尽;光;完。(见𬁵¹)

𬁶(赊)saw [θaɯ¹]〈动〉输。(见《初》)

曪¹(腊)lab [la:p⁸]❶〈动〉腊。《初》:𦧺曪, nohlab, 腊肉。❷〈名〉蜡烛。《初》:点曪𠀾灯。Diemj lab guh daeng. 点蜡烛代替灯火。

曪²loz [lo²]〈名〉螺。《初》:𪡀曪呺𬁷犿。Boq loz heuh cuengq vaiz. 吹海螺叫[大家]放牛。

𬁸coenz [ɕon²]〈量〉句。(见响)

贝(貝)部

贝¹bae [pai¹]〈动〉去。平果《贼歌》:旗贝如𰅸蚆。Geiz bae lumj mbungqmbaj. 军旗去如蝴蝶[飞]。(见𬁹)

贝² 〔方〕byaex [pjai⁴]〈名〉鲤。(见䲞)

财baih [pa:i⁶]〈名〉边;面。马山《恭喜新房歌》:财𬁺眉文笔,𠖤孙中明。Baihnaj miz faenz bit, cit lwglan coengmingz. 前面有文笔,出聪明子孙。

贵gveij [kwei³]〈形〉机警;机灵;精明;狡诈。(见𬁻)

贼 [方] boj[po³]〈动〉❶ 打赌。❷ 赌气。(见赙)

赲 cawx[çaɯ⁴]〈动〉买。(见貹)

费 faex[fai⁴]〈名〉树。宜州《孟姜女》:稳马宁艮费。Vunz ma ninz gwnz faex. 人来睡树上。

贯 gonq[ko:n⁵]〈副〉先。马山《信歌》:名悲贯。Mwngz bae gonq. 你先去。

贺¹ hoh[ho⁶]〈动〉护;保护。马山《改漫断鄰鄰》:不乣贺㗂荈, mbouj ndaej hoh hog ranz,不得护家屋。

贺² hoq[ho⁵]〈名〉膝;膝盖。田东《大路歌》:双逢力今贺。Song fwngz laeg gaemh hoq. 双手莫按膝盖。

赗 dangq[ta:ŋ⁵]〈动〉当;典当。(见䝼)

贯(关)gvanq[kwa:n⁵]〈量〉贯(旧时一千枚铜钱为一贯)。(见《初》)

赌 douh[tou⁶]〈动〉停栖。广南《椿树》:鴓燕赌荈央。Roegenq douh byai yaemz. 燕子停栖椿树梢。

赎 rouh[ɣou⁶]〈动〉赎。都安《行孝唱文》:钱銀赎不到。Cienzngaenz rouh mbouj dauq. 钱财赎不回。

赋 baenz[pan²]〈动〉磨。(见磒)

赌 bengz[pe:ŋ²]〈形〉贵;乖巧。马山《恭喜满月酒歌》:哜的对孙赌, gyaez di doiq lan bengz,爱这个乖巧的孙子。

䝺 gonq[ko:n⁵]❶〈副〉先。❷〈名〉前;前面。(见䝼)

䝻 bengz[pe:ŋ²]〈形〉贵。(见䝵)

赞 camz[ça:m²]〈动〉刺;戳;扎。(见㡉²)

䝾 dij[ti³]〈动〉值;值得。(见䝿)

貝¹ [方] beih[pei⁶]〈名〉麻雀(与鴓连用)。(见鵙)

貝² boiz[poi²]〈动〉赔。马山《二十四孝欢》:貝情, boiz cingz,赔情;还报恩情。

貝³ [方] bwi[pɯ:i¹]〈名〉土。田东《闹涽懐一科》:批宜蟻啼貝。Bae ndij moed daeh bwi. 去跟蚂蚁搬土。

貝⁴ [方] bwi[pɯ:i¹]〈动〉祈。《初》:唭貝, bengbwi,祈祷。

貧¹(坌、揞、盆、吰、呠、宾)baenz[pan²]❶〈动〉成;行;可以。《初》:养内田否貧。Yienghneix guh mbouj baenz. 这样做不行。❷〈动〉如;像;类。《初》:眃炆㛑貧㸃。Ndit ndat haenq baenz feiz. 烈日炎炎似火。| 貧样内, baenz yienghneix,像这个样子。❸〈形〉全;整;成;一。《初》:貧昖, baenz ngoenz,整天。| 雰䨀貧㴰貧㴰。Fwn doek baenz raq baenz raq. 雨一阵一阵地下。❹〈代〉这么;如此。《初》:貧䜴, baenzlai,这么多。❺〈动〉生;患。《初》:貧病, baenz bingh,患病。| 貧瘢, baenz baez,生疮。

貧² baenz[pan²]〈动〉磨。(见磒)

敗¹ baih[pa:i⁶]〈形〉烦乱。马山《望

吞話名詢》:仪佲心之敗。Ngeix mwngz sim cix baih. 想你心就烦乱。

敗2 baih[pa:i6]〈名〉方;边;面。(见㙔)

敗3 baih [pa:i6]〈副〉几乎。都安《三界老爺唱》:公敗死, goeng baih dai,三界公几乎要死掉。

貯1 boiz [poi2]〈动〉赔;偿还。马山《送夭灵》:世观佲度貯。Seiqgonq mwngz doxboiz. 前世[与]你相偿还。

貯2 yiemz [ji:m2]〈动〉嫌;嫌弃;厌恶。上林《赶圩歌》:貯衣介尔? Yiemzeiq gaiqlawz? 嫌弃什么? (见厺)

斯 cah [ça6]❶〈名〉荆棘。❷〈动〉围。(见楂2)

貪 dam[ta:m1]〈动〉连接;套上。(见擒)

赌 doj[to3]〈动〉赌;赌博;打赌。《初》:眉双介口赌。Miz cienz gaej guh doj. 有钱别赌博。

費 feiq [fei5]〈名〉费。《初》:費用, feiqyungh,费用。

肤(实)fouq [fou5]〈形〉富裕。(见《初》)

貫 gonq [ko:n5]❶〈副〉先。❷〈名〉前;前面。(见襩)

貨1(嚄)huq [hu5]〈名〉货物。《初》:貨瓦, huq ndei,好货。

貨2 huq [hu5]〈量〉对;双。上林《达妍与勒驾》:欧缕欧针绣口貨。Aeu mae aeu cim seuq guh huq. 用线用针绣成双。

貳 ngaeh[ŋai6]〈名〉汗垢;污垢。(见寘)

貧(边)<u>历</u> binz [phin2]〈动〉成;行。《初》:貧佅貧? Binz mij binz? 行不行?

胖(殍)buenq [pu:n5]〈动〉贩卖。《初》:口偋胖, guh canghbuenq,做小贩。

賍 cawx [çaɯ4]〈动〉买。(见賘)

賏(填)dienz [ti:n2]〈动〉偿还;赔偿;补偿。《初》:賏债否乴。Dienz caiq mbouj hwnj. 还不起债。

賑 dij [ti3]〈动〉值;值得。(见䣾)

費1 faex [fai4]〈名〉❶树;树木;木;木材;木头。❷棺材。(见𣘨)

費2 feiz [fei2]〈名〉火。(见斐)

貼 <u>历</u> guh[ku6]〈名〉东西(与盖连用)。《初》:貼盖, guhgaiq,东西。

賀1 hoh [ho6]❶〈名〉节;关节(物体各段连接处)。❷〈量〉节。(见笴)

賀2 hoq [ho5]〈名〉膝盖。(见蹭)

貯 lingx [liŋ4]〈动〉领。(见拎1)

貹 si[θi1]〈动〉赊。《初》:佁氿内貹歐。Gij laeuj neix si aeu. 这些酒是赊的。

賠(赔、蕩)dangq [ta:ŋ5]〈动〉当;典当。《初》:提度介崖賠。Dawz doxgaiq bae dangq. 拿东西去典当。

賏 <u>历</u>yaenh [jan6]〈动〉称赞;赞扬。

《初》：舭兀佲佲䀀。Sim ndei goenzgoenz yaenh. 好心人人赞。(即 haenh)

賔 bin［pin¹］〈动〉爬；攀爬。(见遍)

墤 bin［pin¹］〈动〉爬；攀爬。(见遍)

賐 dij［ti³］〈动〉值；值得。(见觝)

賗 nyok［ȵoːk⁷］〈动〉赠送；赐与。(见賍)

賒 saw［θaɯ¹］〈动〉输。(见顭)

賝(掺、浸)caem［ɕam¹］〈动〉亏；蚀。(见《初》)

賢 henz［heːn²］〈名〉旁边；边沿；附近。(见墹)

賣 maex［mai⁴］〈名〉妇女。金城江《覃氏族源古歌》：朋仆猺三賣。Bungz Bouxyiuz sam maex. 遇上三个瑶族妇女。

賍(賗、緎、阏、揿)nyok［ȵoːk⁷］〈动〉赠送；赐与。《初》：賍偲掍揹佲。Nyok aen goenh hawj mwngz. 赠你一个手镯。

賞 㓅 sangz［θaːŋ²］〈名〉辕(车前架牲畜的两根直木)。(见䡾)

賟(喙)rouh［ɣou⁶］〈动〉赎。《初》：纑畓呰賟躺。Gai naz bae rouh ndang. 卖田去赎身。

賆 bengz［peːŋ²］〈形〉贵。(见䝼)

賘(䝉、玡、㕦、粎、査、鏆、㕾、䝗、䝗、柱、賭、主、㑗)cawx［ɕaɯ⁴］〈动〉买。《初》：賘𦟀，cawx noh，买肉。

䝉 cawx［ɕaɯ⁴］〈动〉买。(见賘)

䝵 dij［ti³］〈动〉值；值得。(见觝)

䝯 gonq［koːn⁵］❶〈副〉先。❷〈名〉前；前面。(见䝲)

䝲(干、䆁、鑎、貫、曊、曨、喧、观、惯、䝯、䡅、礶、䝯、㔾)gonq［koːn⁵］❶〈副〉先。❷〈名〉前；前面。《初》：佲呰䝲。Mwngz bae gonq. 你先去。

䝱 㓅 mwij［mɯːi³］〈量〉粒。《初》：䝱粈㐌，mwij gaeuj nwngh，一粒米。

賥(捹、擳)saengq［θaŋ⁵］〈动〉挥霍。《初》：几㐱否够佲賥。Geijlai mbouj gaeuq mwngz saengq. 多少都不够你挥霍。

䝼 bengz［peːŋ²］〈形〉贵。(见䝼)

贎(䓪)㓅 lwenx［lɯːn⁴］〈名〉山歌。

䝼(嘭、䝼、鉼、㖼、䝼、唭、㖼、呯、僨、賰、賆、䝼、彭、䝼)bengz［peːŋ²］〈形〉贵。《初》：佀花内䝼㐱。Gij byaek neix bengz lai. 这些菜太贵。

賰 bengz［peːŋ²］〈形〉贵。(见䝼)

䝼 bengz［peːŋ²］〈形〉贵。(见䝼)

䝼 bengz［peːŋ²］〈形〉贵。(见䝼)

賭 cawx［ɕaɯ⁴］〈动〉买。(见賘)

觝(䟡、賐、䝵、抵、梯、体、底、䝼、䟡)dij［ti³］〈动〉值；值得。《初》：偲宊内觝几㐱刄？ Aen ranz neix dij geijlai cienz? 这座房子值多少钱？

鏆 cawx [çaɯ⁴]〈动〉买。(见𧷢)

䞞 sai [θaːi¹]〈动〉浪费;乱用;损失。(见浉)

𧸘 gai [kaːi¹]〈动〉卖。(见𧷸)

牛 部

牤 cae [çai¹]❶〈名〉犁头。❷〈动〉犁。(见𦓡)

牞 㕒 moz [mo²]〈名〉黄牛。(见犘)

牜彡 ngaeuz [ŋau²]〈名〉影子。《初》:𨻵牜彡,raemhngaeuz,阴影。

牞(纨、仇) 㕒 caeuz [çau²]〈名〉牛鼻绳。《初》:提𤙫歐抳牞。Dawz vaiz aeu gaem caeuz. 抓牛要抓牛鼻绳。

牝 ek [ʔeːk⁷]〈名〉轭。(见兀¹)

㸦 gaeu [kau¹]〈名〉角。(见觓)

犼(瓨) oengj [ʔoŋ³]〈名〉轭套(用藤编成,套在牛颈下边固定牛轭)。(见《初》)

瓨 oengj [ʔoŋ³]〈名〉轭套。(见犼)

㸺¹(㸳、犿、𤙭、𤘽、𤛆、犪、犫、𤙫、𤘣、犿、𤛕、𤜵、𤘬) vaiz [waːi²]〈名〉水牛。(见《初》)

㸺² 㕒 vaiz [waːi²]〈名〉蜈蚣(与蛴连用)。(见蚘)

犳(犳) 㕒 ciuj [çiːu³]〈名〉不驯服(指牲口)。《初》:徒㸺内犳䊹。Duz vaiz neix ciuj lai. 这头牛太不驯服。

犳 㕒 ciuj [çiːu³]〈名〉不驯服。(见犳)

牸(𡛙) coh [ço⁶]〈名〉❶ 牸;雌畜。❷ 母牛。(见《初》)

犆 㕒 guj [khu³]〈动〉顶;斗。《初》:㸺㑜犆。Vaiz dunghguj. 水牛相互顶斗。

㹈 mej [me³]〈拟〉咩(羊的叫声)。(见《初》)

䭾¹(𨒟、㴁、𩀦、𪊍、𫗴、汼、偶、耦、𦓤) ngaeuz [ŋau²]〈形〉❶ 光滑。《初》:楄否刨否䭾。Benj mbouj bauh mbouj ngaeuz. 木板不刨不光滑。❷ 尽;光;完。《初》:𨱔用䭾了。Cienz yungh ngaeuz liux. 钱花光了。

䭾² 㕒 youz [jou²]〈名〉牛(老借词)。《初》:𨖥㕭䭾䑶。Bae guh youzbuenq. 去当牛贩子。

犿 vaiz [waːi²]〈名〉水牛。大化《奠别歌》:猪鸡棌犿,mou gaeq cwz vaiz,猪、鸡、黄牛和水牛。(见㸺¹)

㸳 vaiz [waːi²]〈名〉水牛。(见㸺¹)

𤘬 vaiz [waːi²]〈名〉水牛。(见㸺¹)

犝 㕒 yueng [juːŋ¹]〈名〉尾。(见《初》)

特¹(导) daeg [tak⁸]❶〈名〉男性;雄性。《初》:㸺特,vaizdaeg,公牛。| 马山《欢叩苒》:特内伝眉衙。Daeg neix vunz miz rengz. 这男人是力气大的人。❷〈量〉个;只;头。《初》:双特㓜,song daeg lwg,两个儿子。| 三特㸺,sam daeg vaiz,三头公牛。❸〈缀〉阿;老(男性的词头)。《初》:特三,daegsam,老三。| 特华,daegvaz,阿华。

特[2] dawz [taɯ[2]]〈动〉烧;着;燃。(见焜[1])

特[3] dawz [taɯ[2]]〈动〉❶ 拿; 抓 住。田东《贼歌》:特贼, dawz caeg,抓贼。❷ 承接;继承。田阳《麽収魂糯一科》:他特咗召貫。De dawz coenz ciuhgonq. 他继承前辈的教诲。❸ 载。田东《大路歌》:立吞特双灰。Laepndaen dawz song hoiq. 半夜载我俩。❹ 犁(田)。田阳《麽収魂糯一科》:苦偲怀特那。Hoj duz vaiz dawz naz. 缺一头牛犁田。

特[4] dwg [tɯk[8]]〈动〉是。(见廸[1])

特[5] dwk [tɯk[7]]〈动〉 锄(地)。 田东《大路歌》:特坡了才刀, dwk bo liux cingq dauq,锄完坡地才回家。

牪 vaiz [wa:i[2]]〈名〉水牛。(见怀[1])

犊 cwz [ɕɯ[2]]〈名〉黄牛。(见《初》)

牾 gok [ko:k[7]]〈名〉角。(见觡)

犋 hoemj [hom[3]]〈动〉❶ 俯; 趴。❷ 倒置;倒扣。(见軬)

犁 laez [lai[2]]〈名〉毒刺。(见蠣[1])

牤 ngaeuz [ŋau[2]]〈形〉❶ 光滑。❷ 尽;光;完。(见牰[1])

犒 rauq [ɣa:u[5]]❶〈名〉 耙; 耙 具。❷〈动〉耙。(见耮)

犂 vaiz [wa:i[2]]〈名〉水牛。(见怀[1])

犐 vaiz [wa:i[2]]〈名〉水牛。(见怀[1])

犂 vaiz [wa:i[2]]〈名〉水牛。(见怀[1])

犊 duz [tu[2]]〈名〉 兽。 宜州《龙女与汉鹏》:偶栩荅年能犊。Aeu bwn roeg nemz naeng duz. 要鸟毛和兽皮。

犍 gienq [ki:n[5]]〈名〉腱;腱子。《初》:腎犍, nohgienq,腱子肉。

犂 laez [lai[2]]〈名〉 尖;尖端。 武鸣《信歌》:犂针丁犂串。Laez cim dingj laez cuenq. 针尖顶锥尖(针锋相对)。

犂 ceiq [ɕei[5]]〈名〉 夏至(与呀连用)。马山《造嚠变贫型》:勒淋肝呀犂, laeglumh daengz hahceiq,倏地到夏至。

犉 厉 moz [mo[2]]〈名〉黄牛。(见犘)

犻 buengq [pu:ŋ[5]]〈形〉 浪 荡; 游 荡。上林《特华信歌》:廪怀犻各遊。Lumj vaiz buengq gag youz. 像游荡的牛在游走。

犒 ek [ʔe:k[7]]〈名〉轭。(见兀[1])

犘(牤、犉、犭么、磨、獏) 厉 moz [mo[2]]〈名〉黄牛。

犲(犖、犵、犮、迣) cae [ɕai[1]]❶〈名〉犁头。《初》:竻犲, fagcae,犁头。❷〈动〉 犁。《初》: 乾 犲 亩 几 嚠。Haet cae moux geij naz. 一早犁得一亩多田。

犖 cae [ɕai[1]]❶〈名〉犁头。❷〈动〉犁。(见犲)

犪 vaiz [wa:i[2]]〈名〉水牛。(见怀[1])

犡[1] geuq [keu[5]]〈动〉磨(牙)。(见犗)

犡[2] nyeuq [ɲeu[5]]〈动〉 干 磨; 钢(把刀放在布、皮、石、缸口等处轻磨几下使之锋

利)。(见𥕉)

犤 vaiz [wa:i^{2}]〈名〉水牛。(见犿[1])

犩 vaiz [wa:i^{2}]〈名〉水牛。(见犿[1])

气 部

气[1] heiq [hei^{5}]〈名〉气数;运气。武鸣《信歌》:眉气粄,miz heiqsoq,有气数。

气[2] heiq [hei^{5}]〈动〉担心;担忧;忧虑。来宾《贤女救夫》:又气金辉曾文伝。Youh heiq Ginhveih caengz baenz vunz. 又担心金辉尚未成人。

氕(吘)㊉ geu [kheu^{1}]〈形〉臭。《初》:氕淋,geu dih,臭汗。

气(炁、𠲿、忥、𢘉、𥺲、𬨎、氖、氚、㲁、氭、氣)heiq [hei^{5}]❶〈名〉空气;气体。❷〈名〉汽。❸〈名〉气味。❹〈动〉忧愁;担忧;忧虑;顾虑。

炁 heiq [hei^{5}]❶〈名〉空气;气体。❷〈名〉汽。❸〈名〉气味。❹〈动〉忧愁;担忧;忧虑;顾虑。(见气)

氟(弗)-fwt [fɯt^{7}]〈拟〉习习;喷喷;哄哄(形容气味一阵阵飘过来)。《初》:馦氟氟,rangfwtfwt,香喷喷。

忥 heiq [hei^{5}]❶〈名〉空气;气体。❷〈名〉汽。❸〈名〉气味。❹〈动〉忧愁;担忧;忧虑;顾虑。(见气)

氖 heiq [hei^{5}]❶〈名〉空气;气体。❷〈名〉汽。❸〈名〉气味。❹〈动〉忧愁;担忧;忧虑;顾虑。(见气)

氚 heiq [hei^{5}]❶〈名〉空气;气体。❷〈名〉汽。❸〈名〉气味。❹〈动〉忧愁;担忧;忧虑;顾虑。(见气)

氖 ㊉ ndued [ʔdu:t^{8}]〈形〉热。(见焒)

氜(迓、嗱、吓、呀) ㊉ nyah [ȵa^{6}]〈动〉生气。《初》:俢氜彩。De nyah lai. 他非常生气。

氠(吉、訖)gaed [kat^{8}]〈形〉小气;(脾气)紧;(心胸)狭窄。《初》:侑内气氠彩。Boux neix heiq gaed lai. 这个人脾气太紧。

氦 haeu [hau^{1}]〈形〉臭。(见𪕪)

氡(唅、歆)hom [ho:m^{1}]〈形〉香。

氪(克、悈、尅、𧺆、閤、㤇、愙、閣) gaek [kak^{7}]〈动〉发怒;生气;恼。《初》:佲介胎氪。Mwngz gaej hozgaek. 你别生气。

氰 gyaenq [kjan^{5}]〈形〉膻;膻腥;臊臭。(见脏)

氣 heiq [hei^{5}]❶〈名〉空气;气体。❷〈名〉汽。❸〈名〉气味。❹〈动〉忧愁;担忧;忧虑;顾虑。(见气)

𣱼 fwi [fɯ:i^{1}]〈名〉水蒸气。(见𩂁)

𣱽 fwi [fɯ:i^{1}]〈名〉水蒸气。(见𩂁)

𣲀 ㊉ geij [khei^{3}]〈名〉粪便。《初》:𣲀犿,geij vaiz,牛粪。

𣱿 haeu [hau^{1}]〈形〉臭。(见𪕪)

氱(𩡧、氝) ㊉ yangj [ja:ŋ^{3}]〈形〉香(味)。(见《初》)

氱 历yangj[ja:ŋ^{3}]〈形〉香(味)。(见氰)

氵 haeu[hau^{1}]〈形〉臭。(见鮪)

氪 haeu[hau^{1}]〈形〉臭。(见鮪)

氣 heiq[hei^{5}]❶〈名〉空气;气体。❷〈名〉汽。❸〈名〉气味。❹〈动〉忧愁;担忧;忧虑;顾虑。(见气)

氭 历ndumq[ʔdum^{5}]〈动〉闻;嗅。(见《初》)

氮 mwnh[mɯn^{6}]〈形〉辣(指橘、柚类表皮含的辛辣汁味)。(见韃)

氲 历hemj[he:m^{3}]〈形〉炎热;炽热。

氰 历yangj[ja:ŋ^{3}]〈形〉香(味)。(见氰)

氳 hoiq[hoi^{5}]❶〈名〉奴隶;仆人;佣人。❷〈代〉我(谦称)。(见伮[1])

氯[1](喔、性)历sing[θiŋ^{1}]〈名〉性子;脾性。《初》:佲介发氯。Mwngz gaej fatsing. 你别发脾气。

氯[2] sing[θiŋ^{1}]〈动〉争抢。上林《达妍与勒驾》:双布任累又任氯。Song boux doxlaeh youh doxsing. 两人相逐又争抢。

毛 部

毟 历bwn[pɯn^{1}]〈名〉箭。(见鏷)

毞 mbwk[ʔbɯk^{7}]❶〈名〉女性。❷〈形〉大。(见媢)

毠 bwn[pɯn^{1}]〈名〉毛;羽毛;毛发。❷〈形〉坏(心肠)。(见毬)

毡 历canz[ɕa:n^{2}]〈名〉新毛(鸡、鸭换毛时刚长出的)。《初》:鴓毬毡,bit bwncanz,换毛的鸭。

毡(毴、毪)cien[ɕi:n^{1}]〈名〉毡子。(见《初》)

毣(粍)mi[mi^{1}]〈名〉❶细毛;汗毛。《初》:肚毼敢剃毣。Daet byoem caiq daeq mi. 剪发又刮汗毛。❷阴毛。

毤 mumh[mum^{6}]〈名〉胡须。(见毶)

毞 bit[pit^{7}]〈名〉笔。(见毪)

毥(屌、䀹、箣)历caeuz[ɕau^{2}]〈名〉眉。《初》:毦毥,goencaeuz,眉毛。

毦 fwed[fɯ:t^{8}]〈名〉翅膀。(见毬[1])

毧[1](毮、毯)ndoq[ʔdo^{5}]〈形〉秃。《初》:毧褯褯,ndoqndamqndamq,光秃秃。

毧[2] ndoq[ʔdo^{5}]〈动〉疼爱;珍爱(与妹连用)。马山《信歌》:内心妹毧往。Ndaw sim ndiepndoq nuengx. 内心疼爱妹妹。

毮 ndoq[ʔdo^{5}]〈形〉秃。(见毧[1])

毯 nyungq[ȵuŋ^{5}]〈形〉蓬乱(一般指线、纱、麻、丝、发等)。(见毴)

毪(毞)bit[pit^{7}]〈名〉笔。《初》:提毪庲鞹敱。Dawz bit ma sij saw. 拿笔来写字。

毬(毯、毼、毠、笨、枆、毳、毴、毺、毷、毪、毹、毻、毼、品、毽)bwn[pɯn^{1}]❶〈名〉毛;羽毛;毛发。《初》:毬鴓,bwn bit,

鸭毛。| 毪毑,bwncanz,短毛(禽类新长出的)。❷〈形〉坏(心肠)。《初》:胣毪, simbwn,黑心;歹心;坏心肠。| 胬毪,dungxbwn,坏心肠;心地恶毒。

毰 bwn [pɯn¹]❶〈名〉毛;羽毛;毛发。❷〈形〉坏(心肠)。(见毪)

毱 bwn [pɯn¹]❶〈名〉毛;羽毛;毛发。❷〈形〉坏(心肠)。(见毪)

毲 byoem[pjom¹]〈名〉头发。马山《否料叁翻雲》:跳条毲否卦。Diuq diuz byoem mbouj gvaq. 跳越不过一根发。

毳¹(毣、羽、翇、翐、撥、勿、㔹、毰、毺)fwed [fɯːt⁸]〈名〉翅膀。(见《初》)

毳² fwed [fɯːt⁸]〈名〉鬃发;鬃毛(与毦连用)。《初》:毳毦, fwedlungz,鬃发。

毴 方 goen [khon¹]〈名〉毛。(见毾)

毦 方 lungz [luŋ²]〈名〉鬃发;鬃毛(与毳连用)。(见《初》)

毶(从、㣭、毢、毤、佣、徿、荣、緌、茸、髶、绷、㲨、缛、嬔)nyungq [ȵuŋ⁵]〈形〉蓬乱(指线、纱、麻、丝、发等)。《初》:毷旭毶否榴。Byoemgyaeuj nyungq mbouj roi. 头发蓬乱也不梳理。

毷¹ 方 baen[pan¹]〈名〉毛;发。(见菖)

毷² fwed [fɯːt⁸]〈名〉翅膀。(见毳¹)

毸 bwn [pɯn¹]❶〈名〉毛;羽毛;毛发。❷〈形〉坏(心肠)。(见毪)

毹 haz [ha²]〈名〉茅草。(见芐)

毥 rieng [ɣiːŋ¹]〈名〉尾巴。(见䠀)

毻 bwn [pɯn¹]❶〈名〉毛;羽毛;毛发。❷〈形〉坏(心肠)。(见毪)

毽(综、毮)coeng [ɕoŋ¹]〈名〉鬃。《初》:毽犸, coengmax,马鬃。

毮 coeng [ɕoŋ¹]〈名〉鬃。(见毽)

毾(毴、毿、毜、魂) 方 goen [khon¹]〈名〉毛。《初》:毾鸭, goen baet,鸭毛。| 毾毼, goencaeuz,眉毛。

毜 方 goen [khon¹]〈名〉毛。(见毾)

毿 方 goen [khon¹]〈名〉毛。(见毾)

氂(坤) 方 gun [khun¹]〈名〉毛。(见《初》)

氀 mumh [mum⁶]〈名〉胡须。(见䰕)

毺 fwed [fɯːt⁸]〈名〉翅膀。(见毳¹)

毩 rum [ɣum¹]❶〈名〉草。❷〈动〉长草。(见菻²)

氄¹ bwn [pɯn¹]❶〈名〉毛;羽毛;毛发。❷〈形〉坏(心肠)。(见毪)

氄² byoem [pjom¹]〈名〉头发,毛发。《初》:肶氄, daet byoem,剪头发。

毳 bwn [pɯn¹]❶〈名〉毛;羽毛;毛发。❷〈形〉坏(心肠)。(见毪)

毷 bwn [pɯn¹]〈名〉毛;羽毛;毛发。武鸣《信歌》:暗蒲毷䙌, ngamq did bwnsongz,刚长出羽毛。

氃¹ bwn [pɯn¹]❶〈名〉毛;羽毛;毛

发。❷〈形〉坏(心肠)。(见毯)

毪[2] cien [çiːn[1]]〈名〉毡子。(见毡)

毪[3] rum[ɣum[1]]❶〈名〉草。❷〈动〉长草。(见菻[2])

毡 㓾 mw [mɯ[1]]〈量〉一丁点儿。《初》:淘金毡否礼。Dauz gim mw mbouj ndaej. 淘金一丁点儿也淘不到。

毯 bwn [pɯn[1]]〈名〉毛。上林《赶圩歌》:毯荣,bwnnyungz,绒毛。

毵 bwn [pɯn[1]]❶〈名〉毛;羽毛;毛发。❷〈形〉坏(心肠)。(见毯)

毱 cien [çiːn[1]]〈名〉毡子。(见毡)

毿 songz [θoːŋ[2]]〈名〉羽毛。武鸣《信歌》:毪毿,bwnsongz,羽毛。

氀 bwnh[pɯn[6]]〈名〉粪;粪便;肥粪。(见屎)

氁(毽、毧、鬓)mumh [mum[6]]〈名〉胡须。《初》:剃氁,daeq mumh,刮胡子。

毹 bwn [pɯn[1]]❶〈名〉毛;羽毛;毛发。❷〈形〉坏(心肠)。(见毯)

氅 bwn [pɯn[1]]❶〈名〉毛;羽毛;毛发。❷〈形〉坏(心肠)。(见毯)

片 部

片 benq [peːn[5]]〈量〉片。马山《开天盘古》:丕叁赤造㫾片炫。Gwnzmbwn cix cauh ndaej benq huj. 天上就造得一片云。

肌 fan [faːn[1]]❶〈量〉张;件;条;床。❷〈名〉幡。(见播[1])

版 vengq [weːŋ[5]]❶〈量〉片;块。《初》:拶噻版袉料口势。Ra saek vengq vaj daeuj guh fong. 找一两块碎布来补衣裳。❷〈拟〉喜洋洋;兴高采烈。《初》:唱版版,angq vengqvengq,喜洋洋。

胼 㓾 beng [peːŋ[1]]〈名〉巴掌。《初》:胼毪,bengfwngz,巴掌。

舫 fan [faːn[1]]❶〈量〉张;件;条;床。❷〈名〉幡。(见播[1])

牝 bej [pe[3]]〈形〉扁。(见鯱)

牊(牒)dip [tip[7]]〈量〉瓣;片。《初》:双牊硍朴,song dip makbug,两瓣柚子。

牍 faq [fa[5]]〈量〉扇;堵。(见橃[2])

牉(伂、佈、苩、牓、脒、韊、蓌、佲、鉜、芭、笆、色)mbaw [ʔbaɯ[1]]❶〈名〉叶子。《初》:牉朴,mbaw bug,柚子叶。❷〈量〉张;面(用于薄的片状的东西)。《初》:牉㡾刁,mbaw ceij ndeu,一张纸。

牑(便)bienh [piːn[6]]❶〈形〉方便;便利。《初》:否牑,mbouj bienh,不方便。❷〈动〉任由。《初》:牑佲口晒総礼。Bienh mwngz guh lawz cungj ndaej. 任由你干什么都可以。

牌[1] baiz [paːi[2]]〈动〉祭拜。马山《默向书信》:柱粡斗牌父。Cawx noh daeuj baiz boh. 买肉来祭拜父亲。

牌[2] byaiz [pjaːi[2]]〈名〉夭折鬼(与魃连用)。马山《送夭灵》:双劲魃牌,song lwg

fangzbyaiz，两个夭折鬼。

牍（狻）bienq［piːn⁵］〈动〉变化；变换。（见《初》）

牋 mbaw［ʔbaɯ¹］❶〈名〉 叶 子。❷〈量〉张；面(用于薄的片状的东西)。（见䏣）

牒 dieb［tiːp⁸］〈动〉蹬；踏。巴马《贖魂糉眩》：定造牒衍忑。Din caux dieb hangz laj. 脚就踩下巴。（见蹀）

牐 dip［tip⁷］〈量〉瓣；片。（见粒）

斤 部

斤¹ gaen［kan¹］〈动〉跟；跟随；随；跟从。（见跻）

斤² gaen［kan¹］〈名〉磐石。马山《皮里患鲁不》：石斤，ringaen，磐石。

厃 㕣 gaenz［kan²］〈名〉 人；人 口。《初》：佅眉厃㐊。Mij miz gaenz bae. 没有人去。（即 vunz）

劤（措）㕣 gaenz［kan²］〈形〉勤；勤劳。（即 gaenx）

䜣（艮、圻、近）gaenq［kan⁵］〈副〉❶ 曾经。❷ 已经。《初》：佲䜣㐊啰。De gaenq bae loh. 他已经去了。

㪺（拉、刎）㕣 fwet［fɯːt⁷］〈动〉 斩；砍。《初》：㪺㐊双蓍簻。Fwet bae song caz oen. 斩掉两丛荆棘。（即 vuet）

圻 gaenq［kan⁵］〈副〉❶ 曾经。❷ 已经。（见䜣）

欣 raen［ɣan¹］〈动〉见。宜州《廖碑》：苟布欣後代。Gaeuj mbouj raen laeng daih. 看不见后一代。（见䁈）

所¹ so［θo¹］〈名〉锹。田东《大路歌》：百犁力斗所。Mbak reih laeg daeux so. 翻地莫拄锹。

所² soh［θo⁶］〈形〉❶ 直。❷ 老实；诚实；耿直；善良。马山《迪封信斗巡》：吽詢所叺嗶。Naeuz coenz soh gou nyi. 说句实话给我听。（见䞤）

所³ soq［θo⁵］〈名〉数；数目(与谜连用，义为完蛋)。（见数²）

断 㕣 duenj［thuːn³］〈动〉尽；完；结束。《初》：畓穓断啰。Naz ndaem duenj lo. 田已插完秧了。

断¹ donq［toːn⁵］〈量〉餐。（见飩）

断² duenh［tuːn⁶］❶〈动〉断绝。❷〈动〉距离。❸〈量〉段(一般指时间、路等)。（见段）

断³ duenq［tuːn⁵］〈动〉约；约定；邀约；预约。《粤风》：往眉心断皮。Nuengx miz sim duenq beix. 阿妹有心约哥哥。（见謝）

㪨（幹、㨷）gaenj［kan³］〈形〉 紧；紧急。《初》：獁㪨合否礼埊。Max gaenj haeuj mbouj ndaej singz. 急马进不了城(喻欲速则不达)。

斷（困、昆、坤、捆、啹、棍）goenq［kon⁵］〈动〉断。《初》：絣斷。Cag goenq. 绳子断。

䜌 don[to:n¹]〈动〉阉(用于禽类)。(见膷)

斷 方 mawq [maɯ⁵]〈形〉 新。(见《初》)

爪(爫)部

爪 byaij [pja:i³]〈动〉走。宾阳《催春》:里爪当仂娋。Lij byaij dangq lwgsau. 还走动如姑娘(初婚女子不落夫家,往来走动于夫家与娘家之间)。

爬 方 ba [pa¹]〈名〉 鳖。也叫甲鱼、团鱼、水鱼,俗称王八。(见䲡)

爬 benz [pe:n²]〈动〉攀;攀登;爬。(见趂)

𤓰(扱)方 loeb[lop⁸]〈名〉指甲;爪尖。(见《初》,即 rib)

爬 rib [ɣip⁸]〈名〉指甲;爪。(见䎗)

爬 bin [pin¹]〈动〉爬;攀爬。(见遍)

爬 raih [ɣa:i⁶]〈动〉爬;走。(见踩³)

爬(跷、躥、园、踩、躝、踀、踙)ruenz [ɣu:n²]〈动〉 爬行。《初》:孙打三肤蟾斛,六肤蟾爬。Lwgnding sam ndwen rox boek, roek ndwen rox ruenz. 婴儿三个月会翻滚,六个月会爬行。

䲡(鼈、魞、爬)方 ba [pa¹]〈名〉 鳖。也叫甲鱼、团鱼、水鱼,俗称王八。(见《初》)

爫 方 lamz [la:m²]〈名〉 篮子。(见《初》)

孚¹ fou [fou¹]〈动〉搓洗。(见汦)

孚²(浮、俘、付)fouz [fou²]〈名〉符。《初》:俌道画孚。Bouxdauh veh fouz. 道士画符。

孚³ fouz [fou²]〈动〉无。(见毎)

采 caij [ça:i³]〈动〉 踩。田东《大路歌》:哽天力采菲。Gwn dieng laeg caij faiq. 吃黄瓜莫踩棉。

受¹ caeuq [çau⁵]〈介〉 跟;和;同;与。(见偻)

受² 方 caeux [çau⁴]〈动〉拿;把;捉拿。(见搜)

受³ couh [çou⁶]〈副〉就。(见眈)

受⁴ coux [çou⁴]〈动〉❶装;盛。❷迎接。❸娶。金城江《台腊恒》:比么卑受馬。Bimoq nuengx coux ma. 明年把阿妹娶回来。(见掚)

豸 cienz [çi:n²]❶〈名〉 钱; 钱 币。❷〈量〉钱(市制重量单位)。(见𠬢)

受 guenj [ku:n³]〈动〉管;管理。平果《贼歌》:受家,guenj gya,管家。

爱¹ 方 aiq [ʔa:i⁵]〈副〉 也许;大概;可能。《初》:养内凹爱貧。Yienghneix guh aiq baenz. 这样做可能会成功。

爱² 方 haiq[ha:i⁵]〈副〉 却;原来;反而。(见嗐)

爱3 maij [maːi3]〈动〉占(便宜)。田东《大路歌》:年那不爱利。Binaj mbouj maij leih. 后年不占利。

爱4 oiq [ʔoi5]〈形〉❶嫩。❷幼小;年轻。(见荟2)

奚 gyae [kjai1]〈形〉远。(见邀)

spirit guenj [kuːn3]〈动〉管;掌管。马山《二十四孝欢》:吰伝晋天下。Baenz vunz guenj dienyah. 成为管天下的人。| 金城江《覃氏族源古歌》:晋印, guenj yinq, 掌管大印。

爱 ngaih [ŋaːi6]〈形〉容易。巴马《赎魂糇呟》:分糇宜屋爱。Faen haeux neix ok ngaih. 这稻种容易出[芽]。

舭 cij [ɕi3]❶〈名〉乳房。❷〈名〉奶水;乳汁。❸〈动〉喂奶。(见肶)

觜 cij [ɕi3]❶〈名〉乳房。❷〈名〉奶水;乳汁。❸〈动〉喂奶。(见肶)

貂 历 ciux [ɕiːu4]〈动〉受。(见《初》)

猫 meuz [meu2]〈名〉猫。马山《欢保窒》:猫拎狃斗吨。Meuz gaemh nou daeuj gwn. 猫抓鼠来吃。

奚 gyaez [kjai2]〈动〉❶爱;爱好;喜欢。❷挂念;想念;怀念。(见愔)

奚1 gyaez [kjai2]〈动〉❶爱;爱好;喜欢。❷挂念;想念;怀念。(见愔)

奚2 历 gyoih [kjoi6]〈动〉爱。(见价)

奚 历 vij [wi3]〈名〉溪。金城江《台腊恒》:知卡奚馬消, sij ga vij ma siu, 须有溪流来消[洪]。(即 rij)

父 部

父 bog [poːk8]〈名〉把。田阳《布洛陀遗本》:要父火同雷。Aeu bogfeiz doengz laeh. 拿着火把相追逐。

爷 aen [ʔan1]〈量〉❶个(人除外)。❷张(桌、凳)。❸盏。❹座;幢。(见偲)

爷 boh [po6]〈名〉❶父;父亲。❷父辈(家族或亲戚中与父亲平辈的男性)。❸父亲似的人。❹男性;雄性。(见仪1)

外1 boh [po6]〈名〉❶父;父亲。❷父辈(家族或亲戚中与父亲平辈的男性)。❸父亲似的人。❹男性;雄性。(见仪1)

外2 boux [pou4]〈形〉雄(多指禽类)。

斧(鈫、鈇、釪、富、夫、府、鏥)fouj [fou3]〈名〉斧头。《初》:歐斧庲㓦柙。Aeu fouj ma bag gyap. 拿斧头来劈柴火。

㸖 gaeux [kau4]〈名〉舅舅;舅父。(见勳)

爷1 aen [ʔan1]〈量〉❶个(人除外)。❷张(桌、凳)。❸盏。❹座;幢。(见偲)

爷2 foeg [fok8]〈动〉肿。(见胇2)

爻1 boux [pou4]〈形〉雄(多指禽类)。

爻2 gyax [kja4]❶〈形〉孤。大化《奠别歌》:孙爻, lwggyax, 孤儿。❷〈动〉失去。马山《孤儿歌》:爻仪又爻姆。Gyax boh youh gyax meh. 失父又失母。(见狎)

交³ mbauq [ʔbaːu⁵]❶〈名〉男儿;男青年。❷〈名〉男情人。❸〈形〉英俊。(见㚉)

㸗 dez [te²]〈名〉父亲。(见耷²)

㸙 boh [po⁶]〈名〉❶ 父。❷ 老天爷;上天。❸ 男亲家。(见㸙¹)

㸚 lungz [luŋ²]〈名〉伯父。(见侗)

爹 de [te¹]〈代〉他;它;她。(见㑓)

𤕨 fouh [fou⁶]〈名〉师傅(与师连用)。《初》:师𤕨,saefouh,师傅。

㸛 yi [ji¹]〈名〉父;父辈。上林《特华信歌》:論㸛二,lwnh yi'ngeih,告诉二伯。

𤕪 boh [po⁶]〈名〉❶ 父。金城江《台腊恒》:同大提𤕪丕汏浸。Doengzdax dawz boh bae dah caem. 相互打赌拿父亲去河里浸泡。❷ 夫;丈夫。金城江《台腊恒》:同笑口𤕪妹。Doengzriu guh bohmaex. 相互言笑做夫妻。

㸙¹(㸙)boh [po⁶]〈名〉❶ 父。《初》:㸙㑆,bohdaeuj,父亲。❷ 老天爷。《初》:㸙𡗶,bohfax,老天爷;上天。❸ 男亲家。《初》:㸙坛,bohdanh,男亲家。

㸙² vunz [wun²]❶〈名〉人。❷〈名〉每人;人人。❸〈代〉别人;人家。(见伝)

耷¹ de [te¹]〈代〉他;它;她。(见㑓)

耷²(㸗)历 dez [te²]〈名〉父亲。(见《初》)

耷³ ni [ni¹]〈名〉江。百色《賸魂糎眩》:卦耷斗里列。Gvaq ni daeuj lihlenh. 速速过大江来。

耷⁴ 历 yi [ji¹]〈名〉❶ 公公。❷ 爸爸。《初》:佬耷,lauxyi,爸爸;老爷。

㸜(傲、㧅、𫀣、嗷、敖、奥、𠇅、𤗈、僡)au [ʔaːu¹]〈名〉叔;叔父。《初》:仪㸜,boh'au,叔父。

𤕬 boh [po⁶]〈名〉❶ 父;父亲。❷ 父辈(家族或亲戚中与父亲平辈的男性)。❸ 父亲似的人。❹ 男性;雄性。(见仪¹)

爺¹ hiz [hi²]〈名〉爷。金城江《覃氏族源古歌》:吡爺同昇印。Naeuz hiz doengzseng yinq. 说爷相互争官印。

爺² -hiz [hi²]〈缀〉里。都安《雷王大帝唱》:仅爺仅湯,raeuzhiz raeuzrad,滑里滑溜。

𤗈 au [ʔaːu¹]〈名〉叔;叔父。(见㸜)

㲀 历 cungj [ɕuŋ³]〈量〉堆。《初》:㲀粈,cungj gaeuj,一堆谷子。

𣰿(毦、𩌉)ge [ke¹]〈动〉拖。《初》:鞋𣰿,haizge,拖鞋。

欠 部

欠 hemq [heːm⁵]〈动〉喊;叫;叫喊;呼喊。(见喊²)

欧¹ aeu [ʔau¹]〈动〉❶ 要。马山《勺记时种花》:𠁅欧呑伊,里欧呑伝。Dai aeu raen sei, lix aeu raen vunz. 死要见尸,活要见

人。❷娶。马山《皮里患鲁不》:𠃊度欧升合。Ndaej doxaeu cingq hab. 能结婚才合适。| 田东《大路歌》:欧妑,aeu baz,娶妻。

欧² ngaeu[ŋau¹]❶〈名〉钩子。❷〈形〉弯曲。❸〈动〉扳。(见乚²)

玖(吀、吽)㊅ nyaemq[ȵam⁵]〈动〉品。《初》:玖氿,nyaemq laeuj,品酒。

欦 giemx[kiːm⁴]〈名〉槛。(见埳)

欲 yug[juk⁸]〈动〉侮辱;辱骂;骂街。(见嗕)

欸 youq[jou⁵]〈动〉在。田阳《布洛陀遗本》:水欸咘忑令。Raemx youq mboq laj lin. 水在岩下清泉里。

欺 geih[kei⁶]〈动〉❶忌;禁忌。❷计较。(见忌)

歆¹ hom[hoːm¹]〈形〉香。(见氜)

歆² ㊅ hum[hum¹]〈形〉犟。

歆³ rim[ɣim¹]〈动〉满。(见阛³)

歍(韫、瀃、咽、嗢、温、嗢、昷、温、愠、溺、訓、訁)unq[ʔun⁵]〈形〉软;软弱。(见《初》)

歌 fwen[fuːn¹]〈名〉山歌;歌;诗歌。(见欢¹)

歐¹(區、嘔、摳、擙、澳、奥)aeu[ʔau¹]❶〈动〉要。《初》:兄歐三斤䏯。Gou aeu sam gaen noh. 我要三斤肉。❷〈动〉娶。《初》:歐姤,aeu bawx,娶媳妇。❸〈动〉拿;取。《初》:歐㮧淰刁料。Aeu doengj raemx ndeu daeuj. 要一桶水来。❹〈介〉用。《初》:歐𢬿辈擺。Aeu fwngz bae lax. 用手去抚摸。❺〈助〉采取……的方法(用在动词后表示某种方法)。《初》:徒鲃内炶歐只兀吨。Duz bya neix cien aeu cij ndei gwn. 这条鱼拿来煎才好吃。

歐² aeuq[ʔau⁵]〈形〉怄。(见嘔)

歗(歗)㊅ oq[ʔo⁵]〈动〉吹;鼓。《初》:佁裴内歗貧貧否㸌。Gij feiz neix oq baenzbaenz mbouj ndongq. 这些火怎么吹也烧不旺。

歗 ㊅ oq[ʔo⁵]〈动〉吹;鼓。(见歗)

风(⺇風)部

风 fungh[fuŋ⁶]〈量〉间(房屋)。(见飆)

凨 rumz[ɣum²]〈名〉风。武鸣《信歌》:巹送雨添凨。Mbwn soengq hawx dem rumz. 天送雨和风。| 惑又番凨北。Vaeg youh fan rumz baek. 忽而又刮北风。(见飈)

飏 ㊅ veiz[wei²]〈名〉扇子。(见《初》)

飈(梵)rumz[ɣum²]❶〈名〉风。平果《雷王》:三𢆥飈焼温肩竺。Sam bi rumz rengx vun mbouj doek. 三年干风雨不下。| 吙飈,rueg rumz,干呕(欲呕吐,但呕不出东西)。❷〈形〉空;虚。马山《雲红不𠃊荫》:話飈,vah rumz,风言风语;空话;虚言。

梵 rumz[ɣum²]〈名〉风。(见飈)

𠘨 fung [fuŋ^{1}]〈名〉风。马山《信歌》:𠘨荣,fung yungz,风流欢乐。|马山《抄畓歌》:接門𠘨祖代。Ciep monzfung cojdaih. 接祖宗门风。

风^{1} romh [ɣo:m^{6}]〈名〉早;清早。平果《贼歌》:早女风不厓。Haetneix romh mbouj yai. 今晨天未明。

风^{2} rumz [ɣum^{2}]〈名〉风。平果《贼歌》:礼义声放种,卜不而耒风。Ndaejnyi sing cuengq cungq, boux mbouj rox laih rumz. 听到放枪声,不知者以为是刮风。

𠘨云 rumz [ɣum^{2}]〈名〉风。(见𩙣)

𠘨林^{1} rum [ɣum^{1}]〈名〉草;野草。马山《偻笁荳貧够》:改者路忻𠘨林。Gaej ce loh hwnj rum. 莫让路长草。

𠘨林^{2} rumz [ɣum^{2}]〈名〉风。马山《偻笁荳貧够》:話卸𠘨林卸霟。Vah gangj rumz gangj fwj. 空话如风如云。(见𩙣)

𠘨當 方 cengx [ɕe:ŋ^{4}]〈形〉冷;寒冷。(见凔)

𠘨卜 box [po^{4}]〈名〉风箱(与颮连用)。《初》:㧗𠘨卜颮,daz boxbed,拉风箱。

颮 方 bed [pe:t^{8}]〈名〉风箱(与𠘨卜连用)。

𩗬(𥻵)方 rumh [ɣum^{6}]〈名〉阴(影)。《初》:𩗬𢒈,rumhraeuz,阴影;影子。

𩙻(非)方 fiq [fi^{5}]〈动〉飞。(见《初》)

𩙣(林、凬、淋、啉、𦼮、𠘨旡、𠘨云、𠘨林、沨)rumz [ɣum^{2}]〈名〉风。《初》:𩙣奋,rumz hung,大风。

𦼮 rumz [ɣum^{2}]〈名〉风。(见𩙣)

𩘋(崩)bongz [po:ŋ^{2}]〈形〉胀;肿胀。《初》:胴𩘋。Dungx bongz. 肚子胀起来。

飄 biu [pi:u^{1}]〈动〉飞奔;狂奔;飞跑。(见摽)

殳 部

股 方 luz [lu^{2}]〈名〉船。田阳《布洛陀遗本》:隆股避,roengz luz bae,下船走。(即ruz)

段(断)duenh [tu:n^{6}] ❶〈动〉断绝。❷〈动〉距离。❸〈量〉段(一般指时间、路等)。《初》:段坤刁,duenh roen ndeu,一段路。

殺^{1} cat [ɕa:t^{7}]〈动〉上当。(见𫊸)

殺^{2} 方 sap [θa:p^{7}]〈动〉刨丝(加工瓜、薯类等食品)。《初》:殺根,sap maenz,将红薯刨成丝。

殸 方 dengh [the:ŋ^{6}]〈动〉任随。《初》:殸貧啰,dengh binz sawz,任随怎样。

毆 aeu [ʔau^{1}]〈动〉要;用。武鸣《信歌》:毆叩𣗩,aeu gaeu cug,用藤条捆绑。

文 部

文^{1} baenz [pan^{2}]〈动〉成;成为。来宾《贤女救夫》:曾文伝,caengz baenz vunz,尚未成人。

文^{2} coenz［çon^{2}］〈量〉句。宜州《龙女与汉鹏》：各佷汉朋偶文哇。Goj haemq Hanbungz aeu coenz vah. 只问汉鹏要一句话。

文^{3} faenz［fan^{2}］〈名〉牙；齿；牙齿。武鸣《信歌》：想放文吸舌。Siengj cuengq faenz gaet linx. 想用牙齿咬舌头。| 都安《三界老爺唱》：文栭，faenz rauq，耙齿。（见玟^{1}）

文^{4} faenz［fan^{2}］〈名〉文字。《初》：𦘺文，sawfaenz，文章；书信。

文^{5} faenz［fan^{2}］〈动〉砍。（见攵^{1}）

文^{6} hoenz［hon^{2}］〈名〉烟。金城江《台腊恒》：文恒丕乜僌。Hoenz hwnjbae ngezngauz. 炊烟冉冉上升。

文^{7} 方 maenz［man^{2}］❶〈动〉能；能够。❷〈名〉能力；才干。（见叮^{1}）

文^{8} 方 mbaen［ʔban^{1}］〈副〉未；未曾。《初》：文䅽，mbaen sux，未知。

文^{9} roen［ɣon^{1}］〈名〉路；道路。《粤风》：文可慕生疏。Roen goj moq sengso. 情路变生疏。

文^{10} vaenj［van^{3}］〈动〉捏。东兰《莫卡盖用》：文埔灵托正。Vaenj namh nding doh ciengz. 捏红泥糊墙。

齐^{1} caez［çai^{2}］〈形〉齐；一起。马山《二十四孝欢》：众伝偻齐听。Gyoengq vunz raeuz caez dingq. 我们众人一起听。

齐^{2} gyaez［kjai^{2}］〈动〉喜欢；爱。《粤风》：皮鸟齐初送。Beix neuh gyaez couh soengq. 哥哥看着喜爱就送［妹］。

刘 mbaen［ʔban^{1}］〈动〉剪（禾穗）。（见扙^{5}）

斈^{1} faen［fan^{1}］〈名〉种子。（见粄）

斈^{2}（斝、壳、尅、割）hag［ha:k^{8}］❶〈动〉学；学习。《初》：孙菹否斈否𤵗数。Lwgnyez mbouj hag mbouj roxsoq. 小孩子不学习不懂礼貌。❷〈名〉学校；学堂。《初》：𨈝斈，bae hag，上学。| 合斈，haeuj hag，入学堂。

斈^{3} hak［ha:k^{7}］〈名〉官；官吏。马山《信歌》：批当官𠮩斈。Bae dang guen guh hak. 去当官做吏。（见黠）

斉^{1} aen［ʔan^{1}］〈量〉个。马山《信歌》：同勝斉家底。Doengz cengq aen gyadaej. 共同支撑这家庭。

斉^{2} linx［lin^{4}］〈名〉舌头。（见舔）

斉^{3} 方 lwnj［lɯn^{3}］〈动〉落下。（见《初》）

斉^{4} 方 ning［niŋ^{1}］〈动〉动。（见拧）

斉^{5} 方 ningq［niŋ^{5}］〈形〉小；幼小。都安《行孝唱文》：佈佪佈斉，boux mbwk boux ningq，大人小孩。（见柠）

斉 caez［çai^{2}］〈形〉❶ 齐；一齐；一起。❷ 大（家）。（见斉）

犽 faenz［fan^{2}］〈名〉齿。（见玟^{1}）

姐 方 vaenz［wan^{2}］〈名〉❶ 太阳。❷ 日；天；昼。（见旻）

玟 byaenz［pjan^{2}］〈动〉崩缺（利器出

现小的缺口)。(见敀)

亲 㕦 cai [ɕaːi[1]]〈动〉差使;派遣。(见𢾺)

𣁽 㕦 sinq [θin[5]]〈名〉信。(见𦡒)

斉(齐)caez [ɕai[2]]〈形〉❶ 齐;一齐;一起。❷ 大(家)。《初》:斉家,caezgya,大家。| 大斉,daihcaez,大家;大伙儿;一起。

斋[1] cai [ɕaːi[1]]〈动〉忌口;不吃。马山《信歌》:斋𩟔心各愿。Cai donq sim gag nyienh. 不吃饭心自愿。

斋[2] caih [ɕaːi[6]]〈介〉随;由;任凭;任由;随便。(见俙)

𢻸 nyi [n̥i[1]]〈动〉闻;听见;听到。(见耳)

𢼂(考) 㕦 gauj [kaːu[3]]〈动〉❶ 搞。❷ 陆续。《初》:𢼂庲芮,gauj ma swenz,陆续回家。

𢽖 mengz [meːŋ[2]]〈形〉瞎。马山《嚏嘆情》:䀲𢽖不耀路。Da mengz mbouj yiuq loh. 眼睛不看路。

敀 faenz [fan[2]]〈名〉齿。(见𥧄[1])

𣃆[1] lij [li[3]]〈副〉还;还是;仍然;仍旧。(见里[2])

𣃆[2](利、俐、垄、离、嚹、𩞄、𣂷) 㕦 ndi [ʔdi[1]]〈形〉❶ 好;良好。《初》:兄侵侈任𣃆。Gou caeuq de doxndi. 我和他相好。❷ 美好。❸ 精彩。(即 ndei)

𣃆[3] ndij [ʔdi[3]]❶〈介〉跟;向;照;沿。❷〈连〉和;与;跟。宜州《廖碑》:恨𣃆吞勒阿。Hwnz ndij ngoenz raeg oq. 夜与日暗思。(见佤[1])

斌 vunz [wun[2]]❶〈名〉人。❷〈名〉每人;人人。❸〈代〉别人;人家。(见伝)

𢿫(啫)caez [ɕai[2]]〈形〉久。《初》:𢿫否䁣䁅。Caez mbouj raen naj. 久不见面。

𢿿 fwnz [fɯn[2]]〈名〉柴火。(见枚)

𣀔(呔、饮)ged [keːt[8]]〈形〉吝啬;小气。《初》:佲𠃵𣀔貧𢗰? Mwngz ndaej ged baenzlai? 你那么吝啬?

𢾺(亲、差) 㕦 cai [ɕaːi[1]]〈动〉差使;派遣。(见《初》)

𣀊 son [θoːn[1]]〈动〉教。(见譐)

方 部

𣃍 fangz [faːŋ[2]]〈名〉鬼;神。(见魅)

𣄂[1](箺、撤)cuengq [ɕuːŋ[5]]〈动〉放;释放。《初》:𣄂孝,cuengq hag,放学。| 𣄂伝罡,cuengq vunzfamh,释放犯人。

𣄂[2] 㕦 cuengq [ɕuːŋ[5]]〈名〉挽幛。(见紳)

𣃘 fong [foːŋ[1]]〈动〉补。(见𢪏)

於 iq [ʔi[5]]〈形〉小;幼小。马山《皮里患鲁不》:玏於,lwg iq,小儿;幼儿。

旍 㕦 lengq [leːŋ[5]]〈名〉处;处所。(见𪧘)

𣄃(𫀍、砺、塀) 㕦 fiengh [fiːŋ[6]]〈名〉

半个;半边;半块。《初》:偲䂶㸚俌㸚。Aen mak baen boux fiengh. 一个果子各分半边。

㸚 㕣 fiengh [fiːŋ⁶]〈名〉半个;半边;半块。(见㸚)

旁¹ baengh [paŋ⁶]〈动〉依靠;依赖;靠。(见傍²)

旁² bangx [paːŋ⁴]〈名〉旁;边。(见垮¹)

旁³ biengj [piːŋ³]〈动〉掀;揭。(见搒)

旁⁴ biengz [piːŋ²]〈名〉❶世间。宜州《孟姜女》:江旁,gyang biengz,人世间。❷民间。宜州《龙女与汉鹏》:卜差否乱喔马旁。Bouxcai mbouj luenh okma biengz. 衙差不乱到民间。

旁⁵ 㕣 byongj [pjoːŋ³]〈量〉畦;丘;块。(见昉)

㙬 dieg [tiːk⁸]〈名〉地;地方;地址;区域。(见𡉚)

旂 geiz [kei²]〈名〉旗。马山《衙廟》:中界地旂,cunggyaiq deih geiz,中界地旗。

族 cug [ɕuk⁸]〈动〉捆;绑。都安《三界老爺唱》:迪族为何因,dwg cug vih hoz yin,被绑为何因。(见綐)

㚢(犵、㚢、衭、封、𧛾、𧞤)fong [foːŋ¹]〈动〉补。《初》:㚢袮袘,fong buhvaq,补衣物。

旀¹ 㕣 langh [laːŋ⁶]〈动〉盛开;打开。上林《赶圩歌》:稩䅘旀椛。Gohaeux langh va. 禾稻开了花。

旀² langh [laːŋ⁶]〈动〉放(把关着的人、畜放出来)。(见㒓)

㫛 cuengq [ɕuːŋ⁵]〈动〉放;释放。(见𡗶¹)

㫜 fangz [faːŋ²]〈名〉鬼;神。(见魅)

旇 fangz [faːŋ²]〈形〉盲;瞎。(见昉)

旟 vengh [weːŋ⁶]〈动〉横摔。(见𢫫)

旙 㕣 hen [heːn¹]〈动〉牧;放牧。《初》:旙𦍑,hen yiengz,牧羊。

旗 giz[ki²]〈名〉脊椎(与龍连用)。(见䏿)

㫣 byongh [pjoːŋ⁶]〈数〉半。宾阳《催春》:㫣痕,byonghhwnz,半夜。

旊 fangz [faːŋ²]〈名〉鬼;神。马山《欢叹母》:你姆㲽贫旊。Neix meh dai baenz fangz. 如今母亲死了变成鬼。(见魅)

㫙¹ laeng [laŋ¹]〈名〉后;后面;背后。右江《本麽叭》:批㫙養改平。Bae laeng ciengx gaij baenz. 往后养[猪]不再成。

㫙² laengz [laŋ²]〈动〉❶拴;捆;绑。右江《本麽叭》:叩連閉㫙咟,叩葛閉㫙角。Gaeulienz bae laengz bak, gaeugat bae laengz gaeu. 用酸藤子去捆嘴巴,用葛藤去绑牛角。❷羁绊;阻拦;扣押。

旛¹(反、㕫、舤、㠶、番、幡、㠶、䪛)fan [faːn¹]❶〈量〉张;件;条;床。《初》:閅空眉几旛䘨。Ndaw ranz miz geij fan denz. 家里有几床被子。❷〈名〉幡。马山《奠别歌》:道拎旛引路。Dauh gaem fan yinx loh. 道人执幡来引路。

旛² fan [faːn¹]〈动〉不落夫家(与䟷

连用)。马山《眃泣眉胱朕》:部趴播, boux byaij fan,不落夫家的人。

䑲 hamq[haːm⁵]〈名〉岸;边沿。(见揞⁴)

艭(旇)langh [laːŋ⁶]〈动〉放(把关着的人、畜放出来)。《初》:艭忕䟡𡍣。Langh vaiz okbae. 放牛出去。

火(灬)部

火¹ hoj [ho³]〈形〉❶穷;苦;贫苦;贫穷。❷困难;艰苦。(见煔)

火² 㓈 huj [hu³]〈名〉云。忻城《十劝歌》:翻火布竺伝。Fan huj mbouj doek vun. 翻云不下雨。|上林《信歌》:很火黑斗敝。Hwnj huj ndaem daeuj baex. 起黑云来遮蔽。

火³ 㓈 huj [hu³]〈代〉我。(见《初》)

火⁴ huj [hu³]❶〈形〉恼火;恼怒;愤怒。❷〈名〉火。(见焼²)

炇(扑)㓈 boek [pok⁷]〈名〉把。《初》:炇𤊯, boekfeiz,火把。

灯¹ daeng [taŋ¹]〈名〉太阳(与眃连用)。(见眰)

灯² 㓈 daengh [taŋ⁶]〈动〉跺;顿(脚)。(见蹭²)

灯³ daengq [taŋ⁵]〈动〉叮嘱。田东《大路歌》:许笈不得灯。Hawj gyaep mbouj ndaej daengq. 送给斗笠却不能叮嘱。

灯⁴ naengj [naŋ³]〈动〉蒸。(见𩞄)

灭 㓈 haih [haːi⁶]〈动〉❶凋谢。《初》:椛灭。Va haih. 花凋谢。❷(火势)渐减弱。《初》:𤊯灭。Feiz haih. 火势渐减弱。❸散;分散。《初》:伢灭啰。Haw haih lo. 圩散了。

灰¹ hoi [hoi¹]〈名〉石灰。宜州《盘斗古》:日晒泥坚变本灰。Ndit dak namh genq bienqbaenz hoi. 日晒泥坚成石灰。(见硋)

灰² hoij [hoi³]〈动〉围;绕。田东《大路歌》:巾灰马。Gaen hoij mbaq. 毛巾搭在肩头上。

灰³ hoiq [hoi⁵]❶〈名〉奴隶;仆人;佣人。❷〈代〉我(谦称)。(见佽¹)

炛(抺)maet [mat⁷]〈动〉熄灭。《初》:𤊯炛烜里㷟。Feiz maet daeuh lij ndat. 火灭了灰还热。

灯 㓈 riuz [ɣiːu²]〈名〉炭头;火炭(已熄的)。(见《初》)

灶 cang [ɕaːŋ¹]〈动〉烧(香、烛);插(香、烛)。《初》:灶烍, cang yieng,烧香。

炇 㓈 ceiq [ɕei⁵]〈动〉煨。《初》:炇莦, ceiq seiz,煨红薯。

炘¹ 㓈 cied [ɕiːt⁸]〈动〉溶;化。(见《初》)

炘²(禾)cien [ɕiːn¹]〈动〉煎。《初》:炘鲃, cien bya,煎鱼。

炌 feiz [fei²]〈名〉火。(见𤊯)

灶¹ 㓈 cauq [ɕaːu⁵]〈动〉掏;挖。(见硗²)

灶² gyang［kjaːŋ¹］〈名〉中间。巴马《贖魂粡呟》:粡灶那批枊。Haeux gyang naz bae rouh.［用］田中粮去赎。

炘 gyoq［kjo⁵］〈名〉火炭。(见熍)

烂¹ lanh［laːn⁶］〈形〉碎。(见蚻)

烂² 方 lanx［laːn⁴］〈形〉酸。(见烂²)

烂³ lanz［laːn²］〈动〉拦;阻拦。(见㞕)

灵¹ lingz［liŋ²］〈名〉灵。马山《二十四孝欢》:提麻祭卓灵。Dawz ma caeq congzlingz. 拿来灵桌上祭奠。

灵² lingz［liŋ²］〈形〉恰巧;凑巧(与顶连用)。《初》:顶灵,dingjlingz,恰巧;凑巧。

灵³ nding［ʔdiŋ¹］〈形〉红;赤。东兰《莫卡盖用》:文埔灵托正。Vaenj namh nding doh ciengz. 捏红泥糊墙。

炬 aeuq［ʔau⁵］〈动〉炖。(见歟)

炣 aeuq［ʔau⁵］〈动〉炖。(见歟)

炾 byouz［pjou²］〈动〉沸腾。(见㸒)

炽(炙、炽)cik［ɕik⁷］〈动〉煨。《初》:炽葝,cik biek,煨芋头。

炙 cik［ɕik⁷］〈动〉煨。(见炽)

炒¹ 方 ciuh［ɕiːu⁶］〈动〉煮。《初》:炒花,ciuh byaek,煮菜。

炒² neuh［neu⁶］〈动〉看。《粤风》:雷眉么好炒。Ndwi miz maz ndei neuh. 没有什么好看。

炕 coemh［ɕom⁶］〈动〉烧;焚烧。(见焜)

炜 feiz［fei²］〈名〉火。马山《连情欢》:霡勺竺就竺,介拆杙迪炜。Fwn yaek doek couh doek, gaej cek loek dwk feiz. 雨要下就下,别拆水车当柴烧。(见斐)

炮 feiz［fei²］〈名〉火。都安《三界老爺唱》:放炮劳布急。Cuengq feiz lau mbouj gib. 烧火怕不猛。(见斐)

炈(蛤)gaep［kap⁷］❶〈动〉扣(扳机)。❷〈名〉火帽(砂枪、粉枪所用者)。(见《初》)

炓¹ daeuh［tau⁶］〈名〉火灰。(见烜)

炓² laeuj［lau³］〈名〉酒。巴马《贖魂粡呟》:王國炓造梁。Vuengz gueg laeuj caux lieng. 王酿酒才滴出。

炓³ raeuj［ɣau³］〈形〉❶暖和;暖;温暖。❷(水)温。(见㬹)

炦¹ 方 faet［fat⁷］〈名〉火把(与斐连用)。《初》:炦斐,faetfeiz,火把。

炦² 方 fot［foːt⁷］〈动〉喷;喷射(与炮连用,义为烧了引子而不爆的哑鞭炮。小孩把这类炮竹折后点燃让其喷火,故得名)。《初》:炮炦,bauqfot,哑炮。

炦³(焥)方 vaet［wat⁷］〈动〉㸌(烹调方法之一,指猛火少水将食品焖熟)。(见《初》)

炆 hoenz［hon²］〈名〉火烟;烟雾。金城江《台腊恒》:嗅炆,haeu hoenz,臭烟火味。(见𤑔)

炨¹ hoenz［hon²］〈名〉火烟;烟雾。(见𤑔。方言亦读 voenz,见煴⁴)

炄^{2} [方] huj [hu^{3}]〈名〉云；云彩。马山《三府雷王》：眼修赤當批学炄。Ngoenz sou cix dangh bae hag huj. 白天你们就跑去学驾云。

炃^{1} [方] liemh [li:m^{6}]〈动〉烧。(见焚)

炃^{2} remj [ɣe:m^{3}]❶〈动〉烧焦。❷〈形〉炽热；炎热。❸〈动〉烧；焚烧。(见燷)

炄 [方] naeuq [nau^{5}]〈形〉愤怒；气愤。(见忸)

炷^{1} ruengz [ɣu:ŋ^{2}]〈动〉熬；焖煮(用文火)。(见爖)

炷^{2} [方] vueng [wu:ŋ^{1}]〈动〉猛烧。《初》：炷裴，vueng feiz，把火烧旺。

炛 baek [pak^{7}]〈动〉煲；煮(药)；炖(肉)。《初》：炛趺粿，baek ga mou，炖猪脚。

炗 [方] bek [pe:k^{7}]〈形〉旺；猛。(见爒)

炦^{1} boh [po^{6}]〈名〉(火)种。《初》：炦裴，bohfeix，火种。

炦^{2}(焗、㶭)byoq [pjo^{5}]〈动〉❶ 烤(取暖)。《初》：炦裴，byoq feiz，烤火。❷ 晒(太阳)。《初》：炦𣅩，byoq ndit，晒太阳。

炲 byoq [pjo^{5}]〈动〉烤(取暖)。金城江《台腊恒》：炲火，byoq feiz，烤火。

炷(煑、燸、主、炰)cawj [ɕaɯ^{3}]〈动〉煮。《初》：炷粠，cawj caeuz，煮晚饭。

炽 cik [ɕik^{7}]〈动〉煨。(见炽)

炪(熫、咄、烌、焺、爦)cit [ɕit^{7}]〈动〉❶ 抽(烟)；吸(烟)。《初》：炪烟，cit ien，抽烟。❷ 点(火)；放(火)。《初》：炪裴，citfeiz，点火；放火。

炡(左) [方] coq [ɕo^{5}]〈动〉烧。《初》：枚茬否眉炡。Fwnzhaz mbouj miz coq. 没有柴草烧。

炵 coemh [ɕom^{6}]〈动〉烧；焚烧。(见熜)

炟(烪、楪)danq [ta:n^{5}]〈名〉木炭。(见《初》)

炔^{1} dek [te:k^{8}]〈动〉裂；裂开；破裂；爆炸；爆裂。(见𥑮)

炔^{2} ndit [ʔdit^{7}]〈名〉阳光。(见𣅩^{2})

炢^{1} feiz [fei^{2}]〈名〉火。(见裴)

炢^{2} maet [mat^{7}]〈动〉熄灭。(见炧)

费 feiz [fei^{2}]〈名〉火。(见裴)

炥 feiz [fei^{2}]〈名〉火。(见裴)

炍 feiz [fei^{2}]〈名〉火。(见裴)

炶 gemz [ke:m^{2}]〈动〉烧；燎。《初》：裴炶肛毯胣。Feiz gemz daengz bwnda. 火烧眉毛。

炶 gyoq [kjo^{5}]〈名〉火炭。(见熿)

炣^{1} gyoq [kjo^{5}]〈名〉火炭。(见熿)

炣^{2}(咭) [方] oq [ʔo^{5}]❶〈形〉热；炎热。《初》：𣅩炣稟裴。Ndit oq lumj feiz. 烈日似火热。❷〈动〉烧红。都安《三界老爺唱》：炣三㝵铁許公吔。Oq sam ndaek diet hawj goeng gwn. 烧红三块铁给此公吃。

炶^{1}(浮、脬) [方] hauj [ha:u^{3}]〈形〉干

(指泥土、柴草)。《初》:枚焒,fwnz hauj,干柴。

焒2 heuq [heu5]〈名〉烟囱。(见《初》)

炴1 历 hiengq [hi:ŋ5]〈动〉烘烤。《初》:炴鲊,hiengq ca,烤鱼。

炴2 iengj [ʔi:ŋ3]〈动〉熏烤。(见炯1)

焭 iengj [ʔi:ŋ3]〈动〉熏烤。(见炯1)

烂1 lanh [la:n6]〈形〉碎。(见蛀)

烂2(炶)历 lanx[la:n4]〈形〉酸。《初》:偲粿内烂柊。Aen mak neix lanx lai. 这个果子太酸了。

炩1 ndaep [ʔdap7]〈动〉熄;灭。(见熼)

炩2 nding [ʔdiŋ1]〈形〉红。(见䋮)

炪 ndongq [ʔdo:ŋ5] ❶〈形〉火红。❷〈名〉烧红的铁或火炭。❸〈形〉炫目。(见𤑳2)

㷉(炏、氝)历 ndued [ʔdu:t8]〈形〉热。(见《初》)

炠 nyap [ȵa:p7]〈形〉刺痒(谷物、毛发等落在身上的感觉)。(见《初》)

炼 lwenx [lɯ:n4]〈副〉经常;永远(与常连用)。(见嗹3)

炶1 laep [lap7]〈动〉闭(眼)。(见眓2)

炶2 ndaep [ʔdap7]〈动〉熄;灭。(见熼)

炶3 ndat [ʔda:t7] ❶〈形〉热;烫。❷〈动〉生(气)。(见燵)

炶4 rib [ɣip8]〈名〉萤火虫(与蟯连用)。(见蚠)

炶5 yaeb [jap8]〈拟〉闪烁;闪耀。《初》:虾蚠口佲䍃炶炶。Buqrib guh haw mbin yaebyaeb. 萤火虫飞聚光闪烁。

炼 renz [ɣe:n2]〈名〉剑。平果《贼歌》:拜枻如拜炼,baez cungq hix baez renz,一枪又一剑。

烞 历 siq [θi5]〈形〉火焰很旺。

烑(垗、墝、硗、礉、硑、粆、𤊆、焇) cauq [ɕa:u5]〈名〉灶。(见《初》)

焍(焙)历 bangh [pa:ŋ6]〈动〉烘烤。《初》:焍斐,bangh feiz,烤火。

烡 历 bingj [piŋ3]〈动〉煨。(见《初》)

焊 历 cauq [ɕa:u5]〈动〉掏;挖。(见硗2)

烫 dangq [ta:ŋ5]〈动〉烫。(见烧1)

烛(焍)历 diq [ti5]〈动〉划。《初》:烛盒斐,diq habfeiz,划火柴。

烟(唤、㷋)duemh [tu:m6]〈形〉昏暗;暗淡;微弱(指灯火)。《初》:灯烟否瞪䌷。Daeng duemh mbouj raen ngaeuz. 微弱的灯光下看不见人影。

烌 gep [ke:p7]〈名〉引信;触火帽。《初》:埞焇敜𤤶烌。Cuk siu youh hwnj gep. 填充火药又装上触火帽。

烆(烎)hangq [ha:ŋ5]〈动〉烘烤。《初》:鲃艸歪斐烆。Bya cuengq gwnz feiz hangq. 把鱼放在火上烘烤。

烎 hangq [ha:ŋ5]〈动〉烘烤。(见烆)

烜 hoenz [hon2]〈名〉火烟;烟雾。(见

㷯)

烪 hoenz [hon²]〈名〉火烟;烟雾。(见㷯)

烘 hwngq [hɯŋ⁵]〈形〉热;炎热;闷热。(见晎)

焨¹(焞、炎、炴、㸃)iengj [ʔiːŋ³]〈动〉烤;熏烤。《初》:焨鲃,iengj bya,熏鱼。

焨² oq [ʔo⁵]〈形〉通红。都安《三界老爺唱》:铁焨,diet oq,通红的铁块。

烸¹ 㕣 maej [mai³]❶〈形〉焦。❷〈动〉烧。(见煤¹)

烸² 㕣 meij [mei³]〈动〉烧焦。

烸³ mij[mi³]〈名〉锅底灰;锅炱。《初》:㬠黯廪烸銐。Naj ndaem lumj mij rek. 脸黑得像锅炱一样。

炦 ndat [ʔdaːt⁷]〈动〉蜇。(见蟽)

烢 ndat [ʔdaːt⁷]❶〈形〉热;烫。❷〈动〉生(气)。(见燵)

燳 ndat [ʔdaːt⁷]❶〈形〉热;烫。❷〈动〉生(气)。(见燵)

烙 ndat [ʔdaːt⁷]❶〈形〉热;烫。❷〈动〉生(气)。(见燵)

烧 ndongq [ʔdoːŋ⁵]❶〈形〉火红。❷〈名〉烧红的铁或火炭。❸〈形〉炫目。(见爋²)

炻 㕣 raeuh [ɣau⁶]〈动〉熏。《初》:炻蝶,raeuh nyungz,熏蚊子。

烾 raq [ɣa⁵]〈量〉阵。(见㕸)

烰 saeuq [θau⁵]〈名〉灶。(见熡)

烙 saeuq [θau⁵]〈名〉灶。(见熡)

焠(煊、爔)saz [θa²]〈动〉煨。《初》:迪莨合烑焠。Dwk maenz haeuj cauq saz. 把红薯丢进灶里去煨。

烅(炦)㕣 bek [peːk⁷]〈形〉旺;猛。《初》:廸斐陷烅廸。Dwk feiz haemq bek dwk. 把火烧得旺一点儿。

焅¹ byoq [pjo⁵]〈动〉❶烤(取暖)。❷晒(太阳)。(见㶼²)

焅² gyoq [kjo⁵]〈名〉火炭。(见熕)

焇¹ cauq [ɕaːu⁵]〈名〉灶。(见烑)

焇² siu [θiːu¹]〈动〉烧;焚。(见爔)

焳¹ cit [ɕit⁷]〈动〉❶抽(烟);吸(烟)。《初》:焳烟,cit ien,抽烟。❷点(火);放(火)。(见炪)

焳² dawz [taɯ²]〈动〉烧;着;燃。(见焈¹)

煰(炕、炵、焻、爞、焊、鬏、爋)coemh [ɕom⁶]〈动〉烧;焚烧。《初》:煰秤,coemh nyangj,烧稻草。|煰炟,coemh danq,烧炭。

烶 㕣 coij [ɕoi³]〈动〉(阳光)照。《初》:旵烶,ndit coij,阳光照。

焐 daenz [tan²]〈动〉压;压上。(见䐜)

烜(蚪、炓、僂、煸)daeuh [tau⁶]〈名〉火灰。《初》:斐否燵烜燵。Feiz mbouj ndat

daeuh ndat. 火不热灰热(喻当事人不着急,旁人反而着急)。

焍 方 diq [ti^{5}]〈动〉划。(见炧)

烽 foengx [foŋ^{4}]〈形〉猛;旺(指火势)。(见熢)

灼 goen [kon^{1}]〈动〉煲。(见焜^{1})

炅 goen [kon^{1}]〈动〉煲。(见焜^{1})

烔 gyaenq [kjan^{5}]〈形〉膻;膻腥;臊臭。(见脠)

烸 meiz [mei^{2}]〈名〉煤。(见煤^{2})

炈 方 moet [mot^{7}]〈动〉熄灭。《初》。斐炈,feiz moet,火熄灭。

烎^{1} ndongq [ʔdoːŋ^{5}] ❶〈形〉火红。❷〈名〉烧红的铁或火炭。❸〈形〉炫目。(见燑^{2})

烎^{2} rongh [ɣoːŋ^{6}]〈形〉亮;明亮;光亮。(见皝^{2})

烎^{3}(弄、燑)方 rung [ɣuŋ^{1}]〈动〉煮。《初》:烎餜,rung ngaiz,煮饭。

烺 方 rangh [ɣaːŋ^{6}]〈名〉炮仗(与炮连用)。《初》:炮烺,bauqrangh,炮仗。

烷 ruengz [ɣuːŋ^{2}]〈动〉熬;焖煮(用文火)。(见爖)

炵 ruengz [ɣuːŋ^{2}]〈动〉熬;焖煮(用文火)。(见爖)

焖 方 oemq [ʔom^{5}]〈动〉烧(砖、炭和草皮灰等)。(见焙^{2})

焕 vuenh [wuːn^{6}]〈动〉换;交换;撤换;替换。(见乂)

熛 方 byaeu [pjau^{1}]〈动〉烧;焚烧。(见《初》)

煑 cawj [ɕaɯ^{3}]〈动〉煮。马山《抄畓歌》:煑餜,cawj ringz,煮午饭。

煮 cawj [ɕaɯ^{3}]〈动〉煮。(见炷)

熄 cit [ɕit^{7}]〈动〉❶抽(烟);吸(烟)。《初》:熄烟,cit ien,抽烟。❷点(火);放(火)。(见炪)

焯 coeb [ɕop^{8}]〈动〉焚;烧。《初》:斐焯岜。Feiz coeb bya. 火烧山。

斐(炋、闵、炏、炬、肥、炑、费、炜、炍、帄、炧、肥、費、焠、微、熭、燛、燺、熸、燩)feiz [fei^{2}]〈名〉火。《初》:熩斐炷粝。Caux feiz cawj haeux. 生火煮饭。

焠 feiz [fei^{2}]〈名〉火。(见斐)

燛 feiz [fei^{2}]〈名〉火。(见斐)

肥 feiz [fei^{2}]〈名〉火。(见斐)

熭 feiz [fei^{2}]〈名〉火。金城江《台腊恒》:眬眣拉埔变本熭。Ndit dak laj namh bienqbaenz feiz. 阳光晒土变成火。

烳 foengx [foŋ^{4}]〈形〉猛;旺(指火势)。(见熢)

焚 fwnz [fɯn^{2}]〈名〉柴火。(见枚)

焜^{1}(灼、昆、桥、炅)goen [kon^{1}]〈动〉煲。《初》:焜跒猅。Goen ga mou. 煲猪脚。

焜[2] goenj [kon³]〈动〉❶ 滚;开;沸腾。❷ 喧哗;喧闹;吵闹。(见滚)

焜[3](熏、熅)oenq [ʔon⁵]〈动〉❶(火烟)熏。《初》:焜蝶,oenq nyungz,熏蚊子。❷ 烧(窑)。《初》:焜炟,oenq danq,烧炭。

焢 hoengh [hoŋ⁶]〈形〉❶ 旺盛;兴旺;热闹;繁华。❷ 嘈杂;吵闹。❸ 丰盛。(见啌³)

焅(火、伙、吙、烌、忲、憨)hoj [ho³]〈形〉❶ 穷;苦;贫苦;贫穷。《初》:空焅,ranz hoj,家穷。❷ 困难;艰苦。《初》:焅口,hoj guh,难做。

烌[1] hoj [ho³]〈形〉❶ 穷;苦;贫苦;贫穷。❷ 困难;艰苦。(见焅)

烌[2](火)huj [hu³]❶〈形〉恼火;恼怒;愤怒。《初》:忈料肸飐烌。Ngeix daeuj sim caemh huj. 想来心里也恼火。❷〈名〉火。《初》:烌劆,hujliemz,火镰(敲击燧石取火的用具)。

㶻 hoi [hoi¹]〈名〉石灰。(见㶻)

焬 hwngq [hɯŋ⁵]〈形〉热;炎热;闷热。(见睟)

焞 iengj [ʔiːŋ³]〈动〉熏烤。(见焮¹)

焟[1] 历 laeb [lap⁸]〈名〉闪电(与粦连用)。(见啦²)

焟[2] rat [ɣaːt⁷]〈拟〉焦干的。《初》:楹炽熻 焟焟。Sawz cik remj ratrat. 红薯煨得焦焦的。

焒 lag [laːk⁸]〈动〉烧;燎。《初》:斐焒岜。Feiz lag bya. 火烧山。

煉 lienh[liːn⁶]〈名〉炼狱。马山《信歌》:卦煉了悉躺。Gvaq lienh liux mbaeu ndang. 过了炼狱身轻松。

焥 nding [ʔdiŋ¹]〈形〉红。(见彸)

焨 历 vaet [wat⁷]〈动〉焗(烹调方法之一,指猛火少水将食品焖熟)。(见炐³)

焺 caeuq [ɕau⁵]❶〈动〉凑;凑集;拼凑。❷〈介〉跟;与。❸〈连〉和;跟;与。(见奏¹)

焣[1] ciek [ɕiːk⁷]〈动〉斟酌(与吒连用)。(见唧¹)

焣[2] cit [ɕit⁷]〈动〉❶ 抽(烟);吸(烟)。《初》:焣烟,cit ien,抽烟。❷ 点(火);放(火)。(见炪)

焣[3] dak [taːk⁷]〈动〉晒。(见旽)

焣[4] ndwet [ʔdɯːt⁷]❶〈动〉喧哗;吵闹。❷〈形〉妖冶;风流;轻浮(指女人)。❸〈形〉喜欢;高兴。(见㖈)

焰 coemh [ɕom⁶]〈动〉烧;焚烧。(见熐)

焧 daeuh [tau⁶]〈名〉火灰。(见烜)

焱 danq [taːn⁵]〈名〉木炭。(见炟)

焍[1](烪、提、除、特)dawz [taɯ²]〈动〉烧;着;燃。《初》:斐焍空。Feiz dawz ranz. 火烧房子。

焍[2] diz [ti²]〈动〉锻造;打炼(铁器)。(见鍉)

焍 dek [teːk⁸]〈动〉裂;裂开;破裂;爆炸;爆裂。(见裂)

烛 dex [te⁴]〈拟〉吱(划火柴的响声)。(见燯)

熫¹(度)方 douh [tou⁶]〈动〉点(火、灯)。《初》:熫裴,douh feiz,点火。

熫² gyoq [kjo⁵]〈名〉火炭。(见熶)

煩¹ fanz [fa:n²]〈动〉收。平果《信歌》:煩粝叩槝。Fanz haeux haeuj yiuj. 收稻谷入廪。

煩² fanz [fa:n²]〈动〉烦;麻烦;烦劳。《初》:操煩佲夥。Ciufanz mwngz lai. 太给你添麻烦了。

熭 feiz [fei²]〈名〉火。(见裴)

煈 foengx [foŋ⁴]〈形〉猛;旺(指火势)。(见熢)

熴 goenj [kon³]〈动〉❶滚;开;沸腾。❷喧哗;喧闹;吵闹。(见滚)

熴 hoenz [hon²]〈名〉火烟;烟雾。(见曌)

熅¹ hoenz [hon²]〈名〉火烟;烟雾。(见曌)

熅²(闇、焙、奧、㷍)oem [ʔom¹]〈形〉闷热。《初》:叁熅約犨雰。Mbwn oem yaek doek fwn. 天气闷热将要下雨。

熅³ 方 um [ʔum¹]〈动〉煮。(见《初》)

熅⁴(炶、云)方 voenz [won²]〈名〉烟;烟火。(见《初》,即 hoenz)

煙 ien [ʔi:n¹]〈名〉烟;烟草。武鸣《张》:咄煙,cit ien,抽烟;吸烟。

煉 lemx [le:m⁴]〈副〉偷偷;悄悄(与 laeg 连用)。田阳《布洛陀遗本》:勒煉洗水眼。Laeglemx uet raemxda. [媳妇]偷偷抹眼泪。

煤¹(烌)方 maej [mai³] ❶〈形〉焦。《初》:粌煤,gaeujmaej,锅巴。❷〈动〉烧。《初》:裴煤岜。Feiz maej bya. 火烧山。

煤²(焴)meiz [mei²]〈名〉煤。《初》:挖煤厷熅坬。Vat meiz ma coemh vax. 挖煤来烧瓦。

熳 manh [ma:n⁶]〈名〉辣椒。上林《达妍与勒驾》:纾盆勒熳,nding baenz lwgmanh,红如辣椒。

熌 ndaen [ʔdan¹]〈动〉烧;熬。金城江《台腊恒》:火作拉克熌。Feiz coq laj gwq ndaen. 火在下面老是烧。

熥 nyoengx [ɲoŋ⁴]〈动〉推。(见拥¹)

焙¹ oem [ʔom¹]〈形〉闷热。(见熅²)

焙²(晻、焖)方 oemq [ʔom⁵]〈动〉烧(砖、炭和草皮灰等)。《初》:焙圩,oemq cien,烧砖。

熡 raeuj [ɣau³]〈形〉❶暖和;暖;温暖。❷(水)温。(见暕)

熶 方 ramj [ɣa:m³]〈形〉焦;焦糊。《初》:介吽餜斴熶。Gaej gwn ngaiz haeu ramj. 莫吃焦糊的饭。

熍 rengx [ɣe:ŋ⁴]〈形〉旱;干旱。平果《雷王》:三靬飏熍温斨竺。Sam bi rumz rengx vwn mbouj doek. 三年干风雨不下。

熈 方 riemx [ɣi:m⁴]〈名〉厨房(与裴

连用)。(见阕)

熖 saenq [θan⁵]〈名〉导火线(指炮仗)。《初》:炮刈熖,bauq gat saenq,烧了导火线[而未爆]的炮仗。

熡(磈、焯、焲)saeuq [θau⁵]〈名〉灶。《初》:徒猫眸陌熡。Duzmeuz ninz bak saeuq. 猫睡在灶口边。

熣 saz [θa²]〈动〉煨。(见炨)

熢 yieng [ji:ŋ¹]〈名〉香。《初》:熾熢,siu yieng,烧香。

熥 㕥 yung [juŋ¹]〈动〉煮。《初》:熥花,yung byaek,煮菜。

熪 㕥 bangh [pa:ŋ⁶]〈动〉烘烤。(见焩)

熫 byoq [pjo⁵]〈动〉❶烤(取暖)。❷晒(太阳)。(见炦²)

熭(造)caux [ɕa:u⁴]〈动〉生;烧。《初》:熭斐,caux feiz,生火;烧火。

熰¹(熰、炭)dangq [ta:ŋ⁵]〈动〉烫。《初》:猍鳧否愣淦熯熰。Mou dai mbouj lau raemxgoenj dangq. 死猪不怕滚水烫。

熰² dangj [ta:ŋ³]〈形〉焦糊;臭焦。(见烺)

熮(烛)dex [te⁴]〈拟〉吱(划火柴的响声)。《初》:灺盒斐得熮。Diq habfeiz daekdex. 划火柴吱的一声响。

熱 duemh [tu:m⁶]〈形〉昏暗;暗淡;微弱(指灯火)。(见烟)

熢(焚、烽、熢、熥)foengx [foŋ⁴]〈形〉猛;旺(指火势)。《初》:炷花歐斐熢。Cawj byaek aeu feiz foengx. 煮菜需猛火。

熦 fwnz [fɯn²]〈名〉柴火。(见枚)

熧 gaenj [kan³]〈形〉紧;紧急。(见巪)

熛(烜、烜、炆、魂、熴、炫、煴、焚)hoenz [hon²]〈名〉火烟;烟雾。《初》:熛斐,hoenzfeiz,火烟。

熊(熊、熊、䕼、𤆬、能、灯、烝)naengj [naŋ³]〈动〉蒸。《初》:熊糇,naengj haeux,蒸饭。

熾 naengj [naŋ³]〈动〉蒸。(见熊)

熼¹ ngaih [ŋa:i⁶]〈名〉艾绒(用作打火镰引火之物)。(见苿)

熼² ngaiz [ŋa:i²]〈名〉饭;早饭。(见餜)

熅 oenq [ʔon⁵]〈动〉❶(火烟)熏。❷烧(窑)。(见焜³)

熆 yik [jik⁷]〈拟〉臭哄哄。《初》:烺熆熆,dangj yikyik,焦味臭哄哄。

熮 aeuq [ʔau⁵]〈动〉炖。(见熬)

熥¹ coemh [ɕom⁶]〈动〉烧;焚烧。(见熳)

熥²(勳、晄、炾、勳、焰、晃、勳、焨、鉼、晜)ndongq [ʔdo:ŋ⁵]❶〈形〉火红。❷〈名〉烧红的铁或火炭。❸〈形〉炫目。(见《初》)

熥³ ruengz [ɣu:ŋ²]〈动〉熬;焖煮(用文火)。(见熔)

𤎋^{4} 方 rung［ɣuŋ^{1}］〈动〉煮。(见𤆵^{3})

𤒛 cuz［ɕu^{2}］〈名〉厨。《初》:宔𤒛,ranzcuz,厨房。

𤆮 daeuh［tau^{6}］〈名〉火灰。(见炟)

㶼(啹、混、滚、熘、焜、熶、焜)goenj［kon^{3}］〈动〉❶滚;开;沸腾。《初》:淰㶼,raemxgoenj,开水;沸水。❷喧哗;喧闹;吵闹。《初》:江伢叿嘛㶼咋咋? Gyang haw guh maz goenjcozcoz? 街上干吗吵闹哄哄?

熘 goenj［kon^{3}］〈动〉❶滚;开;沸腾。❷喧哗;喧闹;吵闹。(见㶼)

熶 goenj［kon^{3}］〈动〉❶滚;开;沸腾。❷喧哗;喧闹;吵闹。(见㶼)

𤏸 方 gyoh［kjo^{6}］❶〈动〉同情。❷〈形〉可怜。(见㦝)

𤑿 hawq［haɯ^{5}］〈形〉干;干燥。(见𤆑)

熥 方 laeuh[lau^{6}]〈名〉火烟。(见《初》)

𤎜(𦼫)muenz［muːn^{2}］〈名〉灯芯。《初》:扚𤎜灯陌𥷑的。Deuq muenzdaeng haemq sang di. 把灯芯挑高一点儿。

𤏳(炪、炶、哒、娜、烙)ndat［ʔdaːt^{7}］❶〈形〉热;烫。《初》:淰𤏳,raemxndat,热水。|马山《信歌》:𤏳贫𤌵。Ndat baenz feiz. 烫如火。❷〈动〉生(气)。《初》:𤏳气,ndatheiq,生气;气愤。

𤎋^{1} ndongq［ʔdoːŋ^{5}］❶〈形〉火红。❷〈名〉烧红的铁或火炭。❸〈形〉炫目。(见𤎋^{2})

𤎋^{2} oem［ʔom^{1}］〈形〉闷热。(见煰^{2})

熛(熛)方 oq［ʔo^{5}］〈形〉通红。《初》:𤌵熛,feiz oq,通红的火。

𤑮 remj［ɣeːm^{3}］❶〈动〉烧焦。❷〈形〉炽热;炎热。❸〈动〉烧;焚烧。(见燷)

𤏡 ruengz［ɣuːŋ^{2}］〈动〉熬;焖煮(用文火)。(见爖)

熿 ruengz［ɣuːŋ^{2}］〈动〉熬;焖煮(用文火)。(见爖)

𤑕 方 sez［θe^{2}］〈动〉煨。《初》:𤑕蒴。Sez biek. 煨芋头。

𤐰 cauq［ɕaːu^{5}］〈名〉灶。(见炒)

𤐺 cawj［ɕaɯ^{3}］〈动〉煮。(见炷)

𤐦 ceij［ɕei^{3}］〈动〉煮。《初》:𤐦花,ceij byaek,煮菜。(即 cawj)

𤎖(燒、炎、抄)ceuj［ɕeu^{3}］〈动〉炒。《初》:粝粠𤎖䤈䅘。Haeuxyangz ceuj rang lai. 炒的玉米很香。

燒^{1} ceuj［ɕeu^{3}］〈动〉炒。(见𤎖)

燒^{2} raix［ɣaːi^{4}］〈副〉真的;真正的;实在的(与哒、哄连用)。(见𠻗^{1})

燒^{3} 方 rauj［ɣaːu^{3}］〈形〉干;干燥。(见𤆹)

𤒘 coemh[ɕom^{6}]〈动〉烧;焚烧。(见燖)

燈 方 daengj［taŋ^{3}］〈动〉上供;祭祀。《初》:燈祖公。Daengj cojgoeng. 祭祖宗。

𤒻 方 feq［fe^{5}］〈名〉灰尘;尘埃(尤指

厨房里沾在蜘蛛网上的烟尘)。(见楷)

燌 feiz [fei²]〈名〉火。(见斐)

熌(炣、炶、炌、熄、故、炪)gyoq [kjo⁵]〈名〉火炭。《初》:熌斐,gyoqfeiz,燃着的火炭。

熠 hwngq [hɯŋ⁵]〈形〉热;炎热;闷热。(见睖)

熛(嘿、炶、炩、黗)ndaep [ʔdap⁷]〈动〉熄;灭。《初》:熛灯,ndaep daeng,熄灯。|斐熛,feiz ndaep,火灭。

㷜(勒、𠂇)raeg [ɣak⁸]〈形〉绝;灭绝。《初》:𣦸㷜,dai raeg,死绝。

熣 roj [ɣo³]〈动〉烤;煨。马山《信歌》:欧燩熣盯𨂿。Aeu feiz roj din fwngz. 用火烤手脚。

熣 ruengz [ɣuːŋ²]〈动〉熬;焖煮(用文火)。(见熣)

熷 saengx [θaŋ⁴]〈拟〉压压(形容词之后的附加成分)。(见黵)

熿 厉 vuengz [wuːŋ²]〈动〉烧暖;热(冷饭剩菜)。《初》:餩溜熿邊呻。Ngaiz caep vuengz menh gwn. 冷饭烧热了再吃。

燩 feiz [fei²]〈名〉火。马山《信歌》:燵贫燩豆龍。Ndat baenz feiz duzbyaj. 烫如雷公火。(见斐)

㷸 feiz [fei²]〈名〉火。(见斐)

熰 oenq [ʔon⁵]〈动〉❶(火烟)熏。❷烧(窑)。(见焜³)

燴(㷛、燴、炎、炊、燫、𪸼、燫、焱、昤、僉、爁)remj [ɣeːm³]❶〈动〉烧焦。《初》:粝燴,haeuxremj,锅巴。|炷菲燴啰。Cawj byaek remj lo. 煮菜烧焦了。❷〈形〉炽热;炎热。《初》:昡内昰燴黟。Ngoenzneix ndit remj lai. 今天阳光很炎热。❸〈动〉烧;焚烧。《初》:斐燴漣。Feiz remj bo. 火烧山。

燫 remj [ɣeːm³]❶〈动〉烧焦。❷〈形〉炽热;炎热。❸〈动〉烧;焚烧。(见燴)

燵 厉 renz [ɣeːn²]〈形〉热;烫(火灰)。《初》:炟燵,daeuhrenz,热火灰。

煉 厉 rad [ɣaːt⁸]〈动〉烙;灼。《初》:歐廪蒶煉斐。Unq lumj coeng rad feiz. 软得像灼过火的葱。

燝 mig [mik⁸]〈动〉闪(电)。(见䨳)

燸 nduk [ʔduk⁷]〈形〉❶朽。❷坏;烂;歹毒。(见䨴)

𤏣¹ req [ɣe⁵]〈名〉砂砾。(见磓)

𤏣² rin [ɣin¹]〈名〉石头。(见磸)

燠 厉 oq [ʔo⁵]〈形〉通红。(见燠)

燆(焇、𪸩、捎)siu [θiːu¹]〈动〉烧;焚。《初》:燆燆,siu yieng,烧香。

爔 iengj [ʔiːŋ³]〈动〉熏烤。(见焬¹)

爤 厉 lanh [laːn⁶]〈形〉坏;败坏。《初》:僇総亟爤了。De cungj gik lanh liux. 他都气坏了。

爁 remj [ɣeːm³]❶〈动〉烧焦。❷〈形〉炽热;炎热。❸〈动〉烧;焚烧。(见燴)

爖(熍、爋、烷、爩、熿、灴、烧)ruengz [ɣuːŋ^{2}]〈动〉熬；焖煮(用文火)。《初》：斐剁兀爖餜。Feizfaeg ndei ruengz ngaiz. 热火炭好焖饭。

爔 cit [ɕit^{7}]〈动〉❶抽(烟)；吸(烟)。❷点(火)；放(火)。(见炪)

爛 lanx [laːn^{4}]〈形〉烂。上林《达备之歌》：料途兄爛咕。Liuh duh gou lanxcienh. 料想是我命太烂贱。

爙 历 yangj [jaːŋ^{3}]〈动〉熏；烤；炕。(见鉠^{2})

爜 saz [θa^{2}]〈动〉煨。(见焠)

爞 coemh [ɕom^{6}]〈动〉烧；焚烧。(见熀)

⿱3灬 naengh [naŋ^{6}]〈动〉坐。(见③)

⿱壬灬 cien [ɕiːn^{1}]〈动〉煎。(见⿰火千)

⿱丁灬^{1}(⿰丁覃、⿰丁灯)历 daemj [tam^{3}]〈动〉蘸；点。《初》：粝㸌⿱丁灬白糖。Haeuxnaengj daemj begdangz. 糯饭蘸白糖。

⿱丁灬^{2} din [tin^{1}]〈名〉脚。金城江《台腊恒》：起⿱丁灬，gij din，启程；起脚。(见⿰⻊丁^{2})

⿱乃灬 naengh [naŋ^{6}]〈动〉坐。(见③)

⿱之灬 cij [ɕi^{3}]❶〈名〉乳房。❷〈名〉奶水；乳汁。❸〈动〉喂奶。(见⿰月止)

⿱下灬 roengz [ɣoŋ^{2}]〈动〉❶下。❷产(崽)；生(崽)。❸签(名)。❹下(力气)；使(劲)；努力。(见⿱夲下)

⿱女灬(⿰贝欠)yiemz [jiːm^{2}]〈动〉嫌。《初》：⿱皮又 ⿰贝贡 ⿱尸圼 否 ⿱女灬。Beix gungz nuengx mbouj yiemz. 阿哥[家]穷妹不嫌。

⿱少灬 ceuj [ɕeu^{3}]〈动〉炒。(见⿰麦少)

⿱日灬^{1} ciuq [ɕiːu^{5}]〈动〉❶照；照射。❷照(镜子)。(见⿱⺈灬)

⿱日灬^{2}(⿰日且、⿰日历、⿰日失、⿰火失、⿰日比、⿰日吉、⿰日里、⿰日赤)ndit [ʔdit^{7}]〈名〉阳光。马山《欢情》：⿰日云内⿰走恶⿱日灬兀。Ngoenzneix ok ndit ndei. 今天阳光灿烂。

⿱火灬 feiz [fei^{2}]〈名〉火。(见斐)

⿱水灬^{1} fwi [fɯːi^{1}]〈名〉水蒸气。(见⿱非灬)

⿱水灬^{2}(⿰氵脸、⿰氵因、⿰氵音、⿰氵厭、⿰米泉、⿰口奄、⿰氵创、⿰氵佥)iemq [ʔiːm^{5}]〈动〉渗；渗透。《初》：淰⿱水灬垠⿱那田。Raemx iemq haenznaz. 水渗透田坎。

⿱乇灬 heiq [hei^{5}]❶〈名〉气；气息。马山《皮里患鲁不》：不服吟⿱乇灬尼。Mbouj fug gaemz heiq neix. 不服这口气。❷〈动〉忧；担忧。马山《皮里患鲁不》：各陶⿱乇灬潺潺。Gag dauzheiq canzcanz. 独自担忧连连。

⿱乞灬 heiq [hei^{5}]〈名〉气。马山《迪封信斗巡》：不受启⿱乞灬爹。Mbouj souh gij heiq de. 不忍受他的气。

⿱毛灬 mauh [maːu^{6}]〈动〉超(过)；越(过)。(见⿱冒灬)

⿱尤灬 you [jou^{1}]〈动〉忧。《初》：佲介⿱尤灬㑟。Mwngz gaej you lai. 你别太忧愁。|武鸣《信歌》：件件⿱尤灬閁肚。Gienhgienh you ndaw dungx. 件件心里忧。

炁 caemj [ɕam³]〈动〉蘸。(见鉗)

炰(旦)ciuq [ɕiːu⁵]〈动〉❶ 照;照射。《初》:昍眃炰。Daengngoenz ciuq. 太阳照。❷ 照(镜子)。《初》:炰鐼,ciuq gingq,照镜子。

点¹ diem [tiːm¹]〈动〉提(脚);抬(脚);移(步)。(见踮)

点² diem [tiːm¹]〈动〉❶ 呼吸。❷ 喘。(见啮)

点³ diemj [tiːm³]〈动〉捕;摸;抓(指晚上用火光照明捕鱼或青蛙)。《初》:䢗内兄坒点鲃。Haemhneix gou bae diemj bya. 今晚我去捕鱼。

杰 㓑 gaeh [khai⁶]〈代〉什么;哪样。《初》:呻杰? Gwn gaeh? 吃什么?

炁¹ heiq [hei⁵]〈动〉担忧;忧虑。田阳《麽収魂糈一科》:千年不劳炁。Cien nienz mbouj lauheiq. 千年不怕担忧。|马山《信歌》:凵超炁心烦。Guh ciuh heiq simfanz. 一辈子忧虑心烦。

炁² heiq [hei⁵]〈名〉❶ 气;空气;气息。马山《信歌》:勺割珠割炁。Yaek gatcaw gatheiq. 要断气断息。❷ 运气;福气。马山《二十四孝欢》:眉福炁汏涞。Miz fukheiq dahraix. 果真有福气。❸ 气味。❹ 汽。

炤 cawj [ɕaɯ³]〈动〉煮。(见炷)

炛¹ 㓑 ndued [ʔduːt⁸]〈形〉热。(见焧)

炛² nduk[ʔduk⁷]〈形〉❶ 朽。❷ 坏;烂;歹毒。(见䨽)

点 rox [ɣo⁴]❶〈动〉懂;会;认识;晓得。来宾《贤女救夫》:读书点字,doeg saw rox cih,读书识字。❷〈连〉或;或者;还是。(见𫴐)

由 youz [jou²]〈名〉油。(见沋)

烈¹ dek [teːk⁷]〈动〉裂;裂开;破裂;爆炸;爆裂。(见𤓶)

烈² led [leːt⁸]❶〈动〉轻涂;轻触。❷ 蘸。❸〈副〉轻轻地。(见挒¹)

烈³ leq [le⁵]〈名〉玄孙。田阳《祭祀歌》:𫟮𫟮烈烈,福禄万代。Lanlan leqleq, fuk loeg fanh daih. 子孙玄孙,福禄万代。

烈⁴ lez [le²]〈名〉唢呐(与啰连用)。(见咧²)

烈⁵ lieb [liːp⁸]〈动〉破(篾)。(见㓟¹)

烈⁶ 㓑 ndied [ʔdiːt⁸]〈动〉兴旺。田东《闹涽懷一科》:欄造烈貧微。Ranz caux ndied baenz feiz. 家才兴旺似火。

烈⁷ ndwet [ʔdɯːt⁷]❶〈动〉喧哗;吵闹。❷〈形〉妖冶;风流;轻浮(指女人)。❸〈形〉喜欢;高兴。(见𫜵)

烈⁸ rex [ɣe⁴]〈动〉❶ 扶。马山《起书嚏特豆》:𨅝𫜵烈,fwngz daeuj rex,伸手来扶。❷ 触碰。马山《起书嚏特豆》:祖喽不許烈。Coj naeuz mbouj hawj rex. 肯定说不给触碰。

烈⁹ seq [θe⁵]〈名〉世。宜州《孟姜女》:烈甘的姻元,seq gonq dih yimyuenz,前世的姻缘。(即 seiq)

㶳 vun [wun¹]〈名〉雨。忻城《十劝歌》:翻火布竺㶳。Fan huj mbouj doek vun.

翻云不下雨。(见云)

炁[1] byouz［pjou²］〈动〉沸腾。(见𤆵)

炁[2](炰、泼、哺、䴏)fouz［fou²］❶〈动〉浮。《初》:徒鴹炁𡗶淰。Duzbit fouz gwnz raemx. 鸭子浮在水面上。❷〈形〉飘浮;轻浮。《初》:踹迪炁𠃑𠃑。Byaij dwk fouz mbiengjmbiengq. 走得踉踉跄跄。

焐 caux［ɕa:u⁴］〈动〉造。金城江《台腊恒》:焐对否对,caux doiq mbouj doiq,造得对不对。

烹 cug［ɕuk⁸］〈形〉熟。《初》:炷烹只吽。Cawj cug cix gwn. 煮熟就吃。

炕(䬻)gangq［ka:ŋ⁵］〈动〉烘;烤。《初》:餠炕,bingj gangq,烘烤的饼。

焭 gyang［kja:ŋ¹］❶〈名〉中;中间。❷〈数〉半(容量、高度的半数)。(见閭³)

烝 remj［ɣe:m³］❶〈动〉烧焦。❷〈形〉炽热;炎热。❸〈动〉烧;焚烧。(见𤊿)

烈 rih［ɣi⁶］〈动〉流(口水、眼泪、鼻涕等)。(见浰²)

𤊴 byoeg［pjok⁸］〈形〉汹涌;澎湃(与𬇙连用)。金城江《台腊恒》:水拉汏𤊴𬇙。Raemx laj dah byoegbyaiz. 河中水汹涌。

𤋲(炑、𤈦、烒、焍、𤆳)fwi［fɯ:i¹］〈名〉水蒸气。(见《初》)

烒 fwi［fɯ:i¹］〈名〉水蒸气。(见𤋲)

𤉶 fwn［fun¹］〈名〉雨。(见雰)

焚(炎)㊣ liemh［li:m⁶］〈动〉烧。《初》:𤊹焚岜。Feiz liemh bya. 火烧山。

焦 liuq［li:u⁶］〈动〉瞧。宜州《孟姜女》:昂哪焦艮吻。Ngangx naj liuq gwnzmbwn. 仰面瞧天上。

焱 ndat［ʔda:t⁷］〈动〉热。马山《为人子者》:茶焱,caz ndat,热茶。

然(元、原)yienz［ji:n²］〈形〉原;本来;原来。《初》:然愢口生意,否眉本䝉难。Yienz siengj guh seng'eiq, mbouj miz bonj caemh nanz. 本来想做生意,但没有本钱也难办。

战(转)cienq［ɕi:n⁵］〈动〉煎;熬;煮。《初》:战茈,cienq yw,煎药。| 武鸣《信歌》:吃𡗶战淰书。Haet hwnj cienq raemxsaw. 早晨起来熬清水(喻缺衣少食)。

照[1] ㊣ ciuq［ɕi:u⁵］〈动〉看;视;瞅。(见昭)

照[2] ciuq［ɕi:u⁵］〈连〉若;假若。上林《达稳之歌》:照兄㚣乱刀,兄系造赔情。Ciuq gou dai ndaej dauq, gou cix cauh boiz cingz. 若我死后能还魂,我定回报此恩情。

照[3] ciuq［ɕi:u⁵］〈动〉算;作。武鸣《信歌》:咟䧺之照㪷。Bak gangj cix ciuq soq. 嘴巴讲过就作数(喻绝不食言)。

𤎖(毛、冒)mauh［ma:u⁶］〈动〉超(过);越(过)。(见《初》)

煞 sat［θa:t⁷］〈动〉❶完;结束。❷算;罢了。(见𣩞)

照 caux［ɕa:u⁴］〈动〉造。金城江《台腊恒》:時恒可元照。Seizhaenx goj nyuenz caux. 那时原本已造有。

烡(烧、鱿)dangj[taːŋ^{3}]〈形〉焦糊;臭焦。《初》:粝烡否兀吨。Haeux dangj mbouj ndei gwn. 饭焦糊不好吃。

烺(浪)[历]lang[laːŋ^{1}]〈动〉烘;焙(把潮湿的谷子等放在锅内炕干)。(见《初》)

熊 naengj[naŋ^{3}]〈动〉蒸。(见焳)

熟 caep[ɕap^{7}]〈动〉筹备。巴马《赎魂耨呟》:王造熟鲁魂。Vuengz caux caep rouh hoen. 王就筹备赎魂。

熕(江)gyaengh[kjaŋ^{6}]〈量〉截;节;段。《初》:双熕蔆。Song gyaengh oij. 两节甘蔗。|扙吅三熕。Faenz guh sam gyaengh. 砍成三段。

勳 [历]hun[hun^{1}]〈量〉土布宽度单位(土织布机上20齿宽为1"勳",一般不超过23"勳")。(见《初》)

熏 naengj[naŋ^{3}]〈动〉蒸。(见焳)

梯 [历]rae[ɣai^{1}]〈名〉甑子;蒸笼。《初》:歐梯料焳粝。Aeu rae daeuj naengj haeux. 用甑子来蒸饭。

熷(橧)caengq[ɕaŋ^{5}]〈名〉甑子;(木制的)蒸桶。(见《初》)

勳 [历]vwn[wɯn^{2}]〈名〉雨。马山《信歌》:淋勳,raemx vwn,雨水。

熈 hawq[haɯ^{5}]〈形〉干。金城江《台腊恒》:哭水邑否熈。daej raemxbya mbouj hawq. 哭得泪水都不干。

燉 ngauz[ŋaːu^{2}]〈拟〉冉冉。金城江《台腊恒》:文恒丕乜燉。Hoenz hwnjbae ngezngauz. 炊烟冉冉上升。

燍 siu[θiːu^{1}]〈动〉烧;焚。(见爔)

潹 myab[mjaːp^{8}]〈拟〉纷纷;连连(水满到纷纷溢出)。《初》:淰壜闌潹潹。Raemxdaemz rim myabmyab. 塘水满得溢纷纷。

歐(炬、灼、熰)aeuq[ʔau^{5}]〈动〉炖。《初》:歐跒猉。Aeuq ga mou. 炖猪脚。

燰 remj[ɣeːm^{3}]❶〈动〉烧焦。❷〈形〉炽热;炎热。❸〈动〉烧;焚烧。(见燣)

燉(沊)dumq[tum^{5}]〈动〉煮(用水煮整个或整块的食物)。《初》:燉菂吅粝粿。Dumq biek guh haeuxringz. 煮芋头当午餐。

爊 oem[ʔom^{1}]〈形〉闷热。(见煰^{2})

鱿 dangj[taːŋ^{3}]〈形〉焦糊;臭焦。(见烡)

燫 remj[ɣeːm^{3}]❶〈动〉烧焦。❷〈形〉炽热;炎热。❸〈动〉烧;焚烧。(见燣)

斗 部

斗^{1} daeuh[tau^{6}]〈介〉同;与;跟。宜州《孟姜女》:仆而斗氓马? Bouxlawz daeuh mwngz ma? 谁同你一起回来?

斗^{2} daeuj[tau^{3}]〈动〉来。马山《时辰歌》:图鼠斗吥籽。Duznou daeuj gwn haeux. 老鼠来吃稻谷。(见料)

斗^{3} daeux[tau^{4}]〈动〉托;拄。田东《大路歌》:百犁力斗锄。Mbak reih laeg daeux guek. 锄地莫拄锄柄。

㪷 gyaeuj［kjau³］〈名〉首;头。(见尥)

料 㫙 liuh［liu⁶］〈名〉缸。

㪳 daeuh［tau⁶］〈名〉火灰。(见炟)

㪴 nya［ɲa¹］❶〈名〉杂草;乱草。❷〈形〉乱糟糟。《初》:閄空貧毴貧㪴。Ndaw ranz baenz nyungq baenz nya. 家里乱糟糟的。| 毴尥毴㪴。Byoemgyaeuj nyungqnya. 头发蓬乱。

料(辻、斗、赳、趕、斗)daeuj［tau³］〈动〉来。《初》:佲𢪏花料㐲。De rap byaek daeuj haw. 他挑菜来圩上。| 上林《赶圩歌》:当打叁笁料。Dangq daj mbwn doek daeuj. 犹如从天落下来。

户　部

户¹ hoh［ho⁶］〈名〉族(指家族)。马山《信歌》:皮往叓家戸,beixnuengx caemh gyahoh,同家族的兄弟。

户² hoq［ho⁵］〈名〉膝盖。(见蹽)

户³ hoq［ho⁵］〈名〉肘(与𢭏连用)。(见护)

启 gij［ki³］〈量〉些。(见倌)

戾 㫙 laeq［lai⁵］〈动〉料理。(见《初》)

房¹ bangx［paːŋ⁴］〈名〉旁;边。(见塝¹)

房² fiengz［fiːŋ²］〈名〉稻草。(见稨)

戾 ndaej［ʔdai³］〈动〉❶ 得;得到;获得。❷ 能。(见㐌)

戻(喙、閦、㖡、闒、扂、祿、㞦、阓、篛、㢖)rug［ɣuk⁸］〈名〉卧房;内房;闺房。《初》:妖三丞閄戻。Dahsam youq ndaw rug. 三姑娘在闺房里。

扂 dienh［tiːn⁶］〈名〉殿;宫殿;殿堂。(见歪)

扊 㫙 mbeg［ʔbeːk⁸］〈动〉扛。(见舡)

扆(共)㫙 gongh［koːŋ⁶］〈名〉院子。《初》:㗖扆𠖢叩得。Ok gongh bae guhcaemz. 出院子去玩。

扏¹ daep［tap⁷］❶〈动〉套。❷〈名〉套子。(见鍪)

扏² mbaq［ʔba⁵］〈名〉肩膀。(见肥)

扟 㫙 gaez［khai²］〈动〉开。《初》:扟闩,gaez dou,开门。

舡(扊、舌、䑦、舡、兲)㫙 mbeg［ʔbeːk⁸］〈动〉扛。(见《初》)

扁 㫙 bik［pik⁷］〈量〉堵;壁。《初》:扁垟内稫𪊲。Bik ciengz neix loq sang. 这堵墙颇高。

扉(风、封)fungh［fuŋ⁶］〈量〉间(房屋)。《初》:𣎏㐌扉空刁。Hwnj ndaej fungh ranz ndeu. 起得一间房屋。

扅 㫙 gaeh［khai⁶］〈名〉蛋。《初》:扅鸭,gaehbaet,鸭蛋。

扈(扏、䑦、𦢊、𢧵、膔、肑、髆)mbaq［ʔba⁵］〈名〉肩膀。《初》:𢪏迪扈𣎏𧊅。Rap dwk mbaq hwnj daw. 挑得肩膀长起茧。

骲 mbaq [ʔba⁵]〈名〉肩膀。上林《达妍与勒驾》:捊押骲㐃淋勒䅟。Dawz rap mbaq nding lumj lwgmanh. 挑担得肩膀红似辣椒。

㡯 rug [ɣuk⁸]〈名〉卧房;内房;闺房。(见房)

𢄆 loz [lo²]〈名〉大梁;横梁。(见栌)

㞎 mbaq [ʔba⁵]〈名〉肩膀。(见肥)

𢇛(扡、㞎、𢇛)bej [pe³]〈形〉扁。《初》:𥹲𢇛,ceiz bej,扁糍粑。

𢇛 bej [pe³]〈形〉扁。(见𢇛)

𢉆(𢉆)fuengz[fuːŋ²]〈名〉房间。《初》:𡨹兄双𢙺𢉆。Ranz gou song aen fuengz. 我家有两个房间。

𢉆 gonh [koːn⁶]❶〈名〉戽斗。❷〈动〉戽(水)。(见棍)

𢉆 vad [waːt⁸]〈动〉❶划(船)。❷摇;挥动。❸招(手);挥(手)。❹扇(挥动扇子)。(见㧓[1])

𢉆 mbaq [ʔba⁵]〈名〉肩膀。(见肥)

𢉆 mbaq [ʔba⁵]〈名〉肩膀。(见肥)

示(礻)部

示[1] seih [θei⁶]〈动〉是。《初》:眉示兄𡎝𠀾。Ndi seih gou bae guh. 不是我去干的。

示[2] 㕥 si [θi¹]〈动〉告诉;诉说;扯(话题)。(见𠯿[2])

否 㕥 fij [fi³]〈动〉讽刺。《初》:嗛否,gangjfij,讲讽刺话。

标 sueng [θuːn⁵]〈名〉大蒜。

票[1] beu [peu¹]〈动〉得罪;冒犯。(见𧨾)

票[2] biu [piːu¹]〈动〉抽芽;勃发;蹿长(指雨后植物快速生长)。(见漂[1])

票[3] biu [piːu¹]〈动〉飞奔;狂奔;飞跑。(见㧟)

祭 caeq [çai⁵]〈动〉祭。马山《二十四孝欢》:提麻祭卓灵。Dawz ma caeq congzlingz. 拿来灵桌上祭奠。

禁 gyaemq [kjam⁵]〈形〉紫。田阳《麽収魂糇一科》:花糎禁批刘。Va haeux gyaemq bae luh. 拿一抓紫糯米饭去赎魂。

禀 㕥 saemx [θam⁴]〈形〉脏。(见《初》)

𥛚(㐼)coengh [çoŋ⁶]〈动〉帮忙;协助;支援。《初》:伵𥛚𠀾𡨹䅟。Doxcoengh guh ranz moq. 互相帮助建新房。

𥛚 㕥 baiz [paːi²]〈动〉祭;供。(见排[2])

𥛚 㕥 baiz [paːi²]〈动〉祭;供。(见排[2])

礼[1] laex [lai⁴]〈名〉鹅卵石(与磌连用)。田阳《麽収魂糇一科》:歐磌礼郭肸。Aeu rinlaex gueg daep. 要鹅卵石做肝。

礼[2] lij [li³]〈副〉还。马山《欢哭母》:伝害礼各命。Vunz haih lij gakmingh. 别人加害更喊冤。

礼^{3} lix [li^{4}]〈动〉活;生。(见㔹)

礼^{4} ndaej [ʔdai^{3}]〈动〉❶得;得到;获得。上林《赶圩歌》:断难肩礼踔。Duenh nanz ndi ndaej byaij. 隔了好久不得走动。❷能。巴马《贖魂糖吰》:昙耳不礼祭。Ngoenzrawz mbouj ndaej caeq. 后天不能祭祀。❸给予;予以。田东《闹涽懐一科》:社頡造礼當。Cex doenh caux ndaej dang. 栏圈神才予以庇护。(见𬐹)

礼^{5} ndei [ʔdei^{1}]〈形〉好。宜州《孟姜女》:添等由礼嘚。Dwen daengz youh ndei daej. 提到又好想哭。

礼^{6} ndij [ʔdi^{3}]❶〈介〉跟;向;照;沿。❷〈连〉和;与;跟。(见跡)

礼^{7} ndij [ʔdi^{3}]❶〈介〉和;与;跟。❷〈连〉和;与。(见㐌^{1})

初^{1} co [ɕo^{1}]〈副〉初;才。武鸣《信歌》:伝养猪于殺,你初话䞋粇。Vunz ciengx mou ij gaj, neix co vah cawx raemz. 人家养猪将要杀,[你]如今才说去买糠。

初^{2} coh [ɕo^{6}]〈名〉名字。平果《贼歌》:初土肛后京。Coh dou daengz laeng ging. 我们的名字传到了皇家。

初^{3} coj [ɕo^{3}]〈副〉肯定。平果《贼歌》:初礼贝礼到。Coj ndaej bae ndaej dauq. 肯定能去能回。

礼(𥘵) 方 laex [lai^{4}]〈动〉 拜。(见《初》)

社^{1} cax [ɕa^{4}]〈名〉刀。(见刹)

社^{2} 方 cex [ɕe^{4}]〈名〉社神;神灵。田东《闹涽懐一科》:社頡,cex doenh,栏圈神。

社^{3} six [θi^{4}]〈名〉❶社神;社公;土地公。❷社庙;社坛;土地庙。(见𩲡)

㕾^{1} lawq [laɯ^{5}]〈动〉环顾。平果《信歌》:批翻又㕾東。Bae naj youh lawq laeng. 瞻前又顾后。

㕾^{2} ndaej [ʔdai^{3}]〈动〉❶得;得到;获得。❷能。(见𬐹)

祂(䝈) 方 nyoj [ȵo^{3}]〈形〉❶收缩。❷皱。(见《初》)

祜 方 cemh [ɕeːm^{6}]〈动〉❶闪烁。❷(火)蔓延。《初》:斐祜𪽏㞔。Feiz cemh okbae. 火蔓延出去。

祚 方 cah [ɕa^{6}]〈动〉垫。(见褚)

祖^{1} coj [ɕo^{3}]〈副〉肯定。马山《欢叹母》:姆优祖菅苒。Meh youq coj guenj ranz. 母亲若在肯定会管家。| 马山《迪封信斗巡》:皮祖不淋。Beix coj mbouj lumz. 哥哥肯定不忘记。

祖^{2} 方 coj [ɕo^{3}]〈副〉才;方才。(见初^{3})

祖^{3} couh [ɕou^{6}]〈副〉就。(见㐌)

祖^{4} sou [θou^{1}]〈代〉你们。宜州《龙女与汉鹏》:祖喑么像之吼强。Sou raen mbaw siengq cix naeuz gyangh. 你们见画像就夸赞。

𥘺^{1} ndaw [ʔdaɯ^{1}]〈名〉里;中;内。金城江《台腊恒》:桨老𥘺昆, faex laux ndaw ndoeng,林中大树。

䄏² sae [θai¹]〈名〉蜗牛。金城江《台腊恒》:䄏裹,sae'ndoeng,蜗牛。

神 saenz [θan²]〈动〉颤;发抖。(见抻²)

祥 ciengz [çiːŋ²]〈名〉墙;墙壁。田阳《布洛陀遗本》:布邊祥粳了。Baeuq bin ciengz gwn liux. 公公墙边吃完[饭]。

祷¹ rungh [ɣuŋ⁶]〈动〉山弄;弄场(石山中的小地块或小村落)。(见弄)

祷² luengq [luːŋ⁵]〈名〉缝隙;间隙。(见埲¹)

祦 rungh [ɣuŋ⁶]〈动〉山弄;弄场(石山中的小地块或小村落)。(见弄)

祣 longz [loːŋ²]〈动〉披(衣服)。《初》:祣祢,longz buh,披衣服。

祷 厉 soengz [θoŋ²]〈动〉站。(见踨)

禄 lueg [luːk⁸]〈名〉山谷。东兰《造牛(残页)》:提丕者吓禄。Dawz bae ce laj lueg. 拿去放在山谷下。

䘹 soed [θot⁸]〈动〉塞进;放进。(见捽²)

禘 daeh [tai⁶]〈名〉袋。(见袦)

福¹ faek [fak⁷]〈动〉调教。田东《闹涽懷一科》:歐懷助批福。Aeu vaizcoh bae faek. 拿雌牛去调教。

福² fuk [fuk⁷]〈名〉福。马山《二十四孝欢》:眉福炁汏淶。Miz fukheiq dahraix. 果真有福气。

禲 厉 laex [lai⁴]〈动〉拜。(见礼)

禮 lij [li³]〈副〉还;还是;仍然;仍旧。(见里²)

聿 部

盡 caenh [çan⁶]〈副〉尽;全;都。马山《达稳之歌》:魁閄陰盡啹。Fangz ndaw yaem caenh angq. 阴间鬼灵全开心。

書(字、諎、𦘺、卡) saw [θaɯ¹]〈名〉❶书。《初》:本書内迈㸙。Bonj saw neix naek lai. 这本书[内容]太深奥。❷字。《初》:写書,sij saw,写字。

諎 saw [θaɯ¹]〈名〉❶书。❷字。(见書)

母 部

每 -maeh [mai⁶]〈缀〉滋滋。东兰《莫卡盖用》:百哏米每。Bak gwn miqmaeh. 嘴巴吃得美滋滋。

毑 meh[me⁶]〈名〉母亲;妈妈。(见𡛔¹)

毒 dot [toːt⁷]〈动〉叮;啄。田阳《麽収魂糯一科》:㕦毒不礼。Bak dot mbouj ndaej. 嘴巴叮不得。

毎 gyax [kja⁴]〈名〉孤儿。(见孙)

毎 gyax [kja⁴]〈名〉孤儿。(见孙)

甘 部

甘¹ gonq [koːn⁵]〈名〉前。宜州《孟姜女》：烈甘的姻元，seq gonq dih yimyuenz，前世的姻缘。

甘² guenj [kuːn³]〈动〉管；管理。田阳《布洛陀遗本》：使粳不甘邦。Saeq gwn mbouj guenj biengz. 土官吃了不管天下。

甘³ hwnj [hɯn³]〈动〉上。田阳《布洛陀遗本》：王粳不甘殿。Vuengz gwn mbouj hwnj dienh. 皇帝吃了不上殿。

𤯷 方 awq [ʔaɯ⁵]〈形〉腻。《初》：𦙶𤯷，sim'awq，恶心。| 甜𤯷，diemzawq，甜腻(甜味很浓)。

石 部

石 sik [θik⁷] ❶〈动〉撕。❷〈形〉破；烂。(见措)

矶¹ 方 bad [paːt⁸]〈名〉钵。(见《初》)

矶² bat [paːt⁷]〈名〉盆。(见釟)

矿 方 byoz [pjo²]〈名〉山丘；小山包。(见垆)

砒 caep [çap⁷]〈动〉砌。金城江《台腊恒》：砒礦，caep rin，砌石头。

矴¹(挺) dengj [teːŋ³]〈动〉顶；冲撞；碰。《初》：鲃矴繒。Bya dengj saeng. 鱼碰到罾。

矴² dingq [tiŋ⁵]〈名〉小碟子。(见碇²)

戛 gyax [kja⁴]〈名〉孤儿。(见押)

石㇋(磊、唯) 方 suix [θuːi⁴]〈形〉衰；不好；贱。(见《初》)

矸¹ cenj [çeːn³] ❶〈名〉杯；盏。❷〈量〉杯。(见盂)

矸²(圩、圳、千) cien [çiːn¹]〈名〉砖。(见《初》)

砆(大) daz [ta²]〈名〉秤砣。《初》：橧否离砆。Caengh mbouj liz daz. 秤不离砣。

岙 gamj [kaːm³]〈名〉岩洞。(见嵌)

砐 geh [ke⁶]〈名〉间隙；缝隙。(见𨻶)

矻 方 meng [meːŋ¹]〈名〉碎陶片；碎瓷片。(见《初》)

砿(構、㯶、硡、柨、檪、箕、磨、末、砠) muh [mu⁶] ❶〈名〉磨子。《初》：偲砿好㸚矛。Aen muh haujlai faenz. 一个磨有好多磨齿。❷〈动〉磨。《初》：砿粝，muh haeux，磨米。

矼¹ naek [nak⁷] ❶〈形〉重。马山《偻笁荳貧够》：样样矼淋衾。Yienghyiengh naek lumj mbwn. 样样似天重。❷〈形〉深奥。❸〈形〉专注；上心。❹〈动〉偏重；偏爱。(见迈¹)

矼² rin [ɣin¹]〈名〉石头。马山《望吞話名詢》：矼唑宠海。Rin ndaek roengz haij. 石块入海。(见礦)

砫 rin [ɣin¹]〈名〉石头。(见礦)

砙¹ bingz [piŋ²]〈名〉瓶子。(见砰)

砙^{2} vax [wa^{4}]〈名〉瓦。(见坬)

砚 bya [pja^{1}]〈名〉山;石山。(见岜^{1})

砊^{1}(碜、沗、外)caem [$çam^{1}$]〈形〉沉;沉重。《初》:条䩞内砊㐱。Diuz rap neix caem lai. 这担子很重。

砊^{2} caem [$çam^{1}$]〈动〉沉;沉没;下沉。(见冗^{1})

砘 daenz [tan^{2}]〈动〉压;压上。(见扽)

砆^{1} dengq [$te:ŋ^{5}$] ❶〈名〉小碟(尤指装调味品者)。马山《情歌》:移摆两因砆。Lai baij song aen dengq. 多摆两个小碟。❷〈量〉碟。马山《情歌》:两砆豆墒, song dengq duhnamh, 两碟花生。

砆^{2} [方] hin [hin^{1}]〈名〉石。(见砍)

砎 [方] fiengh [$fi:ŋ^{6}$]〈名〉半个;半边;半块。(见䒦)

砻(䆍、乾)lungz [$luŋ^{2}$]〈名〉龙。(见《初》)

砐 ndeiq [$ʔdei^{5}$]〈名〉星(与𠸉连用)。(见䊧)

砑 [方] nyag [$n̥a:k^{8}$]〈动〉破费;浪费;糟蹋。(见𡋂)

斫^{1} raemj [$ɣam^{3}$]〈动〉砍。(见㔆)

斫^{2} rin [$ɣin^{1}$]〈名〉石头。(见磌)

砇 rin [$ɣin^{1}$]〈名〉石头。(见磌)

砉 rin [$ɣin^{1}$]〈名〉石头。(见磌)

砂^{1} [方] sa [$θa^{1}$]〈名〉纸。(见紗^{1})

砂^{2} [方] so [$θo^{1}$]〈名〉右。《初》:擎砂, mungz so, 右手。

砭 [方] vamh [$wa:m^{6}$]〈量〉块。《初》:砭磌刁, vamh rin ndeu, 一块石头。

破^{1} bag [$pa:k^{8}$]〈动〉劈。(见剝)

破^{2} [方] baj [pa^{3}]〈量〉朵。(见雹^{1})

破^{3} bo [po^{1}]〈量〉堆。百色《麽収魂耨一科》:托破名批排。Dox bo mwngz bae baiz. 成堆东西由你[拿]去供奉。

破^{4} boq [po^{5}]〈动〉吹;吹嘘;吹擂;说大话。(见頗)

破^{5} buq [pu^{5}]〈动〉破;剖。田东《大路歌》:破各四各五。Buq guh seiq guh haj. 破成四五块。

砙 bei [pei^{1}]〈名〉碑。《初》:咟墓㐂石砙。Bak moh hwnj sigbei. 坟前立起石碑。

砩(搣)boed [pot^{8}]〈动〉崩溃。《初》:砩僌, boedbaih, 破败;溃败。

砵^{1} [方] bwnz [$puɯn^{2}$]〈名〉 盆。(见《初》)

砵^{2} mboenj [$ʔbon^{3}$]〈名〉小罐。(见鉢)

砄^{1} [方] deg [$te:k^{8}$]〈动〉爆裂;干裂。(见《初》,即 dek)。

砄^{2} duix [$tu:i^{4}$]〈名〉碗。(见碟)

砰(䃔、碅、砙、屏)bingz [$piŋ^{2}$]〈名〉瓶子。《初》:砰氿, bingz laeuj, 酒瓶。

跊 daem [tam^{1}]〈动〉春。(见撢^{2})

⿰石田^{1} [方] dengq [te:ŋ^{5}]〈名〉小碟子(用于装调味品的小碟子)。(见碇^{1})

⿰石田^{2} rin [ɣin^{1}]〈名〉石。武鸣《信歌》:至粝賠⿰石田, ciq haeux boiz rin,借米还石。(见磌)

⿰石对^{1}(⿱对石、⿰石兑)doiq[toi^{5}]〈名〉碓。《初》:⿰足点⿰石对, dieb doiq,舂脚碓。

⿰石对^{2} [方] doix [toi^{4}]〈名〉碗。(见《初》,即 duix)

⿱对石 doiq [toi^{5}]〈名〉碓。(见⿰石对^{1})

⿰石甘 gamj [ka:m^{3}]〈名〉岩洞。(见⿱山敢)

⿰石卡^{1} [方] gaq [ka^{5}]〈名〉小坛子。(见⿰缶卡)

⿰石卡^{2} gaz [ka^{2}]〈动〉卡;卡住;阻碍。(见拤)

硄 [方] guengj [ku:ŋ^{3}]〈名〉瓷汤盆。(见《初》)

⿰石古^{1} [方] guj [ku^{3}]〈名〉锹。(见《初》,即 so)

⿰石古^{2}(⿰齿部、⿰土部、沽、浗、⿰石盐)gyu [kju^{1}]〈名〉盐。《初》:胬白⿰土片鈄⿰石古。Noh begbien caemj gyu. 白切肉蘸盐。|缽⿰石古发⿱般虫。Mboenj gyu fat non. 盐罐生蛆(喻内部生变,出了内奸)。

⿰石甲^{1}(⿰土甲、⿰土吉、咭、⿰土则)gyaek [kjak^{7}]〈量〉❶ 级。《初》:⿰亻恩⿰石素内眉十⿰石甲。Aen sok neix miz cib gyaek. 这个码头有十级。❷ 格。《初》:⿰亻恩⿷匚奚内眉双⿰石甲。Aen gvih neix miz song gyaek. 这个柜子有两格。

⿰石甲^{2} gyap [kja:p^{7}]〈名〉甲;甲壳。《初》:⿰石甲磅, gyapbangx,蚌;蚌壳。

⿰石甲^{3} gyap [kja:p^{7}]〈名〉页岩;石板;片石。(与磌连用)。《初》:磌⿰石甲, rin'gyap 石板;片石。

⿰石目 muh [mu^{6}] ❶〈名〉磨子。❷〈动〉磨。(见⿰石厶)

⿰石业 naek [nak^{7}] ❶〈形〉重。❷〈形〉深奥。❸〈形〉专注;上心。❹〈动〉偏重;偏爱。(见⿺辶百^{1})

⿰石宁 ndaengq [ʔdaŋ^{5}] ❶〈名〉碱(草木灰水)。❷〈形〉咸。(见⿰鹵竟)

砱^{1} ndaengq [ʔdaŋ^{5}] ❶〈名〉碱(草木灰水)。❷〈形〉咸。(见⿰鹵竟)

砱^{2} rin [ɣin^{1}]〈名〉石头。(见磌)

砬 [方] raeb [ɣap^{8}]〈动〉精磨(剃刀、刨刀等)。(见⿰刃刀)

⿰石兰 ranx [ɣa:n^{4}]〈名〉磐(石)。(见⿰石阑)

砟 sa [θa^{1}]〈名〉沙子。(见《初》)

⿰石外(怀、坏、⿰石歪)[方] vai [wa:i^{1}]〈名〉水坝。(即 fai,见《初》)

⿰石齐(珠)[方] caeq [ɕai^{5}]〈动〉砌;垒;码。《初》:⿰石齐垟, caeq ciengz,砌墙。

硗^{1} cauq [ɕa:u^{5}]〈名〉灶。(见烑)

硗^{2}(灶、焊)[方] cauq [ɕa:u^{5}]〈动〉掏;挖。《初》:俌⿰犭则硗垟。Bouxcaeg cauq ciengz. 小偷挖墙[洞]。

硴 cauq [ɕaːu⁵]〈名〉灶。(见烑)

跕 历 cet [ɕeːt⁷]〈动〉❶ 游荡。❷ 巡视。❸ 拜访;探望。(见遰)

硊 cuiz [ɕuːi²]〈名〉锤子;槌子。(见硾)

碋 dat [taːt⁷]❶〈名〉山崖;峭壁。❷〈形〉陡峭。(见墶)

硝 dengq [teːŋ⁵]〈名〉盐碟;调味碟。金城江《台腊恒》:旺硝土乃硝。Yaen dengq dou nai dengq. 见到盐碟我们就夸盐碟。

碍 dok [toːk⁷]〈动〉❶ 榨;捶。❷ 打。❸ 催。(见槊¹)

硖(砆) duix [tuːi⁴]〈名〉碗。《初》:溯硖, langx duix,涮碗。

硌 历 gad [khaːt⁸]〈动〉❶ 破。《初》:衪硌, sij gad,衣服破烂。❷ 断。《初》:纶硌, laenz gad,细绳断。

硔 gong [koːŋ¹]〈量〉泡(尿、屎)。(见哄¹)

硍 haenz [han²]〈名〉堤;岸;埂;塍。(见垠¹)

砸 haenz [han²]〈名〉堤;岸;埂;塍。(见垠¹)

硎 heng [heːŋ¹]〈名〉砧板。(见桁)

硋 hoi [hoi¹]〈名〉石灰。(见畡)

硛 hoi [hoi¹]〈名〉石灰。(见畡)

硂 hoi [hoi¹]〈名〉石灰。(见畡)

砺(鈪、锂) 历 mbaiz [ʔbaːi²]〈名〉锄头。(见《初》)

硑 mboenj [ʔbon³]〈名〉小罐。(见鉢)

硋 muh [mu⁶]❶〈名〉磨子。❷〈动〉磨。(见砿)

硥 naek [nak⁷]❶〈形〉重。❷〈形〉深奥。❸〈形〉专注;上心。❹〈动〉偏重;偏爱。(见迈¹)

砌 req [ɣe⁵]〈名〉砂砾。(见磓)

硱 rin [rin¹]〈名〉石;石头。马山《嚼凭》:歪硱, gwnz rin,石头上。(见磌)

硌 roq [ɣo⁵]〈名〉檐。(见髟)

硪 singz [θiŋ²]〈名〉城。(见埕)

硶 vat [waːt⁷]〈动〉挖。(见挖)

砏(揊) boed [pot⁸]〈动〉垮;坍塌;崩溃;连根拔起。《初》:墄砏啰。Fai boed lo! 水坝垮了! |椁奔内町飚吃砏! Go faex neix deng rumz ci boed lo! 这棵树被风吹得连根拔起了。

碑 cueng [ɕuːn⁵]〈名〉❶ 锥子。❷ 钻子。(见錍)

硶¹ daenz [tan²]〈动〉压;压上。(见瓲)

硶² rin [ɣin¹]〈名〉石头。(见磌)

砥 deb [teːp⁸]〈名〉小碟。武鸣《信歌》:断吶砥淰粸。Donq gwn deb raemxreiz. 每餐只喝一小碟米汤。

硧 doengj [toŋ³]〈名〉桶。(见桶)

硡 doiq [toi⁵]〈名〉碓。(见硶¹)

硞 〔方〕 gauh [khaːu⁶]〈量〉块;团。《初》:硞硤,gauh hin,一块石头。

硜 genq[keːn⁵]〈形〉❶ 坚硬。❷ 牢固。❸ 健旺(多指上了年纪的人)。(见樫²)

硎 〔方〕 gyoeg [kjok⁸]〈名〉石臼。(见《初》)

确 〔方〕 gok [koːk⁷]〈形〉吵闹;喧哗;洪亮。上林《赶圩歌》:孙䄻确鸾鸾。Lwg lan gok ruenruen. 儿孙闹哄哄。

硆 heng [heːŋ¹]〈名〉砧板。(见椺)

硍 lak [laːk⁷]〈动〉崩;崩塌;崩溃。(见㶕)

硷 〔方〕 lum[lum¹]〈名〉石碓。(见《初》)

硨¹ lauq [laːu⁵]〈名〉坛子。田阳《布洛陀遗本》:很恩硨一敬。Dwk aen lauq ndeu ging. 砸裂了一个坛子。

硨² ndau [ʔdaːu¹]〈名〉星;星星。(见㓚)

硬 nyengh[ȵeːŋ⁶]〈副〉硬要;偏偏。(见㥃³)

硯¹ guenz [kuːn²]〈形〉服;佩服;屈服。都安《三界老爺唱》:王帝歪堂硯巧巧。Vuengzdaeq gwnz dangz guenz yaujyauj. 皇帝堂上服连连。

硯² 〔方〕 nyued [ȵuːt⁸]〈形〉甘心。(见朗)

硌 rin [ɣin¹]〈名〉石头。(见磒)

碌 rin [ɣin¹]〈名〉石头。(见磒)

碍 rin [ɣin¹]〈名〉石头。(见磒)

硍 rin [ɣin¹]〈名〉石头。(见磒)

琇(鏽、鍬)siuq [θiːu⁵]〈动〉凿。《初》:琇磒甝斐。Siuq rin ok feiz. 凿石生火花。

磢 so [θo¹]〈名〉铁锹。(见鎍)

砟 sok [θoːk⁷]〈名〉❶ 码头。❷ 出入口。(见𥕍¹)

碢 〔方〕 vaq [wa⁵]〈动〉破。(见《初》)

碰 bingz [piŋ²]〈名〉瓶子。(见砰)

碰¹ bungz [puŋ²]〈动〉遇见;遇到;相逢。宜州《孟姜女》:斗同碰,daeuj doengzboengq,来相逢。(见踳)

碰² mboengq [ʔboŋ⁵]〈名〉时期;时段;季节。(见𣈜)

碄 caem[ɕam¹]〈形〉沉;沉重。(见沈¹)

磂 cauh[ɕaːu⁶]〈动〉掷;投;抛。(见搥²)

磾 danh [taːn⁶]〈动〉分裂;碎裂;弹跳。《初》:措磠散磾。Sik sinz sanq danh. 支离破碎。

碵 dat [taːt⁷] ❶〈名〉山崖;峭壁。❷〈形〉陡峭。(见墶)

碇¹(碇、砽)〔方〕 dengq [teːŋ⁵]〈名〉小碟子(用于装调味品的小碟子)。(见《初》)

碇²(矴)dingq[tiŋ⁵]〈名〉小碟子。(见《初》,即 dengq)

碇³ ndaengq [ʔdaŋ⁵] ❶〈名〉碱;碱水(草木灰水)。❷〈形〉咸。(见鹹)

硐 dongh [toːŋ⁶]〈名〉柱;桩子。(见𣝭)

砝 fa [fa¹]〈名〉盖子。(见𦽅)

碙 gang [kaːŋ¹]〈名〉缸。(见𨯓)

砝 geh [ke⁶]〈量〉截;半个;半块;半条。(见𥻘)

硗(殭、𦜆) geng [keːŋ¹]〈形〉硬。《初》:鲃㲎躺硗。Bya dai ndang geng. 鱼死身硬。

礎 genq [keːn⁵]〈形〉❶ 坚硬。❷ 牢固。❸ 健旺(多指上了年纪的人)。(见樫²)

硿 gongz [koːŋ²]〈动〉哼;呻吟。(见吽²)

碹 guenq [kuːn⁵]〈名〉罐;砂煲。(见鑎)

磧 guenq [kuːn⁵]〈名〉罐;砂煲。(见鑎)

碤¹ heng [heːŋ¹]〈名〉砧板。(见栞)

碤² 方 hin [hin¹]〈名〉石。(见砍)

砍(碤、砆) 方 hin [hin¹]〈名〉石。(见《初》,即 rin)

磋 ndaek [ʔdak⁷]〈量〉大团;大块。(见碍¹)

碒¹(稔、稴) nenj [neːn³]〈动〉碾。《初》:碒粝,nenj haeux,碾米。

碒² raem [ɣam¹]〈名〉睾丸。(见𩊠¹)

碍¹ ngaih [ŋaːi⁶]〈形〉容易。(见𥝩)

碍² ngaiz [ŋaːi²]〈名〉饭;早饭。(见餲)

磟 方 raeb [ɣap⁸]〈动〉精磨(剃刀、刨刀等)。(见刟)

硷¹ giemx [kiːm⁴]〈名〉槛。(见埯)

硷² rin [ɣin¹]〈名〉石头。(见磌)

碄¹ rin [ɣin¹]〈名〉石头。(见磌)

碄² rum [ɣum¹]〈名〉石臼。(见𥓓)

硪¹(夭) 方 vid [wit⁸]〈动〉扔;抛弃;丢掉。《初》:硪磌,vid rin,扔石头。

硪² 方 vuz [wu²]〈名〉杯子。(见𥓂)

碧 方 bik [pik⁷]〈名〉翅膀。《初》:碧鷚,biknug,鸟的翅膀。

碿¹ bingz [piŋ²]〈名〉瓶子。(见砰)

碿² mboenj [ʔbon³]〈名〉小罐。(见鉢)

碓 cuiz [çuːi²]〈名〉锤子;槌子。(见锤)

碏 dat [taːt⁷] ❶〈名〉山崖;峭壁;崖壁。马山《曾迪字悲喳》:傍碏,bangx dat,崖壁上。❷〈形〉陡峭。马山《劳功歌》:枌礼係其碏。Fwnz ndei youq giz dat. 好柴尽在陡峭处。(见墶)

碟 dieb [tiːp⁸]〈动〉蹬;踏。(见蹀)

礐(嘐) feuz [feu²]〈形〉浅。《初》:墰礐,daemz feuz,浅塘。

碗 guenq [kuːn⁵]〈名〉罐;砂煲。马山《欢叹父母》:粝碗,haeux guenq,瓦罐煮的饭。(见鑎)

碱 方 hamh [haːm⁶]〈名〉❶ 大口坛子。❷ 馅儿。(见鹹)

𥔲 naek [nak⁷] ❶〈形〉重。❷〈形〉深奥。❸〈形〉专注;上心。❹〈动〉偏重;偏

爱。(见迈^{1})

磛 saeuq [θau^{5}]〈名〉灶。(见熡)

碮 方 simj [θim^{3}]〈名〉瓣。田阳《布洛陀遗本》:破貧二三碮。Huq baenz song sam simj. 破成两三瓣。

碩 sok [θo:k^{7}]〈名〉❶码头。武鸣《信歌》:籠碩馱, roengz sok dah,下河边码头。❷出入口。(见磢^{1})

磑 方 vai [wa:i^{1}]〈名〉水坝。(见砯)

磔 yungz [juŋ^{2}]〈动〉融化;溶烂。《初》:砧磔。Gyu yungz. 盐融化。

磅 bangx [pa:ŋ^{4}]〈名〉蚌。《初》:砰磅丞閬汏。Gyapbangx youq ndaw dah. 蚌生活在河里。

磋 方 cauh [ɕa:u^{6}]〈副〉才不(表示拒绝)。(见稍)

磓(磓、碢、鎚)cuiz [ɕu:i^{2}]〈名〉锤子;槌子。(见《初》)

確 gak [ka:k^{7}]〈动〉❶搁。❷禁(食)。❸食欲不振。(见角^{2})

磕 gyu [kju^{1}]〈名〉盐。(见砧^{2})

磟 方 liuh [li:u^{6}]〈名〉锤子。(见鏐)

磊^{1} ndaej [ʔdai^{3}]〈动〉得。宜州《龙女与汉鹏》:节磊独优马缸臞。Ciet ndaej duzgvangh ma eng gyaeng. 捞得河蚌缸中养。

磊^{2} rin [ɣin^{1}]〈名〉石头。(见磌)

磊^{3} rwix [ɣɯ:i^{4}]〈形〉不好;劣;坏。(见孬^{2})

磊^{4} 方 suix [θu:i^{4}]〈形〉衰;不好;贱。(见孬)

碗(鋭)方 ndangj [ʔda:ŋ^{3}]〈形〉坚硬。《初》:圿内碗貧磌。Gaiq neix ndangj baenz rin. 这件东西像石头一般硬。

磝 ngauq [ŋa:u^{5}]〈量〉❶大团;大块。❷个(用于男性,含贬义)。(见墺^{3})

磑(唎、鑫、砅)req [ɣe^{5}]〈名〉砂砾。《初》:磌磑, rinreq,砂砾。

磌 rin [ɣin^{1}]〈名〉石头。(见磌)

磢^{1}(碩、壆、堿、坼、碎、朔、磞)sok [θo:k^{7}]〈名〉❶码头。《初》:皆磢汏歐淰。Bae sok dah aeu raemx. 去河边码头挑水。❷出入口。《初》:磢畱磢垈, sok naz sok reih,田地的出入口。| 磢犿, sok vaiz,牛路口。

磢^{2} so [θo^{1}]〈名〉铁锹。(见鎍)

磞 sok [θo:k^{7}]〈名〉❶码头。❷出入口。(见磢^{1})

磕(磼、硶)方 vuz [wu^{2}]〈名〉杯子。《初》:磕氿, vuz laeuj,酒杯。

磒(刡、貧、盆、皴、懫、宾、吻、分)baenz [pan^{2}]〈动〉磨。《初》:磒釗, baenz cax,磨刀。| 磌磒, rinbaenz,磨刀石。

磖(枳、晶、壘、擛)caep [ɕap^{7}]〈动〉砌。《初》:歐矸料磖空。Aeu cien daeuj caep ranz. 用砖来砌房子。

磄 dongh [to:ŋ^{6}]〈名〉柱;桩子。(见橦)

磬 gamj [ka:m^{3}]〈名〉岩洞。(见嵌)

磡 gamj [ka:m³]〈名〉岩洞。(见嵌)

磄 gang [ka:ŋ¹]〈名〉缸。(见𦉘)

磽(𣬠)hauz [ha:u²]〈名〉壕沟。《初》:挖磽, vat hauz,挖壕沟。

磼 mboenj [ʔbon³]〈名〉小罐。(见鉢)

磨 muh [mu⁶] ❶〈名〉磨子。❷〈动〉磨。(见砿)

碍¹(嘚、嚈、堵、圉、碏、啨、匿、则、得)ndaek [ʔdak⁷]〈量〉大团;大块。《初》:碍磌刁, ndaek rin ndeu,一大块石头。

碍² daep [tap⁷] ❶〈动〉套。❷〈名〉套子。(见耷)

磙 㘝 ringx [ɣiŋ⁴]〈动〉滚;滚动。(见𧝓)

磌(硌、硍、砱、砻、砤、恳、硂、磊、碆、至、闷、磌、砷、硱、𨰻、砇、砛、磷、砯、斫)rin [ɣin¹]〈名〉石头。《初》:磌腥弘, rin'ukma,花岗石。| 田阳《麽収魂糎一科》:歐磌礼郭肚。Aeu rinlaex gueg daep. 要石鹅卵做肝。

磪 yaiq [ja:i⁵]〈名〉河滩。(见《初》,即 raiq)

磹¹ daem [tam¹]〈动〉舂。(见撢²)

磹² 㘝 saemz [θam²]〈动〉❶ 斜切(切得很快很细)。❷ 剁。(见㓻)

磧(墥)㘝 gonj [kho:n³]〈量〉块。《初》:磧磌, gonj rin,一块石头。

磺 gvi [kwi¹] ❶〈名〉大碗;海碗。❷〈量〉道(菜)。(见𥕦)

磷¹ linj [lin³]〈形〉惊悸;害怕。(见恪)

磷² rin [ɣin¹]〈名〉石头。(见磌)

磸 dat [ta:t⁷] ❶〈名〉山崖;峭壁。平果《雷王》:猍猑傍磸涕泥勾。Gaenglingz bangxdat daej ngi'ngaeu. 猿猴崖上哭连连。❷〈形〉陡峭。(见墶)

礅(穖、膯、橔、蹬)doen [ton¹]〈名〉墩子(用稻草编结)。《初》:ȝ 礅, naengh doen,坐在墩子上。

磦(胶、塘、䃺、磨)nyeuq [ȵeu⁵]〈动〉干磨;钢(把刀放在布、皮、石、缸口等处轻磨几下使之锋利)。(见《初》)

礁 㘝 vuz [wu²]〈名〉杯子。(见𥑮)

礌 㘝 roiz [ɣoi²]〈名〉踪迹。《初》:礌獏礌犸, roiz moz roiz max,牛马的脚印。

礉 cauq [ɕa:u⁵]〈名〉灶。(见姚)

礳 moh [mo⁶]〈名〉墓。(见墓²)

礳(麻)muz [mu²]〈动〉磨;研磨。《初》:礳刹, muz cax,磨刀。| 礳𪒠, muz maeg,磨墨。

礌 㘝 luh [lu⁶]〈名〉装水用的大石缸。(见《初》)

礷(砬)ranx [ɣa:n⁴]〈名〉磐(石)。《初》:磌礷, rinranx,磐石。

礶 gonq [ko:n⁵] ❶〈副〉先。❷〈名〉前;前面。(见𥐯)

𬒛(啫、哜)㕵 geux [keu⁴]〈动〉咬;嚼;啃。《初》:犸𬒛骼。Ma geux ndok. 狗啃骨头。

𥕢¹ 㕵 ngeuq [ŋeu⁵]〈动〉磨(牙);咬(牙)。《初》:𥕢犽仛吣。Ngeuq heuj doxhangz. 咬牙切齿相威胁。

𥕢² nyeuq [ȵeu⁵]〈动〉干磨;钢(把刀放在布、皮、石、缸口等处轻磨几下使之锋利)。(见磢)

𥗽(碛、魂)gvi [kwi¹] ❶〈名〉大碗;海碗。❷〈量〉道(菜)。《初》:𥗽芲刁。Gvi byaek ndeu. 一道菜。

龙(龍)部

龙¹ loengz [loŋ²]〈形〉糊涂(与嘍连用)。(见茏¹)

龙² lungz [luŋ²]〈名〉伯父;大舅父。(见侬)

龙³ roengz [ɣoŋ²]〈动〉下。马山《欢叹父母》:偻勺派恨龙。Raeuz yaek byaij hwnj roengz. 我们要上下走动。

龙 㕵 lungz [luŋ²]〈动〉裸露;裸体(与伶连用)。《初》:龙伶, lungzlingh, 裸体。

龙¹ lungz [luŋ²]〈名〉伯;伯父;大舅父。大化《奠别歌》:八别叮龙嘤。Bet bieg daengq lungz au. 八别叮嘱伯与叔。

龙² rong [ɣoːŋ¹]〈名〉叶子。(见莽)

奀(垄、竜)㕵 lueng [luːŋ¹]〈形〉大;宏大。《初》:桬奀, faex lueng, 大树。

垄 㕵 lueng [luːŋ¹]〈形〉大;宏大。(见奀)

夅(泷、𫝈、陇、笼、陇、迒、赶、籠、隆)roengz [ɣoŋ²]〈动〉❶下。《初》:夅岜, roengz bya, 下山。❷产(崽);生(崽)。《初》:猉妑夅犳。Moumeh roengz lwg. 母猪产崽。❸签(名)。《初》:夅𠯿, roengzcoh, 签名。❹下(力气);使(劲);努力。《初》:夅衔, roengzrengz, 努力;用力;卖力。

陇 roengz [ɣoŋ²]〈动〉❶下。马山《恭喜新房歌》:打达岜度陇。Daj gwnz bya doxroengz. 从山上下来。❷产(崽);生(崽)。❸签(名)。❹下(力气);使(劲);努力。(见夅)

𪚥 duengq [tuːŋ⁵]〈动〉吊(用绳子系着向上提或向下放)。(见𣯤)

𪚦(急)㕵 gip [kip⁷]〈名〉鳞。《初》:𪚦鲃, gip bya, 鱼鳞。

龍 lungz [luŋ²]〈名〉龙。武鸣《信歌》:放鲤龍𩀱汏。Cuengq leixlungz roengz dah. 放龙鲤下河。

龍¹ loengq [loŋ⁵]〈名〉笼子。右江《本麽叭》:争要鸡忻龍。Ceng aeu gaeq haen loengq. 争要笼里啼鸣的大公鸡。

龍² 㕵 loengx [loŋ⁴]〈形〉慷慨;大量;乐观(与彡连用)。《初》:㑇龍彡浗洓。De loengxsoeng raixcaix. 他果真很慷慨。

龍³(隆)lungz [luŋ²]〈名〉脊椎骨;脊梁(与骐连用)。《初》:骐龍, gizlungz, 脊梁。

龍^{4} [方] lungz [luŋ^{2}]〈形〉大。右江《本麼叭》:礼接籠鸡龍。Ndaej ciep loengq gaeq lungz. 得继承大鸡笼。

龏 roengz [ɣoŋ^{2}]〈动〉下。武鸣《信歌》:龍龏汏, lungz roengz dah, 龙下河。

龖 [方] rungx [ɣuŋ^{4}]〈动〉遮护。《初》:鴐蚍龖犸。Gaeqmeh rungx lwg. 母鸡遮护小鸡。

业 部

浂 fat [fa:t^{7}]〈动〉❶ 发放。❷ 发;勃发;发展。(见拔^{2})

発 fat [fa:t^{7}]〈动〉发。上林《信歌》:発乃, fat naiq, [身体] 发软。

蜉 [方] neb [ne:p^{8}]〈动〉❶ 追;撵;赶;驱逐。❷ 跟踪。(见迦)

蛉 nit [nit^{7}]〈形〉冷;寒冷。(见凳)

目 部

目^{1} moeg [mok^{8}]〈形〉阴毒;刻毒(与毒连用)。都安《行孝唱文》:浪讲目毒只无情。Langh gangj moegdoeg cix fouzcingz. 若讲刻毒[的话]就无情。

目^{2} moeg [mok^{8}]〈名〉木。(见樬)

目^{3} mug [muk^{8}]〈名〉鼻涕。(见鼾)

目^{4} [方] muk [muk^{7}]〈形〉糊涂(与篛连用)。(见卤^{2})

叭 baed [pat^{8}]〈名〉瞳仁;瞳孔。(见胇^{1})

盯 cim [çim^{1}]〈动〉瞧;看;凝视。马山《孝歌》:否眉犸眦盯。Mbouj miz lwgda cim. 没有眼睛看(喻不忍心面对)。

盯(瞪)daengx [taŋ^{4}]〈动〉瞪。《初》:盯犸眦廸觙。Daengx lwgda dwk yaej. 瞪着眼睛看。

眈 gaeuj [kau^{3}]〈动〉看;视;阅;瞅。(见軏)

盯^{1}(眘、嘹、辽、咻、了、橑、窌)[方] liu [li:u^{1}]〈动〉瞄;看。(见《初》)

盯^{2}(瞭)liuq [li:u^{5}]〈动〉瞄准。(见《初》)

盯^{3} neuz [neu^{2}]〈动〉看;望。《初》:提盯, dawzneuz, 放哨;瞭望。

盯^{4}(腧)[方] reuh [ɣeu^{6}]〈动〉看;张望。《初》:佲面踔面盯。De mienh byaij mienh reuh. 他一面走一面张望。

盯^{5} reux [ɣeu^{4}]〈拟〉直直地;目不转睛地。《初》:瞗盯盯, cim reuxreux, 目不转睛地看。

卧^{1} mbok [ʔbo:k^{7}]〈动〉凹陷;下降(与犟连用)。(见躲)

卧^{2} moeb [mop^{8}]〈动〉打;揍。(见桊)

盯 ndiu [ʔdi:u^{1}] ❶〈动〉醒。❷〈量〉(一)觉。(见酊)

眦 da [ta^{1}]〈名〉眼珠。田阳《麽収

魂糈一科》:位模岩郭眦。Ngvih maknganx gueg da. 龙眼果核做眼珠。

䀠 da［ta¹］〈名〉眼睛。（见眦¹）

㫙 da［ta¹］〈名〉眼睛。（见眦¹）

䀰 gaeuj［kau³］〈动〉看;视;阅;瞅。（见䚻）

盰 㕵 ganj［khaːn³］〈动〉捕;捉;抓(指晚上用火光照明捕鱼或青蛙等)。《初》:盰蝇,ganj goep,点着火把捕捉青蛙。

眍 㕵 gyaep［kjap⁷］〈动〉看;打量。《初》:眍角角总壢。Gyaep gokgok cungj fwz. 眼看处处都荒凉。

盳¹ 㕵 mengz［meːŋ²］〈形〉固执(与拶连用)。《初》:介拶盳惚糁。Gaej gaemhmengz nyaenx lai. 别这么固执。

盳²(睲、䁴、瞠) muengh［muːŋ⁶］〈动〉望;盼望;希望。《初》:腋盳昡盳。Hwnz muengh ngoenz muengh. 日夜盼望。

䀮 㕵 bax［pa⁴］〈动〉摸黑(与𥆧连用)。《初》:𥆧䀮,bomhbax,摸黑;瞎摸。

眆 㕵 bywi［pjɯːi¹］〈名〉麦粒肿(眼睫毛的毛囊炎,俗称针眼或偷针眼)。

眅(瞰)㕵 bomq［poːm⁵］〈动〉窥视。（见《初》）

昉(啃、塝、旓、䁑) fangz［faːŋ²］〈形〉盲;瞎。《初》:眦昉,dafangz,眼瞎。| 昉鴝,fangzgaeq,夜盲。

盷 gaeuj［kau³］〈动〉看;视;阅;瞅。（见䚻）

眛 㕵 muk［muk⁷］〈名〉肚。（见肭）

眲(宜、喧、呐、内) 㕵 naeq［nai⁵］〈动〉看;睨。（见《初》）

䀡 ndaem［ʔdam¹］〈动〉种;栽。（见稛）

盶 ngonz［ŋoːn²］〈动〉观看。（见瞬）

眍 㕵 ngwh［ŋɯ⁶］〈动〉看。（见《初》）

眿 mok［moːk⁷］〈名〉潲。（见糢¹）

盻 raen［ɣan¹］〈动〉见。上林《达妍与勒驾》:双布瞓否盻勒驾。Song boux cim mbouj raen lwggyax. 两人瞧不起孤儿。（见䙹）

省 㕵 sin［θin¹］〈量〉根;颗。（见頔）

盳 vangq［waːŋ⁵］〈动〉缺;欠缺。金城江《台腊恒》:立盳拜都名。Lix vangq baih duh mwngz. 还缺你那边。

盰¹ 㕵 yaem［jam¹］〈动〉递(眼色);丢(眼角);暗示。（见暗）

盰² 㕵 yaen［jan¹］〈动〉见;见到。金城江《台腊恒》:盰碏土乃碏。Yaen dengq dou nai dengq. 见到盐碟我们就夸盐碟。

眈 㕵 yaeuz［jau²］〈动〉瞭望。（见《初》）

盷 㕵 yin［jin¹］〈动〉见。（见《初》,即raen）

眏 yiuq［jiːu⁵］〈动〉看。（见瞭）

盺 㕵 yoj［jo³］〈动〉看;视;瞅。（见睹²）

眣¹ 㕵 bomh［poːm⁶］〈动〉摸;摸索(与

肥连用)。《初》:睐肥,bomhbax,摸黑;瞎摸。

睐^{2} daej [tai^{3}]〈动〉哭。马山《二十四孝欢》:叶姆媥介睐。Naeuz mehmbwk gaej daej. 请妇女别哭。

眬 方 byox [pjo^{4}]〈形〉朦胧。(见谵)

眬 方 byox [pjo^{4}]〈形〉朦胧。(见谵)

昭(照) 方 ciuq [ɕiːu^{5}]〈动〉看;视;瞅。《初》:㟏昭湳畓。Bae ciuq raemx naz. 去看田水。

眺^{1}(眣、盯、沓、吠、他、哆、打、咃) da [ta^{1}]〈名〉眼睛。马山《哀歌》:不眉劲眺啲,mbouj miz lwgda gaeuj,没有眼睛看(喻不忍心看)。

眺^{2} ra [ɣa^{1}]〈动〉找。(见㨢^{2})

盯 da [ta^{1}]〈名〉眼睛。(见眺^{1})

眈^{1} demq [teːm^{5}]〈动〉守候(捉拿);潜伏等待。(见聏^{1})

眈^{2} 方 ndemq [ʔdeːm^{5}]〈动〉瞧;看。(见䀏)

瞅^{1} doemq [tom^{5}]〈动〉塌;倒塌;坍塌。(见埮)

瞅^{2}(拑) gam [kaːm^{1}]〈动〉监视;监督;押送;看守。《初》:瞅俌仮㟏圔。Gam bouxfamh bae gyaeng. 押送犯人去关起来。

眗^{1} gaeuj [kau^{3}]〈动〉看。武鸣《信歌》:許甫护受眗。Hawj bouxlawz caeuq gaeuj. 给谁跟着看。

眗^{2} 方 yoj [jo^{3}]〈动〉看;视;瞅。(见睶^{2})

睖^{1} laeb [lap^{8}]〈副〉猛然(与里连用)。马山《哭姐歌》:睖里批分佫。Laebleix bae faenh mwngz. 猛然你就独自走。

睖^{2}(瞟、啦、泣、炶、飽、闒) laep [lap^{7}]〈动〉闭(眼)。《初》:睖眺只𧡊倫。Laep da cix raen lwnz. 闭上眼睛就见情妹。

睖^{3} 方 lah [la^{6}]〈动〉张望;瞭望;看。(见睉)

睖^{4}(泣、圾、阏、𥈭) yaep [jap^{7}] ❶〈动〉眨(眼)。《初》:睖眺荞荞。Yaep da gupgup. 眨眼连连。❷〈名〉一会儿。马山《情歌》:幼内爹睖刁。Youq neix deq yaep ndeu. 在这里等一会儿。

沓 方 liu [liːu^{1}]〈动〉瞄;看。(见盯^{1})

昧(䀛) 方 mbod [ʔboːt^{8}]〈形〉盲;瞎。《初》:眺昧,da'mbod,眼盲;眼瞎。

昧 -myad [mjaːt^{8}]〈缀〉灰蒙蒙;灰扑扑。《初》:䡾内𠮿𡗶瞙昧昧。Haemhneix ndaundeiq myoxmyadmyad. 今晚的星星迷迷蒙蒙。

眅 mengz [meːŋ^{2}]〈形〉瞎。都安《三界老爺唱》:催扶眺眅𧡊抸贼。Coih boux damengz raen caenh caeg. 治好盲人能撵贼。

昵 方 ndij [ʔdi^{3}]〈动〉瞪。《初》:昵眺,ndij da,瞪眼。

眦 方 neb [neːp^{8}]〈动〉❶追;撵;赶;驱逐。❷跟踪。(见迣)

眝 ninz [nin^{2}]〈动〉睡;眠;睡觉。平

果《情歌》：议移眝不睸。Ngeix lai ninz mbouj ndaek. 多思睡不着。（见眸）

眠 ninz［nin²］〈动〉睡；眠；睡觉。（见眸）

眭 yawj［jaɯ³］〈动〉看。（见䀹）

昳 yawj［jaɯ³］〈动〉看。（见䀹）

睒 [方] ciem［ɕiːm¹］〈动〉细看。（见《初》）

䀹（眈、苟、即、眗、考、觓、嘀、瞘、䀺、䀵、睸、眴）gaeuj［kau³］〈动〉看；视；阅；瞅。《初》：䀹䁗，gaeuj raen，看见。

䁀 gyumq［kjum⁵］〈形〉隐约；迷蒙（与嚎连用）。《初》：嘿嚎䁀，laep mumjgyumq，天黑蒙蒙。

眩（亥）[方] haiq［haːi⁵］〈动〉看；视；阅；瞅。《初》：佲眩兄搽䀹。Mwngz haiq gou raiz saw. 你看我写字。

䁥（馆、西、䖏）mbaet［ʔbat⁷］〈动〉节省；节约。《初》：䁥吶䁥用。Mbaet gwn mbaet yungh. 省吃俭用。

眸 mbouj［ʔbou³］〈副〉不；没。宜州《龙女与汉鹏》：眸宜噔楞本啵媄。Mbouj nyiz daengz laeng baenz bohmaex. 不料后来成夫妻。

睬 -ndiq［ʔdi⁵］〈缀〉圆溜的；完好的。金城江《台腊恒》：吞吞之圆睬。Aen'aen cix nduenndiq. 个个皆圆溜。

眻（勹）[方] ngaem［ŋam¹］〈名〉阴；荫。《初》：眻樸，ngaem maex，树荫。

睁（啨）[方] ngengj［ŋeːŋ³］〈动〉仔细看；阅读。《初》：劤睁䀹。Gaenx ngengj saw. 勤看书。

䀿 ngonz［ŋoːn²］〈动〉观看。（见䁥）

眃 ngonz［ŋoːn²］〈动〉观看。（见䁥）

䀻 nguih［ŋuːi⁶］〈名〉眼珠；眼睛。金城江《覃氏族源古歌》：怀䀻，vaih nguih，损坏眼睛。

眸（眠、眸、眃、栫、锤、狠、能、胖、嗢、睔、咋、辨、眝）ninz［nin²］〈动〉睡；眠；睡觉。马山《叹亡》：母晐厈贫眸。Meh haemh mbouj baenz ninz. 母亲夜晚不成眠。

䀸（汴）ra［ɣa¹］〈动〉打瞌睡（与眸连用）。《初》：胨飵否䀸眸。Dungx iek mbouj ra ninz. 肚饿时不会打瞌睡。

眒¹ [方] rez［ɣe²］〈形〉蒙眬欲睡（与睑连用）。《初》：睑眒，raebrez，蒙眬欲睡。

眒² yeg［jeːk⁸］〈形〉歪斜。《初》：眺眒，da yeg，眼睛歪斜。

䀹 swix［θɯːi⁴］〈拟〉簌簌。《初》：淰眺蘖䀹䀹。Raemxda doek swixswix. 眼泪落簌簌。

䀹¹ [方] reuh［ɣeu⁶］〈动〉看；张望。（见盯⁴）

䀹² yiuq［jiːu⁵］〈动〉看。（见䁢）

䀺 yiuq［jiːu⁵］〈动〉看。（见䁢）

䀭 [方] ndemq［ʔdeːm⁵］〈动〉瞧；看。（见䀹）

䁯 cim［çim¹］〈动〉❶仔细看；凝视。❷相亲。（见䁃）

䁥 daej［tai³］〈动〉哭。（见渧）

䀡（吞、唔）方 daen［than¹］〈动〉见。（见《初》，即 raen）

䁆 gaeuj［kau³］〈动〉看；视；阅；瞅。（见𧡊）

䀉 gup［kup⁷］〈拟〉连连；频频（眨眼）。（见荞）

䀠 gywq［kjɯ⁵］〈形〉鼓凸；凸状的。（见瞕）

䀹 方 mbod［ʔboːt⁸］〈形〉盲；瞎。（见昧）

眉 方 miz［mi²］〈动〉去；上。《初》：眉岜，miz bya，上山。

䁈 方 mwq［mɯ⁵］〈形〉❶蒙眬；模糊（指视力不佳）。《初》：𥅘兄䁈。Da gou mwq. 我眼睛蒙眬。❷小（眼睛）。《初》：𥅘䁈。Da mwq. 小眼睛。

䀮 ra［ɣa¹］〈动〉找。（见𢯊²）

睞 raiz［ɣaːi²］〈形〉花。武鸣《信歌》：𥅘睞，da raiz，眼花。

瞔 yanz［jaːn²］〈副〉猛然；猛地。金城江《台腊恒》：吾雷瞔欣可凹法。Nguxloiz yanz yaen goj guh fap. 雷王猛然一见就施法。

睦（䏱、䁂、眣、䁐、䀼）yiuq［jiːu⁵］〈动〉看。《初》：睦否䁙噻俌。Yiuq mbouj raen saek boux. 看不见一个人。

䀾 方 baiz［paːi²］〈名〉傍晚（与晗连用）。《初》：䀾晗，baizyaemz，傍晚。

瞥（眩、眬）方 byox［pjo⁴］〈形〉蒙眬。《初》：伝𦓐𥅘瞥。Vunz geq da byox. 人老眼蒙眬。

睭 方 caeuz［çau²］〈名〉眉。（见𦘪）

䀡¹（䁋）demq［teːm⁵］〈动〉守候（捉拿）；潜伏等待。《初》：猫䀡狃。Meuz demq nou. 猫潜伏等待捉老鼠。

䀡² 方 ndemq［ʔdeːm⁵］〈动〉瞧；看。（见䚞）

䀡³ 方 yemq［jeːm⁵］〈动〉看。（见《初》）

瞙 方 eng［ʔeːŋ¹］〈名〉瞳孔（与𥅘连用）。《初》：瞙𥅘，engda，瞳孔。

瞭 fangz［faːŋ²］〈形〉盲；瞎。（见昉）

䀹 gaeuj［kau³］〈动〉看；视；阅；瞅。（见𧡊）

䁗（䁕、䀝、䁚）方 lah［la⁶］〈动〉张望；瞭望；看。《初》：䁗否䁙，lah mbouj raen，望不见。

䁕 方 lah［la⁶］〈动〉张望；瞭望；看。（见䁗）

䁚 方 lah［la⁶］〈动〉张望；瞭望；看。（见䁗）

䁡 ndaek［ʔdak⁷］〈形〉（睡）熟；（睡）着。平果《情歌》：眝不䁡。Ninz mbouj ndaek. 睡不着。（见䁷）

䁻 方 ndemq［ʔdeːm⁵］〈动〉瞧；看。（见

䩓）

睰（𥈾、𥆾、𥈤、玩、𥇂、𥊱、𫌀、䀹、𥇦、𥍳、𥈿、𥇒、𥉕、𥇮、岸）ngonz［ŋoːn²］〈动〉观看。《初》：佲料睰睰。Mwngz daeuj ngonzngonz. 你来看看。

𥊱 ngonz［ŋoːn²］〈动〉观看。（见睰）

𥆾 ngonz［ŋoːn²］〈动〉观看。（见睰）

𥈤 ngonz［ŋoːn²］〈动〉观看。（见睰）

𥇂 ngonz［ŋoːn²］〈动〉观看。（见睰）

睔 ninz［nin²］〈动〉睡；眠；睡觉。（见眸）

𥇍 raeb［ɣap⁸］〈形〉蒙胧；迷糊；欲睡未睡（与𥇋连用）。《初》：𥇍𥇋𥇍刁，raebrez yaep ndeu，迷糊了一会儿。

睐¹ raiz［ɣaːi²］〈形〉❶（眼）花。《初》：𥅒睐，daraiz，眼花。❷ 昏眩；眩晕。

睐² raiz［ɣaːi²］〈名〉黄昏（与睬连用）。《初》：𬿻肛𬳓睐睬只庲空。Haemh daengz laep raizra cij ma ranz. 每晚到黄昏时分才回家。

𥆳¹（𥈒）方 soj［θo³］〈动〉理睬。《初》：啦否𥆳伝。Lah mbouj soj vunz. 瞧不起人。

𥆳² 方 yoj［jo³］〈动〉看；视；瞅。（见𥈒²）

𥈒¹ 方 soj［θo³］〈动〉理睬。（见𥆳¹）

𥈒²（約、斫、呵、𥆳、哟、秵、𬛈）方 yoj［jo³］〈动〉看；视；瞅。《初》：兄𫟈𥈒䩓。Gou bae yoj gaeuj. 我去看看。

暗（旺、蔭）方 yaem［jam¹］〈动〉递（眼色）；丢（眼角）；暗示。《初》：歐𭃂𥅒任暗。Aeu lwgda doxyaem. 互递眼色暗示。

𥋷（拜）方 baiq［paːi⁵］〈动〉瞌睡。《初》：𥋷𥅒𥇍，baiqdalaep，打瞌睡。

𥇚（則、𥈶、擇）方 caek［ɕak⁷］〈动〉探望；看。《初》：𥇚伝𠳐事。Caek vunz guh saeh. 看人做事。

𥈶 方 caek［ɕak⁷］〈动〉探望；看。（见𥇚）

瞫 cim［ɕim¹］〈动〉❶ 仔细看；凝视。❷ 相亲。（见𥈹）

瞅（秋）方 cu［ɕu¹］〈名〉耳朵。（见《初》）

睗 方 dangh［thaːŋ⁶］〈动〉寻；找。（见𨒫）

𥍳 gaeuj［kau³］〈动〉看；视；阅；瞅。（见䩓）

睹¹ gaeuj［kau³］〈动〉看；视；阅；瞅。（见䩓）

睹² ngonz［ŋoːn²］〈动〉观看。（见睰）

睹³ yawj［jaɯ³］〈动〉看。上林《达妍与勒驾》：眃眃睹眎侬。Ngoenzngoenz yawj raen nuengx. 天天看见阿妹。（见䩓）

𥋶（𥅕）gywq［kjɯ⁵］〈形〉凸状的；鼓凸凸的（与徔连用）。《初》：𥅒𫗦凸徔𥋶。Da de doed dwqgywq. 他的眼睛鼓凸凸的。

𥊷 hwnz［hɯn²］〈名〉宵；夜。（见𦢊）

睐 历 laeq [lai⁵]〈动〉❶ 瞄。《初》：迪㓉歐睐准。Dwk cungq aeu laeq cinj. 打枪要瞄准。❷ 瞧；看。《初》：佲睐睐。Mwngz laeqlaeq. 你看看。❸ 瞟；望。马山《行孝唱》：劲娋过路收勒睐。Lwgsau gvaq loh sou laeg laeq. 姑娘过路你们别乱瞟。

晾（䁁、瞜、量）liengq [li:ŋ⁵]〈动〉 炫耀；显摆。《初》：劲内裖裇䙺㟁晾伝。Lwg neix daenj buh moq bae liengq vunz. 这小孩穿上新衣服去向人家炫耀。

䀽（睠、旬、聡、眒、䆊、覞） 历 ndemq [ʔde:m⁵]〈动〉瞧；看。《初》：佲㟁䀽㑁料否漕。Mwngz bae ndemq de daeuj mbouj caengz. 你去看看他来了没有。

睖（𣅜、𣅝、𣅞、𣅟） 历 nonz [no:n²]〈动〉睡。（见《初》，即 ninz）

睐 ra [ɣa¹]〈名〉 黄昏（与睐连用）。《初》：睐睐，raizra，黄昏。

䀹^{1} yaep [jap⁷]〈动〉眨（眼）。（见眐⁴）

䀹^{2} 历 yoj [jo³]〈动〉看；视；瞅。（见睹²）

䁤（眏、𥆧、𥇙、䀮、睻、眰、䁅）yawj [jaɯ³]〈动〉看。（见《初》）

䀮 yawj [jaɯ³]〈动〉看。（见䁤）

䁘 yiuq [ji:u⁵]〈动〉看。（见瞜）

䀻 历 yoj [jo³]〈动〉看；视；瞅。（见睹²）

䀸 历 bomq [po:m⁵]〈动〉窥视。（见䀝）

䀦（䁠、䀨、䀫）cim [ɕim¹]〈动〉❶ 仔细看；凝视。《初》：䀦迪眺否眐。Cim dwk da mbouj yaep. 看得眼睛都不眨。❷ 相亲。《初》：䀦㚣，cim yah，相新娘。

瞙^{1}（漠、汷、霂、霿、洜、浵）mok [mo:k⁷]❶〈名〉雾。《初》：眨内叁嘿瞙。Haetneix mbwn laep mok. 今早有浓雾。❷〈形〉模糊。《初》：𣅼迪眺嘿瞙。Gaeuj dwk da laep mok. 看得眼睛模糊了。

瞙^{2} mueg [mu:k⁸]❶〈名〉薄膜。《初》：瞙眺，muegda，白翳（眼球角膜病变后留下的白斑）。❷〈形〉蒙；眼睛失明。马山《行孝唱》：佈老眺爹瞙。Bouxlaux da de mueg. 老人眼睛失明了。

瞙^{3}（㳽）myox [mjo⁴]〈形〉❶ 不鲜艳。❷ 模糊。❸ 暗淡；微弱（指灯光、火焰等）。

矇 mong [mo:ŋ¹]〈形〉❶ 灰。❷ 模糊（视线）。（见㬙）

瞒（㧅）monz [mo:n²]〈名〉门；门庭。上林《赶圩歌》：恩傢瞒庆枉。Aen gyamonz hingvuengh. 家门兴旺。

䁵 ndaek [ʔdak⁷]〈形〉（睡）熟；（睡）着。（见瞴）

瞨 ndiu [ʔdi:u¹]❶〈动〉醒。❷〈量〉（一）觉。（见酌）

䁻 ngonz [ŋo:n²]〈动〉观看。（见瞬）

䁽 ngonz [ŋo:n²]〈动〉观看。（见瞬）

瞰（㗇）历 ngvauh [ŋwa:u⁶]〈动〉理睬。《初》：否瞰㑁，mbouj ngvauh de，不理睬他。

䐗^{1} 历 o [ʔo¹]〈形〉蒙。《初》：眺䐗。

Da o. 眼蒙。

瞒² 㽵 o［ʔo¹］〈形〉蓝。（见嗬）

眗 gaeuj［kau³］〈动〉看；视；阅；瞅。（见䚌）

睰¹ 㽵 haeuj［hau³］〈名〉麻风。（见瘄）

睰² yiuq［ji:u⁵］〈动〉看。（见瞗）

睸（瞷、迊、睊、嚜、瓺、嗵、得）ndaek［ʔdak⁷］〈形〉（睡）熟；（睡）着。《初》：眸睸，ninz ndaek，睡熟。

瞾 muengh［mu:ŋ⁶］〈动〉望；盼望；希望。（见眈²）

瞗 㽵 neuh［neu⁶］〈动〉视；看。《初》：歐瞗迈伝。Aeu neuh naek vunz. 要看重别人。

瞈 㽵 rez［ɣe²］〈动〉斜眼看；瞟（用眼角余光看）。《初》：玏眦瞈卦坒。Lwgda rez gvaqbae. 斜眼看过去。

睼 yawj［jauɯ³］〈动〉看。（见䀹）

瞫（嚜、嚜）㽵 boemz［pom²］〈副〉倏地；忽地；猛地。（见《初》）

瞪¹（憎、曾）caengz［çaŋ²］〈动〉瞪（眼睛）。《初》：瞪眦迪䀹，caengz da dwk yawj，瞪着眼看。

瞪² 㽵 myaengz［mjaŋ²］〈形〉反光；耀眼。（见矰）

瞸 㽵 dwq［tɯ⁵］〈形〉凸状的；鼓凸凸的（与瞕连用）。（见徖）

瞸¹ laep［lap⁷］〈动〉闭（眼）。（见眨²）

瞸² 㽵 myaengz［mjaŋ²］〈形〉反光；耀眼。（见矰）

瞳 liengq［li:ŋ⁵］〈动〉炫耀；显摆。（见晾）

瞭¹ liuh［li:u⁶］〈动〉见。宜州《龙女与汉鹏》：瞭喑龙女嘢嘞垱。Liuh raen Lungznwx youq ndaw dangh. 看见龙女在缸里。

瞭² liuq［li:u⁵］〈动〉瞄准。（见盯²）

瞭³ liux［li:u⁴］〈助〉了。宜州《孟姜女》：佬瞭古伽列。Laux liux gou gag leh. 长大了我自己选。

瞭⁴ loq［lo⁵］❶〈名〉梦。❷〈动〉做梦；睡梦。（见𣍐）

䚂 ngonz［ŋo:n²］〈动〉观看。（见瞕）

䚌 yawj［jauɯ³］〈动〉看。（见䀹）

䚌 yawj［jauɯ³］〈动〉看。（见䀹）

瞸 㽵 yiu［ji:u¹］〈动〉笑。（见《初》，即riu，䎄）

䚌 㽵 yoj［jo³］〈动〉看；视；瞅。（见睹²）

瞼 㽵 giemq［ki:m⁵］〈动〉看。（见哯³）

䚌 liengq［li:ŋ⁵］〈动〉炫耀；显摆。（见晾）

矂 loq［lo⁵］❶〈名〉梦。❷〈动〉做梦；睡梦。（见𣍐）

矇¹ mumq［mum⁵］〈形〉朦胧；迷蒙。《初》：晴内嘿矇䀹。Seizneix laep mumqgyumq. 现在天已黑迷蒙。

矇2 方 mungj [muŋ3]〈形〉懵;晕头转向。《初》:玏kok移𠂇迪矇。Hong lai guh dwk mungj. 活儿太多做得晕头转向。

䀛 方 neb [ne:p8]〈动〉❶ 追;撵;赶;驱逐。❷ 跟踪。(见迊)

𥌓 cim [ɕim1]〈动〉❶ 仔细看;凝视。❷ 相亲。(见䀹)

瞪 daengx [taŋ4]〈动〉瞪。(见盯)

矍 方 gyaek [kjak7]〈名〉眼珠。《初》:玏矍,lwggyaek,眼珠。

䁧 方 yeij [jei3]〈动〉窥视。(见《初》)

䀢 方 ndemq [ʔde:m5]〈动〉瞧;看。(见䀫)

田 部

田1 denz [te:n2]〈名〉被子。马山《尊老爱幼歌》:隔几㐱翻田,nduk geijlai fan denz,烂了多少床被子。(见袖)

田2 方 dien [ti:n1]〈名〉地。(见坤)

田3 dienz [ti:n2]〈动〉填。武鸣《信歌》:口劲代爹田,guh hoengq daeq de dienz,白干活替他填[债]。

由1 lawz [lauɯ2]〈代〉哪;何;哪样。(见哂2)

由2 方 yaeuz [jau2]〈形〉慢慢;轻松;从容;自在(与首连用)。《初》:首由跰,saeuyaeuz byaij,慢慢地走。

由3 youh [jou6]〈副〉又。宜州《龙女与汉鹏》:汉鹏揺艮由揺喇。Hanbungz laeh gwnz youh laeh laj. 汉鹏跑上又跑下。|《孟姜女》:添等由礼㖿。Dwen daengz youh ndei daej. 提到又好想哭。

峃1 ce [ɕe1]〈动〉留;留存。马山《信歌》:抄峃,cau ce,抄着留存。

峃2 方 suh [θu6]〈动〉感谢(与生、浪连用)。金城江《台腊恒》:纳台累礼下浪峃。Nax daiz ndaej ndei yax sengsuh. 阿姨夸得好也感谢。

里 demx [te:m4]〈名〉簟;竹席。(见簕2)

畇(男、旁) 方 byongj [pjo:ŋ3]〈量〉畦;丘;块。《初》:双畇畓, song byongj naz, 两块田。

界1 gaiq [ka:i5]〈动〉押解;押送(犯人)。(见𢫬)

界2 gaiq [ka:i5]〈量〉❶ 块;支。❷ 些(不定量)。(见圿)

界3 gaiq [ka:i5]〈副〉不;别;莫;勿。金城江《覃氏族源古歌》:界用离用失。Gaiq yungh liz yungh saet. 勿离别失散。

胃 vaej [wai3]〈动〉❶ 谈论。金城江《覃氏族源古歌》:冷他嘞胃召。Laeng de rox vaej ciuh. 过后他便知[这是]空谈一世。❷ 讥笑。马山《欢交友》:许伝胃过朝。Hawj vunz vaej gvaq ciuh. 让人讥笑一辈子。

男 方 vaez [wai2]〈名〉阴茎。(见𠃊)

留1 方 laeuz [lau2]〈名〉马骝(即猴子,与獁连用)。(见獙)

留2 方 raeuz［ɣau2］〈名〉咱们。《粤风》：宽介留，fwen gaiq raeuz，咱们的山歌。

財（孖、㹤、孨、脏、㑭、仔、㔉、哉、䧥、㑭、㑭、保、腮、偲）sai［θaːi1］〈名〉男。《初》：俌財，bouxsai，男人。

㽦 byongj［pjoːŋ3］〈量〉畦；丘；块。《初》：双㽦花，song byongj byaek，两畦菜。（见昉）

畱1 ce［ɕe1］〈动〉留。马山《默向书信》：傳明畱後世。Cienz mingz ce houhseiq. 传名留后世。

畱2 raeuz［ɣau2］〈名〉鸡窝。《初》：鴿合畱。Gaeq haeuj raeuz. 鸡进窝。

畱3 raeuz［ɣau2］〈代〉我们；咱们（包括对话的一方）。（见偻1）

累1 lae［lai1］〈名〉楼梯。东兰《造牛（残页）》：请馬阶吓累老漢。Cing ma daengz laj lae Langhhanq. 牵来到郎汉的楼梯下。

累2 laej［lai3］〈名〉麻雀。（见鸝）

累3 方 laej［lai3］〈介〉沿着。《初》：累坤踓，laej roen byaij，沿着道路走。

累4 laeq［lai5］〈动〉打探。东兰《造牛（残页）》：九根到丕累。Guj haet dauq bae laeq. 早上就去打探。

累5 lwix［lɯːi4］〈形〉烂；破烂。右江《本麽叭》：蘭你累貧落。Ranz neix lwix baenz lag. 这家破烂似围篱。

累6 ndaej［ʔdai3］〈动〉❶ 得。宜州《龙女与汉鹏》：嚼江任而偶否累。Youq gyang raemx saw aeu mbouj ndaej. 在清水之中要不得。| 金城江《覃氏族源古歌》：過累関，gvaq ndaej gvan，过得关。❷ 能。马山《信歌》：话恶卸否累。Vah yak gangj mbouj ndaej. 恶毒的话不能讲。（见犵）

累7 ndij［ʔdi3］❶〈介〉跟；向；照；沿。马山《駄向书信》：累親朋慢耀，ndij caen baengz menh yiuq，跟亲朋细瞧。❷〈连〉与；和；跟。马山《信歌》：往累皮同悲。Nuengx ndij beix doengz bae. 阿妹与阿哥同去。

眇 mbauq［ʔbaːu5］❶〈名〉男儿；男青年。❷〈名〉男情人。❸〈形〉英俊。（见䶬）

毦 mbauq［ʔbaːu5］〈名〉男儿；小伙子。金城江《台腊恒》：姃利乙情毦。Sau lix nyiedcingz mbauq. 姑娘还在热情于小伙子。

畓（那、埊、墈、畓、畓）naz［na2］〈名〉田。《初》：空兄畓否犁。Ranz gou naz mbouj reih. 我家无田无地。

㽿 方 ndeiq［ʔdei5］〈名〉阴茎。（见《初》）

畧 rieg［ɣiːk8］〈动〉换（水、衣服等）。（见揊3）

䀠 youx［jou4］〈名〉男情人；男友。（见《初》）

番 fan［faːn1］❶〈量〉张；件；条；床。❷〈名〉幡。（见旛1）

䶬（㹤、㹤、㚣、伅、罸、㐖、㑭、㹤、眇、㹤、㹤、㹤、㑭、㑭、倡）mbauq［ʔbaːu5］❶〈名〉男儿；男青年。❷〈名〉男情人。❸〈形〉英俊。

㽒 mbauq [ʔba:u⁵] ❶〈名〉男儿；男青年。❷〈名〉男情人。❸〈形〉英俊。(见䚯)

畓 daemz [tam²]〈名〉池塘。(见墰)

䎱 gvan [kwa:n¹]〈名〉丈夫。(见倌)

䎲 gvang [kwa:ŋ¹]〈名〉❶男友；男情人(敬称)。❷丈夫；男人(尊称)。❸客人；官人(尊称)。(见侊²)

䨾(跑、踂、怩、䁥) naet [nat⁷]〈形〉累；疲乏；疲惫；困倦。《初》：踫迪趺䨾啰。Byaij dwk ga naet lo. 走得脚都累了。

䣁 nax [na⁴]〈名〉舅；舅娘；姨；姨丈。(见伖¹)

畓 naz [na²]〈名〉田。(见嚐)

䏹 sai [θa:i¹]〈名〉男。(见財)

䏹 sai [θa:i¹]〈名〉男。(见財)

䖶 gwiz [kɯ:i²]〈名〉婿。金城江《台腊恒》：妑斗䖶，bawx daeuh gwiz，媳妇和女婿。

𤱏 mbauq[ʔba:u⁵]❶〈名〉男儿；男青年。❷〈名〉男情人。❸〈形〉英俊。(见䚯)

𤱐 mbauq[ʔba:u⁵]❶〈名〉男儿；男青年。❷〈名〉男情人。❸〈形〉英俊。(见䚯)

䴗 mbauq[ʔba:u⁵]❶〈名〉男儿；男青年。❷〈名〉男情人。❸〈形〉英俊。(见䚯)

𤱑 vei [wei¹]〈动〉亏；亏待。(见愄)

䴘 〔方〕cing [çiŋ¹]〈名〉亲生。(见䝼)

畾 caep [çap⁷]〈动〉砌。(见磼)

䴙 namz [na:m²]〈名〉男。金城江《台腊恒》：姆女䴙妳，mehmbwk namz nix，男男女女。

䴚 sai [θa:i¹]〈名〉男。马山《恭喜满月酒歌》：论姆女布䴚，lwnh mehmbwk bouxsai，告诉女人男人。(见財)

䴛 au [ʔa:u¹]〈名〉叔；叔父。(见翁)

䨽(䨾、調) diuh [ti:u⁶]〈动〉留；留下。《初》：䨽佲鞋揞佲。Diuh doiq haiz hawj mwngz. 留一双鞋子给你。

䨾 diuh [ti:u⁶]〈动〉留；留下。(见䨽)

䨿 denz [te:n²]〈名〉被子。(见袖)

䩀 lau [la:u¹]❶〈动〉怕；害怕；担心。❷〈副〉恐怕；也许。(见愣¹)

䩁 lw [lɯ¹]〈动〉余；剩余；盈余。(见黎)

䩂 sai [θa:i¹]〈名〉男。(见財)

䩃 baeg [pak⁸]〈形〉累；困倦；疲乏。(见悲¹)

䩄¹(抹、搽、摊) bywnj [pjɯn³]〈动〉❶翻卷；卷刃。❷翻；反转。《初》：䩄朘猍，bywnj saej mou，翻猪肠(为清洗而翻)。

䩄² byonj [pjo:n³]〈动〉❶反转；翻。❷摔；翻(跟斗)。(见䎕)

䩄³(㯿) fonj [fo:n³]〈动〉翻转(指整个翻过来)。《初》：䨾䩄䏕卦胘。Haemh fonj ndang gvaq hwnz. 整晚翻身睡不着。

䩅 denz [te:n²]〈名〉被子。(见袖)

𬜬 naz [na²]〈名〉田。(见畓)

𬜭 roix [ɣoi⁴]❶〈动〉串;串起。❷〈量〉串。(见𬜮)

𬜯 coemq [çom⁵]〈动〉入赘(俗称上门)。(见踆³)

𬜰 ngvanh [ŋwaːn⁶]〈动〉考虑;思考;思索;寻思。(见𢘅)

𬜱 mbauq[ʔbaːu⁵]❶〈名〉男儿;男青年。❷〈名〉男情人。❸〈形〉英俊。(见𬜲)

𬜳 ndwet [ʔduːt⁷]❶〈动〉喧哗;吵闹。❷〈形〉妖冶;风流;轻浮(指女人)。❸〈形〉喜欢;高兴。(见𬜴)

𬜵 loq [lo⁵]❶〈名〉梦。❷〈动〉做梦;睡梦。(见𬜶)

罒 部

罗¹ 方 laeb [lap⁸]〈形〉轻易;随便(与㖦连用)。(见啦³)

罗² laz [la²]〈名〉鸬(鹚)。(见鸁)

罗³ 方 laz [la²]〈名〉❶牛腩(与腔连用)。❷破鞋。(见腊³)

罗⁴ nda [ʔda¹]〈动〉摆。都安《三界老爺唱》:自罗十盤兀九啶。Cix nda cib banz ndij gouj dengq. 就摆十盘与九碟。

罗⁵ 方 rax [ɣa⁴]〈动〉找。忻城《传扬故事》:斗罗伝,daeuj rax vunz,来找人。

罗⁶ raz [ɣa²]〈名〉初恋情人;原配。大化《劳功歌》:八月割边畓,叶名罗之记。Betnyied gvej henz naz, naeuz mwngz raz cix geiq. 八月割田边,说情妹要记。| 马山《偻笁荳貧够》:累罗𠂤坠,ndij raz guhdoih,与初恋情人在一起。

罗⁷ rox [ɣo⁴]❶〈动〉懂;会;认识;晓得。❷〈连〉或;或者;还是。(见𧨾)

罗⁸ rox [ɣo⁴]〈动〉醒;睡醒;醒悟(与眤连用)。马山《欢叹父母》:罗眤淋何西。Roxnyinh lumh hozsae. 睡醒过来摸孩子。

罘 方 ndawj [ʔdaɯ³]〈名〉下巴(与吀连用)。《初》:罘吀,ndawjgangz,下巴。

罒巴 bah [pa⁶]〈动〉罢。忻城《传扬歌》:失达秝之罒巴。Saet hwnj rum cixbah. 丢长草就罢了。

罷¹ bah [pa⁶]〈形〉机警(与炼连用)。忻城《传扬故事》:途兰耳罷炼。Duz rox nyi bahlienh. 它会机警听[人唤]。

罷² bah [pa⁶]〈动〉罢;算。忻城《传扬故事》:旧空呻自罷。Guh hong gwn cixbah. 做工谋生就罢了。

罷³ bax [pa⁴]〈形〉笨。忻城《传扬故事》:叻尔乖不罷? Lwg lawz gvai mbouj bax? 哪个精明不笨?(谁都有犯傻的时候)

𦋺 laeng[laŋ¹]〈名〉后;背后;后面。(见𢭃¹)

罢¹(吧、巴、八) bah [pa⁶]〈副〉暂莫;暂不;暂且别。《初》:介罢𨑜,gaejbah bae,暂莫去。| 罢論伝,bah lwnh vunz,暂不告诉别人。

罢² 方 bax［pa⁴］〈形〉 蠢 笨。《初》：
叐否廸偂罢，庅尽叿事德？ Beix mbouj dwg bouxbax，maz caenh guh saeh huk? 哥不是笨人，干吗老做蠢事？

罖 famh［fa:m⁶］❶〈名〉犯人。（见仮）❷〈动〉遮蔽；遮挡；遮盖。（见苑）

罡¹ 方 gang［ka:ŋ¹］〈量〉造；茬。《初》：𣎴穲双罡糏。Bi ndaem song gang haeux. 一年种两造稻谷。

罡² gyang［kja:ŋ¹］❶〈名〉 中；中 间。❷〈数〉半(容量、高度的半数)。（见閅³）

罡³ ram［ɣa:m¹］〈动〉抬。都安《三界老爺唱》：罡迈，ram naek，抬重物。

罡⁴ seiq［θei⁵］〈名〉人世；世界。（见《初》）

眾 cungq［çuŋ⁵］〈形〉 众。 上 林《达备之歌》：論 眾 位 侅 伲。Lwnh cungq veih aelungz. 告诉众位伯伯。

罗 方 seiq［θei⁵］〈形〉 多；旺。《初》：偲板内伝罗。Aen mbanj neix vunz seiq. 这个村子人丁兴旺。

買¹ 方 mai［ma:i¹］〈动〉认得；认识(与𧹞连用)。《初》：兄𧹞買佲。Gou roxmai de. 我认识他。

買² 方 maih［ma:i⁶］〈名〉女阴；阴部。（见嫇¹）

買³ maih［ma:i⁶］〈连〉纵使；即使；即便；任由；尽管。（见迈）

買⁴ 方 maij［ma:i³］〈动〉爱；爱好；喜欢。（见愦¹）

買⁵ 方 maij［ma:i³］〈名〉 好 姐 妹(多指青少年女性同辈结成的好友，类似男性之间的老同、老庚)。马山《达稳之歌》：咩同生叿買。Riengz doengzsaemh guh maij. 跟同辈结成好姐妹。

𦋺(耶) 方 sah［θa⁶］〈形〉 泥泞。（见《初》）

置 caeq［çai⁵］〈动〉购置。马山《信歌》：置壜埜，caeq daemznaz，购置田园土地。

罪 coih［çoi⁶］〈动〉❶ 修；修整；修理；修补。❷ 纠正。（见㩭）

罜 fad［fa:t⁸］〈动〉 罚。《初》：罜 刄，fad cienz，罚钱。

槑 lumz［lum²］〈动〉忘记。（见㦬）

罛 raeuz［ɣau²］〈代〉我们。田阳《布洛陀遗本》：打孙罛人簣。Ndoiq lwg raeuz haeuj lungj. 自家孩子越打越往怀里钻。

斘 sienq［θi:n⁵］〈动〉扇；揍；打。《初》：斘佲𥹋𦑃刁。Sienq de faq fwngz ndeu. 扇他一巴掌。

罜 方 suh［θu⁶］〈形〉泥泞。（见《初》）

置 siq［θi⁵］〈动〉 开 创。 金 城 江《覃氏族源古歌》：盤 古 置 同 歐。Buenzguj siq doengzaeu. 盘古开创互嫁娶。

羅 方 lox［lo⁴］〈动〉 会。 右江《本麽叭》：加解他羅貧。Gyaj gaiq de lox baenz. 那些秧苗自会长。（即 rox）

𦌾 〔方〕vamz［waːm^{2}］〈量〉句。（见𠯗）

羅^{1} feiz［fei^{2}］〈名〉火。田阳《布洛陀遗本》：貧叭入豆羅。Baenz byap haeuj daeuh feiz. 变成妖邪附在火灰下。

羅^{2} laz［la^{2}］〈名〉罗盘。《初》：羅京，lazging，罗盘。

羅^{3} nda［ʔda^{1}］〈动〉设供；供奉。右江《本麼叭》：貫不羅奷太。Gonq mbaeuq nda yahdaiq. 从前不供奉外婆。

羅^{4} ra［ɣa^{1}］〈动〉找；寻。马山《欢情》：羅伝否𧡊伝。Ra vunz mbouj raen vunz. 找人不见人。

皿 部

皿 cenj［ɕeːn^{3}］❶〈名〉杯；盏。❷〈量〉杯。（见盂）

盂（皿、杅、矸、圩、盏、湓、篯）cenj［ɕeːn^{3}］❶〈名〉杯；盏。《初》：盂氿，cenj laeuj，酒杯。❷〈量〉杯。《初》：吽双盂氿。Gwn song cenj laeuj. 喝两杯酒。

孟^{1} 〔方〕maengx［maŋ^{4}］〈形〉快乐；高兴；欢喜；兴奋。（见𠿘^{1}）

孟^{2} mengq［meːŋ^{5}］〈名〉辫子。《粤风》：贯往苟双孟。Gonq nuengx gyaeuj song mengq. 往昔阿妹头［扎］双根辫。

盄^{1} aeu［ʔau^{1}］❶〈动〉要。❷〈动〉娶。❸〈动〉拿；取。❹〈介〉用。❺〈助〉采取……的方法（用在动词后表示某种方式）。（见歐^{1}）

盄^{2} aeuq［ʔau^{5}］〈动〉怄（气）。都安《雷王大帝唱》：盄氣亇龛前。Aeuqheiq naengh ham cienz. 怄气坐在神龛前。

盃^{1} boi［poi^{1}］〈名〉杯子。（见《初》）

盃^{2} 〔方〕buiz［phuːi^{2}］〈形〉清闲。（见《初》）

盆^{1} baenz［pan^{2}］❶〈动〉成；行；可以。马山《行孝歌》：盆無情無義，baenz fouz cingz fouz ngeih，成了无情无义。❷〈动〉如；像；类。马山《欢情》：兄盆鳰眉毣，受氹批𢜩佲。Gou baenz roeg miz fwed，couh mbin bae cimh mwngz. 我像鸟有翅，就飞去跟你。❸〈形〉全；整；成；一。马山《信歌》：盆吞不吅栏。Baenz ngoenz mbouj haeuj ranz. 整天不进屋。❹〈代〉这么；如此（与尼、粆等连用）。马山《欢情》：淰汏盆尼勒。Raemxdah baenzneix laeg. 河水如此深。❺〈动〉生；患（病、疮）。马山《叹亡》：母偻躺盆病。Meh raeuz ndang baenz bingh. 咱们母亲身生病。（见貧^{1}）

盆^{2} baenz［pan^{2}］〈动〉磨。（见碽）

盆^{3} 〔方〕buenz［puːn^{2}］〈动〉盘（卷）。《初》：盆哺，buenzboux，盘卷；卷缩。

盆^{4} bunz［pun^{2}］〈量〉张；条。马山《行孝歌》：坏批幾盆幅。Vaih bae geij bunz mbuk. 坏了几张褴褛。｜幾盆细，geij bunz sat，几张竹席。

盆^{5} bungz［puŋ^{2}］〈动〉逢；遇上。宜州《廖碑》：盆伝布相堪。Bungz vunz mbouj siengj han. 逢人不想回应（遇人不想打招呼）。

盅 cung［ɕuŋ¹］〈名〉坛子(肚大口小的)。(见坤)

盎¹ 方 angq［ʔa:ŋ⁵］〈名〉盆子。《初》：盎溔罂，angq sauz naj，洗脸盆。

盎² angq［ʔa:ŋ⁵］〈形〉高兴；欢乐。马山《信歌》：眉欢眉盎，miz vuen miz angq，有欢有乐。

盎³ nyanq［ȵa:n⁵］〈动〉气恼；恼怒；怨恨。马山《迪封信来巡》：心各盎。Sim gag nyanq. 心里自气恼。

盏¹ canz［ɕa:n²］〈名〉晒台。东兰《莫卡盖用》：盏故嗱蔺仙。Canz gu yuq ranz sien. 我的晒台在仙家。

盏² cenj［ɕe:n³］〈量〉杯。马山《奠别歌》：请卜吽盏内。Cingj boh gwn cenj neix. 请父亲喝了这一杯。

盗 caeg［ɕak⁸］〈动〉偷盗。田东《大路歌》：侵卜盗果良。Caemq boux caeg makfiengz. 诬赖别人偷杨桃。

盍 gaiq［ka:i⁵］〈量〉❶ 块；支。❷ 些(不定量)。(见圿)

盏 cenj［ɕe:n³］❶〈名〉杯；盏。❷〈量〉杯。(见盂)

盖¹ gaeq［kai⁵］〈名〉❶ 鸡。东兰《莫卡盖用》：莫卡盖用。Mo gaj gaeq yungh. 杀鸡用的经文。❷ 蝙蝠。(见鴿)

盖² 方 gaij［ka:i³］〈形〉大。(见《初》)

盖³ gaiq［ka:i⁵］〈量〉❶ 块；支。❷ 些(不定量)。(见圿)

盖⁴ gaiq［ka:i⁵］〈动〉盖；压倒；超群。(见躐)

盁 coux［ɕou⁴］〈动〉❶ 装；盛。❷ 迎接。❸ 娶。(见捘)

盞 cenj［ɕe:n³］❶〈名〉杯；盏。❷〈量〉杯。(见盂)

盼 方 foenx［fon⁴］〈动〉溢；盈；冒。(见湓)

盍 hot［ho:t⁷］〈动〉❶ 结(瓜、果)。❷ 打结。(见落)

盟¹ 方 maengx［maŋ⁴］〈形〉快乐；高兴；欢喜；兴奋。(见嗌¹)

盟² mieng［mi:ŋ¹］❶〈动〉诅咒；发誓。❷〈名〉咒语。(见吣²)

盟³ mwngz［mɯŋ²］〈代〉你。(见佲)

監 gyamq［kja:m⁵］〈名〉皮。都安《三界老爺唱》：收打棵棉監尽拔。Sou daj go-vaiq gyamq caenh bok. 你们打得棉株连皮尽脱掉。

畲 lwngq［lɯŋ⁵］〈名〉獾。(见狁)

盤(舭)banz［pa:n²］〈名〉盘子。《初》：盤花，banz byaek，菜盘。

盤¹ banz［pa:n²］〈名〉盘。都安《三界老爺唱》：自罗十盤兀九啶。Cix nda cib banz ndij gouj dengq. 就摆十盘与九碟。

盤² buenz［pu:n²］〈名〉盘。马山《二十四孝欢》：誁盤古骨乙。Gangj Buenzgoj goetiet. 讲盘古的子孙后代。

䞋(𨂿)enj［ʔeːn³］〈动〉挺(胸)；腆(肚)。《初》：佲䞋膯廸躃。De enj aek dwk byaij. 他挺着胸膛走路。

䞍 ngon［ŋoːn¹］〈动〉祈求；要求。(见誐)

䞎(介、盖、𠯈)gaiq［kaːi⁵］〈动〉盖；压倒；超群。《初》：佲𧿒𨑜佲䞎閬板。Gij dinfwngz de gaiq ndaw mbanj. 他的手艺盖过全村。

𨂿 enj［ʔeːn³］〈动〉挺(胸)；腆(肚)。(见䞋)

生 部

生[1] seng［θeːŋ¹］❶〈动〉生。马山《二十四孝欢》：养父老真生。Ciengx boh laux caenseng. 赡养亲生的老父。❷〈形〉活生生。《初》：生迫勒胎𣦹。Seng bik laeg hoz dai. 活活地被迫上吊死。

生[2] seng［θeːŋ¹］〈形〉天生；天然。《粤风》：辛生凭花漏。Rin seng baengh valauz. 天生的石头靠花纹。

𤯓(甠、𤯝、里、礼、𤯕、𤯘、𤯡)lix［li⁴］〈动〉活；生。《初》：𩵜𤯓，bya lix，活鱼。

𤯡 lix［li⁴］〈动〉活；生。(见𤯓)

𤯖 ndip［ʔdip⁷］〈形〉生(不熟)。(见𤯕[2])

𤯚(𤯛、僵、呐) 方 nyaengz［n̥aŋ²］〈动〉活着。(见《初》)

𤯛 方 nyaengz［n̥aŋ²］〈动〉活着。(见𤯚)

𤯜(𤯕、𤯞、伊) 方 sinq［θin⁵］〈名〉信。(见《初》)

𤯞 方 sinq［θin⁵］〈名〉信。(见𤯜)

𤯟 方 bag［phaːk⁸］〈名〉树上的寄生植物。(见《初》)

𤯠 方 duh［tu⁶］〈动〉栖。《初》：徒𪀋𤯠歪奔。Duzroeg duh gwnz faex. 鸟栖在树上。(即 douh)

𤯢 heu［heu¹］〈形〉青(指未成熟的果子)。《初》：𬉼歪奔里𤯢。Mak gwnz faex lij heu. 树上的果子尚未成熟。

𤯣 ndip［ʔdip⁷］〈形〉生(不熟)。(见𤯕[2])

𤯤 ndip［ʔdip⁷］〈形〉生(不熟)。(见𤯕[2])

𤯥(𡷨、旬、哼)swnx［θɯn⁴］〈形〉❶不粉松；不松软(指熟后的薯、芋类)。❷半生不熟。《初》：偲𣓞内里𤯥。Aen sawz neix lij swnx. 这个红薯还半生不熟。

𤯦(蕛、藡、蔺、提)did［tit⁸］〈动〉萌(芽)。《初》：春肛奔𤯦𦵴。Cin daengz faex did nyez. 春到树发芽。

𤯧 lix［li⁴］〈动〉活。武鸣《信歌》：安只𣦹叶𤯧？An cix dai naeuz lix? 安知是死或是活？(见𤯓)

𤯨(𤯩、𤯪、产、𤯫、猛) 方 byoeng［pjoŋ¹］〈动〉生；生下(指动物)。《初》：猍𤯨㧡。Mou byoeng lwg. 猪生崽。

𤯩 方 byoeng［pjoŋ¹］〈动〉生；生下(指动物)。(见𤯨)

𤯵 㕦 byoeng［pjoŋ¹］〈动〉生;生下(指动物)。(见𤯷)

𤯸 㕦 raemq［ɣam⁵］〈动〉再生(作物)。(见𤯹)

𤯺 sing［θiŋ¹］〈形〉零星;零碎(与零连用)。《初》:𠯿𡃇斤𡝟尽𠃍零𤯺。Cawx saek gaen noh caenh ndaej lingzsing. 买斤把肉尽得些零碎的。

𤯻 ndip［ʔdip⁷］〈形〉生。都安《三界老爺唱》:华𥁞魂𤯻历垫眸。Vaz aeu hoen ndip ma demh ninz. 抓她生魂来垫背。

矢 部

矴(矨、𥎦、𥎧、𥎨、𥎩、𥎪)dinj［tin³］〈形〉短。《初》:䘸袮矴䝗。Genbuh dinj lai. 衣袖太短了。

矜 㕦 gaenq［kan⁵］〈形〉矮;短。(见𥎪³)

知 rox［ɣo⁴］❶〈动〉懂;会;认识;晓得。❷〈连〉或;或者;还是。(见𥏍)

𥎫 rox［ɣo⁴］❶〈动〉懂;会;认识;晓得。❷〈连〉或;或者;还是。(见𥏍)

短[1] donh［toːn⁶］❶〈形〉短(裤)。❷〈量〉一半。❸〈量〉段;节。(见端³)

短[2] donq［toːn⁵］〈量〉餐。(见𩚵)

智 rox［ɣo⁴］❶〈动〉懂;会;认识;晓得。❷〈连〉或;或者;还是。(见𥏍)

𥎬 㕦 vez［we²］〈动〉知道;明白;懂得。(见《初》)

矨 dinj［tin³］〈形〉短。(见矴)

𥎦 dinj［tin³］〈形〉短。(见矴)

𥎭 㕦 duenh［tuːn⁶］〈动〉拦截。(见《初》)

疑[1] ngeix［ŋei⁴］〈动〉❶ 思;思念。❷ 思索;寻思;考虑。(见𢘓¹)

疑[2] ngeiz［ŋei²］〈动〉❶ 疑;猜疑;怀疑。❷ 以为。(见𢡺)

𥎮 goenq［kon⁵］〈名〉树蔸;树桩。(见梱³)

𥎯 gud［kut⁸］〈形〉❶ 断尾的;断梢的。《初》:犸𩿨𥎯。Ma rieng gud. 断尾狗。❷(声音)短促;急促。(见《初》)

𥎰 㕦 sux［θu⁴］〈动〉知道;会;懂;认识;晓得。《初》:佅𥎰佅𥎰? Moiz sux mij sux? 你知道不知道?

𥎧 dinj［tin³］〈形〉短。(见矴)

𥎨 dinj［tin³］〈形〉短。(见矴)

𥎱 㕦 roux［ɣou⁴］〈动〉知道;明白;晓得。(见《初》)

𥏍(知、𥏎、智、点、兰、阁、𥎫、罗、喏、鲁、噜、乐)rox［ɣo⁴］❶〈动〉懂;会;认识;晓得。《初》:佲𥏍否𥏍? Mwngz rox mbouj rox? 你懂不懂? ❷〈连〉或;或者;还是。《初》:𡍣𡉃𥏍𡖺㑲? Youq ranz rox bae haw? 在家还是去赶集?

𥏎 rox［ɣo⁴］❶〈动〉懂;会;认识;晓得。❷〈连〉或;或者;还是。(见𥏍)

禾　部

秎 caeuz［çau²］〈名〉晚饭。（见粅）

秃 dox-［to⁴］〈缀〉相；互相。（见任²）

秎 历 li［li¹］〈动〉剩余。（见剩）

秀¹ seuq［θeu⁵］〈形〉干净。田阳《布洛陀遗本》：見水秀如夭。Raen raemx seuq lumj youz. 看见［泉］水清如油。

秀² siuq［θiːu⁵］〈动〉凿；叮啄；打斗。田东《贼歌》：厄内淋多秀。Ngieg ndaw raemx doxsiuq. 图额在水中打斗。

秀³ siux［θiːu⁴］〈名〉纹饰。金城江《台腊恒》：剑相秀，giemq dam siux，柄有饰纹的宝剑。

秆 gyaj［kja³］〈名〉秧苗。宾阳《催春》：耪䂥又督秆。Rauq naz youh doek gyaj. 耙田又播秧。

和¹ hoz［ho²］〈名〉脖子。田东《闹涽懐一科》：辽和得恩孔。Laj hoz dwk aen oengj. 脖子下系一个轭套。（见胎）

和² hoz［ho²］〈名〉米浆。巴马《赎魂糎呟》：唐糎國和，daem haeux gueg hoz，舂米做米浆。

和³ huz［hu²］〈形〉❶调和。❷和睦。❸协调。（见秲）

秠（粨）samj［θaːm³］〈名〉潲（稠的猪食）。《初》：秠粿，samj mou，稠的猪潲。

秕（秘）历 bij［pi³］〈名〉禾哨；稻秆笛（与稿连用）。

秋 faen［fan¹］〈名〉种子。（见粉）

秎 fiengz［fiːŋ²］〈名〉稻草。（见稨）

秡 ngox［ŋo⁴］〈名〉芦苇。田阳《布洛陀遗本》：要槎秡作肖。Aeu maex ngox guh doengz. 要芦苇秆做卷纱筒。

香 rieng［ɣiːŋ¹］〈名〉鱼篓。（见篣）

秋¹ 历 cu［çu¹］〈名〉耳朵。（见瞅）

秋² sou［sou¹］〈代〉你们。《粤风》：谁何秋。Caih hoz sou. 随你们的心思。

秝 vaz［wa²］〈副〉不；没有。上林《特华信歌》：偭秝𧡊艮俐。Yawz vaz raen ngaenz leih. 为何不见利润。

秘¹ beiz［pei²］〈名〉叶片；扇。马山《完筆字信》：淰敗夈不追，杺秘样护彬。Raemx baihlaj mbouj lae, loek beiz yienghlawz baenq. 河水不流动，水车怎么转。

秘² 历 bij［pi³］〈名〉禾哨；稻秆笛（见秕）。

称 caengh［çaŋ⁶］❶〈名〉秤。❷〈动〉称。❸〈量〉称（重量单位，市制五十斤，原指称一箩筐的量）。（见橧¹）

种 cungj［çuŋ³］〈副〉都；总；全部；统统；完全。（见総²）

秤 buenq［puːn⁵］〈数〉半斤。《初》：秤胬，buenq noh，半斤肉。

秤 gyaj［kja³］〈名〉秧；秧苗。（见稼）

秵 gyaj［kja³］〈名〉秧;秧苗。(见稼)

秴(和)huz［hu²］〈形〉❶调和。《初》:沋侵淰否秴。Youz caeuq raemx mbouj huz. 油和水不相调和。❷和睦。《初》:全宎総任秴。Cienz ranz cungj doxhuz. 全家大小都很和睦。❸协调。《初》:奄憶押否秴。Hung iq gap mbouj huz. 大小都不协调。

秄 ndaem［ʔdam¹］〈动〉种;栽。(见穲)

秎 loq［lo⁵］〈副〉稍;稍微;颇。(见𥟇)

秾 㓆 ruengz［ɣu:ŋ²］〈名〉穗。《初》:秾䅆,ruengz gaeuj,谷穗。

秵 coux［ɕou⁴］〈动〉❶装;盛。❷迎接。❸娶。(见𥟉)

秨 nyangj［ȵa:ŋ³］〈名〉稻草。(见䔄)

秵 raez［ɣai²］〈形〉长。(见䟤)

移 riz［ɣi²］〈名〉足迹;痕迹;线索。(见䟽¹)

秲 semz［θe:m²］〈动〉补(苗);补(种)。《初》:秲稼。Semz gyaj. 补插秧苗。

稂 vaeng［waŋ¹］〈名〉❶䅳;鸭脚粟。❷稗草。(见䅌)

稆(芭)byaz［pja²］〈名〉青芋;芋蒙。

税¹ coih［ɕoi⁶］〈动〉修;修造。田东《大路歌》:关名税只力? Gvan mwngz coih aen lawz? 你丈夫修造哪只[船]?

税² coq［ɕo⁵］〈动〉放;敷(药)。田东《大路歌》:𠰘名欧月税。Cam mwngz aeu yw coq. 问你拿药敷。

稙 ceh［ɕe⁶］❶〈名〉种子。❷〈量〉颗;粒。(见粭)

秼 㓆 moet［mot⁷］〈形〉除净。《初》:犁秼,reih moet,除净了[杂草的]荒地。

秥 ndaem［ʔdam¹］〈动〉种;栽。(见穲)

稔 㓆 boemz［pom²］〈名〉❶荫。❷阴(天)。(见䨴)

移 comj［ɕo:m³］〈动〉补(种);补(苗)。(见䅁)

稄 coux［ɕou⁴］〈动〉❶装;盛。❷迎接。❸娶。(见𥟉)

稉(房、㓆、嗙、㮐、䅭)fiengz［fi:ŋ²］〈名〉稻草。(见《初》)

秽 ndoq［ʔdo⁵］〈形〉秃。(见毛¹)

䅆 㓆 byoemh［pjom⁶］〈名〉禾哨;稻秆笛(与秕连用)。《初》:䅆秕凹啰咧。Byoemhbij guh loxlez. 禾哨当唢呐。

種 cap［ɕa:p⁷］〈动〉叉;交叉。都安《三界老爺唱》:双𨃩種手到敗专。Song fwngz cap couj dauq baihlaeng. 双手交叉放后面。

稂 vaeng［waŋ¹］〈名〉❶䅳;鸭脚粟。❷稗草。(见䅌)

稳¹ venj［we:n³］〈动〉挂。上林《达妍与勒驾》:镜稳傍綫。Gingq venj bangx faz. 镜子挂在篱墙上。

稳² vunz［wun²］〈名〉人。宜州《孟姜女》:辽啦任暗稳。Liuh laj raemx raen vunz. 看到水下见人影。

稖 beng [peːŋ¹]〈动〉拉;扯。(见柄)

稼(葭、假、枷、秤、枷)gyaj [kja³]〈名〉秧;秧苗。《初》:挟稼,ciemz gyaj,扯秧。

黎¹ laez [lai²]〈代〉谁;何;哪个。右江《本麽叭》:放黎亦跟甫? Fangz laez yaek gwn buq? 哪个鬼要吃供品?

黎² reih [ɣei⁶]〈名〉畲地;田地。(见犁²)

黎³ 方 yawz [jaɯ²]〈代〉怎样;如何;哪样;怎么;若何。(见俩³)

稨 max [ma⁴]〈名〉高粱(与麦连用)。《初》:麦稨,megmax,高粱。

稸 mik [mik⁷]〈名〉禾把。《初》:四拎只貧稸。Seiq gaem cix baenz mik. 四抓稻穗合成一把。

稐 nat [naːt⁷]〈名〉暴牙郎(丛状灌木,生长在丘陵地带,花粉红或浅红,果成熟后皮裂开)。(见苭)

稔 soem [θom¹]〈形〉尖;锋利。(见铈)

稊 fiengz [fiːŋ²]〈名〉稻草。(见秼)

稱 -ndamq [ʔdaːm⁵]〈缀〉秃;光溜。《初》:毛稱稱,ndoqndamqndamq,光秃秃。

稵 -ndamq [ʔdaːm⁵]〈缀〉秃;光溜。《初》:毛稵稵,ndoqndamqndamq,光秃秃。

馥 rang [ɣaːŋ¹]〈形〉香。《初》:朵枇内馥涞洧。Duj va neix rang raixcaix. 这朵花香极了。

稧 方 souq [θou⁵]〈名〉秀才(与才连用)。《初》:稧才,souqcaiz,秀才。

穔 vaeng [waŋ¹]〈名〉❶ 䅟;鸭脚粟。❷ 稗草。(见秄)

穛 方 caeh [ɕai⁶]〈动〉种。《初》:穛畓,caeh naz,种田。

稽 caengh [ɕaŋ⁶]❶〈名〉秤。❷〈动〉称。❸〈量〉称(重量单位,市制五十斤,原指称一箩筐的量)。(见橧¹)

稃¹ caengh [ɕaŋ⁶]❶〈名〉秤。❷〈动〉称。❸〈量〉称(重量单位,市制五十斤,原指称一箩筐的量)。(见橧¹)

稃²(稱、等)daengj [taŋ³]❶〈名〉戥子(俗称厘戥,测定贵重用品和药材的重量用。最大单位是两,小到分厘)。❷〈动〉戥(用戥子称)。《初》:歐稃庲稃金。Aeu daengj ma daengj gim. 拿戥子来戥金。

稂 fwngq [fɯŋ⁵]〈拟〉喷喷;纷纷(形容气味一阵阵直飘过来)。(见鏠)

穤(凞、堁、秥、秄、䄮、圬、樄、穲、黑、擝、抰、䀽、𥟖、黔、捶)ndaem [ʔdam¹]〈动〉种;栽。《初》:穤畓,ndaem naz,种田;插秧。| 穤枇,ndaem va,栽花。

穱 方 cingh[ɕiŋ⁶]〈形〉干净。(见《初》)

稫(路、裸、砾、洛)loq [lo⁵]〈副〉稍;稍微;颇。《初》:昑内叁稫晫。Ngoenzneix mbwn loq hwngq. 今天天气稍微闷热。| 壁垟内稫櫗。Bik ciengz neix loq sang. 这堵墙颇高。

穇 mungz [muŋ²]〈名〉青芋;白芋(俗称芋蒙)。武鸣《信歌》:穤穇,ndaem

mungz，种青芋。

𥟩 ndaem［ʔdam¹］〈动〉种；栽。（见穛）

𥢐（哰、𩤈）fwngq［fɯŋ⁵］〈拟〉喷喷；纷纷（形容气味一阵阵直飘过来）。《初》：气栊𩟹𥢐𥢐。Heiq va rang fwngqfwngq. 花味香喷喷。

穛 ndaem［ʔdam¹］〈动〉种；栽。（见穛）

𥡗 daengj［taŋ³］❶〈名〉戥子（俗称厘戥）。❷〈动〉戥（用戥子称）。（见𥡗²）

白 部

白¹ baeg［pak⁸］〈形〉累；困倦；疲乏。（见悲¹）

白² beg［pe:k⁸］❶〈形〉白色。《初》：白糖，begdangz，白糖。❷〈形〉白切（肉类不加佐料煮熟后切吃）。《初》：𦟜白坩𨭐砧。Noh begbien caemj gyu. 白切肉蘸盐。❸〈副〉白（没有成就或没有效果）。《初》：白𨁍波刁。Beg byaij baez ndeu. 白走一趟。

白³ byawz［pjaɯ²］〈代〉谁。宜州《孟姜女》：否米白斗助。Mbouj miz byawz daeuj coux. 没有谁来接。

百 bak［pa:k⁷］〈名〉嘴巴。东兰《莫卡盖用》：百故哏米每。Bak gou gwn miq maeh. 我嘴吃得美滋滋。

𠡠（伯、拍）beg［pe:k⁸］〈动〉角力；扳（手）。《初》：𠡠𢭏，beggen，比臂力；掰手腕。

的¹ 方 deh［te⁶］〈量〉个（用于姑娘、年轻女性）。（见媟¹）

的² di［ti¹］〈量〉❶点；些。《初》：歐的内掛佫。Aeu di neix hawj mwngz. 拿这点东西给你。| 𨁍快的，byaij vaiq di，快些走。| 𠇾奋的，haemq hung di，稍大些。❷些（表示不定数量）。《初》：眉的伝冇肝。Miz di vunz mbouj daengz. 有些人不来。

的³ 方 di［ti¹］〈名〉处；处所。《初》：否𥝖圣的哂。Mbouj rox youq dilawz. 不知在何处。

的⁴ dij［ti³］〈动〉值；抵。马山《二十四孝欢》：伝邦𣈶苦的。Vunzbiengz raen goj dij. 世人感觉也值得。

的⁵ dik［tik⁷］〈动〉踢；打；打斗。田东《贼歌》：岜内圹多的。Bya ndaw daemz doxdik. 塘中鱼互相打斗。

的⁶ dwg［tɯk⁸］〈动〉是。（见廸¹）

的⁷ dwk［tɯk⁷］〈动〉打。平果《情歌》：扫网的汏，san muengx dwk dah，织网打河［鱼］。

的⁸ dwk［tɯk⁷］❶〈动〉打。❷〈动〉下。❸〈动〉放；施。❹〈助〉得（连接谓语和补语）。❺〈助〉着（表示继续保持某一状态）。（见廸²）

𤽶 方 mbeg［ʔbe:k⁸］〈动〉扛。（见𨋍）

𤾆 方 mbeg［ʔbe:k⁸］〈动〉扛。（见𨋍）

皈 baeg［pak⁸］〈形〉累；困倦；疲乏。（见悲¹）

𤽼（𥄲、烈、泊、𦑣、𧿧、捌、別、咧、𢪛）biek［pi:k⁷］〈动〉离别；分别。《初》：伝𤽼䏮否𤽼。Vunz biek sim mbouj biek. 人

虽离别心不离。

皀 biz［pi²］〈拟〉噼啪(与𢀛连用)。(见吡²)

皇 vuengz［wuːŋ²］〈名〉皇。马山《二十四孝欢》:批口皇,bae guh vuengz,去做皇帝。

旳(𣅀、皚、皟、㬵、皝、皓、皎、皜、皠、耗)hau［haːu¹］〈形〉白。(见《初》)

皕(皚)[方] bieg［piːk⁸］〈形〉白。(见《初》)

皕 [方] bwz［pɯ²］〈动〉往右;右拐;右转(犁田时吆喝牛往右走)。(见《初》)

皓(皜)[方] gau［khaːu¹］〈形〉白。(即hau,见《初》)

𣅀 hau［haːu¹］〈形〉白。(见旳)

皎 hau［haːu¹］〈形〉白。(见旳)

皎(灰、皏、皑、皓、皜)hoi［hoi¹］〈名〉石灰。(见《初》)

皚 [方] bieg［piːk⁸］〈形〉白。(见皕)

皙 biek［piːk⁷］〈动〉离别;分别。(见㤽)

皓 hau［haːu¹］〈形〉白。马山《嘆嘆情》:肉不汒浸皓。Noh mbouj caed caemh hau. 肌肤不搓洗也洁白。(见旳)

皜 hau［haːu¹］〈形〉白。(见旳)

皛 boeng［poŋ¹］〈形〉白嫩;松软。《初》:劲侈旳皛。Lwg de hau boeng. 那孩子白胖胖的。

皝(啨、䶖)byak［pjaːk⁷］〈名〉壳;荚。《初》:皝蠹,byak gyaeq,蛋壳。|皝垣,byak duh,豆荚。

皡 [方] mbeg［ʔbeːk⁸］〈动〉扛。(见𠀯)

皥 baeg［pak⁸］〈形〉累;困倦;疲乏。(见悲¹)

皜 [方] gau［khaːu¹］〈形〉白。(见皓)

皞 rongh［ɣoːŋ⁶］〈形〉亮;明亮;光亮。(见㶽²)

皤 baeg［pak⁸］〈形〉累;困倦;疲乏。(见悲¹)

皥 [方] bieg［piːk⁸］〈形〉白。《初》:鸿皥,roegbieg,白鹭。

皧 yaem［jam¹］〈动〉❶渗漏。❷沥(液体一点点地落下)。(见湆³)

瓜 部

瓜¹ [方] gva［kwa¹］〈名〉锅头。(见瓠)

瓜² gvaq［kwa⁵］〈动〉过;过世。田阳《麽収魂糯一科》:脾在父母娄瓜。Bi'gyai bohmeh raeuz gvaq. 前年我们的父母过世。

瓝 [方] byuz［pju²］〈名〉葫芦。(见瓢)

瓞 [方] byuz［pju²］〈名〉葫芦。(见瓢)

瓟 [方] byuz［pju²］〈名〉葫芦。(见瓢)

瓠 [方] byuz［pju²］〈名〉葫芦。(见瓢)

瓡 gvaz［kwa²］〈名〉右。(见祐)

瓢 gve［kwe¹］〈名〉瓜。《初》:瓢瓤,

gve'ndiq,苦瓜。

㼾(凉)liengz [liːŋ^{2}]〈名〉黄瓜(与瓠连用)。《初》:瓠㼾,gveliengz,黄瓜。

瓞　ndiq [ʔdi^{5}]〈名〉苦瓜(与瓠连用)。(见𤬪)

瓞^{1}　byuz [pju^{2}]〈名〉葫芦。(见𤬹)

瓞^{2}　历 mbaeuj [ʔbau^{3}]〈名〉葫芦。《初》:瓞氿,mbaeuj laeuj,酒葫芦。

𤫶　gvaj [kwa^{3}]〈动〉垮。(见坬)

𤬁　历 byuz [pju^{2}]〈名〉葫芦。(见𤬹)

𤬹(瓞、瓝、瓞、瓝、𤬁、瓝)　历 byuz [pju^{2}]〈名〉葫芦。(见《初》)

瓢　mbai [ʔbaːi^{1}]〈名〉水瓢。(见《初》)

㼼　beuz [peu^{2}]〈名〉瓠瓜;瓢瓜;葫芦瓜。金城江《台腊恒》:果㼼蔦园正辣浪。Gobeuz ndaw suen cingq nda langh. 园里的葫芦藤正长出。

瓥　gvaq [kwa^{5}]〈动〉❶过。❷超过;过度。❸可怜;哀怜(与恕连用)。❹过世。(见卦^{2})

𤬪(菂、苊、瓞、䓜、薏、茜)ndiq [ʔdi^{5}]〈名〉苦瓜(与瓠连用)。《初》:瓠𤬪,gve'ndiq,苦瓜。

鸟(鳥烏鳥)部

鸟　neuh [neu^{6}]〈动〉瞧;看。《粤风》:皮鸟齐初送。Beix neuh gyaez couh soengq. 哥瞧心欢就赠送。

鸠　caek [ɕak^{7}]〈名〉喜鹊(与鸡连用)。大化《白事鸟歌》:批叫鸡鸠斗㘬库。Bae heuh gaencaek daeuj guh hoq. 去叫喜鹊来做库房。

鸡^{1}　gae [kai^{1}]〈形〉焦急;急切(与客连用)。马山《皮里患鲁不》:各宜各客鸡。Gag ngeix gag gaekgae. 自想自焦急。

鸡^{2}　历 ge [ke^{1}]〈动〉玩耍(与欧连用)。(见箕^{1})

鸠　geuq [keu^{5}]〈名〉八哥。马山《嚁凭》:七月独鸿鸠,度叫丕造圩。Caetnyied duz roeggeuq, doxheuh bae cauh haw. 七月八哥鸟,相邀去造圩。

鸦　a [ʔa^{1}]〈名〉鸦。马山《嚁凭》:鸿鸦𧿆失虽。Roeg'a mbin sizsax. 乌鸦扑扑飞。

鸡　gaen [kan^{1}]〈名〉喜鹊。大化《白事鸟歌》:鸡鸠,gaencaek,喜鹊。

鸨　mauh [maːu^{6}]〈名〉戴胜鸟(俗称戴帽鸟)。大化《白事鸟歌》:批叫鸿鸨斗㘬师。Bae heuh roegmauh daeuj guh sae. 去叫戴胜鸟来做师公。

鸿　roeg [ɣok^{8}]〈名〉鸟。大化《白事鸟歌》:鸿鹏,roeglaej,麻雀。|鸿鹆,roeggut,锦鸡。|鸿鹀,roegra,白鹇。(见鴼)

鸱　bit [pit^{7}]〈名〉鸭。马山《嚁凭》:二月独鸿鸱,勺眐夵寒里。Ngeihnyied duz roegbit, dak ndit laj haenz rij. 二月野鸭子,溪边晒太阳。|马山《奠酒歌》:眉勺的鸱鸡,提麻祭卓灵。Miz saek di bit gaeq, dawz ma caeq congzlingz. 有一些鸡鸭,拿来灵桌祭。

鴻 hanq [haːn5]〈名〉❶ 鹅。马山《欢情》:眉五六畐鴻。Miz haj roek duz hanq. 有五六只鹅。❷ 天鹅(与畚连用)。马山《嚁凭》:鴻畚,hanqmbwn,天鹅。❸ 鹭鸶(与洋连用)。平果《情歌》:鸿洋,hanqyangz,鹭鸶。

偒 fek [feːk7]〈名〉鹧鸪。马山《嚁凭》:三月独鸡偒,叫哒哒歪砸。Samnyied duz roegfek, heuh dekdek gwnz rin. 三月鹧鸪鸟,叫喋喋石上。

鴖 gut [kut7]〈名〉锦鸡;红毛鸡。(见鵃)

鸾1 方 ruen [ɣuːn1]〈拟〉哄哄(喧哗声)。上林《赶圩歌》:孙狌确鸾鸾。Lwg lan gok ruenruen. 儿孙闹哄哄。

鸾2 ruenz [ɣuːn2]〈动〉爬。马山《孝歌》:鸾恨斗,ruenz hwnjdaeuj,爬上来。

鸾3 rwenq [ɣɯːn5]〈动〉变红;发红。马山《送夭灵》:花搽搽亦鸾。Va cazcaz hix rwenq. 鲜花丛丛皆发红。

鴩 vaek [wak7]〈名〉秧鸡。马山《嚁凭》:六月独鸡鴩,吽蜴杰嚁汧。Loegnyied duz roegvaek, gwn daek raemx naz hawq. 六月秧鸡鸟,干水田吃蝗。

鸯 yangz[jaːŋ2]〈名〉鹭鸶(与鸭连用)。大化《白事鸟歌》:拙叫鸭鸯斗揷孝。Bae heuh hanqyangz daeuj raek hauq. 去叫鹭鸶来戴孝。

鵃 ciu [çiːu1]〈名〉土画眉。平果《情歌》:鸡鵃叫哨哨。Roegciu heuh ciuciu. 画眉叫叽喳。

鴿 gut [kut7]〈名〉锦鸡。大化《白事鸟歌》:叫鸡鴿斗田道, heuh roeggut daeuj guh dauh,叫锦鸡来当道人。

鴨 hanq [haːn5]〈名〉鹅。马山《三府雷王》:双途鴨, song duz hanq,两只鹅。

鵏 laej [lai3]〈名〉麻雀。大化《白事鸟歌》:叫鸡鵏斗栈钱, heuh roeglaej daeuj camx cienz,叫麻雀来戳纸钱。

鵍 方 ngvenz [ŋweːn2]〈名〉百灵鸟(与鸡连用)。马山《嚁凭》:九月独鸡鵍,询生统噜訌。Goujnyied duz roegngvenz, coenz seng dungj rox gangj. 九月百灵鸟,生话也会说。(即 roegvenz)

鵅 noeg [nok8]〈名〉鸟。(见龙州《塘夭》)。

鵗 deiz [tei2]〈名〉山雀。平果《情歌》:鸡鵗,roegdeiz,山雀鸟。

鵧 gaeq [kai5]〈名〉鸡。马山《中界地旂》:胩鵧,gaj gaeq,杀鸡。

鶟 ra [ɣa1]〈名〉白鹇。大化《白事鸟歌》:叫鸡鶟斗请客。Heuh roegra daeuj cingj hek. 叫白鹇鸟来请客。

鶔 raeu [ɣau1]〈名〉斑鸠。马山《嚁凭》:四月独鸡鶔,度吽捲粫假。Seiqnyied duz roegraeu, doxnaeuz gip haeux gyaj. 四月斑鸠鸟,相约捡稻种。

鷄 gyaeq [kjai5]〈名〉蛋;卵。(见蠶)

鷚 laej [lai3]〈名〉麻雀。平果《情歌》:鸡鷚,roeglaej,麻雀。(见鵏)

鳊 don［to:n[1]］〈动〉阉。都安《行孝唱文》：鸡鳊，gaeqdon，阉鸡。

鸟 roeg［ɣok[8]］〈名〉鸟。金城江《台腊恒》：又叫都鸟提丕本。Youh heuh duzroeg dawz bae baen. 又叫鸟拿去分发。

鸡 gaeq［kai[5]］〈名〉鸡。（见金城江《台腊恒》）

鸦 a［ʔa[1]］〈名〉鸦。（见金城江《台腊恒》）

鸩 roeg［ɣok[8]］〈名〉鸟。马山《皮里患鲁不》：鸩鸌，roegraeu，斑鸠鸟。

鹍 hanq［han[5]］〈名〉鹅。金城江《台腊恒》：姆鹍养仔鹍。Meh hanq ciengx lwg hanq. 母鹅养小鹅。

鸮 方 vek［we:k[7]］〈名〉鹧鸪。金城江《台腊恒》：鸟鸮吲可嚍。Roegvek yaen goj sed. 鹧鸪看见也啼鸣。（即 fek）

鹳 gaeq［kai[5]］〈名〉鸡。金城江《台腊恒》：鹳漱，gaeq numh，小鸡。

烏[1] 方 neuh［neu[6]］〈名〉尿。（见《初》）

烏[2] 方 neux［neu[4]］〈动〉扭。《初》：烏瞅，neux cu，扭耳朵。

鳥 neuz［neu[2]］〈动〉浮。巴马《贖魂糯呟》：泣糏鳥批林。Naed haeux neuz bae raemx. 瘪谷粒随水漂浮。

鸠 boh［po[6]］〈名〉雄性（禽类）。（见夌）

鴋 fek［fe:k[7]］〈名〉鹧鸪（与鸩连用）。（见偽）

鳮（鴏）gae［kai[1]］〈名〉雉；山鸡；野鸡。《初》：鸩鳮兲偺𪬼。Roeggae sienq de raez. 山鸡的尾羽长。

鸡[1] gaeq［kai[5]］〈名〉鸡。马山《孝歌》：眉鴭眉鸡，miz bit miz gaeq，有鸡有鸭。

鸡[2] gij［ki[3]］〈量〉些。（见佁）

鴓（鴉、蚜）a［ʔa[1]］〈名〉乌鸦。（见《初》）

三鳥 方 sam［θa:m[1]］〈名〉山雉（与鸡连用）。《初》：三鳥鸡，samciq，山雉（长尾，嘴红色）。

鸩 方 baet［pat[7]］〈名〉鸭子。（见鸊）

鸡[1] 方 ciq［ɕi[5]］〈名〉鹊鸲（与鹅连用）。《初》：鸡鹅，ciqbeuj，鹊鸲（鸟名，俗称铁燕）。

鸡[2] ceiz［ɕei[2]］〈名〉鸬鹚。（见鹚）

鴕 fek［fe:k[7]］〈名〉鹧鸪（与鸩连用）。（见偽）

鸽（盖、鹄）gaeq［kai[5]］〈名〉❶ 鸡。《初》：鸽屰，gaeqboux，公鸡。❷ 蝙蝠（与蛲连用）。《初》：鸽蛲，gaeqyauz，蝙蝠。

鸽（罵）gumj［kum[3]］〈名〉鹌鹑。《初》：鸩鸽，roeggumj，鹌鹑。

鸩（呟、蚄、犷、𫛩、六、茖、鸡）roeg［ɣok[8]］〈名〉鸟。《初》：鸩鳮，roeggae，野鸡；山鸡；雉。│鸩偽，roegfek，鹧鸪。│徒鸩趴叁奞。

Duzroeg douh gwnz faex. 鸟栖息在树上。

鴹 yiuh [jiːu⁶]〈名〉鹞鹰。(见鷂)

鴓 bit [pit⁷]❶〈名〉鸭。马山《孝歌》:浪眉鴓眉鸡,之歐麻你祭。Langh miz bit miz gaeq, cix aeu ma neix caeq. 若有鸡有鸭,就拿来这祭。❷〈动〉反绑(与勫连用)。(见嗶)

鴡 [方] ciu [ɕiːu¹]〈名〉画眉。(见鵤)

鴝 [方] cok [ɕoːk⁷]〈名〉麻雀。《初》:鴓鴝丕夻檐冚窠。Roegcok youq laj yiemh guh rongz. 麻雀在屋檐下做窝。

鴰(犽、鴸、鴿、駕)ga [ka¹]〈名〉鸦。《初》:夻荟鴓鴰徒徒黯。Lajmbwn roegga duzduz ndaem. 天下乌鸦只只黑。

駕 ga [ka¹]〈名〉鸦。(见鴰)

鴌 gumj [kum³]〈名〉鹌鹑。(见鴿)

嗚 geuq [keu⁵]〈名〉八哥。(见鵲)

鴣 [方] gux [ku⁴]〈名〉鸽。《初》:鴓鴣鴿,roegguxgap,鸽子。

鴻(鵞)hanq [haːn⁵]〈名〉 鹅。(见《初》)

鴸¹ cak [ɕaːk⁷]〈名〉喜鹊。《初》:鴓鴰鴸,roeggacak,喜鹊。

鴸² ga [ka¹]〈名〉鸦。(见鴰)

鴿 ga [ka¹]〈名〉鸦。(见鴰)

鴜 ceiz [ɕei²]〈名〉鸬鹚。(见鷀)

鵄 [方] ciq [ɕi⁵]〈名〉山雉。《初》:鴓鵄,samciq,山雉(长尾,嘴红色)。

鴫 don [toːn¹]〈动〉阉(用于禽类)。(见断)

鵂(搧、鳰、䳐)fek [feːk⁷]〈名〉鹧鸪(与鴓连用)。《初》:鴓鵂丕各峩。Roegfek youq gag ngoz. 鹧鸪各住一山坡。

鴿 [方] gap [kaːp⁷]〈名〉鸽。《初》:鴓鴣鴿,roegguxgap,鸽子。

鶻(鵰、鴚、鴿)gut [kut⁷]〈名〉锦鸡;红毛鸡(与鴓连用)。《初》:鴓鶻丕埲楂。Roeggut youq luengq caz. 红毛鸡在荆棘丛中。

鵊 [方] gvengh [kweːŋ⁶]〈名〉杜鹃(与鵑连用)。《初》:鵊鵑吗犁稼。Gvenghgveiq heuh doek gyaj. 杜鹃鸟叫就该播种了。

鵢 hangh [haːŋ⁶]❶〈名〉项鸡(指未孵过蛋的雌鸡。《初》:鴭鵢,gaeqhangh,项鸡。❷〈量〉只(项鸡)。《初》:双鵢鴭,song hangh gaeq,两只项鸡。

鵃 lawz [laɯ²]〈形〉顽皮;横蛮。《初》:伝介用冚鵃。Vunz gaej yungh guh lawz. 不要做横蛮的人。

鵿 soenj [θon³]〈名〉胙;脽;屁股肉(指禽类尾部的肉块)。(见臊)

鵷 youq [jou⁵]〈动〉在;住。(见丕)

鵙(貝)[方] beih [pei⁶]〈名〉麻雀(与鴓连用)。《初》:鴓鵙,roegbeih,麻雀。

鵜 ceiz [ɕei²]〈名〉鸬鹚。(见鷀)

鵿 [方] cingz [ɕiŋ²]〈形〉大种的(大个子的)。《初》:鴭鵿,gaeqcingz,大种鸡。

鵤(猸、鴟)方 ciu [çiːu^1]〈名〉画眉。《初》:鵤鶥, ciumeiz,画眉。

鵗 faeg [fak^8]〈动〉孵。(见鰰)

鴉 fek [feːk^7]〈名〉鹧鸪(与鴻连用)。(见鸺)

鴿(鳴)geuq [keu^5]〈名〉八哥。《初》:鴻鴿餔跅犿。Roeggeuq haengj gaen vaiz. 八哥鸟喜欢跟着牛。

鴿 gut [kut^7]〈名〉锦鸡;红毛鸡。(见鹧)

鵣 laej [lai^3]〈名〉麻雀。(见鸝)

鵣 laej [lai^3]〈名〉麻雀。(见鸝)

鵁 方 lauz [laːu^2]〈名〉鸬鹚(与鷀连用)。《初》:鵁鷀, lauzceiz,鸬鹚。

鶥 meiz [mei^2]〈名〉画眉(与鵤连用)。(见《初》)

鵍 ngvenz [ŋweːn^2]〈名〉百灵鸟。

鴉 a [ʔa^1]〈名〉乌鸦。(见鴉)

鵓 beuj [peu^3]〈名〉鹊鸲(与鵲连用)。《初》:鵲鵓, ciqbeuj,鹊鸲(鸟名,俗称铁燕)。

鵎 gae [kai^1]〈名〉雉;山鸡;野鸡。(见鳮)

鶻 gut [kut^7]〈名〉锦鸡;红毛鸡。(见鹧)

鶹 方 laemh [lam^6]〈名〉老鹰。《初》:鶹提鴿劲。Laemh dawz gaeqlwg. 老鹰抓小鸡。

鵶 laz [la^2]〈名〉鸬(鷀)。(见鸕)

鵩 linh [lin^6]〈名〉穿山甲。(见獜)

鶻 mauh [maːu^6]〈名〉戴胜鸟。《初》:鴻鶻, roegmauh,戴胜鸟(又叫太平鸟,戴帽雀,高冠髻,头上有松毛,形似戴帽,尾毛略呈红色)。

鵰 raeu [ɣau^1]〈名〉斑鸠。(见鷚)

鵦 roeg [ɣok^8]〈名〉鸟。(见鴻)

鷀(鶿、鶙、鷀、鶿)ceiz [çei^2]〈名〉鸬鹚(与鸕连用):鸕鷀, lazceiz,鸬鹚。

鷊 don [toːn^1]〈动〉阉(用于禽类)。(见臌)

鴴 gaeq [kai^5]〈名〉❶ 鸡。❷ 蝙蝠。(见鴿)

鵶 方 gaz [ka^2]〈名〉❶ 一种鸟名。❷ 茅草。(见《初》)

鷇 saeuq [θau^5]〈名〉白鹭。《初》:鴻鷇双跡踶。Roegsaeuq song ga raez. 白鹭两脚高。

鷚(鵰)raeu [ɣau^1]〈名〉斑鸠。《初》:孖殖餔歡鴻鷚。Lwgnyez haengj ciengx roegraeu. 小孩喜欢养斑鸠。

鷜 raeu [ɣau^1]〈名〉斑鸠。马山《皮里患鲁不》:鴻鷜凭粡糙。Roegraeu baengh haeuxceh. 斑鸠靠稻种。

鸊(鸐、鴯)方 baet [pat^7]〈名〉鸭子。(即 bit)

鸐 方 baet [pat^7]〈名〉鸭子。(见鸊)

鶱(根)gaen［kan¹］〈名〉秧鸡。《初》：三月波犁稼，鴻鶱料狈吘。Samnyied baez doek gyaj, roeggaen daeuj caeg gwn. 三月播谷种，秧鸡来偷吃。

鶽 方 nug［nuk⁸］〈名〉鸟。(即 roeg，见《初》)

鶔(鵴、鸨、累、鸓、鷵)laej［lai³］〈名〉麻雀。《初》：鴻鶔吘淰壜否汴。Roeglaej gwn raemx daemz mbouj mboek. 麻雀喝塘水不会干(喻无所损伤，不必担心)。

鶥 方 meiz［mei²］〈名〉画眉(与鵤连用)。《初》：鵤鶥，ciumeiz，画眉。

鶟(蚊)venz［we:n²］〈名〉百灵。《初》：鴻鶟，roegvenz，百灵鸟。

鶡 方 gveiq［kwei⁵］〈名〉杜鹃(与鳵连用)。《初》：鳵鶡，gvenghgveiq，杜鹃鸟。

鶾 hanq［ha:n⁵］〈名〉鹅。(见鴻)

鷹 nyanh［n̥a:n⁶］〈名〉雁。(见《初》)

鷂(六要、鷮、摇、鳺)yiuh［ji:u⁶］〈名〉鹞鹰。《初》：眲僇瞎卦鷂。Da de soem gvaq yiuh. 他的眼睛比鹞鹰还敏锐。

鷵 laej［lai³］〈名〉麻雀。(见鶔)

鸉 方 nog［no:k⁸］〈名〉外；外边。《初》：佅凼鸉屳。Moiz yuq nog swenz. 你在房子外面。

鸋(汵、鸦、罗)laz［la²］〈名〉鸬(鹚)。《初》：鴻鸋鷀夲汏提鲃。Roeglazceiz roengz dah dawz bya. 鸬鹚鸟下河捕鱼。

鷄 gyaeq［kjai⁵］〈名〉蛋；卵。(见䨪)

疒 部

疙(尼、㞙)yaet［jat⁷］〈动〉❶ 泄流。❷ 沥(液体一点点地落下)。《初》：尿疙，nyouh yaet. 小便失禁。

疓[1](呗、斑)方 bamz［pa:m²］〈形〉❶ 笨；傻；愚。《初》：伝疓，vunzbamz，愚人。｜上林《达妍与勒驾》：佈疓，baeuq bamz，笨老头。❷ 笨拙(式样不美观)。

疓[2] 方 mbad［ʔba:t⁸］〈名〉疮。《初》：跒乢疓。Ga hwnj mbad. 脚生疮。

疠 naiq［na:i⁵］〈形〉虚弱；精神萎靡；疲倦。(见㾯)

疠 方 ndauh［ʔda:u⁶］〈名〉酒叶(一种树叶，嚼咬后牙齿变黑，起健齿作用)。(见《初》)

疒 byangj［pja:ŋ³］〈形〉辣痛。(见痨)

疚 caeuz［ɕau²］〈名〉痤疮；粉刺；酒刺。(见疣)

疙 方 gwt［khɯt⁷］〈名〉癞疮。(见《初》)

疘 gyak［kja:k⁷］〈名〉癣。(见痈)

疝 nyan［n̥a:n¹］〈名〉疥疮。(见瘫)

疨 nyan［n̥a:n¹］〈名〉疥疮。金城江《台腊恒》：本疨，baenz nyan，生疥疮。

疨(癍、疝、吓、汇、伏、嘎、迓)raq［ɣa⁵］〈名〉瘟疫。《初》：鴿臰疨。Gaeq dai

raq. 鸡瘟死。| 魅疗，fangzraq，瘟死鬼(骂人的话)。

疤 㕥 ba [pa¹]〈名〉腮腺炎(与瘥连用)。《初》:瘥疤，vaizba，腮腺炎。

疠(瘢)banh [paːn⁶]〈动〉传染;扩散。《初》:疗疠肛柰板。Raq banh daengz lajmbanj. 瘟疫传染到乡下。

疝(疚、囚)caeuz [ɕau²]〈名〉 痤疮;粉刺;酒刺。《初》:䂨㐌好䏲疝。Naj hwnj haujlai caeuz. 脸上长着很多粉刺。

瘕 cang [ɕaːŋ¹]〈名〉毒疮。(见《初》)

疣 㕥 cimj [ɕim³]〈名〉麻疹。(见瘦)

痄(瘇、肿)cungh [ɕuŋ⁶]〈形〉(病)重。《初》:侈痪廸亟痄。De bingh dwk gig cungh. 他病得很重。

疰 in [ʔin¹]❶〈形〉痛。❷〈动〉疼爱;珍惜。(见痐)

疭 㕥 mwnh [mɯn⁶]〈形〉❶麻;发麻。❷麻木。(见瘦)

疨¹ 㕥 ngad [ŋaːt⁸]〈名〉褥疮。(见《初》)

疨² 㕥 yaq [ja⁵]〈名〉瘟。(见《初》，即 raq)

疰¹(忹、頑) 㕥 ngvangh [ŋwaːŋ⁶]〈形〉笨拙;傻;愚蠢。《初》:俌疰，bouxngvangh，傻子;傻瓜。

疰² 㕥 vangh [waːŋ⁶]〈形〉疯;癫。(见痝)

疬 㕥 vaet [wat⁷]〈名〉感冒。(见《初》)

疨(夯、瓦) 㕥 vax [wa⁴]〈形〉愚蠢;笨拙;傻。(见《初》)

疟 㕥 yaenz[jan²]〈形〉痒。《初》:躺疟，ndang yaenz，身体发痒。| 脍疟，hozyaenz，羡慕;嫉妒。(即 haenz)

疠(引)yinx [jin⁴]❶〈名〉兴趣;瘾。《初》:灿烟提疠。Cit ien dawz yinx. 吸烟上瘾。❷〈动〉喜欢;上瘾;着迷。《初》:疠迪棋，yinx dwk geiz，喜欢下棋。

疕 baeg[pak⁸]〈形〉累;困倦;疲乏。(见悲¹)

疲 baez [pai²]〈名〉 口疮(口腔黏膜溃烂)。上林《赶圩歌》:鲁哞犸吱疲。Roxnaeuz heuj baenz baez. 或许牙龈生了口疮。

疸(痻、怕、剥)bag[paːk⁸]〈动〉癫;疯。《初》:发疸，fatbag，发癫;发疯。

痄 㕥 cep [ɕeːp⁷]〈动〉疼痛。《初》:肱痄䏲。Moek cep lai. 肚子很痛。(亦读 coep)

疹 㕥 cimj [ɕim³]〈名〉麻疹。(见瘦)

疼 daengz [taŋ²]〈动〉到。《粤风》:有不佐疼都。Youx mbouj gyoh daengz dou. 情哥不怜爱到我。

痈(痛、癞、疘)gyak [kjaːk⁷]〈名〉癣。(见《初》)

痔(考)㕥 heuh [heu⁶]〈形〉瘦。《初》:猅痔，mou heuh，瘦猪。

痒 㕥 hued [huːt⁸]〈动〉 退 烧。(见

《初》)

疗 nengz [neːŋ²]〈形〉龋。《初》:㺀疗, heuj nengz,龋齿。

疴 ngoz [ŋo²]〈名〉急性咽喉黏膜炎。《初》:貧疴, baenz ngoz,患急性咽喉黏膜炎。

㾪 nong [noːŋ¹]〈名〉脓。(见《初》)

疟 nwk [nɯk⁷]〈形〉❶ 污腻;污秽。❷ 涩;黏糊;不滑润。(见《初》)

疢 nyan [ȵaːn¹]〈名〉疥疮。(见瘫)

疨 rok [ɣoːk⁷]〈名〉❶ 天花。❷ 痘;牛痘。(见瘰²)

痎(瘷、呟、哎)ae [ʔai¹]〈动〉 咳 嗽。(见《初》)

瘷 ae [ʔai¹]〈动〉咳嗽。(见痎)

痐 baez [pai²]〈名〉疮;疖子。(见瘢)

痟 bag [paːk⁸]〈动〉癫;疯。(见痟)

痹 byangj [pjaːŋ³]〈形〉辣痛。(见痨)

痄(癖)厉 caeh [ɕai⁶]〈形〉(病)痛。《初》:㞗貧病貧痄,她昭肔卦腋。Lwg baenz bingh baenz caeh, meh causim gvaq hwnz. 儿有病有痛,母整夜操心。

痓 dot [toːt⁷]〈动〉剧痛。(见瘕)

痯 genz [keːn²]〈形〉贫瘠;瘠薄;不肥沃。(见坚)

痞 get [keːt⁷]〈动〉❶ 疼 痛。❷ 疼 爱;爱惜。(见咭⁶)

痕¹ haemz [ham²]〈形〉浑;浑浊。宜州《龙女与汉鹏》:任痕, raemx haemz,水浑浊。

痕² 厉 haen [han¹]〈动〉见。(见䁔)

痕³ haenz [han²]〈名〉堤;岸;埂;塍。上林《赶圩歌》:鴻鵂幼痕犁。Roegfek youq haenz reih. 鹧鸪在地边。(见垠¹)

痕⁴(垠、哏、嚝、痕)haenz [han²]〈形〉痒。《初》:躺痕。Ndang haenz. 身上痒。| 上林《赶圩歌》:胎痕, hoz haenz,喉咙痒。

痕⁵ haet [hat⁷]〈名〉早上。宜州《龙女与汉鹏》:痕楞另拉交。Haet laeng lingh nda gyauq. 第二天早上另设计谋。

痕⁶ hwnz [hɯn²]〈名〉 半 夜; 深 夜。田阳《麽収魂糯一科》:痕様梨常病? Hwnz yienghlawz cangz bingh? 半夜怎么就呻吟生病了?

痕⁷ laeng [laŋ¹]〈名〉后;背后;后面。(见楞¹)

痦 厉 haeuj [hau³]〈名〉麻风。(见瘄)

痔 humz [hum²]〈形〉痒。(见瘩)

痼(因、蜳、瘛、瘓、任、症、囫、慇)in [ʔin¹]❶〈形〉痛;疼痛。《初》:趾痼移。Ga in lai. 脚很痛。| 马山《産难嘆嚾》:乍躺痼, cak ndang in,因身子疼痛而挣扎。❷〈动〉疼爱;爱惜。《初》:痼㞗。In lwg. 疼爱孩子。

痪 ngoenh [ŋon⁶]〈形〉❶ 衰弱; 精 神萎靡。❷ 枯萎。《初》:榾桊内䨦痪啰。Go faex neix dai ngoenh lo. 这棵树枯死了。

疷(偋、𪨢)bingh [piŋ6]〈名〉病。(见《初》)

𤸁(疣、疹)㐅cimj [ɕim3]〈名〉麻疹。(见《初》)

痬(狿)㐅gaengz [kaŋ2]〈形〉瘦弱。(见《初》)

痡 gyak [kja:k7]〈名〉癣。(见痈)

痵(痌、瘖、𩮌)㐅haeuj [hau3]〈名〉麻风。(见《初》)

瘖 㐅haeuj [hau3]〈名〉麻风。(见痵)

痞(哼、捡、豁、痈)humz [hum2]〈形〉痒。《初》:躺痞。Ndang humz. 身子痒。

痆 in [ʔin1] ❶〈形〉痛;疼痛。❷〈动〉疼爱;爱惜。(见痌)

痔 ndaenq [ʔdan5]〈形〉轻微疼痛。《初》:偲瘢尼痔痌。Aen baez neix ndaenq in. 这个疮隐隐作痛。

痖 niuj [ni:u3]〈名〉疤;瘢痕(指不平滑的疤)。(见斜)

痉 㐅vangh [wa:ŋ6]〈形〉疯;癫。(见痝)

痖(𤻸)㐅bo [po1]〈形〉麻烦。《初》:各𠵼各痖,gag guh gag bo,自找麻烦;自作自受。

瘏 genz [ke:n2]〈形〉贫瘠;瘠薄;不肥沃。(见坚)

痕 㐅gyangz [kja:ŋ2]〈动〉呻吟;哼。(见噹)

瘊 in [ʔin1] ❶〈形〉痛;疼痛。❷〈动〉疼爱;爱惜。(见痌)

瘵(悇、仍、耐、㤠、㮞、瘑、㽷、癞、乃、奈)naiq [na:i5]〈形〉虚弱;精神萎靡;疲倦。《初》:躺瘵,ndang naiq,身体虚弱。|犇瘵,doeknaiq,沮丧;丧气;泄气。

瘂 raq [ɣa5]〈名〉瘟疫。(见疛)

瘇 㐅vangh [wa:ŋ6]〈形〉疯;癫。(见痝)

痝 㐅vonz [wo:n2]〈形〉身体瘦弱(指老年人)。(见《初》)

痿(接、霅)sep [θe:p7]〈形〉辣痛。(见《初》)

瘇 cungh [ɕuŋ6]〈形〉(病)重。(见疛)

瘷 㐅doek [tok7]〈形〉消瘦(与惐连用)。《初》:瘷惐,doekgaeg,消瘦。

瘶 㐅gaej [khai3]〈名〉疟疾;冷热症。(见《初》)

瘥 㐅naet [nat7]〈名〉痢(与胬连用)。《初》:胬瘥,dungxnaet,痢疾。

瘑 naiq [na:i5]〈形〉虚弱;精神萎靡;疲倦。(见瘵)

瘤 ndamj [ʔda:m3]〈动〉愈合。《初》:跬貧痌听瘤。Ga baenz in gaenq ndamj. 脚上的伤已愈合。

瘣 㐅vaij [wa:i3]〈形〉跛。(见蹃2)

瘥 㐅vaiz [wa:i2]〈名〉腮腺炎(与疤连用)。《初》:瘥疤,vaizba,腮腺炎。

瘋（疘、疰、疰、㤰、𧩼）方 vangh［waːŋ⁶］〈形〉疯；癫。《初》：伝瘋，vunzvangh. 疯子。

㾮 vuet［wuːt⁷］〈形〉快活。（见恬）

瘢（痐、皱）baez［pai²］〈名〉❶疮；疖子。《初》：瘢頋，baezhangx，痔疮。❷口疮（口腔黏膜溃烂）。

瘢 banh［paːn⁶］〈动〉传染；扩散。（见疬）

痨（瘍、瘢、瘟、𨁵、䠙、嘮、疰、痒、䪕、䢵、䠙）byangj［pjaːŋ³］〈形〉辣痛。《初》：踹迪盯痨。Byaij dwk din byangj. 走得脚掌辣痛。

瘍 byangj［pjaːŋ³］〈形〉辣痛。（见痨）

瘃 dot［toːt⁷］〈动〉剧痛。（见瘕）

瘫 nanh［naːn⁶］〈名〉❶难；灾难；患难。❷重病；恶疾。（见《初》）

瘛（恩）方 ngaen［ŋan¹］〈形〉❶贫穷。❷瘦弱。（见《初》）

瘧（疝、𤵢、痍）nyan［ȵaːn¹］〈名〉疥疮。《初》：侑㖂𦥸瘧䏧否痞？ Bouxlawz hwnj nyan ndang mbouj humz？哪个生了疥疮身不痒？

瘭（瘭、㢠）biu［piːu¹］〈名〉标蛇痧（亦称羊毛痧，严重中暑所致）。《初》：瘭瘥，biucez，标蛇痧。

痡 bog［poːk⁸］〈动〉敷。（见𤺊）

瘢 byangj［pjaːŋ³］〈形〉辣痛。（见痨）

瘥 cez［ɕe²］〈名〉痧症。《初》：瘭瘥，biucez，羊毛痧；标蛇痧。

瘕（痔、疨、脱、瘃、𪓣、㝵）dot［toːt⁷］〈动〉剧痛。《初》：𩠐瘕于𪑢。Gyaeuj dot ij dai. 头疼得要死。

瘼（㳂）方 mwnh［mɯn⁶］〈形〉❶麻；发麻。《初》：ვ敵𥿰跰瘼。Naengh nanz lai ga mwnh. 久坐腿发麻。❷麻木。《初》：佲𠃾瘼貧𥿰！ Mwngz ndaej mwnh baenzlai! 你竟能这么麻木！

瘑 raq［ɣa⁵］〈名〉瘟疫。（见疜）

𤺊（痡）bog［poːk⁸］〈动〉敷。《初》：𤺊芲，bog yw，敷药。

瘟 byangj［pjaːŋ³］〈形〉辣痛。（见痨）

癣¹ 方 caeh［ɕai⁶］〈形〉（病）痛。（见痓）

癣² naiq［naːi⁵］〈形〉虚弱；精神萎靡；疲倦。（见瘃）

𤸷 humz［hum²］〈形〉痒。（见痞）

瘰¹ nok［noːk⁷］〈名〉❶肉峰（黄牛颈上突起的肉块）。❷瘤。（见𦞐）

瘰²（疹）rok［ɣoːk⁷］〈名〉❶天花。《初》：𦥸瘰，hwnj rok，出天花。❷痘；牛痘。《初》：穙瘰，ndaem rok，种牛痘。

癞（弫）nwnj［nɯn³］〈名〉❶肿块；疙瘩。❷血痕。《初》：䏧𠀗㧅𦥸癞。Ndang deng fad hwnj nwnj. 身上挨鞭子抽起了血痕。

𤻮 rei［ɣei¹］〈名〉痣。《初》：𦠆胻眉𤻮。

Giemzhangz miz rei. 下巴有痣。

𤻰 biu［piːu¹］〈名〉标蛇痧。（见瘭）

癞 gyak［kjaːk⁷］〈名〉癣。（见痒）

𤺥 方 riengq［ɣiːŋ⁵］〈形〉痛；胀痛。《初》：打奀跕𤺥肕裕跣。Daj laj din riengq daengz goekga. 从脚底板胀痛到大腿。

𤸷 dot［toːt⁷］〈动〉剧痛。（见瘈）

立 部

立¹ 方 coep［ɕop⁷］〈动〉遇；相遇。《粤风》：艮尔留度立。Ngoenzneix raeuz doxcoep. 今日咱相遇。

立² 方 laeb［lap⁸］〈连〉又。（见圣）

立³ laeh［lai⁶］〈名〉荔。（见茔）

立⁴ laep［lap⁷］❶〈形〉黑暗；昏暗。❷〈名〉黑夜。右江《本麽叭》：王造立造連。Vuengz caux laep caux lienz. 王造黑暗造光亮。

立⁵ laj［la³］〈名〉下；下面。田阳《布洛陀遗本》：污立楞，uq laj fag,［收藏］在竹垫下。

立⁶ lix［li⁴］〈副〉还。宜州《孟姜女》：祖立宁。Sou lix ningq. 你们还幼小。

立⁷ liz［li²］〈动〉❶离别；离开。❷距离。（见《初》）

立⁸ ndip［ʔdip⁷］〈形〉生（不熟）。（见𪨧²）

立⁹ neix［nei⁴］〈代〉如此；这么。宜州《孟姜女》：故而氓立好。Guh lawz mwngz neix hau. 为何你这么白净。

立¹⁰ lid［lit⁸］〈动〉续。平果《情歌》：立杤扗网。Lid ndaij san muengx. 续青麻织网。

亣 ndwn［ʔdɯn¹］〈动〉站立。（见𠁵）

𰀀 方 saeb［θap⁸］〈动〉接。《初》：𰀀犿的㡪。Saeb lugndik maz. 接小孩回来。

𪨸（泣、陊、𰀀、闶）raeb［ɣap⁸］〈名〉❶侧面；背面。《初》：𪨸岜，raeb bya，山背后。宾阳市兴宾区《观辛苦》：樉英幼𪨸柜。Hanz ing youq raeb gvih. 扁担靠在柜子侧。❷隅；那边（不定处所词）。《初》：𠓨𩈘倩刄卦𪨸𦯀。Lumj raen boux ndeu gvaq raeb caz. 好像看见一个人从草丛那边走过。

彭 raeb［ɣap⁸］〈名〉❶侧面；背面。❷隅；那边（不定处所词）。（见𪨸）

𪨶 yaep［jap⁷］〈名〉一下子；一会儿。（见眨⁴）

𪨹 yaep［jap⁷］〈名〉一下子；一会儿。（见眨⁴）

𪨷¹ yaep［jap⁷］〈动〉眨（眼）。（见眨⁴）

𪨷² 方 loeb［lop⁸］〈名〉指甲；爪尖。（见𤓰）

竝 ndwn［ʔdɯn¹］〈动〉站立。（见𠁵）

竧 rongj［ɣoːŋ³］〈名〉舂谷槽；砻。马山《恭喜歌》：提竧，dwk rongj，打舂堂；打砻（今称"扁担舞"。新年迎春时常表演，妇女每人持一根木杵，分两排立于舂谷槽两边，另有数人执竹筒敲击节奏，持杵者依节奏而撞击谷槽内壁，以祈丰年。因舂杵笨重，后改用扁担在长凳上表演，因此也改称“打扁担”或“扁担舞”。亦称“打虏烈”）。

音 yaem［jam¹］❶〈名〉音。马山《欢叹卜》：段声音沈敖，duenh singyaem caemngauq，断绝了声音静悄悄。❷〈动〉注音。《初》：音合埔㐌㐱。Yaem haeuj henz cih bae. 注音在文字的旁边。

彦 㓛 yanx［ja:n⁴］〈名〉谎话。（见喭）

竜¹ duengh［tu:ŋ⁶］〈动〉拉；扯；拖。（见挏¹）

竜² 㓛 longh［lo:ŋ⁶］〈动〉弄。《初》：欧竜，hitlongh，作弄；糊弄。

竜³ 㓛 lueng［lu:ŋ¹］〈形〉大；宏大。（见类）

竜⁴ lungz［luŋ²］〈名〉龙。（见𩁹）

竩¹ lix［li⁴］〈动〉活；生。（见㘈）

竩²（约、竝、㹏、劝、𦙶、立、燊）ndip［ʔdip⁷］〈形〉生（不熟）。《初》：肉竩，noh ndip，生肉。

竜¹ luengq［lu:ŋ⁵］〈名〉巷。巴马《漠皇一科》：娘叫甫廖竜。Nangz guh boux liuh luengq. 老娘是串巷子的人。

竜² lungz［luŋ²］〈名〉龙。田阳《么罕王》：十竜當散那，五竜當散捞。Cib lungz dang baihnaj，haj lungz dang baihlaeng. 十龙挡在前边，五龙挡在后面。

竜³ rong［ɣo:ŋ¹］〈名〉叶子。田阳《么罕王》：父娄戍淋竜。Boh raeuz swd raemx rong. 咱们父王用叶子管吮水。

竨 lup［lup⁷］〈动〉包；包裹着。（见苙）

竐 㓛 ndi［ʔdi¹］〈形〉❶好；良好。❷美好。❸精彩。（见雉²）

竰 rib［ɣip⁸］〈名〉指甲；爪。（见鞆）

竗 㓛 ywg［jɯk⁸］〈形〉安然（与哄连用）。《初》：眉竖丞哄竗，偻她劲肶㰍。Miz ranz youq gwxywg，raeuz meh lwg sim hai. 有房住安然，咱母子开心。

竮（护、近）㓛 gyawz［kjaɯ²］〈代〉哪里；何处。《初》：𡛼金佲㐱竮？ Nuengx gim mwngz bae gyawz? 金妹你何去？

竟 gingq［kiŋ⁵］〈名〉❶镜子。❷玻璃。（见鏡）

竜 lungz［luŋ²］〈名〉龙。（见𩁹）

竝 lup［lup⁷］〈动〉包；包裹着。（见苙）

竖 raed［ɣat⁸］〈动〉剪。（见㓷）

産 sanj［θa:n³］〈动〉繁衍。马山《百岁歌》：生産人丁，seng sanj vunzding，生育繁衍人丁。

竦 㓛 lub［lup⁸］〈动〉捋；抚摸。《初》：竦𣯛，lub mumh，捋胡须。

竣 㓛 rib［ɣip⁸］〈名〉谷壳。（见《初》，即 reb）

竩 daengx［taŋ⁴］〈动〉停；暂停。（见趾¹）

竝 laep［lap⁷］〈形〉黑;黑暗;昏暗。(见嘿¹)

竍 历 nungz［nuŋ²］〈动〉下。《初》:竍坒,nungzbae,下去。

竫(竫、蹿、仃)dingz［tiŋ²］〈动〉停;停止;停顿。《初》:眉舺合庲竫。Miz ruz haeuj ma dingz. 有船近来停泊。|咟嗛否竫。Bak gangj mbouj dingz. 嘴巴讲个不停。

端¹ 历 doenq［ton⁵］〈副〉逐渐;渐渐。马山《尊老爱幼歌》:呒日端发虫。Heuj hix doenq fat ndungj. 牙也逐渐长龋齿。

端² don［toːn¹］〈动〉阉(用于禽类)。(见腨)

端³(短)donh［toːn⁶］❶〈形〉短(与"长"相对)。《初》:袦端,vaqdonh,短裤。❷〈量〉一半。《初》:端窒刁,donh ranz ndeu,半间房子。❸〈量〉段;节。《初》:双端栠,song donh faex,两节木头。

端⁴ 历 donq［toːn⁵］〈名〉歌圩(与埮连用)。《初》:兄悃佅坒埮端。Gou vax moiz bae hanghdonq. 我和你［一块儿］去歌圩。

端⁵ donq［toːn⁵］〈动〉敲;磕。宜州《龙女与汉鹏》:端给哄哎,donq gyaeq yung ngaiz,敲蛋煮饭。

端⁶ donq［toːn⁵］〈量〉餐。(见飩)

端⁷ 历 duen［tuːn¹］〈动〉提及;说起。上林《赶圩歌》:計内布用端。Gaeqneix mbouj yungh duen. 这些不用提及。(即 dwen)

竰 ndwn［ʔdɯn¹］〈动〉站立。(见𠁥)

竳 daengx［taŋ⁴］〈动〉停;暂停。(见趾¹)

竴 roeb［ɣop⁸］〈动〉遇;碰。(见𨖸)

竵 Cieng［ɕiːŋ¹］〈名〉春节。(见腈)

𥪝(跕)laeb［lap⁸］〈动〉立;建立;设立。《初》:𥪝偲孝堂刁。Laeb aen hagdangz ndeu. 建一所学校。

竧 liek［lɯːk⁷］〈形〉惊恐。马山《哭姐歌》:往佲心多竧。Nuengx mwngz sim doq liek. 你妹心即惊。

竬 rag［ɣaːk⁸］〈动〉拉;拖。(见掿¹)

竱 yamq［jaːm⁵］〈动〉跨;迈;走。(见蹃)

竮 raep［ɣap⁷］〈名〉椭圆形的竹编小鸡笼。(见笈³)

竭¹ laep［lap⁷］〈形〉黑;黑暗;昏暗。大化《嚏奠别》:叁竭埔斗肸,父到楞不㐌。Mbwn laep namh daeuj daengz, boh dauq laeng mbouj ndaej. 天暗到泥地,父转回不得。(见嘿¹)

竭² raep［ɣap⁷］❶〈动〉编(茅草片)。❷〈量〉片(茅草片)。(见箣)

竲 oiq［ʔoi⁵］〈形〉❶嫩。❷幼小;年轻。(见荟²)

竷 gyax［kja⁴］〈名〉孤儿。(见独)

竸(陰、䇊、搇、闰)yaem［jam¹］〈形〉阴森;阴沉。《初》:其内竸明明。Gizneix yaemyetyet. 这个地方阴森森的。

𨗨 历 lub [lup⁸]〈动〉精磨(剃刀、刨刀等)。(见𠛎)

𮞁(𬡏、嗼、吆、𫟲、𩈗、𮞜、𮞑、纭、墓、暮、慕、嗼)moq [mo⁵]〈形〉新。《初》:田𫲨𮞁。Guh ranz moq. 建新屋。|上林《赶圩歌》:授㚢𮞁。Coux bawxmoq. 娶新媳妇。

𮞜 moq [mo⁵]〈形〉新。(见𮞁)

𨗨 历 raeb [ɣap⁸]〈动〉精磨(剃刀、刨刀等)。(见𠛎)

𮞑 moq [mo⁵]〈形〉新。(见𮞁)

龓(𮬻)loengz [loŋ²]〈形〉宽大;宽松(指衣服)。《初》:䘮袮内龓𡗝。Geu buh neix loengz lai. 这件衣服太宽大了。

穴 部

穷¹ gungx [kuŋ⁴]〈形〉弯;弯曲。(见㣍)

穷² gyoengq [kjoŋ⁵]〈量〉❶ 帮;群;伙。❷ 们(与代词连用)。(见㑣)

㝐 congh [ɕoːŋ⁶]〈名〉洞;孔;穴;窟窿。(见𥦂)

穹¹(愩)gungz [kuŋ²]❶〈名〉无名指。《初》:𢫦穹,fwngzgungz,无名指。❷〈形〉穷尽;尽头的;末尾的。《初》:㟏穹,gamj gungz,不深的岩洞(有尽头的岩洞)。

穹² gungz [kuŋ²]〈形〉穷。(见𩦁)

穹³ gyoeng [kjoŋ¹]〈形〉空心;通心。(见𥦃)

空 hong [hoːŋ¹]〈名〉工作;活路。(见𫭟)

𥦃(㝐、窓)cueng [ɕuːŋ¹]〈名〉窗户。(见《初》)

突¹ doed [tot⁸] ❶〈形〉凸;突出。❷〈动〉超出。(见凸¹)

突² duz [tu²]〈量〉只。马山《欢叹父母》:密突㐌开肉。Miz duz bya gaiq noh.[若]有一些鱼或肉。

𥤿 byuk [pjuk⁷]〈名〉❶ 果皮。❷ 壳。(见𠶽)

窄¹ caq [ɕa⁵]〈形〉(心地)奸诈。《初》:咟𦧸䏐窄。Bak van sim caq. 口蜜腹剑。

窄² cat [ɕaːt⁷]〈动〉上当。(见𨁈)

𥤧 历 laep [lap⁷]〈形〉窝囊(与𥤧连用)。《初》:佬吨真𥤧𥤧。Laux dwnx caen laepleij。这个老人真窝囊。

𥥆 hung [huŋ¹]〈形〉❶ 大。❷ 自大。(见奔)

𥥗 历 caenz [ɕan²]〈形〉狭窄。《初》:䏐𥥗,simcaenz,心胸狭窄。

窓 cueng [ɕuːŋ¹]〈名〉窗户。(见𥦃)

𡯸 giq [ki⁵]〈形〉贫困。《初》:𫲨兄𡯸当麻。Ranz gou giq dangqmaz. 我家穷得很。

𥨞¹(笼、𪍿、𫄧)rongz [ɣoːŋ²]〈名〉巢;窝。《初》:𥨞𫛭𡸞𣘈。Rongzroeg youq gwnz faex. 鸟窝在树上。

𥨞²(弄、㟖、挊、哢、宠、拢)rungx

[ɣuŋ⁴]〈动〉抚育；哺养；抚养。《初》：孖俌仪她窲。Lwg baengh bohmeh rungx. 孩子靠父母抚养。

窩 u[ʔu¹]〈名〉小坑。(见壞)

䆗 daenj[tan³]❶〈动〉穿。❷〈名〉衣物(与䠶连用)。金城江《台腊恒》：䠶䆗件布金榜四。Ndangdaenj geu buh gim bengz cawx. 衣物服饰重金买。

䆙(及、乍、局、狹、挾)gaeb[kap⁸]〈形〉狭窄。《初》：㝉䆙䏧。Ranz gaeb lai. 房子太窄。

寛(限、寬、纜)gon[koːn¹]〈形〉(缝隙)宽；不密实。《初》：偲闬内寛䏧。Aen dou neix gon lai. 这扇门缝隙太宽。

䆵 hoengq[hoŋ⁵]〈形〉❶空；空白。❷空闲。(见閚)

窨 yo[jo¹]〈动〉藏；收藏。(见窖)

䆽 doek[tok⁷]〈动〉❶落。❷丢失。(见䢶¹)

䆿 byouq[pjou⁵]〈形〉空；无。(见㤝²)

䆺¹ daenj[tan³]〈动〉❶穿(衣服、鞋、袜等)。❷戴。(见袮)

䆺²(䥿、㖔)ndaenj[ʔdan³]〈动〉❶挤。《初》：佲䆺㐌車㟷。De ndaenj hwnj ci bae. 他挤上车去。❷钻。《初》：徒狃䆺䄵召㟷。Duznou ndaenj roengz congh bae. 老鼠钻进洞里去。

䆻(嘄)-yauj[jaːu³]〈缀〉荡荡；飕飕。《初》：閄㝉閚䆻䆻。Ndaw ranz hoengqyaujyauj. 家里空荡荡的。|眃内澸䆻䆻。Ngoenzneix nityaujyauj. 今天冷飕飕。

䆤(椿)cin[ɕin¹]〈动〉穿。《初》：䆤紏犿。Cin boek vaiz. 穿牛鼻绳。

䆡 daenj[tan³]〈动〉❶穿(衣服、鞋、袜等)。❷戴。(见袮)

䆳 gyoeng[kjoŋ¹]〈形〉空心；通心。(见窓)

䆾 ndonj[ʔdoːn³]〈动〉钻；钻入。(见㤥)

䆮(共、涳、䫺、䆣、穹)gungz[kuŋ²]〈形〉穷。《初》：伝䆮，vunzgungz，穷人。

䆸 〔方〕daeu[tau¹]〈名〉前(年)。《初》：𠦑䆸，beidaeu，前年。

䆹 daenj[tan³]〈动〉❶穿(衣服、鞋、袜等)。❷戴。(见袮)

䆼(拰、䅊)loem[lom¹]〈动〉穿底；破底；穿通；陷落。《初》：偲樉内䫞䆼啰。Aen sangq neix hangx loem lo. 这个大木桶底穿了。

衤(衣)部

补¹ buh[pu⁶]〈名〉衣。宜州《龙女与汉鹏》：由偶啨苔故阶补。Youh aeu bwn roeg guh geu buh. 又用羽毛做件衣。

补² mbuk[ʔbuk⁷]〈名〉襁褓。马山《欢叹父母》：康官在内补。Gangqgonq youq ndaw mbuk.[我们]从前尚在襁褓里。(见帉)

初¹ coh[ɕo⁶]〈介〉向；往；朝(放在动

词和名词之间)。(见嵧)

初^{2} coj [ɕo^{3}]〈形〉可怜;哀怜(与卦连用)。(见恕)

初^{3}(祖)[方] coj [ɕo^{3}]〈副〉才;方才。《初》:䎍内㒰初料。Haetneix gou coj daeuj. 我今早才来。

初^{4}(冇)[方] cuq [ɕu^{5}]〈形〉空。《初》:偲䃶初刁。Aen duix cuq ndeu. 一个空碗。

衬 comj [ɕo:m^{3}]〈动〉补种;补苗。(见䄻)

衶 gaen [kan^{1}]〈名〉巾;毛巾。(见紳)

袄 nda [ʔda^{1}]〈名〉背带。(见袘)

衬 nyib [ȵip^{8}]〈动〉缝。(见紉)

衿 caemx [ɕam^{4}]〈副〉也。金城江《覃氏族源古歌》:衿正家独娄。Caemx cingq ga duh raeuz. 也是咱们的分枝。

袦 daeux [tau^{4}]〈名〉衣襟。《初》:袦衭,daeux buh,衣襟。

彷^{1} [方] fiengq [fi:ŋ^{5}]〈名〉布片;布块(壮族裙子常以三片布料制成,其中任何一片即"彷")。《初》:彷裩,fiengq gunz,裙片。

彷^{2} fong [fo:ŋ^{1}]〈动〉补。(见捀)

衲 gangh [ka:ŋ^{6}]〈名〉下身。(见膖)

袄 iu [ʔi:u^{1}]〈名〉领子。《初》:袄衭,iubuh,衣领。

衲 nda [ʔda^{1}]〈名〉背带。(见袘)

衵(吜、沑、黍、夯) [方] ndouj [ʔdou^{3}]〈形〉初;首。《初》:偻泬衵任䞘。Raeuz mbat ndouj doxraen. 我们初次见面。

衸 rok [ɣo:k^{7}]〈名〉土织布机。(见縩)

袜^{1} vaj [wa^{3}]〈名〉碎布;破布。马山《眼泣眉胱肤》:襉袜,baengz vaj,旧衣布片。(见䄸^{1})

袜^{2}(袛、化、䄸、搳、骍) vaq [wa^{5}]〈名〉裤子。(见《初》)

袛 vaq [wa^{5}]〈名〉裤子。(见袜^{2})

袥 [方] ywz [jɯ^{2}]〈名〉稻草人(与婀连用)。《初》:婀袥,yaxywz,稻草人。

袍 [方] bau [pa:u^{1}]〈名〉❶ 襁褓(与裓连用)。《初》:袍裓,baugeb,襁褓。❷ 包。《初》:袷袍,habbau,荷包;钱包。

被 biq [pi^{5}]〈动〉逃脱;逃掉。(见迲)

袜^{1} bonq [po:n^{5}]〈名〉寿布;裹尸布。马山《百岁歌》:迪条袜許名,dwk diuz bonq hawj mwngz,放一条寿布给你。

袜^{2} vunj [wun^{3}]〈名〉裙子。忻城《传扬故事》:袜花,vunj va,花裙。

衭(袱、彾、絺、補) buh [pu^{6}]〈名〉❶ 上衣。❷ 衣服;衣裳。

袋 daeh [tai^{6}]〈名〉袋。(见䄷)

袖 demx [te:m^{4}]〈名〉簟;竹席。(见箝^{2})

袖(䤐、襧、𤲞、田) denz [te:n^{2}]〈名〉被子。《初》:䍀袖,cw denz,盖被子。

袝 doiq [toi^{5}]〈动〉褪;掉(色)。《初》:衭袝色,buh doiq saek,衣服褪色。

祓 〔厉〕fad［faːt^{8}］〈名〉袜子。(见绂)

衳 hauq［haːu^{5}］〈名〉孝。(见褥)

袜 mbuk［ʔbuk^{7}］〈名〉襁褓。(见帕)

衪(祛、䙆、䙰、衲、袄、䄻、褘、褳、䙖、幯、纚、緯、綁、紾)nda［ʔda^{1}］〈名〉背带。《初》:歐衪料㇌孙孧。Aeu nda daeuj aemq lwgnyez. 拿背带来背孩子。

衧 〔厉〕ningj［niŋ^{3}］〈名〉衣袋;衣兜。(见㮩)

衵(袙)〔厉〕sij［θi^{3}］〈名〉衣服。(见《初》)

衭(鬏)〔厉〕faz［fa^{2}］〈名〉棉被。(见《初》)

袱 〔厉〕fuk［fuk^{7}］〈名〉福;福气;福分。(见愎)

袨(久、絬、绞、綵)geu［keu^{1}］〈量〉件。《初》:双袨袮。Song geu buh. 两件衣服。

袴(夸)〔厉〕gvah［khwa^{6}］〈名〉裤子。(见《初》,即 vaq)

袷(裥)〔厉〕hab［haːp^{8}］〈名〉荷(包)。《初》:袷袍,habbau,荷包;钱包。

袮 longz［loːŋ^{2}］〈动〉披;扎;包;罩。上林《达妍与勒驾》:丕尪又袮条衶紈。Gwnz gyaeuj youh longz diuz gaen gaeuq. 头上又扎一旧巾。

袓 〔厉〕moeg［mok^{8}］〈名〉棉被。(见𧜵^{1})

裆(裞、襠)〔厉〕dangj［taːŋ^{3}］〈名〉垫肩(与靶连用)。《初》:傪眉圿裆靶絨。De miz gaiq dangjmbaq va. 她有一块绣花的垫肩。

袺(咭、拮)gaet［kat^{7}］〈名〉扣子。(见《初》)

裓 haiz［haːi^{2}］〈名〉鞋。(见鞖)

祛 nda［ʔda^{1}］〈名〉背带。(见衪)

䙆 nda［ʔda^{1}］〈名〉背带。(见衪)

裍 raiz［ɣaːi^{2}］〈名〉壮锦。忻城《传扬故事》:袜花杀裍。Vunj va cah raiz. 花裙衬壮锦。

裞 sat［θaːt^{7}］〈动〉裱糊。(见粲)

袙 〔厉〕sij［θi^{3}］〈名〉衣服。(见衵)

裢 vaj［wa^{3}］〈名〉碎布;破布。(见䘦^{1})

裀 〔厉〕yiemz［jiːm^{2}］〈名〉帘。(见《初》)

裖(兵)bengh［peːŋ^{6}］〈名〉开裆(裤)。《初》:孙孧裃袜裖。Lwgnyez daenj vaq bengh. 小孩子穿着开裆裤。

裑(䘛、袯、褅)daeh［tai^{6}］〈名〉袋。(见《初》)

裃(䙞、䙣、乇、屯、箏、䬻、搸、䙊、掭、芚、扽)daenj［tan^{3}］〈动〉❶穿(衣服、鞋、袜等)。《初》:裃袮袦,daenj buhvaq,穿衣服。❷戴。《初》:裃笈,daenj gyaep,戴雨帽。

裌 〔厉〕geb［keːp^{8}］〈名〉襁褓(与袍连用)。《初》:袍裌,baugeb,襁褓。

裎 gen［keːn^{1}］〈名〉手臂。(见𦙶)

視 gen［keːn^{1}］〈名〉手臂。(见𦙶)

袔 㘴 hab [haːp⁸]〈名〉荷(包)。(见袷)

裲 haiz [haːi²]〈名〉鞋。(见鞍)

裍 gunz [kun²]〈名〉裙子。(见裩)

裤(袴、帡)hauq [haːu⁵]〈名〉孝。《初》:袮裤,buh hauq,孝服。

裡 ndei [ʔdei¹]〈形〉好。东兰《造牛(残页)》:日裡,ngoenz ndei,好日子。

裧¹(袢、袦)vaj [wa³]〈名〉碎布;破布。(见《初》)

裧²vaq [wa⁵]〈名〉裤子。(见袦²)

裥(𫄧、𫄨、绷、绐、崩)baengz [paŋ²]〈名〉布;棉布;布帛;布匹。《初》:裥裧,baengz va,花布。

𧞣(助、咋、初)coh [ɕo⁶]〈介〉向;往;朝。《初》:踋𡮉𧞣偻。Byaij bae coh de. 朝他走去。| 㑆𬷕𠭹料𧞣。Gyoengq roeg mbin daeuj coh. 鸟群向这儿飞来。

裩(裍)gunz [kun²]〈名〉裙子。《初》:挼裩掛徎。Soengq gunz hawj nuengx. 送裙子给妹妹。

裬 㘴 hwngq [hɯŋ⁵]〈名〉内(衣)。《初》:袮裬,buhhwngq,内衣。

裸¹ loh [lo⁶]〈动〉❶露。❷裸露。(见䠣)

裸² loq [lo⁵]〈副〉稍;稍微;颇。(见𥟖)

裿 nyib [ȵip⁸]〈动〉缝。金城江《台腊恒》:坐百当𠀾裿。Naengh bakdangq guh nyib. 坐在厅前做针线活。

褖 rug [ɣuk⁸]〈名〉卧房;内房;闺房。(见房)

裭 㘴 sw [θɯ¹]〈名〉衣;衫。(见《初》)

襊 con [ɕoːn¹]〈动〉穿(洞)。(见阑)

褚(查、楂、榨、祚) 㘴 cah [ɕa⁶]〈动〉垫。《初》:柈眉𠬠眉褚。Mbonq miz cw miz cah. 床铺有盖的又有垫的。

褍 daenj [tan³]〈动〉穿。宾阳《催春》:㧡吽㧡褍,ra gwn ra daenj,找吃找穿。

褩 nda [ʔda¹]〈名〉背带。马山《欢叹父母》:咹好赖盘褩。Nyug haujlai bunz nda. 用烂了好多条背带。

褬 liengj [liːŋ³]〈名〉伞。(见俞)

褷 sai [θaːi¹]〈名〉带子。(见𫄨)

褅 㘴 vet [weːt⁷]〈名〉工艺;花样。《初》:𠀾裧𠀾褅否愣伝。Guh va guh vet mbouj lau vunz. 无论做什么工艺都不亚于别人。

褆 㘴 vued [wuːt⁸]〈动〉安慰。(见适)

褛¹ bangj [paːŋ³]〈名〉围裙。《初》:褛䏳,bangjndang,围裙。

褛² mbang [ʔbaːŋ¹]〈形〉薄。(见《初》)

褫 coj [ɕo³]〈形〉可怜;哀怜(与卦连用)。(见恕)

䙧(衬、秽)comj [ɕoːm³]〈动〉补种;补苗。《初》:𡉏哂𫄧只䙧。Gumz lawz noix cix comj. 哪坑缺苗就补种。| 䙧稼,comj gyaj,补插秧苗。

裆 历 dangj [ta:ŋ³]〈名〉垫肩(与肥连用)。(见裆)

裥 denz [te:n²]〈名〉被子。(见裥)

裢¹ fong [fo:ŋ¹]〈动〉补。(见剺)

裢² 历 vuengz [wu:ŋ²]〈动〉补;缝补。《初》:裢袆,vuengz vaq,补裤子。

裢 fong [fo:ŋ¹]〈动〉补。(见剺)

褲 历 mad [ma:t⁸]〈名〉袜子。(见絉¹)

褀¹(袓)历 moeg [mok⁸]〈名〉棉被。(见《初》)

褀² moq [mo⁵]〈形〉新。(见𫠠)

襌 nda [ʔda¹]〈名〉背带。(见袘)

褺(缴)历 ngau [ŋa:u¹]〈形〉长(袍)。《初》:袮褺,buhngau,长袍。

褡 历 saek [θak⁷]〈形〉窄。(见𩟫)

襐 历 congz [ɕo:ŋ²]〈量〉件(用于衣服)。《初》:袸 襐 袮 刁。Daenj congz buh ndeu. 穿一件衣服。

褡¹ 历 dangj [ta:ŋ³]〈名〉垫肩。(见裆)

褡²(唐)dangz [ta:ŋ²]〈名〉裆。《初》:褡袆,dangzvaq,裤裆。

襀 历 gonq [ko:n⁵]〈名〉被里(与𧞤连用,一种厚实的棉布)。《初》:𧞤襀,baengzgonq,棉布被里。

褸¹ 历 man [ma:n¹]〈名〉❶ 壮锦。❷ 方格花土布(用土织布机织成,用来做被面)。

褸² mbonq [ʔbo:n⁵]〈名〉床;床铺。(见栟)

襒 minj [min³]〈动〉填补;抿(裂缝)。《初》:襒孔垟。Minj congh ciengz. 填补墙洞。

襌 nda [ʔda¹]〈名〉背带。(见袘)

襗(衿)历 ningj [niŋ³]〈名〉衣袋;衣兜。《初》:袨袮内眉四偲䄻襗。Geu buh neix miz seiq aen daehningj. 这件衣服有四个口袋。

襨 daenj [tan³]〈动〉❶ 穿(衣服、鞋、袜等)。❷ 戴。(见袸)

襘(𪐴)ndaengq [ʔdaŋ⁵]〈名〉蓝靛。《初》:𣴓 塝 汏 漕 襘。Bae bangx dah sauz ndaengq. 去河边漂洗蓝靛染的布。

襛(挵)历 nungh [nuŋ⁶]〈动〉穿。《初》:襛袻,nungh sij,穿衣服。

襪 mat [ma:t⁷]〈名〉竹管。田东《闹涽懐一科》:襪法春卦貫。Matfax con gvaq gonq. 先把竹管针穿过。

褔 历 lwix [lɯ:i⁴]〈形〉烂;旧。《初》:袉褔,vaj lwix,旧布片。

襹 nda [ʔda¹]〈名〉背带。(见袘)

衣¹ ei [ʔei¹]〈名〉❶ 纸衣;冥衣(祭拜时烧化)。马山《行孝歌》:烧对衣度炼。Coemh doiq ei doxlienz. 烧一套相连的纸衣。❷ 蓑衣。《初》:笓衣,soei,蓑衣。

衣² eiq [ʔei⁵]〈名〉腋窝。马山《欢叹父母》:给倭眸夻衣。Hawj raeuz ninz laj eiq.

[小时候]让我们睡在[他的]腋窝下。

衣³ iq[ʔi⁵]〈形〉小。马山《欢叹父母》:内兰眉劲衣。Ndaw ranz miz lwg iq. 家里[还]有小孩。

衣(装)cang[ɕaːŋ¹]〈动〉❶打扮;装扮;扮演;修饰;装饰。《初》:衣䠶,cangndang,打扮。❷假装。

补 buh[pu⁶]〈名〉❶上衣。❷衣服;衣裳。(见袆)

装¹ cang[ɕaːŋ¹]〈动〉❶打扮;装扮;扮演;修饰;装饰。❷假装。(见衣)

装² cang[ɕaːŋ¹]〈动〉❶装捕;诱捕(设置器具或诱饵捕捉动物)。❷安装;装设。(见掯)

裂 lek[leːk⁷]〈动〉惊乱;骚动。武鸣《信歌》:冚迪心旯裂。Guh dwk sim gou lek. 弄得我心很惊咤。(见烈)

罖 方 vinj[win³]〈名〉裙子。(见《初》)

襞 dek[teːk⁷]〈动〉裂;裂开;破裂;爆炸;爆裂。(见翟)

襞 方 faz[fa²]〈名〉棉被。(见袚)

䙊 方 rangj[ɣaːŋ³]〈动〉设置器具诱捕(动物)。(见䂚)

皮 部

皮¹ baez[pai²]〈名〉过去;从前;往常。(见辖)

皮² baez[pai²]〈量〉次。武鸣《信歌》:皮飛几皮寡。Baez mbin geij baez gvax. 一飞几盘旋。

皮³ beix[pei⁴]❶〈名〉兄;姐。❷〈名〉情哥;情郎。上林《赶圩歌》:皮当龙笼斗。Beix dangq lungz roengz daeuj. 哥像龙到来。❸〈名〉阿哥;阿姐(泛称平辈年长于己者)。❹〈动〉年长;大于。❺〈名〉亲戚(与往连用)。马山《欢叹母》:捲烦偻皮往。Gyonj fanz raeuz beixnuengx. 总是麻烦众亲戚。(见㞞)

卜皮 boek[pok⁷]〈动〉翻;翻覆;倾覆。(见卧)

妇 方 bwh[phɯ⁶]〈名〉时候;时间。《初》:妇晆,bwh sawz,何时。

皱(痴、扭、皯、鴟)niuj[niːu³]〈名〉疤;瘢痕(指不平滑的疤)。《初》:尬皱,gyaeuj niuj,头上的伤疤。

皯 naeng[naŋ¹]〈名〉皮。(见姓)

皉 baez[pai²]〈量〉次;遍;回;趟。(见波)

皯 byawz[pjaɯ²]〈代〉谁;哪个。(见佋¹)

皵 byawz[pjaɯ²]〈代〉谁;哪个。(见佋¹)

皯 naeng[naŋ¹]〈名〉皮。(见姓)

粄 方 bo[po¹]〈数〉半。《初》:扮佲粄。Baen goenz bo. 分给每人一半。

皱(贼、皃、皅)方 bih[phi⁶]〈名〉兄;

姐。(见《初》)

䟺 㕣 bih [phi⁶]〈名〉兄;姐。(见觇)

𰄇(𰄉、𰄊)lot [loːt⁷]〈动〉❶擦破;刮破(表皮受到损伤)。❷剥落。(见《初》)

𰄊 lot [loːt⁷]〈动〉❶擦破;刮破(表皮受到损伤)。❷剥落。(见𰄇)

𰄋(皵、能、㚹、𰄌、肢、𰄍、𰄎、𰄏)naeng [naŋ¹]〈名〉皮。《初》:挣𰄋犽𠮩皷。Cengq naeng vaiz guh gyong. 撑牛皮做鼓。

𰄌 naeng [naŋ¹]〈名〉皮。(见𰄋)

𰄐 niuj [niːu³]〈名〉疤;瘢痕(指不平滑的疤)。(见𠛆)

𰄑 beix [pei⁴]❶〈名〉兄;姐。❷〈名〉情哥;情郎。❸〈名〉阿哥;阿姐(泛称平辈年长于己者)。❹〈动〉年长;大于。(见戾)

𰄒 bi [pi¹]〈名〉年;岁。(见𢆡)

𰄓 gyong [kjoːŋ¹]〈名〉鼓。(见皷)

𰄍 naeng [naŋ¹]〈名〉皮。(见𰄋)

𰄔 reih [ɣei⁶]〈名〉畲地;田地。(见犁²)

𰄕(肶、𦙶、能、𦢊、胚、𰄖)biz [pi²]〈形〉肥;胖。《初》:𤜬𰄕,mou biz,肥猪。

𰄖 biz [pi²]〈形〉肥;胖。(见𰄕)

皵 iemj [ʔiːm³]〈名〉❶螺厣;螺口盖。《初》:皵𧊅,iemj sae,田螺口盖。❷痂。《初》:𢞀𤷫内提皵啰。Aen baez neix dawz iemj lo. 这个疮结痂了。❸萼片。《初》:皵𥕦稔,iemj maknim,桃金娘果的萼片。❹皮(盛物过秤的容器)。《初》:除皵𰄗里眉双斤。Cawz iemj bae lij miz song gaen. 除去秤皮后还有两斤。

𰄘(弘)㕣 gung [kuŋ¹]〈动〉锯。《初》:𰄘𣎴,gung faex,锯木。

𰄙 㕣 saj [θa³]〈名〉粥皮(粥面上凝结的薄层)。《初》:𰄙粠,saj souh,粥皮。

𰄚(菠)㕣 baez [pai²]〈名〉龙须草。

𰄛 gyong [kjoːŋ¹]〈名〉鼓。(见皷)

𰄜 baez [pai²]〈名〉疮;疖子。(见𤷫)

𰄝(揹、𢶀、𪓔)beiz [pei²]❶〈名〉扇子。❷〈动〉扇。《初》:𰄝𩙣,beiz rumz,扇风。

𰄞 niuj [niːu³]〈名〉疤;瘢痕(指不平滑的疤)。(见𠛆)

皵 naeng [naŋ¹]〈名〉皮。(见𰄋)

耒 部

耒 lai [laːi¹]〈形〉多。金城江《覃氏族源古歌》:必㑚耒堤𠮩。Beixnuengx lai dieg ywq. 亲戚居多处。

耖 㕣 laiz [laːi²]❶〈名〉花纹。❷〈形〉麻;麻花。《初》:𩈘耖,najlaiz,麻脸。(即raiz)

耓 㕣 daengq [taŋ⁵]〈名〉木耙(与𦔳连用)。《初》:耓𦔳,daengqgiengh,木耙(用来翻晒粮食或扒取落叶的耙子)。

耙¹ lawz [laɯ²]〈代〉哪;何;哪样。(见哷²)

耓[2] 㞢 yawz［jauɯ²］〈代〉怎样；如何；哪样；怎么；若何。（见佲³）

耔（坜、𡎴、嗏、埭、捒、㧃、𥺉、𨁙、踩、𰛺、蹉）ndai［ʔdaːi¹］〈动〉耘。《初》：耔𤳉，ndai naz，耘田。

耓 㞢 maet［mat⁷］〈形〉死绝；精光。（见《初》）

耕 gaeng［kaŋ¹］〈名〉乌猿。（见𤞩¹）

耓 gyaih［kjaːi⁶］〈动〉耙（旱田或地）。

耗[1] hau［haːu¹］〈形〉白。（见皓）

耗[2] hauq［haːu⁵］❶〈动〉说；讲；告诉。❷〈名〉话。（见吒）

𦓤 㞢 nied［niːt⁸］〈形〉专心；踏实。（见《初》）

耙 yaeq［jai⁵］〈动〉犁。金城江《台腊恒》：丕差牬馬耙。Bae caq vaiz ma yaeq. 去借牛来犁。

耤 rauq［ɣaːu⁵］❶〈名〉耙；耙具。❷〈动〉耙。（见耮）

耓[1] 㞢 laeh［lai⁶］❶〈名〉四齿耙。❷〈动〉（用耙子）耙；搂。（见《初》）

耓[2] roi［ɣoi¹］❶〈名〉梳子。❷〈动〉梳。（见檑⁵）

耮（耥、耤、耪、𢹦、𡐦、𢹿）rauq［ɣaːu⁵］❶〈名〉耙；耙具。《初》：耮𨬕，rauq diet，铁耙。｜撓耮𡎺𤳉。Gwed rauq bae naz. 扛耙子下田。❷〈动〉耙。宾阳《催春》：耮𤳉又督秝。Rauq naz youh doek gyaj. 耙田又播秧。

耓 㞢 gyaq［kja⁵］〈动〉打扫；清理。《初》：耓𥔲𥦃。Gyaq hauz ranz. 清理屋旁的排水沟。

𥺉 ndai［ʔdaːi¹］〈动〉耘。（见耔）

𰛺 ndai［ʔdaːi¹］〈动〉耘。（见耔）

耦 ngaeuz［ŋau²］〈形〉❶光滑。❷尽；光；完。（见㽲¹）

耓 naiq［naːi⁵］〈形〉虚弱；精神萎靡；疲倦。（见痵）

耓 㞢 giengh［kiːŋ⁶］〈名〉耙（与耓连用）。《初》：耓耓，daengqgiengh，木耙。

耪 rauq［ɣaːu⁵］❶〈名〉耙；耙具。❷〈动〉耙。（见耮）

耳 部

耳[1] lex［le⁴］〈语〉吧。巴马《赎魂糯呟》：獁耳魂昙托閙故。Ma lex hoen ngoenz doek haih gu. 来吧稻魂今天降临给我。

耳[2] ngeiq［ŋei⁵］〈名〉枝；树枝。《粤风》：踏得耳花桃。Ra ndaej ngeiq vadauz. 寻得桃花枝。

耳[3] ngeix［ŋei⁴］〈动〉❶思；思念。❷思索；寻思；考虑。（见忈¹）

耳[4] nyi［ȵi¹］〈动〉听；听到。忻城《传扬故事》：途兰耳罡煉。Duz rox nyi bahlienh. 它会机警听［人唤］。

耳[5] rox［ɣo⁴］〈动〉会。田阳《布洛陀遗本》：恩凳可耳踧。Aen daengq goj rox

byaij. 凳子也会走路。

耳^{6} 方 rwq [ɣɯ^{5}]〈代〉你们。平果《贼歌》：冇欣名耳闹。Ndwi raen mingz rwq nauq. 不见你们的名字。

耵(聤) dingq [tiŋ^{5}]〈动〉听。《初》：耵伝吽，dingq vunz naeuz，听人家说。

耶 方 sah [θa^{6}]〈形〉泥泞。(见𪑾)

耾 myw [mjɯ^{1}]〈拟〉表示孤独的、孤零零的。《初》：得伝傪常时各凷耾耾。Ndaek vunz de ciengzseiz gag guh mywmyw. 他那人做事经常孤零零的。

耴(叹、咡、喧、啤、唧、啘、爹) nyi [ȵi^{1}]〈动〉闻；听见；听到。《初》：耵耴，dingqnyi，听见。

耸 方 soengj [θoŋ^{3}]〈动〉猛推；猛撞。(见搡)

耵 方 ven [we:n^{1}]〈名〉(耳)环。(见瞏)

耻 方 gyouz [khjou^{2}]〈名〉耳朵。

聊 方 liuz [li:u^{2}]〈动〉摸弄；抚摸(与弄连用)。《初》：聊弄茱桄𦬊内。Liuzlungq duj va gyaeu neix. 抚摸这朵美丽的花。

聋 lwngq [lɯŋ^{5}]〈形〉❶ 听觉迟钝。❷ 痴呆。(见《初》)

聓(𦖂、聛、聜) nuk [nuk^{7}]〈形〉 聋。《初》：聏聓，rwz nuk，耳聋。

聍(咱) nwj [nɯ^{3}]〈语〉呀。《初》：佲快料聍！ Mwngz vaiq daeuj nwj! 你快来呀！

聏 rwz [ɣɯ^{2}]〈名〉耳朵。(见聏)

聐 方 huih [hu:i^{6}]〈名〉眼珠；眼球。《初》：聐眦，huih da，眼珠。(即 ngveih)

聏 lot [lo:t^{7}]〈形〉破损。都安《三界老爺唱》：催扶眦聏以到兀。Coih boux da lot hix dauq ndei. 治眼睛发炎的人也转好。

聏(聣、利、聏) rwz [ɣɯ^{2}]〈名〉耳朵。(见《初》)

聘 baenh [pan^{6}]〈名〉刚才(与眣连用)。(见昄^{1})

聛 nuk [nuk^{7}]〈形〉聋。马山《駄向书信》：实貧部聛愚。Saed baenz boux nuk ngawz. 实在成了聋笨人。(见聓)

聪 方 nyinh [ȵin^{6}]〈动〉听；闻。《初》：聪吽卦，nyinh naeuz gvaq，听说过。

聣 方 ven [we:n^{1}](耳)环。(见瞏)

聤 dingq [tiŋ^{5}]〈动〉听。(见耵)

聍 方 ngeh [ŋe^{6}]〈拟〉哞(水牛叫)。《初》：𠂦耴犴犰聍。Ndaejnyi vaizlwg ngeh. 听到小水牛在哞哞叫。

聣 rwz [ɣɯ^{2}]〈名〉耳朵。(见聏)

聜 nuk [nuk^{7}]〈形〉聋。(见聓)

𦖂 nuk [nuk^{7}]〈形〉聋。(见聓)

瞏(耵、聣) 方 ven [we:n^{1}](耳)环。《初》：瞏耻，ven'gyouz，耳环。

聸 方 soem [θom^{1}]〈形〉(指听力、视力)敏锐；锐利。《初》：眦傪聸卦鹞。Da de soem gvaq yiuh. 他的目光比鹞鹰还锐利。

臣　部

臣 caenh [çan⁶]〈动〉催。东兰《莫卡盖用》:臣江黑。Caenh gyang hwnj. 催壮汉起来。

臨 limz [lim²]〈动〉打;击。(见掭)

臨 limz [lim²]❶〈动〉来临;降临;到来。马山《为人子者》:一叩就跑斗肑臨。It heuh couh buet daeuj daengz limz. 一叫就跑来。❷〈副〉临。金城江《覃氏族源古歌》:眉急事臨時。Miz gip saeh limzseiz. 临时有急事。

䣓 mbin [ʔbin¹]〈动〉飞。(见蝱)

西(覀)部

西¹ sae [θai¹]〈名〉咽喉(与何连用,常比喻孩子、心肝宝贝)。马山《欢叹父母》:何西,hozsae,咽喉(转喻孩子)。

西² sae [θai¹]〈名〉螺;螺蛳。马山《尊老爱幼歌》:足西,cup sae,吮吻田螺。(见蛳)

西³ seiq [θei⁵]〈名〉世。马山《欢叹父母》:卜老偻夸西。Bouxlaux raeuz gvaq seiq. 我们的老人去世。

西⁴ seiq [θei⁵]〈数〉四。宜州《龙女与汉鹏》:西月锐达呗节仍。Seiqnyied ruih dah bae ciet saeng. 四月河边去扳罾。

西⁵ si [θi¹]〈形〉凄。上林《达稳之歌》:耐议耐西凉。Naih ngeix naih siliengz. 越想越凄凉。

西⁶ siq [θi⁵]〈动〉把;抽(双手托住小孩的两腿让其大小便)。(见需)

西⁷ saej [θai³]〈名〉肠子。(见胣²)

覀¹ haj [ha³]〈数〉五。(见㕲³)

覀² haj [ha³]〈动〉哈(气);打(哈欠)。(见㕲⁴)

覃 cimh [çim⁶]❶〈动〉跟;随。❷〈介〉跟;与。(见踸)

要夭 iu [ʔiːu¹]〈动〉邀;邀约;邀请。(见㕭³)

要快 gvaix [kwaːi⁴]〈动〉舀起。(见㧟)

覃星 sinz [θin²]〈动〉❶飞溅。❷摔。金城江《台腊恒》:吾雷定覃星㚢拉渃。Ngux loiz dingh sinz suih laj yoq. 雷王必定摔下屋檐底。

要業 nep [neːp⁷]〈动〉❶夹。❷捏(用手指夹)。(见撲²)

而　部

而¹ 〔方〕gyauh [kjaːu⁶]〈名〉耙子(农具)。(见朽)

而² lawz [law²]〈代〉❶哪;谁。宜州《龙女与汉鹏》:卜而佛古呗哄哏? Bouxlawz diq gou daeuj yung gwn? 谁替我来煮饭? | 涔伽沫任而? Gwn ga mboq raemx lawz? 喝哪里的泉水? ❷什么;何;怎样。宜州《龙女与汉鹏》:故而之强本伲咪。Guh lawz cih gyang baenz ni lai.

gyangh baenzneix lai. 为何长得如此美。| 宜州《孟姜女》:叫古样而呗。Heuh gou yienghlawz bae. 叫我怎样去。

而^{3} ra [ɣa^{1}]〈动〉找。(见抪^{2})

而^{4} rieg [ɣi:k^{8}]〈动〉换(水、衣服等)。(见揤^{3})

而^{5} rox [ɣo^{4}]〈连〉或。平果《贼歌》:叹贼而叹文? Raeuq caeg rox raeuq vunz? 吠贼或吠人?

而^{6} saw [saɯ^{1}]〈形〉清。宜州《龙女与汉鹏》:嘢江任而偶否累。Youq gyang raemxsaw aeu mbouj ndaej. 家住清水中要不得。

而二^{1} ngeih [ŋei^{6}]〈数〉二。上林《达稳之歌》:年纪犁而二而二。Nienzgeij ndaej ngeihngeih. 年纪得了二十二。

而二^{2} 方 nyih [ȵi^{6}]〈数〉二;双。(见《初》,即 ngeih)

而二^{3} 方 nyih [ȵi^{6}]〈动〉陪伴;陪同。上林《赶圩歌》:而二娜陷内料。Nyihnax haemhneix daeuj. 今晚伴娘来。

而光 raeg [ɣak^{8}]〈形〉绝;灭绝。(见㓤)

页(頁)部

顺^{1} 方 sinx [θin^{4}]❶〈量〉一小片。❷〈形〉紧实(指薯、芋类煮熟后不粉松)。《初》:吽盯偲蒴顺。Gwn deng aen biek sinx. 吃中一个紧实的芋头。

顺^{2} 方 soemh [θom^{6}]〈动〉赤(脚)。(见踔)

顺^{3} swh [θɯn^{6}]〈动〉转手。忻城《传扬歌》:安邳安个顺。An caeuq an goj swnh. 一拨人跟一拨人相互转手。

颂 coeng [ɕoŋ^{1}]〈名〉盅;杯。宜州《龙女与汉鹏》:佯授颂茶之成哏。Fwngz caeux coeng caz cix caengz gwn. 手拿杯茶未曾喝。(即 cung)

顿 donq [to:n^{5}]〈量〉餐。(见飩)

领 lingj [liŋ^{3}]〈形〉伶俐;聪明;精明;机灵(与㚈连用)。(见伩^{1})

颠 dingj [tiŋ^{3}]〈动〉摔跟斗;翻跟斗;倒栽葱(与𩑈连用)。(见孯^{2})

頂^{1} 方 dingj [tiŋ^{3}]〈动〉守(孝)。《初》:頂袸圣閙空。Dingj hauq youq ndaw ranz. 在家里守孝。

頂^{2}(定)dingj [tiŋ^{3}]〈形〉恰巧;凑巧(与灵连用)。《初》:眃内頂灵犁任踰。Ngoenzneix dingjlingz ndaej doxbungz. 今天凑巧能相逢。

順 son [θo:n^{1}]〈动〉教。马山《九郎》:教順孙师, gyauqson lwgsae,教给徒弟。

頑^{1} 方 ngvangh [ŋwa:ŋ^{6}]〈形〉笨拙;傻;愚蠢。(见疰^{1})

頑^{2} van [wa:n^{1}]〈形〉甜;甘;甜美。(见甜)

頌 soeng [θoŋ^{1}]〈形〉❶(住地)宽敞。❷轻松;爽快;舒服。(见悰^{1})

頗(破)boq [po⁵]〈动〉吹;吹嘘;吹擂;说大话。《初》:嗛頗,gangj boq,吹牛。

頓 doenh [ton⁶]〈名〉栏圈;栏厩。田东《闹涽懷一科》:社頓造礼當。Cex doenh caux ndaej dang. 栏圈神才予以庇护。

頓(省、申、辛)㓈 sin [θin¹]〈量〉根;颗。《初》:双頓敒,song sin faenz,两颗牙齿。

頜 goek [kok⁷]〈名〉❶根基;根底;根端;根部。❷本;本钱。(见榕[1])

頭 gyaeuj [kjau³]〈名〉头。马山《二十四孝欢》:昭眸廷班頭。Haemh ninz gen banq gyaeuj. 夜眠手臂搁头上。

頼 laih [la:i⁶]〈形〉徐徐;慢慢。田东《闹涽懷一科》:頼頼口絞滰,laihlaih haeuj geu baengz,徐徐入布条。

額 ngeg [ŋe:k⁸]〈副〉肯定;一定;必定(与定连用)。《初》:額定叫乱貧。Ngegdingh guh ndaej baenz. 肯定能做成。

顧 goq [ko⁵]〈动〉照顾。马山《欢叹母》:拦佲仆偭顧? Lan mwngz bouxlawz goq? 你的孙子谁照顾?

䫨 ngon [ŋo:n¹]〈动〉祈求;要求。(见詨)

虍 部

虎 hoz [ho²]〈名〉大雁;鸿雁(与山连用)。平果《情歌》:山虎,sanhoz,大雁。(即roegnyanh)

虚 hawq [haɯ⁵]〈形〉干;尴尬。巴马《贖魂糎呟》:王造勿哪虚。Vuengz caux fwd naj hawq. 王才骤然脸尴尬。

處 suiz [θu:i²]〈名〉处;处所。金城江《覃氏族源古歌》:各自棑安處。Gag cix baiz an suiz. 各自安排安身处。

虗 huj [hu³]〈名〉云。金城江《台腊恒》:肯云可之虗。Gwnz mbwn goj cix huj. 天上尽是云。

虪(蜮)coengz [ɕoŋ²]〈名〉大虫(老虎)。《初》:大虪丕閬旹。Daihcoengz youq ndaw bya. 老虎在深山里。

虧 gui [ku:i¹]〈动〉亏;亏待。金城江《覃氏族源古歌》:旮中否累虧。Mbwn soengz mbouj ndaej gui. 上天护佑不能亏。

虤 guk [kuk⁷]〈名〉虎。(见䖘)

虷 hawq [haɯ⁵]〈形〉干。(见祛)

䖘(蜗、蜮、虤、谷、狢、虪、猰、狢、兕)guk [kuk⁷]〈名〉虎。《初》:犊孖否馏䍮䖘。Cwzlwg mbouj roxnaj guk. 黄牛犊不认识老虎(喻初生牛犊不怕虎)。

虜 lawh [laɯ⁶]〈动〉替换;代替;轮换。(见挒[2])

虞 㓈 nywnz [ɲɯn²]〈名〉处;处所。《初》:虞内,nywnzneix,此处。

虪 guk [kuk⁷]〈名〉虎。(见䖘)

虫 部

虫 ndungj [ʔduŋ³]〈名〉龋齿。马山《尊老爱幼歌》:呕日端发虫。Heuj hix doenq fat ndungj. 牙也逐渐长龋齿。

虼 ex [ʔe⁴]〈名〉蛤蚧(与蝨连用)。(见虵¹)

虽 non [noːn¹]〈名〉虫;蛹。(见蝥)

虬 yae [jai¹]〈名〉蜾蠃(俗称细腰蜂)。忻城《十劝书》:伝偻命途虬。Vunz raeuz mingh duzyae. 人们蜾蠃命(蜾蠃衔泥做窝,喻农民终年要在土里刨食)。

虲(蛤、蚬)byuk [pjuk⁷]〈名〉白蚁。《初》:虲廸柠。Byuk dwk saeu. 白蚁蛀柱子。

虰¹(蛔、蜓、蚨、蟒、蛔)dinz [tin²]〈名〉黄蜂。(见《初》)

虰² nding [ʔdiŋ¹]〈形〉红(与蟠连用)。《初》:蟠虰, moed nding,红蚁。

虰³ ndingq [ʔdiŋ⁵]〈名〉蝼蛄(与蛉、蜩连用)。(见蛀¹)

虮¹ gaeuj [kau³]〈名〉蟋蟀;蝈蝈;蛐蛐(与蝪连用)。《初》:蝪虮, daekgaeuj,蟋蟀。

虮² raeu [ɣau¹]〈名〉头虱。(见螭)

虮 gvej [kwe³]〈名〉泽蛙(俗称蚂蜗)。宾阳《催春》:蛤虮喊咘断。Goep gvej hemq mbouj duenh. 蛙声叫不断。(见蜗)

虼(乜、蛛、蝟、蠻)maet [mat⁷]〈名〉跳蚤。(见《初》)

虮(蚆、螞、𝔑)mbaj [ʔba³]〈名〉蝶;蝴蝶。《初》:虮搛桃。Mbaj comz va. 蝶恋花。

虷¹ 方 ca [ça¹]〈名〉鱼。(见鮓)

虷² 方 daep [thap⁷]〈名〉牛虱。(见《初》,即 sip)

蚪¹ doq [to⁵]〈名〉马蜂;胡蜂。(见蝮)

蚪² 方 duq [tu⁵]〈名〉蝌蚪(与蝚连用)。《初》:蚪蝚, duqrug,蝌蚪。(即 duzrug)

虵¹(虼)ex [ʔe⁴]〈名〉蛤蚧(与蝨连用)。《初》:蝨虵, aekex,蛤蚧。

虵² gvej [kwe³]〈名〉泽蛙(俗称蚂蜗)。(见蜗)

虹 gangj [kaːŋ³]〈名〉水黾(与蟾连用)。《初》:虹蟾, gangjsaeng,水黾(俗称水蜘蛛,水爬虫。形略似蜘蛛,身细长,灰黑色,在水面上爬行)。

蚑 goep [kop⁷]〈名〉黑斑蛙(俗称田鸡)。(见蝕)

蚂 gungq [kuŋ⁵]〈名〉虾。(见蛈¹)

虳 方 maenz [man²]〈名〉虱子。(见蜩,即 naenz)

蚁¹ moed [mot⁸]〈名〉蚂蚁。(见蟠)

蚁² myaz [mja²]〈名〉蛞蝓(与蠷连用)。《初》:蠷蚁, myaizmyaz,蛞蝓(俗称鼻涕虫,即蜒蚰)。

虮 ngwz [ŋɯ²]〈名〉蛇。(见蚷)

蚜 a [ʔa¹]〈名〉乌鸦。(见鴉)

虾^{1} baeu [pau^{1}]〈名〉螃蟹。(见蜅)

虾^{2} beih [pei^{6}]〈名〉蜻蜓。(见蚍)

虾^{3} 方 buq [pu^{5}]〈名〉萤火虫(与蛉连用)。《初》:虾蛉,buqrib,萤火虫。

蚍(蜱、虾)beih [pei^{6}]〈名〉蜻蜓(与螃连用)。《初》:螃蚍,biengzbeih,蜻蜓。

蚨^{1} 方 denz [the:n^{2}]〈名〉黄蜂。(见《初》,即 dinz)

蚨^{2} dinz [tin^{2}]〈名〉黄蜂。(见虰^{1})

蚨^{3} ndwen [ʔdɯ:n^{1}]〈名〉蚯蚓。(见腄)

蚆^{1} bya [pja^{1}]〈名〉鱼。(见鲃)

蚆^{2} mbaj [ʔba^{3}]〈名〉❶ 蝶;蝴蝶。马山《迪封信斗巡》:花红变贫蚆。Va hoengz bienq baenz mbaj. 红花变蝴蝶。❷ 蛾。大化《嚗奠别》:劧蚆强灯。Lwgmbaj giengh daeng. 蛾子扑灯。(见虮)

蚄 方 fongz [fo:ŋ^{2}]〈名〉果子狸。(见獴)

蚣 gungq [kuŋ^{5}]〈名〉蟾蜍;癞蛤蟆(与螋连用)。马山《偻笁荳貧够》:蚣螋想肝鸡。Gungqsou siengj daep yiuh. 癞蛤蟆想老鹰肝。

蚞 mbwt [ʔbɯt^{7}]〈名〉蜣螂。(见蛛^{2})

蚋 方 naez [nai^{2}]〈名〉螺。(见《初》)

蚟 ndingq [ʔdiŋ^{5}]〈名〉蝼蛄。(见蛀^{1})

蚏(蚯、蠪)方 nduen [ʔdu:n^{1}]〈名〉蚯蚓。《初》:蛨蚏,mengznduen,蚯蚓。

蚖 ndwen [ʔdɯ:n^{1}]〈名〉蚯蚓。(见腄)

蚕 ndwen [ʔdɯ:n^{1}]〈名〉蚯蚓。(见腄)

蚓 ndwen [ʔdɯ:n^{1}]〈名〉蚯蚓。(见腄)

蚼 方 ngouz [ŋou^{2}]〈名〉蛇。(见《初》,即 ngwz)

蚅(虮、蛦、蛒)ngwz [ŋɯ^{2}]〈名〉蛇。(见《初》)

蚨(蛲、蛲、蟯、麲、蝘、鱙)nyauh [ȵa:u^{6}]〈名〉小虾。(见《初》)

蚄 roeg [ɣok^{8}]〈名〉鸟。(见鵦)

蚕 rongz [ɣo:ŋ^{2}]〈名〉茧。(见绒^{3})

蚒 方 vauz [wa:u^{2}]〈名〉大蝙蝠。(见蟧)

蚑 方 ai [ʔa:i^{1}]〈名〉蝼蛄(与蝌连用)。《初》:蚑蝌,ainah,蝼蛄。

蜅(鲍、鯆、虾、蚫)baeu [pau^{1}]〈名〉螃蟹。(见《初》)

蚫 baeu [pau^{1}]〈名〉蟹;螃蟹。马山《白事歌》:叫蚫斗啃骨。Heuh baeu daeuj henx ndok. 叫螃蟹来啃骨头。(见蜅)

蛂(蟬)bid [pit^{8}]〈名〉蝉。《初》:徒蛂吗歪夆。Duzbid heuh gwnz faex. 蝉鸣树上。

蚇 方 cij [ɕi^{3}]〈名〉壁虎(与蚻连用)。《初》:蚻蚇踩塝垟。Sapcij raih bangx ciengz. 壁虎在墙壁上爬行。

蚰 dinz [tin^{2}]〈名〉黄蜂。(见虰^{1})

蛤 方 doij [thoi^{3}]〈名〉蜜蜂。(见《初》)

蝀 doengz [toŋ^{2}]〈名〉虹。(见霘)

蚩 方 dup [tup^7]〈名〉壳。《初》:蚩𧓍, dup gyaeq,蛋壳。

蚂(蝺、𧊅、蛙、䲖、蛆、蚨、蝫、蝶、虵、虮) gvej [kwe^3]〈名〉泽蛙(俗称蚂蚂)。《初》:蛇叶蚂。Ngwz gwn gvej. 蛇吃泽蛙。

蛆 gvej [kwe^3]〈名〉泽蛙(俗称蚂蚂)。(见蚂)

𧊅 gvej [kwe^3]〈名〉泽蛙(俗称蚂蚂)。(见蚂)

蚲 gyap [kja:p^7]〈名〉蚱蜢。《初》:蛶蚲,daekgyap,大蚱蜢(一种翅长,大如成人指头的蚱蜢)。

蚃(𧉅、烂、炶) lanh [la:n^6]〈形〉 碎。《初》:佀粝内蚃䆬。Gij haeux neix lanh lai. 这些米太碎了。

蚤 nou [nou^1]〈名〉鼠;老鼠。(见狃)

蚁 方 nu [nu^1]〈名〉老鼠。(见猡)

蚪 raeu [ɣau^1]〈名〉头虱。(见蚼)

蚫(炆) rib [ɣip^8]〈名〉 萤火虫(与蝾连用)。《初》:蝾蚫,ronghrib,萤火虫。

蚌 方 mbangq [ʔba:ŋ^5]〈名〉 猫头鹰。(见《初》)

蚨^1 maet [mat^7]〈名〉跳蚤。(见虼)

蚨^2(蚨、蜶) mbwt [ʔbɯt^7]〈名〉蜣螂(与蠓连用)。《初》:蠓蚨, mbongjmbwt,蜣螂(俗称推屎虫、屎壳郎)。

蚨^3(鳘、蟆、蝦、文) mod [mo:t^8]〈名〉蛀虫。《初》:蚨迪肔奞。Mod dwk sim faex. 蛀虫钻树心。

蚨^4 moed [mot^8]〈名〉蚂蚁。(见蟠)

蚴 方 naiq [nwa:i^5]〈名〉毛虫。金城江《台腊恒》:蚵蚴, nengznaiq,毛虫。

蛉(蛔) 方 ndingh [ʔdiŋ^6]〈名〉 蝼蛄。(见《初》)

蚵^1(虰、蚟、蝊) ndingq [ʔdiŋ^5]〈名〉蝼蛄。《初》:蚣蚵, ndungjndingq,蝼蛄。

蚵^2(蛝、蝂、蝏) nengz [ne:ŋ^2]〈名〉 ❶ 昆虫;飞虫。《初》:蚵蚬, nengznyaen,苍蝇。❷ 细菌。

蚣(哬、蛹) ndungj [ʔduŋ^3]〈名〉 蝼蛄(与虰、蚵连用)。《初》:蚣虰, ndungjndingq,蝼蛄。

蚨^1 sip [θip^7]〈名〉 蜈蚣(与蚢连用)。《初》:蚨蚢, sipndangj,蜈蚣。

蚨^2(嘁、蛤) sip [θip^7]〈名〉 牛虱(头小腹大,大小如玉米粒)。(见《初》)

蚧(怀) 方 vaiz [wa:i^2]〈名〉 蜈蚣(与蚮连用)。《初》:蚮蚧, sapvaiz,蜈蚣。

蚄 方 bangq [pa:ŋ^5]〈名〉天狗。《初》:徒蚄鉓眴昡。Duzbangq gyan daengngoenz. 日蚀;天狗吞日。

蚚 bing [piŋ^1]〈名〉蚂蟥。(见蛃^2)

蚌 daek [tak^7]〈名〉 蝗虫;蚱蜢;蚂蚱。(见蛶)

蚝(蚾) dak [ta:k^7]〈名〉 山蛭;山蚂蟥。

（见《初》）

蛌 dak［ta:k^{7}］〈名〉山蛭；山蚂蟥。（见蚟）

蛸 dangh［ta:ŋ^{6}］〈名〉蛇。（见螳）

蜩 dinz［tin^{2}］〈名〉黄蜂。（见虰^{1}）

蜓 dinz［tin^{2}］〈名〉黄蜂。（见虰^{1}）

蛥 doq［to^{5}］〈名〉马蜂；胡蜂。（见螋）

蜧 doq［to^{5}］〈名〉马蜂；胡蜂。（见螋）

蛔^{1} doengz［toŋ^{2}］〈名〉虹。（见霟）

蛔^{2} ndungj［ʔduŋ^{3}］〈名〉蝼蛄（与虰连用）。平果《雷王》：蛔虰渴浗齿尖颜。Ndungjndingq hat lai heuj senqnyenz. 蝼蛄太渴牙大张。

蛤 goep［kop^{7}］〈名〉黑斑蛙（俗称田鸡、蛤蟆）。宾阳《催春》：蛤喊，goep hemq，蛙鸣。

蛈^{1}（虾、鲯、䖏）gungq［kuŋ^{5}］〈名〉虾。《初》：閬壇鲃否蛈。Ndaw daemz bya mbouj gungq. 塘中无鱼也无虾。

蛈^{2} gungq［kuŋ^{5}］〈名〉蟾蜍（与螋连用）。《初》：蛈螋，gungqsou，蟾蜍；癞蛤蟆。

蛐 gut［kut^{7}］〈形〉蜷曲；弯躬（与躿连用）。（见軥）

蛖 [方] gvaengq［kwaŋ^{5}］〈名〉蛀虫。（见蟥）

蛟（蛷、交、涓）gyau［kja:u^{1}］〈名〉蜘蛛。《初》：蛟淰，gyauraemx，水蜘蛛（即水黾）。| 蛟鼅，gyauguk，一种不结网的蜘蛛，俗称虎蝇。

蚼 [方] haeuj［hau^{3}］〈名〉蝴蝶（与蟧连用）。《初》：蟧蚼，fizhaeuj，蝴蝶。

蛎 henx［he:n^{4}］〈动〉啃。（见噴）

蚜 heu［heu^{1}］〈形〉青。（见萼^{1}）

蛟（蝌）[方] hoi［hoi^{1}］〈名〉田螺。（见《初》）

蛝（蝻、蟕）naenz［nan^{2}］〈名〉虱子。（见《初》）

蛳 nah［na^{6}］〈名〉蝼蛄（与蚑连用）。《初》：蚑蛳，ainah，蝼蛄。（即 ndungjndingq）

蛤（蛧、蛸、蛉）[方] mengz［me:ŋ^{2}］〈名〉❶蝇；苍蝇。❷昆虫；飞虫。（即 nengz，见《初》）

蛲^{1} nyauh［ɲa:u^{6}］〈名〉小虾。（见蚗）

蛲^{2} [方] yauz［ja:u^{2}］〈名〉蝙蝠（与鴭连用）。《初》：鴭蛲，gaeqyauz，蝙蝠。

蛩 reh［ɣe^{6}］〈名〉❶蛹。❷茧。《初》：絨蛩，rongzreh，蚕茧。

蛐（蛚、蝎）rwed［ɣɯ:t^{8}］〈名〉臭虫。（见《初》）

蛚 rwed［ɣɯ:t^{8}］〈名〉臭虫。（见蛐）

蛳（蛤、栖、蛳、西）sae［θai^{1}］〈名〉螺；螺蛳。（见《初》）

蛳 sae［θai^{1}］〈名〉螺；螺蛳。（见蛳）

蜍^{1}（蟞、掭）sap［θa:p^{7}］〈名〉蟑螂。（见《初》）

蜍^{2}（蛃）[方] sap［θa:p^{7}］〈名〉蜈蚣（与

蚴连用)。《初》:蟋蚴,sapvaiz,蜈蚣。

蛸 方yaeu [jau^1]〈名〉头虱。上林《达妍与勒驾》:盷蛸漫漫筛。Raen yaeu menhmenh saiq. 看见头虱就慢慢找。

蛃^1 方bing [piŋ^1]〈名〉孑孓。《初》:蛀蛃,nengzbing,孑孓。

蛃^2(蚚)bing [piŋ^1]〈名〉蚂蟥。《初》:徒蛃双尬骀。Duzbing song gyaeuj haeb. 蚂蟥两头咬。

蜅 方byoux [pjou^4]〈名〉竹蜂(亦称乌蜂)。(见《初》,即biux)

蜫 byuk [pjuk^7]〈名〉白蚁。(见虲)

蛤^1 byuk [pjuk^7]〈名〉白蚁。(见虲)

蛤^2 gaep [kap^7]❶〈动〉扣(扳机)。❷〈名〉火帽(砂枪、粉枪所用者)。(见炈)

蛤^3 goep [kop^7]〈名〉黑斑蛙(俗称田鸡)。(见蚣)

蛤^4 方guek [kuːk^7]〈名〉白蚁。(见《初》,即moedbyuk)

蛤^5 guk [kuk^7]〈名〉虎。(见彪)

蜌 方cau [ɕaːu^1]〈名〉蛛。《初》:鉀蜌,gapcau,蜘蛛。

蜍^1(豕)方dawz [taɯ^2]〈代〉何时(与彐连用)。《初》:彐蜍,bwhdawz,何时。

蜍^2 方dwz [taɯ^2]〈动〉涂改。(见《初》)

蜨 deh [te^6]〈名〉蛔虫。(见蠓)

蜨 方dih [ti^6]〈名〉大蚯蚓。《初》:蛒蜨,mengzdih,大蚯蚓。

蜬 goep [kop^7]〈名〉黑斑蛙(俗称田鸡)。(见蚣)

蜌 方mbwx [ʔbɯ^4]〈名〉蛾;飞蛾(一种夜间活动的飞虫)。(见《初》)

蝬^1 mod [moːt^8]〈名〉蛀虫。(见蛛^3)

蝬^2 moed [mot^8]〈名〉蚂蚁。(见蜜)

蝥 mod [moːt^8]〈名〉蛀虫。(见蛛^3)

蜛 方nduen [ʔduːn^1]〈名〉蚯蚓。(见蚏)

蜛 ndwen [ʔdɯːn^1]〈名〉蚯蚓。(见蜒)

蜋 nengz [neːŋ^2]〈名〉❶苍蝇。平果《情歌》:蜋蝇,nengznyaen,苍蝇。❷昆虫;飞虫。❸细菌。(见蛀^2)

蝏 nengz [neːŋ^2]〈名〉❶昆虫;飞虫。❷细菌。(见蛀^2)

蜈 方nguz [ŋu^2]〈名〉蛇。(即ngwz,蚯,见《初》)

蛪^1 nyaen [ɲan^1]〈名〉苍蝇。《初》:蛀蛪,nengznyaen,苍蝇。

蛪^2 nyaenh [ɲan^6]〈名〉蚜虫。《初》:蛪蔆,nyaenh oij,甘蔗蚜虫。

蝴 nyungz [ɲuŋ^2]〈名〉蚊子。(见蝾)

蝹 raeu [ɣau^1]〈名〉头虱。(见蛸)

蝉 方sip [θip^7]〈名〉蜈蚣(与蝻连用)。《初》:蝉蝻,sipnamj,蜈蚣。

蝣（𧌑）方 vauz［wa:u^{2}］〈名〉大蝙蝠（与蝈连用）。《初》：**蝈蝣**，guqvauz，大蝙蝠。

蛭 venz［we:n^{2}］〈名〉百灵。（见鹨）

蛨 baez［pai^{2}］〈名〉疮。（见武鸣《张》）

蜱 beih［pei^{6}］〈名〉蜻蜓。（见蚍）

蝪 biux［pi:u^{4}］〈名〉竹蜂；黑蜂（俗称乌蜂）。（见蟵）

蟒 方 bongh［po:ŋ^{6}］〈名〉壁虎（与蹬连用）。《初》：**蟒蹬**，bonghndaeng，壁虎（也叫蝎虎，旧称守宫）。

虩[1] coengz［ɕoŋ^{2}］〈名〉大虫（老虎）。（见䖘）

虩[2] guk［kuk^{7}］〈名〉虎。（见䖘）

蝉（蝆、蚰、蜖、蚮、蟙）daek［tak^{7}］〈名〉蝗虫；蚱蜢；蚂蚱（通称）。《初》：徒鴗情呻蝉。Duzroeg haengj gwn daek. 鸟喜欢吃蚂蚱。

蚰 daek［tak^{7}］〈名〉蝗虫；蚱蜢；蚂蚱（见蝉）。

蜿 doq［to^{5}］〈名〉马蜂；胡蜂。马山《书信歌》：变关**蜿**鲁蝩，bienq baenz doq rox dinz，变成马蜂或黄蜂。（见蝮）

蜻（蜣）gengz［ke:ŋ^{2}］〈名〉椿象（与蚟连用，俗称臭屁虫）。《初》：**蚟蜻**，nengzgengz，椿象。

蜣 gengz［ke:ŋ^{2}］〈名〉椿象。（见蜻）

蛒 goep［kop^{7}］〈名〉黑斑蛙（俗称田鸡）。（见蚣）

蝈 方 guq［ku^{5}］〈名〉大蝙蝠（与蝣连用）。《初》：**蝈蝣**，guqvauz，大蝙蝠。

蛷 gvej［kwe^{3}］〈名〉泽蛙（俗称蚂蜗）。（见蜗）

蜡 gvej［kwe^{3}］〈名〉泽蛙（俗称蚂蜗）。（见蜗）

蛋 gyaeq［kjai^{5}］〈名〉蛋；卵。（见蠷）

蜢[1] mbongj［ʔbo:ŋ^{3}］〈名〉蜣螂（与蛛连用）。（见蠓）

蜢[2] mbungq［ʔbuŋ^{5}］〈名〉蝴蝶。（见蠓）

蜩 mbungq［ʔbuŋ^{5}］〈名〉蝴蝶。（见蠓）

蜶 mbwt［ʔbɯt^{7}］〈名〉蜣螂。（见蛛[2]）

蜯 方 mengz［me:ŋ^{2}］〈名〉❶蝇；苍蝇。❷昆虫；飞虫。（即 nengz，见蛒）

蜓 ndingq［ʔdiŋ^{5}］〈名〉蝼蛄。（见蚯[1]）

蚯 ndwen［ʔdɯ:n^{1}］〈名〉蚯蚓。（见蟮）

蜓 ndwen［ʔdɯ:n^{1}］〈名〉蚯蚓。（见蟮）

蝗 ngwz［ŋɯ^{2}］〈名〉蛇。（见蚆）

蜷 nyaen［ɳan^{1}］〈名〉蝇。平果《情歌》：蜋蜷，nengznyaen，苍蝇。

蝬 raeu［ɣau^{1}］〈名〉头虱。（见蝺）

蜡 rap［ɣa:p^{7}］❶〈名〉担子。❷〈量〉担。❸〈动〉挑（担）。❹〈动〉负担。❺〈动〉担当。（见揷）

蜾 rug［ɣuk^{8}］〈名〉蝌蚪（与虹连用）。

《初》:虹蜍,duzrug,蝌蚪。

蛳 sae [θai¹]〈名〉螺;螺蛳。(见蛳)

蜊 方 sap [θa:p⁷]〈名〉蜈蚣(与蚣连用)。(见蜈²)

鋖 方 seix [θei⁴]〈动〉买。(见《初》)

蝠 方 baenz [pan²]〈名〉眼镜蛇(与蚯连用)。《初》:蚯蝠,ngwzbaenz,眼镜蛇(俗称吹风蛇)。

蝲 daek [tak⁷]〈名〉蝗虫;蚱蜢;蚂蚱(见蜉)。

蜳 dinz [tin²]〈名〉黄蜂。大化《白事鸟歌》:叫蟌蜳斗分腁,heuh daek dinz daeuj faen mbaiq,叫蝗虫黄蜂来分肉。

蝮(虬、蛥、蜍、蜿、蠖)doq [to⁵]〈名〉马蜂;胡蜂。《初》:躬勦岜廸蝮。Lohgengz bae dwk doq. 赤膊去捅马蜂窝(喻有勇无谋)。

蝏 方 fiz [fi²]〈名〉蝶(与蚯连用)。《初》:蝏蚯,fizhaeuj,蝴蝶。

蝩(蛤、蝂、蝮、狢、蛐、蝈)goep [kop⁷]〈名〉黑斑蛙(俗称田鸡)。(见《初》)

蜾 gvej [kwe³]〈名〉泽蛙(俗称蚂蜗)。(见蜗)

蛙 gvej [kwe³]〈名〉泽蛙(俗称蚂蜗)。(见蜗)

罐 gyaeq [kjai⁵]〈名〉蛋;卵。(见鑃)

蝍¹(犁、黎、里)laez [lai²]〈名〉❶ 毒刺。《初》:蝍蝮膠伝痌。Laez doq camz vunz in. 马蜂毒刺蜇人痛。❷ 尖端。《初》:陌针对蝍錍。Bak cim doiq laez cuenq. 针尖对锥尖(喻针锋相对)。

蝍² reiz [ɣei²]〈名〉鸡虱。《初》:各提蝍𨑨尥。Gag dawz reiz hwnj gyaeuj. 自抓鸡虱放到头上(喻自讨苦吃)。

蝍³(厘、蠬)yae [jai¹]〈名〉蜾蠃(俗称细腰蜂)。(见《初》)

蝒(虳)方 maenz [man²]〈名〉虱子。(见《初》,即 naenz)

蝐 maet [mat⁷]〈名〉跳蚤。(见虲)

蝻 方 mengz [me:ŋ²]〈名〉❶ 蝇;苍蝇。❷ 昆虫;飞虫。(见蛒)

蝻¹ 方 namj [na:m³]〈名〉蜈蚣(与蚪连用)。《初》:蚪蝻,sipnamj,蜈蚣。

蝻² nuem [nu:m¹]〈名〉蟒蛇。(见《初》)

蝳 nduk [ʔduk⁷]〈形〉❶ 朽。❷ 坏;烂;歹毒。(见鑑)

蝫 ngwz [ŋɯ²]〈名〉蛇。(见蚯)

蝣(蝤)nyaek [ɲak⁷]〈名〉墨蚊;小蚊子。《初》:蛘蝣,nengznyaek,墨蚊。

蛲 nyauh [ɲa:u⁶]〈名〉小虾。武鸣《信歌》:徒蛲闪汰,duznyauh ndaw dah,河中的小虾。(见蚝)

蝼 nyauh [ɲa:u⁶]〈名〉小虾。(见蚝)

蝶(蛹、蟒、蛔)nyungz [ɲuŋ²]〈名〉蚊子。(见《初》)

蛜 nyungz [ȵuŋ²]〈名〉蚊子。(见蠓)

蝼 raeu [ɣau¹]〈名〉头虱。(见𧓍)

蝎 rwed [ɣɯːt⁸]〈名〉臭虫。(见蛐)

蝶 rwi [ɣɯːi¹]〈名〉蜜蜂。(见蠕¹)

蛤 sip [θip⁷]〈名〉牛虱。(见蛈²)

螋 sou [θou¹]〈名〉蟾蜍;癞蛤蟆(与蚣连用)。马山《偻笁荳貧够》:蚣螋,gungqsou,蟾蜍;癞蛤蟆。

螋(鰺、蟛)sou [θou¹]〈名〉蟾蜍;癞蛤蟆(与蛼连用)。《初》:蛼螋,gungqsou,蟾蜍;癞蛤蟆。

蟛 sou [θou¹]〈名〉蟾蜍;癞蛤蟆。(见螋)

蝷 aek [ʔak⁷]〈名〉蛤蚧(与虵连用)。《初》:蝷虵,aekex,蛤蚧。

蝉 bid [pit⁸]〈名〉蝉。(见蛂)

螃¹ biengz [piːŋ²]〈名〉蜻蜓(与蚍连用)。《初》:螃蚍,biengzbeih,蜻蜓。

螃²(蟛)buengx [puːŋ⁴]〈名〉牛虻。(见《初》)

蝫(蛼)deh [te⁶]〈名〉蛔虫。《初》:胨眉屎,胰眉蝫。Dungx miz haex, saej miz deh. 肚里有屎,肠里有蛔虫(喻心怀鬼胎)。

䗲 lanh [laːn⁶]〈形〉碎。(见烂)

螞 mbaj [ʔba³]〈名〉蝶;蝴蝶。(见虮)

蟆¹ mod [moːt⁸]〈名〉蛀虫。(见蛛³)

蟆² moed [mot⁸]〈名〉蚂蚁。(见蠓)

蠌(蛵)myaiz [mjaːi²]〈名〉 蛞蝓(与蚣连用)。《初》:蠌蚣,myaizmyaz,蛞蝓(俗称鼻涕虫,即蜒蚰)。

蛵 myaiz [mjaːi²]〈名〉蛞蝓。(见蠌)

蝻¹ naenz [nan²]〈名〉虱子。马山《信歌》:豆蝻,duznaenz,虱子。

蝻² in [ʔin¹]❶〈形〉痛。❷〈动〉疼爱;珍惜。(见痼)

蝋 naenz [nan²]〈名〉虱子。(见蝦)

蠪¹ naenz [nan²]〈名〉虱子。(见蝦)

蠪² 方 nduen [ʔduːn¹]〈名〉蚯蚓。(见蚏)

蜦(鮏)方 ndaeng [ʔdaŋ¹]〈名〉壁虎(与蟒连用)。《初》:蟒蜦,bonghndaeng,壁虎(也叫蝎虎,旧称守宫)。

蛻 ndangj [ʔdaːŋ³]〈名〉蜈蚣(与蛈连用)。《初》:蛈蛻,sipndangj,蜈蚣。

蛹 ndungj [ʔduŋ³]〈名〉蝼蛄。(见蛲)

蝀 ndwen [ʔdɯːn¹]〈名〉蚯蚓。(见䗀)

蝝 nengz [neːŋ²]〈名〉❶昆虫;飞虫。❷细菌。(见蚌²)

蝹 方 nyiuz [ȵiːu²]〈名〉小虾。(见鱙²)

蝆 nyungz [ȵuŋ²]〈名〉蚊子。(见蠓)

蠕 ro [ɣo¹]〈名〉❶孑孓。《初》:徒蠕圣閌淰。Duzro youq ndaw raemx. 孑孓生活在水里。❷癣;癣菌。《初》:趴蠕,din ro,脚

癣(俗称痧虫脚)。

蟑 方 songz［θoːŋ²］〈动〉垫。(见《初》)

蟠 beih［pei⁶］〈名〉蜻蜓。马山《皮里患鲁不》:趴躺浮貧蟠。Byaij ndang fouz baenz beih. 走路身浮似蜻蜓。

螵(蛺)biux［piːu⁴］〈名〉竹蜂;黑蜂(俗称乌蜂)。(见《初》)

螐 daek［tak⁷］〈名〉蝗虫;蚱蜢;蚂蚱(见蚪)。

螳(蚪、蜴)dangh［taːŋ⁶］〈名〉蛇。《初》:毒否卦螳莓。Doeg mbouj gvaq danghheu. 毒不过竹叶青。| 都安《行孝唱文》:挨螳咬,deng dangh haeb,被蛇咬。

螾 dinz［tin²］〈名〉黄蜂。马山《书信歌》:变奀蜿鲁螾,bienqbaenz doq rox dinz,变成马蜂或黄蜂。

螳 doq［to⁵］〈名〉马蜂;胡蜂。(见蝮)

蟆 gvej［kwe³］〈名〉泽蛙(俗称蚂蜗)。(见蜗)

蟆 方 hanh［haːn⁶］〈名〉臭鼬。(见《初》)

蟹 方 hoi［hoi¹］〈名〉田螺。(见蛳)

蟎 方 mengz［meːŋ²］〈名〉❶蝇;苍蝇。❷昆虫;飞虫。(见蛒)

蟼(蟆、蛛、蚣、蝦、蟾)moed［mot⁸］〈名〉蚂蚁。《初》:打蚊蟼呕蟼。Daj nengznyaen ciu moed. 打苍蝇招引蚂蚁。

蟚(炪)ndat［ʔdaːt⁷］〈动〉蜇。《初》:蝮蟚伝。Doq ndat vunz. 马蜂蜇人。

蟈 方 ndingh［ʔdiŋ⁶］〈名〉蝼蛄。(见蛉)

蠷 nyaiq［ȵaːi⁵］〈名〉毛虫。大化《白事鸟歌》:叫虫蠷呻胬蕨。Heuh nonnyaiq gwn noh haeu. 叫毛毛虫吃臭肉。(见蠁)

螺 rwi［ɣɯːi¹］〈名〉蜜蜂。田东《闹涽懷一科》:批宜螺卦埬。Bae ndij rwi gvaq doengh. 去跟蜜蜂[飞]过田垌。(见蠕¹)

蟛 buengx［puːŋ⁴］〈名〉牛虻。(见螃²)

蠀¹ 方 caengh［ɕaŋ⁶］〈名〉螳螂(与蠇连用)。《初》:蠇蠀,gaenxcaengh,螳螂。

蠀² nyaek［ȵak⁷］〈名〉墨蚊;小蚊子。(见蚴)

蠀³ saeng［θaŋ¹］〈名〉水黾(与虹连用)。

蜴 dangh［taːŋ⁶］〈名〉蛇。(见螳)

蝭 daw［taɯ¹］〈名〉肉茧;茧子;胼胝。(见蠮)

蟒 dinz［tin²］〈名〉黄蜂。(见虰¹)

蠍 fw［fɯ¹］〈名〉鳖(俗称甲鱼、团鱼或水鱼,也称王八)。(见魼)

螃 gyau［kjaːu¹］〈名〉蜘蛛。(见蛟)

蟯 nyauh［ȵaːu⁶］〈名〉小虾。武鸣《信歌》:徒蟯,duznyauh,小虾。(见蚨)

蠇 方 gaenx［kan⁴］〈名〉螳螂(与蠀连用)。《初》:蠇蠀,gaenxcaengh,螳螂。

蠅(虮、蝼、蝬、蚪、飒、蝇)raeu［ɣau¹］

〈名〉头虱。《初》：歪旭眉𧊅。Gwnz gyaeuj miz raeu. 头上有虱子。

蠓(凸、蜢)mbongj [ʔbo:ŋ^{3}]〈名〉蜣螂(与蛛连用)。《初》：蠓蛛，mbongjmbwt，蜣螂(俗称推屎虫、屎壳郎)。

蠓(蜢、蝴、品)mbungq [ʔbuŋ^{5}]〈名〉蝴蝶(与虮连用)。《初》：蠓虮𠖤歪栊。Mbungqmbaj mbin gwnz va. 蝴蝶在花丛上飞。

𧕴 nduk [ʔduk^{7}]〈形〉❶ 朽。❷ 坏；烂；歹毒。(见𧊶)

蠕^{1}(蜜、蝾、螺)rwi [ɣɯ:i^{1}]〈名〉蜜蜂。《初》：甜否卦糖蠕。Diemz mbouj gvaq dangzrwi. 甜不过蜂蜜。

蠕^{2} yae [jai^{1}]〈名〉蜾蠃(俗称细腰蜂)。平果《雷王》：吐蠕，duzyae，蜾蠃。

蠍 sap [θa:p^{7}]〈名〉蟑螂。(见蜶^{1})

蟥(蚝)方 gvaengq [kwaŋ^{5}]〈名〉蛀虫。《初》：奞樫蟥里迪。Faex genq gvaengq lij dwk. 木头再硬蛀虫还会钻。

蠽(肞、咈、蛋、𫙮、𫚋、鸡、鸡、鸡)gyaeq [kjai^{5}]〈名〉蛋；卵。《初》：蠽鸡，gyaeqgaeq，鸡蛋。

𫚋 gyaeq [kjai^{5}]〈名〉蛋；卵。(见蠽)

𫚌 gyaeq [kjai^{5}]〈名〉蛋；卵。(见蠽)

蜜^{1} maet [mat^{7}]〈名〉跳蚤。(见蚆)

蜜^{2} rwi [ɣɯ:i^{1}]〈名〉蜜蜂。(见蠕^{1})

蠶(虽、策、暖、蠕)non [no:n^{1}]〈名〉虫；蛹。《初》：粝发蠶。Haeux fat non. 谷子生虫。| 蠶蝮，non doq，马蜂幼蛹。

蠕 non [no:n^{1}]〈名〉虫；蛹。(见蠶)

蝲(辣)rad [ɣa:t^{8}]〈动〉触擦；触碰(被有毒的叶子或昆虫所触擦)。(见《初》)

蠈 daek [tak^{7}]〈名〉蝗虫；蚱蜢；蚂蚱。大化《劳功歌》：鸡陇那吽蠈。Bit roengz naz gwn daek. 鸭子下田吃蝗虫。(见蜉)

𧒌 gungq [kuŋ^{5}]〈名〉虾。(见蛬^{1})

蠏(蝆)nyaiq [ȵa:i^{5}]〈名〉毛虫(与蠶连用)。《初》：蠶蠏跺骀只痞。Nonnyaiq raih ndang cix humz. 毛虫爬上身就发痒。

𧓹 nyauh [ȵa:u^{6}]〈名〉小虾。(见蚨)

蟋 yae [jai^{1}]〈名〉蜾蠃(俗称细腰蜂)。(见蜒^{3})

蠙 方 canq [ɕa:n^{5}]〈名〉大蛀虫。《初》：蠶大蠙，nondaihcanq，大蛀虫(一种大如成人小指头的蛀虫)。

𧓍(蝭)daw [taɯ^{1}]〈名〉肉茧；茧子；胼胝。(见《初》)

蠚 moed [mot^{8}]〈名〉蚂蚁。(见蠽)

蠩(兀、沉、囮、溺、魍)ngieg [ŋi:k^{8}]〈名〉❶ 蛟龙(壮族神话中的一种动物，住在深潭中，曾作孽，使天久旱，后为铜鼓的化身所败，天才下雨)。❷ 水螳螂(水田里的一种虫类，形似螳螂，可吃)。(见《初》)

肉 部

肉 方 nyuk [ȵuk^{7}]〈动〉殓。《初》：佣

肉，ietnyuk，小殓。

𦙶 㘝 nix［ni⁴］〈名〉肉。(见肥)

𦚝 㘝 nix［ni⁴］〈名〉肉。(见肥)

𦙬(肔) 㘝 yeq［je⁵］〈名〉 肉。《初》：𦙬猅，yeqmou，猪肉。(即 nyeq)

𦚆 mbaiq［ʔba:i⁵］〈名〉肉块。(见《初》)

𦛚 ndip［ʔdip⁷］〈形〉生(不熟)。马山《情欢》：胬𦛚否曾煮。Noh ndip mbouj caengz cawj. 生肉未曾煮。| 马山《曾迪字悲喳》：书𦛚，Sawndip，古壮字。

𦚫 㘝 ngoih［ŋoi⁶］〈形〉腻；恶心。(见肢)

𦜹(胜、䐀、䐍、青、腈) cing［ɕiŋ¹］〈形〉瘦；精(指肉)。《初》：胬𦜹，nohcing，瘦肉。

𦙷(肷、𦙶、𦚝) 㘝 nix［ni⁴］〈名〉 肉。《初》：𦙷犊，nix moz，黄牛肉。

胬(奴、腩、胗、狲、腤) noh［no⁶］〈名〉❶肉。《初》：胬鴂，noh bit，鸭肉。| 马山《丹亡》：胬怀母亦忌。Noh vaiz meh hix geih. 牛肉母亲也忌讳。❷野兽。田阳《唱罕王》：古牙胬卦忑。Gou ngaq noh gvaq laj. 我以为野兽过下边。

𦛢 gemq［ke:m⁵］〈名〉猪油渣。(见𦞦)

𦛽 gvemq［kwe:m⁵］〈名〉 油 渣。金 城 江《台腊恒》：偶块𦛽，aeu gaiq gvemq，要一块油渣。

𦛱 wen［ʔɯ:n¹］〈形〉恶心。(见怃)

𦜎(胇、腜) bouz［pou²］〈名〉 膪 肉(与腜连用)。《初》：胬腜𦜎，nohbwdbouz，膪肉；膪囊(猪腹部肥而松弛的肉，俗称泡囊肉)。

𦝴 lauz［la:u²］❶〈名〉 动 物 脂 肪；背。❷〈形〉肥。❸〈形〉白色的。(见膀[1])

䐍 cing［ɕiŋ¹］〈形〉 瘦；精(指肉)。(见𦜹)

𦝗 mbaiq［ʔba:i⁵］〈名〉肉块(盛宴后给亲友拿回家的肉块)。大化《白事鸟歌》：斗分𦝗，daeuj faen mbaiq，来分肉。

𦞂 naemz［nam²］〈形〉烂熟；软烂。(见《初》)

缶(缶)部

𨱢(𬬻、机、矶、鈸、叭、拔) bat［pa:t⁷］〈名〉盆。《初》：𨱢𦈢，bathang，生铁盆。

𦈢 bat［pa:t⁷］〈名〉盆。(见𨱢)

缼(𬬻、砟、鍜) 㘝 gaq［ka⁵］〈名〉 小坛子。《初》：歐缼庲㑲沈。Aeu gaq ma coux youz. 拿小坛子来装油。

缽(砵、鉢、碎、碣、研、𨫼、𨫼) mboenj［ʔbon³］〈名〉 小 罐。《初》：缽 砧，mboenj gyu，小盐罐。

罂 eng［ʔe:ŋ¹］〈名〉缸。金城江《台腊恒》：罂水澹，eng raemx ndaengq，蓝靛缸。

𦈣 gang［ka:ŋ¹］〈名〉缸。(见𨪝)

缽(錸) 㘝 gyaeux［kjau⁴］〈名〉 臼。(见《初》)

䤪 guenq [kuːn⁵]〈名〉罐;砂煲。金城江《台腊恒》:壯䤪,cang guenq,装入罐子。(见䥅)

䤴 hamh[haːm⁶]❶〈名〉大坛。❷〈量〉坛。金城江《台腊恒》:三䤴酒,sam hamh laeuj,三坛酒。

鍜 方 gaq [ka⁵]〈名〉小坛子。(见鉌)

鹹(碱、咸)方 hamh [haːm⁶]〈名〉❶大口坛子。❷馅儿。《初》:鹹糎,hamh ceiz,糍粑馅。

罄(瓯、䍂)方 ngeuh [ŋeu⁶]〈名〉瓦酒壶。(见《初》)

鏮(康、䤚、䃶、䃯)gang [kaːŋ¹]〈名〉缸。《初》:鏮淰,gang raemx,水缸。

䥅(䤪、碛、碗、碹)guenq [kuːn⁵]〈名〉罐;砂煲。《初》:欧䥅𩵓焜粝。Aeu guenq daeuj goen haeux. 用罐子来煮饭。

䥇 方 mbinq [ʔbin⁵]〈动〉缺;崩缺(指圆形物品缺去一点儿)。(见《初》)

鉌 方 gaq [ka⁵]〈名〉小坛子。(见鉌)

鉢 mboenj [ʔbon³]〈名〉小罐。(见缽)

銶 方 gyaeux [kjau⁴]〈名〉臼。(见錄)

舌 部

乱 luenh [luːn⁶]〈形〉轻易。马山《二十四孝欢》:不乱批吕,mbouj luenh bae lawz,不轻易去哪里。|忻城《十劝书》:不乱叼㫒。Mbouj luenh youq ranz. 不轻易在家。(见吪[1])

乱[1] gaet [kat⁷]〈动〉啃;啮;咬。(见猪)

乱[2] gyaet [kjat⁷]〈动〉嗑。(见咭[10])

甜(㗳、嘸、泔、甋、甑、敨、弯、㗇、䑱、嚩、䛯、䑱、咙、頑)van [waːn¹]〈形〉甜;甘;甜美。《初》:粿榠甜貧糖。Maknganx van baenz dangz. 龙眼果甜得像糖一样。

舏 gah [ka⁶]〈动〉问价。(见舙)

敨 van [waːn¹]〈形〉甜;甘;甜美。(见甜)

甑 van [waːn¹]〈形〉甜;甘;甜美。(见甜)

舚 cimz [ɕim²]〈动〉尝。(见呞)

舙(各、咔、咯、舏、㗵、鎝)gah [ka⁶]〈动〉问价。《初》:佲舙䫝,佸花内斤几𩵓艮。Mwngz gah yawj, gij byaek neix gaen geijlai ngaenz. 你问个价看看,这些菜多少钱一斤。

舲 linx [lin⁴]〈名〉舌头。(见䑜)

䑜(吝、呤、令、舲、舔、䑢、䑳、練)linx [lin⁴]〈名〉舌头。(见《初》)

舐 riz [ɣi²]〈动〉舔。(见䑛)

舔 linx [lin⁴]〈名〉舌头。(见䑜)

䛐 nyaenx [ɲan⁴]〈动〉忍。《初》:䛐气,nyaenxheiq,忍气吞声。

䑙 van [wa:n[1]]〈形〉甜;甘;甜美。(见甜)

䑛 riz [ɣi[2]]〈动〉舔。(见𦧲)

䑜 riz [ɣi[2]]〈动〉舔。(见𦧲)

䑝 van [wa:n[1]]〈形〉甜;甘;甜美。(见甜)

䑞 linx [lin[4]]〈名〉舌头。(见𦧸)

䑟 manh [ma:n[6]]〈形〉辣。(见𦧾)

𦧲(䑛、如、嘀、䑜、叻、舐) riz [ɣi[2]]〈动〉舔。《初》:犸𦧲屎。Ma riz haex. 狗舔屎。

䑠 van [wa:n[1]]〈形〉甜;甘;甜美。(见甜)

䑡 linx [lin[4]]〈名〉舌头。(见𦧸)

䑢 van [wa:n[1]]〈形〉甜;甘;甜美。(见甜)

竹(⺮)部

𥫨 saz [θa[2]]〈名〉竹排;筏;木排。(见筡)

𥬀 历 mbaek [ʔbak[7]]〈名〉竹筒。《初》:閅𥬀粝,gyang mbaek haeux,半竹筒米。

竺[1] doek [tok[7]]〈动〉嫁。都安《三界老爺唱》:朕母批嫁竺姓憑。Riengz meh bae haq doek singq Bungz. 随母改嫁到冯家。

竺[2] doek [tok[7]]〈副〉又。马山《奠别歌》:可病岁竺岁。Goj bingh bi doek bi. 也曾病了一年又一年。

笁 历 bw [phɯ[1]]〈名〉耙。(见《初》)

笅(㐅) cah [ɕa[6]]〈名〉竹扫帚(与撑连用)。《初》:撑笅,sauqcah,竹扫帚(用细竹枝条做成的)。

笀[1](帅)历 caiz [ɕa:i[2]]〈形〉傻;痴呆;愚蠢。《初》:伝笀,vunz caiz,愚蠢的人。

笀[2] 历 coiz [ɕoi[2]]〈形〉愚笨。(即caiz,见《初》)

竿[1] 历 caj [ɕa[3]]〈动〉等;等待。(见𢭃)

竿[2] doek [tok[7]]〈动〉❶落;降落。上林《赶圩歌》:当打𡗶竿㪷。Dangq daj mbwn doek daeuj. 像从天降临。❷丢失。(见𢫯[1])

竿[3] 历 yaz [ja[2]]〈名〉鬼。马山《丹亡》:麻阴府吆竿。Ma yaemfouj baenz yaz. 来到阴府变成鬼。

笁[1] doek [tok[7]]〈动〉❶落;落下。马山《望吞話名詢》:吞乃不笁啦。Raen naih mbouj doek raq. 见好久不下大雨。| 马山《起书嚏特豆》:㺶笁筷。Lwg doekfag. 孩子出世。❷播;播种。马山《偻笁荳貧够》:笁茄,doek gyaj,播秧。| 笁荳礼荳。Doek duh ndaej duh. 种豆得豆。

笁[2] doek [tok[7]]❶〈形〉惋惜(与乃连用)。马山《望吞話名詢》:真笁乃,caen doeknaiq,真惋惜。❷〈动〉吃惊(与失连用)。马山《眼泣眉胱肤》:笁失心之咽。Doeksaet sim cix in. 吃惊心就痛。

笉 〔方〕goeng［koŋ¹］〈名〉弓。(即 gung,见《初》)

笈¹(箧、笚、篨) gyaep［kjap⁷］〈名〉斗笠;雨帽。《初》:笈笆,gyaepndij,尖顶竹帽。

笈² nyap［ȵaːp⁷］〈名〉杂草;乱草。马山《百岁歌》:扲笈冚麻? Gaem nyap guh maz? 拿杂草干吗?

笈³(笠、篾) raep［ɣap⁷］〈名〉椭圆形的竹编小鸡笼。(见《初》)

笅¹ 〔方〕mwj［mɯ³］〈名〉弓。(见《初》)

笅²(弩)〔方〕nwj［nɯ³］〈名〉弩弓。(见《初》)

笉 mwn［mɯn¹］〈形〉茂盛;茂密;繁茂。马山《恭喜满月酒歌》:树移枝亦笉。Faex lai ngeiq hix mwn. 树多枝茂密。

竽 nya［ȵa¹］〈名〉杂草。马山《嚏嘆情》:枯竽,go'nya,野草;杂草。

笧 san［θaːn¹］〈动〉编;编织。(见紃)

竺 sat［θaːt⁷］〈名〉簟;竹席。(见籭)

竽(笝、笕、篨、笂、箟) swx［θɯ⁴］〈名〉菜篮(无盖,编得较疏)。《初》:歐竽뽈扒花。Aeu swx bae yaeb byaek. 拿菜篮去捡菜。

笀 buengz［puːŋ²］〈名〉❶甲壳;硬壳。❷背篷(用竹叶和篾条编成的雨具,形似乌龟壳)。(见篣)

笆¹ byaz［pja²］〈名〉竹子。《初》:棐笆眉粅笸。Faexbyaz miz lai hoh。竹子有许多节。

笆² mbaw［ʔbaɯ¹］❶〈名〉叶子。❷〈量〉张;面(用于薄的片状的东西)。(见舑)

笔 〔方〕daemx［tam⁴］〈名〉大箩筐。(见《初》)

笲(箪) dan［taːn¹］〈名〉单竹。《初》:𮨉廪槅棐笲。Sang lumj go faexdan. 像单竹那样高。

笈 foengx［foŋ⁴］〈形〉猛;旺(指火势)。(见熢)

笸(櫅、薅、賀) hoh［ho⁶］❶〈名〉节;关节(物体各段连接处或物体的一段)。马山《农事歌》:棵昆笸央。Gogoen hoh yangq. 粉单竹节长。❷〈量〉节。《初》:㧯𢫸眉三笸。Lwgfwngz miz sam hoh. 手指头有三节。

竿 〔方〕naeuz［nau²］〈名〉箫。(见《初》)

笍¹(箓、箓、符)〔方〕ruk［ɣuk⁷］〈名〉篾。(见《初》,即 duk)

笍² 〔方〕loek［lok⁷］〈动〉削。(见扐⁴)

笍³ 〔方〕roek［ɣok⁷］〈动〉播;播撒。(见扐⁵)

笯 songz［θoːŋ²］〈名〉(猪)笼。《初》:笯猅,songz mou,猪笼。

笲 swnj［θɯn³］〈动〉接。马山《信歌》:眉孙笲超。Miz lwg swnj ciuh. 有孩子传宗接代。

笨 bwn［pɯn¹］❶〈名〉毛;羽毛;毛发。

❷〈形〉坏(心肠)。(见毪)

笘(枯、占) ciem [ɕiːm¹]〈名〉签。《初》:抽笘,cou ciem,抽签。

笾 demx [teːm⁴]〈名〉簟;竹席。(见簕²)

笠¹ doek [tok⁷]〈动〉❶落。❷丢失。(见犨¹)

笠² raep [ɣap⁷]〈名〉椭圆形的竹编小鸡笼。(见笈³)

笭 dungh [tuŋ⁶]〈名〉竹垫;晒席(用竹篾编成)。(见箽)

笵 fa [fa¹]〈名〉盖子。(见薮)

笰 faiz [faːi²]〈名〉甜竹;麻竹。马山《叹亡歌》:勺叶竹叶笰,欧移叶尽了。Yaek mbaw ndoek mbaw faiz, aeu lai mbaw caenh liux. 若是簕竹甜竹叶,摘取多了叶也完。(见篕)

笶 feiq [fei⁵]〈动〉簸。(见箄)

第¹ feiq [fei⁵]〈动〉簸。(见箄)

第² foed [fot⁸]〈名〉绿肥(植物的青叶嫩枝)。马山《孝顺歌唱》:畐羊吽第。Duzyiengz gwn foed. 羊吃嫩枝叶。(见茀)

笷 giuq [kiːu⁵]〈名〉提篮。(见篍)

筁 giuq [kiːu⁵]〈名〉提篮。(见篍)

笴 厉 goj [kho³]〈名〉❶竹节。❷关节。《初》:笴摓,goj mungz,手指关节。

笘 厉 guz [khu²]〈动〉笑。(见噱¹)

笚 gyaep [kjap⁷]〈名〉斗笠;雨帽。马山《欢情》:陇垌欧带笚。Roengz doengz aeu daiq gyaep. 下田垌要带雨帽。(见笈¹)

笩 mbaet [ʔbat⁷]❶〈名〉量米筒;竹筒。❷〈量〉筒(量米用,500克的容量)。(见毸)

笼¹ loengx [loŋ⁴]〈名〉箱子。(见簏)

笼² roengz [ɣoŋ²]〈动〉❶下;往。《粤风》:往恳皮就笼。Nuengx hwnj beix couh roengz. 妹来哥就往。❷产(崽);生(崽)。❸签(名)。❹下(力气);使(劲);努力。(见夅)

笼³ rongz [ɣoːŋ²]〈名〉巢;窝。(见穼¹)

笓(笓) ndij [ʔdi³]〈名〉❶小篓;小筐。《初》:歐笓岜捻蛳。Aeu ndij bae gip sae. 要小竹篓去捡螺蛳。❷尖顶竹帽;尖顶竹笠(与笈连用)。《初》:笈笓,gyaepndij,尖顶竹帽。

笓 ndij [ʔdi³]〈名〉❶小篓;小筐。❷尖顶竹帽;尖顶竹笠。(见笓)

笯 厉 noq [no⁵]〈名〉笋。《初》:笯楳,noq maex,竹笋。(即 rangz)

笸 sej [θe³]〈名〉骨架;骨子。(见骴)

笹 sen [θeːn¹]〈名〉蓑衣。(见芜)

笥 swx [θɯ⁴]〈名〉菜篮(无盖,编得较疏)。(见竽)

笕 swx [θɯ⁴]〈名〉菜篮(无盖,编得较疏)。(见竽)

笶 厉 yaeng [jaŋ¹]〈名〉筛子。(见《初》,即 raeng)

筩 厉 yoengq [joŋ⁵]〈名〉笼子。(见

《初》,即 roengq)

笑 1（榑）cenx［ɕeːn^{4}］〈名〉竹刺；木刺（竹片或木片上裂开而翘出的尖细物）。《初》：兄町笑佐蓬。Gou deng cenx coeg fwngz. 我挨小木刺刺手。

笑 2 soem［θom^{1}］〈形〉尖；锋利。（见㚢）

筑 1 历 cup［ɕup^{7}］〈名〉笠帽。（见《初》,即 gyaep）

筑 2（笽、衶、佃、里、細）demx［teːm^{4}］〈名〉簟；竹席。（见《初》）

等 1 历 daengj［taŋ^{3}］〈动〉不服；不忿。《初》：丛肶头勈等。Ngeix simdaeuz caemh daengj. 想来内心也不服。

等 2 daengq［taŋ^{5}］〈动〉叮嘱；交代。宜州《孟姜女》：等依伦该论。Daengq nuengxlunz gaej lunh. 叮嘱小妹莫乱讲。（见哼）

等 3 daengq［taŋ^{5}］〈名〉凳子。《粤风》：艮便放苟等。Ngoenz bienh cuengq gyaeuj daengq. 白天凳头放。

等 4 daengz［taŋ^{2}］〈动〉到。宜州《龙女与汉鹏》：卜差起丁言马等。Boux cai hwnj din yienz ma daengz. 官差起身马上到。|《孟姜女》：添等由礼嗗。Dwen daengz youh ndei daej. 提到又好想哭。

等 5 daenj［tan^{3}］〈动〉戴。田东《大路歌》：笈度侵不等。Gyaep dou caemh mbouj daenj. 斗笠我们也不戴。

等 6 deq［te^{5}］〈动〉等；等待。田东《大路歌》：度三龙等。Dou san roengq deq. 我们编笼子等着。

等 7 dwngx［twŋ^{4}］〈动〉拄拐杖。右江《本麽叭》：等林散布斗。Dwngx maexsan baeuq daeuj. 祖公拄着棕竹拐杖到来。

筅（鍄、鈓、鉈、釷）历 dud［tut^{8}］〈名〉锅盖。（见《初》）

符 1 duk［tuk^{7}］〈名〉竹篾。（见箍1）

符 2 历 ruk［ɣuk^{7}］〈名〉篾。（见笑1）

筒 dungh［tuŋ^{6}］〈名〉竹垫；晒席（用竹篾编成）。（见箣）

筷 1 fag［faːk^{8}］❶〈名〉竹篱。马山《情歌》：偻歐筷围圝。Raeuz aeu fag humx suen. 我们用篱笆围园子。❷〈动〉出世（与笙连用）。马山《信歌》：姆生孖笙筷。Meh seng lwg doekfag. 母亲生孩子出世。

筷 2 fag［faːk^{8}］〈量〉把。马山《信歌》：送筷铸吝紕。Soengq fag geuz aen baeh. 送有一把剪刀一把篦子。

筶 历 gi［ki^{1}］〈名〉淘米箕。（见《初》）

箕 历 gyumq［kjum^{5}］〈名〉竹箩（有盖的）。《初》：歐箕康㑭粝。Aeu gyumq ma coux haeux. 拿竹箩来装米。

箞 giuq［kiːu^{5}］〈名〉篮子。金城江《台腊恒》：捡拉门作箞。Gip lwgmaenz coq giuq. 捡红薯放到篮子里。

筀 历 gywngz［kjɯŋ^{2}］〈名〉竹筒。金城江《台腊恒》：壯筀，cang gywngz，装进

竹筒。

篛[1] naq［na^5］〈名〉辐条。《初》:篛車，naq ci，车辐。

篛[2]（鎯、掷、鄦）naq［na^5］〈名〉 箭。《初》:攏拎弓佼篛。Fwngz gaem gung caeuq naq. 手拿弓和箭。

篨 ndoeng［ʔdoŋ^1］〈名〉 树 林; 山 林; 森林。(见崬)

箂 non［no:n^1］〈名〉虫;蛹。(见蠔)

筤 nyinz［ɳin^2］〈名〉筋。(见朋)

筋 nyinz［ɳin^2］〈名〉(稻草)人。(见苼)

箭（紋、潶）raep［ɣap^7］❶〈动〉编(茅草片)。《初》:箭芷箭。Raep hazraep. 编织茅草片。❷〈量〉片(茅草片)。《初》:双箭芷箭，song raep hazraep，两片茅草片。

笏 red［ɣe:t^8］〈名〉鱼筌。《初》:歐笏辈澄鲃。Aeu red bae dangj bya. 拿鱼筌去捕鱼。

箇 saez［θai^2］〈名〉(喇叭形的)鱼筌。(见筨)

篩 sai［θa:i^1］〈动〉浪费;乱用;损失。(见浉)

筎 vad［wa:t^8］〈名〉瓢;木瓢。(见葝)

箣 历 ciengj［ɕi:ŋ^3］〈名〉筒子。《初》:篕箣，mbuengjciengj，吹火筒。

笏 coq［ɕo^5］〈动〉❶放。❷施。❸灌;灌溉。(见揞)

筞 cuk［ɕuk^7］〈动〉筑。(见垦)

箪（箕）历 dan［ta:n^1］〈动〉剪(禾穗)。(见《初》)

箬 历 doiz［toi^2］〈名〉大丹竹。《初》:奆箬，faexdoiz，大丹竹。

筹 历 douh［tou^6］〈名〉 筷 子。(见《初》,即 dawh)

筑（抗）历 gang［ka:ŋ^1］〈名〉 畚 箕。《初》:筑箩，ganglaz，大畚箕。

筶 历 gauq［ka:u^5］〈名〉铐。(见釦)

简 gen［ke:n^1］〈名〉手臂。(见掮)

筠 goen［kon^1］〈名〉粉单竹。《粤风》:斗吞六费筠。Daeuj raen lueg faexgoen. 来了见到满谷的粉单竹。

筣[1] gyaep［kjap^7］〈名〉 斗 笠; 雨 帽。(见笈[1])

筣[2] gyok［kjo:k^7］〈名〉竹筒。金城江《台腊恒》:榾芻筣，dawh ndaw gyok，筒中的筷子。

笴 gyok［kjo:k^7］❶〈动〉 箍。❷〈名〉箍子。❸〈形〉(衣服)窄。❹〈名〉枷锁。(见箭)

箭（嘛、鹿、圀、掬、笴）gyok［kjo:k^7］❶〈动〉箍。《初》:提偲桶箭兀。Dawz aen doengj gyok ndei. 把这个桶箍好。❷〈名〉箍子。《初》:箭銕，gyok diet，铁箍子。❸〈形〉窄。《初》:裕箭䋈。Buh gyok lai. 衣服太窄。❹〈名〉枷锁。

箄 hanz [haːn²]〈名〉扁担。(见楔)

箣(利、闎) leih [lei⁶]〈名〉鱼床;鱼梁(渔具,放在水位落差大的下方,以捕捉顺流而下的鱼类,也称鱼栅)。《初》:鲃㭎箣难遂。Bya roengz leih nanz deuz. 鱼落鱼床难逃脱。

箈 㕦 muiz [muːi²]〈名〉楠竹。《初》:楧箈, maexmuiz,楠竹。

箉 ndoengj [ʔdoŋ³]〈名〉簸箕。(见籋)

箈(箬、戙、栰、戕、戭、莪) ngox [ŋo⁴]〈名〉芦苇。《初:》紃奔箈囗闬。San faex ngox guh dou. 编芦苇来做门。

箬 ngox [ŋo⁴]〈名〉芦苇。(见箈)

筤¹(榔、節、篖) rangz [ɣaːŋ²]〈名〉竹笋。(见《初》)

筤² rieng [ɣiːŋ¹]〈名〉鱼篓。(见篢)

箳 roengq [ɣoŋ⁵]〈名〉笼子。《初》:扱鴿合箳。Gaeb gaeq haeuj roengq. 捉鸡进笼。

筲 saux [θaːu⁴]〈名〉竹竿。(见擽²)

箵 sej [θe³]〈名〉骨架;骨子。(见骴)

箶 swx [θɯ⁴]〈名〉菜篮(无盖,编得较疏)。(见竽)

箟 㕦 viz [wi²]〈名〉扇子。(见《初》)

簸 boj [po³]〈动〉❶ 打赌。❷ 赌气。(见赙)

箙¹ buengz [puːŋ²]〈名〉❶ 甲壳;硬壳。❷ 背篷(用竹叶和篾条编成的雨具,形似乌龟壳)。(见篣)

箙² 㕦 bung [puŋ¹]〈形〉笨。(见愢)

箙³ 㕦 mbaengq [ʔbaŋ⁵]〈名〉大竹筒。《初》:箙粥, mbaengq cuk,装粥的竹筒。

篻 㕦 byauh [pjaːu⁶]〈名〉篱笆。(见梀)

篸¹ camj [ɕaːm³] ❶〈名〉竹罩子。❷〈动〉罩。《初》:歐篸料篸鴿。Aeu camj daeuj camj gaeq. 拿鸡罩来罩鸡。

篸² san [θaːn¹]〈动〉编;编织。(见紃)

箋 cenj [ɕeːn³] ❶〈名〉杯;盏。❷〈量〉杯。(见盂)

箅 㕦 dan [taːn¹]〈动〉剪(禾穗)。(见箅)

箪 dan [taːn¹]〈名〉单竹。(见笲)

箽(笭、筒) dungh [tuŋ⁶]〈名〉竹垫;晒席(用竹篾编成)。《初》:歐箽庅晛糇。Aeu dungh ma dak haeux. 拿竹垫来晒稻谷。

箷 feiq [fei⁵] ❶〈名〉盖子。❷〈动〉盖。(见䕷)

箻(笨、篚、簣) feiq [fei⁵]〈动〉簸。《初》:跰籋料箻粝。Cimh ndoengj daeuj feiq haeux. 找簸箕来簸米。

箕¹(鸡) 㕦 ge [ke¹]〈动〉玩要(与欧连用)。《初》:犿的欧箕。Lugndik hitge. 小孩玩要。

箕² gyoi [kjoi¹]〈名〉竹篓;竹箩(底方口圆,洞眼大如手指)。(见簱)

箐¹ 㕦 giengz [khiːŋ²]〈名〉小鱼篓。(见篍)

箦^{2} [方] ging [khiŋ^{1}]〈名〉姜。(见菮)

管^{1}(观、官) gon [koːn^{1}]〈形〉宽;缝隙大(与鰊连用,则义为得意扬扬、扬扬自得)。《初》:各鰊管嗟嗟。Gag ndaenggon fwngqfwngq. 自己得意扬扬。

管^{2} [方] gyonj [kjoːn^{3}]〈动〉合并。《粤风》:十六管国六。Cib lueg gyonj guh lueg. 十谷合并为一谷。

箣 lad [laːt^{8}] ❶〈名〉粗眼筛;大孔筛。❷〈动〉用粗眼筛来筛。(见鏫)

箣(笓、粃、粡、枇) mbaet [ʔbat^{7}] ❶〈名〉量米筒;竹筒。《初》:箣粝, mbaet haeux,量米筒。❷〈量〉筒(量米用,500克的容量)。《初》:双箣粝, song mbaet haeux,两筒米。

箕^{1} [方] mbok [ʔboːk^{7}]〈名〉竹筒(可量250克米)。(见箓)

箕^{2} muh [mu^{6}] ❶〈名〉磨子。❷〈动〉磨。(见砝)

箮^{1} [方] mbuengj [ʔbuːŋ^{3}]〈名〉吹火筒(与箬连用)。《初》:箮箬, mbuengjciengj,吹火筒。

箮^{2}(猛) [方] momh [moːm^{6}]〈名〉牛口套。(见《初》)

箜 [方] mbungq [ʔbuŋ^{5}]〈名〉竹筒。(见《初》)

箬 nyaj [ɳa^{3}]〈名〉草;野草;杂草。(见艼)

篙 [方] oj [ʔo^{3}]〈名〉芦苇。(见篙)

節 rangz [ɣaːŋ^{2}]〈名〉竹笋。(见篢^{1})

篔 rieng [ɣiːŋ^{1}]〈名〉鱼篓。(见篣)

篣 rug [ɣuk^{8}]〈名〉卧房;内房;闺房。(见房)

箓 [方] ruk [ɣuk^{7}]〈名〉篾。(见笎^{1})

箵(篩、鰤、澁) saez [θai^{2}]〈名〉(喇叭形的)鱼筌。《初》:列篠庲紃箵。Lieb duk ma san saez. 破竹篾来编鱼筌。

篚^{1} [方] se [θe^{1}]〈名〉蓑衣。《初》:篣篚, buengzse,蓑衣。

篚^{2} [方] seh [θe^{6}]〈名〉篮子。(见箎^{1})

箭 [方] so [θo^{1}]〈名〉蓑。《初》:袮坳貧箭衣。Daenj vaih baenz soei. 衣着破烂像蓑衣。

算^{1}(寸) suenq [θuːn^{5}]〈动〉❶ 计算。《初》:佲算䝼町否町? Mwngz suenq yawj deng mbouj deng? 你算看对不对? ❷ 认作;当作。《初》:圿内算圿兄。Gaiq neix suenq gaiq gou. 这个算我的。❸ 作罢。《初》:佲否㐌只算。Mwngz mbouj bae cix suenq. 你不去就算了。

算^{2} swenj [θɯːn^{3}]〈动〉高喊。(见噒)

篇^{1} bien [piːn^{1}]〈动〉(一页一页地)翻。《初》:篇𣻮, bien saw,翻书。

篇^{2} bien [piːn^{1}] ❶〈动〉编织。❷〈动〉编造。❸〈量〉页。(见篇)

箯 bien [piːn^{1}]〈名〉鞭子。(见梎)

箣(栶、則) [方] caek [ɕak^{7}] ❶〈名〉量

米筒;竹筒。《初》:箭粝,caekhaeux,量米筒。❷〈量〉筒(量米用,500克的容量)。《初》:几箭粝,geij caek haeux,几筒米。

𥫱 方 caj [ɕa³]〈动〉等;等待。(见㩒)

箭 cenh [ɕeːn⁶]〈名〉豪猪(俗称箭猪)。(见犴)

笘 diemx [tiːm⁴]〈名〉❶草席。❷草编织物。《初》:帏笘,mauhdiemx,草帽。

箸 方 duj [thu³]〈名〉筷子。(见《初》,即 dawh)

𥬧¹(符、篆) duk [tuk⁷]〈名〉竹篾。《初》:列𥬧廸紃箦。Lieb duk dwk san dungh. 破好竹篾来编竹垫。

𥬧² nduk[ʔduk⁷]〈形〉❶朽。❷坏;烂;歹毒。(见𥬧)

粉¹ faenx [fan⁴]〈名〉灰尘。(见坋)

粉² 方 foenq[fon⁵]〈名〉尘土。(见柀)

𥲗(竕、𥳁) faiz [faːi²]〈名〉甜竹;麻竹。𥲗𥲗,faexfaiz,甜竹。(见《初》)

箙 方 fug [fuk⁸]〈名〉席子。(见《初》)

篑 fwj [fɯ³]〈名〉云。(见䨺)

箸(杆、吁) 方 ganz[kaːn²]〈名〉扁担。(见《初》,即 hanz)

管(喧) 方 gien [kiːn¹]〈动〉管;教;监督。《初》:孙伻否伝管。Lwggyax mbouj vunz gien. 孤儿无人管。

笈¹ 方 gip [kip⁷]〈名〉竹笠。《初》:昑昑𠊎笈呰牍杯。Ngoenzngoenz aemq gip bae hen vaiz. 天天背着竹笠去放牛。(即 gyaep)

笈² gyaep[kjap⁷]〈名〉斗笠;雨帽。(见笈¹)

箻¹ 方 laet [lat⁷]〈形〉茂密。(见柆¹)

箻²(律、嗶) lwt [lɯt⁷]〈名〉卷纱筒。《初》:綵箻,saj lwt,土制的卷纱筒。

篓 方 laeuz [lau²]〈名〉笼;鸡埘。《初》:篓鴪,laeuz gaeq,鸡笼。

落 方 lag [laːk⁸]〈名〉篱笆。广南《建村造寨歌》:捡杖夿落,gip fwnz laj lag,捡篱笆下之柴。

箮 oen [ʔon¹]〈名〉刺;荆棘。(见蕴)

筙 方 reix [ɣei⁴]〈名〉园篱;篱笆。(见《初》)

箢(箮、香、筤、簹、簻) rieng [ɣiːŋ¹]〈名〉鱼篓。《初》:箢粑否顧顧箢蛳。Rieng bya mbouj goq goq rieng sae. 鱼篓不顾顾螺篓(喻不辨轻重,顾小失大)。

篸(槎) saz [θa²]〈名〉竹排;筏;木排。(见《初》)

箟¹(筂) 方 seh [θe⁶]〈名〉篮子。《初》:歐箟呰扒花。Aeu seh bae yaeb byaek. 拿篮子去捡菜。

箟² swx [θɯ⁴]〈名〉菜篮(无盖,编得较疏)。(见笋)

箾 方 soeg [θok⁸]〈名〉❶笼。《初》:箾粿,soeg mou,猪笼。❷筌。《初》:紃箾呰𥅡粑。San soeg bae rangj bya. 编鱼筌去捕鱼。

箉(笁、箳) buengz [puːŋ²]〈名〉❶甲壳;硬壳。《初》:箉魲,buengzfw,鳖甲。❷背篷(用竹叶和篾条编成的雨具,形似乌龟壳)。

䈚 㕥 caengj [ɕaŋ³]〈动〉等;等候。(见䈚)

筡 dawh [tauɯ⁶]〈名〉筷子。(见籂)

篤 doek [tok⁷]〈动〉❶落。❷丢失。(见䈡¹)

箓 duk [tuk⁷]〈名〉竹篾。(见箊¹)

篙¹ gauq [kaːu⁵]〈名〉筶子(卜具,师公、道士卜卦的用具,以一节弯曲的佛肚竹对剖而成)。(见篙)

篙²(鸄、㵀、克) 㕥 sung [θuŋ¹]〈形〉高。《初》:㭢篙否肛耷。Faex sung mbouj daengz mbwn. 树高不到天(喻人本事再大也有局限)。

篢¹ 㕥 lingj [liŋ³]〈名〉厨柜。田阳《布洛陀遗本》:内篢,ndaw lingj,厨柜里边。

篢² 㕥 lungj [luŋ³]〈名〉怀抱。田阳《布洛陀遗本》:打孙罖入篢。Ndoiq lwg raeuz haeuj lungj. 自家孩子越打越钻怀里来。

篸 mbungz [ʔbuŋ²]〈名〉谷囤;竹囤。《初》:歐篸庲秲粝。Aeu mbungz ma coux haeux. 用竹囤来装稻谷。

篟 nyinz [ȵin²]〈名〉筋。(见肕)

箵 oen [ʔon¹]〈名〉刺;荆棘。(见蕰)

篨 saet [θat⁷]〈动〉吃惊(与䈡连用)。(见佚)

筣 bez [pe²]〈名〉筏;竹排;木排。(见弊)

篰 㕥 cok [ɕoːk⁷]〈名〉围墙。(见《初》)

䈂 daengj [taŋ³]❶〈名〉戥子(俗称厘戥,测定贵重用品和药材的重量用。最大单位是两,小到分厘)。❷〈动〉戥(用戥子称)。(见䈂²)

篟 dawh [tauɯ⁶]〈名〉筷子。(见籂)

篼 㕥 dud [tut⁸]〈名〉锅盖。(见䇲)

篍(笟、笸、鉥、䉴、䉼) giuq [kiːu⁵]〈名〉提篮。《初》:娋提篍扒花。Sau dawz giuq yaeb byaek. 姑娘拿着提篮去捡菜。

篏 faenx [fan⁴]〈名〉灰尘。(见坋)

篖 feiq [fei⁵]❶〈名〉盖子。❷〈动〉盖。(见䈥)

篗 㕥 mban [ʔbaːn¹]〈名〉大簸箕。(见《初》)

篛 㕥 mbok [ʔboːk⁷]〈名〉竹筒(可量250克米)。(见築)

篰 ndaek [ʔdak⁷]〈动〉呛(与咆连用)。《初》:咆篰,saekndaek,呛喉。

篭(梳、繞、篃、楝) ndoengj [ʔdoŋ³]〈名〉簸箕。《初》:踸篭庲箠粝。Cimh ndoengj ma feiq haeux. 找簸箕来簸米。

篛(唼、嘹) riu [ɣiːu¹]〈动〉笑;嘲笑。《初》:偧篛旺。De riunyumj. 他微笑。| 上林《赶圩歌》:劳伝见篛。Lau vunz gienq riu. 怕

人见笑。

箓 㓾 ruk [ɣuk⁷]〈名〉篾。(见笇¹)

箫 siu [θiːu¹]〈名〉箫。(见《初》)

篺 bez [pe²]〈名〉筏;竹排;木排。(见䈌)

簪 cam [ɕaːm¹]〈动〉问;询问。《粤风》:有剥剥簪啰。Youx bakbak cam lax. 情哥口口声声查问。

箾 㓾 caeuz [ɕau²]〈名〉眉。(见毢)

箸(箦、逗、筹、德、簿) dawh [taɯ⁶]〈名〉筷子。《初》:栾楳咪叩箸。Faexndoek ma guh dawh. 用竹子来做筷子。

籑 dawh [taɯ⁶]〈名〉筷子。(见箸)

簣¹ feiq [fei⁵]〈动〉篾。(见箄)

簣² feiq [fei⁵] ❶〈名〉盖子。❷〈动〉盖。(见䈕)

簝(箂) 㓾 giengz [khiːŋ²]〈名〉小鱼篓。《初》:提鲃抻合簝。Dawz bya cuengq haeuj giengz. 把鱼放进鱼篓里。

篢 gvingz [kwiŋ²]〈名〉框(指筛子、托盘等的边框)。《初》:篢托,gvingz dak,托盘的框。

篌(箕) gyoi [kjoi¹]〈名〉竹篓;竹箩(底方口圆,洞眼大如手指)。《初》:歐篌料菝花。Aeu gyoi daeuj coux byaek. 拿竹箩来装菜。

箻 lad [laːt⁸] ❶〈名〉粗眼筛;大孔筛。❷〈动〉用粗眼筛来筛。(见箻)

箥(箹、箕、模) 㓾 mbok [ʔboːk⁷]〈名〉竹筒(可量250克米)。《初》:歐箥咪爂粝。Aeu mbok ma rau haeux. 用竹筒来量米。

篼 ndoengj [ʔdoŋ³]〈名〉簸箕。(见箍)

簕 nyinz [ȵin²]〈名〉筋。(见肕)

箢 oen [ʔon¹]〈名〉刺;荆棘。(见蕴)

簥(簩) raeng [ɣaŋ¹] ❶〈名〉筛子。《初》:閗空簥否簥。Ndaw ranz raeng mbouj lad. 家中粗细筛皆无(比喻很穷)。❷〈动〉筛;筛选。《初》:歐慌簥粝粁。Aeu raeng co raeng haeuxyangz. 用粗眼筛子筛玉米。

簩 raeng [ɣaŋ¹] ❶〈名〉筛子。❷〈动〉筛;筛选。(见簥)

篁 rieng [ɣiːŋ¹]〈名〉鱼篓。(见篢)

篜 soemq [θom⁵] ❶〈名〉鱼罩。❷〈动〉罩。(见簪²)

篵 swx [θɯ⁴]〈名〉菜篮(无盖,编得较疏)。(见竽)

簦 deq [te⁵]〈动〉等;等候;等待。(见䇷)

篙(篙) 㓾 oj [ʔo³]〈名〉芦苇。《初》:楞篙,gooj,芦苇。

篧 rieng [ɣiːŋ¹]〈名〉鱼篓。(见篢)

篷 songz [θoːŋ²]〈名〉竹箩筐(与篌连用)。《初》:篌篷,gyoisongz,大竹箩筐(圆底,洞眼大如手指)。

篚 gyumj [kjum³]〈名〉小口坛。《初》:双篚氿,song gyumj laeuj,两坛酒。

䈵(箞、䉢) lad [laːt⁸] ❶〈名〉粗眼筛;大孔筛。❷〈动〉用粗眼筛来筛。《初》:䈵卦了皎篬。Lab gvaq liux caiq raeng. 粗筛过后再用细筛子筛。

篾 mob [moːp⁸]〈名〉牛口套。《初》:篾㧡,mobvaiz,牛口套。

䉤 nduk [ʔduk⁷]〈形〉❶朽。❷坏;烂;歹毒。(见𥻦)

䉨 [方] ngeiz [ŋei²]〈名〉饭箕。《初》:篸䉨,saemqngeiz,淘米用的饭箕。

篖 rangz [ɣaːŋ²]〈名〉竹笋。(见筤[1])

篇(篇、编) bien [piːn¹] ❶〈动〉编织。《初》:篇笼䳭。Bien roengq roeg. 编织鸟笼。❷〈动〉编造。《初》:篇叱𡗶刻伝。Bien vah bae haih vunz. 编造谎言去害人。❸〈量〉页。《初》:䀹氿双篇𢿭。Yawj ndaej song bien saw. 看了两页书。

篼 dawh [taɯ⁶]〈名〉筷子。(见𥱚)

䉧(重、蹃、靯、埞) deq [te⁵]〈动〉等;等候;等待。《初》:乾䞲總䉧佲。Haet haemh cungj deq mwngz. 早晚都等着你。

篺 faiz [faːi²]〈名〉甜竹;麻竹。(见簁)

簣 mbaij [ʔbaːi³]〈名〉簸箕。田阳《布洛陀遗本》:恩簣可耳戀。Aen mbaij goj rox lingx. 簸箕也会滚动。

䉾 naq [na⁵]〈名〉箭。(见笷[2])

䉫(恣、鞔、䉭、䕰、若、焫、烈、悧) ndwet [ʔdɯːt⁷] ❶〈动〉喧哗;吵闹。《初》:㑚介䉫貧粆。Sou gaej ndwet baenzlai. 你们别这么吵闹。❷〈形〉妖冶;风流;轻浮(指女人)。❸〈形〉喜欢;高兴。

篕 oen [ʔon¹]〈名〉刺;荆棘。(见蕴)

簓(笁、細、嵳) sat [θaːt⁷]〈名〉簟;竹席。(见《初》)

篸[1] [方] saemq [θam⁵]〈名〉饭箕。《初》:篸䉨,saemqngeiz,淘米用的饭箕。

篸[2](箖) soemq [θom⁵] ❶〈名〉鱼罩。❷〈动〉罩。《初》:歐篸料篸鲃。Aeu soemq daeuj soemq bya. 用鱼罩来罩鱼。

簶[1](独) [方] duk [tuk⁷]〈形〉糊涂(与凶连用)。《初》:凶簶,mukduk,糊涂。

簶[2](六) [方] loeg [lok⁸]〈动〉贪恋;徘徊(与戀连用)。《初》:俌倬介簶戀。Bouxcoz gaej loeglienh. 年轻人莫过于贪恋。

籟 raiq [ɣaːi⁵]〈名〉栅;水栅门(用竹或铁丝编成,用来拦住水口,防鱼逃逸)。(见㰆)

䉿 giuq [kiːu⁵]〈名〉提篮。(见簝)

篭 roengz [ɣoŋ²]〈动〉下。武鸣《信歌》:篭碩馱,roengz sok dah,下河码头。

籠(笼、梇) loengx [loŋ⁴]〈名〉箱子。(见《初》)

䇲(䈀) [方] caengj [ɕaŋ³]〈动〉等;等候。《初》:佲丕内䇲兄。Mwngz youq neix caengj gou. 你在这里等我。

籮 [方] laz [la²]〈名〉大畚箕(与筦连用)。《初》:筦籮,ganglaz,大畚箕。

䉭 ndwet [ʔdɯːt⁷] ❶〈动〉喧哗;吵闹。

❷〈形〉妖冶;风流;轻浮(指女人)。❸〈形〉喜欢;高兴。(见𫓼)

籠 roengz [ɣoŋ²]〈动〉❶下。❷产(崽);生(崽)。❸签(名)。❹下(力气);使(劲);努力。(见㚏)

籓 㓈 saemz [θam²]〈形〉傻;愚笨。《初》:佲乣籓貧梥。Mwngz ndaej saemz baenzlai. 你那么傻。

臼 部

舅 goux [kou⁴]〈名〉乌桕。(见楜)

臱(砯) rum [ɣum¹]〈名〉石臼。《初》:扚粝㚏臱丠撢。Cuengq haeux roengz rum bae daem. 把稻谷放到石臼里去舂。

舅(㕦) gaeux [kau⁴]〈名〉舅舅;舅父。(见《初》)

自 部

自 cix [ɕi⁴]〈副〉❶就。❷也;又。(见只²)

𦤀(咱) fwq [fɯ⁵]〈拟〉呼呼。《初》:徒鴓㿹𦤀𦤀。Duzroeg mbin fwqfwq. 鸟呼呼飞翔。

𦤃(侵) 㓈 caemj [ɕam³]〈介〉从;自从。《初》:㑣𦤃犾眈乖。De caemj eng couh gvai. 他从小就聪明。

𦤎 haeu [hau¹]〈形〉臭。(见𦤱)

𦤱(嗅、啰、阒、𦝫、啁、𦞙、𦤎、喉、𦤧、𩟂、𣱵、氭) haeu [hau¹]〈形〉臭。《初》:肉𦤱蚧𧌽蝴。Noh haeu nengznyaen ciuz. 臭肉招引苍蝇。| 大化《白事鸟歌》:叫虫𧒒吽肉𦤱。Heuh nonnyaiq gwn noh haeu. 叫毛毛虫吃臭肉。

𦤧 haeu [hau¹]〈形〉臭。(见𦤱)

𦤫(星) sing [θiŋ¹]〈形〉腥。《初》:徒鲃内𦤫𡘫。Duz bya neix sing lai. 这条鱼很腥。

血(⾎)部

𧖧 lwed [lɯːt⁸]〈名〉血。(见𧖴)

𧖰 meg [meːk⁸]〈名〉脉。(见𧖻)

𧖴(𧖧、⾎、𧗀、𪓍、沥) lwed [lɯːt⁸]〈名〉血。(见《初》)

𧗀 lwed [lɯːt⁸]〈名〉血。(见𧖴)

𧖼 yiet [jiːt⁷]〈动〉歇;休息;暂停。(见趄)

𧖻(胉、𧖰) meg [meːk⁸]〈名〉脉。《初》:𧖴𧖻, lwedmeg, 血脉。

𧗌 㓈 naeq [nai⁵]〈名〉老鼠。(见《初》)

⾎ lwed [lɯːt⁸]〈名〉血。(见𧖴)

舟 部

舠 㓈 liz [li²]〈名〉船。(见《初》)

舠 dengx [teːŋ⁴]〈名〉小船;舢板。(见武鸣《张》)

般¹ 方 buenz [puːn²]〈动〉培;壅。(见墭)

般² ruz [ɣu²]〈名〉船。田东《闹涽懷一科》:涽批忑般度。Hoen bae laj ruz doh. 魂去下方的渡船。

航 ruz [ɣu²]〈名〉船。马山《奠别欢》:航陇丹。Ruz roengz dan. 船下滩。

舻(艅、沪、𦨴、舮、𦪇) ruz [ɣu²]〈名〉船。(见《初》)

舮 ruz [ɣu²]〈名〉船。(见舻)

艅 ruz [ɣu²]〈名〉船。(见舻)

𦨼 方 lwz [lɯ²]〈名〉船。(见《初》)

𦪇 ruz [ɣu²]〈名〉船。(见舻)

𦪈 banz [paːn²]〈名〉盘子。(见𥁞)

𦨴 ruz [ɣu²]〈名〉船。(见舻)

𦪍(𥳇、𥴊) bez [pe²]〈名〉筏;竹排;木排。《初》:挧𦪍卦汏𡎝。Vad bez gvaq dah bae. 划竹排过河去。

色 部

色¹ caek [ɕak⁷]〈动〉滴。马山《传扬歌》:渐 林 汗 竿 色。Ciemz rum hanh doek caek. 拔草汗下滴。

色² caek [ɕak⁷]〈副〉幸亏;幸好;幸而;好在(与嚍连用)。(见咆¹)

色³ saeg [θak⁸]〈动〉洗(衣服等)。田东《大路歌》:陇甲力贝色? Roengz gizlawz bae saeg? 下到哪里去洗? (见浥)

色⁴ saek [θak⁷] ❶〈量〉一;任何。马山《欢情》:欢吙色旬否用怪。Fwen loek saek coenz gaej yungh gvaiq. 歌有任何错句不用怪。❷〈副〉大约;大概。❸〈代〉那么(与时间词连用,表示虚拟、假设等)。(见噻³)

色⁵ swz [θɯ²]〈动〉祭供;拜祭。右江《本麽叭》:得酒肉閉色。Dawz laeuj noh bae swz. 拿酒肉去祭供。

䒊 sieg [θiːk⁸]〈名〉勺子。《初》:歐䒊料抙氿。Aeu sieg daeuj daek laeuj. 拿勺子来舀酒。

䒋 hau [haːu¹]〈形〉白。(见皓)

䒌¹ laep [lap⁷]〈形〉黑;黑暗;昏暗。(见嘿¹)

䒌² laep [lap⁷]〈动〉闭(眼)。(见眤²)

䒍 ndaem [ʔdam¹]〈形〉黑。(见黯)

䒎 hau [haːu¹]〈形〉白。(见皓)

䒏 -hengz [heːŋ²]〈缀〉灿灿。金城江《台腊恒》:摆本好䒏, baij baenz hauhengz, 摆成一片白灿灿。

䒐 heu [heu¹]〈形〉青。(见荨¹)

䒑 方 miq [mi⁵]〈形〉淡黄。(见《初》)

䒒 hau [haːu¹]〈形〉白。(见皓)

䒓 heu [heu¹]〈形〉青。(见荨¹)

䲔 heu［heu^{1}］〈形〉青。(见苛^{1})

䲕 henj［heːn^{3}］〈形〉黄。(见䵮)

䲖 lieng［liːŋ^{1}］〈形〉淡黄。《初》：袨袮色䲖。［Daenj］geu buh saek lieng.［穿］一件淡黄色的衣服。

艴 naek［nak^{7}］❶〈形〉重。武鸣《信歌》：各㗂艴卦闷。Gag gongz naek gvaq ndaw. 独自叹息在内心。❷〈形〉深奥。❸〈形〉专注；上心。❹〈动〉偏重；偏爱(见迈^{1})

䲗 [方] nonh［noːn^{6}］〈形〉粉红；桃红。《初》：粽橄㫰，粽桃䲗。Ndok maenj hau, ndok dauz nonh. 李花白，桃花红。

䲘（䊊、嗹）lwenq［lɯːn^{5}］〈形〉光滑；光亮。《初》：歪磧亟䲘。Gwnz rin gig lwenq. 石板上很光滑。

䲙（䙓、袴）[方] saek［θak^{7}］〈形〉窄。《初》：絞袮内䲙㱦。Geu buh neix saek lai. 这件衣服太窄。

䲚 laep［lap^{7}］〈形〉黑；黑暗；昏暗。(见嘿^{1})

䲛 mong［moːŋ^{1}］〈形〉❶灰。❷模糊(视线)。(见㠓)

羊　部

羊 yangj［jaːŋ^{3}］〈名〉长刀；腰刀。田东《嘹歌》：使吉羊卦路。Saeq gwed yangj gvaq roen. 官扛刀剑过路。

差^{1} ca［ɕa^{1}］❶〈动〉(交)叉；(交)错。《初》：㹂差，camca，交叉；交错。❷〈形〉差；相差。《初》：兄侵佲比差卂遨。Gou caeuq mwngz beij ca ndaej gyae. 我和你比差得远。

差^{2} [方] cai［ɕaːi^{1}］❶〈动〉差使；派遣。❷〈名〉差人；差役。宜州《龙女与汉鹏》：汉朋敬茶赫差哏。Hanbungz gingq caz hawj cai gwn. 汉鹏敬茶给差人喝。(见䅊)

差^{3} caq［ɕa^{5}］〈动〉借。金城江《台腊恒》：丕差犕馬耙。Bae caq vaiz ma yaeq. 去借牛来犁。

差^{4} [方] cat［ɕaːt^{7}］〈动〉找吃(贬义)。《初》：侈庲差粰餜。De ma cat souh ngaiz. 她回来找稀饭吃。| 徒猉内差歪差夳。Duz mou neix cat gwnz cat laj. 这头猪到处找吃。

羞 ceng［ɕeːŋ^{1}］❶〈动〉欠。❷〈形〉差；相差。(见䍟)

群 gwnz［kɯn^{2}］〈名〉上；上面(方位词)。(见歪^{1})

羖 ndei［ʔdei^{1}］〈形〉好；美；善；良好。(见兀^{1})

羬 gyaeu［kjau^{1}］〈形〉美丽；漂亮。(见㚵)

羪 [方] hauz［haːu^{2}］〈名〉最漂亮。(见㝵)

羺（羝）maeq［mai^{5}］〈形〉粉红。《初》：䎃羺廪梳桃。Naj maeq lumj vadauz. 脸像粉红的桃花。

䍟（羞、争）ceng［ɕeːŋ^{1}］❶〈动〉欠。《初》：䍟侈的艮。Ceng de di ngaenz. 欠他一些钱。❷〈形〉差；相差。《初》：䍟卂遨。Ceng ndaej gyae. 差得远。

羗 㕣 gieng [kiːŋ¹]〈名〉姜。(见菀)

羢 maeq [mai⁵]〈形〉粉红。(见𩫼)

𫅗(㘖、𫅝、𡜊、𫅘、媄、𫅖) gyaeu [kjau¹]〈形〉美丽;漂亮。《初》:妋内𫅗𫅗。Dah neix gyaeu lai. 这个姑娘很漂亮。

𫅘 gyaeu [kjau¹]〈形〉美丽;漂亮。(见𫅗)

羚 㕣 lengz [leːŋ²]〈名〉午饭。(见《初》,即 rengz)

羬 goeb [kop⁸]〈动〉盖;覆盖。(见𡨧)

羷 gyoengq [kjoŋ⁵]〈量〉❶ 帮;群;伙。❷ 们(与代词连用)。(见㑘)

羻 sienq [θiːn⁵]〈名〉尾羽。(见《初》)

米 部

米¹ maex [mai⁴]〈名〉妻子。《粤风》:枉离人争米。Vuengj ndij vunz ceng maex. 枉与人争妻。

米² mbi [ʔbi¹]〈名〉橄榄。东兰《佈洛陀造方》:可米了,go mbi ndeu,一棵橄榄树。

米³ 㕣 mij [mi³]〈副〉不;没有;未。宜州《廖碑》:你也米咾定。Neix yax mij roxdingh. 现在也不知道。(见休²)

米⁴ miq [mi⁵]〈形〉美。东兰《莫卡盖用》:百哏米每。Bak gwn miq maeh. 嘴巴吃得美滋滋。

米⁵ miz [mi²]〈动〉有。宜州《孟姜女》:老氓侬米仡。Lau mwngz nuengx miz gwiz. 只怕你阿妹有夫婿。| 否米卜惹查。Mbouj miz bouxlawz caz. 没有谁查问。

籺 㕣 et [ʔeːt⁷]〈名〉蕉叶糍粑。《初》:偲籺内兀吘。Aen et neix ndei gwn. 这个蕉叶糍粑好吃。

迷 㕣 yuq [ju⁵]〈动〉住;在。(见㽗)

籸 㕣 byaz [pja²]〈动〉涂污。(见𢭃)

籹 ca [ɕa¹]〈名〉籼。《初》:粝籹,haeuxca,籼谷;籼稻。

籾 caeuz [ɕau²]〈名〉晚饭。(见粷)

籿 ceiz [ɕei²]〈名〉糍粑。(见糎)

籵 㕣 fez [fe²]〈形〉一样;相同。(见彿)

籿¹ 㕣 gaeuj [khau³]〈名〉稻;米;饭。(见粑)

籿² miz [mi²] ❶〈动〉有。❷〈形〉富;富有;富裕。(见眉¹)

粃 mbaet [ʔbat⁷] ❶〈名〉量米筒;竹筒。❷〈量〉筒(量米用,500克的容量)。(见筂)

籹 soq [θo⁵]〈名〉❶ 数;数目。武鸣《信歌》:咟㚭只照籹。Bak gangj cix ciuq soq. 嘴巴说了要算数。❷ 运数;运气。武鸣《信歌》:考彩籹, gauq caijsoq,靠运气。❸ 事;事情。武鸣《信歌》:事籹, saehsoq,事情。| 伝妑的心籹。Vunzbaz dih simsoq. 女人的心事。

粎 㕣 ciz [ɕi²]〈名〉糍粑。(见粎)

粈 㓊 gaeuj [khau³]〈名〉稻；米；饭。（见粔）

粌 lonh [lo:n⁶]〈动〉断；碎。金城江《台腊恒》：粝粌丕作猪。Haeux lonh bae coq mou.［拿］碎米去喂猪。

籿 munh [mun⁶]〈名〉屑。金城江《台腊恒》：粝籿，haeux munh，米屑；碎米。

类¹ ndaej [ʔdai³]〈动〉❶ 得；得到。宜州《龙女与汉鹏》：卜差类哇。Bouxcai ndaej vah. 差役得到［这］话。❷ 行；可以。宜州《孟姜女》：七墙城否类。Caep ciengz singz mbouj ndaej. 砌墙城不行。

类² ndeij [ʔdei³]〈介〉跟；与。宜州《孟姜女》：类万良同班。Ndeij Vanliangz doengz ban. 跟万良同班辈。（即 ndij）

籵 ngaiz [ŋa:i²]〈名〉饭；午饭。都安《三界老爺唱》：亖鸡庂旧籵。Aeu gaeq ma guh ngaiz. 拿鸡来弄午饭。

娄¹ laeu [lau¹]〈动〉削。田东《大路歌》：欧筷斗尔娄。Aeu dawh daeuj neix laeu. 拿筷来这里削。

娄² raeuz [ɣau²]〈代〉我们。宜州《龙女与汉鹏》：娄论龙女年汉鹏。Raeuz lwnh Lungznwx nem Hanbungz. 我们讲述龙女与汉鹏。| 田阳《麽収魂糫一科》：父母娄，boh-meh raeuz，我们的父母。

籸¹ samj [θa:m³]〈名〉潲（稠的猪食）。（见秥）

籸² san [θa:n¹]〈名〉白米。（见籼）

籼（籸）san [θa:n¹]〈名〉白米。《初》：廪侴籼賠粡。Lumj ciq san boiz raeh. 好像借白米还稻谷（喻占了别人的便宜）。

粍¹ bwnh [pwn⁶]〈名〉粪；粪便；肥粪。（见屎）

粍² mi [mi¹]〈名〉细毛；汗毛。（见毜）

粇（仇、囚、糉、饲、朸、籿、䴻、粐）caeuz [çau²]〈名〉晚饭。《初》：呻粇，gwn caeuz，吃晚饭。

粎（䰟、粉、秎、李、粒）faen [fan¹]〈名〉种子。（见《初》。也读 faenz、vaen）

粉¹ faen [fan¹]〈名〉种子。（见粎）

粉² fiengj [fi:ŋ³]〈名〉粟；小米。田阳《麽収魂糫一科》：呻分粉肚拶。Gwn faen fiengj dungx raeng. 吃小米肚胀。

粉³ fonx [fo:n⁴]〈形〉黑色。右江《本麽叭》：懐粉怌好，vaiz fonx vaiz hau，黑牛白牛。

粅¹（糖、棒、粸、糤、糙）faengx [faŋ⁴]〈名〉粽子。马山《十二月花》：粬粅放下花。Ut faengx cuengq laj va. 小粽大粽摆祭在花下。（见《初》）

粅²（仿）fiengj [fi:ŋ³]〈名〉粟；小米。马山《完筆》：穤糫粅，ndaem haeuxfiengj，种粟子。

粖 faex [fai⁴]〈名〉❶ 树；树木；木；木材；木头。马山《偻笁荳貧够》：棵粖合攴，gofaex hab faenz，该砍的树。❷ 棺材。（见柰）

粚 heiq [hei⁵] ❶〈名〉空气；气体。❷

〈名〉汽。❸〈名〉气味。❹〈动〉忧愁;担忧;忧虑;顾虑。(见气)

粈 imq [ʔim^{5}]〈形〉饱。(见飪)

料 liuh [liːu^{6}]〈动〉看;望;瞧。宜州《龙女与汉鹏》:想哟氓之料。Siengj yoj mwngz cix liuh. 想看你就望一眼。

粑 mba [ʔba^{1}]〈名〉粉;粉末(指粮食磨成的)。(见𥻿)

粎 方 mei [mei^{1}]〈形〉吝啬;悭吝(与嘧连用)。《初》:嘧粎, maetmei, 吝啬。

粈(納) 方 neb [neːp^{8}]〈动〉缝(草草地缝补一下)。(见《初》)

粡 ngaeu [ŋau^{1}]〈动〉钩;弯钩(稻穗钩头)。平果《信歌》:粝闶洞黄粡。Haeux ndaw doengh henj ngaeu. 田垌稻黄熟。

粈 niu [niːu^{1}]〈形〉黏。《初》:佲粝䉾内粈浰浕。Gij haeuxnaengj neix niu raixcaix. 这些糯米饭很黏。

粈(糟、糠、稐、穔、穬、蘋、芠) vaeng [waŋ^{1}]〈名〉❶ 䅟;鸭脚粟。《初》:粝粈, haeuxvaeng, 䅟子(谷物之一,颗粒小,似粟,不黏。俗称鸭脚粟)。❷ 稗草。《初》:楇粈, govaeng, 稗草。

粈 yiuj [jiːu^{3}]〈名〉廪;仓廪。(见𥼶)

粈 bwnh [pɯn^{6}]〈名〉粪;粪便;肥粪。(见屎)

粒^{1} ceh [çe^{6}] ❶〈名〉种子。❷〈量〉颗;粒。(见𥻵)

粒^{2} faen [fan^{1}]〈名〉种子。(见粉)

粒^{3} laep [lap^{7}]〈形〉黑;黑暗。右江《本麼叭》:病飛平粒漠, bingh mbin baenz laep mok, 灾病飞散如黑雾。

粘^{1} ciem [çiːm^{1}]〈名〉籼。(见屹^{1})

粘^{2} nem [neːm^{1}]〈动〉❶ 贴。❷ 附着。(见粹)

粘^{3} net [neːt^{7}]〈形〉踏实。上林《达妍与勒驾》:想斗閅心真否粘。Siengj daeuj ndaw sim caen mbouj net. 想来内心不踏实。

粈 cid [çit^{8}]〈名〉糯。《初》:粝粈, haeuxcid, 糯米。

粈(飫、粒、粮) 方 ciz [çi^{2}]〈名〉糍粑。(见《初》,即 ceiz)

粋 cuk [çuk^{7}]〈动〉舂。马山《恭喜满月酒歌》:粋否㪗〇兕, cuk mbouj ndaej ceiz hung, 舂不成大糍粑。

粈 daemz [tam^{2}]〈名〉池塘。(见壇)

粗 方 danj [taːn^{3}]〈动〉片;斜切(用刀斜切成薄片)。(见胆)

粸(佛、拂、蔗) 方 fwiz [fɯːi^{2}]〈动〉拜(神)。《初》:粸魈, fwiz fangz, 拜神。(即 buiz)

粈(口、粈、粈、咪、粈) 方 gaeuj [khau^{3}]〈名〉稻;米;饭。《初》:粈犁, gaeujnyawh, 玉米。| 粈粈, gaeujnu, 糯米。

粈 gyaj [kja^{3}]〈名〉秧;秧苗。(见稼)

粈 方 han [haːn^{1}] ❶〈形〉快成熟的(谷

物)。《初》:粨粈,haeux han,快成熟的谷物。❷〈名〉长势(指谷物类)。马山《农事歌》:卑内粨粈兀。Bineix haeux han ndei. 今年禾稻长势好。

粭 hoz[ho²]〈动〉涂;抹;涂抹。《初》:歐埔料粭垟。Aeu namh daeuj hoz ciengz. 用泥巴来涂抹墙壁。

粡 liengz[li:ŋ²]〈名〉粮;粮食。马山《偻笁荳貧够》:偻替偧纳粡。Raeuz daeq de nab liengz. 咱们替他纳粮。

粦(飰、飬)[方] lingz[liŋ²]〈名〉午饭;晌午饭。《初》:吽粦,gwn lingz,吃午饭。(即ringz)

粎(恐、怸、忞)mbaet[ʔbat⁷]〈动〉憋住;屏住。《初》:粎气,mbaet heiq,憋住气息。|粎屎,mbaet haex,憋住大便。

粏 fonx[fo:n⁴]〈形〉黑。平果《信歌》:三月肑初三,栏栏凹糙粏。Samnyied daengz cosam, ranzranz guh naengj fonx. 三月到初三,家家做黑糯米饭。

粖 meiq[mei⁵]〈名〉醋。武鸣《信歌》:撰貓么吽粖,gaemh meuz ma gwn meiq,强按猫来吃醋。

粗 [方] mog[mo:k⁸]〈名〉粽子。(见《初》)

粧 ngaiz[ŋa:i²]〈名〉饭;早饭。(见餜)

粩 [方] no[no¹]〈形〉粘。(见《初》)

粲 [方] nu[nu¹]〈形〉糯。《初》:粣粲,gaeujnu,糯米。

粣 raz[ɣa²]〈名〉芝麻。(见穤)

粨¹ bim[pim¹]〈名〉米屑;碎米。马山《伏義子妹》:蹘佲烂成粨。Myanx mwngz lanh baenz bim. 踏你烂成米屑。

粨² bingj[piŋ³]〈名〉饼。武鸣《信歌》:匠粨嗵匠糖。Canghbingj roeb canghdangz. 饼匠遇糖匠(喻意气相投)。(见餅)

粭¹ caeuz[ɕau²]〈名〉晚饭。武鸣《信歌》:吽粭,gwn caeuz,吃晚饭。(见粈)

粭² ngaiz[ŋa:i²]〈名〉饭;早饭。(见餜)

粧 cang[ɕa:ŋ¹]〈名〉疮。马山《二十四孝欢》:头姆老吱粧。Gyaeuj meh laux baenz cang. 老母头上生疮。

粴 ciem[ɕi:m¹]〈名〉籼。(见岾¹)

粬 ciu[ɕi:u¹]〈名〉朝(早上)。《初》:孙孒三粬妹料睅。Lwgnding sam ciu daiq daeuj ngonz. 婴儿生下三天外婆来看望。

精 [方] gaet[kat⁷]〈形〉浓烈;醇(指酒的味道)。(见酤)

粨(糘、糎、糇、后、厚)haeux[hau⁴]〈名〉❶稻;禾苗;庄稼。马山《传扬歌》:吞枯粨枯花,介丕粆啚伝。Raen gohaeux go'byaek, gaej bae mbaet duh vunz. 见禾苗蔬菜,别摘他人的。❷稻谷;稻米。平果《信歌》:八月叩白路,粨糢黄度肑。Betnyied haeuj begloh, haeux moq henj doh daengz. 八月到白露,新谷黄遍野。|双升粨,song swng haeux,两升米。❸饭;米饭。《初》:昍吽三飩粨。Ngoenz gwn sam donq haeux. 一日吃三餐饭。❹谷物;粮食。《初》:粨粠,haeuxyangz,玉米。|粨粈,haeuxvaeng,䅟子(鸭脚粟)。

粿 haex［hai⁴］〈名〉屎。（见屎）

粦¹（令）㊄ lingh［liŋ⁶］〈名〉闪电（与呖连用）。《初》：呖粦，laeblingh，闪电。

粦² linh［lin⁶］〈名〉穿山甲。（见㺯）

粦³ linz［lin²］〈拟〉呼呼；连连（形容难受的程度很高）。（见嶙）

粎 maex［mai⁴］〈名〉玉米（与粝连用）。《初》：粝粎，haeuxmaex，玉米。

粎 miz［mi²］❶〈动〉有。❷〈形〉富；富有；富裕。（见眉¹）

粫 naz［na²］〈名〉稻米；大米。都安《行孝唱文》：粝粫，haeuxnaz，大米。

粅 ndo［ʔdo¹］❶〈名〉酒曲；酒饼。❷〈动〉醉。（见酡²）

粘（沾、粘、㭗、紎）nem［ne:m¹］〈动〉❶贴。《初》：肛腊粘对联。Daengz cieng nem doiqliemz. 到了春节贴对联。❷附着。《初》：否文双粘躺。Mbouj maenz cienz nem ndang. 无分文在身。

粔 ngah［ŋa⁶］❶〈形〉馋。❷〈动〉爱好；喜欢。（见餎）

粑（危）ngvih［ŋwi⁶］〈量〉粒。《初》：双粑蒜，song ngvih suenq，两粒蒜瓣。

粡 ㊄ nw［nɯ¹］〈名〉肉。（见胺）

粌 nyangj［ȵa:ŋ³］〈名〉稻草芯。平果《信歌》：粝粌，haeuxnyangj，禾把（即haeuxfwngz）。

粙 ringz［ɣiŋ²］〈名〉晌午饭。（见粮）

粎（杀、祄）sat［θa:t⁷］〈动〉裱糊。《初》：歐糨料粎窔。Aeu giengh daeuj sat cueng. 拿浆糊来裱糊窗户。

粓 ㊄ souh［θou⁶］〈名〉稀饭；粥。（见粶²）

粚（糉）suen［θu:n¹］〈名〉粳。《初》：粝粚，haeuxsuen，粳米。

粬 ut［ʔut⁷］〈名〉三角粽。马山《十二月花》：粬粉放下花。Ut faengx cuengq laj va. 小粽大粽摆祭在花下。

粇 vaeng［waŋ¹］〈名〉❶稃；鸭脚粟。❷稗草。（见秔）

粛 yangz［ja:ŋ²］〈名〉玉米。《初》：粝粛，haeuxyangz，玉米。

粠 ㊄ bing［piŋ¹］〈名〉碎米；米屑（糠中的）。《初》：粝粠，haeuxbing，碎米。

粡 ceh［ɕe⁶］❶〈名〉种子。❷〈量〉颗；粒。（见䅽）

粠 cuk［ɕuk⁷］〈名〉粥；稀饭。《初》：吽粝粠口飩。Gwn haeuxcuk guh donq. 餐餐吃稀饭。

粿 ㊄ gaeuj［khau³］〈名〉稻；米；饭。（见粐）

粔（诉、数、㪍）geq［ke⁵］〈动〉❶数（数目）。❷诉说；陈诉。《初》：面渧面粔吽。Mienh daej mienh geq naeuz. 一面哭一面诉说。

粣¹ gok［ko:k⁷］〈名〉角。（见觡）

糒[2] mbaet [ʔbat[7]] ❶〈名〉量米筒；竹筒。❷〈量〉筒(量米用，500克的容量)。(见甂)

粳 gwn [kɯn[1]]〈动〉吃。田阳《布洛陀遗本》：力粳那不皓。Lwg gwn naj mbouj hau. 小孩吃了脸不白。

粈 luenh [luːn[6]]〈动〉旋；盘(用簸箕盛米做圆周运动，让米中的谷粒、谷壳集中到簸箕的中央)。平果《信歌》：糠不眉佈粈。Raemz mbouj miz boux luenh. 米糠无人旋。

粿 ngaiz [ŋaːi[2]]〈名〉饭；早饭。(见餵)

粠 ngaiz [ŋaːi[2]]〈名〉饭；早饭。(见餵)

粡 raeh [ɣai[6]]〈名〉谷子；稻谷。《初》：斤粡七刃籼。Gaen raeh caet liengx san. 一斤稻谷七两白米。

粷 raemz [ɣam[2]]〈名〉糠。武鸣《信歌》：伝养猪于殺，你初话貹粷。Vunz ciengx mou ij gaj, neix co vah cawx raemz. 人家养猪将要杀，[你]如今才说去买糠。(见粖)

粮(粭、餕、䊮、铽、锊、餵) ringz [ɣiŋ[2]]〈名〉晌午饭。马山《百岁歌》：皿生意糈粮。Guh seng'eiq haeuxringz. 做晌午饭的生意。

粩 roj [ɣo[3]]〈形〉❶稠。❷密。(见糌)

粖 方 souh [θou[6]]〈名〉稀饭；粥。(见粶[2])

粺 bib [pip[8]]〈形〉瘪；秕。都安《行孝唱文》：糆粺，haeux bib，瘪谷。

糊 boemz [pom[2]]〈形〉烂(饭)。(见餬)

粶[1] caeuz [ɕau[2]]〈名〉晚饭。马山《丹亡》：勺伏糉伏粶，魂偶父利幼。Yaek fawh ngaiz fawh caeuz, hoenzngaeuz boh lij youq. 若到午饭晚饭时分，父亲的幻影犹在。(见粃)

粶[2](哹、嗦、洛、粀、粖) 方 souh [θou[6]]〈名〉稀饭；粥。《初》：㶳粶𤆶㶳餜？ Rung souh rox rung ngaiz? 煮粥或煮饭？ | 啐双咚粶。Swd song gaemz souh. 喝两口粥。

糌 ceh [ɕe[1]]〈名〉种子。马山《皮里患鲁不》：鸠鬉凭糈糌。Roegraeu baengh haeuxceh. 斑鸠靠稻种。

粭 ceiz [ɕei[2]]〈名〉糍粑。(见糎)

粨 cit [ɕit[7]]〈形〉淡(指味道)。(见谿)

糠[1] faengx [faŋ[4]]〈名〉粽子。(见粉[1])

糠[2] fiengz [fiːŋ[2]]〈名〉稻草。(见稊)

糄 faengx [faŋ[4]]〈名〉粽子。(见粉[1])

糍 faengx [faŋ[4]]〈名〉粽子。(见粉[1])

糉 faengx [faŋ[4]]〈名〉粽子。平果《信歌》：测双升糆糉。Suek song swng haeux faengx. 包两升米粽子。

糾 方 giengz [khiːŋ[2]]〈名〉镜子。(见䵻)

粶 方 loeg [lok[8]]〈名〉薏米(与鶵连用)。《初》：粶鶵，loegbaet，薏米。

粿 mak [maːk[7]]〈名〉果；水果。马山《偻笁荳貧够》：送粿不記数。Soengq mak mbouj geiq soq. 送的果不计其数。

糌(粑) mba [ʔba[1]]〈名〉粉；粉末(指

粮食磨成的)。《初》:糂粝咩,mba haeux-yangz,玉米粉。

糁¹ nem [neːm¹]〈动〉❶贴。❷附着。(见粘)

糁² nenj [neːn³]〈动〉碾。(见碜¹)

粡 ngaiz [ŋaːi²]〈名〉饭;早饭。(见餵)

粣(糝、糌) raemz [ɣam²]〈名〉糠。《初》:眉粣兀數猓。Miz raemz ndei ciengx mou. 有糠好养猪。

籥 raemz [ɣam²]〈名〉糠。金城江《台腊恒》:酒庆糠庆籥,laeuj gyaemx reb gyaemx raemz,连谷壳带米糠的酒。

糄 bin [pin¹]〈名〉碎米。(见糇)

糌 ceiz [ɕei²]〈名〉糍粑。(见糎)

糍 ceiz [ɕei²]〈名〉糍粑。(见武鸣《张》)

粭 方 ciz [ɕi²]〈名〉糍粑。(见糿)

粫 daemz [tam²]〈名〉塘;池塘。《粤风》:粫六雷茄吟。Daemz lueg ndwi gaz gwn. 山塘无可吃。

糄(想) 方 diengz [thiːŋ²]〈名〉糖。《初》:肶訪廪糄。Sim van lumj diengz. 心中甜似糖。

糈¹ haeuj [hau³]〈动〉进;进入。田阳《布洛陀遗本》:嫁作得糈敢。Gya'gyoeg dawz haeuj gamj. 青竹鲤叼[纱]进洞里。

糈² haeux [hau⁴]〈名〉❶稻;禾苗;庄稼。❷稻谷;稻米。❸饭;米饭。❹谷物;粮食。(见粝)

糠 haeux [hau⁴]〈名〉谷物;米饭。田阳《麽収魂糈一科》:花糠禁批刘。Va haeux gyaemq bae luh. 一抓紫糯米饭去赎魂。(见粝)

糇 haeux [hau⁴]〈名〉❶稻;禾苗;庄稼。❷稻谷;稻米。❸饭;米饭。❹谷物;粮食。(见粝)

粿 laeu [lau¹]〈形〉光;干净。金城江《台腊恒》:菅洞了粿哩。Guenj dumx leux laeuliq. 全都淹没光溜溜。

粭¹ 方 limq [lim⁵]〈量〉片;瓣。(见聆¹)

粭² lip [lip⁷]〈量〉瓣。《初》:吽双粭碟朴。Gwn song lip makbug. 吃两瓣柚子。

糒 方 mui [muːi¹]〈名〉稻谷(与粡连用)。《初》:糒粡,muigaeuj,谷子。

糅 nenj [neːn³]〈动〉碾。(见碜¹)

糋 raemz [ɣam²]〈名〉糠。(见平果《信歌》)

糎 reiz [ɣei²]〈名〉米汤。《初》:淰糎,raemxreiz,米汤。

糌(粅) roj [ɣo³]〈形〉❶稠。《初》:粺炷糌料。Cuk cawj roj lai. 粥煮得太稠。❷密。《初》:伝料合廸糌。Vunz daeuj hob dwk roj. 人们来围得密密层层。

粹 souh [θou⁶]〈动〉受。(见嗖⁶)

糖 yung [juŋ¹]〈动〉壅;培壅。金城江《台腊恒》:提粪丕糖粝。Daeh bwnh bae

yung haeux. 搬运肥粪壅庄稼。

糇（糌）bin［pin¹］〈名〉碎米。《初》：粝糇，haeuxbin，碎米。

粱　boemz［pom²］〈形〉烂（饭）。（见餔）

糙（糟、粺、稗、粒）ceh［çe⁶］❶〈名〉种子。《初》：粝糙，haeuxceh，谷种；稻种。❷〈量〉颗；粒。《初》：双糙垣，song ceh duh，两颗豆子。

糟　ceh［çe⁶］❶〈名〉种子。❷〈量〉颗；粒。（见糙）

糎（粃、粢、精、糈、糖、飢、餸）ceiz［çei²］〈名〉糍粑。《初》：口糎，guh ceiz，做糍粑。

糈　ceiz［çei²］〈名〉糍粑。（见糎）

糉　faengx［faŋ⁴］〈名〉粽子。（见粉¹）。

糁（汞）giengh［ki:ŋ⁶］〈名〉浆糊。《初》：歐糁料粇窗。Aeu giengh daeuj sat cueng. 拿浆糊来裱糊窗户。

糢¹（莫、漠、眿、沬、饃）mok［mo:k⁷］〈名〉潲。《初》：糢猅，mok mou，猪潲。

糢²　moq［mo⁵］〈形〉新。平果《信歌》：粝糢，haeux moq，新稻。

糙　naengj［naŋ³］〈名〉糯米饭。平果《信歌》：口糙粋，guh naengj fonx. 做黑糯米饭。

糞　ndip［ʔdip⁷］〈形〉生（不熟）。（见迚²）

糍　ngaiz［ŋa:i²］〈名〉饭。马山《欢叹父母》：呻糍宜肝劲。Gwn ngaiz ngeix daengz lwg. 吃饭时就想到孩子。

糩　nyauq［ɳa:u⁵］〈形〉坏；劣；差。都安《行孝唱文》：粝糩，haeux nyauq，劣米。

糖　方 dangz［ta:ŋ²］〈名〉糖。上林《赶圩歌》：咁哎荟哝糖。Diemz baenz oij ndij dangz. 甜似蔗和糖。

糧　haeux［hau⁴］〈名〉米；白米。（见都安《行孝唱文》）

糨　mienz［mi:n²］〈形〉细（指颗粒小）。（见綿¹）

糠（蘇、粡、枒）raz［ɣa²］〈名〉芝麻。《初》：劲糠，lwgraz，芝麻。

糰　vaenj［wan³］〈形〉稳。（见閫²）

糟　ceiz［çei²］〈名〉糍粑。（见糎）

糤　doen［ton¹］〈名〉墩子（用稻草编结）。（见礅）

糍（秋、骝）方 laeu［lau¹］〈形〉溜；滑溜（与伶连用，引申为聪明、伶俐、精灵）。《初》：㑇内真伶糍。Laeq neix caen lingjlaeu。这小孩真伶俐。

糯（瀍、玨）naed［nat⁸］❶〈名〉颗；粒；颗粒。《初》：糯粝，naed haeux，饭粒；稻粒。｜碤糯，rin naed，石粒。❷〈量〉颗；粒。《初》：糯粝刁，naed haeux ndeu，一粒稻谷。

糷¹　raemz［ɣam²］〈名〉糠。（见粣）

糷²　vaeng［waŋ¹］〈名〉❶䅟；鸭脚粟。❷稗草。（见秆）

糬（秌）yiuj［ji:u³］〈名〉廪；仓廪。（见

《初》)

䊛(嘚、𠿅、嗕) 方 daek [tak⁷]〈形〉断;折。(见《初》)

糧 方 gyamq [kja:m⁵]〈名〉皮;壳。(见𥻗)

糣 haex [hai⁴]〈名〉屎。(见屡)

糏 ngaiz [ŋa:i²]〈名〉饭;早饭。(见𩚵)

糛 方 limq [lim⁵]〈量〉片;瓣。(见𫱴[1])

糞 suen [θu:n¹]〈名〉粳(与𥺾连用)。大化《嚏奠别》:𥺾糯𥺾糞,haeuxcid haeuxsuen,糯米粳米。

糭 suen [θu:n¹]〈名〉粳。(见𥻎)

糯 ut [ʔut⁷]〈名〉三角粽。金城江《台腊恒》:包糯,suek ut,包三角粽。

糫 rok [ɣo:k⁷]〈名〉米花。《初》:𥺾糫,haeuxrok,米花糖。

糮 soemj [θom³]〈形〉酸。(见醰)

糰 bwnh [pɯn⁶]〈名〉粪;粪便;肥粪。(见屎)

糲 remj [ɣe:m³]❶〈动〉烧焦。❷〈形〉炽热;炎热。❸〈动〉烧;焚烧。(见𤉋)

糶 faengx [faŋ⁴]〈名〉粽子。(见粉[1])。

艮 部

艮[1] gaenq [kan⁵]〈副〉❶曾经。❷已经。武鸣《信歌》:开那艮写契。Gai naz gaenq sij heiq. 卖田已写契约。

艮[2] gaenq [kan⁵]〈副〉曾经;已经。(见听)

艮[3] gwnz [kɯn²]〈名〉上。宜州《孟姜女》:否作客板艮。Mbouj rox hek mbanj gwnz. 不知是上村的客人。| 昂哪焦艮吻。Ngangx naj liuq gwnz mbwn. 仰面瞧上天。| 宜州《龙女与汉鹏》:擂艮由擂喇。Laeh gwnz youh laeh laj,跑上又跑下。

艮[4](鉳) ngaenz [ŋan²]〈名〉❶银;银子。《初》:艮㖫,ngaenzhau,白银。❷纸币。《初》:双𦘦艮𢃇。Song mbaw ngaenzceij. 两张纸币。❸情妹(对女情人的美称)。《初》:𡛪艮,nuengx ngaenz,情妹。

艮[5] ngoenz [ŋon²]❶〈名〉日;日头;太阳(与𣅶连用)。❷〈名〉天;日。❸〈量〉日;天。(见昛[1])

良[1] lengh [le:ŋ⁶]〈形〉别的;另外的。东兰《莫卡盖用》:双江分君良。Song gyang faed gyoenz lengh. 两位壮汉另说别的。

良[2] 方 liengh [li:ŋ⁶]〈名〉妹妹(与利连用)。《初》:良利,lienghleix,妹妹。

良[3] liengz [li:ŋ²]〈形〉凉。(见浪[1])

良[4] rengx [ɣe:ŋ⁴]〈形〉旱。(见㫰)

良[5] rengz [ɣe:ŋ²]❶〈名〉力;力气;力量。❷〈形〉辛苦;艰难;着力(与迪、𡉈连用)。马山《欢叹父母》:许卜姆𡉈良。Hawj bohmeh dwgrengz. 让父母辛苦。❸〈动〉妒忌。(见衠)

垦 gwnz [kɯn²]〈名〉上;上面(方位词)。(见𡗶[1])

垠 gwnz [kɯn^{2}]〈名〉上;上面(方位词)。(见歪[1])

琅 haenz [han^{2}]〈名〉堤;岸;埂;塍。(见垠[1])

跟[1] gaen [kɯn^{1}]〈动〉跟。马山《介囗贼》:伝跟愣斗踵。Vunz gaen laeng daeuj boenq. 人家跟在后面追赶。

跟[2] gwn [kɯn^{1}]〈动〉吃。右江《本麼叭》:放黎亦跟甫? Fangz laez yaek gwn buq? 哪个鬼要吃供品?

覞[1](哏、啹、恨、很、垦) haenx [han^{4}]〈代〉那。《初》:俠孙娋覞俌俌総銇。Gyoengq lwgsau haenx bouxboux cungj gyaeu. 那群姑娘个个都漂亮。

覞[2] haenz [han^{2}]〈名〉堤;岸;埂;塍。(见垠[1])

躴 ndang [ʔdaːŋ^{1}]〈名〉身;身体。(见躺)

踉 riengz [ɣiːŋ^{2}]〈动〉跟;随。(见蹺[2])

䂺 naenx [nan^{4}]〈动〉❶按;压。❷忍。(见踉)

䀔(啱、愣)㓢 ngaengz [ŋaŋ^{2}]〈形〉呆;愣。《初》:偧䀔貧昑否嗹吪。De ngaengz baenzngoenz mbouj gangjvah. 他愣了整天不说话。

䵎 henj [heːn^{3}]〈形〉黄。(见蹟)

蹸 haenz [han^{2}]〈名〉堤;岸;埂;塍。(见垠[1])

羽 部

羽 fwed [fɯːt^{8}]〈名〉翅膀。马山《改漫断鄰鄰》:眉羽淋畐得,统勺吊悲斉。Miz fwed lumj duzdaek, dungj yaek diuq bae ranz. 有翅如蚂蚱,都想窜回家。(见𦐇[1])

翃 bwn [pɯn^{1}]〈名〉毛。宜州《龙女与汉鹏》:装偶翃荅年能犊。Cang aeu bwn roeg nem naeng duz. 假说要鸟毛和兽皮。

翇 fwed [fɯːt^{8}]〈名〉翅膀。(见𦐇[1])

習[1] 㓢 sub [θup^{8}]〈副〉骤然;猛地。(见束)

習[2] cup [ɕup^{7}]〈动〉❶吻。❷吸。(见唨)

翋 㓢 gengj [keːŋ^{3}]〈动〉(小木棍)括。(见《初》)

翰 hanq [haːn^{5}]〈形〉灿灿。宜州《孟姜女》:瞭啱栏好翰。Liuh raen ranz hau hanq. 看见房子白灿灿。

翻 fan [faːn^{1}]〈动〉反(刍)。《初》:翻纱,fancauj,反刍。

翧 mbin [ʔbin^{1}]〈动〉飞。(见䶊)

𦑣(板、畨、李) byonj [pjoːŋ^{3}]〈动〉❶反转;翻。《初》:袮𦑣,daenj buh byonj,穿反的衣服。❷摔;翻(跟斗)。《初》:㪶𦑣,dingjbyonj,摔跟斗;倒栽葱。

糸（纟）部

纀^{1}（紴）boek［pok^{7}］〈名〉牛鼻绳。（见《初》）

纀^{2}（紕）bwz［pɯ^{2}］〈动〉编（辫子、绳子等）。《初》：纀綍，bwz cag，编绳子。

纀^{3} 方 mbog［ʔbo:k^{8}］〈动〉缚。（见《初》）

紅（綻、定）方 dingq［tiŋ^{5}］〈动〉纳（鞋）。《初》：紅鞋拚𠆢兄。Dingq haiz hawj beix gou. 纳双布鞋送情哥。

紈 方 giu［ki:u^{1}］〈量〉根（线）；件（衣服）。《初》：眉三紈袻䙠。Miz sam giu buh moq. 有三件新衣服。

紖 ndaij［ʔda:i^{3}］〈名〉苎麻；青麻。田东《麽収魂糯一科》：紖猽憐郭索。Ndaij ma laenz gueg cag. 青麻拿来搓成绳子。

紁 方 nyaeuq［ɳau^{5}］〈形〉皱。（见叒）

紉（任、衵、紝、舍、绪、縩）nyib［ɳip^{8}］〈动〉缝。《初》：紉袻䙠，nyib buh moq，缝新衣。

紎 daz［ta^{2}］〈动〉❶ 拉；扯。❷ 纺（纱）。❸ 搀；扶。（见挞^{2}）

紃（衶、帜）gaen［kan^{1}］〈名〉巾；毛巾。《初》：䞣紃䌨𦝮𩠐。Cawx gaen va duk gyaeuj. 买花毛巾来包头。

紀 geq［ke^{5}］〈形〉老。右江《本麽叭》：許他平娋紀。Hawj de baenz sau geq. 让她变成老姑娘。

紇（𠻗）haed［hat^{8}］〈动〉❶ 勒；勒紧。《初》：紇𩡏袘，haed saivaq，勒紧腰带。❷ 限。《初》：紇佲三昡料肛。Haed mwngz sam ngoenz daeuj daengz. 限你三天来到。

約^{1} iek［ʔi:k^{7}］〈形〉饿。（见飫）

約^{2}（勺、亦、慝）yaek［jak^{7}］〈副〉将；欲；将要；快要。《初》：晱昡約𡂑岜。Daengngoenz yaek roengz bya. 太阳快要落山了。

約^{3} yaek［jak^{7}］〈动〉掏。（见扚）

約^{4} 方 yoj［jo^{3}］〈动〉看；视；瞅。（见睹^{2}）

紭 moq［mo^{5}］〈形〉新。（见䙠）

紆（䋄、闩、網、䍗）muengx［mu:ŋ^{4}］〈名〉网。《初》：歐紆𨑜迪𩵜。Aeu muengx bae dwk bya. 拿网去打鱼。

紃（笧、栏、选、紝、綻、縿、篸）san［θa:n^{1}］〈动〉编；编织。《初》：紃籠，san ndoengj，编织簸箕。

紝 san［θa:n^{1}］〈动〉编；编织。（见紃）

紓（子）swj［θɯ^{3}］〈量〉绺（棉纱的计量单位）。《初》：匹芥眉十紓。Bit faiq miz cib swj. 一纽棉纱有十绺。

紕 baeh［pai^{6}］〈名〉篦。马山《信歌》：送筷铐吝紕。Soengq fag geuz aen baeh. 送一把剪刀一把篦子。

紖 cag［ɕa:k^{8}］〈名〉绳子。（见綍）

紌^{1} [方] caeuz [ɕau^{2}]〈名〉牛鼻绳。（见牞）

紌^{2} couz [ɕou^{2}]〈名〉绸。《初》:⿰衤布紌，buh couz，绸衣服。| 上林《赶圩歌》:訶息偲⿱人兩紌。Hojsik aen liengj couz. 可惜那把绸伞。

⿰糹中（⿰方中）[方] cuengq [ɕu:ŋ^{5}]〈名〉挽幛。《初》:⿺辶由⿰糹中，dwk cuengq，挂挽幛。

⿰糹勾 gaeuq [kau^{5}]〈形〉旧。（见⿰孰九）

紤 ginq [kin^{5}]〈形〉坚实。（见⿰扌近^{3}）

⿰糹仑 [方] laenz [lan^{2}]〈名〉绳子。《初》:⿰糹仑⿰石各，laenz gad，绳子断。

納^{1} nab [na:p^{8}]〈动〉交纳。《初》:納规⿰耳又納粮。Nab gvaeh caiq nab liengz. 纳税再纳粮。

納^{2} nab [na:p^{8}]〈动〉〈形〉舒坦;踏实。（见《初》）

納^{3} [方] neb [ne:p^{8}]〈动〉缝（草草地缝补一下）。（见⿰米内）

⿰糹欠 nem [ne:m^{1}]〈动〉❶ 贴。❷ 附着。（见⿰米念）

紐 niuq [ni:u^{5}]〈动〉扭转。《初》:紐⿰扌劳，niuq laeng，扭头向后看。

紝 nyib [ȵip^{8}]〈动〉缝。（见⿰糹入）

紗^{1}（⿰色也、⿰糹西、砂）[方] sa [θa^{1}]〈名〉纸。（见《初》）

紗^{2} saj [θa^{3}]〈名〉土纺纱车。（见⿰糹条^{1}）

索^{1} soh [θo^{6}]〈形〉❶ 直。❷ 善良;老实;耿直;诚实;诚恳。（见⿰酉坐）

索^{2} yag [ja:k^{8}]〈名〉酒滴（往下滴的）。巴马《贖魂⿰米辱呟》:國⿰米斗不礼索。Gueg laeuj mbouj ndaej yag. 酿酒不得一滴酒。

素^{1} soh [θo^{6}]〈形〉❶ 直。❷ 善良;老实;耿直;诚实;诚恳。❸ 径直;直接。马山《尊老爱幼歌》:素能布门丁。Soh naengh mbouj maenz ning. 径直坐下不能动。（见⿰酉坐）

素^{2} soq[θo^{5}]〈名〉数;数目（与⿺辶蛋连用，义为完蛋）。（见数^{2}）

素^{3} [方] su [θu^{1}]〈动〉收藏。（见⿱艹素）

絈 baengz [paŋ^{2}]〈名〉布;棉布;布帛;布匹。（见⿰衤朋）

⿰糹包 [方] beux [peu^{4}]〈名〉股。《初》:⿰糹乍七⿰糹包，cag caet beux，七股绳。

紴^{1} bo [po^{1}]〈名〉棉毛苹婆（即家麻树）。（见⿸疒皮）

紴^{2} boek [pok^{7}]〈名〉牛鼻绳。（见⿰糹卜^{1}）

⿰糹布 buh [pu^{6}]〈名〉❶ 上衣。❷ 衣服;衣裳。（见⿰衤布）

⿰糹必 bwz [pɯ^{2}]〈动〉编（辫子、绳子等）。（见⿰糹卜^{2}）

⿰糹乍 cag [ɕa:k^{8}]〈名〉绳子。（见⿰糹作）

紱（拔、⿰韦犮、祓）[方] fad [fa:t^{8}]〈名〉袜子。（见《初》，即 mad）

⿰糹歪 faiq [fa:i^{5}]〈名〉棉花。（见⿱艹歪）

⿰糹号（結、⿰口斗）heux [heu^{4}]〈动〉绕;环绕;缠绕。《初》:芶⿰糹号⿱大非。Gaeu heux faex. 藤缠树。|

绳𦁷，heux cag，绕起绳子。

纟兰^{1} lamh [la:m^{6}]〈名〉缆绳。(见《初》)

纟兰^{2} lamh [la:m^{6}]〈动〉拴。(见揽^{1})

绒^{1} loengz[loŋ^{2}]〈名〉缰绳。(见《初》)

绒^{2} rongz [ɣo:ŋ^{2}]〈名〉巢;窝。(见窠^{1})

绒^{3}(蚕) rongz [ɣo:ŋ^{2}]〈名〉茧。《初》:绒蛪，rongzreh，蚕茧。

絉^{1}(䌷、𧝞、抹) 㓁 mad [ma:t^{8}]〈名〉袜子。(见《初》)

絉^{2} mae [mai^{1}]〈名〉纱;线。(见縸)

絊 mbaen [ʔban^{1}]〈动〉续;搓(麻线)。《初》:絊艻，mbaen ndaij，搓麻线。

絧^{1}(綿、棉、𥽓) mienz [mi:n^{2}]〈形〉细(指颗粒小)。《初》:佀𥹸粝内絧㝣。Gij mba haeux neix mienz lai. 这些米粉很细。

絧^{2} minx [min^{4}]〈动〉搓;编结(绳子)。《初》:絧𦁷，minx cag，搓绳子。

纡(闩、闪、炩、閔、絟、焌、闶、㖆、艳、凌、𣏾) nding [ʔdiŋ^{1}]〈形〉红。《初》:椛纡，va nding，红花。

紳(查) -nyat [n̥a:t^{7}]〈缀〉(乱)蓬蓬;(乱)糟糟。《初》:𩯚𠌴𩬊紳紳。Byoem de nyungqnyatnyat. 他的头发乱蓬蓬的。

绷 nyungq [n̥uŋ^{5}]〈形〉蓬乱(一般指线、纱、麻、丝、发等)。(见𩬊)

紣^{1} 㓁 rib [ɣip^{8}]〈动〉❶ 拢;聚拢。《初》:紣杖，rib fwnz，把柴火聚拢来。❷ 收缴;缴获;聚集;收集。《初》:紣艮吽餫。Rib ngaenz gwn go. 集款聚餐。

紣^{2} raep [ɣap^{7}] ❶〈动〉编(茅草片)。❷〈量〉片(茅草片)。(见箣)

纟乐 rok [ɣo:k^{7}]〈名〉土织布机。(见䋾)

細 sat [θa:t^{7}]〈名〉簟;竹席。(见𥴮)

紖 doz [to^{2}]〈动〉纺。(见綯^{1})

紶(埁、嗉) duq [tu^{5}]〈名〉髻。《初》:紶𩯚，duq byoem，发髻。

絠^{1} faiq [fa:i^{5}]〈名〉纱;棉。田阳《布洛陀遗本》:奷要絠阬壬。Yah aeu faiq roengz yaemz. 婆婆赶快取纱来浸泡。

絠^{2} raiq [ɣa:i^{5}]〈名〉栅;水栅门(用竹或铁丝编成，用来拦住水口，防鱼逃逸)。(见𣘘)

絨^{1} 㓁 faz [fa^{2}]〈名〉壮锦。《初》:絨𥻵凤。Faz raiz fungh. 有彩凤纹饰的壮锦。

絨^{2} faz [fa^{2}]〈名〉篱墙(用竹片编成的隔墙)。上林《达妍与勒驾》:打𥌒𡰪𨡀稳傍絨。Da rongh lumj gingq venj bangx faz. 眼睛明亮如挂在篱墙上的镜子。

給 gaej [kai^{3}]〈副〉莫;别。(见介^{1})

绔(拷、撓) gauj [ka:u^{3}] ❶〈动〉绞;缠绕。《初》:芶绔𣘈。Gaeu gauj faex. 藤缠树。❷〈动〉纠绕;纠结(线状物绞成一团)。❸〈形〉忙乱;忙碌;乱成一团。(与緄连用，见《初》)

絀(曲) 㓁 gut [kut^{7}]〈量〉撮。《初》:絀𩯚刁，gut byoem ndeu，一撮头发。

絞 方 gyaux [kjaːu^{4}]〈数〉半;一半。《初》:絞腋黫趟紈袮蕻。Gyaux hwnz lib haemh nyib buh moq. 连夜赶缝新衣。

絯(狠) haen [han^{1}]〈形〉❶ 紧;紧实。《初》:条絆内絯䵻。Diuz cag neix haen lai. 这条绳子很紧。❷ 困难(手头无钱)。《初》:空偧刄絯䵻。Ranz de cienz haen lai. 他家经济很困难。

絯 haiz [haːi^{2}]〈名〉鞋。(见鞋)

絑^{1} mae [mai^{1}]〈名〉纱;线。(见緓)

絑^{2} 方 si [θi^{1}]〈名〉丝。(见絤^{1})

絅^{1} na [na^{1}]〈形〉厚。(见䙚)

絅^{2} nda [ʔda^{1}]〈名〉背带。(见袘)

絠(腦、絧、捆、梱) naux [naːu^{4}]〈名〉秤纽。《初》:偲橧内眉双絠。Aen caengh neix miz song naux. 这杆秤有两个秤纽。

絩 nda [ʔda^{1}]〈名〉背带。(见袘)

絴(皦) nyangq [n̥aːŋ^{5}]〈形〉韧;坚韧。《初》:絴否卦肥犿。Nyangq mbouj gvaq nyinz vaiz. 韧不过牛筋。| 圿犸犿内絴䵻。Gaiq noh vaiz neix nyangq lai. 这块牛肉很韧。

絗^{1}(繥) re [ɣe^{1}]〈名〉拦江网(用在小河里围捕鱼的网)。《初》:提絗呰廸鲃。Dawz re bae dwk bya. 拿拦江网去捕鱼。

絗^{2}(緤) riep [ɣiːp^{7}]〈名〉蚊帐。《初》:夽絗, roengz riep,放下蚊帐。

絢 方 saenj [θan^{3}]〈量〉根;条。(见楯)

絲^{1}(溧、㴝、紗、沙) saj [θa^{3}]〈名〉土纺纱车。《初》:偧轃絲紭緓。De baenq saj doz mae. 他摇着纺车纺纱。

絲^{2}(搽) 方 sat [θaːt^{7}]〈动〉❶ 搓;编结。《初》:絲絆鞋。Sat caghaiz. 搓鞋绳。❷ 绕(纱)。《初》:歐絲啤絲絉。Aeu saj lwt sat byoi. 用卷纱筒绕纱。

絟 san [θaːn^{1}]〈动〉编;编织。(见絀)

絲 sei [θei^{1}]〈名〉丝;丝线;细丝。(见《初》)

絤^{1}(絑、緧) 方 si [θi^{1}]〈名〉丝。《初》:祂絤, vaq si,丝裤子。(即 sei)

絤^{2} 方 sa [θa^{1}]〈名〉纸。(见紗^{1})

絝 swnj [θɯn^{3}]〈动〉连接;联结。(见綪)

絺 buh [pu^{6}]〈名〉❶ 上衣。❷ 衣服;衣裳。(见袮)

絣(絎、綶、紶) cag [ɕaːk^{8}]〈名〉绳子。《初》:絣杠, cag gyang, 棕毛绳。

綻(揀、揀、捉、续、族、拙、逐、綀、綖、綻) cug [ɕuk^{8}]〈动〉捆;绑。《初》:歐絣綻, aeu cag cug, 用绳子捆。

綀^{1} cug [ɕuk^{8}]〈动〉捆;绑。(见綻)

綀^{2}(縮) suk [θuk^{7}]〈动〉缩;收缩。《初》:綀盯合枱枱。Suk din haeuj laj daiz. 把脚缩进桌子下面去。

絪 demx [teːm^{4}]〈名〉簟;竹席。(见䉆^{2})

結^{1} geu [keu^{1}]〈量〉件。(见袊)

結^{2}(绞、纠、鱙) geuj [keu^{3}]〈动〉❶ 缠;绕(绳子)。《初》:絣結丕旭槤。Cag geuj youq gyaeuj hanz. 绳子缠在扁担头。❷ 绞(痛)。《初》: 胮结痐。Dungx geuj in. 肚子绞痛。❸ 缭绕。《初》:罂結乤叁。Hoenz geuj hwnj mbwn. 炊烟缭绕升上天空。

絓[3] heux [heu⁴]〈动〉绕;环绕;缠绕。(见绉)

絿[1] geu [keu¹]〈量〉件。(见袨)

絿[2] gyaeu [kjau¹]〈形〉美丽;漂亮。(见𦐊)

絟 方 ging [kiŋ¹]〈动〉聊;聊天。(见諲)

絧 方 henz [heːn²]〈动〉 绕绞。(见《初》)

绳 mae [mai¹]〈名〉纱;线。(见絴)

綡[1] 方 rangh [ɣaːŋ⁶]〈动〉连接。《初》:綡絚, rangh cieg, 连接绳子。

綡[2] langh [laːŋ⁶]〈连〉倘若;要是;假使;如果。(见諒[1])

綛 re [ɣe¹]〈名〉网。右江《本麽叭》:蘭你得貧綛。Ranz neix daep baenz re. 这家纷乱似渔网。

絺 方 sa [θa¹]〈名〉纸。金城江《覃氏族源古歌》:墨寫絺之欣。Maeg raj sa cix yin, 墨写于纸则见[字]。

綄(梳) va[wa¹]〈名〉花纹。(见《初》)

組 venj [weːn³]〈动〉吊;挂。(见抔)

綳 baengz [paŋ²]〈名〉布;棉布;布帛;布匹。(见裥)

綝(緓) 方 byoi [pjoi¹]〈名〉纱;棉纱。(见《初》)

緓 方 byoi [pjoi¹]〈名〉纱;棉纱。(见綝)

綤 ceux [ɕeu⁴]〈名〉粗绳索。(见𦇧)

絚 方 cieg [ɕiːk⁸]〈名〉绳子。(见《初》,即 cag)

续 cug [ɕuk⁸]〈动〉捆;绑。(见綅)

綞 方 danz [thaːn²]〈动〉突然抢。《初》:綞𣎃, danz bae, 突然抢去。

綯(桃、扨) 方 dauz [taːu²]〈动〉绹;捆;绑;拴。《初》:綯伝仮𣎃圇。Dauz vunzfamh bae gyaeng. 把罪犯捆起来送去监禁。| 綯馬, dauz max, 拴马。

綻 方 dingq [tiŋ⁵]〈动〉 纳(鞋)。(见紅)

綢[1](图、捆、紑、撻) doz [to²]〈动〉纺。《初》:綢絴, doz mae, 纺线。

綢[2] doz [to²]〈动〉作祟;作弄;作怪;缠上(被鬼纠缠)。(见魌)

緄(混) 方 goenj [kon³]〈形〉❶ 缠绕;纠结(线状物绞成一团)。❷ 忙乱;忙碌;乱成一团。《初》:好哄麻緄绔。Hauj gwxmaz goenjgauj. 多么忙碌。

縡 方 gyaengq [kjaŋ⁵]〈动〉 交配(与擒连用)。《初》:犸擒縡。Ma damgyaengq. 狗交配。

綝 lamh [laːm⁶]〈动〉拴。(见揽[1])

綀 raiz [ɣaːi²] ❶〈形〉麻；花麻。❷〈名〉花纹。(见糀)

綿¹ 方 minz [min²]〈代〉他。(见佷)

綿² mienz[miːn²]〈形〉细(指颗粒小)。(见絸¹)

網 muengx [muːŋ⁴]〈名〉网。(见紅)

綑 naux [naːu⁴]〈名〉秤纽。(见繬)

綪 nding [ʔdiŋ¹]〈形〉红。(见䋎)

緤¹(内、杀、奀、宗)nyaeq[ȵai⁵]〈形〉小;幼小。《初》:姝緤,maex nyaeq,小老婆;妾。

緤²(虽、歳、緌)saeq [θai⁵]〈形〉小；细。《初》：叫 事 歐 緤 恥。Guh saeh aeu saeqsim. 办事要细心。

縿 san [θaːn¹]〈动〉编;编织。(见䌋)

緒 nyib [ȵip⁸]〈动〉缝。(见纴)

緭 方 sax [θa⁴]〈名〉粗眼箩(洞如拇指大,可装玉米棒、红薯等)。(见《初》)

编 bien [piːn¹] ❶〈动〉编织。❷〈动〉编造。❸〈量〉页。(见篇)

総¹ coeng [ɕoŋ¹]〈形〉聪。马山《二十四 孝 欢》：讀 書 肚 総 明。Doegsaw dungx coengmingz. 读书内心聪明。

総²(总、种)cungj [ɕuŋ³]〈副〉都;总;全部;统统;完全。《初》:俌俌総料。Bouxboux cungj daeuj. 个个都来。

緙¹ 方 gyix [kji⁴]〈代〉这;这里。金城江《覃氏族源古歌》:緙伝多。Gyix vunz do. 这里人多。

緙² 方 gyeh [kje⁶]〈动〉繁衍。金城江《覃氏族源古歌》:皃攬緙汪邦。Lwg lan gyeh him biengz. 儿孙繁衍满天下。

緹 henj [heːn³]〈形〉黄。(见黃)

缆 lamh [laːm⁶]〈动〉拴。(见揽¹)

練¹ linx [lin⁴]〈名〉舌头。(见舔)

練² 方 ndienq [ʔdiːn⁵]〈名〉滚子。《初》:石練,signdienq,石滚子(农具,用石头做成,圆柱形,用以滚压谷穗使脱粒,或压平场地)。

緦¹ lw [lɯ¹]〈动〉余;剩余;盈余。(见黎)

緦² sai [θaːi¹]〈名〉带子。(见㪨)

縸(継、緐、緢、絉、絑、霂、霊)mae [mai¹]〈名〉纱;线。《初》:縸斷敋繂。Mae goenq caiq swnj. 线断了再接起来。

継 mae [mai¹]〈名〉纱;线。(见縸)

緢 mae [mai¹]〈名〉纱;线。(见縸)

縱 nyungq [ȵuŋ⁵]〈形〉蓬乱(一般指线、纱、麻、丝、发等)。(见毪)

縍 nyungq [ȵuŋ⁵]〈形〉蓬乱(一般指线、纱、麻、丝、发等)。(见毪)

緼 方 ou [ʔou¹]〈形〉❶紫蓝。《初》:茱椛傪緼。Duj va de ou. 那朵花是紫蓝色。❷乌(云)。《初》:䨺緼,fwj ou,乌云。

緌 raeuj [ɣau³]〈形〉❶暖和;暖;温暖。❷(水)温。(见𪾢)

繞(撓、𨈇、𨅬、擓、㧊、𨅬) riengh [ɣiːŋ6]〈动〉连接。《初》:禀㹥絲任繞。Lumj maesei doxriengh. 好像丝线相连。

緦 saeq [θai5]〈形〉小;细。(见䌸2)

䌖 sai [θaːi1]〈名〉带子。(见㭎)

䌛 saj [θa3]〈名〉土纺纱车。(见絲1)

緒 sengx [θeːŋ4]〈形〉(树叶)稀疏。(见楷3)

𦆀 venj [weːn3]〈动〉吊;挂。(见抔)

繨1 cag [ɕaːk8]〈名〉绳子。(见絲)

繨2 rok [ɣoːk7]〈名〉土织布机。(见緑)

繸 cug [ɕuk8]〈动〉捆;绑。(见綻)

繌 lwenq [lɯːn5]〈形〉光滑;光亮。(见𩫛)

綵 caeq [ɕai5]〈动〉祭;祭祀。(见𥘡)

䌕 方 mad [maːt8]〈名〉袜子。(见袜1)

䌒 方 maix [maːi4]〈名〉辫子(与絮连用)。《初》:䌒絮, maixnoz, 辫子。

䌓 方 naen [nan1]〈形〉❶ 结实;牢实(指绳子打得结实)。❷ 结实;壮实(指肌肉)。(见《初》)

繂 nda [ʔda1]〈名〉背带。(见𧝓)

繳 方 ngau [ŋaːu1]〈形〉长(袍)。(见襒)

繶 re [ɣe1]〈名〉拦江网(用在小河里围捕鱼的网)。(见纲1)

繜(絝、荐、唯、嗗、擜) swnj [θɯn3]〈动〉连接;联结。《初》:緋刈里氶繜。Cag gat lij ndaej swnj. 绳子断了还能连接起来。

緊(挃、摖、奋、呹) ndaet [ʔdat7]〈形〉紧。《初》:綻杖歐綻緊。Cug fwnz aeu cug ndaet. 捆柴要捆紧。

繬 nyib [ɲip8]〈动〉缝。(见紉)

縯 nyinz [ɲin2]〈名〉筋。(见䏰)

繲 sai [θaːi1]〈名〉带子。(见㭎)

縃 方 si [θi1]〈名〉丝。(见絪1)

繑(縷、綤、𦅛) ceux [ɕeu4]〈名〉粗绳索。《初》:繑𩋿, ceux cae, 拉犁的粗绳索。

縷 ceux [ɕeu4]〈名〉粗绳索。(见繑)

𦅛 ceux [ɕeu4]〈名〉粗绳索。(见繑)

繜(纈、繟、䌤、屯) daemj [tam3]〈动〉织(布)。《初》:繜緑, daemjrok, 织布。

繟 daemj [tam3]〈动〉织(布)。(见繜)

繏 daz [ta2]〈动〉❶ 拉;扯。❷ 纺(纱)。❸ 搀;扶。(见拕2)

繡(挟) gyaeb [kjap8]〈动〉扎;勒。《初》:繡㭎袜, gyaeb saivaq, 扎裤带。

繒1 方 myaengz [mjaŋ2]〈形〉反光;耀眼。(见𤑳)

繒2 saeng [θaŋ1]〈名〉罾。(见上林《赶圩歌》)。

繞 geuj [keu3]〈动〉❶ 缠;绕(绳子)。❷ 绞(痛)。❸ 缭绕。(见𦂳2)

緤 riep [ɣi:p[7]]〈名〉蚊帐。(见纲[2])

縩(綵、衸、𫄅、𦀖) rok [ɣo:k[7]]〈名〉土织布机。《初》:繜縩,daemjrok,织布。

繵 gon [ko:n[1]]〈形〉(缝隙)宽;不密实。(见宽)

繬 历 dueg [thu:k[8]]〈名〉提子(舀油、酒等的量具,有长把儿)。《初》:繬氿,dueg laeuj,酒提子。

纈 daemj [tam[3]]〈动〉织(布)。(见繜)

纒 nda [ʔda[1]]〈名〉背带。(见袘)

繪 luz [lu[2]]〈名〉❶ 指纹(指斗纹)。《初》:繪𫄧,luzfwngz,指纹。❷ 发旋。

繴 suk [θuk[7]]〈动〉缩;收缩。(见練[2])

纙 ngaq [ŋa[5]]〈拟〉呆呆的;木然的;愣愣的(与咙连用)。(见哑[2])

纠[1] 历geu [keu[1]]〈量〉条;股;段。《初》:几纠緤打絣。Geij geu mae daj cag. 拿几股棉线来搓成绳子。

纠[2] geuj [keu[3]]〈动〉❶ 缠;绕。❷ 绞(痛)。❸ 缭绕。(见绐[2])

纠[3](叫) geuq [keu[5]]〈动〉抽筋(与肥连用)。《初》:跒发肥纠。Ga fat nyinzgeuq. 脚抽筋。

纫 youq [jou[5]]〈动〉在;住。马山《书信》:纫部其,youq boux giz,一人各住一处。

级 历 gip [kip[7]]〈量〉片。上林《赶圩歌》:眉级抪级搁。Miz gip hoemj gip hai. 有些片倒扣,有些片翻开。

纭 san [θa:n[1]]〈动〉缠绕。马山《偻笁荳貧够》:淋构一度纭,lumj gaeuit doxsan,像葡萄藤相互缠绕。

约 yak [ja:k[7]]〈形〉恶;恶毒。马山《信歌》:行约行凶,hengz yak hengz yung,行恶行凶。|《完筆》:詢约,coenz yak,恶毒的话。

纳 nag [na:k[8]]〈名〉水獭。(见狆)

经[1] ging [kiŋ[1]]〈形〉真正;真的(与真连用)。宜州《龙女与汉鹏》:星碟真经伽貌像。Cingq de cingqging gah mauhsiengq. 是她真正的相貌。

经[2] gingj [kiŋ[3]]〈动〉滚;滚动。(见滰)

练 历 lienh [li:n[6]]〈动〉贪恋;徘徊(与籙连用)。(见戀[1])

细 si [θi[1]]〈动〉诉。巴马《贖魂糎呟》:皇造细地達。Vuengz caux si dihdad. 王才诉滔滔。

结[1] 历daeb [tap[8]]〈动〉砌。田东《贼歌》:恳岜桑结社。Hwnj bya sang daeb ceh. 上高山筑寨。

结[2] ge [ke[1]]〈名〉松树。田东《大路歌》:月乃忑个结。Yietnaiq laj goge. 歇息松树下。

结[3] geh [ke[6]]〈名〉间隙;缝隙。(见雝)

结[4] get [ke:t[7]]〈动〉❶ 疼痛。❷ 疼爱;爱惜。(见咭[6])

结 5 gyaet［kjat7］〈动〉勒。马山《欢叹父母》：卜结杜结使。Boh gyaet dungx gyaet saej. 父亲勒紧肚和肠。

统 dungj［tuŋ3］〈副〉都。马山《改漫断鄰鄰》:眉羽淋畗得,统勺吊悲荐。Miz fwed lumj duzdaek, dungj yaek diuq bae ranz. 像蚂蚱有翅,都想窜回家。

绞 1 geu［keu1］〈量〉条。马山《迪封信斗巡》：绞株不各貧。Geu vai mbouj gag baenz. 一条水坝不是自动形成的(喻大成就要靠长期积累)。

绞 2 geu［keu1］〈量〉件。(见袪)

绞 3 geuj［keu3］〈动〉❶ 缠;绕。❷ 绞(痛)。❸ 缭绕。(见絬2)

绞 4 gvej［kwe3］〈动〉割。田东《大路歌》:密绞何不断。Mid gvej haz mbouj goenq. 刀割草不断。

给 1 gwiz［kɯ:i2］〈名〉丈夫;女婿。宜州《孟姜女》:古伽列仂给。Gou gag leh lwggwiz. 我自己挑选夫婿。

给 2 gyae［kjai1］〈形〉远。宜州《龙女与汉鹏》:随便呗嗟嗦呗给。Caihbienh bae gyae rox bae gyawj. 随便去远还是近。

给 3 gyaeq［kjai5］〈名〉鸡蛋。宜州《龙女与汉鹏》:端给哄哎, donq gyaeq yung ngaiz,敲蛋煮饭。

綒 cug［çuk8］〈动〉捆;绑。马山《丹亡》:搙綒鲁提卡,劲街帮批流。Dwg cug rox dawz gaz, lwg gai naz bae rouh. 被绑或戴枷,崽卖田赎回。(见綒)

绕 gwx［kɯ4］〈副〉❶ 老是;就是。马山《起书嚏特豆》:眼你兄蘭賤,绕嗜怨名光。Ngoenzneix gou lanhcienh, gwx gyaez ienq mwngz gvang. 今日我下贱,就怨你情郎。❷ 都;尽。马山《信歌》:部部爹绕嘱。Bouxboux de gwx ndaq. 个个她都骂。

絿(迷) soeng［θoŋ1］〈动〉松;松开。《初》:絿绯, soeng cag,放松绳子。

绥 caeu［çau1］〈名〉榨粉。马山《勺记时种花》:吽粉拉绥。Gwn faenj laj caeu. 吃生榨米粉。

综 coeng［çoŋ1］〈名〉鬃。(见毯)

缌 lw［lɯ1］〈动〉剩;剩余。武鸣《信歌》:婥缌, sau lw,剩女。| 否缌只杀, mbouj lw cix sat,没有剩余就算了。

缝 foengq［foŋ5］〈量〉❶ 束。❷ 串(果子)。(见槰)

缩 suek［θu:k7］〈动〉包;裹。(见搠)

缯 saeng［θaŋ1］〈名〉罾;渔网。《粤风》:今缯批助太。Gaem saeng bae coh dah. 提罾向大河。

走 部

走 saeuj［θau3］〈动〉❶ 甩动。❷ 抖动;抖掉。(见拧)

起(乙、月) yied［ji:t8］〈副〉越。《初》:起踖起熗悲。Yied byaij yied rox baeg. 越走越感到累。

赶 gonq [koːn⁵]〈名〉前。宜州《孟姜女》:姜女呗伽赶。Gyanghnij byaij gahgonq. 姜女走在前面。

起 hwnj [hɯn³]〈动〉搭起。马山《二十四孝欢》:孝主起丧场。Hauqcawj hwnj sangciengz. 孝主搭起了丧场。

赶 roengz [ɣoŋ²]〈动〉❶ 下。❷ 产(崽);生(崽)。❸ 签(名)。❹ 下(力气);使(劲);努力。(见夅)

趀(跰、趴、拚、爬、便、哽) benz [peːn²]〈动〉攀;攀登;爬。《初》:趀𧾷丕奔坒。Benz hwnj gwnz faex bae. 爬到树上去。

趴¹ benz [peːn²]〈动〉攀;攀登;爬。(见趀)

趴² bin [pin¹]〈动〉爬;攀爬。(见逼)

赳 daeuj [tau³]〈动〉来。(见料)

趄 geq [ke⁵]〈形〉老。(见秸)

𧻓 hwnq [hɯn⁵]〈动〉起;起来。《初》:𣉆𣉆就𧻓料。Caeuxcaeux couh hwnqdaeuj. 早早就起来。

超(乙、肷、越、偑、嘢、踺) yiet [jiːt⁷]〈动〉歇;休息;暂停。《初》:𨳒夅料超悲。Naengh roengzdaeuj yietbaeg. 坐下来休息。

赽(搥、遊、跡、踣、揼) 历 boenq [pon⁵]〈动〉赶走;追赶;驱逐;追;撵。《初》:赽徒犸内逐。Boenq duz ma neix deuz. 把这条狗撵走。

超 历 caux [ɕaːu⁴]〈副〉❶ 开始。❷ 于是;就。(见趞)

赵 gyaeuj [kjau³]〈名〉首;头。(见旭)

趙(坤) 历 hoen [hon¹]〈量〉次;回;趟。《初》:再坒趙二。Caiq bae hoen ngeih. 再去第二次。

越¹ rwed [ɣuːt⁸]〈动〉淋;浇。(见洫)

越² yiep [jiːp⁷]〈形〉胆怯;胆寒。(见呦)

越³ yiet [jiːt⁷]〈动〉歇;休息;暂停。(见超)

趉 daeh [tai⁶]〈动〉搬运;运输。(见递¹)

趞(超、造、朝) 历 caux [ɕaːu⁴]〈副〉❶ 开始。《初》:趞囗𡫸蓐。Caux guh ranz moq. 开始盖新房。❷ 于是;就。《初》:佲𥫗囗初一,兄趞囗初二。Mwngz ndaej guh coit, gou caux guh co'ngeih. 你能做初一,我就做初二(喻你不仁我也就不义)。

趙 ciuh [ɕiːu⁶]〈名〉代。田阳《布洛陀遗本》:定千庇萬趙, dingh cien bi fanh ciuh, 定千年万代。

趠¹ daeuj [tau³]〈动〉来。(见料)

趠²(豆、短) 历 daeuq [tau⁵]〈副〉又;再。《初》:坒肛板趠板。Bae daengz mbanj daeuq mbanj. 去到一村又一村。

趤¹(浪) ndangq [ʔdaːŋ⁵]〈动〉越级;越位。(见《初》)

趤²(浪) ndangq [ʔdaːŋ⁵]〈名〉斑纹。《初》:猍趤, mou ndangq, 身上有斑纹的猪。

趤³ riengz [ɣiːŋ²]〈动〉跟;随。(见蹽²)

趔 riengj［ɣiːŋ³］〈形〉敏捷；轻快；麻利。（见慬）

趟 dangq［taːŋ⁵］〈量〉次；回；趟。《初》：耖畓趟添趟。Ndai naz dangq dem dangq. 耘田一趟又一趟。

䞬 raez［ɣai²］〈形〉长。（见腿）

趁 yamq［jam⁵］〈动〉走。马山《尊老爱幼歌》：趁路咄拳膝。Yamq loh deng baek dwngx. 走路挨拄拐杖。

趂 byaij［pjaːi³］〈动〉走；走动。金城江《台腊恒》：趂温土作召，byaij vaen dou rox ciuq，走路我们自会瞧。（见蹥）

趥（喏）yo［jo¹］〈动〉扶（把将倒的东西扶起来）。（见《初》）

趀 banh［paːn⁶］〈动〉乱走；流浪。（见《初》）

趮 方 leiq［lei⁵］〈动〉趁便。《初》：趮佛哈傪乙刁。Leiq bang hax de it ndeu. 趁便帮说他一下。

䟃（�、选）senj［θeːn³］〈动〉迁；迁移；迁徙；转移。《初》：䟃岦，senj ranz，搬家；迁居。

豆　部

豆¹ daeuh［tau⁶］〈名〉灰；火灰。田阳《布洛陀遗本》：貧叭入豆羅。Baenz byap haeuj daeuh feiz. 变成妖邪附在火灰下。

豆² 方 daeuq［tau⁵］〈动〉制作；打制（木器）。（见抖¹）

豆³ 方 daeuq［tau⁵］〈名〉对（面）；当（面）。（见短¹）

豆⁴ 方 daeuq［tau⁵］〈副〉又；再。（见趄²）

豆⁵ 方 doh［to⁶］〈连〉和；与。宜州《廖碑》：里佞畓豆埊。Lix ningq naz doh reih. 还有一些田和地。

豆⁶ dou［tau¹］〈代〉我们。马山《百岁歌》：許豆管眼貧。Hawj dou guenj ngoenz baenz. 生病之日就给我们管护。

豆九 gyaeuj［kjau³］〈名〉首；头。（见旭）

豆入（敂、柾）haeuj［hau³］〈动〉❶装上；套上。《初》：豆入跒榱，haeuj ga daengq，装上凳脚。❷做。

短¹（豆）方 daeuq［tau⁵］〈名〉对（面）；当（面）。《初》：短畓嘹兀。Daeuqnaj gangj ndei. 当面讲好。

短² 方 daeuq［tau⁵］〈副〉又；再。（见趄²）

豆久 gyaeuj［kjau³］〈名〉首；头。（见旭）

斗¹ 方 douz［thou²］〈动〉中；对。《初》：迪斗啰，dwk douz lo，打中了。

斗² gyaeuj［kjau³］〈名〉首；头。（见旭）

斗³ gyongx［kjoːŋ⁴］〈量〉套；圆圈。（见䠷）

斗⁴ 方 raeuj［ɣau³］〈名〉鱼苗；鱼花。武鸣《信歌》：独斗放夲墰。Duzraeuj cuengq roengz daemz. 鱼苗放下塘。

登¹ 历 daem［tam¹］〈名〉尽头；绝路；穷途（与淋连用）。（见跕¹）

登² daengh［taŋ⁶］〈量〉趟；次（称东西一趟）。马山《信歌》：已登狁羊，geij daengh mou yiengz，称几趟猪羊。

登³ daengj［taŋ³］〈动〉竖（起）；建（起）。田东《大路歌》：娄登桥莫。Raeuz daengj giuz moq. 我们建新桥。

登⁴ daengq［taŋ⁵］〈动〉叮嘱。马山《欢叹父母》：登倭朝孝男。Daengq raeuz cauh hauqnamz. 叮嘱我们众孝男。

登⁵ daengz［taŋ²］〈动〉到。马山《欢叹父母》：論登倭勺記。Lwnh daengz raeuz yaek geiq. 说到了我们要记住。

登⁶ ndaeng［ʔdaŋ¹］〈名〉鼻子。（见鼟¹）

豖 gyaeuj［kjau³］〈名〉首；头。（见尯）

豖 daeuh［tau⁶］〈名〉灰。金城江《台腊恒》：提豖干标憾。Daeh daeuh ganq beuz haemz. 搬运火灰照看苦瓠瓜。

豖 faek［fak⁷］❶〈名〉荚。❷〈量〉苞（指玉米）。（见偪）

豉 历 guj［khu³］〈形〉硕（多指谷穗和果类饱满）。（见甄）

豝 历 baeuj［pau³］〈形〉干渴。（见啹）

豋¹ daemj［tam³］〈动〉触；碰；撞；抵。（见𩑔）

豋² deng［teːŋ¹］❶〈动〉对；中。❷〈介〉挨；被。（见盯）

豌 faek［fak⁷］❶〈名〉荚。❷〈量〉苞（指玉米）。（见偪）

鼓（𪔠、鼙、鼕、鼘、鼛、鼜、鼟、鼖、鼗、鼞、鼝、鼟、鼞）gyong［kjoːŋ¹］〈名〉鼓。《初》：偲鋼侀偲鼓。Aen laz baengh aen gyong. 锣声得靠鼓声配。

鼕 gyong［kjoːŋ¹］〈名〉鼓。（见鼓）

鼗 gyong［kjoːŋ¹］〈名〉鼓。（见鼓）

豍 duh［tu⁶］〈名〉豆类。（见埴）

鼘 gyong［kjoːŋ¹］〈名〉鼓。（见鼓）

鼙 gyong［kjoːŋ¹］〈名〉鼓。（见鼓）

鼛 gyong［kjoːŋ¹］〈名〉鼓。（见鼓）

鼜 gyong［kjoːŋ¹］〈名〉鼓。（见鼓）

鼞 gyong［kjoːŋ¹］〈名〉鼓。（见鼓）

鼝 gyong［kjoːŋ¹］〈名〉鼓。（见鼓）

豐 iengj［ʔiːŋ³］〈动〉烤。《初》：埴豐，duh iengj，烤的花生。

豋 dwngx［tɯŋ⁴］〈名〉杖；拐杖。（见爿）

鼟 gyong［kjoːŋ¹］〈名〉鼓。（见鼓）

𩑔（豋、椁）daemj［tam³］〈动〉触；碰；撞；抵。《初》：怀任𩑔。Vaiz doxdaemj. 水牛相斗。

酉 部

酉 youx［jou⁴］〈名〉情人；朋友。（见

佽）

酊（肕、吠、盯、瞨、嘹）ndiu［ʔdiːu¹］❶〈动〉醒。《初》：偻眸酊啰。De ninz ndiu lo. 他睡醒了。❷〈量〉（一）觉。《初》：眸氿酊刁。Ninz ndaej ndiu ndeu. 睡了一觉。

配¹ bawx［paɯ⁴］〈名〉媳妇。田阳《布洛陀遗本》：配見水什欢。Bawx raen raemx cix vuen. 媳妇见水就欢乐。

配² boiz［poi²］〈动〉赔；赔偿；还报。马山《二十四孝欢》：造吃𠷌配恩。Cauh haet ndaej boiz aen. 才能还报恩情。

酟 fiz［fi²］〈动〉醉。（见醝）

酦 方 ndong［ʔdoːŋ¹］〈动〉操（心）。《初》：介揣仪奼酦肔粆。Gaej hawj bohmeh ndongsim lai. 别让父母太操心。

䤚 方 ha［ha¹］〈动〉相称；匹配；比。（见跒）

䤝 方 ha［ha¹］〈动〉相称；匹配；比。（见跒）

酥（嗼、酴、醭、醂、味、酶）meiq［mei⁵］〈名〉醋。（见《初》）

𨡕 ndo［ʔdo¹］❶〈名〉酒曲；酒饼。❷〈动〉醉。（见酡²）

酡¹（酧）方 doz［to²］〈动〉醉。《初》：吽氿酡。Gwn laeuj doz. 喝醉酒。

酡²（𨡕、粆）ndo［ʔdo¹］❶〈名〉酒曲；酒饼。《初》：酡否貧坳醝。Ndo mbouj baenz vaih ndwq. 酒曲不好酿坏了酒糟。❷〈动〉醉。

酧 方 doz［to²］〈动〉醉。（见酡¹）

酴 方 meiq［mei⁵］〈名〉醋。（见酥）

酲 方 cingz［ɕiŋ²］〈名〉坛子。《初》：酲氿，cingz laeuj，酒坛子。

酷（咭、闰、脂、桔）方 gaet［kat⁷］〈形〉浓烈；醇（指酒味）。《初》：佲氿内酷粆。Gij laeuj neix gaet lai. 这些酒太浓烈。

酀 ndwq［ʔdɯ⁵］〈名〉酒糟。（见醝）

酜 soemj［θom³］〈形〉酸。（见醯）

酘¹ soemj［θom³］〈形〉酸；酸楚。马山《迪封信斗巡》：心各酘各盎。Sim gag soemj gag nyanq. 心自酸楚自气恼。

酘² song［θoːn⁵］〈形〉参差。马山《迪封信斗巡》：三月花開酘。Samnyied va hai song. 三月花朵参差开。

酶 meiq［mei⁵］〈名〉醋。（见酥）

醑 方 siu［θiːu¹］〈动〉熬（酒）。《初》：醑氿，siu laeuj，熬酒。

䤈 suen［θuːn¹］〈名〉园子。（见圞）

醝（酟、醚、𨢊）fiz［fi²］〈动〉醉。《初》：氿醝，laeuj fiz，酒醉。

醔 laeuj［lau³］〈名〉酒。（见氿）

醂 meiq［mei⁵］〈名〉醋。（见酥）

醏（酀、酣）ndwq［ʔdɯ⁵］〈名〉酒糟。《初》：貹醏迪猓。Cawx ndwq dwk mou. 买酒糟来喂猪。

醝 方 caeh［ɕai⁶］〈名〉蛋。（见《初》，

即 gyaeq)

醚 fiz [fi²]〈动〉醉。(见醂)

醽 laeuj [lau³]〈名〉酒。(见氿)

醭¹ maeq [mai⁵]〈形〉粉红;红润。上林《达妍与勒驾》:达妍䨂醭枺桄桃。Dahnet naj maeq lumj vadauz. 达妍脸色粉红似桃花。

醭² meiq [mei⁵]〈名〉醋。(见酥)

醒¹ sing [θiŋ¹]〈动〉抢。上林《达妍与勒驾》:心议惰醒欧囗奸。Sim ngeix gyaez sing aeu guh yah. 心想要抢[她]来做新娘。

醒² singj [θiŋ³]〈形〉醒;清醒;敏感;聪明;机警。(见惺)

醓 soemj [θom³]〈形〉酸。(见醽)

醲 gyae [kjai¹]〈形〉远。(见邈)

醽 laeuj [lau³]〈名〉酒。(见氿)

醢(泑、喆、喏、怯、湖) get [ke:t⁷]〈形〉烈;浓;醇。《初》:氿醢, laeuj get,烈酒。

醽(瀋、糌、醓、審、酖、浲、啿) soemj [θom³]〈形〉酸。《初》:䈽椺醽粆。Makmyaz soemj lai. 南酸枣太酸。

醟 fiz [fi²]〈动〉醉。(见醂)

見(见)部

𧠆 gen [ke:n¹]〈名〉手。马山《二十四孝欢》:昭眸𧠆班頭。Haemh ninz gen banq gyaeuj. 夜眠手臂搁头上。

覎 raen [ɣan¹]〈动〉见。(见𧡊)。

見 raen [ɣan¹]〈动〉见。(见𧡊)。

規 gvi [kwi¹]〈动〉归;归拢;归为。(见《初》)

覚 [方] gyoh [kjo⁶]〈动〉❶同情。❷可怜。(见憢)

𧠈 raen [ɣan¹]〈动〉见。(见𧡊)。

𧠉 raen [ɣan¹]〈动〉见。(见𧡊)。

𧠊(𧡨、痕) [方] haen [han¹]〈动〉见。(即 raen)

𧡊(覎、倫、眕、𧠉、覎、欣、忻、𧠈) raen [ɣan¹]〈动〉见。马山《二十四孝欢》:不乱𧡊, mbouj luenh raen,不轻易见到。

䂾 raen [ɣan¹]〈动〉见。武鸣《信歌》:湴䨂之䂾䂾。Raemx roengz cix raen rin. 水落就见石头(水落石出)。

䚆 nyangz [ṇa:ŋ²]〈动〉逢;相逢;遇见。(见逆)

親 cin [ɕin¹]〈名〉亲家。(见靚)

𧡨 [方] haen [han¹]〈动〉见。(见𧠊)

𧢈 [方] yien [ji:n¹]〈动〉见。(见《初》,即 raen)

靚(親) cin [ɕin¹]〈名〉亲家。《初》:兄侵佲囗靚。Gou caeuq mwngz guh cin. 我和你结亲家。

覨 haengj [haŋ³]〈动〉❶喜欢。❷肯;

愿意;允许;许可。(见誧)

见[1] gen [keːn[1]]〈名〉手臂。(见肻)

见[2] 〔方〕gienq [kiːn[5]]〈副〉凡是。(见倪)

规 〔方〕gvaeh [kwai[6]]〈名〉税。《初》:规迈,gvaeh naek,税重。

觉 gyo [kyo[1]]〈动〉靠;依靠。宜州《龙女与汉鹏》:觉嘎任痕之同类。Gyo gah raemx haemz cix doengz ndaej. 全靠水浑才相逢。| 马山《奠别歌》:卜幼觉菅苒。Boh youq gyo guenj ranz. 父亲在就靠他管家。

觉 ndiu [ʔdiːu[1]]〈动〉睡醒。金城江《台腊恒》:劳觉睡,lauq ndiu ninz,误了睡眠时间。

里 部

里[1] laex [lai[4]]〈名〉❶ 礼;礼节;礼仪。马山《奠别歌》:人情里义,saenzcingz laexngeih,人情礼仪。❷ 礼物。《初》:搓里揹伝。Soengq laex hawj vunz. 把礼物送给别人。❸ 聘礼。

里[2](力、禮、俐、傂、难) lij [li[3]]〈副〉还;还是;仍然;仍旧。《初》:藕擳絲里繞。Ngaeux raek sei lij riengh. 藕断丝还连。

里[3] 〔方〕lij [li[3]]〈动〉架(桥)。田东《大路歌》:里桥耳,lij giuz lo,架桥啦。

里[4] lix [li[4]]〈动〉活;生。(见㽽)

里[5] lix [li[4]]〈动〉剩。田东《闹涽懐一科》:里畐一个巫。Lix duz ndeu ga gvez. 剩一头脚跛的。

里[6] ndij [ʔdi[3]]〈介〉跟;向;照;沿。(见跞)

里[7] ndij [ʔdi[3]] ❶〈介〉和;与;跟。❷〈连〉和;与。(见傂[1])

里[8] rij [ɣi[3]]〈名〉溪。《粤风》:口三六四里。Haeuj sam lueg seiq rij. 进到三山四溪里。

㽞 〔方〕li [li[1]]〈动〉剩余。(见勑)

甠 lix [li[4]]〈动〉活;生。(见㽽)

䁾 lw [lɯ[1]]〈动〉余;剩余;盈余。(见黎)

𨤽 〔方〕lib [lip[8]]〈副〉连(与时间词连用)。《初》:𨤽䆀,libhaemh,连夜。

足(⻊)部

足[1] cod [ɕoːt[8]]〈动〉越过;翻越。田东《大路歌》:不足肝忐,mbouj cod daengz gwnz,不能翻越到顶上。

足[2] coek [ɕok[7]]〈名〉栏圈;监牢。田阳《麽収魂耨一科》:特猡放忑足。Dawz ma cuengq laj coek. 牵回放在栏圈下。

足[3] coux [ɕou[4]]〈动〉接;迎接。东兰《造牛(残页)》:丕足否馬,bae coux mbouj ma. 去接[它]不回来。

足[4] cug [ɕuk[8]]〈动〉扎;捆;绑。田东《大路歌》:土足桥必盆。Duk cug giuz bibuengq. 篾捆扎桥会摇。

足5 cuk [ɕuk7]〈连〉纵然(与元连用)。武鸣《信歌》:足元家偻穷,尽欧伝勤田。Cukyienz gya raeuz gungz, caenh aeu vunz gaenxguh. 纵然我们家里穷,只要人勤劳[就行]。

足6 cup [ɕup7]〈动〉吮;嗍;吸。马山《尊老爱幼歌》:足西,cup sae,吮嗍田螺。

足7 doh [to6]〈形〉足;足够。田阳《布洛陀遗本》:奷勞布不足,yah rau baengz mbouj doh,婆婆量布[布]不足。

𧾷[?] din [tin1]〈名〉脚。(见𧿒2)

𠯳1 din [tin1]〈名〉脚。(见𧿒2)

𠯳2(定、颠) dingj [tiŋ3]〈动〉摔跟斗;翻跟斗;倒栽葱(与𨄛连用)。《初》:𠯳𨄛, dingjbyonj,翻跟斗;倒栽葱。

𠯳3(定) dingq [tiŋ5]〈动〉颠倒;倒置(与倒连用)。《初》:抔倒𠯳, venj dauqdingq,倒挂。

𧾸1 yet [jeːt7]〈动〉轻轻地跳。《初》:偻𧾸卦汼。De yet gvaq mieng. 它轻轻地跳过水沟。

𧾸2(乙) 历 yied [jiːt8]〈动〉鱼贯而行;络绎。《初》:鴘劧𧾸笼。Gaeq lwg yied rungz. 鸡仔络绎进窝。

𧾷卜 baeu [pau1]〈名〉踝。(见踃)

𧿆1 coep [ɕop7]〈动〉遇。都安《三界老爺唱》:正𧿆同㥣斗皆羊。Cingq coep doengz saemq daeuj gai yiengz. 正遇同辈来卖羊。

𧿆2 saet [θat7]〈动〉❶跳。❷跑。(见趺)

𧿒1 daemj [tam3]〈动〉碰;撞。(见踭1)

𧿒2(𠯳、丆、䟓、丁、踭、䟕、踟、肘、仪、𧾷) din [tin1]〈名〉脚。马山《丹亡》:看头屌𨇤𧿒。Gaeuj gyaeuj ndwi raen din. 看头不见脚。

𧿓(趵) giuj [kiːu3]〈名〉脚跟;鞋跟。《初》:蹀𧿓𧿒迪蹕。Diem giujdin dwk byaij. 踮起脚后跟走路。

𧿒1 gumx [kum4]〈动〉低(头)。(见𨀤)

𧿒2 历 liuj [liːu3]〈动〉溜;偷偷走开(与趾连用)。《初》:否𫏋偻𥉱哂𧿒趾啰。Mbouj rox de seizlawz liujcij lo. 不知他什么时候偷偷溜走了。

𧿘 历 lub [lup8]〈动〉精磨(剃刀、刨刀等)。(见㓞)

𧿖 naet [nat7]〈形〉累;疲乏;疲惫;困倦。(见𪘹)

𧿕1 历 bomx [poːm4]〈动〉蹲下;俯伏。(见《初》)

𧿕2(䟔) goengz [koŋ2]〈动〉蹲(与踊连用)。《初》:𧿕踊丕堈汏。Goengzyoengq youq henz dah. 蹲在河边。

𧾷卓 历 cok [ɕoːk7]〈名〉顶峰。(见岞)

趺1 daz [ta2]〈动〉跟随;作伴。《初》:任趺𥾛𧿓伖。Doxdaz bae cimh youx. 作伴去找朋友。

趺2 daz [ta2]〈动〉❶拉;扯。❷纺纱。❸搀;扶。(见扗2)

趴 ga［ka^{1}］〈名〉脚。马山《信歌》:双趴, song ga,双脚。

跃^{1} gaen［kan^{1}］〈动〉跟;跟随;随;跟从。(见斳)

跃^{2} [方] gyanz［kja:n^{2}］〈动〉爬行(与跡连用)。《初》:趼跡, gyanzvaiz,爬行。

趴 giuj［ki:u^{3}］〈名〉脚跟;鞋跟。(见趴)

趵(趵) gumx［kum^{4}］〈动〉 低(头)。《初》:趵尬, gumx gyaeuj,低头。

跐(趵、跬、跭、踝、蹄) gvez［kwe^{2}］〈形〉跛(比 gvaix 轻微)。《初》:趼跐, ga gvez,脚跛。

趵^{1} gvez［kwe^{2}］〈形〉跛。(见跐)

趵^{2} [方] nyek［ȵe:k^{7}］〈形〉跛。《初》:趼趵, ga nyek,脚跛。

跋(捻、踰、蹸) gyaep［kjap^{7}］〈动〉追;驱赶;撵。《初》:犸跋猭。Ma gyaep nyaen. 狗追野狸。

趶(河、夏、跏、呀、𫣴、𫣵) [方] ha［ha^{1}］〈动〉相称;匹配;比。《初》:嚹欢否趶伝。Sing fwen mbouj ha vunz. 歌声比不上人家。

跡 ndwn［ʔdɯn^{1}］〈动〉站立。(见㐅)

趴 ngwt［ŋɯt^{7}］〈拟〉呆呆地;傻愣愣地(与跣连用)。(见《初》)

跐 bae［pai^{1}］〈动〉去。马山《毛红唱》:跐眸, bae ninz,去睡觉。

跡 [方] bamq［pa:m^{5}］〈动〉❶ 伏;趴。❷ 埋伏。(见㑽)

跰 benz［pe:n^{2}］〈动〉攀;攀登;爬。(见趪)

趴^{1} bin［pin^{1}］〈动〉爬;攀爬。(见逼)

趴^{2} byaij［pja:i^{3}］〈动〉走;行。马山《偻齐架桥铁》:同队趴歪冗, doengzdoih byaij hwnjroengz,相伴上下走。|《望吞話名詢》:难不吞皮趴。Nanz mbouj raen beix byaij. 许久不见哥走动。

趴^{3} nyauj［ȵa:u^{3}］〈名〉爪。(见蹺)

趴 byuj［pju^{3}］〈拟〉噗。(见喙^{1})

趾 [方] cij［ɕi^{3}］〈动〉溜;偷偷走开(与趵连用)。(见《初》)

跉^{1} daem［tam^{1}］〈动〉舂。(见撢^{2})

跉^{2}(图、玲) [方] gaemz［kam^{2}］〈量〉大团;大块。《初》:砱磌刁, gaemz rin ndeu,一块大石头。

跐^{1}(灯、登、踹) [方] daem［tam^{1}］〈名〉尽头;绝路;穷途(与啉连用)。《初》:踹跐啉, byaij daemlaemz,走绝路。

跐^{2} daemj［tam^{3}］〈动〉碰;撞。(见蹬^{1})

跐^{3} daengx［taŋ^{4}］〈动〉停;暂停。(见让^{1})

跐^{4} daenq［tan^{5}］〈形〉矛盾。马山《达稳之歌》:偲十分倒跐。Siengj cibfaen dauqdaenq. 想来很矛盾。

跐^{5} din［tin^{1}］〈名〉脚。(见盯^{2})

跐^{6} [方] dwnh［tɯn^{6}］〈动〉起。《初》:跐庲, dwnhmaz,起来。

跥 daeuj［tau³］〈动〉来。宾阳《催春》：几圩嚅跥。Geij haw ndwi daeuj. 几个圩日都不来。（见料）

跃 iuj［ʔi:u³］〈动〉踮。（见踷）

跮 fwngz［fɯŋ²］〈名〉手。（见㧾）

跟（斤、听、跧）gaen［kan¹］〈动〉跟；跟随；随；跟从。《初》：佲跟兄料。Mwngz gaen gou daeuj. 你跟我来。

跄（勘、坎）方 gamj［kha:m³］〈动〉跨。《初》：跄卦氵。Gamj gvaq mieng. 跨过水沟。（即 hamj）

跍¹ goeng［koŋ¹］〈名〉公；祖宗。（见金城江《覃氏族源古歌》）

跍² goengz［koŋ²］〈动〉蹲（与踊连用）。（见踎²）

跍³ 方 soengx［θoŋ⁴］〈动〉帮。金城江《覃氏族源古歌》：必仪冇跍任。Beixnuengx ndi soengx nyaemx. 兄弟互不帮关照。

跶 方 gyungj［kjuŋ³］〈动〉靠拢；合伙。（见《初》）

跒（胈）方 ha［ha¹］〈名〉腿；脚。《初》：跒猉，ha mou，猪脚。

跂 hwnj［hɯn³］〈动〉❶ 上；登。❷ 长；长起；发。❸ 涨（价）；（水）涨。（见㐌²）

跎 laemx［lam⁴］〈动〉倒；倒下；跌倒。（见蹫）

跔 方 nei［nei¹］〈动〉跑；逃跑。（见迪²）

跙 方 neuh［neu⁶］〈动〉追。（见《初》）

跃（崇、踪、祢、悰）方 soengz［θoŋ²］〈动〉站；立。《初》：跃㐌庲。Soengz hwnj maz. 站起来。| 㒲跃，dai soengz，枯死（植物立着死）。

跐¹ ve［we¹］〈名〉蹄子。（见《初》）

跐²（䟘）vej［we³］〈形〉跛。《初》：跒跐，ga vej，脚跛。

䟘 vej［we³］〈形〉跛。（见跐²）

跮 yemq［je:m⁵］〈副〉悄悄；悄然。《初》：跮跮踦，yemqyemq byaij，悄悄地走。

跃 bae［pai¹］〈动〉去。（见㐌）

跛（咱、吡）方 bex［pe⁴］〈形〉疲劳；劳累。《初》：踦坤遨跛䏧。Byaij roen gyae bex lai. 走远路很劳累。

跸 biq［pi⁵］〈动〉逃脱；逃掉。（见㻴）

跡 方 boenq［pon⁵］〈动〉赶走；追赶；驱逐；追；撵。（见趀）

跘 bongh［po:ŋ⁶］〈动〉❶ 猛冲；往前冲。❷ 蹿（向上跳）。❸ 跑；奔跑。❹ 植物猛长。（见迸）

跛（啵）byox［pjo⁴］〈拟〉蹦蹦。《初》：徒蚂跳跛跛。Duzdaek diuq byoxbyox. 蚂蚱蹦蹦跳。

跎 daz［ta²］〈动〉带领；引导；引领。（见踏）

跌¹（投、抖、途、逗、哣）douh［tou⁶］〈动〉栖息。《初》：徒鴗跌丕奔。Duzroeg douh gwnz faex. 鸟栖息在树上。

趴2 gyaeuj [kjau3]〈名〉首;头。(见尥)

趺(胩、跏、𨀁、軻) ga [ka1]〈名〉脚;足;腿。《初》:椊趺,goekga,大腿。

𨀁1 ga [ka1]〈名〉脚;足;腿。(见趺)

𨀁2 ha [ha1]〈动〉配。武鸣《信歌》:欧鉄𨀁金。Aeu diet ha gim. 用铁来配金。

跏1 ga [ka1]〈名〉脚;足;腿。(见趺)

跏2 方 ha [ha1]〈动〉相称;匹配;比。(见趶)

跍1 geh [ke6]〈名〉间隙;缝隙。(见𨆪)

跍2 gwx [kɯ4]〈动〉停栖;栖息。马山《中界地旂》:途批坏他跍。Duz bae benq de gwx. 它去那片地方停栖。

跍3 viq [wi5]〈动〉扒。(见捣)

跙 gvaix [kwaːi4]〈动〉跛(比 gvez 严重)。(见跭1)

践 gvengh [kweːŋ6]〈动〉奔驰。《粤风》:心头如马践。Simdaeuz lumj max gvengh. 心头如马奔。

跓1 laeb [lap8]〈动〉立;建立;设立。(见墬)

跓2 liz [li2]〈拟〉呼啦;呼隆(与肆连用)。马山《毛红唱》:四佈抬轿毗跓肆。Seiq boux ram giuh bae lizlwed. 四人抬轿呼啦去。

跈1 laemx [lam4]〈动〉倒;倒下;跌倒。(见𨅬)

跈2 ringq [ɣiŋ5]〈拟〉紧紧。《初》:斤跈跈,gaen ringqringq,紧紧跟着。

跘 方 lanx [laːn4]〈名〉脚板(与矴连用)。《初》:跘矴,lanxdin,脚板。

跔 loemq [lom5]〈形〉泥泞。《初》:坤跔熖跰。Roen loemq hoj byaij. 道路泥泞难行走。

跉 ningj [niŋ3]〈拟〉紧紧。《初》:孖殖跟跉跉。Lwgnyez riengz ningjningj. 孩子紧紧跟随着。

跒 ok [ʔoːk7]〈动〉出。(见𨀤)

跌(失、跌、趾) saet [θat7]〈动〉❶跳。《初》:跌卦条汇垰。Saet gvaq diuz mieng bae. 跳过水沟去。❷跑。《初》:跌歪跌夻,saet gwnz saet laj,跑上跑下;到处乱跑。

跗1 方 vaiz [waːi2]〈动〉爬行(与跹连用)。《初》:跹跗,gyanzvaiz,爬行。

跗2 byaij [pjaːi3]〈动〉走;走动。(见跰)

跗3 vaij [waːi3]〈动〉❶划(船)。❷游(水)。(见拚)

跦 方 yin [jin1]〈名〉路。(见垙)

跴(兕) 方 yoengq [joŋ5]〈动〉蹲(与跍连用)。《初》:跍跴圣堋躺傪。Goengzyoengq youq henz ndang de. 蹲在他的身边。

跅 byaij [pjaːi3]〈动〉走;走动。(见跰)

跿 byaij [pjaːi3]〈动〉走;走动。(见跰)

跡 方 cik [ɕik7]〈副〉直接;即刻(与拮

连用)。《初》:拮跡,gaetcik,直接;即刻。

𧾷寻(覃、侵、浸、䖤、𨂋、尋、𰿼、我)cimh[çim⁶]❶〈动〉跟;随。《初》:兄𡙾𧾷寻佲。Gou bae cimh mwngz. 我去跟你。❷〈介〉跟;与。《初》:兄𡙾𧾷寻偻歐艮。Gou bae cimh de aeu ngaenz. 我去跟他要钱。

䠀¹(沩、跣、踹)dangh[taːŋ⁶]〈动〉蹚;涉(水)。《初》:䠀淰卦汏,dangh raemx gvaq dah,涉水过河。

䠀²(灯)[方]daengh[taŋ⁶]〈动〉跺;顿(脚)。《初》:偻䠀盯否服。De daengh din mbouj fug. 他不服气地跺脚。

趺[方]fawh[faɯ⁶]〈名〉时期;时段;季节。(见𣈱)

跟 gaenx[kan⁴]❶〈动〉揉搓。❷〈动〉按压;猛按。❸〈形〉勤。(见𢷏)

跍(𨁴)[方]gangx[kaːŋ⁴]〈形〉急速;急忙。《初》:跌跍𡘫𡙾。Saet gangx roengzbae. 急忙地跳下去。

𨁴[方]gangx[kaːŋ⁴]〈形〉急速;急忙。(见跍)

跻 giuj[kiːu³]〈名〉脚跟。金城江《台腊恒》:夫鞋垫跻。Huq haiz cap giuj. 一双鞋子垫脚跟。

跣(㹞)gongx[koːŋ⁴]〈拟〉抖擞地;雄赳赳地。《初》:𨂾跣跣,byaij gongxgongx,精神抖擞地走。

跬¹(跪)[方]gveiz[kwei²]〈动〉跪。(见《初》)

跬² gvez[kwe²]〈形〉跛(比 gvaix 轻微)。(见跐)

跪[方]gveiz[kwei²]〈动〉跪。(见跬¹)

跖¹ hengh[heːŋ⁶]〈名〉小腿;腿肚子。(见胻³)

跖² hengz[heːŋ²]〈动〉行;实行;施行。《初》:佲召兄嗛𡙾跖。Mwngz ciuq gou gangj bae hengz. 你按照我说的去实行。

𨀗 leg[leːt⁸]〈动〉单脚跳(与踋连用,小孩的游戏)。《初》:𰃿𰎝跳𨀗踋𠙽㝵。Lwgnyez diuq leggeg guhcaemz. 小孩玩单脚跳游戏。

路¹ loq[lo⁵]〈副〉稍;稍微;颇。(见𥡳)

路² loq[lo⁵]〈动〉睡梦;梦见。武鸣《信歌》:昭眠路魁㐂。Haemh ninz loq fangzhwnz. 夜晚睡觉都梦见。

路³ lox[lo⁴]〈名〉唢呐(与咧连用)。(见啰⁶)

𨁈 lwed[lɯːt⁸]〈拟〉呼啦;呼隆。马山《毛红唱》:抬轿跓𨁈跐。Ram giuh lizlwed bae. 抬着轿子呼啦去。

跚¹ ruenz[ɣuːn²]〈动〉爬行。(见𧿒)

跚²[方]luenz[luːn²]〈动〉爬行。(见𨁿¹)

跡(与、尼、礼、里、利、呢、浓、俐、𨑨)ndij[ʔdi³]〈介〉跟;向;照;沿。《初》:跡垠汏内𡙾。Ndij haenz dah neix bae. 沿着这河边走去。

踲 nyangz [ȵaːŋ^{2}]〈动〉逢;相逢;遇上。马山《駄向书信》:萬世往不踲。Fanh seiq nuengx mbouj nyangz. 万世妹不逢。(见逘)

踯 nyangz [ȵaːŋ^{2}]〈动〉逢;相逢;遇见。(见逘)

跤 nyauj [ȵaːu^{3}]〈名〉爪。(见磽)

跈 [方] nyimz [ȵim^{2}]〈形〉快; 迅捷。《初》:佲介踳跈狲。Mwngz gaej byaij nyimz lai. 你莫走太快。

跞 sat [θaːt^{7}]〈拟〉呼呼。《初》:跸跞跞, bongh satsat. 呼呼地跑(跑得又急又快)。

跼 vunq [wun^{5}]〈名〉模型;痕迹。(见䠉)

踋 yamq [jaːm^{5}]〈动〉跨;迈;走。(见踗)

踄(卧、踭)baeu [pau^{1}]〈名〉踝。《初》:䏲踄, dabaeu, 脚踝;踝子骨。

踭 baeu [pau^{1}]〈名〉踝。(见踄)

跩^{1}(搡)caemq [ɕam^{5}]〈动〉 跺; 顿(脚)。《初》:跩盯, caemq din, 跺脚。

跩^{2} cimh [ɕim^{6}]〈动〉跟。马山《书信》:想悲跩况。Siengj bae cimh gvang. 想去跟情郎。

跩^{3}(蹭、蹭、蹴)coemq [ɕom^{5}]〈动〉入赘(俗称上门)。《初》:傪蚩跩奵。De bae coemq yah. 他去做上门女婿。

跩^{4} coep [ɕop^{7}]〈动〉遇;遇上。马山《曾迪字悲喹》:跩表半路。Coep biuj byongh loh. 半路遇上老表。

跩^{5} cimh [ɕim^{6}]❶〈动〉跟;随。❷〈介〉跟;与。(见跱)

跾 douh [tou^{6}]〈动〉栖息。马山《女人囗婧丁》:勺悲岜駆跾? Yaek bae bya lawz douh? 要去哪座山栖息?

踺(蹄、提)dik [tik^{7}]〈动〉踢。《初》:ʒ秧猽任踺。Naengh yawj max doxdik. 坐观马相踢(喻坐山观虎斗)。

踈 [方] dwh [tɯ^{6}]〈名〉汗。(见《初》)

跌 [方] gamz [kaːm^{2}] ❶〈动〉 跨; 迈。❷〈量〉步。(见踧)

踁(蹊)[方] gem [keːm^{1}]〈动〉跟;跟随。《初》:踁妑蚩妖。Gem meh bae daiq. 跟随母亲去外婆家。

踋 geg [keːk^{8}]〈拟〉蹦蹦(跳)。《初》:跳趔踋, diuq leggeg, 单脚跳跃。

踻 goek [kok^{7}]〈名〉❶ 根基;根底;根端;根部。❷ 本;本钱。(见柗^{1})

踒 gwih [kɯːi^{6}]〈动〉骑。(见骑)

踕 gwt [kɯt^{7}]〈拟〉呆呆地;傻愣愣地。《初》:ʒ踕趴, ndwn gwtngwt, 呆呆地站着。

踎 gyaeux [kjau^{4}]〈动〉打斗。金城江《台腊恒》:同踎肯恒塘, doengz gyaeux gwnz haenz daemz, 在塘边相互打斗。

跙^{1}(踋、躐)[方] luenz [luːn^{2}]〈动〉爬行。(见《初》)

跙^{2} ruenz [ɣuːn^{2}]〈动〉爬行。(见㞔)

跟¹ ndiengq [ʔdiːŋ⁵]〈动〉❶ 翘起。❷ 摇动;摇晃;晃动(物体放置不平)。(见躍)

踉² riengz [ɣiːŋ²]〈动〉跟;随。(见蹺²)

踋 nyangz [ȵaːŋ²]〈动〉逢。马山《奠别歌》:必内部度踋。Baez neix mbouj doxnyangz. 这次不相逢。

踜 riengz [ɣiːŋ²]〈动〉跟;随。(见蹺²)

蜊(蹊、溪) riq [ɣi⁵]〈动〉疾跑。《初》:徒犾蜊提猂。Duzma riq dawz nyaen. 狗疾跑去抓野狸。

踪 ruenz [ɣuːn²]〈动〉爬行。(见爬)

跌 vaiq [waːi⁵]〈形〉快。

跦 yamq [jaːm⁵]❶〈动〉跨;迈;走。❷〈量〉步。(见蹽)

踫 bin [pin¹]〈动〉爬;攀爬。(见逼)

踀 byaij [pjaːi³]〈动〉走;走动。(见踹)

踈¹ byaij[pjaːi³]〈动〉走;走动。(见踹)

踈² ndai [ʔdaːi¹]〈动〉耘。(见耔)

踈³(來、浹、體、跳、勑) raih [ɣaːi⁶]〈动〉爬;走。《初》:卦汏踈磌踈。Gvaq dah raih rinraih. 过河时从垫脚石上走。|踈坬,raih vax,在瓦面上爬。

踖(揹) bywngj [pjɯŋ³]〈拟〉急速的;迅捷的。《初》:踖踖,ditbywngj,急促的弹跳;弹去很远。

踩¹(踕) caij [ɕaːi³]〈动〉踩;踏;踹。《初》:盯踩屽蕴。Din caij deng oen. 脚踩中了荆棘。

踩² 㓐 caij [ɕaːi³]〈动〉走。(即 byaij,见《初》)

踀(長) cangh [ɕaːŋ⁶]〈动〉蹦跳;挣扎。《初》:猓踀丕閪笯。Mou cangh youq ndaw songz. 猪在笼子里挣扎。

踨 coemq [ɕom⁵]〈动〉入赘(俗称上门)。(见踆³)

踼 daeb [tap⁸]〈动〉蹬;踏(以脚掌猛力踩踏)。(见塔¹)

踃 dangh [taːŋ⁶]〈动〉蹚;涉(水)。(见踏¹)

踺 din [tin¹]〈名〉脚。(见盯²)

踬 㓐 gvaeg [kwak⁸]〈动〉疾走;匆忙地走。《初》:佲踬乿亟跌。De gvaeg ndaej gig vaiq. 他匆匆忙忙走得很快。

踁¹(踻、蹳) gvaix [kwaːi⁴]〈动〉跛(比 gvez 严重)。《初》:跒踁,ga gvaix,脚跛。

踁² gvez [kwe²]〈形〉跛(比 gvaix 轻微)。(见跑)

蹳¹ gvaix [kwaːi⁴]〈动〉跛(比 gvez 严重)。(见踁¹)

蹳²(瘪、踻) 㓐 vaij [waːi³]〈形〉跛。《初》:跒蹳,ga vaij,跛脚。

踦 gwih [kɯːi⁶]〈动〉骑。(见騎)

踿 hamj [haːm³]〈动〉跨(过)。(见蹴)

踙 laemx [lam⁴]〈动〉倒;倒下;跌倒。(见躏)

踚1 laemx [lam⁴]〈动〉倒;倒下;跌倒。(见蹽)

踚2 㓈 lud [lut⁸]〈动〉游玩。(见《初》)

踚3 ndwn [ʔdɯn¹]〈动〉站立。(见⿱)

踋 㓈 liuz [liːu²]〈形〉快。《初》:𨅝踋, byaij liuz,走得快。

踒1 loh [lo⁶]〈动〉❶露。❷裸露。(见𦢊)

踒2 rax [ɣa⁴]〈动〉抓;乱抓。马山《孝歌》:双𢫔乱踒。Song fwngz luenh rax. 双手乱抓。

踻(埛) maeuq [mau⁵]〈动〉 蹲。(见《初》)

踮 ndiengq [ʔdiːŋ⁵]〈动〉❶翘起。❷摇动;摇晃;晃动(物体放置不平)。(见躔)

踗 nem [neːm¹]〈介〉和;与;同。(见添)

踼 nyangz [ȵaːŋ²]〈动〉逢;相逢;遇见。(见逘)

踏1 ra [ɣa¹]〈动〉寻找。《粤风》:踏得耳花桃。Ra ndaej ngeiq vadauz. 寻得一枝桃花。

踏2 dieb [tiːp⁸]〈动〉蹬;踏。(见蹀)

踏3 㓈 saq [θa⁵]〈动〉打;抽打(用小棍或细长物)。(见㨋)

踩 ndai [ʔdaːi¹]〈动〉耘。(见耔)

踳 roen [ɣon¹]〈名〉路。(见坤⁶)

踤 saet [θat⁷]〈动〉❶跳。❷跑。(见趺)

踲(顺) 㓈 soemh [θom⁶]〈动〉赤(脚)。《初》:踲盯踩坤。Soemh din byaij raen. 打赤脚走路。

踪 㓈 soengz [θoŋ²]〈动〉站;立。(见趴)

踡(𨀤、蹍、跚、跠、蹈、蹔、䟫、捡、暂、踸) yamq [jaːm⁵]❶〈动〉跨;迈;走。《初》:踡盯, yamq din,迈步。|𬇹噜踡坤卦。Lwg rox yamq roen gvaq. 孩子会走路了。❷〈量〉步。双踡坤, song yamq roen,两步路。

踖 㓈 yoz [jo²]〈动〉起(步);挪(步)。踖跒, yoz ga,起步。

踬 yiet [jiːt⁷]〈动〉歇;休息;暂停。(见趒)

踫 㓈 bamj [paːm³]〈形〉扁(形)。(见《初》)

踸1 bin [pin¹]〈动〉爬;攀爬。(见逼)

踸2 㓈 daem [tam¹]〈名〉尽头;绝路;穷途(与𡃻连用)。(见跢¹)

踣1 㓈 boenq [pon⁵]〈动〉赶走;追赶;驱逐;追;撵。(见趈)

踣2 gyae [kjai¹]〈形〉远。(见邈)

踩(跸、蹍、派、跡、逅、跿、踈、逮、趣、𨁈、𠃊、踝) byaij [pjaːi³]〈动〉走;走动。《初》:踩坤, byaij roen,走路。|忻城《十劝歌》:踩圩踩板, byaij haw byaij mbanj,走圩镇串村庄(即走亲戚)。

踳 cunz［ɕun²］〈动〉❶巡视；巡查。❷探亲；访友；拜访。（见遵）

踏¹ dab［ta:p⁸］〈动〉踏；蹬。《初》：跈踏𨑜棒𨑜。Din dab hwnj daengq bae. 脚踏到凳子上去。

踏² dieb［ti:p⁸］〈动〉蹬；踏。（见踹）

跨¹（跈、跕）daemj［tam³］〈动〉碰；撞。《初》：跨踧，daemjndoet，磕碰；磕绊（走路时脚趾碰到地面的突出物）。

跨² din［tin¹］〈名〉脚。（见跈²）

跳 deuz［teu²］〈动〉逃。（见逐）

踮（跕、点）diem［ti:m¹］〈动〉提（脚）；抬（脚）；移（步）。《初》：踮跈，diem din，抬脚（把脚提起来）。

跕 diem［ti:m¹］〈动〉提（脚）；抬（脚）；移（步）。（见踮）

踶 dik［tik⁷］〈动〉踢。马山《为人子者》：踶橙踶杶助公奸。Dik daengq dik doen coh goeng yah. 朝着公婆踢凳子踢墩子。（见踧）

踭 dingz［tiŋ²］〈动〉停；停止；停顿。（见婷）

踕 gyaep［kjap⁷］〈动〉追；驱赶；撵。（见圾）

踬（跴、踸）hamj［ha:m³］〈动〉跨（过）。《初》：踬卦汇。Hamj gvaq mieng. 跨过水沟。

踸 hamj［ha:m³］〈动〉跨（过）。（见踬）

踱（跃、扶）iuj［ʔi:u³］〈动〉踮。《初》：踱跈跰。Iuj din byaij. 踮起脚跟走。

踜 历 laeng［laŋ¹］〈名〉家（受表示人的名词或人称代词修饰，表示处所）。（见楞¹）

踈 历 lenh［le:n⁶］〈动〉跑。（见《初》）

踳 naengh［naŋ⁶］〈动〉坐。（见𠀤）

踫 ndai［ʔda:i¹］〈动〉耘。（见耓）

踧（揿、踋）ndoet［ʔdot⁷］〈动〉磕碰；碰对（与跨连用，指走路时脚趾碰到地面的突出物）。《初》：跨踧廸姫跈𧾷𧾷。Daemjndoet dwk mehdin ok lwed. 磕碰得拇指出了血。

踋 ndoet［ʔdot⁷］〈动〉磕碰；碰对（与跨连用，指走路时脚趾碰到地面的突出物）。（见踧）

踵 ndwn［ʔdɯn¹］〈动〉站立。武鸣《信歌》：否眉垫踵。Mbouj miz dieg ndwn，没有地方站立。（见𠀤）

蹠 raih［ɣa:i⁶］〈动〉爬；走。（见踩³）

蹝¹（移、蹃）riz［ɣi²］〈名〉足迹；痕迹；线索。（见《初》）

蹝² riz［ɣi²］〈名〉根源；原由。马山《达稳之歌》：生嚇否眉蹝。Seng laih mbouj meiz riz. 生生诬赖没根源。

踉¹（撓、扔）riengq［ɣi:ŋ⁵］〈拟〉连连地；不停地。《初》：跈拧 踉踉。Ga saeuj riengqriengq. 脚不停地抖动。

踉²（咩、趚、踬、踉、跟）riengz［ɣi:ŋ²］〈动〉跟；随。《初》：眉胣踉兄料。Miz sim riengz gou daeuj. 有心就随我来。

⿰𧾷音 [方] yaemh [jam^6]〈副〉悄悄。《初》：兄⿰𧾷音⿰𧾷音肛垧佲。Gou yaemhyaemh daengz henz mwngz. 我悄悄地来到你身边。

⿰𧾷旁^1 bongh [po:ŋ^6]〈动〉奔；窜。都安《三界老爺唱》：⿰𧾷旁肝岜仙，bongh daengz bya sien，奔到仙山。

⿰𧾷旁^2 [方] buengz [pu:ŋ^2]〈动〉外逃。（见《初》）

⿰𧾷逢（碰、逢、朋、苚、蓬）bungz [puŋ^2]〈动〉遇见；遇到；相逢。（见《初》）

⿰𧾷罢 byaij [pja:i^3]〈动〉走；走动。（见⿰𧾷拜）

⿰𧾷戠 byaij [pja:i^3]〈动〉走；走动。田阳《布洛陀遗本》：恩凳可耳⿰𧾷戠。Aen daengq goj rox byaij. 凳子也会走路。

⿰𧾷党 dangh [ta:ŋ^6]〈动〉蹚；涉（水）。（见⿰𧾷当^1）

⿰𧾷参 deq [te^5]〈动〉等；等候；等待。（见鞢）

⿰𧾷紧 [方] gem [ke:m^1]〈动〉跟；跟随。（见⿰𧾷坚）

踝 gvez [kwe^2]〈形〉 跛（比 gvaix 轻微）。（见跐）

⿰𧾷袁 gyae [kjai^1]〈形〉远。（见遨）

⿰𧾷庫 hoq [ho^5]〈名〉膝盖。（见⿰𧾷貨）

⿰𧾷敫 hoq [ho^5]〈名〉膝盖。（见⿰𧾷貨）

⿰𧾷馬^1 ma [ma^1]〈动〉❶来。❷回来。（见庲）

⿰𧾷馬^2 max [ma^4]〈名〉马。（见⿰犭馬^3）

⿰𧾷能^1 naengh [naŋ^6]〈动〉坐。（见ʒ）

⿰𧾷能^2 [方] naengh [naŋ^6]〈形〉矮；低矮。（与桑连用，指神台）《初》：桑⿰𧾷能，congznaengh，神台；神案（用来摆放供品）。

⿰𧾷敖 ngaux [ŋa:u^4]〈量〉次；趟。（见⿰𧾷熬）

蹊 riq [ɣi^5]〈动〉疾跑。（见⿰𧾷利）

⿰𧾷栾 ruenz [ɣu:n^2]〈动〉爬行。（见⿰爬连）

⿰𧾷索 [方] sok [θo:k^7]〈名〉路子；门路（与星连用）。《初》：眉星⿰𧾷索。Miz singsok. 有门路。

⿰𧾷流 vueng [wu:ŋ^1]〈形〉慌。（见忹^3）

⿰𧾷問（⿰𧾷问、⿰土問）vunq [wun^5]〈名〉 模型；痕迹。《初》：⿰𧾷問⿰𧾷丁，vunq din，脚印。

蹈 yamq [ja:m^5]❶〈动〉 跨；迈；走。武鸣《张》：蹈⿰𧾷丁，yamq din，迈步。❷〈量〉步。武鸣《信歌》：⿰𧾷派蹈蹈否弄。Byaij yamqyamq mbouj loeng. 走步步都不错。（见⿰𧾷参）

⿰𧾷监 yamq [ja:m^5]❶〈动〉 跨；迈；走。❷〈量〉步。（见⿰𧾷参）

⿱分頁 bin [pin^1]〈动〉爬；攀爬。（见⿺辶品）

⿰𧾷曾 byuj [pju^3]〈拟〉噗。（见喙^1）

⿰𧾷宰 caij [ça:i^3]〈动〉踩；踏；踹。（见踩^1）

⿰𧾷達 daz [ta^2]〈动〉带领；引导；引领。（见踏）

⿰𧾷敢（⿰𧾷欠）[方] gamz [ka:m^2]❶〈动〉 跨；迈。《初》：⿰𧾷敢⿰𧾷丁，gamz din，跨步。❷〈量〉步。《初》：貧⿰𧾷敢貧⿰𧾷敢⿰𧾷拜。Baenz gamz baenz gamz byaij. 一步一步地走。

蹡[1] giengh［kiːŋ⁶］〈动〉跳下。都安《行孝唱》：蹡汏，giengh dah，跳河。

蹡[2] gyaep［kjap⁷］〈动〉追；驱赶；撵。（见趿）

蹡[3] gyang［kjaːŋ¹］❶〈名〉中；中间。❷〈数〉半（容量、高度的半数）。（见閰[3]）

蹾[1] myanx［mjaːn⁴］〈动〉踏烂；踩烂（踩踏还同时搓擦，使被踩踏的东西稀巴烂）。马山《伏羲子妹》：蹾佲五鬼烂吰粐。Myanx mwngz ngox gvij lanh baenz bim. 踏你五鬼烂成屑。

蹾[2] yamq［jaːm⁵］❶〈动〉跨；迈；走。❷〈量〉步。（见趻）

蹲 raek［ɣak⁷］〈动〉断；折（指硬的物体）。（见㔹）

蹖 riengz［ɣiːŋ²］〈动〉跟；跟随。马山《皮里患鲁不》：不𣎏悲蹖，mbouj ndaej bae riengz，不能去跟随。

蹝 厉 vaij［waːi³］〈形〉跛。（见跼[2]）

蹦 bongh［poːŋ⁶］〈动〉❶猛冲；往前冲。❷蹿（向上跳）。❸跑；奔跑。❹植物猛长。（见逬）

蹧[1] daemh［tam⁶］〈动〉跺。《初》：孙殖发气踆蹧。Lwgnyez fatheiq caemq daemh. 孩子生气连连跺脚。

蹧[2] daemh［tam⁶］〈动〉钻；闯。上林《达妍与勒驾》：俢淋猸狼蹧梡。De lumj moulangz daemh suen. 他像公猪闯进菜园。

蹬 daengj［taŋ³］〈动〉等；等待。《初》：兄丕内蹬偻。Gou youq neix daengj de. 我在这里等他。

蹄 daez［tai²］〈名〉蹄。《初》：蹄犸，daez max，马蹄。

踏（搭、跎、撻、拕、躂）daz［ta²］〈动〉带领；引导；引领。《初》：踏坤，daz roen，带路。

蹀（蹀、蹀、碟、牒、踏）dieb［tiːp⁸］〈动〉蹬；踏。《初》：𨂿蹀耪。Din dieb rauq. 脚踏在耙子上。

躞 dieb［tiːp⁸］〈动〉蹬；踏。（见蹀）

蹼 gvih［kwi⁶］〈动〉跪。（见蹶）

蹟 gvih［kwi⁶］〈动〉跪。（见蹶）

蹾（贺、髗、蹏、库、踿、户）hoq［ho⁵］〈名〉膝盖。《初》：搿蹾ミ歪磌。Got hoq naengh gwnz rin. 抱着膝盖坐在石头上。

躔（跕、踉、慑、摬、捩、埌、垱）ndiengq［ʔdiːŋ⁵］〈动〉❶翘起。《初》：犸躔𡱒。Ma ndiengq rieng. 狗翘起尾巴。❷摇动；摇晃；晃动（物体放置不平）。《初》：磚磌内𥔲躔。Ndaek rin neix nduknddiengq. 这块石头晃动。

踗[1] 厉 neb［neːp⁸］〈动〉❶驱逐；追；撵；赶。❷跟踪。（见逆）

踗[2] nep［neːp⁷］〈动〉❶夹。❷捏（用手指夹）。（见揲[2]）

蹺（趴、跤）nyauj［ɲaːu³］〈名〉爪。《初》：蹺鴿，nyauj gaeq，鸡爪。

𨆯 方 ringx [ɣiŋ⁴]〈动〉滚;滚动。(见𫌀)

蹭 soemq [θom⁵]〈动〉(衣脚)里层层层露于外层。《初》:䘸𧛎蹭。Daenj buh soemq. 穿里层长外层短的衣服。

蹲 方 soenx [θon⁴]〈动〉踉跄。《初》:跢𨁈几跢蹲。Yamq byaij geij yamq soenx. 走一步踉跄几步。

蹨[1] gvez [kwe²]〈形〉跛(比 gvaix 轻微)。(见跪)

蹨[2] iet [ʔi:t⁷]〈动〉伸。(见𠇭)

躝 laemx [lam⁴]〈动〉倒;倒下;跌倒。(见𨇾)

蹓[1] loih [loi⁶]〈动〉擂;捶;打。(见𢴗)

蹓[2] riz [ɣi²]〈名〉足迹;痕迹;线索。(见𨀤[1])

蹼 方 neb [ne:p⁸]〈动〉❶ 驱逐;追;撵;赶。❷ 跟踪。(见迣)

𨇒 numq [num⁵]〈形〉缓慢;迟缓。(见㤪)

𨇤 ruenz [ɣu:n²]〈动〉爬行。(见𤘜)

蹬 daengh [taŋ⁶]〈动〉 顿;蹾(重重地往下放或摔下)。《初》:蹬胻夅𦛚啵。Daengh hangx roengzbae bob. 啪嗒一声摔了个屁股蹾儿。

躐 laemx [lam⁴]〈动〉倒;倒下;跌倒。(见𨇾)

躓 方 guengq [ku:ŋ⁵]〈名〉胭(膝的后部,小腿与大腿之间可弯曲处)。(见胱)

躈(躈、𨂀、𨂃) ngaux [ŋa:u⁴]〈量〉次;趟。《初》:眃𨑜几躈垌。Ngoenz bae geij ngaux doengh. 一天下地几次。

𨇦 gemh [ke:m⁶]〈拟〉慢吞吞地。《初》:蝵蠏踈𨇦𨇦。Nonnyaiq raih gemhgemh. 毛虫慢吞吞地爬行。

𨇾(躝、𨂐、躐、跎、埝、跉、踚、掄) laemx [lam⁴]〈动〉倒;倒下;跌倒。《初》:坤㳒𨁈𨑜𨇾。Roen raeuz byaij dwg laemx. 路滑挨摔了一跤。

躘 loeng [loŋ¹]〈形〉错。(见𥹰)

𨇽 raih [ɣa:i⁶]〈动〉爬;走。(见踈[3])

𨈅(危、葵、蹊、蹟) gvih [kwi⁶]〈动〉跪。《初》:侈𨈅𨈅挓挓。De gvihgvih saxsax. 他又跪又拜。

𨈏[1] 方 luenz [lu:n²]〈动〉 爬行。(见𨁷[1])

𨈏[2] ruenz [ɣu:n²]〈动〉爬行。(见𤘜)

身 部

躯 aemq [ʔam⁵]〈动〉背;背负。(见𠃑)

躬 gungx [kuŋ⁴]〈形〉弯;弯曲。(见㑋)

躯 aemq [ʔam⁵]〈动〉背;背负。(见𠃑)

躲 boek [pok⁷]〈动〉 翻;翻覆;倾覆。(见𡙡)

躯(噆) 方 fueng [fu:n⁵]〈动〉翻。《初》:

躯躺，fuenq ndang，翻身。（即 fonj）

躰 bi［pi¹］〈动〉摇摆；摇晃。马山《迪封信斗巡》：趴躺浮躰躺。Byaij ndang fouz bibuengq. 走路身子虚浮摇晃。

躹 gaeuz［kau²］〈形〉❶ 弯曲；弯。❷ 驼。（见拘）

躴 㞢 vangx［wa:ŋ⁴］〈名〉打扮。（见玢）

躭 vaq［wa⁵］〈形〉伶俐（与湾连用）。马山《百岁歌》：湾躭各当家，vanqvaq gag dang gya，伶俐自当家。

躳 aemq［ʔam⁵］〈动〉背；背负。（见𠄏）

躰¹ baenq［pan⁵］〈动〉转；转动；旋转。（见轃）

躰² daex［tai⁴］〈名〉同伴；伙计。（见俤¹）

躹 beq［pe⁵］〈动〉背。《初》：躹孙，beq lwg，背小孩。

躿 nyauq［ȵa:u⁵］〈形〉差；劣。马山《信歌》：命躿，mingh nyauq，命运差。

躯 ndaek［ʔdak］〈形〉（睡）着。马山《默向书信》：眸以不躯，ninz hix mbouj ndaek，睡也睡不着。

躹¹（岑、肣、胭、腆、骿、骿、䏿、䩬、髂、髀）gumq［kum⁵］〈名〉❶ 臀；屁股。❷ 腰背部。《初》：躹拘，gumq gaeuz，驼背。

躹²（喷）gungq［kuŋ⁵］〈形〉蜷曲；弯躬（与軥连用）。《初》：眸軥躹。Ninz gut gungq. 弯腰侧睡。

軥（曲、蛐、嗗）gut［kut⁷］〈形〉蜷曲；弯躬（与躹连用）。《初》：軥躹廪猫眸。Gutgungq lumj meuz ninz. 蜷曲得像睡猫一样。

躸 haiz［ha:i²］〈名〉骸。《初》：尸躸，seihaiz，尸骸。

躺（躺、朗、躴、鄉、郎、倗、脜、孓、膀、躴、胳）ndang［ʔda:ŋ¹］〈名〉身；身体。《初》：侈躺㛃。De ndang maenh. 他身体强壮。| 马山《欢叹父母》：躺嗅浚。Ndang haeu soemj. 身上臭汗酸味。

躱 ndoj［ʔdo³］〈动〉躲；藏。（见赌）

躲 ninz［nin²］〈动〉睡；眠；睡觉。（见眸）

躹（𫮃）hoemj［hom³］〈动〉❶ 俯；趴。《初》：躹迪眸。Hoemj dwk ninz. 趴着睡觉。❷ 倒置；倒扣。

躿 㞢 luen［lu:n¹］〈动〉钻；进入。《初》：徒犸躿宻垟。Duzma luen congh ciengz。狗钻墙洞。

躴 ndang［ʔda:ŋ¹］〈名〉身；身体。（见躺）

躾 ngaeuz［ŋau²］〈形〉❶ 光滑。❷ 尽；光；完。（见轴¹）

躽 ngeng［ŋe:ŋ¹］〈形〉❶ 侧。❷ 歪。（见軖）

軀 reux［ɣeu⁴］〈形〉瘦削；（人）高瘦；（植物）细长。（见䁾）

軃 gen［ke:n¹］〈名〉手臂。（见掮）

躬 gingq [kiŋ⁵]〈动〉敬;孝敬。(见《初》)

躶(跻、裸、落、露)loh [lo⁶]〈动〉❶露。《初》:窖尥踸馭躶。Yo gyaeuj rieng youh loh. 藏头尾又露。❷裸露。《初》:躶盯,lohdin,赤脚。

躲 ndaek [ʔdak⁷]〈量〉个(多指男性成年人,有时含贬义)。(见得)

躰 历 ndaij [ʔdaːi³]〈形〉偷懒。(见《初》)

躺 ndang [ʔdaːŋ¹]〈名〉身;身体。(见躺)

躲 baih [paːi⁶]〈名〉方;边;面。(见埗)

躯 ndang [ʔdaːŋ¹]〈名〉身;身体。(见躺)

躲(闹、哚、痾、躲、够、闐)ndoj [ʔdo³]〈动〉躲;藏。《初》:鴘妣躲閬箻。Gaeqmeh ndoj ndaw rungz. 母鸡躲在笼子里。

躯(歪、歪、哯、勁、躯、静)ngeng [ŋeːŋ¹]〈形〉❶侧。《初》:眸躯,ninz ngeng,侧着身睡。❷歪。《初》:乭柠否乿躯。Hwnq saeu mbouj ndaej ngeng. 砌柱子不能歪。

躯 aemq [ʔam⁵]〈动〉背;背负。(见ℨ)

躲 aij [ʔaːi³]〈形〉歪斜;倾斜;后仰(多指大物体)。《初》:垟躲,ciengz aij,墙倾斜。

躲(箥、哽、贩)历 boj [po³]〈动〉❶打赌。《初》:兄侵佲任躲。Gou caeuq mwngz doxboj. 我和你打赌。❷赌气。《初》:躲口,boj guh,赌着气去做。

躲 buengq [puːŋ⁵]〈动〉摇晃;晃动;晃荡。马山《造瞪变贫型》:躺浮躲躲。Ndang fouz bibuengq. 身子虚浮摇晃。

躲 raek [ɣak⁷]〈动〉❶带;佩戴。❷怀孕。❸携带。(见攊)

躲(絛)reux [ɣeu⁴]〈形〉瘦削;(人)高瘦;(植物)细长。《初》:躺侈躲移。Ndang de reux lai. 他的身材太瘦削。

躲(胾、哯、霻、腔)gengz [keːŋ²]〈形〉赤膊;裸(与躶连用)。《初》:躶躲,lohgengz,打赤膊。

谷 部

谷¹ goek [kok⁷]〈名〉❶根基;根底;根端;根部。❷本;本钱。(见裕¹)

谷² guk [kuk⁷]〈名〉虎。(见彪)

谺 huk [huk⁷]〈形〉笨;愚。(见谼)

谷 goek [kok⁷]〈名〉❶根基;根底;根端;根部。❷本;本钱。(见裕¹)

谷(裂、谼)reb [ɣeːp⁸]〈名〉谷壳。(见谷)

裂 reb [ɣeːp⁸]〈名〉谷壳。(见谷)

谼 reb [ɣeːp⁸]〈名〉谷壳。(见谷)

谼 gamj [kaːm³]〈名〉岩洞。(见敢)

谼(惈、谺)huk [huk⁷]〈形〉笨;愚。《初》:偝谼,bouxhuk,笨人;蠢家伙。

豸　部

貀 方 nyoj［ȵo³］〈形〉❶收缩。❷皱。（见袦）

貌¹ mauh［maːu⁶］〈名〉相貌；样貌；画像。宜州《龙女与汉鹏》：氓类卜而伽貌像？Mwngz ndaej bouxlawz gah mauhsiengq？你得哪个的画像？

貌² mbauq［ʔbaːu⁵］〈名〉男孩。右江《本麽叭》：生 孙 娋 甫 貌，seng lwgsau bouxmbauq，生下姑娘和男孩。

角　部

角¹ gaeu［kau¹］〈名〉角。武鸣《信歌》：怀㲵角否浸。Vaiz dai gaeu mbouj naeuh. 牛死角不烂。

角²（碻）gak［kaːk⁷］〈动〉❶搁。❷禁（食）。《初》：角飩粝刁。Gak donq haeux ndeu. 禁食一餐。❸食欲不振。

角³ goek［kok⁷］〈名〉❶根基；根底；根端；根部。❷本；本钱。（见榕¹）

角⁴ gok［koːk⁷］〈名〉❶角。《初》：角咟，gokbak，嘴角。❷角落；地方。《初》：丕角哂？Youq gok lawz？在哪个角落？

角⁵ vaek［wak⁷］〈名〉鞘。金城江《台腊恒》：仆之累养仆累角。Boux cix ndaej yangj boux ndaej vaek. 一人得刀一得鞘。

觓（犳）gaeu［kau¹］〈名〉角。《初》：觓犴，gaeu vaiz，水牛角。|平果《雷王》：吐羊渴移觓只拯。Duzyiengz hat lai gaeu cix mbit. 羊儿太渴角才歪。

斛 方 hok［hoːk⁷］〈名〉❶家底；家当（与空连用）。《初》：兄待斛空仪。Gou daih hokranz boh. 我继承父亲的家当。❷家务。《初》：叩斛空，guh hokranz，做家务活。

舸 方 gox［ko⁴］〈名〉角落。《初》：舸闭，gox dou，门角落。

解¹ gaej［kai³］〈副〉莫；别；不。田阳《布洛陀遗本》：窮解食糏粉。Gungz gaej gwn haeux faen. 穷莫吃稻种。

解² gyaij［kjaːi³］〈动〉走；走动。右江《本麽叭》：眉劲孫淋解，miz lwg lan lim gyaij，有儿孙满地走。

觧 gaij［kaːi³］〈名〉小偷；扒手（与掉连用）。《初》：觧掉，gaijdiuq，扒手；小偷。

解 gaiq［kaːi⁵］〈动〉押解；押送（犯人）。（见捬）

觡（牁、觹、犄）gok［koːk⁷］〈名〉角。《初》：觡犴，gok vaiz，牛角。

齣 方 gaep［khap⁷］〈动〉咬。（见犽）

觪 方 gyok［kjoːk⁷］〈名〉鳏夫。《初》：公觪，goenggyok，鳏夫。

觯 ak［ʔaːk⁷］〈形〉❶强；有力量。❷有本领；能干。❸勇敢；英勇。（见勚）

觹 gok［koːk⁷］〈名〉角。（见觡）

觶 方 gej［ke³］〈形〉裸。《初》：觶膔，gejgangh，裸体。

𧥃 ak [ʔa:k⁷]〈形〉❶强；有力量。❷有本领；能干。❸勇敢；英勇。(见勫)

言(讠)部

言¹ yiemz [ji:m²]〈动〉嫌。宜州《孟姜女》:氓呀该言意。Mwngz yax gaej yiemzheiq. 你也别嫌弃。

言² yienz [ji:n²]〈名〉筵。金城江《台腊恒》:卑口言材尼否本。Nuengx guh yienzsoih neix mbouj baenz. 弟弟做这筵席不行。

言³ yienz [ji:n²]〈副〉马上。宜州《龙女与汉鹏》:卜差起丁言马等。Bouxcai hwnj din yienz ma daengz. 官差起身马上到。

訂 㞢 ding[tiŋ¹]〈副〉刚巧；偏。(见丁⁷)

計¹ gaej [kai³]〈副〉莫；不要。上林《赶圩歌》:惶仲伝計怪。Cingj cungqvunz gaej gvaiq. 请众人莫见怪。

計² 㞢 gaeq [kai⁵]〈代〉❶这样；这些(与内连用)。上林《赶圩歌》:嗛計内口麻。Gangj gaeqneix guh maz. 讲这些干吗。❷它；什么。上林《赶圩歌》:波拌計授元。Baez vaz gaeq couh yuenz. 抓一把它就完。

訒 nai [na:i¹]〈动〉❶安慰。❷赞扬。(见恧¹)

訁 unq [ʔun⁵]〈形〉软；软弱。(见歑)

訌¹ gangj [ka:ŋ³]〈动〉讲；说。忻城《十劝歌》:旧伝歐訌理。Guh vunz aeu gangj leix. 做人要讲道理。

訌² gongz [ko:ŋ²]〈动〉哼；呻吟。(见吼²)

記 geq [ke⁵]〈形〉老。田东《闹涽懷一科》:懷學貧懷記。Vaiz coz baenz vaiz geq. 壮牛变成老牛。

訕 han [ha:n¹]〈动〉回答；答应。(见哻²)

訌(吂、罒、亡) 㞢 mang [ma:ŋ¹]〈动〉❶诅咒。《初》:介呰訌伝。Gaej bae mang vunz. 莫要去诅咒人家。❷发誓。《初》:呻訌, gwn mang, 饮血盟誓。(即 mieng)

䛁(嚟、多) ndaq[ʔda⁵]〈动〉骂。《初》:䛁伝, ndaq vunz, 骂人。

議 ngeix [ɲei⁴]〈动〉想。马山《迪封信斗巡》:佪議统吊弄。Dou ngeix cungj diuq loeng. 我们想来心头都乱跳。

訓 unq [ʔun⁵]〈形〉软；软弱。(见歑)

訪(扳、吥、謗) 㞢 banj[pa:n³]〈动〉诽谤；诬陷。《初》:訪赖, banjlaih, 诬赖。

訰 coenz [ɕon²]〈量〉句。(见响)

訬(吐) 㞢 doj [to³]〈动〉哄(小孩)；诱骗。(见《初》)

詧 㞢 duz [thu²]〈名〉帽。《初》:姜詧, nge duz, 帽子。

訞¹ dwen [tɯ:n¹]〈动〉提及；提起；谈到。(见吠²)

訞² yoeg [jok⁸]〈动〉唆使；煽动；怂恿；教唆。(见哟)

訃 gaej [kai³]〈副〉莫;别。(见介¹)

許¹ hawj [haɯ³]〈动〉❶ 给;给予;让;赋予。❷ 许可;允许。(见揿)

許² 㓀 heij [hei³]〈量〉些。(见嘻)

詳 naeuz [nau²] ❶〈动〉说;讲。❷〈连〉或;或者。(见吽)

訡 ndaenq [ʔdan⁵]〈形〉急;急切。马山《偻笁荳貧够》:胡訡貧肥。Hoz ndaenq baenz feiz. 心急如火。

訛 㓀 vaj [wa³]〈形〉笨;幼稚。(见《初》)

訡 yaem [jam¹]〈拟〉窃窃;悄悄(低声说话的模样)。《初》:詛訡訡,damz yaemyaem,窃窃私语。

訚(咀) yet [jeːt⁷]〈形〉低(声);细(语)。《初》:嗛訚訚,gangj yetyet,说悄悄话;低声说话。

訞(詖) 㓀 boi [phoi¹]〈代〉谁;哪个。(见《初》)

詌 㓀 byawz [pjaɯ²]〈代〉谁;哪个。(见偭)

詛¹(啖、啖、談) damz [taːm²]〈动〉❶ 讲;说。《初》:昿昿詛盯佲。Ngoengzngoenz damz daengz mwngz. 天天说到你。❷ 唠叨;喃喃;嘀咕。

詛² danq [taːn⁵]〈动〉❶ 叹(气)。❷ 歌颂;赞美;颂扬。(见呾²)

証 cwngq [ɕɯŋ⁵]〈动〉争论;争执;顶嘴。(见竫)

詒 㓀 daiz [taːi²]〈动〉赞扬;羡慕。(见《初》)

訶(可、古、詁、诃、咕) goj [ko³]〈名〉❶ 故事。《初》:听俌佬嗛訶。Dingq bouxlaux gangj goj. 听老人讲故事。❷ 话;话语。《初》:总否喃响訶。Cungj mbouj nam coenz goj. 都没说一句话。

詁¹ goj [ko³]〈名〉❶ 故事。❷ 话;话语。(见訶)

詁² 㓀 goj [ko³]〈动〉估计。(见怙)

許 hawj [haɯ³]〈动〉❶ 给;给予;让;赋予。❷ 许可;允许。(见揿)

詅 㓀 lengq [leːŋ⁵] ❶〈形〉个别(指人)。《初》:詅俌眉叒。Lengq boux miz cienz. 个别人有钱。❷〈副〉或许;也许(与誧连用)。《初》:詅誧偻否料。Lengqbouh de mbouj daeuj. 也许他不来。

詉 㓀 liuz [liːu²]〈动〉传;传扬;传开;传播;传说;流传。(见《初》)

詸 mboen [ʔbon¹]〈动〉唠叨;嘀咕。(见㖏³)

詞 swz [θɯ²]〈动〉祭供;祭祀。右江《本麽叭》:眉鴨鶏斗詞,miz bit gaeq daeuj swz,有鸡鸭来祭祀。

詥(哈) 㓀 ap [ʔaːp⁷]〈动〉告诉;讲明;指点。《初》:𫖯洛陀詥偻。Baeuqlozdoz ap raeuz. 布洛陀指点我们。

詳 bingj [piŋ³]〈动〉禀报;禀告。(见

《初》)

訵 [历] boi [phoi¹]〈代〉谁;哪个。(见誙)

詣(啙) ceij [çei³]〈动〉诬陷;乱指证。《初》:乱詣伝㗂狽。Luenh ceij vunz guh caeg. 乱诬陷别人为贼。

詳(详) [历] ciengz [çiːŋ²]〈动〉讲;谈论。《初》:佡俢詳肜佲。Gyoengqde ciengz daengz mwngz. 他们谈论到你。

諍 cwngq [çɯŋ⁵]〈动〉争论;争执;顶嘴。(见踭)

詷 dongx [toːŋ⁴]〈动〉打招呼。(见嗵)

詋 duenz [tuːn²]〈动〉猜。(见迗)

訔 fwen [fɯːn¹]〈名〉山歌;歌;诗歌。(见欢¹)

該 gai [kaːi¹]〈动〉卖。(见襀)

誇 gvaq [kwa⁵]〈动〉过。马山《欢叹母》:昋眸姆誇世。Ngoenzbonz meh gvaqseiq. 前天母亲去世。

詰 [历] gyaeg[kjak⁸]〈动〉盘问。(见嘞¹)

詪¹ haenh [han⁶]〈动〉羡慕;赞扬。(见恳)

詪² langh [laːŋ⁶]〈连〉若;倘若;假如。上林《赶圩歌》:詪吙否用怪。Langh loek mbouj yungh gvaiq. 若错不用怪。

詎 haenh [han⁶]〈动〉羡慕;赞扬。(见恳)

諳(嗇、䫏、䫺、嗢) ngon [ŋon¹]〈动〉祈求;要求。《初》:孙殖諳仪歐杋檁。Lwgnyez ngon boh aeu gyungjgingj. 小孩祈求父亲要拨浪鼓。

嗇 ngon [ŋon¹]〈动〉祈求;要求。(见諳)

試 sawq [θaw⁵]〈副〉忽然(与宵连用)。(见暑)

詬 sei [θei¹]〈名〉诗歌;山歌。《初》:造詬文恳程。Cauh sei faenz haenh nuengx. 写诗文赞颂阿妹。

詉(誈) [历] vah [wa⁶]〈动〉计划;打算。《初》:詉罢㗂偌厷生意? Vah bae guh gijmaz seng'eiq? 计划去做什么生意?

訮 yanj [jaːn³]〈动〉起哄;轰动。(见汳)

誧 [历] bouh [pou⁶]〈副〉或许;也许(与詅连用)。《初》:詅誧俢眃内料。Lengqbouh de ngoenzneix daeuj. 他也许今天来。

誄(誦) coengh [çoŋ⁶]〈动〉诵;念。《初》:誄经,coengh ging,念经。

誦¹ coengh [çoŋ⁶]〈动〉诵;念。(见誄)

誦² coengh[çoŋ⁶]〈名〉帮助。都安《三界老爺唱》:化𥁕五龙斗诵公。Vaq aeu ngux lungz daeuj coengh goeng. 招来五龙帮自身。

誵 gangj [kaːŋ³]〈动〉讲;说;谈;议论;宣布。(见嗛)

誙 geng [keːŋ¹]〈形〉硬说。《初》:嗛誙,gangj geng,硬说。

誙(絟)方 ging [kiŋ¹]〈动〉聊;聊天。《初》:兄添偧誙。Gou dem de ging. 我和他聊天。

訷 方 gyo [kjo¹]〈动〉多谢(与佣连用)。《初》:訷佣,gyo'mbaiq,多谢;感谢;谢谢。

謑(哋) heiq [hei⁵]〈名〉戏。《初》:唱謑,ciengq heiq,唱戏。

諒¹(綡) langh [laːŋ⁶]〈连〉倘若;要是;假使;如果。《初》:諒吽佲眦兄亦眦。Langh naeuz mwngz bae gou hix bae. 倘若你去我也去。

諒² 方 langh [laːŋ⁶]〈动〉健忘(与棽连用)。《初》:棽諒,lumzlangh,健忘。

諭 maenj [man³]〈动〉❶威吓。❷怒吼;吼叫(指虎、猫等)。❸咆哮。(见嗷²)

諪 方 myauq [mjaːu⁵]〈形〉轻浮。(见咿)

認 nyienh [n̥iːn⁶]〈动〉愿。《覃氏族源古歌研究》:認改姓,nyienh gaij singq,愿改姓。

誘 yaeuh [jau⁶]〈动〉哄骗;欺骗;诱惑。(见騟)

諚 方 yanj [jaːn³]〈动〉议论。(见嚬)

諘(嗦、僄、票) beu [peu¹]〈动〉得罪;冒犯。《初》:嗛吡介諘伝。Gangjvah gaej beu vunz. 讲话莫要得罪别人。

請 cing [çiŋ¹]〈动〉牵。东兰《造牛(残页)》:丕请他到拜。Bae cing de dauq byaij. 去牵它就走。

諄 方 cog [ço:k⁸]〈动〉唆使;嗾使;怂恿。(见怍²)

諸 方 cwj [çɯ³]〈动〉记。(见《初》)

諭 maenj [mən³]〈动〉❶威吓。❷怒吼;吼叫(指虎、猫等)。❸咆哮。(见嗷²)

談 damz [taːm²]〈动〉❶讲;说。❷唠叨;喃喃;嘀咕。(见詛¹)

調¹ diuh [tiːu⁶]〈动〉留;留下。(见蹓)

調² 方 diuh [tiːu⁶]〈量〉条;件。(见弔¹)

調³ diuq [tiːu⁵]〈动〉嫌弃。(见弔²)

諃 lumz [lum²]〈动〉忘记。(见棽)

謭 mieng [miːŋ¹]❶〈动〉诅咒;发誓。❷〈名〉咒语。(见吂²)

謪 mieng [miːŋ¹]❶〈动〉诅咒;发誓。❷〈名〉咒语。(见吂²)

誰 方 soi [θoi¹]〈形〉衰;背时;倒霉。(见傢)

誼 ngeix [ŋei⁴]〈动〉❶思;思念。❷思索;寻思;考虑。(见忍¹)

諓 方 ngez [ŋe²]〈名〉旧情。(见《初》)

諼 gangj [kaːŋ³]〈动〉讲;说;谈;议论;宣布。(见嗛)

論(倫) lwnh [lɯn⁶]〈动〉❶论述;议论。《初》:掛伝犸料論。Hawj vunzlai daeuj lwnh. 让大伙来议论。❷讲述;诉说;告诉。《初》:論嗵辖嗧焙。Lwnh doenghbaez haemzhoj. 诉说从前的苦楚。| 马山《欢叹父母》:論卜姆恩情。Lwnh bohmeh aencingz. 讲述父母的恩情。

諯 dwen [tɯːn^{1}]〈动〉提及;提起;谈到。(见呹^{2})

諓^{1} gangj [kaːŋ^{3}]〈动〉讲;说;谈;议论;宣布。(见嗛)

諓^{2}(譄) [方] yaeng [jaŋ^{1}]〈动〉(给人家)添麻烦。(见《初》)

諿(贵、诡、鬼) gveij [kwei^{3}]〈形〉机警;机灵;精明;狡诈。《初》:咆嚩兄亦諿。Caeklaiq gou hix gveij. 幸亏我还机警。

諰 hw [hɯ^{1}]〈动〉(说话)投机(与合连用)。《初》:吪嗛实合諰。Vah gangj saed haeujhw. 话谈得实在投机。

謱 [方] laeux [lau^{4}]〈动〉哄。《初》:謱孙打合眸。Laeux lwgnding haeuj ninz. 哄婴儿入睡。

諆^{1} maeuz [mau^{2}]〈形〉贪;贪图。马山《迪封信斗巡》:赖吽皮心諆。Laihnaeuz beix sim maeuz. 以为阿哥心贪。

諆^{2} [方] maeuz [mau^{2}]〈名〉末端;顶端。(见嵖)

謳 [方] ngaeuq [ŋau^{5}]〈动〉恳求;哀求;追求。(见嗎)

諻(喤、啱) [方] saengq [θaŋ^{5}]〈动〉嘱托;托付;捎话。《初》:諻孟料卦膌。Saengq lan daeuj gvaq cieng. 捎话叫孙子来过春节。(即 daengq)

諠^{1}(嗢、愠、温) [方] un [ʔun^{1}]〈动〉嫉妒;不满(因分配不公,心中妒恨)。《初》:諠伝。Un vunz. 嫉妒别人。

諠^{2} unq [ʔun^{5}]〈形〉❶ 软;软弱。马山《信歌》:躺各諠各危。Ndang gag unq gag ngveiz. 身体自软自迷糊。❷ 和蔼;温顺。马山《书信》:徃迪伝胡諠。Nuengx dwg vunz hoz unq. 妹是性格和蔼人。

諠 [方] von [woːn^{1}]〈名〉歌;山歌。(见《初》,即 fwen)

諣 [方] vah [wa^{6}]〈动〉计划;打算。(见諣)

謗 [方] banj [paːn^{3}]〈动〉诽谤;诬陷。(见諚)

謑^{1} hah [ha^{6}]〈动〉❶ 挽留。❷ 占;号定。(见擭)

謑^{2}(嗄、吓、嚯) [方] yax [ja^{4}]〈动〉说;交代。《初》:謑妑贑只毖。Yax meh gonq cij bae. 先向母亲交代才去。

諱 hat [haːt^{7}]〈动〉吆喝;叱;责骂。(见嚐^{2})

謨 [方] mo [mo^{1}]〈动〉唠叨(与譊连用)。《初》:謨譊,momonz,唠叨。

譁 nanq [naːn^{5}]〈动〉❶ 估计;酌量。❷ 猜测。(见憝)

譫 nanq [naːn^{5}]〈动〉❶ 估计;酌量。❷ 猜测。(见憝)

謹 [方] cog [ɕoːk^{8}]〈动〉叫;喊。(见嚯^{1})

譵(断、嘶) duenq [tuːn⁵]〈动〉约定。《初》:昖内偻譵兀,肝伃二㪔料。Ngoenzneix raeuz duenq ndei, daengz haw ngeih caiq daeuj. 今天我们约定好,下个圩日再来。

謹 gaenj [kan³]〈形〉急。马山《起书嚾特豆》:皮胡謹。Beix hoz gaenj. 哥哥性子急。

謙 gangj [kaːŋ³]〈动〉讲;说。马山《叹亡》:謙斗肝父母,gangj daeuj daengz bohmeh,说到父母亲。

講 monz [moːn²]〈动〉唠叨(与謨连用)。(见《初》)

譐 daengq [taŋ⁵]〈动〉叮嘱;嘱咐;吩咐;交代。(见哼)

譄¹ daengq [taŋ⁵]〈动〉叮嘱;嘱咐;吩咐;交代。(见哼)

譄²(噌) yaeng [jaŋ¹]〈动〉❶商量。《初》:仠譄,doxyaeng,互相商量。❷应(声);回答。《初》:偧否呋否譄。De mbouj dwen mbouj yaeng. 他不提起也不回应。

譄³ 方 yaeng [jaŋ¹]〈动〉(给人家)添麻烦。(见䛭²)

譐(咐、嗦、噂、逊、敟、宣、畯) son [θoːn¹]〈动〉教。《初》:伝否譐否㑖。Vunz mbouj son mboj rox. 人不教就不懂道理。

護¹ hoz [ho²]〈动〉容。巴马《贖魂糏呟》:三元常勇護。Samnyuenz ciengz yoenghoz. 三元常宽容。

護² hu [hu¹]〈动〉护;关照;照应。金城江《覃氏族源古歌》:必娄冇仝護。Beix-nuengx ndi doengzhu. 亲戚不相互照应。

議 ngeix [ŋei⁴]〈动〉想。马山《二十四孝欢》:介議到䢊。Gaej ngeix dauq ranz. 别再想回家。

譩 方 oih [ʔoi⁶]〈动〉诱。《初》:譩鲃,oih bya,钓鱼诱饵。

譖 caem [ɕam¹]〈形〉❶静;沉静;寂静;清静;沉寂。❷熟(睡);沉(睡)。(见吮¹)

讨 aeu [ʔau¹]〈动〉娶。《粤风》:厘断不厘讨。Ndaej duenq mbouj ndaej aeu. 能约会却不能娶。

讧 gangj [kaːŋ³]〈动〉讲;说。马山《欢情》:佲讧佲鲁叿,但又叿否貧。Mwngz gangj mwngz rox guh, danh youh guh mbouj baenz. 你说你会做,但又做不成。

记 ngeiq [ŋei⁵]〈名〉枝。《粤风》:劳花台失记。Lau va dai saet ngeiq. 怕花凋零落枝下。

议 ngeix [ŋei⁴]〈动〉❶思;思念。❷思索;寻思;考虑。(见忞¹)

论¹ lwnh [lɯn⁶]〈动〉讲;告诉。《粤风》:论前时往鲁。Lwnh sienz seiz nuengx rox. 说往事妹知。|宜州《孟姜女》:等依伦该论。Daengq nuengx lunz gaej lwnh. 叮嘱小妹莫乱讲。

论² rim [ɣim¹]〈形〉满。《粤风》:离有四年论。Liz youx seiq nienz rim. 别友四年整。

讻 damz [taːm²]〈动〉谈;说。马山《信歌》:吞吞讻肝佲。Ngoenzngoenz damz daengz mwngz. 天天说到你。

诉 geq [ke⁵]〈动〉❶ 数(数目)。❷ 诉说;陈诉。(见𪡊)

详 㕥 ciengz [ɕiːŋ²]〈动〉讲;谈论。(见詳)

询 coenz [ɕon²]〈量〉句。(见响)

该¹ gaej [kai³]〈副〉别;莫。宜州《孟姜女》:氓该啰古呗。Mwngz gaej lox gou bae. 你别骗我去。

该² gah [ka⁶]〈代〉什么(与嘛连用)。宜州《孟姜女》:佚之嗦该嘛。De seih coh gahmaz. 他叫什么名字。

该³ gai [kaːi¹]〈动〉卖。马山《信歌》:该𦟛嗬。Gai naz ndei. 卖好田。

诡 gveij [kwei³]〈形〉机警;机灵;精明;狡诈。(见䰎)

说 ceh [ɕe⁶]〈名〉时节。马山《哭姐歌》:打说你竺拐。Daj ceh neix doeklaeng. 从这时节往后。

诰 㕥 gauh [khaːu⁶]〈动〉论说;告诉。《初》:佅𨄅诰𠉞。Moiz bae gauh de. 你去告诉他。

谅¹ langh [laːŋ⁶] ❶〈动〉放;放开;丢下。❷〈动〉开;盛开;怒放。❸〈动〉喘;喘息。❹〈形〉放荡;野。(见浪³)

谅² nyiengh [ȵiːŋ⁶]〈动〉让。(见《初》)

诶 vaq [wa⁵]〈动〉❶ 化(缘)。❷ 乞讨。(见吪³)

诺 noh [no⁶]〈名〉肉。宜州《孟姜女》:佷若古。Ndang noh gou. 我的肉身。

谆 sunh [θun⁶]〈副〉一边;一面。宜州《龙女与汉鹏》:之谆哏烟谆哏港。Cih sunh gwn ien sunh doengz gangj. 一边抽烟来一边闲聊。

谋 maeuz [mau²]〈动〉贪。马山《起书嚷特豆》:心名谋。Sim mwngz maeuz. 你心贪。

谠 dangh [taːŋ⁶]〈连〉如果;要是;倘若。(见玎)

谔 goj [ko³]〈名〉❶ 故事。❷ 话;话语。(见訶)

𧭫 gai [kaːi¹]〈动〉卖。(见𧷺)

辛 部

辛¹ raen [ɣan¹]〈动〉见;见面。《粤风》:度辛,doxraen,相见。

辛² saen [θan¹]〈名〉背部。(见䏬)

辛³ saenz [θan²]〈动〉抖;发抖。《粤风》:廊辛,ndang saenz,身子发抖。

辛⁴ 㕥 sin [θin¹]〈量〉根;颗。(见䡮)

辡 byangj [pjaːŋ³]〈形〉辣痛。(见痨)

辨 byangj [pjaːŋ³]〈形〉辣痛。(见痨)

辝 haemz [ham²]〈形〉❶ (味)苦。❷

苦;辛苦;穷;困难;艰苦。(见豁)

辣¹ rad [ɣaːt⁸]〈动〉触擦;触碰。(见蝲)

辣² rah [ɣa⁶]〈形〉粗。上林《达妍与勒驾》:辣淋扣忓。Rah lumj gaeu vaiz. 粗如牛角。

辖 haemz [ham²]〈形〉❶苦(味)。❷苦;辛苦;穷;困难;艰苦。(见豁)

辐 byangj [pjaːŋ³]〈形〉辣痛。(见痨)

搣(憾、咸、鹹) hamz [haːm²]〈形〉咸。(见《初》)

辂 yaem [jam¹]〈形〉阴森;阴沉。(见謒)

辫 byangj [pjaːŋ³]〈形〉辣痛。(见痨)

辋(稵、醰、滥、蔓、万) manh [maːn⁶]〈形〉辣。《初》:孙辋辋卦莫。Lwgmanh manh gvaq hing. 辣椒比姜辣。

青　部

青 cing [ɕiŋ¹]〈形〉瘦;精(指肉)。(见骶)

靘 heu [heu¹]〈形〉青。(见荂¹)

靓 㓎 lengj [leːŋ³]〈形〉精致;美丽;漂亮。《初》:妖娋内真靓。Dahsau neix caen lengj. 这个姑娘真漂亮。

靕 heu [heu¹]〈形〉青。(见荂¹)

靗 heu [heu¹]〈形〉青。(见荂¹)

靘 heu [heu¹]〈形〉青。(见荂¹)

靕¹ 㓎 cingx [ɕiŋ⁴]〈形〉清。(见泟)

靕² heu [heu¹]〈形〉青。(见荂¹)

靕 seuq [θeu⁵]〈形〉❶干净;清洁。❷利落;利索。❸光;完。(见鞘)

靜 yaemz [jam²]〈形〉静;寂静;沉默。(见㑁³)

長(长)部

長¹ cag [ɕaːk⁸]〈名〉绳子。东兰《造牛(残页)》:之本能春長。Cih baenz ndaeng con cag. 就变成鼻子能穿绳。

長² cangh [ɕaːŋ⁶]〈动〉蹦跳;挣扎。(见踉)

振(倀、帳、长) cangz [ɕaːŋ²]〈量〉十个(用于碗、碟、蛋、糍粑等)。《初》:吽貧振糎総否飪。Gwn baenz cangz ceiz cungj mbouj imq. 吃了十个糍粑都不饱。

镸 maj [ma³]〈动〉长;长大;成长。(见騍)

镸¹(麼、遭、僜、垦、曅、孬、迍、倸、埳、丅、墸) daemq [tam⁵]〈形〉矮;低。《初》:俌傪否䯧亦否镸。Boux de mbouj sang hix mbouj daemq. 那人不高也不矮。

镸² dinj [tin³]〈形〉短。(见矨)

镸³(乚、矜、哖) 㓎 gaenq [kan⁵]〈形〉矮;短。(见《初》)

𩠉[4] ngaej[ŋai³]〈形〉矮小;细小。马山《书信》:爹贫仆伝𩠉。De baenz boux vunz ngaej. 他是一个矮小的人。

䠨 noengq [noŋ⁵]〈形〉 茁 壮; 肥 壮。《初》:椤筤内真䠨。Go rangz neix caen noengq. 这株笋真粗壮。

𨲎(镸、镺、䠆、䠇、䠈、𨲎、䠉、䠋、𡵿) raez [ɣai²]〈形〉长。《初》:条綈内真𨲎。Diuz cag neix caen raez. 这根绳子很长。

镺 raez [ɣai²]〈形〉长。(见𨲎)

粻 reiz [ɣei²]〈名〉米汤。武鸣《信歌》:断吘砙淰粻。Donq gwn deb raemxreiz,每餐只喝一小碟米汤。

𨲏 历 saiz [θa:i²]〈名〉砂。(见《初》)

镸 raez [ɣai²]〈形〉长。(见𨲎)

𨲎 raez [ɣai²]〈形〉长。(见𨲎)

䠉 raez [ɣai²]〈形〉长。(见𨲎)

𨲐 -rangh [ɣa:ŋ⁶]〈缀〉溜溜。(见㖙[1])

䠈 raez [ɣai²]〈形〉长。(见𨲎)

长[1] cangz [ɕa:ŋ²]〈量〉十个(用于碗、碟、蛋、糍粑等)。(见怅)

长[2] ciengz [ɕi:ŋ²]〈名〉墙。(见垟)

𨱗 mbaw[ʔbaɯ¹]❶〈名〉叶子。❷〈量〉张;面(用于薄的片状的东西)。(见䏚)

雨 部

雹 历 bag [pa:k⁸]〈名〉雹。(见叭)

雾(沥)历 naiz [na:i²]〈名〉露;露水。(见《初》,即 raiz)

雪(哢、酊、丁) 历 ndaengz [ʔdaŋ²]〈动〉打雷。《初》:盃雪,fax ndaengz,天打雷。

雫 laj [la³]〈名〉下;下面。(见夸[1])

雬 mbwn [ʔbɯn¹]〈名〉天。(见叁)

雪 历 siet [θi:t⁷]〈连〉设若;假如;假设(与比连用)。《初》:比雪雺笁就否丕。Beijsiet fwn doek couh mbouj bae. 假如下雨就不去。

雹[1](琶、破) 历 baj [pa³]〈量〉 朵。《初》:雹蕾,baj fwj,云朵。

雹[2] byaj [pja³]〈名〉雷;雷公;雷神。(见䨻)

雯 历 ce [ɕe¹]〈动〉分份。(见氶)

雱[1](霡) 历 fej [fe³]〈名〉 云。(见《初》,即 fwj)

雱[2] 历 meb[me:p⁸]〈动〉打闪;闪(电)。《初》:盃雱,fax meb,闪电。

霡 历 fej [fe³]〈名〉云。(见雱[1])

雲 mbwn [ʔbɯn¹]〈名〉天。田阳《布洛陀遗本》:忐雲盖麻不迷茄? Gwnz mbwn gaeqmaz mbouj miz gyaj? 天上怎么没有雷?

雬 mok [mo:k⁷]❶〈名〉雾。❷〈形〉模

糊。（见瞙[1]）

𩁹 nae［nai¹］〈名〉雪。（见䨮）

雰（分、汾、㤲、𩂳、𩅙）fwn［fɯn¹］〈名〉雨。《初》：雰𩅜，fwnmoenq，毛毛细雨。

雲 历 vun［wun¹］〈名〉雨。（见云）

雹 历 bag［pa:k⁸］〈名〉雹。（见𠺗）

雷¹ laeh［lai⁶］〈动〉追；追打。田阳《布洛陀遗本》：同雷，doenghlaeh，相互追逐。

雷² lawz［laɯ²］〈代〉哪；何；哪样。（见咘²）

雷³（櫑）loiz［loi²］〈名〉雷王；雷公。《初》：雷丕㚔造雰。Loiz gwnz mbwn cauh fwn. 雷公在天上行雨。

雷⁴ ndoi［ʔdoi¹］〈名〉土山；岭。（见墵）

雷⁵ ndoiq［ʔdoi⁵］〈量〉个（用于男性青少年的量词，有指代功能，可视上下文译为"他"）。《粤风》：劳有各失雷。Lau youx gag saet ndoiq. 只怕老友自个儿失去他。

雷⁶ ndwi［ʔdɯ:i¹］〈副〉没有；不；无。《粤风》：忍乃皮雷泒。Nyaenx naih beix ndwi byaij. 许久阿哥不走动。

雷⁷ raez［ɣai²］〈动〉叫；鸣；鸣叫。《莫卡盖用》：九癸否乱雷。Gyiujgviq mbouj luenh raez. 布谷鸟不乱叫。

𩂀 历 boenz［phon²］〈名〉雨。（见霶）

𩂈 历 byot［pjo:t⁷］〈动〉❶露；冒。《初》：粑粭啱𩂈。Gaeujdaeq ngamq byot. 种下的玉米刚冒芽。❷抵达。《初》：踾三旻淄𩂈。Byaij sam vaenz caengz byot. 走了三天未曾抵达目的地。

𩂐 fwj［fɯ³］〈名〉云。（见𩄓）

零¹ 历 lengz［le:ŋ²］〈形〉强悍；力大。右江《本麽叭》：妣召贯妣零。Bawx ciuh gonq bawx lengz. 前代的媳妇是强悍的媳妇。

零² lingz［liŋ²］〈名〉猴子。田东《闹涽懔一科》：变貧零灰𩽡。Bienqbaenz lingz gyai gya. 变成山头上的猴子。

零³ lingz［liŋ²］〈名〉鲮。（见鯪）

𩃀 liengj［li:ŋ³］〈名〉伞。（见𠍾）

𩂣（黴）mwt［mɯt⁷］❶〈名〉霉。❷〈动〉长霉。《初》：粝𩂣否𥹶吽。Haeux mwt mbouj ndaej gwn. 发霉的米不能吃。

𩂦 nae［nai¹］〈名〉雪。（见䨮）

𩂯 nae［nai¹］〈名〉雪。（见䨮）

𩂶 历 rip［ɣip⁷］〈名〉雹。（见䨭）

𩂹 fwj［fɯ³］〈名〉云。马山《偻笁荳貧够》：話訫𩙥訫𩂹。Vah gangj rumz gangj fwj. 空话如风如云。

𩃄 mae［mai¹］〈名〉纱；线。（见𦃃）

需（西）siq［θi⁵］〈动〉把；抽（双手托住小孩的两腿让其大小便）。《初》：需屎，siq haex，把屎。

𩃎 gengz［ke:ŋ²］〈形〉赤膊；裸（与躶连用）。（见𦡽）

𩃐 历 lomj［lo:m³］〈动〉闪；打闪。《初》：𩃐𩄿，lomjbyaj，闪电。

䨳 mig［mik⁸］〈动〉闪(电)。(见𬯀)

䨴 㽵 ndaengz［ʔdaŋ²］〈动〉打雷。(见雫)

震 saenq［θan⁵］〈动〉抖动(拿住口袋抖出东西来,或把口袋里的东西抖匀)。(见揞)

霴(蛛、蛔、霟)doengz［toŋ²］〈名〉虹。(见《初》)

霕¹ fwj［fɯ³］〈名〉云。(见𩅾)

霕² fwx［fɯ⁴］〈代〉别人;人家。(见伆)

㩘 fwj［fɯ³］〈名〉云。(见𩅾)

霍 gyoij［kjoi³］〈名〉芭蕉。(见𦽸)

䨯¹(涽)㽵 hun［hun¹］〈名〉雨。(即fwn,见《初》)

䨯² 㽵 vun［wun¹］〈名〉雨。(见云)

霦¹ mui［muːi¹］〈名〉狗熊。上林《达妍与勒驾》:暑㝢仇迷霦卦斗。Sawqmwh couh nyangz mui gvaqdaeuj. 忽然遇见狗熊过来。

霦² mwi［mɯːi¹］〈名〉霜。(见《初》)

霂(浰、㭠、𪇉)raiz［ɣaːi²］〈名〉露水。《初》:颲㚿否眉霂。Rumz haenq mbouj miz raiz. 风大无露水。

䨞 㽵 vun［wun¹］〈名〉雨。(见云)

䨻 㽵 vun［wun¹］〈名〉雨。(见云)

霈(霏)㽵 boenz［phon²］〈名〉雨。(见《初》)

䨹 byaj［pja³］〈名〉雷;雷公;雷神。(见𩇓)

靶 byaj［pja³］〈名〉雷;雷公;雷神。(见𩇓)

䨰 byaj［pja³］〈名〉雷;雷公;雷神。(见𩇓)

霟 doengz［toŋ²］〈名〉虹。(见霴)

䨝 mae［mai¹］〈名〉纱;线。(见缕)

𩅦 rwix［ɣɯːi⁴］〈形〉不好;劣;坏。(见孬²)

䨺 byaj［pja³］〈名〉雷;雷公;雷神。(见𩇓)

霧 fwn［fɯn¹］〈名〉雨。(见雰)

霙¹(墓、摩)moh［mo⁶］〈名〉雾(与露连用)。《初》:霙露不㚜岜。Mohlox oemq byai bya. 大雾罩山顶。

霙² mok［moːk⁷］❶〈名〉雾。❷〈形〉模糊。(见瞙¹)

霦 㽵 songq［θoːŋ⁵］〈动〉暴露;显露;露。《初》:㝗内袥袮圿,㕦旴霦𪓗㳿。Laeq neix daenj buh vaih, noh deng songq okdaeuj. 这小孩穿破衣服,肌肉给露出来了。

䨲(淽、汭、泥、霂、霌、霓)nae［nai¹］〈名〉雪。《初》:𪢀䨲,roengz nae,下雪。

䨬(雴、啦)㽵 rip［ɣip⁷］〈名〉雹。《初》:𥋳扐䨬,doek lwgrip,下冰雹。

𩇓(䨹、靶、𩂢、𩃀、䨰、𩇐、䨺)byaj［pja³］〈名〉雷;雷公;雷神。《初》:𩇓𩇔,

byajraez,雷鸣。| 马山《信歌》:燵贫爑豆䨓。Ndat baenz feiz duzbyaj. 烫如雷公火。

䨓 byai [pja³]〈名〉雷;雷公;雷神。(见䨓)

䨶(擂、䨶、捭) roix [ɣoi⁴] ❶〈动〉串;串起。❷〈量〉串。《初》:双䨶鲃,song roix bya,两串鱼。

霐 历 vun [wun¹]〈名〉雨。马山《雷王》:竺霐沑,doek vun raq,下大雨。

露¹ loh [lo⁶]〈动〉❶露。❷裸露。(见䠉)

露² loq [lo⁵] ❶〈名〉梦。❷〈动〉做梦;睡梦。(见㹰)

露³(鲁) lox [lo⁴]〈名〉雾(与霿连用)。《初》:霿露,mohlox,雾。

䨼(嚅、梨、咔、嚟) raez [ɣai²]〈动〉(雷)鸣。《初》:䨓䨼,byajraez,雷鸣。

霿 历 moengj [moŋ³]〈名〉霉菌。《初》:榓根䍃霿。Sawzminz hwnj moengj. 木薯发霉。

䨝(爏、勫、𠢕) mig [mik⁸]〈动〉闪(电)。《初》:䨓䨝,byajmig,闪电。

霻 soemh [θom⁶]〈动〉冒(雨)。《初》:霻雰𨀐,soemh fwn byaij,冒雨走路。

䨤 历 demq [teːm⁵]〈动〉钓。(见㪵)

䨦 历 deg [teːk⁸]〈名〉雷。(见《初》)

䨴 raiz [ɣaːi²]〈名〉露水。(见霂)

非 部

非¹ 历 bi [phi¹]〈名〉鬼。(见《初》)

非²(𠈌) fei [fei¹]〈名〉单据;票据;收条。《初》:𢭃𣎃非𢭃兄。Sij mbaw fei hawj gou. 写一张单据给我。

非³ 历 fiq [fi⁵]〈动〉飞。(见飛)

非⁴ fwx [fɯ⁴]〈代〉我。田阳《布洛陀遗本》:非托錢要配。Fwx doz cienz aeu bawx. 我挣钱娶媳妇。

靠 gau [kaːu¹]〈量〉次;回。(见遖)

𩇧 bae [pai¹]〈动〉去。(见𨑜)

𩇯 beix [pei⁴] ❶〈名〉兄;姐。❷〈名〉情哥;情郎。❸〈名〉阿哥;阿姐(泛称平辈年长于己者)。❹〈动〉年长;大于。(见㞔)

金(钅)部

金 gim [kim¹]〈名〉情妹;小乖乖(小伙子对心上人的爱称)。(见妗)

釙 历 buq [pu⁵]〈名〉斧。(见《初》)

針 cim [ɕim¹]〈名〉❶针。《初》:𠰳針,bak cim,针尖。❷花生、红薯等植物的针状茎。《初》:垇埔㳂針。Duhnamh roengz cim. 花生下针。

釖 dauz [taːu²] ❶〈名〉锉子。❷〈动〉锉。(见鋾)

釟(筶) 历 gauq [kaːu⁵]〈名〉铐。

釛 [方] lit［lit⁷］〈名〉戒指。《初》:釛𩰬,litfwngz,戒指。

鈡 [方] congh［ɕoːŋ⁶］〈动〉放牧。《初》:鈡犿,congh vaiz,放牛。

釷 [方] dud［tut⁸］〈名〉锅盖。(见䅵)

釷 [方] dud［tut⁸］〈名〉锅盖。(见䅵)

釓 fei［fei¹］〈名〉钻子(木匠工具)。《初》:釓鉀,feicuenq,钻子(俗称飞钻)。

釼¹ [方] leu［leu¹］〈名〉铁叉。《初》:歐釼𡊞𨓈鲃。Aeu leu bae dwk bya. 用铁叉去捕鱼。

釼² giemq［kiːm⁵］〈名〉剑。(见鐱)

釸 seiz［θei²］〈名〉钥匙。(见鐀)

鈀 [方] byax［pja⁴］〈名〉刀。(见𠝏)

鈔 [方] cauq［ɕaːu⁵］〈名〉锅头。(见鉀)

鈖 fouj［fou³］〈名〉斧头。(见㭎)

鈇 fouj［fou³］〈名〉斧头。(见㭎)

欽¹ gaem［kam¹］〈动〉抓;拿;持;握;握住;掌握。(见扲¹)

欽² [方] gum［khum¹］〈形〉 苦。(即haemz,见《初》)

鉅(居、句) gawq［kaɯ⁵］〈名〉锯;锯子。(见《初》)

鈐¹ [方] gem［kheːm¹］〈名〉镯。《初》:鈐𢱧,gem mwz,手镯。

鈐² gimz［kim²］〈名〉钳子。(见《初》)

鈌 gwiz［kɯːi²］〈名〉女婿。田阳《布洛陀遗本》:太不恨初鈌。Daiq mbouj raen coh gwiz. 岳母不肯见女婿。

鉝 [方] lik［lik⁷］〈名〉铁。(见《初》)

鈃¹ mbaen［ʔban¹］〈动〉摘新(指选摘农作物中先成熟的部分来尝新)。

鈃² mbaenq［ʔban⁵］〈动〉(用指甲)掐。(见敊)

鈤 ngoenz［ŋon²］〈名〉日;天。隆林《犯太岁送太岁唱》:鈤底了罗丄。Ngoenz dih liuz lajmbwn. 整日游荡全天下。(见昍¹)

鈨 nyenz［n̥eːn²］〈名〉铜鼓。(见《初》)

鈸 bat［paːt⁷］〈名〉盆。(见䤆)

鉼 bengz［peːŋ²］〈形〉贵。(见𧶄)

鈼¹ cax［ɕa⁴］〈名〉刀。(见刹)

鈼² gvah［kwa⁶］〈名〉半月锄(俗称沙耙或刮子)。(见《初》)

銭 [方] cenz［ɕeːn²］〈动〉咬。(见𠰳)

鉈¹(鍸) doz［to²］〈名〉秤砣。《初》:𢫕否迈添鉈。Caengh mbouj naek dem doz. 秤不重添砣(喻货物不够重量还添加秤砣,结果只能适得其反)。

鉈² [方] dud［tut⁸］〈名〉锅盖。(见䅵)

鈸 faz［fa²］〈名〉铁。(见鉣²)

鈣¹ fouj［fou³］〈名〉斧头。(见㭎)

鈣²(釪) [方] fuj［fu³］〈名〉 斧。(即fouj,见《初》)

釫[3](唬)方 huz [hu²]〈名〉斧背；锄头背。(见《初》)

鉀 方 gap [ka:p⁷]〈名〉蜘蛛(与蚱连用)。《初》：鉀蚱，gapcau，蜘蛛。

釨 geuz [keu²]〈名〉剪刀。(见脙)

鈙(鍁)方 gimz [khim²]〈形〉咸。(即hamz，见《初》)

鈷(嗜、鐓) gu [ku¹]〈名〉锅；鼎锅。《初》：鈷𨦟，gu hang，生铁锅。| 鈷铲，gucanj，锅铲。

鉱(瓜)方 gva [kwa¹]〈名〉锅头。(见《初》)

鈼 gvak [kwa:k⁷]❶〈名〉锄头。❷〈动〉锄。(见鍋)

鉩 myaex [mjai⁴]〈名〉锈。(见鋂)

鉢 mwt [mɯt⁷]〈形〉钝。(见欒)

鈮(䥹)方 naex [nai⁴]〈名〉锈。《初》：粅𤯷鈮。Cax hwnj naex. 刀生锈。(即 myaex)

鉐 rin [ɣin¹]〈名〉石头。武鸣《信歌》：沉当鉐闳汏。Caem dangq rin ndaw dah. 沉没如同石下河。

鉄 方 saed [θat⁸]〈名〉锯子。(见鎴)

鉎 singq [θiŋ⁵]〈名〉锈。(见《初》)

鉠[1] 方 yaengx [jaŋ⁴]〈动〉卜卦。(见《初》)

鉠[2](爙)方 yangj [ja:ŋ³]〈动〉熏；烤；炕。《初》：鉠鲃，yangj bya，熏鱼；烤鱼。

鐃 方 cauq [ɕa:u⁵]〈名〉锅头。(见鋽)

鋽(鐃、鈔、鐃、銷) 方 cauq [ɕa:u⁵]〈名〉锅头。

鎈 cax [ɕa⁴]〈名〉刀。(见粅)

銭 cienz [ɕi:n²]〈名〉钱；钱财。田阳《布洛陀遗本》：非托銭要配。Fwx doz cienz aeu bawx. 我挣钱娶媳妇。

錢 cienz [ɕi:n²]❶〈名〉钱；钱币。❷〈量〉钱(市制重量单位)。(见刄)

銌 conx [ɕo:n⁴]〈动〉铲。《初》：銌粝熻庲吽。Conx haeuxremj ma gwn. 铲锅巴来吃。

銓 cuenq [ɕu:n⁵]〈动〉穿；钻。(见鋍)

銃 cungq [ɕuŋ⁵]〈名〉枪。(见宑)

銚 dauz [ta:u²]❶〈名〉锉子。❷〈动〉锉。(见鍧)

鋆 gengx [ke:ŋ⁴]〈名〉小环圈。(见鍾[1])

鉸 goq [ko⁵]〈名〉佣金；工钱。《初》：𣎏吽否𣎏鉸。Ndaej gwn mbouj ndaej goq. 得吃不得工钱。

銧 -gvangj [kwa:ŋ³]〈缀〉(硬)邦邦。《初》：樫銧銧，genqgvangjgvangj，硬邦邦。

銗 hang [ha:ŋ¹]〈名〉生铁。(见𨦟)

鉮 方 mbaiz [ʔba:i²]〈名〉锄头。(见砸)

鋣 naq [na⁵]〈名〉箭。(见笚[2])

銀 nyenz [ȵe:n²]〈名〉铜鼓。天峨《占造銀》：劳未支名銀。Laux mih ciq mwngz

nyenz. 老一辈未置有你铜鼓。

錽[1](鏍) rek [ɣeːk[7]]〈名〉锅头。(见《初》)

錽[2] rep [ɣeːp[7]]〈名〉禾剪。《初》:提錽辥拉粝。Dawz rep bae mbaen haeux. 用禾剪去剪谷穗。

鍤 㐅 saq [θa[5]] ❶〈名〉龙锯;大锯。❷〈动〉锯。《初》:鍤楧,saq maex,锯木头。

鈂 soem [θom[1]]〈形〉尖;锋利。(见㭃)

鋛 㐅 yeiq [jei[5]]〈名〉玉。(见《初》)

銷 㐅 cauq [ɕaːu[5]]〈名〉锅头。(见錝)

鉮(串、碑、鏝、鑽) cuenq [ɕuːn[5]]〈名〉❶ 锥子。《初》:呾针吇罡鉮。Bak cim dingj laeq cuenq. 针口对锥尖(喻针锋相对)。❷ 钻子。《初》:飛鉮,feicuenq,钻子(俗称飞钻)。

鉄(鉇) diet [tiːt[7]]〈名〉铁。《初》:耪鉄,rauq diet,铁耙。

銻 dih [ti[6]]〈名〉锑;镍(币)。《初》:艮銻,ngaenzdih,镍币(俗称锑银、锑仔)。

鋏 gaep [kap[7]]〈名〉铁夹(俗称铁猫)。《初》:提鋏辥捐猵。Dawz gaep bae cang nyaen. 拿着铁夹去装捕野兽。

鋞[1](鋈) gengx [keːŋ[4]]〈名〉小环圈。《初》:鋞闭,gengx dou,门环。| 鋞胎,genghoz,项圈。

鋞[2] ngaenz [ŋan[2]]〈名〉❶ 银;银子。❷ 纸币。❸ 情妹(对女情人的美称)。(见艮[4])

錮 goenh [kon[6]]〈名〉手镯。(见琨)

鋡(釰、鋧) giemq [kiːm[5]]〈名〉剑。(见《初》)

鋧 giemq [kiːm[5]]〈名〉剑。(见鋡)

銿[1] loeng [loŋ[1]]〈形〉错。(见䆍)

銿[2] 㐅 luengz [luːŋ[2]]〈名〉铜。(见《初》)

銿[3] ndongq [ʔdoːŋ[5]] ❶〈形〉火红。❷〈名〉烧红的铁或火炭。❸〈形〉炫目。(见爞[2])

鋂(銇) myaex [mjai[4]]〈名〉锈。《初》:刹乳鋂。Cax hwnj myaex. 刀生锈。

錗 ndaenj [ʔdan[3]]〈动〉❶ 挤。❷ 钻。(见𨫼[2])

鋭 㐅 nyeix [ȵei[4]]〈名〉锥子。(见《初》)

銴 raeh [ɣai[6]]〈形〉❶ 利;锋利。❷(听、视觉)敏锐。(见㓯)

鋻 sep [θeːp[7]]〈名〉钓钩。(见《初》)

鍗 siz [θi[2]]〈名〉钥匙。(见鍉)

鋳(磃、鍁、鏍、䃏、梭) so [θo[1]]〈名〉铁锹。《初》:提鋳辥挖䆛。Dawz so bae vat congh. 拿铁锹去挖坑。

鋔 㐅 van [waːn[1]]〈名〉斧。(见鐏)

錶 㐅 beu [peu[1]]〈名〉梭标。(见《初》)

鈹 boz [po[2]]〈名〉箔;金箔。(见《初》)

鏱(钊) 方 bwn [pɯn¹]〈名〉箭。(见《初》)

錐 cae [ɕai¹]〈名〉犁。武鸣《信歌》:磨咟錐叫针。Muz bak cae guh cim. 磨犁嘴做针(喻有恒心者事竟成)。

錯 方 cak [ɕa:k⁷]〈名〉额。(见㸿²)

鏒(鋟) cam [ɕa:m¹]〈名〉簪子。《初》:㑰鏒揿歪尬。Fagcam naep gwnz gyaeuj. 簪子插头上。

鋟 cam [ɕa:m¹]〈名〉簪子。(见鏒)

錢 cenh [ɕe:n⁶]〈名〉豪猪(俗称箭猪)。(见犴)

鍞(鉨) siz [θi²]〈名〉钥匙。《初》:鍞鎖,sizsoj,钥匙。(方言也读作 ciz)

㓼(鋓) ciz [ɕi²]〈动〉刺;戳;钻。《初》:㓼鑤𡗒。Ciz loem bae. 戳穿它。

鋓¹ ciz [ɕi²]〈动〉刺;戳;钻。(见㓼)

鋓²(鎏) laz [la²]〈名〉锣。《初》:偲鋓倗偲鼓。Aen laz baengh aen gyong. 锣要靠鼓来配。

鋾(釖、銚) dauz [ta:u²] ❶〈名〉锉子。❷〈动〉锉。《初》:鉅鑅歐鋾鋾。Gawq mwt aeu dauz dauz. 锯齿钝了要锉子来锉。

鍩 方 demq [te:m⁵]〈动〉钓。(见㓩)

銸 diet [ti:t⁷]〈名〉铁。(见鍘)

錔 doz [to²]〈名〉秤砣。(见鉈¹)

鉣¹ fag [fa:k⁸]〈量〉把(也常作工具、武器类名词的词头)。(见㑰²)

鉣²(鈸) faz [fa²]〈名〉铁。《初》:佂鉣,canghfaz,铁匠。

鋪 fouj [fou³]〈名〉斧头。(见夯)

鋼 gang [ka:ŋ¹]〈动〉❶撑。❷张挂。❸搭。(见撊)

鍄 giengz [ki:ŋ²]〈名〉锅撑子;铁三角灶(俗称三脚猫)。(见鏹)

錕 goenh [kon⁶]〈名〉手镯。(见琨)

鋼(刮、鉓) gvak [kwa:k⁷] ❶〈名〉锄头。《初》:𡗒犁𤿧扲鋼。Bae reih fwngz gaem gvak. 下地手提锄。❷〈动〉锄。《初》:鋼犁,gvak reih,锄地。

鎏 laz [la²]〈名〉锣。(见鋓²)

鉢(鍙) 方 rimq [ɣim⁵]〈动〉打;锻打。《初》:歐鏮庲鉢𠛁。Aeu gang ma rimq cax. 拿钢来打刀子。

鍙 方 rimq [ɣim⁵]〈动〉打;锻打。(见鉢)

鋘(沺、鉄) 方 saed [θat⁸]〈名〉锯子。(见《初》)

鍁 so [θo¹]〈名〉铁锹。(见鏉)

鍷¹(舍) 方 cax [ɕa⁴]〈名〉钹。(见《初》)

鍷² cax [ɕa⁴]〈名〉刀。(见𠛁)

鎈 cax [ɕa⁴]〈名〉刀。(见𠛁)

鏱(銓) cuenq [ɕu:n⁵]〈动〉穿;钻。(见

《初》)

鉆 ㊉ demq［teːm⁵］〈动〉钓。(见䘺)

鉽 faeg［fak⁸］〈动〉孵。(见𦢊)

鉫 gah［ka⁶］〈动〉问价。(见詁)

鎅 gaiq［kaːi⁵］〈动〉锯;解(木板)。《初》:鎅槅,gaiq benj,锯木板。

鍂 ㊉ gimz［khim²］〈形〉咸。(见鈙)

鈲 gu［ku¹］〈名〉锅;鼎锅。(见鈷)

鍱¹ maeuz［mau²］〈形〉钝。《初》:咟鉀鍱。Bak cuenq maeuz. 锥尖钝。

鍱² ㊉mox［mo⁴］〈名〉锅头。(见《初》)

鑅(鉢) mwt［mɯt⁷］〈形〉钝。《初》:刹花鑅,caxbyaek mwt,钝菜刀。

鈴 naemq［nam⁵］〈形〉❶ 用心;认真。❷ 起劲;热烈;热闹。❸ 实;重。(见黔²)

鐪 seiz［θei²］〈名〉钥匙。(见鐪)

鏧 sieng［θiːŋ¹］〈动〉镶。《初》:鏧斏,sieng faenz,镶牙。

鍓 sip［θip⁷］〈名〉禾镰(与鐮连用)。《初》:鐮鍓,liemzsip,禾镰(刃口有齿)。

鍬 siuq［θiːu⁵］〈动〉凿。(见锈)

鍘(鑿) ㊉ soeg［θok⁸］〈动〉戳;刺。《初》:鉎丁鍘衤盯。Dietding soeg laj din. 铁钉戳中脚板。(即 coeg)

鑿 ㊉ soeg［θok⁸］〈动〉戳;刺。(见鍘)

鐍(鋺、弯) ㊉van［waːn¹］〈名〉斧。(见《初》)

鉮 ㊉ saemz［θam²］〈动〉❶ 斜切(切得很快很细)。❷ 剁。(见剘)

鉼(硣、垰) ㊉ liuh［liːu⁶］〈名〉锤子。《初》:鉼鉎兀渠磧。Liuhdiet ndei dok rin。铁锤好打石头。

鏌(莫) ㊉mag［maːk⁸］〈量〉把。《初》:鏌狖刁,mag geuz ndeu,一把剪刀。

鐺 ㊉ ndangj［ʔdaːŋ³］〈形〉坚硬。(见硠)

鑢 ㊉ nengh［neːŋ⁶］〈名〉耳环;耳坠。《初》:耳鑢,rwznengh,耳环。

鎍 ㊉soq［θo⁵］❶〈名〉锯子。❷〈动〉锯。《初》:鎍斉𠀀槅。Soq faex guh benj. 锯木头做板子。

鉗(钳、忠) caemj［ɕam³］〈动〉蘸。《初》:䏲白坩鉗砧。Noh begbien caemj gyu. 白切肉蘸盐。

鏨 camx［ɕaːm⁴］〈动〉❶ 扎;刺。上林《达妍与勒驾》:甲榅鏨,gyaz oen camx,被刺丛扎。❷ 凿;雕;刻。《初》:鏨石砙,camx sigbei,刻石碑。

鏸 cuiz［ɕuːi²］〈名〉锤子;槌子。(见锤)

鑨(强、强、鋑) giengz［kiːŋ²］〈名〉锅撑子;铁三角灶(俗称三脚猫)。《初》:𢫔鈷丕歪鑨。Cuengq gu youq gwnz giengz. 把锅架在铁三角灶上。

鏮(嘱、康、岡) gang［kaːŋ¹］〈名〉钢。《初》:刹鏮,caxgang,钢刀。

鐖(鐨)方 guek［ku:k⁷］❶〈名〉锄头。❷〈动〉锄。《初》:提鐖𡊨鐖埔。Dawz guek bae guek namh. 拿锄头去锄土。

鐨 方 guek［ku:k⁷］❶〈名〉锄头。❷〈动〉锄。(见鐖)

鎖 suj［θu³］〈名〉手帕(与帊连用)。(见㡌)

鑍(鐨、銗) hang［ha:ŋ¹］〈名〉生铁。《初》:鑍鞋,hangcae,生铁铸的犁铧。

鏴 mid［mit⁸］〈名〉匕首;尖刀。(见剠¹)

鐃 方 naex［nai⁴］〈名〉锈。(见鉨)

鐃 方 cauq［ça:u⁵］〈名〉锅头。(见鉀)

鑼 so［θo¹］〈名〉铁锹。(见鎍)

鍉(捎、煶) diz［ti²］〈动〉锻造;打炼(铁器)。《初》:鍉鋜,diz goenh,锻造手镯。

鐔 gumz［kum²］❶〈名〉凹处;小坑;洼地。❷〈名〉墓穴。❸〈形〉凹;凹状的。(见凼)

鐨 hang［ha:ŋ¹］〈名〉生铁。(见鑍)

鐯 方 hiq［hi⁵］〈名〉唢呐(与响连用)。《初》:响鐯,yienghiq,唢呐。

鐀(吙、扒、杁、六) loek［lok⁷］❶〈形〉错。《初》:介踿鐀坤。Gaej byaij loek roen. 莫走错路。❷〈名〉错;差错。

鐶 rek［ɣe:k⁷］〈名〉锅头。(见鉚¹)

鐕 方 saemz［θam²］〈动〉❶斜切(切得很快很细)。❷剁。(见剹)

鐿(鐪、釞) seiz［θei²］〈名〉钥匙。《初》:双偻兀廪锁添鐿。Song raeuz ndei lumj suj dem seiz. 咱俩好得像锁和钥匙。

鐬 siuq［θi:u⁵］〈动〉凿。(见硚)

鐴 bag［pa:k⁸］〈动〉劈。(见剝)

鏫 方 lumh［lum⁶］〈名〉税。《初》:艮鏫,ngaenz lumh,税款。

鐏 cuenq［çu:n⁵］〈名〉❶锥子。❷钻子。(见鉀)

鑑 gaem［kam¹］〈动〉掌;掌管;掌握。金城江《覃氏族源古歌》:他鑑卬晉榜。De gaem yinq guenj biengz. 他掌大印管天下。

鑮 gvej［kwe³］〈动〉割。(见劊)

鑶 rim［ɣim¹］〈动〉满。(见阚³)

鑸 leij［lei³］〈名〉铜板;铜圆(俗称铜仙)。(见锞)

鑽 cuenq［çu:n⁵］〈名〉❶锥子。❷钻子。(见鉀)

针¹ caem［çam¹］〈动〉沉;沉没;下沉。(见冗¹)

针² cim［çim¹］〈动〉看。马山《欢叹父母》:卜针淰大龙。Boh cim raemxda roengz. 父亲看着眼泪落。

钏 conh［ço:n⁶］〈名〉镯;手镯。《粤风》:妹要取手钏。Nuengx yaek aeu coujconh. 妹想要手镯。

钹 fag [fa:k⁸]〈量〉把(也常作工具、武器类名词的词头)。(见㑤²)

钳 gamj [ka:m³]〈名〉岩洞。(见嵌)

铃¹ 历 gim [kim¹]〈名〉金子;金钱。上林《赶圩歌》:撒㘴十刄铃。Cuengq bae cib liengx gim. 投放十两金子。

铃² lingz [liŋ²]〈名〉铃。马山《二十四孝欢》:介八闹鼓铃。Gaejbah nauh gyong lingz. 暂时不要敲响鼓铃。

钾 gvak [kwa:k⁷]〈名〉锄头。田阳《布洛陀遗本》:十補十發钾。Cib boux cib fag gvak. 十人十把锄。

钦 hamh [ha:m⁶]〈名〉坛。都安《三界老爺唱》:肚癿又闹钦氿媪。Daengz ranz youh hai hamh laeuj mbwk. 到家又开大坛酒。

铬 guek [ku:k⁷]〈名〉锄头;丁锄。宾阳《催春》:把铬,fagguek,锄头。

鉗 caemj [çam³]〈动〉蘸。(见鍖)

锂 历 mbaiz [ʔba:i²]〈名〉锄头。(见砺)

银 ngaenz [ŋan²]〈名〉情哥;情郎。宜州《龙女与汉鹏》:氓问地嘢古吗银? Mwngz haemq dieg youq gou maz ngaenz? 阿哥问我住地吗?

锐 ruih [ɣu:i⁶]〈动〉下。宜州《龙女与汉鹏》:锐达呗节仍。Ruih dah bae ciet saeng. 下河边去扳罾。

锦 gaem [kam¹]〈动〉抓;拿;持;握;握住;掌握。(见拎¹)

锟 goenh [kon⁶]〈名〉手镯。马山《完筆字信》:对锟皮送,doiq goenh beix soengq,哥哥送的一对手镯。

锴 cae [çai¹]〈动〉犁。平果《信歌》:䎤犁曾㧡锴。Naz reih caengz ndaej cae. 田地尚未犁。

镙(鑘) leij [lei³]〈名〉铜板;铜圆(俗称铜仙)。(见《初》)

飠(饣)部

食¹ gwn [kɯn¹]〈动〉吃。田阳《布洛陀遗本》:穷鲜食糈粉。Gungz gaej gwn haeuxfaen. 穷莫吃稻种。

食² siek [θɯ:k⁷]〈动〉祭;祭祀。马山《丹亡》:㨖香食畐亡。Dwk yieng siek duzmuengz. 上香祭亡灵。

飢 ceiz [çei²]〈名〉糍粑。(见粴)

飲 ndoet [ʔdot⁷]〈动〉喝;饮;吸;嘬;吮。(见飽)

飷 yet [je:t⁷]〈动〉享用。马山《为人子者》:眉鲃眉㸙煮各飷。Miz bya miz noh cawj gag yet. 有鱼有肉煮了就独自享用。

飳 ciengx [çi:ŋ⁴]〈动〉❶ 养;供养;抚养。❷ 牧;放牧。(见敾)

飾 gwn [kɯn¹]〈动〉❶ 吃;喝;吮。❷ 抽;吸。❸ 维生;谋生。❹ 享受;享用。❺ 继承。❻ 克。❼ 坑害。❽ 承担;承受。❾ 费;耗费。(见吽)

飵(䂪、埅、飲、㧞、嗓、埧) ndoet [ʔdot[7]]〈动〉喝;饮;吸;嘬;吮。《初》:飵氿,ndoet laeuj,喝酒。

飲(約、饮、肑、都、总、哟) iek [ʔi:k[7]]〈形〉饿。《初》:胨飲。Dungx iek. 肚子饿。|马山《起书嚏特豆》:角飲險貧伩。Gak iek yiemj baenz muengz. 挨饿险些成亡灵。

飦(吓、各、飦、掗、饵、俄、㮤、嗄、椏、鍾、猚、雅、牙、粫) ngah [ŋa[6]] ❶〈形〉馋。《初》:飦迪澊約洌。Ngah dwk myaiz yaek rih. 嘴馋得口水快要流出来。❷〈动〉爱好;喜欢。《初》:兄否飦。Gou mbouj ngah. 我不喜欢。

飪 ngah [ŋa[6]] ❶〈形〉馋。❷〈动〉爱好;喜欢。(见飦)

飷 方 seh [θe[6]]〈动〉呷食(鸭子在浅水里觅吃虫类或谷物)。(见《初》)

飩(屯、吨、顿、断、短、端、嘶、飩) donq [to:n[5]]〈量〉餐。《初》:眃吽三飩糀。Ngoenz gwn sam donq haeux. 一日吃三餐饭。

飪(粁、飰、饍、閹、喰、喑、肚) imq [ʔim[5]]〈形〉饱。《初》:吽飪否漕? Gwn imq mbouj caengz? 吃饱了没有?

飰 imq [ʔim[5]]〈形〉饱。(见飪)

飵(飤) sim [θim[1]]〈名〉馅。《初》:歐䏦㘭飵粽。Aeu noh guh sim faengx. 用肉做粽子馅。

飤 sim [θim[1]]〈名〉馅。(见飵)

餅(粫、餂、飳) bingj [piŋ[3]]〈名〉饼。《初》:餅焹,bingj gangq,烤饼(也指月饼)。

飴(呫) 方 can [ɕa:n[1]]〈量〉餐;顿。《初》:眃吽三飴。Ngoenz gwn sam can. 一天吃三顿饭。

餇 方 caux [ɕa:u[4]]〈名〉粥;稀饭。《初》:餇廖,cauxliu,稀饭。|啌餇,gin caux,吃粥。

飹 方 ciz [ɕi[2]]〈名〉糍粑。(见粎)

飲 方 lingz [liŋ[2]]〈名〉午饭;晌午饭。(见柃)

飫 lw [lɯ[1]]〈动〉余;剩余;盈余。(见黎)

餂 ndwq [ʔdɯ[5]]〈名〉酒糟。(见醏)

餀 ngaiz [ŋa:i[2]]〈名〉饭;早饭。(见餜)

餉 ciengx [ɕi:ŋ[4]]〈动〉❶养;供养;抚养。❷牧;放牧。(见歠)

餇(咣、供、挄、哐、坤) gueng [ku:ŋ[1]]〈动〉喂(牲畜)。《初》:餇猉,gueng mou,喂猪。

餂 gyan [kja:n[1]]〈动〉❶吞(不嚼或不细嚼而整个地或整块地吞下)。❷吞没;侵吞。❸堆叠;套;合拢。(见餇)

蝕 sied [θi:t[8]]〈动〉❶下降。❷消耗。❸消退(肿胀)。❹蚀;亏。(见泆)

餂 方 sueb [θu:p[8]]〈动〉(水位)下降;(容量)减少。(见《初》)

餛 cup [ɕup[7]]〈动〉❶吻。❷吸。(见咀)

餸 donq [toːn⁵]〈名〉饭餐;饭食。马山《信歌》:斋餸,cai donq,不吃饭食。

䬿 gangq [kaːŋ⁵]〈动〉烘;烤。(见抗)

䭡 历 gw [kɯ¹]〈动〉吃。(见咣¹)

餠 gwn [kɯn¹]〈动〉吃。田阳《布洛陀遗本》:扢餠,geb gwn,夹着吃。

餇(䬪、䬨、䭓、嘾、䬾、䬯、䬼、䬵、䬺、洍、囙) gyan [kjaːn¹]〈动〉❶吞(不嚼或未经细嚼而整个地或整块地吞下)。《初》:餇吽,gyan gwn,囫囵吞食。|徒蛖餇 昍晅。Duzbangq gyan daengngoenz. 日蚀;天狗吞日。❷吞没;侵吞。❸堆叠;套;合拢。《初》:双偻胋任餇。Song raeuz sim doxgyan. 咱俩心心相印。

餘 lw [lɯ¹]〈动〉余;剩余;盈余。(见䊳)

餓 ngah [ŋa⁶]〈动〉爱。马山《起书嚏特豆》:餓累奷訆咲。Ngah ndij yah gangj riu. 爱与妻子开玩笑。

餶 ngah [ŋa⁶]❶〈形〉馋。❷〈动〉爱好;喜欢。(见飠)

餜(粡、䊍、吰、呆、䬲、粆、碍、粿、䊊、餧、餱、䭉、粚、埃、挨、馊) ngaiz [ŋaːi²]〈名〉饭;早饭。《初》:吽餜,gwn ngaiz,吃早饭。

餱 ngaiz [ŋaːi²]〈名〉饭;早饭。(见餜)

餧 历 nuix [nuːi⁴]〈量〉些。(见《初》)

餕 ringz [ɣiŋ²]〈名〉晌午饭。马山《抄崮歌》:煑餕,cawj ringz,煮晌午饭。(见粮)

餕 ringz [ɣiŋ²]〈名〉晌午饭。(见粮)

餠 bingj [piŋ³]〈名〉饼。(见餠)

餔(䭏、粡、粱) boemz [pom²]〈形〉烂(饭)。《初》:灶餜餔。Cawj ngaiz boemz. 煮烂饭。

餤 历 byaeuz [pjau²]〈名〉晚饭。《初》:吽餤,gwn byaeuz,吃晚饭。

餚 ciengx [ɕiːŋ⁴]〈动〉❶养;供养;抚养。❷牧;放牧。(见敹)

餵 历 daz [tha⁴]〈动〉节俭。《初》:唑餵,gin daz,吃得节俭。

餜 go [ko¹]〈动〉凑份子聚餐(俗称打平伙)。(见饇)

餛(埧、棋) 历 gw [kɯ¹]〈名〉盐。

餗(沁) 历 sumx [θum⁴]〈形〉酸。(见《初》)

餡 bingj [piŋ³]〈名〉饼。(见餠)

敹(飤、餇、伩、弌、餚、掘) ciengx [ɕiːŋ⁴]〈动〉❶养;供养;抚养。《初》:敹孙,ciengx lwg,抚养孩子。❷牧;放牧。《初》:敹怀,ciengx vaiz,养牛;牧牛。

餢 ceiz [ɕei²]〈名〉糍粑。(见糦)

餢 imq [ʔim⁵]〈形〉饱。(见飪)

餇 gyan [kjaːn¹]〈动〉❶吞(不嚼或未经细嚼而整个地或整块地吞下)。❷吞没;侵吞。❸堆叠;套;合拢。(见餇)

餱¹ ai [ʔaːi¹]〈名〉嗉囊。(见䰄)

馊^{2} ngaiz［$ŋaːi^{2}$］〈名〉饭;早饭。(见餜)

饗 fag［$faːk^{8}$］〈形〉饱满(一般指农作物的颗粒)。(见耷)

饚 mbot［$ʔboːt^{7}$］〈形〉饱满;凸起;隆起。《初》:眦饚,da'mbot,暴眼。

餱 ngaiz［$ŋaːi^{2}$］〈名〉饭;早饭。(见餜)

餶(哥、餜、㐅、㕽) go［ko^{1}］〈动〉凑份子聚餐(俗称打平伙)。《初》:紋乃呰饪餶。Rib cienz bae doxgo. 凑钱聚餐。

餩 lauq［$laːu^{5}$］〈动〉❶遗漏;缺;空缺。《初》:捡粝餩閟畓。Gip haeux lauq ndaw naz. 捡遗漏在田里的谷穗。❷虚度。马山《达稳之歌》:否餩朝,mbouj lauq ciuh,不虚度人生。

饃 mok［$moːk^{7}$］〈名〉潲。(见粸^{1})

饍 boemz［pom^{2}］〈形〉烂(饭)。(见餰)

饚(哱) bwnq［$pɯn^{5}$］〈动〉喂(指不能自己吃而要别人喂的)。《初》:饚孙殖,bwnq lwgnyez,喂小孩。

饊 donq［$toːn^{5}$］❶〈名〉饭餐。马山《苦歌》:不眉粝叫饊,mbouj miz haeux guh donq,无米当饭餐。❷〈名〉饭餐时间。马山《苦歌》:孙肛饊就咻。Lwg daengz donq couh daej. 孩子到饭餐时间就哭闹。❸〈量〉餐;顿。马山《抄畄歌》:吨饊囉饊,gwn donq ra donq,吃了一餐找一餐。

饌^{1} can［$ɕaːn^{1}$］〈名〉一阵子;一下子。(见皠)

饌^{2} canh［$ɕaːn^{6}$］〈动〉赚。(见武鸣《张》)

饐 donq［$toːn^{5}$］〈量〉餐。(见飩)

饰 gwn［$kɯn^{1}$］〈动〉吃。忻城《传家宝》:断饰断布饰,donq gwn donq mbouj gwn,一餐吃一餐不吃。

饵 ngah［$ŋa^{6}$］❶〈形〉馋。❷〈动〉爱好;喜欢。(见飠)

饲 caeuz［$ɕau^{2}$］〈名〉晚饭。(见粃)

饹 iek［$ʔiːk^{7}$］〈形〉饿。(见飦)

馆^{1} goenq［kon^{5}］〈名〉树蔸;树桩。(见栝^{3})

馆^{2} guenq［$kuːn^{5}$］〈动〉灌。(见潰)

鱼(魚)部

鱼 mbwq［$ʔbɯ^{5}$］〈形〉烦闷;厌烦;无聊。马山《信歌》:悲叫垐各鱼。Bae guh hong gag mbwq. 干活独自生厌烦。

鲃 bya［pja^{1}］〈名〉鱼。马山《叹亡》:眉图鲃皆脔,miz duz bya gaiq noh,有一些鱼和肉。

鲈 loz［lo^{2}］〈名〉鳙(也叫花鲢、胖头鱼、大头鱼,是淡水养殖的重要鱼类)。(见鱸)

鲁^{1} loh［lo^{6}］〈语〉了;啦。马山《欢叹母》:批分佲鲁,bae faenh mwngz loh,你竟自去了。

鲁^{2} 方 luz［lu^{2}］〈动〉掉;掉落。田东《闹涽懐一科》:懐鲁落。Vaiz luz lak. 牛掉下

崖壁。

鲁³ rox [ɣo⁴]〈动〉懂;会;知道;明白。马山《为人子者》:鲁数,rox soq,知礼数。|不鲁伦,mbouj rox lumz,不会忘记。(见噜²)

鲁⁴ rox [ɣo⁴]〈连〉或;或者。马山《信歌》:迪事鲁迪司,该垦嘀悲陋。Dwg saeh rox dwg sae, gai naz ndei bae rouh. 遭事或者惹官非,就卖好田去赎回。

鲍 caek [çak⁷]〈名〉鲫。武鸣《张》:鲃鲍,byacaek,鲫鱼。

鲃¹ bya [pja¹]〈名〉鱼。马山《二十四孝欢》:姆勺呻鲃鲤。Meh yaek gwn byaleix. 母亲要吃鲤鱼。

鲃² 方 gya [kja¹]〈名〉山。田东《闹涽懷一科》:变貧零灰鲃。Bienqbaenz lingz gyai gya. 变成山顶的猴子。(即 bya)

鲠 gangj [ka:ŋ³]〈名〉鱼刺。(见鲠)

鲮 lingz [liŋ²]〈名〉鲮。马山《偻齐架桥铁》:岜鲮冗涞。Byalingz roengz raiq. 鲮鱼下滩。

鲿 gaq [ka⁵]〈名〉鳜。武鸣《张》:鲃鲿,byagaq,鳜鱼。

鲋(鲍) bop [po:p⁷]〈名〉 鳔。《初》:鲋鲃,bop bya,鱼鳔。

魞¹ 方 ba [pa¹]〈名〉鳖(俗称甲鱼、团鱼或水鱼,也称王八)。(见鳪)

魞² bya [pja¹]〈名〉鱼。(见鲃)

魠 方 ca [ça¹]〈名〉鱼。(见鲊)

鲩(鰀) vanx [wa:n⁴]〈名〉鲩。《初》:鲃鲩,byavanx,鲩鱼;草鱼。

鲃(鲃、鳪、㟧、魞、蚆、汜) bya [pja¹]〈名〉 鱼。《初》:壇 宪 㪲 鲃 夯。Daemz gvangq ciengx bya hung. 宽塘养大鱼。

鳪 bya [pja¹]〈名〉鱼。(见鲃)

魶(鲱、𫚕、魤、魮、鮅、鲜、鲞、魭、鳪) fw [fɯ¹]〈名〉鳖(俗称甲鱼、团鱼或水鱼,也称王八)。(见《初》)

魤 fw [fɯ¹]〈名〉鳖(俗称甲鱼、团鱼或水鱼,也称王八)。(见魶)

魭 fw [fɯ¹]〈名〉鳖(俗称甲鱼、团鱼或水鱼,也称王八)。(见魶)

魜¹ 方 loek [lok⁷]〈名〉白鳞鱼。《初》:鲃魜,byaloek,白鳞鱼。

魜² ndoek [ʔdok⁷]〈名〉胡鲶;胡子鲶(俗称塘角鱼。)(见鳓)。

鲁¹ loh [lo⁶]〈语〉了;啦。(见啰⁴)

鲁² lox [lo⁴]〈名〉雾(与霿连用)。(见露³)

鲁³ lox [lo⁴]〈动〉❶ 哄;诱骗(用花言巧语骗人)。❷ 搀扶。(见摞)

鲁⁴ 方 lu [lu¹]〈动〉流。(见潞¹)

鲁⁵ luj [lu³]〈动〉像;似。(见僧)

鲁⁶ rox [ɣo⁴]❶〈动〉懂;会;认识;晓得。❷〈连〉或;或者;还是。(见蟾)

魶 㓚 ndoiq［ʔdoi⁵］〈名〉斗鱼。（见𩵼）

鈕（鈄）nouq［nou⁵］〈名〉泥鳅。《初》：𩵽鈕丕閙堋。Byanouq youq ndaw boengz. 泥鳅钻在烂泥里。

鈄 nouq［nou⁵］〈名〉泥鳅。（见鈕）

鮑¹ baeu［pau¹］〈名〉螃蟹。（见蚌）

鮑² bop［po:p⁷］〈名〉鳔。（见魞）

鯆 baeu［pau¹］〈名〉螃蟹。（见蚌）

鮍 bya［pja¹］〈名〉鱼。宜州《龙女与汉鹏》：古呗节鮍佚之喔。Gou bae ciet bya de cih ok. 我去捕鱼她就出来。

鮓（魠、虴）㓚 ca［ɕa¹］〈名〉鱼。（见《初》，即 bya）

鮅 fw［fɯ¹］〈名〉鳖（俗称甲鱼、团鱼或水鱼，也称王八）。（见鲂）

鯡 fw［fɯ¹］〈名〉鳖（俗称甲鱼、团鱼或水鱼，也称王八）。（见鲂）

鮔 gvej［kwe³］〈名〉泽蛙（俗称蚂蜗）。（见蜗）

鮃 gyaep［kjap⁷］〈名〉鳞。《初》：鮃𩵽，gyaep bya，鱼鳞。

鮚（澈）haux［ha:u⁴］〈名〉鲇。《初》：𩵽鮚，byahaux，鲇鱼（头大而扁，有须，无鳞，体有黏液）。

鮣 inj［ʔin³］〈名〉鲇。《初》：𩵽鮣，byainj，鲇鱼。

鮂 leix［lei⁴］〈名〉鲤。《初》：吽𩵽鮂朘亘。Naeuz byaleix bienq lungz. 传说鲤鱼能变龙。

鮤 ndeiq［ʔdei⁵］〈名〉斗鱼（俗称蝶鱼、菩萨鱼，体小鳞细而韧，鳞有花纹，可供观赏）。《初》：𩵽鮤，bya'ndeiq，斗鱼。

𩵼（魶）㓚 ndoiq［ʔdoi⁵］〈名〉斗鱼。《初》：𩵽𩵼，bya'ndoiq，斗鱼。（见鮤）

鮍 fw［fɯ¹］〈名〉鳖（俗称甲鱼、团鱼或水鱼，也称王八）。（见鲂）

鮩 fw［fɯ¹］〈名〉鳖（俗称甲鱼、团鱼或水鱼，也称王八）。（见鲂）

鮮 gungq［kuŋ⁵］〈名〉虾。武鸣《信歌》：徒鮮，duzgungq，虾子。（见蚣¹）

鮷 lat［la:t⁷］〈名〉大刺鳅。（见鯻）

鮤 let［le:t⁷］〈名〉小刺鳅。《初》：𩵽鮤，byalet，小刺鳅。

鯛 muengx［mu:ŋ⁴］〈名〉网。（见紘）

鮵 㓚 sien［θi:n¹］〈形〉鲜。（见𩶈）

鮁 㓚 ba［pa¹］〈名〉鳖（俗称甲鱼、团鱼或水鱼，也称王八）。（见𪚥）

鮑 bya［pja¹］〈名〉鱼。（见𩵽）

鯏（贝）㓚 byaex［pjai⁴］〈名〉鲤。《初》：𩵽鯏，bya'byaex，鲤鱼。

蹠 fw［fɯ¹］〈名〉鳖（俗称甲鱼、团鱼或水鱼，也称王八）。（见鲂）

鯁（鯁、骾、骸）gangj［ka:ŋ³］〈名〉鱼刺。《初》：鯁𩵽，gangj bya，鱼刺。

鮠 gvi［kwi^{1}］〈名〉乌龟。(见《初》)

鮪(魧、鮹) ndoek［ʔdok^{7}］〈名〉胡鲶；胡子鲶(俗称塘角鱼)。《初》：鲃鮪尬眉魶。Bya'ndoek gyaeuj miz gaeu. 胡鲶头长角(有硬骨刺)。

鯪(零、鯵) lingz［liŋ^{2}］〈名〉鲮。《初》：鲃鯪，byalingz，鲮鱼。

鰻(沈、浸、揺、鰻) yaemz［jam^{2}］〈动〉下夜罾(夜间捕鱼的一种方法，把罾悄悄放入水中，待鱼入网后再慢慢提起来)。《初》：歐繒𡎺鰻鲃。Aeu saeng bae yaemz bya. 去下夜罾捕鱼。

鯕 fw［fɯ^{1}］〈名〉鳖(俗称甲鱼、团鱼或水鱼，也称王八)。(见魶)

鯕(逑) geiz［kei^{2}］〈名〉鳍。《初》：鯕鲃，geiz bya，鱼鳍。

鮑 方 gyuj［kju^{3}］〈动〉缠；缠绕；包。《初》：歪尬鮑幪吧。Gwnz gyaeuj gyuj sujbaq. 头上包着毛巾。

鯠 raiz［ɣaːi^{2}］〈名〉乌鳢(俗称乌鱼、花鱼、黑鱼、斑鱼)。《初》：鲃鯠各吽𠯿。Byaraiz gag gwn lwg. 乌鳢吃自己的小鱼仔。

鲫 caek［ɕak^{7}］〈名〉鲫。《初》：鲃鲫炷淰筤。Byacaek cawj raemxrangz. 鲫鱼煮酸笋水。

鯷 方 ci［ɕi^{1}］〈名〉泥鳅。《初》：鲃鯷，byaci，泥鳅。

鯑 daez［tai^{2}］〈名〉白甲鱼。《初》：鲃鯑，byadaez，白甲鱼(淡水鱼，状似鲮鱼，但比鲮鱼小，背部青黑色，善跳跃)。

鯻(鯚) lat［laːt^{7}］〈名〉大刺鳅。《初》：鲃鯻，byalat，大刺鳅(俗称辣锤鱼、腊锥鱼。背鳍如锯齿，身圆而长，头部尖，灰褐色，体形如鳗鱼)。

鮹 ndoek［ʔdok^{7}］〈名〉胡鲶；胡子鲶(俗称塘角鱼)。(见鮪)

鮚(鰭) ruj［ɣu^{3}］〈拟〉哗啦；呼啦。《初》：奔𣿅垯鮚要。Faex lak doemq rujcaj. 树倒下来哗啦地响。

鯵 sou［θou^{1}］〈名〉蟾蜍；癞蛤蟆。(见鯗)

鰻 yaemz［jam^{2}］〈动〉下夜罾。(见鰻)

鰩^{1} 方 nyiuz［ȵiːu^{2}］〈名〉小虾。(见鱙^{2})

鰩^{2} yiuz［jiːu^{2}］〈名〉小虾。(见《初》，即 nyauh)

鰤 saez［θai^{2}］〈名〉鱼筌(喇叭形的)。(见箸)

鰿 方 coeg［ɕok^{8}］〈名〉倒刺鲃(俗称青竹鲤)。《初》：鲊鰿，cacoeg，倒刺鲃。(即 bya'byoeg)

鰃 vanx［waːn^{4}］〈名〉鲩。(见鲩)

鰋 方 hwk［hɯt^{7}］〈名〉鳃。《初》：鰋鲃，hwk bya，鱼鳃。

鱃 lae［lai^{1}］〈名〉黄鳝。(见鯬)

鱗 linh［lin^{6}］〈名〉穿山甲。(见獜)

鱙^{1} nyauh［ȵaːu^{6}］〈名〉小虾。(见蚃)

鱙^{2}(蟡、鰩) 方 nyiuz［ȵiːu^{2}］〈名〉小

虾。(见《初》,即 nyauh)

鰫 ruj [ɣu³]〈拟〉哗啦;呼啦。(见䲅)

鯪 lingz [liŋ²]〈名〉鲮。(见鯥)

鯬(鯠) lae [lai¹]〈名〉黄鳝。《初》:鲃鯬,byalae,黄鳝。

鱸(鲈) loz [lo²] 鳙(也叫花鲢、胖头鱼、大头鱼,是淡水养殖的重要鱼类)。《初》:鲃鱸尬傪奋。Byaloz gyaeuj de hung. 鳙鱼鱼头大。

革 部

勒¹ gvaeg[kwak⁸]〈动〉环抱;围;包围。《初》:四町壄岜勒。Seiq din singz bya gvaeg. 城墙的四周群山环抱。

勒² laeg [lak⁸]〈形〉❶ 深。东兰《莫卡盖用》:㖭淋勒, youq raemx laeg,在水深处。| 马山《皮里患鲁不》:畓鲃閄勒, duzbya ndaw laeg,深水中的鱼。| 马山《欢连情》:用情勒, yungh cingz laeg,用情深。❷ 深奥;深刻。马山《交友》:皮迪伝鲁字,訨話道理勒。Beix dwg vunz rox saw, gangjvah dauhleix laeg. 哥是知书人,说话道理深。

勒³ laeg [lak⁸]〈动〉❶ 勒(紧)。《初》:胟飲勒䙊袘。Dungx iek laeg saivaq. 饿了勒裤带。❷ 勒索。《初》:猘勒艮。Caeg laeg ngaenz. 强盗勒索钱财。❸ 扣押;扣留。马山《征粮歌》:勒爹三畓猓。Laeg de sam duz mou. 扣押他三头猪。❹ 挽留。马山《哭姐歌》:其你勒不礼。Gizneix laeg mbouj ndaej. 此处挽留不住[姐姐]。

勒⁴(叻) 历 laeg [lak⁸]❶〈动〉偷;窃。田阳《布洛陀遗本》:奺来配勒布。Yah laih bawx laeg baengz. 婆婆诬赖媳妇偷布。❷〈名〉小偷;小贼。凤山《赶圩歌》:扲䏎双徒勒。Gaemh ndaej song duz laeg. 抓到两个小偷。❸〈副〉偷偷;悄悄(与煉连用)。田阳《布洛陀遗本》:勒煉洗水眼, laeglemx uet raemxda,[媳妇]偷偷抹眼泪。

勒⁵ laeg [lak⁸]〈副〉莫;别;不要。《初》:倣勒呢栘。Sou laeg cuk lai. 你们不要太吵闹。| 马山《二十四孝欢》:的旇介勒閙。Dwgrengz gaejlaeg nauh. 辛苦莫埋怨。| 马山《偻齐架桥铁》:读不叮勒骂。Doeg mbouj deng laeg ndaq. 读不对莫骂。

勒⁶ 历 laeg [lak⁸]〈副〉大约;大概(与嗛连用)。(见嘞³)

勒⁷ lawz [lauɯ²]〈代〉哪;何;哪样。(见哷²)

勒⁸ lieb [li:p⁸]〈动〉破(篾)。(见㔭¹)

勒⁹ lw [lɯ¹]〈动〉余;剩余;盈余。(见黎)

勒¹⁰ lwg [lɯk⁸]❶〈名〉子女;孩子。❷〈名〉崽;仔(用在某些名词后面表示小的意思)。❸〈名〉果;籽实(与名词连用,多用于表示果子等)。❹〈缀〉子。❺〈量〉捆。❻〈量〉个;只(可视情况灵活对译)。(见劧)

勒¹¹ raeg[ɣak⁸]〈形〉绝;灭绝。(见㔾)

勒¹² 历 raeg [ɣak⁸]〈副〉偷偷;暗自。宜州《廖碑》:恨㕥吞勒阿。Hwnz ndij ngoenz raeg oq. 夜与日暗思。(即 caeg)

勒^{13} vek［we:k^{7}］〈动〉❶ 碰触。❷ 凑巧。❸ 对路。(见洅)

靬 gwed［kɯ:t^{8}］❶〈动〉扛。❷〈量〉捆。(见撓)

靰 bien［pi:n^{1}］〈名〉边；边缘；岸边。上林《赶圩歌》：蹃盯肛靰潭。Yamq din daengz bien daemz. 迈步到塘边。

靪 历 ga［ka^{1}］〈量〉❶ 只(用于鞋、袜)。《初》：靪鞍刁，ga haiz ndeu，一只鞋。❷ 根(筷子)。《初》：靪籚刁，ga dawh ndeu，一根筷子。

鞏 gyong［kjo:ŋ^{1}］〈名〉鼓。(见鼓)

鞆 rag［ɣa:k^{8}］〈形〉聒噪；吵闹(与梯连用)。马山《抄岀歌》：鞆梯众皮往。Ragraeh gyoengq beixnuengx. 聒噪众兄弟。

鞏 gyong［kjo:ŋ^{1}］〈名〉鼓。(见鼓)

鞍(鞋、核、絃、鞴、裲) haiz［ha:i^{2}］〈名〉鞋。《初》：鞍裲，haiz baengz，布鞋。

鞴 haiz［ha:i^{2}］〈名〉鞋。(见鞍)

鞔^{1} hak［ha:k^{7}］〈名〉❶ 核；仁。《初》：鞔碟，hak mak，果核；果仁。❷(蛋)黄。《初》：鞮鞔，gyaeqhak，蛋黄。

鞔^{2} 历 hak［ha:k^{7}］〈形〉确切；清楚。(见赫)

鞑 ge［ke^{1}］〈动〉拖。(见鑉)

鞣 laeg［lak^{8}］〈形〉深。(见瀄^{1})

勤 lek［le:k^{7}］〈形〉❶ 能干；有本领。《初》：劧内实勤啰。Lwg neix saed lek loh. 这小伙子真能干。❷ 厉害。《初》：佀劧𥈭内勤移。Gij lwgmanh neix lek lai. 这些辣椒辣得厉害。

鞋(睇) 历 yaiz［ja:i^{2}］〈名〉鞋。《初》：鞋裲，yaiz baengz，布鞋。(即 haiz)

黎(賖、賒、偲、緦、飫、餘、瀘、勒、嘞) lw［lɯ^{1}］〈动〉余；剩余；盈余。《初》：㝵黎廸貧奴。Noh lw dwk baenz raeuh. 剩下很多肉。

鞔 ndwet［ʔdɯ:t^{7}］❶〈动〉嘈；嘈杂；喧哗；吵闹。❷〈形〉妖冶；风流；轻浮(指女人)。❸〈形〉喜欢；高兴。(见䟷)

鞻 历 gywj［kjɯ^{3}］〈形〉累。《初》：踫廸鞻移。Byaij dwk gywj lai. 走得很累。

面(靣)部

面 mienh［mi:n^{6}］❶〈名〉小麦；面(粉、条)。❷〈名〉面具。《初》：樏面，moegmienh，木面具(师公用的)。❸〈副〉一边；一面。《初》：面嗹面𥻘。Mienh gangj mienh riu. 一面讲一面笑。

靤 naj［na^{3}］〈名〉❶ 面孔；脸。武鸣《信歌》：眉心对靤話。Miz sim doiqnaj vah. 有心就对面说话。❷ 面子。(见䪼)

靦 历 bamq［pa:m^{5}］〈动〉❶ 伏；趴。❷ 埋伏。(见俔)

𩈾 历 maed［mat^{8}］〈动〉诅咒；念咒(僧道施法驱鬼时念口诀)。(见《初》)

靤 naj［na^{3}］〈名〉❶ 脸；面孔。❷ 面子。(见䪼)

𩈘(靣、𩈗、䩂、䩄、䩃、䩅、𩈓、䩆、靤、𩈑、那、䩁) naj［na³］〈名〉❶ 脸;面孔。《初》:湿𩈘,swiq naj,洗脸。|马山《欢叹父母》:卜𩈘荣才才。Boh naj yungz saixsaix. 父亲满面笑容,神采焕然。❷ 面子;脸面;情面。马山《为人子者》:㺃吃眉𩈘見六親。Lwg haet miz naj raen loegcin. 儿子才有脸面见六亲。

𩈗 naj［na³］〈名〉❶ 脸;面孔。❷ 面子。(见𩈘)

䩆 naj［na³］〈名〉❶ 脸;面孔。❷ 面子。(见𩈘)

靺 raiz［ɣa:i²］❶〈形〉麻;花麻。❷〈名〉花纹。(见粝)

䩅 naj［na³］〈名〉❶ 脸;面孔。❷ 面子。(见𩈘)

䩃 方 mbenj［ʔbe:n³］〈动〉撒娇(指小孩)。(见晚)

䩇(竟) gingq［kiŋ⁵］〈名〉❶ 镜子。《初》:䩇坏倒圞。Gingq vaih dauq luenz. 破镜重圆。❷ 玻璃。《初》:碍柗内䄂廪䩇。Ndaek daiz neix ngaeuz lumj gingq. 这桌子光滑得像玻璃一样。

骨 部

骨¹ goet［kot⁷］〈名〉❶ 骨;骨骸。马山《风俗歌》:许佈佬拣骨。Hawj bouxlaux gip goet. 给先人拣骨骸。❷ 骨肉;血亲;后代(与骭连用)。马山《泪文歌》:骨骭啚傪傪之了。Goetyiet duh de de cix umj. 他的骨肉他就抱。

骨² guh［ku⁶］❶〈动〉做;干。❷〈动〉是;充当。❸〈动〉建;造。❹〈动〉唱(山歌);编(歌);作(诗歌)。❺〈副〉老;老是;越。(见𠒇)

骬 方 gug［kuk⁸］〈形〉稠。(见《初》)

骭 yiet［ji:t⁷］〈名〉骨肉;血亲;后代(与骨连用)。

骻 方 guengq［ku:ŋ⁵］〈名〉腘(膝的后部,小腿与大腿之间可弯曲处)。(见胱)

骯 ndok［ʔdo:k⁷］〈名〉骨头。(见髗)

骳 方 fa［fa¹］〈名〉膝盖(与髉连用)。《初》:骳髉,fa'mbaij,膝盖(即 gyaeujhoq)。

骵 ndok［ʔdo:k⁷］〈名〉骨头。(见髗)

䯝(斜、笡、梌、箵) sej［θe³］〈名〉骨架;骨子。《初》:䯝傘,sej liengj,伞的骨架。|髗䯝,ndoksej,肋骨。

骼 aek［ʔak⁷］〈名〉胸。(见膉)

骼 ndok［ʔdo:k⁷］〈名〉骨头。(见髗)

䯏(危) ngviz［ŋwi²］〈名〉骨髓。(见《初》)

骼 ndok［ʔdo:k⁷］〈名〉骨头。(见髗)

䯊 gangj［ka:ŋ³］〈名〉鱼刺。(见鲠)

骐(其、旗) giz［ki²］〈名〉脊椎(与龍连用)。《初》:骐龍,gizlungz,脊椎骨。

髂 ndok［ʔdo:k⁷］〈名〉骨头。(见髗)

骱 [历] ngveb [ŋwe:p^{8}]〈名〉 软(骨)。《初》:髗骱, ndokngveb,软骨。

髁 [历] mbaij [ʔba:i^{3}]〈名〉 膝盖(与骹连用)。《初》:骹髁, fa'mbaij,膝盖。

髗(髂、骼、髏、骱、骶、骼) ndok [ʔdo:k^{7}]〈名〉 骨 头。《初》: 犸 嗩 髗。Ma henx ndok. 狗啃骨头。

髋 gangj [ka:ŋ^{3}]〈名〉鱼刺。(见鲠)

髌 hoq [ho^{5}]〈名〉膝盖。(见蹪)

髏 ndok [ʔdo:k^{7}]〈名〉骨头。(见髗)

髓 oet [ʔot^{7}]〈动〉塞(泛指)。《初》:歐袮袦髓合匩堦。Aeu buhvaq oet haeuj gvih bae. 把衣服塞进柜子里去。| 髓艮揹伝。Oet ngaenz hawj vunz. 向别人行贿。

鬼(鬼)部

鬼 gveij [kwei^{3}]〈形〉机警;机灵;精明;狡诈。(见譭)

鬽 [历] gvaex [kwai^{4}]〈动〉 搅 拌。(见《初》)

魂 gvi [kwi^{1}] ❶〈名〉大碗;海碗。❷〈量〉道(菜)。(见礶)

魃(凡、吼、防、仿、疠、放、佬、法、傍、魃、舫、魄、魔、魏、魄) fangz [fa:ŋ^{2}]〈名〉鬼;神。都安《行孝唱文》:又劳关煞添魃紐。Youh lau gvansat dem fangz nyauq. 又怕煞神与恶鬼。(见《初》)

魂[1] faen [fan^{1}]〈名〉种子。(见粉)

魂[2] [历] goen [khon^{1}]〈名〉毛。(见毭)

魂[3] hoenz [hon^{2}]〈名〉火烟;烟雾。(见𤆵)

魂[4] honz [ho:n^{2}]〈动〉 ❶ 松动。❷ 溏。(见𡍢)

魂[5] roen [ɣon^{1}]〈名〉路。(见坤[6])

魂[6] [历] vaen [wan^{1}]〈名〉 路。金城江《台 腊 恒》: 土 斗 肦 其 魂。Dou daeuj daengz giz vaen. 我们来到这路上。

魂[7] [历] vaenz [wan^{2}]〈名〉 ❶ 太阳。❷ 日;天;昼。(见旻)

魼 fwj [fɯ^{3}]〈名〉云。马山《雲红不礼荫》:片魼红斗荫。Benq fwj hoengz daeuj raemh. 一片红云来遮挡。

魅(夭、夭) iu [ʔi:u^{1}]〈名〉妖。(见《初》)

魁 six [θi^{4}]〈名〉 ❶ 社神;社公;土地公。❷ 社庙;社坛;土地庙。(见魁)

魃(魃) [历] beiz [phei^{2}]〈名〉 鬼。《初》:魃魖, beizmaed,非正常死亡的鬼。| 魃魓, beizbyaiz,夭折鬼;短命鬼。

魌 [历] goen [khon^{1}]〈名〉 灵魂;魂魄。(见《初》)

魗 yak [ja:k^{7}]〈形〉恶;凶;恶毒;凶恶。(见㗂)

魠(托、緭、魠) doz [to^{2}]〈动〉 作祟;作弄;作怪;缠上(被鬼纠缠)。《初》:廸魃魠, dwg fangz doz,被鬼作弄。

魔 fangz [fa:ŋ^{2}]〈名〉鬼;神。(见魃)

⿱方鬼 fangz [faːŋ²]〈名〉鬼;神。(见⿺鬼方)

⿰方鬼 fangz [faːŋ²]〈名〉鬼;神。(见⿺鬼方)

魓 byaiz [pjaːi²]〈名〉夭折的;早夭的。《初》:⿺鬼皮魓,beizbyaiz,夭折鬼;短命鬼。

⿰鬼弱 ngieg [ŋiːk⁸]〈名〉❶ 蛟龙。❷ 水螳螂。(见⿰虫额)

⿺鬼密(⿺鬼密) [方] maed [mat⁸]〈名〉鬼魂。《初》:⿺鬼皮⿺鬼密,beizmaed,非正常死亡的鬼。

⿺鬼堇(鬾) [方] gwn [kɯn¹]〈动〉吃;享祭(供奉物品让鬼神来吃)。《初》:舐⿺鬼堇,liz gwn,鬼舔吃。

⿰番鬼 fan [faːn¹] ❶〈量〉张;件;条;床。❷〈名〉幡。(见⿰巾番¹)

⿺鬼方 fangz [faːŋ²]〈名〉鬼;神。(见⿺鬼方)

⿺鬼云(呍) [方] voenz [won²]〈名〉魂;灵魂;魂魄。(见《初》)

⿺鬼弗(佛、⿱佛土、林、⿰骨它) baed [pat⁸]〈名〉❶ 佛像。❷ 神龛;神台。《初》:⿱立土⿺鬼弗,laeb baed,设立神台。

⿺鬼皮 [方] beiz [phei²]〈名〉鬼。(见⿺鬼皮)

⿺鬼多 doz [to²]〈动〉作祟;作弄;作怪;缠上(被鬼纠缠)。(见⿺鬼多)

⿺鬼土(坓、寺、社、⿺鬼寺) six [θi⁴]〈名〉❶ 社神;社公;土地公。❷ 社庙;社坛;土地庙。

⿺鬼密 [方] maed [mat⁸]〈名〉鬼魂。(见⿺鬼密)

⿺鬼堇 [方] gwn [kɯn¹]〈动〉吃;享祭。(见⿺鬼堇)

髟 部

⿱髟用 nyungq [ɳuŋ⁵]〈形〉蓬乱(一般指线、纱、麻、丝、发等)。(见⿰毛用)

⿱髟门 mumh [mum⁶]〈名〉胡须。(见⿸毛門)

⿱髟林 [方] cum [ɕum¹]〈名〉头发。(见《初》)

⿱髟品 bwn [pɯn¹] ❶〈名〉毛;羽毛;毛发。❷〈形〉坏(心肠)。(见毟)

⿱髟逐 dok [toːk⁷]〈动〉敲击。(见《初》)

黑 部

黑¹ haet [hat⁷]〈名〉早上。东兰《莫卡盖用》:黑尼对礼達,淋達干礼故。Haetneix doiq ndaej dah, raemx dah gan ndij gou. 今早遇到河,河水因我干。

黑² ndaem [ʔdam¹]〈动〉种;栽。(见穓)

⿰黑刀 ndaemq [ʔdam⁵]〈动〉刺。(见𪒯)

⿰黑分 [方] fuenx [fuːn⁴]〈形〉黑。(见《初》,即 fonx)

默 maeg [mak⁸]〈动〉惦念。《初》:尽默否𩴪佲。Caenh maeg mbouj raen mwngz. 老是惦念但见不到你。

黔 ndaem [ʔdam¹]〈形〉黑。(见黯)

⿰黑立 ndaep [ʔdap⁷]〈动〉熄;灭。(见熻)

⿰黑音(闭、⿱艹闭、⿱艹闭、閟、⿰木闭) baex [pai⁴]

〈动〉❶ 遮挡;遮蔽。《初》:歐蘛㡅黯䆈。Aeu mbinj ma baex raemh. 用席子来遮阴。❷ 背光。

黯(䯧、郝、赫、俰、㰺、㝉、佬)hak [ha:k[7]]〈名〉官;官吏。《初》:俌黯,bouxhak,当官的人。|金城江《覃氏族源古歌》:𠇊黯,guh hak,做官。

黮 ndaem [ʔdam[1]]〈形〉黑。(见黯)

黰(䵵、剆、黕、抌、㓲)ndaemq [ʔdam[5]]〈动〉刺。《初》:𢭐猅召胎黰。Gaj mou ciuq hoz ndaemq. 宰猪时对准喉咙刺进去。

黵 daenh [tan[6]]〈名〉蓝靛(用板蓝、木蓝等制成的膏状染料)。(见栝[1])

䵘 maeg [mak[8]]❶〈名〉墨。❷〈动〉默读;默写。(见濹[2])

黯(鈂、黔、黮、黷、黰、䁆、闔、㩜、黮)ndaem [ʔdam[1]]〈形〉黑。《初》:䨲黯廪䯳錁。Naj ndaem lumj dukrek. 脸黑得像包锅耳的布一样。

黭 nyaengj [ɲaŋ[3]]〈拟〉压压;呼呼;通通;幽幽(与嘿连用)。《初》:呑嘿黭黭。Mbwn laep nyaengjnyaengj. 天黑麻麻。

黷(熷)saengx [θaŋ[4]]〈拟〉❶ 连连;嗷嗷。马山《书信》:算㲋黷黷,swenj dai saengxsaengx,喊死连连。❷ 压压;纷纷。大化《欢讬哱》:佉㑳散黷黷。Vunz haw sanq saengxsaengx. 赶圩人四散走纷纷。|《初》:偲呑嘿黷黷。Aen mbwn laep saengxsaengx. 天黑压压的。

黷 ndaem [ʔdam[1]]〈形〉黑。(见黯)

黮[1] ndaem [ʔdam[1]]〈形〉黑。(见黯)

黮[2] ndaengq [ʔdaŋ[5]]〈名〉蓝靛。(见䄻)

黰 ndaem [ʔdam[1]]〈形〉黑。(见黯)

鼠部

鼠 nou [nou[1]]〈名〉鼠;老鼠。马山《时辰歌》:子时时图鼠。Ceijseiz seiz duznou. 子时是鼠时。

鼦 nou [nou[1]]〈名〉鼠;老鼠。(见狃)

鼻部

鼽(死、㘝)mup [mup[7]]〈动〉闻;嗅。《初》:提𦤯梳㡅鼽。Dawz duj va ma mup. 拿花朵来闻。

鼾 ndaeng [ʔdaŋ[1]]〈名〉鼻子。(见鼪[1])

鼾(㘎、逼、䶎)gyaen [kjan[1]]〈动〉打鼾。《初》:偧眸鼾咋咋。De ninz gyaen foxfox. 他睡觉呼噜呼噜地打鼾。

齁 mug [muk[8]]〈名〉鼻涕。(见鼸)

齂 mug [muk[8]]〈名〉鼻涕。(见鼸)

鼸(木、目、沐、味、咀、咪、渃、㵽、齁、齂)mug [muk[8]]〈名〉鼻涕。(见《初》)

鼾 ndaeng [ʔdaŋ[1]]〈名〉鼻子。(见鼪[1])

鼪[1](鼾、鼾、齞、齡、齈、齏、齰、

登）ndaeng［ʔdaŋ^{1}］〈名〉鼻子。《初》：拶呞否⿰見庚⿰鼻生。Ra bak mbouj raen ndaeng. 找嘴却不见鼻子(喻找人却不见踪影)。

⿰鼻生[2] 方 ndaeng［ʔdaŋ^{1}］〈名〉壁虎。(见⿱⿰𧉧生黽)

⿰鼻束（咇、哧、哌、嗽、嚙）方 cub［ɕup^{8}］〈动〉嗅；闻。

⿰鼻近 gyaen［kjan^{1}］〈动〉打鼾。(见⿰鼻斤)

⿰鼻定 ndaeng［ʔdaŋ^{1}］〈名〉鼻子。(见⿰鼻生[1])

⿰鼻侖 ndaeng［ʔdaŋ^{1}］〈名〉鼻子。(见⿰鼻生[1])

⿰鼻能 ndaeng［ʔdaŋ^{1}］〈名〉鼻子。(见⿰鼻生[1])

⿰鼻曾 ndaeng［ʔdaŋ^{1}］〈名〉鼻子。(见⿰鼻生[1])

⿰鼻登 ndaeng［ʔdaŋ^{1}］〈名〉鼻子。(见⿰鼻生[1])

符号字

○ ceiz［ɕei^{2}］〈名〉糍粑。马山《恭喜满月酒歌》：⿱䒑吉○兇，ndaej ceiz hung，得大糍粑。

 mbaj［ʔba^{3}］〈名〉蝶；蝴蝶。(见虫八)

乂（烧、挽）vuenh［wuːn^{6}］〈动〉换；交换；撤换；替换。《初》：乂袮，vuenh buh，换衣服。

※（㐅）方 vet［weːt^{7}］〈动〉交叉；交错。《初》：⿱木大※杠⿱歪土坤。Faex vetvang gwnz roen. 木头纵横交错地堆在路上。

 byaij［pjaːi^{3}］〈动〉走；走动。(见⿰足拜)

参 考 文 献

[1]政协上林县委员会.壮族四大悲歌.南宁:广西民族出版社,2015.

[2]黄明标.壮族麽经布洛陀遗本影印译注.南宁:广西人民出版社,2016.

[3]李守汉,关仕京.赶圩歌.南宁:广西民族出版社,2011.

[4]梁庭望,罗宾.壮族伦理道德长诗传扬歌影印译注.南宁:广西民族出版社,2005.

[5]梁庭望.《粤风·壮歌》译注.南宁:广西民族出版社,2010.

[6]梁庭望,关仕京,韦文俊,等.壮族传统古歌集.南宁:广西民族出版社,2011.

[7]蒙元耀.生生不息的传承.北京:民族出版社,2010.

[8]蒙元耀.远古的追忆.北京:民族出版社,2012.

[9]蒙元耀.壮族古籍与古文字.南宁:广西民族出版社,2016.

[10]蒙元耀.壮族伦理道德传扬歌研究.北京:人民出版社,2018.

[11]农敏坚,谭志表.平果嘹歌:长歌集.南宁:广西民族出版社,2004.

[12]张声震.布洛陀经诗译注.南宁:广西人民出版社,1991.

[13]张声震.壮族民歌古籍集成·情歌(一)嘹歌.南宁:广西民族出版社,1993.

[14]张声震.壮族民歌古籍集成·情歌(二)欢櫸.南宁:广西民族出版社,1997.

[15]张声震.壮族麽经布洛陀影印译注.南宁:广西民族出版社,2004.

[16]张元生.壮族人民的文化遗产——方块壮字.中国民族古文字研究,1980,8(1):455-521.

[17]张元生,梁庭望,韦星朗.古壮字文献选注.天津:天津古籍出版社,1992.

后　记

壮族是我国拥有自己传统文字的23个少数民族之一。壮族民间收藏有大量的手抄文献，其中很多文献以古壮字传抄。要识读这些古壮字文献，继承和发扬这些文献蕴含的民族文化精华，首先要对这些字符进行收集、整理并破解它们的音义。于是，编纂相应的语文工具书就成了壮族古籍收集整理的基础性工作。

广西壮族自治区人民政府原副主席、"壮学丛书"总主编张声震先生目光如炬，力主壮族古籍整理研究工作要有长期奋斗的规划，辞书编纂出版为重中之重。在他的主导下，这部《古壮字大字典》列为"壮学丛书"的重点出版项目，得到丛书编委会的大力支持和悉心指导。张声震先生不仅出席本书编纂工作的启动会议，多次听取编纂工作进展的情况汇报，临终之际还惦记这部字典的工作进度。他对壮族文化的拳拳之心，至今还激励着我们在壮族古籍文献整理领域努力拼搏。

"壮学丛书"编纂委员会指定广西壮族自治区少数民族古籍整理出版规划领导小组办公室（今广西壮族自治区少数民族古籍保护研究中心，简称广西民族古籍保护研究中心）组织项目的具体编纂工作。为此，广西民族古籍保护研究中心组织召开了多次编纂工作会议，举办了编纂工作培训班，开展了大范围的古壮字古籍搜集工作，为这部字典的编纂提供了大量的字源资料。同时，广西民族古籍保护研究中心还与南宁平方软件新技术有限责任公司联合研发了古壮字信息处理系统，解决了古壮字的输入问题，为项目的编纂工作顺利推进提供了诸多保障。

几番打磨，数度校改，如今这部字典终于付梓。这部书稿交到出版社时，有幸列入民族文字出版专项资金资助项目。这里我们要感谢广西民族出版社的领导，正是他们的鼎力扶助，使得这部字典得以顺利面世。我们也很感谢出版社的陆秀春、潘小邕、杨燕琳、黄青霞、王绍安、韦彩娟、罗桂鸾、梁秋芬、翟芳婷、郑季銮等审编校人员，正是他们尽心尽责、不计烦难地核查资料、发现问题，并提出改进意见，才使书稿存在的缺漏得到有效弥补。

此外，我们还要感谢广西民族大学文学院的韦树关教授。他把这部字典列为他所主持的国家社科基金重大招标项目“南方少数民族类汉字及其文献保护与传承研究”（编号 16ZDA203）的子项目，并给予相应的经费支持。同时，我们也很感谢广西民族大学文学院中国少数民族语言文学专业的硕士研究生陈志学、覃透、覃薇、蒙桂秀、韦慧、覃静、冯俏、王晓燕、杨晶、樊舒乐、裴蓓、罗永腾、陆世初、蓝盛、卢奋长、蓝仿等诸位同学，他们在字典编纂期间或参与录入工作，或搜集各种字符和例句，为本书的编纂出了大力。

承惠良多，不能一一细数，在此一并表示诚挚的谢意。

蒙元耀

2022 年 1 月 8 日